중국특허법 상세해설

中国专利法详解

尹新天 저 / 허호신 역

세창출판사

이 도서의 국립중앙도서관 출판예정도서목록(CIP)은 서지정보유통지원시스템 홈페이지(http://seoji.nl.go.kr) 와 국가자료공동목록시스템(http://www.nl.go.kr/kolisnet)에서 이용하실 수 있습니다.
(CIP제어번호: CIP2017010316)

역자 서문

파리협약·특허협력조약(PCT)·TRIPs 등 지식재산권 분야 국제조약으로 인해서, 우리나라와 중국의 특허제도는 이미 많은 공통점을 갖고 있다. 용어나 표현에 있어서는 다소 차이가 있지만, 특허를 받기 위해서는 발명이 신규성·진보성 및 산업상 이용가능성을 갖추어야 하고, 해당 기술분야의 기술자가 실시할 수 있을 정도로 발명이 공개되어야 한다는 점에서 차이가 없다. 그러나 중국은 정치·경제·사회·문화적 환경에 있어서 우리와는 차이가 있기 때문에, 중국특허법 역시 중국만의 특색이 반영되어 있다. 역자가 중국특허법을 처음 접했을 때에 개인적으로 가장 독특하다고 생각했던 부분은, 중국에서는 특허침해가 발생하는 경우에 법원에 소를 제기할 수도 있지만 행정기관에 해결해 줄 것을 청구할 수도 있다는 점이었다. 또한 외국에 특허출원하기 위해서는 사전에 심사를 받아야 한다는 점도 특이하다고 생각되었다. 중국의 구체적인 필요에 따라 이러한 제도를 도입했겠거니 짐작하면서도, 구체적인 도입취지와 배경을 알고 싶어서 관련 서적을 찾아보았지만, 국내에 출간된 중국특허법 관련 서적은 몇 권에 지나지 않을 뿐만 아니라, 그마저도 대부분 실무서이었기 때문에 궁금증 해소에 크게 도움이 되지 않아 아쉬움이 남았다.

인씬티엔(尹新天) 선생의 「中国专利法详解」는 중국특허법 각 조문의 도입취지, 개정이력 및 이유, 외국의 입법례, 관련 학설 및 실무 등을 상세하게 설명하고 있다. 역자가 출장으로 중국 국가지식산권국을 방문했을 때에 심사관의 책상에 올려져 있는 「中国专利法详解」를 발견하고 심사관에게 직접 물어본 결과, 「中国专利法详解」는 중국 심사관들이 「특허심사지침서(专利审查指南)」 다음으로 가장 많이 참고하는 책이라는 답을 들었을 정도로 중국에서도 권위를 인정받고 있는 책이다.

「中国专利法详解」는 역자가 중국특허법에 대해서 느꼈던 아쉬움과 답답함을 상당 부분 해소해 줄 수 있는 책이었다. 그러나 중국어라는 언어 장벽이 가로막고 있어서, 역자가 느꼈던 것과 같은 아쉬움을 느꼈을 국내의 특허업무 종사자들은 이 책을 직접 참고하기가 현실적으로 어려울 수밖에 없다. 이에 역자는 부족한 실력이지만 직접 「中国专利法详解」를 번역해 보기로 마음먹었고, 몇 년의 노력을 기울인 끝에 마침내 결실을 보게 되었다.

막상 이 책이 출간된다니 뿌듯함과 함께 두려움도 느낀다. 아직 부족한 중국어 실력 때문에 그리고 특허제도에 대한 얕은 지식 때문에 오역이 있을까 두렵다. 그러나 국내 특허업무 종사자들의 중국 특허제도에 대한 이해를 돕는 데 있어서 분명히 보탬이 되리라 믿고 두려움을 감내하고자 한다. 아무쪼록 이 책이 한중 양국의 지식재산권 분야 교류협력에 디딤돌이 될 수 있기를 기대한다.

2017년 5월

역　자

축약판 저자 서문

「中国专利法详解」가 2011년 3월 출판되고 나서 1년 정도가 흘렀다. 웨이보 등을 통해 수십 명 독자의 평가를 읽어 보면, 칭찬하거나 격려하는 것도 있고, 익살맞거나 비웃는 것도 있는데, 모두 흥미진진하다. 적지 않은 사람들이 이 책은 분량이 너무 많아서, 흡사 벽돌같이 너무 무거워 들고 볼 수가 없다고 하였는데, 여기에는 감탄의 의미도 있지만 또한 비판의 뜻도 담고 있다. 지식산권출판사는 독자들의 요구에 응하여 이 책의 축약판 출판을 건의하였고 필자도 흔쾌히 받아들였는데, 몇 달 동안 처음부터 끝까지 전심전력하여 고쳐 쓴 결과 「中国专利法详解(縮编版)」이 세상에 나오게 되었다.

축약판은 원판에 비하여 약 30만 자가 줄어들었는데, 일부 조문의 법적 배경에 대한 설명, 외국의 관련 규정 및 실무에 대한 소개, 주석으로 달았던 외국의 원문, 그리고 「특허법」및 「특허법실시세칙」전후 3차례 개정 대비표가 주로 생략되었다. 이렇게 해서, 직접적이고 간단명료하게 「특허법」의 현행 조문의 의미를 알고자 하는 독자들은 축약판을 선택하면 되고, 학술적으로 연구하고 근원을 탐구하고자 하는 독자는 원판을 선택할 수도 있으며, 또는 각자의 필요에 따라 보완할 수도 있을 것이다. 독자에게 일러두어야 할 점은, 축약판은 단순하게 원판을 줄이기만 한 것이 아니라 추가하여 보충하기도 하였다는 점인데, 주로 일 년여 동안의 특허제도의 발전에 근거하여 일부 내용을 보충하였다.

원판의 원고를 제출하기 전에, 필자도 일찍이 여러 차례 통독하여, 이 책이 높은 품질을 확보할 수 있도록 노력을 기울였다. 현재 일 년이 채 지나지 않았지만, 고쳐 쓰는 과정에서 개선하여야 할 점이 아직도 많이 남아 있음을 발견하였는데, 오타도 있었고 표현이 매끄럽지 않은 부분도 있었으며, 일일이 말할 수 없는 정도여서 문장의 퇴고와 탁마에는 끝이 없음을 절실하게 느꼈다. 원판이 출판된 후, 독자들은 발견한 문제를 끊임없이 지식산권출판사에 알려 주었는데, 이 자리를 빌려 깊은 감사를 표하며, 축약판에 대해서도 전과 마찬가지로 관심을 가져 주기 바란다.

지식산권출판사의 경영자와 편집자에 대해서도 이 책의 두 차례 출판을 위하여 책임감을 갖고 전심전력하여 준 데 대하여, 이 자리를 빌려서 함께 진심으로 감사를 표한다.

원판 저자 서문

필자는 1980년부터 특허업무에 종사해 왔으며, 구 중국특허국 및 현 국가지식산권국에서 꼬박 30년을 근무했다. 그간 특허심사업무에서 5년, 특허복심위원회에서 8년, 심사업무관리부문에서 5년, 법령개정 업무분야에서 12년을 근무했다. 업무경험이 길기 때문에 필자는 중국의 특허업무가 무에서 유로 발전하는 것을 목격할 수 있었다. 섭렵한 범위가 넓기 때문에 필자는 이 책을 집필할 수 있는 기초를 다질 수 있었다. 30년이라는 시간은 인류역사의 긴 물줄기에서 보면 매우 짧은 순간에 지나지 않지만, 개인에게 있어서는 그 직장생활의 거의 전부라고 할 수 있다. 2010년 1월 국가지식산권국은 축하행사를 개최하여 이 기관에서 30년 이상 근무한 직원에게 기념 증서와 기념메달을 증정하였는데, 필자도 역시 그 안에 포함되었다. 국가지식산권국의 발전과정을 목도한 각각의 장면은, 마치 구름과 같아서, 감개에 잠기게 한다.

필자는 1998년 4월 국가지식산권국 조법사(条法司) 사장을 맡았는데, 「특허법」 제2차 개정을 위한 준비작업을 시작할 때에 해당한다. 2010년 3월 퇴직하였는데, 공교롭게도 「특허법」 제3차 개정 작업이 마무리될 때였다. 두 차례 「특허법」 개정업무에 처음부터 끝까지 참여하여, 개정초안을 제출할 때부터 개정안을 시행할 때까지, 조법사 동료들과 함께 전체 과정을 조직하고 합당한 역할을 수행하여, 중국 특허제도의 부단한 개선을 위하여 미약한 힘을 보태고 사명을 완수하였다는 것을 필자는 매우 큰 영광으로 생각한다. 그러나 영광의 이면에는 이에 상응하는 책임도 있는데, 이것은 바로 개정과정에서 부딪혔던 문제, 개정안 형성과정, 그리고 관련 논거를 기록하여, 현재 그리고 이후에 특허업무에 종사하는 동료들로 하여금 참고할 수 있게 제공하는 것이다. 2001년 「특허법」 제2차 개정 작업을 마무리한 후, 필자는 「신특허법해설」의 편저를 주관하여 많은 독자의 환영을 받았으며, 10년여 동안 9쇄까지 출판되었다. 2008년 「특허법」 제3차 개정 작업을 마무리한 후, 필자는 이 책의 집필에 착수하였는데, 내용이 대폭 늘어나서 해석 및 설명이 원저작의 3배가 되었다. 이 책의 집필을 마무리하면서, 여러 해 동안 필자의 업무를 지도하고 관심을 갖고 지지하고 도와준 선배 및 동료들에게 심심한 사의를 표한다.

필자가 여러 해 동안 집필활동을 하면서, 분량이 많은 저작을 창작해 내는 것은 절대 쉬운 일이 아님을 절실하게 깨닫게 되었다. 조설근(曹雪芹)은 호방하고 재주가 뛰어났음에도, 10년 동안 다시 읽고 5번을 첨삭하는 고생 끝에 「홍루몽」이라는 불후의 역작을 남길 수 있었다. 우리는 좋은 때를 만나, 선현을 우러러본다. 학문이라는 바다의 아득함에 탄식하고, 인생의 짧음에 애석해 한다. 젊음은 이미 지나갔지만, 귀중한 시간은 아직 남아 있다. 고로, 스스로에게 기대를 갖고 뜻을 버리지 않았으며, 항상 부지런히 책상에 엎드려 글을 썼고, 몇 년의 노력 끝에 이 책이 세상에 나오게 되었다. 꾸준한 사람은 부지런함으로 부족함을 메울 수 있고, 티끌을 모아 태산을 이룰 수 있다. 희망이 있는 사람은 지난날의 흔적으로도 기뻐할 수 있다. 이 밖에 더 무엇이 있겠는가?

경인년 한여름에 베이징에서

차 례

╱ 서 론

제1장 ╱ 총 칙

제2장 / 특허권 수여의 요건

제3장 / **특허출원**

제4장 / 특허출원의 심사

제5장 / 특허권의 기간, 종료 및 무효

제6장 / 특허실시의 강제허가

제7장 / 특허권의 보호

제8장 / 부 칙

주요 약어

■ 법률 및 법규

약 칭	중문 정식 명칭
「특허법」	「中华人民共和国专利法」
「특허법실시세칙」	「中华人民共和国专利法实施细则」
「상표법」	「中华人民共和国商标法」
「상표법실시조례」	「中华人民共和国商标法实施条例」
「저작권법」	「中华人民共和国著作权法」
「저작권법실시조례」	「中华人民共和国著作权法实施条例」
「반부정당경쟁법」	「中华人民共和国反不正当竞争法」
「식물신품종보호조례」	「中华人民共和国植物新品种保护条例」
「지식재산권 세관 보호조례」	「中华人民共和国知识产权海关保护条例」
「기술계약법」	「中华人民共和国技术合同法」
「반독점법」	「中华人民共和国反垄断法」
「계약법」	「中华人民共和国合同法」
「노동계약법」	「中华人民共和国劳动合同法」
「경제계약법」	「中华人民共和国经济合同法」
「헌법」	「中华人民共和国宪法」
「입법법」	「中华人民共和国立法法」
「민법통칙」	「中华人民共和国民法通则」
「민사소송법」	「中华人民共和国民事诉讼法」
「물권법」	「中华人民共和国物权法」
「상속법」	「中华人民共和国继承法」
「기업국유자산법」	「中华人民共和国企业国有资产法」
「혼인법」	「中华人民共和国婚姻法」
「형법」	「中华人民共和国刑法」
「인민법원조직법」	「中华人民共和国人民法院组织法」
「변호사법」	「中华人民共和国律师法」

「행정소송법」	「中华人民共和国行政诉讼法」
「행정재의법」	「中华人民共和国行政复议法」
「행정처벌법」	「中华人民共和国行政处罚法」
「약품관리법」	「中华人民共和国药品管理法」
「약품관리법실시조례」	「中华人民共和国药品管理法实施条例」
「전염병방지법」	「中华人民共和国传染病防治法」
「권리침해책임법」	「中华人民共和国侵权责任法」
「치안관리처벌법」	「中华人民共和国治安管理处罚法」
「국가비밀보호법」	「中华人民共和国保守国家秘密法」
「국가비밀보호법실시방법」	「中华人民共和国保守国家秘密法实施办法」
「회사법」	「中华人民共和国公司法」
「중외합자기업법」	「中华人民共和国中外合资企业法」
「합명기업법 」	「中华人民共和国合伙企业法」
「섭외경제계약법」	「中华人民共和国涉外经济合同法」
「대외무역법」	「中华人民共和国对外贸易法」
「과학기술성과전환법」	「中华人民共和国科技成果转化法」
「기술수출입관리조례」	「中华人民共和国技术进出口管理条例」
TRIPs	「与贸易有关的知识产权协定」
「파리협약」	「保护工业产权巴黎公约」
「베른협약」	「保护文学和艺术作品伯尔尼公约」
PCT	「专利合作条约」
PCT 규칙	「专利合作条约实施细则」
WTO 협정	「马拉喀什建立WTO协定」
CBD	「生物多样性公约」
「도하선언」	「关于TRIPs与公共健康的宣言」
「총이사회결의」	「关于实施TRIPs与公共健康宣言第6段的决议」
「중미 지식재산권 보호에 관한 양해각서」	「中华人民共和国政府和美利坚合众国政府关于保护知识产权的谅解备忘录」
WTO	世界贸易组织
WIPO	世界知识产权组织

■ 사법해석

약 칭	중문 정식 명칭
「최고인민법원의 특허권 침해분쟁사건 심리 응용법률 문제에 관한 해석」	「最高人民法院关于审理侵犯专利纠纷案件 应用法律若干问题的解释」
「최고인민법원의 특허분쟁사건 심리 적용 법률문제에 관한 규정」	「最高人民法院关于审理专利纠纷案件 适应法律问题的若干规定」
「최고인민법원의 특허권 침해분쟁 사건 심리 문제에 관한 의견」	「最高人民法院关于审理侵犯专利纠纷案件 若干问题的意见」
「최고인민법원의 특허분쟁사건 심리 문제에 관한 해답」	「最高人民法院关于审理专利纠纷案件中 若干问题的解答」
「최고인민법원의 베이징·상하이·광저우 지식재산권법원 사건 관할에 관한 규정」	「最高人民法院关于北京、上海、广州 知识产权法院案件管辖的规定」
「최고인민법원의 인신손해배상사건 심리 적용법률 문제에 관한 해석」	「最高人民法院关于审理人身损害赔偿案件 适用法律若干问题的解释」
「최고인민법원의 소제기 전 특허권 침해행위 중지 적용 법률문제에 관한 규정」	「最高人民法院关于对诉前停止侵犯 专利权行为适用法律问题的若干规定」
「최고인민법원의 민사사건 심리에 적용되는 소송시효제도 문제에 관한 규정」	「最高人民法院关于审理民事案件适用诉讼时 效制度若干问题的规定」
「최고인민법원의 〈민법통칙〉 철저 집행을 위한 문제에 관한 의견」	「最高人民法院关于贯彻执行〈民法通则〉 若干问题的意见」
「최고인민법원의 현재 경제상황에서의 지식재산권 심판서비스 형세에 관한 문제에 관한 의견」	「最高人民法院关于当前经济形势下 知识产权审判服务大局若干问题的意见」
「최고인민법원의 상표 민사분쟁사건 적용법률 문제에 관한 해석」	「最高人民法院关于审理商标民事纠纷案件 适用法律若干问题的解释」
「최고인민법원의 〈중화인민공화국상속법〉 철저 집행을 위한 문제에 관한 의견」	「最高人民法院关于贯彻执行〈中华人民 共和国继承法〉若干问题的意见」
「전국법원 지식재산권 재판업무회의의 기술계약분쟁사건 심리에 관한 요록」	「全国法院知识产权审判工作会议关于审理技 术合同纠纷案件若干问题的纪要」

주요용어 대비표

중 국	한 국	본 서
지식산권(知识产权)	지식재산권	지식재산권
전리(专利)	특허	특허
발명전리(发明专利)	발명특허	발명특허
실용신안전리(实用新型专利)	등록실용신안	실용신안특허
외관설계전리(外观设计专利)	등록디자인	디자인특허
종속전리(从属专利)	이용발명특허	이용발명특허
산품전리(产品专利)	물건특허	제품특허
방법전리(方法专利)	방법특허	방법특허
전용발명(转用发明)	용도발명	용도발명
신영성(新颖性)	신규성	신규성
창조성(创造性)	진보성	진보성
실용성(实用性)	산업상 이용가능성	실용성
현유기술(现有技术)	선행기술	선행기술
전리신청(专利申请)	특허출원	특허출원
분안신청(分案申请)	분할출원	분할출원
저촉신청(抵触申请)	확대된 선출원	확대된 선출원
설계인(设计人)	창작자	창작자
청구서(请求书)	출원서	청구서
설명서(说明书)	명세서	설명서
권리요구서(权利要求书)	청구범위	청구범위
권리요구(权利要求)	청구항	청구항
초보심사(初步审查)	방식심사	초보심사
실질심사(实质审查)	실체심사	실체심사
국외우선권(国外优先权)	조약우선권	국외우선권
본국우선권(本国优先权)	국내우선권	국내우선권

전리대리인(专利代理人)	변리사	특허대리인
율사(律师)	변호사	변호사
합동(合同)	계약	계약
보통실시(普通实施)	통상실시	통상실시
독점실시(独占实施)	전용실시	독점실시
실시허가(实施许可)	실시허락	실시허가
분실시허가(分实施许可)	재실시허락	재실시허가
안분공유(按份共有)	공유	공유
공동공유(共同共有)	합유	합유
상업비밀(商业秘密)	영업비밀	영업비밀
판매허락(销售许诺)	양도·대여의 청약	판매청약
국제초보심사(国际初步审查)	국제예비심사	국제예비심사
국제초보심사단위(国际初步审查單位)	국제예비심사기관	국제예비심사기관
수리국(受理局)	수리관청	수리관청
PCT 국제국(国际局)	PCT 국제사무국	PCT 국제사무국
국제검색(国际检索)	국제조사	국제조사
선정국(選定國)	선택국	선택국
선정국(選定局)	선택관청	선택관청
상동침해(相同侵害)	문언침해	문언침해
등동침해(等同侵害)	균등침해	균등침해
전부기술특징규칙(全部技术特征规则)	구성요소완비의 원칙	구성요소완비의 원칙
금지반회(禁止反悔)원칙	금반언원칙	금반언원칙
현유기술(现有技术)의 항변	자유기술의 항변	선행기술의 항변
권리용진(权利用尽)	권리소진	권리소진
평행진구(平行进口)	병행수입	병행수입

일러두기

○ 중국특허법은 우리의 특허법, 실용신안법 및 디자인보호법을 포괄하며, 중국의 발명특허, 실용신안특허 및 디자인특허는 각각 우리의 특허, 등록실용신안 및 등록디자인에 대응한다(제2조에 대한 설명 참조).

○ 중국특허법에서의 "단위(单位)"는 자기의 명의로 민사적 활동에 종사할 수 있고 독립적으로 민사적 권리를 향유할 수 있으며 독립적으로 민사적 책임과 의무를 부담할 수 있는 회사·단체 또는 기관을 가리킨다. 중국특허법에서 이 용어를 사용하고 있고, 이를 대체할 만한 마땅한 용어도 없으므로 그대로 "단위"로 번역하였다(제6조에 대한 설명 참조).

○ 파리협약, TRIPs, PCT 및 PCT 규칙 등 국제조약의 관련 조문은 원서를 번역하지 않고, 우리나라에서 발효 중인 조약의 조문을 사용하였다.

○ 지명·인명은 소리 나는 대로 표기하는 것을 원칙으로 하였다. 또한 주석의 인용문헌을 표시하거나 또는 한자를 병기할 필요가 있는 경우, 중국에서 현재 사용하고 있는 간체자를 원서에 기재되어 있는 대로 사용하였다.

서 론

1474년 3월 19일 베니스에서 세계 최초로 특허법이 공포되고 나서 5백여 년이 지났다. 그사이에 인류사회는 온갖 풍파를 겪었으며, 정치 · 경제 및 과학기술 등 분야에서 큰 변화가 있었고, 각국의 특허제도에도 이에 따라 법적 보호의 강화, 보호분야의 확대, 심사절차의 간략화, 특허권에 대한 필요적 제한, 특허제도의 국제협력 강화 등 많은 변화가 있었지만, 특허제도가 혁신을 장려하고 과학기술의 진보를 촉진하는 제도라는 그 기본적인 이념과 속성은 바뀌지 않았고 그 작용도 그대로 유지되었으며, 오히려 시간이 흐름에 따라 국제적으로 더욱더 중시되고 있다.

특허제도를 수립함에 있어서는 일련의 문제에 대답하여야 하는데, 여기에는 어떠한 유형의 지적 성과에 대하여 특허권을 수여할 수 있는가, 특허권을 수여하기 위해 만족시켜야 하는 요건은 무엇인가, 누가 특허권 수여여부를 심사하고 확정할 것인가, 특허권 수여에 어떠한 절차를 따를 것인가, 수여되는 특허권이 어떠한 법적 효력을 갖는가, 어떠한 행위가 특허권 침해행위에 해당하는가, 특허권 침해행위에 대해서 특허권자는 어떠한 법적 구제를 받을 수 있는가, 특허권자와 국가 및 공중의 이익을 어떻게 균형 있게 할 것인가, 특허에 관한 국제조약 및 협약의 규정을 어떻게 구체화할 것인가 등의 문제가 포함된다. 이러한 문제에 대답하는 가장 적절한 방식은 법률, 바로 특허법을 제정하여 시행하는 것이다. 세계적으로 특허제도를 시행하는 국가와 지역은 모두 예외 없이 특허법 또는 기타 상위 법률을 제정하였다.

一. 중국 특허제도의 수립과 역사연혁

아편전쟁 이후, 서방 자본가계급의 민주주의 사상의 영향을 받은 중국의 일부 지식인들은 특허제도에 관한 사상을 중국에 도입하기 시작하였다. 광서(光绪) 연간에 위신파와 보수파 사이에 특허제도를 도입할 필요가 있는가에 대해서 격렬한 논쟁이 있었다. 광서황제는 위신파의 건의를 받아들여 변법위신을 결심하고 "제구포신(除旧布新)"[1]을 강령으로 제시하였으며, 1898년(광서 24년) 7월 12일에 총 12개 조의 「공예

---

1) "옛것을 버리고, 새로움을 추구하다." 내지는 "새로운 것으로 옛것을 대체하다."라는 의미(역자 주).

진흥장려장정(振興工艺给奖章程)」을 반포하여 그 제1조 내지 제3조에 각각 50년·30년·10년을 기간으로 하는 특허를 규정하였는데, 이것이 중국이 특허제도를 수립하려 한 최초의 시도였다. 그러나 이 장정이 반포되고 나서 2개월밖에 지나지 않아 자희태후(慈禧太后)가 정변을 일으켜 "백일위신(百日維新)"은 여기에서 종결되었으며, 이 장정도 이에 따라서 함께 사라졌다.[1]

쑨원은 신해혁명을 이끌어 청조(清朝)를 전복하고 중화민국을 건립하였다. 민국정부 공상부는 1912년 6월 13일 「공예품장려잠행장정(奖励工艺品暂行章程)」을 제정하였고, 같은 해 12월 12일 참의원이 이를 통과시켜 시행하였는데, 이것이 민국정부가 반포한 첫 번째 특허 관련 법규였다. 이 장정의 주요 내용은 다음과 같다. 장려의 대상은 상품에 대한 개량이지만, 식품과 약품은 대상에서 제외되었다. 장려방법은 등급을 나누어 5년 이내의 특허권을 수여하거나, 또는 명예를 위한 표창을 하는 것이었다. 위조 또는 허위표시행위에 대해서는 유기징역형 또는 벌금형에 처하도록 하였다. 외국인에게는 특허권을 수여하지 않았다.

항일전쟁 승리 직전에 민국정부는 1944년 5월 29일 「중화민국특허법(中华民国专利法)」을 반포하였는데, 이것은 중국 역사상 반포된 최초의 특허법으로 총 133개 조로 구성되었다. 그 특징은 다음과 같다. 첫째, 세 가지 유형의 특허, 즉 발명특허·실용신안특허 및 신양식특허(즉 현재의 디자인특허)를 규정하였으며, 그 보호기간은 각각 15년·10년 및 5년으로 하였다. 둘째, 특허권 수여의 요건, 즉 신규성·진보성 및 실용성을 규정하였다. 셋째, "선출원주의"를 따르도록 하였다. 넷째, 특허심사절차 및 이의절차를 규정하였다. 다섯째, 특허의 효력 및 특허권 침해의 법적 책임을 명확히 하였다. 여섯째, 강제허가제도를 규정하였다. 일곱째, 특허대리인의 개념을 제시하였다. 여덟째, 외국인의 중국에서의 특허출원을 허용하였다. 이로부터 이것은 그 내용이 온전하고 전면적인 특허법이었음을 알 수 있다. 1947년 11월 8일 민국정부는 이 특허법의 실시세칙을 반포하였다. 그러나 당시의 구체적인 국가상황 때문에, 「중화민국특허법」 및 그 실시세칙은 중국본토에서는 제대로 시행되지 못하였고, 1949년 1월 1일부터 타이완 지역에서만 시행되었을 뿐이다.[2]

1912년 「공예품장려잠행장정」 반포로부터 1944년 「중화민국특허법」 반포까지 32년 동안에, 민국정부는 총 692건의 특허를 수여하여 평균적으로 매년 20여 건의 특허만 수여하였다. 따라서 당시의 특허제도가 중국 과학기술의 발전·진보에 미친 영향

---

1) 赵元果, 中国专利制度的孕育与诞生[M], 北京: 知识产权出版社, 2003: 7-8.
2) 赵元果, 中国专利制度的孕育与诞生[M], 北京: 知识产权出版社, 2003: 7-8.

은 매우 미약하였으며, 특허제도는 아직 유명무실한 제도에 지나지 않았다.[1]

무술변법(戊戌变法)[2]으로부터 신중국 탄생까지 중국은 갖가지 어려움을 겪었는데, 그사이에 8국 연합군의 침입을 받은 청조(淸朝) 정부는 4억량의 은을 배상금으로 지급하라는 요구를 받게 되어 국력은 쇠락하고 민중은 편히 살 수가 없었다. 후에는 또한 일본제국주의의 침입을 받아 전국이 공전의 재난을 당하여 산천은 파괴되고 민생은 도탄에 빠졌으며, 중화민족은 그 독립과 존엄을 수호하기 위하여 목숨을 건 전쟁을 벌였다. 그동안에도 국내에는 각종 전쟁이 그치지 않았다. 객관적으로 말해서, 이 기간 동안 중국에는 진정한 특허제도를 시행할 수 있는 조건과 환경이 갖추어지지 않았다.

닭이 울면 날이 밝듯이, 중화인민공화국의 수립으로 중국 역사의 새로운 장이 열렸다. 신중국의 수립과 함께 방치된 일들이 다시 흥하기를 기다렸으며, 정무원(政務院)은 1950년 8월 11일 「발명권 및 특허권 보장 잠행조례(保障发明权与专利权暂行条例)」를 반포하였는데, 이것이 신중국이 반포한 첫 번째 특허에 관한 법규였다. 이 조례의 특허 관련 규정은 아래와 같다.

(1) 발명자가 특허권을 받기 위해서는 출원하여야 하고, 중앙인민정부 주관부문의 심사에 합격한 후에 공고하며, 공고일로부터 3개월 내에 이의가 없는 경우 특허증서를 발급한다.

(2) 특허출원이 심사에서 불합격한 경우, 출원인은 통지를 받은 날로부터 45일 내에 재심사를 청구할 수 있고, 재심사 결정에 대해서도 여전히 불복하는 경우, 90일 내에 소송을 제기할 수 있다.

(3) 중국에 거주하는 외국인도 이 조례에 의하여 출원하여 특허권을 받을 수 있다.

(4) 약품·의료방법·화학방법을 통해 얻어지는 물질, 국방관련 발명 및 전국민소유제 단위의 직원이 완성한 발명에 대해서는 특허권이 수여될 수 없다.

(5) 특허권의 보호기간은 3~15년으로 하고, 중앙인민정부 주관부문이 발급하는 특허증서에서 확정한다.

(6) 발명증서와 특허증서는 필요한 때에는 상호 전환할 수 있다.

정무원 재정경제위원회는 1950년 10월 9일 위 조례의 실시세칙을 반포하였다.

위의 조례에 의거하여, 중국은 1953년부터 1957년 기간에 총 6건의 발명증서와 4

---

1) 赵元果, 中国专利制度的孕育与诞生[M], 北京: 知识产权出版社, 2003: 7-8.
2) 백일유신·무술유신이라고도 불리며, 1898년 캉유웨이(康有为)와 량치차오(梁启超)가 광서황제(光绪皇帝)를 내세워 추진했던 정치개혁운동으로, 서태후(西太后, '자희태후'로도 불림)를 옹립한 보수파 세력의 반발로 103일 만에 실패로 끝났다(역자 주).

건의 특허증서를 발급하였다. 이후에 이 업무는 중단되었다. 따라서 1949년 신중국 수립부터 1985년까지 중국이 실제로는 진정한 특허제도를 수립한 것이 아니고, 단지 발명과 기술의 개량에 대한 장려제도를 시행하였을 뿐이다.

애석한 점은, 1978년 제11회 삼중전회(三中全会)1) 이전의 상당히 긴 기간 동안 극좌사상에 경도되어, 중국은 실사구시의 과학적 태도로 특허제도를 취급하지 않고 특허제도가 사회주의제도와는 어울릴 수 없다고 잘못 인식하고 있었다는 점이다. 이 시기에는 진정한 특허제도를 수립할 수 없었을 뿐만 아니라 「발명장려조례(发明奖励条例)」, 「기술개량장려조례(技术改进奖励条例)」 등 발명 및 기술의 개량을 장려하고자 하는 취지의 법규조차도 제대로 시행되지 못하였다. "십년동란(十年动乱)"이라고 불리는 "문화혁명" 시기에는 지식을 갖고 있는 것조차 "당 및 인민과 흥정할 수 있는 자본을 확보"한 것으로 간주하여 "지식사유론"을 비판하였으며, 각종 장려조례가 자본주의적 물욕을 자극하는 것으로 여겨져서 실질적으로는 폐지되었다.2)

봄이 오면 만물이 푸르러지듯이, 1978년 12월 개최된 당의 제11기 삼중전회는 "전당의 업무중점과 전국 인민의 주의력을 사회주의 현대화 건설로 전환"하는 전략적 결정을 하여, 중국 개혁개방사업의 서막을 열고 중화민족부흥의 역사적 여정을 시작하였다. 덩샤오핑(邓小平) 동지는 "4대 현대화의 관건은 과학기술의 현대화", "과학기술은 제1의 생산력"이라는 등의 중요한 논지를 펼쳤고, 중국 과학기술분야를 바로잡아 정상으로 되돌리는 작업을 지도하였다. 원래의 국가과학위원회는 1979년 3월 19일 정식으로 특허법 초안작업소조를 조직하였고 국무원의 지시에 근거하여 1980년 초에 중국특허국(中国专利局)3)을 설립하였다.

그러나 특허법 제정과정에서 시종 격렬한 의견대립이 있었다. 논란의 초점은 주로 두 가지 문제에 집중되었는데, 하나는 특허제도의 시행이 중국의 사회주의제도에 부합하는가 하는 것이었고, 다른 하나는 특허제도의 시행이 중국의 발전에 도움이 되는가 아니면 중국의 발전에 방해가 되는가 하는 것이었다. 당시 국무원의 적지 않은 부(部)와 위원회는 중국의 특허제도 수립을 반대하여 특허법의 제정이 여러 차례 중단

---

1) 삼중전회(三中全会)는 중국공산당 전국대표대회가 선출한 중앙위원회가 개최하는 제3차 전체회의를 가리키는 것이지만, 일반적으로 "삼중전회"라고 하면 1978년 12월 개최되었던 제11기 삼중전회를 가리키는데, 이 회의에서 덩샤오핑을 핵심으로 하는 당의 지도체제를 확립하고 개혁개방의 실시를 확정하였다(역자 주).

2) 赵元果, 中国专利制度的孕育与诞生[M], 北京: 知识产权出版社, 2003: 9-11.

3) 중국특허국(中国专利局)은 중국의 특허업무를 주관하는 중국 국무원의 직속기구로서, 우리나라의 특허청에 상당한다. 1998년 중국 국무원 기구개혁 시에 그 명칭을 중국 국가지식산권국(国家知识产权局, State Intellectual Property Office)으로 고쳐서 지금에 이르고 있다.

되는 상태에 빠지게 하였다. 각고의 노력을 거쳐서, 국무원은 1983년 9월 29일 「중화인민공화국특허법(초안)」을 논의 끝에 통과시키고, 전국인민대표대회 상무위원회에 심의를 요청하였다. 전국인민대표대회 상무위원회의 심의과정에서도 여전히 논란이 많았다. 특허법을 언제 통과시켜 시행할 것인가 하는 문제에 대해서, 덩샤오핑(邓小平) 동지는 "특허법은 빨리 통과시키는 것이 좋다."는 중요한 의견을 발표하였다.[1] 1984년 4월 12일, 제6기 전국인민대표대회 상무위원회 제4차 회의는 5년에 거쳐 25차례 수정된 특허법 초안에 대하여 표결을 진행하였고 이 초안을 통과시켰다. 이에 이르러 중국 특허제도의 표지, 「중화인민공화국특허법(中华人民共和国专利法)」(이하 「특허법(专利法)」으로 약칭)이 탄생하였다. 이 법률은 1985년 4월 1일부터 시행되었다.

「특허법」의 시행에 맞추어, 국무원은 1985년 1월 19일 「중화인민공화국특허법실시세칙(中华人民共和国专利法实施细则)」(이하 「특허법실시세칙(专利法实施细则)」으로 약칭)을 심의 및 비준하였고, 중국특허국이 같은 날에 공포하여 1985년 4월 1일부터 「특허법」과 같은 날에 시행되었다.

1984년 제정 「특허법」은 외국의 경험을 광범위하게 참고하여 각국의 장점을 폭넓게 수용하였고, 중국이 이미 가입한 국제조약에 규정된 의무를 엄격하게 이행하도록 하였으며, 이와 동시에 중국의 구체적인 상황에서의 필요를 고려한 것으로서, 높은 출발점과 선명한 시대적 특징 그리고 중국의 상황에 따른 특색을 갖추고 있었는데, 다음과 같은 점에서 구체적으로 드러난다.

(1) 하나의 법률에 발명·실용신안·디자인 세 유형의 특허를 망라하고, 대다수 국가들처럼 별개로 입법하지 않았다.

(2) 단일의 특허방식으로 발명창조를 보호하도록 하였으며, 특허방식과 발명증서방식을 결합한 혼합방식으로 발명창조를 보호하지 않았다.

(3) 선출원주의와 선발명주의 사이에서 선출원주의를 선택하였으며, 심사방식으로는 발명특허출원에는 조기공개 및 심사청구제도를 실용신안 및 디자인특허출원에는 초보심사제도를 선택하였고, 특허권 수여 방식으로는 공고와 이의절차를 거친 후 특허권을 수여하는 방식을 선택하였다.

(4) 특허로 보호받을 수 있는 기술분야에 대해서는 점진적으로 개방하는 방식을 취하여, 약품·화학적 방법으로 얻어지는 물질·식품 및 조미료에 대해서는 특허권을 수여하지 않는 것으로 규정하였다.

---

1) 赵元果, 中国专利制度的孕育与诞生[M], 北京: 知识产权出版社, 2003: 325.

(5) 당시 중국의 구체적인 국가상황에 대응하여 특허권의 귀속을 "소유"와 "보유"로 구분함으로써, 당시 주도적 지위를 차지하였던 전국민소유제(全國民所有制)와 특허제도를 어떻게 조화시킬 것인가 하는 난제를 해결하였다.

(6) 「파리협약」이 확립한 내국민대우·우선권·특허독립의 3대 원칙을 전면적으로 체현하였으며, 이 협약이 규정하는 의무를 엄격하게 이행하도록 하였다.

(7) 중국 법률의 간단명료한 전통을 계승하여, 총 69개 조로 규정하였다.

개혁심화·개방확대의 기존 방침을 구체화하기 위하여, 그리고 「중미 지식재산권 보호에 관한 양해각서(中美关于保护知识产权的谅解备忘录)」에서의 중국정부의 약속을 이행하기 위하여, 제7기 전국인민대표대회 상무위원회 제27차 회의는 1992년 9월 4일 「특허법」개정안을 심의 및 통과시켜 특허법 제1차 개정을 단행하였다. 개정 「특허법」은 1993년 1월 1일부터 시행되었다. 제1차 개정은 「특허법」을 당시에 이미 기본적으로 형성되어 있었던 TRIPs와 일치시키도록 하는데 중점을 두었는데, 주요 개정내용은 다음과 같았다.

(1) 특허로 보호하는 기술분야를 확대하여, 화학물질·약품·식품·음료 및 조미료에 대해서도 특허로 보호하였다.

(2) 특허권의 효력을 강화하여, 특허권자에게 타인이 허가 없이 특허제품을 수입하는 것을 제지할 수 있는 권리를 부여하였고, 제조방법 특허권의 효력을 그 방법에 의하여 직접적으로 획득한 제품에까지 확대하였다.

(3) 특허권의 보호기간을 연장하여, 발명특허의 보호기간은 20년으로, 실용신안 및 디자인특허의 보호기간은 10년으로 하되, 모두 출원일로부터 계산하도록 규정하였다.

(4) 강제허가에 관한 조항을 신설하여, 국가 긴급상황 또는 비상사태 발생 시에 또는 공공이익의 목적으로 특허실시의 강제허가를 할 수 있게 하였다.

(5) 특허권 수여 전의 이의절차를 특허권 수여 후의 취소절차로 고쳤다.

1992년 12월 12일 국무원은 「특허법실시세칙」개정안을 심의 및 비준하였으며, 중국특허국이 1992년 12월 21일 이를 공포하였고, 1993년 1월 1일부터 「특허법」개정안과 같은 날에 시행하였다.

「중미 지식재산권 보호에 관한 양해각서」의 체결과정에서, 미국정부는 중국정부에 매우 큰 압력을 가하였다. 당시에는 TRIPs 제정을 위한 협상이 아직 진행 중이었지만, 이 양해각서는 중국이 약품 및 화학물질에 대해서 특허보호를 약속하도록 요구하였을 뿐만 아니라, 또한 중국이 1993년 1월 1일 전에는 반드시 「특허법」개정 및 시행을 완료할 것을 요구하였다. 더욱 심한 것은, 이 양해각서 제2조가 중국정부로 하여금 미국에서 이미 출원되어 특허권을 받은 약품·농업화학제품 관련 발명에 대하여 특별히 행정적으로 보호할 것을 요구하였다는 점인데,[1] 이러한 보호는 국제법적 근거가 없을 뿐만 아니라 국제적으로도 선례가 없는 것으로서 중국에 대하여 불합리한 요구를 강요한 것이다.

중국 사회주의 시장경제체제 건설의 필요에 부응하고 중국의 WTO 가입을 준비하기 위하여, 제9기 전국인민대표대회 상무위원회 제17차 회의는 2000년 8월 25일 「특허법」 개정안을 통과시키고 「특허법」에 대해서 제2차 개정을 하였다. 개정 「특허법」은 2001년 7월 1일부터 시행되었다.

제2차 개정의 주요내용은 다음과 같다.

(1) 개정 전에는 전국민소유제 단위가 출원하여 받은 특허권은 그 단위가 "보유"한다고 규정했던 것에서 그 단위가 "소유"한다고 고침으로써, 국유단위가 그 획득한 특허권에 대해서 완전한 처분권을 향유하도록 하였다.

(2) 특허권의 효력을 보다 강화하여, 발명 및 실용신안특허권자에게 타인이 허가 없이 특허제품을 판매청약하는 것을 제지할 수 있는 권한을 부여하였다.

(3) 출원인이 특허복심위원회의 실용신안 또는 디자인특허출원에 대한 복심결정에 불복하는 경우, 그리고 당사자가 특허복심위원회의 실용신안 또는 디자인특허출원에 대한 무효선고청구의 심사결정에 불복하는 경우, 법원에 소를 제기할 수 있도록 규정하였다.

(4) 특허권 수여 후의 취소절차를 삭제하고, 특허권 수여 후의 무효선고청구 절차만 유지하였다.

(5) 실용신안특허에 관한 특허권 침해분쟁의 경우, 법원 또는 지방 특허관리부문이 특허권자에게 국가지식산권국이 발급한 검색보고서를 제출하도록 요구할 수 있게 규정하였다.

2001년 6월 15일 국무원은 「특허법실시세칙」 개정안을 심의 및 통과시키고 국무원령 제306호로 공포하였으며, 2001년 7월 1일부터 「특허법」 제2차 개정안과 같은 날에 시행하였다.

중국의 경제구조조정·발전양식전환에 부응하고, 지속가능한 과학발전을 실현하며, 혁신형 국가 건설을 촉진하기 위하여, 그리고 「국가지식산권전략강요(国家知识产

---

[1] 원문은 아래와 같다. "중국정부는 행정적 조치를 취하여 아래 조건을 갖춘 미국 약품·농업화학 물질제품 발명을 보호하는 것에 동의한다. (1) 중국 현행법률 개정 전에 독점권으로 보호되지 않았을 것; (2) 1986년 1월 1일부터 1993년 1월 1일 사이에 받은 타인의 미국에서의 제조·사용 또는 판매를 금지할 수 있는 독점권일 것; (3) 중국에서 아직 판매되지 않았을 것."

权战略纲要)」의 요구를 실천하기 위하여, 제11기 전국인민대표대회 상무위원회 제6차 회의는 2008년 12월 27일 「특허법」 개정안을 심의 및 통과시키고, 「특허법」에 대해서 제3차 개정을 하였다. 개정 「특허법」은 2009년 10월 1일부터 시행되었다.

제3차 개정의 주요내용은 아래와 같다.

(1) 중국의 유전자원보호와 관련된 규정을 신설하여, 특허제도와 유전자원보호제도를 연계시켰다.

(2) 중국에서 완성된 발명창조를 외국에 출원할 때의 비밀유지에 대한 요구를 보다 명확히 하였다.

(3) 과거 "상대적 신규성" 기준을 따랐던 것에서 "절대적 신규성" 기준을 따르는 것으로 바꿈으로써, 특허권 수여의 기준을 제고하였다.

(4) 디자인특허에 관한 제도를 비교적 전면적으로 조정하였다.

(5) 특허실시의 강제허가에 관한 규정을 조정하여, TRIPs 개정을 위한 의정서와 일치되는 조항을 신설하였다.

(6) 과거에 "타인특허의 허위표시"행위와 "특허의 사칭" 행위로 규정하였던 것을 통틀어 "특허허위표시"행위로 하였으며, 위법행위에 대한 행정처벌을 강화하였다.

(7) 특허권 침해분쟁에 대한 처리와 심리 절차에서의 선행기술의 항변 및 선행설계의 항변에 대해서 명확히 규정하였다.

(8) 병행수입을 허용하고, 약품 및 의료기계에 관한 행정적 심사 및 허가의 예외를 규정하였다.

2009년 12월 30일 국무원 제95차 상무회의는 「특허법실시세칙」 개정안을 심의 및 통과시켰고, 원자바오(溫家宝) 총리가 2010년 1월 9일 제569호 국무원령에 서명하여 공포하였으며, 2010년 2월 1일부터 시행되었다.

개혁개방 초기에, 중국의 특허업무는 아직 공백상태였다. 현재는 중국 특허제도의 모든 부분에 스스로의 실천적 경험과 터득이 배어 있으며, 이것은 특허업무 자체의 법칙에 대한 이해를 보다 심화시켰다. 「특허법」의 제정과 세 차례의 개정은 중국의 특허제도에 대한 인식의 승화를 드러내는 것으로, 그 자체가 바로 중국의 특허업무가 점차 성숙되어가고 있음을 상징한다.

二. 중국 특허제도의 발전전망

1985년 4월 1일 「특허법」이 시행된 이래 25년이라는 짧은 기간 동안, 중국의 특허제도는 장족의 발전을 하였고, 모두가 주목할 만한 성취를 이루었다. 중국이 특허제도를 수립한 그 다음 해인 1986년에 중국특허국이 수리한 세 가지 유형의 특허출원건수는 총 18,509건이었고, 그중 발명특허출원이 8,009건이었으며, 세 가지 유형의 특허권 수여건수는 총 3,024건이었다. 2009년에는 국가지식산권국이 수리한 세 가지 유형의 특허출원건수는 이미 976,686건에 이르렀으며, 그중 발명특허출원이 581,192건이었고, 세 가지 유형의 특허권 수여건수는 총 581,992건으로, 각각 50배 · 40배 및 190배가 증가하였는데, 이러한 증가속도는 세계적으로 유례를 찾아볼 수 없는 것이다.[1]

2008년 6월 5일, 국무원은 「국가지식산권전략강요(国家知识产权战略纲要)」를 발표하였다.

이 강요는 "지식재산권제도는 지식자원을 개발 및 이용하는 기본적 제도이다. 지식재산권제도는 인간의 지식 및 기타 정보에 대한 권리를 합리적으로 확정하고, 지식과 정보의 생산과 운용과정에서 발생하는 인간의 이익관계를 조정함으로써, 혁신을 장려하고 경제발전과 사회진보를 촉진한다. 지식경제와 경제글로벌화가 심화발전함에 따라서, 현재에는 지식재산권이 더욱더 국가발전의 전략적 자원 및 국제경쟁력의 핵심요소가 되어가고 있으며, 혁신형 국가건설을 위한 중요한 버팀목이자 발전의 추동력을 결정하는 관건이 되고 있다."고 지적하였다.

이 강요는 "국가지식재산권전략을 실시하여 지식재산권의 창조 · 운용 · 보호 및 관리능력을 크게 상승시키는 것은, 중국의 자주혁신능력 강화와 혁신형국가 건설에 유리하고, 사회주의 시장경제체제의 개선과 시장질서 규율 및 신용사회 건설에 유리하며, 중국기업의 시장경쟁력 강화와 국가핵심경쟁력 제고에 유리하고, 대외개방 확대 및 상호이익 실현에 유리하다. 반드시 지식재산권전략을 국가의 중요전략으로 하여, 지식재산업무를 확실하게 강화하여야 한다."고 밝혔다.

이 강요가 제시한 전략목표는 "2020년까지 중국을 지식재산권 창조 · 운용 · 보호 및 관리수준이 높은 국가로 건설한다. 지식재산권 법치환경을 보다 개선하고, 시장주체의 지식재산권 창조 · 운용 · 보호 및 관리능력을 현저하게 증강하며, 지식재산권에 대한 의식을 심화시켜 자주적인 지식재산권 수준과 보유량으로 혁신형 국가건설을 효과적으로 지탱할 수 있게 하고, 경제발전 · 문화번영 및 사회건설에 대한 지식재산권의 촉진작용이 충분히 발휘될 수 있게 한다."는 것이다.

---

[1] 중국 국가지식산권국이 2016년 발표한 「2015년 중국지식산권보호현황(中国知识产权保护状况)」에 의하면 2015년 세 유형 특허의 총 출원건수는 279.9만 건으로, 그중 발명특허출원은 110.2만 건, 실용신안특허출원은 112.8만 건, 디자인특허출원은 56.9만 건을 차지하고 있다(역자 주).

특허업무에 대해서 이 강요가 제시한 중점과제는 다음과 같다.

(1) 국가의 전략적 수요를 따라서, 생물 및 의약, 정보, 신재료, 선진제조, 선진에너지, 해양, 자원환경, 현대농업, 현대교통, 항공항법 등 기술분야를 사전에 계획하여, 핵심기술의 특허를 확보함으로써 중국의 첨단기술산업 및 신흥산업 발전을 뒷받침한다.

(2) 표준과 관련된 정책을 제정 및 개선하고, 특허를 표준에 포함시키는 행위를 규율한다. 기업·업계 조직이 국제표준 제정에 적극적으로 참여하는 것을 지원한다.

(3) 직무발명제도를 개선하여, 직무발명자의 혁신에 대한 적극성을 유발하고, 또한 특허기술의 실시에 따른 이익분배를 촉진하는 데 유리한 메커니즘을 마련한다.

(4) 특허권 수여의 요건에 따라서, 특허심사절차를 개선하고, 심사품질을 제고시킨다. 비정상적 특허출원을 방지한다.

(5) 특허보호와 공공이익의 관계를 정확하게 처리한다. 법에 따라 특허권을 보호하는 동시에, 강제허가제도를 개선하여 예외제도의 기능이 발휘되도록 하고, 관련 정책을 합리적으로 연구 및 제정하며, 공공의 위기가 발생했을 때에 공중이 조속하고도 충분하게 필요한 제품 및 서비스를 확보하도록 보증한다.

「국가지식산권전략강요」가 제시한 전략목표와 중점과제를 실현하기 위해서는 반드시 중국 특허업무의 수준을 한 단계 더 높여야 한다. 과거를 돌아보면, 중국 특허제도의 수립과 고속발전에 깊은 자부심을 느낀다. 미래를 전망하면, 중국 특허제도가 한층 더 개선되고 발전될 것이라는 자신감이 충만하다. 특허제도가 중국 경제사회의 지속발전과 중화민족의 위대한 부흥을 위하여 합당한 공헌을 할 것으로 기대한다.

제1장

총 칙

제1조~제21조

서 언

명칭을 보면 알 수 있듯이 '총칙'은 법률의 요점을 간단명료하게 밝히는 부분으로서, 중국이 제정한 법률은 모두 총칙부분으로 시작한다.

「특허법」의 총칙부분은 이 법률 중에서 매우 뚜렷한 지위를 차지하는데, 먼저 총칙부분이 총 21개 조로 구성되어 「특허법」의 전체 조문 중 1/4 이상을 점하고 있다는 점, 총칙부분에 입법취지, 특허업무관리부문, 특허출원의 객체와 주체, 직무발명창조와 비직무발명창조의 개념정의, 특허출원권의 효력, 발명자 및 창작자의 권리, 특허출원권 및 특허권의 양도, 특허의 실시허가, 중국에서 완성된 발명창조의 외국으로의 특허출원, 특허대리 및 특허업무인력의 비밀유지책임 등, 규정할 필요가 있지만 다른 장에서 규정하는 것이 그 표제로 보아 적합하지 않은 내용을 모두 총칙부분에 담았다는 점에서 드러난다.

최근에 중국이 제정하는 각종 법률의 총칙부분은 대부분 매우 간명한데, 일반적으로는 몇 개 조만으로 각 법률의 가장 중요한 원칙을 뚜렷하게 밝혀서, 그 나머지 각 장에 대하여 지도하고 해석하는 역할을 한다. 「특허법」의 총칙부분은 너무 많은 구체적인 규정을 담고 있어서 전체적인 균형이 흐트러진 감이 있으며, 총칙부분에 합당한 요점을 간단명료하게 밝히는 역할이 약화되었는데, 이것은 바람직하지 않다. 「특허법」의 세 차례 개정은 모두 "부분개정"이었고 "전면개정"이 아니었으며,[1] 즉 일부 조항만을 조정하고 전체 법률을 새롭게 고쳐 쓴 것이 아니었으며, 이 때문에 비록 이에 관련된 건의가 있었다고 하더라도 「특허법」의 전체 체계를 시종 조정하지는 않았다. 언젠가는 적절하게 조정되기를 기대한다.

2008년 「특허법」 개정 시에 총 36곳을 개정하였는데, 그중 총칙부분에서 이 장 조항의 절반을 초과하는 13곳(신설 1개 조, 개정 12개 조)이 개정되었으며, 이 때문에 총칙부분은 제3차 개정의 중점분야 중 하나였다.

---

1) 중국에서는 '전면개정'에 대해서는 修訂으로 표현하고, '부분개정'에 대해서는 修正으로 표현한다. '전면개정'과 '부분개정'의 차이에 대해서는 제76조에 대한 설명을 참조하기 바란다(역자 주).

제1조 입법취지

특허권자의 합법적 권익보호, 발명창조의 장려, 발명창조의 응용촉진, 혁신능력의 제고, 과학기술의 진보 및 경제사회의 발전 촉진을 위하여 이 법을 제정한다.

一. 특허권자의 합법적 권익보호

"특허권자의 합법적 권익보호"는 「특허법」의 핵심이며, 본조가 규정하는 기타 4개 항목의 입법취지를 실현하는 기초이다.

2008년 「특허법」 개정 시에 이전 규정의 "발명창조특허권 보호"를 "특허권자의 합법적 권익보호"로 고쳤는데, 이는 특허제도의 속성과 작용에 대한 중국의 인식이 보다 심화되었음을 드러낸다. 특허제도는 특허권 보호만을 일방적으로 강조하는 것이 아니다. 특허제도는 특허권자의 합법적 권익을 충분히 보호하여야 할 뿐만 아니라, 사회와 공중의 합법적 권익 또한 충분히 고려하여야 하며, 양자 사이에 일종의 합리적인 균형을 실현해야 한다. 「국가지식산권전략강요」는 "지식재산권의 보호강화"를 제시하였을 뿐만 아니라, "지식재산권의 남용방지"도 제시하였다. 지식재산권의 보호강화를 위해서 이 강요는 "지식재산권 침해행위를 처벌하기 위한 법률법규를 개정하고, 사법적 처벌 형량을 강화한다. 권리자 자신의 권익수호 의식과 능력을 제고한다. 권리 보호에 소요되는 비용을 절감하고, 권리 침해에 대한 대가를 제고하며, 효과적으로 권리 침해행위를 억제하여야 한다."고 지적하였다. 지식재산권의 남용방지를 위해서 이 강요는 "관련 법률법규를 제정하고, 지식재산권의 범위를 합리적으로 확정하며, 지식재산권의 남용을 방지하고, 공정경쟁의 시장질서와 공중의 합법적 권익을 보호하여야 한다."고 지적하였다. 본조를 위와 같이 개정한 것은 「특허법」의 입법취지에 「국가지식산권전략강요」를 구체화하기 위한 조치였다.

그러나 법률적 측면에서 보면, "특허권자의 합법적 권익보호"를 「특허법」의 입법취지 중 하나로 한 것은 검토해 볼 만한 여지가 있다. 법률의 "입법취지"는 그 법률을 제정한 이유를 나타낸다. 「특허법」을 제정하고, 나아가 그 기초 위에서 특허제도를 수립하여 특허권을 수여한 후에야, 비로소 특허권자의 합법적 권익보호를 논할 수 있다. 본조는 "특허권자의 합법적 권익보호를 위하여 이 법을 제정한다."로 읽을 수 있는데, 이것은 "특허권"이 「특허법」의 제정·시행에 관계없이 이미 존재하는 권리이고, 특허권자의 합법적 권익을 보다 더 잘 보호하기 위하여 「특허법」을 제정하는 것이라는 느낌을 받게 하는데, 이것은 분명히 의문이 남는다. 2008년「특허법」개정 시에 이미 이와 같은 문제에 대한 지적이 있었지만, 중국「상표법」과「저작권법」제1조도 이와 유사한 표현이 있음에 비추어 조정하기는 곤란한 측면이 있었고, 이로 인해서 개정하지 않았다.[1]

二. 발명창조의 장려

국가가 발명창조를 장려하여야 하는 필요성과 중요성은 말할 필요도 없다. 본조는「특허법」제정 취지 중 하나가 특허권 수여를 통해서 발명창조를 장려하는 것임을 규정하고 있다.

발명창조는 인간의 지적 노동의 성과이며 실재적인 사용가치가 있다. 한 국가의 발명창조능력은 그 과학기술 수준을 직접적으로 반영하고, 과학기술 수준은 이미 한 국가의 종합적 국력을 결정하는 중요한 요인이 되었는데, 이것은 현재의 세계적 형세에 있어서 중요한 특징 중 하나이다.

어떻게 하면 발명창조를 보다 더 장려할 수 있을까? 여기에 대해서 중국은 다양한 시도를 해 왔다.

중국은 개혁개방 전에 오랫동안 포상제도에 의하여 발명창조를 장려하였는데, "한 집에 꽃이 피면, 백 집이 따라 한다."는 체제로서, 곧 발명창조가 완성된 후에는 국가의 소유가 되어, 모든 직장 또는 개인이 무상으로 사용할 수 있었다. 이와 같은 체제에서는 발명자가 상장·메달·상금 등만 얻을 수 있을 뿐이고, 발명자와 그 소속 단위는 발명창조의 실시를 통해서 경제적 이익을 얻을 수 없었으며, 따라서 발명창조에 투입된 비용을 회수하기가 어려웠다. 이러한 상황은 수많은 과학기술인력 및 그 소속 단위가 발명창조에 대한 적극성을 충분히 발휘하도록 하는 데 도움이 되지 않았으며, 이 때문에 비록 과거에 해마다 돈을 지급하여 과학기술연구를 수행하고, 해마다 돈을 지급하여 발명창조를 포상하였지만, 높은 수준의 과학기술 연구성과 건수는 줄곧 제한적이었다.

발명자의 발명창조를 보다 효과적으로 장려하기 위해서는, 발명창조를 한 단위 또는 개인이 발명창조의 실시를 통해서 충분한 경제적 이익을 얻을 수 있도록 하는 제

---

[1] 「상표법」제1조는 "상표관리 강화, 상표권의 보호, …를 위하여", 「저작권법」제1조는 "문학, 예술과 과학작품 저작자의 저작권을 보호하기 위하여…"와 같이 규정하고 있다.

도를 국가가 반드시 마련하여야 한다는 것을 국내외의 경험이 증명한다. 발명창조에 대해서 특허권을 수여하여 특허권자가 일정한 기간 동안 그 발명창조를 실시할 수 있는 독점권을 갖게 하고, 타인이 그 발명창조를 실시하기 위해서는 반드시 사전에 특허권자의 허가를 받아야 하는데, 이것이 바로 특허권자가 격렬한 시장경쟁 중에서 유리한 지위를 갖게 하고, 발명창조의 완성을 위해 투입한 비용을 회수하여 "혁신ㆍ수익ㆍ재혁신ㆍ재수익"의 양성 순환을 실현할 수 있도록 하며, 기업과 과학연구단위가 발명창조를 부단히 확대발전시킬 수 있도록 한다. 미국의 전 대통령 링컨은 "특허제도는 천재에게 주는 불이요, 이익을 더해 주는 기름이다."라는 명언을 남겼다. 이 비유는 매우 구체적일 뿐만 아니라 또한 매우 적절하다.

사실상 모든 발명창조가 양호한 사회적 이익을 발생시키는 것은 아니다. 사회적 이익을 발생시키는 발명창조만이 비로소 사회의 보답을 받아야 하는데, 이것은 당연한 것이다. 그러나 발명창조가 사회적 이익을 발생시키는지 그리고 어떠한 종류와 정도의 사회적 이익을 발생시키는지를 어떻게 하면 객관적이고 공정하게 평가할 수 있는가에 대해서 중국은 줄곧 여러 시도를 해 왔지만 결과는 시종 그다지 이상적이지 않았다. 이 점이 바로 특허제도와 과거의 포상제도 사이의 차이이다. 특허제도 아래에서는, 특허권자 자신이 그 특허를 실시하고, 타인에게 그 특허를 실시하도록 허가하고, 그리고 타인의 침해행위를 제지함으로써 특허권자가 경제적 이익을 얻는다. 많이 실시하면 할수록 얻을 수 있는 경제적 이익도 커진다. 실시를 하지 않으면 경제적 이익을 얻을 수 없다. 특허권을 받은 발명창조의 가치는 시장이 점검하고 결정하는 것이지 어떤 개인 또는 기구가 심사ㆍ감정하는 방식으로 평가를 내리는 것이 아니므로, 그 결과는 확실히 보다 객관적이고 공정하다고 하겠다. 바꿔 말하면, 특허제도의 운영방식은 "이익의 기름"이 선택적으로 가치가 있는 "천재의 불"에 더해지는 것을 보장하는 것으로서, 이것이 특허제도의 두드러진 장점 중 하나이다.

三. 발명창조의 응용 촉진

발명창조의 장려는 「특허법」의 최종적인 목적이 아니다. 발명창조는 그 실시와 응용을 통해서 생산력을 발전시키고 사회적 진보와 번영을 촉진하는 데 그 의의가 있다. 만약 발명이 종이 위에만 머물러 있어서 방치해 둔 채 실시 및 응용되지 않는다면, 아무리 좋은 발명이라고 하더라도 실제적 의의가 없다. 중국이 특허제도를 수립하여 발명창조를 보호하도록 결정한 주요 이유 중 하나는 특허제도가 발명창조를 널리 보급하고 응용하는 데 유리하기 때문이다.

먼저, 특허제도는 특허권자가 능동적으로 그 특허를 실시하는 것을 촉진할 수 있다. 특허권을 받게 되면 특허권자는 시장경쟁에서 보다 유리한 지위를 갖게 되며, 그 특허를 실시하고 싶어 하는 자는 누구라도 사용료를 지급할 필요가 있는데, 이렇게 됨으로써 특허권자는 경제적 이익을 얻을 수 있게 된다. 당연히 진정한 경제적 이익을 얻기 위해서는 특허가 실시되어야 하는데, 특허권자 자신이 그 특허를 실시하거나 또는 타인에게 그 특허의 실시를 허가함으로써 그 선진적 기술이 실제로 이용되는 것이 요구된다. 특허제도 아래에서 발명자는 그 발명창조의 실시를 통해서 경제적 이익을 얻기를 바라기 때문에, 이것이 발명창조의 보급과 응용에 동력을 제공한다. 특허제도는 경제적 지렛대를 이용하는 것이고, 행정명령으로 발명창조의 보급과 응용을 추진하는 것이 아니다. 이와 같은 추진방식이 보다 효과적임이 실천적으로 드러났다.

다음으로, 특허제도는 타인이 특허를 실시하는 데 보다 유리한 조건을 제공한다. 「특허법」 제26조 제3항은, 특허출원인이 반드시 그 출원서류 중에 발명창조를 명확하고 완전하게 설명하여야 하고, 해당 기술분야의 기술자가 설명서를 읽어 보면 그 발명창조를 실시할 수 있도록 하여야 한다고 규정하고 있다. 「특허법」 제21조 제2항은, 국가지식산권국이 완전하고 정확하며 적시에 특허정보를 공개하고, 정기적으로 특허공보를 발간하여야 한다고 규정하고 있다. 위와 같은 규정에 따라서, 늦어도 특허권이 수여됨과 동시에, 공중은 정규적이고 전문적인 경로로 발명창조의 상세한 내용을 알게 된다. 오늘날에 이르러, 특허문헌은 이미 전문적 기술정보의 원천이 되었으며, 독특한 분류체계를 가지고 있는데, 현재 사용되고 있는 도서분류 체계보다 훨씬 상세하며, 사용자는 각자의 필요에 따라서 편리하고 신속하게 관심 있는 내용을 찾아볼 수 있다. 현재 특허문헌은 서면형식 이외에도 각종 전자매체 형식이 이용되고 있어서, 공중은 매우 편리하게 이용할 수 있다. 현재에는 각국 특허청이 제공한 특허정보를 바탕으로 하여 이차적으로 개발한 각종 유형의 상업적 특허정보데이터베이스가 대단한 발전을 보이고 있으며, 매우 강력한 검색 기능을 보유하고 있어서 다른 분야의 기술자도 인터넷을 통해서 다른 유형의 상업적 특허정보데이터베이스를 편리하게 검색해 볼 수 있다. 이와 같이, 특허제도는 내용이 상세하고 형식이 통일되어 있으며 검색이 편리한, 모든 기술분야를 망라하는 거대한 정보자원을 전체 사회에 제공하여 기술정보의 획득을 크게 편리하게 함으로써, 발명창조의 보급과 응용을 크게 촉진하였고, 동시에 연구가 중복되는 것을 감소시켰으며, 연구개발에 소요되는 원가를 낮추었다.

四. 혁신능력 제고, 과학기술 진보 및 경제사회 발전 촉진

국제적 형세의 변화와 중국 경제의 고속 성장에 따라서, 중국은 혁신능력의 제고와 혁신형 국가 건설을 갈수록 중시하고 있다.

중국공산당 제17차 전국인민대표대회에 대한 보고에서 "자주적 혁신능력을 제고하고, 혁신형 국가를 건설한다. 이것은 국가발전 전략의 핵심이며, 종합적 국력을 향상시키는 관건이다. 중국 특색의 자주적 혁신의 길을 견지하여야 하고, 자주적 혁신능력의 강화를 현대화 건설의 각 분야에서 관철시켜야 한다."고 지적하였다.

2008년에 나타난 전 지구적 금융위기에 대응하기 위해서, 후진타오(胡錦涛) 총서기는 "인류사회 발전의 역사와 중국이 경험한 발전이 말해 주듯이, 자원을 대량으로 소비하고 생태환경을 파괴하는 조방적 성장방식은 오래갈 수 없다. 현재 국제적 금융위기가 우리 경제발전에 미치는 영향이 날로 심화되고 있는 상황에서, 성장방식을 신속히 바꾸지 않고 경제구조를 조정하지 않으면, 발전의 공간은 점점 더 축소되고 발전의 길도 갈수록 좁아지게 된다. 경제발전 방식의 전환에 있어서 가장 중요한 조치는 바로 중국 특색의 자주혁신의 길을 견지하는 것으로서, 과학교육진흥전략·인재강국전략·지식재산전략을 힘써 실시하고, 기업이 주체가 되고 시장이 길잡이가 되며 산학연 합동의 기술혁신 체계를 신속히 수립하며, 전체 사회에 창조정신·혁신정신·창업정신이 크게 함양될 수 있도록 하여 자주적 혁신능력을 증강하고 혁신형 국가를 신속히 건설하여야 한다."[1]고 지적하였다.

원자바오(溫家宝) 총리는 "자주적 혁신은 과학기술발전의 영혼으로, 국가발전의 마르지 않는 동력이며, 국가의 굴기를 지탱하는 근골이다. 자주적 혁신이 없으면, 우리는 국제무대에서 평등한 지위를 얻을 수 없으며, 마땅한 국제적 존엄도 확보할 수 없고, 심지어 세계 민족의 숲에서 자립할 수 없다. 격렬한 국제적 경쟁 속에서 진정한 핵심기술은 시장을 통해 얻을 수 없고 돈을 쓰더라도 살 수 없으며, 기술설비의 유입이 혁신능력의 유입과 같은 것도 아니다. 우리의 발전은 반드시 주로 자신의 능력에 의존하여야 하고, 반드시 자주적 혁신을 경제구조 조정과 성장방식 전환의 중심부분으로 삼아서, 각 산업·업계 및 지역에 그리고 현대화 건설의 각 분야에 관철시켜, 혁신형 국가 건설에 노력하여야 한다."[2]고 지적하였다.

지식재산권제도는 지식자원을 개발하고 이용하는 것을 기본으로 하는 제도이다.

---

1) 후진타오(胡錦涛) 총서기의 2008년 11월 29일 "제17회 중공중앙정치국 제9차 집체학습" 중의 연설 참고.
2) 원자바오(溫家宝) 총리의 2006년 1월 9일 "전국과학기술대회" 중의 연설 참고.

지식재산권제도는 사람의 지식 및 기타 정보에 대한 권리를 합리적으로 확정함으로써 지식과 정보에 대한 창조와 운영 중 발생하는 사람들의 이익관계를 조정하고, 혁신을 격려하며, 경제발전과 사회진보를 촉진한다. 현재 세계적으로 지식경제와 경제 글로벌화가 심화 발전함에 따라서, 지식재산권은 날이 갈수록 국가발전의 전략적 자원과 국제 경쟁력의 핵심요소가 되고 있으며, 혁신형 국가 건설의 중요한 버팀목과 능동적 발전의 관건이 되고 있다. 국제사회는 지식재산권을 보다 더 중시하고 있으며, 혁신의 장려를 보다 더 중시하고 있다. 선진국은 혁신을 경제발전 촉진의 주요 동력으로 삼고 있으며, 지식재산권제도를 충분히 이용해서 그 경쟁에서의 우세를 확보하고 있다. 개발도상국도 국가 상황에 알맞은 지식재산권 정책 및 조치를 적극적으로 취함으로써, 자신의 발전을 촉진하고 있다.[1] 이와 같은 형세에 대응하여, 중국의 지식재산권제도 건설을 강화하고 지식재산권의 창조·관리·운용·보호능력을 힘써 제고하는 것은, 우리의 자주적 혁신능력을 강화하고 혁신형 국가를 건설하기 위해 절실하게 필요한 것이고, 사회주의 시장경제 체제를 개선하고 시장질서를 규범하여 신용사회를 건설하기 위해 절실하게 필요한 것이며, 중국 기업의 시장에서의 경쟁능력을 증강하고 국가 핵심 경쟁력을 제고하기 위해 절실하게 필요한 것일 뿐만 아니라, 개혁개방을 확대하고 상호 원원하기 위해 절실하게 필요한 것이기도 하다.[2]

특허제도는 지식재산권제도의 중요한 구성부분이고, 그 기능은 특허권자의 합법적 권익보호, 발명창조의 장려, 발명창조의 응용촉진, 과학기술의 진보촉진 분야뿐만 아니라, 혁신형 국가의 건설, 경제사회의 발전촉진까지 아울러야 한다. 위와 같은 인식에 기초해서, 2008년 개정 「특허법」은 본조에 "혁신능력의 제고", "경제사회의 발전촉진"도 이 법률의 취지로 포함시켰다.

---

1) 국무원이 2008년 6월 5일 반포한 「국가지식산권전략강요」 참고.
2) 후진타오(胡錦濤) 총서기의 "제17회 중공중앙정치국 제31차 집체학습" 중의 연설 참고.

제2조 발명창조의 정의

① 이 법의 발명창조는 발명·실용신안 및 디자인을 가리킨다.
② 발명은 제품·방법 또는 그 개량에 대하여 제출된 새로운 기술방안을 가리킨다.
③ 실용신안은 제품의 형상·구조 또는 그 결합에 대하여 제출된 실용에 적합한 새로운
기술방안을 가리킨다.
④ 디자인은 제품의 형상·도안 또는 그 결합 및 색채와 형상·도안의 결합에 대하여 만
들어진 풍부한 미감이 있고 공업상 이용할 수 있는 새로운 설계를 가리킨다.

一. 개 요

「특허법」제1조에서 입법취지를 규정하면서 특허법의 보호객체가 발명창조임을
이미 명확하게 밝혔다. 특허법 의미에서의 발명창조는 무엇인가? 분명히 이것은 「특
허법」이 답하여야 하는 많은 중요한 문제 중 하나이다. 이 때문에 제1조에 이어서 본
조가 "발명창조"를 정의하는 것은 자연스러운 일이다.

세계 각국이 보편적으로 특허보호의 객체를 "발명(invention)"으로 하는 데 대하여,
「특허법」은 "발명창조(invention-creation)"라는 표현을 사용하는데, 그 주된 이유는
「특허법」이 발명·실용신안 및 디자인이라는 3종의 상이한 유형의 특허를 포괄하
기 때문이다. 1984년 「특허법」 제정 시에 표현의 편의를 위해서 이 세 유형 특허권
의 보호객체를 개괄할 수 있는 어휘가 필요하다고 보았다. 만약 "발명"으로 한다면
"발명특허" 중의 "발명"과 혼돈하기 쉽고, "발명"으로 디자인특허권의 보호객체를 표
현하는 것은 그다지 적절하지 않은데, 사람들의 보편적인 이해에 따르면 제품의 외관
에 대한 새로운 설계방안은 "창조"로 여겨지지 "발명"으로 여겨지지는 않기 때문이
다.[1] 본조 제1항은 「특허법」이 말하는 "발명창조"가 발명·실용신안 및 디자인 전체
를 일컬음을 먼저 명확히 하고 있다.

「특허법」의 각 조 규정 중에서, 무릇 발명·실용신안 및 디자인에 모두 적용되는
규정이라면, "발명창조"라고 부른다. 그중 하나 또는 둘에만 적용되는 것이라면 구분

---

1) 미국특허법도 3종의 다른 유형의 특허를 규정하는데, 곧 발명특허(patent for invention), 식물특
허(patent for plants) 및 디자인특허(patent for design)이다. 그러나 미국특허법은 전체에서 하
나의 어휘로 3종의 특허보호객체를 개괄하는 시도를 하고 있지 않으며, "발명"이라고 하면 항상
발명특허를 가리킨다.

해서 명확히 지시한다. 이와 유사하게 발명특허·실용신안특허 및 디자인특허 모두
에 적용되는 것이라면 상황에 따라 "특허" 또는 "특허권"이라고 부르고, 그중 하나 또
는 둘에만 적용되는 것이라면 구분해서 명확히 지시한다.

　기왕에「특허법」이 3종의 상이한 유형의 발명창조를 규정하였다면, 혼동을 피하기
위해서 소위 말하는 "발명", "실용신안" 및 "디자인"에 대하여 구분해서 정의하는 것
은 필연적이며, 그렇지 않았다면 공중은 하나의 발명창조에 대하여 도대체 발명특허
로 출원해야 하는지, 실용신안특허로 출원해야 하는지 아니면 디자인특허로 출원해
야 하는지 판단할 수 없게 된다. 그러나 2008년「특허법」개정 전에는, 이 정의가「특
허법」에 규정되어 있지 않고,「특허법실시세칙」에 규정되어 있었다. 이 정의가「특
허법」의 가장 기본적인 개념 중 하나임을 고려하여,「특허법」규정을 보다 더 완벽하
게 하기 위해서, 2008년「특허법」개정 시에 이 정의를「특허법실시세칙」제2조로부
터 본조로 옮겨 왔다.

　「특허법」은 동시에 3종의 특허를 규정하는데, 이는「특허법」제정 초기에 전례가
없는 창조적 시도로 여겨져서 높은 평가를 받았다.[1] 그러나 중국의 실용신안특허와
디자인특허는 모두 실체심사를 거치지 않고 수여되는 특허권으로서, 권리가 수여되
는 비율은 매우 높지만 법적 안정성은 낮다. 중국 특허제도의 고속 발전에 따라, 실용
신안특허와 디자인특허의 연간 출원건수는 줄곧 증가하여 수십만 건에 달하였으며,
법적 안정성 문제는 훨씬 두드러졌다.[2] 실체심사를 거치지 않고 특허권을 수여하는
것은 비정상적 출원을 유발하기 쉽고, 특허제도의 명성에 일정한 부정적인 영향을 미
친다. 국가지식산권국이 3종의 특허출원에 대하여 모두 실체심사를 진행하도록 요구
하는 것이 쉽지 않다는 점을 고려하여, 2000년 및 2008년「특허법」개정 시에 적지
않은 사람들이「특허법」을 특허법·실용신안법 및 디자인법 3개 법률로 분리하여 실
용신안과 디자인에 대한 권리에 대해서는 "특허권"이라고 부르지 않도록 할 것을 건
의하였다.[3] 그러나, "만나는 것도 어렵지만 헤어지는 것도 역시 어렵다"고 하듯이,
당초 3종의 발명창조를 하나의 법률로 규정한 것은 거듭 저울질하고 많은 의견을 물
리친 결과로서, 실제로 쉽지 않은 것이었다. 지금에서 3개의 법률로 나누는 것도 쉽

---

1) 민국정부가 1944년 5월 29일 반포한「중화민국특허법」이 이와 같은 규정하였다. 이 책의 서론부
　분 참고.
2) 통계에 의하면, 2010년 국가지식산권국이 수여한 국내출원인의 실용신안특허는 342,258건, 디자
　인특허는 318,601건으로서, 양자의 합은 국내출원인에게 수여한 3종 특허 총 건수의 90.9%에 해
　당한다.
3) 宫宝珉, 外观设计专利审查与授权标准研究[G]//国家知识产权局条法司, 专利法及专利法实施细则 第三
　次修改专题研究报告, 北京: 知识产权出版社, 2006: 312-371.

지 않은데, 입법에 대량의 자원이 소모되고 분리한 후의 3개의 법률은 또 필연적으로 중복되는 규정이 있을 것이기 때문이며, 그리고 20년 넘게 시행하면서 공중은 이미 현재의 제도에 익숙해 있어서 변동이 너무 큰 것은 적절하지 않았으므로, 국무원과 전국인민대표대회 상무위원회의 입법기관은 모두 이 건의를 받아들이지 않았다.

二.「특허법」에서의 "발명창조"의 의미

(一) 발 명

1. "발명"에 대한 두 가지 정의 방식

특허법에서 "발명"을 정의하는 방식은 각국마다 조금씩 다르다. 특허법에서 "발명"을 적극적으로 정의하여 어떤 것들이 특허법 의미의 "발명"에 속하는지를 규정하는 국가들도 있고, 특허법에서 "발명"을 소극적으로 정의하여 어떤 것들이 특허법 의미의 "발명"에 속하지 않는지를 규정하는 국가들도 있다. 전자의 전형적인 예는 미국과 일본이고, 후자의 전형적인 예는 유럽국가들이다.

미국특허법 제100조의 표제는 "정의"이며, 그 제a항은 "발명"은 "발명 또는 발견"을 가리킨다고 규정하고 있다. 제101조의 표제는 "특허권이 수여될 수 있는 발명"으로, 그 조문은 아래와 같다.

> 새롭고 유용한 방법·설비·제품 또는 물질성분을 발명 또는 발견하였거나, 또는 상술한 발명 또는 발견에 대해서 새롭고 유용한 개량을 한 자는 누구라도, 이 법이 규정한 조건과 요구에 부합하는 경우, 특허권을 받을 수 있다.

위의 정의는 미국이 특허제도를 수립한 초기의 것으로서 지금으로부터 200여 년의 역사를 갖고 있으며, 시종 어떠한 개정도 하지 않았다.

일본특허법 제2조의 발명에 대한 정의는 아래와 같다.

> 이 법의 "발명"은 자연법칙을 이용한 기술사상의 창작으로서 고도한 것을 가리킨다.

일본의 관련 저작에 의하면, 소위 "자연법칙"에는 뉴턴이 발견한 운동법칙 등과 같이 자연계에 본래부터 존재했던 자연법칙을 포괄할 뿐만 아니라, 경험법칙과 같이 인류가 경험을 통해 종합해 낸 일정한 원인에 의해서 발생하는 일정한 결과에 대한 인식도 포괄하지만, 그러나 지적 노력 또는 정신활동의 결과로 구상해 낸 규율(예를 들면, 제도방법·비밀번호조합방법 등), 인위적 규정(예를 들면, 금융제도·세수제도·게임방법 등), 경제학법칙, 심리법칙 등은 포함되지 않는다. 소위 "기술"은 일정한 목적을 달성하기 위해 채용하는 구체적인 수단으로서, 공업적인 것인가 또는 문화적인 것인가에 관계없이 실제로 응용할 수 있는 것이면 된다. 이와 같이 이해하면, 문예·체육 및 기타 분야에도 모두 연주기술·투구기술·입법기술 등과 같은 기술이 존재하지만, 그러나 이러한 기술은 "자연법칙"을 이용하는 것이 아니며, 따라서 일본특허법 제2조의 규정에 의하여 특허권을 받을 수 없다.[1]

1973년 10월 5일 체결되어 1977년 10월 7일 발효된 「유럽특허협약」 제52조 제2항은 아래와 같이 규정하고 있다.

> 특별히, 이하 각 항목은 본조 제1항 규정이 의미하는 발명에 속하지 아니한다.
> (a) 발견·과학이론 및 수학적 방법; (b) 미술적 창조; (c) 지적 활동·게임 또는 상업경영에 대한 방안·규칙과 방법, 그리고 컴퓨터프로그램 자체; (d) 정보의 표현

이 협약의 규정에 근거해서 모든 회원국은 잇따라 자국의 특허법을 개정하여, 협약의 규정과 일치하도록 하였다. 이렇게 함으로써, 세계 최고의 선진국 집단인 유럽국가들은 그 특허법 중의 "발명"에 대하여 통일적으로 소극적인 정의방식을 따르게 되었다.

각국 특허법의 "발명"에 대한 정의방식이 다르기는 하지만, 각국의 실제 판단기준은 대체로 일치하여, 소위 길은 달라도 결과는 같은 상황이다.

미국특허법에서의 정의는 상당히 "유구"하면서도 또한 상당히 "괴이"한데, 예를 들어, 미국특허법 제100조가 "발명"을 "발명 또는 발견"으로 정의한 것은 상당히 막연한 것으로서, 세계적으로 어느 나라도 미국과 유사하게 정의하지 않았다. 미국특허법 제101조는 4종류의 특허보호 대상, 즉 방법·설비·제품 또는 물질성분을 규정하였지만, 미국의 특허실무를 보면 미국특허법 제101조 규정만으로는 어떤 것은 특허권을 받을 수 있는 "발명"의 범위에 속하고, 어떤 것은 이 범위에 속하지 않는지를 구분하기가 매우 어렵다.[2] 그렇다면 실제 판단기준은 부득불 미국 연방대법원 및 그 하

---

1) 吉藤幸朔, 专利法概论[M], 宋永林, 魏启学 译, 北京: 北京出版社, 1990: 66-78.
2) 미국 연방대법원은 2010년 6월 28일 Bilski v. Kappos 사건의 판결에서, 미국특허법 제101조의 규정은 단지 미국국회가 제정한 특허법이 광범위한 대상에 대하여 보호할 수 있음을 표명한 것

위법원이 정립할 수밖에 없다.[1] 비록 미국특허법의 정의가 줄곧 변하지 않았지만, 미국법원이 판례를 통해서 수립한 어떤 발명이 특허를 받을 수 있는지에 대한 판단기준은 계속 조정되는 상태여서 분명하지 않았으며, 그중에서 근거로 삼을 수 있는 판단규칙을 정확하게 귀납해 내는 것도 절대 간단한 일이 아니었는데, 이것은 판례법제도를 따르는 국가에서 자주 나타나는 현상이다. 미국 연방대법원은 1981년 Diamond v. Chakrabarty 사건에서 중요한 판결을 내렸는데, 인간이 만들어 낸 미생물도 출원하여 특허를 받을 수 있다고 판시하였다. 이 판결은 "태양 아래 무릇 인간이 만들어 낸 모든 것은 특허로 보호받을 수 있다."라는 명언을 인용하였다.[2] 이 중에서 "모든 것(every thing)"이 포괄하는 범위는 매우 넓으며, 특허업계에 종사하는 자라면 사람이 만들어 낸 "모든 것"이 특허로 보호받을 수 있는 것은 아니고, 반도체집적회로 설계와 같이 저작권 또는 기타 유형의 지식재산권에 의해서 보호받을 수 있다는 것을 명확히 알고 있다. 실제로 종래의 미국 특허실무에서도 특허보호의 대상을 이러한 정도로 확대하였던 적은 없다. 따라서 위의 명언은 아마도 의지를 드러내기 위함인 것 같고, 실제와는 차이가 있다.[3]

미국특허법의 정의와는 달리, 일본특허법은 "발명"에 대하여 학리적 해석을 시도하고 있다. 그러나 사회과학분야 또는 자연과학분야에서는 기초적 개념일수록 더욱 정의하기가 어렵다. 예를 들면, "물질"은 사회과학 및 자연과학에 공통으로 관계되는 가장 기본적인 개념으로, 보편적으로 사람들은 이것을 정의하는 것이 불가능하다고 본다.[4] 일본 특허법의 정의는 "자연법칙", "기술", "기술적 사상" 등 개념에 관계되고,

---

일 뿐이라고 지적하였다.

1) 미국 연방대법원은 2010년 6월 28일 Bilski v. Kappos 사건의 판결에서, 이 법원이 1981년 Diamond v. Chakrabarty 사건의 판결에서 자연법칙·물리현상 및 추상적 개념의 세 가지 유형은 특허권을 받을 수 없다고 하였음을 지적하였다. 미국 연방대법원은 이 세 가지 유형이 배제되는 것은 미국특허법 제101조의 "새롭고 유용한"이라는 표현으로부터 도출된 것이라고 지적하였다.

2) 447 U. S. 303, "Every thing under the sun made by man is patentable."

3) 2010년 3월 28일 미국 연방대법원의 Bilski v. Kappos 사건의 판결에 대하여, 미국 연방대법원의 Stevens 대법관은 이 판결을 지지하는 장편의 논설을 기재했는데, 판결 자체에 대한 보충설명으로도 볼 수 있다. 이 사건에 대한 심리과정에서 상소인은 이 명언을 인용함으로써, 이 사건의 특허가 유효로 유지되어야 한다는 견해를 지지하고자 하였다. 이 대법관은 "상고인이 이 명언을 근거로 하는 것은 잘못된 것으로, 우리는 예전부터 미국국회가 1952년 미국특허법을 개정할 때의 설명 중에 언급한 이 문구를 모든 방법단계의 조합이 특허받을 수 있는 발명에 해당할 수 있다고 이해한 적이 없다. 확실히, 만약 정말로 이와 같다면, 본 법원이 특허권을 받을 수 있는 방법에 대해서 판시한 많은 판결문은 한 무더기의 폐지가 되는 것이다."라고 지적하였다.

4) 中山新弘, 特許法[M], 3版, 東京: 日本青林書院株式会社, 平成15年: 26. 이 저자는 "'발명'에 대한 정의가 불가능하다고 보는 견해도 있다."고 지적하였다.

이들은 모두 매우 기본적이면서도 또한 매우 추상적인 개념이며, 이와 같은 개념을 정의하는 것은 "발명"을 정의하는 것만큼이나 어렵다. 이러한 개념을 이용하여 "발명"을 정의하는 것은 실제로는 다른 추상적인 개념들로 정의를 옮겨 가는 것이고, 그 결과 종종 이해할 수는 있지만 말로 전달하기는 어려워서 공중이 파악하여 실제 판단 기준으로 적용하기에는 매우 어렵다. 과학기술과 경제의 부단한 발전에 따라서, 특허법의 이념도 고정 불변하는 것이 아니라, 시대에 맞추어 변화될 필요가 있다. 예를 들어, 문자의 컴퓨터 입력방법은 비밀번호 조합방법과 유사한 성질을 갖고 있으며, 과거에는 자연법칙을 이용하는 것이 아니므로 특허권이 수여될 수 없는 것으로 인식되었으나, 현재에는 이미 보편적으로 특허권이 수여될 수 있는 것으로 인식되고 있다. 과거에 각종 영업방법은 자연법칙을 이용하는 것이 아니므로 모두 특허권이 수여될 수 없는 것으로 인식되었으나, 현재에는 많은 사람들이 그중 일부(예를 들면, 컴퓨터를 이용하여 영업방법을 실현하는 경우)는 특허권이 수여될 수 있다고 주장하고 있다. 특허출원한 내용이 특허권을 받을 수 있는 대상에 해당하는지 여부는, 특허제도에 있어서 매우 실제적이고도 또한 중요한 문제로서 각국 특허청이 그 심사실무 중에 매일매일 직면하는 문제이므로, 간단명료한 판단기준을 마련하여야지 추상적 이론에 대한 탐구에 몰두해서는 안 된다.

상대적으로 유럽국가의 정의는 보다 간단명료하다. 비록 "발견", "지적 활동" 등도 추상적 개념이어서 여전히 이를 어떻게 확정하여야 하는가 하는 문제가 있기는 하지만, 전체적으로 말해서 「유럽특허협약」 제52조 제2항에 사용된 추상적 개념은 "자연법칙", "기술적 사상" 등 개념에 비하여 그 의미가 훨씬 구체적이고 실제적이며, 이 때문에 판단하는 것도 상대적으로 보다 용이하다. 바로 이러한 이유 때문에, 현재 세계적으로 특허법에 "발명"에 대해서 적극적으로 정의한 국가는 매우 적으며, 대다수는 "발명"에 대해서 소극적으로 정의하는 방식을 따르고 있다.

일반적으로 말해서, 특허법에서 발명을 "적극적으로" 그리고 "소극적으로" 동시에 정의하는 것은 적절하지 않다. 예를 들어, 미국·일본의 특허법은 "발명"에 대해서 적극적으로 정의하고 있으며, 「유럽특허협약」 제52조 제2항과 같이 소극적으로 배제하는 조항이 없다. 이에 반해서, 「유럽특허협약」은 제52조 제2항을 통해서 소극적으로 "발명"에 속하지 않는 대상을 배제하고 있으며, "발명"에 대해서 다시 적극적으로 정의하지는 않았다. 그 이유는 적극적으로 그리고 소극적으로 동시에 정의하게 되면 특허권을 수여할 수 있는 대상과 수여할 수 없는 대상의 범위 사이의 경계를 완벽하게 이어 붙일 수 없어서, 양자의 사이에 간극이 없으면서도 중첩되지도 않게 할 수 없기 때문이다. 만약 간극이 있다면, 그 간극에 위치하는 대상에 대해서 특허를 수여할 수 있는지를 판단하는 데 적용할 법률적 근거를 찾을 수 없게 된다. 만약 중첩된다면, 중첩되는 부분에 속하는 대상에 대해서 특허권을 수여할 수 있는지 판단하는 근거가 적극적 그리고 소극적 정의로 서로 모순될 수 있어, 무엇을 기준으로 하여야 하는지 알 수가 없다.

「특허법」의 본조는 "발명창조"에 대해서 적극적으로 정의를 한 것으로 보이고, 제25조는 또한 특허를 수여할 수 없는 대상에 대하여 소극적으로 배제하고 있어서, 양자가 동시에 존재하므로 위에서 설명한 문제를 일으킬 수 있는 것은 아닌가? 필자는 본조가 정의를 내린 본의는 일본특허법과 같이 "발명창조"에 대해서 학리적으로 정의하기 위함이 아니고, 발명·실용신안·디자인 사이의 구별을 명확하게 하기 위한 것이며, 이것은 「특허법」이 세 가지 종류의 특허를 병렬적으로 규정하고 있는 상황에서 빠질 수 없는 부분이라고 본다.

2. 본조 제2항의 발명에 대한 정의

본조 제2항은 "발명은 제품·방법 또는 그 개량에 대하여 제출된 새로운 기술방안을 가리킨다."고 규정하고 있다. 위의 정의 중에서, 발명특허권의 보호객체에 대해서 제한하는 작용을 발휘할 수 있는 것은 주로 "기술방안", 이 어휘이다.

TRIPs 제27조 제1항은 아래와 같이 규정하고 있다.

> 제2항 및 제3항의 규정을 조건으로 모든 기술분야에서 물질 또는 제법에 관한 어떠한 발명도 신규성, 진보성 및 산업상 이용가능성이 있으면 특허획득이 가능하다.

위의 규정은 두 가지 의미를 내포하고 있다고 이해될 수 있는데, 첫째는 각 회원국은 모든 기술분야의 발명을 똑같이 취급하여 특허권을 수여할 수 있는 대상에 대하여 차별해서는 안 된다는 것이고, 둘째는 만약 특허출원한 것이 기술에 관한 발명이 아니라면 특허권을 수여할 수 없다는 것이다. 이에 근거하여, 각 회원국은 출원한 것이 기술에 관한 것인지 또는 기술적 속성을 갖는지 여부를 특허권 수여의 요건 중 하나로 할 수 있다. 중국 「특허법」은 TRIPs 보다 먼저 제정되었는데, 본조 제2항에서 규정하는 "발명"도 마땅히 기술방안이어야 하므로, TRIPs의 위 규정과 완전히 일치한다.

「특허심사지침서 2010」은 "기술방안"에 대해서 아래와 같이 해설하고 있다.

> 기술방안은 해결하고자 하는 기술적 과제에 대해서 사용된, 자연법칙을 이용한 기술

적 수단의 집합이다. 기술적 수단은 일반적으로 기술적 특징에 의해서 구체화된다. 기술적 수단을 사용하지 않고 기술적 과제를 해결함으로써 자연법칙에 부합하는 기술적 효과를 얻는 방안은, 특허법 제2조 제2항이 규정하는 객체에 속하지 아니한다. 냄새 또는 소리·빛·전기·자기·파동 등 신호 또는 에너지도 특허법 제2조 제2항이 규정하는 객체에 속하지 아니한다. 그러나 그 성질을 이용하여 기술적 과제를 해결하는 경우, 이 예에 속하지 아니한다.[1]

「특허법」제25조는 컴퓨터프로그램이 특허권을 받을 수 있는지에 대해서 명확하게 규정하지 않았다. 이를 명확히 하기 위해서 「특허심사지침서 2010」은 제2부분에 특별히 "컴퓨터프로그램 발명특허 심사에 관한 규정"이라는 장을 두고 있는데, 여기에서 아래와 같이 규정하였다.

만약 컴퓨터프로그램과 관련한 발명특허출원의 해결방안이 컴퓨터프로그램을 실행하여 기술적 과제를 해결하는 것을 목적으로 하고, 컴퓨터에서 컴퓨터프로그램을 실행함으로써 외부 또는 내부의 대상에 대하여 가해지는 통제 또는 처리가 자연법칙에 부합하는 기술적 수단이며, 또한 이로부터 자연법칙에 부합하는 기술적 효과를 얻을 수 있다면, 곧 이러한 해결방안은 특허법 제2조 제2항의 기술방안에 속하고 특허로 보호되는 객체에 속한다.

만약 컴퓨터프로그램과 관련한 발명특허출원의 해결방안이, 컴퓨터프로그램을 실행하여 기술적 과제를 해결하기 위한 목적이 아니거나, 또는 컴퓨터에서 컴퓨터프로그램을 실행함으로써 외부 또는 내부 대상에 대하여 가해지는 통제 또는 처리가 자연법칙에 부합하는 기술적 수단이 아니거나, 또는 이로부터 얻어지는 것이 자연법칙의 제약을 받는 효과가 아니라면, 곧 이와 같은 해결방안은 특허법 제2조 제2항의 기술방안에 속하지 아니하고 특허로 보호되는 객체에 속하지 아니한다.[2]

당연히 "기술"도 또한 정의하기가 매우 어려운 추상적 어휘임을 인정해야 하지만, "발명"에 비하면 조금 더 구체적인 것 같다. WIPO에서의 「특허실체법조약(SPLT)」[3] 제정에 대한 토론과정에서, 미국은 일찍이 TRIPs규정의 "모든 기술분야의 발명"을 "모든 활동분야의 발명"으로 고칠 것을 주장하였지만, 유럽국가와 중국의 강력한 반

---

1) 国家知识产权局, 专利审查指南2010[M], 北京: 知识产权出版社, 2010: 第二部分 第一章 2.
2) 国家知识产权局, 专利审查指南2010[M], 北京: 知识产权出版社, 2010: 第二部分 第九章 2.
3) "Substantive Patent Law Treaty". 개발도상국의 반대로, 이 조약의 제정은 현재 중단상태에 있다.

대에 부딪혔다. 반대자들이 "기술분야"라는 표현을 유지하여야 한다고 단호하게 주장한 것은, 반드시 이 표현의 제한작용이 필요하다고 보았기 때문이다. 찬성자들이 "기술분야"라는 표현을 삭제하고자 한 것은, 이 표현이 불필요한 제한작용을 일으킨다고 보았기 때문이다. 이것은 "기술"이라는 어휘가 충분히 중요한 작용을 하고 있으며 의의가 있음을 나타낸다.

「특허심사지침서 2010」은 본조의 "기술방안"을 "해결하고자 하는 기술적 과제에 대해서 사용된 자연법칙을 이용한 기술적 수단의 집합"으로 정의하고 있으며, 비록 그중 어휘 하나하나의 뜻(예를 들어, "자연법칙")을 깊이 연구하면 다른 의견이 있을 수밖에 없지만, 이 정의는 기본적으로 이렇게 할 수밖에 없다. 상대적으로 말해서, 「특허심사지침서 2010」의 위 두 곳의 규정이 "자연법칙에 부합하는 기술적 효과"라는 표현을 사용한 것은 검토해 볼 가치가 있다. 「특허법」 제22조 제4항은 발명 또는 실용신안이 "적극적 효과"를 발휘하여야 한다고 규정하고 있고, 「특허법실시세칙」 제17조는 발명 또는 실용신안특허출원의 설명서에 발명 또는 실용신안의 "유익한 효과"를 기재하여야 한다고 규정하고 있으며, 모두 "자연법칙에 부합하는 기술적 효과"라는 표현방식은 사용하지 않았다. 소위 "적극적 효과" 또는 "유익한 효과"는 발명창조의 실시를 통해서 공중 또는 사회에 이익을 불러옴으로써 발명창조로 하여금 실시 응용의 가치를 갖게 하여야 함을 가리킨다. 대량으로, 빠르게, 양호하게, 절감하여, 간편하게, 저렴하게 등은 모두 "적극"적이고 "유익"한 효과에 해당할 수 있다. "절감"을 예로 들면, 휘발유를 절약하는 효과를 실현하는 데에는 여러 방안이 있을 수 있어서, 자전거를 탄다든지 자동차를 덜 운전함으로써 실현할 수도 있으며, 자동차 엔진을 개량함으로써 실현할 수도 있다. 전자는 기술방안에 의하여 실현하는 것이 아니어서 발명이 아니며, 따라서 특허권을 수여할 수 없다(당연히 여기서 말하는 것은 자전거를 발명한 것이 아니고 기존의 자전거를 이용한 경우를 가리키며, 만약 제품으로서의 새로운 자전거를 발명한 경우라면 충분히 특허권을 수여할 수 있음에 의문의 여지가 없다). 후자는 기술방안에 의해서 실현하는 경우로서 발명에 해당하며, 따라서 특허권을 수여할 수 있다. 휘발유 절감효과가 기술적 효과로 인정되는지 아니면 사회적 효과로 인정되는지를 불문하고, 특허권 수여 가능여부의 판단에는 영향이 없다. 특허권 수여 가능여부 판단의 실질은 예기된 효과가 기술방안을 사용함으로써 실현되는 것인가에 달려 있으며, 발휘되는 효과가 어떠한 성질을 갖느냐에 달려 있지 않다. 휘발유의 절감효과를 실현하는 방안이 자연법칙을 이용하였는가 또는 자연법칙을 이용하지 않았는가에 따라 달라지는 것이고, 휘발유 절감효과 자체가 "자연법칙에 부합"해야 하는 것은 아니다. 만약 "엔진을 개량하여 휘발유 절감효과를 실현하는 것"이 "자연법칙에 부합하는 효과"에 해당하는 것으로 인식된다면, 실제로는 실현하는 효과 및 그 효과를 실현하기 위해 사용한 수단을 함께 말하는 것이고, 단순히 효과만을 가리키는 것이 아니다.

기술방안은 기술적 특징으로 구성된다. 제품 기술방안의 기술적 특징은 부속품·구성품·재료·기구·설비·장치의 형상·구조·성분 등일 수 있고, 방법 기술방안의 기술적 특징은 가공·단계·과정 및 사용하는 원료·설비·공구 등일 수 있다. 각각의 기술적 특정 사이의 상호관계도 기술적 특정일 수 있다.

특허법 의미에서의 발명특허를 받을 수 있는 기술방안은 제품 기술방안과 방법 기술방안의 두 유형으로 크게 구분된다. 그중에서 제품은 예를 들면 기기·설비·계측기·장치·용구·부속품·구성품·재료·조성물 등과 같이 생산하여 제조해 낸 물품을 가리키며, 또한 예를 들면 지상발사장치·인공위성·지상관제장치로 구성되는 위성통신시스템 등과 같이 여러 물품을 상호 조합하여 구성한 시스템도 포함된다. 방법은 다시 제품의 제조방법과 사용방법의 두 유형으로 구분할 수 있다. 전자는 일정한 물품에 작용시켜 그 물품의 구조·형상 또는 물리화학적 특성에 변화를 일으키는 것을 목적으로 하며, 후자는 그 물품 자체의 구조·형상 또는 물리화학적 특성을 변화시키는 것을 목적으로 하지 않고, 측량·검사와 같이 어떠한 비물리적 결과를 발생시키거나 취득하는 것을 추구하는 것이다. 발명특허의 보호객체는 제품이거나 또는 방법이고, 이를 제외하고는 다른 유형이 없으므로, 본조 제2항의 제품·방법에 대한 기술방안은 실제로는 이미 모든 기술방안을 포괄하는 것이며, 이 때문에 "제품·방법"이라는 표현은 발명특허권을 수여받을 수 있는 객체에 속하는지를 판단함에 있어서 어떠한 제한적 작용도 발생시키지 않는다.

발명특허로 보호받을 수 있는 객체에는 현행 제품 또는 현행 방법에 대한 개량도 포함된다. 실제로 세계 각국이 수리하는 특허출원 중에서 완전히 새로운 제품 또는 완전히 새로운 방법은 극히 드물며, 절대 다수의 특허출원은 현행 제품 또는 현행 방법에 대해서 일부를 개량한 것이다. 이 때문에, 본조 제2항은 제품 또는 방법을 개량한 기술방안도 발명특허권을 받을 수 있다고 규정하고 있다.

본조 제2항은 또한 "새로운"이라는 표현을 써서 발명특허를 받을 수 있는 기술방안의 성질을 정하고 있다. 이것이 본조 제2항의 정의 자체에 신규성 요건을 포함하고 있어서, 신규성이 없는 것은 기술방안에 해당하지 않음을 의미하는가? 이에 대한 대답은 부정이다. 「특허법」 제22조 제2항은 발명의 신규성에 대하여 전문적으로 규정하고 있으며, 발명의 신규성 구비여부를 판단하는 직접적인 법적 근거가 된다. 본조 제2항은 발명에 대하여 정의한 것으로, "발명"이라는 어휘 자체에 새롭다는 의미가 있다. 만약에 "새로운"이라는 표현이 없다면, 제품·방법에 대한 모든 기술방안이 "발명"이라고 일컬어지는 결과를 낳게 되고, 이것은 분명히 상식에 어긋나는 것이어서 공중이 오해할 수 있다. 이 때문에,「특허심사지침서 2010」에서 본조는 "신규성·진보성 판단의 구체적인 심사기준이 아니다."라고 명확히 지적하였다.[1]

종합하면, 본조 제2항의 발명에 대한 정의 중에서, 발명특허권 수여의 실질적 요건의 하나로 발명특허권 수여대상을 한정하는 작용을 하는 것은 오직 "기술방안"이어야 한다는 요구뿐이다.

(二) 실용신안

본조 제3항은 "실용신안은 제품의 형상·구조 또는 그 결합에 대하여 제출된 실용에 적합한 새로운 기술방안을 가리킨다."고 규정하고 있다.

실용신안과 발명은 양자가 모두 반드시 기술방안이어야 한다는 점에서는 같지만, 실용신안은 오직 제품에 한정되고 방법일 수는 없다는 점에서 차이가 있다. 이뿐만 아니라 발명특허권을 받을 수 있는 모든 제품이 실용신안특허권을 받을 수 있는 것이 아니고 오직 그중 일부만이 실용신안특허권을 받을 수 있는데, 본조 제3항이 실용신안특허로 보호받을 수 있는 객체가 제품의 형상·구조 또는 그 결합에 대하여 제출된 기술방안이라고 규정하고 있기 때문이다.

「특허심사지침서 2010」은 제품의 형상에 대해서 아래와 같이 정의하고 있다.

> 제품의 형상은 제품이 갖는 그리고 외부에서 관찰할 수 있는 확정적 공간적 형상을 가리킨다. 확정적 형상이 없는 제품, 예를 들면 기체상태·액체상태·분말상·과립상의 물질 또는 재료는 실용신안특허를 출원하여 받을 수 없다.[2]

제품의 구조는 제품 각 구성부분의 배열·배치 및 상호관계를 가리킨다. 제품의 구조는 예를 들면 제품을 구성하는 부속품의 상대위치관계·연결관계 및 상호조합관계와 같은 기계구조일 수도 있으며, 또한 예를 들면 제품을 구성하는 소자와 부품 및 그들 사이의 연결관계와 같은 회로구조일 수도 있다. 그러나 본조 제3항의 "제품의 구조"에는 예를 들면 물질의 원자구조, 분자구조, 재료의 조성부분, 금속구조 등과 같은 물질 또는 재료의 미시적 구조는 포함되지 않는다.[3]

---

1) 国家知识产权局, 专利审查指南2010[M], 北京: 知识产权出版社, 2010: 第二部分 第一章 2.
2) 国家知识产权局, 专利审查指南2010[M], 北京: 知识产权出版社, 2010: 第一部分 第二章 6.2.1.
3) 国家知识产权局, 专利审查指南2010[M], 北京: 知识产权出版社, 2010: 第一部分 第二章 6.2.2.

주의하여야 할 점은, 위와 같은 형상·구조에 대한 제한이 단지 실용신안특허를 받기 위해 출원하는 제품의 형상과 구조에 대해서 제한하는 것뿐이라는 점이다. 발명특허를 출원하는 제품도 제품의 형상 및 구조에 대한 것일 수 있으며, 이들은 위와 같은 제한을 받지 않는다.

중국이 특허제도를 실시한 초기의 구 중국특허국은 1984년 제정「특허법실시세칙」제2조 제3항이 규정한 정의 이외에도, 실용신안특허로 보호받을 수 있는 객체를 엄격하게 제한했었다.[1] 현재에는 이러한 제한이 본조 제3항에서 명시적 또는 암시적으로 표현한 것을 제외하고, 그 나머지는 이미 존재하지 않는다.

본조 제3항은 또한 "새로운"과 "실용에 적합한"이라는 표현을 사용하고 있다. 앞에서 설명한 바와 같이, 이것은 본조 제3항의 실용신안의 정의 자체에 신규성 및 실용성 요건이 포함되어 있음을 의미하는 것이 아니라, 단지 "실용신안"이라는 어휘 중의 "신(新)"과 "실용"에 상응하게 함으로써 그 정의와 "실용신안"을 연결하여 맞물리게 하기 위함이다.

본조 제2항과 제3항의 정의를 함께 놓고 보면 알 수 있는데, 무릇 실용신안특허권을 받을 수 있는 대상이라면 모두 발명특허권을 받을 수 있지만, 이와 반대로 발명특허권을 받을 수 있는 대상이라고 해서 실용신안특허권을 받을 수 있는 것은 아니다.

(三) 디자인

1. 공업품 디자인과 실용예술작품 사이의 관계

인류사회가 부단히 발전하고 진보함에 따라서, 공중은 성능이 우수하고 사용이 편리하며 가격이 저렴하면서도 안전하고 믿을 수 있는 제품을 추구할 뿐만 아니라, 새

---

1) 1989년 12월 21일, 중국특허국은 1984년 제정「특허법실시세칙」제95조 규정에 근거해서 제27호 공고를 발포하여, 다음 각 항목은 실용신안특허의 보호대상에 속하지 않는 것으로 규정하였다. (1) 각종방법, 제품의 용도; (2) 기체상태·액체상태·분말상·과립상의 물질 또는 재료와 같은 확정적 형상이 없는 제품; (3) 단순히 재료를 교체한 제품 및 다른 가공방법으로 생산한 동일한 형상·구조의 제품; (4) 이동이 불가능한 건축물; (5) 바둑, 보드 등과 같은 단지 평면적 도안설계만을 특징으로 하는 제품; (6) 전화인터넷시스템·상하수시스템·난방시스템·빌딩공조시스템·데이터처리시스템·압연기·주조기 등과 같이 둘 또는 그 이상의 측정기 또는 설비로 구성되는 시스템; (7) 회로계통도·엔진회로도·유압회로도·논리계통도·업무흐름도·평면배치도와 같은 순수한 흐름도 및 실질적으로 순수한 전자적 기능을 갖는 기본적인 전자회로제품(예를 들면, 증폭기·제동기 등); (8) 직접 인체에 작용하는 전기·자기·광선·소리·방사선 또는 이들을 결합한 의료기구. 2000년 개정「특허법」및 2001년 개정「특허법실시세칙」과 조화시키기 위해서, 국가지식산권국은 이 공고를 폐지하였다.

롭고 세련되며 멋스럽고 눈과 마음을 즐겁게 하는 제품을 추구한다. 전자의 유형에
속하는 제품은 기술혁신을 통해서 생산되며, 후자의 유형에 속하는 제품은 디자인혁
신을 통해서 생산된다.[1] 디자인특허를 수여하는 주된 목적은 제품외관의 개량을 촉
진하여, 제품의 시장경쟁력을 강화하고, 생활 또는 작업의 환경과 분위기를 아름답게
하는 데 있다. 국내외 시장경쟁이 날로 치열해짐에 따라 제품 디자인에 대한 효과적
보호의 의의가 훨씬 뚜렷해졌는데, 제품의 디자인을 개량함으로써 시장점유를 크게
확대할 수 있기 때문이다. 제품의 성능과 품질이 같거나 또는 비슷한 경우에, 그 디자
인의 우열은 종종 소비자의 선택에 결정적 영향을 주는 요소가 된다.

세계 각국은 모두 기본적으로 특허제도를 통해서 기술혁신을 보호하지만, 제품의
디자인혁신을 보호하는 방식에 있어서는 차이가 있다. 비록 중국 「특허법」이 발명·
실용신안·디자인을 합하여 "발명창조"라고 부르고 이에 대하여 특허로 보호하기는
하지만, 디자인특허와 발명특허 및 실용신안특허의 보호객체는 성질상으로 보면 매
우 큰 차이가 있다. 발명특허와 실용신안특허가 보호하는 것은 모두 기술방안으로서
기능적 효과를 발생시키기 위하여 이용되는 데 대하여, 디자인특허가 보호하는 것은
제품외관의 설계방안으로서 시각적 효과를 발생시키기 위하여 이용된다. 디자인특
허의 보호객체는 실제로 저작권법 의미의 "작품"에 매우 가깝다.

「베른협약」 제2조 제1항은 이 협약의 문학·예술적 저작물에는 응용미술저작물
(works of applied art)이 포함된다고 규정하고 있고, 제7조 제4항은 예술저작물로서
보호되는 응용미술저작물의 보호기간은 동맹국의 입법에 맡겨 결정하지만, 그러한
저작물이 만들어진 때로부터 적어도 25년의 기간 만료 시까지 계속된다고 규정하고
있다. 또한 제2조 제7항은 이 협약 제7조 제4항의 규정에 따를 것을 조건으로 응용미
술저작물 및 산업디자인·모형이 보호되는 조건은 동맹국의 입법에 맡겨 결정한다
고 규정하고 있다. 주의하여야 할 점은, 응용미술저작물에 관한 규정은 1908년 베를
린 개정을 통하여 이 협약 내에 반영되었으며, 당시에 사용한 어휘는 "산업목적에 응
용되는 예술작품(works of art applied to industrial purposes)"이었다는 점이다. 후에 일
부 국가들이 "산업목적"이라는 규정의 제한이 너무 엄격하다고 보아서, 1948년에 통
과된 브뤼셀 개정을 통하여 현재의 표현으로 바꾸었다. 이 개정으로 응용미술저작물
의 범위가 확대되었다.[2]

「파리협약」에는 디자인을 언급한 조문이 많이 있는데, 예를 들면 제1조 제2항은

---

1) 吳观乐 等, 外观设计专利的保护[G]//国家知识产权局条法司, 专利法及专利法实施细则 第三次修改专题
研究报告, 北京: 知识产权出版社, 2006: 493.
2) 汤宗舜, 著作权法原理[M], 北京: 知识产权出版社, 2005: 35-36.

이 협약의 "공업소유권"[1)은 디자인을 포함한다고 규정하고 있으며, 제5조의 5는 "디자인은 모든 동맹국에서 보호된다."[2)고 규정하고 있다. 그러나 이 협약은 동맹국이 어떠한 방식에 의하여 디자인을 보호하여야 하는지는 규정하지 않았다.

TRIPs는 디자인을 독립적인 유형의 지식재산권으로 규정하였는데, 그 제25조 제1항은 "회원국은 새롭거나 독창성 있는 독립적으로 창작된 디자인의 보호를 규정한다."고 규정하고 있다. 그중에서 "독창성 있는"은 저작권법의 저작권으로 보호받을 수 있는 작품에 대한 요구에 대응하며, "새로운"은 각국 특허법 또는 디자인법의 특허권 또는 디자인권으로 보호받을 수 있는 제품디자인에 대한 요구에 대응한다. 이것은 실제로 각 회원국이 자기의 필요에 따라 디자인에 대한 보호방식을 선택할 수 있음을 의미한다고 볼 수 있다. 이 조 제2항은 각 회원국이 디자인법 또는 저작권법을 통해서 직물디자인에 대한 보호 의무를 이행할 수 있다고 규정함으로써, 보다 직접적이고 분명하게 위와 같은 의미를 표현하고 있다.

이로부터 디자인(적어도 그중 일부분)은 두 가지 다른 방식, 즉 디자인법(또는 특허법)에 의하거나 또는 저작권법에 의해서 보호될 수 있음을 알 수 있다. 이것은 디자인과 발명·실용신안 사이의 현저한 차이 중 하나이다. 일부 국가에서는 위에서 설명한 두 가지 보호방식 중 단순히 하나를 선택해야 하는 것이 아니라, 두 가지 방식에 의해서 동시에 보호받을 수도 있다.

「특허법」을 통해서 디자인을 보호하는 것과 「저작권법」을 통해서 응용미술저작물을 보호하는 것이 어떻게 다른가 하는 것은 중요한 문제이다.

첫째, 권리의 취득방식으로 보면, 「특허법」의 규정에 의해서 디자인특허권을 받기 위해서는 국가지식산권국에 디자인특허를 출원하여 초보심사를 거쳐야만 비로소 권리를 받을 수 있지만, 응용미술저작물은 「저작권법」의 보호를 받는 모든 다른 저작물과 마찬가지로 그 저작물이 완성된 날부터 권리가 자동적으로 발생한다.

둘째, 권리의 취득요건으로 보면, 2008년 개정 「특허법」 제23조는 디자인특허권 수여의 요건을 까다롭게 하여 특허를 출원하는 디자인이 신규성뿐만 아니라 진보성도 있을 것을 요구하고 있지만, 응용미술저작물은 「저작권법」의 보호를 받는 저작물과 마찬가지로 진보성이 요구되지 않으며 독창성만 있으면 족하다. 저작권법상의 "독창성"은 특허법상의 "신규성"과 분명히 다른데, 신규성은 특허출원한 디자인이 모든 선행디자인과 같지 않을 것을 요구하는 것임에 대하여, 독창성 요건은 저작물이

---

1) TRIPs는 모든 유형의 지식재산권을 포괄하며, 이 때문에 현재 "공업소유권"이라는 개념을 거의 언급하지 않는다.

2) Industrial designs shall be protected in all the countries of the Union.

단지 작자 자신의 독립적인 창작이고 타인의 것을 표절한 것이 아닐 것만 요구하는 점에서 구체적으로 드러난다. 「저작권법」 규정에 따르면, 어떤 사람의 작품이 다른 사람의 작품과 서로 동일하거나 또는 실질적으로 동일하다고 하더라도, 작자 자신이 독립적으로 창작한 것이고 타인의 작품을 복제하거나 표절한 것이 아니라면, 저작권이 발생되고 보호를 받을 수 있으며, 이것은 촬영·회화 등 분야에서 흔히 볼 수 있는 일이다.[1]

셋째, 권리의 무효 또는 취소로 보면, 디자인특허권이 등록된 후에 「특허법」에 규정된 요건에 부합하지 않는다고 보는 자가 있다면 누구라도 그 디자인특허권에 대한 무효선고를 언제든지 청구할 수 있으며, 이를 위해서 전문적인 심사기구(특허복심위원회)가 설립되어 있고 전문적인 심사절차가 규정되어 있다. 저작권은 자동적으로 발생되는 권리이고 심사를 거쳐서 수여되는 권리가 아니므로 저작권에 대해서는 무효선고 청구라는 것이 있을 수 없으며, 타인의 저작권을 인정하지 않으려면 오직 그 타인이 저작권을 침해하였음을 이유로 소를 제기하여야 하고, 만약 저작권을 주장하는 원고의 저작물이 타인의 저작물을 표절하여 완성한 저작물로 법원이 인정한다면 그 주장을 지지하지 않게 된다.

넷째, 권리의 보호기간으로 보면, 「특허법」의 규정에 따라서 디자인특허의 보호기간은 10년이고 출원일로부터 계산되는 데 대하여, 「베른협약」의 규정에 따라서 응용미술저작물의 보호기간은 25년이고 작품완성일로부터 계산된다.

다섯째, 권리의 효력으로 보면, 「특허법」 규정에 따라서 디자인특허권이 등록된 후 특허권자의 허가 없이 특허제품을 생산경영 목적으로 제조·판매청약·판매·수입하는 경우에는 디자인특허권 침해에 해당하며, 「저작권법」 규정에 따라서 저작권자의 허가 없이 그 저작물을 복제·발행하는 경우에는 저작권 침해에 해당한다. 「저작권법」의 원리에 따르면, 비록 피고의 저작물에 원고의 저작물과 동일하거나 또는 유사한 독창적 성과가 포함되어 있다고 하더라도, 만약 피고가 그 작품이 독립적으로 창작된 것이고 표절한 것이 아님을 증명할 수만 있다면, 이와 같이 독창적 성과가 포함된 것은 창작상의 우연이므로 침해가 아닌 것으로 인정되는 점에서 양자는 중요한 차이가 있다.[2]

위와 같이 대비해 봄으로써 「특허법」으로 디자인을 보호하는 것과 「저작권법」으로 응용미술저작물을 보호하는 것에는 각각 장단점이 있음을 알 수 있다. 위의 첫째

---

1) 汤宗舜, 著作权法原理[M], 北京: 知识产权出版社, 2005: 29.
2) 郑成思, 版权法[M], 修订版, 北京: 中国人民大学出版社, 1997: 209.

내지 넷째 측면으로 보면 「저작권법」이 권리자에게 부담이 적으므로 권리자에게 보다 유리한 것으로 보일 수 있지만, 관건이 되는 다섯째 측면에서는 「특허법」이 권리자에게 분명히 훨씬 더 유리하고, 또한 그 보호의 효력도 훨씬 강력하다.

본조 제4항은 디자인이 공업상 이용할 수 있는 제품의 설계를 가리킨다고 규정하고 있는데, "공업상 이용할 수 있는"이라는 성질 때문에 권리자는 그 권리의 효력이 저작권의 효력이 아니라 발명특허권 및 실용신안특허권의 효력과 유사하기를 기대하게 된다. 「저작권법」 제47조가 열거하는 저작권 침해행위 중에서 "복제"와 "발행" 행위는 굳이 대응시킨다면 아마도 「특허법」에서의 "제조"와 "판매" 행위에 대응한다고 할 수 있겠으나, 실제로는 이와 다른 견해도 있으며, 따라서 이처럼 이해할 수는 없다.[1] 공연·방영·방송·편집 및 정보통신망을 통한 전송 등 행위는 모두 기본적으로 디자인 보호와 무관하다. 바로 이러한 이유 때문에, TRIPs 제25조 제2항에는 회원국이 디자인을 디자인법에 의해서 보호하거나 혹은 저작권법에 의해서 보호하는 것 중에서 선택할 수 있다고 규정되어 있다고 하더라도, 이 협정 제26조 제1항은 아래와 같이 명확하게 규정하고 있다.

보호되는 디자인의 권리자는 제3자가 권리자의 동의 없이 보호디자인을 복제하였거나 실질적으로 복제한 디자인을 지니거나 형체화한 물품을 상업적 목적으로 제조, 판매 또는 수입하는 행위를 금지할 권리를 갖는다.

이 규정은 TRIPs 제28조 제1항의 특허권의 효력에 관한 규정과 기본적으로 동일하다. 따라서 위에서 설명한 바와 같은 효력에 있어서의 차이가 있기 때문에, 설령 「저작권법」이 공업품 디자인에 대해서 보호할 수는 있다고 하더라도 「특허법」의 디자인에 대한 보호를 완전히 대신할 수는 없다. 공업품 디자인이 공업적으로 이용되는 것이 보다 효과적으로 보호받기 위해서는, 창작자가 디자인특허권을 출원하여 확보할 필요가 있다.

디자인을 「특허법」에 의해서 보호하는지 아니면 「저작권법」에 의해서 보호하는지

---

1) 1990년 9월 반포된 「저작권법」의 제52조 제1항은 "이 법의 복제는 인쇄, 복사, 모사, 탁본, 녹음, 녹화, 매체복제, 사진복제 등 방식으로 작품을 하나 또는 여러 부 제작하는 행위이다"고 규정하고 있다. 제2항은 "공정설계, 제품설계도면 및 그 설명에 따라서 시공하거나 공업품을 생산하는 것은 이 법의 복제에 속하지 아니한다."고 규정하고 있다. 2001년 개정된 「저작권법」은 상술한 규정의 제1항을 이 법 제10조 중의 제1항으로 옮기고, 제2항은 삭제하였다. 그럼에도 불구하고, 제2항의 규정이 여전히 존재한다는 견해가 있다.

를 불문하고, 디자인을 일종의 "혁신"으로 하여 보호하고, 보호받는 객체가 창작자의 지적 창작성과라는 점에서는 차이가 없다. TRIPs 제26조 제1항은 디자인 침해에 해당하기 위한 전제조건으로 침해물품이 "보호받는 디자인을 지니거나 또는 형체화한" 것임을 요구하며, 이것은 그 전제조건이 제품 디자인의 설계방안을 사용하였어야 한다는 것임을 나타내는 것이다. 현행의 지식재산 분야 국제조약과 모든 국가의 법률은 디자인에 대한 보호와 등록상표에 대한 보호를 함께 취급하지 않는데, 즉 디자인 보호의 목적은 혁신을 보호하는 데 있는 것이지, 소비자가 다른 제품의 출처를 식별하게 하여 다른 출처의 제품과 오인·혼동하는 것을 방지하기 위한 것이 아니다. 이 점은 디자인특허의 수여요건과 디자인특허권의 침해요건을 정확하게 인식하는 데 중요한 의의를 갖는다. 이에 대해서는 「특허법」 제23조 및 제59조에 대한 설명에서 상세하게 설명하겠다.

2. 본조 제4항의 디자인에 대한 정의

본조 제4항은 "디자인은 제품의 형상·도안 또는 그 결합 및 색채와 형상·도안의 결합에 대하여 만들어진 풍부한 미감이 있고 공업상 이용할 수 있는 새로운 설계를 가리킨다."고 규정하고 있다.

위의 정의 중에서 디자인특허권의 보호객체를 제한하는 작용을 할 수 있는 요소는 반드시 제품의 외관에 대한 설계방안이어야 한다는 것과, 반드시 공업상 이용할 수 있는 설계방안이어야 한다는 것이다.

제품의 외관에 대한 설계방안이라는 것은, 이 설계방안이 제품에 화체되어 제품을 그 매체로 하여야 함을 가리킨다. 이 요건을 만족시키지 못하면 디자인특허권이 수여될 수 없다. 예를 들어서, 비행기를 이용하여 채색 구름을 분사하면 하늘에 일정한 채색 도안을 형성할 수 있으나, 그 도안은 제품에 화체된 것이 아니고 제품을 그 매체로 하는 것이 아니므로 디자인특허가 수여될 수 없다. 자연물(우화석, 결정체 등)은 천연적으로 형성된 것이고 사람이 창조해 낸 것이 아니므로, 비록 풍부한 미감이 있는 외관을 갖고 있다고 하더라도 특허법 의미의 제품으로 볼 수 없으며, 때문에 디자인특허권이 수여될 수 없다. 순수한 회화작품·서예작품은 비록 종이 등을 매체로 하는 것이나 본조 제4항이 말하는 제품으로 볼 수 없으며, 때문에 디자인특허권이 수여될 수 없다.

공업상 이용할 수 있는 설계방안은 그 설계방안을 사용한 제품이 공업적 대량생산 방식으로 제조될 수 있어야 함을 가리킨다. 이 요건을 만족시키지 못한다면, 디자인특허권이 수여될 수 없다. 예를 들어, 뿌리조각 작품은 천연적인 재료의 독특한 외형을 바탕으로 수작업을 거쳐서 만들어지는 작품으로서, 원재료가 달라지면 만들어지는 작품의 외관도 서로 달라지고 공업적 대량생산 방식으로 제조될 수 없으며, 따라서 디자인특허권이 수여될 수 없다. 접붙이기를 통해서 생산된 과일, 유전자변환을 통해서 번식한 가축 등과 같이 농산품·축산품의 외관은 인간의 간섭으로 변화될 수 있지만, 이들은 공업적 대량생산 방식으로 제조될 수 없으며, 따라서 디자인특허권이 수여될 수 없다.

본조 제4항 규정에 따르면, 제품 외관에 대한 설계방안의 구성요소는 형상·도안 및 색채이다. 그중에서 제품의 형상은 제품의 외부표면 윤곽을 가리키고, 제품의 도안은 선·색조·문자·부호의 배열과 조합으로 제품의 외부표면에 형성되는 도형을 가리키며, 제품의 색채는 제품 표면의 색깔 또는 색깔의 조합을 가리킨다. 주의하여야 할 점은, 첫째, 위의 세 요소는 반드시 제품의 외부표면에 체현되어야 하고 외부에서 관찰할 수 없는 제품의 내부에 체현되어서는 안 된다는 점으로, 예를 들어 텔레비전 내부의 부속품 배열방식은 디자인특허권을 받을 수 없으며,[1] 둘째, 제품 외부표면의 형상 및 제품 외부표면의 도안·색채는 인간의 시각에 의해 관찰할 수 있는 것이어야 하고, 현미경이 있어야만 관찰할 수 있는 형상·도형, 자외선을 비춰야만 나타나는 도형·색채 등과 같이 특정한 측정기 또는 설비에 의해서만 관찰할 수 있는 것이 아니어야 한다는 점이다.

1984년 제정 「특허법실시세칙」 제2조는 "특허법의 디자인은 제품의 형상·도안·색채 또는 그 결합에 대한 풍부한 미감이 있고 공업상 이용할 수 있는 새로운 설계를 가리킨다."라고 규정하였다. 이 정의에 근거하여, 디자인은 제품의 형상·도안·색채가 각각 단독으로 구성될 수도 있으며, 세 요소가 서로 결합되어 구성될 수도 있다. 「특허법」 시행 이래의 실제적 상황으로 보면, 제품의 형상과 도안은 각각 단독으로 디자인특허권을 받을 수 있는 설계방안이지만, 색채는 단독으로 디자인특허권을 받을 수 있는 설계방안이 되기 어렵고 형상 또는 도안과 결합하여야만 비로소 디자인특허권을 받을 수 있는 설계방안이 될 수 있다. 이러한 이유에 기초하여, 2001년 「특허법실시세칙」 개정 시에, 디자인의 정의에 대하여 개정하였다.

실제로 형상·도안·색채 이 세 요소는 제품의 외관에 대하여 영향을 미칠 수 있는 모든 요소를 포괄하며, 이 때문에 본조 제4항이 이 세 요소를 열거한 것은 디자인특허권을 받을 수 있는 대상에 대하여 어떠한 제한적 작용도 하지 않는다.

---

1) 国家知识产权局, 专利审查指南2010[M], 北京: 知识产权出版社, 2010: 第四部分 第五章 5.2.3. "외부 표면에 투명한 재료를 사용하는 제품에 대해서는, 인간의 시각으로 관찰할 수 있는 투명한 부분 안쪽의 형상·도안 및 색채는 그 제품 디자인의 일부분으로 보아야 한다."

본조 제4항은 제품의 디자인에 대하여 "풍부한 미감"이 있어야 한다고 규정하고 있다. 2008년 「특허법」 개정 시에 이 표현을 "장식성을 갖는"으로 고칠 것이 건의되었는데, 소위 "미감"은 인간의 심리적 느낌에 속하는 것으로, 동일한 제품의 외관이 아름다운지 아니면 아름답지 않은지에 대한 판단은 문화적 영향, 종교적 신앙, 개인적 취향 등 인자의 영향 때문에 사람마다 상이한 결론을 얻게 되고, 설령 같은 사람이라고 하더라도 나이에 따라서 상이한 결론을 얻게 되며, 이로 인해서 불확정성이 커질 수 있다는 것이 그 이유였다. 상대적으로 "장식성"을 도입하게 되면, 첫째, 디자인특허권을 받을 수 있는 대상의 경계를 훨씬 더 객관적으로 확정할 수 있어서 법률적 확정성이 보다 높아지고, 둘째, 디자인의 속성을 보다 더 잘 표현할 수 있어서, 디자인특허권이 보호하는 것은 기술방안이 아니고 사람들의 시각적 느낌을 불러일으키는 설계방안이라는 것을 명확하게 나타낼 수 있다는 장점이 있다.[1]

전국인민대표대회 법률위원회는 「〈특허법〉 개정초안」에 대한 심의과정에서 이 건의의 수용여부에 대해서 전문적인 토론을 진행하였다. 국가지식산권국은 그 조사연구결과를 보고하면서 아래와 같이 지적하였다.

먼저, 세계 각국의 디자인보호에 관한 법률을 살펴보면, 이 "미감"을 사용하고 있는 국가도 있고 "장식성"을 사용하는 국가도 있다. 일본·한국·인도네시아 등 국가는 디자인법에 "미감"과 관련된 어휘를 사용하고 있고, 미국·독일·영국·말레이시아 등 국가의 디자인법은 "장식성(ornamental)"이라는 어휘를 사용하고 있다. 이것은 적어도 "풍부한 미감"이라는 어휘를 사용하여 한정하는 것이 가능하다는 것을 나타낸다.

다음으로, 본조 제4항이 디자인이 "풍부한 미감"이 있어야 한다고 규정한 것은 디자인특허가 보호하는 객체의 속성과 발명 및 실용신안특허가 보호하는 객체의 속성을 구분하기 위한 것으로서, 전자가 보호하는 것은 사람들로 하여금 시각적 느낌을 불러일으키는 설계방안임을 나타내기 위함이다. 중국이 1985년부터 「특허법」을 실시해 온 이래의 실제 판단기준으로 보면, 디자인특허출원에 대한 초보심사과정 및 디자인특허권에 대한 무효선고청구 심사과정에서, 디자인의 설계방안이 어느 정도의 미감이 있어야 하는지를 요구하지 않았다. 바꿔 말해서 국가지식산권국은 "풍부한 미감"이 있는지에 대해서 정성적 판단만을 했을 뿐이고 정량적 판단을 하지 않았으며, 디자인이 "충분한 미감이 없다.", "아름답지 않다.", "보기에 좋지 않다."는 등의

---

1) 吴观乐 等, 外观设计专利的保护[G]//国家知识产权局条法司, 专利法及专利法实施细则 第三次修改专题研究报告, 北京: 知识产权出版社, 2006: 536.

이유로 디자인특허출원을 거절하거나 디자인특허권을 무효로 선고하지 않았다. 이 때문에, "풍부한 미감"과 "장식성"은 그 의미에 있어서 실제로 차이가 없다. 사실상 미국법원의 관련 판례도 미국특허법 제171조가 규정하는 "장식성"이라는 요건을 "시각적 아름다움이 느껴진다."로 해석하고 있다.[1]

또한, TRIPs 제25조 제1항은 특별히 아래와 같이 규정하고 있다.

> 회원국은 이러한 보호가 본질적으로 기술적 또는 기능적 고려에 의해 요구되는 디자인에는 미치지 아니한다고 규정할 수 있다.

2008년 「특허법」 개정 시에, 「특허법」 제25조에 한 항을 신설하여 주로 기능에 의해 결정되는 제품의 디자인은 디자인특허권을 수여하지 않도록 배제하여야 한다고 주장하는 의견이 있었다. 토론을 거친 결과, 다수의 사람들이 본조 제4항의 "풍부한 미감"이 이미 이와 같은 의미를 나타낸 것이므로, 다시 배제하는 조문을 신설하는 것은 불필요하다고 보았다. 이것이 바로 이 표현의 의의와 작용이다.

종합하면, 국가지식산권국은 본조 제4항의 디자인에 대한 정의가 국제적으로 보편적으로 받아들여지고 있는 디자인에 대한 이해와 동떨어진 것이 아니라고 보았다. 이와 같은 상황에서, "풍부한 미감이 있는"을 "장식성을 갖는"으로 고치는 것은, 공중에게 이러한 개정이 어떤 의미의 실제적 변화를 가져오는지 설명하기가 쉽지 않았으며, 이 때문에 개정을 하지 않아도 된다고 보았다. 전국인민대표대회 법률위원회는 토론을 거쳐서 국가지식산권국의 의견을 받아들였다.

본조 제4항은 디자인이 "새로운 설계"를 가리키는 것이라고 규정하는데, 그중에서 "새로운"이라는 것의 의미와 이를 사용한 이유는 앞의 발명 및 실용신안에 대한 정의와 관련하여 이미 설명하였고 그 점은 기본적으로 동일하므로 다시 설명하지 않겠다.

---

1) Appeal to the eye as a thing of beauty.

제3조 특허행정관리부문의 직무

① 국무원 특허행정부문은 전국의 특허업무 관리를 책임지고, 통일적으로 특허출원을 수리 및 심사하며, 법에 의하여 특허권을 수여한다.

② 성·자치구·직할시 인민정부의 특허업무관리부문은 본 행정구역 내의 특허관리업무를 책임진다.

一. 국무원 특허행정부문

본조 제1항의 "국무원 특허행정부문"은 국가지식산권국을 가리킨다. 「국무원의 조직 설치에 관한 통지」(国发〔2008〕11号)의 규정에 의하면, 국가지식산권국의 직능에는 다음과 같은 내용이 포함된다.

(1) 전국적 지식재산권 보호업무를 조직하고 조정하며, 지식재산권 보호업무체계의 건설을 추진할 책임이 있다. 유관부문과 공동으로 지식재산권법 집행 체계를 마련하고, 관련 행정법 집행 업무를 전개한다. 지식재산권 보호에 관한 홍보업무를 전개한다. 유관부문과 함께 「국가지식산권전략강요」를 체계적으로 실시한다.

(2) 특허관리의 기본질서를 규율할 책임이 있다. 특허법률법규 초안을 마련하고, 특허업무의 정책 및 제도를 마련하며, 특허기술거래의 정책 및 조치 규범을 마련한다. 지방의 특허권 침해분쟁사건에 대한 처리·조정 및 타인 특허의 허위표시 및 도용행위에 대한 조사·처리를 지도하며, 유관부문과 공동으로 지식재산권의 무형자산 평가업무를 지도 및 규율한다.

(3) 지식재산권의 섭외업무 정책을 마련한다. 국외의 지식재산권 발전동향을 연구한다. 섭외 지식재산권 사무를 총괄적으로 조정하고, 대외 지식재산권 협상을 분담하여 전개한다. 특허업무의 국제적 연락·협력 및 교류활동을 전개한다.

(4) 전국 특허업무의 발전계획을 마련하고, 특허업무계획을 제정하며, 특정 업무계획을 심사 및 비준한다. 전국 특허정보 공공서비스 체계의 건설을 책임지고, 유관부문과 공동으로 특허정보 전달과 이용을 촉진하며, 특허통계업무를 책임진다.

(5) 특허 및 반도체집적회로배치설계권 수여의 판단기준을 제정하고, 권리확정 관리기구를 지정한다. 특허 및 반도체집적회로배치설계권의 침해 판단기준을 제정한다. 특허대리 중개서비스체계의 발전 및 관리감독에 관한 정책 및 조치를 제정한다.

(6) 특허 법률법규·정책의 홍보보급 업무를 전개하고, 규정에 따라서 지식재산권

교육 및 훈련 업무계획을 마련한다.

(7) 국무원이 위임한 기타 업무를 처리한다.

위의 직능 중에는 본조 제1항의 "통일적으로 특허출원을 수리 및 심사하며, 법에 의하여 특허권을 수여"하는 직능이 포함되어 있지 않은데, 이것은 국가지식산권국이 이 밖에 특허국(专利局)[1]을 설치하여, 이 직능을 국가지식산권국 특허국이 맡고 있기 때문이다.

본조 제1항 규정에 따라서, 중국은 특허출원의 수리·심사 및 특허권의 수여에 대하여 집중적이고 통일적인 방식을 취하고 있으며, 각 성·자치구·직할시가 나누어서 처리하는 방식을 취하고 있지 않다. 그 이유는 다음과 같다.

첫째, 특허권은 전국적 범위에서 유효한 독점적 성질을 갖는 무체재산권으로, 동일한 발명창조에 대해서는 오직 하나의 특허권만 수여할 수 있고, 한 사람에게 수여하였다면 다시 다른 사람에게 수여할 수 없기 때문이다. 특허권의 중복수여를 방지하고, 특허제도의 정상적 질서를 유지하는 측면에서 보면, 한곳에서 수리하고 통일적으로 심사하는 방식을 따르는 것이 훨씬 적절하다.

둘째, 특허출원의 심사와 특허권의 수여는 기술적 및 법률적 성격이 매우 강한 업무로서, 심사기준을 규범화하고 권리의 품질을 높이는 측면에서 보더라도 한곳에서 수리하고 통일적으로 심사하는 방식을 따르는 것이 훨씬 적절하다.

셋째, 특허심사업무를 전개하기 위해서는 모든 기술분야를 망라하는 높은 수준의 심사인력을 필요로 할 뿐만 아니라, 검색성능이 뛰어난 특허문헌 데이터베이스, 각종 전문 기술 데이터베이스 및 복잡한 컴퓨터 관리시스템도 갖춰야 한다. 특허심사관의 교육과 경험공유를 규범화하고, 관리 편리성과 효율 제고의 측면에서 보더라도, 집중적으로 수리하고 통일적으로 심사하는 방식을 따르는 것이 훨씬 적절하다.

중국의 국토가 광대하다는 점을 고려하여, 각지의 출원인이 편리하게 특허출원을 할 수 있도록 하고, 출원인이 특허출원 시에 직면하는 각종 의문과 문제에 대해서 신속하게 답해 주기 위해서, 국가지식산권국은 전국 각지의 성(省) 정부 소재지에 특허출원을 수리하는 특허출원대행처를 잇따라 설립하였다. 주의가 필요한 점은, 이러한 대행처는 그 접수한 특허출원이 「특허법」과 「특허법실시세칙」이 규정한 수리요건에 부합하는지를 판단하는 것을 제외하고, 특허출원에 대하여 그 밖의 심사를 진행하지는 않는다는 점이다.

---

1) 국가지식산권국의 내부조직으로서의 특허국(专利局)을 가리킨다(역자 주).

二. 각 지방 인민정부의 특허업무관리부문

중국은 특허제도를 수립한 초기에 중국특허국을 설립하여 통일적으로 특허출원을 수리 및 심사하고 특허권을 수여하였을 뿐만 아니라, 국무원의 유관 주관부문과 각 지방 인민정부에 특허관리기관을 설립하여 각 부문·지방의 특허관련 업무를 관리하였다. 이것은 다른 나라의 특허제도와 구별되는 중국 특허제도의 특징으로, 중국 특허업무의 고속 발전에 있어서 뚜렷한 작용을 발휘하였다.

그러나 1984년「특허법」제정 시에는 제60조의 특허침해분쟁에 관한 규정에서 특허관리기관을 언급했을 뿐이고, 특허관리기관의 직능을 명확하게 규정한 조항은 두지 않았었다.

1984년 제정「특허법실시세칙」제76조는 아래와 같이 규정하였다.

특허법 제60조와 이 세칙의 특허관리기관은 국무원 유관 주관부문 및 각 성·자치구·직할시·개방도시 및 경제특구 인민정부가 설립한 특허관리기관을 가리킨다.

1992년「특허법실시세칙」개정 시에, 위의 규정은 아래와 같이 개정되었다.

특허법과 이 세칙의 특허관리기관은 국무원 유관 주관부문 또는 지방 인민정부가 설립한 특허관리기관을 가리킨다.

2000년「특허법」개정 시에, 본조에 제2항을 추가하여 아래와 같이 규정하였다.

성·자치구·직할시 인민정부의 특허업무관리부문은 본 행정구역 내의 특허관리업무를 책임진다.

이처럼 개정함으로써, 첫째, 본조 규정에 "국무원 특허행정부문"뿐만 아니라 "성·자치구·직할시 인민정부의 특허업무관리부문"도 중국 특허업무의 관리체계에 포함된다는 것을 보다 사실적으로 반영하고, 그 직책의 분담, 즉 전자는 "전국의 특허업무관리 책임"이 있고 후자는 "본 행정구역 내의 특허업무관리 책임"이 있음을 명확하게 하였다는 것과, 둘째, 국무원 유관 주관부문 내에 특허업무관리부문을 설립하지 않게 함으로써, 특허관리 업무에 있어서의 업무중복이 발생하지 않게 하고 국무원 산하 부 및 위원회의 조직 간소화 그리고 직능전환 방향 및 정신에 부합하게 되었다는 데 그 의의가 있다.

본조 제2항의 문언적 내용으로 본다면, 마치 성·자치구·직할시 급의 인민정부에만 "특허업무관리부문"을 설치할 수 있는 것처럼 보이지만, 사실은 이와 같지 않은데, 2001년 개정「특허법실시세칙」 제78조가 아래와 같이 규정하고 있기 때문이다.

> 특허법과 이 세칙의 특허업무관리부문은 성·자치구·직할시 인민정부 및 특허관리 업무량이 많고 실제 처리능력이 있는 구(区)가 설치된 시 인민정부가 설립한 특허업무 관리부문을 가리킨다.

위의 규정은 한편으로는 본조 제2항의 특허업무관리부문을 설치하는 지방인민정부의 급을 적절하게 확대하여, 성·자치구·직할시 인민정부에 국한하지 않고 급이 보다 낮은 인민정부도 특허업무관리부문을 설치할 수 있게 하였으며, 다른 한편으로는 그 범위에 필요한 제한을 가하여, 특허업무관리부문을 설치할 수 있는 인민정부를 구(区)가 설치된 시의 인민정부로 한정하였다. 위의 규정은 구가 설치되지 않은 시[다시 말하면 현급(县级)의 시]와 현의 인민정부는 위의 범위 내에 속하지 않음을 나타낸다. 구가 설치되지 않은 시 또는 현의 인민정부에 특허업무관리부문을 설치한 성 또는 자치구도 실제로는 있는데, 그러나 통상적으로 그 인민정부가 설립한 과학기술주관부문이 겸임하는 것이어서 사람들이 흔히 말하는 "하나의 기관이 두 개의 간판을 갖는" 경우이다. 구가 설치되지 않은 시 또는 현의 인민정부가 설치한 특허업무관리부문도 그 지역 내의 특허업무 계획수립, 특허실시 응용촉진, 특허정보 전달 등과 같은 특허 관련 관리업무를 진행할 수 있지만, 독립적으로 특허행정 집행 직능, 즉 특허권 침해분쟁에 대하여 처리 및 특허 허위표시 행위에 대한 처벌을 단독으로 수행할 수 없다.

「국가지식산권전략강요」의 요구를 보다 더 철저히 시행하기 위해서, 2008년「특허법」 개정 시에, 각 지방 특허업무관리부문은 본조 제2항에 직능을 보다 더 명확히 해 줄 것과「특허법실시세칙」의 "구가 설치된 시"와 관련된 제한을 완화해 줄 것을 강력하게 희망하였다. 그러나 이 바람은 최종적으로 실현되지 않았다.

제4조 비밀로 유지할 필요가 있는 특허출원

특허출원한 발명창조가 국가안전 또는 중대이익에 관계되어 비밀로 유지할 필요가 있는 경우, 국가의 유관 규정에 따라 처리한다.

一. 개 요

본조 규정은 1984년 제정「특허법」에도 이미 있었으며, 1992년, 2000년 및 2008년 세 차례「특허법」개정에서도 모두 본조 규정에 대해서는 어떠한 개정도 하지 않았다.

특허제도는 특허권을 수여하는 방식으로 발명창조를 한 단위 또는 개인에게 보상함으로써, 발명창조를 장려하고 그 실시 응용을 촉진하는 목적을 달성한다. 출원인이 자기의 발명창조에 대해서 출원하여 특허권을 받고자 한다면, 반드시 자기의 기술방안 또는 설계방안을 공개하여야 하는데, 이것이 바로 "공개의 대가로 보호를 받는" 특허제도의 기본적 속성이다. TRIPs 제29조는 기술분야의 전문가가 발명을 실시할 수 있을 정도로 특허출원인이 발명을 충분히 명확하고 완전하게 공개하도록 각 회원국이 요구하여야 한다고 규정하고 있다.「특허법」제26조도 유사하게 규정하고 있다.

그러나 예를 들어 일종의 신무기와 같이 특허출원한 발명창조가 국가안전에 관계되는 때에도 만약 일률적으로 공개 또는 공고한다면, 전 세계의 모든 사람이 그 발명창조를 알 수 있게 되고, 나아가 국가안전이 위협받을 수 있다. 이 때문에 보편적으로 각국은 국가안전에 관계되는 특허출원은 비밀로 유지하도록 하여 공개 또는 공고하지 않으며, 심지어 특허권을 수여할 수 없다고 규정하고 있는 국가도 있다.

유관 국제조약도 이에 대해서 명확하게 규정하고 있다. 예를 들어, TRIPs 제73조는 아래와 같이 규정하고 있다.

> 이 협정의 어느 조항도 공개 시 자기나라의 필수적 국가안보이익에 반한다고 회원국이 판단하는 정도의 제공을 요구하는 것으로 해석되지 않는다.

PCT 제27조 제8항은 아래와 같이 규정하고 있다.

> 이 조약 및 규칙의 어떠한 규정도 당사국이 자국의 국가안보를 유지하기 위하여 필요

하다고 판단되는 조치를 취할 자유나 당사국이 자국의 일반적인 경제적 이익의 보호를 위하여 자국의 거주자 또는 국민이 국제출원을 할 권리를 제한하는 것으로 해석되어서는 아니 된다.

수많은 국가의 특허법이 국가안전 또는 국방에 관계되는 특허출원을 비밀로 유지하여야 한다고 규정하고 있는데, 예를 들면, 미국 · 독일 · 영국 · 호주 · 한국 · 인도 · 브라질 등이다.

본조가 실질적으로는 특허제도에서 「국가비밀보호법」을 구체화하기 위한 규정이라고 보는 견해도 있으며, 이러한 견해는 일정 부분 정확한 점이 있다. 입법목적으로 볼 때, 본조 규정은 「국가비밀보호법」과 완전히 일치하는데, 즉 국가안전 및 국가이익을 보호하기 위함이다.

그러나 비밀유지의 범위와 구체적 방식으로 볼 때, 본조 규정은 「국가비밀보호법」과 일정한 차이가 있다. 「국가비밀보호법」 제9조는 아래와 같이 규정하고 있다.

① 국가비밀은 본조 제2조 규정에 부합하는 다음 각 호의 비밀사항을 포괄한다.
(1) 국가사무의 중대 정책결정 중의 비밀사항
(2) 국방 및 군사력 활동 중의 비밀사항
(3) 외교 및 섭외 활동 중의 비밀사항 및 대외 비밀유지 의무가 있는 비밀사항
(4) 국민경제와 사회발전 중의 비밀사항
(5) 과학기술 중의 비밀사항
(6) 국가안전 보호활동 및 형사범죄조사 중의 비밀사항
(7) 국가 비밀보호행정관리부문이 확정한 기타 비밀사항
② 전항 규정에 부합하는 정당의 비밀사항은 국가비밀에 속한다.

분명히 비밀로 유지할 필요가 있는 특허출원 발명창조는 주로 "과학기술 중의 비밀사항"에 관계되고, 위 「국가비밀보호법」 규정 중의 기타 각 사항과는 관계가 많지 않다.

「국가비밀보호법」 제10조는 국가비밀을 "극비", "기밀", "비밀" 세 등급으로 구분한다. 이 법 제13조는 각급 국가기관 · 단위는 그 생산하는 국가비밀사항에 대하여 국가의 규정에 따라 비밀등급을 확정하여야 한다고 규정하고 있다. 이 규정에 따라서, 국가안전 또는 중대이익에 관계되는 사항에 대해서 그 사항을 생산하는 기관 · 단위가 법에 의해 능동적으로 국가비밀로 확정하고 비밀등급을 확정하여야 한다. 원래의

국가과학위원회와 국가비밀유지국은 1995년 「과학기술비밀유지규정」을 반포하여, 국가과학기술 비밀의 범위, 비밀등급의 확정, 비밀의 유지관리, 비밀등급 변경과 비밀해제 절차 등 사항에 대하여 구체적으로 규정하였다. 이 규정 제11조도 비밀사항을 생산하는 단위가 능동적으로 비밀등급을 확정하고 비밀유지 조치를 취하도록 요구하였으며, 개인의 과학기술 성과를 보고하여 성급 과학기술 주관부문이 비밀등급을 확정하고 관리하도록 하였다.

「국가비밀보호법」과 「과학기술비밀유지규정」의 규정으로 보면, 「특허법」에서는 별도로 특허출원한 발명창조의 비밀유지문제를 규정할 필요가 없는 것처럼 보이는데, 「국가비밀보호법」이 이미 유관 기관·단위가 법에 의하여 능동적으로 비밀등급을 확정하고 비밀유지 조치를 취하도록 하고 있으므로, 일단 국가비밀로 확정되면 특허출원을 포함한 관련 사무는 「국가비밀보호법」의 요구에 따라 진행하면 되기 때문이다. 그러나 이러한 방식은 특허제도의 운영방식에는 적합하지 않다. 국가기관·국유기업사업단위[1])에 있어서는, 일반적으로 「국가비밀보호법」의 규정에 따라서 모두 비밀유지 업무를 담당하는 내부기구를 설립하고 심지어 비밀등급을 확정할 수 있는 권한을 갖는 경우도 있으며, 이 때문에 이러한 단위는 연구개발계획의 제정, 그 계획의 집행, 성과의 취득부터 성과의 응용에 이르는 각 단계에서 비교적 완비된 비밀유지제도를 갖추고 있어서, 국가안전 또는 중대이익과 관계된 발명창조가 적시에 국가비밀로 확정되고 상응하는 비밀유지 조치가 취해질 수 있도록 할 수 있다. 주식회사·민영기업·외자기업·합자기업 등 비국유 단위에 있어서는, 비록 일반적인 경우에는 시장수요에 따라서 민간용 제품과 민간용 기술의 개발을 진행하며 그 연구개발 성과도 일반적으로는 군용기술에 관계되지 않지만, 이러한 기업들이 연구개발하는 기술이 국가안전 또는 중대한 이익에 관계될 수 있음을 완전히 배제할 수는 없다. 특히 개혁개방 이후에, 중국은 민영기업이 군용기술의 연구개발과 생산제조에 종사하는 것을 허용하였고, 다른 한편으로는 민간자본이 군수산업에 투자하는 것을 허용하였으며, 이 때문에 보다 많은 비국유기업들이 군용기술의 연구개발과 생산제조활동에 참여하고 있는데, 이 중에는 국가안전 또는 중대이익에 영향이 있는 기술에 관계된 것이 있을 수 있다. 이 밖에 위성위치측정·위성통신 등과 같은 기술처럼 그 자체가 군과 민간 모두 활용할 수 있는 기술에 속하는 것도 있다. 그러나 이러한 비국유 단위가 비밀유지 업무를 담당하는 내부기구를 두고 있다고 하더라도, 그것은 주로 그 단위의 영업비밀을 보호하기 위한 것이지 「국가비밀보호법」이 규정하는 비밀유지

---

1) 우리나라의 공기업 및 공공기관에 해당한다(역자 주).

요구를 구체화하기 위한 것이 아니며, 더욱이 법에 의하여 비밀등급을 확정할 수 있는 권한도 없다. 이 때문에 비국유기업이 연구개발항목을 자체적으로 확정하고 자체적으로 투자하여 연구개발을 진행하여 성과를 얻은 후에, 법에 의하여 자체적으로 국가비밀로 확정할 수는 없다. 자신이 연구개발하여 얻은 기술이 시장경쟁에서 우세한 지위를 얻도록 하기 위하여, 이러한 비국유단위는 일반적으로 중국과 외국에 적극적으로 특허를 출원한다. 만약 특허출원에 대한 심사과정에서 국가지식산권국이 국가안전 또는 중대이익에 관계되는 발명창조를 걸러내어 비밀유지조치를 하여야 함을 특허법에서 명확히 규정하지 않고, 국가지식산권국이 모든 특허출원에 대하여 일률적으로 법에 따라 공개 또는 공고를 하여야 한다면, 국가안전 또는 중대이익에 손해를 입히는 결과를 초래할 수 있다.

「특허법실시세칙」및「국방특허조례」의 규정에 따라서, 중국은 국가안전 또는 중대이익에 관계되어 비밀로 유지할 필요가 있는 발명창조에 대하여 국방특허 또는 비밀특허를 수여할 수 있으며, 내부적인 통제 하에 응용을 촉진하고 특허권자에게 보상을 해주는 방식을 취하고 있다. 중국이 특허제도를 수립한 이후에, 설령 발명창조가 국가안전 또는 중대이익에 관계되어 비밀유지가 필요하다고 하더라도, 국가가 무상으로 점유한다거나 기타 유관 단위가 무상으로 실시할 수는 없음을 기본적인 출발점으로 하고 있다. 사실상 무릇 국가안전 또는 중대이익에 관계되어 비밀로 유지할 필요가 있는 발명창조로 인정되는 것이라면 보다 중요하고 가치 있는 발명창조에 해당하므로, 보다 효과적으로 보호하여 이러한 발명창조를 한 단위 또는 개인이 충분한 보답을 받을 수 있도록 함으로써 이와 같은 발명창조에 대한 적극성을 장려하여야 한다.

二. 본조 규정의 의미

(一) 국가안전 또는 중대이익에 관계

비록 보편적으로는 특허출원한 발명창조가 비밀로 유지되어야 한다고 세계 각국이 규정하고 있다고 하더라도, 적용대상 또는 범위에 있어서 완전히 일치하는 것은 아니다. "국가안전(national security)"을 대상으로 하는 국가도 있고, "국방(national defence)"을 대상으로 하는 국가도 있으며, "국가비밀(state secret)", "군사기계 또는 군수품(instruments or munitions of war)"을 대상으로 하는 국가도 있다. 문자적 의미로 보면 "국가안전" 또는 "국가비밀"은 "국방" 또는 "군사기계"에 비하여 포괄하는 범위가 훨씬 넓다. 본조 규정에 따르면, 국가안전에 관계되는 발명창조가 비밀로 유지되어야 하는 이외에, 중대이익에 관계되는 발명창조도 비밀로 유지되어야 하며, 따라서 본조는 적용범위가 보다 더 넓다.

"국가안전 또는 중대이익"은 두 가지로 해석될 수 있는데, 첫째는 "국가안전" 또는 "중대이익"으로 해석하는 것이고, 둘째는 "국가안전" 또는 "국가중대이익"으로 해석하는 것이다. 상대적으로 두 번째 해석이 보다 적절한데, 첫째와 같이 해석한다면 어떤 기업의 중대이익과 관련된다고 보여지는 발명창조도 비밀로 유지할 필요가 있다는 결론을 얻게 되기 때문이다. 실제로 본조에서 말하는 "비밀로 유지할 필요가 있는"은 국가적 차원에서 비밀로 유지할 필요가 있다는 것이지, 단위 또는 개인의 차원에서 비밀로 유지할 필요가 있음을 가리키는 것이 아니다.

「특허법」은 "국가안전 또는 중대이익에 관계되는" 발명창조에 대하여 명확히 정의하지 않았다. 「특허법실시세칙」 제7조는 "국가안전 또는 중대이익에 관계되는" 발명창조를 두 유형으로 구분하는데, 첫째는 국방이익에 관계되어 비밀로 유지할 필요가 있는 발명창조이고, 둘째는 국방이익 이외의 국가안전 또는 중대이익에 관계되어 비밀로 유지할 필요가 있는 발명창조이다. 전자는 국방에 전용되는 또는 국방에 중대한 가치가 있는 발명창조를 가리키는 것으로 신무기, 무기에 사용되는 새로운 부품, 신형 군사장비 등과 같이 주로 군용기술에 관계되며, 그 의미가 비교적 명확하다. 후자는 비록 국방이익에 관계되지는 않는다고 하더라도, 국가경제의 안전 또는 이익에 중요한 영향이 있어서 일정 기간 내에 공개하는 것이 적절하지 않은 발명창조이며, 예를 들면 해커가 금융전산시스템을 해킹하는 것을 효과적으로 방지할 수 있는 신식 방화벽 기술, 위조지폐를 방지할 수 있는 신식 지폐 인쇄기술, 새로운 에너지 개발기술 등과 같은 것으로서, 그 의미가 비교적 모호하다. 2008년 「특허법」 개정 시에, 「특허법실시세칙」에 "국방 이외의 국가안전 또는 중대한 국가이익에 관계되어 비밀로 유지할 필요가 있는 발명창조"에 대해서 분명하고 명확하게 하여야 하고, 가장 바람직하게는 상세한 목록을 제시함으로써 출원인 자신이 판단할 수 있게 하여야 한다는 의견이 있었다. 지적하여야 할 점은, 세계 각국 특허법은 "국가안전" 또는 "국방"과 같은 어휘의 함의와 외연에 대하여 구체적으로 정하지 않고, 구체적인 발명창조의 성질과 가치에 근거하여 국가의 필요에 따라 정하고 있다는 점이다. 이것은 비밀유지업무 자체의 속성에 의해 결정되는 것으로서, 어떠한 구체적 내용이 비밀로 유지할 필요가 있는지를 일일이 나열하는 것은 불가능하다고 볼 수 있다.

(二) 발명창조

「특허법」제2조 제1항은 "이 법의 발명창조는 발명·실용신안 및 디자인을 가리킨다."고 규정하고 있다. 그러나 「특허법실시세칙」과 「국방특허조례」의 규정을 함께 놓고 보면, 본조의 "발명창조"에는 발명 및 실용신안만 포함되고, 디자인은 포함되지 않는다. 그 이유는 디자인은 제품의 외관에 대한 "풍부한 미감이 있고 공업상 이용할 수 있는 새로운 설계"로서 그 기능도 사람들로 하여금 제품의 외관에 대하여 마음과 눈이 즐거운 시각적 느낌을 불러일으키는 것이고, 제품의 기술적 기능 및 기술적 특성에 관계되는 것이 아니어서 국가안전 또는 중대이익과 크게 관계가 없으므로 비밀로 유지할 필요가 없기 때문이다.

2010년 개정 전 「특허법실시세칙」제8조는 국방특허기구에 이관하여 심사하여야 하는 특허출원 및 비밀유지특허출원으로 처리하여야 하는 특허출원에는 오직 발명특허출원만 포함되고, 디자인특허출원이나 실용신안특허출원은 포함되지 않는다고 규정하였다. 2010년 개정 「특허법실시세칙」제7조는 국방특허기구에 이관하여 심사하여야 하는 특허출원 및 비밀유지특허출원으로 처리하여야 하는 특허출원의 범위에 실용신안특허출원을 포함시켰는데, 그 이유는 발명특허로 출원할 수 있는 제품발명창조의 대다수는 실용신안특허로 출원할 수도 있는 상황에서 만약 발명특허출원에 대해서만 비밀유지심사를 하도록 하고 실용신안특허출원에 대해서는 비밀유지심사를 하도록 하지 않는다면 출원인은 국가안전 또는 중대이익에 관계되어 비밀로 유지할 필요가 있는 발명창조를 실용신안특허로 출원함으로써 매우 수월하게 비밀유지심사를 피해갈 수 있게 된다는 것이 그 이유였다.

본조는 "특허출원한 발명창조"라는 표현을 사용하고 있는데, 문언적으로는 중국에서 완성한 발명창조뿐만 아니라 외국에서 완성한 발명창조도 포함한다. 이 때문에 외국 출원인이 외국에서 완성한 발명에 대하여 중국에 특허출원을 할 때에도 비밀유지심사를 진행할 필요가 있는가 하는 문제가 생긴다. 이에 대한 대답은 당연히 부정이다. 외국인의 발명창조에 대해서는, 설령 그것이 국가안전 또는 중대이익에 관계된다고 하더라도, 만약 그 발명창조가 외국에서 완성되었고 중국에서 완성된 것이 아니라면, 본조 규정의 구속을 받을 필요가 없다. 이것은 외국출원인이 외국에서 완성한 발명창조에 대해서 비밀로 유지할 필요가 있는가에 대해서는 중국 「특허법」의 구속을 받지 않고, 발명창조가 완성된 국가의 법률에 의해 구속을 받아야 하기 때문이다. 중국 「특허법」제20조 규정과 유사하게, 많은 국가들이 그 특허법에 출원인이 그 국가에서 완성한 발명을 다른 국가에 특허출원하기 전에 그 국가의 주관기관이 비밀유지심사를 진행하고, 비밀로 유지할 필요가 없다고 인정되는 경우에만 중국을 비롯한 다른 국가에의 특허출원을 허용하는 것으로 규정하고 있다. 이 때문에 외국출원인이 그 외국에서 완성한 발명창조를 중국에 특허출원하는 경우 그 발명창조는 일반적으로 국방 또는 군사 분야의 기술에 관계되지 않는다. 다른 한편으로는, 설령 외국출원인이 중국에 특허출원한 발명창조가 국방 또는 군사 분야의 기술에 관계되는 것이라고 하더라도, 중국에 특허출원하기 전에 일반적으로는 출원인이 이미 그 발명창조를 완성한 국가 또는 다른 국가에 특허출원을 하였을 것인데, 이러한 국가들이 비밀유지 조치를 취하지 않아서 그 국가의 특허법에 의하여 그 출원이 이미 공개 또는 공고된 상황에서 중국이 다시 비밀유지 조치를 취하는 것은 어떠한 의의도 없게 된다.

당연히, 만약 특허출원한 발명창조가 외국출원인이 중국에서 완성한 발명창조(주로 중국에 설립한 자회사 또는 합자회사의 발명창조)라면, 2008년 개정「특허법」제20조 규정에 따라서, 그 발명창조를 외국에 특허출원하기 전에 반드시 국가지식산권국이 비밀유지심사를 진행하여야 한다. 심사결과 그 발명창조를 비밀로 유지하여야 하는 것으로 인정된다면, 출원인은 중국에 국방특허 또는 비밀유지특허로 출원할 수 있지만, 외국에 특허출원할 수는 없다. 이에 대해서 본서는「특허법」제20조에 대한 설명에서 상세하게 설명하겠다.

따라서 정확하게 말하면, 본조의 "특허출원한 발명창조"는 마땅히 "중국에서 완성하여 특허출원한 발명창조"를 가리킨다.

(三) 국가의 유관 규정에 따라 처리

본조는 특허출원한 발명창조가 국가안전 또는 중대이익에 관계되어 비밀로 유지할 필요가 있는 것으로 일단 인정되면, 국가의 유관 규정에 의하여 처리하도록 규정하고 있다. 여기에서의 "국가의 유관 규정"에는 어떠한 규정이 포함되는가?

소위 "국가의 유관 규정"에는 주로 세 분야의 규정이 포함되는데, 첫째「국가비밀보호법」,「국가비밀보호법실시방법」및 국가비밀보호국 유관부문규칙의 관련 규정, 둘째「특허법」,「특허법실시세칙」및「특허심사지침서 2010」의 관련 규정, 셋째「국방특허조례」의 관련 규정이다. 첫째 분야의 규정은 주로 특허출원 전에 발명창조를 완성한 단위가 그 발명창조가 국가비밀에 속하는지를 확정하여야 하고, 국가비밀이라면 비밀등급을 확정하고 이에 상응하는 보호조치를 취해야 한다는 것에 관한 것이다. 둘째 분야의 규정은 주로「특허법」제20조,「특허법실시세칙」제7조 내지 제9조의 규정 및「특허심사지침서 2010」의 비밀특허와 관련한 규정이다. 셋째 분야의 규정은 「국방특허조례」의 국방특허의 출원·심사·복심·무효·실시·관리·보호 등에 관한 규정이다.

국가안전 또는 중대이익에 관계되어 비밀로 유지할 필요가 있는 발명이 보통의 특허로 출원되어 비밀이 누설되는 것을 방지하기 위하여 중국은 두 단계에서 규범하고 관리하는데, 첫째 단계는 국내 특허출원을 하는 때이고, 둘째 단계는 외국에 특허출원을 하는 때이다. 첫째 단계에서는 법에 따라 국가안전 또는 중대이익에 관계되는 발명창조 특허출원을 국방특허출원 또는 비밀특허출원으로 확정함으로써 비밀로 유지할 필요가 있는 발명창조가 보통의 특허출원으로 되어 공개 또는 공고되는 것을 방지하고, 둘째 단계에서는 출원인이 외국에 특허출원하고자 하는 발명창조에 대하여 비밀심사를 진행하여 비밀로 유지할 필요가 있는 것으로 인정되면 출원인에게 외국에 특허출원할 수 없음을 고지함으로써 비밀로 유지되어야 하는 발명창조가 외국에 특허출원되어 공개되는 것을 방지한다.

국가안전 또는 중대이익에 관계되어 비밀로 유지되어야 하는 발명창조도 충분히 법률적 보호를 받을 수 있게 하기 위해서, 「특허법실시세칙」은 국방특허와 비밀특허 두 유형의 특수한 특허를 두고 있다. 엄격하게 말해서 국방특허도 비밀특허에 속하지만, 양자는 「특허법실시세칙」의 의미로는 다른 특허이며, 이 둘을 구분할 필요가 있다. 비밀로 유지되어야 하는 발명창조를 어떻게 국방특허출원 또는 비밀특허출원으로 확정하는가? 「특허법실시세칙」 제7조는 다음과 같은 절차를 규정하고 있다.

먼저, 「국방특허조례」 규정을 우선적으로 적용한다. 출원인 자신이 그 발명창조가 국방이익에 관계되는 것으로 판단하면, 바로 국방특허기구에 대하여 국방특허를 출원하여야 한다. 출원인 자신이 그 발명창조가 국방이익에 관계된 것이 아니라고 보아서 국가지식산권국에 비밀특허출원 또는 일반적 발명특허출원 또는 실용신안특허출원을 하게 되면 국가지식산권국이 국방특허기구와 협력하여 심사를 진행하고, 심사결과 국방이익에 관계되어 비밀로 유지할 필요하다고 인정되면, 국가지식산권국은 해당 특허출원을 즉시 국방특허기구에 이관하여 심사를 진행하게 한다. 이러한 방식에 관하여, 2010년 개정 전 「특허법실시세칙」 제8조 제1항도 마찬가지로 규정하였고, 2010년 「특허법실시세칙」 개정 시에 대상의 범위를 원래의 발명특허출원에서 발명특허출원과 실용신안특허출원으로 확대한 것을 제외하고 이 밖에 조정한 것이 없다.

다음으로, 설령 국가지식산권국과 국방특허기구가 특허출원이 국방이익에 관계되지 않는 것으로 인정하더라도, 바로 비밀로 유지할 필요가 있는지에 대한 심사가 마무리되는 것은 아니며, 이어서 특허출원이 국방이익 이외의 국가안전 또는 중대이익에 관계되어 비밀로 유지할 필요가 있는지에 대한 심사를 요한다. 이 심사 방식에 대해서 2010년 개정 전「특허법실시세칙」제8조 제2항은 아래와 같이 규정하였다.

> 전항 규정의 경우를 제외하고, 국무원 특허행정부문은 발명특허출원을 수리한 후 비밀유지 심사가 필요한 출원을 국무원 유관 주관부문에 이관하여 심사를 진행한다. 유관 주관부문은 해당 출원을 받은 날로부터 4개월 이내에 심사결과를 국무원 특허행정부문에 통지한다. 비밀로 유지할 필요가 있는 경우, 국무원 특허행정부문이 비밀특허출원에 따라서 처리하고 출원인에게 통지한다.

그러나 2010년 이전에는 위의 규정을 집행하여 실제 운영하는 과정에서 종종 곤란을 겪었는데, 국가지식산권국이 발명특허출원을 국무원 유관 주관부문에 이관하여 비밀유지 심사를 진행하면 대개는 해당 발명특허출원을 비밀로 유지하여야 할 필요가 있는지에 대한 심사결론을 제때에 얻을 수 없었으며, 국가지식산권국도 위의 규정에 따라 해당 발명특허출원에 대하여 비밀유지 심사를 진행할 수 없음에 따라 이러한 발명특허출원의 출원인은 즉시 비밀특허로서 보호를 받지도 못하고 또한 즉시 일반특허로도 보호받지 못하는 결과가 초래되어 많은 불만이 제기되었다. 이 밖에, "비밀로 유지할 필요가 있는 경우, 국무원 특허행정부문이 비밀특허출원에 따라서 처리하고 출원인에게 통지한다."의 의미도 충분히 명확하지 않은데, 어떻게 처리하여야 하는가? 비밀특허를 수여하는 것인가 아니면 해당 특허출원을 비밀상태로 유지할 뿐이고 비밀특허를 수여하지 않는 것인가? 이에 대해서는 명확한 답이 없었다.

상술한 문제에 대해서, 2010년 개정「특허법실시세칙」제7조 제2항은 아래와 같이 규정하였다.

> 국무원 특허행정부문이 그 수리한 발명 또는 실용신안특허출원이 국방이익 이외의 국가안전 또는 중대이익에 관계되어 비밀로 유지할 필요가 있다고 인정하면, 즉시 비밀특허출원에 따라 처리할 것을 결정하고 출원인에게 통지하여야 한다. 비밀특허출원의 심사·복심 및 비밀특허권 무효선고의 특수 절차는 국무원 특허행정부문이 규정한다.

개정된 점은 다음과 같다.

첫째, 국가지식산권국이 그 수리한 발명 또는 실용신안특허출원이 국방이익 이외의 국가안전 또는 중대이익에 관계되어 비밀로 유지할 필요가 있는지에 대하여 심사를 진행하여 결정하도록 명확히 규정하고, 국무원 유관부문에 이관하여 심사를 진행하게 하지 않음으로써 비밀유지 심사의 절차를 간략하게 하였다.

둘째, 국가지식산권국이 비밀특허출원에 따라 처리할 것을 결정한 후에, 국가지식산권국이 이어서 비밀특허권을 수여할 수 있는지에 대하여 심사하고, 심사에서「특허법」및「특허법실시세칙」관련 규정에 부합하는 것으로 인정하면 비밀특허권을 수여하도록 명확히 규정하였다. 이렇게 함으로써 2010년 개정 전「특허법실시세칙」에 존재했던 위의 두 가지 결점을 극복하였다.

위의 두 단계를 거쳐서 만약 발명 또는 실용신안특허출원이 국방이익에 관계되지도 않고 또한 국방이익 이외의 국가안전 또는 중대이익에도 관계되지 않아서 비밀로 유지할 필요가 없는 것으로 인정되면 비밀유지심사 업무는 종료되고, 국가지식산권국은 일반적인 특허출원으로 처리하여「특허법」및「특허법실시세칙」의 관련 규정에 부합하는 것으로 인정하면 보통의 발명 또는 실용신안특허권을 수여한다.

실제로 전체 특허출원한 발명창조 중에서, 국가안전 또는 중대이익에 관계되어 비밀로 유지할 필요가 있는 것은 매우 낮은 비율을 차지한다. 그러나 단지 이 이유만으로 본조 규정의 필요성과 중요성이 부인될 수는 없다.

제5조 사회공중도덕을 위반하거나 공공이익을 해하는 발명창조

① 법률·사회공중도덕을 위반하거나 또는 공공이익을 해하는 발명창조에 대해서는 특허권을 수여하지 아니한다.
② 법률·행정법규의 규정에 위반하여 유전자원을 취득 또는 이용하고, 그 유전자원에 의존하여 완성한 발명창조에 대해서는 특허권을 수여하지 아니한다.

一. 개 요

「특허법」은 특허권 수여의 요건을 규정하는데, 이러한 요건이 하나의 조문에 집중되어 전면적으로 규정하는 것이 아니고, 여러 장절의 다른 조문 중에서 분산되어 규정하고 있다. 본조 규정은 특허권 수여의 요건 중 하나에 속한다.

1984년 제정 「특허법」 및 1992년·2000년 개정 「특허법」에서는, 본조 규정에 "국가법률·사회공중도덕을 위반하거나 또는 공공이익을 방해하는 발명창조에 대해서는 특허권을 수여하지 아니한다."라는 한 항만 있었다. 2008년 「특허법」 개정 시에 본조에 제2항을 신설함으로써 특허제도와 유전자원보호제도 사이의 관계를 조화시켰는데, 이것은 중국의 특허제도를 개선한 중요한 조치였다.

2008년 개정된 본조 제1항 및 제2항은 "법률위반" 개념에 관계된다는 데 공통점이 있으며, 입법기관이 유전자원 보호와 관련된 규정을 별도의 조로 신설하여 규정하지 않고 본조 규정에 추가한 것은 이 때문인 것 같다. 그러나 이 두 항의 "법률위반"은 서로 다른 의미를 갖고 있음에 주의하여야 한다. 제1항의 "법률위반"은 도박용구에 관한 발명창조 등과 같이 발명창조의 상업적 실시가 관련 법률에 의해서 금지되는 것을 가리키며 이 때문에 특허권을 수여할 수 없는 것이고, 제2항의 "법률위반"은 발명창조의 상업적 실시가 관련 법률에 의해 금지되는 것이 아니라 그 발명창조의 완성이 관련 법률을 위반하여 취득 또는 이용한 유전자원에 의존한 것을 가리키며 이 때문에 특허권을 수여할 수 없는 것이다.

「특허법실시세칙」의 관련 규정에 의하면 본조 두 개 항의 "특허권을 수여하지 아니한다."에는 두 가지 의미가 포함되어 있는데, 첫째는 특허출원의 심사과정에서 특허출원한 발명창조가 본조가 규정하는 경우에 해당하는지를 확인하여야 하고, 만약 해당한다면 그 특허출원을 거절하여 특허권을 수여하지 않아야 한다는 것이고, 둘째는 특허출원한 발명창조가 본조가 규정한 경우에 해당함을 심사과정에서 본래 발견하였어야 하지만, 발견하지 못하였거나 또는 발견하기 어려워서 특허권이 수여된 경우에는 누구라도 「특허법」의 관련 규정에 따라서 특허권의 무효선고를 청구할 수 있다는 것이다. 이것은 「특허법」의 통례이며, 무릇 「특허법」이 특허권을 수여하지 아니한다고 규정하였다면 모두 위와 같은 두 가지 의미를 갖고 있다.

二. 법률·사회공중도덕을 위반하거나 또는 공공이익을 해하는 발명창조

(一) 법률을 위반하는 발명창조

중국이 제정한 모든 법률의 최종 목적은 공중의 정당한 권익을 보호하고 각종 행위가 공중이 보편적으로 받아들일 수 있는 사회공중도덕에 부합하도록 하는 것이며, 따라서 법률을 위반한 발명창조는 본질적으로 사회공중도덕을 위반하거나 또는 공공이익을 해하는 것이 된다. 그러나 사회공중도덕과 공공이익은 그 의미가 매우 광범위한 사회적 개념으로서, 어떤 구체적인 행위가 사회공중도덕에 위반하였거나 또는 공공이익을 해하는 것인지는 일반적인 사회적 관념에 의거하여 판단하므로 그 결론은 사람마다 달라질 수 있으며, 이 때문에 불확정적인 요소를 갖게 된다. 상대적으로 법률은 간명한 문자로써 옳고 그름의 경계를 표현하며, 많은 경우에 사회공중도덕과 공공이익은 법률조문의 형식으로 "고정"되며 일목요연하게 된다. 법률을 기준으로 발명창조가 사회공중도덕을 위반한 것이거나 또는 공공이익을 해하는 것인지를 판단하게 되면, 판단기준을 명확하게 하고 판단결과를 통일되게 하는 장점이 있으며, 이 때문에 본조 제1항은 법률 위반을 특허권을 수여할 수 없는 경우의 하나로 규정하고 있다.

2008년 「특허법」 개정 시에 개정 전의 "국가법률"을 "법률"로 고쳤다. 이것은 2003년 3월 15일 반포된 「입법법(立法法)」의 규정에 따른 것으로, "법률"은 전국인민대표대회와 전국인민대표대회 상무위원회가 제정한 법률을 가리키며, 국무원이 제정한 행정법규는 포함되지 않을 뿐만 아니라 성·자치구·직할시 인민대표대회 및 그 상무위원회가 제정하는 지방법규 및 국무원 각 부문 또는 성·자치구·직할시 지방인민정부가 제정하는 규칙도 포함되지 않기 때문에, 법률 앞에 "국가"라는 두 글자로 수식할 필요가 없다.[1] 이 때문에 이 개정은 표현을 보다 정확하게 하였을 뿐이고, 실질적인 의미에 변화가 있었던 것은 아니다.

본조 제1항 및 제2항은 모두 "법률위반"이라는 표현을 쓰고 있는데, 이 표현 중의 "법률"의 의미와 범위를 어떻게 이해하여야 할까? 분명히 본조 제1항 및 제2항의 "법률"은 「특허법」 자체의 관련 규정은 포함하지 않고, 다른 법률의 관련 규정을 가리킨다. 이 때문에, 본조 규정에 의하여 특허권을 수여하지 않는 경우에 있어서 제일 중요한 점은 어떠한 법률의 규정에 근거할 수 있는지를 명확하게 하는 것이다. 이 문제에 답하기 위해서는 중국이 가입한 국제조약의 유관 규정을 참조할 필요가 있는데, 그중에서도 「파리협약」 및 TRIPs의 규정이 주를 이룬다.

「파리협약」 제4조의 4는 아래와 같이 규정하고 있다.

> 특허된 상품 또는 특허된 공정에 의하여 생산된 상품의 판매가 국내법으로 인한 계약이나 제한을 받고 있음을 이유로 하여 특허의 부여를 거절하거나 또는 특허를 무효로 할 수 없다.

위의 규정은 1958년 개최된 「파리협약」 리스본 개정회의를 거쳐 이 협약에 추가된 것인데, 제품의 판매 또는 사용이 국내법의 제한 또는 제약을 받는 것은 단지 안전·품질 또는 기타 방면을 고려한 때문일 수도 있고, 어떤 제품을 제조 또는 판매하기 위해서는 국가의 특별한 수권을 필요로 하는 때문일 수도 있다는 것이 그 이유였다. 전자에 있어서는 사회의 발전과 상황의 변화에 따라서 관련 법률이 개정 또는 폐지될 수 있기 때문에 단지 이 이유 때문에 특허권을 수여하지 않아서는 안 된다는 것이며, 후자에 있어서는 특허권자가 국가의 특별수권을 받을 수 있는 가능성이 있으므로 단지 이 이유 때문에 특허권을 수여하지 않아서는 안 된다는 것이다.[2]

그러나 「파리협약」의 위 규정은 두 가지 의문이 들게 하는데, 첫째는 특허제품의 판매가 국내 법률의 제한 또는 제약을 받고 있음을 이유로 하여 특허권을 수여하지 않아서는 안 된다고 규정한 것이 특허제품의 제조 또는 특허방법의 사용이 국내 법률의 제한 또는 제약을 받고 있음을 이유로 하여 특허권을 수여하지 않을 수 있다는 것을 의미하는가 하는 것이고, 둘째는 특허제품의 판매가 국내 법률의 제약 또는 제한을 받고 있음을 이유로 하여 특허권을 수여하지 않아서는 안 된다고 규정한 것이 만약 국내법이 특허 제품의 판매를 단순히 "제약 또는 제한"한 것이 아니라, 그 특허제품

---

1) 「입법법」 제7조·제63조 및 제71조 규정 참조.
2) G. H. C. Bodenhausen, Guide to the Application of the Paris Convention for the Protection of Industrial Property as Revised at Stockholm in 1967 [M], Geneva: The United International Bureau for the Protection of Intellectual Property(BIRPI), 1968: 65.

의 판매를 "완전금지"한 경우에는 특허권을 수여하지 않아도 된다는 것을 의미하는가 하는 것이다. 구 국제지식재산권본부(United International Bureaux for the Protection of Intellectual Property, WIPO의 전신)의 총책임자였던 Bodenhausen은 그 권위 있는 저작에서 이 두 가지 경우에 있어서도 여전히 「파리협약」 제4조의 4 규정이 적용되므로, 특허권의 수여를 거절하거나 특허권을 무효로 할 수 없다고 하였다.[1] 그러나 이것은 필경 그의 개인적인 학리해석일 뿐이며, 협약의 조문으로부터 출발하면 이러한 해석의 근거를 찾기가 어렵다.

TRIPs 제27조 제2항은 아래와 같이 규정하고 있다.

> 회원국은 회원국 영토 내에서의 발명의 상업적 이용의 금지가 인간, 동물 또는 식물의 생명 또는 건강의 보호를 포함, 필요한 경우 공공질서 또는 공서양속을 보호하거나, 또는 환경에의 심각한 피해를 회피하기 위하여 동 발명을 특허대상에서 제외할 수 있다. 단, 이러한 제외는 동 이용이 자기나라 법에 의해 금지되어 있다는 이유만으로 취해서는 아니된다.

위의 규정은 "상업적 이용"이라는 표현을 써서 「파리협약」의 "판매"를 대체하였는데, 그 의미가 분명히 훨씬 넓어져서 "판매"행위를 포함할 뿐만 아니라 "제조", "사용" 등 행위도 포함하며, 이로써 위의 첫 번째 의문을 해소하였다.

TRIPs의 이 규정에 근거하여 관련 발명창조의 특허성을 배제하는 데에는 두 단계의 판단이 필요하다고 지적한 저작도 있는데, 우선 당해 발명창조의 상업적 이용이 금지된 것인지를 판단하여, 만약 상업적 이용이 금지된 것이 아니고 단지 어떤 제한만 받는 것이라면, 예를 들어 중국은 단위 또는 개인이 제멋대로 총기와 탄약을 제조·판매하는 것을 허용하지 않는데, 이것은 총기 및 탄약과 관련된 발명창조의 상업적 이용을 금지하는 것이 아니고 정부 주관부문으로부터 특별한 권한을 수여받은 단위만이 그 상업적 이용을 허용한다는 것이므로, 당해 발명창조의 특허성을 배제할 수는 없다. 다음으로 그 발명창조의 상업적 이용을 금지한 것이 공공이익 또는 사회공중도덕을 보호하기 위한 것인지를 판단하여야 하는데, 만약 그 상업적 이용을 금지한 것이 공공이익 또는 사회공중도덕을 보호하기 위한 것이 아니고 기타 다른 이유에 의한 것, 예를 들어 공공이익 또는 사회공중도덕과는 무관한 어떤 회원국이 신봉하는

---

1) G. H. C. Bodenhausen, Guide to the Application of the Paris Convention for the Protection of Industrial Property as Revised at Stockholm in 1967 [M], Geneva: The United International Bureau for the Protection of Intellectual Property(BIRPI), 1968: 65.

종교적 교의 때문이라면, 그 발명창조의 특허성을 부정해서는 안 된다고 한다.[1] 위의 두 요소는 각 회원국이 TRIPs 제27조 제2항의 규정에 근거하여 발명창조의 특허성을 배제하기 위한 필요조건이며, 하나라도 빠질 수 없다.

TRIPs 제27조 제2항의 표현방식은 "공공질서 또는 공서양속"에 대하여 넓은 의미로 이해할 수 있음을 나타내는 데, "인간, 동물 또는 식물의 생명 또는 건강의 보호", "환경에의 심각한 피해를 회피하기 위하여"는 "공공질서 또는 공서양속 보호"의 예를 든 것으로 제한적인 것이 아니며, 이 때문에 "공공질서 또는 공서양속 보호"는 열거된 것 이외에 기타의 경우를 포함할 수 있다.

TRIPs 제27조 제2항은 발명창조의 상업적 이용이 금지된 것을 특허성 배제의 필요조건으로 규정하고 있지만, 각 회원국이 어떠한 방식을 통해서 발명창조의 상업적 이용을 금지하는지에 대해서는 언급하지 않고 있다. 많은 국가에서 공공이익과 사회공중도덕의 보호는 일부 발명창조의 상업적 이용을 금지하는 가장 주된 이유인데, 그러나 만약 그 법률에 그 이용의 금지를 명확하게 규정하지 않고 단지 공공이익 또는 사회공중도덕 보호의 도의에만 의지한다면 발명창조의 상업적 이용을 금지하기는 쉽지 않다. 이 때문에 TRIPs 제27조 제2항 규정에 근거하여 관련 발명창조의 특허성을 배제하기 위해서는 일반적으로 특허법 이외의 기타 관련 법률에 근거가 있어야 한다. TRIPs 제정과정에서 선진국들은 만약 각 회원국에게 일부 발명창조의 상업적 이용을 금지하는 자국 법률의 규정에 근거하여 당해 발명창조의 특허성을 배제할 수 있도록 허용한다면, 그 이익이 손해를 입게 되는 결과가 나타날 것이라고 매우 우려하였으며, 이 때문에 비단 어떠한 방식으로 발명창조의 상업적 이용을 금지하는지를 이 협정 제27조 제2항에 적어 넣는 것을 바라지 않았을 뿐만 아니라, 제한적 규정, 곧 "단, 이러한 제외는 동 이용이 자기나라 법에 의해 금지되어 있다는 이유만으로 취해서는 아니된다."를 추가하였다.

이 제외의 의미는 무엇인가? 법률이 일부 발명창조의 상업적 이용을 금지하고 있음을 이유로 하여 특허권을 수여하지 않는 것이 완전히 불허된다는 의미인가? 대답은 부정이어야 한다. TRIPs 제27조 제2항의 규정을 종합적으로 이해하면, 만약 회원국의 법률이 어떤 발명의 상업적 이용을 금지한 이유가 공공이익 또는 사회공중도덕을 보호하기 위한 것이라면, 이러한 법률에 근거하여 그러한 발명의 특허성을 배제하는 것은 TRIPs의 규정에 부합하지만, 이와 반대로 만약 회원국의 법률이 발명의 상업

---

1) Nuno Pires De Carvalho, The TRIPs Regime of Patent Rights[M], Kluwer Law International, 2002: 171-173.

적 이용을 금지한 이유가 공공이익 또는 사회공중도덕을 보호하는 데 있는 것이 아니고 다른 이유에 의한 것이라면, 이러한 법률에 근거하여 그러한 발명의 특허성을 배제하는 것은 TRIPs 규정에 부합하지 않는다고 이해하는 것이 정확하게 이해하는 것이다.

이에 따라서 "이러한 제외는 동 이용이 자기나라 법에 의해 금지되어 있다는 이유만으로 취해서는 아니된다."는 「파리협약」 제4조의4와 유사한 의미를 나타내는 것으로 이해할 수 있다. TRIPs 제2조는 이 협정의 제2부, 제3부 및 제4부와 관련하여, 회원국은 「파리협약」(1967년)의 제1조에서 제12조까지 및 제19조를 준수한다고 규정하고 있다. 기왕에 이와 같은 인용관계가 있으므로 TRIPs에는 설령 이에 대해서 규정하지 않았더라도 상관없는 것처럼 보이지만, 「파리협약」의 규정에는 앞에서 설명한 의문이 존재하여 부족한 점이 있음을 감안해서 TRIPs에서 분명하게 밝힐 필요가 있었으므로 일부러 위의 규정을 추가하였다.

TRIPs 제27조 제2항 규정을 구체화하고 중국의 WTO 가입에 앞서 장애를 제거하기 위하여, 중국은 2001년 「특허법실시세칙」 개정 시에 아래의 제9조 규정을 추가하였다.

특허법 제5조의 국가법률을 위반한 발명창조에는 단지 그 실시가 국가법률에 의하여 금지된 발명창조는 포함되지 아니한다.

2010년 「특허법실시세칙」 개정 시에 이 규정을 유지했는데, 그 조문 순서를 고쳐서 제10조로 하고, 동시에 본조가 사용한 표현과 일치시켜 "국가법률"을 "법률"로 고쳤다.

「특허법실시세칙」의 위 규정의 의미에 관하여, 「특허심사지침서 2010」은 아래와 같이 규정하고 있다.

특허법실시세칙 제10조는 특허법 제5조의 법률을 위반한 발명창조에는 단지 그 실시가 법률에 의하여 금지된 발명창조는 포함되지 아니한다고 규정하고 있다. 이것은 만약 단지 발명창조 제품의 생산·판매 또는 사용이 법률의 제한 또는 구속을 받고 있을 뿐이라면, 당해 제품 자체 및 그 제조방법은 법률을 위반하는 발명창조에 속하지 않는다는 의미이다. 예를 들어, 국방에 사용되는 각종 무기의 생산·판매 및 사용이 비록 법률의 제한을 받고 있지만, 이와 같은 무기 자체 및 그 제조방법은 여전히 특허로 보호받을 수 있는 객체에 속한다.[1]

---

1) 国家知识产权局, 专利审查指南2010[M], 北京: 知识产权出版社, 2010: 第二部分 第一章 3.1.1.

위 규정의 내용 자체는 부당한 점이 없지만, 그 해석 및 예시는 모두 발명창조 제품의 생산·판매 또는 사용이 법률의 "제한 또는 제약"을 받는 것에 대한 것이고, 법률에 의하여 "금지"된 것에 대한 것이 아니다. 앞에서 설명한 바와 같이, TRIPs 제27조 제2항 규정에 따라서 발명창조의 상업적 이용이 단지 법률의 제한을 받을 뿐이고 법률에 의해 금지된 것이 아니라면 특허권을 수여하지 않을 이유가 될 수 없다. 이 때문에, 위의 규정은 "단지 그 실시가 법률에 의해 금지된 발명창조"에 대해서 제대로 해설하지 못하는 것 같다.

엄격하게 말해서, TRIPs 제27조 제2항의 "단, 이러한 제외는 동 이용이 자기나라 법에 의해 금지되어 있다는 이유만으로 취해서는 아니 된다."와 비교하여 「특허법실시세칙」 제10조의 "단지 그 실시가 법률에 의해 금지된 발명창조는 포함하지 아니한다."는 의미상에서 약간의 차이가 있다. 후자는 자구적으로 보면 설령 중국 법률이 어떤 발명창조의 실시를 금지하는 것으로 규정하였다고 하더라도 그 발명창조에 대하여 특허권을 수여하는 것을 거절하는 이유로 할 수 없는 것처럼 보인다. 전자는 이와 같은 뜻이 아니고, 법률이 어떤 발명창조의 이용을 금지하는 것으로 규정하였다면 그 발명창조에 대한 특허권을 수여하는 것을 거절하는 이유로 할 수 있지만, 조건이 있으며 그 조건은 바로 전반부에서 말하는 실시를 금지하는 이유가 공공이익 또는 사회공중도덕을 보호하기 위한 것이어야 한다는 의미이다. TRIPs 규정과 일치시키기 위하여, 그 조문이 표현하고자 하는 의미를 따라 「특허법실시세칙」 제10조 규정의 의미를 이해함으로써 해석의 편차를 줄일 수 있다.

본조 제1항에 따라서, 「특허심사지침서 2010」은 "법률을 위반하는 발명창조"에 대해서 아래와 같이 규정하고 있다.

> 발명창조가 법률에 위배되는 경우, 특허권을 수여받을 수 없다. 예를 들어, 도박에 이용되는 설비·기기 또는 공구; 마약흡입기구; 국가화폐·증권·공문·증서·인장·문물을 위조하는 설비 등은 모두 법률을 위반하는 발명창조로서, 특허권을 수여받을 수 없다.
>
> 발명창조가 법률을 위반하는 것은 아니지만, 그것이 남용되게 되면 법률을 위반하는 것은 이러한 예에 속하지 아니한다. 예를 들어, 의료용 각종 독약·마취제·진정제·흥분제와 오락에 이용되는 마작 등이 있다.[1]

---

1) 国家知识产权局, 专利审查指南2010[M], 北京: 知识产权出版社, 2010: 第二部分 第一章 3.1.1.

위 규정 중에 열거된 중국 법률 위반으로 특허권을 받을 수 없는 발명창조, 즉 도박기구·마약흡입기구·공문서위조설비 등은 첫째 그 상업적 이용이 법률에 의해 금지된 것이어야 하고, 둘째 법률이 공공이익 또는 사회공중도덕을 보호하기 위하여 금지한 것이어야 한다는 두 가지 조건을 모두 만족시키며, 이 때문에 TRIPs 제27조 제2항 규정에 부합한다. 필자는 이처럼 사회공중도덕을 위반하지도 않고 공공이익을 해하지도 않으면서도, 법률로 그 상업적 이용을 금지할 필요가 있는 발명은 이론적으로 볼 때에도 존재하지 않거나 또는 생각해 내기가 매우 어렵다고 본다. 따라서 「특허법 실시세칙」 제10조의 규정과 함께 놓고 보면, 본조의 "법률을 위반하는 발명창조에 대해서는 특허권을 수여하지 아니한다."는 규정은 TRIPs 제27조 제2항 규정에 완전히 부합한다.

TRIPs 제27조 제2항은 회원국의 국내법률이 어떠한 발명의 상업적 이용을 금지한다는 이유만으로 특허권을 수여하지 않아서는 안 된다고 규정하고 있다. 그러나 그 역명제는 성립하지 않는다는 점을 주의하여야 하는데, 즉 무릇 특허권을 받을 수 있는 발명이라고 해서 회원국이 국내법률로 그 발명창조의 상업적 이용을 금지할 수 없는 것은 아니다. 예를 들어, 어떤 약품에 대하여 설령 특허권을 받았다고 하더라도, 그것을 실시하기 위해서는 여전히 약품관리감독부문의 허가를 필요로 하며, 그 약품이 특허권을 향유한다고 해서 관련 법률법규의 규제를 피할 수는 없다.[1]

(二) 사회공중도덕을 위반하거나 공공이익을 해하는 발명창조

"사회공중도덕을 위반하는 발명창조"의 의미에 관하여 「특허심사지침서 2010」은 아래와 같이 규정하고 있다.

> 사회공중도덕은 공중이 보편적으로 정당하다고 여겨서 받아들이는 윤리도덕관념과 행위준칙을 가리킨다. 이것이 내포하는 의미는 일정한 문화적 배경에 기초하고 시간의 흐름과 사회의 진보에 따라서 부단히 변화하며, 지역에 따라 각각 다르다. 중국특허법에서의 사회공중도덕은 중국 국경 내로 한정된다.
> 발명창조가 사회공중도덕에 위배되면 특허권을 받을 수 없다. 예를 들면, 폭력적이거나 외설적인 그림이나 사진이 부착된 디자인, 의료목적이 아닌 인조 성기관 또는 그 대체물, 인간과 동물의 교배방법, 인간 생식계의 유전적 동일성을 바꾸는 방법 또는

---

1) 汤宗舜, 专利法解说[M], 修订版, 北京: 知识产权出版社, 2002: 39.

생식계의 유전적 동일성을 바꾼 인간, 복제 인간 또는 인간 복제방법, 인간 배아의 공업 또는 상업 목적의 응용, 동물에게 고통을 주면서도 인간 또는 동물의 의료에 실질적 이익이 없는 동물의 유전적 동일성을 바꾸는 방법 등으로, 이와 같은 발명창조는 사회공중도덕을 위반하는 것이므로 특허권이 수여될 수 없다.[1]

"공공이익을 해하는 발명창조"의 의미에 관하여 「특허심사지침서 2010」은 아래와 같이 규정하고 있다.

공공이익을 해하는 것은 발명창조의 실시 또는 사용이 공중 또는 사회에 위해가 될 수 있거나 또는 국가와 사회의 정상적인 질서에 영향을 줄 수 있는 것을 가리킨다.
【예를 들면】
도둑의 두 눈을 실명시키는 도둑방지장치 및 방법과 같이 사람을 불구가 되게 하거나 재물에 손해를 입히는 것을 수단으로 하는 발명창조는 특허권이 수여될 수 없다.
발명창조의 실시 또는 사용이 심각한 환경오염을 일으키거나, 에너지나 자원을 심하게 낭비하거나, 생태계의 평형을 파괴하거나, 공중의 건강에 위해가 되는 것은 특허권이 수여될 수 없다.
특허출원한 문자 또는 도안이 국가의 중대한 정치사건 또는 종교신앙에 관계되고, 인민의 감정 또는 민족의 감정을 상하게 하거나, 또는 봉건적인 미신을 선전하는 것은 특허권이 수여될 수 없다.
그러나 만약 발명창조가 남용되어 공공이익을 해하게 되는 경우 또는 발명창조가 적극적 효과를 발생하는 동시에 어떤 결점이 존재하는 경우, 예를 들어 인체에 대한 어떠한 부작용이 있는 약품은, "공공이익을 해하는" 것을 이유로 하여 특허권 수여를 거절할 수 없다.[2]

종합하면, 국가법률·사회공중도덕을 위반하거나 또는 공공이익을 해하는 발명창조에 대하여 특허권을 수여하지 않도록 규정한 것은, 정상적인 사회질서를 문란하게 하고 범죄를 일으키거나 또는 기타 불안정 요소를 유발하는 발명창조가 특허권을 받지 못하도록 하는 데 그 목적이 있으며, 그 출발점은 국가와 인민의 근본적 이익을 보호하는 것이다.

---

1) 国家知识产权局, 专利审查指南2010[M], 北京: 知识产权出版社, 2010: 第二部分 第一章 3.1.3.
2) 国家知识产权局, 专利审查指南2010[M], 北京: 知识产权出版社, 2010: 第二部分 第一章 3.1.3.

三. 유전자원에 대한 보호

2008년 「특허법」 개정 시 본조에 제2항을 신설하였는데, 특허제도에 「생물다양성협약」(이하 CBD라 부른다.)의 관련 규정을 구체화하여 중국의 생물유전자원(이하 "유전자원"이라 부른다.)을 효과적으로 보호하고 중국 유전자원의 합리적이고 질서 있는 이용을 촉진하는 것이 그 목적이었다.

(一) 제정 배경

1. CBD

유전공학의 고속발전에 따라서 생물·제약·농업 등 과학기술 분야는 더욱더 유전자원의 이용에 의존하여 발전하고 있다.[1] 이 때문에 유전자원은 이미 국가의 중요한 전략적 물질자원이 되었다.

1992년 6월 3~14일, 브라질 리우데자네이루에서 각국 정상이 참석한 역사상 최대 규모의 UN환경 및 개발회의가 개최되었다. 이 회의에서 역사적 의의를 갖는 일련의 협약이 체결되었는데, 그중에는 CBD도 포함된다. 이 협약은 세계적으로 생물다양성의 보호와 생물자원의 지속가능한 이용을 촉진하는 최초의 전 지구적 조약으로서, 많은 국가들의 적극적 지지를 받았으며 157개 국가가 회의기간 중에 이 협약에 서명하였다. 중국은 1992년 6월 11일 이 협약에 서명하였는데, 제46번째로 이 협약에 서명한 국가이다. 그 후, 중국 전국인민대표대회 상무위원회는 1992년 11월 7일 이 협약의 가입을 비준하였고, 1993년 1월 5일 정식으로 가입서를 기탁하였는데, 중국은 가장 이른 시기에 이 협약에 정식으로 가입한 국가 중 하나에 해당한다. CBD는 1993년 12월 29일 발효되었으며, 현재 190여 개 회원국이 있다.

CBD는 인류의 많은 중요한 미래 문제에 광범위하게 관계되는데, CBD는 생물다양성보호가 인류 공동이익의 보호와 각국의 발전을 촉진하는 데 필수적인 요소라는 데 인식을 같이하게 하여 국제법 제정의 이정표가 되었다는 점에서 성공적이었다.

CBD 제1조는 이 협약의 목적이 "생물다양성을 보전하고, 그 구성요소를 지속가능하게 이용하며, 또한 유전자원의 이용으로부터 발생되는 이익을 공정하고 공평하게

---

[1] 개발도상국의 선진국에 대한 생물재료 제공 분야의 공헌은 유엔개발계획(UNDP)의 "Conserving Indigenous Knowledge Intergrafting New Systems of Intergradation" 보고서를 참조할 수 있는데, 이 보고서 부록 A "The North Benefiting From Biodiversity"는 중국을 포함한 많은 국가와 지역이 산업화 국가에 생물자원을 제공하는 사례를 나열하였다.

공유하는 것이다."라고 규정하고 있다.

CBD 제15조는 유전자원에 관하여 다음의 세 가지 기본원칙을 규정하고 있다.

첫째, 본조 제1항은 "국가가 자신의 천연자원에 대한 주권적 권리를 가지고 있음에 비추어 유전자원에 대한 접근을 결정하는 권한은 해당 국가의 정부에 있으며 유전자원에 대한 접근은 국가입법에 따른다."고 규정하고 있다. 이것이 소위 유전자원의 국가주권원칙이다.

둘째, 본조 제5항은 "유전자원에 대한 접근은 그 자원을 제공하는 체약당사자가 달리 결정하지 아니하는 한, 그 체약당사자의 사전통지동의를 받는 경우에 한한다."고 규정하고 있다. 이것이 소위 유전자원 접근의 사전통지동의원칙이다.

셋째, 본조 제7항은 "각 체약당사자는 연구·개발의 결과와 유전자원의 상업적 및 그 밖의 이용으로 발생하는 이익을 그 자원을 제공하는 국가와 공정하고 공평하게 공유하기 위하여 적절히 그리고 제16조 및 제19조에 따라 그리고 필요한 경우에는 제20조 및 제21조에 의하여 설치된 재무체계를 통하여 입법적·행정적 또는 정책적 조치를 취한다. 이러한 공유는 상호 합의된 조건에 따른다."고 규정하고 있다. 이것이 소위 유전자원 이용의 이익공유원칙이다.

위의 세 가지 원칙 중에서 국가주권원칙은 가장 핵심적인 지위를 차지하며, 사전통지동의원칙과 이익공유원칙은 모두 국가주권원칙으로부터 "파생"되는 것으로서, 국가주권원칙이 없으면 나머지 두 가지 원칙도 있을 수 없다.

CBD 제정 전에는 유전자원에 국가주권원칙이 적용되는가에 대해서 국제적으로 견해를 달리하고 있었다. 특허법 의미에서의 발명창조와는 달리, 전 세계의 풍부하고 다채로운 유전자원은 인류가 창조해 낸 것이 아니라 대자연이 수천만 년 심지어 수억 년의 진화를 통해 형성한 것이어서 대자연의 "은혜"라고 부를 수 있다. 아마도 바로 이와 같기 때문에, 지구상의 모든 유전자원은 전체 인류의 공동재산이고 누구라도 자유롭게 접근하여 이용할 수 있어야 한다는 것이 과거의 보편적인 생각이었다. 예를 들어, UN식량농업기구(FAO)는 1983년 「식물유전자원에 대한 국제지침(International Undertaking on Plant Genetic Resources)」이라는 법적 구속력 없는 지침을 제정하였는데, 이 지침은 식물유전자원이 인류가 공유하는 공동재산이므로 접근과 이용에 제약을 받지 않아야 한다는 보편적으로 받아들여지는 원칙에 기초하고 있음을 그 제1조에서 명확하게 지적하였다. 이 견해는 후에 많은 국가, 특히 개발도상국가의 항의와 격렬한 반대에 직면하게 된다. CBD가 유전자원의 국가주권원칙을 확립하여 국제적으로 논란이 되었던 중요한 문제를 분명하게 정리한 것은 뚜렷하게 현실적인 의의를 갖는다.

2. 특허제도와 유전자원보호 사이의 관계

대자연이 개발도상국가에게 내려 준 유전자원은 선진국에게 내려 준 유전자원에 뒤지지 않으며, 중국·인도·브라질 등 개발도상국은 모두 풍부하고 다채로운 생물종과 유전자원을 보유하고 있는 것으로 세계적으로 유명하다. 그러나 많은 개발도상국의 과학기술수준과 경제수준이 선진국에 비해 현저하게 낙후되어 있으므로, 개발도상국이 그 유전자원을 이용하여 경제적 이익을 얻을 수 있는 능력이 선진국보다 분명하게 뒤떨어져서, 그 보유하고 있는 유전자원의 우세를 충분히 발휘할 수 없는 결과를 낳게 되었다. 이와 같은 상황에서, 개발도상국은 대개 유전자원을 제공하여 사심 없이 공헌하는 측이 되었으며, 선진국은 대개 다른 국가의 유전자원을 개발 및 이용하고 이로부터 객관적인 경제적 이익을 얻는 측이 되었다. 유전기술의 고속 발전에 따라서, 유전자원의 경제적 가치는 갈수록 분명해지고, 유전자원에 대한 인류의 관심은 부단히 높아지고 있다. 유전자원의 중요성이 날이 갈수록 분명해짐에 따라서, 개발도상국의 유전자원을 수탈해 가는 현상도 이에 따라서 더욱 심해졌는데, 국제환경보호단체 그린피스(Greenpeace)는 이를 "생물해적(bio-piracy)"행위라고 불렀다. 선진국이 해적판 때문에 지식재산권 분야에서의 이익이 심각하게 침해당하고 있다고 여기는 것과 마찬가지로, 개발도상국은 "생물해적"행위 때문에 그 이익이 명백하게 손해를 입고 있다고 여겼는데(당연히 선진국의 유전자원 "생물해적"행위는 선진국의 이익에도 손해를 입힐 수 있다.), 이것은 1992년 CBD를 체결하여 유전자원의 국가주권원칙, 유전자원의 사전통지동의원칙 및 유전자원이용의 이익공유원칙을 확립하게 한 주요 원인이 되었다.

CBD가 확립한 유전자원의 국가주권원칙을 구체화하기 위해서는 단지 "생물해적" 행위 자체가 발생하지 않도록 방지하는 것만으로는 충분하지 않으며, 다른 제도도 유전자원의 보호 및 합리적인 이용과 밀접하게 관련되어 있음에 주의하여야 하는데, 여기에는 지식재산권제도 특히 특허제도도 포함된다. 어떤 자가 한 국가의 유전자원을 위법하게 취득하여 이 유전자원에 의존해서 발명창조를 완성하고 나아가 그 국가에서 특허를 출원한 상황에서, 만약 사실이 이와 같음에도 여전히 아무런 어려움 없이 특허권을 받는다고 한다면, 그 유전자원을 위법하게 취득한 행위가 마땅한 제재를 받지 않음을 의미할 뿐만 아니라, 오히려 그 국가에서 특허독점권을 받음으로써 그 국가의 모든 단위와 개인이 그 발명창조를 실시할 수 있는 권리를 빼앗기게 되는데, 이것은 의심할 바 없이 그 유전자원의 위법적인 획득과 이용의 악영향을 확대하는 것이라고 하겠다.

위의 문제에 대하여, CBD 제16조 제5항은 특별히 생물다양성과 지식재산권보호

사이의 관계에 대하여 언급하였는데, 아래와 같이 지적하고 있다.

> "체약당사자는 특허권 및 그 밖의 지적소유권이 이 협약의 이행에 영향을 미칠 수 있음을 인정하고, 이러한 권리가 이 협약의 목적을 지원하고 이 협약의 목적에 반하지 아니하도록 보장하기 위하여 국내입법 및 국제법에 따라 협력한다."

2001년 10월 22일 독일 본에서 개최된 CBD회의에서 그린피스는 미국 몬산토 (Monsanto) 기업이 중국의 야생 대두(大豆)자원을 이용하였고 이에 나아가 독점적인 특허권을 획득한 사례를 공개하였다. 중국은 대두의 원산지로 공인받고 있으며, 세계적으로 알려진 대두 종자 자원의 80%를 보유하고 있다고 한다.[1] 2000년 4월 6일, 세계 제2위 농화학 기업이면서 제1위 생물공학 기업인 미국의 몬산토사는 중국을 포함한 전 세계 101개 국가에 다수확 대두 및 그 재배·검사에 관한 특허를 출원하였다. 중국 상하이 근처의 야생 대두 품종을 검사 및 분석하여 대두의 다수확을 조절하는 유전자와 밀접한 관련이 있는 유전표지(genetic marker)를 발견하였고, 이에 나아가 이 야생 대두를 이용하여 재배한 대두 품종과 교배하여 이로부터 이 유전표지를 갖고 있는 다수확 대두 품종을 배양해 냈는데, 이 다수확 대두 품종이 바로 특허출원으로 보호받고자 한 발명이었다. 이 특허출원에는 64항의 청구항이 있었는데, 그 보호범위가 매우 넓어서 이 대두의 다수확 성상 유전자와 밀접한 관계를 갖는 표지, 이 표지를 갖는 대두 품종과 그 자손, 이 다수확 성상을 갖는 대두 육종을 생산하는 방법 및 이러한 표지를 주입한 유전자 조작 식물로, 여기에는 보리·귀리·양배추·면화·마늘·유채·아마·땅콩·옥수수·사탕무·감자 등이 포함되었다.[2] 언론의 보도를 통해서, 이 사례는 중국에서 큰 반향을 일으켰을 뿐만 아니라 국제적으로도 큰 관심을 받았다.

3. 유관 국가 또는 지역의 입법 및 관련 국제규정의 제정

"생물해적"행위에 대하여, CBD 제16조 제5항의 지도 아래, 일부 국가와 지역은 연이어 그 법률 중에 지식재산권보호와 유전자원보호 사이의 관계를 조정하는 규정을 추가하였는데, 이로부터 특허제도와 유전자원보호제도 사이의 관계를 조화시키는

---

1) 薛达元, 林燕梅, 生物遗传资源产权理论与惠益分享原则[G]//国家知识产权局条法司, 专利法研究2005, 北京: 知识产权出版社, 2006: 43-44.
2) 张清奎 等, 生物遗传资源来源披露问题[G]//国家知识产权局条法司, 专利法及专利法实施细则 第三次修改专题研究报告, 北京: 知识产权出版社, 2006: 563-564.

것이 이미 많은 국가가 중시하여 그 법률 중에 구체화하기 시작한 문제임을 알 수 있다. 그러나 나라마다 구체적인 방식에 있어서는 차이가 있어서, 특허법에 규정한 국가가 있는가 하면 다른 법률에 규정한 국가도 있으며 통일된 방식이 없다.

유관 국가의 입법을 비교해 보면, 개발도상국과 선진국은 그 입장에서 공통점이 있기도 하지만, 분명한 차이도 있음을 볼 수 있다. 특허출원한 발명창조가 유전자원에 관계되는 경우에 출원인에게 그 특허출원에서 그 유전자원의 출처를 공개하도록 요구할 수 있어야 한다고 보는 점은 공통되지만, 유전자원의 출처공개의무를 이행하지 않으면 특허출원 및 수여된 특허권에 어떠한 영향이 있어야 하는가에 대해서는 견해에 차이가 있다. 개발도상국은 법률이 규정한 유전자원의 출처공개의무를 출원인이 이행하지 않으면, 그 특허출원에 대한 심사 시에 특허출원을 거절하여 특허권을 수여하지 않아야 하고, 이미 특허권이 수여된 경우에는 그 특허권의 취소 또는 무효를 청구할 수 있어야 한다고 본다. 선진국은 출원인이 유전자원의 출처공개의무를 이행하지 않으면 다른 관련 법률이 규정하는 민사적 또는 형사적 책임을 부담하도록 명령할 수 있지만, 그 특허출원 또는 이미 받은 특허권에 대해서는 어떠한 불리한 영향도 생겨서는 안 된다고 본다.

개발도상국들은 CBD 제16조 제5항의 규정을 구체화하여 특허제도가 CBD의 목표를 실현하는 데 도움이 되고 이 협약의 목표 실현을 방해하지 않으려면, 단지 자국 법률에 의존하여 특허제도와 유전자원보호제도를 조화시키는 것만으로는 충분하지 않음을 인식하였다. "생물해적"행위를 통하여 유전자원에 접근하고 이를 이용하여 완성한 발명창조에 있어서, 발명창조를 완성한 자는 그 유전자원의 원산국가에서 특허를 출원하여 획득할 수 있을 뿐만 아니라, 다른 많은 기타 국가에서도 특허를 출원하여 획득할 수 있다. 비록 그 유전자원의 원산국가가 관련 법률을 제정한다고 하더라도, 기껏해야 당해 국가에서만 이와 같은 발명창조에 대해서 특허권이 수여되는 것을 막을 수 있을 뿐이고, 다른 국가에서는 이러한 발명창조에 대해서 특허권이 수여되는 것을 저지할 수 없으며, 그 결과 전 지구적 범위에서 CBD의 세 가지 원칙을 효과적으로 실현하는 것은 여전히 쉽지 않다. 이 때문에 통일적이고 효과적인 국제적 규칙을 마련하는 것이 필요하며, 이렇게 함으로 국제적인 차원에서 특허제도와 유전자원보호제도 사이의 관계를 보다 조화시킬 수 있다. 십여 년 동안, 많은 개발도상국들은 이를 위해 쉼 없는 노력을 기울여 왔다.

WIPO에서는 개발도상국들의 적극적 투쟁의 결과, 2000년 9월 26일부터 10월 3일까지 개최된 WIPO 제26차 총회에서 지식재산권과 유전자원·전통지식 및 민간문예에 관한 정부간위원회(약칭 IGC)를 설립하였다. 이 위원회가 논의하고 연구할 의제에는 첫째 유전자원의 접근과 이익공유, 둘째 전통지식 및 관련 발명 · 혁신의 보호, 셋째 민간문예표현(수공예품 포함)의 보호가 포함되었다. 이러한 의제는 개발도상국들이 많은 관심을 갖는 문제임이 분명하다.[1] IGC는 2001년 4월 30일부터 5월 3일까지 제네바에서 제1차 회의를 개최하고, 2009년 상반기까지 제14차 회의를 개최하였다.[2]

WTO에서는 TRIPs 제27조 제3항이 각 회원국에게 특허대상에서 제외할 수 있는 권한을 부여하고 있는데, 여기에는 (a)호의 사람 또는 동물의 진단 · 치료 및 수술방법, 그리고 (b)호의 식물 · 동물 및 주로 생물학적인 식물 또는 동물의 생산방법이 포함된다. 이 밖에, 동조 동항은 WTO가 협정 발효 후 4년 후에 (b)호의 규정에 대하여 심의를 진행하도록 규정하였다. 위 규정에 따라서, TRIPs 이사회는 1998년 12월 개최된 회의에서 TRIPs 제27조 제3항 제(b)호에 대한 심의를 개시하였다. 심의는 주로 식물과 동물 품종에 대해서도 특허제도로 보호해야 하는지, 그리고 어떻게 식물신품종에 대해서 보호할 것인가 하는 문제에 집중되었다. 2001년 11월 통과된 WTO 도하선언 제19단락은 이 심의의 범위를 확대하여, TRIPs 이사회가 그 심의 중에 TRIPs와 CBD의 관계를 검토하도록 요구하였다. 이때부터 TRIPs와 CBD의 관계는 TRIPs 이사회의 논의의제에 정식으로 포함되었다.

WIPO와 WTO에서 모두, 개발도상국들의 위 노력은 일부 선진국의 강력한 반대에 부딪혀서, WIPO와 WTO의 관련 논의는 모두 반복되고 다시 시작되는 수렁에 빠지게 되었으며, 표면적으로는 매우 중요시되어 부단히 논의가 진행된 것처럼 보이지만 실제로는 10여 년의 시간 동안 실질적인 진전을 얻지 못하였다.

중국은 개발도상국이면서 동시에 유전자원이 매우 풍부한 국가이다. 유전자원의 보호와 합리적인 이용은 중국의 중대한 이익에 관계되어 중국 각계는 고도로 관심을 기울였다. 오랫동안 중국은 적극적으로 WIPO와 WTO의 관련 논의에 참여하였고, 관련 국제규범의 형성에 힘을 기울였다. 중국은 먼저 국제규범을 형성하고 나서 다음에 국제규범의 틀 안에서 국내법률을 제정함으로써 특허제도와 유전자원보호제도 사이의 관계를 합리적으로 조화시킬 것을 희망하였으나, 유감스럽게도 이 희망은 실현되지 않았다. 국제규범의 제정이 교착상태에 빠져 있고 가까운 장래에 실질적 진전을 얻을 수 있을 것이라는 희망도 상당히 막막함에 따라서, 중국 입법기관은 먼저 국내입법을 개시하는 것이 마냥 기다리는 것보다 낫다고 판단하였다. 이것이 2008년 「특허법」 개정 시, 본조에 제2항을 신설한 유래이다.

---

1) WIPO/GRTKF/IC/1/3.
2) 2016년 12월에 제32차 회의를 개최하였다(역자 주).

(二) 본조 제2항 규정의 형성 및 그 의미

1. 관련 문제에 대한 분석 및 연구

중국「특허법」은 제정되고 나서 겨우 20여 년이 지났으며, 그 틀은 기본적으로 외국의 경험을 참고로 하여 마련된 것이다. 그러나 특허제도와 유전자원보호제도 사이의 관계를 조화시키는 것에 있어서, 대다수 선진국은 아직 법률에 관련 규정을 마련하지 않았으며, 일부 개발도상국은 비록 입법에서는 한발 앞섰지만 다수는 아직 지면상에 머물러 있고 그 특허제도에서 실제로 운영하고 있지는 않으므로, 중국이 참고할 수 있는 경험을 찾기가 어려웠다. 이 때문에「특허법」에 관련 규정을 어떻게 추가할 것인가는 중국이 자체적으로 찾아낼 수밖에 없었다.

먼저,「특허법」에서 명확하게 규정하여야 하는 것은 무엇인가?

설령「특허법」중에 관련 규정을 추가한다고 하더라도, 이러한 규정은 중국의 유전자원보호에 대한 법률적 체계 안에서 단지 하나의 구성부분일 뿐이라는 점을 인식하여야 한다. CBD가 규정하는 유전자원에 관한 세 가지 원칙 중에서 기초가 되는 것은 국가주권원칙이지만 너무 포괄적이어서 실제로 활용하기는 어려우며, 사전통지동의원칙과 이익공유원칙이야 말로 국가주권원칙을 실현하는 구체적 수단이고 국가주권의 보호를 보장할 수 있는 조치이다. 이 두 가지 원칙을 통해서 국가주권원칙을 실현하기 위해서는, 한 세트의 법률법규를 제정하고 필요한 관리기구를 설립하여 개선된 관리절차를 마련하는 것이 필요하다. 예를 들어, 사전통지동의원칙을 구체화하기 위해서는, 국가의 중앙과 지방에 관리기관을 설치하여, 그 유전자원의 접근과 이용에 관한 신청을 수리하고, 심사를 거쳐 접근과 이용을 허용할 것인지를 결정하는 것이 필요하며, 이를 위해서는 관련 법률법규를 제정하여 심사기준·심사절차 등을 규정하는 것이 필요하다. 이익공유원칙을 구체화하기 위해서도 상응하는 기관의 관리가 요구되며, 이를 위해서는 관련 법률법규를 제정하여 이익공유의 방식, 이익공유의 비율, 이익공유하지 않을 때의 법률적 결과 등을 규정하는 것이 필요하다. 이와 같은 규정을「특허법」에 두는 것은 분명히 적절하지 않으며, 관련 업무를 국가지식산권국이 모두 도맡아 할 수도 없다.「특허법」에 규정할 수 있는 것도 단지 특허제도와 유전자원보호제도 사이의 관계를 명확하게 함으로써, 특허권의 수여가 CBD의 목표 실현을 촉진하기 위함이고 이 협약의 목표 실현을 방해하는 것이 아님을 확실히 하는 것뿐이다. 보다 구체적으로 말해서,「특허법」에는 단지 유전자원에 관계되는 특허출원이 특허권을 받기 위해서 만족시켜야 하는 특정한 요건에 관한 규정만 추가할 수 있을 뿐이다.

다음으로, 「특허법」에 추가하여 명확히 하여야 하는 요건에 관한 규정이 어떤 성질을 가져야 하는가? 강제적 규정인가 아니면 임의적 규정인가?

CBD 제16조 제5항의 규정을 구체화하여, 특허권의 수여가 CBD의 목표 실현을 촉진하기 위함이고 이 협약의 목표 실현을 저해하지 않는 것임을 확실히 보장하기 위해서는, 「특허법」에 추가하는 규정에 출원인은 CBD가 확정한 원칙을 준수할 의무가 있으며, 출원인이 이 의무를 이행하지 않는 경우에는 특허권의 수여와 유지에 있어서 그 불리한 결과를 부담하여야 함을 명확하게 규정하여야 한다. 바꿔 말해서, 신설되는 규정은 당연히 일종의 강제적 의무를 설정하여야 하고, 임의적 요구를 하는 것이어서는 안 되는데, 이렇게 하여야만 특허권의 수여로 "생물해적"행위가 조장되지 않을 수 있기 때문이다. 이와 반대로, 만약 완전히 출원인의 자각에 의존하여 준수하도록 한다면, 설령 준수하지 않더라도 그 특허출원이나 특허권에 아무런 불리한 영향이 없게 되어, 「특허법」에 추가한 규정은 유명무실해져서 규정하지 않는 것과 다를 바 없게 된다.

그 다음으로, 「특허법」에서 명확히 규정하여야 하는 의무가 사전통지동의원칙에 기초하는 것인가 아니면 이익공유원칙에 기초하는 것인가?

사전통지동의원칙과 이익공유원칙은 모두 국가주권원칙을 실현하는 구체적인 수단이지만, 양자의 성질에는 약간의 차이가 있다. 전자는 한 국가의 유전자원에 접근하고 이용하기 전에 만족시켜야 하는 원칙임에 대하여, 후자는 한 국가의 유전자원에 접근 및 이용하고 이에 나아가 경제적 이익을 얻은 이후에 만족시켜야 하는 원칙이다. 소위 특허출원인에게 "CBD 규정을 준수할 의무를 부담"하도록 요구하는 것은, 바로 유전자원에 관한 특허출원이 특허권을 수여받기 위해서 일정한 요건을 만족하여야 함을 규정하는 것이다. 절대 다수의 경우, 특허출원 시에 발명창조는 아직 실시되지도 않고 아직 경제적 이익도 발생되지 않는데, 이 때문에 출원단계에서는 이익공유의 문제를 이야기할 수가 없으며, 비록 사전에 약정을 체결한다고 하더라도 예측 또는 추측에만 의존할 수 있을 뿐이어서 일종의 "선물옵션"에 상당하고 이후의 사실과 서로 비교하면 매우 큰 오차가 있을 수 있다. 한편으로, 사전통지동의원칙은 유전자원 접근과 이용의 선결조건이므로, 이후의 경제적 이익 유무에 관계없이 모두 만족시켜야 한다. 다른 한편으로, 이익공유는 매우 복잡한 실체적 및 절차적 문제에 관계되는데, 이익공유원칙의 만족여부를 특허권 수여의 요건으로 하게 되면 국가지식산권국의 심사업무를 이와 연계시키는 결과가 되고, 이것은 국가지식산권국이 능히 감당할 수 있는 것이 아니다. 이 때문에 유전자원을 보호하기 위해서 「특허법」에 보충하여야 하는 특허권 수여의 요건에 관한 규정은 사전통지동의원칙을 기초로 하는 것이 보다 적절하다.

마지막으로, 어떤 방식으로 사전통지동의원칙을 구체화할 것인가를 명확히 하여야 하는데, 접근 및 이용한 유전자원의 출처를 공개하도록 요구할 것인가 아니면 유전자원의 접근 및 이용 행위가 중국의 관련 법률법규의 규정에 부합하여야 한다고 요구할 것인가?

중국이 2008년「특허법」을 개정하기 전에, 개발도상국 및 선진국은 모두 유전자원의 출처공개에 대하여 주의력을 집중했는데, WIPO와 WTO에서 진행된 관련 논의도 이 의제를 중심으로 전개되었다. 그러나 유전자원의 출처공개를 유전자원 관련 발명창조의 특허권 수여요건으로 하는 것에는 몇 가지 연구해 볼 문제가 있다.

첫째, 출원인에게 유전자원의 출처공개를 요구하는 것은 일정 정도로는 사전통지동의원칙에 부합하여야 함을 의미하거나 또는 이 원칙을 만족시키도록 하는 것을 목적으로 함을 표현하는 것으로 볼 수 있지만, 설령 이처럼 관련된다고 보더라도 이것은 은연중에 내포하는 방식으로 표현하는 것이어서 직접적인 것도 명확한 것도 아니다. 예를 들어, 인도특허법은 특허출원한 발명이 생물재료를 이용한 경우에, 출원인은 특허출원에서 그 생물재료의 출처 및 지리적 원산지를 공개하여야 한다고 규정하고 있으며, 또한 출원인이 생물재료의 출처 및 지리적 원산지를 공개하지 않았거나 또는 공개한 출처 정보에 잘못이 있는 경우, 이해관계인은 누구라도 이미 수여된 특허권의 취소를 청구할 수 있다고 규정하고 있다. 사전통지동의를 거치지 않고 유전자원에 접근하여 이용하였지만, 이 규정에 따라서 만약 특허출원인이 사실대로 그 유전자원의 출처를 공개하였고 또한 기만이나 잘못이 없었다면, 특허권을 수여할 수 있는 것인가? 만약 대답이 긍정이라면, 출원인에게 유전자원의 출처를 공개하도록 요구하는 것이 어떤 의의가 있는가? 만약 대답이 부정이라면, 사실대로 유전자원의 출처를 공개해야 한다는 이 요구 자체는 특허권 수여의 요건이 아니며, 진정한 특허권 수여요건은 그 뒤에 숨어 있음을 나타낸다. 이처럼 하는 것보다는, 그 요건을 직접 적어 밝히는 것이 낫지 않겠는가?

둘째, 출원인이 유전자원의 출처를 공개하여야 한다고 규정한 것은, 발명의 완성에 유전자원을 이용한 것이기만 하면, 그 유전자원을 본국에서 취득한 것인지 아니면 다른 국가로부터 취득한 것인지를 불문하고, 모두 그 출처를 반드시 공개하여야 함을 의미한다. 이처럼 요구하는 것이 합리적이며, 만약 본국 유전자원의 출처만을 공개하도록 요구한다면 매우 큰 폐단이 있을 수 있어서 오히려 이롭지 않다. 그러나 유전자원의 출처공개 요구를 단지 일반적 요구로 하면 출원인에게 다른 국가에서 취득한 유전자원의 출처정보를 공개하도록 요구하는 것도 불가능한 것은 아닌 것 같지만, 만약 특허권 수여의 요건으로 한다면 문제가 생긴다. 앞에서 설명한 바와 같이, 유전자원의 출처공개를 특허권 수여의 요건으로 한다면, 실제로는 유전자원에 대한 접근과 이용이 사전통지동의원칙에 부합하여야 함을 의미하게 되는데, 그렇지 않다면 앞뒤가 맞지 않게 된다. 그러나 주권국에 사전통지하고 동의를 얻었는지 여부는 오직 그 주권국가만이 판단하고 결론을 내릴 수 있는 것이고 다른 국가가 대신할 수 있는 것이 아니다.

위에서 설명한 이유에 기초하여, 입법자는 사전통지동의원칙을 실현하는 보다 적절한 방식이, 발명창조가 유전자원에 의존하여 완성되었지만 그 유전자원에 대한 접근과 이용이 중국의 법률법규 규정에 위반한 경우에는 특허권을 수여할 수 없다고 「특허법」에 규정하는 것이라고 보았다.

2008년 「특허법」 개정 전의 준비단계에서, 국가지식산권국은 특허제도와 유전자원보호제도의 관계를 조화시키는 문제에 대하여 깊이 있는 연구를 진행하였는데,[1] 이 기초 위에서 사회 각계의 광범위한 의견을 수렴하고 반복적인 논의를 거쳐 「특허법」 중에 유전자원보호를 위한 관련 규정을 신설하는 방안을 마련하였다.[2] 심의를 거쳐서, 전국인민대표대회 상무위원회는 국가지식산권국이 제출한 개정의견을 기본적으로 받아들여 「특허법」 중에 두 개 항을 추가하였는데, 하나는 본조 제2항에 "법률·행정법규의 규정에 위반하여 유전자원을 취득 또는 이용하고, 그 유전자원에 의존하여 완성한 발명창조에 대해서는 특허권을 수여하지 아니한다."라고 규정한 것이고, 다른 하나는 제26조 제5항에 "유전자원에 의존하여 완성한 발명창조는 출원인이

---

1) 「특허법」에 대한 개정의견의 내용을 보다 충실히 하기 위해서, 국가지식산권국은 2005년 3월에 「특허법 및 그 실시세칙 제3차 개정 전문과제연구 지침」을 발표하고 4개 분야 총 19개 항목의 연구주제를 열거함으로써, 공개모집 방식으로 역량 있는 자들이 전문과제 연구작업에 참여하도록 유도하였다. 유전자원보호 연구주제에 대해서는, 사고를 확대하고 각 분야의 의견을 모으기 위해서 4개의 서로 독립된 전문과제연구그룹을 두어 칭화대학, 중국재정정법대학, 국가지식산권국 의약생물발명심사부, 국가지식산권국 조법사(条法司) 조직의 관련 전문학자들이 각각 연구를 전개하였다. 2006년 4월에 이르러, 이 4개 전문과제연구그룹이 모두 기한 내에 그 전문과제연구보고를 완료하였는데 총 20여 만자 분량에 달하며, 유전자원보호에 관한 개정 의견을 위해 양호한 연구 기초를 다졌다. 앞에서 설명한 전문과제연구보고는 다음을 참조: 国家知识产权局条法司, 专利法及其实施细则 第三次修改专题研究报告[M], 北京: 知识产权出版社, 2006: 560-709.

2) 국가지식산권국이 2006년 12월 27일 국무원에 보고한 「〈중화인민공화국특허법(개정 초안 심의본)〉 심의 제청에 대한 지시 요청」에서는 원래의 「특허법」 제25조에 제2항을 추가하여, "발명창조가 유전자원에 의존하여 완성된 것으로서, 그 유전자원의 접근 또는 이용이 관련 법률법규의 규정에 위반하는 경우, 특허권을 수여하지 아니한다."고 규정할 것을 건의하였으며, 제26조에 제3항을 추가하여, "발명창조가 유전자원에 의존하여 완성된 경우, 출원인은 설명서에서 그 유전자원의 출처를 밝혀야 한다."고 규정할 것을 건의하였다.

특허출원서류 중에 당해 유전자원의 직접출처와 원시출처를 설명해야 하며, 출원인이 원시출처를 설명할 수 없는 경우에는 그 이유를 진술하여야 한다."라고 규정한 것이다. 2010년 개정「특허법실시세칙」의 관련 규정에 의하면 이 두 항 규정의 법률적 효력이 상이한데, 본조 제2항은 "법률 위반에 따른 불특허" 조항으로 불리며 CBD가 확립한 원칙을「특허법」에서 구체화한 핵심조항으로서, 특허권 수여 전에는 특허출원을 거절할 수 있는 법률적 근거가 되며 특허권 수여 후에는 그 특허권을 무효로 할 수 있는 법률적 근거가 되는 데 대하여, 제26조 제5항은 "출처정보공개" 조항으로 불리며 본조 제2항의 규정을 구체화하기 위한 것으로서, 특허권 수여 전에는 특허출원을 거절할 수 있는 법률적 근거가 되지만 특허권 수여 후에는 이를 근거로 하여 그 특허권을 무효로 할 수는 없다. 본조 제2항 규정의 의미는 아래에 바로 이어서 설명하고, 제26조 제5항 규정의 의미는 뒤의 이 조문에 대한 해설에서 설명하도록 하겠다.

2008년「특허법」개정 시에도, 신설하고자 하는 규정이 TRIPs의 관련 규정과 서로 일치하는지에 대하여 진지하게 연구하였다.

TRIPs 제27조의 표제는 "특허받을 수 있는 대상"(Patentable Subject Matter)으로서 모두 3개 항의 규정이 있으며, 그중 제1항은「특허법」제22조와 서로 상응하는데 아래와 같이 규정하고 있다.

제2항 및 제3항의 규정을 조건으로 모든 기술분야에서 물질 또는 제법에 관한 어떠한 발명도, 신규성, 진보성 및 산업상 이용가능성이 있으면 특허획득이 가능하다. 제65조 제4항, 제79조 제8항 및 이 조의 제3항을 조건으로 발명지, 기술분야, 제품의 수입 또는 국내생산 여부에 따른 차별 없이 특허가 수여되고 특허권이 향유된다.

그중 제2항은「특허법」제5조 제1항과 상응하는데, 아래와 같이 규정하고 있다.

회원국은 회원국 영토 내에서의 발명의 상업적 이용의 금지가 인간, 동물 또는 식물의 생명 또는 건강의 보호를 포함, 필요한 경우 공공질서 또는 공서양속을 보호하거나, 또는 환경에의 심각한 피해를 회피하기 위하여 동 발명을 특허대상에서 제외할 수 있다. 단, 이러한 제외는 동 이용이 자기나라 법에 의해 금지되어 있다는 이유만으로 취해서는 아니된다.

그중 제3항은「특허법」제25조와 서로 상응하는데 아래와 같이 규정하고 있다.

회원국은 또한 아래사항을 특허대상에서 제외할 수 있다

(a) 인간 또는 동물의 치료를 위한 진단방법, 요법 및 외과적 방법;

(b) 미생물 이외의 동물과 식물, 그리고 비생물학적 및 미생물학적 제법과는 다른 본질적으로 생물학적인 식물 또는 동물의 생산을 위한 제법. 그러나, 회원국은 특허 또는 효과적인 독자적 제도 또는 양자의 혼합을 통해 식물변종의 보호를 규정한다. 이 호의 규정은 세계무역기구협정의 발효일로부터 4년후 재검토 된다.

TRIPs 제27조는 특허권 수여의 요건에 관한 제한적 규정이며, 이 외에는 각 회원국이 특허권 수여에 대하여 어떠한 제한적 요건을 부가해서는 안 된다는 견해도 있다.[1] 이러한 견해의 영향으로, 본조 규정이 TRIPs의 위 규정에 부합하지 않는 것은 아닌지 걱정하는 사람들도 있다.

TRIPs 제27조에 대한 위의 해석은 정확한 것이 아닌데, 그 이유는 이와 같은 해석이 WTO 회원국의 현행 특허제도의 구조와 서로 일치하지 않기 때문이다.

전체적으로 말해서, 세계 각국의 특허권 수여 요건은 크게 실질적 요건과 형식적 요건의 두 유형을 포괄한다. TRIPs는 "대사(大事)"에 관한 것으로서, 특허권 수여의 형식적 요건은 전혀 관여하지 않는다. 특허권 수여의 실질적 요건은 다시 두 유형의 요건으로 대별되는데, 하나는 특허출원 또는 특허권의 객체적 요건에 관한 것으로서 TRIPs 제27조의 규정이 이러한 유형의 특허권 수여요건에 관한 것이고, 둘째는 특허출원서류와 특허출원서류의 기재방식에 대한 요구 또는 요건에 관한 것으로서 TRIPs 제29조 제1항이 "회원국은 특허출원인이 기술분야의 전문가에 의해 발명이 실시될 수 있을 정도로 충분히 명확하고 완전하게 발명을 공개하도록 요구해야 한다."고 규정하는데, 이것이 바로 이러한 유형의 특허권 수여요건에 속한다. 특별히 지적하여야 할 점은, 특허권 수여의 형식적 요건은 잠시 접어 두고 특허권 수여의 실질적 요건에 대해서 말하자면, TRIPs 제27조의 특허성 요건이나 제29조의 특허출원서류 기재방식에 관한 규정 모두 제한적 규정이 아니라는 점이다. 전자의 특허성 요건에 대해서 말하자면, 세계 각국의 특허법은 보편적으로 과학적 발견, 과학이론, 지적 활동의 규칙 및 방법에 대해서는 특허권을 수여할 수 없다고 규정하는데, 그러나 TRIPs 제27조는 이에 대해서 아무런 언급도 하지 않았으며, WTO 성립 이후의 각종 분쟁해결과정에서 종래에 어떠한 회원국도 각국 특허법의 이에 대한 관련 규정이 TRIPs 규정을

---

1) Nuno Pires De Carvalho, The TRIPs Regime of Patent Rights[M], Kluwer Law International, 2002: 142-211.

위반한 것이라고 문제를 제기하지 않았다. 후자에 대해서 말하자면, 세계 각국의 특허법 및 PCT와 같은 국제조약은 모두 권리범위가 설명서에 의하여 뒷받침되고 명확하고 간결하게 특허로 보호받고자 하는 범위를 한정하여야 한다고 규정하고 있으며, 이 요건은 설명서가 충분히 발명창조를 공개하여야 한다는 요건과 마찬가지로 동등하게 중요하지만 TRIPs 제29조는 이에 대하여 아무런 언급도 하지 않았고, WTO 성립 이후의 각종 분쟁해결과정에서 종래에 어떠한 회원국도 각국 특허법의 이에 대한 관련 규정이 TRIPs 규정을 위반한 것이라고 문제를 제기하지 않았다. TRIPs는 줄곧 각 회원국의 지식재산권제도에 대해서 원칙적 요구를 하는 것뿐이고, 국제적으로 존재하는 이견 및 서로 상이한 방식에 대하여 조화와 통일을 꾀하고자 하는 것으로 이해되고 있으며, 그 목적은 TRIPs에 의하여 각국의 특허법을 대체하고자 하는 것이 절대 아닌데, 어떻게 그 규정이 제한적 성질이 될 수 있겠는가?

이로부터 TRIPs 제27조의 규정은 특허권 수여에 관한 제한적 규정이 아닐 뿐만 아니라, 이 협정 제2부 제5절의 특허에 관한 모든 각 조의 규정을 모두 합한다고 하더라도 특허권 수여에 관한 제한적 규정이 아님을 알 수 있다. 이와 같은 상황에서, 이 협정에 규정되어 있지 않다고 해서 각 회원국이 규정할 수 없는 것은 아니다.

다른 한편으로는 TRIPs 제27조 제1항이 모든 기술분야에 대한 "비차별" 원칙을 확립하였으며, 즉 "특허의 수여 및 특허권의 향유는 기술분야에 따라 차별이 있어서는 아니된다."고 보는 견해도 있다. 이와 같은 견해의 영향으로, 본조 제2항의 유전자원 관련 발명창조의 특허출원에 대하여 특별한 요구를 하는 것이 이러한 종류의 발명창조를 "차별"하는 것은 아닌가 의심하는 사람도 있다.

본조 제2항 규정은 절대로 유전자원 관련 발명창조를 "차별"하는 것이 아니며, 그 특허보호의 가능성을 배제하는 것도 아니다. 소위 "유전자원보호"는 구두쇠가 자기 지갑을 지키는 것과 같이 어느 누구라도 중국의 유전자원을 넘보지 못하도록 하는 것을 의미하는 것이 절대 아니다. 유전자원의 가치는 개발이용을 통해서만 진정으로 실현될 수 있다. 따라서 경제사회발전을 촉진하는 측면에서 보면 당연히 법에 근거하여 중국의 풍부한 유전자원을 충분히 이용하도록 장려하고, 유전자원을 이용하여 완성한 발명창조에 대해서 특허를 출원하여 획득하도록 장려하여야 한다. 이는 외국인·외국기업 및 외국의 기타 조직에도 적용되며, 중국의 단위 또는 개인에게도 적용된다. 본조 제2항 규정은 CBD가 확립한 유전자원의 국가주권원칙에 근거하여, 유전자원에 의존하여 완성된 발명에 대하여 특허를 출원하는 경우, 그 중국의 유전자원을 취득하고 이용한 행위가 중국 법률의 규정에 부합할 것을 요구할 따름이다. 기술분야에 따른 상이한 특징에 근거하여, 특허권 수여의 요건으로 그 기술분야의 발명창조에 대하여 모종의 특수한 요구를 하는 것, 이것은 매우 정상적인 일이다. 예를 들어, 각국 특허법 및 PCT와 같은 국제조약은 모두 보편적으로, 만약 특허를 출원한 발명이 공중이 합법적인 경로로 얻을 수 없는 새로운 생물재료에 관계되는 것임에도 이 생물재료에 대한 설명이 부족하여 해당 기술분야의 기술자가 당해 발명을 실시할 수 없으면, 출원인에게 특허출원 전에 이 생물재료의 샘플을 규정된 보관기관에 보관하도록 요구하고 있다. 생물재료 샘플의 보관이 요구됨에도 보관하지 않은 경우에는 특허권을 수여할 수 없다. 종래에 이와 같은 요구가 이러한 종류의 발명창조를 "차별"하는 것이라고 보지 않았는데, 유전자원의 취득과 이용에 대하여 관련된 요구를 하는 것이 어째서 "차별"하는 것이겠는가?

종합하면, 본조 제2항 규정은 TRIPs의 규정과 어떠한 충돌도 일으키지 않는다.

2. 본조 제2항 규정의 의미

(1) "유전자원"의 정의

CBD는 "유전자원"의 개념뿐만 아니라 "생물자원"의 개념도 정의하고 있다. 그 제2조는 아래와 같이 정의하고 있다.

> "생물자원"이라 함은 인류를 위하여 실질적 또는 잠재적으로 사용되거나 가치가 있는 유전자원·생물체 또는 그 부분·개체군 또는 생태계의 그 밖의 생물적 구성요소를 포함한다.
> "유전물질"이라 함은 유전의 기능적 단위를 포함하는 식물·동물·미생물 또는 그 밖의 기원의 물질을 말한다.
> "유전자원"이라 함은 실질적 또는 잠재적 가치를 가진 유전물질을 말한다.

CBD가 정의한 "유전자원"의 범위는 작게는 유전자 또는 유전기능을 갖는 DNA 또는 RNA의 일부, 중간으로는 유전자를 포함하는 자기 복제가 가능한 유전자 운반체[예를 들어, 플라스미드(plasmid)·인공염색체 등], 게놈(genome), 미생물, 동식물세포계 등을 포함하며, 크게는 동식물 개체 및 다종 동식물 개체로 구성되는 생물 개체군에 이르고, 그 범위는 일반적 의미의 "유전자원"을 크게 초과한다.[1]

CBD가 정의한 "생물자원"의 범위는 "유전자원"의 범위보다 더 넓은데, "생물자원"

---

1) 张清奎 等, 生物遗传资源来源披露问题[G]//国家知识产权局条法司, 专利法及专利法实施细则 第三次修改专题研究报告, 北京: 知识产权出版社, 2006: 576.

에 생물체 일부가 포함되기 때문이다. 만약 "생물체 일부"를 가장 넓은 의미로 해석하면, 곧 생물체 중에 포함되어 있는 구성 성분, 즉 생물체로부터 얻는 어떠한 물질일 수 있으며, 유전자 또는 유전기능을 갖는 DNA 또는 RNA의 일부를 포함할 뿐만 아니라, 생물체로부터 얻은 폴리펩티드(polypeptide) · 당 등의 화합물도 포함된다.

「특허법」에 관련 규정을 추가하면서, "유전자원"의 개념을 사용할 것인가 아니면 "생물자원"의 개념을 사용할 것인가는 명확하게 할 필요가 있는 문제였다. CBD 제15조가 규정한 세 가지 원칙은 "유전자원"에 대한 것이지 "생물자원"에 대한 것이 아니었음을 감안하면, 당해 조의 규정과 일치하도록 하는 것이 보다 적절하다.

넓은 의미에서 보면 "생물", 이 어휘에는 사람도 포함되는데, 그러나 CBD는 사람을 이 협약의 범위 안에 포함시키지 않았다. 2008년 「특허법」 개정 전의 전문과제연구단계에서, 신설하고자 하는 규정은 사람에 대해서는 미치지 않게 하는 것이 적절하다는 견해가 보편적이었다. 그러나 「특허법」 개정초안에 대한 의견조회 과정에서, 중국의 생화학 및 의약 분야의 일부 기업과 연구기관은 만약 「특허법」에 신설하려는 규정이 사람에는 미치지 않게 한다면 장래에 유전자원의 중요한 영역 하나를 잃게 되어 그 의의가 퇴색할 것이라고 여겼으며, 이 때문에 인체로부터 얻은 유전자원도 포함시킬 것을 요구하였다.

위와 같은 점을 고려하여, 2010년 개정 「특허법실시세칙」 제26조 제1항 전반부는 아래와 같이 규정하였다.

> 특허법의 유전자원은 인체 · 동물 · 식물 또는 미생물 등으로부터 얻은 유전기능단위를 포함하고 실제적 또는 잠재적 가치를 갖는 물질을 가리킨다.

위의 정의는 CBD의 "유전물질"에 관한 정의와 "유전자원"에 관한 정의를 조합하여 하나로 형성한 것으로서, 동시에 인체로부터 얻은 유전자원을 포함시켜 그 범위를 확대하였다.

무엇을 "유전기능단위"라고 하는가는 보다 명확하게 할 필요가 있는 문제이다. CBD는 이에 대해서 정의를 내리지 않았다. 이에 관한 전문과제연구보고는 「사해(辭海)」[1]가 "유전자원"에 대하여 "유전자원 곧 종질(种质)자원은 일정한 유전물질 또는 유전자를 갖는 일체의 생물유형의 총칭"[2]으로 해설하고 있다고 지적하였다. "종질

---

1) 1936년 처음 정식으로 출판된 중국 최대의 종합적 사전이며, 자전 · 어문사전 및 백과사전의 기능을 갖고 있다(역자 주).
2) 夏正农 等, 辭海[M]: 上海辞书出版社, 1999: 1280, 2105.

(种质)"은 "생식질(生殖质)"로도 불리는데, 생물체에 포함된 일종의 특수한 물질을 가리키는 것으로서, 생식세포를 통하여 다음 세대로 전달되며, 그로부터 체세포를 파생시키지만 그 자신은 변하지 않고 자기 자신과 환경의 영향을 받지 않는다. CBD의 "유전기능단위"는 "종질(种质)"과 기본적으로 서로 동일한 의미를 가지며, 대대로 전해지는 유전물질로 이해될 수 있다.[1]

위의 연구에 기초하여, 「특허심사지침서 2010」은 아래와 같이 규정하고 있다.

> "유전기능"은 생물체가 번식을 통해서 성상 또는 특징을 대대로 전하거나 또는 전체 생물체가 복제할 수 있도록 하는 능력을 가리킨다.
> "유전기능단위"는 생물체의 유전자 또는 유전기능을 갖는 DNA 또는 RNA의 일부를 가리킨다.
> "인체·동물·식물 또는 미생물로부터 얻은 유전기능단위를 포함하는 물질"은 유전기능단위의 운반체를 가리키는 것으로, 전체 생물체뿐만 아니라 생물체의 어떤 부분, 예를 들어 기관·조직·혈액·세포·게놈(genome)·유전자·DNA 또는 RNA의 일부 등을 포함한다.[2]

이처럼 본조 제2항은 유전자원보호에 관하여 기본적으로 규정하고 있으며, 「특허법실시세칙」 제26조 제1항은 본조 제2항 규정이 언급한 "유전자원"에 대하여 정의를 내리고 있고, 「특허심사지침서 2010」은 다시 「특허법실시세칙」 제26조 제1항의 정의에 언급된 "유전기능", "유전기능단위" 및 "인체·동물·식물 또는 미생물로부터 얻은 유전기능단위를 포함하고 실제적 또는 잠재적 가치를 갖는 재료"에 대하여 각각 정의를 내리고 있다. 이처럼 광범위한 것으로부터 구체적인 것으로 단계적으로 정의한 것은, 본조 제2항 규정이 실질적으로 활용될 수 있게 함으로써 중국의 특허실무에서 구체적으로 운용될 수 있게 하는 데 그 목적이 있다. 앞에서 설명한 바와 같이, 본조 제2항을 신설한 것은 중국이 행한 새로운 시도이며, 여기에는 전문 기술분야의 개념이 관계되는데 이러한 개념에 대하여 정확하게 정의를 내리는 것은 매우 곤란한 것이었고, 이 때문에 부족한 점이 있는 것을 피할 수 없었다. 이처럼 단계적으로 정의하는 방식을 취한 것은 본조 제2항의 원칙적 규정이 법률적 확정성을 갖게 함과 동시에, 법률적 위계가 비교적 낮아서 보다 쉽게 개정할 수 있는 「특허심사지침서

---

1) 张清奎 等, 生物遗传资源来源披露问题[G]//国家知识产权局条法司, 专利法及专利法实施细则 第三次修改专题研究报告, 北京: 知识产权出版社, 2006: 576.
2) 国家知识产权局, 专利审查指南2010[M], 北京: 知识产权出版社, 2010: 第二部分 第一章 3. 2.

2010」이 규정하는 구체적인 개념을 실무 경험과 실제적 수요에 근거하여 보다 편리하게 조정할 수 있게 하기 위함이므로, 비교적 양호한 법률적 구조라고 할 수 있다.

(2) "유전자원에 의존하여 완성한 발명창조"의 정의

「특허법」에 유전자원보호와 관련된 규정을 신설하는 데 있어서, 답하여야 하는 또 하나의 문제는 "유전자원에 의존하여 완성한 발명창조"를 어떻게 정의할 것인가 하는 것이다.

이 문제에 대한 대답은 얼마나 많은 생물 관련 특허출원 및 특허권이 본조 제2항의 구속을 받고, 또한 「특허법」 제26조 제5항이 규정하는 유전자원의 직접출처와 원시출처의 공개요구를 만족시켜야 하는가와 직접적으로 관계된다. 2008년 「특허법」 개정 전에는 어떠한 국가의 법률도 특허출원 중의 유전자원 출처공개에 관한 규정에서 이 문제에 대하여 답하지 않았다.

모든 생물체는 모두 유전자를 포함하고 있으며, 따라서 유전기능단위도 포함하고 있다. 그러나 생물체를 이용한 발명창조라고 해서 모두 그 유전기능단위를 이용하는 것이 아님은 매우 분명하다. 예를 들어, 중약(中藥)에 관한 발명창조는 모두 생물체를 이용하는데, 비록 중약이 질병을 치료하는 기제가 상당히 복잡하다고 하더라도 현재까지 중약의 치료효과가 생물체의 유전기능단위를 이용하여 발휘되는 것이라는 학설은 없다. 식품에 관한 발명창조도 생물체를 이용하지만, 그러나 현재까지 사람이 먹고 영양을 흡수하는 것이 생물체의 유전기능단위를 이용하는 것이라는 학설은 없다. 목재를 이용해서 각종 가구ㆍ건자재를 생산하는 것도 모두 생물체를 이용하는 것이지만, 분명히 생물체의 유전기능단위를 이용하는 것이라고 말할 수 없다. 만약 각종 방식을 통해서 생물체를 이용하는 모든 발명창조를 합한다면, 관련 특허출원의 건수는 특허출원 전체에서 상당한 비율을 차지할 것이다. 이러한 모든 특허출원의 출원인에게 그 이용한 생물체의 직접출처와 원시출처를 그 특허출원 과정에서 공개하도록 요구하는 것은, 의심할 바 없이 특허출원인의 부담을 불합리하게 가중시키고, 또한 CBD의 정신에도 부합하지 않는 것이다.

위에서 설명한 이유에 기초하여, 2010년 개정 「특허법실시세칙」 제26조 제1항 후반부는 아래와 같이 규정하였다.

특허법의 유전자원에 의존하여 완성한 발명창조는, 유전자원의 유전기능을 이용하여 완성한 발명창조를 가리킨다.

위의 규정은 본조 제2항과 제26조 제5항의 요구를 만족시켜야 하는 특허출원의 범위를 합리적으로 확정한 것으로서, 합리적인 방식으로 유전자원을 보호하는 데 있어서 중요한 의의를 갖는다.

(3) "법률·행정법규의 규정 위반"에 관한 의미

본조 제1항이 오직 "법률"만을 언급한 것과 달리, 본조 제2항은 전국인민대표대회와 전국인민대표대회 상무위원회가 제정한 관련 법률 이외에 국무원이 제정한 행정법규도 특허권 수여여부의 근거로 할 수 있도록 규정하고 있다.

본조 제2항은 중국의 법률 또는 행정법규를 위반하여 유전자원을 취득 또는 이용하고, 이 유전자원에 의존하여 완성한 발명창조는 특허권을 받을 수 없다고 명확하게 규정하고 있으며, 이로부터 본조 제2항의 유전자원은 중국의 유전자원을 가리키는 것이고 다른 국가의 유전자원까지를 가리키는 것은 아님을 알 수 있다. 이것은 CBD가 규정하는 국가주권원칙을 구체화한 것으로서, 중국은 중국의 유전자원에 대해서만 주권을 향유한다. 「특허법」 제26조 제5항은 "유전자원에 의존하여 완성한 발명창조는, 출원인이 특허출원서류에 그 유전자원의 직접출처와 원시출처를 설명하여야 한다."고 규정하고 있는데, 제26조에서의 유전자원에는 중국의 유전자원뿐만 아니라 다른 국가의 유전자원도 포함되며, 어떠한 경우에라도 출원인은 그 직접출처와 원시출처를 공개하여야 한다. 이것은 본조 제2항 규정과 제26조 제5항 규정의 중요한 차이이다.

현재까지 전국인민대표대회와 전국인민대표대회 상무위원회가 반포한 생물자원보호와 관련된 법률에는 「중화인민공화국 종자법」, 「중화인민공화국 야생동물보호법」, 「중화인민공화국 어업법」, 「중화인민공화국 삼림법」, 「중화인민공화국 초원법」, 「중화인민공화국 환경보호법」, 「중화인민공화국 물 및 토양 보호법」 등이 포함된다. 국무원이 반포한 생물자원보호와 관련한 행정법규에는 「중화인민공화국 야생동식물보호조례」, 「중화인민공화국 식물신품종보호조례」, 「중화인민공화국 식물검역조례」, 「중화인민공화국 야생약재자원보호관리조례」, 「중화인민공화국 중약품종보호조례」, 「중화인민공화국 자연보호구역조례」, 「중화인민공화국 종가축가금관리조례」, 「중화인민공화국 수산자원번식보호조례」, 「국무원 행정부서의 생물물종자원보호와 관리에 관한 통지」, 「중화인민공화국 목축유전자원 출입국과 대외합작 연구이용 심사비준 방법」 등이 포함된다.

그러나 위의 법률과 행정법규가 모두 특별히 중국의 유전자원보호를 목적으로 제정된 것은 아니다. 현재 CBD의 규정을 보다 더 구체화하기 위해서, 중국은 통일적인 중국의 유전자원보호법률을 제정하려고 속도를 내고 있다. 당연히 본조 제2항 규정에 의하여 특허권을 수여하지 않는 근거로 할 수 있는 것은, 이미 반포되어 시행되고 있는 법률과 행정법규를 기준으로 한다.

종합하면, 특허제도와 유전자원보호의 관계에 관하여 비록 2008년 개정 「특허법」의 본조 중에 오직 한 항만을 추가하였다고 하더라도, 그러나 이 한 항을 중심으로 대량의 조사연구작업을 진행하였고 「특허법실시세칙」과 「특허심사지침서 2010」 중에 차례로 많은 관련 규정을 추가하였는데, 그 목적은 바로 본조 제2항 규정이 합리적이고 실행가능한 방식으로 제대로 시행되도록 하는 데 있다.

제6조 특허출원의 권리 및 특허권의 귀속

① 본 단위의 업무를 집행하거나 또는 주로 본 단위의 물질기술조건을 이용하여 완성한 발명창조는 직무발명창조이다. 직무발명창조의 특허출원의 권리는 그 단위에게 귀속되고, 출원이 등록된 후에는 그 단위가 특허권자가 된다.

② 비직무발명창조의 특허출원의 권리는 발명자 또는 창작자에게 귀속된다. 출원이 등록된 후에는 그 발명자 또는 창작자가 특허권자가 된다.

③ 본 단위의 물질기술조건을 이용하여 완성한 발명창조는, 단위가 발명자 또는 창작자와 계약을 체결하여 특허출원의 권리 및 특허권의 귀속에 대하여 약정한 경우, 그 약정을 따른다.

一. 특허출원의 권리

특허권은 일종의 독점권이므로 반드시 그 권리의 귀속을 명확하게 하여야 하며, 이때문에 특허권의 권리귀속은 각국 특허법이 반드시 규정하여야 하는 기본적인 문제 중 하나이다.

「특허법」이 이 문제를 규정함에 있어서는, 먼저 또는 직접적으로 특허권의 권리귀속에서부터 시작하는 것이 아니라, 특허출원의 권리, 즉 누구에게 특허를 출원할 수 있는 권리가 있는가로부터 시작한다. 이에 대해서 명확하게 규정한 다음에 특허출원이 등록된 후에는 그 출원의 권리가 있는 단위 또는 개인에게 특허권이 귀속된다고 순리대로 규정한다.

이와 같은 방식을 사용하는 주요 이유는 다음과 같다. 특허권은 자동적으로 발생하는 것이 아니라, 특허출원의 권리가 있는 주체가 특허출원을 하고 국가지식산권국이 심사하여 「특허법」 및 「특허법실시세칙」의 규정에 부합한다고 인정한 후에야 비로소 특허권을 수여할 수 있다. 특허출원으로부터 특허권 수여까지는 일련의 과정이며, 따라서 특허권의 권리귀속은 특허권을 수여하려고 할 때에 비로소 확정되는 것이 아니라 처음 특허출원을 한 때부터 바로 확정되어야 하고, 이렇게 하지 않는다면 특허제도의 운영에 혼란이 발생하게 된다. 국가지식산권국은 특허출원에 대해서 심사를 진행하는 과정 중에 특허출원을 한 사람이 특허출원의 권리가 있는 자인지 여부를 판단할 방법이 현실적으로 없으며, 통상적으로는 특허출원을 한 사람이 특허출원의 권리가 있는 사람으로 추정하는 방식을 따른다. 따라서 본조 규정은 국가지식산권국의 심사진행을 돕는 데 의의가 있는 것이 아니고, 사회 공중에게 법률 규범을 제공하여 특허제도를 정확하게 이해하고 운용할 수 있도록 하는 데 의의가 있다.

특허출원의 권리는 두 가지 측면에서 이해할 수 있다. 첫째는 민법 측면에서의 이해로서, 즉 발명창조가 완성된 후에, 그 발명창조에 대하여 특허출원이 필요한지, 어떤 종류의 특허를 출원할 것인지, 그리고 언제 특허를 출원할 것인지를 결정할 권리가 관련 민사주체 중에서 누구에게 있는가 하는 것이다. 둘째는 행정법 측면에서의 이해로서, 즉 관련 주체가 특허심사기관에 대하여 특허를 출원할 권리가 있는지, 예를 들어 외국인·외국기업 및 외국의 기타 조직이 중국에서 특허출원의 권리가 있는가 하는 것이다. 본조의 "특허출원의 권리"는 주로 민법 측면에서 이해하여야 한다.

「특허법」은 "특허출원의 권리", "특허출원권" 및 "특허권"이라는 서로 일정한 관련을 갖는 세 가지 권리를 규정하고 있다. 「특허법」 조문으로 볼 때, 이 세 가지 권리의 차이와 경계는 분명하다. 「특허법」 제6조 및 제8조의 "특허출원의 권리"는, 발명창조가 완성된 후 특허출원을 하기 전에 권리자가 향유하는, 그 발명창조에 대하여 특허를 출원할지 그리고 어떤 특허를 출원할지를 결정할 수 있는 권리를 가리키며, 이미 완성하였지만 아직 특허출원은 하지 않은 발명창조가 그 대상이 된다. 「특허법」 제10조는 "특허출원권은 양도할 수 있다."고 규정하고 있는데, 여기에서의 "특허출원권"은 특허출원을 한 후에 특허출원한 자가 향유하는, 계속해서 심사절차를 진행할지 특허출원을 양도할지 여부를 결정할 수 있는 권리를 가리키며, 이미 특허출원 하였지만 아직 권리를 받지 않은 발명창조가 그 대상이 된다. 특허출원의 권리도 양도할 수 있는 것은 아닌지 의문이 들 수 있다. 무엇 때문에 제10조의 "특허출원권은 양도할 수 있다."라는 규정이 특허출원의 권리에는 미치지 않는다고 보는가? 이것은 제10조가 "특허출원권"을 양도하는 경우에, 국가지식산권국에 등록하여야 하고 국가지식산권국이 공고하여야 하는 것과 관련된다. 특허출원을 하기 전에는 그 발명창조에 대하여 국가지식산권국은 어떠한 정보도 갖고 있지 않으며, 이때에 등록하는 것은 실제적 의의도 없고 공고할 방법도 없으며, 이 때문에 제10조의 "특허출원권"이 "특허출원의 권리"를 포함한다고 하는 것은 적절치 않다. 「특허법」 제6조, 제8조, 제10조 및 기타 조문 중의 "특허권"은 발명창조가 특허권을 받아 공고된 후에, 특허권자가 향유하는 그 특허권을 양도하거나, 타인에게 그 특허를 실시하도록 허용하거나, 타인이 그 특허권을 침해하는 행위를 제지할 수 있는 권리를 가리키며, 이미 특허권을 받은 발명창조가 그 대상이 된다. 비록 이 세 가지 권리의 최종적 대상이 발명창조라고 하더라도, 그러나 특허심사 및 등록 절차 측면에서 보면 그 발명창조는 상이한 단계(출원 전, 출원 후 수권 전, 수권 후)에 놓여 있으며, 이 때문에 권리의 내용과 효력에 차이가 있다.

본조 규정에 따르면, 발명창조는 권리의 귀속 측면에서 보면 두 가지 유형, 즉 직무발명창조와 비직무발명창조로 구분된다. 직무발명창조에 대한 특허출원의 권리, 특허출원권 및 특허권은 모두 발명창조를 한 발명자·창작자가 소속된 단위에 귀속되며, 비직무발명창조에 대한 위 권리들은 모두 발명창조를 한 발명자·창작자에 귀속된다. 따라서 특허출원의 권리의 권리귀속과 특허권의 권리귀속을 확정하기 위해서는 반드시 직무발명창조와 비직무발명창조의 경계를 명확하게 구분해야 하는데, 이것이 본조에 대해서 중점적으로 설명할 사항이다.

二. 직무발명창조

(一) 직무발명창조의 개념

본조 제1항 규정에 따르면, 직무발명창조의 완성 방식에는 두 가지 유형이 있는데, 첫째는 발명자 또는 창작자가 본 단위의 업무를 집행하여 발명창조를 완성하는 것이고, 둘째는 발명자 또는 창작자가 주로 본 단위의 물질기술조건을 이용하여 발명창조를 완성하는 것이다. 엄격히 말해서 전자도 대부분의 경우에 주로 본 단위의 물질기술조건을 이용하여 완성하므로 이것을 따로 규정할 필요가 없으며, 때문에 후자는 실제로는 발명자 또는 창작자가 본 단위의 물질기술조건을 주로 이용하였지만 본 단위의 업무를 수행한 것이 아니라 능동적으로 완성한 경우에 대한 것이다.

아래에서는 「특허법실시세칙」 제12조 및 제13조 규정과 결합하여, 직무발명창조와 비직무발명창조의 구분에 있어서 고려하여야 하는 요소에 대하여 설명하도록 하겠다.

1. 발명자 또는 창작자

세상의 모든 발명창조는 사람이 만들어 내는 것이므로, 직무발명창조 또는 비직무발명창조를 불문하고 오직 자연인만이 발명자 또는 창작자가 될 수 있을 뿐이지, 법률에 의해 사람으로 의제되는 "단위" 또는 "법인" 등은 발명자 또는 창작자가 될 수 없다. 이 때문에, 어떤 발명창조가 직무발명창조인지 아니면 비직무발명창조인지 판단하기 위해서는 우선 그 발명창조의 발명자 또는 창작자가 누구인지를 명확하게 하여야 하고, 그 다음에 발명자·창작자와 그 소속 단위 사이의 관계에 근거하여 비로소 직무발명창조인지 아니면 비직무발명창조인지를 확정할 수 있다.

「특허법실시세칙」제13조는 아래와 같이 규정하고 있다.

> 특허법의 발명자 또는 창작자는 발명창조의 실질적 특징에 대하여 창조적 공헌을 한 자를 가리킨다. 발명창조의 완성 과정에서 조직구성 업무만을 담당한 자, 물질기술조건의 이용에 편의를 제공한 자 또는 기타 보조 업무에 종사한 자는 발명자 또는 창작자가 아니다.

위 규정은 적극적 및 소극적으로 발명자 또는 창작자의 범위를 정하고 있다. 여기에서 "실질적 특징"은 발명 또는 실용신안에 있어서는,「특허법」제22조 제3항 규정의 "선행기술과 비교하여 그 발명이 뚜렷한 실질적 특징과 현저한 진보가 있는 것을 가리키고, 그 실용신안이 실질적 특징과 진보가 있는 것을 가리킨다."에서 언급하고 있는 "실질적 특징"과 동일한 의미이며, 일반적인 상황에서는「특허법실시세칙」제21조 제1항 규정의 독립청구항 특정부 기재에 관한 "가장 가까운 선행기술과 구별되는 기술적 특징"에 대응한다. 디자인에 있어서는,「특허법」제23조 제2항 규정의 "특허권을 수여하는 디자인은 선행설계 또는 선행설계 특징의 결합에 비하여, 분명하게 구별되어야 한다."에서 언급하고 있는 "분명하게 구별"에 대응하며, 일반적인 상황에서는「특허법실시세칙」제28조가 규정하는 간단한 설명에 기재하여야 하는 "설계요점"을 참고하여 확인할 수 있다.[1] "창조적 공헌"에서의 "창조"와「특허법」제22조 규정의 "진보성"[2]에서의 "창조"는 비록 어휘가 같다고 하더라도 각각이 평가하는 측면은 약간 다르다. 발명 및 실용신안특허권 수여요건으로서의 진보성은 보호받고자 하는 기술방안을 선행기술에 기재된 기술방안과 비교하여 양자가 해결방식 및 작용효과에 있어서 어느 정도의 차이가 있는지를 평가하는 것임에 대하여, 발명자 또는 창작자를 확정함에 있어서의 "창조적 공헌"은 둘 이상의 자연인이 하나의 발명창조의 완성에 모두 공헌한 경우에 그중 누가 발명창조의 "실질적 특징"의 형성에 공헌하였는지를 평가하는 것이다. "발명창조의 실질적 특징에 대하여 창조적 공헌을 한 자"가 보다 쉽게 이해되도록 하기 위해서,「특허법실시세칙」의 위 규정은 발명창조의 완성

---

1) 디자인특허권의 수여는 실체심사를 거치지 않기 때문에, 간단한 설명에 기재한 설계요점이 실제로는 선행설계와 구별되는 실질적 차이가 아닐 수도 있으며, 이 때문에 판단시에 국가지식산권국이 발행하는 "디자인특허권 평가보고서" 및 특허복심위원회의 "무효선고청구 심사결정" 그리고 쌍방당사자가 제공하는 관련 증거와 의견을 참고할 수 있다.

2) 진보성에 대응하는 중국특허법에서의 용어는 창조성으로, 제22조에서 이에 대하여 정의하고 있다(역자 주).

에 일정한 공헌을 하였으나 창조적 공헌에는 해당하지 않는 경우를 특별히 소극적으로 열거하였는데, 즉 "발명창조의 완성 과정에서 조직구성 업무만을 담당한 자, 물질기술조건의 이용에 편의를 제공한 자 또는 기타 보조 업무에 종사한 자는 발명자 또는 창작자가 아니다."라고 규정하고 있다. 많은 경우에, 프로젝트팀 또는 연구개발팀의 책임자는 전체 프로젝트 또는 연구개발의 모든 과정을 조직하고 지도할 뿐만 아니라, 동시에 프로젝트 또는 연구개발의 구체적 연구업무에도 참여한다. 그러나 프로젝트팀 또는 연구개발팀의 책임자가 단지 프로젝트 또는 연구개발 항목의 확정, 연구개발 경비의 조달, 연구개발 인원의 배치, 연구인력의 정상적 연구개발 진행 보장만을 담당하고, 구체적인 연구업무에는 참여하지 않는 경우도 실제로는 드물지 않다. 후자의 경우에 있어서, 그들이 바로 "조직구성 업무만을 담당한 자"이므로 발명자 또는 창작자가 될 수 없다. 발명창조의 완성 과정에서, 일반적으로 실험조작 인력, 자료 수집 검색 인력, 재료설비 구매 인력 등 보조 인력도 참여하는데, 이들은 모두 발명창조의 완성에 일정한 노동을 제공하고 일정한 공헌을 하지만 그들의 공헌은 발명창조의 실질적 특징에 대한 창조적 공헌이 아니므로 역시 발명자 또는 창작자가 될 수 없다.

2. '본 단위'의 의미

발명자 또는 창작자를 확정한 후에, 발명창조가 직무발명창조에 해당하는지를 판단하기 위한 두 번째 단계는 바로 그 발명자 또는 창작자가 단위에 고용되어 있는지를 확정하는 것이다. 만약 발명자 또는 창작자가 발명창조의 모든 단계에서 어떠한 단위에 고용된 것도 아니고, 어떠한 단위나 개인의 위탁을 받은 것도 아니라면, 그 발명창조는 비직무발명창조에 속하고, 특허출원의 권리는 발명자 또는 창작자에게 귀속된다. 만약 그 발명자 또는 창작자가 발명창조의 완성 과정 중에서 또는 그중 일부 단계에서 어떤 단위에 고용되었다면, 이에 더 나아가 그 발명자 또는 창작자가 한 발명창조가 그 단위의 업무를 수행하기 위한 것이었는지 또는 주로 그 단위의 물질기술조건을 이용하여 완성한 것이었는지를 고려할 필요가 있다. 만약 그중 하나의 경우에 해당한다면 그 발명창조는 직무발명창조에 속하게 된다.

본조의 "단위"는 자기의 명의로 민사적 활동에 종사할 수 있고 독립적으로 민사적 권리를 향유할 수 있으며 독립적으로 민사적 책임과 의무를 부담할 수 있는 조직을 가리키는데, 법인인 단위를 포함할 뿐만 아니라 개인소유기업·개인합명기업과 같은 독립적으로 민사적 활동에 종사할 수 있는 비법인인 단위도 포함한다. 소유제에 따라 구분한다면, 곧 국유단위, 주주제단위, 집단소유제단위, 민영 및 자영단위, 중외합작투자단위, 외국단독투자단위 등을 포함한다. 회사 내에 설립된 연구센터, 대학의 학과, 연구소가 설립한 연구실 등과 같은 법인 또는 비법인조직의 내부부서는 독립하여 민사적 권리를 향유할 수 없고 독립적으로 민사적 책임과 의무를 부담할 수 없기 때문에, 「특허법」에서의 "단위"가 아니며 특허출원의 주체가 될 수 없다.

"단위"는 계획경제 체제하에서 일상적으로 사용되어 온 어휘로서, 「민법통칙」 등 민사법률에서 이에 대응되는 용어는 일반적으로 "법인·비법인 조직"이고, 「행정처벌법」 등 행정법률에서 이에 대응되는 용어는 일반적으로 "법인 또는 기타 조직"이다. 「특허법」 제2차 및 제3차 개정 과정에서, 많은 전문가들이 "단위"를 "법인·비법인 조직" 또는 "법인 또는 기타 조직"으로 고칠 것을 건의하였으나, 이처럼 고쳐 쓰려면 「특허법」의 많은 조문을 개정하여야 하는데 「특허법」에 대한 몇 차례의 개정은 모두 "전면개정"이 아닌 "부분개정"이어서 많은 조문을 개정하는 것은 적절하지 않다고 보았으며, 또한 일부 조항에서는 "단위"로 표현하는 것이 "법인 또는 기타 조직"과 같이 표현하는 것에 비해서 오히려 간단명료하고 매끄럽다는 점을 고려하여 입법기구는 일관되게 이를 받아들이지 않았다. 사실상 「특허법」이 "단위"라는 표현을 사용함으로 인해서 특별히 극복하기 어려운 문제가 실무에서 있었던 것도 아니다.

본조가 사용하고 있는 "본 단위"라는 표현은 넓은 의미로 이해되어야 한다. 「특허법실시세칙」 제12조 제2항의 전반부는 아래와 같이 규정하고 있다.

특허법 제6조의 본 단위는 임시 업무단위도 포함한다.

위의 규정은 주로 파견·겸직·실습 등 임시 노동관계가 있는 경우에 대한 것이다. 과거에, 중국은 거의 모든 사람이 그 소속된 "단위"가 있었고, 일단 어떤 단위에서 업무·노동을 하게 되면 대개는 "시종일관"이어서 변동이 매우 적었다. 이 때문에 1984년 「특허법실시세칙」 제정 시에는 위의 규정이 없었다. 개혁개방이 부단히 심화됨에 따라서 상황이 아주 많이 변하였고, 이 때문에 2001년 「특허법실시세칙」 개정 시에 위의 규정을 추가하였다. 파견·겸직·실습 등의 경우에는, 비록 피파견자, 겸직자, 실습자의 편제·임금이 그 소속 단위와 관계가 있다고 하더라도, 업무에 있어서는 파견단위·초빙단위·실습단위의 지휘를 받으므로, 파견단위·초빙단위·실습단위가 할당한 업무를 수행하거나 또는 주로 그 물질기술조건을 이용하여 발명창조를 완성한 경우에는, 이러한 단위가 바로 본조가 의미하는 "본 단위"가 된다.

3. 본 단위의 업무를 집행하여 완성한 발명창조

「특허법실시세칙」 제12조 제1항은 아래와 같이 규정하고 있다.

특허법 제6조의 본 단위의 업무를 집행하여 완성한 직무발명창조는 다음 각 호를 가리킨다.

(1) 자기 직무 중에서 완성한 발명창조

(2) 자기 직무 이외에 본 단위가 맡긴 업무를 이행하여 완성한 발명창조

(3) 본 단위에서 퇴직·이직한 후 또는 노동·인사 관계가 종료된 후 1년 이내에 완성한, 원래의 단위에서 맡았던 그 자기 직무 또는 원래의 단위가 분배한 업무와 관련된 발명창조

아래에서 본 단위의 업무를 집행하여 완성한 직무발명창조의 세 가지 경우에 대하여 각각 설명하겠다.

"자기 직무"는 노동계약·임용계약 등에 근거하여 확정된 직원의 직무를 가리킨다. 일반적으로 말해서, 단위가 연구개발부문을 설립한 경우에 그 연구개발부문 직원의 자기 직무는 연구·개발·설계 등 업무에 종사하는 것이고, 그들이 이러한 업무를 수행하여 완성한 발명창조는 자기 직무 중에 완성한 발명창조에 속한다. 이것이 직무발명창조에 해당하는 가장 전형적이고 가장 흔한 경우이다. 자기 직무의 성질은 발명창조를 한 것이 본 단위의 업무를 수행하기 위한 것이었는지를 판단하는 데 있어서 대개 가장 중요한 요소가 된다. 예를 들어, 자동차회사의 엔진 연구개발에 종사하는 엔지니어가 업무 중에 에너지 절약형 엔진을 발명한 경우, 그 발명은 당연히 직무발명창조에 속한다. 다른 예로, 자동차 수리회사의 수리기사가 어떤 모델 자동차의 연료소비가 많은 결함을 개선하기 위해서 연료절감장치를 발명한 경우, 그의 자기 직무는 자동차 수리이고 자동차의 성능을 개량하는 것이 아니기 때문에 그 발명은 직무발명창조에 속한다고 할 수 없다.

단위의 직원은 그 단위가 그에게 분배한 자기 직무 이외에, 단위가 임시로 또는 일정 기간 동안 분배한 자기 직무 이외의 다른 업무를 종종 이행하여야 하는데, 다음의 두 가지 경우가 포함된다. 첫째는 어떤 직원의 자기 직무는 연구·개발 또는 설계가 아니지만 단위가 임시로 또는 일정 기간 동안 그에게 연구·개발 또는 설계 업무를 하도록 하는 경우이고, 둘째는 직원의 자기 직무는 갑 프로젝트의 연구·개발 또는 설계이지만 단위가 임시로 그를 을 프로젝트팀으로 배속시켜 연구·개발 또는 설계 업무를 하도록 하는 경우이다. 어떤 경우인지를 불문하고, 그 업무를 수행하여 완성한 발명창조는 마찬가지로 직무발명창조에 속한다. 단위가 직원에게 그 자기 직무 이외의 다른 업무를 분배한 것인지를 판단함에 있어서는 단위 내 유관부문의 관련 서면통지, 처리 관련 절차 등과 같은 명확하고 구체적인 근거가 있어야 하며 단순히 단

위 책임자의 부탁 또는 구두 지시를 근거로 해서는 안 된다.

발명창조를 하는 것은 복잡한 지적 노동으로서 대개는 하루아침에 완성할 수 있는 것이 아니며, 착상에서 시작하여 연구개발을 진행하고 실험 및 검증에 이르는 전체 과정을 거쳐야 한다. 단위를 떠나는 직원은 대개 단위의 업무를 숙지하고 이와 관련된 일정한 지식과 경험을 축적하고 있으며, 그중 일부는 원래 소속되었던 단위에서 프로젝트의 연구·개발 또는 설계 업무를 맡았을 수 있는데, 설령 원래 소속되었던 단위를 떠났을 때에 프로젝트가 아직 완성되지 않았다고 하더라도, 이미 관련 발명의 진전 상황과 단계적 성과에 대해서는 알고 있을 수 있다. 이런 자가 원래 소속되었던 단위를 떠난 후 일정한 시간 내에 완성한 발명창조는 종종 원래 소속되었던 단위에서 맡았던 자기 직무 또는 원래 소속되었던 단위가 분배한 업무와 밀접하게 관계된다. 이 때문에, 각국은 모두 피고용자가 원래 소속되었던 단위를 떠난 후의 일정한 시간 내에 완성한, 그 원래 소속되었던 단위에서 맡았던 자기 직무 또는 맡겨진 업무와 관련된 발명은 마찬가지로 원래 소속되었던 단위의 직무발명창조에 속한다고 규정하고 있으며, 그렇게 하지 않으면 원래 소속되었던 단위의 합법적 이익을 해하게 된다. 원래 소속되었던 단위를 떠난 후 관련 발명창조를 완성하기까지의 기간이 어느 정도 이어야 원래 소속되었던 단위의 직무발명창조에 속한다고 할 수 있는지에 대해서는 각국의 규정이 제각각이다. 너무 길면 피고용자의 합법적 권익에 영향이 있게 되고, 너무 짧으면 원래 소속되었던 단위의 합법적 이익에 영향을 주게 되는데, 중국「특허법실시세칙」은 1년으로 규정하고 있다.

「특허법실시세칙」제12조 제1항 규정에 따르면, 발명자 또는 창작자가 원래 소속되었던 단위를 떠난 후 1년이 지난 후에 완성한 발명창조는, 설령 원래 소속되었던 단위에서 맡았던 자기 직무 또는 맡겨진 업무와 관련된 것이라고 하더라도, 원래 소속되었던 단위의 직무발명창조에 속하지 않는다. 이것은 마치 불성실한 피고용자가 틈탈 기회를 주는 것 같아 보이는데, 자기 직무 또는 맡겨진 업무를 수행하여 이미 기본적으로 완성한 발명창조를 남겨 두었다가 원래 소속되었던 단위를 떠나고 나서 1년이 지난 후에 비로소 완성할 수도 있다. 이와 같은 경우에 대비해서, 원래의 소속 단위는 엄격한 관리제도를 수립하여 연구개발 업무를 담당하는 자에게 퇴직 전에 연구개발의 모든 성과를 단위에 제출하도록 하고, 완성이 임박한 발명창조의 권리귀속에 대하여 계약을 체결하여 약정함으로써 충분히 그 단위의 이익이 보호되도록 해야 한다. 민감한 기술 또는 경쟁이 치열한 기술에 관계되는 기업은 특수한 방식을 취하기도 하는데, 그 임용한 연구원이 기업이 규정한 퇴직연령 전의 일정한 시기(예를 들어 2년)에 이르면 그를 원래의 연구개발부문으로부터 전근시켜 퇴직할 때까지 그를 그 기업 내의 다른 업무를 수행하도록 한다. 이 기간을 "지식노화기"라고 부른다.

실무에서 논란이 될 수 있는 경우로서, 어떤 연구원이 원래 소속되었던 단위를 떠나 다른 단위에 취직한 후, 주로 새로운 단위의 물질기술조건을 이용해서 원래 단위에서와 동일한 연구개발 업무를 수행하고, 원래 소속되었던 단위에서 수행한 업무와 관련된 발명창조를 하는 경우가 있을 수 있다. 이러한 경우에는, 원래 소속되었던 단위와 새로운 단위가 모두 자기 단위의 직무발명창조라고 주장할 수 있다. 이에 대하여, 「전국법원 지식재산권 재판업무회의의 기술계약분쟁사건 심리에 관한 요록」 제6조는 아래와 같이 규정하고 있다.

> 기술성과를 완성한 개인이 원래의 소속 법인 또는 기타 조직의 업무를 수행하였을 뿐만 아니라, 동일한 과학연구 또는 기술개발 과제에 대하여 주로 현재 소속 법인 또는 기타 조직의 물질기술조건을 이용한 경우, 그 완성한 기술성과에 대한 권익은 그 원래의 소속 법인 또는 기타 조직과 현재 소속 법인 또는 기타 조직이 협의하여 확정하고, 합의에 이르지 못하는 경우에는 쌍방이 합리적으로 공유한다.

이 밖에 「노동계약법」 제23조 및 제24조가 규정하는 경업제한제도에 근거하여, 고용자는 노동계약 또는 비밀유지협약 중에 노동자와 경업제한을 약정하여, 노동자가 노동계약이 해제 또는 종료된 후 2년 이내에 원래의 소속 단위와 같은 유(類)의 상품을 생산 또는 경영하고 같은 유(類)의 업무에 종사하는 경쟁 관계의 다른 단위로 이직하지 못하도록 요구할 수 있으며, 또는 자기가 개업하여 같은 유(類)의 상품을 생산 및 경영하고 같은 유(類)의 업무에 종사하지 못하도록 요구할 수도 있다.

원래 소속되었던 단위를 떠나는 방식에 관하여, 2010년 개정 전 「특허법실시세칙」 제11조 제1항은 "퇴직·은퇴 또는 업무전환을 한 후"로 규정하였다. 이 규정은 충분히 정확하지 못하였는데, "퇴직"이라는 표현으로는 피고용자가 자진해서 사직한 경우를 명확하게 포함할 수 없었고, "업무전환" 역시 원래 소속되었던 단위 내부에서 그 업무를 바꾼 경우도 포함하기 때문이었다. 2010년 「특허법실시세칙」 개정 시에, 개정 전 제11조를 제12조로 고치고, 그 제1항의 규정을 "본 단위에서 퇴직·이직한 후 또는 노동·인사관계가 종료된 후"로 개정하였다.

4. 주로 본 단위의 물질기술조건을 이용하여 완성한 발명창조

설령 발명자 또는 창작자의 발명창조가 본 단위의 업무를 집행하여 완성한 발명창조가 아닌 것으로 인정된다고 하더라도, 곧바로 그 발명창조가 비직무발명창조가 아니라는 결론을 내릴 수 있는 것은 아니고, 아직 발명자 또는 창작자의 그 발명창조가 주로 단위의 물질기술조건을 이용한 것인지를 판단하여야 한다. 판단 결과가 부정일 때에만, 비로소 그 발명창조가 비직무발명창조라고 결론내릴 수 있다.

1984년 제정 「특허법」의 본조 제1항이 사용한 표현은 "물질조건"이었으며, 2000년 「특허법」 개정 시에 이를 "물질기술조건"으로 고쳤다. 이 개정은 매우 필요한 것이었다. 현재 한 단위가 보유하는 전문인력풀, 관련 분야에 축적한 전문지식과 경험, 보유하고 있는 기술비밀 등의 "소프트파워"는 대개 설비·재료·자금 등 단위가 보유하고 있는 "하드파워"보다 혁신능력에 대해서 훨씬 현저한 영향을 미친다. 이 "소프트파워"는 일반적으로 "기술조건"이라고 할 수 있을 뿐이지 "물질조건"이라고 할 수는 없다.

"물질기술조건"의 의미에 관하여, 「특허법실시세칙」 제12조 제2항의 후반부는 아래와 같이 규정하고 있다.

> 특허법 제6조의 본 단위의 물질기술조건은 본 단위의 자금·설비·부품·원재료 또는 대외에 공개하지 않은 기술자료 등을 가리킨다.

그중에서 대외에 공개하지 않은 기술자료는 그 단위가 보유하고 있는 오직 허가를 받은 소수의 직원만이 접근할 수 있는 기술문서·설계도면·실험데이터·기술정보 등의 내부 정보 또는 내부 자료를 가리키고, 단위의 도서관 또는 자료실이 보유하고 있는 전체 직원이 자유롭게 열람할 수 있는 서적 또는 자료는 그 안에 포함되지 않는다.

"물질기술조건"의 의미를 정확하게 이해하여야 한다고 강조하는 학자도 있는데, 아래와 같이 지적하였다.

> 부속품·원재료와 같은 것들은 돈을 주고 살 수 있고, 설비는 일정한 대가를 지급하고 사용할 수 있으며, 자금은 반환하거나 혹은 일정한 이자를 지급하면 되는 것이다. 이것들은 모두 직무발명창조의 주요 구성요소가 아니다. 직무발명창조의 주요 구성요소는 기술, 즉 발명자·창작자가 오랜 기간 본 단위에서 어떤 업무를 수행하면서 학습·관찰·토론·실무 등을 통하여 배우게 된, 본 단위 밖에서는 배울 수 없는 많은 지식·기술·경험 등으로서, 이것들은 돈을 들이더라도 쉽게 살 수 없는 것들이다. 바로 이것들을 기업이 그들에게 제공하기 때문에 이를 기초로 발명창조를 할 수 있다. 발명자·창작자가 본 단위 특유의 지식·경험·자료·데이터를 기초로 하여 발명창조를 하였는데, 만약 그 권리가 본 기업에 귀속될 수 없다고 한다면 기업 입장에서는 매우 불공평하게 된다.[1]

---

1) 汤宗舜, 专利法解说[M], 修订版, 北京: 知识产权出版社, 2002: 50.

위의 설명은 실질적으로 "기술조건"이 "물질조건"에 비하여 훨씬 중요하다는 견해를 표출한 것으로서, 발명창조가 직무발명창조인지를 판단함에 있어서 "기술조건"이 보다 더 중시되어야 함을 주장한 것이다. 필자도 이 견해에 찬성한다.

단위의 물질기술조건을 이용하여 완성한 발명창조라고 하더라도 모두 일률적으로 직무발명창조에 속하는 것은 아니라는 점을 주의하여야 한다. 본조 제1항 규정에 따라서, "주로" 단위의 물질기술조건을 이용하여 완성한 발명창조만이 직무발명창조에 해당한다. 여기에서 "주로"라는 이 어휘의 의미를 어떻게 이해하여야 할까?

간단히 말해서 만약 본 단위의 물질기술조건을 이용한 것이 발명창조의 완성에 있어서 빠질 수도 없고 대체할 수 없는 전제 조건이라면, "주로 이용"한 것으로 볼 수 있다. 이와 반대로, 만약 단지 조금만 이용하였거나 또는 그 이용이 발명창조의 완성에 있어서 실질적 도움이 없는 정도에 불과한 것이었다면, "주로 이용"하지 않은 것으로 볼 수 있다.

「전국법원 지식재산권 재판업무회의의 기술계약분쟁사건에 관한 요록」 제5조는 아래와 같이 지적하였다.

> 계약법 제326조 제2항의 주로 법인 또는 기타 조직의 물질기술조건을 이용한다는 것은, 종업원이 기술성과를 완성한 연구개발 과정에서, 전부 또는 대부분 법인 또는 기타 조직의 자금·설비·기재 또는 원재료를 이용하였거나, 또는 그 기술성과의 실질적 내용이 그 법인 또는 기타조직이 아직 공개하지 않은 기술적 성과, 단계적인 기술적 성과 또는 관건이 되는 기술의 기초 위에서 완성된 것을 가리킨다. 그러나 법인 또는 기타 조직이 제공하는 물질기술조건에 대하여 자금을 반환하거나 또는 사용료를 납부하는 것으로 약정한 경우는 제외한다.
>
> 연구개발 과정에서 법인 또는 기타 조직이 이미 대외에 공개하였거나 또는 이미 그 기술분야에서의 통상의 기술자에게 공지된 기술정보를 이용하였거나, 또는 기술성과를 완성한 후에 법인 또는 기타 조직의 물질조건을 이용하여 기술방안에 대하여 검증·테스트한 경우는 주로 법인 또는 기타 조직의 물질기술조건을 이용한 것에 속하지 않는다.

이 요록은 "기술조건"을 "법인 또는 기타 조직이 아직 공개하지 않은 기술적 성과, 단계적인 기술적 성과 또는 관건이 되는 기술"을 포함하는 것으로 해석하고 있으며, 「특허법실시세칙」이 "기술조건"을 "외부에 공개하지 않은 기술자료"로만 열거하고 있는 것에 비하면 훨씬 전면적이다. 비록 이 요록이 「계약법」의 관련 규정에 대한 것이기는 하지만, 「계약법」 관련 규정 중의 "주로 법인 또는 기타 조직의 물질기술조건을 이용"하는 것은 본조의 "주로 본 단위의 물질기술조건을 이용"하는 것과 그 함의 및 외연이 서로 같으며, 따라서 참조하여 적용할 수 있다.

5. 단위와 발명자·창작자 사이의 계약

2000년 「특허법」개정 시에, 개정 전의 본조 제3항을 삭제하고 새롭게 제3항을 추가하였는데, 이것은 본조 규정에 있어서 중요한 변화였다. 추가된 이 규정에 근거하여, 발명자·창작자에게 소속 단위와 계약을 체결하여 본 단위의 물질기술조건을 이용하여 완성한 발명창조의 귀속을 약정할 수 있도록 허용하였다. 계약이 법률의 규정을 위반하지 만 않는다면, 국가는 계약 체결 쌍방 당사자의 사적 자치를 존중한다.

주의하여야 할 점은 다음과 같다.

첫째, 본조 제3항의 자구적 의미에 따라서, 단위와 발명자·창작자 사이에 체결한 계약은 본 단위의 물질기술조건을 이용하여 완성한 발명창조에 한정되고, 본 단위의 업무를 수행하여 완성한 발명창조에 대해서는 본조 제3항 규정이 적용되지 않는다.

둘째, 이러한 약정은 서면계약 형식에 의한 것이어야 한다. 계약은 본 단위의 물질기술조건을 이용하여 완성한 발명창조를 직무발명창조로 약정할 수도 있지만, 비직무발명창조로도 약정할 수도 있다. 서면계약을 체결하지 않은 경우에는, 본조 제1항의 규정에 따라 그 권리의 귀속을 확정한다.

본조 제1항의 "주로 본 단위의 물질기술조건을 이용하여 완성한 발명창조는 직무발명창조이다."라는 규정은 주로 본 단위의 물질기술조건을 이용하여 완성한 것이 아닌 발명창조는 비직무발명창조임을 의미한다. 본조 제3항은 "본 단위의 물질기술조건을 이용하여 완성한 발명창조"에 대해서, 본 단위와 발명자·창작자가 계약을 체결하여, 특허출원의 권리와 특허권의 귀속을 약정할 수 있다고 규정하고 있다. 그중에서, "본 단위의 물질기술조건을 이용하여 완성한 발명창조"의 의미에는 "주로 본 단위의 물질기술조건을 이용하여 완성한 발명창조"를 포함할 뿐만 아니라, "주로 본 단위의 물질기술조건을 이용하여 완성하지 않은 발명창조"도 포함한다. 그리고 "특허출원의 권리와 특허권의 귀속에 대한 약정"에는 첫째 본 단위에 귀속되거나, 둘째 발명자 또는 창작자에게 귀속되거나, 셋째 쌍방이 공유하는 세 가지 가능성이 있다.

본조 제3항과 본조 제1항 및 제2항 사이의 관계에 관하여, 세 가지 상이한 이해가 있을 수 있는데, 첫째는 "주로 본 단위의 물질기술조건을 이용하여 완성한 발명창조"에 대한 특허출원의 권리 및 특허권이 발명자 또는 창작자에게 귀속되도록 계약을 체결하여 약정하는 것만 허용되는 것으로 이해하는 것이고, 둘째는 "주로 본 단위의 물질기술조건을 이용하여 완성한 것이 아닌 발명창조"에 대한 특허출원의 권리 및 특허권이 본 단위에게 귀속되도록 계약을 체결하여 약정하는 것만 허용되는 것으로 이해하는 것이고, 셋째는 위의 두 가지 경우 모두 허용되는 것으로 이해하는 것이다. 당연히, 이 세 가지 경우에서 모두 공유로 약정하는 것도 포함되지만, 표현을 보다 간단하게 하기 위해서 언급하지 않았을 뿐이다.

위의 세 가지 이해 중에서, 어떤 것이 정확한 것인가?

첫 번째는 잘못 이해한 것이고, 두 번째가 정확하게 이해한 것이라고 보는 견해가 있다. 그 주된 이유는 아래와 같다.

> 만약 "주로 본 단위의 물질기술조건을 이용하여 완성한 발명창조"의 귀속을 단위와 과학기술자의 협상에 의해서 확정하도록 한다면 본조 제3항 규정으로도 충분한데, 본조 제1항에 이러한 발명창조가 직무발명창조라고 규정할 필요가 있겠는가? 만약 입법한 의도가 허용하는 것이라면, 본조 제1항 중에 "단위와 발명자 · 창작자가 이와 달리 약정한 경우는 제외한다."라는 단서를 두지 않은 이유는 무엇인가? 기왕에 제1항에서 이미 직무발명창조라고 정했다면 임의로 변경하지 못하도록 하여야 하는데, 임의로 변경할 수 있게 한다면 이처럼 정한 것이 무슨 소용이 있겠는가? 따라서 본조 제1항은 "주로 본 단위의 물질기술조건을 이용하여 완성한 발명창조"에 적용하도록 하고, 본조 제3항은 "주로 본 단위의 물질기술조건을 이용하여 완성한 것이 아닌 발명창조"에 대해서 적용하도록 하여, 양자가 구별되도록 한 것으로 이해할 수 있는 것이 아닌가.[1]

이와 정반대의 견해도 있는데, 두 번째가 잘못 이해한 것이고, 첫 번째 이해가 정확한 것이라고 보는 견해이다. 피고용자에 비하여 단위는 항상 강자의 지위를 차지하는데, 만약 「특허법」이 단위가 발명자 · 창작자와 계약을 체결하여 비직무발명창조를 직무발명창조가 되도록 약정하는 것을 허용한다면, 단위가 주도하여 이러한 계약을 체결할 때에 발명자 · 창작자는 절대 원하지 않는다고 하더라도 대개는 그 소속 단위의 미움을 살 것을 근심하여 어쩔 수 없이 받아들일 수밖에 없어서, 발명자 및 창작자의 합법적 권익을 보장할 수 없는 결과가 된다는 것이 그 주된 이유이다. 현실에서는 「특허법」 및 「특허법실시세칙」에 규정된 직무발명창조의 발명자 · 창작자에 대한 장려와 보상이 실현되지 않는 경우가 잦은데, 이러한 경우에 일부 직무발명창조의 권리귀속에 필요한 융통성을 제공한다면 발명자 · 창작자가 보다 더 많은 이익을 얻게 할 수 있어서 발명자 · 창작자의 발명창조에 대한 적극성이 보다 더 잘 발휘되게 할 수 있다는 것이다.

---

1) 汤宗舜, 专利法解说[M], 修订版, 北京: 知识产权出版社, 2002: 49-50.

전자 견해의 핵심은 무릇 본조 제1항이 정한 것이라면 임의로 변경할 수 없어야 하며, 그렇게 하지 않으면 법이 있으나 마나 한 결과가 될 것이라는 데 있다. 그러나 이 견해는 실제로는 후자의 견해에 근거를 제공하는데, 같은 이치로 본조 제1항이 이미 암시적인 방식으로 "주로 본 단위의 물질기술조건을 이용하여 완성한 것이 아닌 발명창조"를 비직무발명창조로 정하고 있는데, 만약 계약을 체결하여 특허출원의 권리와 특허권이 단위에 귀속되는 것으로 허용한다면 이렇게 정한 것이 무슨 소용이 있겠는가? 이러한 논리를 따른다면, 앞에서 설명한 세 가지 이해는 모두 틀린 것이고, 본조 제3항 규정은 확실히 부당하다는 결론만 얻을 수 있을 뿐이다.

아래에서는 필자의 견해를 설명하겠다.

바로 본조에 대한 설명의 서두부분에서 지적한 바와 같이, 특허권의 권리귀속은 각국 특허법이 반드시 규정하여야 하는 기본적인 문제 중 하나인데, 그 이유는 만약 법률의 규정에 의하여 직무발명창조와 비직무발명창조의 경계를 구분하지 않는다면, 단위와 그 피고용자 사이에 그 완성된 발명창조에 대한 특허출원의 권리 및 특허권의 귀속문제에 대하여 분쟁이 발생하였을 때에 그 분쟁을 해결할 수 있는 옳고 그름의 기준이 없게 되어, 필연적으로 특허제도의 정상적인 운영에 영향을 주고 단위가 혁신에 인력 및 물자를 투입하는 것을 꺼리는 결과를 낳게 된다. 그러나 권리귀속, 이 문제에 있어서 특허법에 일단 규정되어 있기만 하면, 절대적으로 바꿀 수 없고 조금의 융통성도 허용될 수 없는 것인가? 대답은 부정이어야 하는데, 이는 본조 규정이 조정하고자 하는 법률관계에 관련된다.

일반적으로 말해서, 발명창조에 대한 특허출원의 권리가 발명자·창작자에게 귀속되는지 아니면 그 소속 단위에 귀속되는지에 관한 규정은 주로 단위 내부의 법률관계 즉, 고용주와 피고용자 사이의 이익을 조정하는 데 이용된다. 2000년 「특허법」 개정 시 본조에 추가한 제3항은 이미 합리적인 한도를 정하여야 한다는 점을 충분히 주의하여, 본 단위의 업무 수행으로 완성한 발명창조도 계약을 체결해서 그 권리의 귀속을 약정할 수 있다고 규정하지는 않았는데, 만약 이러한 유형의 발명창조에 대한 권리귀속도 약정하는 것을 허용한다면 단위 내부의 관리질서를 어지럽힐 가능성이 있을 뿐만 아니라, 단위의 혁신에 대한 적극성에 영향을 주게 되고, 또한 국유자산도 유실될 수 있으므로, 설령 공중이 이에 대해서 이의가 없다고 하더라도 국가가 허용할 수 없다는 것이 그 이유였다. 단위의 피고용자가 본 단위의 물질기술조건을 이용하여 완성한 발명창조는 이와는 약간 다른데, 본 단위가 어떠한 업무도 맡기지 않은 상황에서 피고용자가 자신의 주도적인 노력으로 완성하였다면 확실히 대견스러운 일이라고 하겠다. 단위의 물질기술조건에 대한 이용이 단위에 매우 큰 손실 또는 부

담이 되지 않고, 또한 단위의 정상적인 업무 수행에 너무 큰 부정적인 영향을 주는 것
이 아니라고 한다면, 발명창조를 함으로써 국가 · 공중 및 본 단위에 대하여 모두 좋
은 점이 있으므로 마땅히 장려되어야 한다.

2000년 「특허법」 개정 과정을 되돌아보면, 본조에 제3항 규정을 추가한 것은 국가
지식산권국이 건의한 것도 아니고 국무원이 건의한 것도 아니며, 바로 전국인민대표
대회 상무위원회의 많은 위원들이 심의과정에서 강력하게 요구한 것인데, 주요 의견
은 다음과 같았다.

첫째, 발명창조 장려의 원칙을 실현하고 단위와 피고용자 사이의 관계를 적절히 정
립하며 과학기술 연구인력의 적극성을 충분히 불러일으키기 위해서는, 너무 기계적
으로 주로 단위의 물질기술조건을 이용한 것이기만 하면 특허출원의 권리와 특허권
이 단위에 귀속되는 것으로 해서는 안 된다. 중국이 특허법을 시행해 온 경험으로 볼
때, 직무발명과 비직무발명의 경계 및 권리귀속에 관한 규정은 보다 융통성 있게 제
정됨으로써 발명창조가 보다 효과적으로 생성 및 이용되도록 하여야 한다. 만약 본
조에 제3항 규정을 추가하지 않는다면, 한편으로는 단위가 업무를 맡기지 않은 경우
에, 그 피고용자는 적극적으로 본 단위의 물질기술조건을 이용하여 발명창조를 하지
않을 것이고, 단위가 보유한 물질기술조건이 충분히 활용될 수 없다. 다른 한편으로
는, 국가가 출자하여 배치한 본 단위의 그 물질기술조건이 충분히 활용되도록 하기
위하여, 평소에는 방치되어 사용하지 않거나 또는 이용이 불충분한 본 단위의 물질기
술조건을 이용하여 발명창조를 하도록 비록 단위(특히 국유 과학기술연구단위)가 그 직
원에게 허용한다고 하여도, 완성된 발명창조에 대한 특허출원의 권리가 발명자 또는
창작자에게 귀속되도록 마음대로 약정할 권한이 없게 된다.

둘째, 2000년 개정 전 「특허법」에서의 주로 단위의 물질기술조건을 이용하여 완성
한 발명창조의 성질과 권리귀속에 관한 규정은 너무 단순하고 경직되어 있어서, 실제
운영에는 적절하지 않는 결점이 있었다. 단위의 물질기술조건을 이용하여 완성한 발
명창조에 대하여, "주로 이용"한 것과 "부차적으로 이용"한 것을 어떻게 구분하여야
하는지에 대해서 자주 논란이 있었다. 단위와 발명자 · 창작자가 계약을 체결하여 단
위의 물질기술조건을 이용하여 완성한 발명창조의 권리귀속 및 이익분배를 약정하
는 것을 허용한다면, 분쟁을 감소시키고 갈등을 제거할 수 있으며 단위와 피고용자에
게 보다 많은 선택의 여지를 제공할 수 있다.

위의 의견은 전국인민대표대회 법률위원회에서 인정되었고, 최종적으로 전국인민
대표대회 상무위원회 전체회의의 표결을 거쳐 통과되었다.

본조 제3항 규정에 따라서, 단위가 발명자 · 창작자와 체결하는 계약은 본 단위의

물질기술조건을 이용하여 완성한 발명창조에 대한 특허출원의 권리와 특허권의 귀속을 약정하는 데 주된 목적이 있다. 계약이라면, 그 내용은 반드시 단지 특허출원권 및 특허권의 권리귀속을 약정하는 데 한정될 필요는 없으며, 이 밖에 계약 쌍방의 기타 권리와 의무를 약정하여 권리귀속약정의 조건으로 삼을 수 있다.

만약 계약을 체결하여 직무발명창조를 비직무발명창조로 약정한다면, 발명자·창작자는 특허권을 출원 및 획득하고, 단위는 계약에서 아래 예의 각 항목을 약정할 것을 주장할 수 있다.

(1) 발명자·창작자는 본 단위의 물질기술조건을 이용한 것에 대하여 지급하여야 하는 비용의 전부 또는 일부를 반환한다.

(2) 단위는 그 발명창조를 무상으로 실시할 수 있다.

(3) 단위는 특허권의 출원과 획득에 있어서 공동권리자가 된다.

(4) 발명자·창작자는 단위의 경쟁자에게 특허권을 양도해서는 아니 된다.

(5) 발명자·창작자가 단위의 경쟁자에게 그 특허의 실시를 허가하는 경우, 사전에 단위의 동의를 얻어야 한다.

(6) 단위는 발명자·창작자가 그 특허를 실시하거나 또는 타인에게 실시를 허가하여 얻은 경제적 이익을 공유한다.

만약 계약을 체결하여 비직무발명창조를 직무발명창조로 약정한다면, 단위는 특허권을 출원 및 획득하고, 발명자·창작자는 계약 중에 아래 예의 각 항목을 약정할 것을 주장할 수 있다.

(1) 단위는 발명자·창작자에게 「특허법실시세칙」 제77조 및 제78조가 규정하는 것보다 같거나 또는 더 많은 장려와 보상을 지급해야 한다.

(2) 단위는 특허권을 받은 발명창조를 적극적으로 실시하여야 하고, 소극적으로 대하여 방치해 두어서는 아니 된다.

(3) 단위가 규정된 기한 내에 직접 실시하지도 아니하고 또한 타인의 실시도 허가하지 않는다면, 특허권을 무상 또는 저가로 발명자·창작자에게 양도할 수 있다.

(4) 단위가 그 발명창조에 대해서 개선하고 특허를 출원하고자 하는 경우에는, 별도로 발명자·창작자와 관련 계약을 체결하여야 한다.

(5) 발명자·창작자는 본 단위의 물질기술조건을 계속해서 이용할 수 있고, 그 발명창조에 대해서 개선할 수 있다.

실제로, 기술분야에 따라 상이한 성질을 갖는 발명창조는 그 구체적인 상황이 대개 천차만별이다. 이 때문에, 이러한 계약 중에 어떠한 종류의 조건을 약정할지도 필연적으로 각각 다르게 되므로 위에서 열거한 것이 전부라고 할 수는 없다. 이와 같음을 분명히 알고 있음에도 불구하고 몇 가지 약정할 수 있는 사항을 열거한 것은, 단지 계약 쌍방의 의견이 일치되고 나아가 계약을 체결할 수만 있다면, 단위와 발명자·창작자는 각자가 필요한 것을 취하고 서로의 장점을 더욱 잘 발휘할 수 있으며 쌍방의 이익을 아울러 고려함으로써 서로 "윈윈"하는 결과를 얻을 수 있으며, 한쪽이 현저하게 손해 보는 결과에 이르지는 않는다는 것을 설명하고 싶었기 때문이다.

한편으로는, 국제 및 국내 시장에서의 경쟁이 갈수록 격렬해지는 상황에서 다국적 기업을 비롯한 많은 기업들은 가급적 많은 특허출원을 하는 전략을 취하고 있는데, 그중에는 소위 "방어적 특허"도 있고 경쟁상대를 미혹시키기 위한 특허도 있으며, 일일이 다 열거할 수가 없다. 그러나 그 목적에 관계없이, 특허를 출원하고 유지하는 데에는 언제나 비용이 소요된다. 너무 많은 특허를 출원하고 보유하는 것은, 특히 외국에 너무 많은 특허를 출원하고 유지하는 것은 기업에 있어서도 경제적으로 큰 부담이 되며, 상당한 대가를 지급하여야 한다. 2008년 금융위기가 전 지구를 휩쓸었을 때에, 수많은 다국적기업이 우선적으로 취한 대응조치 중 하나가 바로 특허출원 건수를 감소시키고, 중요하지 않은 특허출원과 특허권을 포기하는 것이었다. 그 금융위기 전에도, 중국 및 외국의 기업들은 모두 본 단위의 직무발명창조를 평가하여 선별하는 관리조치를 보편적으로 취하고 있었으며, 일률적으로 모두 특허출원을 한 것은 아니었다. 만약 기업이 어떤 발명창조가 그에게 있어 그다지 중요하지 않다고 여기고 동시에 영업비밀로 보호할 만한 것도 아니라고 판단한다면, 아무것도 하지 않은 채 타인의 선점을 좌시하여 나중에는 자신에게 장애가 되게 하는 것은 그 기업의 고용자에게 권리를 양도하고 그로 하여금 출원하여 특허권을 받게 하는 것만 같지 않은데, 이렇게 하면 어느 정도로는 발명창조를 통제할 수 있는 범위에 있게 할 수 있기 때문이다. 여기까지 설명하였다면, 기업이(특히 민영기업이) 자발적으로 투자하고 연구개발한 발명창조(즉, 국유자산의 유실, 납세자가 납부한 세금의 낭비 등 문제와 관계없는 발명창조)는 설령 단위의 업무를 수행하여 완성한 발명창조라고 하더라도, 만약 단위가 원하기만 한다면 이와 같은 전략을 취하는 것이 완전히 불가능하지는 않음이 지적되어야 한다. 본조 제1항은 본 단위의 업무를 수행하여 완성한 발명창조는 직무발명창조라고 규정하고 계약을 체결하여 그 권리귀속을 약정할 수 있다고 규정하지는 않음으로써, 기업이 이러한 발명창조에 대하여 보다 충분하고 확실하게 그 이익을 지킬 수 있도록 하고, 필요시에는 법에 의해 그 권리를 주장하고 법원의 지지를 얻을 수 있도록 보장하였다. 그러나 이러한 권리가 있다고 해서 모든 직무발명창조에 대해서 권리를 행사하여야 한다는 것은 아니다. 법률이 규정한 권리와 의무가 동일하지 않다는 것이 그 기본적인 이유인데, 본조 제1항이 단위에게 부여한 권리는 관련 법률이 규정하는 몇 가지 강제적 의무, 예를 들어 모조상품을 생산 및 판매해서는 안 된다거나 세금을 탈루해서는 안 된다 등과는 상이한 성질을 갖고 있으므로, 동일하게 취급할 수 없다. 소위 기업이 자주경영권을 향유한다는 것에는 직무발명창조에 대한 특허를 기업 명의로 출원하여 획득할 것인지를 결정할 권리도 포함되는 것이므로 국가는 간여할 필요가 없어 보인다.

다른 한편으로, 발명창조를 실시 및 이용하여 경제적 이익을 얻고 일정한 시장을 점유하는 것은 쉬운 일이 아니다. 만약 발명창조를 하는 데 투입해야 하는 것이 1이라면, 시장에서 상업적 성공을 얻기 위해 투입해야 하는 것은 10이고, 심지어는 이보다 훨씬 높다고 보는 견해도 있다.[1] 발명창조가 비직무발명창조이므로 발명자·창작자 자신이 본래부터 특허를 출원하여 받을 수 있는 경우에, 만약 그 발명창조가 본 단위의 생산경영 범위의 것이거나 혹은 그와 밀접하게 관련되어 있는 것이라면, 본 단위는 강력한 생산 제조 능력, 성숙한 상업운영체계, 충분히 영향을 줄 수 있는 광고 선전 수단, 양호한 상업적 신용 등의 유리한 조건을 보유하고 있을 수 있으므로, 발명자·창작자가 혼자서 고군분투하기 보다는 단위의 생산경영체계에 융합되는 것이 훨씬 유리하고 보다 큰 경제적 이익을 얻을 수 있는 가능성이 있다. 연구개발 및 설계 분야에는 뛰어나지만, 생산과 상업적 경영에는 어두운 발명자·창작자에게는 특히 이와 같다. 게다가 "나무 한 그루로는 숲을 이룰 수 없다."는 말이 있듯이, 상업적 성공을 얻기 위해서는 항상 일련의 선진기술이 뒷받침되어야 하고, 국부적인 개선으로는 효과를 볼 수가 없다. 만약 발명자·창작자가 이러한 계약을 체결하기를 원하고 단위도 체결에 동의한다면, 국가는 간여할 필요가 없어 보인다.

종합하면, 본조 제3항의 제정에는 중요한 의의가 있으며, 절대 불필요한 것도 더욱이 잘못된 것도 아니고, 그 의미에 대해서는 마땅히 앞에서 설명한 세 번째 이해를 따라야 한다.

(二) 직무발명창조의 권리획정

"권리획정"은 법률상 각 당사자가 그 객체에 대하여 향유하는 권리를 확정하는 것을 가리킨다. 직무발명창조에 있어서의 권리획정에는 단위가 향유하는 권리와 발명자·창작자가 향유하는 권리가 포함된다.

---

1) 미국이 제정한 「지식재산권 반독점 지침」은 특허권을 받는 것이 특허권자가 시장지배력을 갖고 있음을 의미하는 것은 아님을 명확하게 규정하고 있다. 이 규정은 실제에 부합하는 것으로, 과도하게 특허권의 의의를 과대평가해서는 안 된다.

1. 단위가 향유하는 권리

본조 제1항은 직무발명창조에 대한 특허출원의 권리는 그 단위에게 귀속되고, 출원이 등록된 후에는 그 단위가 특허권자가 된다고 명확하게 규정하고 있다. 이것은 2000년 개정「특허법」이 다시는 전국민소유제 단위가 받은 특허권과 비전국민소유제 단위가 받은 특허권을 구분하지 않고 특허권의 소유와 보유를 구별하지 않을 것임을 표명한 것인데, 이 개정사항은 중요한 의의를 갖는다.

1984년 제정「특허법」은 본조에서 "출원이 비준된 후에, 전국민소유제 단위가 출원한 경우, 특허권은 그 단위가 보유한다."고 규정하였는데, 이러한 규정 방식은 중국이 당시에 처해 있었던 발전단계와 당시의 구체적인 상황을 뚜렷하게 반영한 것이다.

당시에 중국은 아직 개혁개방의 초기단계에 있었고 계획경제체제를 취하고 있었다. 그때에 중국의 절대 다수의 기업·과학연구기관 및 고등교육기관은 모두 전국민소유제였으며, 그 소유재산은 모두 "전국민" 소유, 바로 국가소유였다. 이 점은 당시에「특허법」제정에 있어서 하나의 큰 난제였는데, 만약 "출원이 비준된 후에, 전국민소유제 단위가 출원한 경우, 특허권은 그 단위의 소유로 한다."고 규정하면 그 단위의 전국민소유제 성격과 명백하게 어긋나게 되는데, 그 단위의 모든 것이 모두 국가소유인데 어째서 특허권만은 그 단위의 소유가 되겠는가? 당시에 일부에서는 이와 같이 규정하는 것은 심지어 헌법에 위배될 소지가 있다고 보았다. 이와 반대로, 만약 "출원이 비준된 후에, 전국민소유제 단위가 출원한 경우, 특허권은 국가소유로 한다."고 규정하면, 당시의 상황에서는 국가가 절대 다수 직무발명창조의 특허권자가 되고, 또 특허법 제정의 취지에 어긋나서 발명창조를 장려하고자 하는 기능을 할 수 없게 되어 이러지도 저러지도 못하는 상황이었다. 마지막에, 중국 입법기관은 절묘한 절충 방안을 생각해 냈는데, 즉 "출원이 비준된 후에, 전국민소유제 단위가 출원한 경우, 특허권은 그 단위가 보유한다."로 규정하는 것으로서, 이것은 당시에는 시대를 앞서가는 진보적인 조치였다. 소위 "보유"한다는 것은, 그 단위가 국가를 대표하여 획득한 특허권을 관리하되, 그러나 완전한 처분권을 향유하는 것은 아님을 가리키는데, 예를 들어 1984년 제정된「특허법」제10조는 전국민소유제 단위가 특허출원권 또는 특허권을 양도하는 경우에는, 반드시 상급 주관기관의 비준을 거쳐야 한다고 규정하였다. 지금에서 되돌아보면 이 규정은 격세지감이 들지만, 그러나 당시에는 큰 공헌을 하였고, 이 규정으로 중국이 특허제도를 수립하는 데 있어서 하나의 커다란 장애를 극복할 수 있었다.

그러나 이와 같이 본다고 하더라도, 1984년 제정「특허법」의 위 규정에는 결점도 있었음도 인정해야 하는데, 이것은 바로 중국의 국유 단위가 시장경쟁에 있어서 집단소유제 단위, 외자기업, 중외합자기업에 비하여 불리한 위치에 놓이게 되었다는 점이며, 이러한 비국유 단위는 그 획득한 특허권에 대하여 완전한 처분권을 향유하였기 때문이다. 중국공산당 제14기 전국인민대표대회 중앙위원회 제3차 전체회의는 "사회주의 시장경제 체제 수립"의 전략적 결정을 하였고, 중국공산당 제15차 전국인민대표대회는 국유기업에 대해서 규범을 실행하는 회사제 개혁을 요구하였다. 중국의 국유기업 개혁과 현대적 기업제도 수립에 맞추어, 2000년 개정 「특허법」은 단위의 성격에 따라 특허권의 보유와 소유를 구분하여 특허권을 보유하는 전국민소유제 단위는 그 특허권에 대하여 완전한 처분권이 없다는 규정을 삭제하였다.

2. 발명자 또는 창작자가 향유하는 권리

비록 직무발명창조에 대한 특허출원의 권리가 단위에 귀속된다고 하더라도, 발명자 또는 창작자가 아무런 권리도 향유할 수 없는 것은 아니다. 「특허법」 제16조 및 제17조 규정에 근거하여, 직무발명창조의 발명자 또는 창작자는 두 가지 권리를 향유하는데, 첫째는 경제적 권리, 즉 장려금과 보상금을 받을 수 있는 권리(상세한 내용은 본서의 제16조에 관한 설명을 참조)이고, 둘째는 정신적 권리, 즉 특허서류에 이름이 기재되는 권리(상세한 내용은 본서의 제16조에 관한 설명을 참조)이다.

三 . 비직무발명창조

본조 제1항은 무엇이 직무발명창조인지와 그 권리귀속을 명확하게 규정하고, 제2항은 무엇이 비직무발명창조인지는 규정하지 않은 채 비직무발명창조의 권리귀속을 바로 규정하였다. 이렇게 규정한 것은 본조 제1항 규정에 근거하여 추론이 가능하기 때문인데, 발명창조가 비직무발명창조에 속하지 않으면 곧 비직무발명창조에 속하게 된다. 발명자 또는 창작자가 단위에 고용되어 있는지 여부의 측면에서 본다면, 비직무발명창조는 개인 발명자·창작자의 비직무발명창조와 피고용자의 비직무발명창조로 구분된다.

개인 발명자·창작자는 어떠한 단위에도 고용되어 있지 않은 발명자·창작자를 가리킨다. 만약 개인 발명자·창작자의 독립적인 발명창조라면, 의심할 바 없이 비직무발명창조에 해당한다. 일찍이 단위에 고용되어 있었던 발명자 또는 창작자가, 그 단위를 떠나고 나서 1년 후에도 여전히 어떠한 단위에도 고용되어 있지 않으면 비로소 개인 발명자·창작자가 되고, 피고용자가 원래의 단위로부터 이직한 후 1년 이

내에 한 발명창조가, 만약 그 원래 단위에서 담당했던 본래의 직무 또는 맡겨진 업무와 관련된 것이라면, 여전히 원래 소속되었던 단위의 직무발명창조에 해당한다.

단위에 소속된 발명자·창작자의 발명창조가, 만약 그 본 단위의 업무를 수행하여 완성한 것도 아니고 주로 그 단위의 물질기술조건을 이용하여 완성한 것도 아니라면 비직무발명창조에 해당한다. 만약 본 단위의 물질기술조건을 이용하여 완성하였지만, 발명자·창작자가 특허출원의 권리를 향유하는 것으로 발명자·창작자와 단위가 약정하였다면 비직무발명창조로 볼 수 있다.

본조 제2항 규정에 근거하여, 비직무발명창조에 대한 특허출원의 권리는 발명자 또는 창작자에게 귀속된다.

제7조 비직무발명창조 특허출원에 대한 장려

발명자 또는 창작자의 비직무발명창조 특허출원에 대해서는, 어떠한 단위 또는 개인도 제약해서는 아니 된다.

「특허법」 제6조의 규정에 근거하여, 비직무발명창조에 대한 특허출원의 권리는 발명자 또는 창작자에게 귀속되고, 출원이 등록된 후에는 그 발명자 또는 창작자가 특허권자가 된다. 이것은 비직무발명창조가 완성된 후에 특허의 출원여부, 출원시기, 출원하는 특허의 종류는 발명자 또는 창작자가 자주적으로 결정하는 것이고, 누구라도 이에 간여할 권리가 없음을 나타낸다.

소위 "제약"이라는 것은, 단위가 비직무발명창조임을 분명히 알면서도 비직무발명창조임을 인정하지 않거나 또는 비록 비직무발명창조임을 인정한다고 하더라도 비직무발명창조 발명자 또는 창작자의 특허출원을 방해하는 것을 가리킨다. 1984년 「특허법」 제정 시 중국의 대다수 기업사업단위는 모두 전국민소유제 단위였고, 그때에 사람들은 무슨 일이든 "조직"을 찾는 습관이 있었고 "조직"도 모든 일을 관리하는 데 습관이 들어 있었으며, 이 때문에 본조의 "제약" 문제가 나타나기 일쑤였으므로 당시 「특허법」에 본조 규정을 둘 필요가 있었다. 1992년, 2000년 그리고 2008년 세 차례 「특허법」 개정에서 모두 본조 규정에 대해서는 개정하지 않았다.

단위가 발명자 또는 창작자의 그 직무발명창조에 대한 특허출원을 지지하지 않는 이유는 대개 다음과 같은데, 첫째는 본 단위의 직원이 비직무발명창조에 열중하는 것은 본업에 힘쓰지 않는 것이어서 반드시 그 정력의 일부 또는 전부가 본래 업무 이외에 소요되게 되고, 그 본래 업무의 정상적 완성이 지연 또는 방해되므로 마땅히 그 특허출원을 지지하고 장려할 수는 없다고 보기 때문이고, 둘째는 비직무발명창조는 조잡한 것에 불과한 것이어서 혁신의 수준이 비교적 낮고 발전가능성도 낮으므로 그 특허출원을 지지하고 장려할 가치가 없다고 여기기 때문이다.

먼저, 혁신형 국가가 되는 데 있어서 가장 관건이 되는 요소는, 혁신을 숭상하고 발명창조를 한 것을 영예로 여기는 사회적 분위기를 조성하는 것이다. 국가·산업분야 또는 단위를 불문하고 모두 혁신을 장려하는 사회적 분위기를 조성하기 위해 공헌하여야 하며, 중국의 기업·연구단위·대학의 발명창조를 지지하여야 할 뿐만 아니라, 개인의 발명창조도 지지하여야 하는데, 여기에는 비직무발명창조도 포함된다. 당연히 단위의 과학기술 연구자는 단위가 부여한 과학기술 연구임무를 훌륭하게 완성하는 것을 위주로 하여야 한다. 그러나 이것이 단위에 소속된 과학기술 연구자가 비직무발명창조를 연구개발 할 수 없음을 의미하는 것은 절대 아니며, 단위가 분배한 업무가 양에 차지 않거나 또는 업무분장이 적절하지 않아서 과학기술 연구자의 재능과 지혜가 정상적으로 발휘될 수 없는 때도 있을 수 있다. 이러한 경우에, 단위는 그 관리업무를 개선하여 이러한 국면을 전환해야지, 단순하게 비직무발명창조를 제약하는 방식을 취해서는 안 된다.

다음으로, 발명창조의 가치 및 효과는 그것이 직무발명창조인지 또는 비직무발명창조인지에 따라서 달라지는 것이 아니다. 보잘것없어 보이는 발명창조도 실제로는 매우 큰 시장가치가 있을 수 있는데, 이러한 경우는 각국이 특허제도를 시행해 온 과정에서 헤아릴 수 없이 많았다. 특허출원한 발명창조가 실제적 문제를 해결할 수 있고 실제적 효과를 일으킬 수만 있다면 성공적인 특허가 될 수 있는 가능성이 있는 것이지, 이론적 수준의 높고 낮음이 필요한 것은 아니다. 발명자 또는 창작자는 그 비직무발명창조 특허출원에 대해서 소속 단위 및 그 책임자의 재가를 얻을 필요가 없으며, 특허권의 수여 여부는 국가지식산권국이 심사하여 판단하기 때문에, 단위는 "수준이 낮다."는 것을 이유로 과학기술 연구자의 그 비직무발명창조 특허출원을 가로막을 필요도 없고 권리도 없다.

많은 경우에 직무발명창조와 비직무발명창조를 정확하고 합리적으로 구분하는 것은 간단한 일이 아니며, 이 때문에 발명창조가 직무발명창조인지 아니면 비직무발명창조인지에 대해서 단위와 발명자·창작자 사이에 분쟁이 발생할 수 있다. 분쟁이 발생하는 경우, 법에 의해 중재·소송 등 방식으로 분쟁을 해결할 수 있으며, 단위는 단순하게 발명자 또는 창작자의 특허출원을 불허하는 방식을 취해서는 안 되는데, 설령 발명자·창작자가 원래는 단위에 귀속되어야 할 직무발명창조에 대해서 개인 명의로 특허를 출원하여 특허권을 받았다고 하더라도, 그 단위는 합법적 수단을 통해서 자기의 권리를 되찾을 수 있기 때문이다. 소송에 휘말려 인적 자원을 낭비하는 것을 피하기 위해서, 단위는 관리를 강화하고 그 단위에 필요한 규칙과 제도를 합리적으로 제정함으로써, 그 피고용자로 하여금 사전에 구분기준을 알게 하여 분쟁을 미리 예방하여야 한다.

본조의 "제약"은 단위가 비직무발명창조에 대한 특허출원을 제약하는 것을 가리키며, 직무발명창조에 대해서 특허출원 여부를 결정하는 문제에는 관계되지 않는다. 국가는 당연히 단위가 직무발명창조에 대해서 특허출원하는 것을 장려하지만, 단위는 각 분야의 요소, 예를 들어, 그 경영방향·보호전략·업계상황·시장전망 등을 종합적으로 고려하여, 발명창조에 대해서 특허출원할지 여부를 결정할 권리가 있다.

단위가 고려한 결과 설령 특허출원하지 않는 것으로 결정한다고 하더라도, 이는 "제약"이 아니다.

비직무발명창조에 대한 특허출원을 제약하는 것과 발명자 또는 창작자의 비직무발명창조에 대한 특허출원의 권리를 침탈하는 것은 구별되어야 한다. 만약 어떤 발명창조가 비직무발명창조이어서 특허출원의 권리와 특허권은 발명자·창작자의 소유로 귀속됨을 단위가 분명히 알고 있음에도 이를 강제로 차지하여 단위의 명의로 특허출원하였다면, 발명자 또는 창작자의 비직무발명창조를 침탈하는 행위에 해당하게 된다. 일반적으로 말해서, 침탈행위는 제약행위에 비하면 훨씬 엄중한 권리침해행위이고, 「특허법」제72조 규정에 근거하여 상응하는 법률적 책임을 져야 한다.

제8조 합작·위탁하여 완성한 발명창조에 대한 특허출원의 권리 및 특허권의 귀속

둘 이상의 단위 또는 개인이 합작하여 완성한 발명창조, 한 단위 또는 개인이 다른 단위 또는 개인의 위탁을 받아 완성한 발명창조는, 별도 협약이 있는 경우를 제외하고, 특허출원의 권리가 발명창조를 완성한 또는 공동으로 완성한 단위 또는 개인에게 귀속되며, 출원이 등록된 후에는 출원한 단위 또는 개인이 특허권자가 된다.

一. 개 요

특허출원의 권리 및 특허권의 권리귀속 문제에 관해서, 「특허법」은 제6조와 본조가 규정하고 있다. 그중에서 제6조는 주로 직무발명창조와 비직무발명창조의 권리귀속 문제에 대한 것으로, 단위의 내부관계라고 할 수 있는 발명자·창작자와 그 소속 단위 사이의 관계에 관한 것이다. 본조는 주로 합작 또는 위탁 방식에 의하여 완성한 발명창조의 권리귀속 문제에 대한 것으로, 외부관계라고 할 수 있는 합작 또는 위탁 관계에서의 각 당사자 사이의 관계에 관한 것이다. 두 조의 규정을 합하면, 기본적으로 권리귀속에 관계되는 모든 분야가 포함된다.

「물권법」 및 「계약법」의 일반원리에 따르면, 위탁 또는 도급 계약관계에 있어서, 수탁자 또는 도급자가 완성한 업무성과는 위탁자 또는 발주자가 향유하고, 수탁자 또는 도급자는 주로 계약에 근거하여 보상을 받는 권리를 향유한다. 이 때문에, 만약 수탁자 또는 도급자가 그 업무를 완성한 성과가 물권적 객체를 생산하는 것이라면, 그 물권은 위탁자 또는 발주자가 향유하고, 수탁자 또는 도급자가 향유하지 않는다. 위탁하여 완성한 발명창조에 대해서도, 당사자가 권리귀속을 약정하지 않은 경우에, 동일한 원칙이 적용되는가? 즉, 위탁자가 그 발명창조를 향유하고, 이에 나아가 그 발명창조에 대한 특허출원의 권리도 향유하는가?

본조는 위탁 또는 합작하여 완성한 발명창조에 대하여 먼저 약정우선의 원칙을 따르는데, 위탁관계 또는 합작관계의 쌍방이 사전에 약정한 경우에는 약정에 따라서 권리귀속을 확정한다. 약정하지 않은 경우에는 완성자 우선의 원칙을 따르는데, 완성자 또는 공동 완성자가 특허출원의 권리와 특허권을 향유한다.

약정우선의 원칙을 따르는 이유는 매우 간단한데, 위탁 또는 합작관계에서의 각 당사자의 법률적 지위는 평등하고 위탁관계 또는 합작관계의 형성은 완전히 당사자의 공통적 의사에 달려 있으며, 당사자 중 어느 일방이라도 동의하지 않으면 위탁관계 또는 합작관계가 발생할 수 없기 때문이다. 당사자가 평등 · 자유의사의 원칙에 따라서 계약을 체결하여 권리귀속을 약정하는 경우에는, 사기 · 협박 · 불공평으로 계약이 무효 또는 취소되는 경우를 제외하고 그 약정을 존중하여야 한다.

본조가 이처럼 규정한 것은, 한편으로는 비록 위탁자가 제공하는 자금 및 제공할 수 있는 물질기술조건이 발명창조의 완성에 있어서 중요한 작용을 한다고 하더라도, 발명자 또는 창작자의 창조적 지적 노동이 훨씬 귀중하고 훨씬 중요하며, 지적 창조와 인재투입을 장려하고 존중하여 "사람을 근본으로" 하도록 하기 위해서는 이처럼 규정하여야 했기 때문이다. 다른 한편으로는, 1984년 「특허법」 제정 시의 구체적인 국가상황과 관련되는데, 당시에는 중국 경제구조에서 전국민소유제 단위가 절대 우세의 지위를 차지하여, 절대 다수의 발명창조가 대부분 국가계획에 따라서 국가가 하달하는 임무 및 제공하는 자금으로 완성되어 모두 국가가 위탁한 것으로 볼 수 있었는데, 만약 위탁자 우선의 원칙을 취한다면 대다수 직무발명창조의 특허권이 모두 국가소유가 되어 특허제도를 수립하는 취지에 부합하지 않았기 때문이다.

二. 합작하여 완성한 발명창조

합작하여 완성한 발명창조는, 둘 이상의 단위 또는 개인이 공동으로 투자하고 공동으로 연구개발에 참여하여 완성한 발명창조를 가리킨다.

둘 이상의 단위 또는 개인이 합작하여 연구개발을 진행하는 경우, 일반적으로는 서면계약을 체결한다. 「계약법」 규정에 의하면 이러한 계약은 합작개발계약이라고 불린다. 합작개발계약에는 일반적으로 프로젝트 이름, 목표기술의 내용 · 형식 및 요구, 연구개발 계획, 연구개발 경비 또는 프로젝트 투자 액수 및 그 분담 · 지급방식, 연구개발 경비를 이용하여 구매하는 설비 · 기자재 · 재료의 재산귀속, 연구개발에 참여하는 각 당사자의 인원, 이행의 기한 · 장소 및 방식, 기술정보 및 자료의 비밀유지 및 위험책임의 부담 등의 사항이 기재되어야 한다. 이 밖에, 특허출원의 권리에 대한 권리귀속을 명기하는 것이 특별히 중요하다. 권리귀속에 관하여, 계약은 그중 일방의 소유로 약정할 수 있으며, 합작하는 각 당사자의 공유로 약정할 수도 있다. 계약에 어떻게 약정되었는지에 관계없이, 계약이 무효인 경우를 제외하고, 모두 계약에서 정한 대로 권리가 귀속된다. 만약 약정하지 않았다면, 본조 규정에 따라 특허출원의 권리는 발명을 "완성한 또는 공동으로 완성한 단위 또는 개인"에게 귀속된다.

"완성한 또는 공동으로 완성한 단위"는 이러한 발명창조를 완성한 발명자 또는 창작자가 소속된 단위를 가리킨다. 「특허법실시세칙」 제13조 규정에 의하여, 발명창조의 실질적 특징에 대하여 창조적 공헌을 한 자인지가 발명자·창작자를 판단하는 기준이 된다. 발명창조를 완성하는 과정에서 프로젝트를 제안하거나 일반적 건의를 하거나 또는 일반적 지도를 한 사람은 중국특허법 의미에서의 발명자 또는 창작자가 아니다. 이에 대해서는, 본서의 「특허법」 제6조에 관한 설명을 참조하기 바란다.

일반적으로 말해서, 합작하여 연구개발을 진행하는 경우에 각 당사자는 모두 출자하고 또한 인력을 파견하여 공동으로 연구개발에 참가할 수 있다. 만약 일방만이 출자하고 다른 일방은 인력만을 부담하였다면, 완성한 발명창조는 일반적으로 위탁하여 완성한 발명창조에 해당하고 합작하여 완성한 발명창조에 해당하는 것이 아니다. 만약 합작한 각 당사자가 파견한 인력이 발명창조에 대해서 모두 창조적 공헌을 하였다면, 협약이 없었던 경우에는, 각 당사자 즉 공동으로 발명창조를 완성한 단위 또는 개인이 공동으로 특허출원의 권리를 향유한다. 둘 이상의 단위 또는 개인이 합작한 경우에는, 만약 오직 일방의 발명자만 발명창조의 완성에 창조적 공헌을 하였고, 합작한 다른 일방이 연구개발에 참가하였다고 하더라도 창조적 공헌을 하지 않았다면, 협약이 없었던 경우에는, 오직 발명자로 대표되는 일방만이 특허출원의 권리와 특허권을 향유한다. 그러나 계약을 체결하여 합작에 참가하는 다른 일방도 그 발명창조의 공동권리자로 약정하거나, 또는 특허출원의 권리 또는 특허권을 향유하는 일방이 합작에 참가하는 다른 당사자에 대하여 적절한 보상을 하여야 한다고 약정할 수도 있다.

三. 위탁하여 완성한 발명창조

위탁하여 완성한 발명창조는, 한 단위 또는 개인은 연구개발 임무를 제안하고 경비와 보수를 제공하며, 다른 단위 또는 개인이 연구개발을 진행하여 완성한 발명창조를 가리킨다.

단위 또는 개인이 다른 단위 또는 개인에게 발명창조를 위탁할 때에는, 일반적으로 위탁계약을 체결할 수 있다. 「계약법」 규정에 따르면, 발명창조를 위탁하는 민사관계에 있어서, 위탁하는 측의 주요 의무는 연구개발 경비 및 보수 지급, 기술자료·원시데이터 제공, 협조 제공 등이며, 위탁받는 측의 주요 의무는 연구개발 계획의 제정 및 실시, 합리적인 연구개발 경비 사용, 기한 내에 연구개발 임무 완수, 연구개발성과 교부, 관련 기술자료 및 필요한 기술지도 제공, 위탁자 측의 연구개발 성과 습득 지원

등이다.

수탁자가 연구개발 업무를 수행함에 비추어 보면, 수탁자가 발명창조에 대하여 창조적 공헌을 하는 일방, 즉 발명창조를 완성하는 일방이며, 따라서 계약에 다른 약정이 있는 경우를 제외하고, 특허출원의 권리는 그 수탁자의 소유가 된다. 이에 대해서, 위탁자는 본조 규정에 따라서 만약 계약을 체결하여 권리귀속을 명확하게 약정하지 않았다면, 특허출원의 권리와 특허권은 발명창조를 완성한 단위 또는 개인에게 귀속된다는 점을 각별히 주의하여야 한다. 실무에서 연구개발 성과에 대해서 위탁자가 어떠한 종류의 권리를 향유할 수 있는가는 일반적으로 그 제공하는 자금의 액수와 밀접한 관계가 있다. 자금을 많이 제공하면 성과에 대하여 위탁자가 향유하는 권리는 보다 많아진다. 그러나 어쨌든 간에, 이 점을 위탁계약 중에 명확히 약정함으로써 쌍방의 권리와 의무를 명확하게 하여야 한다.

실제로 계약을 체결하여 권리귀속을 약정한 경우에는, 위탁하여 완성한 발명창조와 합작하여 완성한 발명창조를 구분할 필요가 없는데, 모두 약정에 따라서 권리귀속이 확정되기 때문이다. 그러나 권리귀속을 약정하지 않은 경우에는, 각 당사자가 합작관계인지 아니면 위탁관계인지, 발명창조가 도대체 각 당사자가 공동으로 완성한 것인지 아니면 일방이 완성한 것인지를 판단하는 것은 발명창조의 권리귀속에 있어서 결정적 작용을 할 수 있다. 위탁관계인지 아니면 합작관계인지를 판단할 때에는, 첫째 각 당사자가 모두 투자한 것인가, 둘째 각 당사자가 모두 인력을 파견하여 연구개발 업무에 참여하였는가, 이 두 가지가 주된 기준이 된다. 만약 오직 한쪽 당사자만 투자하고 다른 상대방 당사자는 연구개발을 진행하였다면 위탁관계에 해당하고, 발명창조를 완성한 한쪽 당사자, 즉 수탁자가 발명창조에 대한 권리를 향유한다. 이와 반대로, 만약 각 당사자가 모두 투자를 하고 인원을 파견하여 발명창조의 완성에 모두 창조적 공헌을 하였다면, 합작관계에 해당하고, 완성한 발명창조는 각 당사자가 공유한다. 만약 각 당사자가 모두 투자를 하였으나 오직 한쪽 당사자가 파견한 인력만이 발명창조의 완성에 창조적 공헌을 하였다면, 비록 합작관계에 있다고 하더라도, 법에 의하면 발명창조를 완성한 측만이 완성한 발명창조에 대한 권리를 향유할 수 있다. 위탁관계인지 아니면 합작관계인지를 불문하고, 쌍방이 관련 계약 중에 권리귀속을 사전에 약정하는 것이 각 당사자의 권익을 보호하고 분쟁을 예방하는 가장 좋은 방법이다.

제9조 중복수권금지원칙 및 선출원주의

① 동일한 발명창조는 하나의 특허권만 수여할 수 있다. 그러나 동일한 출원인이 같은 날에 동일한 발명창조에 대하여 실용신안특허출원을 하고 또 발명특허출원을 하고 나서, 먼저 받은 실안신안특허권이 아직 소멸되지 않은 때에 출원인이 그 실용신안특허권의 포기를 성명하는 경우, 발명특허권을 수여할 수 있다.

② 둘 이상의 출원인이 각각 동일한 발명창조에 대하여 특허를 출원한 경우, 특허권은 가장 먼저 출원한 자에게 수여한다.

一. 중복수권금지원칙 및 선출원주의

(一) 개 요

본조 제1항은 "동일한 발명창조는 하나의 특허권만 수여할 수 있다."고 규정하고, 제2항은 "둘 이상의 출원인이 동일한 발명창조에 대하여 특허를 출원한 경우, 특허권은 가장 먼저 출원한 자에게 수여한다."라고 규정하고 있다. 전자는 "중복수권금지원칙"이라 불리고, 후자는 "선출원주의"라고 불린다. 양자는 중복해서 특허권을 수여할 수 없음을 의미하는 점에서는 공통되나, 포괄하는 범위가 다르고 법률적 의의에서 구별된다는 점에서 차이가 있다.

특허권은 국가가 수여하는 일종의 독점권으로 그 국가의 모든 단위 및 개인에 대하여 법률적 구속력이 있는데, 즉 특허권이 수여된 후에는 어떠한 단위 및 개인도 특허권자의 허가 없이 생산경영의 목적으로 그 특허를 실시할 수 없다. 동일한 발명창조에 대하여 상이한 단위 또는 개인에게 중복하여 특허권을 수여하게 되면, 첫째 상이한 특허권자 사이에 권리충돌이 발생할 수 있고, 둘째 제3자가 그 특허를 실시하기 위해서는 동시에 모든 특허권자의 허가를 받고 각각 특허사용료를 지급해야 하므로 발명창조의 실시 비용을 불합리하게 높여서 특허권을 받은 발명창조의 실시 및 이용을 방해하게 되어 「특허법」의 입법취지에 부합하지 않는 결과가 된다. 동일한 발명창조에 대해서 동일한 단위 또는 개인에게 중복하여 복수의 특허권을 수여하게 되면, 첫째는 국가지식산권국이 중복하여 심사하여야 하므로 국가 공공자원을 낭비하는 것이고, 둘째는 특허권자가 하나의 발명창조에 대하여 받을 수 있는 특허보호가 법정보호기간을 초과하는 결과가 된다. 위의 어떠한 경우를 불문하고, 특허제도의 정상적 운영과 경제사회의 정상적 질서에 불리한 영향이 있다. 이 때문에, 특허제도를 설립한 국가는 모두, 그 실현방식은 국가마다 다르다고 하더라도, 특허권을 중복해서 수여해서는 안 된다는 것을 특허제도의 기본적 원칙 중 하나로 하고 있다.

본조 제1항의 자구적 의미로 보면, 아래 네 가지 경우 모두 "동일한 발명창조는 하나의 특허권만 수여할 수 있다."는 원칙에 의하여 특허권의 중복수여를 거절할 수 있다.

(1) 동일하지 않은 자가 동일한 발명창조에 대하여 선후로 둘 이상의 특허출원을 하는 경우

(2) 동일하지 않은 자가 동일한 발명창조에 대하여 같은 날에 둘 이상의 특허출원을 하는 경우

(3) 동일한 자가 동일한 발명창조에 대하여 선후로 둘 이상의 특허출원을 하는 경우

(4) 동일한 자가 동일한 발명창조에 대하여 같은 날에 둘 이상의 특허출원을 하는 경우.

본조 제2항은 "둘 이상의 출원인이 각각 동일한 발명창조에 대하여 특허를 출원한 경우, 특허권은 가장 먼저 출원한 자에게 수여한다."고 규정하는데, 이는 후에 출원한 타인은 그 발명창조에 대하여 특허권을 받을 수 없음을 암시하며 위의 (1) 경우만을 대상으로 한 것이다. 이 때문에 중복수권을 방지하는 측면에서 보면, 중복수권금지원칙은 실질적으로는 선출원주의를 포괄한다.

1984년 제정「특허법」제9조는 선출원주의만을 규정하였고, 중복수권금지원칙은 규정하지 않았다. 1984년 제정「특허법실시세칙」제12조는 이에 더 나아가 "특허법 제9조가 규정하는 둘 이상의 출원인이 같은 날에 각각 동일한 발명창조에 대하여 특허출원하는 경우, 특허국의 통지를 받은 후에 자체적으로 협상하여 출원인을 확정하여야 한다."고 보충하여 규정하였다. 이것은 앞의 (2) 경우에도 중복하여 특허권을 수여할 수 없음을 나타낸 것이다. 그러나 1984년 제정「특허법」및「특허법실시세칙」은 동일한 출원인이 선후로 또는 같은 날에 동일한 발명창조에 대하여 둘 이상의 특허출원을 하는 경우에 대해서는 규정하지 않았다. 이것은 법률상으로는 동일한 출원인이 동일한 발명창조에 대하여 둘 이상의 특허권을 중복해서 출원하여 받을 수 있음에 상당하는 것이어서, 분명히 결함이 있었다. 이 결함을 극복하기 위해서, 1992년「특허법실시세칙」개정 시에 제12조에 제1항, 즉 "동일한 발명창조는 하나의 특허권만 수여할 수 있다."를 추가하였고, 이로써 중국 특허제도 중에 전면적인 중복수권금지원칙을 확립하였다.

앞에서 설명한 바와 같이, 중복수권을 방지하는 측면에서 본다면, 중복수권금지원칙은 보다 상위개념이고 모든 다양한 경우를 포괄한다. 선출원주의는 상대적으로 하

위개념이고, 그중 하나의 경우에 해당한다. 「특허법」이 상대적으로 하위개념을 규정하고 「특허법실시세칙」이 보다 상위개념을 규정하는 것은, 법률의 위계에 있어서 문제가 있는 것이었다. 2000년 「특허법」 개정 시에 국가지식산권국은 1992년 개정 「특허법실시세칙」 제12조 제1항 규정을 본조에 추가하는 개정의견을 제출하였으나 받아들여지지 않았다. 2008년 「특허법」 개정 시에 국가지식산권국이 이 의견을 재차 제출하여 받아들여짐으로써, "동일한 발명창조는 하나의 특허권만 수여할 수 있다."는 규정이 본조 제1항에 추가되었다.

비록 2008년 개정 후 본조 제1항에 중복수권금지원칙을 규정하였다고 하더라도, 중복수권금지원칙이 있기 때문에 선출원주의를 다시 규정할 필요가 없는 것은 아니라는 점을 지적할 필요가 있는데, 선출원주의에는 이 밖에 다른 의미도 있으며 특허제도에 있어서 빠질 수 없는 기본원칙이기 때문이다. 위의 1과 2의 경우에, 중복수권금지원칙은 하나의 특허권만을 수여할 수 있다는 것이고 이 특허권을 누구에게 수여해야 하는지에 대해서는 답이 없는데, 선출원주의는 이 문제에 대해서 답하기 위해 규정한 것이다.

이 문제에 대해서는 세계적으로 두 종류의 상이한 해결방식이 있는데, 하나는 발명창조를 완성한 시간의 선후를 기준으로 하여 먼저 발명창조를 완성한 자에게 특허권을 수여하는 것으로 선발명주의라고 부르며, 다른 하나는 발명창조에 대하여 특허출원을 한 시간의 선후를 기준으로 하여 먼저 그 발명창조에 대하여 특허출원을 한 자에게 특허권을 수여하는 것으로 선출원주의라고 부른다. 현재 중국을 포함하여 절대다수의 국가가 선출원주의를 따르고 있으며, 오직 미국만이 선발명주의를 실행하고 있다.[1]

선발명주의는 가장 먼저 발명창조를 한 자를 보호하는 데 목적이 있으며, 발명창조를 장려하는 측면에서 보면 이 원칙은 선출원주의보다 유리하다. 그러나 선발명주의는 다음과 같은 단점이 있는데, 첫째, 선발명주의를 따르면 가장 먼저 발명창조를 한 자는 "믿는 구석이 있어 두려울 것이 없게 되어" 특허출원을 빨리 하거나 늦게 하거나 아무런 관계가 없게 되는데, 특허출원의 시기에 관계없이 오직 그만이 특허권을 받을 수 있게 법률이 보장하기 때문이며, 이것은 발명자가 그 발명창조를 오랫동안 비밀상

---

[1] 2011년 9월 14일, 미국대통령 오바마는 미국 상하원이 통과시킨 "미국발명법안"에 서명하고 미국특허법에 대해서 중요한 개정을 하였다. 이 법안은 1952년 새롭게 특허법을 제정한 이래, 미국특허법에 대하여 가장 중대한 개혁을 한 법안이다. 개정 후의 미국특허법은 그 원래 따랐던 "선발명주의"에 대하여 일부 조정을 하였으나, 세계 각국이 보편적으로 채용하고 있는 "선출원주의"를 채용한 것은 아니고, "발명자 선출원주의(First inventor to file)"라고 불리는 제도를 수립하였다.

태로 유지하는 것을 조장할 수 있어 발명창조의 조속한 공개와 전달 및 응용에 불리하고 동일한 발명창조에 대한 연구개발이 중복되는 것도 방지할 수 없다. 둘째, 둘 이상의 자가 동일한 발명창조에 대하여 특허출원을 한 경우에, 누가 가장 먼저 그 발명창조를 완성하였는지를 판단하는 것은 상당히 곤란한 일이고, 미국은 이를 위해서 매우 복잡한 절차를 두고 있으며, 일단 이러한 절차에 들어가면 당사자는 보통 발생한 분쟁에 대응하는 데 매우 많은 정력을 투입해야 하고, 발생할 수 있는 분쟁에 대응하기 위해 발명자는 발명창조를 완성하는 과정에서 수시로 자기가 가장 먼저 당해 발명창조를 완성하였음을 증명할 수 있는 증거를 보존해야 하므로 과학기술 연구자의 부담도 가중될 뿐만 아니라, 특허권을 받더라도 충분히 안정적이지 못하다. 셋째, 선발명주의를 따르는 것과 서로 조화되게 하기 위하여, 미국특허법은 특허출원을 하는 자는 반드시 발명자 본인이어야 한다고 규정하고 있어, 설령 직무발명창조라고 하더라도 발명자가 소속된 기업은 반드시 먼저 양도를 통해 양수인이 되어야만 권리자가 될 수 있는데, 이것은 특허출원의 절차를 복잡하게 만든다. 넷째, 선발명주의를 따르게 되면 신규성 등 특허성 요건을 판단할 때에 반드시 몇 가지 특수한 문제를 고려하여야 한다.

선출원주의는 가장 먼저 특허출원을 한 자를 보호하는 데 목적이 있으며, 발명창조가 일단 완성되면 가급적 빨리 특허출원을 하도록 출원인을 재촉하는 효과가 있어 연구가 중복되는 것을 방지하는 데 유리하다. 선출원주의를 따르게 되면, 당사자는 그 발명창조를 완성한 시간의 선후를 증명할 필요가 없고 특허출원을 한 시간의 선후만 증명하면 되는데, 이것은 특허청이 발급한 수리일자로 증명하면 되므로 선출원주의는 그 적용이 매우 간단하다. 그러나 선출원주의도 다음과 같은 단점이 있다. 첫째, 늦게 발명을 완성한 자도 먼저 특허출원을 함으로써 먼저 목적을 달성할 수 있는데, 가장 먼저 발명창조를 완성하고도 늦게 출원을 한 자는 특허권을 받을 수 없을 뿐 아니라, 타인이 먼저 출원하여 획득한 특허권의 제약을 받게 되어 불공평한 결과가 발생할 수 있다. 둘째, 선출원주의를 따르면, 과학기술 연구자·창작자 및 그 소속 단위가 연구·설계에 있어서 초보적이더라도 성과를 얻기만 하면 서둘러 특허출원을 하게 되고, 남보다 늦어서 특허권을 받을 수 있는 기회를 잃을까 근심하게 되어, 가치가 낮은 미성숙된 특허출원을 하기가 일쑤여서 특허심사업무에 불필요한 부담을 가중시킬 수 있다.

두 가지 방식에는 각자 장점과 단점이 있지만, 전체적으로 말하면 선출원주의의 장점이 보다 뚜렷하여 절대 다수 국가가 선호하고 있다. 이러한 점을 고려하여, 중국은 1984년「특허법」제정 시에 선출원주의를 따르기로 하였다.

선출원주의를 따름에 따라 발생할 수 있는, 먼저 발명창조를 한 자가 나중에 동일한 발명창조를 한 자의 제약을 받게 되는 폐단을 극복하기 위하여, 선출원주의를 따르는 국가는 보편적으로 선사용권을 규정하고 있다. 「특허법」 제69조 제2호는 특허출원일 전에 이미 동일한 제품을 제조하였거나, 동일한 방법을 사용하였거나 또는 이미 제조·사용에 필요한 준비를 완료하였고 오직 원래의 범위 내에서 계속해서 제조·사용하는 경우, 특허권을 침해하는 것으로 보지 않는다고 규정하고 있다. 이 규정은 먼저 발명창조를 완성한 자가 일정한 조건하에 일정 범위 내에서 그 발명창조를 실시하면 타인이 받은 특허권의 제한을 받지 않게 하는 것으로서, 선출원주의의 부족한 점을 어느 정도 보충하였다.

(二) "동일한 발명창조"의 판단

중복수권금지원칙 및 선출원주의를 적용하기 위해서는 모두 하나의 공통된 전제조건이 만족되어야 하는데, 그것은 바로 두 건의 특허출원 또는 특허가 동일한 발명창조에 대한 것이어야 한다는 것이다. 이 밖에 「특허법」 제22조 제2항 및 제23조 제1항의 확대된 선출원에 관한 규정도 "동일한 발명 또는 실용신안" 및 "동일한 디자인"에 관계되는데, "동일한 발명창조"라는 개념은 관련된 주제에 따라서 세분화된다고 볼 수 있다. 무엇을 "동일한 발명창조"라고 하는가? 이것은 본조를 적용함에 있어서 회피할 수 없는 문제이다.

소위 "동일"하다는 것은, 의심할 바 없이 비교의 결과이다. 비교를 하려면 반드시 먼저 비교의 대상을 명확히 하여야 한다. 「특허법」 제2조 규정에 근거하여, 「특허법」의 발명창조는 발명·실용신안 및 디자인 세 가지 유형을 포괄한다. 동일한 발명창조는 두 건의 발명특허출원 또는 발명특허 사이에, 두 건의 실용신안특허출원 또는 실용신안특허 사이에, 두 건의 디자인특허출원 또는 디자인특허 사이에 존재할 수도 있으며, 한 건의 발명특허출원 또는 발명특허와 한 건의 실용신안특허출원 또는 실용신안특허 사이에도 존재할 수 있다. 발명 및 실용신안특허는 기술방안을 보호하며 그 기술방안이 갖는 기술적 효과에 주안점을 두는 데 대하여, 디자인특허는 미감이 있는 설계방안을 보호하며 그 설계방안이 갖는 외적인 시각효과에 주안점을 두는 점에서 양자는 확연히 차이가 있다. 이 때문에, 발명 또는 실용신안 특허출원 또는 특허는 디자인특허출원 또는 디자인특허와 동일한 발명창조가 될 수 없다.

두 건의 발명 또는 실용신안 특허출원 또는 특허가 "동일한 발명창조"인지를 판단하는 것은 두 건의 디자인특허출원 또는 디자인특허가 "동일한 발명창조"인지를 판단하는 것과 다소 다른 점이 있으므로 각각 나누어 설명할 필요가 있다.

1. 발명 및 실용신안에 대한 판단

발명 및 실용신안 특허출원 또는 특허에 있어서는 중복수권금지원칙을 두 가지 방식에 의해서 구체화할 수 있는데, 첫째는 그중 한 건의 특허출원 또는 특허에 기재된 청구범위를 다른 한 건의 특허출원 또는 특허에 기재된 청구범위와 비교하는 방식으로서, 만약 보호받고자 하는 기술방안이 같아서 동일한 발명창조에 해당하는 것으로 인정되면 특허권을 수여하지 않는 것이고, 둘째는 후출원의 청구범위를 선출원의 설명서 및 청구범위에 기재된 내용 전체와 비교하여 나중에 출원한 발명 또는 실용신안이 신규성이 있는지를 판단하는 방식으로서, 만약 신규성이 없다면 후출원에 대해서는 특허권을 수여하지 않는 것이다.

「특허법」제22조 제2항은 확대된 선출원에 대하여 규정하는데, 사실상 그 목적도 또한 특허권의 중복수여를 방지하는 것이다. 확대된 선출원의 개념은 「특허법」제22조 제2항의 신규성에 대한 조문 중에서 규정하고 있으며, 이 때문에 선출원이 후출원의 확대된 선출원에 해당하는지를 판단하는 데는 신규성 판단방식, 즉 후출원의 청구범위를 선출원의 설명서·도면 및 청구범위에 기재된 내용 전체와 비교하는 방식을 따라야 하는데, 이 점은 중국이 특허제도를 수립한 초기에는 확실하고 틀림이 없었다. 만약 선출원의 공개일 또는 공고일이 후출원의 출원일보다 이른 경우에는 선출원이 후출원의 선행기술이 된다는 점을 지적할 필요가 있다. 이때에는 「특허법」제22조 규정에 따라서, 선출원은 후출원의 신규성을 평가하는 데 사용될 수 있을 뿐만 아니라, 후출원의 진보성 평가에도 사용될 수 있으며, 이 때문에 후출원이 특허권을 받는 것을 크게 제한할 수 있다. 넓은 의미로 보면 이것도 중복수권 방지로 볼 수 있지만, 이때에 특허권을 수여하지 않는 이유는 특허권의 중복수여를 방지하기 위함이 아니고 공지된 기술방안이기 때문이다. 개념상의 혼동을 피하기 위해서, 이들을 동일하게 취급해서는 안 된다.

1992년 개정 「특허법실시세칙」제12조는 중복수권금지원칙 규정을 추가하였으나, 두 건의 특허출원 또는 특허가 "동일한 발명창조"인지를 판단함에 있어서 위의 첫째 방식을 따라야 하는지 아니면 둘째 방식을 따라야 하는지에 대해서는 명확하게 규정하지 않았다.

「심시지침서 2006」은 아래와 같이 규정하였다.

특허법 제9조 또는 특허법실시세칙 제13조 제1항·제2항에서의 "동일한 발명창조"

는 두 건 또는 두 건 이상의 출원(또는 특허) 중에 보호범위가 동일한 청구항이 있는 것을 가리킨다.

구체적인 판단방식에 관하여, 「심사지침서 2006」은 아래와 같이 규정하였다.

> 중복수권을 방지하기 위하여, 동일한 발명창조인지를 판단할 때에는, 두 건의 발명 또는 실용신안 특허출원 또는 특허의 청구범위의 내용을 비교하여야 하고, 청구범위를 특허출원 또는 특허문서의 내용 전체와 비교하는 것이 아니다.
>
> 판단 시에, 만약 한 건의 특허출원 또는 특허의 한 청구항과 다른 건의 특허출원 또는 특허의 어떤 청구항의 보호범위가 동일하다면, 이들은 동일한 발명창조로 인정되어야 한다.
>
> 두 건의 특허출원 또는 특허의 설명서 내용이 동일하지만 그 청구항의 보호범위가 같지 않다면, 보호받고자 하는 발명창조가 같지 않은 것으로 인정되어야 한다. … 주의하여야 할 점은, 청구항의 보호범위가 단지 일부만 중첩되는 경우에는 동일한 발명창조가 아니라는 점이다. 예를 들어, 청구항에 연속하는 수치범위로써 한정한 기술적 특징이 있는 경우, 그 연속하는 수치범위가 선발명 또는 선실용신안 특허출원 또는 특허권의 청구항 중의 수치범위와 완전하게 동일하지 않으면, 동일한 발명창조에 해당하지 않는다.[1]

위 규정은 발명 또는 실용신안 특허출원 또는 특허에 있어서, 본조 규정의 중복수권금지원칙을 적용하여 "동일한 발명창조"에 해당하는지를 판단할 때에는 보호받고자 하는 범위가 서도 동일한지를 판단하는 방식을 취하여야 함을 나타낸다. 그 이유는 중복수권금지원칙이 보호범위가 서로 동일한 둘 이상의 특허권이 수여되는 것을 방지하기 위한 것이기 때문이다. 설령 두 건의 발명 또는 실용신안 특허출원 또는 특허의 설명서 내용이 서로 동일하다고 하더라도, 그 청구범위 중에 보호범위가 서로 동일한 청구항이 없기만 하다면 모두 특허권을 받을 수 있고 중복수권문제는 존재하지 않는다.

「특허법」에 본조 제1항 규정도 있고 또한 제22조 제2항의 확대된 선출원에 관한 규정도 있기 때문에, 중복수권을 방지하기 위하여 본조 규정을 적용할 수도 있고 또한 「특허법」 제22조 제2항의 확대된 선출원에 관한 규정을 적용할 수도 있는 경우가

---

1) 国家知识产权局, 审查指南2006[M], 北京: 知识产权出版社, 2006: 第二部分 第三章 6.1.

있다. 이 때문에 이러한 경우에 있어서 어떤 규정을 우선적으로 적용하여야 하는가 하는 문제가 발생할 수 있다. 이것은 어떤 규정이 보다 엄격한가에 달려 있다.

신규성 판단은 보호범위의 동일여부 판단에 비하여 훨씬 엄격한데, 아래의 두 가지 점에서 구체적으로 드러난다.

첫째, 발명 또는 실용신안 특허출원 또는 특허의 설명서에 기재된 내용은 분명히 그 청구범위에 기재된 내용보다 훨씬 광범위하며, 따라서 신규성 판단방식을 따르게 되면 중복수권을 훨씬 효과적으로 방지할 수 있다. 예를 들어, 선출원 및 후출원의 설명서 모두에 어떤 제품 및 그 제품의 제조방법을 공개하였고, 선출원이 보호받고자 하는 것은 그 제품이고 후출원이 보호받고자 하는 것은 그 제조방법인 경우에는, 만약 보호범위가 서로 동일한지를 판단하는 방식을 따른다면 후출원이 특허권을 받을 수 있다는 결론을 얻을 수 있다. 신규성 판단방식에 따르면, 선출원의 설명서 및 청구범위가 모두 후출원의 청구항이 신규성이 있는지를 판단하는 근거가 될 수 있으며, 후출원이 보호받고자 하는 제조방법은 이미 선출원의 설명서 중에 공개된 것이므로 후출원은 특허권을 받을 수 없다.

둘째, 본조 제1항 규정은 동일한 발명창조에 대하여 하나의 특허권만 수여하는 것을 목적으로 하며, 그중 하나의 특허출원 또는 특허가 취하·취하간주 또는 포기된 경우에는 이미 특허권이 중복될 가능성은 없게 되고, 따라서 다른 하나의 특허출원 또는 특허는 특허권을 받을 수 있거나 또는 유효하게 유지될 수 있다. 취하 또는 포기된 것이 선출원인지 아니면 후출원인지는 중요하지 않은데, 어떤 경우인지를 불문하고 이미 중복수권이 발생할 수 없기 때문이다. 「특허법」 제22조 제2항이 규정하는 확대된 선출원은 이와 다른데, 실제로 이 규정은 선출원을 일종의 특수한 선행기술로 보아서 선출원이 후출원의 확대된 선출원이 되는 경우에는 그 선출원이 나중에 어떻게 되었는가에 관계없이 그 후출원의 확대된 선출원으로서의 효력은 없어지지 않고 시종 존재한다. 발명특허출원에 있어서는 「특허법」 제34조 규정에 의하여 공개되기만 하면, 설령 그 특허출원이 특허권을 받기 전에 취하·취하간주·거절되었거나, 특허권을 받은 후에 포기·무효로 되었다고 하더라도, 후출원이 특허권을 받는 것을 저지하는 효과는 여전히 존재한다. 실용신안특허출원에 있어서는, 선출원에 실용신안특허권이 수여된 것으로 공고되면 후출원의 확대된 선출원이 될 수 있는데, 국가지식산권국이 실용신안특허권의 수여를 공고하기 전에는 그 특허출원을 공개하지 않기 때문이며, 일단 선실용신안특허출원의 특허권 수여가 공고되면 설령 그 특허권이 포기·무효로 된다고 하더라도, 그 후출원이 특허권을 받는 것을 저지하는 효과가 있음에는 변함이 없다.

위와 같은 이유 때문에, 본조 제1항 규정을 적용할 수도 있고 제22조 제2항의 확대된 선출원에 관한 규정을 적용할 수도 있는 경우에는, 「특허법」 제22조 제2항의 확대된 선출원에 관한 규정을 우선적으로 적용하여야 한다.

2008년 「특허법」 개정 전에는, 제22조 제2항이 규정하는 확대된 선출원에는 동일한 발명창조에 대하여 먼저 출원하고 후에 공개된 타인의 발명 또는 실용신안특허출원만이 포함되었는데, 이 때문에 동일한 발명창조에 대하여 상이한 출원인이 선후로 둘 이상의 발명 또는 실용신안특허출원을 하여 선출원이 출원은 먼저 하고 공개는 나중에 된 경우에, 「특허법」 제22조 제2항의 확대된 선출원에 관한 규정을 우선적으로 적용하여 신규성 판단방식으로 동일한 발명창조에 해당하는지를 판단하였다. 기타의 경우, 즉 동일한 출원인 또는 상이한 출원인이 같은 날에 동일한 발명 또는 실용신안에 대하여 둘 이상의 특허출원을 하는 경우 및 동일한 출원인이 선후로 동일한 발명 또는 실용신안에 대하여 둘 이상의 특허출원을 한 경우에는, 모두 2010년 개정 전 「특허법실시세칙」 제13조 제1항 규정에 의해서, 보호범위가 서로 동일한지를 판단하여 동일한 발명창조에 해당하는지를 판단할 수 있을 뿐이었다.

2008년 개정된 「특허법」 제22조 제2항은 확대된 선출원의 범위를 확대하여, 동일 출원인이 동일한 발명창조에 대하여 선후로 둘 이상의 발명 또는 실용신안특허출원을 한 경우도 포함하였다. 이 때문에 2008년 개정 「특허법」에 의거하여, 상이한 출원인 및 동일한 출원인이 선후로 동일한 발명창조에 대해서 둘 이상의 발명 또는 실용신안특허출원을 하여 선출원이 출원은 먼저 하고 공개는 나중에 된 경우에, 마찬가지로 「특허법」 제22조 제2항의 확대된 선출원에 관한 규정을 우선적으로 적용하여 신규성 판단방식으로 동일한 발명창조에 해당하는지를 판단한다. 동일한 출원인 또는 상이한 출원인이 같은 날에 동일한 발명창조에 대하여 둘 이상의 특허출원을 한 경우에는 확대된 선출원이 존재하지 않기 때문에, 본조 제1항의 규정에 의하여 보호범위가 서로 동일한지 판단하는 방식을 사용하여 동일한 발명창조에 해당하는지를 판단하여야 한다. 이렇게 개정함으로써 특허권이 중복되는 것을 보다 더 잘 방지할 수 있게 하였다.

2. 디자인에 대한 판단

디자인 특허출원 또는 특허에 있어서는, 중복수권금지원칙을 구체화하는 방식이 발명 또는 실용신안 특허출원 또는 특허와 약간 차이가 있는데, 첫째 디자인 특허출원서류 및 특허문서에는 청구범위가 없으며, 이 때문에 상이한 디자인 특허출원 또는 특허가 동일한 발명창조에 해당하는지를 판단할 때에는 출원인이 제출한 도면 또는 사진에 의해서만 판단한다는 점이고, 둘째 2008년 개정 전「특허법」제23조는 디자인특허출원에 대해서는 확대된 선출원의 개념을 규정하지 않았으며, 이 때문에 2010년 개정 전의「특허법실시세칙」제13조 제1항 규정을 적용하는 것에 의해서만 중복수권금지원칙을 구체화할 수 있다는 점이다.

2008년 개정 전「특허법」제56조 제2항은 "디자인특허권의 보호범위는 도면 또는 사진에 표시된 그 디자인 제품을 기준으로 한다."고 규정하였다. 이 규정은 디자인특허출원 또는 특허의 도면 또는 사진이 동시에 두 가지 기능을 갖게 하였는데, 첫째는 디자인의 설계방안을 공개하는 것으로서 발명 또는 실용신안 특허출원 또는 특허의 설명서 및 첨부도면에 상당하는 기능이고, 둘째는 디자인 특허출원 또는 특허의 보호범위를 확정하는 것으로서 발명 또는 실용신안 특허출원 또는 특허의 청구범위에 상당하는 기능이다. 그러나 디자인의 도면, 특허 사진은 제품 디자인의 모든 세부를 나타내는 데, 만약 이러한 세부가 모두 설계특징이라고 간주되어 디자인 특허출원 또는 특허의 보호범위를 한정하는 기능이 있다고 한다면, 사진이 표시하는 설계특징은 청구범위에 기재된 발명 또는 실용신안의 기술특징보다 훨씬 더 많게 된다. 만약 두 건의 디자인 특허출원 또는 특허의 도면 또는 사진에 표시된 설계방안에 어떠한 차이가 있기만 하면 동일한 발명창조가 아니라고 인정되기 때문에 2010년 개정 전「특허법실시세칙」제13조 제1항 규정을 적용할 수 없다고 한다면, 디자인 특허출원 또는 특허에 있어서는 중복수권금지원칙이 많은 경우에 유명무실하게 된다. 이 때문에, 두 건의 디자인 특허출원 또는 특허가 보호받고자 하는 설계방안이 동일한 발명창조에 해당하는지를 판단할 때에는「심사지침서 2006」의 발명 및 실용신안 특허출원 또는 특허에 대해서 규정한 판단방식을 기계적으로 따라서는 안 되고, 디자인 특허출원의 특징을 반영하는 판단방식을 취하여 필요한 "허용" 능력을 갖추어야 하고, 대응하는 설계특징이 완전히 동일하지는 않은 경우에도 여전히 동일한 발명창조에 해당한다는 결론을 얻는 것을 배제해서는 안 된다.

「심사지침서 2006」은 아래와 같이 규정하고 있다.

특허법 제9조와 특허법실시세칙 제13조 제1항의 "동일한 발명창조"는 디자인에 있어서는 디자인이 서로 동일하거나 또는 유사한 것을 가리킨다.[1]

앞에서 설명한 바와 같이, 디자인이 발명 또는 실용신안과는 다른 특징을 고려하

---

1) 国家知识产权局, 审查指南2006 [M], 北京:知识产权出版社, 2006: 第四部分 第七章 1.

여, 동일한 발명창조를 모든 설계 특징이 완전히 동일한 경우로만 한정하지 않는 것이 필요했다. 그러나 동일한 발명창조를 2008년 개정 전 「특허법」 제23조 규정의 디자인특허권의 특허성 요건과 동일하게 정의하는 것은 불합리하다.

　제도설계의 측면에서 보면, 2010년 개정 전 「특허법실시세칙」 제13조 제1항에서 중복수권금지원칙을 위해 설정한 판단기준은 "동일한 발명창조"로서, 발명·실용신안 또는 디자인을 불문하고 모두 통일적으로 이 기준을 따라야 했다. 2008년 개정 전 「특허법」 제23조에서 디자인의 특허성 요건으로 설정한 기준은 "동일하지도 아니하고 유사하지도 아니한"이었다. 양자는 다르게 표현하였고 그 의미도 다른데, 디자인의 특허성 요건 기준이 디자인특허권의 중복수권금지 기준보다 현저하게 높다. 이처럼 설정한 것에는 그 근거가 있다. 특허성 요건은 디자인특허출원을 그 출원일 전에 이미 공지된 선행설계와 비교하는 것으로서, 그 목적은 공중이 선행설계를 자유롭게 실시할 수 있는 정당한 권리가 침해당하지 않게 하는 데 있다. 이런 까닭에, 2008년 개정 전 「특허법」 제23조는 선행설계와 동일한 디자인뿐만 아니라 선행설계와 유사한 디자인에 대해서도 특허권을 수여할 수 없다고 규정하였다. 중복수권금지원칙은 특허출원 시에 이미 공지된 디자인에는 관계되지 않으며, 이 원칙은 동일하면서도 아직 공지되지 않은 디자인에 대해서 오직 하나의 특허권만을 수여할 수 있도록 하는 데 그 목적이 있다. 이런 까닭에, 두 건의 디자인특허출원으로 보호받고자 하는 객체가 서로 동일한 발명창조가 아니기만 하면 되고, 그 설계방안 사이에 특허성 요건을 만족할 정도로 차이가 있을 것이 요구되는 것은 아니다. 앞의 논의에서 볼 수 있듯이, 발명 및 실용신안에 있어서도, 「심사지침서 2006」에서 중복수권금지원칙을 적용하기 위해 확정한 판단기준은 진보성 요건을 포함하지 않을 뿐만 아니라 신규성 요건보다도 훨씬 낮은데, 특허권의 중복수권금지원칙을 적용하기 위해서는 두 건의 발명 또는 실용신안 특허출원 또는 특허의 청구범위를 비교하는 것이기 때문이다. 상대적으로 디자인에 있어서는, 「심사지침서 2006」이 중복수권금지원칙을 적용하기 위해 확정한 판단기준이 실제로는 디자인특허권의 특허성 요건과 같은데, 이것은 세 종류 특허에 대한 중복수권금지원칙 적용 판단기준에 있어 확연히 차이가 있는 점이다.

　만약 2008년 개정 전 「특허법」에 의거하여, 2010년 개정 전 「특허법실시세칙」 제13조 제1항의 "동일한 발명창조"를 2008년 개정 전 「특허법」 제23조의 "동일하지도 아니하고 유사하지도 아니한"과 동일한 의미로 해석한다면, 아직 특별히 고려해야 할 점이 남아 있는데, 2008년 개정 「특허법」은 본조 규정을 적용하기 위한 판단기준이 디자인특허권 요건의 판단기준과 같지 않음을 이미 명확하게 표명하였다는 점이다. 2008년 개정 「특허법」 제23조는 「특허법」 제22조와 기본적으로 대응하는 조문구조를 사용하였는데, 개정 전에 개괄적으로 표현한 "동일하지도 아니하고 유사하지도 아니한"을 나누어서 각각 개정 후「특허법」제23조 제1항 및 제2항에 규정하였다. 그중에서 제1항은 "선행설계에 속하지 아니하여야 하고"라는 표현으로 개정 전의 "동일하지도 아니하고"를 대체하였으며, 동시에 디자인의 확대된 선출원에 관한 규정을 추가였는데, 이는「특허법」제22조 제2항의 발명 및 실용신안의 신규성 규정에 상당한다. 제2항은 "선행설계 또는 선행설계 특징의 결합에 비하여, 분명하게 구별되어야 한다."라는 표현으로 개정 전의 "유사하지도 아니한"을 대체하여 권리수여의 요건을 뚜렷하게 강화시켰는데, 이는「특허법」제22조 제3항의 발명 및 실용신안의 진보성 규정에 상당한다. 특히 주의할 필요가 있는 점은, 2008년 개정「특허법」제23조 제1항에 추가한 디자인의 확대된 선출원에 관한 규정도 "동일한 발명창조"라는 표현을 써서 신규성 관련 조항 중에 규정하였다는 점인데, 이 때문에 확대된 선출원에 해당하는지, 다시 말하면 선출원과 후출원이 "동일한 디자인"인지에 대한 판단방식이 "선행설계에 속하는지"에 대한 판단방식과 서로 동일하다. 확대된 선출원에 관한 규정에 사용한 "동일한 디자인"이라는 표현은 또한 본조의 "동일한 발명창조"와 서로 상응하는데, 따라서 양자의 판단방식 또한 서로 동일하여야 한다. 이처럼 2008년 개정「특허법」제23조 제1항의 확대된 선출원에 관한 규정은 신규성 판단방식과 중복수권 판단방식을 연계시키는 객관적인 유대작용을 발휘하고, 선행설계에 속하는지 확대된 선출원에 해당하는지 중복수권에 해당하는지에 대한 판단이 일치된 방식을 따라야 함을 나타낸다. 따라서 2008년 개정「특허법」은 디자인 특허출원 또는 특허에 있어서 본조 제1항이 규정하는 중복수권금지원칙의 판단기준이「특허법」제23조 제1항이 규정하는 신규성 요건 판단기준과 서로 동일하지만, 제23조 제2항이 규정하는 진보성 요건은 포함되지 않음을 분명하게 나타낸 것이다.

2008년 개정「특허법」에 근거하여, 국가지식산권국은「심사지침서 2006」의 관련 규정을 개정하였다. 개정 후「특허심사지침서 2010」은 아래와 같이 규정하고 있다.[1]

> 선행설계에 속하지 않는다는 것은, 선행설계 중에 그 판단대상 특허와 동일한 디자인도 없고, 또한 판단대상 특허와 실질적으로 동일한 디자인도 없음을 가리킨다. 판단대상 특허의 출원일 전에 지식재산권국에 제출하고 출원일 이후(출원일 포함)에 공고된 동일한 디자인특허출원을 확대된 선출원이라 부른다. 그중에서 동일한 디자인이라는

---

1) 国家知识产权局, 审查指南2010 [M], 北京:知识产权出版社, 2010: 第四部分 第五章 5.

것은 디자인이 동일하거나 또는 실질적으로 동일한 것을 가리킨다.

「특허심사지침서 2010」은 또한 아래와 같이 규정하고 있다.

> 특허법 제9조의 동일한 발명창조는 디자인에 있어서는, 보호받고자 하는 제품의 디자인이 동일하거나 또는 실질적으로 동일한 것을 가리킨다. 대비할 때에는 모든 설계 요소를 전체적으로 대비해야 한다.
> 판단대상 특허에 여러 디자인이 포함되어 있는 경우에는, 각 디자인을 대비되는 설계와 개별적으로 대비해야 한다. 만약 판단대상 특허 중의 한 디자인이 다른 특허 중의 디자인과 동일하거나 실질적으로 동일한 경우에, 이들은 동일한 발명창조로 보아야 한다.[1]

이와 같이 함으로써, 한편으로는 디자인에 대해서 본조 규정의 중복수권금지원칙을 적용할 때에 동일한 디자인뿐만 아니라 실질적으로 동일한 디자인도 본조의 "동일한 발명창조"에 포함되도록 함으로써 디자인특허출원의 특징에 부합하도록 할 수 있으며, 다른 한편으로는 "동일"과 "실질적 동일"은 모두 2008년 개정 「특허법」 제23조 제1항의 디자인 신규성 요건의 범위에 속하고, 두 건의 실질적으로 동일한 디자인 사이의 차이는 제23조 제2항의 디자인 진보성에 관한 규정 중의 "뚜렷한 차이"보다는 작게 함으로써 앞에서 설명한 「심사지침서 2006」의 관련 규정에 존재하는 문제를 극복하였다. 디자인의 동일과 실질적 동일의 의미는, 뒤의 「특허법」 제23조 규정에 대한 설명에서 소개하겠다.

2008년 개정 「특허법」 제23조 제1항에 디자인의 확대된 선출원에 관한 규정을 추가했기 때문에 동일한 디자인에 대하여 동일한 출원인 또는 상이한 출원인이 선후로 둘 이상의 디자인특허를 출원한 경우에, 먼저 본조 규정을 적용해야 하는지 아니면 「특허법」 제23조 제1항의 확대된 선출원에 관한 규정을 적용해야 하는지의 문제가 남는다. 이 문제에 대해서는, 앞의 발명 또는 실용신안에 대한 설명에서 「특허법」 제22조 제2항의 발명 및 실용신안의 확대된 선출원에 관한 규정이 본조 규정에 비하여 훨씬 엄격할 수밖에 없는 두 가지 이유를 지적하였으며 이에 더 나아가 「특허법」 제22조 제2항의 확대된 선출원에 관한 규정을 우선 적용하여야 한다는 결론을 얻었다. 디자인에 있어서는, 첫 번째 이유는 타당하지 않은데, 디자인 특허출원 또는 특허

---

1) 国家知识产权局, 审查指南2010 [M], 北京:知识产权出版社, 2010: 第四部分 第五章 8.

는 청구범위가 없어서 선행설계에 속하는지 또는 동일한 발명창조에 해당하는지를 판단하든지 모두 디자인의 도면 또는 사진에 의존할 수밖에 없기 때문이다. 그러나 두 번째 이유는 변함없이 성립하는데, 선디자인특허출원에 특허권이 수여되어 공고된 후에는 설령 그 특허권이 포기·무효로 되었다고 하더라도, 후출원이 특허권을 받는 것을 저지하는 효력은 변함없이 존재하기 때문이다. 따라서 「특허법」 제23조 제1항의 디자인의 확대된 선출원에 관한 규정을 우선적으로 적용해야 한다는 결론이 얻어진다.

二. 중복수권금지원칙의 예외 경우

2008년 개정 「특허법」은 2010년 개정 전 「특허법실시세칙」 제13조 제1항의 중복수권금지원칙에 관한 규정을 본조 제1항으로 옮겼을 뿐 아니라, 이 밖에 이 원칙에 대한 일종의 예외적인 경우를 보충적으로 규정하였는데, 곧 "동일한 출원인이 같은 날에 동일한 발명창조에 대하여 실용신안특허출원을 하고 또 발명특허출원을 하고 나서, 먼저 받은 실안신안특허권이 아직 소멸되지 않은 때에 출원인이 그 실용신안특허권의 포기를 성명하는 경우, 발명특허권을 수여할 수 있다."이다. 본조에 이 두 가지 경우가 하나의 항에 규정되어, 법률 규정을 인용할 때에 본조 제1항 전반부의 중복수권금지원칙에 관한 규정을 인용하는 것인지 아니면 본조 제1항 후반부의 중복수권금지원칙의 예외 경우에 관한 규정을 인용하는 것인지가 명확하지 않아서 혼란이 발생하기 쉽다는 단점이 있다.

아래에서는 이 규정을 도입한 배경과 의미에 대해서 설명하도록 하겠다.

(一) 도입 배경

중국은 실용신안특허출원에 대해서는 초보심사제를 시행하고 있으며 특허출원에서부터 특허권 수여에 이르기까지 소요되는 시간이 비교적 짧다. 발명특허출원에 대해서는 실체심사제를 시행하고 있으며 특허출원에서부터 특허권 수여에 이르기까지 소요되는 시간이 비교적 길다. 조속히 특허로 보호받기를 바라면서도 또한 보호기간이 훨씬 긴 발명특허권을 받기를 바라는 특허출원인도 있으며, 이들은 동일한 발명창조에 대하여 동시에 또는 선후로 실용신안특허출원 및 발명특허출원을 함으로써 동일한 발명창조에 대하여 두 건의 특허권을 받기도 하였다. 1992년에 「특허법」 및 「특허법실시세칙」을 개정하기 전에는 이러한 방식이 법률로 허용되었는데, 당시에는 "동일한 발명창조는 하나의 특허권만 수여할 수 있다."는 규정이 없었기 때문이다. 1992년 개정 「특허법실시세칙」 제13조 제1항에 이 규정을 추가한 후에는 출원인이 이러한 방식을 취할 수 없었다.

20세기 90년대 중반에 국가지식산권국이 매년 수리하는 특허출원 건수는 빠르게 증가하였지만 심사관은 많이 부족하여 심각한 발명특허출원 심사적체현상이 나타나서, 6~7년을 기다려야 비로소 특허권을 받을 수 있는 발명특허출원도 있었으므로 출원인과 사회공중의 강한 불만을 야기하였다. 이 문제를 조속히 해결하기 위하여, 아직 「특허법」 및 「특허법실시세칙」을 개정하지 않은 상황에서, 국가지식산권국은 동일한 출원인이 같은 날 또는 선후로 동일한 발명창조에 대하여 발명특허출원과 실용신안특허출원을 하는 것을 허용하는 임시조치를 취하였다. 실용신안특허는 매우 빨리 받을 수 있기 때문에 출원인은 조속히 그 발명창조에 대해서 특허보호를 받을 수 있으며, 이후에 그 발명특허출원이 실체심사에서 특허권 수여요건을 만족하는 것으로 인정되고 그 출원인이 그 이미 획득한 실용신안특허권을 포기하면 발명특허권을 받을 수 있었다.[1] 이러한 방식으로 출원인은 이미 실용신안특허보호를 받는 상태에서 국가지식산권국의 발명특허출원에 대한 실체심사를 기다릴 수 있었으며, 이로써 발명특허출원의 심각한 심사적체로 인한 문제를 완화하였다.

그러나 위의 방식은 몇 가지 논란을 불러왔다.

먼저, 국가지식산권국의 위 방식이 2010년 개정 전 「특허법실시세칙」 제13조 제1항 규정에 부합하는지에 대하여 이견이 있었다. "동일한 발명창조는 하나의 특허권만 수여할 수 있다."는 것은 동일한 발명창조에 대하여 두 개의 유효한 특허가 존재할 수 없다는 것으로 이해될 수 있다고 보는 견해가 있었다. 이 견해에 따르면, 국가지식산권국의 위 방식은 동일한 발명창조에 대하여 어느 때에라도 오직 하나의 특허만이 존재하도록 보장하기 때문에 규정에 위반되지 않는다고 보았다. 이와 달리 "동일한 발명창조는 하나의 특허권만 수여할 수 있다."는 것은 동일한 발명창조에 대하여 특허권을 두 차례 수여할 수 없다는 것으로 이해되어야 하고, 설령 동시에 존재하지 않는다고 하더라도 이와 같다고 보는 견해도 있었다. 이 견해에 따르면, 국가지식산권국의 위 방식은 규정에 부합하지 않았다. 2010년 개정 전 「특허법실시세칙」 제13조 제1항의 자구적 의미를 엄격하게 해석한다면 후자의 견해가 보다 이치에 맞음을 인정하여야 한다.

---

1) 구 중국특허국이 1995년 9월 28일 반포한 「심사지침공보(審査指南公報)」(제6호).

다음으로, 국가지식산권국의 위 방식은 아래와 같은 불합리한 현상을 일으켰다.

첫째, 동일한 출원인이 먼저 실용신안특허출원을 하고 나중에 발명특허출원을 하는 경우에, 먼저 받은 실용신안특허권으로 인해서 그 출원인은 일정한 기간 동안 이미 특허보호를 받았는데, 나중에 받은 발명특허권에 의해서 그 특허권자는 그 발명특허출원일로부터 다시 20년간 보호받게 되어 특허로 보호받는 기간이 발명특허출원만 한 출원인이 누릴 수 있는 특허보호기간을 초과하게 되었으며, 이것은 다른 발명특허권자에게는 공평하지 않은 것이었다.

둘째, 발명특허를 받기 전에 먼저 수여된 실용신안특허가 포기 또는 기간만료로 이미 소멸되는 경우와 같은 상황이 발생할 수도 있었다. 2010년 개정 전「특허법」제44조는 특허권이 기간 만료 전에 소멸된 경우, 국무원 특허행정부문이 등록 및 공고한다고 규정하였다. 공중은 그 실용신안특허권이 이미 소멸되었다는 것을 알게 된 후에는, 원래 실용신안특허로 보호받았던 발명창조가 이미 공유영역에 속하게 되었으며 누구라도 자유롭게 이용하고 이에 나아가 그 발명창조를 실시할 수 있다고 믿을 이유가 있다. 그러나 예상치 못하게 그 특허권자가 후에 이 발명창조에 대하여 발명특허권을 받게 되면, 이러한 실시행위는 그 발명특허권을 침해하는 행위로 소송에 휘말릴 수 있는데, 이것은 공중에게 공평하지 않은 것이었다.

21세기에 들어 국가지식산권국은 여러 유효한 조치를 취해서 발명특허출원의 실체심사 기간이 부단히 단축되도록 함으로써 원래 매우 심각하였던 발명특허출원의 심사적체 문제가 이미 많이 완화되었다. 원래에 취했던 방식에 실제로 문제가 있어 논란을 일으킴을 고려하여, 2008년「특허법」개정 전 전문과제연구 및 이후의 의견조회 과정에서 국가지식산권국은 위의 특수한 방식을 계속 유지하여야 하는지에 대하여 각계각층의 의견을 구하였다. 그 결과 이러한 방식이 출원인에게 보다 많은 선택의 기회를 제공하고 중국의 구체적인 상황에 부합하므로 계속 유지해야 한다는 의견이 다수를 차지하였다.[1] 국가지식산권국은 이러한 의견을 받아들여, 국무원에 보고한「〈특허법〉개정초안(심의본)」에 관련 예외 규정을 추가하는 개정 의견을 제출하였다.「〈특허법〉개정안(초안)」을 심의하는 과정에서, 국무원 및 전국인민대표대회 상무위원회는 모두 이 의견을 받아들여 국가지식산권국이 이미 도입했던 특수방식을 개선한 후 본조 규정에 수용하였다.

---

1) 李順德 等, 发明, 实用新型专利的交叉保护问题[G]//国家知识产权局条法司, 专利法及专利法实施细则 第三次修改专题研究报告, 北京: 知识产权出版社, 2006: 3-30; 汪惠民 等, 关于发明和实用新型专利申请并存的问题[G]// 国家知识产权局条法司, 专利法及专利法实施细则 第三次修改专题研究报告, 北京: 知识产权出版社, 2006; 31-68.

(二) 예외 경우에 관한 규정

본조 제1항에 예외 경우에 관한 규정을 추가함으로써 앞에서 설명한 첫 번째 논란을 이미 실질적으로 불식시켰다는 점을 지적하여야 하는데, 즉 "동일한 발명창조는 오직 하나의 특허권만 수여할 수 있다."는 것은 동일한 발명창조에 대하여는 근본적으로 두 건의 특허권을 수여할 수 없다는 의미이지, 두 건의 특허가 동시에 존재하지 않아야 한다는 의미는 아니라는 점을 분명히 하였다. 본조 제1항 규정이 바로 이처럼 해석되고, 동시에 국가지식산권국이 과거에 취한 특수방식이 유지되어야 한다고 보아야, 비로소 중복수권금지원칙의 예외 경우를 본조 제1항에 규정할 필요가 있게 된다. 본조 제1항은 이 예외 경우를 규정하였는데, 오직 규정된 경우에만 동일한 발명창조에 대하여 두 건의 특허권을 수여할 수 있을 뿐이고, 기타 경우에는 모두 허용되지 않음을 의미한다.

국가지식산권국이 과거에 취했던 방식으로 인한 불합리한 점을 극복하기 위하여, 전국인민대표대회 상무위원회는 예외 경우를 규정하는 것에 동의하는 동시에, 이에 더 나아가 이러한 방식에 대해서 추가적으로 제한하는 것이 필요하다고 보았다.

먼저, 동일한 발명창조에 대하여 동일한 출원인이 실용신안특허출원을 하고 또 발명특허출원을 하는 것은 허용하지만 반드시 같은 날에 출원해야 한다고 규정하였는데, 이렇게 함으로써 그 출원인이 받을 수 있는 보호기간이 출원일로부터 20년을 넘지 않게 보장하였다. 이로써 앞에서 지적한 문제를 해소하면서도 출원인에게 불합리하게 부담을 가중시키지도 않았다. 동일한 발명창조에 대하여 출원인이 발명특허출원 또는 실용신안특허출원 중 어느 하나를 할 수 있다고 한다면, 동시에 다른 출원을 하는 것도 전혀 곤란할 것이 없는데, 특히 출원인이 제품에 대한 특허를 출원하는 경우에는 두 건의 발명특허출원과 실용신안특허출원의 내용이 완전히 동일할 수 있다.

다음으로, 나중에 다시 발명특허권을 수여할 수 있는 조건 중 하나로 "먼저 받은 실용신안특허권이 아직 소멸되지 않은 때"를 규정하고 있는데, 이것은 먼저 수여된 실용신안특허권이 이미 포기 또는 보호기간 만료로 소멸되고 나서 나중에 다시 발명특허권이 수여되는 것을 방지함으로써, 공중의 이익이 보호되고 손해를 입지 않도록 한 것이다.

본조의 예외 경우에 관한 규정이 합리적인 방식으로 시행되도록 하기 위해서, 2010년 개정 「특허법실시세칙」 제41조 제2항 내지 제5항은 이에 더 나아가 아래와 같이 규정하였다.

② 동일한 출원인이 같은 날(출원일을 가리킴)에 동일한 발명창조에 대하여 실용신안특허출원하고 또 발명특허출원하는 경우, 출원할 때에 각각 동일한 발명창조에 대하여 다른 특허도 출원하였음을 각각 설명해야 한다. 설명하지 아니한 경우, 특허법 제9조 제1항의 동일한 발명창조는 하나의 특허권만 수여할 수 있다는 규정에 따라 처리한다.

③ 국무원 특허행정부문이 실용신안특허권의 수여를 공고하는 경우, 출원인이 본조 제2항 규정에 따라서 발명특허도 이미 동시에 출원하였음을 공고하여야 한다.

④ 발명특허출원이 심사에서 거절이유가 발견되지 아니하면, 국무원 특허행정부문은 출원인에게 규정된 기간 내에 실용신안특허권의 포기를 성명할 것을 통지하여야 한다. 출원인이 포기를 성명한 경우, 국무원 특허행정부문은 발명특허권의 수여결정을 하여야 하고, 발명특허권의 수여를 공고함과 동시에 출원인이 실용신안특허권의 포기를 성명했음을 함께 공고하여야 한다. 출원인이 포기에 동의하지 아니하는 경우, 국무원 특허행정부문은 그 발명특허출원을 거절하여야 하고, 출원인이 기간 내에 회답하지 아니하는 경우, 그 발명특허출원은 취하된 것으로 본다.

⑤ 실용신안특허권은 발명특허권의 수여를 공고한 날로부터 소멸된다.

　　여기에서 출원인에게 실용신안특허출원 시에 동일한 발명창조에 대하여 발명특허도 출원하였음을 설명하도록 요구한 것은, 실용신안특허권의 수여를 공고할 때에 그 설명도 함께 공고함으로써 공중이 그 출원인이 동일한 발명창조에 대하여 두 가지 특허출원을 하였고, 설령 먼저 수여된 실용신안특허권이 소멸되더라도 그 발명창조가 이어서 나중에 수여되는 발명특허권에 의해서 보호될 수 있음을 알 수 있도록 하여 공중이 오해하는 결과를 방지하기 위함이다. 출원인에게 발명특허출원 시에 동일한 발명창조에 대하여 실용신안특허를 출원하였음을 설명하도록 요구한 것은, 국가지식산권국이 발명특허출원에 대한 실체심사 시에 주의하도록 하여, 심사결과 발명특허출원이 발명특허 수여의 요건을 만족하는 것으로 판단되지만 그 청구범위 중에 실용신안특허의 일부 청구항과 보호범위가 동일한 청구항이 있는 경우에, 그 실용신안특허권이 여전히 유효한지 그리고 출원인이 발명특허권을 받는 동시에 그 실용신안특허권의 포기를 성명하였는지를 검토하도록 함으로써, 발명특허권이 부당하게 수여되는 것을 방지하기 위함이다. 출원인의 위 설명이 특허제도의 정상적 운영에 있어서 중요한 기능을 함에 비추어, 「특허법실시세칙」 제41조 제2항은 "설명하지 않은 경우, 특허법 제9조 제1항의 동일한 발명창조는 하나의 특허권만 수여할 수 있다는 규정에 따라 처리한다."고 규정하였다. "설명하지 않은"의 의미에 관하여, 「특허심사지침서 2010」은 더 나아가 실용신안특허출원과 발명특허출원을 하는 때에 모두 설명을 하지 않은 경우뿐만 아니라, 그중 하나의 특허출원에서 설명을 하지 않은 경우도 포함된다고 규정하고 있다. 이 요구는 불합리한 것이 없는데, 출원인이 본조의 예외 규정에 의한 혜택을 누리고자 한다면, 마땅히 상응하는 책임을 부담해야 하기 때문이며, 양자가 일종의 평형을 이룬다.

이와 같이 개정 후의 「특허법」 및 「특허법실시세칙」은 한편으로는 수많은 출원인의 요구에 부응하여 본조 제1항에 예외 경우에 관한 규정을 추가하고, 다른 한편으로는 예외 경우에 대하여 필요한 제한을 가함으로써 국가지식산권국이 과거에 취했던 방식의 결함을 극복하였는데, 이것은 빈틈없고 세밀하게 입법한 것으로서 적극적이면서도 적절한 입법사례라고 하겠다.

동일한 출원인이 같은 날에 실용신안특허와 발명특허를 출원하는 경우, 그 실용신안특허출원은 아직 권리가 수여되지 않았는데, 그 발명특허출원에 대하여 먼저 권리가 수여되는 경우가 실제로 있을 수도 있다. 이때에 출원인은 그 이미 받은 발명특허권을 포기하고, 실용신안특허권으로 바꾸어서 받을 수 있는가? 대답은 부정이어야한다. 먼저, 본조 제1항은 이러한 예외 경우에 대해서는 규정하지 않았다. 다음으로, 발명특허권이 보다 높은 법적 안정성을 갖고 있고, 출원인이 적지 않은 실체심사 비용을 지급했으므로, 출원인이 이러한 방식을 취할 필요가 있는지 납득하기 어렵다.

마지막으로, 본조 제1항의 "같은 날"이 실제 출원일을 가리키는지 아니면 우선일을 가리키는지에 대한 문제에 대해서 설명할 필요가 있다.

각국의 특허실무 중에 출원일은 모두 중요한 개념인데, 출원일은 특허법이 규정하는 많은 절차의 시간적 기점이기 때문이다. 그러나 「특허법」 및 「특허법실시세칙」에서의 출원일은 중국에 특허를 출원한 실제 출원일을 가리키는 경우도 있고, 우선권이 있는 경우에는 우선일을 가리키는 경우도 있다. 이를 명확하게 하기 위해서, 2010년 개정 전 「특허법실시세칙」 제10조는 아래와 같이 규정하였다.

① 특허법 제28조와 제42조 규정의 경우를 제외하고, 특허법에서의 출원일은 우선권이 있는 경우 우선일을 가리킨다.
② 본 세칙의 출원일은, 다른 규정이 있는 경우를 제외하고, 특허법 제28조가 규정하는 출원일을 가리킨다.

본조 제1항 및 제2조에는 비록 "출원일"이라는 표현을 직접적으로 쓰지는 않았지만, "같은 날", "가장 먼저 출원한"이라는 표현을 쓰고 있으며, 이들은 모두 출원일과 밀접한 관련이 있고 암시적인 방식으로 출원일을 언급하고 있으므로, 그들의 의미를 명확히 할 현실적인 필요가 있다.

2008년「특허법」개정 전에 본조는 선출원주의, 즉 "둘 이상의 출원인이 각각 동일한 발명창조에 대하여 특허출원을 한 경우, 특허권은 가장 먼저 출원한 자에게 수여한다."만을 규정하였다. 그중 "가장 먼저 출원"이 의미하는 출원일은 우선권이 있는 경우에는 우선일을 가리키는데, 이 점은 2010년 개정 전「특허법실시세칙」제10조 제1항의 규정과 일치하는 것으로, 일부러 명확하게 규정하지 않더라도 무방하였고 아무런 문제도 일으키지 않는다.

2010년 개정 전「특허법실시세칙」제13조 제2항은 "특허법 제9조 규정에 따라서, 둘 이상의 출원인이 같은 날에 각각 동일한 발명창조에 대하여 특허출원한 경우, 국무원 특허행정부문의 통지를 받은 날로부터 협상하여 출원인을 확정한다."고 규정하였다. 그중 "같은 날"이 암시하는 출원일은 우선권이 있는 경우에는 우선일을 가리킨다. 그러나 2010년 개정 전「특허법실시세칙」제10조 제2항의 규정에 근거하면, 실제 출원일이라는 결론을 얻을 수도 있다. 이것이 2010년 개정 전「특허법실시세칙」에 존재하였던 문제로서 해결할 필요가 있었다.

2008년 개정「특허법」은 본조 제1항에 특허권 중복수권금지원칙의 예외 경우에 관한 규정을 추가하였는데, 그중 "같은 날"도 출원일을 암시하고 있다. 그러나 이 출원일은 우선권이 있는 경우에도 우선일을 가리키는 것으로 이해될 수는 없고, 실제 출원일을 가리키는 것이어야 하는데, 그 이유는 앞에서 설명하였듯이 2010년 개정「특허법실시세칙」제41조 제2항은 "동일한 출원인이 같은 날에 동일한 발명창조에 대하여 실용신안특허출원을 하고 또 발명특허출원을 하는 경우, 출원할 때에 각각 설명하여야 한다."고 규정하는데, 만약 그중 "같은 날"이 의미하는 출원일이 우선권이 있는 경우에 우선일을 가리키는 것으로 이해되어 출원인이 우선권의 기초가 되는 선출원 시에 두 가지 특허의 상황을 설명하여야 한다면, 이것은 분명히 불합리한 것이어서 운용할 수가 없다. 이러한 경우는 외국 출원인이 중국에 특허출원을 하는 경우에 발생할 수 있는 가능성이 보다 높다. 예를 들어, 어떤 외국 기업이 미국에 먼저 특허를 출원하고, 이어서 중국에서 동일한 발명창조에 대하여 각각 발명특허출원과 실용신안특허출원을 하는 경우에, 양자는 모두 미국출원을 근거로 우선권을 주장한다. 이때에 그 출원인은「특허법실시세칙」제41조 제1항 규정에 따라서, 중국에 이 두 건의 특허를 출원할 때에 모두 설명하였어야 하는데, 미국에 대한 최초 특허출원 시에 설명하는 것은 불가능하다. 이 점은「특허법실시세칙」개정 시에 명확히 할 필요가 있었다.

위에서 설명한 이유에 기초하여, 2010년 개정 「특허법실시세칙」 제41조 제1항 중에, 개정 전 「특허법실시세칙」 제13조 제2항의 "동일한 날(同一日)"을 "같은 날(同日)"로 고쳐서 본조 제1항의 "같은 날(同日)"과 일치시키고, 동시에 뒤에 괄호를 추가하여 "출원일을 가리키며, 우선권이 있는 경우 우선일을 가리킴"을 상세히 밝혔으며, 「특허법실시세칙」 제41조 제2항의 "같은 날(同日)" 뒤에 또한 괄호를 추가하여 "출원일을 가리킴"을 상세히 밝혔는데, 이로써 위에서 설명한 두 가지 문제를 일거에 해결하였다.

제10조 특허출원권 및 특허권의 양도

① 특허출원권 및 특허권은 양도할 수 있다.
② 중국의 단위 또는 개인이 외국인·외국기업 또는 외국의 기타 조직에게 특허출원권 또는 특허권을 양도하는 경우, 관련 법률·행정법규의 규정에 따라 절차를 밟아야 한다.
③ 특허출원권 또는 특허권을 양도하는 경우, 당사자는 서면계약을 체결하고 국무원 특허행정부문에 등록하여야 하며, 국무원 특허행정부문이 공고한다. 특허출원권 또는 특허권의 양도는 등록한 날로부터 효력이 있다.

一. 개 요

특허법에 특허출원권 및 특허권이 모두 재산권임을 명문으로 규정한 국가도 있고, 비록 특허법에 명문으로 규정하지는 않았다고 하더라도 실제로는 이처럼 취급하는 국가도 있다. 특허출원권 및 특허권이 재산권에 속한다면 보통의 재산권과 마찬가지로 양도도 할 수 있다.

특허출원권 및 특허권의 이전은 법률사실이 발생함에 따라서 관련 법률규정에 의해 직접 발생할 수도 있다. 예를 들어, 특허출원인 또는 특허권자가 개인이고 그가 사망한 경우에, 특허출원권 또는 특허권은 「상속법」에 의해서 상속인에게 이전된다. 특허출원인 또는 특허권자가 단위이고 그 단위가 분할 또는 합병된 경우에, 특허출원권 또는 특허권은 관련 법률에 의해서 승계인에게 이전된다. 이때에, 상속인 또는 승계인은 국가지식산권국에 이유를 설명하고 관련 증명서류를 첨부하여, 국가지식산권국에 대하여 권리의 이전등록을 청구하여야 한다.

특허출원권 및 특허권의 이전은 또한 원래 권리주체의 법률행위에 의해서 발생할 수도 있는데, 예를 들면 양도·증여 등의 경우이다. 특허출원권 및 특허권은 일종의 재산권으로서, 특허권자는 그 처분에 대한 권리를 향유하며, 권리 양도는 그 처분권을 행사하는 기본적인 방식 중 하나이다. 따라서 본조 제1항은 권리주체에게 특허출원권 및 특허권을 양도할 수 있는 권리가 있음을 명확하게 규정하고 있다.

2000년 개정 전의 본조 제2항은 전국민소유제 단위가 특허출원권 및 특허권을 양도하는 경우, 반드시 상급 주관기관의 비준을 거쳐야 한다고 규정하였다. 이 규정은 분명히 계획경제체제의 색채를 띠고 있었다. 시장경제체제 하에서는 특허출원권 및 특허권을 양도하는 권리가 기업의 경영권 범위 내에 속하는 것이고, 정부의 주관부문이 간여하는 것은 필요하지도 적절하지도 않다. 이 때문에 2000년 「특허법」 개정 시에 이 규정을 삭제하였다. 그러나 국유기업이 특허출원권 및 특허권을 양도하는 경우에는, 여전히 「기업국유자산법」의 국유자산 양도 관련 규정을 준수하여야 하고 국유자산 거래에 필요한 절차를 밟아야 한다.

본조의 "특허출원권"은 「특허법」 제6조 및 제8조의 "특허출원의 권리"와 같지 않음을 주의하여야 한다.

본조의 "특허출원권"은 출원인이 국가지식산권국에 대하여 특허출원을 한 이후에 그 특허출원에 대하여 향유하는 권리, 즉 그 특허출원에 대한 소유권을 가리킨다. 이러한 소유권은 주로 출원인이 계속해서 출원절차를 진행할 것인지 아니면 그 특허출원을 포기할 것인지, 자기가 계속 그 특허출원을 보유할 것인지 아니면 그 특허출원을 타인에게 양도할 것인지 등을 결정하는 데서 체현된다. 특허출원권의 양도에 있어서는 본조 제2항 및 제3항이 규정하는 절차를 이행하여야만 비로소 그 양도행위가 법적 효력을 발생시킬 수 있다.

「특허법」 제6조 및 제8조의 "특허출원의 권리"는 발명창조를 완성한 후 특허출원을 하기 전에 단위 또는 개인이 향유하는, 발명창조에 대해서 특허출원을 할 것인지, 언제 특허출원을 할 것인지, 어떤 특허를 출원할 것인지 그리고 어떤 나라에 특허출원을 할 것인지 등을 결정할 수 있는 권리를 가리킨다. 특허출원의 권리도 양도할 수는 있으나, 이러한 양도행위는 특허출원 전에 발생하기 때문에 국가지식산권국과의 절차에는 아무런 관계가 없으며, 이 때문에 본조 제2항 및 제3항이 규정하는 절차를 이행할 필요가 없다.

특허출원의 권리와 특허출원권은 긴밀하게 연결되어 있으며, 일단 특허출원의 권리를 향유하는 주체가 그 권리를 행사하여 특허출원을 한 후에는 그 특허출원의 권리가 특허출원권으로 "전환"되고, 따라서 특허출원권은 실제로는 특허출원의 권리의 연속이며 권리자가 특허출원의 권리를 행사한 결과이다.

二. 특허출원권 및 특허권의 양도

(一) 외국인에 대한 특허출원권 또는 특허권의 양도

1. 본조 제2항의 의미

특허출원권 및 특허권은 민사적 권리로서, 사적 자치의 원칙에 따라 그 양도는 원칙적으로 제한을 받지 않고 당사자가 합의에 이르기만 하면 된다. 그러나 본조 제2항 규정에 근거하여, 만약 특허출원권 및 특허권의 양도인이 중국 단위 또는 개인이고 양수인이 외국인·외국기업 또는 외국의 기타 조직이라면 관련 법률·행정법규의 규정에 따라서 관련 절차를 밟아야 한다.

본조 제2항의 "법률·행정법규"는 각각 「대외무역법」과 「기술 수출입 관리조례」를 가리킨다.

본조 제2항(및 「특허법」 제19조·제20조)의 "중국의 단위"는 중국 법률에 의해 설립되어 중국에서 민사주체 자격을 갖는 단위를 가리키며, 전국민소유제 단위, 집단소유제 단위, 사영기업 및 기타 혼합소유제 단위를 포함할 뿐만 아니라, 중국 법률에 의하여 중국에서 설립된 중외합자기업, 중외합작경영기업 및 외자단독투자기업을 포함한다.

본조 제2항의 "외국인·외국기업 또는 외국의 기타 조직"은 넓은 의미로 이해하여야 하며, 중국에서 민사주체 자격이 없는 외국인·외국기업과 외국의 기타 조직을 가리킨다.

2. 「기술 수출입 관리조례」의 관련 규정

「기술 수출입 관리조례」 제2조는 아래와 같이 규정하고 있다.

① 본 조례의 기술 수출입은 중화인민공화국 국경 밖으로부터 중화인민공화국 국경 안으로, 또는 중화인민공화국 국경 안으로부터 중화인민공화국 국경 밖으로, 무역·투자 또는 경제기술합작 방식을 통해서 기술을 이전하는 행위를 가리킨다.

② 전항이 규정하는 행위에는 특허권 양도, 특허출원권 양도, 특허실시허가, 기술비밀 양도, 기술서비스 및 기타 방식의 기술이전이 포함된다.

위 규정에 의해서 특허출원권·특허권의 국제적 양도 및 국제적 특허실시허가는 모두 기술 수출입에 해당하며, 이 조례의 규정에 따른 상응하는 절차를 이행하여야 한다.

특허출원권·특허권의 국제적 양도는 아래의 몇 가지 경우로 나눌 수 있다.

(1) 중국 주체가 그 중국에서 향유하는 특허에 관한 권리를 외국 주체에게 양도

(2) 중국 주체가 그 외국에서 향유하는 특허에 관한 권리를 외국 주체에게 양도

(3) 중국 주체가 그 외국에서 향유하는 특허에 관한 권리를 중국 주체에게 양도

(4) 외국 주체가 그 중국에서 향유하는 특허에 관한 권리를 중국 주체에게 양도

(5) 외국 주체가 그 중국에서 향유하는 특허에 관한 권리를 외국 주체에게 양도

(6) 외국 주체가 그 외국에서 향유하는 특허에 관한 권리를 중국 주체에게 양도

여기에서 (1)·(4)·(5) 세 경우는 모두 당사자가 중국에서 향유하는 권리에 관계되므로「특허법」의 규제를 받으며, (2)·(3)·(6) 세 경우는 모두 당사자가 외국에서 향유하는 권리에 관계되므로「특허법」의 규제를 받지 않는다. (1)의 경우에는 양도인이 중국 주체이고 양수인은 외국 주체이어서 기술수출 행위로 인정되므로「기술수출입 관리조례」에 규정된 절차를 이행하여야 하고, 이 때문에 본조 제2항도 이에 상응하게 규정한 것이다.

「기술 수출입 관리조례」의 규정에 따르면, 기술수출에 대한 관리 측면에서, 수출기술은 수출금지기술·수출제한기술·수출자유기술의 세 유형으로 구분된다. 수출금지기술은 수출할 수 없다. 수출제한기술은 허가제로 관리하여, 주관부문의 허가가 있어야 수출할 수 있다. 수출자유기술은 계약등록제로 관리하여, 당사자가 계약을 체결한 후 주관부문에 등록절차를 밟으면 된다. 판단대상 기술이 어느 유형에 해당하는지에 대한 판단은 국무원 대외경제무역 주관부문이 국무원 유관부문과 함께 제정 및 공포한 수출금지 및 수출제한 기술목록에 의하여야 한다.

실제로 본조 제2항의 규정은 다음과 같은 몇 가지 측면에서 검토해 볼 필요가 있다.

첫째, 본조 제2항의 "특허출원권 또는 특허권의 양도"는 분명히 중국에서의 특허출원권 및 특허권의 양도를 가리킨다. 「파리협약」이 규정한 특허독립의 원칙에 따라서, 이러한 특허출원권 및 특허권은 오직 중국에서만 유효하며, 국외에서는 효력이 없다. 설령 중국 단위 또는 개인이 그 중국에서의 특허출원권 및 특허권을 중국에서 민사주체 자격이 없는 외국인·외국기업 또는 외국의 기타 조직에게 양도한다고 하더라도, 양수인은 오직 중국에서만 그 권리를 향유할 수 있을 뿐이다. 이러한 의미에서 본다면, 양도되는 권리는 "수출"되는 것이 아니다.

둘째, 「기술 수출입 관리조례」가 수출금지기술·수출제한기술·수출자유기술로 구분한 방식을 보면, 기술 수출입에 대하여 관리 및 통제하는 목적은 비밀유지와 관계가 있다. 다른 유형의 미공개 기술에 있어서는 이러한 비밀유지 조치가 의미가 있지만, 일반적인 특허출원권 및 특허권에 있어서는 이러한 비밀유지 조치가 별로 의미가 없는데, 국가지식산권국이 발명특허출원을 공개하여야 하고 발명특허권 및 실용신안특허권을 수여하면서 공고하여야 하며, 일단 공개 또는 공고되면 전 세계가 모두 알게 되어 설령 특허출원권·특허권을 양도하지 않았다고 하더라도 그 관련 기술방안의 본질은 이미 "수출"되기 때문이다. 만약「특허법」제4조에 규정된 국방특허 또는 비밀특허에 해당한다면, 자연히「국가비밀보호법」의 규정을 엄격하게 준수하여,

공중에 공개하지 않을 뿐 아니라 외국인에게 양도하는 것도 허용되지 않는다. 따라서 만약 확실히 국가안전 또는 중대이익에 관계된 발명창조이어서 비밀유지가 필요하다면, 처음부터, 즉 특허출원을 할 때(당연히 특허출원 전 포함)에 비밀유지 조치를 취하여야 하고, 특허출원권 또는 특허권을 양도하는 단계에 이르러서야 비로소 비밀유지 조치를 취할 것은 아니다.

중국의 개혁개방 전에는 일체의 "섭외사무"가 모두 특이하게 여겨져서 모두 상부에 보고하여 지시를 요청하였으며, 이 때문에 1984년 제정「특허법」제10조 제3항의 "중국 단위 또는 개인이 외국인에게 특허출원권 또는 특허권을 양도하는 경우, 반드시 국무원 관련 주관부문의 비준을 거쳐야 한다."라는 규정은 특별한 점이 없었다. 지금에 이르러서는 중국의 대외 무역 및 각국과의 상업적 교역이 매우 광범위해져서 아주 흔한 일이 되었고, 당사자의 불필요한 부담을 가중시킬 필요가 없게 되었다. 2000년 및 2008년「특허법」개정 시에, 국가지식산권국은 입법기관에 대하여 위의 의견을 제출하여, 본조 제2항에 대하여 개정이 필요함을 건의하였다. 그러나 국무원 관련 주관부문은 시종 반대하여, 이 건의를 받아들이지 않았다.

3. 외국에 특허출원권 및 특허권을 양도할 때 밟아야 하는 절차

본조 제2항은 외국에 특허출원권 또는 특허권을 양도하는 경우에 관련 절차를 밟아야 함을 원칙적으로만 규정하였다. 이 때문에 구체적인 절차는「기술 수출입 관리조례」및 관련 부문의 규칙에 따라 밟아야 한다. 상무부·과학기술부는 2009년 4월 20일 공동으로「수출금지기술 및 수출제한기술 관리방법」을 반포하고 2009년 5월 20일부터 시행하였으며, 동시에 구 방법을 폐지하였다.

실무로 보면 특허출원 또는 특허권에 관련되는 기술은 기본적으로 수출제한기술 또는 수출자유기술에 속하고 수출금지기술에는 해당하지 않는다(수출금지기술은 국방특허 또는 비밀특허로 출원해야 하기 때문이다.). 이 때문에 수출제한기술 또는 수출자유기술에 속하는 특허출원권 또는 특허권을 외국에 양도하는 경우에는「수출금지기술 및 수출제한기술 관리방법」의 규정에 따라 관련 절차를 밟아야 한다.

앞에서 말했듯이, 본조의 "특허출원권"에는「특허법」제6조 및 제8조에서 규정하는 특허출원의 권리가 포함되지 않는다. 이 때문에 실무에서 외국에 특허출원의 권리를 양도하는 경우에「기술 수출입 관리조례」및 관련 부문의 규칙에 규정된 절차를 이행해야 하는가 하는 문제가 발생한다. 소위 외국에 특허출원의 권리를 양도하는 것에는 주로 두 가지 경우가 포함되는데, 첫째는 외국의 모기업이 중국에 자회사를 설립하고 투자협정 중의 약정 또는 회사 내규로 자회사가 완성한 모든 발명창조에 대한 특허출원의 권리가 모기업에 속한다고 규정하는 경우이고, 둘째는 자회사가 발명창조를 완성한 후에 모기업과 별도로 협의하여 그 발명창조에 대한 특허출원의 권리를 모기업에 양도하는 경우이다. 첫 번째 경우는 계약체결 시에는 아직 발명창조가 완성되지 않았으며, 실제로는 일종의 "선물옵션"을 양도하는 것이다. 비록 본조에 특허출원의 권리를 양도하는 경우에 관련 법률·행정법규의 규정을 이행하여야 한다고 규정하지는 않았다고 하더라도, 그러나「기술 수출입 관리조례」가 규정하는 기술 수출입에는 "기술비밀의 양도"도 포함된다. 발명창조 완성 후 특허출원 전에, 당사자가 만약 그 발명창조에 대해서 특허출원을 하려 한다면 반드시 그 발명창조에 대해서 비밀유지 조치를 취해야 하고, 그렇게 하지 않으면 출원 전에 공개되어 특허권을 획득할 수 없게 된다. 비밀유지 조치를 취하였다면「반부정당경쟁법」규정에 따라 기술비밀에 속하게 되고, 기술비밀에 속한다면「기술 수출입 관리조례」규정에 따라서 중국 주체가 외국 주체에게 특허출원의 권리를 양도하는 것은 기술수출에 해당하므로, 이 조례 및 관련 규칙이 규정하는 절차를 밟아야 한다.

비록 중국 주체(예를 들면, 외국 기업이 중국에 설립한 자회사)가 외국 주체(예를 들면, 외국 모기업)에게 특허출원의 권리를 양도하는 데 있어서는 본조 제3항이 규정하는 등록 절차를 이행할 필요가 없다고 하더라도, 그 발명 또는 실용신안이 중국에서 완성된 것이라면「특허법」제20조 규정에 따라서 그 발명창조를 외국에 특허출원하기 위해서는 국가지식산권국이 비밀유지 심사를 하여야 하다는 점에 주의하여야 한다. 이에 대해서는 본서의「특허법」제20조에 대한 설명을 자세히 보기 바란다.

「특허법」제2조 규정에 의하면, 디자인특허의 보호대상은 풍부한 미감이 있는 제품의 외관에 대한 설계방안이고, 기술방안과는 관계가 없다. 이 때문에 외국에 디자인 특허출원권 및 특허권을 양도하는 것은 기술 수출에 해당하지 않으므로「기술 수출입 관리조례」에 규정된 절차를 밟을 필요가 없다. 2010년 개정된「특허법실시세칙」제7조 내지 제9조는「특허법」제4조에서 언급된 비밀유지가 필요한 발명창조에는 오직 발명 및 실용신안만 포함된다고 규정하고 있으며, 2008년 개정「특허법」제20조도 외국에 대한 특허출원으로서 비밀유지 심사가 필요한 범위를 개정 전의 "발명창조"에서 "발명 또는 실용신안"으로 고쳤는데 이 또한 디자인은 비밀유지 심사가 필요하지 않음을 나타낸 것이다.「특허법」제4조 및 제20조가 규정하는 비밀유지 심사와 기술 수출입 규정의 총체적 목표는 일치하며, 이 때문에 외국에 디자인 특허출원권 또는 특허권을 양도하는 데에는「기술 수출입 관리조례」에 규정된 절차를 밟을 필요가 없다. 2010년 개정「특허법실시세칙」에 대한 토론 과정에서, 국무원 법제판공실은 제출된 의견을 기초로 "중국 단위 또는 개인이 외국인·외국기업 또는 외국의 기타 조직에게 발명·실용신안 특허출원권 또는 특허권을 양도하는 경우,「기술 수출입 관리조례」의 관련 규정을 따라야 하며 국무원 주관부문의 심사비준 또는 등록 절차를 밟아야 한다.”로 개정할 것을 건의하였다. 이에 대한 각계의 인식이 비교적 일치하여 이 의견을 받아들이지 않더라도 논란이 없음을 고려하여, 최종적으로 이 개정 의견을 받아들이지 않았다.

(二) 특허출원권 또는 특허권 양도계약의 체결방식

「계약법」제10조 규정에 의하면, 계약은 구두·서면 또는 기타 형식으로 체결할 수 있다. 그러나 본조 제3항은 특허출원권 및 특허권의 양도계약은 서면형식에 의하여야 한다고 규정하고 있다.「계약법」및「특허법」의 규정이 일치하지 않는데, 실무에서는 도대체 어떤 법률을 기준으로 하여야 하는가?

「계약법」제355조는 “법률·행정법규가 기술 수출입 계약 또는 특허·특허출원 계약에 대하여 다르게 규정한 경우, 그 규정에 따른다.”고 규정하고 있다.「계약법」의 이 규정은 특별법이 일반법에 우선한다는 원칙에 따라서 특별히 예외 규정을 둔 것으로, 특허출원권 및 특허권 양도계약의 법률 적용 문제를 명확히 하였다. 이 때문에 특허출원권 및 특허권의 양도계약은「특허법」규정을 따라서 서면형식에 의하여야 한다.

「특허법」이 특허출원권 및 특허권의 양도계약을 서면형식에 의하도록 규정한 것은, 특허출원권 및 특허권의 객체인 발명창조가 무형이어서 특허출원인·특허권자와 양수인이 유형재산처럼 발명창조에 대해서 실질적 점유 또는 점유이전이 될 수 없고, 특허출원권 및 특허권의 귀속은 오직 국가지식산권국의 등록원부를 기준으로 할 수밖에 없기 때문이다. 만약 구두로 특허출원권 및 특허권 양도계약을 체결할 수 있게 허용한다면, 누구라도 자기가 양수인이라고 주장하면서 국가지식산권국에 대하여 등록원부에 기재된 특허출원인 및 특허권자를 변경해 달라고 요구할 수 있다. 국가지식산권국은 그 주장에 대해서 조사하여 확인하기가 매우 어렵기 때문에, 만약 변경해 주지 않으면 많은 분쟁이 일어날 수 있고, 변경해 주면 특허출원인 및 특허권자의 합법적 권익에 손해를 입힐 수 있다. 이러한 문제를 방지하기 위해서, 본조 제3항은 특허출원권 및 특허권의 양도에 있어서는 당사자가 서면계약을 체결하도록 규정하였다.

(三) 특허출원권 또는 특허권의 등록 · 공고 및 효력

모든 권리에 있어서, 권리주체가 누구인지는 가장 기본적인 요소 중 하나이다.

특허권의 객체는 일종의 무형재산이어서 유형재산과 같이 점유 및 교부할 방법이 없으며, 따라서 특허출원권 및 특허권 권리주체의 변동은 오직 부동산의 변동과 마찬가지로 등록하여 공시하는 방법에 의할 수밖에 없고, 동산의 변동과 같이 교부하여 공시하는 방법에 의할 수 없다. 이러한 이유로, 본조 제3항은 특허출원권 및 특허권의 양도는 국가지식산권국에 등록하여야 한다고 규정하고 있다. 국가지식산권국의 등록원부를 열람하는 것이 공중 누구라도 쉽게 할 수 있는 것은 아님을 고려해서, 공중이 특허출원권 및 특허권 권리주체의 변동을 쉽게 알 수 있도록 하기 위하여, 본조 제3항은 또한 국가지식산권국이 특허출원권 및 특허권의 변동에 대해서 공고하도록 규정하고 있다. 국가지식산권국이 등록하고 공고하는 사항은 특허출원권 및 특허권의 양도라는 이 민사적 법률행위이지, 특허출원권 또는 특허권의 양도계약이 아니라는 점을 주의하여야 한다. 특허출원권 및 특허권의 양도는 「특허심사지침서 2010」의 규정에 따라서 서지사항 변경절차를 밟고 절차가 격식에 맞아야만, 비로소 국가지식산권국이 등록하고 공고할 수 있다.

특허출원에 대한 초보심사 및 실체심사 과정은 국가지식산권국이 출원인과 진행하는 대화와 협의의 과정이며, 특허출원인의 의견은 의심할 바 없이 심사과정의 흐름에 중요한 영향을 미친다. 특허출원권의 양도는 특허출원권의 주체에 변화가 발생했음을 의미하며, 반드시 국가지식산권국에 대하여 등록함으로써 승인받고 기록되어야 하고, 그렇게 하지 않으면 이후의 특허심사 과정의 정상적 진행을 보장할 수 없다.

특허권은 국가가 수여하는 독점적 권리로서, 그 국가의 모든 단위 및 개인에게 모두 구속력이 있다. 특허권의 양도는 특허권의 주체에 변화가 있었음을 의미하며, 반드시 국가지식산권국에 대하여 등록함으로써 승인받고 기록되어야 할 뿐만 아니라, 반드시 국가지식산권국이 공고하여 공중에 알려야 한다. 발명특허출원은 출원한 날로부터 18개월이 지나면 공개되는데, 공개된 발명특허출원은 「특허법」 제13조 규정에 따라서 임시보호를 받게 되고 공중에 대해서도 구속력이 있으므로, 발명특허출원이 공개 후에 양도된 경우에도 국가지식산권국은 이를 공고할 필요가 있다.[1]

본조 제3항 규정에 의하면, "특허출원권 또는 특허권의 양도는 등록한 날로부터 효

---

1) 「특허법실시세칙」 제89조는 "특허출원권 · 특허권의 이전은 국가지식산권국이 반드시 등록하여야 하는 사항 중 하나이다."라고 규정하고 있으며, 제90조는 "발명특허출원 공개 후의 이전, 특허권의 이전은 국가지식산권국이 반드시 공고하여야 하는 사항 중 하나이다."라고 규정하고 있다.

력이 있다.”「계약법」의 원칙에 의하면, 양도계약은 계약이 성립한 날로부터 효력이 있다. 언뜻 보면 양자가 약간 불일치하는 것처럼 보인다. 그러나 전자가 규정하는 것은 양도행위의 효력 발생이고, 후자가 규정하는 것은 양도계약의 효력 발생으로, 양자가 규정하는 것이 다르므로 이를 혼동해서는 안 된다. 예를 들면, 특허출원인 또는 특허권자가 장 아무개와 법에 따라 양도계약을 체결한 후 국가지식산권국에 등록하기 전에, 특허출원인 또는 특허권자가 또다시 이 아무개와 동일한 특허출원권 또는 특허권에 대하여 양도계약을 체결하고 이 양도를 국가지식산권국에 등록한 경우에는, 나중에 체결한 양도 계약이 후에 성립되었다고 하더라도 양도의 효력이 발생할 수 있지만, 먼저 체결한 양도계약은 비록 먼저 성립되었다고 하더라도 양도의 효력이 발생하지 않는다. 이러한 경우에, 이 아무개는 양수인으로써 양수한 특허출원권 또는 특허권을 향유하고 행사하지만, 장 아무개는 그 특허출원권 또는 특허권의 양수인으로서의 권리가 없다. 그러나 장 아무개가 특허출원인 또는 특허권자와 체결한 양도계약도 폐기된 것이 아니기 때문에, 장 아무개는 특허출원인 또는 특허권자에게 계약위반 책임을 물을 수 있다.

2000년「특허법」개정 전의 본조 제4항은 “특허출원권 또는 특허권을 양도하는 경우, 당사자는 반드시 서면계약을 체결하여야 하고, 특허국이 등록 및 공고한 후에야 효력이 있다.”고 규정하였다. 이 규정은 실무에서 다음과 같은 문제를 발생시켰다.

첫째, 이 규정은 등록과 공고를 모두 양도의 효력발생 요건으로 하여, 당사자의 정상적 권리행사에 영향을 줄 수 있었다. 실용신안 및 디자인 특허출원은 초보심사만을 거쳐서 공고되기 때문에, 국가지식산권국은 실용신안 및 디자인 특허출원에 대한 권리수여가 공고되기 전에는 비밀유지 의무를 부담한다. 만약 실용신안과 디자인의 출원인이 특허권을 받기 전에 그 특허출원권을 타인에게 양도하면, 국가지식산권국은 이 양도행위만을 단독으로 공고할 수 없다. 이처럼 종전의 규정대로라면, 특허권을 수여하기 전에는 그 양도행위가 효력이 없으며, 양수인은 출원인으로서 계속 출원업무를 계속할 방법이 없고, 오직 그 실용신안 또는 디자인에 대하여 특허권이 수여된 후에야 비로소 그 양수인으로서의 권리를 행사할 수 있을 뿐이었다. 이 때문에 공고된 후에야 비로소 특허출원권의 양도가 효력이 있다고 규정한 것은, 특허출원권의 정상적 양도를 방해하는 작용을 하였다.

둘째, 이 규정은 종종 오해를 불러일으켰다. 2000년 개정 전「특허법」본조 제4항은 “특허국이 등록 및 공고한 후에야 효력이 있다.”고 규정하였는데, 양도계약의 효력발생인지 아니면 양도행위의 효력발생인지가 명확하지 않아서, 일부에서는 특허출원권 및 특허권 양도계약이 등록 및 공고된 후에야 비로소 효력이 있는 것으로 이해하는 결과를 초래하였다. 이러한 이해에 대하여, 행정기관이 당사자 사이에 체결된 민사계약의 효력 발생에 간여하는 것이고, 「민법통칙」 및 「계약법」이 규정하는 "계약자유원칙"과 충돌된다고 본 사람도 있었다. 사실상 등록 및 공고는 특허출원권 및 특허권 양도계약의 효력발생 요건이 절대 아니며, 단지 양도행위 또는 권리양도의 효력발생 요건일 뿐이다. 양도계약도 하나의 계약이므로, 「계약법」의 규정에 따라서, 계약이 성립한 날로부터 효력이 있다.

2000년 「특허법」 개정 시에, 개정 전 본조 제4항 규정을 둘로 나누어 2000년 개정 「특허법」 본조 제3항으로 하였다. 그중에서 첫 번째 문장은 당사자가 밟아야 하는 절차(곧 서면 양도계약 체결, 그리고 국가지식산권국에 등록) 및 국가지식산권국이 밟아야 하는 절차(곧 특허출원권 또는 특허권의 양도에 대해서 공고)를 규정하였고, 두 번째 문장은 특허출원권 또는 특허권 양도(양도 계약이 아닌)가 등록한 날로부터 효력이 발생된다고 규정하였으며, 이로써 위의 두 가지 문제를 일거에 해결하였다.

제11조 특허권의 효력

① 발명 및 실용신안특허권이 수여된 후, 이 법에 별도의 규정이 있는 경우를 제외하고, 어떠한 단위 또는 개인도 특허권자의 허가 없이 그 특허를 실시, 즉 생산경영 목적으로 그 특허제품을 제조·사용·판매청약·판매·수입하거나, 또는 그 특허방법을 사용 및 그 특허방법에 의하여 직접적으로 획득한 제품을 사용·판매청약·판매·수입할 수 없다.

② 디자인특허권이 수여된 후, 어떠한 단위 또는 개인도 특허권자의 허가 없이 그 특허를 실시, 즉 생산경영 목적으로 그 디자인특허제품을 제조·판매청약·판매·수입할 수 없다.

一. 개 요

(一) 전체적 의미

본조는 특허권의 효력을 규정하는데, 「특허법」에서 가장 중요한 조항 중 하나이다. 본조는 다음과 같은 두 가지 측면의 의미를 갖고 있다.

첫째, 특허권을 받은 발명창조가 어떠한 정도의 법률적 보호를 받을 수 있는지를 명확히 하였는데, 이것은 특허제도 수립을 위해 명확히 하여야 하는 가장 기본적인 문제이다. 본조는 특허권이 수여된 후에, 어떠한 단위 또는 개인도 특허권자의 허가 없이 그 특허를 실시할 수 없다고 규정하는데, 이것은 특허권자에게 그 발명창조의 실시에 대한 "독점권"을 제도적으로 보장하는 것으로서, 특허권자 자신이 그 발명창조를 실시하거나 또는 타인에게 그 발명창조의 실시를 허가함으로써 예기된 경제적 이익을 얻게 하고 그 발명창조에 투입한 비용을 회수할 수 있게 할 뿐만 아니라, 다른 발명창조를 연구개발하는 데 경제적 밑거름을 제공함으로써 혁신활동이 지속되고 확장되게 하여 "혁신-수익-재혁신-재수익"의 선순환을 실현하여 혁신의 성과가 마치 "우후죽순"처럼 끊임없이 나타나게 하기 위함이다. 이것은 특허제도를 수립한 가장 근본적인 목적이자 동기이다.

둘째, 특허권 침해행위에 해당하기 위한 요건을 규정하였는데, 이로써 공중이 합법적인 방식으로 생산경영활동에 종사하게 하기 위한 행위기준을 수립하였다. 소위 특허권자를 법률적으로 보호한다는 것은, 어떠한 단위 또는 개인이라도 특허권자의 허가 없이 그 특허를 실시하면 이는 곧 특허권 침해행위에 해당하며, 법률이 규정한 민사적 책임을 부담하여야 함을 의미한다. 따라서 본조의 다른 하나의 중요한 기능은 특허권 침해행위에 대하여 정의를 내린 것이다.

본조 규정에 따르면, 특허권 침해행위에 해당하는 것으로 인정되기 위해서는 아래 다섯 가지 요건이 만족되어야 한다.

(1) 특허권이 수여된 후

(2) 특허권자의 허가 없이

(3) 생산경영 목적으로

(4) 제조·사용·판매청약·판매 또는 수입행위를 하고

(5) 위 행위가 "그 특허제품", "그 특허방법" 또는 "그 특허방법에 의하여 직접적으로 획득한 제품"과 관련된 것이어야 한다.

위의 다섯 가지 요건은 모두 특허권 침해행위를 구성하는 필요요건으로, 그중 어느 하나라도 만족되지 않으면 특허권 침해행위에 해당하지 않는다.

더 나아가 분석해 보면, 위의 다섯 가지 요건은 그 성질에 따라서 다시 두 가지 유형으로 구분할 수 있다.

그중 첫째 유형은 (1) 내지 (4) 항목을 포괄하며, 이들은 행위자가 특허권자의 허가를 받았는지, 무슨 목적이었는지와 같은 침해행위의 주관적 요소와 관련되거나, 언제 행하여진 것인지, 어떠한 행위방식에 의한 것이었는지와 같은 침해행위의 전체 성질에 관계된다. 이 유형의 요건은 침해제품 또는 방법을 특허제품 또는 특허방법과 기술적 또는 설계적 측면에서 서로 비교하는 것과는 관계가 없다는 공통된 특징이 있는데, 이 때문에 이들은 특허권 침해행위를 구성하는 형식적 요건이라고 총칭할 수 있다.

특허권 침해행위로 인정되기 위해서는, 상술한 형식요건만 만족되는 것으로는 분명히 불충분하며, 반드시 이에 더 나아가 본조가 규정하는 제(5) 요건이 만족되는지, 즉 침해자가 제조·판매청약·판매·사용·수입한 것이 "그 특허제품"인지 또는 사용한 것이 "그 특허방법"인지를 판단하여야 한다. 이것이 특허침해에 해당되기 위한 둘째 유형의 요건이다. 이 유형의 요건은 침해제품 또는 방법을 특허제품 또는 특허방법과 기술적 또는 설계적 측면에서 비교하는 것에 관계되고, 이 때문에 이것은 특허권 침해행위에 해당하기 위한 실체적 요건이라고 할 수 있다.

위의 제(1) 요건에 대해서는, 본서의 「특허법」 제13조 발명특허출원의 임시보호 및 「특허법」 제42조의 특허권 기간 규정에서 함께 설명하겠다. 위의 제(5) 요건에 대해서는, 본서의 「특허법」 제59조 특허권의 보호범위 규정에서 함께 설명하겠다. 따라서 본조에서는 제(2) 내지 제(4) 요건에 대하여 집중적으로 설명하겠다.

(二) 예외 경우에 관한 규정

본조 제1항 및 제2항은 각각 발명·실용신안특허권 및 디자인특허권의 효력을 규정하는데, 그중 제1항에 "이 법에 별도의 규정이 있는 경우를 제외하고"라는 표현을 사용하였으므로 「특허법」에 명확하게 규정된 예외 경우에는 이 항의 규정이 적용되지 않지만, 제2항에는 이러한 표현을 사용하지 않았다는 점은 검토해 볼 가치가 있는 문제이다. 이로 인해서 이 표현이 가리키는 예외가 「특허법」의 어떤 규정인가? 그리고 이러한 예외 경우가 디자인특허권에는 적용되지 않는가 하는 의문이 생긴다.

2008년 「특허법」 개정을 위한 사전 과제연구에서, 위의 문제를 제기하여 본조 제2항을 개정하고 예외 경우에 관한 규정을 보충하여야 한다는 의견이 있었다. 국가지식산권국은 이 의견을 받아들여, 2006년 12월 27일 국무원에 심의를 제청한 「〈특허법〉 개정초안(심의본)」에서 본조 제2항에 "이 법에 별도의 규정이 있는 경우를 제외하고"를 추가하는 개정 의견을 제출하였다. 그러나 국무원은 2008년 8월 5일 전국인민대표대회 상무위원회에 심의를 제청한 「〈특허법〉 개정안(초안)」에 국가지식산권국의 이 개정의견을 반영하지 않았다.

전국인민대표대회 상무위원회의 「〈특허법〉 개정안(초안)」에 대한 심의 과정에서, 국가지식산권국은 전국인민대표대회 상무위원회 법제업무위원회와 이 문제에 대해서 논의하였다. 법제업무위원회는 2000년 개정 「특허법」 제63조에 열거된 것은 특허권 침해행위로 보지 않는 경우이지 특허권 효력의 예외 경우는 아니며, 본조 제1항의 "이 법에 별도의 규정이 있는 경우"에는 단지 「특허법」 제14조의 국가의 응용 확산에 관한 규정과 제48조 내지 제51조의 특허실시 강제허가에 관한 규정만 포함된다고 보았다. 「특허법」 제14조는 발명특허권에만 관계되고 「특허법」 제48조 내지 제51조는 발명 및 실용신안특허권에만 관계되어 모두 디자인특허권과는 관계가 없으며, 이 때문에 본조 제2항에 "이 법에 별도의 규정이 있는 경우를 제외하고"를 추가할 필요가 없다고 보았다.

전국인민대표대회 상무위원회 법제업무위원회의 위 견해는, 1984년 제정 「특허법」 제11조 제1항은 "이 법 제14조 규정의 경우를 제외하고"라는 표현을 사용하였는데, 이것은 당시 전국인민대표대회 상무위원회가 이 표현을 쓴 본래 의도가 당시 「특허법」 제62조에 열거된 특허권 침해로 보지 않는 경우를 특허권 침해의 예외 경우에 포함시킨 것이 아님을 보여 준다는 것이 그 근거였다. 1992년 「특허법」 개정 시에 이 표현을 "이 법에 별도의 규정이 있는 경우를 제외하고"로 고쳤는데, 이는 단지 원래의 표현이 강제실시허가에 관한 규정을 포괄하지 못해서 충분히 전면적이지 못하여 조정이 필요하였기 때문이라고 보았다.

전국인민대표대회 상무위원회 법제업무위원회의 위 견해는 다음과 같은 의미를 담고 있는데, 「특허법」 제14조 규정에 따라 국무원이 발명의 응용 확산을 결정한 경우 그리고 「특허법」 제48조 내지 제51조의 규정에 따라 강제허가한 경우에는 그 실시행위가 원래는 특허권 침해에 해당하지만 그 특허권 침해에 대한 민사책임이 면제된다는 것이고, 「특허법」 제69조에 열거된 그 다섯 가지 경우의 특허실시는 특허권 침해행위로 보지 않으며, 이러한 실시행위는 특허권 침해에 해당하지 않아서 원래부터 특허권 침해에 대한 민사책임을 부담할 필요가 없으므로, 그 민사책임 면제 문제에 대해서는 말할 것도 없음을 나타낸다. 양자 사이에는 중요한 차이가 있는데, 전자의 두 가지 경우에는 실시자가 특허권자에게 사용료를 지급할 의무가 있음에는 변함이 없지만, 후자의 다섯 가지 경우에는 실시자가 사용료를 지급할 의무가 없다. 이로부터 "특허권 침해의 예외"와 "특허권 침해가 아닌 것으로 보는"의 의미는 상이한 별개의 개념이므로, 이들을 같이 취급해서는 안 됨을 볼 수 있다.

二. "특허권자의 허가 없이"의 의미

본조는 어떠한 단위 또는 개인도 특허권자의 허가 없이 그 특허를 실시할 수 없다고 규정하고 있다. 이것은 무릇 특허권자의 허가를 받고 그 특허를 실시하는 행위는 특허권 침해에 해당하지 않음을 나타낸다. "허가 없이"는 "허가를 받고"의 반대 의미로서, 전자를 논하는 것이 상대적으로 보다 어렵다. 따라서 후자의 의미를 명확하게 파악하기만 하면 전자에 대해서는 말하지 않아도 알게 된다.

"특허권자의 허가"를 받는 가장 전형적인 경우는 바로 실시자가 사전에 「특허법」 제12조 규정에 따라서 특허권자와 특허실시허가계약을 체결하는 것이다. 특허권 침해분쟁의 심리·처리 과정에서, 침해로 피소된 자가 특허실시허가계약이 체결되었음을 이유로 하여 침해가 성립하지 않음을 다툴 때에는 다음과 같은 문제에 주의하여야 한다.

먼저 허가계약의 허가자가 제3자에게 관련 특허의 실시를 허가할 수 있는 권리가 있는 자인지 주의하여야 한다.

「계약법」 제346조는 아래와 같이 규정하고 있다.

특허실시허가계약의 양수인은 약정에 따라 특허를 실시하여야 하고, 약정 이외의 제3

자에게 그 특허의 실시를 허가할 수 없다.

따라서 만약 특허실시허가계약의 허가자가 특허권자 본인이 아니라 특허권자와 이미 특허실시허가계약을 체결한 단위 또는 개인이라면, 피허가자는 반드시 선행 특허실시허가계약의 구체적 내용을 상세하게 검토하여, 당해 계약에 그 피허가자가 제3자에게 당해 특허를 실시할 수 있도록 허가할 수 있는 권리가 있다는 약정이 있는지를 확인하여야 한다.

2008년「특허법」개정 시에 제15조를 추가하여, 공유인 특허출원권 및 공유인 특허권의 행사에 대하여 아래와 같이 규정하였다.

① 특허출원권 또는 특허권의 공유자가 권리의 행사에 대하여 약정한 경우, 그 약정을 따른다. 약정하지 아니한 경우, 공유자는 단독으로 실시하거나 또는 통상허가 방식으로 타인에게 그 특허의 실시를 허가할 수 있으며, 타인에게 그 특허의 실시를 허가한 경우, 수취한 사용료는 공유자 사이에 분배하여야 한다.
② 전항이 규정한 경우를 제외하고, 공유인 특허출원권 또는 특허권의 행사는 공유자 전원의 동의를 얻어야 한다.

위 규정으로부터 공유인 특허출원권 또는 특허권에 있어서는 사전에 약정하지 않은 경우에, 각 공유자는 특허권을 받은 발명창조를 단독으로 실시할 수 있는 권리가 있고, 단독으로 타인에게 그 특허출원 또는 특허의 대상인 발명창조를 허가할 수 있는 권리도 있지만, 그러나 허가의 유형은 오직 통상실시 허가로만 제한되고 독점실시 허가는 할 수 없음을 알 수 있다. 이 때문에, 공유인 특허출원인 또는 특허권자 중 하나와 특허출원 또는 특허의 실시허가계약을 체결할 때에는, 피허가자가 조사하여 공유자 사이에 약정이 있는지 여부를 알고 있어야 한다. 만약 어떤 공유자가 단독으로 타인에게 특허출원 또는 특허의 대상인 발명창조를 실시할 수 없게 약정하였다면, 공유자 중 하나와 단독으로 실시허가계약을 체결할 수 없는데, 이러한 허가계약은 법적 효력이 없기 때문이다. 이러한 제한적 약정이 없는 경우에는, 공유자 중 하나와 단독으로 특허실시허가계약을 체결할 수 있지만, 계약의 유형은 통상실시 허가계약만 가능하다.

다음으로, 특허허가계약에 피허가자에 대해서 어떤 제한적 약정이 있는지 주의하여야 한다.

대다수 특허실시허가계약은 모두 계약 쌍방의 권리의무에 대해서 명확히 약정하는데, 보통은 피허가자에 대해서 실시행위의 내용·규모·연한·지역 등을 제한한다. 이 때문에 설령 특허실시허가계약을 체결했다고 하더라도, 만약 피허가자의 특허실시행위가 계약으로 약정한 범위를 벗어난다면, 그 실시행위는 특허권자의 허가를 받지 않은 행위에 해당한다. 「계약법」 제351조는 아래와 같이 규정하고 있다.

> 특허의 실시 또는 기술비밀의 사용이 약정한 범위를 벗어나는 경우, 약정을 위반하여 함부로 제3자에게 그 특허의 실시 또는 그 기술비밀의 사용을 허가하는 경우, 약정위반 행위를 중지하여야 하고 약정위반 책임을 부담하여야 한다.

이러한 행위에 대해서, 특허권자는 「계약법」 규정에 근거하여 행위자의 약정위반 책임을 추궁할 수 있으며, 「특허법」 규정에 근거하여 행위자의 특허권 침해책임을 추궁할 수 있다.

또한, 실시허가 대상 특허와 타인이 받은 다른 특허 사이의 관계에 주의하여야 한다.

과학기술은 늘 끊임없이 발전하고, 특허기술에 대한 진전된 연구와 개량은 대개 이용발명특허를 낳게 된다. 소위 '이용발명특허'는 후 특허권의 보호범위가 선 특허권의 보호범위 내에 완전히 속하는 것을 가리킨다. 이때에, 두 특허의 특허권자는 모두 이용발명특허가 보호하는 기술방안을 자유롭게 실시할 수 없는데, 상대방의 허가 없이는 한 특허권자가 이용발명특허의 기술을 실시하더라도 다른 일방의 특허권을 침해하는 것이 되기 때문이다. 일반적으로, 이러한 문제를 해결하는 방법은 두 특허권자가 교차실시허가계약을 체결하여 서로 양보하고 피차 상대방의 허가를 받는 것이다. 그러나 제3자가 이용발명특허로 보호받는 기술방안을 실시하기 위해서는 반드시 두 특허권자의 허가를 모두 받아야 한다. 이때에 만약 실시자가 오직 한 특허권자의 허가만 받았다면, 그 실시행위는 다른 특허권자에 의해서 특허권 침해로 피소될 수 있다.

이 때문에, 특허실시허가계약을 체결할 때에 피허가자는 대상 특허권이 다른 선행하는 유효한 특허권의 이용발명특허에 해당하는지를 충분히 주의하여야 한다. 현실에서는 이에 대해서 확실한 답을 얻기가 매우 어려우며, 종종 허가자 자신도 정확하게 알지 못한다. 따라서 비교적 믿을 만한 방식은 계약 중에 약정하는 것인데, 만약 이러한 경우가 발생한다면, 허가자 즉, 특허권자가 소송에 대응하게 하거나, 손해배상액의 전부 또는 일부를 지급할 책임을 부담하게 함으로써 피허가자가 특허실시허가계약에 따라서 관련 기술 또는 설계를 실시하여 타인의 특허권을 침해하게 되고, 자기에게 불리한 결과를 가져오는 것을 피할 수 있다. 이러한 약정은 특허실시허가

계약 중에서 매우 쉽게 볼 수 있다.

특허권자의 허가를 받는다는 것은, 어떠한 조건하에서 특허를 실시하는지에 대하여 특허권자와 모두 서면으로 실시허가계약을 체결해야 한다는 것을 의미하는 것은 아니며, 어떤 경우에 특허실시의 묵시허가가 있었다고 인정할 수 있는지는 특허권의 속성에 의해 결정되는데, 이에 대해서 본서는 「특허법」 제12조에 대한 설명에서 상세히 설명하고, 사실상 특허권자의 묵시허가를 받았는지는 특허권의 소진원칙과 긴밀하게 관련되는데 이에 대해서 본서는 「특허법」 제69조에 대한 설명에서 상세히 설명하겠다.

三. "생산경영 목적으로"의 의미

(一) 외국의 방식

특허권자와 사회공중의 이익균형 및 특허제도의 정상적 운영을 보장하기 위해서는, 특허제도에 내재된 공공정책목표를 고려하지 않은 채, 특허권자의 허가 없이 그 특허를 실시한 모든 행위를 특허권 침해에 해당하는 것으로 보아서는 안 된다. 특허권자의 허가 없이 그 특허를 실시한 행위라면 모두 특허권 침해행위로 보아야 한다는 견해는 세계적으로 많은 국가의 특허실무와도 어긋난다. 예를 들어, 독일특허법 제11조 및 프랑스 지식재산권법전 제L.613-5조는 모두 특허권의 효력이 "개인적인 방식에 의한 비상업적 목적의 행위"에는 미치지 않는다고 규정하고 있다. 1975년 제정된 「유럽공동체특허협약」 제27조 제(a)호도 마찬가지로 규정하였다.[1]

독일·프랑스의 특허법 및 「유럽공동체특허협약」의 위 규정으로부터, 유럽국가에서 특허권자의 허가 없이 그 특허를 실시한 행위가 특허권 침해에 해당하지 않는 것으로 인정되기 위해서는 반드시 두 가지 요건을 만족시켜야 하는데, 첫째는 개인적인 방식에 의하여야 하고 둘째는 비상업적 목적이어야 하며, 양자 사이는 "그리고"의 관계이지 "또는"의 관계가 아니고, 그중 어느 한 요건에라도 부합하지 않으면 행위자의 특허권 침해책임이 면제될 수 없음을 알 수 있다.

예를 들어, 가구에 관한 어떤 특허권이 등록된 후에, 어떤 사람이 특허설명서 및 그 도면의 기재에 따라 자신이 이러한 가구를 제작하여 자기 집에서 사용하는 경우, 이

---

1) 여러 이유로, 이 협약은 아직 발효되지 않았다.

행위는 상업적 목적이 아닐 뿐 아니라 동시에 개인적인 방식으로 진행된 것이므로 그 특허권을 침해하는 행위에 해당하지 않는다.

그러나 만약 그가 특허권자의 허가 없이 자기가 제작한 가구를 판매하는 것은, 설령 매우 적은 수량을 친구나 이웃에게 판매했다고 하더라도, 곧 특허권 침해행위에 해당하는데, 이때에는 비록 그 행위가 "개인적인 방식"으로 진행되었다고 하더라도 "상업적 목적"을 위한 것이어서 상술한 두 가지 요건 중 하나에 부합하지 않기 때문이며, 이 때문에 특허권 침해책임이 면제될 수 없다.

「유럽공동체특허협약」 해설서에 의하면, 타인을 고용하여 특허를 실시하는 행위는 "개인적인 방식"이 아니라고 한다.[1] 이 견해에 따르면, 만약 그 가정에 사용하기 위해서 타인(예를 들어, 목수)을 고용하여 이러한 가구를 제작하면, 피고용인이 가구를 제작하는 행위는 특허권 침해행위에 해당하게 되는데, 그 이유는 고용자는 그 가구를 제작하는 것이 가정에서 사용하기 위한 것이어서 개인적인 방식이면서 상업목적이 아닌 것으로 인정될 수 있지만, 피고용인이 타인에 의해 당해 가구를 제조하도록 고용되는 것은 상업적 목적을 위한 것이어서 그 특허권 침해책임이 면제되지 않기 때문이라고 한다.

(二) 본조 규정에 대한 이해

본조 규정의 "생산경영 목적"은 의미가 매우 광범위한 어휘로서, 어떤 유형의 행위가 "생산경영 목적"의 성질을 갖는지 일일이 열거하는 것은 매우 곤란하다. 따라서 여기에 무엇이 포함되는지를 적극적으로 상세히 설명하는 것은 이와 반대로 여기에 무엇이 포함되지 않는지를 논의하는 것만 같지 못하다.

제품특허에 있어서는, 본조 규정에 근거하여, 특허권자의 허가 없이 제조·사용·판매청약·판매 또는 수입, 이 다섯 가지 행위 중 어느 하나를 하면 특허권 침해에 해당하게 된다. 그러나 이러한 행위는 일반적으로 동시에 발생하는 것이 아니라 선후로 발생하며, 이 때문에 동일한 단위 또는 개인이 선후 순서대로 행할 수도 있고, 상이한 단위 또는 개인이 선후로 개별적으로 행할 수도 있다. 이 때문에 "생산경영 목적"인지를 판단함에 있어서 어떤 행위단계에서의 목적을 기준으로 판단하여야 하는가 하는 문제를 불러온다. 첫 번째 행위자의 목적을 기준으로 판단한다면, 첫 번째 행

---

1) Amiram Benyamini, Patent Infringement in the European Community [M], IIC studies, Vol. 13: 265.

위자의 목적이 생산경영을 위한 것이라면, 이후에 뒤따르는 행위자의 행위도 모두 생산경영 목적이 있는 것으로 볼 수 있으며, 마지막 행위자의 목적을 기준으로 판단한다면, 마지막 행위자의 목적이 생산경영을 위한 것이 아니었다면, 앞의 모든 행위자의 목적도 생산경영 목적이 아니었던 것으로 볼 수 있다. 아니면 상이한 행위의 행위자 각자의 목적을 개별적으로 판단하여, 각자가 각자의 책임을 부담하여야 하는가? 필자는 마지막 견해가 보다 적합하다고 본다.

위 견해에 따라서, 아래의 두 가지 비교적 전형적인 경우에 대해서 분석하겠다.

첫 번째는 개인적인 방식으로 특허를 실시하는 경우이다.

이러한 행위는 "생산경영 목적"이 아닌 것으로 보아야 하고, 따라서 특허권 침해가 아니다. 예를 들어, 병자가 병을 치료하기 위해 어떤 특허약품을 복용하는 것은, 특허법의 의미로는 특허제품을 사용하는 행위에 해당한다. 그러나 설령 이 약품이 특허권자의 허가 없이 제조·판매되었다고 하더라도, 이 약품을 사용한 자는 특허권 침해책임을 부담하지 않는데, 약품을 "생산경영 목적"으로 복용한 것이 절대로 아니기 때문이다. 세계적으로 어떤 국가도 개인이 특허약품을 복용하는 행위를 특허권 침해로 보지 않는다. 특허약품이 일종의 중약(中药)이라면, 자기 병을 치료하기 위해서 특허권을 받은 중약 처방에 따라 한 제의 중약을 준비하고 탕약을 달여서 자기가 복용하므로, 그 특허제품을 "제조"하는 행위에 해당할 뿐만 아니라 또한 그 특허제품을 "사용"하는 행위에 해당하지만, 양자는 모두 "생산경영 목적"의 행위가 아니다. 그러나 특허약품 복용자의 특허권 침해책임을 면제하는 것은 특허약품 제조자·판매자의 특허권 침해책임을 면제하는 것과 절대 같은 것이 아니다. 모든 약품의 최종 사용자는 모두 개인이고 그 복용은 모두 "생산경영 목적"이 아닌데, 만약 이 때문에 특허약품을 제조·판매하는 행위도 "생산경영 목적"이 아니라고 본다면, 곧 약품에 대한 특허보호를 배제하는 것과 다를 바 없다.

두 번째는 정부기관·사회단체 및 기타 조직이 공공서비스·공익사업·자선사업 중에 그 특허를 실시하는 경우이다.

유럽의 많은 국가들은 위의 행위도 변함없이 특허권을 침해하는 행위에 해당한다고 규정하는데, 이러한 행위는 "개인적인 방식"으로 진행하는 행위가 아니기 때문이다. 「유럽공동체특허협약」규정과 달리, 본조는 "개인적인 방식"을 특허권 침해에 해당하지 않을 필요조건으로 하지 않았다. 법률의 규정이 다소 다르다면, 결론도 다소 달라질 수 있다. 그러나 어느 정도까지 다를 수 있는지는 여전히 논의가 필요한 점이 있다.

먼저, 소위 "공공서비스·공익사업·자선사업"의 의미가 무엇인지를 명확히 하여야 한다. 중국이 과거의 계획경제체제에서 시장경제체제로 전환함에 따라, 많은 전통적 의미의 공공서비스·공익사업은 이미 성질이 바뀌었다. 예를 들어, 과거에 사람들은 교육사업 전체를 일종의 공공서비스적 성질을 갖는 사업으로 보았는데, 이 때문에 중국이 특허제도를 수립한 초기에는 교육사업을 위해서 타인의 특허를 실시하는 것은 특허권 침해에 해당하지 않는다는 견해가 있었다. 그러나 현재에는 전부라고는 할 수 없어도 적어도 상당히 많은 교육활동이 경영적 성질을 띠고 있으며, 아동교육·성인교육에 지급되는 비용은 많은 가정에게 심각한 부담이 되고 있다. 또 다른 예로, 과거에 많은 주거지역의 경비는 단위 또는 국가가 부담하여 공익적 성질을 갖는 것으로 여겨졌지만, 현재에는 주거지역 경비를 일반적으로 부동산관리회사가 부담하고 거주민은 이에 대해서 관리비를 지급하는데, 이 때문에 주거지역 경비는 이미 실질적으로 전형적인 경영활동이 되었다. 따라서 특허권 침해분쟁이 발생할 때에, 구체적인 사정에 따라서 구체적으로 분석하여야 하며 일괄적으로 논할 수가 없다.

다음으로, "생산경영 목적"을 "영리목적"으로 이해해서는 안 되며, 더욱이 "이미 실제적 이익을 얻은"으로 이해해서도 안 된다. 넓은 의미의 생산경영활동은 영리목적의 활동을 포괄할 뿐만 아니라, 영리를 목적으로 하지 않는 활동도 포괄하는데, 예를 들어 환경검측·기상예보·도로보수·수로준설 등이 있다.[1]

그 다음으로, 앞에서 설명한 바와 같이 특허제품의 사용행위 자체는 진정한 "공공서비스·공익사업·자선사업"의 성질을 갖고 있고 생산경영을 목적으로 하는 것이 아니어서 특허권 침해에 해당하지는 않는다고 하더라도, 위의 행위를 진행하기 위하여 단위 또는 개인이 그 특허제품을 제조·판매하는 것은 일반적으로 특허권 침해에 해당하는데, 그 제조·판매행위는 전형적인 생산경영 목적의 행위이기 때문이다. 예를 들어, 지진재해가 발생하여 어떤 기업이 긴급 재난구호를 위해서 특허권을 받은 굴착기구·천막 등의 재난구호 물자를 서둘러 제작하고 재난지역으로 전부 운송하였다고 하자. 이러한 행위가 "생산경영 목적"의 행위인가 아닌가? 필자는 구체적으로 분석할 필요가 있다고 본다. 만약 그 기업이 스스로 원해서 진행한 아무런 보답도 받지 않는 기부행위라면, "생산경영 목적"이 아닌 것으로 볼 수 있다. 만약 국가가 그 기업으로 하여금 제조하도록 지정 또는 요청하였고 이를 위해 자금지원 또는 보상을 하는 것이라면 "생산경영 목적"의 행위로 인정되어야 하는데, 이것은 「특허법」 제49조 규정에 의하여 국가 긴급상황 또는 비상사태가 발생했을 때에 발명 또는 실용신안의 강제실시를 허가하는 것과 유사한 성질을 갖기 때문이다. 설령 위의 경우라고 하더

---

1) 汤宗舜, 专利法教程[M], 3版, 北京: 法律出版社, 2003: 166.

라도, 「특허법」 제57조 규정에 따라서, 강제실시허가를 받은 단위 또는 개인은 특허권자에게 합리적인 사용료를 지급하여야 하고, 타인의 특허를 무상으로 실시할 수는 없다.

四. 제품특허의 실시행위

(一) 특허 실시행위와 특허권 유형과의 관계

본조 규정에 따르면, "특허실시" 행위에는 모두 다섯 가지의 구체적인 실시방식, 즉 제조·판매청약·판매·사용 및 수입이 있다.

먼저, 이 규정이 제한적 규정임을 명확히 하여야 하는데, 즉 위의 다섯 가지 행위 중 적어도 하나를 한 경우에만 비로소 특허권의 직접침해에 해당할 수 있고, 위의 다섯 가지 행위 이외의 기타 행위를 한 경우에는 모두 특허권의 직접침해에 해당하지 않는다.

예를 들어, 새로운 공작기계에 대한 특허를 받은 자가 있고, 어떤 설계회사가 특허권자의 허가 없이 타인을 위하여 그 특허의 실시에 필요한 부속품 및 완성품의 도면을 설계하여 제도하는 경우, 설계행위는 본조가 규정하는 다섯 가지 행위 중 하나가 아니기 때문에 특허권자는 그 설계회사가 그 특허권을 직접적으로 침해하였음을 이유로 소를 제기할 권리가 없다. 그 설계회사가 침해에 대한 연대책임을 부담해야 하는지에 대한 문제는 공동침해의 범위에 속하는 것으로, 「민법통칙」의 관련 규정을 적용하여야 한다.[1] 본조는 특허권 직접침해에 관한 규정이고, 특허권 공동침해에 관한 규정이 아니다. 일반적으로 말해서, 공동침해책임의 추궁은 반드시 직접침해행위의 존재를 전제조건으로 한다. 만약 아무도 그 설계방안을 사용하여 실제로 이러한 공작기계를 제작하지 않았다면, 창작자의 행위는 특허권 침해에 해당하지 않게 된다.

다음으로, 특허권의 유형에 따라서 「특허법」이 규정하는 법률적 보호의 내용이 다르다는 점을 주의하여야 한다. 이 때문에, 모든 유형의 특허권에 대해서 그 허가 없이 진행한 타인의 위 다섯 가지 실시행위를 특허권자가 제지할 수 있는 것은 아니다.

---

1) 「민법통칙」 제130조는 "2인 이상이 공동으로 권리를 침해하여 타인에게 손해를 입힌 경우에, 연대책임을 부담하여야 한다."고 규정하고 있다. 「최고인민법원의 〈중화인민공화국 민법통칙〉 철저집행에 관한 의견(시범시행)」 제148조는 "타인의 침해행위를 교사·방조한 자는 공동침해자로서, 연대하여 민사책임을 부담하여야 한다."고 규정하고 있다.

과학기술 및 디자인은 그 자체가 매우 다양하여 그 분야·특징 등 요소를 기준으로 구분하면 매우 많은 유형으로 구분할 수 있다. 그러나 「특허법」 규정으로 보면 모든 특허권은 크게 두 가지 유형, 즉 제품특허권과 방법특허권으로 구분된다.

제품특허권의 보호객체는 구체적인 물품으로, 여기에는 부품·장치·설비 등과 같은 하나의 제품이 포함될 뿐만 아니라, 지면발사장치·위성통신장치·지면통신장치 등으로 구성된 위성통신시스템 등과 같은 여러 제품으로 구성된 시스템도 포함되고, 또한 화합물, 조성물, 자연계로부터 채취하여 분리한 천연물질, DNA서열 또는 일부 등과 같은 물질 자체도 포함된다.

방법특허권의 보호객체는 조작단계로 구성되는 조작방식으로, 이로써 어떤 예기된 효과를 달성하고자 하는 것이다. 조작단계도 원재료·첨가재·공구·전용설비 등과 같은 물품에 관계될 수는 있으나, 방법특허가 보호받고자 하는 것은 조작방식 자체이고 그 관계된 물품을 보호하는 것이 아니다.

2008년 개정 「특허법」 제2조 제2항은 "발명은 제품·방법 또는 그 개량에 대하여 제출된 새로운 기술방안을 가리킨다."고 규정하고 있고, 제3항은 "실용신안은 제품의 형상·구조 또는 그 결합에 대하여 제출된 실용에 적합한 새로운 기술방안을 가리킨다."고 규정하고 있으며, 제4항은 "디자인은 제품의 형상·도안 또는 그 결합 및 색채와 형상·도안의 결합에 대하여 만들어진 풍부한 미감이 있고 공업상 이용할 수 있는 새로운 설계를 가리킨다."고 규정하고 있다. 위 규정에 따르면, 발명특허권은 제품특허권일수도 있고 방법특허권일 수도 있지만, 실용신안특허권 및 디자인특허권은 모두 제품특허권이다. 따라서 방법특허권은 오직 발명특허권에만 존재한다.

제품특허권인 경우에, 발명 및 실용신안특허권자는 타인이 그 허가 없이 진행한 본 조에 열거된 다섯 가지 실시행위 모두, 즉 그 특허제품을 제조·판매청약·청약·사용·수입하는 행위를 제지할 수 있으며, 디자인특허권자는 타인이 그 허가 없이 진행한 네 가지 실시행위, 즉 그 특허제품을 제조·판매청약·판매·수입하는 행위를 제지할 수 있을 뿐이고 그 특허제품을 사용하는 행위는 제지할 수 없는데, 그 이유는 뒤에서 논의하겠다.

방법특허권인 경우에, 그 보호객체는 조작방식으로 일종의 행위과정에 해당하므로, 제조·판매청약·판매 및 수입은 말할 것이 없고, 따라서 방법특허권자는 타인이 그 허가 없이 그 방법을 사용하는 실시행위만을 제지할 수 있을 뿐이다.

「특허법」은 방법특허권에 비하여 제품특허권을 훨씬 강하게 보호하기 때문에, 특허권의 유형에 따라서 받을 수 있는 법률적 보호의 강도에 매우 큰 차이가 있다. 이러한 차이를 줄이고 방법특허권자를 보다 효과적으로 보호하기 위해서, 각국 특허법은 또한 일부의 방법특허권, 즉 제품제조방법 특허권에 대해서 그 제조방법에 의하여 직접적으로 획득한 제품에까지 보호범위가 확대되는 것으로 규정하고 있다. 바꿔 말하면, 제품제조방법 특허권의 특허권자는 타인이 그 허가 없이 그 특허방법을 사용하는 행위를 제지할 수 있을 뿐만 아니라, 타인이 그 허가 없이 그 특허방법에 의하여 직접적으로 획득한 제품을 사용·판매청약·판매·수출하는 행위도 제지할 수 있다.

아래에서는 각종 유형의 특허실시 행위에 대해서 나누어 설명하겠다.

(二) 특허제품의 제조행위

1. 특허제품의 제조행위에 대한 절대적 보호

"특허제품의 제조"는, 발명 및 실용신안특허권에 있어서는, 청구항에 기재된 기술적 특징 전부를 갖는 제품을 제작 또는 형성하는 것을 가리키며, 디자인특허권에 있어서는, 디자인특허의 도면 또는 사진에 표시된 설계방안을 채용한 제품을 제작 또는 형성하는 것을 가리킨다.

제품특허권 침해의 가장 중요한 요건은 특허권의 효력이 미치는 지역적 범위 내에 그 특허제품이 출현하는 것으로서, 두 가지 경로를 벗어나지 않는데, 첫째는 제조이고 둘째는 수입이다. 제품이 있어야 판매청약·판매 또는 사용을 논할 수 있다. 따라서 제품특허권을 효과적으로 보호하기 위해서는 반드시 제품의 출현, 이 가장 중요한 단계에서부터 확실히 해야 한다.

제품특허권에 있어서는, 본조에 열거된 다섯 종류의 실시행위 중에서 "제조" 행위가 가장 중요한 지위를 차지한다. 비록 본조가 특허제품의 사용·판매청약·판매·수입 행위도 특허를 실시하는 행위로 규정하였다고 하더라도, 없던 것을 있게 하여 제품특허권의 보호객체를 재현하는 행위는 제조, 오직 이 행위뿐이다. 특허제품의 사용·판매청약·판매·수입은 모두 없던 것을 있게 하여 제품특허권의 보호객체를 재현하는 것이 아니며, 제조자가 제품특허권의 보호객체를 재현한 후의 후속행위이다.

위와 같은 차이 때문에 「특허법」이 제공하는 보호에도 강약의 차이가 있다. 「특허법」이 특허제품의 제조에 대해서 "절대적 보호"를 하고 있다고 보는 견해가 보편적이며, 그 의미는 다음과 같은 점에서 드러난다. 첫째, 「특허법」 제69조에 규정된 특허권 침해로 보지 않는 경우를 제외하고, 특허제품의 제조행위가 특허권 침해행위에 해당하는지를 판단하는 데 있어서 기타 어떠한 선결조건이 없다는 점인데, 제조행위는 기타 모든 실시행위를 일으키는 "우두머리"이기 때문이다. 둘째, 제조자에게 침해책임, 특히 침해행위 중지책임이 있는지를 판단함에 있어서 주관적 과실의 유무와 무관하다는 점이다.

행위자의 주관적 인식을 기준으로 한다면, 특허권자의 허가 없이 특허제품을 제조한 행위는 세 가지 유형으로 구분할 수 있다.

첫째는 자신의 행위가 특허권자의 권리를 침해하는 것임을 분명히 알았으면서도 희망하거나 또는 방임한 것으로서, 이것은 고의적인 침해행위이다. 고의적인 특허권 침해행위에 대해서 일부 국가에서는 특허권 침해에 대한 민사책임을 부담하도록 할 뿐만 아니라 더욱 엄하게 처리하는데, 예를 들어 미국특허법은 배상금의 3배를 특허권자에게 지급하도록 규정하고 있다.

둘째는 행위자가 자기의 행위의 결과를 예견했어야 함에도 예견하지 않았거나, 또는 예견했다고 하더라도 경솔하게 문제가 되지 않을 것으로 믿은 경우인데, 이것은 과실 있는 침해행위이다. 예를 들어, 특허권이 수여된 후에, 행위자가 설령 특허설명서를 자세히 읽지 않고서 독립적으로 특허제품과 동일한 제품을 개발 및 제조했다고 하더라도, 특허권 침해에 대한 민사책임을 부담하여야 한다.

셋째는 고의도 아니고 과실도 없는 경우인데, 그렇다고 하더라도 그 행위는 변함없이 일정한 제약을 받는다. 예를 들어, 어떤 제품에 대하여 발명특허를 출원하고 아직 공개가 되지 않은 기간에, 행위자가 설령 동일한 제품을 독립적으로 연구개발하고 제조하였다고 하더라도, 발명특허출원이 공개된 후에 그 제조행위를 계속하는 경우에는 적절한 사용료를 지급해야 하며, 특허권이 수여된 후에도 여전히 그 제조행위를 계속하는 경우에는 특허권 침해에 대한 민사책임을 부담하여야 한다.

종합하면, 제조자의 주관적 인식에 관계없이, 제조자가 특허출원 또는 특허권의 존재를 실제로 알고 있었는가에 관계없이, 허가 없이 그 제품을 제조하는 것은 특허권 침해에 해당하며 「특허법」이 규정한 침해책임을 부담하여야 한다.

「특허법」은 특허제품의 사용·판매청약·판매·수입 행위에 대하여 "상대적 보호"를 하고 있으며, 특허제품의 제조에 대하여 "절대적 보호"를 하는 것과 비교하여 다음의 두 가지 측면에서 차이가 있다.

첫째, 특허제품을 사용·판매청약·판매·수입하는 행위가 특허권 침해행위에 해당하는지를 판단함에 있어서는, 대상이 된 특허제품이 합법적으로 제조된 것인지 아니면 불법적으로 제조된 것인지 고려하여야 한다. 만약 특허제품이 합법적으로 제조 및 판매된 것이라면, 그 구매자가 앞의 네 가지 행위 중 하나를 했다고 하더라도 특허권 침해행위에 해당하지 않는다.

둘째, 설령 불법적으로 제조된 특허제품을 사용·판매청약·판매·수입하는 것이어서 특허권 침해행위에 해당한다고 하더라도, 모든 경우에 「특허법」이 규정하는 침해책임을 부담하여야 하는 것은 아니다. 예를 들어, 「특허법」 제70조는 "특허권자의 허가 없이 제조 및 매도된 특허 침해제품임을 알지 못하고 생산경영의 목적으로 사용·판매청약 또는 판매하였지만, 그 제품의 합법적 출처를 증명할 수 있는 경우, 배상책임을 부담하지 아니한다."고 규정하고 있다. 이것은 위의 경우에는, 불법적으로 제조 및 판매된 특허제품을 사용·판매청약·판매한 행위자는 오직 불법적으로 제조된 특허제품인 것을 분명히 알고 있었으면서도 위의 행위를 한 때에만 배상책임을 부담한다는 것을 나타낸다.

2. 특허제품의 "수리"와 "재생산" 문제

「특허법」 제69조 제1호는 특허제품 또는 특허방법에 의하여 직접적으로 획득한 제품을, 특허권자 또는 그가 허가한 단위·개인이 매도한 후, 그 제품을 사용·판매청약·판매·수입하는 경우에는 특허권 침해로 보지 않는다고 규정하고 있다. 이것이 바로 소위 "특허권 소진원칙"이다. 이후에 특허제품의 합법적인 소유자는 어떠한 방식으로든 그 제품을 사용·처분할 수 있는 권리를 가지며, 특허권자는 이에 간여할 권리가 없다. 여기에서 말하는 사용·처분에는 그 제품을 유지보수하여 정상적으로 사용할 수 있는 상태에 있게 하는 것, 예를 들어 특허제품의 수리, 파손·멸실된 부속품의 교체 등을 포함한다. 그러나 이러한 유지보수 행위가 특허제품을 새롭게 제작하는 행위에 해당해서는 안 된다. 만약 합법적인 특허제품 소유자의 그 특허제품에 대한 유지보수 행위가 일정한 한계를 벗어나서 실제로는 새롭게 제조 또는 새롭게 조립하는 것으로 변질시키는 것이라면, 특허권 침해에 해당할 수 있다. 미국에서는 전자를 "수리(repair)"라고 부르며, 후자를 "재생산(reconstruction)"이라고 부른다.[1]

미국에서의 특허제품 재생산행위 금지는 판례에 의하는 것으로 미국특허법에는 관련 규정이 없다. 미국의 관련 판례를 보면, 재생산행위를 금지하는 진정한 목적은 사실 합법적인 특허제품 소유자가 그 특허제품을 수리·보수하는 것을 제한하기 위한 것이 아니라, 특허제품의 수리·보수에 소요되는 그 부속품 및 관련 서비스 제공행위를 제한하기 위한 것이다.

제품특허권자가 특허독점권으로 경제적 이익을 얻는 방식에는 타인이 허가를 받지 않고 그 특허제품을 제조하는 것을 제한하는 것이 포함될 뿐만 아니라, 합법적으로 그 특허제품을 획득한 고객에게 그 특허제품의 부속품을 제공하여 특허제품을 정상적으로 사용할 수 있도록 하는 것도 포함된다. 특허제품이 내구재인 경우에, 부속

---

1) Donald S. Chisum, Chisum on Patents[M], Revised ed., Matthew Bender, 1997: 16. 03(3).

품·대체품을 제공하여 얻을 수 있는 경제적 이익은 심지어 특허제품 자체를 제조 및 판매해서 얻을 수 있는 경제적 이익을 초과한다. 특허제품은 일반적으로 수많은 부속품으로 구성되고, 비록 이러한 부속품의 조합이 특허보호를 받는다고 하더라도, 이러한 부속품 자체는 종종 공지의 것이고 특허보호를 받을 수 없다. 특허제품 및 그 유지보수·서비스가 일정한 시장을 형성한 후에는, 다른 회사나 기업도 특허제품의 사용자에게 부속품 및 유지보수 제공업무를 시작하여 특허권자와 경쟁하는 국면이 형성될 수 있다. 특허권자는 그 자신의 경제적 이익을 보호하고 싶어 하기 때문에 이와 같은 상황이 발생하는 것을 원하지 않는다.

그러나 다른 기업이 합법적인 특허제품 이용자에게 관련 부속품을 제공하는 업무를 저지하기 위해서는 곡절을 겪어야 한다. 앞에서 설명했듯이, 부속품 자체가 특허보호를 받는 것은 아니기 때문에, 특허권자는 특허제품 부속품의 제조·판매 행위가 제품특허권의 간접침해에 해당한다고 소를 제기함으로써만 비로소 위의 행위를 저지할 수 있다. 미국에서 간접침해가 성립되기 위해서는 직접침해가 반드시 존재해야 한다. 그런 까닭에, 특허권자는 합법적인 특허제품 사용자가 다른 기업이 제공하는 부속품으로 원래의 부속품을 교체한 것이 특허제품의 재생산행위에 해당하고, 이로써 그 특허권을 직접적으로 침해했음을 온갖 방법을 다하여 반드시 증명하여야만, 비로소 부속품 제공자의 간접침해책임을 추궁할 수 있다. 이것이 수리와 재생산 문제가 발생하는 이유이다.

이로부터 특허제품의 수리·보수 행위가 특허권의 직접침해에 해당하는지를 논증하는 것은 단지 일종의 이론상의 필요에 의한 것임을 알 수 있는데, 왜냐하면 이것이 간접침해가 성립하는 것으로 인정되기 위한 전제조건이기 때문이며, 그렇지 않으면 타인이 특허제품의 사용자에게 부속품을 제공하는 행위를 제지할 방법이 없기 때문이다. 합법적인 특허제품 구매자는 모두 특허권자의 고객으로, 특허권자가 이러한 특허권 침해소송을 제기하는 본의는 그 고객과 다투기 위한 것이 절대 아니다. 목적은 다른 데 있으며, 특허권자가 목표로 하는 것은 부속품 제조자와 제공자이다.

미국의 "수리"와 "재생산" 문제에 대한 입장에서 볼 수 있듯이, 그 현재의 판례와 관련 이론이 완벽하다고 할 수 없으며, 미국의 공중도 이에 대해서 불만이 적지 않다.

중국은 중국의 구체적 상황을 반영하여 비교적 간명하면서도 판단이 용이한 기준을 마련해서 공중에게 명확한 행위준칙을 제공하여야 한다. 필자는 중국이 특허제품의 수리와 재생산 문제에 대해서 다음과 같은 입장을 취해야 한다고 생각한다.

첫째, 특허권을 효과적으로 보호하고 특허권자의 합법적 이익을 충분히 보호하기 위해서, 합법적으로 매도된 특허제품의 구매자라도 특허제품을 새롭게 제조할 수 있는 권리는 없음을 명확히 해야 한다.

둘째, 공중의 합법적 이익을 보호하고 특허권의 남용을 방지하기 위해서, 특허제품을 재생산하는 행위를 비교적 좁은 합리적인 범위 이내로 제한해야 한다.

앞에서 설명했듯이, 수리와 재생산은 주로 합법적인 특허제품 사용자에게 비특허 부속품을 제공하여, 그 특허제품의 수리 및 보수에 이용되게 하는 것이 허용되는가와 관련된다. 특허권자는 그 이익을 최대로 하고 싶어 하므로 특허제품의 부속품을 공급하는 데 있어서 다른 사람과 경쟁하는 것을 원하지 않는 것이 매우 자연스럽지만, 국가와 민중의 이익 측면에서 보면 이러한 경쟁국면이 형성되는 것은 마땅히 장려되어야지 제한할 것이 아니다. 당연히 특허권자가 전체 장치에 대해서뿐만 아니라 가능하면 그 부속품에 대해서도 특허를 받아서 일종의 입체적인 보호체계를 형성함으로써 자기의 이익을 보다 더 잘 보호할 수 있도록 장려하여야 한다. 그러나 사실상 부속품 자체가 특허보호를 받을 수 없는 경우에도 타인이 합법적인 특허제품 사용자에게 그 제품의 정상적 이용을 위해 비특허 부속품을 제공하는 것을 특허권자가 저지할 수 있도록 해야 한다는 주장을 지지해서는 안 된다. 2008년 「특허법」 개정 시에, 많은 전문가와 학자들이 특허 간접침해와 관련한 규정을 추가할 것을 건의했으나, 국무원과 전국인민대표대회 상무위원회는 심의를 거쳐 이 건의를 받아들이지 않았다는 점에 주의하여야 한다. 제품특허권의 효력이 특허제품 자체에 미칠 뿐만 아니라, 그 제품을 구성하는 특허보호를 받지 못하는 부속품에까지 확대되는 것은 특허권의 범위가 부적절하게 확대되는 것이어서 특허권 남용행위가 쉽게 유발될 수 있다.

이러한 인식에 기초하여, 허용되어서는 안 되는 재생산행위는 진정으로 새롭게 특허제품을 제조하는 행위 이내로 한정되어야 한다.

예를 들어, 타인이 이미 폐기된 특허제품의 부속품을 수집하고 이들을 다시 조립하여, 계속해서 사용할 수 있는 특허제품을 공급할 수 있게 하는 것은 허용해서는 안 된다. 선진국에서는 이러한 경우가 이미 드물지만, 중국에서는 현재에도 자주 발생한다. 따라서 필자는 중국에서는 주로 이러한 경우를 중점으로 특허제품의 재생산행위를 금지하여야 한다고 건의하는 바이다.

이 밖에, 한 번에 교체할 수 있는 부속품의 개수가 특허제품 총 부속품 개수의 일정 비율을 넘지 않게 제한하여야 하는가 하는 문제도 있는데, 이것은 보다 민감하며 말하기가 쉽지 않은 문제이다. 법적 확정성을 확보하는 측면에서 본다면, 중국이 적어도 현재는 이러한 문제를 고려하는 것은 적절하지 않다고 필자는 생각한다.

특허제품의 합법적 사용자가 그 제품의 정상적 사용을 위해 부속품을 교체하는 것은, 교체한 것이 보조적 작용을 하는 부차적인 부품인지 아니면 그 특허제품의 신규성・진보성에 결정적인 영향을 미치는 핵심부품인지에 관계없이, 이러한 부속품 자체가 특허보호를 받는 것만 아니라면 모두 법률이 허용하는 행위라는 점이 지적되어야 한다.

(三) 특허제품의 판매청약[1] 행위

1. 2000년 및 2008년 「특허법」 개정 시의 본조 규정에 대한 개정

TRIPs 제28조 제1항은 특허권자가 향유하는 독점권에 제3자가 특허권자의 허가 없이 특허제품 또는 특허방법에 의해 직접적으로 획득한 제품을 판매를 위해 제공하는 행위를 제지하는 것이 포함된다고 규정하고 있다. 1992년 개정 「특허법」의 본조 규정은 TRIPs의 위 규정과 달리 발명 또는 실용신안특허권자가 판매를 위해 제공하는 행위를 제지할 수 있는 권리가 있다고 규정하지 않았었다.

2000년 「특허법」 개정 시에 본조 제1항을 개정하여, 어떠한 단위 또는 개인도 특허권자의 허가 없이 그 특허제품 및 특허방법에 의하여 직접적으로 획득한 제품을 판매청약해서는 안 된다는 규정을 추가하였다. 아래의 두 가지 측면에서 개정할 이유가 있었다.

첫째, TRIPs 규정과 일치시켜 중국이 WTO에 가입할 수 있는 여건을 조성하기 위해서 본조 규정과 TRIPs 제28조 규정 사이의 차이를 해소할 필요가 있었다.

둘째, 특허권자의 허가 없이 제조한 특허제품을 판매하기 위해서 중국에서는 종종 각종 매체에 광고를 하거나 박람회・전시회에서 판촉활동을 벌이는 자들이 있었다. 2000년 개정 전 「특허법」의 본조 규정에 따르면, 설령 특허권자가 이러한 행위를 발견한다고 하더라도 이를 제지할 권리가 없었으며, 침해자가 실제로 그 침해제품을 판매한 후에야 비로소 그 권리를 주장할 수 있었는데, 이 때문에 특허권자가 미리 특허권 침해행위를 제지할 수 없었다. 특허권자의 이익을 충분히 보호하고 침해제품의 확산을 방지하며 특허권자가 후에 그 특허권을 행사함에 있어 곤란을 겪지 않도록 하기 위해서는, 판매청약 행위의 금지와 관련한 규정을 추가할 필요가 있었다.

TRIPs 제26조에 디자인특허권자가 디자인제품의 판매청약을 금지할 수 있는 권리

---

[1] 우리 민법의 '청약'에 해당하는 중국 계약법상의 어휘는 '요약(要约)'인데, 중국특허법에서는 '판매를 위한 제공(offering for sale)'의 의미로 '판매요약(要约销售)'을 쓰지 않고 이와 다른 '판매허락(许诺销售)'이라는 표현을 새로 만들어 사용하였다. '판매허락'은 광고를 하거나, 상점 진열장에 진열하거나, 또는 전람회에서 전시하는 등 방식으로 한 특허제품을 판매하려는 의사표시를 가리킨다. 본서에서는 우리나라 특허법 제2조에서 실시의 태양 중 하나로 '청약'을 규정하고 있음을 고려하여, '판매허락'으로 번역하지 않고 '판매청약'으로 번역하였다(역자 주).

가 있음을 규정하지 않았음에 비추어, 2000년 「특허법」 개정 시에 본조 제2항의 디자인특허권의 효력에 관한 규정은 개정하지 않았다.

2000년 이후에, 특히 중국이 WTO에 가입한 이후에, 중국의 디자인특허출원 건수는 매년 빠른 속도로 증가하여, 2009년 국가지식산권국이 수리한 디자인특허출원은 이미 35만 건을 넘어섰으며, 그중 95%는 국내출원인이 출원한 것이다. 근년에, 전시회 · 박람회 경제가 중국에서 번영하여 각종 유형의 박람회 · 전시회 · 교역회가 상품의 유통 및 교역을 촉진시키고 있지만, 박람회에서 지식재산권을 침해하는 현상도 비교적 뚜렷하다.

박람회 기간에 지식재산권 보호를 강화하고 박람회의 정상적 질서를 유지하기 위해서, 상무부 · 국가공상총국 · 국가판권국 · 국가지식산권국은 2006년 1월 공동으로 「박람회 지식재산권 보호방법」을 반포하였다. 이 방법 제25조 제1항은 박람회 기간에 발명 또는 실용신안특허권을 침해하는 행위에 대하여, 지방지식산권국이 본조 제1항의 판매청약행위 금지에 관한 규정 및 「특허법」 제57조의 침해자에게 침해행위의 즉시 중지를 명령하는 것에 관한 규정에 근거하여, 피청구인에게 박람회에서 침해제품을 철수하고 침해 전시품의 광고물을 소각하며 침해항목을 소개하는 게시판을 교체할 것을 명하여야 한다고 규정하고 있다. 그러나 본조 제2항에 디자인특허제품의 판매청약 금지에 관한 규정이 없기 때문에, 이 방법 제25조 제2항은 디자인특허권 침해혐의와 관련한 처리청구에 대하여, 피청구인이 박람회에서 그 제품을 판매하고 있고 지방지식산권국이 침해가 성립하는 것으로 인정하는 경우에는, 피청구인에게 침해 전시품의 철수를 명하여야 한다고 규정할 수밖에 없었다. 이것은 설령 박람회 출품자가 특허권자의 허가 없이 디자인특허제품과 동일한 제품을 전시한다고 하더라도, 박람회 기간 내에 실제로 그 전시품을 판매하지만 않는다면, 디자인특허권자는 그 전시행위에 대해서는 속수무책임을 보여 준다. 이것은 박람회 기간에 디자인특허권에 대한 보호가 발명 및 실용신안특허권에 대한 보호보다 현저하게 약해지는 결과를 가져와서, 디자인특허권자의 합법적 권익에 영향을 주었을 뿐만 아니라, 박람회 질서를 심각하게 어지럽혔다.

이러한 실무 중에 나타난 문제를 해결하고 디자인특허권자의 합법적 권익을 보다 더 잘 보호하며 디자인특허권에 대한 보호를 강화하기 위해, 2008년 「특허법」 개정 시에 본조 제2항에 디자인특허제품의 판매청약행위를 금지하는 규정을 추가하였다.

2. "판매청약"의 의미

TRIPs는 그 제28조에 규정된 "offering for sale"에 대하여 명확하게 정의하지 않고,

각국이 자국의 법률제도와 실정에 따라 적절한 방식으로 이 규정을 구체화할 수 있도록 재량을 주었다. 유럽국가와 미국은 그 특허제도가 상이하기 때문에, 비록 그 특허법에 모두 "offering for sale"과 기본적으로 유사한 표현방식을 사용하고 있다고 하더라도, 그 의미와 해석에서 차이가 있다. WTO 성립 이래의 운영현황으로 보면, TRIPs 이사회는 이러한 차이에 대해서 간여하고자 하지 않았는데, 이것은 이사회가 사실상 이러한 차이를 인정하고 받아들였음을 나타낸다.

2000년 「특허법」 개정 시에, TRIPs 제28조의 "offering for sale"에 관한 규정을 어떻게 구체화할 것인가 하는 문제에 있어서, 중국의 입법기관은 두 가지 선택에 직면해 있었는데, 첫째는 "판매의 청약(要约)"과 같은 비교적 그 의미가 엄격한 표현방식을 취하는 것이었고, 둘째는 "판매의 청약유인(要约邀请)"과 같은 비교적 그 의미가 광범위한 표현방식을 취하는 것이었다. 「특허법」의 규정을 TRIPs와 일치시키고자 하는 목적을 달성할 수 있기만 한다면 어떤 표현방식을 사용하더라도 아무런 문제가 없었지만, 관건은 어떤 표현이 중국의 구체적인 상황에 보다 부합하고 중국 특허제도의 정상적 운영에 보다 유리한가에 있었다.

청약의 개념에 관하여, 「계약법」 제14조는 아래와 같이 규정하고 있다.

> 청약은 타인과의 계약체결을 희망하는 의사표시로서, 이 의사표시는 아래 규정에 부합하여야 한다.
> (1) 내용이 구체적이고 확정적이어야 한다.
> (2) 청약의 상대방이 승낙하면, 청약자는 바로 그 의사표시의 구속을 받는다.

위 규정에 근거하여, 청약에 해당하기 위해서는 다음과 같은 조건을 갖춰야 한다.

(1) 청약은 특정한 계약당사자의 의사표시이다. 소위 특정한 계약당사자라는 것은, 외부에서 볼 때에 확정할 수 있는 자로서, 바로 청약의 내용으로 볼 때 사람들이 누가 청약을 한 것인지를 알 수 있어야 한다.

(2) 청약은 반드시 타인과 계약을 체결할 목적이어야 한다. 청약은 일종의 의사표시이지만, 이러한 의사표시는 청약상대방과의 계약체결에 대한 진정한 의사가 반드시 표현되어야 하며, 그 외재적 표현형식은 청약자가 청약상대방과의 계약체결을 주도적으로 요구하는 것이다.

(3) 청약의 내용은 구체적으로 확정되어야 한다. 그 의미는 청약의 내용이 명확하고 전면적이어서, 청약상대방이 청약을 통해서 청약자의 진정한 의사를 명확하게 알 수 있어야 할 뿐만 아니라, 앞으로 체결되는 계약의 주요 조항을 알 수 있어야 한다.

(4) 청약상대방의 승낙을 통해서, 청약자는 바로 승낙의 구속을 받는다. 청약이 일단 청약상대방에게 도달하면, 법률 또는 청약이 규정하는 기간 내에 청약자는 함부로 청약을 철회하거나 변경할 수 없다. 일단 청약상대방이 청약에 대하여 승낙하면, 청약자와 청약상대방 사이의 계약체결 과정은 바로 종료되고 계약도 바로 성립하며, 청약을 한 자는 자연히 이미 성립된 계약의 구속을 받는다.[1]

청약유인의 개념에 관하여, 「계약법」제15조는 아래와 같이 규정하고 있다.

> 청약유인은 타인이 자기를 향해서 청약할 것을 희망하는 의사표시이다. 발송한 가격표 · 경매공고 · 입찰공고 · 투자설명서 · 상업광고 등이 청약유인이다. 상업적 광고의 내용이 청약 규정에 부합하면 청약으로 본다.

청약유인과 청약은 다음과 같은 차이가 있다.

(1) 청약은 당사자 자신이 계약체결을 주도적으로 희망하는 의사표시로서 계약체결을 직접적인 목적으로 하는 데 대하여, 청약유인은 당사자가 모종의 희망을 드러내는 사실행위로서 그 내용은 상대방이 자신을 향해 계약체결의 의사를 주도적으로 표시할 것을 희망하는 것이다.

(2) 청약은 반드시 미래에 체결할 수 있는 계약의 주요 내용을 담고 있어야 하지만, 청약유인에는 성립될 계약의 주요내용이 반드시 포함되어야 하는 것은 아니다. 청약에는 당사자가 청약의 구속력을 받아들이겠다는 의사표시가 포함되지만, 청약유인에는 당사자가 구속력을 받아들이겠다는 의사표시가 포함되어 있지 않다.

(3) 청약은 대부분 특정한 상대방을 대상으로 하는 것이어서 청약은 종종 대화방식 또는 서신방식을 취하는 데 대하여, 청약유인은 일반적으로 불특정 다수를 대상으로 하는 것이어서 대개는 텔레비전 · 신문 · 잡지 등 매개수단을 거친다.[2]

중국은 지식재산권제도의 역사가 길지 않고 타인의 지식재산권을 존중해야 한다는 공중의 의식이 아직 강하지 않아서, 타인의 지식재산권을 침해하는 문제가 비교적 뚜렷하다. 보다 큰 시장가치가 있는 특허기술 또는 특허설계가 일단 세상에 나오면, 많은 침해자가 앞을 다투어 침해행위를 저지르는 현상이 자주 나타나서 특허권자가 대개는 이를 막으려 해도 막을 수가 없는데, 이 때문에 중국의 특허권자는 그 특허권이 효과적인 법적 보호를 받을 수 없다고 원망하였으며, 이러한 문제의 해결을 위하

---

1) 江平, 中华人民共和国合同法精解[M], 北京: 中国政法大学出版社, 1999: 14-15.
2) 江平, 中华人民共和国合同法精解[M], 北京: 中国政法大学出版社, 1999: 15-16.

여 중국의 특허제도를 개선하여야 한다는 목소리가 높아졌다. 각종 박람회에서 전시되는 특허권 침해제품 또는 각종 매체에서 판촉하는 특허권 침해제품은, 대개는 침해자의 침해제품 시장 출시의 전주곡이 되고 있다. 만약 이러한 단계에서 특허권에 대한 보호를 강화한다면, 근원에서부터 침해제품이 유통경로에 진입하는 것을 억제할 수 있으며, 침해제품이 확산된 후에 특허권자가 특허권을 행사함에 따른 곤란을 방지할 수 있어서, 의심할 바 없이 중국 특허제도를 개선하는 효과를 발생시킬 수 있다. 이 때문에, 본조가 "offering for sale"의 의미로 골라 쓴 어휘는 위와 같은 행위를 제지하는 작용을 할 수 있다.

「계약법」 규정에 의하면, 상업적 광고, 박람회에서의 전시 등 행위는 일반적으로 단지 청약유인이고 청약에 해당하지는 않는다. 만약 본조가 "판매의 청약"이라는 표현방식을 사용하였다면, 이러한 행위는 특허권 침해가 아닌 것으로 배제되고, 이로 인해서 이 규정은 일정 정도 그 의의를 잃게 된다.

그렇다면, "판매의 청약유인"이라는 표현방식은 쓸 수 있을까? 여기에도 의문이 남는다. 계약법 의미에서의 청약과 청약유인은 모두 일종의 상대적인 개념으로, 제품의 제공자와 수령자는 계약체결 과정에서 모두 청약자 또는 청약유인자가 될 수도 있고, 또한 청약상대방과 청약유인의 상대방이 될 수도 있다. 바꿔 말하면, 「계약법」은 청약 또는 청약유인을 누가 하였는지를 중요시하지 않는다. 「계약법」이 이처럼 개념을 설계한 것은 계약의 성립여부 판단을 쉽게 하기 위한 것인데, 이것은 「계약법」이 해결하여야 하는 핵심 문제 중의 하나이다. 그러나 「특허법」은 타인의 특허권을 침해한 자가 침해책임을 부담하도록 규정하고 있기 때문에, 누가 침해자인지에 관한 문제를 중요시하지 않을 수 없다. 본조에 특허권자의 허가 없이 "offering for sale"을 하는 행위를 금지하는 규정을 추가한 것은, 분명히 특허제품의 잠재적인 제공자를 대상으로 한 것이지 잠재적인 수령자를 대상으로 한 것이 아니므로 이 점을 모호하게 할 수는 없다. 설령 제공자가 수령자의 판매청약에 대하여 침해제품을 제공한 것이고 주도적으로 한 행위가 아니라고 하더라도 특허권 침해책임을 부담하여야 함에는 변함이 없다. 만약 본조가 "판매청약" 또는 "판매청약유인"과 같은 어휘를 사용하였다면, 유인에 응하여 특허제품을 제공한 자가, 「계약법」에 규정된 개념에 근거하여, 그가 청약자 또는 청약유인자가 아니고, 청약의 상대방 또는 청약유인의 상대방임을 이유로 항변하여 법률상의 "허점"을 파고들 수 있게 할 수 있는데, 이것은 우리가 방법을 강구하여 방지해야 하는 일이다.

위와 같은 점을 고려하여, 1998년 국무원에 「특허법」 개정 초안을 보고할 때에 국가지식산권국은 "offering for sale"의 의미를 반복해서 심사숙고하였다. "판매의 청약 (销售的要约)"으로 하든 "판매의 청약유인(销售的要约邀请)"으로 하든 표현방식에 모두 문제가 있음을 고려하여, 국가지식산권국은 「계약법」의 표현방식을 직접 사용하기 보다는 「특허법」에 독립적인 어휘를 창작해 내는 것이 더 낫다고 판단해서 잠정적으로 "판매청약(许诺销售)"이란 표현방식을 사용하였으며, 보고 시에 국무원 법제판공 실에 이 점을 설명하여 국무원 법제판공실 또는 전국인민대표대회 법률위원회가 심 의과정에서 보다 적합한 표현방식을 확정해 줄 것을 희망하였다. 전국인민대표대회 상무위원회 제3차 심의 전에, 전국인민대표대회 법률위원회는 일찍이 특별회의를 개 최하여 "판매청약"이라는 표현방식이 적절한지를 포함하여 「특허법」 개정초안의 일 부 세부문제를 논의하였다. 국가지식산권국의 대표는 회의에서 "offering for sale", 이 어휘에 대한 연구조사 결과를 소개하고 그에 대한 이해를 보고하였다. 토론 결과 전국인민대표대회 법률위원회의 위원 다수가 "판매청약"에 기본적으로 원문의 의미 가 반영되었다고 보았으며, 인민대표회의 상무위원회의 심의·표결에 제출한 개정 안 중에도 이 표현을 동일하게 유지하였다. 이것이 "판매청약"이라는 어휘가 탄생하 게 된 유래이다.

2000년 개정 「특허법」의 집행을 철저히 하기 위해, 2001년 반포된 「최고인민법원 의 특허분쟁사건 심리 적용 법률문제에 관한 규정」 제24조는 본조의 "판매청약"에 대 하여 아래와 같이 정의하고 있다.

> 특허법 제11조 및 제63조의 판매청약은 광고를 하거나, 상점 진열장에 진열하거나, 또는 박람회에서 전시하는 등 방식으로 한 특허제품을 판매하려는 의사표시를 가리 킨다.

최고인민법원의 위 사법해석은 본조에 사용된 "판매청약"이라는 어휘가 표현하고 자 하는 의미를 정확하게 나타낸 것이라고 보아야 한다.

3. 판매청약행위의 인정

(1) 판매청약행위의 범위

판매청약은 특허제품 또는 특허방법에 의하여 직접적으로 획득한 제품과 관련한 행위에만 적용되고, 특허방법 자체에 대해서는 판매청약이 문제되지 않는다. 「유럽 공동체특허협약」은 방법특허권의 효력에 특허권자의 허가 없이 그 방법을 사용하는 것을 금지하는 것이 포함될 뿐만 아니라, 특허권자의 허가 없이 "offering the process for use"하는 것을 금지하는 것도 포함된다고 규정하고 있다. TRIPs는 유럽과는 입장을 달리하고 있다.

(2) 판매청약행위와 실제 판매행위와의 관계

앞에서 설명한 바와 같이, 본조가 특허권자의 허가 없이 판매청약하는 행위를 금지한 것은 특허제품에 대한 위법한 상업적 교역을 제지하고, 허가 없이 제조·수입된 특허제품의 확산을 방지하는 데 그 목적이 있다. 현실에서는 판매청약행위를 단지 실제 판매행위 전의 준비작업으로만 보아서, 후에 실제 판매행위가 확실히 발생한 경우에만 비로소 판매청약행위가 성립한다는 결론을 얻기가 쉽다. 이러한 견해는 실제로는 판매청약행위를 간접침해행위와 혼동하는 것이다. 특허권자의 허가 없이 판매청약하는 행위는 특허권에 대한 직접침해이지, 특허권에 대한 간접침해가 아니다. 본조는 판매청약행위를 다섯 가지 대등한 특허 실시행위 중 하나로 들고 있는데, 이것은 판매청약행위가 나머지 네 가지 실시행위와 마찬가지로 단독적인 특허권 침해행위에 해당하며, 행위자가 동시에 또는 나중에 그 나머지 실시행위를 했는지에 따라서 침해행위의 성립여부가 달라지는 것은 아님을 나타낸다.

(3) 특허제품에 대한 판매청약

특허권자가 타인의 판매청약행위가 그 특허권을 침해한 것이라고 소를 제기하는 경우에는 증명책임이 있으며, 그 판매청약행위가 "그 특허제품" 또는 "그 특허방법"(즉, 특허방법에 의해 직접적으로 획득한 제품)에 관계된 것임을 증명하여야 한다.

행위자가 그 제품을 상점의 진열장에 진열하거나 박람회에서 전시하는 등의 방식으로 판매청약한 때에는, 이미 실제 제품이 존재하기 때문에 비교적 용이하게 그 제품이 특허제품과 동일한지를 판단할 수 있다. 그러나 행위자가 광고방식으로 판매청약한 때에는, 광고한 제품이 특허제품과 동일한 것인지를 특허권자가 증명하는 것이 훨씬 어렵게 되는데, 단지 광고 자체의 내용에만 의존해서는 많은 경우에 그 제품의 구체적인 구조를 알 수 없기 때문이다.

이러한 증명책임은 본조의 판매청약행위 금지에 관한 규정을 남용하여 타인의 의사표시를 특허권 침해행위로 보아 함부로 소를 제기하는 것을 방지하는 데 도움이 된다. 일반적으로 말해서, 판매청약한 제품이 이미 실제로 존재한 경우에만 비로소 판매청약행위가 특허권을 침해한 행위로 인정될 수 있다.

(四) 특허제품의 판매 행위

1. 판매행위의 의미

(1) 판매행위의 범위

"판매"는 일상생활에서 그리고 상업활동에서 광범위하게 활용되는 어휘이지만, "판매", 이 어휘에 대해서 법률적으로 명확하게 정의를 내린 예는 세계적으로 매우 드물다.

"판매"행위는 매매당사자 사이에 진행되는 일종의 교역행위로서, 즉 매도자는 목적물의 소유권을 매수자에게 이전하고 매수자는 상응하는 대가를 매도자에게 지급한다. 이러한 교역이 실현되기 위해서는 쌍방 당사자 사이에 모종의 합의 또는 협의가 이루어져야 하는데, 이것이 계약법 의미의 매매계약이다. 이 때문에, 「특허법」의 "특허제품의 판매" 행위와 가장 관련 있는 법률규정이 「계약법」의 매매계약 관련 규정이다.

「계약법」 제9장은 매매계약 쌍방당사자의 권리와 의무에 대하여 명확하게 규정하고 있다. 그러나 본조는 어떠한 단위 또는 개인도 특허권자의 허가 없이 특허제품을 판매할 수 없다고 규정하는데, 이것은 분명히 매도자에 대한 것이고 매수자에 대한 것이 아님을 주의하여야 한다. 특허권자의 허가 없이 특허제품을 판매하는 행위는 판매자의 주도적인 행위일 수도 있고 매수자의 요구에 응하는 수동적인 행위일 수도 있지만, 특허권 침해행위에 해당하는지를 판단할 때에는 구분할 필요가 없으며, 매도자가 이 두 가지 경우에서 한 판매행위가 모두 특허권 침해행위에 해당한다. 만약 특허침해제품을 구매한 것이 생산경영활동에서 그 제품을 사용하기 위한 것이라면, 매수자가 이후에 그 특허제품을 사용하는 행위는 특허권 침해에 해당한다. 만약 그 특허제품을 전매하기 위한 것이라면, 매수자가 후에 당해 제품을 판매하는 행위는 특허권 침해에 해당한다. 그러나 단지 특허제품을 구매한 이 행위 자체는 특허권 침해행위에 해당하지 않는다. 바꿔 말하면, 만약 침해제품의 구매자가 후에 특허권 침해행위를 하면, 나름대로 그 침해책임을 추궁할 방법이 있으므로 그 침해제품의 구매행위에 대해서는 그 침해책임을 추궁할 필요가 없다. 이 논리는 또한 뒤에서 논의할 판매행위의 발생시점 문제와 관련될 수 있다.

(2) 판매행위와 판매청약행위의 구분

2000년 「특허법」 개정 전에는, 본조의 판매행위의 의미에 대해서 이해가 일치되지 않았었다.

일부에서는 소위 판매라는 것이 실제 판매행위를 가리킬 뿐만 아니라, 판매하겠다는 표시(예를 들면, 상점 진열장의 진열, 또는 판매광고의 전개) 그리고 판매를 위해 보관하는 것을 포함한다고 보았다.[1]

이와 달리, 중국에서는 「특허법」 중의 "판매" 행위가 청구항 범위 내의 제품을 매도자가 매수자에게 인도하고, 매수자는 매도자에게 상응하는 대가를 지급하는 것으로 이해된다고 보는 견해도 있었다. 판매행위가 실제로 발생하여야만 침해행위의 인과관계가 비로소 성립하는 것이고, 특허권자의 손실이 비로소 나타나게 된다고 보았다.[2]

2000년 「특허법」 개정 시에 특허권자의 허가 없이 판매청약행위를 할 수 없게 본조를 개정하였으므로, 위의 논란은 이미 해소되었다. 전자의 견해가 포함하고자 했던 상점 진열장의 진열, 박람회의 전시, 광고선전 등 방식을 통한 특허제품을 판매하겠다는 의사표시행위는 이미 판매청약행위의 범주로 들어갔으며, 이 때문에 본조가 규정하는 판매행위에는 이러한 행위가 포함되지 않고 이미 실제로 발생한 판매행위만 포함된다. 그러나 2000년 개정 「특허법」의 판매청약행위 관련 규정은 발명 및 실용신안특허권에만 적용되고 디자인특허권에는 적용되지 않았는데, 이 때문에 본조 제2항의 디자인특허제품의 판매행위에 대해서는 여전히 이견이 존재했었다. 2008년 개정 「특허법」은 본조 제2항에도 판매청약에 관한 규정을 추가함으로써 과거의 논란을 철저히 해소시켰다.

판매청약행위와 판매행위를 구분해야 하는 중요한 이유 중 하나는 특허권 침해로 인정되는 경우에 침해자가 부담해야 하는 민사책임이 다소 다르다는 점이다. 「특허법」 제60조 규정에 따르면, 침해자가 특허권 침해에 대한 민사책임을 부담하는 방식에는 두 가지가 있는데, 하나는 침해행위를 중지하는 것이고, 둘째는 손해를 배상하는 것이다. 「특허법」 제65조는 배상액은 특허권자가 침해로 인해 입은 실제 손해에 따라 확정하고, 실제 손해를 확정하기 어려운 경우 침해자가 침해로 인해 얻은 이익에 따라 확정할 수 있다고 규정하고 있다. 특허권을 침해하는 제품을 판매하는 것은 특허권자가 제조하는 또는 그 피허가자가 제조하는 특허제품의 시장 점유율에 영향을 줄 수 있고, 특허권자가 원래 얻을 수 있었던 합법적 이익에 영향을 줄 수 있으며, 판매자 자신도 이로부터 부당이득을 얻을 수 있기 때문에, 침해자는 당연히 손해를 배상하는 침해책임을 부담하여야 한다. 그러나 판매청약행위에 있어서는, 침해자가

---

1) 汤宗舜, 专利法解说[M], 北京: 专利文献出版社, 1992: 50.
2) 程水顺, 罗李华, 专利侵权判定－中美法条与案例比较研究[M], 北京: 专利文献出版社, 1998: 74.

침해제품을 판매하겠다는 의사표시만 했을 뿐이고 실제 판매행위는 아직 발생하지 않았으므로, 많은 경우에 특허권자가 실제로 손해를 입었다고 인정하기 어려우며, 또한 침해자가 부당이득을 얻었다고 인정하기도 어려우므로, 일반적으로는 침해자에게 단지 침해행위 즉시 중지의 민사책임만 부담하도록 명령하면 된다. 당연히 실제 침해소송 사건에서 만약 침해자가 행한 판매청약행위의 구체적인 방식·범위 또는 규모로 인해서 특허권자가 실제 손해를 입었다는 것을 밝힐 수 있는 증거가 있다면, 법원은 침해자에게 손해배상의 민사책임을 부담하도록 명령할 수 있다.

2. 판매행위의 시간적 기점

판매행위에는 일반적으로 모두 단계적으로 형성되는 발전과정이 있으며, 판매청약, 매매계약 체결, 매매계약 목적물의 인도 등 여러 단계를 포괄하는데, 매 단계의 시점이 서로 다르다. 본조 규정에 근거하여 어떤 행위를 특허권을 침해하는 판매행위로 인정함에 있어서, 어느 시점을 기준으로 하여야 하는가? 이 문제는 침해행위가 언제 발생하였는지 확정하는 것에 관계되고, 이 때문에 침해자가 언제부터 특허권 침해의 민사책임, 특히 손해배상 책임을 부담해야 하는지에 관계되며, 따라서 중요한 문제가 된다.

앞에서 설명한 바와 같이, 매매계약을 체결하기 전에 진행하는 준비작업, 예를 들어 판매청약유인 또는 판매청약을 하는 것은, 본조가 규정하는 판매청약행위에 속한다. 이 때문에 판매행위에 있어서는, 판매행위가 매매계약이 성립한 날로부터 발생한 것인지 아니면 매매 목적물의 소유권이 실제로 이전된 날로부터 발생한 것인지가 문제된다.

「계약법」제130조는 아래와 같이 규정하고 있다.

> 매매계약은 매도자가 목적물의 소유권을 매수자에게 이전하고, 매수자는 대금을 지급하는 계약이다.

매매계약은 다음과 같은 법률적 성질을 갖는다.[1]

(1) 매도자는 목적물의 소유권을 반드시 매수자에게 이전하여야 하는데, 이것은 매매계약이 임대계약·차용계약과 구별되는 현저한 특징이다.

(2) 매수자는 매도자에게 대금을 반드시 지급하여야 하는데, 이것은 매매계약이 증

---

1) 崔建远, 合同法 [M], 4版, 北京: 法律出版社, 2007: 374-375.

여계약·교환계약과 구별되는 현저한 특징이다.

(3) 매매계약은 쌍무계약, 즉 매매 쌍방이 모두 권리를 향유하면서 또한 의무를 부담하는, 쌍방의 권리의무가 상호 대응되는 계약이다.

(4) 매매계약은 유상계약으로, 계약의 어떤 일방도 자기의 이익을 실현하기 위해 일정한 대가를 지급해야 하는데, 즉 매도자는 대금을 얻고 목적물의 소유권을 대가로 하며, 매수자는 목적물의 소유권을 얻고 일정한 대금지급을 대가로 한다.

(5) 매매계약은 낙성계약으로, 법률이 별도로 규정하거나 당사자가 별도로 약정한 경우를 제외하고는, 계약 쌍방이 합의에 도달했을 때에 성립하고, 일방 당사자가 실물을 인도하거나 또는 기타 지급 행위를 완성하는 것을 계약의 성립요건으로 하지 않는다.

(6) 매매계약은 일반적으로 불요식계약으로, 계약이 어떠한 방식을 취하는지는 일반적으로 당사자 자신이 결정할 수 있으나, 법률에 명확한 규정이 있거나 또는 계약에 명확한 약정이 있는 경우에는 법률이 규정한 또는 계약으로 약정한 방식을 따라야 한다.

비록 「계약법」이 매매계약은 목적물의 소유권을 이전하는 것을 목적으로 한다고 규정하고 있다고 하더라도, 매매계약 목적물 소유권의 실제 이전은 매매계약의 성립과 동시에 발생하는 것이 아니다. 각국 계약법의 목적물에 대한 소유권의 이전에 관한 규정에는 차이가 있는데, 중국은 "인도"를 소유권 이전의 시점으로 보는 방식을 취하고 있다.[1) 「계약법」 제133조는 아래와 같이 규정하고 있다.

> 목적물의 소유권은 목적물을 인도한 때에 이전된다. 다만, 법률에 다른 규정이 있거나 또는 당사자가 다르게 약정한 경우는 제외한다.

위 규정에 따라서, 만약 특허제품 소유권의 실제 이전을 판매행위 발생의 시점으로 한다면, 목적물의 인도일을 판매행위의 발생일로 하여야 한다.

그러나 "인도"도 상당히 복잡한 법적 개념으로, 현실의 인도와 의사표시에 의한 인도로 구분된다. 소위 현실의 인도는 매도자가 목적물의 사실상 지배력을 매수자에게 이전함으로써 목적물을 매수자의 실질적 통제하에 두게 하여, 매수자가 직접 목적물을 점유하는 것을 가리킨다. 의사표시에 의한 인도는 다시 간이인도, 목적물 반환청구권의 인도, 점유개정으로 구분된다. 그중에서 소위 목적물 반환청구권의 인도는

---

1) 江平, 中华人民共和国合同法精解[M], 北京: 中国人民大学出版社, 1999: 111.

목적물이 제3자에 의해 점유되어 있는 경우 매도자가 제3자에 대한 반환청구권을 매수자에게 양도하는 것을 가리키는데, 예를 들어 매도자가 목적물을 찾을 수 있는 선하증권·창고증권을 매수자에게 인도하여 화물의 실제 인도를 대체하는 것이다. 소위 점유개정은 매매계약 중에 규정하여 목적물의 소유권은 매수자에게 이전하지만, 다만 목적물은 여전히 매도자가 실제로 점유하는 것을 가리키는데, 예를 들어 갑이 자금조달을 위해 자기의 자동차를 을에게 매도하지만 을과 그 자동차를 빌려 쓰는 것으로 약정하는 것으로, 이렇게 하면 그 자동차를 을에게 실제로 인도할 필요가 없지만 을이 그 자동차의 소유권을 취득하는 것에는 지장이 없다.[1]

이 밖에, 매매 목적물의 소유권도 목적물을 인도한 날로부터 이전되는 것은 아닌데, 「계약법」제133조 중에 "법률에 다른 규정이 있는 경우를 제외하고"라는 예외규정이 있기 때문이다. 특허권의 보호객체에는 동산뿐만 아니라 부동산, 예를 들어 건축물도 포함된다. 2007년 10월 1일부터 시행한 「물권법」제9조는 "부동산 물권의 설립·변경·양도 및 소멸은 법에 의해 등기하여야 효력이 있다. 등기하지 않으면, 법률에 다른 규정이 있는 규정을 제외하고, 효력이 없다."고 규정하고 있다.

이로부터 목적물의 실제 인도일을 판매행위 발생의 시간적 기점으로 하는 것이 합리적인 면이 있지만, 또한 많은 문제점도 있을 수 있음을 볼 수 있다. 사실상 매매 목적물의 인도는 주로 매매계약의 이행문제와 관계되는데, 목적물의 소유권이 언제 이전되는가가 매매계약의 핵심문제이며, 「계약법」제9장의 매매계약에 관한 많은 조항들은 모두 매매 목적물의 인도에 관한 것이고, 그 목적은 매매계약이 정상적으로 이행됨으로써 정상적인 시장교역활동이 유지되도록 하는 데 있다고 보는 학자들도 있다. 「계약법」제1조가 입법취지를 "계약당사자의 합법적 권리 보호와 사회경제질서 유지"로 규정하는 데 대하여, 「특허법」제1조는 입법취지를 "특허권자의 합법적 이익 보호"로 시작하는데, 이 때문에 양자는 착안점에서 차이가 있다. 특허제품을 판매하여 특허권 침해분쟁이 발생했을 때에, 특허권자는 매매계약의 당사자가 아니고 제3자이다. 이 때문에 본조는 허가 없이 특허제품 판매를 위해 매매계약을 체결하는 이 행위 자체를 제지하는 데 중점을 두고 있으며, 매매계약이 이미 이행되었는가 아니면 언제 이행되었는가는 중요하지 않다.

판단 용이성과 합리성·실행가능성을 동시에 고려하여, 필자는 판매행위의 시간적 기점을 주로 매매계약이 성립되었는지 여부를 위주로 판단하되, 실제 인도가 이루어졌는지를 합리적으로 고려하는 혼합형 판단방식, 즉 일반적인 경우에는 매매계약

---

1) 江平, 中华人民共和国合同法精解[M], 北京: 中国人民大学出版社, 1999: 112.

의 체결일을 판매행위가 발생한 시간적 기점으로 하는 방식을 취해야 한다고 주장한
다. 그러나 매매계약의 원래 목적물이 침해제품인 경우에, 만약 매매계약의 매도자
가 실제로는 아직 그 계약을 이행하지 않아서, 즉 아직 어떠한 제품도 인도하지 않았
음을 나타내는 증거가 있다면, 또는 비록 제품을 인도하였지만 그러나 그 이미 인도
한 제품이 매매계약으로 약정한 제품과 달라서 특허권의 보호범위에 속하는 것이 아
니라면, 곧 특허제품의 판매행위가 발생하지 않은 것으로 인정될 수 있다. 지적하여
야 할 점은, 설령 후자의 경우라고 하더라도, 매도자의 행위는 여전히 허가 없이 특허
제품을 판매청약한 침해행위에 해당하므로, 특허권자가 그 권리를 주장할 때에는 적
어도 침해행위를 중지해야 하는 민사책임, 바로 그 매수자와 체결한 매매계약을 이행
해서는 안 되는 책임을 부담한다.

3. 특허제품 판매의 특수 문제

특허제품을 판매하는 행위가 특허권 침해에 해당한다는 것은, 판매한 제품이 특허
권의 보호범위에 속함을 가리킨다. 그중에서 가장 간단명료한 경우는, 발명 및 실용
신안특허에 있어서는, 특허설명서 중에 기재된 제품과 동일하거나 또는 실질적으로
동일한 제품을 판매하였고 그 제품이 청구범위에 기재된 모든 기술적 특징을 재현한
경우이고, 디자인특허에 있어서는, 디자인특허의 도면 또는 사진에 표시된 제품과 동
일하거나 또는 실질적으로 동일한 제품인 경우이다.

그러나, 현실에서는 그렇게 간단명료하지 않은 경우가 발생할 수 있는데, 바로 판
매자가 특허제품 자체를 판매한 것이 아니라 특허제품을 그 부속품으로 하는 다른 제
품을 판매한 경우가 바로 이러한 경우이다. 이때에는 어떻게 판단하여야 하는가?

2009년 반포된 「최고인민법원의 특허권 침해분쟁사건 심리 응용법률 문제에 관한
해석」 제12조는 이 문제에 대한 입장을 밝혔는데, 아래와 같이 규정하였다.

① 발명 또는 실용신안특허권을 침해하는 제품을 부속품으로 하여 다른 제품을 제조
한 경우, 인민법원은 특허법 제11조에 규정된 사용행위에 속하는 것으로 인정하여야
한다. 그 다른 제품을 판매한 경우, 인민법원은 특허법 제11조에 규정된 판매행위에
속하는 것으로 인정하여야 한다.

② 디자인특허권을 침해하는 제품을 부속품으로 하여 다른 제품을 제조 및 판매하는
경우, 인민법원은 특허법 제11조에 규정된 판매행위에 속하는 것으로 인정하여야 하
지만, 디자인특허권을 침해하는 제품이 그 다른 제품에서 기술적 기능만 갖는 경우는
제외한다.

③ 앞의 두 항에 규정된 경우에 있어서, 침해로 피소된 자들이 분업하여 협조한 경우, 인민법원은 공동침해로 인정하여야 한다.

발명 및 실용신안특허제품에 있어서, 위 규정은 의심할 바 없이 정확한 것이다. 발명 및 실용신안특허권의 보호객체는 일종의 기술방안이고, 일정한 기술적 기능을 실현하여 일정한 유익한 효과를 발생시키는 데 목적이 있다. 특허제품 자체에 의해서인지 아니면 특허제품을 다른 제품의 부속품으로 하는지를 불문하고, 특허제품이 그 갖고 있는 기능을 발휘하여 예기된 효과를 발생시키는 데 아무런 영향이 없다. 만약 특허제품 자체를 판매하는 행위만이 본조 제1항의 판매행위에 해당되고, 특허제품을 그 부속품으로 하는 다른 제품을 판매하는 행위는 본조 제1항의 판매행위에 해당되지 않는다고 한다면, 곧 침해자에게 틈탈 기회를 주는 것이어서 특허권자의 합법적 이익을 효과적으로 보호하는 데 도움이 되지 않는다. 지적이 필요한 점은, 특허제품을 부속품으로 하는 다른 제품이 진정으로 특허제품의 기능과 효과를 이용했는지 그리고 어느 정도로 이용했는지는, 특허권 침해에 해당하는지를 판단할 때에 고려할 필요가 없다는 점이다.

최고인민법원의 위 사법해석이 적용되는 전제조건은 특허제품이 특허권자의 허가 없이 제조된 것이어야 한다는 점이다. 오직 이러한 경우에만, 비로소 아래와 같은 결론을 얻을 수 있는데, 즉 그 특허제품을 부속품으로 하여 다른 제품을 제조하는 것은 특허권자의 허가 없이 특허제품을 사용하는 행위에 속하므로 특허권 침해에 해당하며, 그 다른 제품을 판매하는 것은 특허권자의 허가 없이 특허제품을 판매하는 행위에 속하므로 또한 특허권 침해에 해당한다. 제조행위와 판매행위가 동일하지 않은 자에 의해서 각각 행해졌을 때에는, 설령 공동침해에는 해당하지 않는다고 하더라도, 각각 특허권 침해에 대한 민사책임을 부담하여야 한다. 만약 특허제품의 제조자, 다른 제품의 제조자, 다른 제품의 판매자 각자의 행위가 공모에 의한 것이라는 것을 보여 주는 증거가 있다면, 다른 제품의 판매자에게 「특허법」 제70조 규정의 적용을 배제할 수 있다.

디자인특허제품에 관해서도, 위 규정은 기본적으로는 정확하다. 최고인민법원이 그 제2항 규정을 적용하지 않는 예외 경우로 규정한 것은 "디자인특허권을 침해하는 제품이 그 다른 제품에서 기술적 기능만 갖는 경우는 제외한다."인데, 그러나 필자는 이것만으로는 아직 충분하지 않다고 본다. 말 그대로, 소위 "디자인"은 제품의 외부 표면에서 얻어질 수 있는 시각적 느낌을 가리키기 때문에, 디자인특허제품을 부속품으로 하여 다른 제품을 제조하고 판매하는 경우에, 그 판매행위가 디자인특허권을 침해하는 것으로 인정되기 위해서는 다른 제품의 외부표면에서 그 디자인특허제품의 외부표면을 볼 수 있어야 한다. 만약 다른 제품의 내부에서만 사용된다면, 예를 들어, 다른 제품을 오직 펼치거나 뜯어내야 비로소 볼 수 있다고 한다면, 디자인특허권 침해에 해당하지 않는다고 보는 것이 적절하다. 이 밖에, 설령 디자인특허제품이 다른 제품의 외부표면에서 사용되었다고 하더라도, 다른 제품의 부속품으로 사용되었기 때문에 다른 제품상에 조립되었거나 또는 끼워 넣어졌다면 이때에는 외부표면에서는 단지 디자인특허제품의 어떤 일면 또는 몇 면의 외관만을 볼 수 있는데, 이러한 경우에는 디자인특허권을 침해한 것이라는 결론을 얻기 위해서는 구체적인 상황에 근거하여 분석하여야 한다. 예를 들어, 특허권을 받은 제품 디자인의 선행설계와 구별되는 설계요점을 체현한 일면이 완전히 또는 부분적으로 가려져서 다른 제품의 외부표면에서 볼 수 없고, 볼 수 있는 것은 단지 선행설계와 동일한 외관이라면, 디자인특허권을 침해하는 판매행위에 해당하지 않는 것으로 보아야 한다.

본조 제2항이 디자인특허제품의 사용행위는 특허권 침해행위에 해당한다고 규정하지 않았으므로, 설령 특허권자의 허가 없이 디자인제품을 제조하고 그 제품을 부속품으로 하여 다른 제품을 제조하였다고 하더라도, 그 제조행위 자체는 특허권 침해행위에 해당하지 않는다. 이것이 디자인특허권과 발명·실용신안특허권의 차이이다.

(五) 특허제품의 사용행위

1. 특허제품 사용의 의미

본조 제1항의 발명 또는 실용신안특허제품을 사용한다는 것은, 일반적으로 특허제품을 이용함으로써 그 기술적 기능이 발휘되도록 하는 것을 가리킨다.

특허제품은 여러 방식으로 사용될 수 있다. 특허 조명기구를 이용하는 것처럼 사용자가 직접 특허제품을 이용하여 그 발휘되는 효과를 얻을 수도 있으며, 공작기계에서 특허 절삭공구를 사용하여 다른 제품을 생산하는 것처럼 특허제품의 이용을 수단으로 다른 제품을 제조할 수도 있다. 또한 특허 반도체칩을 이용하여 다른 전자제품을 제조하는 것처럼 특허제품을 부속품으로 하여 다른 제품을 생산할 수도 있다. 특허제품을 부속품으로 하여 다른 제품을 생산하는 경우에, 특허제품이 최종제품에서 핵심적 지위를 차지하는지 아니면 단지 매우 부차적인 작용만을 하는 것인지에 관계없이, 모두 특허제품의 사용행위에 해당한다.

본조 제1항 규정에 의하면, 특허권자의 허가 없이 특허제품을 사용하는 것은 독자적인 한 유형의 특허권 침해행위에 해당한다. 특허제품의 사용은 당연히 특허제품이 이미 존재한다는 것을 전제조건으로 한다. 사용자 자신이 특허권자의 허가 없이 특허제품을 제조하고 이후에 사용한 경우에만, 그 사용행위가 비로소 특허권 침해행위에 해당하게 되는 것은 아니다. 특허권자의 허가를 받지 않은 상황에서, 갑이 특허제품을 제조했고 을은 그 특허제품을 판매했으며 병은 그 특허제품을 사용했다면, 셋모두 특허권 침해에 해당한다. 그러나 만약 병이 구매한 것이 특허권자의 허가를 받고 제조 및 판매된 특허제품이라면, 「특허법」제69조 제(1)호가 규정하는 특허권의 소진원칙에 따라서, 병이 설령 생산경영 목적으로 그 제품을 사용했다고 하더라도 특허권 침해행위로 보지 않는다.

본조의 "특허제품의 사용" 및 "특허방법의 사용"은 "특허의 사용"과 구별되어야한다. 후자는 실제로는 본조의 "특허의 실시"에 가깝고, 따라서 그 범위가 훨씬 넓다. 「특허법」제69조 제(4)호는 "과학연구 및 실험만을 위하여 특허를 사용하는 경우"에는 특허권 침해로 보지 않는다고 규정하고 있는데, 여기에서 "사용"이라는 어휘는 후자의 의미를 갖고 있으며 본조 제1항의 "사용"과 혼동해서는 안 된다.

2. 특허제품의 소지 · 저장 또는 보관 행위

특허제품을 단지 소지 · 저장 또는 보관하기만 하고 실제로 이용하지는 않은 경우에도 특허제품의 사용에 해당하는가?

이에 대하여, 많은 유럽국가의 특허법은 비교적 엄격하게 규정하고 있다. 예를 들어, 영국특허법은 허가 없이 특허제품을 "보관"(keep)해서는 안 된다고 규정하고 있고, 독일특허법은 허가 없이 특허제품을 "소지"(possess)해서는 안 된다고 규정하고 있으며, 「유럽공동체특허협약」은 허가 없이 특허제품을 "저장"(stocking)해서는 안 된다고 규정하고 있다. TRIPs와 중국특허법에는 유사한 규정이 없기 때문에, 제3자가 이러한 행위를 하고자 할 때에 특허권자의 허가를 받을 필요가 없다고 보는 견해가 있다.[1]

이러한 견해는 전체적으로는 정확하지만, 경우에 따라서는 이를 구분해서 분석할 필요가 있다.

만약 특허제품의 저장 또는 보관이 단지 "통과"의 성질을 갖는 경우라면, 예를 들어 어떤 자가 허가 없이 특허제품을 수입하여 그 제품을 판매하기 전에 먼저 어떤 창고를 빌려서 그것을 임시로 저장해 놓는다면, 그 창고의 소유자는 특허제품을 "사용"

---

1) 汤宗舜, 专利法解说[M], 修订版, 北京: 知识产权出版社, 2002: 76.

한 것이 아니고 이 때문에 특허권을 직접적으로 침해한 것으로 보아서는 안 된다. 창고 소유자가 수입자에게 협조하였으므로 침해에 대한 연대책임을 부담하여야 하는지는 공동침해문제에 속하는 것이어서, 여기서는 당분간 논의하지 않겠다.

또한, 예를 들어 타인이 허가 없이 제조한 상품을 어떤 상점이 들여왔지만, 점주가 판매청약행위(광고 또는 가격표시 등 판매를 위한 행위)를 하지도 않았고 또한 실제 판매행위를 하기 전이라면, 그 특허제품의 보관행위를 특허제품의 "사용" 행위로 보는 것은 적절하지 않다.

그러나 다른 몇 가지 경우에서는 결론이 달라질 수 있다.

예를 들어, 허가 없이 제조 및 판매한 특허 절삭공구를 어떤 기계가공 공장이 구매하였고, 그중 소량만이 사용되고 그 나머지는 예비품으로 보관하여 사용 중인 절삭공구가 파손된 후에 교체한다고 하자. 이때에는 그러한 현재 사용 중인 절삭공구만이 "사용" 상태에 있는 것이어서 특허권 침해행위에 해당하고, 그 나머지 예비품인 절삭공구는 "보관" 상태에 있는 것이지 "사용" 상태에 있는 것이 아니어서 특허권 침해에 해당하지 않는다고 볼 수는 없다.

소방설비 · 응급치료장치 · 무기장비 등과 같은 제품들은 그 성질이 원래 일반적으로 "쓰지 않고 비치해 두는 것"이다. 이러한 제품을 소지하는 단위 또는 개인은 일반적으로 그것을 "비축"하는 것이지, 진정으로 이러한 제품의 기능을 이용하지는 않는다. 이러한 경우에도 그 제품을 사용하는 것으로 보아야 한다.[1] 예를 들어, 국가의 관련 규정에 따라서 건축물 내에 또는 공공장소에 소화기를 비치하는 것은 바로 그 소화기를 사용하는 것이고, 진정으로 화재가 발생했을 때에야 비로소 "사용"하는 것으로 볼 수 있는 것은 아니다.

3. 특허제품의 용도

특허제품에 여러 용도가 있는 경우도 있다. 예를 들어, 새로운 화합물은 합성세제의 첨가성분으로 쓰여서 합성세제의 세탁효과를 높을 수도 있으며, 또한 가금류 사료의 첨가제로 사용되어 가금류의 성장을 촉진할 수도 있다. 제품의 어떤 용도는 특허권자가 출원하여 특허를 받았을 때에는 알지 못하였다가 나중에야 발견할 수도 있다. 이로부터 특허제품의 사용행위가 특허권 침해에 해당하는지를 판단함에 있어서, 구체적으로 이용한 것이 그 제품의 어떤 용도인가 하는 문제가 발생한다.

---

1) Amiram Benyamini, Patent Infringement in the European Community[J], IIC studies, Vol. 13: 123.

"용도 전체" 판단원칙에 따라야 한다는 견해가 있는데, 즉 "일반적으로 제품특허는 특정의 사용에만 한정되지 않는다. 이 때문에, 제품특허는 각종 용도에 효과가 있을 수 있으며, 특허설명서 중에 설명된 것인지 여부를 불문하고, 또한 특허출원 시에 예견된 것인지 여부를 불문하고, 그 어떠한 용도인지를 불문하고 또한 반복적으로 연속해서 사용하였는지 아니면 단지 일회성으로 사용하였는지를 불문하고, 모두 여기에서 말하는 사용에 해당한다."고 한다.[1]

이 견해는 너무 절대적이다. 위 문제에 대한 해답은 실제로는 발명 또는 실용신안특허의 청구항에 기재된 기술적 특징과 관련되어 있다.

새로운 제품을 발명한 경우에, 만약 그 제품 자체의 구조적 특징만에 의해서도 「특허법」에 규정된 특허권 수여의 요건을 만족시킬 수 있다면, 출원인은 청구범위를 기재할 때에 가급적 구조적 특징으로 그 특허의 보호범위를 한정하여야 하고 그 제품의 용도적 특징을 기재할 필요가 없으며, 이렇게 함으로써 가급적 넓은 보호범위를 확보하려고 하여야 한다. 이때에는 위 견해가 적합한데, 즉 그 특허제품을 어느 용도로 사용하였는지를 불문하고, 모종의 용도가 특허출원인이 출원 시에 예견한 것이었는지를 불문하고, 특허권자의 허가 없이 그 제품을 사용한 행위는 모두 특허권 침해에 해당한다.

그러나 만약 제품 자체의 구조적 특징만으로는 「특허법」에 규정된 특허권 수여의 요건을 만족시키지 못하는 경우에는, 특허권을 받기 위해서 출원인은 청구항에 제품의 사용분야 또는 용도에 대해서 한정하는 것과 같이 다른 특징을 기재할 수밖에 없는 경우가 있다. 이러한 경우는 매우 쉽게 볼 수 있는데, 공지된 제품과 동일하거나 또는 유사한 제품을 다른 상이한 분야 또는 용도에 이용하여 사람들이 예측하지 못했던 효과를 발생시키는 발명창조인, 소위 "용도발명"에서 특히 그러하다. 이러한 경우에는, 제품의 용도에 대한 한정은 실질적으로는 이미 특허권을 받기 위한 필요조건이며, 용도에 대한 특징을 제외하면 특허권의 보호범위를 부적당하게 확대하는 것이어서 공중의 합법적 이익을 해하게 된다. 이때에는 제품특허권의 보호범위가 청구항에 기재된 제품의 구조적 특징에 의해서 결정될 뿐만 아니라, 청구항에 기재된 그 제품의 용도에 의해서도 제한을 받는다. 만약 청구항에 보호받고자 하는 제품을 특정 용도에만 제한적으로 사용하는 것으로 한정하였다면, 타인이 이와 다른 상이한 용도로 사용하는 것은 특허권 침해에 해당하지 않는다.

---

1) 汤宗舜, 专利法解说[M], 修订版, 北京: 知识产权出版社, 2002: 75.

4. 디자인특허제품의 사용에 관한 문제

중국이 1984년 제정한 「특허법」의 본조 제2항은 디자인특허권의 효력에 대해서 어떠한 단위 또는 개인도 특허권자의 허가 없이 디자인특허제품을 제조하거나 또는 판매할 수 없다고 규정하였고, 1992년 「특허법」 개정 시에 디자인특허제품을 수입해서는 안 된다는 규정을 추가하였으며, 2008년 「특허법」 개정 시에 디자인특허제품을 판매청약해서는 안 된다는 규정을 추가하였다. 발명 및 실용신안특허권의 효력과 비교하면, 타인이 허가 없이 디자인특허제품을 사용하는 것을 금지할 수 있는 효력이 있다는 것을 디자인특허권에 대해서는 줄곧 규정하지 않았다.

중국만 이와 같은 입장을 취하는 것은 아니고, 많은 국가의 디자인법도 권리자에게 타인이 그 허가 없이 디자인특허제품을 사용하는 행위를 제지할 수 있는 권리가 있다는 것은 규정하지 않았다. TRIPs 제26조 제1항도 "보호되는 디자인의 권리자는 제3자가 권리자의 동의 없이 보호디자인을 복제하였거나 실질적으로 복제한 디자인을 지니거나 형체화한 물품을 상업적 목적으로 제조, 판매 또는 수입하는 행위를 금지할 권리를 갖는다."고 규정하는데, 여기에도 디자인특허제품을 사용하는 행위는 언급하지 않고 있다.

그러나 적지 않은 사람들이 이에 대하여 의문을 갖는데, 디자인특허권에 있어서는 허가 없이 디자인특허제품을 사용하는 행위를 금지할 필요가 없는 이유가 무엇인가?

"디자인의 주요 목적은 제3자가 허가 없이 관련 제품을 생산할 때에 특허받은 디자인을 복제 또는 실질적으로 복제하는 것을 저지하는 데 있다. 이 점은 디자인의 저작권적 보호와 서로 동일하다. 디자인 보호의 목적을 달성하기 위해서는, 특허받은 디자인을 담고 있거나 또는 체현한 제품을 제3자가 허가 없이 제조·수입 또는 판매하는 것을 저지하는 것만으로도 충분하다."[1]고 보는 견해가 있다.

발명 및 실용신안특허제품에 있어서는, 이러한 제품을 사용하는 행위는 많은 경우에 대부분 생산경영을 목적으로 한다. 예를 들어, 특허권을 받은 공작기계는 일반적으로 생산경영 이외의 목적으로는 사용할 수 없다. 제품의 디자인은 사람으로 하여금 눈과 마음을 즐겁게 하는 시각적 미감을 얻게 하는 데 목적이 있기 때문에, 디자인특허제품을 사용하는 행위는 많은 경우에 생산경영을 목적으로 하는 것이 아니다. 예를 들어, 그 외형에 대하여 디자인특허권을 받은 오토바이에 대해서 말하자면, 구매자가 그 오토바이를 사용하는 행위는 분명히 생산경영 목적으로 하는 것이 아니며, 설령 그 구매한 오토바이가 디자인특허권자의 허가 없이 제조되어 판매된 것이라고

---

1) 汤宗舜, 专利法解说[M], 修订版, 北京: 知识产权出版社, 2002: 90.

하더라도, 그 사용행위에는 디자인특허권 침해문제를 논할 것이 없다. 이것이 디자인특허제품 사용행위와 발명·실용신안특허제품 사용행위의 중요한 차이이며, 디자인특허제품의 사용행위가 특허권 침해에 해당한다는 것을 본조 제2항에 규정하지 않은 이유 중 하나이다.

그러나 디자인특허제품의 모든 사용행위가 생산경영을 목적으로 하는 것이 아니라고는 말할 수 없다. 예를 들어, 어떤 호텔이 그 로비에 디자인특허를 받은 조명기구를 설치하여 그 로비를 웅장하고 화려하게 해서, 보다 더 많은 손님을 유인하는 작용을 발휘한다면, 이러한 사용행위는 생산경영을 목적으로 한 행위로 보아야 한다.

주의해야 할 점은, 유럽공동체 이사회가 2001년 12월 12일「EU디자인보호규정」을 통과시켜, 2002년 2월 12일부터 시행했다는 점이다. 이 규정 제19조 제1항은 아래와 같이 규정하였다.

> 등록된 유럽공동체 디자인은 그 권리자에게 당해 디자인을 사용하고, 어떠한 제3자도 특허권자의 허가 없이 그 디자인을 사용하는 것을 금지할 수 있는 독점적 권리를 부여한다. 여기서 "사용"에는 그 디자인을 결합하였거나 또는 이용한 제품을 제조·판매청약(offering)·시장출시·수입·수출·사용 및 이러한 목적으로 제품을 보관하는 것을 포함한다.

당연히, 중국이 디자인특허권에 대해서 어느 정도의 법률적 보호를 제공할 것인지는 중국의 구체적인 상황과 실제 수요에 따라서 확정되어야 하고, 유럽연합의 방식을 답습할 필요는 없다. 그러나 유럽연합 및 유관 유럽국가가 취하고 있는 개혁조치는 중국이 참고하고 진지하게 연구할 가치가 있으며, 그중에는 디자인특허권자가 타인이 그 허가 없이 디자인특허제품을 사용하는 것을 금지할 수 있는 권리가 있는가 하는 문제도 포함된다.

(六) 특허제품의 수입행위

중국 국경 내에서 특허제품을 제조하는 것 이외에, 특허제품이 중국 국경 내에 출현하게 하는 다른 경로는 특허제품의 수입이다. 이 때문에, 제품특허의 특허권자가 그 허가 없이 그 특허제품을 수입하는 행위를 제지할 수 있는 권리가 있는가는 특허권자의 합법적 이익 보호에 있어서 매우 중요하다. 만약 특허권자의 허가 없이 그 특허제품을 제조하는 행위만을 금지하고 허가 없이 그 특허제품을 수입하는 행위를 금지하지 않는다면, 제품특허권의 보호에 빈틈을 남기게 된다.

1984년 중국이 「특허법」을 제정했을 때에는, 여러 사정을 고려하여 특허권자가 타인이 그의 허가 없이 그 특허제품을 수입하는 것을 금지할 수 있는 권리가 있음을 규정하지는 않았었다. "수출입"과 관련된 규정은 1992년 「특허법」 개정 시에 추가한 것으로서, 이것은 「특허법」 개선에 있어서 매우 중요한 조치 중 하나였다. 당시에 수입권 관련 규정은 본조 중에 독립적인 하나의 항, 즉 제3항으로 하였다. 2000년 「특허법」 개정 시에 제3항을 삭제하고, 수출입 관련 규정을 본조 제1항과 제2항에 나누어 규정하여 제조・판매청약・판매・사용행위와 병렬시켰으며, 독립적으로 규정하지 않았다. 비록 이 개정은 형식을 바꾼 것이었지만, 조문을 간단하게 했을 뿐만 아니라 사람들로 하여금 특허권의 효력에 대하여 보다 명확하게 인식할 수 있게 하였다.

실무에서 다음과 같은 문제가 있을 수 있는데, 즉 특허권자가 중국에서 그 발명창조에 대해서 제품특허권을 받았는데, 그 특허권자 또는 그 피허가자가 다른 국가 또는 지역에서 그 특허제품을 제조 및 판매하였다면(그 특허권자가 동일한 발명창조에 대해서 그 다른 국가 또는 지역에서 제품특허권을 받았는지 여부를 막론하고), 그 합법적인 구매자가 그 구매한 제품을 중국에 수입하기 위해서 다시 특허권자의 허가를 받아야 하는가? 이 문제는 특허제품의 병행수입문제라고 불린다.

병행수입문제를 논하기 위해서는 반드시 먼저 한 가지 전제조건, 즉 수입한 제품이 반드시 특허권자(여기서 말하는 "특허권"은 중국에서 받은 특허권을 가리키고, 그 특허권자가 다른 국가에서 받은 특허권을 가리키는 것이 아니다.) 자신 또는 그 피허가자가 제조하여 판매한 것이어야 함을 명확히 하여야 한다. 만약 수입한 특허제품이 특허권자의 허가 없이 제조 및 판매된 것인 경우(그 제조 및 판매행위가 행위 발생지 소재 국가에서 그 특허권자가 당해 국가에서 받은 특허권 침해에 해당하는지와는 무관하다), 수입행위 자체가 특허권 침해에 해당할 뿐만 아니라, 수입한 제품에 대해서 이후에 진행되는 판매청약・판매 및 사용행위도 모두 특허권 침해에 해당하므로, 병행수입 허용 문제는 논할 것도 없다. 따라서 병행수입 허용여부에 관한 논의는 특허보호가 필요한지에 대한 문제가 아니고, 어느 정도로 특허를 보호하여야 하는가에 대한 문제이다.

병행수입행위의 허용여부는 국가마다 입장이 다르며, 전문가・학자들도 다른 견해를 갖고 있고, 국제적으로도 논란이 많이 되고 있는 문제이다. 2008년 「특허법」 개정 시에 제69조 제1호를 개정하여 병행수입문제에 대한 중국의 입장을 명확히 하였다. 이에 대해서 본서는 제69조에 대한 설명에서 논의하도록 하겠다.

五. 제조방법특허권의 확대보호

(一) 확대보호의 필요성

1992년 「특허법」 개정 시에 특허에 대한 보호를 강화하는 일련의 조치를 취하였는데, 그중 하나가 바로 제조방법특허권의 보호를 그 방법을 사용하여 직접적으로 획득한 제품에까지 확대한 것이었다.

소위 "확대보호"는, 제조방법 발명특허권이 수여된 후에 어떠한 단위 또는 개인도 특허권자의 허가 없이 생산경영 목적으로 그 특허방법을 사용해서는 안 될 뿐만 아니라, 그 특허방법에 의하여 직접적으로 획득한 제품을 생산경영 목적으로 사용·판매 청약·판매 또는 수입해서도 안 됨을 가리킨다.

1992년 「특허법」 개정 전 본조의 방법특허권에 대한 법률적 보호는 단지 타인이 특허권자의 허가 없이 그 특허방법을 사용할 수 없다는 것뿐이었다. 이것은 한편으로는 방법특허권에 대한 보호를 제품특허권에 대한 보호에 비하여 약화시켜 효과적인 법률적 보호를 어렵게 했는데, 그 이유는 방법특허의 청구항은 일반적으로 단계적 특징으로 구성되어 있고 그것들의 드러난 특징은 일종의 행위과정이지 구체적인 물품이 아니어서, 침해자가 행한 경과적 행위가 특허 청구항에 기재된 단계적 특징에 의한 것인지를 증명하는 것은 침해자가 제조한 제품이 특허 청구항에 기재된 구조적 특징을 포함하는지를 증명하는 것에 비하여 훨씬 어렵기 때문이다. 비록 1984년 제정 「특허법」이 제조방법특허권에 관한 특허침해분쟁에서의 증명책임 전환을 규정하여 위와 같은 어려움을 일정 정도로는 완화했다고 하더라도, 여전히 방법특허권자가 처해 있는 불리한 지위를 근본적으로 바로잡지는 못했다. 다른 한편으로는, 수많은 방법기술에 있어서는 그 경제적 가치가 대부분 그 방법에 의해서 획득한 제품에 의해 체현되고, 이러한 제품을 사용·판매하는 것은 실제로 방법발명자의 발명창조 성과를 이용한 것임을 사람들이 이미 인식하고 있는데, 만약 타인이 국외에서 제품 제조 방법특허를 사용하고 그 획득한 제품을 국내로 수입하여 판매 및 사용한다면, 특허방법의 사용행위만을 금지하는 상황에서는 특허권자의 합법적 이익을 충분히 보장할 방법이 없었기 때문이다.

TRIPs 제28조 제1항 제(나)호는 방법특허권의 효력은 타인이 그 동의 없이 특허방법을 사용하고, 특허방법에 의하여 직접적으로 획득되는 제품을 사용 또는 판매하는 것을 금지하는 것이라고 규정하고 있다. 위 규정은 방법특허권의 보호를 그 방법에 의하여 직접적으로 획득한 제품에까지 확대하였고, 이로부터 제조방법 자체에 대한

보호를 그 방법을 실시하여 직접적으로 획득한 제품의 보호와 결합시켰다.[1]

1992년 「특허법」 개정 시에, 본조 중에 제조방법특허권의 확대보호에 관한 규정을 추가하여 방법특허권의 보호를 강화하고, 중국의 특허보호 수준을 후에 발효된 TRIPs 규정의 보호수준과 일치시킴으로써, 중국이 WTO에 가입하는 데 유리한 여건을 조성하였다.

그러나 제품제조방법에 대한 확대보호도 특허침해분쟁의 심리 또는 처리에 두 가지 난제를 가져왔는데, 첫째는 "직접적으로 획득한"의 의미를 어떻게 정할 것인가 하는 것이고, 둘째는 증명책임의 전환을 어떻게 확정할 것인가 하는 것이다. 첫 번째 문제에 관해서는 아래에서 논의하고, 두 번째 문제에 관해서는 본서의 「특허법」 제61조에 대한 설명 중에서 논의하겠다.

(二) 방법에 의해서 획득한 제품의 의미

특허방법은 다종다양한 방법을 포괄하며, 모든 방법이 「특허법」이 규정하는 확대보호를 받을 수 있는 것은 아니다.

현행의 견해에 따르면, 방법발명은 적어도 세 유형으로 구분될 수 있다.

첫 번째 유형은 제조가공방법으로, 이것은 일정한 물품에 작용하며, 그 목적은 구조·형상 또는 물리화학적 특성에 변화를 발생시키는 것이다.

두 번째 유형은 작업방법으로, 이러한 방법은 물품 자체의 구조·특성 또는 기능을 변화시키는 데 목적이 있는 것이 아니라 모종의 비물질적 효과를 발생시키고자 하는 것이며, 예를 들어 측량·점검·채굴·배열·운수·분석·발전·송전·발열·급열·냉각·난방·통풍·조명·복사·통신·방송·계산 등이다.

세 번째 유형은 사용방법 즉, 용도발명인데, 이것은 이미 공지된 물품의 새로운 응용방식으로서, 그 목적은 모종의 예기된 효과를 발생시키는 것이고 사용하는 제품 자체를 변화시키는 것은 아니다.

1992년 개정 전 「특허법」에 의하면 방법발명의 유형을 구분할 필요가 없었는데, 방법발명의 유형에 관계없이 「특허법」이 금지하는 것은 모두 특허권자의 허가 없이 그 방법을 사용하는 행위이어서, 판단이 필요한 것은 방법특허 기술방안을 구성하는 모든 기술적 특징을 이용하고 있는지 여부이고, 그 방법이 어떠한 유형이고 어떠한

---

1) Joseph Straus, Implications of the TRIPs Agreement in the Field of Patent Law[G]//Friedrich Karl Beier, Gerhard Schricker. From GATT to TRIPs: the agreement on trade-related aspects of intellectual property rights, IIC Studies, Vol. 18: 18.

결과를 발생시키는가와는 직접적인 관계가 없었기 때문이다. 그러나 1992년 「특허법」 개정으로 제조방법특허권의 보호를 그 방법에 의하여 직접적으로 획득한 제품에 까지 확대한 후에는 방법발명의 유형을 구분할 필요성이 뚜렷해졌는데, 방법발명의 유형은 본조가 규정하는 확대보호의 적용여부와 직접적으로 관계되기 때문이다.

본조에 "그 특허방법에 의하여 직접적으로 획득한 제품을 사용·판매청약·판매·수입할 수 없다."로 규정되어 있기 때문에, 특허법 의미에서의 제품을 생산하지 않는 방법은 제외되어야 한다. 예를 들어, 각종 형식의 에너지는 특허법 의미에서의 제품이 아니며, 따라서 각종의 에너지 전환방법에는 본조가 규정하는 확대보호가 적용되지 않는다. 어떤 사람이 새로운 발전 방법을 발명했다면, 그가 받을 수 있는 특허보호는 타인이 허가 없이 그 발전 방법을 사용하는 것을 금지하는 것에 한정되며, 만약 그 보호범위를 더 확대하여 타인이 이러한 방법에 의해서 생산한 전기에너지를 송전·사용하는 것을 제한하는 것은 불합리할 뿐만 아니라 실행가능하지도 않다.

이러한 사고에 따라서, 아래에서는 위 세 유형의 방법특허권에 대하여 본조가 규정하는 확대보호를 적용할 수 있는지 논의하도록 하겠다.

먼저, 제조가공방법 특허권에 있어서는, 이러한 방법을 실시함으로써 특허법 의미에서의 제품을 획득할 수 있다. 여기에서의 "획득"에는 두 가지 의미가 포함되는데, 첫째는 합성가공을 통하여 생산된 인조 고무와 같이 무에서 유로 된다는 의미의 "획득"이고, 둘째는 주조된 반제품에 기계가공을 거쳐서 제조해 낸 실용공구와 같이 원래 물품의 성능을 개량하는 의미의 "획득"이다. 어떤 의미로 "획득"한 제품인지를 불문하고, 모두 본조가 규정하는 확대보호가 적용될 수 있다. 따라서 기본적으로 모든 제조가공방법 특허권에 본조가 규정하는 방법특허권에 대한 확대보호가 적용될 수 있다.

다음으로, 작업방법 특허권에 있어서는, 설령 어떤 작업방법이 실제 물품에 작용할 수 있다고 하더라도, 이러한 물품을 당해 작업방법에 의해 획득한 제품이라고 인정하기는 어렵다. 예를 들어, 새로운 채굴방법에 의하여 채굴된 석탄이 그 방법을 실시해서 직접적으로 획득한 제품으로 본다고 하거나, 새로운 세탁방법에 의해서 깨끗하게 세탁된 의복을 그 방법을 실시해서 직접적으로 획득한 제품으로 보는 것은 불가하다고 할 수는 없는 것 같지만 상식적인 이치에는 어긋나는데, 이러한 방법에 대해서 본조가 규정하는 확대보호를 적용하는 것은 적절치 않다고 보는 것이 보편적인 견해이며, 그 이유는 그 방법을 사용하여 관련된 물품에 어떠한 실질적인 물리화학적 변화를 일으킨 것(예를 들어, 채굴해 낸 석탄)이 아니며 또는 관련된 물품이 그 방법에 의해서 획득한 제품(예를 들어, 세탁한 의복)이라고 인정하기는 곤란하기 때문이다. 따라서 기본적으로는 전체 작업방법 특허권에도 본조가 규정하는 확대보호의 적용이 배제된다.

마지막으로, 사용방법 유형의 방법특허권에 있어서는, 일반적으로는 공지된 제품의 새로운 사용방식에 대한 것인데, 이러한 방법을 실시하더라도 공지된 물품 자체를 변화시키는 것이 아니고 관련된 물품은 "특허방법에 의하여 획득한 제품"이 아니므로, 본조가 규정하는 확대보호가 적용될 수 없다. 예를 들어, 어떤 자가 공지된 전기저항검측기에 대한 새로운 조작사용방법을 개발하여 전기저항검측의 정밀도를 제고하였고, 나아가 이러한 조작사용방법에 대하여 특허권을 받았다고 하자. 분명히, 이러한 경우에는 그 전기저항검측기 자체에 대해서 본조가 규정하는 확대보호를 적용할 수 없다.

개괄하면, 본조가 규정하는 방법특허권의 확대보호를 받을 수 있는 것은 일반적으로 제조가공방법 특허권에 한정된다.

(三) "직접적으로 획득한"의 의미

어떤 방법이 확대보호를 받을 수 있는지에 대한 문제를 논의한 후에, 이에 더 나아가 논의하여야 할 문제는 확대보호를 받을 수 있는 방법특허권에 대해서, 이러한 확대보호가 어느 범위까지 또는 어느 정도까지 허용되는가 하는 것이다.

소위 방법에 의해 획득한 제품이라는 것은 그 외연이 매우 넓다는 것을 쉽게 알 수 있다. 예를 들어, 어떤 사람이 에틸렌을 생산하는 새로운 가공방법을 발명하였다면, 그 방법에 의해 획득한 에틸렌 자체가 당연히 확대보호를 받을 수 있다는 데에는 아무런 의문이 없다. 에틸렌을 중간 원료로 하여, 예를 들어, 폴리에틸렌·폴리염화비닐·폴리스티렌 등과 같은 많은 실제 응용가능한 중합체를 생산할 수 있다. 이러한 중합체를 기초로 훨씬 많은 최종제품을 생산해 낼 수 있는데, 일일이 다 열거할 수 없다. 분명히, 본조가 규정하는 확대보호를 무제한적으로 확장할 수는 없는데, 무제한적으로 확장한다면 일단 기초제품의 제조방법특허권을 받기만 해도 그것으로 일체의 영역이 보호범위에 포함되게 되어, 정상적 생산경영활동이 있어서는 안 되는 간섭을 받게 된다.

바로 이와 같은 이유 때문에, 제조방법과 확대보호를 받을 수 있는 제품 사이에는 반드시 일정한 "근친혈연관계[1]"가 있어야 함을 규정할 필요가 있다.

---

1) WIPO가 20세기 90년대 초기에 진행했던 특허법의 국제조화 과정에서, 독일·네덜란드·캐나다·덴마크·유럽특허청의 대표는 "substantially obtained by"라는 표현을 쓰는 것을 반대했는데, 직접적으로 획득한 제품에서 더 나아가 개조하거나 또는 직접적으로 획득한 제품과 최종제

확대보호의 범위를 합리적으로 확정하는 것은 쉬운 일이 아니다. "직접적으로 획득한", 이 표현은 이를 위해서 제의된 것으로서 최초에 프랑스와 독일 특허법에서 나타났는데, 영국·덴마크·네덜란드 등의 특허법에는 비록 동일한 제한을 규정하지는 않았지만 특허법 운영 중에 유사한 제약조건을 두었다. "직접적으로", 이 어휘의 의미에 대해서는 두 가지 다른 해석이 있는데, 협의의 해석과 광의의 해석으로 불러도 무방하다.

협의로 해석하는 입장은 소위 "직접적으로" 획득한 제품이 가리키는 것은 수여된 특허의 제조방법을 실시해서 최초로 획득한 원시제품,[1] 즉 방법특허권의 청구항에 기재된 최후 단계 이후에 획득한 그 제품을 가리키는 것이고, 뒤이어서 이에 나아가 특허방법 이외의 원시제품에 변화를 일으키는 어떠한 가공·처리·조작단계를 가하는 것은 그 획득한 제품을 "비직접적인" 제품으로 변화시키는 것이라고 본다. 이러한 해석의 가장 큰 장점은 판단기준이 매우 명확하다는 점인데, 법원과 공중이 판단하기에 편리하며, 이 때문에 적지 않은 지지를 얻고 있다.

협의로 해석해야 한다고 주장하는 이유는 다음과 같다.[2]

(1) 기왕에 "직접적으로 획득한"이라는 제한조건을 규정하였다면, 제한작용이 발생하도록 하는 것이 마땅하다. 사람들의 "직접적으로", 이 어휘에 대한 일반적인 이해에 의하면, 확대보호를 받는 제품은 특허방법을 실시해서 획득한 최초 제품, 또는 방법특허권의 청구항에 한정한 마지막 방법 단계 후에 획득한 그 제품이다.

(2) 특허방법에 의하여 직접적으로 획득한 제품을 보호해야 하는 것은, 이러한 제품의 판매 또는 사용은 어떤 의미에서는 그 제조방법 특허기술을 이용하는 것으로 볼 수 있음에도 획득한 제품 자체는 어쨌든 특허보호를 받을 수 없기 때문이다. 따라서 특허권을 받은 제조방법과 확대보호를 받을 수 있는 제품 사이에는 반드시 일종의 긴밀한 "혈연관계"에 있어야 하고, 이로써 확대보호를 받는 제품과 제조방법특허의 실시 사이에 명확한 인과관계가 확보되어야 한다. 제조방법특허권의 보호를 특허권을 받지 않은 제품 자체로 확대하는 것은 제조방법특허권자에게 있어서는 이미 상당한 혜택을 주는 것인데, 만약 일정한 한도를 넘어서서 확대보호의 범위를 제조방법과 명확한 인과관계가 없는 제품에까지 확대한다면, 이는 불합리하고 공중의 합법적 이익과 필요한 상업적 자유에 받아들일 수 없는 부정적 영향을 발생시키는 결과가 된다.

품 사이에 중간처리 단계가 존재하는 경우에까지 방법특허권이 확대되어서는 안 된다고 보았다.

1) Original product initially obtained by applying the process.

2) Amiram Benyamini, Patent Infringement in the European Community[J], IIC studies, Vol. 13: 160.

(3) 협의의 해석은 공중에게 간단하면서도 명확한 판단근거를 제공할 수 있어서, 법적 안정성을 확보하는 데 유리하다.

광의로 해석하는 입장은, 소위 "직접적으로 획득한"에는 특허권을 받은 제조방법을 사용하여 획득한 최초 제품이 포함될 뿐만 아니라, 일정한 조건을 만족하는 경우에는, 최초 제품에 대하여, 나아가 가공·처리한 후에 획득한 제품도 포함된다고 본다. "일정한 조건"에 관해서, 독일이 취하는 판단기준은 최종 제품의 가치 또는 주요 특징(value or main characteristic)이 그 제조방법을 실시하여 획득한 최초 제품에 의해서 결정되는가 하는 것이고, 프랑스가 취하는 판단기준은 최종제품이 특허방법의 사용에 직접적으로 달려 있는가(immediately dependent on the use of the process) 하는 것이다.

광의로 해석해야 한다고 주장하는 이유는 다음과 같다.

(1) "직접적으로"의 의미는 단순히 시간적인 순서관계를 정의하는 것으로 이해해서는 안 되며, 여기에는 품질과 특성상의 관계까지 포함되어야 한다. 사람들이 사건 B가 사건 A의 직접적인 결과라고 말할 때는, 사건 B의 발생이 주로 사건 A의 발생에 의존한다는 것을 가리키는 것이고, 사건 A의 발생 후에 사건 B가 바로 발생하는 것을 요구하는 것은 아니며, 그다지 중요하지 않은 사건 B의 발생을 재촉한 기타 요소의 존재 가능성을 배제하는 것이 아니다. 따라서 최종제품의 획득과 제조방법의 사용 사이에 모종의 밀접한 인과관계가 있다고 인정할 만한 충분한 이유가 있기만 하면, 특허방법을 사용해서 획득한 최초제품과 이 기초 위에서 더 나아가 획득한 최종제품은 서로 밀접하게 연계되어 있다고 보아야 하고, 설령 그들이 상이한 행위주체에 의해서 완성되었다고 하더라도 여전히 이와 같다.

(2) 제조방법특허에 대한 확대보호의 취지는 특허권자를 보다 효과적으로 보호하는 것이다. 만약 확대보호가 단지 당해 특허방법을 사용해서 획득한 최초제품에만 국한된다면, 약간만 변화된 최종제품이 시장에 출시되더라도 타인의 제조방법을 실질적으로 이용해서 이익을 얻는 행위를 법적으로 제재할 수 없는데, 이것은 확대보호를 규정한 최초의 취지에 어긋나는 것이다.

(3) 비록 광의의 해석이 협의의 해석에 비하면 파악하기가 쉽지 않고 법적 안정성 측면에서 보면 약간 부족하지만, 특허법이 마땅히 고려해야 하는 것은 효과적인 보호와 법적 안정성 사이의 균형이고 양자 모두 소홀히 해서는 안 되며, 이것은 「유럽특허협약」의 특허권 보호범위에 관한 저명한 의정서가 확정한 원칙과도 일치한다.

"제조방법에 의하여 직접적으로 획득한 제품"에 대한 협의의 해석과 광의의 해석은 각각 장단점이 있다. 비교해 보면, 필자는 광의의 해석에서의 단점이 좀 더 뚜렷하

다고 보는데, 광의의 해석을 따를 경우 판단이 훨씬 어렵게 되고 그 판단결과가 사람
에 따라서 달라지기 쉬워서 법적 안정성이 약하기 때문이다.

2009년 반포된「최고인민법원의 특허권 침해분쟁사건 심리 응용법률 문제에 관한
해석」제13조는 아래와 같이 규정하였다.

① 특허방법을 사용해서 획득한 최초제품에 대해서, 인민법원은 특허법 제11조에 규
정된 특허방법에 의하여 직접적으로 획득한 제품으로 인정하여야 한다.
② 위의 최초제품을 가공·처리하여 후속제품을 얻는 행위에 대해서, 인민법원은 특
허법 제11조에 규정된 그 특허방법에 의하여 직접적으로 획득한 제품을 사용하는 것
에 속하는 것으로 인정하여야 한다.

위 규정은 제품제조방법 특허권의 확대보호에 대해서 협의로 해석하는 입장을 따
른 것으로 볼 수 있다.

(四) 확대보호의 특징

본조가 규정하는 방법특허권에 대한 확대보호는 "어떠한 단위 또는 개인도 특허권
자의 허가 없이 특허방법에 의하여 직접적으로 획득한 제품을 사용·판매청약·판
매 또는 수입할 수 없다."는 것이다. 제품특허권과 비교하면, 확대보호도 제품에 대
한 것이기는 하지만 다음과 같은 차이점이 있다.

(1) 확대보호는 오직 특허권을 받은 제조방법에 의해서 획득한 제품에 한정된다.
동일한 제품이지만 만약 특허방법에 의한 것이 아니고 다른 제조방법을 써서 획득한
것이라면, 그 제품을 판매청약·판매·사용하는 행위는 제조방법특허권을 침해하는
행위에 해당하지 않는다. 상대적으로, 제품특허권에 있어서는 일반적으로 이러한 제
한이 없으며, 제품 자체가 동일하기만 하면 어떤 방법을 써서 제조했는지에 관계없이
모두 특허권 침해에 해당한다. 그러나 주의가 필요한 점은 제품특허권의 청구항이
"방법에 의해 한정된 제품 청구항"(product by process) 방식으로 기재된 경우가 있을
수 있다는 점인데, 이러한 경우에는 결론이 약간 달라질 수 있으며 이에 대해서 본서
는「특허법」제69조에 대한 설명에서 논의하도록 하겠다.

(2) 본조가 규정하는, 특허방법에 의하여 직접적으로 획득한 제품의 확대보호에는
제품의 제조가 포함되지 않는다. 이것이 합리적이며 절대 누락된 것이 아닌데, 특허
권을 받은 제조방법을 사용하는 과정에는 반드시 그 방법에 의해서 당해 제품을 제조

하는 과정이 있어야 하며, 어떠한 자라도 특허권자의 허가 없이 특허방법을 사용할
수 없다고 본조가 이미 명확하게 규정하였으므로 중복해서 규정할 필요가 없었기 때
문이다.

(3) 특허권을 받은 제조방법에 의하여 직접적으로 획득한 제품에 대한 확대보호는
그 제품이 새로운 제품인지 아니면 공지된 제품인지와 무관하고, 그 제품 자체가 신
규성 및 진보성을 갖출 것이 요구되지 않는다. 방법 자체가 「특허법」이 규정하는 특
허권 수여의 요건을 만족하기만 하면, 비록 공지된 제품이라고 하더라도 허가 없이
그 방법에 의하여 직접적으로 획득한 제품을 판매청약·판매·사용·수입하는 행위
는 변함없이 특허권 침해행위에 해당한다.

(4) 본조의 그 방법에 의하여 직접적으로 획득한 제품에 해당하는지 여부는 그 제
품 자체가 특허보호를 받을 수 있는 대상인지와 무관하다. 예를 들어, 「특허법」 제25
조에 규정된 동물 및 식물 품종 자체는 특허보호를 받을 수 없지만, 그 생산방법은 특
허로 보호받을 수 있다. "방법특허의 확대보호에 포함되는 제품은, 출원 시에 공지된
제품일 수 있으며, 특허권 수여요건에 부합하지 않는 새로운 제품일 수도 있고, 식물
신품종처럼 특허법 규정에 의해서 특허를 수여하지 않는 제품일 수도 있다."고 보는
견해도 있다.[1] 이러한 의미에서 말하자면, 확대보호는 제품특허권과는 다른 특징을
갖고 있다.

---

1) 汤宗舜, 专利法解说[M], 修订版, 北京: 知识产权出版社, 2002: 84.

제12조 특허실시허가계약

타인의 특허를 실시하는 모든 단위 또는 개인은 특허권자와 실시허가계약을 체결하고 특허권자에게 특허사용료를 지급하여야 한다. 피허가자는 계약규정 이외의 단위 또는 개인에게 그 특허의 실시를 허가할 권한이 없다.

一. 개 요

「특허법」 제1조는 특허제도를 수립하는 목적이, 한편으로는 특허권자의 합법적 이익을 보호함으로써 발명창조를 장려하고 혁신능력을 제고하며 과학기술의 진보를 촉진하는 데 있으며, 다른 한편으로는 발명창조의 실시응용을 활성화함으로써 경제사회의 발전을 촉진시키는 데 있다고 그 입법취지를 밝히고 있다. 특허권을 받은 발명창조는 주로 두 가지 방식으로 실시할 수 있는데, 첫째는 특허권자 자신이 실시하는 것이고, 둘째는 다른 단위 또는 개인이 실시하는 것이다. 일반적으로 말해서, 특허권자 자신이 그 발명창조를 실시하는 능력에는 아무래도 한계가 있어서 일반적으로는 시장의 수요를 만족시킬 수 없는데, 특허권자가 개인인 경우에는 더욱 이와 같다. 이 때문에, 다른 단위 또는 개인에게 허가하여 실시하는 것이 특허권을 받은 발명창조를 실시하는 주된 방식이다.

「특허법」 제11조는 특허권이 수여된 후에, 어떠한 단위 또는 개인도 특허권자의 허가 없이 생산경영 목적으로 그 특허를 실시할 수 없다고 명확하게 규정하고 있다. 따라서 타인의 특허를 실시하는 자는 누구라도 사전에 특허권자의 허가를 받아야 한다. 어떻게 특허권자의 허가를 받는가? 특허권자의 허가를 받았음은 어떻게 인정할 수 있는가? 이것은 「특허법」 제11조 규정의 시행을 위해서 회피할 수 없는 문제이다. 본조 규정에 따라서, 실시자가 특허권자와 특허실시허가계약을 체결하는 것은 특허권자의 허가를 받는 통상적인 방식이면서, 또한 특허권자의 허가를 받았는지를 인정할 수 있는 기본적인 근거이다.

특허실시허가계약 체결은 실질적으로 일종의 이익교환 실현을 목적으로 한다. 특허권자는 특허를 실시할 수 있는 권리를 피허가자에게 수여함으로써 「특허법」이 그에게 부여한 그 발명창조 실시의 독점권을 부분적으로 포기하지만, 피허가자가 지급하는 특허사용료를 대가로 얻음으로써 그 발명창조에 투입한 비용을 회수할 수도 있고 훨씬 많은 경제적 수익을 얻을 수도 있다. 피허가자는 특허권자에게 특허실시의 사용료를 지급함으로써 일정한 경제적 대가를 지급하지만, 대신에 특허실시의 권리를 얻고 그 실시행위는 「특허법」에 의한 확실한 법률적 보장을 받아서 기타 제3자가 위법하게 동일한 발명창조를 실시해서 생기는 방해를 배제할 수 있으며, 특허권을 받은 발명창조를 실시함으로써 그 지급한 특허사용료를 회수할 수 있을 뿐만 아니라 훨씬 큰 경제적 수익을 얻을 수도 있다. 이 때문에 특허실시허가계약을 체결하는 것은 일반적으로 계약 쌍방에게 "윈윈"하는 결과가 된다.

한 가지 지적되어야 할 점은, 피허가자는 특허실시허가계약에 의거해서 계약 대상 발명창조에 대한 실시권만 향유할 뿐이고 소유권을 향유하는 것은 아니라는 점이다. 이 때문에, 본조는 피허가자에게 계약으로 약정한 이외의 단위 또는 개인에게 그 특허의 실시를 허가할 수 있는 권한이 없음을 규정하고 있다. 그러나 이 규정을 특허권자가 피허가자에 대하여 그 피허가자가 제3자에게 그 특허의 실시를 허가할 수 있는 권한을 주는 것을 법률로 금지한 것으로 이해해서는 안 된다. 만약 계약으로 피허가자가 제3자에게 실시를 허가할 수 있는 권리를 향유할 수 있다고 약정하였다면, 피허가자는 계약으로 약정한 범위 내에서 제3자에게 실시를 허가할 수 있다.

특허권자는 피허가자가 특허권의 전체 유효기간 내에 그리고 특허권의 효력이 미치는 전체 지역 내에서 각종 유형의 특허실시행위, 즉 특허제품의 제조·사용·판매청약·판매·수입, 특허방법의 사용 및 특허방법에 의해서 직접적으로 획득한 제품의 사용·판매청약·판매·수입에 종사할 수 있도록 허용할 수 있다. 또한 피허가자의 실시행위를 제한할 수도 있는데, 예를 들면 실시행위를 위의 행위 중 일부로만 한정하고 모든 실시행위가 포함되지는 않게 할 수도 있으며, 실시지역을 국내의 일부지역으로 한정하고 전국으로 하지 않을 수도 있다. 실시의 시간적 기간을 한정하여 몇 년으로만 하고 계약을 체결한 날로부터 특허권의 존속기간 전체가 아니게 할 수도 있다. 피허가자가 약정한 제한조건을 위반하는 경우, 특허권자가 피허가자의 특허권 침해행위를 제소할 수 있는 권리를 갖는 것으로 특허실시허가계약에 약정할 수도 있다.

특허실시허가계약은 평등한 민사주체 사이에 자발적인 협상을 통해 체결되는 계약으로, 「계약법」 제4조는 "어떠한 단위 또는 개인도 불법적으로 계약체결에 간여할 수 없다."고 규정하고 있으므로, 어떻게 특허실시허가계약을 체결할 것인가는 일반적으로 말해서 계약 쌍방당사자의 자유이다. 주의가 필요한 점은, 「계약법」 제7조는 또한 "당사자가 계약을 체결·이행하는 경우, 법률·행정법규를 준수하여야 하고 사회공중도덕을 중시하여야 하며 사회경제질서를 어지럽히거나 사회공공의 이익에 손해를 입혀서는 아니 된다."고 규정하고 있다는 점이다. 특허실시허가계약 체결에 대한 가장 중요한 제한은, 바로 「반독점법」의 규정을 위반하여 경쟁을 위법하게 제한하는 행위에 해당해서는 안 된다는 점이다. 이에 대해서 본서는, 제48조 규정에 대한 설명에서 논의하도록 하겠다.

二. 특허실시허가계약의 체결

(一) 특허실시허가계약의 체결형식

2008년 「특허법」 개정 시에 본조 규정을 개정하였는데, 원래 규정 중의 "서면" 두 글자를 삭제한 것이 유일한 변화였다. 아래에서 개정 이유에 대하여 설명하겠다.

1. 「민법통칙」 및 「계약법」의 관련 규정

1987년 1월 1일부터 시행된 「민법통칙」 제56조는 아래와 같이 규정하였다.

> 민사법률행위는 서면형식 · 구두형식 또는 기타 형식을 취할 수 있다. 법률이 특정 형식에 의하도록 규정한 경우, 법률의 규정을 따라야 한다.

1999년 10월 1일부터 시행된 「계약법」은 이미 폐지된 「경제계약법」, 「섭외경제계약법」 및 「기술계약법」에 비하여 외국 입법례의 성숙한 경험을 훨씬 더 흡수하여 계약관련 규정을 훨씬 전면적이고 훨씬 구체적이면서 보다 활용성 있게 하였는데, 중국 민상법 분야의 입법에 있어서 큰 성취이자 진보라고 할 수 있다. 「계약법」 제10조는 「민법통칙」 제56조가 확정한 원칙을 계승하여, 아래와 같이 명확히 규정하고 있다.

> ① 당사자가 계약을 체결함에는, 서면형식 · 구두형식과 기타 형식이 있다.
> ② 법률 · 행정법규가 서면형식에 의하도록 규정한 경우, 서면형식에 의하여야 한다. 당사자가 서면형식에 의하는 것으로 약정한 경우, 서면형식에 의하여야 한다.

계약체결의 방식에는 서면형식 · 구두형식 및 추정형식이 있다고 지적하는 학자도 있다.[1]

서면형식은, 문자 또는 전자문서를 당사자의 의사표시 수단으로 하여 계약을 체결

---

1) 崔建远, 合同法[M], 4版, 北京: 法律出版社, 2007: 90-93.

하는 형식을 가리킨다. 「계약법」 제11조는 "서면형식은 계약서, 우편물 및 전자문서 (전보, 전신, 팩스, 전자적 데이터교환 및 전자우편을 포함) 등 유형으로 담고 있는 내용을 표현할 수 있는 형식을 가리킨다."고 규정하고 있다. 서면형식의 최대 장점은 체결한 계약에 조사할 수 있는 근거가 있다는 것으로, 분쟁이 발생할 때에 거증이 용이하며 계약 당사자의 권리와 의무를 확인하기 편리하다는 것이다. 이 때문에, 관계가 복잡한 중요한 계약을 체결할 때는 서면형식을 취하는 것이 가장 좋다. 2008년 개정 전 「특허법」 제12조는 특허실시허가계약을 서면형식이어야 한다고 규정하였는데, 주로 이러한 점을 고려한 데서 비롯된 것이다.

구두형식은, 말을 당사자의 의사표시 수단으로 하여 계약을 체결하는 형식을 가리킨다. 구두형식으로 계약을 체결하는 것은 간편하고 실행하기 쉬워서 일상생활에서 자주 사용되며, 시장에서의 현물교역, 상점에서의 판매 등은 일반적으로 모두 구두형식을 이용하여 매매계약이 성사되는 경우이다. 구두형식의 결점은 계약분쟁 발생 시에 증거를 찾기가 어려워서, 계약 당사자의 권리와 의무를 확인하기가 쉽지 않다는 점이다.

추정형식은, 문자 또는 전자문서로 당사자의 의사를 표시하는 것도 아니고 또한 말로써 당사자의 의사를 표시하는 것도 아니며, 모종의 행위 심지어는 침묵을 통해서 상대방에게 청약하고 상대방은 모종의 필요한 또는 지정된 행위를 함으로써 승낙하여 계약을 성립시키는 것을 가리킨다. 예를 들어, 어떤 상점이 자동판매기를 설치하고, 고객이 규정된 화폐를 자동판매기에 투입하면, 매매계약은 바로 성립된다.

「계약법」 제10조가 규정한 기본원칙에 의하면, 특허실시허가계약의 체결이 구두형식 또는 기타형식을 취할 수 있는 가능성이 법률적으로 배제되는 것은 아니다.

그러나 「계약법」 제10조는 동시에 "법률이 특정 형식에 의하도록 규정한 경우, 법률 규정을 따른다."고 규정하고 있다. 「계약법」 제342조는 아래와 같이 규정하고 있다.

① 기술양도계약은 특허권 양도, 특허출원권 양도, 기술비밀 양도, 특허실시허가계약을 포함한다.
② 기술양도계약은 서면형식에 의하여야 한다.

위 규정은 특허실시허가계약을 "기술양도계약"의 범주에 포함시키고, 기술양도계약은 서면형식에 의하여야 함을 규정하였다. 이처럼 2008년 개정 전 「특허법」 제12조 이외에, 「계약법」 제342조도 특허실시허가계약은 서면형식에 의하여 체결하여야 함을 명확히 규정하였다. 그렇다면 2008년 개정 후 본조 규정이 「계약법」제342조 규정과 서로 모순된다고 볼 수 있는가?

「계약법」제342조가 특허실시허가계약의 성질을 기술양도계약으로 정한 것은, 구 「기술계약법」의 관련 규정을 단순하게 계승한 결과이다. 구 「기술계약법」은 기술이 전의 측면에서 "기술양도"를 넓은 의미로 취급하여, 특허출원권 또는 특허권의 양도 계약인지 아니면 특허실시허가계약인지를 불문하고, 실제로는 계약의 일방 당사자가 관련 기술을 다른 일방 당사자에게 "전수"하여 후자가 그 기술을 실시할 수 있게 하는 것으로 보았으며, 이 때문에 모두 "기술양도계약"의 범주에 속하는 것으로 보았다.

그러나 특허법 의미에서는 특허출원권·특허권의 양도와 특허실시허가의 개념은 법률적으로 차이가 있다.

특허출원권 또는 특허권의 양도는 권리주체의 변경과 권리객체의 양도를 의미한 다. 한편으로는, 「특허법」의 관련 규정에 따라 특허권 수여 전후에 출원인 또는 특허 권자가 국가지식산권국에 관련 절차를 밟아야 하고, 누가 이러한 절차를 밟을 권리가 있는지는 국가지식산권국이 관련 사무를 처리할 때에 반드시 고려하여야 할 가장 중 요한 문제이다. 다른 한편으로는, 수여된 특허권은 중국의 모든 단위와 개인에게 구 속력이 있으므로, 반드시 모든 공중이 특허권의 주체가 누구인지를 즉시 알게 하여야 하며, 무릇 특허주체에 변화가 발생할 때라면 당연히 이처럼 하여야 한다. 따라서 특 허출원권 및 특허권의 양도는 단지 양도계약 쌍방 당사자 사이만의 일이 아니고, 반 드시 국가지식산권국의 승인을 받아야 하며 공중이 알 수 있게 하여야 한다. 바로 이 와 같은 이유 때문에, 「특허법」제10조는 특허출원권 또는 특허권을 양도하는 경우 국가지식산권국에 등록해야 하고 국가지식산권국이 공고하여야 한다고 규정하고 있 으며, 특허출원권 또는 특허권의 양도는 계약이 성립한 날로부터가 아니라 등기한 날 로부터 효력이 있다고 규정하고 있다.

특허실시허가계약은 특허권의 주체가 변경되는 것은 아니고, 단지 피허가자가 약 정한 방식으로 특허를 실시할 수 있는 권리를 획득했음만을 의미한다. 이러한 계약 은 주로 쌍방 당사자의 이익에 관계되고, 공중의 이익에는 직접적으로 관계되지 않는 다(「반독점법」의 규정에 위반되는 경우는 제외). 이 때문에, 특허실시허가계약은 계약이 성립한 날로부터 효력이 있고, 국가지식산권국이 등록 및 공고할 필요가 없다.

특허권 양도계약과 특허실시허가계약이 성질에서 차이가 있으므로 두 계약의 체 결형식에도 차이가 있다. 주의할 점은, 「특허법」제10조 제3항이 "특허출원권 또는 특허권을 양도하는 경우, 당사자는 서면계약을 체결하여야 한다."고 규정하고 있는 데, 2008년 「특허법」개정 시에 이 조문은 개정하지 않았다는 점이다. 이것은 특허출원권 또는 특허권의 양도계약은 국가지식산권국의 등록을 거쳐야 하는데, 국가지식산권국이 양도등록을 함에는 서면양도계약을 근거로 하여야 하며 그렇게 하지 않으면 착오가 발생하기 쉽기 때문이다.

종합하면,「계약법」제342조는 상이한 성질의 두 가지 특허계약을 하나로 취급하여 법적 개념상의 혼란을 일으키기 쉽다.「계약법」제정 과정에서, 국가지식산권국은 일찍이 전국인민대표대회 법률위원회에 이 조문에 존재하는 문제를 여러 차례 지적하였고 개정초안의 조문을 조정함으로써 문제를 해결할 것을 희망하였으나, 유감스럽게도 최종적으로는 받아들여지지 않았다.「계약법」과 비교하여,「특허법」은 하위법·특별법의 성질을 가지며, 이 때문에 본조는 특허실시허가계약의 형식에 있어서 우선적으로 적용되어야 한다.

2. 특허실무 중 묵시허가 인정의 필요성

2008년「특허법」개정 시에 본래 규정의 "서면" 두 글자를 삭제한 것은, 단지 형식적으로「계약법」제10조의 계약체결 방식에 관한 원칙적 규정을 구체화하기 위한 것만이 아니었고 훨씬 더 심층적인 이유가 있었다. 만약 이처럼 개정하지 않았다면, 특허제도의 정상적 운영에 영향을 줄 수 있었다.

특허제도를 운영하는 중에, 다음과 같은 경우가 있을 수 있으며, 이와 관련한 문제가 발생할 수 있다.

(1) 한 건의 발명특허에 두 항의 독립청구항이 있는데, 그중 한 독립청구항은 가공방법에 관한 것이고, 다른 독립청구항은 그 가공방법의 실시에 사용되는 전용설비에 관한 것이라고 하자. 현실적으로 다음과 같은 문제가 발생할 수 있는데, 특허권자 또는 그 피허가자가 이러한 전용설비를 매도하고 구매자가 그것을 이용하여 독립청구항의 가공방법을 실시하는 경우, 별도로 그 특허권자의 허가를 받아야 하는가?

(2) 특허권자가 두 건의 발명특허권을 받았는데, 그중 한 건은 가공방법에 관한 특허권이고, 다른 한 건은 그 방법의 실시에 필요한 전용설비에 관한 특허권이라고 하자. 특허권자 또는 그 피허가자가 이러한 전용설비를 매도하였고, 구매자가 그것을 이용하여 방법특허인 가공방법을 실시하는 경우, 별도로 그 특허권자의 허가를 받아야 하는가?

(3) 특허권자가 단지 한 건의 가공방법 특허권만 받았고, 그 가공방법의 실시에는 전용설비가 필요하지만, 그 전용설비 자체는 특허권을 받지 못하였다고 하자. 특허권자 또는 그 피허가자가 이러한 전용설비를 매도하였고 구매자가 그것을 이용하여 방법특허인 가공방법을 실시하는 경우, 별도로 그 특허권자의 허가를 받아야 하는가?

(4) 특허권자가 한 건의 제품특허권을 받았는데, 그 특허권자 또는 그 피허가자가 그 특허제품 제조에 전용되는 부속품을 매도하고(그 특허권자가 부속품 자체에 대하여 특허권을 받았는지는 중요하지 않다.), 구매자가 그 구매한 부속품을 사용하여 그 특허제품을 제조하는 경우, 특허권자의 허가도 받아야 하는가?

위의 문제에 대해서 어떠한 입장을 취할 것인가는 특허제도가 적절하고 합리적인 방식으로 운영될 수 있는지에 관계되며, 이론적으로 또는 현실적으로 모두 매우 중요한 의의를 갖는다.

위의 네 가지 경우에 대해서, 미국·독일·영국·일본 등 국가는 모두 기본적으로 동일한 입장을 취하고 있는데, 즉 이러한 경우에 특허권자 또는 그 피허가자가 그 전용설비 또는 전용부속품을 매도하는 때에 명시적인 방식으로 제한하는 조건을 부가하는 경우를 제외하고, 구매자는 그 구매한 전용설비를 사용하여 방법독립청구항 또는 방법특허권의 가공방법을 실시하거나 또는 그 구매한 전용부속품을 사용하여 제품특허권을 받은 제품을 제조할 수 있는 "묵시허가"(implied licence)를 받은 것이고, 별도로 그 특허권자의 허가를 받을 필요가 없다고 본다. 이러한 경우에, 특허권자는 문자 또는 구두형식으로 특허실시허가계약을 청약한 것이 아니라 그 판매행위로 특허실시허가계약을 청약한 것이며, 일단 구매자가 대금을 지급하고 관련 제품을 구매하였다면 구매자가 이미 승낙했음을 나타내며 이로써 특허실시허가계약은 바로 성립한다. 이러한 종류의 특허실시허가계약 체결은 실질적으로는 바로 앞에서 설명한 추정형식에 의한 계약 체결이다.

이러한 입장을 취하는 것이 합리적이며, 신뢰보호의 원칙을 체현하는 것이고, 신용사회 건설에도 필요한 것이다. 만약 그렇지 않다고 한다면, 전용설비 또는 전용부속품의 합법적인 구매자가 그 구매한 제품을 정당하게 사용하는 데 불합리한 제한을 받게 되어 정상적인 경제사회질서에 영향이 있게 된다. 특허방법의 실시에 사용되는 전용설비 또는 특허제품의 제조에 사용되는 전용부속품이라면, 구매자가 그 전용설비 또는 전용부속품을 구매한 것은 그 본래 목적이 그 방법을 실시하거나 또는 그 제품을 제조하기 위한 것이라고 추정할 수 있는 이유가 있다. 이때에 만약 구매자가 그 구매한 전용설비 또는 전용부속품을 사용하여 그 방법을 실시하거나 또는 그 제품을 제조하는 것을 특허권자가 제지할 수 있게 허용한다면, 이러한 제품을 구매한 것이 무슨 의의가 있겠는가?

2008년 「특허법」 개정 전의 본조는 줄곧 특허실시허가계약의 체결은 서면형식에 의하여야 한다고 규정했기 때문에, 앞에서 설명한 네 가지 경우에 있어서, 중국 특허권자는 그 구매한 전용부속품을 사용하여 특허제품을 제조하거나 또는 그 구매한 특허설비를 사용하여 특허방법을 사용하는 것을 허용하는 서면 실시허가계약을 구매자와 체결한 적이 없음을 다툴 수 있는 이유가 있었고, 더 나아가 구매자의 행위가 그 제품특허권 또는 방법특허권의 침해에 해당함을 이유로 제소할 근거가 있었다. 이것은 중국에서의 실무 중에 묵시허가이론을 적용하는 데 장애가 되었다.

그러나 구매자가 특허제품의 제조에만 사용되는 부속품을 구매하거나 또는 특허방법의 실시에만 사용되는 전용설비를 구매한 후에, 그것들을 사용하여 관련 특허기술을 실시하는 것은 자연스럽고 합리적인 일이다. 이것은 중국의 입법과 행정부문에 하나의 문제를 제기하였는데, 국가와 공중의 이익 측면에서 볼 때, 이러한 행위를 합법으로 인정하는 것이 유리한가, 아니면 불법으로 인정하는 것이 유리한가 하는 것이었다.

필자는 서방국가들이 묵시허가이론을 통하여 이러한 행위를 합법적 행위로 인정하는 방식을 중국이 참고할 필요가 있으며, 그렇게 하지 않으면 중국의 특허제도가 불합리하게 되어 이러한 문제를 만날 때에 중국의 공중이 서방국가들의 공중에 비하여 불리한 위치에 처하게 될 것이라고 본다. 현재 중국의 기초기술·중요기술은 아직 대부분 외국 특허권자가 장악하고 있다. 지금으로부터 상당히 긴 시간이 지나더라도 이러한 상황에 근본적 변화가 생기기는 어렵다. DVD 특허 침해사건을 예로 들면, 중국의 많은 기업이 지적하듯이, 전용 마이크로칩 등과 같은 DVD 장치의 핵심부품은 모두 국외에서 합법적으로 구매한 것이고, 이러한 부품은 전문적으로 DVD 장치의 제조를 위하여 설계·제조 및 판매되는 것으로서, 이를 제외하고는 다른 현실적인 용도가 없다. 사실이 정말 이와 같다면, 특허권자가 그 핵심부품을 판매하는 행위에는 구매자가 이러한 부품을 사용하여 DVD 완제품 특허기술을 실시하는 것을 허가하는 묵시허가의 의미를 내포하고 있다고 인정하여야 한다. 이러한 방식이 국제관례에 부합하며, 어떠한 비난도 받지 않을 것이다. 이러한 상황에서, 특허제도의 합리적 질서유지를 위한 묵시허가의 현실적 수요와 중요한 기능을 무시하는 것은 중국의 기업을 곤란한 지경에 처하게 할 것이다.

위와 같은 이유에 기초하여, 2008년 전국인민대표대회 상무위원회의 「〈특허법〉 개정안(초안)」 심의과정에서, 국가지식산권국은 본조 규정을 개정할 것을 건의하였다. 전국인민대표대회 법률위원회는 이 건의에 대하여 특별히 진지하고 심도 있는 토론을 진행하였고, 마지막에 이 개정건의를 받아들였다.

지적이 필요한 점은, "서면" 두 글자를 삭제한 것은 그 목적이 사람들로 하여금 구두방식에 의하여 특허실시허가계약을 체결하는 것을 장려하기 위한 것이 아니고, 필요한 경우에 특허실시의 묵시허가를 인정하기 위한 장애물을 제거하기 위한 것이었

다는 점이다. 단위 및 개인이 타인의 특허를 실시하고자 하여 특허권자와 특허실시
허가계약을 체결하는 경우 가급적 서면계약방식에 의하여야 하는데, 이것은 말하지
않아도 아는 것으로 본조가 개정되었더라도 이 입장에는 아무런 변화가 없다.

3. 묵시허가이론과 특허권 소진원칙의 관계 및 구별

「특허법」 제69조 제1호는 특허권 소진원칙을 규정하는데, 즉 특허제품 또는 특허
방법에 의하여 직접적으로 획득한 제품을 특허권자 또는 허가를 받은 단위·개인이
매도한 후 그 제품을 사용·판매청약·판매·수입하는 경우, 특허권 침해로 보지 않
는다고 규정하고 있다. 앞에서 서술한 네 가지 경우에, 「특허법」이 규정하는 특허권
소진원칙에 의해서도 묵시허가를 인정하는 것과 동일한 결론을 얻을 수 있는 것이 아
닌가? 만약 대답이 긍정이라면, 묵시허가를 따로 인정할 필요가 있는가? 라는 의문이
있을 수 있다.

제69조 제1호가 관계되는 제품은 특허권자 또는 그 피허가자가 매도한 "특허제품
또는 특허방법에 의하여 직접적으로 획득한 제품"이고, 결론이 "특허권 침해로 보지
아니한다."라는 것이라는 점을 주의하여야 한다. 조문으로 보면, "특허제품 또는 특
허방법에 의하여 직접적으로 획득한 제품" 중의 특허는 "특허권 침해로 보지 아니한
다."의 특허와 동일한 특허이어야 한다. 바꿔 말하면, 제69조 제1호가 규정하는 특허
권 소진원칙을 적용하면 합법적으로 판매된 제품 자체에 미치는 특허권만 소진시키
는 것이지, 합법적으로 판매된 제품과 연관된 기타 특허권은 소진시킬 수 없다. 전술
한 첫 번째 경우에, 제품 독립청구항과 방법 독립청구항은 특허권자에게 서로 독립된
병렬적인 권리를 수여한 것으로 인정되고, 제품청구항의 권리가 소진된다고 해서 방
법 독립청구항의 권리가 소진되는 것은 아니다. 두 번째 경우에, 제품특허와 방법특
허는 두 건의 서로 독립된 권리로서, 제품특허권의 권리가 소진된다고 해서, 방법특
허권의 권리도 소진되는 것은 아니다. 세 번째 경우와 네 번째 경우에는 더욱 이와 같
은데, 매도된 전용설비 또는 전용부속품 자체는 근본적으로 특허권을 받은 것이 아니
어서, 권리소진 문제는 말할 것도 없기 때문이다. 이 때문에, 매도한 것이 다른 특허
제품의 제조에 전문적으로 사용되는 전용부속품 또는 다른 특허방법을 실시하는 데
전문적으로 사용되는 전용설비인 경우에, 구매자가 그 구매한 전용부속품을 사용하
여 그 특허제품을 제조하거나 또는 그 구매한 전용설비를 사용하여 그 특허방법을 실
시한 것이 제품특허권 또는 방법특허권을 침해한 것에 해당하는지 문제를 논의할 때
에는, 대상이 되는 특허권은 분명히 매도된 제품 자체의 특허권이 아니며, 따라서 제
69조 제1호가 규정하는 특허권 소진원칙을 적용할 수 없다.

　주의하여야 할 점은, 비록 서방 각국이 보편적으로는 특허권 소진원칙을 따르고 있지만, 나라마다 근거로 하는 원리가 약간 다르다는 점이다.

　일부 국가는 특허권 소진원칙을 묵시허가의 기초 위에 수립하여, 특허권자 또는 그 피허가자가 특허제품을 매도할 때 명시적으로 제한조건을 부가하지 않았다면, 곧 구매자는 묵시허가를 받은 것이고, 자유롭게 그 구매한 특허제품을 사용 또는 판매할 수 있다고 본다. 영국이 이러한 방식을 취하는 전형적인 대표국가이며, 이 밖에도 호주·캐나다·뉴질랜드 등 영연방국가들이 이러한 방식을 취한다.[1] 이러한 국가는 실제로는 특허권 소진원칙과 묵시허가이론을 일체로 하여 서로 구분하지 않는다. 이러한 국가들에서는 묵시허가이론이 특허분야에서만 적용되는 것이 아니고 민상법 분야에서도 보편적으로 적용되는데, 이 때문에 이러한 국가의 특허법에서는 특허권 소진원칙을 규정한 특별한 조문이 없다. 특허권자 또는 그 피허가자가 관련 제품을 매도한 후에, 그 제품 자체에 관한 특허권에 대해서 말하자면, 구매자는 그 특허를 실시할 수 있는 묵시허가를 받아서 자유롭게 그 구매한 제품을 사용 또는 전매할 수 있다. 그 특허권자가 향유하는, 매도한 제품과 연관된 다른 특허권에 대해서 말하자면, 만약 매도한 제품이 관련 방법특허를 실시하는 데 필요한 전용설비 또는 관련 제품특허를 실시하는 데 필요한 전용부속품인 경우, 구매자는 이러한 특허를 실시할 수 있는 묵시허가 또한 받은 것이다. 이러한 국가에서는 이 두 가지 결론이 특허권 소진원칙을 적용한 결과라고 할 수도 있으며, 또한 묵시허가이론을 적용한 결과라고 할 수도 있다.

　이와 다른 국가들도 있는데, 특허권 소진원칙은 특허권에 대한 일종의 본질적 제한이고, 특허권자가 그 특허제품을 매도할 때에 명시적으로 제한 조건을 부가한다고 해서 바뀌는 것이 아니라고 본다. 이와 동시에, 이러한 국가들은 묵시허가이론도 인정하고 운용한다. 독일이 이러한 방식을 취하는 전형적인 대표국가이며, 이 밖에 네덜란드·오스트리아·이탈리아 등이 있다.[2] 이러한 사고에 따르면, 특허권 소진원칙은 특허법 분야의 특정원칙이므로, 이러한 국가들은 모두 그 특허법에 특별한 조항을 두어 규정하고 있다. 이러한 국가들에서 특허권 소진원칙과 묵시허가이론은 상이한 법률적 개념이고, 그 적용범위와 법적 효력도 모두 조금씩 다르다. 특허권자 또는 그 피허가자가 관련 제품을 매도한 후에, 그 제품 자체에 미치는 특허권에 대해서 말하

---

1) Amiram Benyamini, Patent Infringement in the European Community[M], IIC Studies, Vol. 13: 290.

2) Amiram Benyamini, Patent Infringement in the European Community[M], IIC Studies, Vol. 13: 290.

자면, 특허권 소진원칙은 구매자에게 침해에 대한 절대적 면책권을 주는데, 특허권자가 그 제품을 매도할 때에 제한적 조건을 부가하였는지를 불문하고, 구매자가 그 구매한 제품을 사용·판매청약·판매하는 것은 모두 특허권 침해에 해당하지 않는다. 특허권자가 향유하는, 매도한 제품과 연관된 다른 특허권에 대해서 말하자면, 묵시허가이론은 구매자에게 침해에 대한 상대적 면책권을 주는데, 특허권자가 매도한 제품이 이러한 연관된 특허를 실시하는 데 전문적으로 사용되는 전용제품이고, 특허권자가 그 전용제품을 매도할 때 제한적 조건을 부가하지 않은 경우이어야만, 비로소 구매자가 그 구매한 전용제품을 써서 이러한 연관된 특허제품을 실시하는 것이 이러한 연관된 특허권을 침해하는 행위에 해당하지 않게 된다. 이 때문에 이러한 국가들은 특허권 소진원칙과 묵시허가이론을 하나로 취급할 수 없다.

중국의 특허제도는 시작부터 독일을 모델로 하여, 특허권자 또는 그 피허가자가 그 특허제품을 매도하기만 하면 특허권자가 제품 매도 후의 사용 또는 처리에 대해서 제한적 조건을 부가했는지를 불문하고, 그 제품 자체에 미치는 특허권은 모두 권리가 소진되는 것으로 규정하였다. 바꿔 말하면, 매도된 제품 자체에 미치는 특허권에 대해서 말하자면, 「특허법」 제69조 제1호가 규정하는 특허권 소진원칙이 특허권 침해에 대한 일종의 철저한 면책권을 제공하므로, 그 적용을 위해 묵시허가이론에 의할 필요가 없다. 따라서 중국에서는 묵시허가이론에 의하여 동일한 특허권자가 보유한, 판매제품과 연관된 다른 특허권에 대한 침해문제만 해결하면 되었다. 2008년 개정 전 「특허법」 본조가 특허실시허가계약은 서면방식으로만 체결하여야 한다고 규정하여 중국에서는 묵시허가 인정에 장애가 있었으며, 이것은 당시 중국 특허제도에 있어서 개선이 필요한 부분으로 인식되었다. 2008년 「특허법」 개정 시에 본조의 원래 조문 중의 "서면" 두 글자를 삭제한 것은, 중국 특허제도의 개선에 있어서 중요한 의의를 갖는다.

(二) 특허실시허가의 유형과 내용

피허가자가 취득하는 실시권의 범위를 기준으로, 특허실시허가는 아래의 몇 가지 유형으로 구분할 수 있다.

(1) 독점실시허가. 줄여서 '독점허가'라고 하는데, 약정한 시간 및 지역적 범위 내에서 특허권자가 오직 하나의 피허가자에게만 그 특허실시를 허가하는 것으로, 특허권자 자신도 그 특허를 실시할 수 없는 실시허가이다.

(2) 배타실시허가. 줄여서 '배타허가' 또는 '독가(独家)허가'라고 하는데, 약정한 시

간 및 지역적 범위 내에서 특허권자는 오직 하나의 피허가자에게만 그 특허실시를 허가하지만, 특허권자 자신은 그 특허권을 실시할 수 있는 실시허가이다.

(3) 통상실시허가. 줄여서 '통상허가'라고 하는데, 약정한 시간 및 지역적 범위 내에서 특허권자는 어떤 자에게 그 특허실시를 허가하는 동시에 제3자에게 그 특허실시를 허가할 권리도 유지하는 실시허가이다. 통상허가는 특허실시허가 중에서 가장 흔히 볼 수 있는 유형이다.

(4) 교차실시허가. 줄여서 '교차허가' 또는 '교환허가'라고 하는데, 두 특허권자가 서로 상대방이 자기의 특허를 실시하는 것을 허가하는 실시허가이다. 이러한 허가계약을 체결하는 경우에, 만약 두 건 특허의 가치가 대략 비슷하다면 계약 쌍방은 피차 허가사용료를 받지 않기로 약정할 수 있으며, 만약 두 건이 기술적 효과 또는 경제적 효용에서 차이가 크다면 일방이 다른 일방에게 적당한 보상금을 지급하는 것으로 약정할 수도 있다.

(5) 재실시허가. 줄여서 '재허가'라고 하는데, 기본허가의 상대적인 개념으로, 곧 기본허가의 피허가자는 특허권자와의 약정에 따라서, 제3자에게 동일한 특허실시를 허가할 수 있으며, 피허가자가 제3자와 체결하는 이러한 실시허가가 바로 재허가이다.

지적이 필요한 점은, 특허실시허가계약은 일반적으로 모두 비교적 복잡한 계약으로서, 단순하게 피허가자가 허가자의 특허권을 실시할 수 있는 권리가 있음을 약정하는 것이 아니라, 여러 분야의 사항에 광범위하게 관련되어 특허뿐만 아니라 일반적으로 상표·저작권·영업비밀 등 기타 지식재산권도 포함하고, 실질적으로는 쌍방 당사자 사이에 일종의 합작관계를 수립하는 것이어서 합작 쌍방의 권리와 의무를 전면적으로 약정하는 것이 필요한데, 이 때문에 그 내용이 일반적으로 매우 복잡하고 체결방식도 매우 신경 써야 한다는 점이다. 선진국에서는 특허실시허가계약의 체결에 반드시 변호사 또는 특허대리인이 참여하여, 약정사항을 명확하고 완전하며 실행가능하고 세밀하게 하여 법적 문제를 남기는 것을 가급적 방지한다. 중국의 특허대리 업계가 과거에는 특허출원의 대리에 편중하였으나, 중국의 지식재산권 제도가 부단히 개선됨에 따라서 특허실시허가계약 체결 대리가 이미 더욱더 중요시되고 있다.

제13조 발명특허출원 공개 후의 실시

발명특허출원이 공개된 후에, 출원인은 그 발명을 실시하는 단위 또는 개인에게 적당한 비용을 지급하도록 요구할 수 있다.

一. 임시보호의 필요성

「특허법」 제34조 규정에 따라서, 국가지식산권국은 발명특허출원을 접수한 후 초보심사를 거쳐서 이 법의 요구에 부합하는 것으로 인정되면, 출원일로부터 18개월이 되는 때에 공개한다. 「특허법」 제35조 규정에 따라서, 발명특허출원의 출원인은 출원일로부터 3년 이내에 언제든지 국가지식산권국에 대하여 그 출원에 대한 실체심사를 청구할 수 있다. 이것이 바로 세계 각국이 발명특허출원에 대하여 보편적으로 취하고 있는 소위 "출원공개 · 심사청구" 제도로서, 출원인이 그 발명특허출원에 대한 실체심사를 개시할 필요가 있는지를 고려할 수 있는 충분한 시간을 주는 한편, 심사의 지연으로 공중에게 기술정보가 조속히 전파되는 것이 방해되지 않도록 하는 데 그 목적이 있다.

발명특허출원의 공개 후에는 제3자가 공개된 출원서류를 열람함으로써 발명의 내용을 이해할 수 있으므로 제3자가 그 발명을 실시할 수도 있다. 발명특허가 출원되면 최종적으로 두 가지 결과가 있을 수 있는데, 첫째는 특허권이 수여되는 것이고, 둘째는 특허권이 수여되지 않는 것(발명특허출원이 취하 · 취하간주 또는 거절되는 것 포함)이다. 전자의 경우에는 「특허법」 제39조 규정에 의하여, 발명특허권은 국가지식산권국이 공고한 날로부터 효력이 발생한다. 발명특허출원이 공개된 때로부터 특허권 수여 공고까지의 기간에는 발명특허권이 아직 수여되지 않았기 때문에, 출원인은 그 발명에 대하여 「특허법」 제11조가 규정하는 보호를 받을 수 없으며 제3자에게 그 발명의 실시를 중지하도록 요구할 수 있는 권리도 아직 없다. 이 때문에 「특허법」은 발명특허출원이 공개된 후에 출원인에게 반드시 "임시보호"를 제공하여야 한다. 만약 그렇게 하지 않으면, 발명특허권이 수여되기 전에 그 공개된 발명을 제3자가 임의로 실시하도록 허용하는 것이어서, 분명히 발명특허출원인의 이익에 손해를 입히게 된다. 만약 이와 같이 된다면, "출원공개 · 심사청구" 제도는 실패한 제도이므로 각국은 이를 채택하지 않았을 것이다. 바로 이와 같은 이유 때문에, 본조는 발명특허출원이 공개된 후에 출원인이 그 발명을 실시하는 단위 또는 개인에게 적당한 비용을 지급하도록 요구할 수 있다고 규정하는데, 이것이 바로 소위 발명특허출원에 대한 "임시보호"
이다.

본조가 규정하는 임시보호는 공개 후의 발명특허출원에만 적용된다. 출원일로부터
공개일 사이의 발명특허출원, 그리고 출원일로부터 등록공고일 사이의 실용신안 및
디자인특허출원에 대해서는, 「특허법」이 임시보호를 제공하지 않는다. 이것은 「특허
법」 제21조 제3항 규정에 따라, 특허출원의 공개 또는 등록공고 전에 국가지식산권
국의 직원 또는 관계자는 특허출원의 내용에 대해서 비밀유지책임을 지므로, 제3자
가 국가지식산권국으로부터 특허출원의 내용을 알게 되고 이에 나아가 실시하는 것
이 불가능하며, 따라서 임시보호를 제공할 필요가 없기 때문이다.

二. 임시보호에 관한 몇 가지 문제

(一) 임시보호의 성질

발명특허출원의 공개일로부터 특허권 효력발생일 사이의 임시보호 기간에 타인이
허가 없이 동일한 발명창조를 실시하는 행위를 「특허법」은 "특허권 침해"행위라고
하지 않는데, 이로써 특허권이 수여된 후의 특허권 침해행위와 구별한다. 이러한 행
위에 대하여, 본조는 단지 "출원인은 그 발명을 실시하는 단위 또는 개인에게 적당한
비용을 지급하도록 요구할 수 있다."라고만 규정할 뿐이고, 특허권 침해행위처럼 침
해자가 특허권 침해에 대한 민사책임을 지도록, 즉 침해행위 중지와 손해배상을 요구
할 수 있다고 규정하지 않았다. 따라서 법원 및 특허업무관리부문이 관련 분쟁을 심
리·조정할 때에, 두 경우를 다르게 취급하여야 한다. 예를 들어, 어떤 사람이 발명특
허출원이 공개된 후에 허가 없이 실시하기 시작하여 특허권이 수여된 후에도 계속해
서 실시하였다면, 그 특허권 수여 전후의 행위를 다르게 취급하여야 한다.

본조 규정에 있어서, 출원인은 그 발명을 실시하는 단위 또는 개인에게 어느 정도
의 사용료를 요구할 수 있는가? 이 문제에 관해서, 본조는 "손해배상"이라는 표현이
아닌 "적당한 비용"이라는 표현을 쓰고 있는데, 그 액수는 통상실시허가의 사용료에
따라서 계산하여야 한다. 특허실시허가계약은 쌍방 당사자가 대등하게 협상하여 체
결하는 계약으로서, 통상적으로는 쌍방에게 이익이 되어 쌍방이 실시로 인해 발생하
는 수익을 함께 향유하며, 허가자는 피허가자에게 수익의 전부를 모두 사용료로 지급
하도록 요구할 수 없기 때문에, 통상실시허가의 사용료는 일반적으로 실시수익의 일

부분일 수밖에 없다. 바로 이와 같은 이유 때문에, 「특허법」 제65조는 손해배상액수를 특허허가 사용료의 배수를 참고하여 합리적으로 확정할 수 있다고 규정하는데, 만약 특허허가 사용료의 배수가 아니라 사용료만큼만이라면 특허권자의 손해를 보전하는 데 부족하기 때문이다. "적당한 비용"이 손해배상 액수보다 낮아야 하므로 "적당한 비용의 배수"라고 하지 않고 "적당한 비용"이라고 한 것은 합리적인 것이다.

임시보호는 국가지식산권국이 발명특허출원을 공개한 날로부터 시작된다. 본조는 발명특허출원이 공개된 후에 발명특허의 출원인은 그 발명을 실시하는 단위 또는 개인에게 적당한 비용을 지급할 것을 요구할 수 있다고 규정하는데, 이것이 출원인이 발명특허권을 수여받기 전에도 실시자에게 비용지급을 요구할 수 있는 권리가 있음을 의미하는가? 이에 대해서 「특허법실시세칙」 제85조는 더 나아가 보충하여 규정하고 있다. 이 조 제1항은 특허업무관리부문은 당사자의 청구에 응하여 특허분쟁에 대하여 조정할 수 있고, 그중에는 발명특허출원이 공개된 후 특허권이 수여되기 전에 발명을 사용하였으면서도 비용을 지급하지 않은 것과 같은 분쟁을 포함한다고 규정하고 있으며, 제2항은 특별히 아래와 같이 규정하고 있다.

전항 제4호의 분쟁에 대하여 당사자가 특허업무관리부문에 조정을 청구하는 경우, 특허권이 수여된 후에 청구하여야 한다.

발명특허출원의 출원인이 그 출원이 공개된 후에 타인이 그 발명을 실시하는 것을 발견하는 경우, 자기가 이미 그 발명에 대하여 발명특허를 출원하였음과 이미 공개되었다는 사실을 그 실시자에게 고지하고, 그 적당한 비용을 지급할 것을 요구할 수 있다. 현실적으로, 그 발명을 실시하는 단위 또는 개인은 그 출원에 대해서 아직 발명특허권이 수여되지 않았음을 이유로 하여 사용료의 즉시 지급을 거절할 수 있다. 이러한 상황이 발생할 때에는, 「특허법실시세칙」의 위 규정에 근거하여, 특허출원인이 특허업무관리부문에 그 분쟁의 조정을 청구할 수 있지만, 그 출원이 특허권을 수여받은 후에야 비로소 조정을 청구할 수 있다. 이처럼 규정한 것이 합리적인데, 발명특허출원이 실체심사 과정에서 거절 또는 취하될 수도 있고 반드시 발명특허권이 수여된다고 할 수는 없어서, 특허권 수여 전에 강제로 실시자에게 비용을 지급하도록 하는 것에는 충분한 이유가 없기 때문이다. 바로 이러한 이유 때문에, 본조는 "요구할 권리가 있다."라는 표현이 아닌 "요구할 수 있다."라는 표현을 쓰고 있다. 비록 「특허법실시세칙」의 위 규정이 특허업무관리부문의 임시보호 분쟁의 조정에 관한 것이기는 하지만, 임시보호 분쟁의 민사소송에도 마찬가지로 적용되는 것으로 이해하여야 하는

데, 즉 당사자가 임시보호 분쟁에 대하여 법원에 소송을 제기하는 경우에도 발명특허권이 수여된 후에 제기하여야 하고, 그렇지 않으면 법원은 수리해서는 안 된다.

(二) 임시보호의 보호범위

「특허법」 제59조 제1항은 특허권의 보호범위는 청구범위의 내용을 기준으로 한다고 규정하고 있다. 임시보호의 범위는 어떻게 확정하여야 하는가? 발명특허출원이 공개될 때의 청구범위를 기준으로 하여야 하는가, 아니면 발명특허권이 수여될 때의 청구범위를 기준으로 하여야 하는가? 「특허법」 및 「특허법실시세칙」에는 모두 이에 대해서 명확히 규정되어 있지 않다.

공개될 때의 발명특허출원은 아직 실체심사를 거친 것이 아니어서, 그 청구범위의 내용이 발명특허권이 수여될 때의 청구범위와 다를 수 있기 때문에 위와 같은 문제가 발생한다. 이처럼 타인의 실시행위가 공개된 특허출원의 보호범위 이내이지만 특허권이 수여된 청구항의 보호범위 이내는 아닌 경우, 또는 완전히 이와 상반된 경우가 있을 수 있다. 따라서 무엇을 기준으로 하여야 하는지는 중요한 의의가 있다. 이에 대하여 2000년 개정 「유럽특허협약」 제69조는 아래와 같이 규정하고 있다.

(1) 유럽특허 또는 유럽특허출원의 보호범위는 청구항의 내용을 기준으로 하고, 설명서 및 도면은 청구항 해석에 이용될 수 있다.
(2) 유럽특허권이 수여되기 전의 기간에, 유럽특허출원의 보호범위는 공개된 특허출원의 청구범위를 기준으로 한다. 그러나 수여된 유럽특허 또는 이의·제한 또는 취하절차를 거쳐 보정된 유럽특허가 보호범위를 확대하지 않은 경우, 유럽특허출원의 보호범위에 대하여 소급적 효력을 갖는다.

위 규정의 의미는 다음과 같다. 만약 수여된 유럽특허 또는 이의·제한 또는 취소절차를 거쳐 보정된 유럽특허의 청구항에 기재된 보호범위가 공개된 유럽특허출원에 기재된 청구항의 보호범위보다 넓다면, 유럽특허출원의 임시보호범위는 변함없이 공개된 유럽출원에 기재된 청구항을 기준으로 하며, 곧 특허권 수여 시의 유럽특허의 청구항 또는 이의·제한 또는 취소절차를 거치면서 보정된 유럽특허의 청구항은 소급적 효력을 갖지 않는다. 이와 반대로, 만약 특허권 수여 시의 유럽특허 또는 이의·제한 또는 취소절차를 거치면서 보정된 유럽특허에 기재된 청구항의 보호범위가 공개된 유럽특허출원에 기재된 청구항의 보호범위보다 넓지 않다면, 유럽특허출원의 임시보호범위는 특허권 수여 시의 유럽특허 또는 이의·제한 또는 취소절차를 거치면서 보정된 유럽특허에 기재된 청구항을 기준으로 하며, 곧 특허권 수여시의 유럽특허의 청구항 또는 이의·제한 또는 취소절차를 거치면서 보정된 유럽특허 청구항은 소급적 효력을 갖는다.

이로부터 「유럽특허협약」은 단순하게 공개된 때의 유럽특허출원의 청구항을 임시보호의 기준으로 한다고 규정한 것도 아니고, 또한 단순하게 특허권이 수여될 때의 유럽특허의 청구항 또는 이의·제한 또는 취소절차를 거치면서 보정된 청구항을 임시보호의 기준으로 한다고 규정한 것도 아니며, 공공이익 우선의 원칙을 따르고 있음을 볼 수 있다. 이렇게 하는 이유는, 한편으로는 유럽특허권이 수여되기 전에는 공중이 유럽특허출원이 공개된 때의 청구범위만 볼 수 있을 뿐이어서 설령 특허권이 수여될 때에 청구항의 보호범위가 확대되었다고 하더라도 임시보호의 범위에 영향을 주어서는 안 되기 때문이고, 다른 한편으로는 만약 특허권이 수여될 때의 유럽특허 청구항의 보호범위 또는 이의·제한 또는 취소절차를 거쳐 보정된 유럽특허의 청구항이 공개된 때의 유럽특허출원에 기재된 청구항의 보호범위보다 좁다면, 즉 유럽특허청이 심사에서 특허권 수여 전의 보호범위가 적절하지 않아서 유럽특허를 수여할 수 없다고 인정하면, 특허권 수여 전의 보호범위에 대해서 임시보호를 할 수는 없기 때문이며, 따라서 이러한 경우에는 당연히 특허권이 수여될 때의 유럽특허 청구항의 보호범위 또는 이의·제한 또는 취소절차를 거쳐 보정된 유럽특허의 청구항을 기준으로 한다. 주의가 필요한 점은, 「유럽특허협약」의 규정은 특허권을 수여받은 유럽특허의 공개된 유럽특허출원에 대한 소급적 효력뿐만 아니라 이의·제한 또는 취소절차를 거치면서 보정된 유럽특허의 공개된 유럽특허출원에 대한 소급적 효력까지 고려했다는 점인데, 이러한 절차는 특허권 수여절차의 연장 및 계속으로 간주되고, 통상적으로는 특허권의 보호범위를 축소할 수만 있을 뿐이지 특허권의 보호범위를 확대할 수는 없기 때문에 고려할 필요가 있다고 하겠다. 「유럽특허협약」의 위 규정은 매우 합리적인데, 입법의 정교함과 치밀함을 보여준 것이어서 중국이 본받을 만하다.

(三) 임시보호의 종료 및 변경

본조 규정에 따라서, 발명특허출원이 공개된 날로부터 출원인은 임시보호를 받을 수 있다. 이 때문에, 본조는 임시보호의 시간적 기점을 명확히 하였다. 시간적 기점이 있다면 시간적 종점도 있어야 한다. 「특허법」 자체에는 임시보호의 시간적 종점이 명확히 규정되어 있지 않다.

임시보호는 발명특허권이 수여됨으로써 종료될 수 있다. 발명특허권이 수여된 것으로 공고된 날로부터, 원래의 출원인 곧 이후의 특허권자는 "임시보호"가 아닌 "정식보호"를 받는 것으로 전환된다. 임시보호는 여기에서 종료되는데, 이것은 따로 규정할 필요가 없다.

그러나 발명특허출원은 발명특허권이 수여되는 것으로만 끝나는 것은 아니며, 발명특허권이 수여되지 않고 거절·취하·취하간주 또는 포기간주될 수도 있다. 실용신안 및 디자인특허출원에 있어서는, 만약 위와 같은 경우로 인해 특허권이 수여되지 않으면 국가지식산권국은 공고할 필요가 없는데, 이러한 특허출원은 원래 공개되지 않았기 때문에 출원인의 이익을 보호하는 측면에서 보면, 특허권이 수여되지 않는 경우에 특허출원한 실용신안 또는 디자인을 비밀상태에 있게 하는 것이 출원인에게 훨씬 유리하기 때문이다. 발명특허출원에 있어서는 이와 다른데, 발명특허출원은 특허권이 수여되기 전에 공개되기 때문에, 만약 위와 같은 경우가 발생해서 발명특허권을 수여할 수 없음에도 불구하고 공고를 통하여 공중이 즉시 알게 하지 않으면, 공개된 발명이 계속해서 임시보호를 받는 상태에 있게 되어 공중이 그 발명을 실시해도 되는지 여부를 명확하게 알지 못하게 되는데, 이것은 분명히 공중에 대하여 무책임한 방식이라고 하겠다. 이러한 이유에 기초하여, 「특허법실시세칙」 제90조는 국가지식산권국이 정기적으로 특허공보를 출판하여 공개 또는 공고하는 사항에 "발명특허출원 공개 후의 거절·취하·취하간주·포기간주"를 포함한다고 규정하고 있다. 바꿔 말하면, 국가지식산권국이 위의 사항을 공고한 날로부터 원래의 임시보호는 종료될 뿐만 아니라, 처음부터 존재하지 않았던 것으로 간주된다.

발명특허출원에 있어서는, 발명특허권을 수여하기 전에도 이러한 상황이 발생할 수 있는데, 즉 출원인이 처음에는 어떤 과실로 인해 그 특허출원권을 상실하였다가 나중에 「특허법실시세칙」 제6조 규정에 의해서 그 특허출원권을 회복하는 경우이다. 이러한 경우에는 임시보호도 이에 따라서 상실했다가 회복된다. 동일한 이유로, 「특허법실시세칙」 제90조는 또한 특허공보에 공고하는 사항에 "발명특허출원 공개 후의 회복"을 포함한다고 규정하고 있다.

발명특허출원이 임시보호를 받는 상황에서, 공중은 임시보호를 받는 것이 어떤 발명인지뿐만 아니라, 임시보호를 받는 권리자가 누구인지에 대해서도 관심을 가질 수 있다. 일반적인 경우에, 임시보호를 받는 권리자는 바로 공개된 발명특허출원의 출원인이다. 그러나 「특허법」 제10조 규정에 따라서, 특허출원권도 양도할 수 있다. 양도한 경우에, 임시보호를 받는 권리자도 변경된다. 권리주체의 변경을 공중이 조속히 알 수 있게 하기 위하여, 「특허법실시세칙」 제90조는 특허공보에서 공고하는 사항에 "발명특허출원 공개 후의 이전"이 포함된다고 규정하고 있다.

(四) PCT 국제출원에 대한 임시보호

중국에 출원되는 발명특허출원 중에는 「파리조약」의 경로를 통하여 바로 국가지식산권국에 출원된 것도 있고, PCT 경로를 통하여 먼저 국제사무국에 출원한 후 다시 중국의 국내단계에 진입한 것도 있다. 위의 두 가지 상이한 경로에 따라서, 발명특허출원의 공개방식에 차이가 있으며, 이 때문에 PCT 경로로 출원된 발명특허출원의 임시보호가 언제부터 시작되는가 하는 특수한 문제가 생긴다.

PCT 제3조 제4항 제1호는 국제출원은 일종의 규정된 언어를 사용하여야 한다고 규정하고 있다. 이 조약 제21조는 다른 규정이 있는 경우를 제외하고, 국제사무국은 국제출원의 우선일로부터 18개월이 경과한 후에 신속히 국제공개를 하여야 하며, 국제공개의 언어와 형식 및 기타 세부사항은 「PCT규칙」의 규정을 따른다고 규정하고 있다.

「PCT규칙」 제48.3항은 만약 국제출원이 아랍어·중국어·영어·프랑스어·독일어·일본어·한국어·포르투갈어·러시아어 또는 스페인어(즉, 소위 "공개언어")로 제출된 경우, 그 출원은 그 제출 시에 사용된 언어로 공개하여야 하고, 만약 국제출원이 공개언어로 제출된 것이 아니고 하나의 공개언어로 된 번역문을 제출한 경우에는, 그 출원은 그 번역문의 언어로 공개하여야 한다고 규정하고 있다.

국제공개의 효력에 관하여, PCT 제29조는 아래와 같이 규정하고 있다.

> (1) 지정국에서의 출원인의 권리의 보호에 관한 한, 지정국에서의 국제출원의 국제공개 효과는 제2항에서 제4항까지의 규정에 따를 것을 조건으로, 심사를 거치지 아니한 국내출원의 강제적인 국내공개에 대한 해당지정국의 국내법령이 정하는 효과와 동일하다.
>
> (2) 해당 지정국에서 국내법령에 의한 공개에 사용되는 언어와 다른 언어로 국제공개가 행하여진 경우에는 지정국의 국내법령은 제1항에 정하는 효과가 다음의 어느 때로부터만 발생한다고 지정할 수 있다.

PCT 제29조 제(2)항이 부여하는 권리에 근거하여, 「특허법실시세칙」 제114조는 아래와 같이 규정하고 있다.

> ① 발명특허권의 획득을 요구하는 국제출원에 대하여 국무원 특허행정부문이 초보심

사에서 특허법 및 이 세칙의 관련 규정에 부합하는 것으로 인정하는 경우, 특허공보에 공개해야 하며, 국제출원이 중문 이외의 언어로 된 것인 경우, 출원서류의 중문 번역문을 공개하여야 한다.

② 발명특허권의 획득을 요구하는 국제출원을 국제사무국이 중문으로 국제공개한 경우, 국제공개일로부터 특허법 제13조 규정을 적용하며, 국제사무국이 중문 이외의 언어로 국제공개한 경우, 국무원 특허행정부문이 공개한 날로부터 특허법 제13조 규정을 적용한다.

③ 국제출원에 있어서는, 특허법 제21조 및 제22조의 공개는 본조 제1항이 규정하는 공개를 가리킨다.

위 규정의 의미는 다음과 같다.

첫째, PCT 경로를 통해서 중국에 진입하여 발명특허권을 받고자 하는 국제출원은 어떤 언어로 국제출원한 것인지를 불문하고, 국가지식산권국이 모두 다시 공개한다.

둘째, 중문으로 된 국제출원의 경우에 국가지식산권국은 중문으로 된 출원서류를 공개하고, 외국어로 된 국제출원의 경우에는 국가지식산권국이 그 출원서류의 중문 번역문을 공개한다.

셋째, 국제사무국에 의해 중문으로 국제공개된 국제출원의 경우에, 국제공개일로부터 중국에서 임시보호를 받으며, 국제사무국에 의해 외국어로 국제공개된 국제출원의 경우에는, 국가지식산권국이 다시 공개한 날로부터 중국에서 임시보호를 받는다.

넷째, 국제출원이 중국의 발명 또는 실용신안특허출원의 확대된 선출원에 해당하는지를 판단할 때에는, 「특허법」 제22조 제2항에서 "동일한 발명 또는 실용신안에 대하여 국무원 특허행정부문에 출원일 이전에 출원하여 출원일 이후에 공개된 임의의 단위 또는 개인의 특허출원문서 또는 공고된 특허문서 중에 기재되지 아니한 것" 중의 "공개"는 국제출원이 국제사무국에 의해서 국제공개된 것을 가리키는 것이 아니라 그 국제출원이 중국에서 공개된 것을 가리킨다.

위의 세 번째 의미와 같이 규정한 것은, 중국에서의 국제출원에 대한 임시보호가 국제출원의 중문 공개일로부터 시작될 수밖에 없고, 국제출원의 외국어 공개일로부터 시작될 수는 없기 때문이다. 이것은 분명히 중국 공중의 이익을 보호하기 위한 목적이 있다.

이 밖에, PCT가 국제출원이 각국의 국내단계에 진입하여 특허권을 수여받은 후에 그 보호범위는 원문을 기준으로 한다고 규정하고 있으므로, 「특허법실시세칙」 제117조는 이에 더 나아가 아래와 같이 규정하고 있다.

국제출원을 기초로 수여된 특허권이, 번역문이 잘못되어 특허법 제59조 규정에 의해 확정한 보호범위가 국제출원의 원문에 기재된 범위를 초과하는 경우, 원문에 의하여 한정된 보호범위를 기준으로 하며, 보호범위가 국제출원의 원문에 기재된 범위보다 작게 되는 경우, 특허권을 수여받을 때의 보호범위를 기준으로 한다.

이 규정은 앞에서 인용한「유럽특허협약」제69조 규정과 방식은 다르지만 동일한 효과를 낸다.

제14조 국유 기업사업단위 발명특허의 응용확산

국유 기업사업단위의 발명특허가 국가이익 또는 공공이익에 중대한 의의가 있는 경우, 국무원 유관 주관부문 및 성·자치구·직할시 인민정부는 국무원의 비준을 거쳐 비준된 범위 내에서 응용확산을 결정하고 지정된 단위에게 실시를 허용할 수 있으며, 실시 단위는 국가규정에 따라서 특허권자에게 사용료를 지급하여야 한다.

一. 응용확산의 대상·조건 및 절차

응용확산의 대상에 관하여 본조는 두 가지 측면에서 규정하는데, 첫째는 권리주체의 측면이고, 둘째는 특허권 유형의 측면이다.

특허권의 주체에 있어서, 응용확산을 하는 대상은 국유 기업사업단위가 향유하는 특허권이고, 중국의 중외합자기업·사영기업 및 기타 혼합소유제 단위 및 개인이 향유하는 특허권은 포함되지 않으며, 외국인·외국기업 또는 외국의 기타 조직이 향유하는 특허권 역시 포함되지 않는다. 2000년 「특허법」 개정 시에 본조에 원래 규정되었던 "전국민소유제단위"를 "국유 기업사업단위"로 고쳤으며, 따라서 어떤 단위가 순수한 전국민소유제 단위가 아니라고 하더라도 국유자본이 그 자본구조 중에 통제할 수 있는 지위를 갖는 국유지주단위에 해당한다면, 그 향유하는 특허권에 대하여 응용확산을 할 수 있다.

특허의 유형에 있어서, 응용확산을 할 수 있는 대상은 발명특허에만 국한되며, 실용신안특허 및 디자인특허는 포함되지 않는다. 2000년 「특허법」 개정 전에 본조 제1항은 응용확산이 허용되는 특허의 유형을 전국민소유제단위가 보유하는 "발명창조특허" 그리고 집단소유제단위 및 개인의 "특허"로 정하였는데, 문언적으로 보면 모든 세 가지 유형의 특허에 적용되었다. 2000년 「특허법」 개정 시에, 응용확산이 허용되는 특허의 유형을 발명특허로만 국한하여, 본조의 적용범위를 현저하게 축소시켰다.

사실상, 중국이 1985년 「특허법」을 실시해 온 이래로 본조 규정에 의하여 응용확산을 시행한 사례는 매우 드물며, 2000년 「특허법」 개정 이래로는 이러한 절차가 진행된 발명특허가 한 건도 없다.

二. 관련 문제

발명특허의 응용확산에 대하여, 본조가 규정한 조건에 부합하기만 하면 특허권이 수여된 후에 바로 결정할 수 있고, 일정한 시간을 기다린 후에야 비로소 비준할 수 있는 것은 아니다. 지정된 단위가 얼마나 오랜 기간 동안, 어떤 방식을 통해서, 어느 규모로 실시할 것인지는 국무원이 응용확산을 비준할 때 결정한다.

본조 규정에 따라서, 실시의 주체는 국무원 유관주관부문과 성·자치구·직할시가 지정하는 단위이고 개인은 포함되지 않는다. 이것은 민법에 근거하여, 개인이 단독투자기업을 설립하지 않거나 개인사업자가 되지 않은 경우에는 생산경영의 자격이 없기 때문이며, 이 때문에 개인은 직접적으로 본조가 규정하는 실시주체가 될 수 없다. 이 밖에 본조 규정에 의하여 응용확산이 필요한 발명은 "국가이익 또는 공공이익에 중요한 의의가 있는" 발명이고, 응용확산의 결과로 국가이익 또는 공공이익 보호에 현저한 효과가 발휘되어야 하는데, 이것은 개인의 실시행위로 달성할 수 있는 것이 아니다.

실시하도록 지정되는 단위가 어떤 성질을 갖는 단위이어야 하고 어떠한 조건을 갖추어야 하는지에 대해서는 본조가 명확히 규정하지 않았다. 필자는, 외자기업인지 아니면 내자기업인지를 불문하고, 공유제 기업인지 아니면 사유제 기업인지를 불문하고, 중국에서 생산경영 자격을 갖추고 관련 특허기술을 실시할 수 있는 능력을 구비하고 있기만 하면, 모두 일정한 기준에 따라서 실시주체로 지정될 수 있다고 본다.

본조는 "실시하는 단위는 국가규정에 따라서 특허권자에게 사용료를 지급하여야 한다."고 규정하고 있다. 이것은, 설령 본조가 규정하는 상황에서 국무원이 발명특허의 응용확산을 결정하였다고 하더라도, 특허권자의 권익을 무시할 수는 없음을 나타내는 데, 이렇게 하는 것이 TRIPs의 관련 규정에 부합한다. 소위 "국가규정"이 무엇인지, 현재에는 이에 관한 특별히 명확한 규정이 없다. 필자는 실제로 본조 규정을 적용할 필요가 있는 경우에는, 비준을 결정할 때에 특허권자에게 지급하여야 하는 사용료와 지급방식을 규정해야 한다고 본다. 사용료를 확정할 때에는, 특허권자가 그 발명 창조를 연구개발하는 데 소요된 원가, 그 발명의 실시 규모와 기간, 지정된 단위가 그 발명을 실시함으로써 얻을 수 있는 경제적 이익 등 요소를 고려해야 하고, 비준결정 이전에 특허권자와 실시자의 의견을 청취하여야 한다.

본조는 응용확산 비준 결정에 대하여 불복하는 경우의 구제절차에 대해서는 규정하지 않았는데, 이것은 특허권자가 결정에 대하여 불복하더라도 구제를 청구할 수 없음을 나타낸다. 「행정재의법」 규정에 따르면, 국무원 유관 주관부문 또는 성·자치구·직할시 인민정부가 행한 구체적인 행정행위에 불복하는 경우에는, 행정행위를 행한 부문 또는 기관에 재의를 신청할 수 있다. 재의결정에 불복하는 경우에는, 국무원에 재결을 신청할 수 있으며, 국무원이 종국적인 재결을 내린다. 본조 규정에 근거하여, 응용확산 결정 자체는 국무원이 비준하여 결정한 것이므로, 다시 재의를 신청할 기회가 주어지지 않는다.

제15조 특허출원권 및 특허권의 공유

① 특허출원권 또는 특허권의 공유자가 권리의 행사에 대하여 약정한 경우, 그 약정을 따른다. 약정하지 아니한 경우, 공유자는 단독으로 실시하거나 또는 통상허가 방식으로 타인에게 그 특허의 실시를 허가할 수 있으며, 타인에게 그 특허의 실시를 허가한 경우, 수취한 사용료는 공유자 사이에 분배하여야 한다.

② 전항이 규정한 경우를 제외하고, 공유인 특허출원권 또는 특허권의 행사는 공유자 전원의 동의를 얻어야 한다.

一. 개 요

특허출원권 및 특허권은 모두 재산권의 속성을 갖고 있으며, 현실적으로 종종 권리가 공유인 경우가 발생한다. 예를 들어, 「특허법」 제8조는 둘 이상의 단위 또는 개인이 합작하여 완성한 발명창조는, 당사자가 약정하지 않은 경우, 특허출원의 권리가 발명창조를 완성한 또는 공동으로 완성한 단위 또는 개인에게 귀속된다고 규정하고 있다. 이러한 경우에, 공유자가 그 특허출원의 권리를 행사하여 공동으로 특허를 출원하면 공유 특허출원의 권리는 공유 특허출원권으로 변화되며, 그 특허출원이 특허권을 받으면 공유 특허출원권은 공유 특허권으로 변화된다.

공유인 특허출원권 또는 특허권의 공유자가 그 공유인 권리를 어떻게 분배하여야 하는가에 있어서, 민법이론 중의 공유 원칙을 따라 분배할 것인가, 아니면 민법이론 중의 합유 원칙을 따라 분배할 것인가? 공유자가 공유인 권리를 어떻게 행사할 것인지, 반드시 모든 공유자의 의견이 일치되어야 비로소 행사할 수 있는가, 아니면 각자가 단독으로 행사할 수 있는가? 이러한 문제에 대한 대답은 의심할 바 없이 매우 중요한데, 2008년 개정 전 「특허법」 및 「특허법실시세칙」은 모두 이에 대하여 규정하지 않았다. 이러한 상황에서는 중국의 관련 상위법률에서 해답을 찾을 수밖에 없었다.

「민법통칙」 제5장의 표제는 "민사권리"인데, 이 장 제1절의 표제는 "재산소유권 및 재산소유권 관련 재산권"이며, 그중 제78조는 재산공유의 기본원칙을 규정하는데, 즉 "공동소유는 공유와 합유로 나뉜다. 공유자는 각자의 지분에 따라 공유재산에 대한 권리를 나누어 누리고 의무를 나누어 부담한다. 합유자는 공유재산에 대해서 권리를 누리고 의무를 부담한다."고 규정하고 있다. 그러나 지식재산권은 이 장 제4절에서 독립적으로 규정하고 있으므로, 제78조의 공유 재산권에 관한 규정이 지식재산권에 직접적으로 적용될 수 없다.

「물권법」 제8장의 표제는 "공유"인데, 여기에서 비교적 상세하게 물권 공유의 원칙을 규정한다. 그러나 지식재산권은 물권에 속하지 않기 때문에, 이러한 규정도 지식재산권에 직접적으로 적용될 수 없다.

「민법통칙」과 「물권법」이 지식재산권의 공유에 직접 미치지 않는 것은, 특허권을 포함한 지식재산권이 일종의 무체재산권이어서 유체재산권과는 상이한 여러 특징을 갖고 있기 때문이다. 예를 들어, 유체재산은 실제로 점유할 수 있어서, 동시에 일반적으로 하나의 주체만 사용할 수 있고, 다수의 주체가 동시에 사용하는 것이 불가능하다. 특허권의 보호객체는 발명창조인데, 발명창조는 실제로 점유할 방법이 없고, 단지 실시 또는 이용할 수 있을 뿐이며, 이러한 실시이용은 여러 주체가 동시에 진행할 수 있다. 또한 예를 들어, 유체재산은 이용에 따라서 소모되어, 최종적으로는 반드시 이용할 수 없게 되지만, 발명창조는 그 실시이용으로 소모되는 것이 아니며, 그 가치가 영구하다.

위와 같은 상황에 기초하여, 중국 특허제도를 개선하기 위해 「특허법」 중에 특허출원권 및 특허권의 공유에 대하여 명확히 규정할 필요가 있었다.

二. 본조 규정의 의미

(一) "권리의 행사"에 관하여

특허출원권 및 특허권의 공유에 관하여, 「특허법」은 두 가지 분야의 문제를 규정할 필요가 있다. 첫째는 특허출원권 또는 특허권을 일방 당사자의 소유로 하여야 하는지 아니면 여러 당사자의 공유로 하여야 하는지를 어떻게 판단할 것인가인데, 이에 대해서는 1984년 제정 「특허법」 제6조 및 제8조가 규정하였고, 2000년 「특허법」 개정 시에 중요한 개정을 하였다. 둘째는, 특허출원권 또는 특허권이 여러 당사자의 공유인 것으로 이미 인정되는 경우에, 공유자가 그 권리를 어떻게 행사하여야 하는가인데, 이에 대해서는 2008년 「특허법」 개정 시에 새롭게 본조를 추가하여 규정하였다. 이 때문에, 만약 당사자가 특허출원권 또는 특허권이 일방의 소유인지 아니면 여러 당사자의 공유인지에 대하여 다투는 경우에는, 「특허법」 제6조 또는 제8조를 근거로 하여 그 분쟁을 해결하여야 한다. 권리가 여러 당사자의 공유인 것으로 인정된다는 전제하에서, 그 권리가 어떻게 행사되어야 하는가 하는 문제를 고려할 필요가 있다.

특허출원권 또는 특허권의 행사를 논의하기 위해서는, 먼저 특허출원권 또는 특허권이 어떠한 효력 또는 권능을 갖는가를 분명히 하여야 한다.

특허출원권의 효력 또는 권능은 주로 그 출원을 계속할 권리, 그 출원을 포기할 권리, 그 출원을 양도할 권리, 타인에게 그 출원으로 보호받고자 하는 발명창조의 실시를 허가할 권리를 포함한다. 특허권의 효력 또는 권능은 주로 그 특허를 실시할 권리, 타인에게 그 특허를 허가할 권리, 그 특허권을 유효하게 유지할 권리, 그 특허권을 포기할 권리, 그 특허권을 양도할 권리, 그 특허권을 타인에게 증여할 권리 등을 포함한다.

특허권 침해행위에 대하여 소를 제기하는 것이 특허권을 행사하는 행위에 해당하는가? 대답은 긍정이어야 하며, 논란이 없다. 그러나 침해행위에 대하여 소를 제기하는 경우, 반드시 공유자 전원의 동의를 얻어야 하는가? 2008년 「특허법」 개정 시에 논란이 있었다. 공유자 중의 하나가 침해행위에 대하여 소를 제기하는 것은, 공유자 전원의 이익을 보호하는 것이고, 다른 공유자의 이익에 불리한 영향을 주는 것이 아니며, 이 때문에 공유자 중의 하나가 특허권 침해행위에 대하여 단독으로 법원에 소를 제기할 수 있도록 허용하여야 한다고 보는 견해가 있다. 그러나 약정하지 않은 경우, 대다수는 공유자 중 하나가 단독으로 침해행위에 대하여 소를 제기할 수 없어야 한다고 보는데, 그 주요 이유는 다음과 같다. 첫째, 만약 공유자 중의 하나가 단독으로 소를 제기하는 것이 허용된다면, 증거수집 및 소제기에 소요되는 비용과 패소의 위험을 소를 제기한 자가 단독으로 부담하여야 하고, 받게 되는 손해배상금도 혼자서 단독으로 향유하는가? 만약 대답이 긍정이라면, 곧 다른 공유자의 이익에 손해를 입히게 된다. 둘째, 만약 공유자 중의 하나가 단독으로 소를 제기하는 것이 허용된다면, 각각의 공유자가 동일한 침해행위에 대하여 별도로 소를 제기할 수 있어 중복소송 현상을 초래하게 되며, 각각의 공유자가 동일한 침해행위에 대하여 다른 법원에 소를 제기할 수 있어 상이한 법원이 동일한 사건에 대하여 상이한 판결을 내리는 결과를 초래하게 되고, 특허제도의 정상적 운영 유지에 불리하게 된다. 셋째, 본조 제1항은 약정하지 않은 경우, 공유자 단독으로 통상허가 방식으로 제3자에게 공유특허의 실시를 허가할 수 있다고 규정하는데, 만약 공유자 중의 하나가 단독으로 소를 제기할 수 있게 허용한다면, 공유자 중의 하나가 기타 공유자의 허가를 받은 제3자를 피고로 하여 특허권을 침해하였음을 이유로 소를 제기하는 경우가 발생할 수 있다. 본조의 규정은 입법자가 후자의 견해를 따랐음을 보여 주는데, 본조 제2항이 본조 제1항이 규정하는 두 가지 예외 경우를 제외하고, 공유인 특허출원권 또는 특허권을 행사함에는 모든 공유자의 동의를 얻어야 한다고 규정하고 있으며, 그중에는 특허권 침해행위에 대해여 소를 제기하는 행위도 포함되기 때문이다.

자기가 향유하거나 또는 타인과 공유하는 특허권에 대하여 무효선고를 청구하는 것이 특허권을 행사하는 행위에 해당하는가? 필자는, 특허권은 일종의 법에 의해 법률적 보호를 받는 재산권으로, 권리가 존재하고 유효한 상황에서만 그 권리의 행사를 논할 수 있다고 본다. 무효선고청구가 겨누는 것은 특허권 수여가 적절하였는가의 문제이지, 그 권리가 어떠한 종류의 효력 또는 권능을 갖는가 하는 문제가 아니다. 이 때문에, 무효선고를 청구하는 것은 특허권의 효력 또는 권능 중의 하나가 아니고, 공중이 향유하는 자기의 합법적 권익이 잘못 수여된 특허권 때문에 잠식당하지 않을 권리이다. 특허권자가 자기의 특허권에 대하여 무효선고를 청구할 수 있다고 보는 이유는 다음을 벗어나지 않는데, 첫째 「특허법」 제45조가 "어떠한 단위 또는 개인이라도" 모두 특허권의 무효를 청구할 수 있다고 규정하고 있어 특허권자를 배제하는 것으로는 볼 수 없기 때문이며, 둘째 모든 단위 또는 개인 자신이 스스로 "착오를 교정" 하는 것은 부당한 점이 없어 보이기 때문이다. 그러나 만약 특허권 무효선고청구를 일종의 권리로 본다고 하더라도, 이 권리는 특별히 특허권자에게 부여한 권리가 아니라 「특허법」이 모든 공중에게 부여한 권리이다.

(二) 약정우선의 원칙

본조 규정에 근거하여, 공유인 특허출원권 및 공유인 특허권의 행사에는 약정우선의 원칙이 적용된다. 소위 약정우선이라는 것은, 공유자가 그 공유인 특허출원권 또는 특허권의 행사에 대해서 사전에 약정한 경우 그 약정에 따라 집행하는 것을 가리킨다.

공유인 특허출원권 또는 특허권에 대해서, 공유자는 공유와 유사한 방식으로 그 권리를 행사하는 것으로 약정할 수도 있으며, 합유와 유사한 방식으로 그 권리를 행사하는 것으로 약정할 수도 있다.

만약 당사자가 공유로 약정하였으면서도, 각자의 지분을 명확하게 약정하지 않았다면, 어떻게 권리를 행사하여야 하는가?

「물권법」 제104조는 "공유자가 그 공유인 부동산 또는 동산의 지분에 대하여, 약정하지 않았거나 약정이 불명확한 경우에, 출자액에 따라서 확정하며, 출자액을 확정할 수 없는 경우, 동등한 지분을 갖는 것으로 본다."고 규정하고 있다. 이 규정에 대하여, "당사자가 지분을 약정하지 않은 때에는, 출자액 비율에 따라서 공유지분을 확정하고, 출자액을 확정할 수 없는 경우에는, 동등한 지분을 갖는 것으로 추정한다. 운영이 간편할 뿐만 아니라 당사자 사이의 법률관계를 간략하게 할 수 있으며, 사회생활에서 가장 기본이 되는 공평 및 정의에도 부합한다."고 해석한 저작도 있다.[1] 특허출원권 또는 특허권의 공유에도 동일한 규칙이 적용되어야 하는가?

이 문제에 답하기 위해서는, 먼저 물권 공유관계가 발생하는 주요 원인을 분명하게 할 필요가 있다. 현실에서 물권 공유관계가 발생하는 데는 주로 두 가지 유형이 있는데, 첫째는 공동출자이고, 둘째는 혼인관계 또는 가족관계이다. 공유는 주로 공동출자의 경우에 발생한다. 혼인가정관계의 공유에는 공동출자관계가 존재하지 않으며, 단지 "공동노동" 관계만 존재하고, 따라서 「혼인법」에는 합유 규칙이 적용된다. 그러나 지식재산권의 귀속에 관하여, 「혼인법」 및 「특허법」·「저작권법」 등 지식재산권 법률은 모두 부부 또는 공동생활하는 가족 구성원 중 하나의 지적 창작성과가 부부 또는 가족 구성원의 공유로 된다고 규정하지 않고, 창조자가 향유하며 단지 그 수익만 부부 또는 가족 구성원이 공유한다고 규정하고 있다. 따라서 「물권법」이 물권의 공유에서 각자의 지분에 대하여 약정하지 않은 경우에 출자액으로 당사자의 지분을 확정하도록 규정한 주요 이유는 출자가 공유관계 발생의 기초가 되기 때문이다.

「특허법」 제8조 규정에 따르면, 특허출원권 또는 특허권의 공유는 주로 합작·위탁 관계에 기초하여 발생한다. 합작의 경우 각 당사자는 출자하여야 하고 또한 노동력(공동연구개발)을 제공할 것이 요구되며, 위탁관계에서는 일방은 출자하고 다른 일방은 노동력을 제공한다. 합작관계인지 아니면 위탁관계인지를 불문하고, 만약 약정하지 않고 단지 "출자"만 하고 "노동력은 제공"하지 않았다면 공유자로서의 권리를 향유할 수 없고, 노동력을 제공한 일방이 단독으로 권리를 향유한다. 이것은 「물권법」의 규칙과 완전히 다르다. 「특허법」에 의한 권리의 공유가 주로 당사자의 공동 노동에 기초하여 발생하지만 노동은 지분을 확정하기가 쉽지 않다는 점을 고려하여, 당사자가 공유로 약정하였지만 지분이 명확하지 않은 경우에는 여전히 합유로 인정되어야 하고, 출자액에 따라서 확정할 것이 아니다. 당연히, 동등한 지분을 향유한다는 결과는 기본적으로 당사자가 평등한 권리를 향유하므로 합유와 동일하지만, 동등한 지분을 향유하는 경우에 공유자는 자기의 지분을 양도할 수 있고 다른 공유자는 동등한 조건 하에서 우선 구매권을 갖지만, 합유의 경우에는 반드시 공유자 전원의 동의를 얻어야만 공유자의 권리를 양도할 수 있는 점에서 차이가 있다.

공유인 특허출원권 또는 특허권에 대해서 공유자는 다양한 방식으로 약정할 수 있는데, 일부의 권리는 일부 공유자가 향유하고 다른 권리는 다른 공유자가 향유한다고 약정할 수도 있으며, 일방의 공유권리 행사를 제한할 수도 있다. 현실에서는 구체적

---

1) 胡康生, 中华人民共和国物权法释义[M], 北京: 法律出版社, 2007: 235.

상황에 변화가 매우 많으므로 이에 관한 약정도 다를 수밖에 없고, 일종의 고정된 형식에 한정되는 것이 아니며, 여러 공유자의 이익을 합리적으로 보호할 수 있기만 하면 된다. 약정이 국가의 관련 법률에 위반되지만 않는다면 국가가 간여할 필요가 없으며, 이것이 본조가 약정우선의 원칙을 규정한 주요 이유이다. 예를 들어, 어떤 대학이 어떤 회사와 합작하여 발명창조를 한 경우, 쌍방이 특허출원의 권리를 공유하고 특허출원의 모든 사무와 비용을 그 회사가 부담한다고 약정할 수도 있고, 특허권을 받은 후에 그 회사가 단독으로 그 특허를 실시할 수 있지만 제3자에게 그 특허의 실시를 허가할 수 없다고 약정할 수도 있으며, 그 대학이 그 특허를 실시할 수 없지만 단독으로 계약으로 명확하게 배제한 회사(실질적으로는 당해 회사의 경쟁상대) 이외의 자와 통상실시 허가계약을 체결할 수 있다고 약정할 수도 있고, 침해행위에 대해서는 그 회사가 단독으로 소를 제기하고 소제기에 필요한 비용도 부담하며 취득한 배상금도 그 회사가 향유한다고 약정할 수도 있다.

(三) 약정하지 않은 경우의 공유권리 행사

1. 원칙적 규정

특허출원권 또는 특허권의 공유자가 공유권리의 행사에 대하여 약정하지 않은 경우, 합유로 취급하여 행사하여야 하는가, 아니면 공유로 취급하여 행사하여야 하는가?

「물권법」제103조는 "공유자가 공유인 부동산 또는 동산에 대하여 공유 또는 합유로 약정하지 않은 경우 또는 명확히 약정하지 않은 경우, 공유자가 가족관계에 있는 등을 제외하고, 공유로 본다."고 규정하고 있다. 이와 같이 규정한 것은, 공유인 부동산 또는 동산에 대하여 공유자가 공유인지 아니면 합유인지를 약정하지 않은 경우 또는 는 명확히 약정하지 않은 경우 만약 합유인 것으로 추정한다면, 공유자의 공유재산에 대한 지분이 여전히 불명확하고, 이 때문에 「물권법」은 공유자가 가족관계에 있는 등을 제외하고 공유로 보는데, 이렇게 규정하면 각 공유자가 향유하는 지분을 매우 명확하게 확정할 수 있기 때문이라고 해석하는 저작도 있다.[1]

그러나 본조는 「물권법」의 위 규정을 따르지 않았다. 본조는 제2항에서 공유자가 약정하지 않은 경우, 본조 제1항 규정을 제외하고, 공유인 특허출원권 또는 특허권의 행사는 공유자 전원의 동의를 얻어야 한다고 규정하고 있다. 이것은 약정하지 않은 경우, 공유인 특허출원권 또는 특허권은 합유로 취급하여 행사하여야 함을 나타낸

---

1) 胡康生, 中华人民共和国物权法释义[M], 北京: 法律出版社, 2007: 234.

다. 이처럼 규정한 이유는 앞에서 이미 설명하였으므로, 다시 설명할 필요가 없다.

주의가 필요한 점은, 본조 제1항이 규정하는 두 번째 예외 경우, 즉 공유자가 단독으로 통상허가 방식으로 타인에게 그 특허의 실시를 허가하는 경우에도, 그 수취한 사용료를 독점할 수 없으며 공유자 간에 분배하여야 하는데, 이러한 방식도「물권법」이 규정하는 합유와 유사하다는 점이다.

2. 예외 경우

비록 본조 제2항이 공유인 특허출원권 또는 특허권의 행사에 대해서 약정하지 않은 경우에 합유 원칙이 적용된다고 규정하였지만,「특허법」제1조 규정의 입법취지를 실현하고 특허의 실시응용을 촉진하기 위해서 본조 제1항은 또한 합유 원칙의 두 가지 예외를 규정하였는데, 첫째는 공유자 중 하나가 단독으로 실시할 수 있다는 것이고, 둘째는 공유자 중 하나가 단독으로 타인에게 실시를 허가할 수 있다는 것인데, 모두 공유자 전원의 동의를 얻을 필요가 없다.

2008년「특허법」개정 과정에서, 위의 첫째 예외경우에 대해서는 기본적으로 다른 의견이 없었지만, 둘째 예외경우에 대해서는 많은 논란이 있었다. 약정하지 않은 경우에, 만약 공유자 일방이 실시능력 없는 고등교육기관 또는 연구기관이고 다른 일방은 실시능력을 갖춘 기업이라면, 공유자에게 단독으로 실시를 허용하는 것은 실시능력을 갖추지 못한 공유자의 이익에 손해를 입히는 것이라고 보는 견해가 있었고, 이 때문에 실시능력을 갖추지 못한 공유자에게도 동시에 단독으로 제3자에게 실시를 허가할 수 있게 허용함으로써 각 공유자의 이익을 균형되게 하여야 한다고 주장하였다. 이와 다른 견해는, 실시능력을 갖추지 못한 공유자에게 단독으로 제3자에게 실시를 허가하는 것을 허용하는 것도, 예를 들면 경쟁상대에게 실시허가를 하는 경우와 같이 실시능력을 갖춘 공유자의 이익에 손해를 입힐 수 있다고 보았는데, 이 때문에 공유자가 공유인 특허의 실시를 타인에게 허가함에는 공유자 전원의 동의를 얻어야 한다고 주장하였다. 위의 두 가지 견해가 보기에는 차이가 큰 것 같지만 실제로는 큰 차이가 없는데, 중국 시장주체의 법치관념과 특허제도 운영능력이 이미 현저히 제고되어, 공유관계가 발생하는 경우에 일반적으로 쌍방 당사자는 공유특허의 행사에 대하여 명확하고 전반적인 약정을 하기 때문이다. 공유자 중의 하나가 단독으로 제3자에게 실시를 허가할 수 있게 할 것인가는 공유자의 이익에 관계되는 중대한 문제이며, 경험 있는 시장주체는 이에 대해서 반드시 명확하게 약정해야 한다. 약정하게 되면 각 공유자에게 일반적으로는 보다 공평하고 합리적이며, 일방 공유자에게 현저히 불리한 현상은 나타나지 않는다고 믿을 수 있다. 입법기관은 최종적으로 전자의 견해를 받아들였지만, 공유자가 단독으로 타인에게 실시를 허가할 수 있다는 규정 중에 공유자가 실시능력을 갖추었는지를 구분하지는 않았는데, 따라서 실시능력을 갖추지 않은 공유자도 단독으로 제3자에게 실시를 허가할 수 있으며, 실시능력을 갖춘 공유자도 단독으로 제3자에게 실시를 허가할 수 있다.

본조 제1항의 두 가지 예외경우에 대한 규정이 약간 다르다는 점을 주의하여야 한다. 공유자가 단독으로 실시하는 것에 있어서는, 본조가 어떠한 제한 조건도 부가하지 않았지만, 공유자가 단독으로 타인에게 실시를 허가하는 것에 있어서는, 본조가 두 가지 제한 조건을 부가하였는데, 첫째는 통상허가 방식으로만 허가할 수 있다는 것이고, 둘째는 허가로 수취한 사용료를 공유자 간에 분배하여야 한다는 것이다.

위의 첫째 제한 조건을 규정한 것은, 만약 공유자 중 하나에게 단독으로 독점실시허가계약을 체결할 수 있도록 허용한다면, 다른 공유자가 이후에 다른 자와 특허실시허가계약을 체결하는 경우에, 두 건의 실시허가계약이 충돌하는 결과가 초래되고, 만약 공유자 중 하나가 타인과 특허실시허가계약을 체결한 결과 다른 공유자가 다시 다른 자와 특허실시허가계약을 체결할 수 없게 된다면, 다른 공유자에게 공평하지 않기 때문이다.

본조는 공유자가 단독으로 타인에게 그 특허의 실시를 허가하여 획득한 사용료를 공유자 간에 분배하여야 한다고 규정하면서도, 공유자가 단독으로 그 특허를 실시하여 획득한 수익은 공유자 간에 분배하여야 한다고 규정하지 않았는데, 양자의 성질이 약간 다르기 때문이다. 공유자 중 하나가 단독으로 특허를 실시하는 경우에는, 그 실시를 위해 단독으로 인력·물자 및 재력을 지급하여야 하고, 그 획득한 이익은 특허권이라는 법률적 보장에 의한 것이라기보다 실시자가 지급한 노동의 결과라는 점이 보다 중요하며, 다른 공유자도 마찬가지로 단독으로 실시할 수 있는 권리가 있기 때문에 실시로 획득한 이익을 분배하지 않더라도 불공평한 점이 없기 때문이다. 공유자 중 하나가 단독으로 타인에게 특허실시를 허가하는 경우에는 허가자가 실시자와 같은 인력·물자 및 재력을 지급해야 하는 것이 아니고, 수취한 사용료는 주로 공유자가 공동으로 한 발명창조에 의존한 것이어서 공유자의 공동수익으로 보아야 하기 때문에 공유자 간에 분배하여야 한다. 당연히 특허실시의 허가를 장려함으로써 모든 공유자에게 이익이 되도록 하는 측면에서 보면, 허가자는 그 허가에 초과로 일정한 비용을 지급했으므로 보다 많은 보상을 받을 이유가 있다. 바로 이와 같은 이유 때문에, 본조는 단지 수취한 사용료를 공유자 사이에 평균적으로 분배하여야 한다고는 규정하지 않고 공유자 사이에 분배하여야 한다고만 규정하였다.

본조 규정에 "통상허가"라는 용어가 등장한다. "통상허가"가 무엇인지에 대해서는

「특허법」및「특허법실시세칙」이 모두 규정하지 않았다. 2001년 반포된「최고인민법원의 소제기 전 특허권 침해행위 중지에 적용되는 법률문제에 관한 규정」제1조에 "독점허가", "배타허가"라는 용어가 등장한다. 필자는 본조의 "통상허가"는 "독점허가", "배타허가" 이외의 모든 유형의 특허실시허가를 가리킨다고 본다.

제16조 직무발명창조의 발명자·창작자에 대한 장려와 보상

특허권을 수여받은 단위는 직무발명창조의 발명자 또는 창작자에 대하여 장려하여야 하고, 발명창조특허 실시 후에는, 그 응용확산의 범위 및 취득한 경제적 수익에 근거하여, 발명자 또는 창작자에 대하여 합리적으로 보상하여야 한다.

一. 개 요

본조 규정에는 두 가지 의미가 있는데, 첫째는 직무발명창조에 특허권이 수여된 후에는 발명창조의 실시여부와 관계없이 단위가 발명자 또는 창작자에 대하여 장려하여야 한다는 것이고, 둘째는 직무발명창조 특허가 실시된 후에는 단위가 그 응용확산의 범위 및 취득한 경제적 수익에 근거하여 발명자 또는 창작자에게 합리적으로 보상하여야 한다는 것이다.

본조는 그 장려와 보상이 직무발명창조의 발명자 또는 창작자에 대한 장려·보상임을 명확히 밝혔는데, 이것은 장려·보상이 연구팀 또는 프로젝트팀에 대한 것이 아니라 발명자 또는 창작자 개인에 대한 것임을 나타낸다. 발명자 또는 창작자의 의미에 관해서는「특허법실시세칙」제13조의 규정을 따라야 한다.

본조 규정에 근거하여, 장려·보상의 의무를 지는 주체는 "특허권을 수여받은 단위"인데, 이로부터 중국에서 특허권을 수여받은 외국단위도 이러한 의무가 있는가 하는 문제가 발생한다. 만약「특허법」제6조 규정과 마찬가지로 오직 중국 국내에서 완성된 발명창조에만 적용되고 외국에서 완성된 발명창조에는 적용되지 않는다면, 본조의 "특허권을 수여받은 단위"에는 중국 국내에서 완성된 발명창조에 대해서 중국특허권을 획득한 중국의 단위만 포함되고, 외국에서 완성된 발명창조에 대해서 중국특허권을 획득한 외국단위는 포함되지 않는다. 외국에서 완성된 발명창조에 대하여 중국에서 출원하여 특허를 받은 경우에는, 그 발명자 또는 창작자에 대한 장려 및 보상여부를 그 발명창조가 완성된 지역의 법률을 적용하여야 한다.

직무발명창조의 발명자·창작자와 그 소속 단위 사이의 관계는 일종의 노동계약관계이며, 단위가 발명자 또는 창작자에게 장려·보상할지 여부는 노동자와 고용단위 사이의 협의에 의해 확정되고,「특허법」에 강제적 규정을 둘 필요가 없다고 보는 견해도 있다. 본조는 분명히 이러한 의견을 따르지 않은 것인데, 그 이유는 무엇인가?

중국이 특허제도를 수립한 근본적인 목적은 발명창조와 그 응용확산을 장려하고, 혁신능력을 제고하며, 경제사회의 전면적인 발전을 촉진시키기 위함인데, 이것은「특허법」제1조의 첫머리에서 분명하게 밝힌 입법취지이다. 이 입법취지는 상응하는 구체적인 조치에 의해서 실현되어야 하는데, 본조가 바로 그중 하나이다.

노동자의 지적 노동과 단위의 물질기술조건은 모두 직무발명창조의 필요조건이다. 양자를 서로 비교하면 전자가 훨씬 중요한데, 만약 노동자의 지적 노동이 없었다면 단위가 아무리 훌륭한 물질기술조건을 갖췄다고 하더라도 자동적으로 발명창조가 완성되는 것은 아니기 때문이다.「특허법」제6조는 직무발명창조에 대한 특허출원의 권리는 발명자・창작자가 소속한 단위에 귀속되고, 출원이 등록된 후에는 그 단위가 특허권자가 된다고 규정하고 있다. 그러나 이것은「특허법」이 단위의 이익만을 고려하고, 발명자・창작자의 이익은 고려하지 않았음을 나타내는 것은 아니다. 만약 특허권이 수여된 후에, 그 단위가 스스로 실시하거나 또는 타인에게 실시를 허가하는 등을 통해서 얼마간의 경제적 이익을 얻었음에도 발명자・창작자는 어떠한 보상도 받지 못한다면, 이것은 분명히 발명자・창작자의 그 발명창조에 대한 공헌을 등한시하는 것이어서 의심할 바 없이 발명자・창작자의 발명창조에 대한 지속적인 적극성에 영향을 주게 되고, 특허제도의 혁신촉진 작용을 발휘하기가 어렵게 된다.

二. 장려・보상의 기준

(一) 관련 문제에 대한 분석 및 검토

본조는 발명창조의 발명자・창작자에 대하여 장려・보상하여야 한다는 기본원칙을 분명히 했지만 장려・보상의 구체적 기준에 대해서는 규정하지 않았으며, 이에 대해서는「특허법실시세칙」이 규정하고 있다.

몇 차례의「특허법」및「특허법실시세칙」개정과정에서, 직무발명창조의 발명자・창작자에 대한 장려 및 보상제도는 공중과 모든 유형의 단위가 모두 관심을 가진 문제 중 하나였으며, 또한 입법자가 풀어야 하는 가장 어려운 문제 중 하나였다.

2010년「특허법실시세칙」개정과정에서,「특허법실시세칙」의 장려・보상에 관한 (특히 보상) 구체적인 규정이 현실에서 기본적으로 실현되지 않는다는 의견이 보편적이었고, 발명자・창작자는 이에 대해서 매우 불만이 많았다.「특허법실시세칙」의 관련 규정을 어떻게 개선함으로써 이러한 국면을 전환하고 본조 규정을 구체화할 것인가는「특허법실시세칙」개정의 중요한 사명이 되었다.

「특허법실시세칙」의 관련 규정을 개선하기 위해서는, 원래 규정의 시행효과가 미흡한 원인을 심도 있게 분석하는 것이 매우 중요하였다. 2010년「특허법실시세칙」개정 전에는, 장려·보상에 있어서, 국유 기업사업단위는「특허법실시세칙」규정을 반드시 따라야 했고, 기타 소유제 단위는 이를 참조하여 시행하였다. 이러한 방식에는 두 가지 문제가 있었다.

첫째, 이전의 입법경험에서 볼 때, 직무발명창조의 발명자·창작자에게 장려와 보상을 해야 한다는 것에는 각 분야에서 아무런 이의가 없었지만, 어떻게 장려·보상의 합리적인 기준을 설정할 것인가가 가장 어려운 문제이었다. 간명하게 하기 위해서, 2010년 개정 전「특허법실시세칙」은 일률적으로 규정하는 방식을 따랐는데, 즉 통일적으로 장려·보상의 하한을 규정하였다. 그러나 이러한 방식을 따르게 되어 입법기관은 진퇴양난의 곤경에 처하게 되었는데, 만약 기준을 너무 낮게 정하면 본조가 규정하는 예기된 효과를 발휘할 수 없으며, 만약 기준을 너무 높게 정하면 많은 단위가 받아들일 수 없었다.「특허법」이 모든 기술분야와 설계분야를 포괄하지만 분야마다 상황은 서로 큰 차이가 있기 때문에, 2001년「특허법실시세칙」개정 시에 일찍이 상황에 따라 각각 다르게 규정하는 방식을 취할 수 있는지에 대하여 논의했었지만, 아무리 세분화한다고 하더라도 누락되는 것을 피할 수 없으며, 세분화할수록 실행하기에는 더욱 복잡해지고 분쟁 발생 가능성도 커지게 되어 취할 바가 못 된다고 보았고, 따라서 변함없이 "일률적"인 규정 방식을 유지할 수밖에 없었다.

둘째, 장려·보상 문제에 있어서, 2010년 개정 전「특허법실시세칙」은 국유 기업사업단위에 대해서만 규정하고, 기타 소유제 단위에 대해서는 "참조하여 시행"하도록 하였다. 소위 "참조하여 시행"하는 것은, 장려 및 보상을 단위가 자발적으로 구체화하도록 하는 규정이므로, "시행할 수도 있고, 시행하지 않을 수도 있다."는 것과 다를 바 없었다. 중국 개혁개방사업이 부단히 발전함에 따라서, 비국유 기업사업단위가 차지하는 비율은 이미 갈수록 커져서, 만약 이와 같은 규정 방식을 유지한다면 그 실제 효과는 갈수록 작아지게 되었다.

2008년「특허법」개정 및 2010년「특허법실시세칙」개정 시에, 직무발명창조의 발명자·창작자에 대한 장려·보상 문제에 대하여 광범위하고 심도 있는 조사와 연구를 진행하였다. 이 과정에서 사회각계는 많은 의견을 제출하여 오색찬란하다고 할 수 있었다. 그중 입법자에게 중요한 시사점을 준 의견을 종합하면, 첫째, 단위와 노동자에게「특허법」본조가 규정하는 장려·보상의 액수와 방식에 대하여 약정할 수 있는 자율권을 주어야 하고, 약정하지 않았거나 또는 약정이 분명하게 불합리한 경우에만 비로소 법정 기준을 적용하여야 한다는 것, 둘째, 장려 · 보상의 방식은 주식 · 옵션 · 유급휴가 등 다양한 형식을 포함하여야 하고, 금전이라는 한 가지 방식에만 한정하지 아니하여야 한다는 것, 셋째, 발명자 · 창작자의 합법적인 이익을 충분히 보장하기 위해서, 법정 기준은 모든 중국의 단위에 적용되어야 하며 국유 기업사업단위에만 적용되어서는 안 된다는 것이었다. 입법기관은 이러한 의견을 받아들였다.

(二) 약정우선의 원칙

2010년 개정 「특허법실시세칙」 제76조 제1항은 아래와 같이 규정하였다.

> 특허권을 수여받은 단위는 발명자 · 창작자와의 약정 또는 그 법에 의하여 제정한 규정 중에 특허법 제16조가 규정하는 장려 · 보상의 방식과 액수를 규정할 수 있다.

위 규정은 장려 · 보상의 약정우선원칙을 명확히 규정하였는데, 즉 단위가 발명자 · 창작자와 장려 · 보상의 액수 · 방식 등을 약정하였거나 단위가 관련 규정을 제정한 경우에는, 그 약정 또는 그 규정을 따르며, 약정 또는 규정이 없는 경우에는 「특허법실시세칙」이 규정하는 법정기준을 따라 집행한다.

단위는 발명자 · 창작자와 장려 · 보상에 대하여 두 가지 방식으로 약정할 수 있다. 첫째는 발명자 · 창작자가 직무발명창조를 완성한 후에 약정하는 것으로서, 약정대상이 훨씬 명확해지므로 발명창조의 기술적 난이도, 완성 과정, 예상되는 경제적 가치 등 요소에 근거하여 보다 합리적으로 약정할 수 있다는 장점이 있는 데 반하여, "건마다 협의"해야 하므로 비교적 번잡하다는 단점이 있다. 둘째는 연구개발항목을 확정하고 아직 발명창조가 완성되기 전에 약정하는 것으로서, 사전에 분명하게 약정함으로써 이후에 분쟁이 발생하는 것을 피할 수 있다는 장점이 있다.

단위도 그 법에 의해 제정한 규정을 통하여 장려 · 보상을 규정할 수 있다. 여기서의 "규정"은 발명자 · 창작자의 소속 단위가 자체적으로 제정하는 규정을 가리키는 것이고, 관련 정부부문이 제정하는 규정을 가리키는 것은 아니다. 이러한 규정은 그 단위의 모든 피고용인이 고용기간에 완성한 모든 발명창조가 받을 수 있는 장려와 보상에 대하여 전면적으로 규정할 수 있다. 동시에 단위는 피고용인과 체결한 노동계약 또는 고용계약에서 그 직무발명창조의 장려 · 보수에 관한 규정이 노동계약 · 고용계약의 일부를 구성한다고 밝힐 수 있다. 이러한 방식을 취하면, 단위는 피고용인과 노동계약 또는 고용계약을 체결함과 동시에 그 피고용인과 직무발명창조의 장려·보상에 대하여 약정할 수 있으며, 이것은 그 단위가 제정한 규정을 단위와 피고용인 사이의 계약으로 전환하는 것에 상당한다. 많은 외국 회사들이 이러한 방식을 취하고 있다.

「특허법」및「특허법실시세칙」개정과정에서 직무발명창조의 발명자·창작자에 대하여 많은 국가들이 단순히 금전에 의하지 않고 다양한 방식을 통해 장려·보상하도록 하고 있음을 많은 사람들이 지적하였으며, 중국도 이러한 방식을 참고할 만한 가치가 있다고 보았다. 2010년 개정「특허법실시세칙」제76조 제1항은 이러한 건의를 받아들여, 약정에는 장려·보상의 액수뿐만 아니라 장려·보상의 "방식"도 포함할 수 있다고 규정하였다. 이것은 약정우선의 원칙에 따라서 장려·보상의 형식이 여러 가지로 다양할 수 있으며, 금전 이외에 예를 들면, 주식·옵션·승진·임금인상·유급휴가 등으로 할 수도 있고, 본조가 규정하는 "합리적"인 정도에 달하는 것이면 되는 것임을 나타낸다.「특허법실시세칙」제76조 제1항의 조문 중 "방식"이 앞에, "액수"는 뒤에 있는데, 이것은 우선 방식이 있고 나서야 대응하는 액수가 있을 수 있으며, 승진·유급휴가와 같은 장려·보상 방식은 "액수"와 직접적으로 관계가 없기 때문이다.

다음과 같은 문제를 제기하는 사람도 있었는데,「특허법실시세칙」제76조는 특허권을 수여받은 단위는 발명자 또는 창작자와「특허법」본조가 규정하는 장려·보상의 방식과 액수를 약정할 수 있도록 규정하는데, 이것이 단위가 피고용자와 그 고용계약 중에 약정하여 그 단위가 피고용자에게 지급하는 급여 중에 그 발명창조를 하고 이로 인해 특허권을 받게 되는 것에 대한 장려·보상이 포함되도록 하고, 따라서 이와 별도로 장려·보상할 필요가 없게 할 수도 있음을 의미하는 것은 아닌가? 필자는 이에 대한 대답이 부정이어야 한다고 생각한다. 그 이유는, 모든 피고용자가 발명창조를 할 수 있는 능력을 갖고 있는 것은 아니며, 설령 피고용자의 원래 직무가 전문적으로 연구개발 업무에 종사하는 것이라고 하더라도 모두 발명창조를 할 수 있다고 할 수 없지만, 단위는 피고용자가 단위에서 어떠한 업무에 종사하는지에 관계없이 모두 급여를 지급하여야 하며 이것은 당연한 일이고, 따라서 단위가 지급하는 급여가 피고용자가 발명창조를 하는 것에 대한 장려·보상의 의미를 갖는다고는 볼 수 없기 때문이다. 이러한 방식은 실제로는 공헌에 관계없이 같은 보수를 받도록 하는 방식과 유사하여 장려·보상을 하지 않는 것과 실질적으로 차이가 없으며, 따라서 본조 규정에 부합하지 않는다.

(三) 장려·보상의 법정기준

1. 장려의 법정기준

2010년 개정「특허법실시세칙」제77조 제1항은 특허권을 수여받은 단위가 발명자 또는 창작자와 약정하지도 않고, 또한 법에 의해 제정한 규정 중에 장려 방식과 액수를 규정하지 않은 경우에, 발명특허 한 건당 단위가 발명자에게 지급하는 장려금은 인민폐 3000원보다 적어서는 안 되고, 실용신안특허 또는 디자인특허 한 건당 단위가 발명자 또는 창작자에게 지급하는 장려금은 인민폐 1000원보다 적어서는 안 된다고 규정하고 있다. 특허 한 건의 발명자 또는 창작자가 다수인 경우에는, 이 액수가 발명자 또는 창작자 전체가 받는 장려금의 총액이고, 발명자 또는 창작자 각각이 받는 장려금의 액수는 아니다.

「특허법실시세칙」제77조 제1항은 또한 발명자 또는 창작자에게 지급하는 장려금은 특허권 수여가 공고된 날로부터 3개월 이내에 지급하여야 한다고 규정하고 있다. 2010년「특허법실시세칙」개정을 위한 의견조회 과정에서, 이 규정은 지키기가 어렵다는 의견을 제시한 단위가 있었는데, 단위가 다음 연도의 예산을 계획할 때에 다음 연도에 받게 될 특허권의 건수와 구체적인 시간을 미리 알 수 있는 방법이 없어서 사전에 필요한 재무계획을 미리 세우기가 어렵다는 것이 그 이유였다. 이 문제는 실제로는 어렵지 않게 해결할 수 있는데, 단위가 사전에 발명자·창작자와 장려의 기준·지급방식·지급시기 등을 약정하기만 하면, 현재 진행 중인 연구개발 프로젝트의 진행상황 및 진행중인 특허출원의 심사 진행상황에 따라서 필요한 재무계획을 사전에 세울 수 있기 때문이다.

「특허법실시세칙」제77조 제2항은 발명자 또는 창작자의 건의를 그 소속 단위가 받아들여 완성한 발명창조에 대해서는 특허권을 수여받은 단위가 우대하여 장려금을 지급하여야 한다고 규정하는데, 발명자 또는 창작자가 단순히 단위가 할당한 임무를 소극적으로 집행한 것이 아니라 단위에 연구프로젝트를 진행할 것을 능동적으로 건의하여 발명창조를 완성한 것이라면 의심할 바 없이 그 발명자·창작자의 책임감과 진취성을 보다 잘 나타낸 것이므로, 단위는 제1항이 규정한 최저 장려금을 기초로 장려금의 액수를 증가시켜야 함을 의미한다.

2. 보상의 법정기준

본조는 발명창조특허를 실시한 후에는 그 응용확산의 범위 및 취득한 경제적 수익에 근거하여, 발명자 또는 창작자에게 합리적으로 보상하여야 한다고 규정하고 있다. 입법 취지에 따라 본조의 "실시"는 넓은 의미로 이해하여야 하며, 특허권자가 특허제품을 제조·판매·판매청약·사용하는 등과 같은 자신이 특허를 실시하는 것을 포함할 뿐만 아니라, 타인에게 특허의 실시를 허가하는 것도 포함한다. 그러나 담보로 제공하는 경우와 타인의 특허권 침해로 배상을 받는 경우는 포함하지 않는데, 담보로 제공하는 경우는 단지 잠시 동안만 특허권의 처분권이 상실되는 것이고, 특허권자가 기한 내에 채무를 상환하지 못하면 특허권을 할인된 가격으로 변상할 때에 양도를 기준으로 보상을 해 줄 수 있기 때문이다.

「특허법실시세칙」 제78조는 단위가 발명자 또는 창작자와 약정하지도 않고 또한 그 법에 의해 제정한 규정 중에 보상의 방식과 액수를 규정하지 않은 경우에, 특허권을 수여받은 단위는 특허를 실시한 후에 매년 특허실시로 인한 영업이윤 중 일정한 비율을 발명자 또는 창작자에게 보상금으로 지급하여야 한다고 규정하고 있다. 발명특허 또는 실용신안특허는 이 비율이 최저 2%이고, 디자인특허는 이 비율이 최저 0.2%이다. 이러한 방식은 "공제"라고 부를 수 있다. 이러한 연도별 보상 방식 이외에도, 단위는 위의 비율을 참고하여 발명자 또는 창작자에게 일회성 보상을 할 수도 있다.

2010년 「특허법실시세칙」 개정을 위한 의견조회 과정에서, 많은 단위들이 「특허법실시세칙」이 규정한 기준은 실무에서 활용하기 어렵다는 의견을 제시하였다. 예를 들어, 제품(핸드폰·자동차 등)에 많은 특허기술이 활용되고 있는 경우에는 획득한 경제적 효용에 대한 각 특허의 공헌도를 계산하기가 매우 어려우므로, 각 건의 특허로 획득한 영업이익을 계산해 낼 방법이 없다는 것이었다. 2010년 개정 전 「특허법실시세칙」이 규정한 기준은 국유 기업사업단위에 대해서는 강제적이었기 때문에, 이 문제가 보다 두드러졌다. 2010년 개정 「특허법실시세칙」 제76조는 단위가 발명자 또는 창작자와 보상의 방식 및 액수를 약정할 수 있도록 규정하였으므로, 이 문제는 이미 그다지 중요하지 않게 되었다.

「특허법실시세칙」 제78조 규정에 따라서, 특허권을 수여받은 단위가 타인에게 그 특허의 실시를 허가한 경우, 단위가 발명자 또는 창작자와 약정하지도 않고 또한 법에 의하여 제정한 규정 중에도 규정하지 않은 경우에는, 수취한 사용료 중 적어도 10%를 발명자 또는 창작자에게 보상금으로 지급하여야 한다.

(四) 약정과 법정기준 사이의 관계

약정우선의 원칙과 법정기준 사이의 관계를 어떻게 이해하여야 할까? 2010년 개정 「특허법실시세칙」 제6장에 따르면, 소위 "약정우선"이라는 것은 단위와 발명자 또는 창작자 사이의 약정 또는 그 법에 의해 제정한 규정이 「특허법실시세칙」 제77조 및 제78조가 규정하는 장려·보상에 관한 법정기준에 우선한다는 것이지, 약정 또는 규정의 장려·보상기준이 제77조 및 제78조가 규정한 법정기준보다 높아야 하고 낮아서는 안 됨을 의미하는 것은 아니다. 바꿔 말하면, 설령 단위가 발명자 또는 창작자와 약정한 또는 그 법에 의해 제정한 규정에서 정한 장려·보상기준이 「특허법실시세칙」 제77조 및 제78조가 규정한 법정기준보다 낮다고 하더라도, 그 약정 또는 규정을 무효로 볼 수 없다. 약정 또는 규정의 장려·보상기준이 본조의 "합리적"이어야 한다는 이 원칙적 요구에 부합하고, 「노동계약법」 등 관련 법률의 요구에 부합하기만 한다면, 그 약정 또는 규정의 효력을 인정하여야 한다. 이것은 국가가 기업의 자주적 경영권을 충분히 존중하는 것으로 이해되어야 하며, 각종 유형의 기업사업단위로부터 광범위한 지지를 얻었다.

위와 같이 이해하여야 함이 명확한 상황에서, 그렇다면 2010년 개정 「특허법실시세칙」에 제76조 규정만 있으면 족하고, 제77조 및 제78조 규정을 둘 필요가 없다고 보는 견해가 있다. 입법기관은 이러한 의견을 받아들이지 않았는데, 그 이유는 다음과 같다. 만약 「특허법실시세칙」 제77조 및 제78조 규정이 없다면, 단위가 발명자·창작자와 약정하지도 않았고 또한 그 규정 중에 장려·보상기준을 규정하지도 않은 경우에는, 발명자·창작자가 본조에 의하여 장려·보상받을 권리를 확실히 보장받기가 어려워지며, 설령 발명자·창작자가 이에 대하여 법원에 소송을 제기하더라도 법원이 판결 시에 장려·보상의 구체적인 액수를 확정하는 것도 상당히 곤란하고, 만약 법원이 확정하지 않고 단위에게 사정을 참작하여 처리할 것만을 명령하면 법원의 판결이 집행되기가 어렵기 때문이다. 「특허법실시세칙」 제77조 및 제78조 규정은 본조 규정의 시행에 있어서 빠질 수 없고, 이로 인하여 실제로 단위가 발명자·창작자와 약정하거나 또는 관련 규정을 제정하는 것을 촉진하는 효과가 있으며, 「특허법실시세칙」 제77조 및 제78조에 규정된 장려·보상 액수가 조금 높다고 보는 단위에 대해서는 더욱 이와 같다.

三. 관련 문제

(一) 노동인사관계 종료의 장려·보상에 대한 영향

발명자·창작자가 단위와 체결한 고용 또는 임용계약을 미리 해지하거나 또는 계약기간이 만료되어 단위와의 노동인사관계가 종료된 경우에, 원래 단위에 대하여 계속해서 장려·보상할 것을 요구할 수 있는 권리가 있는가? 필자는「특허법」이 직무발명창조의 발명자 또는 창작자에게 장려·보상을 하도록 규정한 것은, 주로 그 발명자 또는 창작자의 발명창조 완성에 대한 공헌에 기초한 것이지 발명자 또는 창작자와 단위 사이의 노동인사관계에 기초한 것만은 아니며, 따라서 설령 노동인사관계가 종료되었다고 하더라도 발명자·창작자는 여전히 원래 단위에 대하여 계속적으로 장려·보상을 요구할 수 있는 권리가 있다고 생각한다. 현실적으로 발명자·창작자는 객관적으로 약자의 지위에 있기 때문에, 고용 또는 임용된 기간에는 설령 단위가 장려·보상을 하지 않는다고 하더라도 발명자 또는 창작자는 단위가 불이익을 줄 것을 근심하여 감히 그 장려·보상받을 권리를 주장하지 못하고, 적지 않은 사람들이 단위를 떠난 후에야 비로소 장려·보상을 요구한다. 예를 들어, 일본의 저명한 "청색LED(발광다이오드)" 사건 중의 발명자 나카무라 슈지(中村修二)도 바로 이직 후에야 비로소 법원에 소를 제기하였다.

앞에서 설명한 노동인사관계의 종료가 보상에 영향을 주어서는 안 된다는 것은, 발명자 또는 창작자가 단위와의 노동인사관계가 종료된 후에, 만약 원래 단위가 계속적으로 실시하거나 또는 타인에게 그 특허의 실시를 허가하여 경제적 이익을 취득하였다면, 계속적으로 발명자 또는 창작자에게 보상하여야 함을 가리킨다. 발명자 또는 창작자가 이직하기 전에 단위가 장려·보상해야 했음에도 실제로는 지급하지 않은 경우에, 발명자 또는 창작자는 받아낼 권리가 있지만, 이직한 날로부터 2년이라는 소송시효의 제한을 받는다.

약정우선의 원칙을 강조한다면, 특허권을 수여받은 단위가 발명자·창작자와 장려·보상을 하지 않도록 약정하거나 또는 발명자·창작자와 단위 사이의 노동인사계약이 해제된 경우에는 장려·보상을 하지 않도록 약정할 수 있는가는 논의할 가치가 있는 문제이다. 필자는 이러한 방식은 먼저 본조의 원칙적 규정에 부합하지 않으며, 동시에「특허법실시세칙」제76조의 구체적인 규정에 부합하지 않는다고 보는데, 제76조가 규정한 것은 장려·보상의 방식과 액수이지 장려·보상을 하지 않는 것으로 약정할 수 있다는 것이 아니기 때문이다.

2010년「특허법실시세칙」개정 시에, 국가지식산권국은 일찍이 노동인사관계의 종료가 장려와 보상에 영향이 없음을 명확히 규정할 것을 건의하였고, 각계에서도 반대의견이 없었다. 그러나 국무원 법제판공실의 심의과정에서, 발명자 또는 창작자의 장려·보상받을 권리가 노동인사관계의 종료로 상실되지 않음은 말할 필요도 없는 것이므로「특허법실시세칙」중에 특별히 규정할 필요가 없다고 보았다.

(二) 장려·보상의 상속 가능성

직무발명창조의 발명자 또는 창작자가 사망하는 경우, 그 받아야 하는 장려와 보상이 유산으로 상속될 수 있는가?

「상속법」은 이 문제에 대해서 규정하지 않았다. 이 때문에 2010년 「특허법실시세칙」을 개정할 때에 「특허법실시세칙」에 명확히 규정하여야 한다는 의견이 있었다. 「상속법」 및 관련 사법해석 중의 규정이 법률적 근거가 될 수 있음을 고려하여 「특허법실시세칙」에 관련 조항을 추가하지 않았다. 1985년 4월 1일 반포된 「상속법」 제3조는 유산은 공민이 사망한 때에 남긴 합법적 재산으로, 공민의 저작권·특허권 중의 재산적 권리 및 공민의 기타 합법적 재산을 포함한다고 규정하고 있다. 「최고인민법원의 〈중화인민공화국 상속법〉 철저 집행 문제에 관한 의견」 제3조는 "공민이 상속할 수 있는 기타 합법적 재산에는 유가증권과 이행 목적인 재물의 채권 등을 포함한다."고 규정하고 있다. 이에 근거하여, 발명자 또는 창작자가 사망한 경우에, 그 받아야 하는 장려·보상은 "특허권의 재산적 권리"로서든 아니면 "이행목적물에 대한 채권"으로서든 상속할 수 있는 유산이 된다.

(三) 특허권 양도 및 특허권 출자 시의 발명자·창작자에 대한 보상

2010년 「특허법실시세칙」 개정 시에, 국가지식산권국은 일찍이 특허권을 양도하거나 또는 특허권으로 출자한 경우에, 타인에게 특허실시를 허가하는 것과 마찬가지로 양도액 또는 출자액(또는 비율)의 적어도 10%를 발명자 또는 창작자에게 보상금으로 지급하여야 함을 명확히 규정할 것을 건의하였다. 국무원 법제판공실의 심의과정에서 본조는 단지 특허권을 수여받은 단위가 자기실시 또는 타인에게 실시를 허가하는 경우에 응용확산의 범위와 취득한 경제적 수익에 근거하여 발명자 또는 창작자에게 보상하여야 한다는 것을 명확하게 규정하는 것이지, 단위가 특허권을 양도하는 경우에 발명자 또는 창작자에게 보상하여야 함을 요구하는 것은 아니라고 보는 의견이 있었다. 본조 규정의 표면적 의미를 보면, 이처럼 이해하는 것이 정확하다. 그러나 무엇 때문에 단위가 실시 또는 타인에게 실시를 허가하여 경제적 수익을 얻는 경우에는 발명자 또는 창작자에게 보상하여야 하고, 특허권을 양도하여 이후에 양수자가 실시 또는 타인에게 실시를 허가하여 경제적 수익을 얻는 경우에는 보상할 필요가 없는지, 이에 대해서는 설득력 있는 해석이 되기 어렵다. 「중국공산당중앙위원회·국무원의 기술혁신 강화, 첨단과학기술 발전, 산업화 실현에 관한 결정(中共中央, 国务院关于加

强技术创新, 发展高科技, 实现产业化的决定)」에서 "지식재산권의 직무발명자·창작자·저작자 및 주요 실시자에 대하여, 그 실제 공헌에 상당하는 보상과 주주권 수익을 지급하여야 한다."고 지적하였다. 이 밖에, 「과학기술성과전환법」 제9조는 아래와 같이 규정하고 있다.

> 과학기술성과의 보유자는 아래의 방식에 따라서 과학기술성과를 전환할 수 있다.
> (1) 자기 투자 실시 전환
> (2) 타인에게 그 과학기술성과를 양도
> (3) 타인에게 그 과학기술성과 사용을 허가
> (4) 과학기술성과를 합작조건으로 타인과 공동실시 전환
> (5) 과학기술성과를 출자하여 주식 또는 출자비율로 전환

분명히 전환실시의 측면에서 출발하여, 위의 결정과 법률은 양도와 허가를 동등하게 취급하고 있다. 따라서 다음 「특허법」 개정 시에 본조 규정을 조정함으로써, 단위가 특허권을 양도하는 경우에도 발명자 또는 창작자에게 보상하여야 함을 명확히 하여야 한다.

(四) 발명자 또는 창작자의 장려·보상 분쟁 및 그 해결

발명자 또는 창작자의 장려·보상 분쟁은 직무발명창조의 발명자 또는 창작자와 그 단위 사이의 장려·보상에 관하여 발생한 분쟁을 가리킨다. 이러한 분쟁이 발생하는 것은 일반적으로 특허권을 수여받은 단위가 그 약정에 따라서 또는 「특허법실시세칙」의 규정에 따라서 발명자·창작자에게 장려·보상을 하지 않았거나, 또는 지급한 장려·보상이 약정 또는 법정기준보다 낮기 때문이다.

장려·보상 분쟁에 대해서, 「특허법실시세칙」 및 관련 사법해석의 규정에 따르면 두 가지 해결방법이 있는데, 첫째는 특허업무관리부문에 조정을 청구하는 것이고, 둘째는 법원에 소를 제기하는 것이다.

「특허법실시세칙」 제85조 규정에 근거하여, 특허업무관리부문은 당사자의 청구에 응하여 직무발명창조의 발명자·창작자의 장려·보상 분쟁을 조정할 수 있다. 「특허법실시세칙」 제81조 규정에 근거하여, 당사자가 특허업무관리부문에 특허분쟁의 조정을 청구하는 경우, 피청구인 소재지의 특허업무관리부문이 관할한다.

2001년 반포된 「최고인민법원의 특허분쟁사건 심리 적용 법률문제에 관한 규정」

제1조 규정에 따르면, 법원이 수리하는 특허분쟁사건에는 직무발명창조 발명자·창작자의 장려·보상 분쟁사건도 포함된다. 위의 사법해석 규정에 따라서, 특허분쟁의 일심사건은 각 성·자치구·직할시 인민정부 소재지의 중급인민법원과 최고인민법원이 지정한 중급인민법원이 관할한다.[1] 이 때문에 장려·보상 분쟁사건은 오직 특허사건의 관할권을 갖는 중급인민법원이 관할하고, 기층인민법원은 관할할 수 없다. 만약 피고 주소지의 중급인민법원이 특허사건 관할권이 없는 경우, 원고는 오직 피고가 소재한 성·자치구 인민정부 소재지의 중급인민법원에 소를 제기할 수 있다.

---

[1] 그러나, 2014년 10월 31일 반포된 「최고인민법원의 베이징·상하이·광저우 지식재산권법원 사건 관할에 관한 규정」에 따라서 베이징시, 상하이시 및 광동성·광저우시 내의 특허에 관한 민사 및 행정사건은 각각 베이징, 상하이 및 광저우 지식재산권법원이 관할한다.

제17조 발명자 · 창작자의 서명권 및 특허표지

① 발명자 또는 창작자는 특허문서에 자기가 발명자 또는 창작자임을 기재할 권리가 있다.
② 특허권자는 그 특허제품 또는 그 제품의 포장에 특허표지를 표시할 권리가 있다.

一. 개 요

본조 규정은 2008년 「특허법」 개정 시에 개정 전 제15조를 본조에 병합한 것이다. 이렇게 병합한 것에 특별한 이유가 있었던 것은 아니고, 총칙부분에 한 조가 추가되어, 즉 제15조에 공유 특허출원권 또는 특허권에 관한 규정이 추가됨으로써, 제2장 특허권 수여의 요건, 제3장 특허출원, 제4장 특허출원의 심사 및 비준의 모든 조가 한 조씩 차례대로 이동할 수밖에 없게 되었는데, 이 규정들은 모두 국가지식산권국이 특허출원에 대한 심사과정에서 매일 반복적으로 활용하는 조문으로서 1984년 「특허법」 제정 이래로 그 조문번호에 변화가 없어서, 조문번호가 하나씩 이동하게 되면 국가지식산권국의 특허심사관 및 특허대리기구의 특허대리인이 혼동할 수도 있고 공중의 오해를 불러일으킬 수도 있으므로, 국가지식산권국은 총칙부분에서 두 개 조를 병합함으로써 뒤의 각 장의 조문번호에 변화가 없게 할 것을 전국인민대표대회 상무위원회 법제업무위원회에 건의하였다. 전국인민대표대회 상무위원회 법제업무위원회가 국가지식산권국의 건의를 받아들임으로써, 국가지식산권국 심사업무의 부담을 크게 줄여 주었다.

유사한 문제가 2000년 「특허법」 개정 시에도 있었다. 처음에 중국 입법기관은 법률 개정과 조문번호 유지를 동시에 달성하기가 매우 어렵다고 보았다. 사실상 이 문제는 중국이 다른 법률을 개정하거나 또는 다른 국가가 법률을 개정할 때에도 종종 직면하게 되는 문제이다. 다른 국가의 경험을 참고하면, 이와 같은 문제를 해결하기 위해 취할 수 있는 조치로는, 첫째 어떤 조 중에 그 조의 2, 3을 추가하여 조문을 추가하면서도 다른 조문번호에 영향이 없게 하는 것이고, 둘째는 전체 법률의 모든 조문에 대하여 처음부터 끝까지 연속되는 번호를 부여하지 않는 방식으로, 예를 들어 미국특허법이 이러한 방식으로 조문번호를 부여하는데, 그 제1장은 제1조부터 조문번호가 시작되고, 제2장은 제100조부터 조문번호가 시작되며, 제3장은 제200조부터 조문번호가 시작된다. 이렇게 유추하면 각 장에는 조문번호에 많은 여유가 있어서 충분히 많은 새로운 조문을 추가하면서도 기타 각 장의 번호에는 영향이 없게 된다. 그

러나 중국이 법률을 제정함에는 그 고정된 격식이 있으므로, 위와 같은 두 가지 방식
은 모두 따르기가 어려웠다.

二. 발명자ㆍ창작자의 서명권

발명창조는 발명자 또는 창작자의 창조적인 지적 노동의 성과인데, 발명창조를 장
려하기 위해서는 먼저 "사람을 근본으로 하는" 원칙을 관철시켜 발명자ㆍ창작자의
창조적 지적 노동을 추앙해야 하고, 그 이름을 높이기 위해서는 특허문서 중에 특허
의 발명자 또는 창작자의 성명을 기재하여야 한다. 이 때문에 본조 제1항은 발명자
또는 창작자에게 특허문서 중에 서명(署名)의 권리를 부여하는데, 이러한 권리를 학
자들은 특허권의 "정신적 권리" 또는 "인격권"이라고도 부른다. 본조는 「특허법」 중
"정신적 권리"에 관한 유일한 조문이다. 「특허법」 제16조는 특허권을 수여받은 단위
는 직무발명창조의 발명자ㆍ창작자에게 장려ㆍ보상하여야 한다고 규정하는데, 이것
은 발명자ㆍ창작자에게 제공하는 물질적 보상이고, 본조는 발명자ㆍ창작자가 서명
권을 향유한다고 규정하는데, 이것은 발명자ㆍ창작자에 대한 정신적 보상이며, 양자
는 모두 「특허법」 제1조가 규정하는 발명창조의 장려라는 입법취지를 실현하는 데
필요한 조치이다.

발명자 또는 창작자의 서명권은 세계 각국이 중시하고 있다. 「파리협약」 제4조의
3은 발명자는 특허문서 중에 그 성명을 기재할 권리가 있다[1]고 명확하게 규정하고
있다. 이 규정을 어떻게 실현할지는 각 회원국이 스스로 확정한다. 이 점에 있어서,
각국의 입법은 대체로 두 유형으로 구분된다. 미국과 일본의 특허법은 모든 발명에
대한 특허출원의 권리는 모두 발명자에게 있다고 규정하고 있으며, 이 때문에 특허출
원을 할 때에 반드시 출원서류의 출원인 항목에 발명자의 성명을 기재하여야 하고,
양수인이 있는 경우에는 다시 양수인 항목에 양수인의 명칭 또는 성명을 기재하여야
한다. 이렇게 함으로써 발명자의 성명이 특허문서 중에 반드시 표시되게 한다. 대다
수 국가의 특허법은 이와 다른 방식을 취하는데, 곧 직무발명에 있어서는 특허출원의
권리가 발명자의 소속 단위에게 있다. 이러한 방식을 따르면, 특허출원을 할 때에 출
원서류의 출원인 항목에 기재하는 것은 발명자의 소속 단위이지 발명자가 아니며, 따
라서 특허출원서류 중에 별도 항목을 두어 발명자의 성명을 기재하게 하는데, 이렇게

---

1) The inventor shall have the right to be mentioned as such in the patent.

함으로써 발명자의 성명이 특허문서 중에 확실히 표시되도록 한다.

본조는 발명자 또는 창작자가 "특허문서" 중에 자기가 발명자 또는 창작자임을 기재할 수 있는 권리가 있다고 규정하는데, 여기에서의 "특허문서"가 특허권을 수여받은 후의 "특허문서"만을 가리키는가, 아니면 특허출원서류도 포함하는가? 특허출원을 할 때부터 특허권을 수여받을 때까지는 연속된 과정이며, 특허출원서류에 발명자 또는 창작자가 정확하게 기재되어 있어야만 특허권 수여 후의 특허문서 중에도 발명자 또는 창작자로 정확하게 기재될 수 있다. 이를 위해서, 2010년 개정 「특허법실시세칙」 제16조는 세 가지 종류의 특허출원의 청구서에 기재하여야 하는 사항을 명확하게 하였는데, 그중에는 발명자 또는 창작자의 성명도 포함된다. 이 밖에, 발명특허출원은 출원한 날로부터 18개월이 되는 때에 공개되는데, 공개되는 발명특허의 출원서류 중에 발명자로 성명이 기재되는 것도 그 이름을 높이는 방법 중 하나이다. 설령 그 발명특허출원이 후에 발명특허를 받지 못한다고 하더라도 발명자로 성명이 기재되어 있는 것은 변함없이 가치가 있는 일이다.

만약 출원인이 특허출원을 할 때에 청구서 중에 발명자 또는 창작자의 성명을 기재하지 않았다면, 자진해서 보정하거나 또는 국가지식산권국의 보정통지서를 받은 후 지정된 기간 이내에 보정하여야 한다.

본서의 「특허법」 제6조에 대한 설명에서 지적한 것처럼, 발명창조의 완성에 있어서 어떠한 공헌을 한 사람을 "발명자" 또는 "창작자"라고 할 수 있는가는 매우 중요한 문제이며, 「특허법실시세칙」 제13조가 정의를 내리고 있다. 만약 출원인이 이 조의 규정에 부합하지 않는 자를 발명자 또는 창작자로 기재하거나, 또는 위 규정에 부합하는 자를 발명자 또는 창작자로 기재하지 않은 경우, 위 규정에 부합하는 발명자 또는 창작자는 출원인에게 국가지식산권국에 대하여 변경을 청구할 것을 요구할 수 있다. 만약 발명자 또는 창작자의 자격문제에 대하여 분쟁이 발생한다면, 위 규정에 부합하는 발명자 또는 창작자는 특허업무관리부문에 조정을 청구하거나 또는 법원에 소를 제기할 수 있다.

본조 규정에 따라서, 특허문서 중에 성명을 기재하는 것은 발명자 또는 창작자의 권리이다. 발명자 또는 창작자는 성명을 기재할 권리가 있으므로, 자연히 성명을 기재하는 것을 포기할 권리도 있다. 따라서 발명자 또는 창작자가 스스로 이러한 권리를 포기하여, 특허문서 중에 성명이 기재되지 않도록 요구하는 것도 허용되어야 한다. 나중에 논란이 발생하는 것을 방지하기 위해서, 성명을 기재하는 것을 포기하는 경우에는 발명자 또는 창작자가 서면형식으로 성명하여야 한다. 만약 발명자·창작자가 그 성명을 기재할 권리를 포기하기로 계약한 것이 관련 당사자의 기만·협박에 의한 것이라면, 법률을 위반하여 체결된 계약이므로 무효인 계약으로 보아야 한다.

三. 특허표지

(一) 조문 연혁

1984년 제정 「특허법」 제15조는 아래와 같이 규정하였다.

> 특허권자는 그 특허제품 또는 그 제품의 포장에 특허표기와 특허번호를 표시할 권리
> 가 있다.

1984년 제정 「특허법실시세칙」은 위 규정에 대하여 보다 상세하게 규정하지 않았
다. 1992년 및 2000년 두 차례 「특허법」 개정에서도 모두 위 규정에 대해서는 개정하
지 않았다.

위 규정의 입법목적은, 특허제품에 특허표기를 표시함으로써 공중에게 그 제품이
특허보호를 받는 제품이므로 누구라도 허가 없이 함부로 모방할 수 없음을 주의하도
록 상기시키는 것인데, 이것은 국가지식산권국의 등록공고에 대한 일종의 보충이며,
타인의 지식재산권을 사회 전체가 존중하여야 한다는 의식을 제고시키는 데 도움이
된다. 이 밖에 특허권의 보호객체가 발명창조이고, 공중은 보편적으로 특허권을 받은
제품은 필경 신제품일 것으로 인식하기 때문에, 특허표기를 표시함으로써 일정 정도
의 광고선전효과를 발휘할 수 있어서, 소비자에 대한 제품의 흡인력을 높일 수 있다.

그러나 중국이 특허제도를 수립한 초기에, 특허권자가 그 특허제품 또는 포장에 특
허표기를 표시하는 방식은 각양각색이었고 통일되지 않았다. 어떤 사람들은 단지 제
품 또는 그 제품 포장에 "본 제품은 특허제품이며, 모방하면 책임을 추궁할 것임"이라
는 문구를 적어 넣었지만, 도대체 어떤 특허인지 공중은 알 수가 없었다. 어떤 사람들
은 특허권이 없으면서도, 그 제품 또는 그 제품의 포장에 특허표기를 표시하여 공중
이 오인하도록 하였다.

정상적인 시장경제질서를 유지하고, 특허표기 표시행위를 규율하기 위하여, 2001
년 개정 「특허법시행세칙」에 제83조를 추가하여 아래와 같이 규정하였다.

> 특허권자는 특허법 제15조 규정에 따라서, 그 특허제품 또는 그 제품의 포장에 특허

표기를 표시하는 경우, 국무원 특허행정부문이 규정하는 방식에 따라서 표시하여야 한다.

「특허법실시세칙」의 위 규정에 근거하여, 2003년 5월 30일 국가지식산권국은 제29호 국령(局令)으로 「특허표기 및 특허번호 표시방식규정」을 발포하고, 2003년 7월 1일부터 시행하였다. 그 주요 내용은 다음과 같다.

(1) 특허권이 수여된 후 특허권의 존속기간 내에만, 특허권자 또는 특허권자의 허가를 받은 자는 특허제품, 특허방법에 의해 직접적으로 획득한 제품 또는 그 제품의 포장에 특허표기와 특허번호를 표시할 수 있다.

(2) 특허표기와 특허번호를 표시하는 경우, 먼저 중문으로 특허권의 유형, 예를 들어 중국발명특허·중국실용신안특허·중국디자인특허를 표시하여야 하고, 그 다음에 국가지식산권국이 수여한 특허권의 특허번호를 표시하여야 한다. 이 밖에, 기타 문자표기와 도형표기를 부가할 수 있으나, 공중을 오도하는 작용을 일으켜서는 안 된다.

(3) 특허방법에 의하여 직접적으로 획득한 제품 또는 그 제품의 포장에 특허표기와 특허번호를 표시하는 경우, 중문으로 그 제품이 특허방법에 의해 획득한 제품임을 표시함으로써, 공중이 그 제품 자체가 특허권을 받은 것인지 아니면 그 제품을 제조하는 방법이 특허권을 받은 것인지 혼동하는 것을 방지하여야 한다.

(4) 각지 인민정부의 특허업무관리부문은 본 행정구역 내의 특허표기와 특허번호 표시에 대하여 관리감독 책임이 있으며, 이 규정에 부합하지 않는 경우, 기한 내에 시정할 것을 요구할 수 있다. 특허표기와 특허번호 표시가 부적절한 경우, 특허 허위표시행위에 해당하며, 특허업무관리부문이 2000년 개정 「특허법」 제59조 규정에 따라서 처벌한다.

위 규정을 제정할 때에 반복적인 토론을 거쳐서, 국가지식산권국은 특허권자가 특허표기를 표시하는 가장 바람직한 방식은 특허번호를 표시하는 것이라고 보았는데, 모든 특허권은 반드시 특허번호가 있기 때문이고, 각 특허번호에 대응하는 특허권은 유일한 것이어서 그 안에는 특허권의 유형·출원일 등 중요한 정보를 담고 있기 때문이다. 특허번호를 표시하여야만 표시행위가 위의 규정에 부합하는지를 특허업무관리부문이 비로소 판단할 수 있고, 공중도 어떤 유형의 특허권이고 어떤 특허권과 관련된 것인지를 비로소 알 수 있으며, 특허번호로 알 수 있는 출원일 정보로부터 특허권의 존속기간을 추단할 수 있다. 그러나 1984년 제정 「특허법」 제15조는 특허권자가 "특허표기와 특허번호"를 표시할 권리가 있다고 규정하였는데, 이것은 중국 국가지식산권국이 관련 규정을 제정하는 데 많은 어려움을 가져왔다. 만약 양자를 "그리고”의 관계로 이해한다면, 즉 특허권자가 반드시 양자를 동시에 표시하여야 한다면, 특허번호를 표시하는 상황에서 특허번호와는 다른 어떤 특허표기를 다시 표시해야 하는지를 생각해 내기가 매우 어려운데, 보편적으로 사용하고 있는 국제적인 특허표기가 없기 때문이다. 만약 양자를 “또는”의 관계로 이해한다면, 즉 특허권자가 특허번호를 표시할 수도 있고 다른 특허표기를 표시할 수도 있다고 한다면, 앞에서 이야기한 것처럼 다른 모든 특허표기는 특허번호만큼 명확하고 정확하지 않아서 특허업무관리부문 및 공중이 특허표기의 진위여부를 식별하는 것을 더욱 어렵게 할 수 있기 때문이다. 이러한 이유에 기초하여, 2008년 「특허법」을 개정할 때에 국가지식산권국이 건의하여, 개정 전 제15조를 본조 제2항으로 병합함과 동시에 그 내용을 조정하여, 원래 규정의 “특허표기와 특허번호”를 “특허표지”로 고쳤으며, “특허표지”의 의미에 관해서는 국가지식산권국이 제정하는 규정에서 정하도록 함으로써 원래 규정에 존재하였던 문제를 해결하였다. 동시에 원래의 “특허표기”라고 했던 것을 “특허표지”로 고쳐서 표현을 보다 규범화했을 뿐만 아니라 「상표법」의 “상표표지”라는 용어와 서로 대응되게 하였다.

본조가 개정됨에 따라, 2010년 개정 「특허법실시세칙」도 제83조 규정을 아래와 같이 개정하였다.

① 특허권자가 특허법 제17조 규정에 의하여 그 특허제품 또는 특허제품의 포장에 특허표지를 표시하는 경우, 국무원 특허행정부문이 규정한 방식에 따라 표시하여야 한다.
② 특허표지가 전항의 규정에 부합하지 않는 경우, 특허업무관리부문이 시정을 명령한다.

개정된 점은 첫째, 원래 “특허표기”로 하였던 것을 “특허표지”로 고침으로써, 본조 규정과 일치시켰다는 점이고, 둘째, 제2항을 추가함으로써, 규정에 부합하지 않는 특허표지에 대한 특허업무관리부문의 관리감독 책무를 명확히 하였다는 점이다.

국가지식산권국은 「특허법」 및 「특허법실시세칙」의 관련 규정이 개정됨에 따라서, 2003년 제정한 「특허표기 및 특허번호 표시방식규정」을 상응하게 개정하였다.

(二) 관련 문제

1. 특허표지 표시의 법적 성질
미국특허법 제287조 제(a)항은, 특허권자 및 그 피허가자는 그 제조 · 판매청약 ·

판매 또는 수입한 특허제품 또는 그 제품의 포장에 "patent"라는 문구 또는 "pat."라는 약자를 쓰고 그 후에 그 특허번호를 기재함으로써 공중에게 그 제품이 특허제품임을 고지하여야 하며, 이러한 방식을 취하지 않은 경우, 특허권자는 어떠한 특허권 침해소송 중에서도 손해배상을 받을 수 없고, 침해자가 그 행위가 특허권 침해행위에 해당함을 고지받은 후에도 여전히 그 침해행위를 계속하는 경우는 제외되지만, 이러한 상황에서도 특허권자는 침해자가 고지받은 후에 계속한 침해행위에 대해서만 손해배상을 받을 수 있고, 특허권자가 특허권 침해소송을 제기하는 것도 위의 고지 행위에 해당한다고 규정하고 있다.

2000년 및 2008년 「특허법」 개정 시에 모두 미국의 방식을 참고하여야 한다고 건의한 사람들이 있었는데, 본조 제2항에 특허권자가 그 특허제품 또는 그 제품의 포장에 특허표지를 표시할 의무가 있음을 규정함으로써, 그 제품이 특허권을 받은 제품이고 특허권자의 허가 없이는 실시할 수 없음을 공중에게 고지하도록 하고, 특허권자가 이 의무를 이행하지 않으면 그 특허권 침해행위에 대하여 손해배상을 받을 권리가 없게 하여야 한다고 주장하였다. 이 건의가 올바른지에 대해서는 심층적인 분석을 필요로 한다.

먼저, 「파리협약」이 이에 대하여 특별히 규정하고 있음을 주의할 필요가 있는데, 그 제5조 제D부분은 아래와 같이 규정하고 있다.

> 보호받을 권리를 인정할 조건으로서 특허·실용신안·상표의 등록 또는 디자인의 기탁을 상품에 표시 또는 언급할 것을 요구할 수 없다.

위의 규정은 1925년 개최된 「파리협약」 헤이그 개정회의에서 처음으로 이 협약에 추가되었지만 당시에는 오직 공업품 디자인에만 미치는 것이었고, 1934년에 개최된 「파리협약」 런던 개정회의에서 그 적용범위를 확대하여 모든 공업소유권에 적용되도록 하였다.

「파리협약」에 대한 권위 있는 해설서에 따르면, 상품에 그 상품이 특허·실용신안·디자인 또는 등록상표로 보호됨을 표시 또는 기재하는 것은, 공중에게 고지하고 그들에게 이러한 권리를 침해해서는 안 됨을 경고함에 있어서 유용할 수 있으며, 이 때문에 일부 국가는 특허권자가 이를 표시 또는 기재하여야 한다고 규정하고 있다. 그러나 만약 이 점을 보호받기 위한 조건으로 하는 것은 특허권자에게 있어서는 너무 엄격한 것이다. 이러한 결과를 방지하기 위해서 「파리협약」은 특별히 위의 규정을 추가하였지만, 그러나 회원국은 이러한 표시 또는 기재를 하지 않았을 때의 기타 불리한 결과는 규정할 수 있는 권리가 있다.

다음으로, 미국특허법 제287조 제(a)항 규정이 「파리협약」의 위 규정을 위반하는 것은 아닌가? 미국특허법 제287조 제(a)항 규정을 전체적으로 살펴보면, 이것은 미국 특허제도의 한 가지 중요한 원칙을 규정한 것으로 이해되어야 하는데, 곧 특허권자가 침해자의 손해배상책임을 주장하기 위해서는 한 가지 전제조건이 있으며, 그것은 바로 특허권자가 침해자에게 그 실시행위가 특허권 침해행위에 해당함을 사전에 고지하였어야 하고, 고지받은 후에도 침해자가 침해행위를 계속하는 경우에만 특허권자가 손해배상을 받을 수 있다는 것이다. 이것은 미국에서는 미국특허상표청(USPTO)이 특허권 수여를 공고하는 것은 이러한 고지에 해당하지 않고 공중의 모든 사람이 그 특허권의 존재를 알고 있는 것으로 추정할 수는 없다고 보고 있음을 나타내며, 반드시 후에 피소되는 침해자의 구체적인 실시행위에 대해서 구체적으로 고지되어야 함을 나타낸다. 미국특허법 제286조 규정, 곧 어떠한 상황에서도 침해소송을 제기한 날로부터 6년 전에 행한 특허침해행위에 대해서는 손해배상을 받을 수 없다는 규정과 함께 놓고 보면, 손해배상을 받을 수 있는 조건에 대해서 미국특허법은 중국에 비하여 훨씬 엄격하게 규정하고 있음을 알 수 있다. 필자는 줄곧 미국이 국내의 지식재산권 보호문제에 있어서는 분별을 중시하고 각 분야의 합리적인 이익균형에 매우 주의하여, 지식재산권 보호만을 무턱대고 강조하는 것은 아니라고 여겨 왔는데, "사전고지"원칙의 확립이 그 한 예라고 하겠다. 이를 배경으로 하면, 미국특허법 제287조 제(a)항 규정은 특허제품에 특허표지를 표시하는 것이 그 "사전고지"원칙을 구체화하는 방식으로 선택할 수 있는 것 중 하나임을 나타내고 유일한 방식은 아니며, 기타 경고장 발송, 법원에 소제기 등 조치로도 고지할 수 있음을 알 수 있다. 바꿔 말하면, 이 규정은 특허권자가 특허제품에 특허표지를 "표시할 수 있다."이지 특허표지를 "반드시 표시하여야 한다."가 아니다. 이로부터 미국특허법 제287조 (a)항 규정은 「파리협약」의 규정을 위반한 것이 아니라는 결론을 얻게 된다.

다음으로, 상표사용권에 있어서는 권리자가 상품에 상표표지를 표시하는 것은 소비자로 하여금 누가 그 제품의 제조자인지를 알게 하는 기능을 하는데, 이것은 의심의 여지가 없다. 그러나 특허권에 있어서는 권리자가 상품에 특허표지를 표시하는 것이 어떤 기능을 하는 것인지에 대해서 논의해 볼 가치가 있다. 예를 들어, DVD 플레이어 한 대는 수많은 특허권과 관련될 수 있어서, 기기 전체에 관한 것일 수도 있지만 이보다는 그 부속품에 관한 특허권이 훨씬 더 많으며, 전체 또는 부속품의 제조방법에 관한 특허권일 수도 있는데, 이들을 모두 합하면 특허권의 개수가 수십 건일 수도 있고 심지어는 백 건을 넘을 수도 있다. 만약 이러한 특허의 표지를 모두 DVD 플레이어 또는 그 포장에 표시한다면 빽빽하게 차게 되어 공중은 보아도 알 수 없어서 특허문헌을 하나씩 찾아보지 않고서는 이러한 특허권이 무엇에 대한 것인지를 알 수가 없다. 따라서 이러한 상황에서 특허표지를 표시하는 것이 특허권을 침해하지 않도록 타인에게 경고하는 기능을 한다는 것은 실제로 믿기 어렵다고 말하고 싶다. 이와 반대로, DVD 플레이어 또는 그 포장에 이러한 모든 특허권의 특허표지를 표시하게 되면, 공중은 오히려 이러한 특허권이 DVD 전체 기기에 관한 특허권인 것으로 잘못 알 수 있다. 상대적으로, 특허권자가 상품에 디자인특허권의 특허표지를 표시하는 경우에는 그 기능이 좀 더 뚜렷해질 수 있는데, 이것은 적어도 사람들로 하여금 그 제품의 외관이 특허권으로 보호받는 것임을 명확히 알게 할 수 있기 때문이다.

종합하면, 특허제품에 특허표지를 표시하는 것은 특허권자의 의무가 아니라 특허권자의 권리라는 것을 명확히 하여야 한다. 「특허법」 제60조는, 미국특허법 제287조 제(a)항 규정과 달리, 특허권 침해로 인정되는 경우에 특허권자가 침해자의 손해배상책임을 주장하기 위해서는 사전에 특별히 침해자에게 고지하였어야 한다고 규정하지 않았다. 이러한 상황에서, 특허권자 자신이 그 특허제품을 제조 및 판매함에도 특허표지를 표시하지 않은 경우에는 그 타인의 특허권 침해행위에 대하여 손해배상을 받지 못하게 규정하도록 건의하는 것은 올바르지 못한 것일 뿐만 아니라, 미국의 방식을 잘못 이해한 것이다.

2. 부적절한 특허표지의 법적 효과

본조 제2항은 특허권자가 특허제품 또는 그 제품의 포장에 특허표지를 표시할 권리가 있다고 규정하고 있다. 「특허법실시세칙」 제83조는 특허표지는 국무원 특허행정부문이 규정한 방식을 따라서 표시하여야 하고, 특허표지가 국가지식산권국 규정에 부합하지 않은 경우에는 특허업무관리부문이 시정을 명령한다고 규정하고 있다.

국가지식산권국이 발포한 「특허표기 및 특허번호 표시방식규정」은 특허권의 존속기간 이내에만 그 특허제품 또는 그 포장에 특허권자가 특허표지를 표시할 수 있다고 규정하고 있다. 이것은 특허출원인이 특허권을 받기 전에 특허표지를 표시하거나 특허권자가 그 특허권이 종료된 후에 계속해서 특허표지를 표시하는 것은 모두 규정에 부합하지 않는 행위라는 것을 나타낸다.

2008년 「특허법」 개정 시에, 제63조 중에 개정 전 제58조의 소위 타인 특허의 허위표시행위와 제59조의 소위 특허사칭행위를 특허허위표시행위로 합하여 부르고, 그에 대한 행정처벌의 강도를 높였다. 2010년 개정 「특허법실시세칙」 제84조 제1항은 특허허위표시행위에 대하여 아래와 같이 규정하였다.

다음 각 호의 행위는 특허법 제63조가 규정하는 특허허위표시행위에 속한다.

(1) 특허권을 받지 아니한 제품 또는 그 포장에 특허표지를 표시하거나, 특허권이 무효로 선고되었거나 또는 종료된 후에 계속해서 제품 또는 그 포장에 특허표지를 표시하거나, 또는 허가 없이 제품 또는 제품 포장에 타인의 특허번호를 표시하는 행위

(2) 본조 제(1)호의 제품을 판매하는 행위

(3) 제품설명서 등에 특허권을 받지 아니한 기술 또는 설계를 특허기술 또는 특허설계라고 하거나, 특허출원한 것을 특허라고 하거나, 또는 허가 없이 타인의 특허번호를 사용해서 공중이 관련된 기술 또는 설계를 특허기술 또는 특허설계로 오인하게 하는 행위

(4) 특허증서·특허문서 또는 특허출원서류를 위조 또는 변조하는 행위

(5) 기타 공중을 혼동하게 하여, 특허권을 받지 아니한 기술 또는 설계를 특허기술 또는 특허설계인 것으로 오인하게 하는 행위

위 규정에 따라서, 제품에 특허표지를 표시하는 행위가 부적절하여 공중을 오도하거나 또는 공중이 혼동하게 하는 경우에는 특허허위표시행위로 인정될 수 있으며, 행정처벌을 받아야 하고, 경과가 엄중하여 범죄를 구성하는 경우에는 이 밖에 형사책임도 져야 한다.

제18조 외국인 · 외국기업 및 외국의 기타 조직의 중국에서의 특허출원

중국에 계속적인 거소 또는 영업소가 없는 외국인 · 외국기업 또는 외국의 기타 조직이 중국에서 특허출원하는 경우, 그 소속 국가와 중국이 체결한 협약 또는 공동으로 가입한 국제조약에 따라서, 또는 호혜원칙에 따라서, 이 법에 근거하여 처리한다.

一. 개 요

본조는 중국에 계속적인 거소 또는 영업소가 없는 외국인 · 외국기업 또는 외국의 기타 조직이 중국에서 특허보호를 받는 것에 관한 규정으로서, 그 목적은 「파리협약」의 관련 원칙을 구체화하는 데 있다.

국제무역규모가 부단히 확대됨에 따라서, 특허권자는 자국에서 특허보호를 받는 것만으로는 충분히 그 이익을 지킬 수가 없으며, 다른 국가에서도 특허보호를 받을 필요가 있다. 1883년 제정된 「파리협약」의 기본적인 목적은, 한 동맹국의 국민이 다른 동맹국에서 공업소유권보호를 받을 수 있도록 법적 장애를 제거하여, 동등한 조건으로 보호를 받을 수 있게 하는 데 있다.

「파리협약」 제4조의 2(1)은 아래와 같이 규정하고 있다.

동맹국의 국민에 의하여 여러 동맹국에서 출원된 특허는 동일한 발명에 대하여 동맹국 또는 비동맹국가인가에 관계없이 타국에서 획득된 특허와 독립적이다.

위의 규정은 특허권 독립의 원칙을 확립한 것으로 여겨지는데, 이 원칙은 오직 특허권에 대한 것이고 「파리협약」이 규정하는 다른 공업소유권에 미치는 것은 아니다. 소위 "동일한 발명에 대하여 획득된 특허와 독립적이다."에는 두 가지 의미가 포함되어 있는데, 첫째는, 동일한 발명에 대해서 동맹국은 특허권 수여여부를 독립적이고 자주적으로 확정할 수 있는 권리가 있으며, 어떤 발명이 한 동맹국에서 특허권을 받았다고 하더라도 다른 동맹국은 그 특허권의 효력을 독립적이고 자주적으로 확정할 권리가 있다는 것이고, 둘째는, 수여된 특허권에 대해서 각 동맹국은 그 특허권의 효력을 독립적이고 자주적으로 확정할 수 권리가 있으며, 타인의 실시행위가 특허권 침해에 해당하는지를 독립적이고 자주적으로 확정할 수 있고, 설령 동일한 방식으로 실시하였다고 하더라도, 한 동맹국에서 특허권 침해로 인정된 행위가 다른 동맹국에서도 특허권 침해에 해당하는 것으로 인정되어야 하는 것은 아니다. 이 원칙에 근거하여, 한 동맹국의 국민(자연인 또는 법인)은 그 완성한 발명창조에 대하여 다른 동맹국에서도 특허로 보호받고자 하는 경우, 반드시 다른 동맹국에 별도로 특허출원을 하여야 하고, 그 한 국가에서 획득한 특허권의 효력범위는 그 동맹국의 국내로만 제한되며, 다른 동맹국의 국경 내에서도 법적 효력이 발생하는 것은 아니다.

「파리협약」 제2조 제1항은 아래와 같이 규정하고 있다.

> 동맹국의 국민은 모든 동맹국에서 공업소유권의 보호에 관하여 본 협약에서 특별히 정하는 권리를 침해하지 아니하고 각 동맹국의 법령이 내국민에 대하여 현재 부여하고 있거나 또한 장래 부여할 이익을 향유한다. 따라서 동맹국의 국민은 내국민에게 과하는 조건 및 절차에 따를 것을 조건으로 내국민과 동일한 보호를 받으며 또한 권리의 침해에 대하여 내국민과 동일한 법률상의 구제를 받을 수 있다.

위의 규정은 "내국민대우의 원칙" 또는 "내국민동등의 원칙"이라고도 불리는데, 「파리협약」이 규정하는 기본적 원칙 중 하나이다. 특허에 있어서는, 「파리협약」이 특허권 독립의 원칙을 규정하고 있기 때문에, 내국민대우 원칙의 중요성이 훨씬 두드러진다.

중국은 1984년 11월 14일 제6차 전국인민대표대회 상무위원회 제8차 회의에서 「파리협약」 가입을 결정하였고, 이 협약은 1985년 3월 19일부터 중국에서 발효되었다. 중국이 1985년 4월 1일 「특허법」을 정식으로 시행하기 직전에 「파리협약」에 가입한 것은, 중국의 개혁개방전략을 시행하기 위한 것이었으며, 이 협약의 모든 동맹국의 국민이 중국 「특허법」의 시행 첫날부터 중국에서 특허를 출원 및 획득할 수 있게 하는 것이 그 목적 중 하나이었다.

본조는 중국에 계속적인 거소 또는 영업소가 없는 외국인 · 외국기업 또는 외국의 기타 조직이 중국에서 특허출원하는 경우, 본조가 규정하는 조건에 부합하기만 하면 "이 법에 근거하여 처리"하여야 한다고 규정하는데, 이것은 바로 특허보호를 받는 데 있어서 중국 국민과 동등한 대우를 받는다는 것이고, 이로부터 「파리협약」이 규정하는 대국민대우 원칙을 중국이 명백하고 틀림없이 실행하고 있음을 나타내고 있다.

二. 본조 규정의 의미

본조의 "외국인"은 외국의 자연인을 가리키는 것으로서 본조의 뒤쪽에서 언급하는

"그 소속 국가"라는 표현과 연계되는데, 일정한 국적을 갖는 자연인을 가리키며 무국적자는 포함되지 않는다. 외국인의 국적은 그 국가의 법률에 의해서만 확정될 수 있다. 국가지식산권국이 특허출원을 한 외국 자연인의 국적에 의문이 있는 때에는, 그 출원인에게 그 국적증명서를 제출하도록 요구할 수 있다.[1]

본조는 외국인 중에서 단지 "중국에 계속적인 거소가 없는 외국인"에게만 미친다. 소위 "계속적인 거소가 없다."라는 것은, 외국 자연인이 중국에 상대적으로 고정된 거처가 없음을 가리킨다. 만약 외국인이 중국의 여관에 머물고 있다면, 설령 비교적 긴 시간동안 체류하고 있다고 하더라도, 중국에 계속적인 거소가 있다고 할 수 없다. 본조는 소극적으로 규정하였는데, 중국에 계속적인 거소가 있는 외국인은 설령 중국 국적자가 아니고 외국 국적자라고 하더라도 본조가 규정하는 제약을 받지 않고, 중국에서 특허를 출원하여 보호받을 수 있을 뿐만 아니라 「특허법」의 특별한 요구를 면제받고 중국 공민과 동등한 대우를 받는 데, 예를 들면 특허출원 또는 기타 특허사무의 처리를 법에 의해 설립된 특허대리기구에 위임할 수 있지만, 반드시 위임하여야 처리할 수 있는 것은 아니다.

본조의 "외국기업 또는 외국의 기타 조직"은 외국법인을 가리킨다. 각국 법률은 법인에 대해서는 보편적으로 "국적"을 부여하지 않는데, 따라서 본조 뒤쪽의 "그 소속 국가"는 당해 기업 또는 기타 조직이 등기한 국가를 가리킨다. 국가지식산권국이 외국의 기업 또는 기타 조직의 특허출원을 접수하고, 그 "소속 국가"에 대하여 의문이 있는 때에는, 그 출원인에게 그 등기증명서를 제출하도록 요구할 수 있다.

외국기업 또는 외국의 기타 조직 중에서 본조는 "중국에 영업소가 없는 외국기업 또는 외국의 기타 조직"에만 미친다. 소위 "영업소가 없는"이라는 것은 외국법인이 중국에서 경영을 위한 영업소가 없음을 가리킨다. 외국법인이 중국에서 단지 관련 사무를 처리하는 사무소·연락소만 있는 경우에는, 중국에 영업소가 있다고 할 수 없다. 본조는 소극적으로 규정하였는데, 중국에 영업소가 있는 외국기업 또는 외국의 기타 조직은 본조 규정에 따라서 중국에서 특허출원할 수 있을 뿐만 아니라, 「특허법」의 특별한 요구를 면제받을 수 있고 중국 기업 또는 기타 조직과 동등한 대우를 받는 데, 예를 들면 특허출원 또는 기타 특허사무의 처리를 법에 의해 설립된 특허대리기구에 위임할 수 있지만 반드시 위임하여야 처리할 수 있는 것은 아니다. 주의하여야 할 점은, 설령 외자기업이라고 하더라도 만약 중국에 등기한 기업이라면, 그 기업은 「특허법」 및 「특허법실시세칙」의 "중국 단위"로 취급되지 "외국기업"으로 취급되는 것이

---

1) 汤宗舜, 专利法解说[M], 修订版, 北京: 知识产权出版社, 2002: 117.

아니라는 점이다.

본조 규정에 근거하여, 중국에 계속적인 거소가 없는 외국인 및 중국에 영업소가 없는 외국기업 또는 외국의 기타 조직이 아래의 세 가지 경우 중 하나에 해당하면, 중국에 특허를 출원하고「파리협약」이 규정하는 내국민대우를 받을 수 있다.

(1) 그 소속 국가가 중국과 함께 관련 국제조약의 체약국이고, 그 국제조약이 한 체약국의 국민은 다른 체약국에서 특허보호를 받을 권리를 향유한다고 규정한 경우

(2) 그 소속 국가가 중국과 양자협약을 체결하고, 그 협약이 상대방 국민에게 특허보호를 받을 권리를 제공한다고 규정한 경우

(3) 소속 국가와 중국이 함께 국제조약에 가입하지도 않았고, 또한 양자협약을 체결하지도 않았지만, 상대방이 그 특허법 중에 호혜원칙에 따라서 외국 국민에게 특허보호를 받을 권리를 제공한다고 규정한 경우

중국에 계속적인 주소 또는 영업소가 없는 외국인 · 외국기업 또는 외국의 기타 조직이 중국에서 특허출원을 할 수 있는지에 있어서 현실적으로는 위의 첫 번째 경우가 가장 중요한 작용을 하는데, 여기에서의 관련 국제조약은 원래「파리협약」밖에 없었지만 지금은「WTO협정」도 포함된다.「파리협약」은 1985년 3월 19일부터 중국에서 발효되었고, 2010년 1월 1일 현재 173개 동맹국이 있으며,「WTO협정」은 2001년 12월 11일부터 중국에서 발효되었고, 2008년 7월 23일 현재 153개 회원국이 있다.「파리협약」의 동맹국과「WTO협정」의 회원국은 서로 동일한 것은 아니지만,「파리협약」의 동맹국인지 아니면「WTO협정」의 회원국인지를 불문하고 그 소속된 자연인 및 법인은 모두 중국에 특허를 출원하여 보호받을 수 있다. 이를 제외하고, 중국은 현재까지 어떠한 국가와도 상대방 국민에게 특허보호를 받을 수 있는 권리를 서로 보장하는 양자협정을 체결한 적이 없다.

제19조 특허대리

① 중국에 계속적인 거소 또는 영업소가 없는 외국인·외국기업 또는 외국의 기타 조직이 중국에서 특허출원을 하고 기타 특허사무를 처리하는 경우, 법에 의하여 설립된 특허대리기구에 위임하여 처리하여야 한다.

② 중국의 단위 또는 개인이 국내에서 특허출원을 하고 기타 특허사무를 처리하는 경우, 법에 의하여 설립된 특허대리기구에 위임하여 처리할 수 있다.

③ 특허대리기구는 법률·행정법규를 준수하여야 하며 피대리인의 위임에 따라 특허출원 또는 기타 특허사무를 처리하여야 한다. 피대리인의 발명창조 내용에 대하여, 특허출원이 이미 공개 또는 공고된 경우를 제외하고, 비밀로 유지할 책임을 진다. 특허대리기구의 구체적인 관리방법은 국무원이 규정한다.

一. 개 요

(一) 조문 연혁

1984년 제정 「특허법」 제19조는 아래와 같이 규정하였다.

① 중국에 계속적인 거소 또는 영업소가 없는 외국인·외국기업 또는 외국의 기타 조직이 중국에서 특허출원을 하고 기타 특허사무를 처리하는 경우, 중화인민공화국 국무원이 지정한 특허대리기구에 위임하여 처리하여야 한다.

② 중국의 단위 또는 개인이 국내에서 특허출원을 하고 기타 특허사무를 처리하는 경우, 특허대리기구에 위임하여 처리할 수 있다.

1984년 제정 「특허법」 제20조는 아래와 같이 규정하였다.

중국의 단위 또는 개인이 그 중국 내에서 완성한 발명창조를 외국에 특허출원하는 경우, 먼저 특허국에 특허출원을 하고 국무원 유관 주관부문의 동의를 얻은 후, 국무원이 지정한 특허대리기구에 위임하여 처리하여야 한다.

위 두 개 조의 규정에 근거하여, 중국이 특허제도를 수립한 후 상당히 오랜 기간 동안 특허대리기구는 두 유형으로 구분되었는데, 첫째는 "섭외특허대리기구"로 불렸던 국무원이 지정한 특허대리기구로서, 중국에 계속적인 거소 또는 영업소가 없는 외국인·외국기업 또는 외국의 기타 조직이 중국에서 특허출원을 하고 기타 특허사무를 처리하는 것을 대리하고, 중국의 단위 또는 개인이 외국에 특허출원을 하고 기타 특허사무를 처리하는 것을 대리하였다. 둘째는 "국내특허대리기구"로 불렸던 일반적인 특허대리기구로서, 중국의 단위 또는 개인이 중국에서 특허출원을 하고 기타 특허사무를 처리하는 것만 대리할 수 있었다.

1984년 제정 「특허법실시세칙」 제14조는 아래와 같이 규정하였다.

> 특허법 제19조 제1항 및 제20조의 특허대리기구는 중국국제무역촉진위원회·상하이특허사무소 및 중국특허대리유한공사, 그리고 국무원이 지정한 기타 특허대리기구를 가리킨다.

국무원 행정법규인 「특허법실시세칙」 중에 당시에 세 곳밖에 없었던 섭외특허대리기구가 구체적으로 나열된 것을 지금 보면 거의 불가사의한 일 같지만, 개혁개방 초기에 중국이 "섭외업무"를 얼마나 신비롭게 보았는지를 보여 주기에 충분하다. 당시에는 중국의 특허대리 체계가 아직 초기단계였고, 특허대리기구의 업무수준이 비교적 낮은 것으로 인식되었기 때문에, 외국인의 중국에 대한 특허출원 및 중국인의 외국에 대한 특허출원 대리의 품질을 확보하기 위해서, 국무원이 지정한 특허대리기구만 대리할 수 있는 자격이 있음을 규정할 필요가 있었다.

1992년 「특허법」 개정 시에, 제19조 및 제20조에 대해서는 개정하지 않았다. 그러나 1992년 「특허법실시세칙」 개정 시에 개정 전 제14조에서 구체적으로 열거한 섭외특허대리기구를 삭제하고, 아래와 같이 개정하였다.

> 특허법 제19조 제1항 및 제20조가 규정하는 특허대리기구는 국무원이 특허국에 권한을 주어 지정한다.

「특허법실시세칙」의 위 규정에 따라서, 비록 구체적인 섭외특허대리기구 지정업무는 국무원이 중국특허국에 권한을 주어 진행하였지만, 「특허법」이 여전히 섭외특허대리기구는 국무원이 지정한다고 규정하고 있었으므로, 명의상으로는 섭외특허대리기구를 구 중국특허국이 지정하는 것이 아니라 국무원이 지정하는 것이었다. 1993년부터 2001년까지, 국무원은 단지 몇 곳의 섭외특허대리기구만을 추가로 지정하였다.

2000년「특허법」개정 시에, 본조를 아래와 같이 개정하였다.

① 중국에 계속적인 거소 또는 영업소가 없는 외국인·외국기업 또는 외국의 기타 조직이 중국에서 특허출원을 하고 기타 특허사무를 처리하는 경우, 국무원 특허행정부문이 지정한 특허대리기구에 위임하여 처리하여야 한다.

② 중국의 단위 또는 개인이 국내에서 특허출원을 하고 기타 특허사무를 처리하는 경우, 특허대리기구에 위임하여 처리할 수 있다.

③ 특허대리기구는 법률·행정법규를 준수하여야 하며 피대리인의 위임에 따라 특허출원 또는 기타 특허사무를 처리하여야 한다. 피대리인의 발명창조 내용에 대하여, 특허출원이 이미 공개 또는 공고된 경우를 제외하고, 비밀로 유지할 책임을 진다. 특허대리기구의 구체적인 관리방법은 국무원이 규정한다.

개정된 점은 다음과 같다.

첫째, 섭외특허대리기구를 국무원이 지정하던 것에서 국무원 특허행정부문이 지정하는 것으로 명확히 하였는데, 이 점은 1998년 국무원 조직개편으로 구 "중국특허국"을 "국가지식산권국"으로 이름을 바꾸고 국무원의 직속 행정기구로 한 것, 그리고 2000년 제3차 개정「특허법」제3조가 "국무원 특허행정부문은 전국의 특허업무 관리 책임을 진다."고 규정한 것과 관련된다.

둘째, 제3항을 추가하여 특허대리기구의 수행업무와 비밀유지책임을 명확히 규정하였는데, 많은 국가의 특허법이 특허대리인과 특허대리기구에 대하여 상세히 규정하고 있고 2000년「특허법」개정 시에 중국의 특허대리업계가「특허법」에 관련 규정을 추가하여 특허제도에서의 특허대리의 지위와 기능을 명확하게 할 것을 강력히 요청하였기 때문이다.

중국의 특허대리업계가 날로 성숙되어 감에 따라서, 점점 더 많은 특허대리기구가 섭외특허대리사무를 처리할 수 있는 능력을 갖추게 되었다. 2000년 국무원의 통일적인 계획에 따라서, 전국의 절대 다수 특허대리기구는 개혁작업을 통하여 자주경영·독립채산의 사회중개서비스 기구가 되었으며, 평등한 시장경쟁 지위 부여에 대한 요구가 부단히 높아져서, 법에 의해 설립된 모든 특허대리기구가 동등한 대우를 받고 업무영역에서 차별이 있어서는 안 된다고 주장하였다. 이 밖에, 외국 출원인은 스스로 적합한 특허대리기구를 선택하여 중국에 특허출원사무와 기타 특허사무를 대리하게 할 능력이 있었으므로, 그들도 특허대리기구 선택에 있어서 보다 더 많은 기회를 얻게 될 것을 희망하였다. 상황이 변화하였으므로 섭외특허대리기구를 지정하는 이 인허가 행정업무도 이미 시장 메커니즘에 의하여 대체될 수 있다고 볼 수 있는 충분한 이유가 있었다. 만약 계속해서 국가지식산권국이 섭외특허대리기구를 지정한다면, 법에 의해 설립된 다른 특허대리기구의 발전과 성장을 불합리하게 제한할 수 있었다. 특허대리기구의 건강한 발전을 촉진하고 업계 내부에 공정한 경쟁환경을 조성하기 위하여, 2008년 「특허법」 개정 시에 본조를 다시 개정하였다.

2008년 개정된 본조 제1항 및 제2항은 그 특허대리기구를 모두 "법에 의하여 설립된 특허대리기구"로 규정하였다. 이것은 한편으로는 중국에 계속적인 거소 또는 영업소가 없는 외국인·외국기업 또는 외국의 기타 조직의 중국에서의 특허출원 및 기타 특허사무를 대리하는 특허대리기구가 이미 "국무원 특허행정부문이 지정"하는 섭외특허대리기구일 필요가 없으며, "법에 의하여 설립된 특허대리기구"라면 모두 대리업무를 할 수 있음을 나타낸다. 다른 한편으로는 중국의 단위 또는 개인이 중국에서의 특허출원 및 그 특허사무의 대리를 위임하는 경우, 마찬가지로 "법에 의하여 설립된 특허대리기구"가 대리하도록 위임하여야 하고, 기타 기구 또는 개인이 대리하도록 위임할 수는 없음을 나타낸다. 소위 "법에 의하여 설립된 특허대리기구"는 국무원이 제정한 「특허대리조례」에 의하여 국가지식산권국이 설립을 비준한 특허대리기구를 가리키는 것이고, 사업자등록 절차만을 거쳐 설립된 기타 회사 또는 합명제 사무소는 해당하지 않는다.

현재에는 중국 특허제도와 20년 넘게 공존하였던 "섭외특허대리기구"라는 개념은 중국 「특허법」 의미에서는 이미 존재하지 않는다. 이것은 중국의 특허대리업계가 부단히 성숙해 가고 있음을 보여 준다.

(二) 특허대리의 성질

「민법통칙」 제63조 제1항 및 제2항은 아래와 같이 규정하고 있다.

① 공민·법인은 대리인을 통해 민사법률행위를 실시할 수 있다.
② 대리인은 대리권의 범위 안에서, 피대리인의 명의로 민사법률행위를 실시한다. 피대리인은 대리인의 대리행위에 대하여 민사책임을 진다.

「민법통칙」 제64조는 아래와 같이 규정하고 있다.

① 대리에는 위임대리·법정대리 및 지정대리가 포함된다.

② 위임대리인은 피대리인의 위임에 따라서 대리권을 행사하고, 법정대리인은 법률의 규정에 의해서 대리권을 행사하며, 지정대리인은 인민법원 또는 지정단위의 지정에 따라서 대리권을 행사한다.

위임대리·법정대리 및 지정대리, 이 세 유형의 대리 중에서 위임대리가 가장 흔히 볼 수 있는 대리이다. 본조 제3항은 "특허대리기구는 법률·행정법규를 준수하여야 하며 피대리인의 위임에 따라 특허출원 또는 기타 특허사무를 처리하여야 한다."고 규정하는데, 이것은 특허대리가 위임대리의 유형에 속함을 나타낸다.

본조 제1항은 중국에 계속적인 거소 또는 영업소가 없는 외국인·외국기업 및 외국의 기타 조직이 중국에서 특허출원 및 기타 특허사무를 처리하는 경우, 법에 의하여 설립된 특허대리기구에 위임하여 처리하여야 한다고 규정하고 있다. 본조 제2항은 중국의 단위 또는 개인이 중국에서 특허출원 및 기타 특허사무를 처리하는 경우, 법에 의하여 설립된 특허대리기구에 위임하여 처리할 수 있다고 규정하고 있다. 두 항의 규정은 분명히 차이가 있는데, 전자에 있어서는 특허대리기구에 위임하여 처리하여야 하는 데 대하여, 후자에 있어서는 특허대리기구에 위임하여 처리할 수도 있고 위임하지 않고 자기가 처리할 수도 있다. 이것은 「파리협약」 제2조 제1항이 규정하는 내국민대우원칙을 위반하는 것이 아닌가 하는 의문이 생길 수 있다.

먼저, 이러한 방식은 중국의 독창적인 방식이 아니고 선진국에서도 보편적으로 취하고 있는 방식으로서, 예를 들면 「유럽특허협약」 및 일본특허법도 이와 유사하게 규정하고 있다.

다음으로, 「파리협약」 제2조는 제1항에서 내국민대우원칙에 대하여 원칙적으로 규정하면서, 그 제3항에서 다시 내국민대우원칙의 예외경우를 아래와 같이 특별히 규정하고 있다.

사법상 또는 행정상의 절차, 재판 관할권 및 공업소유권에 관한 법령상 필요로 하는 주소의 선정 또는 대리인의 선임에 대해서는 각 동맹국의 법령이 정하는 바에 따른다.

「파리협약」에 관한 권위 있는 해설서에 의하면, 일부 동맹국의 국내 법률이 이러한 의무를 규정하는데, 즉 국내에 주소 또는 영업소가 없는 자연인 또는 법인은 반드시 그 국내에 송달지를 선택하거나 또는 대리인에게 위임하도록 함으로써 절차가 순조롭게 진행될 수 있도록 규정하는데, 이 때문에 이 협약이 동맹국 각국의 국민에 대하여 이러한 의무를 규정할 수 있다고 한다.[1]

이로부터 본조 제1항 규정은 「파리협약」이 허용하는 것이고, 이 협약이 규정하는 내국민대우원칙에 위배되는 것은 아님을 볼 수 있다.

二. 중국의 특허대리제도

(一) 특허대리인

「특허대리조례」 제15조는 아래 조건을 만족하는 중국 공민은 특허대리인 자격을 신청하여 획득할 수 있다고 규정하고 있다.

(1) 만 18세 이상으로 완전한 민사행위능력을 갖출 것

(2) 고등교육기관 이공계 전공 졸업 또는 동등한 학력을 갖고, 적어도 하나의 외국어에 능통할 것

(3) 「특허법」 및 관련 법률지식을 갖출 것

(4) 2년 이상의 과학기술업무 또는 법률업무에 종사한 경험이 있을 것

그중에서 고등교육기관 이공계 전공 졸업 학력은 특허대리인 자격을 신청할 수 있는 필수조건 중 하나인데, 특허대리업무가 대부분 과학기술분야의 발명창조에 관련되어 있어 이공계 학력이 없는 자가 특허대리업무에 종사하면 큰 어려움을 겪을 수 있고, 위임인을 만족시킬 수 있을 만한 서비스를 제공하기가 어렵기 때문이다. 이 조건은 특허대리인 자격 신청을 변호사 자격 신청과 구별되게 하는 뚜렷한 차이 중 하나이기도 하다.

「특허대리조례」 제16조는 특허대리인 자격을 신청하는 자는, 본인이 신청하고 특허대리인 심사위원회가 심사하여 합격하는 경우, 국가지식산권국이 특허대리인 자격증서를 발급한다고 규정하고 있다. 그중, "특허대리인 심사위원회"는 국가지식산권국, 국무원 유관부문(예를 들면, 사법부), 중화전국특허대리인협회의 유관인사 및 특허대리업계의 개업인 대표로 구성되며, 전국 특허대리인 자격심사를 통일적으로 지도하는 업무를 담당한다. 특허대리인 심사위원회 사무실은 국가지식산권국에 있으며, 전국특허대리인자격시험의 일상적인 업무를 담당한다.

중국에서 특허대리인 신분으로 영업활동을 전개하기 위해서는, 특허대리인 자격

---

1) G. H. C. Bodenhausen, Guide to the Application of the Paris Convention for the Protection of Industrial Property as Revised at Stockholm in 1967 [M], Geneva: The United International Bureau for the Protection of Intellectual Property (BIRPI), 1968: 27.

을 취득하는 것만으로는 충분하지 않으며, 반드시 "특허대리인 영업증"도 취득하여야 한다. 특허대리인 영업증을 교부하는 조건은 다음과 같다.

(1) 특허대리인 자격을 갖출 것

(2) 특허대리업무에 전임으로 종사할 수 있을 것

(3) 특허대리 또는 특허심사 경력이 없는 사람은 특허대리기구에서 연속하여 만 1년을 실습하고, 실무교육에 참가하였을 것

(4) 특허대리기구가 임용하였을 것

(5) 발급 시의 나이가 만 70세를 넘지 않을 것

(6) 품행이 단정할 것

다음 경우 중 어느 하나에 해당하면 "특허대리인 영업증"을 발급하지 않는다.

(1) 완전한 민사행위능력을 갖추지 않은 경우

(2) 신청 전에 다른 특허대리기구에서 영업 중으로, 아직 그 특허대리기구에서 해임되지도 않았고 특허대리인 영업증 취소절차도 밟지 않은 경우

(3) 특허대리 영업증을 발급받고 1년이 안되어 또 특허대리기구를 옮기는 경우

(4) 「특허대리징계규칙(시범시행)」 제5조가 규정하는 특허대리 영업증을 회수하는 징계를 받고 나서 만 3년이 경과하지 않은 경우

(5) 형사처벌을 받은 경우(과실범죄 제외)

과거에는 국가지식산권국이 중화전국특허대리인협회에 위탁하여 "특허대리인 영업증서"를 대신 발급하였다. 국무원은 2009년 행정 인허가사항의 정비를 통하여, 중화전국특허대리인협회가 "특허대리인 영업증서"를 발급하던 것에서 국가지식산권국이 관리감독 책임을 지도록 변경하였다.

(二) 특허대리기구

본조 제1항 및 제2항 규정에 근거하여, 중국에서 특허를 출원하고 기타 특허사무를 처리하는 경우, 법에 의해 설립된 특허대리기구에 위임하여 처리하여야 하거나 또는 위임하여 처리할 수 있다. 이 규정에 의하여, 위임을 받는 자는 특허대리인 개인이 아니라 특허대리기구이며, 위임을 받은 특허대리기구는 그 기구에 소속된 특허대리인에게 구체적인 대리사무를 담당하도록 하는 것이라는 점에 주의하여야 한다. 이것은 중국 중개서비스업계에서 보편적으로 취하는 방식으로서, 예를 들면 「변호사법」도 이러한 방식을 취한다고 명확하게 규정하고 있다. 이것은 많은 기타 국가가 취하는 특허대리인 또는 특허변호사 자격을 취득한 자가 개인 명의로 영업하는 방식과 약간 차

이가 있다.

국가지식산권국이 제정한 「특허대리관리방법」에 의하면, 중국에서 설립되는 특허대리기구에는 두 가지 조직형식이 있을 수 있는데, 첫째는 합명제 특허대리기구로서 공동출자자가 공동으로 출자하여 공동출자자가 그 특허대리기구의 채무에 대해서 무한 연대책임을 부담하는 형식이고, 둘째는 유한책임제 특허대리기구로서 주주가 공동으로 출자하여 그 기구의 전체 자산으로 그 채무에 대하여 책임을 부담하는 형식이 있다고 규정하고 있다.

「특허대리관리방법」은 특허대리기구를 설립하는 경우 다음 요건에 부합해야 한다고 규정하고 있다.

(1) 기구의 명칭이 규정에 부합하여야 하는데, 기구의 명칭은 그 기구가 소재하는 도시의 명칭, 상호, "특허대리사무소", "특허대리유한공사" 또는 "지식산권대리사무소", "지식산권대리유한공사"로 구성되어야 하며, 그중 상호는 전국적 범위 내에서 현재 사용 중이거나 또는 이미 사용되었던 특허대리기구의 상호와 동일 또는 유사해서는 안 된다.

(2) 합명제 특허대리기구를 설립하는 경우, 공동출자 협약서가 있어야 하며, 유한책임제 특허대리기구를 설립하는 경우, 정관이 있어야 한다.

(3) 합명제 특허대리기구를 설립하는 경우, 3인 이상의 공동출자자가 있어야 하고, 유한책임제 특허대리기구를 설립하는 경우, 5인 이상의 주주가 있어야 한다.

(4) 합명제 특허대리기구를 설립하는 경우, 인민폐 5만 원 이상의 자본금이 있어야 하고, 유한책임제 특허대리기구를 설립하는 경우, 인민폐 10만 원 이상의 자본금이 있어야 한다.

(5) 일정한 업무공간과 필요한 업무시설을 갖추어야 한다.

특허대리기구의 공동출자자 또는 주주가 되기 위해서는, 다음 조건을 갖추어야 한다.

(1) 특허대리인 자격을 갖출 것

(2) 2년 이상의 특허대리기구 업무경력이 있을 것

(3) 특허대리업무에 전임으로 종사할 수 있을 것

(4) 특허대리기구 설립시의 나이가 만 65세를 넘지 않을 것

(5) 품행이 단정할 것

다음 경우 중 하나에 해당하면, 특허대리기구의 공동출자자 또는 주주가 될 수 없다.

(1) 완전한 민사행위능력을 갖추지 않은 경우

(2) 국가기관 또는 기업사업단위에 근무하면서, 아직 정식으로 사직·해임 또는 명예퇴직·정년퇴직 절차를 밟지 않은 경우

(3) 다른 특허대리기구의 공동출자자 또는 주주로서 만 2년이 지나지 않은 경우

(4) 「특허대리징계규칙(시범시행)」 제5조가 규정하는 견책 통보를 받거나 또는 "특허대리인 영업증"이 회수되고 나서 만 3년이 경과되지 않은 경우

(5) 형사처벌을 받은 경우(과실범죄 제외)

국가지식산권국은 합명제 특허대리기구와 유한책임제 특허대리기구의 설립을 비준하는 이외에도, 「특허대리조례」 제4조 규정에 따라서 조건에 맞는 변호사사무소가 특허대리업무를 개시하는 것도 비준할 수 있다. 「특허대리관리방법」이 이를 위해 규정한 조건은 그 변호사사무소에서 업무 수행중인 전임 변호사 중 3인 이상이 특허대리인 자격을 갖추는 것이다. 2010년 2월까지 국가지식산권국은 전국적으로 이미 54개소의 변호사사무소가 특허대리업무를 할 수 있도록 비준하였다. 이것은 특허대리업계가 변호사업계에 대하여 "폐쇄"적이지 않고 "개방"적인 입장을 취하였음을 보여준다. 그러나 변호사업계는 특허대리업계에 대해서 도리어 완전히 상반된 방식을 취하고 있는데, 설령 국가지식산권국이 설립을 비준한 특허대리기구에 소속된 특허대리인 중 3인 이상이 변호사 자격을 취득하였다고 하더라도, 그 특허대리기구가 변호사 업무를 하는 것을 허락하지 않고 있다. 이러한 대등하지 않은 방식은 특허대리업계 종사자들의 불만을 불러왔으며, 국가지식재산권전략을 제정하는 과정에서 다른 중개서비스업 사이의 업무 진입장벽을 완화해야 한다고 강력하게 요청하였다.

「특허대리관리방법」의 규정에 따라 특허대리기구의 설립을 신청하는 경우, 먼저 소재하는 성·자치구·직할시의 특허업무관리부문에 심사를 요청하여야 한다. 심사한 결과 설립에 동의하면, 국가지식산권국에 보고하고 국가지식산권국이 심사 및 비준한다. 특허대리기구는 국가지식산권국이 비준한 날로부터 설립되고, 법에 의해 특허대리업무를 전개하며 민사권리를 향유하고 민사책임을 부담한다.

(三) 특허대리기구의 업무범위

「특허대리조례」 제8조 규정에 따르면, 특허대리기구는 다음의 사무를 담당한다.

(1) 특허사무 분야의 자문

(2) 특허출원서류 대리 작성, 특허출원 처리, 실체심사 청구 또는 복심 관련 사무

(3) 특허권 무효선고청구 관련 사무

(4) 특허출원권·특허권의 양도 및 특허 허가 관련 사무의 처리

(5) 요청에 응하여 특허대리인을 특허고문으로 지명·파견

(6) 기타 관련 사무의 처리

위 규정은 매우 중요한 한 가지 문제, 즉 특허대리기구가 특허분쟁 관련 소송사무를 대리할 권한이 있는지에 대해서는 명확하게 하지 않았다.

「민사소송법」 제58조는 아래와 같이 규정하고 있다.

① 당사자·법정대리인은 1인 내지 2인을 소송대리인으로 선임할 수 있다.
② 변호사, 당사자의 가까운 친족, 관련 사회단체 또는 소속 단위가 추천한 자, 그리고 인민법원의 허가를 받은 기타 공민은, 소송대리인으로 선임될 수 있다.

「행정소송법」 제29조도 거의 동일하게 아래와 같이 규정하고 있다.

① 당사자·법정대리인은 1인 내지 2인에게 소송의 대위를 위임할 수 있다.
② 변호사, 사회단체, 소송을 제기한 공민의 가까운 친족, 또는 소속 단위가 추천한 자, 그리고 인민법원의 허가를 받은 기타 공민은, 소송대리인으로 위임받을 수 있다.

위 규정으로부터 법원의 허가를 받은 기타 공민은 민사소송 및 행정소송의 소송대리인으로 선임될 수 있음을 알 수 있는데, 이것이 바로 흔히 말하는 "공민대리"이다.

그러나, 「변호사법」 제13조는 아래와 같이 규정하고 있다.

변호사 영업증서를 취득하지 아니한 자는, 변호사 명의로 법률서비스업무에 종사할 수 없으며, 법률에 다른 규정이 있는 경우를 제외하고, 소송대리 또는 변호업무에 종사할 수 없다.

만약 「변호사법」의 위 규정을 "무릇 변호사 영업증서를 취득하지 아니한 자는, 모두 어떠한 소송대리도 할 수 없다."로 이해한다면, 곧 앞에서 설명한 중국 법률이 허락하는 공민대리의 기본원칙과 직접적으로 모순되기 때문에, 분명히 부정확한 것이다. 소위 "소송대리 또는 변호업무에 종사할 수 없다."는 것은 소송대리를 직업으로 할 수 없다는 것을 가리키는 것으로 보는 견해가 있다. 특허대리기구는 전문적으로 대리업무에 종사하는 기구이며, 따라서 소송업무를 대리할 수 없다고 한다. 이 결론에 대해서는 논의해 볼 가치가 있다.

2001년 반포된 「최고인민법원의 특허분쟁사건 심리 적용 법률문제에 관한 규정」 제1조는 먼저 법원이 수리할 수 있는 특허분쟁 사건의 유형을 명확히 하였는데, 모두 16종에 달하며, 다음과 같다.

(1) 특허출원권 분쟁 사건

(2) 특허권 권리귀속 분쟁 사건

(3) 특허권·특허출원권 양도계약 분쟁 사건

(4) 특허권 침해 분쟁 사건

(5) 타인의 특허허위표시 분쟁 사건

(6) 발명특허출원 공개 후, 특허권 수여 전의 사용료 분쟁 사건

(7) 직무발명창조 발명자·창작자의 장려·보상 분쟁 사건

(8) 소제기 전 침해금지·재산보전 신청 사건

(9) 발명자·창작자 자격 분쟁 사건

(10) 특허복심위원회의 거절결정 유지결정에 대한 불복 사건

(11) 특허복심위원회의 특허권 무효선고청구 결정에 대한 불복 사건

(12) 국무원 특허행정부문의 강제허가실시 결정에 대한 불복 사건

(13) 국무원 특허행정부문의 강제허가실시 사용료 재결에 대한 불복 사건

(14) 국무원 특허행정부문의 행정재의 결정에 대한 불복 사건

(15) 특허관리업무부문의 행정결정에 대한 불복 사건

(16) 기타 특허분쟁 사건

위의 분쟁 사건 중, 제(1)~(9)항은 민사소송 사건이고, 제(10)~(15)항은 행정소송 사건이며, 제(16)항은 포괄적인 규정이다. 그러나 민사소송 사건인지 행정소송 사건인지를 불문하고, 특허대리기구는「특허대리조례」제8조가 규정하는 업무범위 내에서 정상적으로 대리활동을 전개하는 것이라면 모두 할 수 있다.

예를 들어,「특허법실시세칙」제85조는 특허업무관리부문이 특허출원권·특허권의 귀속에 관한 분쟁, 발명자·창작자의 자격에 관한 분쟁, 직무발명의 발명자·창작자에 대한 장려와 보상에 관한 분쟁 및 발명특허출원 공개 후 특허권 수여 전의 발명의 사용료에 관한 분쟁을 조정할 수 있다고 규정하고 있다. 조정과정에서 특허대리기구가 당사자를 대리하여 조정에 참여하면, 특허업무관리부문에 대해서 그리고 당사자에 대해서 모두 도움이 되는데, 바로 특허대리인이 그 역할을 발휘할 수 있는 부분이다. 조정이 성립하지 않거나 후에 번복되어 당사자가 민사소송을 제기하는 경우, 원래 조정과정에 참가하였던 특허대리인이 계속해서 소송업무를 대리하는 것은 매우 이치에 맞는 일인데, 무엇 때문에 반드시 변호사에게 위임하여 새롭게 시작하여야 하는가?

또한 예를 들어, 출원인을 대리하여 특허출원서류를 작성하는 것은 특허대리기구의 주요 대리업무 중 하나이다. 출원인이 특허출원 사무의 대리를 위임하는 경우 절

대 다수는 특허대리기구에 위임하여 대리하도록 하는데, 특허출원서류의 작성, 특허청구범위의 작성은 전문적인 지식과 기능이 요구되고, 이것이 바로 특허대리인 자격을 취득하는 데 있어서 반드시 갖추어야 하는 조건이다. 출원인이 특허출원 사무를 위임하는 경우, 보통은 이후에 발생할 수 있는 복심청구와 타인이 청구하는 무효선고에 대한 사무의 대리까지 한꺼번에 동일한 특허대리기구에 위임한다. 당사자가 타인이 받은 특허권에 대하여 무효선고를 청구하는 경우, 보통은 특허대리기구가 대리하도록 위임한다. 이 때문에, 법원이 수리하는 특허복심위원회의 거절결정 유지 복심결정에 대한 불복 사건 및 특허복심위원회의 무효선고청구 결정에 대한 불복 사건에서, 일반적으로는 특허대리기구가 그 이전 단계의 절차에 참여하게 되는데, 특허대리기구가 소송절차도 계속 대리하게 되면 새롭게 변호사에게 위임하여 "중간에" 소송대리에 발을 들여놓는 것보다 훨씬 효과적으로 당사자의 합법적 권익을 보호할 수 있고, 동시에 법원이 보다 정확하게 사실을 조사하고 법률을 적용하는 데에도 도움이 되는데, 이러한 특허대리기구가 훨씬 "내막을 속속들이 잘 알고" 있기 때문이다.

특허침해소송의 대리는 단순히 침해소송과 관련된 법률지식만으로는 안 되고, 특허권 수여요건과 관련된 법률지식과도 밀접하게 관련되므로, 양자를 하나의 완전체로 하여 전체적으로 알고 있어야 효과적으로 대리할 수 있다. 예를 들어, 2008년 「특허법」 개정 시에 특허침해소송에서 피고의 선행기술의 항변 또는 선행설계의 항변을 허용하는 제62조 규정을 추가하였는데, 이러한 항변을 하기 위해서는 특허권 수여요건과 관련한 지식이 있어야 한다. 이 밖에, 특허권 침해소송은 종종 복잡한 기술에 관계되는데, 특허대리인에게 필수적으로 요구되는 이공계 전공의 배경지식이 있어야 이러한 기술에 관련된 문제를 능숙하게 처리할 수 있다. 바로 이러한 이유로, 과거에는 오직 변호사만 법정에 출석하여 소송을 대리할 수 있게 법률로 규정했던 일본과 같은 일부 국가들도, 현재에는 그 법률을 개정하여 변호사 자격이 없는 특허대리인도 변호사와 함께 법정에 출석하여 소송과 변호업무를 대리하는 것을 허용하였다.

종합하면, 변호사와 특허대리인은 모두 법에 의해 대리자격과 대리영업증서를 취득한 자로서, 마땅히 서로 협동하여 공동으로 피대리인의 합법적인 권익을 보호하는 데 전심전력을 다하여야 한다. 가장 이상적인 경우는 변호사 자격도 취득하고 또한 특허대리인 자격도 취득한 자가 특허소송을 대리하는 것이다. 모든 특허대리인에게 변호사 자격을 취득하도록 요구하는 것은 불가능하고, 모든 변호사에게 특허대리인 자격을 취득하도록 요구하는 것은 더욱 불가능하지만, 그러나 근년에 두 가지 자격을 모두 취득한 복합형 인재가 점점 많아지고 있는데, 이것은 공중의 수요에 부응하고 사업발전을 촉진하는 필연적인 결과이다. 그러나 가능하다면 이러한 복합형 인재가 두 유형의 영업증서를 보다 쉽게 획득할 수 있는 환경을 조성함으로써 그 재능을 펼칠 수 있는 보다 큰 무대를 만들어야지, 따로 관문을 두고 업계를 단절시키는 편협한 입장을 취할 필요가 없다. 「변호사법」 제13조를 특허대리기구가 소송대리하는 것을 불허하는 것으로 해석하면, 그 결과는 앞에서 분석한 것처럼 「특허대리조례」가 규정한 직책을 특허대리기구가 이행하지 못하게 하는 것과 다를 바 없게 된다. 중국이 특허제도를 수립한 이래로, 사실상 각지 법원은 보편적으로 특허대리기구의 소송업무 대리를 인정하는 입장이었는데, 이것은 「민사소송법」 및 「행정소송법」이 법원에 부여한 권한으로서 흠잡을 것이 없다.

제20조 외국에의 특허출원

① 어떠한 단위 또는 개인이라도 중국에서 완성한 발명 또는 실용신안을 외국에 특허출원하는 경우, 사전에 보고하여 국무원 특허행정부문의 비밀유지심사를 거쳐야 한다. 비밀유지심사의 절차·기한 등은 국무원의 규정에 따른다.

② 중국의 단위 또는 개인은 중화인민공화국이 가입한 유관 국제조약에 근거하여 국제특허출원을 할 수 있다. 출원인이 국제특허출원을 하는 경우, 전항의 규정을 준수하여야 한다.

③ 국무원 특허행정부문은 중화인민공화국이 가입한 유관 국제조약, 이 법 및 국무원의 유관 규정에 의하여 국제특허출원을 처리한다.

④ 본조 제1항 규정을 위반하여 외국에 특허출원한 발명 또는 실용신안에 대하여 중국에 특허출원을 한 경우, 특허권을 수여하지 아니한다.

一. 외국에 대한 특허출원의 비밀유지심사

(一) 개 요

원칙적으로 말해서, 특허권을 받은 발명창조는 반드시 공개하여 특허권 만료 후에는 공중이 그 발명창조를 자유롭게 실시할 수 있게 하여야 한다. 그러나 만약 특허출원한 발명창조가 국가안전 또는 중대이익에 관련된 것임에도 이처럼 처리하여 보통의 특허출원과 마찬가지로 공개한다면, 국가안전 또는 중대이익에 손해를 입힐 수 있다. 따라서 이러한 발명창조에 대해서는 비밀유지 조치를 취할 필요가 있다.

본서의 「특허법」 제4조에 대한 설명에서 지적한 것처럼, 특허출원한 발명창조에 대하여 비밀유지심사를 진행하고, 비밀유지가 필요한 것으로 인정되면 공개하지 않는 것은 세계적으로 많은 국가들이 보편적으로 취하고 있는 방식이며, 또한 TRIPs, PCT 등 국제조약도 인정하는 바이다. 이에 대해서는 중국도 예외가 아니다.

국가안전 또는 중대이익과 관련된 발명창조에 관한 기존 방침을 구체화하기 위해서는, 반드시 두 단계에서 비밀유지 조치를 취하여야 하는데, 첫째는 국내 특허출원 단계이고, 둘째는 외국에의 특허출원 단계이다. 그중 어느 한 단계라도 소홀히 하면, 비밀유지로 기대되는 결과를 달성할 수 없다. 「특허법」 제4조는 "특허출원한 발명창조가 국가안전 또는 중대이익에 관계되어 비밀로 유지할 필요가 있는 경우, 국가의 유관 규정에 따라 처리한다."고 규정하고 있다. 이 조문의 "특허출원"은 중국에서의 특허출원이고,[1] 따라서 「특허법」 제4조는 위의 첫째 단계에서의 비밀유지 조치를 규정한 것이고, 본조는 위의 둘째 단계에서의 비밀유지 조치를 규정한 것이다. 본조 규정이 「특허법」 제4조 규정과 밀접하게 관련된다는 점을 주의하여야 하는데, 본조는 단지 외국에 특허출원하는 발명 또는 실용신안에 대하여 국가지식산권국이 비밀유지심사를 하여야 한다고 규정하고 있을 뿐이고, 어떤 내용과 관련된 발명 또는 실용신안이 비밀로 유지되어야 하는지에 대해서는 언급하지 않았으며, 또한 비밀로 유지할 필요가 있다고 인정되는 발명 또는 실용신안을 어떻게 처리하여야 하는지에 대해서도 언급하지 않았는데, 본조에서 언급하지 않은 이와 같은 내용은 모두 「특허법」 제4조 규정을 적용하여야 하기 때문이다.

(二) 비밀유지심사의 대상

본조 제1항 규정에 의해서, 국가지식산권국이 비밀유지심사를 해야 하는 대상은 다음의 세 가지 조건을 갖춰야 하는데, 첫째, 발명 또는 실용신안이어야 하고, 둘째, 그 발명 또는 실용신안이 중국에서 완성되었어야 하며, 셋째, 출원인이 그 발명 또는 실용신안을 외국에 특허출원하려고 준비하는 것이어야 한다.

2008년 「특허법」 개정 전에는 본조 제1항 규정의 적용대상이 "발명창조"이어서, 발명·실용신안·디자인 이 세 유형을 모두 포괄하였다. 2008년 개정 「특허법」 본조 제1항은 국가지식산권국이 비밀유지심사를 해야 할 필요가 있는 대상에는 발명과 실용신안만 포함됨을 명확히 규정하였는데, 디자인은 단지 미감이 있는 제품의 설계방안에 관한 것이고 기술방안에 관한 것이 아니어서 국가안전 또는 중대이익에는 관계될 수 없으므로 비밀유지심사를 할 필요가 없다는 것이 그 주된 이유였다.

국가지식산권국은 외국에 특허출원하고자 하는 모든 발명 또는 실용신안에 대하여 일률적으로 비밀유지심사를 하여야 하는 것은 아니고, 오직 중국에서 완성된 발명 또는 실용신안에 대해서만 하면 되는데, 이것이 본조 제1항이 규정하는 가장 중요한 적용 조건이라고 볼 수 있다. 그 이유는 중국에서 완성된 발명 또는 실용신안에 대해서만 중국이 비밀유지를 결정할 권리와 필요성이 있기 때문이다. 외국에서 완성된 발명 또는 실용신안에 대하여 비밀로 유지할 필요가 있는지 여부는 중국이 결정할 것

---

1) 「특허법」 및 「특허법실시세칙」의 "특허출원", "특허권" 등 표현은, 다른 한정이 있는 경우를 제외하고, 모두 중국에서의 특허출원 및 수여받은 특허권을 가리킨다.

이 아닐 뿐만 아니라, 외국에서는 이미 공개되었을 가능성도 높아서 중국이 비밀유지 조치를 취하더라도 의미가 없게 된다.

발명 또는 실용신안이 중국에서 완성된 것인지를 어떻게 판단하는가? 이것은 2008년「특허법」개정과정에서 외국정부·외국기업 및 외국의 기타 조직이 가장 관심을 기울였던 문제 중 하나이었다. 이로 인한 우려를 해소하기 위하여, 2010년 개정「특허법실시세칙」제8조 제1항은 아래와 같이 규정하였다.

> 특허법 제20조의 중국에서 완성된 발명 또는 실용신안은, 기술방안의 실질적 내용이 중국 국내에서 완성된 발명 또는 실용신안을 가리킨다.

"실질적 내용"이 무엇인가? 기술방안의 "실질적 내용"이 중국 국내에서 완성된 것인지를 어떻게 판단하는가? 이에 대해서는 아래의 2단계 판단방식을 따를 수 있다.

먼저, 특허출원서류에 기재된 발명자를 보아 판단한다.

「특허법실시세칙」제13조는 아래와 같이 규정하고 있다.

> 특허법의 발명자 또는 창작자는, 발명창조의 실질적 특징에 대하여 창조적 공헌을 한 자를 가리킨다. 발명창조의 완성 과정에서 조직구성 업무만을 담당한 자, 물질기술조건의 이용에 편의를 제공한 자 또는 기타 보조 업무에 종사한 자는 발명자 또는 창작자가 아니다.

「특허법실시세칙」제13조의 "실질적 특징"과 「특허법실시세칙」제8조 제1항의 "실질적 내용"은 기본적으로 동일한 의미를 갖는다고 볼 수 있다. 발명자를 보아 판단하는 논리는, 무릇 발명자로 기재되어 있다면 발명 또는 실용신안의 실질적 특징에 대하여 창조적 공헌을 한 자로 인정될 수 있고, 만약 그 연구업무가 중국 국내에서 완성되었다면, 곧 기술방안의 실질적 내용이 중국 국내에서 완성된 것으로 보아야 한다는 것이다. 무릇 발명자로 기재되어 있지 않은 자라면 발명 또는 실용신안의 실질적 특징에 대하여 창조적 공헌을 한 자에 해당하지 않는 것으로 인정되어야 하고, 설령 이러한 자가 공헌하여 외국에서 완성되었다고 하더라도 그 기술방안의 실질적 내용이 외국에서 완성된 것이라는 결론을 얻을 수는 없다. 이처럼 먼저 발명자를 기준으로 판단함으로써, 일부 불확정 요소를 배제할 수 있다.

다음으로, 독립청구항의 내용으로 보아 판단한다.

「특허법실시세칙」제21조 제1항은 아래와 같이 규정하고 있다.

발명 또는 실용신안의 독립청구항은 전제부와 특징부를 포함하여야 하고, 다음 규정에 따라 기재하여야 한다

(1) 전제부: 보호받고자 하는 발명 또는 실용신안 기술방안의 명칭 그리고 발명 또는 실용신안과 가장 가까운 선행기술이 공유하는 필수적 기술적 특징을 기재한다.

(2) 특징부: "그 특징은 …" 또는 이와 유사한 용어를 사용하여, 발명 또는 실용신안이 가장 가까운 선행기술과 구별되는 기술적 특징을 기재한다. 이러한 특징이 전제부에 기재된 특징과 함께, 발명 또는 실용신안으로 보호받고자 하는 범위를 한정한다.

「특허법실시세칙」 제8조 제1항의 "실질적 내용"은 가장 가까운 선행기술에 개시되어 있지 않은 발명자가 창조해 낸 내용을 가리키는데, 따라서 독립청구항의 특징부에 기재된 내용과 서로 대응되어야 한다. 다음과 같은 상황이 발생할 가능성도 있는데, 갑과 을이 모두 발명 또는 실용신안의 "실질적 내용"에 대하여 공헌을 하였지만, 갑의 공헌은 독립청구항의 특징부에 기재되어 있고, 을의 공헌은 설명서에만 기재되어 있다고 하자. 이러한 경우에는, 설령 을의 공헌이 외국에서 완성되었다고 하더라도, 기술방안의 실질적 내용이 외국에서 완성된 것이라는 결론을 얻을 수는 없다. 이처럼 독립청구항을 기준으로 판단함에 의해서도 일부 불확정 요소를 배제할 수 있다.

만약 기술방안의 실질적 내용에 대한 갑과 을의 공헌이 모두 독립청구항의 특징부에 기재되어 있는데, 그중 갑은 중국에서 을은 외국에서 완성하였다면 어떻게 판단하여야 하는가? 정말로 이러한 경우가 발생할 수 없는 것은 아니지만 이러한 경우는 매우 드물다. 실제로 발생한다면, 이어서 누구의 공헌이 훨씬 중요한가를 판단하여야 한다.

사실상 국가지식산권국이 특허출원을 수리할 때에는, 알 수 있는 방법이 없을 뿐만 아니라 그 발명 또는 실용신안이 중국에서 완성된 것인지 아니면 외국에서 완성된 것인지를 조사할 필요도 없다. 2010년 개정 「특허법실시세칙」 제8조 규정에 따라 외국에 특허출원하기 위해서 출원인이 국가지식산권국에 비밀유지심사를 청구할 때에야, 국가지식산권국은 이로부터 비로소 그 발명 또는 실용신안이 중국에서 완성된 것이라고 추정할 수 있다. 만약 이와 같다면, 출원인이 중국에서 완성한 발명창조를 바로 외국에 특허출원하고 비밀유지심사를 청구하지 않더라도, 국가지식산권국은 어떻게 할 방법이 없는 것은 아닌가 하는 의문이 생길 수 있다. 이 말은 옳기도 하지만 그르기도 하다. 옳다는 것은 확실히 국가지식산권국은 어떤 자가 비밀유지심사를 거치지 않고 외국에 특허출원했다는 사실을 알 수 있는 방법이 없다는 것이고, 그르다는 것은 "못된 짓을 저지른 자는 결코 법망을 벗어날 수 없다."는 것으로, 국가지식산

권국이 모른다고 해서 세계 모든 사람들이 모르는 것은 아니라는 의미이다. 바로 국가지식산권국이 알 수 없다는 점을 고려하여, 2008년 「특허법」 개정 시 본조에 제4항을 추가하여, "본조 제1항 규정을 위반하여 외국에 특허출원한 발명 또는 실용신안에 대하여 중국에 특허출원을 한 경우, 특허권을 수여하지 아니한다."라고 규정하였다. 2010년 개정 「특허법실시세칙」 제65조는 본조 제1항 규정을 위반한 것을 특허권 무효선고청구의 이유로 규정하고 있다. 실제로 국가안전 또는 중대이익에 관계되는 발명 및 실용신안은 극소수이며, 이러한 발명 또는 실용신안에 대하여 본조 제1항 규정에 따라 국가지식산권국에 비밀유지심사를 청구하면, 원래는 매우 쉽게 그리고 매우 빠르게 허락을 받을 수 있다. 따라서 국가안전 또는 중대이익에 관계되는 발명 또는 실용신안이 실제로는 극소수인 상황에서, 이처럼 "법을 잘 알면서 고의로 법을 어기는" 방식을 취하게 되면 그 중국에서 받은 특허권의 법적 불안정성을 불필요하게 높이는 결과가 되는데, 일단 어떤 자가 이를 이유로 무효선고를 청구하면 외국에 특허출원한 발명 또는 실용신안에 대하여 비밀유지가 필요한지를 불문하고, 그 발명 또는 실용신안에 대하여 중국에서 받은 특허권은 법에 의해 무효로 선고되기 때문이다. 국가안전 또는 중대이익에 관계되는 것이 확실히 극소수인 상황에서, 본조 제4항이 규정하는 불리한 결과를 부담하는 이외에도, 중국의 기타 법률이 규정한 법적 책임을 부담해야 할 수도 있다. 위의 두 가지 상황 모두, 본조 규정을 무시한 자에게는 상당히 이롭지 않으며, 실로 현명한 자라면 이처럼 하지 않을 것이다.

본조 제1항의 "외국에의 특허출원"은 넓은 의미로 이해하여야 한다. "외국"에는 하나의 외국국가를 포괄할 뿐만 아니라, WIPO의 PCT국제사무국, 유럽특허청, 유라시아특허청, 아프리카지역 지식재산권조직 등과 같은 국제조직 또는 지역조직을 포괄한다. "특허출원"에는 중국의 발명특허에 대응하는 다른 국가의 특허가 포함될 뿐만 아니라, 중국의 실용신안특허에 대응하는 등록실용신안, 소특허, 혁신특허, 실용특허 등도 포함된다.

본조 제1항 규정을 적용함에 있어서, 위의 세 가지 요건 이외에, 또 하나의 요건 즉 특허출원의 주체가 중국 단위인지 아니면 외국 단위인지를 더 부가해야 하는가? 이 문제에 대한 대답은 부정이어야 한다. 2008년 「특허법」 개정 전에, 본조 제1항은 특허출원의 주체를 "중국의 단위 또는 개인"으로 한정하였다. 시행과정에서 이 규정은 군더더기일 뿐만 아니라 법률상의 "허점"이라는 점이 드러났다.

2008년 개정 전 「특허법」의 본조 규정에 의하면, 중국의 단위 또는 개인이 외국에 특허출원을 하는 경우에만 본조 제1항의 제약을 받고, 외국의 단위 또는 개인은 본조 제1항의 제약을 받지 않았다. 실제로, 중국에 단독투자회사 또는 합자회사를 설립한 외국기업은, 종종 그 투자협정 또는 회사 정관에 중국에 설립한 자회사 또는 합자회사의 발명창조에 대하여 일률적으로 그 모회사가 모든 국가(중국 포함)에서의 특허출원의 권리를 향유한다고 약정한다. 외국 모회사와 중국 자회사 간에 누가 특허출원의 권리를 향유하는지에 관한 약정에 대해서는, 일반적으로 말하면 중국 법률이 간여할 필요가 없다. 그러나 만약 발명창조가 중국에서 완성된 것이고 국가안전 또는 중대이익과 관계된 것이라면, 그 발명창조에 대한 특허출원의 권리가 중국 자회사에 속하는지 아니면 외국 모회사에 속하는지를 불문하고, 중국에서 또는 외국에서 특허출원함으로써 공개되게 해서는 안 된다. 특허출원의 권리가 외국 모회사에 속하는 것으로 약정한 경우에, 특허출원의 청구서에 기재된 실제 출원인은 외국인·외국기업 또는 외국의 기타 조직이고 "중국의 단위 또는 개인"이 아니며, 2008년 개정 전 「특허법」의 본조 규정에 따르면, 그 특허출원에는 개정 전 본조 제1항 규정을 적용할 수 없다는 결론을 얻을 수 있을 뿐이었다. 이것은 출원인이 매우 쉽게 개정 전 본조 제1항 규정을 피해갈 수 있게 하여, 앞에서 설명한 두 번째 단계에서의 엄격한 비밀유지조치를 취할 수 없게 하였다. 2008년 개정 후 본조 제1항 규정에 따르면, 특허출원한 발명 또는 실용신안이 중국에서 완성된 것이라면 모두 본조 제1항 규정이 적용되고, 출원인이 중국 단위 또는 개인인지 아니면 외국인·외국기업 또는 외국의 기타 조직인지를 불문한다.

이 밖에 위 문제와 긴밀하게 관련되어 있는 문제가 하나 더 있는데, 곧 특허출원의 주체와 발명 또는 실용신안을 완성한 주체 사이의 관계 문제이다. 특허출원의 주체가 단위라면, 발명 또는 실용신안이 반드시 그 단위의 피고용인이 완성한 직무발명창조이어야 하는가? 이 문제에 대한 대답도 부정인데, 특허출원의 권리도 양도할 수 있기 때문이며, 만약 단지 주체만 바꾸면 본조 제1항을 적용한 결론이 달라진다면, 그 규정은 매우 크게 의의를 잃게 된다. 2008년 「특허법」 개정 전 본조 제1항은 "중국의 단위 또는 개인이 그 국내에서 완성한 발명창조를 외국에 특허출원하는 경우…"로 규정하였는데, "그"라는 한정 때문에 발명창조가 그 단위 또는 개인 자신이 중국에서 완성한 발명창조이어야 하는 것으로 이해될 수 있었다. 만약 이처럼 해석한다면, 출원인은 특허출원한 발명 또는 실용신안은 타인이 중국에서 완성한 것이고 자신 또는 자신의 피고용인이 중국에서 완성한 것이 아니므로 2008년 개정 전 본조 제1항 규정을 적용할 수 없다고 다툴 수 있었다. 2008년 「특허법」 개정 시에 이러한 문제에 주의를 기울여, "중국의 단위 또는 개인"을 "어떠한 단위 또는 개인이라도"로 고쳤을 뿐만 아니라, 특별히 "그"라는 글자를 삭제하여 "어떠한 단위 또는 개인이라도 중국에서 완성한 발명 또는 실용신안을 외국에 특허출원하는 경우…"로 개정함으로써 위와 같은 이해의 가능성을 차단하였다.

2008년 개정 전 본조 제1항은 "중국의 단위 또는 개인이 그 중국에서 완성한 발명 창조를 외국에 특허출원하는 경우, 먼저 국무원 특허행정부문에 특허출원하고, 이 법 제4조 규정을 준수하여야 한다."고 규정하였다. 먼저 국가지식산권국에 특허출원하여야 한다고 규정한 것의 본래 의도는 국가지식산권국의 비밀유지심사 편의를 위함이었다. 그러나 이렇게 규정함에 따라, 외국에 특허출원하는 경우 반드시 강제적으로 먼저 중국에 특허출원하여야 하는 결과가 되었다. 이것은 불필요한 일이었다. 출원인은 어떤 국가에 특허출원할 것인지를 자주적으로 결정할 권리가 있고, 중국에 특허출원하는 것도 알아서 할 일이며, 필요한 비밀유지심사가 다른 방식을 통해 진행될 수 있다면 중국에 특허출원하는 것과 한데 묶을 필요가 없었다. 이 때문에, 2008년 개정 본조 제1항은 이러한 규정을 삭제하였다.

(三) 비밀유지심사의 절차

1. 비밀유지심사의 청구

국가지식산권국이 「특허법」 제4조 규정에 의하여 진행하는 중국에 제출된 발명 또는 실용신안특허출원에 대한 비밀유지심사와 본조 제1항 규정에 의하여 진행하는 외국에 특허출원하고자 하는 발명 또는 실용신안에 대한 비밀유지심사는 상이한 방식을 취함에 주의하여야 한다. 전자는 국가지식산권국이 수리한 모든 발명 또는 실용신안특허출원에 대하여 직권으로 비밀유지심사를 진행하는 것으로 출원인의 청구가 필요하지 않지만, 후자는 반드시 관련 주체의 청구가 있어야만 국가지식산권국이 비로소 비밀유지심사를 개시할 수 있다,

2010년 개정 「특허법실시세칙」 제8조 규정에 따르면, 관련 주체가 외국에 특허출원하고자 하는 경우, 다음 세 가지 방식 중 하나로 국가지식산권국에 비밀유지심사를 청구할 수 있다.

첫째, 출원인이 먼저 직접 외국에 특허출원하거나 또는 유관 국제기구에 국제특허출원을 하려고 준비하는 경우, 사전에 국가지식산권국에 비밀유지심사를 청구하여야 하고, 그 기술방안을 상세하게 설명하여야 한다. 기술방안의 설명은 특허출원 설명서 양식을 참조하여 기재할 수도 있지만, 외국에 특허출원하고자 하는 설명서 중에 기재된 기술방안과 일치하여야 한다. 외국에 제출하는 출원의 설명서에 기재된 어떤 기술방안이 외국 특허출원의 비밀유지심사 청구서에 설명되어 있지 않다면, 그 기술방안은 국가지식산권국의 비밀유지심사를 받지 않은 것으로 보아야 한다.

둘째, 출원인이 국가지식산권국에 특허출원한 후 외국에 특허출원하거나 또는 유관 국제기구에 국제특허출원하고자 하는 경우, 외국에 특허출원 또는 유관 국제기구에 국제특허출원을 하기 전에 국가지식산권국에 비밀유지심사를 청구하여야 한다.

셋째, 출원인이 직접 국가지식산권국에 국제특허출원을 제출하는 경우, 외국에 출원하기 위한 청구로 본다. 국제출원은 출원인이 다수 국가에 특허출원을 하는 통상적인 방식 중 하나이다. PCT 규정에 의하면, 국제출원이 수리되는 경우, 모든 회원국에 특허출원하는 것으로 보고, 국제출원의 출원일을 모든 회원국에 특허출원한 출원일로 본다. 국제출원이 수리된 후, 출원인이 출원일로부터 30개월 이내에 각 회원국에 국내단계 진입을 청구하면, 그 출원은 당해 회원국의 국내단계로 진입할 수 있고, 그 회원국에 제출한 특허출원으로 "전환"된다. PCT 규정 및 중국이 가입한 이 조약 관련 문건의 규정에 따라서, 중국 국민이 국제출원을 하는 경우, 국제출원의 수리관청인 국가지식산권국에 제출할 수도 있고, 직접 WIPO 국제사무국으로 제출할 수도 있다. 만약 출원인이 국제출원의 수리관청인 국가지식산권국에 제출하는 경우, 그 출원이 이후에 반드시 외국에의 출원으로 "전환"됨을 고려하였고, 이 때문에 출원인이 동시에 국가지식산권국에 대하여 외국에 대한 출원의 비밀유지심사를 청구하는 것으로 보아 별도로 비밀유지심사를 청구할 필요가 없다. 만약 출원인이 중국에서 완성된 발명 또는 실용신안에 대하여 직접 WIPO 국제사무국에 국제특허출원을 제출하고 국제출원의 수리관청인 국가지식산권국에 국제출원을 제출하는 방식을 취하지 않는 경우에는, 출원인은 반드시 앞에서 설명한 첫째 방식을 따라야 하며, WIPO 국제사무국에 국제출원을 하기 전에 국가지식산권국에 비밀유지심사를 청구하여야 한다는 점을 주의하여야 한다.

첫째 방식을 취하면 출원인은 반드시 그 기술방안을 상세하게 설명하여야 하지만, 둘째 방식을 취하면 출원인은 비밀유지심사 청구서에 그 상응하는 국내출원의 출원번호만 명확하게 밝히면 충분하다는 점에서 상술한 첫째 방식과 둘째 방식은 차이가 있다. 둘째 방식을 취하게 되면, 출원인은 중국에 특허출원함으로써 발명 또는 실용신안에 대하여 중국에서 특허보호를 받을 가능성이 있으며, 또한 국가지식산권국이 즉시 비밀유지심사를 개시하도록 하여 심사결과 비밀유지가 필요하지 않다고 인정하는 경우, 언제든지 외국에 특허출원할 수 있으므로 일거양득이라고 할 수 있다.

2. 비밀유지심사의 절차와 기한

외국에의 특허출원에 대하여 비밀유지심사를 진행하는 주된 이유는 국가안전 또는 중대이익과 관련된 발명창조가 외국에 특허출원하여 공개되는 것을 방지함으로써 국가안전과 중대이익을 보호하기 위함이다. 그러나 특허출원 실무로 보면, 국내 특허출원인지 아니면 외국에의 특허출원인지를 불문하고, 실제로 국가안전 또는 중대이익에 관계되는 발명창조는 극히 적으며, 적어도 95% 이상의 발명 또는 실용신안 특허출원은 국가안전 또는 중대이익과 관계가 없다. 출원인이 처음으로 특허를 출원한 출원일로부터 12개월의 우선권 기간 내에 그 발명 또는 실용신안이 국가안전 또는 중대이익에 관계되어 비밀유지가 필요한지를 즉시 알게 하고, 나아가 외국에의 특허출원을 준비하기 위한 충분한 시간을 보장하기 위하여, 2010년 「특허법실시세칙」 개정 시에 아래의 제9조 규정을 추가하였다.

① 국무원 특허행정부문이 본 세칙 제8조 규정에 의하여 제출한 청구를 접수한 후, 심사를 거쳐 당해 발명 또는 실용신안이 국가안전 또는 중대이익에 관계되어 비밀로 유지하여야 할 필요가 있다고 판단하는 경우, 신속하게 출원인에게 비밀유지심사를 통지하여야 한다. 출원인이 그 청구한 날로부터 4개월 내에 비밀유지심사를 통지받지 아니한 경우, 그 발명 또는 실용신안을 외국에 특허출원하거나 또는 유관 국제기구에 국제특허출원할 수 있다.
② 국무원 특허행정부문이 전항 규정에 의하여 비밀유지심사의 진행을 통지한 경우, 신속하게 비밀유지가 필요한지에 대한 결정을 내리고 출원인에게 통지하여야 한다. 출원인이 그 청구한 날로부터 6개월 내에 비밀유지가 필요하다는 결정을 통지받지 아니한 경우, 그 발명 또는 실용신안을 외국에 특허출원하거나 또는 유관 국제기구에 국제특허출원할 수 있다.

위 규정의 의미는 이미 충분히 명확하므로, 다시 설명할 필요가 없다.

二. 국제특허출원에 관하여

본조 제2항 및 제3항은 국제특허출원에 관한 원칙적 규정이다.
제2항은 두 가지 의미를 포함하는데, 첫째는 중국의 단위 또는 개인은 중국이 가입한 유관 국제조약에 근거하여 국제특허출원할 수 있다는 의미이고, 둘째는 중국의 단위 또는 개인은 그 국내에서 완성한 발명 또는 실용신안을 국제특허출원하는 경우, 본조 제1항 규정을 준수하여야 한다는 의미이다.
제3항은 국가지식산권국이 국제출원을 처리하는 법률적 근거가 유관 국제조약, 중

국특허법 및 중국 국무원의 유관 규정임을 규정하고 있다.

제2항 및 제3항의 유관 국제조약은 "PCT"를 가리키고, 국제특허출원은 이 조약에 따라서 제출한 국제출원을 가리키며, 제3항의 국무원 유관 규정은 「특허법실시세칙」을 가리킨다.

(一) 개 요

PCT는 1970년 6월 19일 워싱턴에서 체결되어, 1978년 1월 24일 발효되었다. 2010년 4월까지, 이 조약의 회원국은 142개이다.

비록 「파리협약」이 내국민대우원칙·우선권원칙 등 출원인이 편리하게 세계 각국에 특허를 출원하여 획득할 수 있는 제도를 규정하였지만, 「파리협약」은 동시에 특허독립의 원칙을 규정하였으므로 출원인이 동일한 발명창조에 대하여 다수의 동맹국에서 특허보호를 받고자 하는 경우 반드시 일일이 각 동맹국에 특허출원을 하여야 한다. 이를 위해서 출원인은 각국의 특허제도를 숙지하고 있어야 하고, 각종 언어로 된 출원서류를 준비해야 하며, 각종 출원절차를 밟아야 하지만, 각국의 특허제도 및 구체적인 요구가 서로 같지 않다. 이 때문에 위와 같은 방식으로 각국에 특허출원하게 되면, 출원인에게 상당히 부담되고 또한 매우 불편했으며, 각국 특허청에도 대량의 중복된 노동이 요구되었다. 이러한 상황을 개선하기 위해서, 1966년 파리동맹집행위원회 회의에서 미국은 특허출원의 수리와 예비심사에 관한 국제협력조약의 체결을 제의하였다. 이 제의에 따라 충분한 협의와 준비를 거쳐, 1970년 5월 워싱턴에서 개최된 「파리협약」 동맹국 외교회의에서 PCT를 체결하였다. 현재 PCT는 이미 각국의 출원인이 여러 국가에 특허출원하는 주요 경로가 되었다.

중국은 1993년 PCT에 가입하였고 1994년 1월 1일부터 이 조약이 중국에서 정식으로 시행되어 오고 있으며, 구 중국특허국은 동시에 이 조약이 규정하는 국제출원의 수리관청·국제조사기관 및 국제예비심사기관이 되었다.

PCT는 "비개방적" 국제조약으로, 「파리협약」의 동맹국만이 이 조약에 가입을 신청할 수 있다.

(二) PCT 제도 소개

1. 국제출원의 효력 및 관련 사항

PCT 규정에 따라 국제출원이 수리되어 국제출원일을 부여받으면, 국제출원일에 출원인이 모든 회원국에 특허출원한 것과 같아진다. 바꿔 말하면, 국제출원을 각 회원국에 한 특허출원으로 보고, 국제출원일을 각 회원국에 특허출원한 날로 간주한다. 따라서 중국 출원인이 국제출원을 하고 국가를 지정하면 이러한 국가에 특허출원하는 것과 같은 목적을 달성할 수 있고, 우선권 기간 내에 일일이 이러한 국가에 특허출원을 할 필요가 없다.

　PCT 각 회원국의 국민 또는 거주민은 당연히 국제출원을 할 수 있는 권리가 있다. 이 밖에, 설령 어떤 국가가 PCT에 가입하지 않았다고 하더라도, 그 국가가「파리협약」의 동맹국이기만 하면, PCT 회원국 총회의 특별 비준을 거쳐 그 국가의 국민 또는 거주민도 국제출원을 할 수 있다.

　출원인이 직접 기타 국가에 특허출원하는 경우, 그 출원은 반드시 그 국가의 공식 언어를 사용하여야 하고, 반드시 직접 그 국가의 특허청에 제출하여야 한다. 출원인이 국제출원을 하는 경우, 만약 출원인 소재 국가의 특허청이 국제출원의 수리관청이라면, 직접 소재 국가의 특허청에 국제출원을 할 수 있다. 만약 소재 국가의 특허청이 국제출원의 수리관청이 아니라면, 그 국가가 위탁하는 수리관청에 또는 직접 WIPO 사무국에 국제출원을 하여야 한다. 국제출원의 사용언어는 수리관청이 접수할 수 있는 언어 중의 하나이어야 한다. 중국 국가지식산권국은 국제출원의 수리관청으로서, 중문과 영문을 사용한 국제출원을 접수할 수 있다. 따라서 중국 출원인이 만약 PCT 경로를 통하여 미국·일본·독일 등 국가에 특허출원을 하고자 한다면, 처음에는 국제출원의 수리관청인 국가지식산권국에 중문으로 된 국제출원을 제출하면 되고, 이러한 국가에 그 국가의 공식언어로 된 출원을 할 필요가 없다.

　국가지식산권국은 중국대륙의 단위 또는 개인이 제출하는 국제출원의 수리관청이면서, 홍콩과 마카오 특별행정구의 법인과 거주민이 제출하는 국제출원의 수리관청이기도 하다. 홍콩·마카오 특별행정구의 법인과 거주민은 직접 국제사무국에 국제출원을 제출할 수도 있다.

　1993년 중국특허국이 발포한「대만동포 국제출원 수리에 관한 통지」규정에 근거하여, 국가지식산권국은 국제출원의 수리관청으로서 대만동포(중국 대만지역의 회사, 기업과 기타 경제조직을 포함)가 제출하는 국제출원을 수리한다. 대만동포가 국가지식산권국에 국제출원을 하는 경우, 중문 또는 영문을 사용하여야 한다.

2. 국제출원의 절차

(1) 국제출원의 제출

국제출원을 위해 제출하여야 하는 문서에는, 청구서·설명서 및 그 도면·청구범위 · 요약서가 있다. 이러한 문서들은 PCT 및 그 규칙이 규정하는 양식에 따라 기재되어야 하고 세 부를 제출하여야 하는데, 그중 한 부는 수리관청이 보관하고 한 부는 국제사무국에 송부하며 한 부는 국제조사기관에 송부한다.

국제출원은 먼저 제출한 국내출원을 기초로 우선권을 주장할 수도 있는데, 반드시 청구서에서 우선권을 주장하여야 하고, 먼저 제출한 출원의 국가 · 일자 및 출원번호를 기재하여야 한다.

국제출원을 제출할 때에 납부하여야 하는 비용에는 송부료 · 조사료 및 국제출원료가 있다. 세 가지 비용은 모두 수리관청에 납부하는데, 그중 송부료는 수리관청이 간직하고 조사료는 조사기관에게 전달하며 국제출원료는 국제사무국에 전달한다. 모든 비용은 모두 국제출원일로부터 1개월 이내에 납부하여야 한다. 국제출원의 수리관청인 국가지식산권국에 국제출원을 제출하는 경우, 국제출원료는 평균 인민폐 8858원(국제출원서류가 30쪽을 초과하면, 매 쪽마다 인민폐 100원 추가납부), 송부료는 평균 인민폐 500원, 조사료는 평균 인민폐 2100원이다.

(2) 방식심사 및 국제출원일의 확정

수리관청이 국제출원을 접수한 후, 그 출원이 다음 요건에 부합하는지를 심사한다. 출원인이 당해 수리관청에 국제출원을 할 수 있는 권리가 명백하게 없는 자인가, 규정된 언어를 사용하였는가, 국제출원으로 제출된 것인가, 적어도 하나 이상의 회원국을 지정하였는가, 규정된 방식으로 출원인의 성명 또는 명칭을 기재하였는가, 출원서류에 적어도 표면적으로 볼 때 설명서로 보이는 부분이 있는가, 그리고 하나 또는 그 이상의 청구항으로 보이는 부분이 있는가에 대하여 심사한다.

국제출원이 심사에서 위의 요건에 부합하는 것으로 인정되면, 수리관청은 국제출원을 접수한 날을 국제출원일로 하여야 하며, 위의 요건에 부합하지 않는 것으로 판단되면, 수리관청은 출원인에게 지정된 기간 내에 보완할 것을 통지하고 출원인은 규정에 따라 보완하여야 하며, 보완한 날을 국제출원일로 하여야 한다.

분명히 PCT 및 PCT규칙이 규정하는 국제출원일 확정 요건은 비교적 관대한데, 출원인의 편의를 도모한다는 원칙을 구체화한 것이다.

(3) 국제조사

모든 국제출원에 대하여 국제조사를 진행함으로써, 출원인이 국제조사보고서에 근거하여 계속해서 출원절차를 진행할지 또는 출원서류를 보정할지를 결정할 수 있도록 한다. 국제조사는 국제조사 자격을 갖춘 몇 개의 국제조사기관에 의해서만 진행된다. 국제출원의 경우에는, 그 출원을 수리한 수리관청이 위탁하는 국제조사기관이 조사를 진행하고, 한 국가가 여러 국제조사기관에 위탁하는 경우에는, 그 출원인이 그중 하나의 국제조사기관을 임의로 선택하여 국제조사를 진행한다. 중국 국가지식산권국에 국제출원을 제출하면, 중국 국가지식산권국이 국제조사를 진행한다.

국제조사는 국제출원의 청구항을 기초로 하되, 설명서와 도면의 내용을 적절하게 고려할 수 있다. 국제조사를 할 때에는 반드시 1920년 이래의 주요 산업국가의 모든 특허문헌 및 조약이 규정하는 비특허문헌을 조사함으로써 국제조사의 전면성과 정확성을 확보한다. 국제조사기관은 조사보고서를 작성하는 동시에 견해서를 작성하여야 하는데, 그 내용은 첫째, 그 국제출원으로 보호받고자 하는 발명이 신규성ㆍ진보성 및 실용성이 있는 것으로 판단되는가에 관한 것이고, 둘째, 국제출원이 PCT와 「PCT 규칙」의 관련 요건에 부합하는가에 관한 것이다.

국제조사기관은 조사용 사본을 수령한 날로부터 3개월 내에 또는 우선일로부터 9개월 내에(늦게 만료되는 것을 기준으로) 조사를 완료하고, 조사보고서와 견해서를 작성하며, 그것을 출원인과 국제사무국에 송부한다. 만약 출원의 내용이 국제조사가 불필요한 것인 경우(과학이론, 지적 활동 규칙과 방법 등) 또는 설명서ㆍ청구범위 또는 도면이 규정된 요건에 부합하지 않는 경우에는 의미 있는 조사를 진행할 방법이 없으므로, 국제조사기관은 상응하게 국제조사를 하지 않는다고 선언하면서 출원인과 국제사무국에 통지한다. 만약 출원인이 이미 국제예비심사를 청구하였다면 그 견해서는 국제예비심사기관이 작성하는 견해서로 간주되고, 이러한 경우에는 출원인에게 본 규정의 기간 내에 당해 국제예비심사기관에 서면답변서를 제출할 것을 요구하여야 하며, 적당한 상황이라면 출원인은 그 출원서류를 보정할 수 있다.

(4) 청구범위에 대한 보정

출원인은 국제조사보고서를 받은 후, 한 차례에 한하여 청구항을 보정할 수 있는 권리가 있지만, 설명서 및 그 도면은 보정할 수 없다. 출원인이 청구범위를 보정할 수 있는 기한은 국제조사기관이 조사보고서를 출원인에게 송부한 날로부터 2개월 또는 우선일로부터 18개월로서 늦게 만료되는 날을 기준으로 한다. 만약 국제사무국이 위의 기한 이후에 출원인의 청구범위에 대한 보정서를 접수하였다면, 그 보정서가 국제공개를 위한 기술적 준비작업이 완료되기 전에 국제사무국에 도달한 경우에만, 국제사무국은 위 기한의 마지막 날에 당해 보정서를 접수한 것으로 본다.

청구범위에 대한 보정은 국제출원으로 공개된 범위를 벗어날 수 없지만, 만약 어떤 지정국의 국내법령이 공개된 범위를 벗어나는 보정을 허용하는 경우에는 그 지정국은 범위를 벗어난 보정을 받아들일 수 있다.

출원인은 청구범위에 대한 보정서를 직접 국제사무국에 제출하여야 한다. 만약 국제출원에 사용된 언어가 국제공개에 사용된 언어와 다르다면, 보정서는 국제공개에 사용된 언어를 사용하여야 한다. 보정은 교체하는 페이지를 제출하는 방식이어야 한다.

(5) 국제공개

우선일로부터 18개월이 경과하면, 국제사무국은 국제출원을 즉시 공개하여야 하고, 국제조사보고서 또는 부작성선언서도 국제출원과 함께 공개하여야 한다. 출원인은 국제사무국에 조기공개를 신청할 수도 있다. 만약 국제조사보고서 또는 부작성선언서가 국제공개를 할 수 있도록 아직 제공되지 않은 경우에는, 출원인이 특별비용을 납부하여야만 조기공개를 진행할 수 있다. 국제사무국은 조기공개신청을 접수한 후(만약 특별비용의 납부가 필요하다면, 당해 비용이 납부된 후) 신속하게 공개를 진행한다.

만약 국제출원이 중국어 · 아랍어 · 영어 · 불어 · 독일어 · 한국어 · 일본어 · 러시아어 또는 스페인어(공개언어)로 제출되었다면, 그 출원은 제출 시에 사용된 언어로 공개한다. 만약 위의 언어 이외의 기타 언어로 제출되었다면, 영어 또는 기타 한 종류의 공개언어로 공개한다. 만약 영어 이외의 공개언어로 공개되었다면, 국제조사보고서 또는 부작성선언서, 발명의 명칭, 요약서 및 대표도면은 영어로 공개한다.

국제공개는 지정국에서 국내공개와 동일한 효력을 갖지만 다음과 같은 경우는 제외되는데, 첫째 국제공개의 언어와 지정국의 국내 법률이 규정하는 공개언어가 다른 경우에는 지정국의 국내 법률이 규정하는 공개언어로 된 국제출원의 번역문이 공개된 날 또는 기타 방식으로 공중에게 제공된 날부터 국제공개의 효력이 있으며, 둘째 지정국이 조기공개는 우선일로부터 18개월이 경과한 때에 효력이 있다고 규정한 경우이다.

(6) 국제예비심사

출원인의 소속 국가 또는 소재 국가가 PCT 가입 시에 이 조약 제2장을 유보하지 않았고(제2장의 제약을 받는다면), 출원인이 그 소속 국가 또는 소재 국가의 특허청을 수리관청으로 하여 국제출원을 제출한 경우, 출원인은 그 국제출원에 대하여 국제예비심사를 청구할 수 있다. 만약 출원인이 여러 명인 경우에는, 적어도 그중 하나의 출원인이 이러한 자격을 갖추어야 한다. 당연하지만, 출원인은 국제예비심사를 청구하지 않고 그 국제출원을 지정국가의 국내단계로 바로 진입하도록 할 수도 있다. 중국은 PCT 가입 시에 제2장에 대하여 유보하지 않았으며, 따라서 중국 출원인이 중국 국가지식산권국을 수리관청으로 하여 국제출원을 한 경우, 그 출원에 대하여 국제예비심사를 청구할 수 있다.

국제예비심사는 출원으로 보호받고자 하는 발명이 신규성·진보성 및 실용성을 구비하는지에 대한 예비적인 의견이 주를 이루는 것으로서, 출원인에게 제공하여 각 지정국에 진입할 필요가 있는지를 결정할 수 있게 한다. 이 의견은 각 지정국 또는 선택국에 대하여 구속력이 없다.

국제조사와 마찬가지로, 소수의 국가 또는 지역의 특허청만이 국제예비심사의 자격을 갖추고 있는데, 여기에는 중국 국가지식산권국, 한국특허청, 일본특허청, 유럽특허청, 미국특허상표청 등이 포함된다.

국제출원의 출원인이 국제예비심사를 청구하는 경우, 우선일로부터 19개월 이내에 국제예비심사기관에 제출하고, 반드시 규정된 형식과 언어로 제출하여야 하며, 예비심사료 및 수수료를 납부하여야 한다. 수수료는 국제예비심사기관이 수취한 후 국제사무국에 송부한다. 국가지식산권국이 수취하는 국제예비심사료는 평균 인민폐 1500원이고, 대신 수납하는 수수료는 평균 인민폐 1332원이다. 출원인은 반드시 청구 중에 출원인이 어떤 지정국에서 예비심사결과를 활용하려고 하는지(이러한 국가를 "선택국"이라고 부른다.)를 설명해야 하는데, 이러한 선택국은 반드시 PCT 제2장의 제약을 받는 회원국이어야 한다. 국제예비심사기관 또는 국제사무국은 선택사실을 모든 피선택국에게 통지하여야 한다.

출원인은 국제예비심사청구를 취하할 수도 있고, 일부 국가에 대한 선택을 취하할 수도 있으며, 만약 모든 선택을 취하하였다면 국제예비심사청구를 취하한 것으로 본다. 선택국가에 특별한 규정이 있는 경우를 제외하고, 그 선택의 취하는 당해 국가에 대해서는 출원을 취하한 것으로 본다. 선택의 취하 또는 국제예비심사청구의 취하는 국제사무국에 통지하여야 하고, 이후에 국제사무국이 유관 선택관청 및 국제예비심사기관에 통지한다.

국제예비심사과정에서 국제예비심사기관이 출원에 대하여 부정적인 견해가 있는 경우에는 출원인에게 통지하여야 한다. 출원인은 통지를 받은 후에, 보정하거나 또는 의견서를 제출할 수 있다.

국제예비심사기관은 우선일로부터 28개월 또는 그 국제예비심사를 개시한 날로부터 6개월 이내에 국제예비심사보고서를 작성하여야 한다. 이 보고서는 출원인과 국제사무국에만 송부하며, 국제사무국이 선택관청에 전송한다.

(7) 국내단계 진입

출원인이 회원국에서 특허보호를 받기 위해서는 국제출원을 하고 국제예비심사를 청구하는 것만으로는 부족하며, 반드시 각 회원국 법률의 규정에 따라서 그 회원국의 국내단계에 진입하여야만 그 회원국에서 특허권을 받을 수 있다. 따라서 현재에는 오직 "국제출원"만 있을 뿐이고, "국제특허"는 존재하지 않는다.

국제출원의 출원인이 지정국 또는 선택국에서 출원을 계속하고자 하는 경우, 우선 일로부터 30개월(각 회원국은 보다 긴 기한을 규정할 수 있다.) 이내에 각 지정국 또는 선택국에 국내단계 진입 절차를 밟아야 한다. 구체적인 상황에 따라서, 출원인은 국제출원의 부본·번역문을 제출하여야 하고, 비용(각 지정국 또는 선택국이 규정하는)도 납부하여야 한다.

국내단계 진입 이후, 각 지정국 또는 선택국의 특허청은 본국의 특허법 규정에 의하여 계속해서 심사를 진행하고 특허권 수여여부를 결정한다.

PCT는 국제출원의 국내단계에서 출원인은 선택국의 특허청이 규정한 기간 내에 청구범위·설명서 및 도면을 보정할 수 있는 기회를 갖는다고 규정하고 있다. 선택국의 법률이 허용한다면, 보정은 국제출원할 때의 발명의 공개 범위를 벗어날 수도 있다.

국내단계 진입 이후에, 만약 지정국 또는 선택국에 특허와 함께 발명자증서·실용신안증서·보충특허·보충증서·보충발명자증서·보충실용신안증서 등 여러 보호 유형이 동시에 존재하는 경우, 출원인은 보호의 유형을 선택할 수 있다. 만약 지정국 또는 선택국이 하나의 출원에 대하여 특허와 기타 유형의 보호를 동시에 수여하는 것을 허용한다면, 출원인은 동시에 두 가지 형식의 보호를 요구할 수도 있다.

제21조 특허출원 및 청구의 처리원칙과 비밀유지책임

① 국무원 특허행정부문 및 그 특허복심위원회는 객관적이고 공정하며 정확하고 신속하게, 법에 의하여 관련 특허의 출원 및 청구를 처리하여야 한다.

② 국무원 특허행정부문은 완전하고 정확하며 신속하게 특허정보를 보급하고, 정기적으로 특허공보를 발간하여야 한다.

③ 특허출원의 공개 또는 공고 전에, 국무원 특허행정부문의 직원 및 관계인은 그 내용에 대하여 비밀로 유지할 책임이 있다.

一. 특허심사업무에 대한 원칙적 요구

특허권이 비록 민법적 측면에서 보면 일종의 민사적 권리이지만, 특허권은 다른 많은 민사적 권리와는 달리 법에 의하여 자동적으로 발생하는 것이 아니고 국가행정기관의 심사를 거쳐 수여된다는 점에서 차이가 있다. 국가지식산권국 및 그 특허복심위원회가 법에 의해서 정확하고 신속하게 특허출원과 관련 청구를 처리할 수 있는가는, 출원인과 특허권자의 이익에 관계될 뿐만 아니라 공중의 이익 그리고 특허제도의 정상적 운영과도 관계된다.

중국의 개혁개방이 부단히 심화되고 법치가 부단히 개선됨에 따라서 사회 각계도 특허제도를 갈수록 중요시하여, 국가지식산권국이 수리하는 특허출원 건수도 매년 계속해서 빠른 속도로 증가하고 있다. 1986년 중국이 수리한 세 가지 종류 특허출원의 총 건수는 18,509건이었으나, 2010년에는 1,222,286건에 달하여 66배가 증가하였다. 중국이 수여한 세 가지 특허의 총 건수도 1986년 3,024건에서 2010년 814,825건으로 증가하여 약 270배가 증가하였다. 20세기 90년대 중반에 국가지식산권국의 심사인력은 상대적으로 완만하게 증가하여, 특허출원과 무효선고청구의 심사기간이 길어져서 특허사건의 적체현상이 나타났다. 국가지식산권국은 특허사건의 적체문제를 고도로 중시하여 적체현상을 해소하기 위해 다양한 조치를 취하였으며 어느 정도 효과를 보았으나, 2000년「특허법」개정 시에도 적체문제가 완전히 해결되지는 않았다. 당시에 사회 각계의 특허사건 적체에 대한 반향은 매우 강렬하여 국가지식산권국이 필요한 조치를 취하여 이 문제를 조속히 해결할 것을 강력하게 요청하였으며, 동시에 국가지식산권국의 특허출원 및 특허무효선고청구의 심사에 대한 보다 고차원적인 요구로서 국가지식산권국 및 그 특허복심위원회가 법에 의해서 객관적이고 공정하며 정확하고 신속하게 특허출원 및 청구를 처리할 것을 희망하였다. 입법기관은 민중의 위와 같은 요청을 고도로 중시하여, 2000년 「특허법」 개정 시 본조에 제1항 규정을 추가하였다.

이어진 몇 년 동안 국가지식산권국은 대대적인 심사인력 확충, 절차 개선, 자동화 시스템 구축을 통해서 특허심사기간이 과도하게 길어졌던 문제를 이미 기본적으로 해결하여, 발명특허출원의 경우는 실체심사기간(출원인이 실체심사 절차를 시작해서 첫 번째 심사의견통지서를 발송할 때까지)이 평균 26개월이고, 실용신안 및 디자인특허출원의 방식심사기간은 평균 7개월 및 8개월에 못 미치며, 무효선고청구의 심사기간은 평균 8개월이 되었다. 미국상표특허청, 일본특허청, 유럽특허청과 비교하면 국가지식산권국의 심사효율은 높은 편이다. 그러나 특허출원 건수가 계속해서 빠른 속도로 증가하는 상황에서, 중국의 많은 출원인이 조속하게 특허권을 받을 수 있기를 바라는 희망을 만족시키기 위해서는, 국가지식산권국이 현재의 심사속도를 유지하고 가능하다면 심사속도를 보다 빠르게 하여야 하는데, 여기에는 부단한 노력이 요구된다.

소위 객관적이라는 것은, 국가지식산권국 및 그 특허복심위원회의 직원이 사실을 근거로 하여야 하고, 자기의 주관적 의사에 따라 특허출원과 관련 청구를 처리해서는 안 됨을 가리킨다. 소위 공정하다는 것은, 국가지식산권국 및 그 특허복심위원회의 직원이 특허출원과 관련 청구를 어느 한쪽으로 치우치지 않게 처리하여야 하고 같은 경우에는 동일하게 처리하여야 하며, 어느 일방 당사자의 편을 들어서도 안 되고 더욱이 사리사욕에 눈이 멀어 불법행위를 해서는 안 됨을 가리킨다. 소위 정확하다는 것은, 국가지식산권국 및 그 특허복심위원회의 직원이 "의법행정"원칙을 준수하여야 하고, 「특허법」 및 「특허법실시세칙」의 규정을 엄중하게 적용하여 특허출원과 관련 청구를 처리하여야 하며, 마음대로 처리해서는 안 됨을 가리킨다. 소위 신속하다는 것은, 국가지식산권국 및 그 특허복심위원회의 직원이 특허출원과 관련 청구를 조속히 처리하여야 하고, 마음대로 지연시켜서는 안 됨을 가리킨다. 이 네 가지 준칙은 국가지식산권국 및 그 특허복심위원회의 특허심사업무에 있어서 처음부터 끝까지 일관되게 지켜져야 하며, 국가지식산권국의 업무에 대한 항구적인 요구이기도 하다.

二. 국가지식산권국의 특허정보 보급책임

특허정보의 보급은 특허제도의 기본적 기능 중 하나로서, 혁신의 시작점을 높이고 연구개발의 중복을 감소시키며 타인의 특허권을 침해하는 것을 방지하고 발명창조의 실시와 응용을 촉진하여, 과학기술의 진보와 경제사회의 발전을 추동하는 데 있어서 모두 매우 중요한 의미를 갖는다. 비록 2008년 개정 전 「특허법」 제34조, 제39조, 제40조가 각각 발명특허출원의 공개, 발명특허권 수여의 공고, 실용신안특허권 및 디자인특허권 수여의 공고를 규정하였지만, 이러한 조항은 단지 공개 또는 공고를 심사 및 특허권 수여에 필요한 절차 중 하나로 규정하였을 뿐이고, 「특허법」에는 특허정보 보급업무에 대한 전반적인 위상과 요구가 결여되어 있었다.

중국의 시장경제가 부단히 발전함에 따라 기업사업단위 및 사회공중의 특허정보에 대한 수요와 의존도도 부단히 높아져서, 국가지식산권국이 제공하는 특허정보의 완전성 · 정확성 · 신속성에 대한 공중의 요구도 날로 높아지고 있다. 현재 중국의 특허정보 보급업무 현황을 보면, 보급경로가 복잡하고 정보출처의 권위가 부족하며 정보의 전송수단이 충분히 선진적이지 않을 뿐 아니라 공중이 특허정보를 검색하는 데 소요되는 비용이 높다는 등의 문제가 있어서, 공중의 완전하고 정확한 특허정보에 대한 요구를 제대로 충족시킬 수 없다. 미국 · 프랑스 · 스위스 등 국가가 특허법에 그 특허청의 특허정보 보급 직능에 대하여 전면적이고 자세하게 규정하고 있는 점은 중국이 참고할 만하다. 혁신을 촉진하고 서비스형 정부를 건설하며 특허정보의 보급을 규율하기 위하여, 2008년 「특허법」 개정 시 본조에 제2항을 신설하여 특허정보의 보급과 특허공보의 발간에 대하여 명확히 규정하였다.

2010년 「특허법실시세칙」 개정 시에 제92조를 추가하여 아래와 같이 규정하였다.

국무원 특허행정부문은 다른 국가 · 지역의 특허기관 또는 지역 특허조직과 호혜원칙에 따라서 특허문헌을 교환하는 것을 책임진다.

국가지식산권국은 교환하는 방식으로 매년 많은 양의 외국 특허정보를 획득한다. 본조 제2항은 "국무원 특허행정부문은 완전하고 정확하며 신속하게 특허정보를 보급한다."라고 규정하는데, 그 "특허정보"가 중국의 특허정보만을 가리키는지, 아니면 외국의 특허정보도 포함하는지를 명확히 밝히지 않았다.

필자는 본조 제2항의 특허정보는 중국의 특허정보만을 가리키는 것이고, 국가지식산권국이 교환 등을 통해서 획득한 외국의 특허정보는 포함되지 않는다고 본다. 교환을 통해 획득하는 외국의 특허정보가 완전하고 정확한지 여부는 이러한 국가가 제공하는 정보가 완전하고 정확한지에 달려 있으며, 국가지식산권국이 통제할 수 있는 것이 아니다. 국가지식산권국이 신속하게 그 획득한 외국의 특허정보를 공중에 전파할 수 있는지 여부도, 이러한 국가가 신속하게 그 특허정보를 제공할 수 있는가에 달려 있으며, 마찬가지로 국가지식산권국이 통제할 수 있는 것이 아니다. 비록 국가지식산권국은 중국의 공중이 편리하고 신속한 방식으로 그 교환하여 획득한 외국의 특허정보를 이용하게 할 책임이 있다고 하더라도, 이에 대해서도 서비스품질의 좋고 나쁨의 문제가 있기는 하지만, 그러나 이 책임은 중국의 특허정보를 보급하여야 하는 책임과 비교하면 서로 현저한 차이가 있으며, 국가지식산권국이 외국의 특허정보를 완전하고 정확하며 신속하게 보급하도록 요구해야 하는 것도 아니고 요구할 수 있다고 할 수도 없다. 이 밖에, 본조 제2항은 "특허정보의 보급"과 "특허공보의 정기적 발간"을 연계하여 함께 규정하였는데, 특허공보의 내용이 실제로는 특허정보에 해당하기 때문이고, 국가지식산권국은 분명히 외국의 특허공보를 발간할 책임은 없는데, 이것도 또한 본조 제2항의 "특허정보"를 중국의 특허정보로 이해하여야 하는 근거가 된다.

과거에 중국의 공중 일반은 국가지식산권국이 종이 · 마이크로필름 등 형식으로 소장하는 외국의 특허문헌을 통해서만 외국의 특허정보를 얻을 수 있었는데, 이 때문에 국가지식산권국이 공중에 제공하는 서비스의 품질이 매우 중요했었다. 이러한 상황이 현재에는 이미 많이 달라졌는데, 특허정보는 소유국가에서 모두 정부가 공개하는 정보에 해당하여 저작권 문제가 없으므로(그러나 이차적으로 정보를 가공한 전문적인 데이터베이스는 별론으로 하고) 공중이 관련 국가 특허청의 인터넷사이트를 검색함으로써 일반적으로는 모두 무료로 이용할 수 있으며, 공중에 개방된 일부 인터넷 검색엔진은 기능이 상당히 우수한 검색기능을 제공하기 때문인데, 이 때문에 국가지식산권국이 소장하는 외국의 특허문헌에 대한 공중의 의존도가 이미 크게 낮아졌다.

국가지식산권국은 두 가지 형식으로 중국의 특허정보를 보급하는데, 첫째는 특허공보 발간이고, 둘째는 발명특허출원의 단행본 및 3종 특허의 단행본을 발간하는 것이다. 보급하는 특허정보의 내용으로 보면, 전자는 공중이 알아야 하는 발명특허출원 및 3종 특허와 관련한 각종 사항에 대한 것이지만, 발명특허출원 및 3종 특허의 전문은 포함되지 않는다. 후자에는 단지 발명특허출원과 3종 특허의 전문만 포함된다.

2010년 개정된「특허법실시세칙」제90조는 아래와 같이 규정하고 있다.

> 국무원 특허행정부문은 정기적으로 특허공보를 발간하여 다음의 내용을 공개 또는 공고한다.
> (1) 발명특허출원의 서지사항과 설명서의 요약서
> (2) 발명특허출원의 실체심사청구 및 국무원 특허행정부문이 발명특허출원에 대하여 스스로 행한 실체심사의 결정
> (3) 발명특허출원 공개 후의 거절 · 취하 · 취하간주 · 포기간주 · 회복 및 이전

(4) 특허권의 수여 및 특허권의 서지사항

(5) 발명 또는 실용신안특허의 요약서, 디자인특허의 도면 또는 사진

(6) 국방특허·비밀유지특허의 비밀해제

(7) 특허권의 무효선고

(8) 특허권의 종료·회복

(9) 특허권의 이전

(10) 특허실시허가계약의 등록

(11) 특허권의 담보·보전 및 그 해제

(12) 특허실시의 강제허가

(13) 특허권자의 성명 또는 명칭, 주소의 변경

(14) 문서의 공시송달

(15) 국무원 특허행정부분이 행한 경정

(16) 기타 유관 사항

위의 규정에 대하여 두 가지 주의할 점이 있다. 첫째, 이 조의 본문에서 국가지식산권국은 "다음의 내용을 공개 또는 공고한다."고 규정하고 있는데, 그렇다면 그 열거한 16개 항목 중 어떤 것을 "공개"하고 어떤 것을 "공고"하여야 하는가? 오직 제(1)호 항목만 "공개"하고, 그 나머지 항목은 모두 "공고"한다가 정답이다. 둘째, 맨 마지막 호에 "기타 유관 사항"이라고 한 것은 나머지를 모두 포함하는 것이고 이 조에 열거된 내용은 제한적인 것이 아니므로, 국가지식산권국은 특수한 경우에 필요하다고 인정되면 기타 특허정보도 공고할 수 있다.

분명히 국가지식산권국이 오직 특허공보를 통해서만 위의 특허정보를 보급하는 것은 충분치 않으며, 이 밖에도 공중은 공개된 발명특허출원 및 특허권이 수여된 3종 특허의 상세한 기술 또는 설계내용을 알 필요가 있다. 3종 특허의 특허문서는 일반적으로 매우 방대하여 모두 특허공보로 발간하는 것은 실제로 불가능하며, 이 때문에 구 중국특허국은 처음부터 별도로 특허전문을 발간하는 방식을 취하였다. 그러나 2010년 「특허법」 개정 전의 「특허법실시세칙」은 이러한 별도로 발간하는 특허전문을 표현하기 위한 전문적인 용어를 사용하지 않았고, 이 때문에 표현상에서 종종 특허공보와 혼동을 발생시켰다. 이러한 결점을 극복하기 위하여, 2010년 개정 「특허법실시세칙」 제91조는 "단행본"이라는 전문용어를 사용하였다. 이 조는 아래와 같이 규정하고 있다.

국무원 특허행정부문은 특허공보, 발명특허출원 단행본 및 발명특허·실용신안특허·디자인특허 단행본을 공중이 무료로 열람할 수 있게 제공하여야 한다.

본조 제2항은 국가지식산권국의 특허정보 보급에 대해서 완전·정확·신속의 세 가지를 요구하는데, 그 구체적인 의미는 무엇인가?

소위 완전하다는 것은, 국가지식산권국이 보급하는 중국의 특허정보에 법에 의해 공개하여야 하는 모든 내용을 담고 있고 누락되는 것이 있어서는 안 됨을 가리킨다. 완전은 모든 특허출원 또는 특허 각각에 대한 것일 뿐만 아니라, 특허출원 및 특허 전체에 대한 것이기도 하다. 비밀로 유지할 필요가 있어 보급할 수 없는 것을 제외하고, 국가지식산권국은 보급하여야 하는 특허출원 또는 특허 중 어느 일부라도 누락해서는 안 되며, 매 건의 특허출원 또는 특허에서 어느 일부분 정보라도 누락해서는 안 된다.

소위 정확하다는 것은, 국가지식산권국이 보급하는 특허정보가 정확하고 틀림없어야 함을 가리킨다. 국가지식산권국이 공개공보를 통해서 보급하는 특허정보인지 아니면 발명특허 단행본 및 3종의 특허 단행본을 통해서 보급하는 특허정보인지를 불문하고 모두 정확할 것이 요구된다.

소위 신속하다는 것은, 국가지식산권국이 보급하는 특허정보는 관련 정보가 생성된 후에 법에 의해서 조속히 공개되어야 하고 지연되어서는 안 됨을 가리키며, 이로써 특허권자는 조속하게 보호를 받을 수 있고 공중은 조속하게 관련 특허정보를 얻을 수 있다.

특허정보는 반드시 공중에 개방하여야 하는 정보의 원천으로서, 완전·정확·신속은 그 가치를 체현하는 생명선이며, 그중 어느 하나라도 결함이 생기면 그 의의가 크게 훼손될 수 있다.

특허정보를 보급하는 전통적인 방식은 종이로 된 특허공보와 발명특허출원서류 및 특허문서 단행본을 발간하는 것이고, 공중이 특허정보를 획득하는 전통적인 방식도 관련 과학기술도서관에서 관련 특허공보와 발명특허출원서류 및 특허문서 단행본을 열람하고 복사하는 것이다. 컴퓨터와 인터넷 기술의 발전에 따라서, 인터넷을 통해서 문서를 열람하고 다운로드 하는 것은 과거에 종이로 된 것을 열람하는 방식에 비하여 몇 배나 더 훨씬 빠르고 편리한지 모를 정도인데, 이 때문에 인터넷은 국가지식산권국이 특허정보를 보급하고 공중이 특허정보를 획득하는 더욱더 중요한 방식이 되어가고 있다. 따라서 국가지식산권국은 통일적인 고품질의 전자정보 플랫폼을 마련함으로써, 공중이 빠르고 편리하게 특허정보를 획득하고자 하는 요구를 만족시켜야 한다.

三. 특허심사기구 및 그 직원의 비밀유지 책임

특허출원서류에 기재된 발명창조는 국가지식산권국이 법에 의하여 공개 또는 공고하기 전에는 「특허법」에 의한 보호를 받을 수 없으며, 출원인은 그것을 영업비밀로 보호할 수밖에 없다. 만약 특허출원이 법에 의해 공개 또는 공고되기 전에 국가지식산권국에 의해서 누설된다면, 반드시 출원인의 이익을 해하는 결과가 된다. 따라서 국가지식산권국의 직원은 법에 의해 특허출원과 청구를 객관적이고 공정하며 정확하고 신속하게 처리하여야 하는 것 이외에도, 특허출원이 공개 또는 공고되기 전에 그 내용에 대해서 비밀로 유지할 책임이 있으며, 그 발명창조를 알 권리가 없는 자에게 고지해서는 안 되고, 더욱이 서면 또는 구두로 공중에 공개해서도 안 된다. 만약 특허출원이 법에 따라 공개 또는 공고되기 전에 취하·취하간주 또는 국가지식산권국에 의해서 거절된 경우에, 국가지식산권국의 직원 및 관계인은 그 출원에 대하여 기한 없이 비밀로 유지할 책임이 있다.

본조 제2항의 "공개"와 "공고"에서, 전자는 발명특허출원이 「특허법」 제34조 규정에 의해서 방식심사를 거친 후 공개되는 것을 가리키고, 후자는 실용신안 및 디자인특허출원이 「특허법」 제40조 규정에 의해서 방식심사를 거쳐 합격한 후에 실용신안 또는 디자인특허권의 수여가 공고되는 것을 가리킨다. "국가지식산권국의 직원"에는 국가지식산권국의 정규 및 임시 직원 전체가 포함되며, 특별히 특허출원의 수리·분류·방식심사와 실체심사 인력이 해당된다. "관계인"에는 특허출원에 접촉할 수 있는 국가지식산권국의 모든 인력, 예를 들어 타자수·검수자·서류전달자 등을 가리킨다. "그 내용"(특허출원의 내용)은 넓은 의미로 이해하여야 하고, 설명서에 기재된 발명 또는 실용신안의 기술방안과 도면 또는 사진에 반영된 디자인의 설계방안을 포괄할 뿐만 아니라, 청구서에 기재된 출원인의 성명 또는 명칭, 주소, 특허대리기구와 특허대리인, 발명창조의 명칭 등 특허출원에 관련된 모든 내용을 포괄한다.

제2장

특허권 수여의 요건

제22조~제25조

서 언

　만약 "특허권 수여의 요건"을 출원인이 특허권을 받기 위해서 만족시켜야 하는 요구 전체로 보아 넓은 의미로 이해한다면, 여기에는 첫째, 특허출원의 객체에 관한 요건, 둘째, 출원인이 제출하는 출원서류에 관한 요건, 셋째, 출원인의 특허출원 절차에 관한 요건, 세 가지 분야의 요건이 포함된다.

　특허출원의 객체에 대해서 말하자면, 「특허법」은 다음과 같은 세 가지 단계의 요건을 규정하고 있다.

　첫째, 특허권을 수여할 수 있는 객체는 반드시 특허법 의미에서의 발명창조이어야 한다. 「특허법」제2조는 발명·실용신안 및 디자인에 대해서 각각 정의하고 있는데, 특허출원의 객체가 이 정의에 부합하지 않는 경우에는 특허권을 수여할 수 없다. 이 밖에, 「특허법」제25조 제1항 제1호 및 제2호는 과학적 발견 그리고 지적 활동 규칙 및 방법에 대해서는 특허권을 수여할 수 없다고 규정하는데, 이러한 것들은 특허법 의미에서의 발명창조가 아니기 때문이다.

　둘째, 설령 특허출원의 객체가 특허법 의미에서의 발명창조에 해당한다고 하더라도 모두 특허권을 수여할 수 있는 것은 아니고, 「특허법」은 특허권을 수여하기에 적합하지 않은 발명창조를 특허권 수여 대상에서 배제하는데, 여기에는 「특허법」제5조에 열거된 국가법률·사회공중도덕을 위반하거나 또는 공공이익에 손해를 입히는 발명창조, 법률 또는 행정법규의 규정을 위반하여 유전자원을 취득 또는 이용하고 그 유전자원에 의존하여 완성된 발명창조, 그리고 「특허법」제25조 제1항 제3호 내지 제6호에 열거된 발명창조가 포함된다.

　셋째, 설령 특허출원의 객체가 특허법 의미에서의 발명창조에 해당하고 「특허법」제5조 및 제25조에 의해 배제되는 것이 아니라고 하더라도 특허권이 수여될 수 있는 것은 아니며, 이 밖에도 「특허법」제22조 및 제23조 규정에 부합하여야 하는데, 발명 및 실용신안은 반드시 신규성·진보성 및 실용성이 있어야 하고, 디자인은 선행설계에 해당하지 아니하고 선행디자인 또는 선행디자인 특징의 조합과 현저하게 구별되어야 하며 타인이 출원일 전에 이미 취득한 권리와 충돌해서는 안 된다.

　이로부터 비록 이 장의 명칭이 "특허권 수여의 요건"이기는 하지만, 이 장이 특허권 수여에 관한 모든 요건을 규정하는 것도 아니고 특허출원의 객체에 관한 모든 요건을 규정하는 것도 아님을 알 수 있는데, 이 점은 주의가 필요하면서도 동시에 「특허법」의 구조에 있어서 보다 개선이 필요한 점이기도 하다.

제22조 발명 · 실용신안특허권 수여의 요건

① 특허권을 수여하는 발명 및 실용신안은 신규성 · 진보성 및 실용성을 구비하여야 한다.

② 신규성은 그 발명 또는 실용신안이 선행기술에 속하지 아니하고, 또한 임의의 단위 또는 개인이 동일한 발명 또는 실용신안에 대하여 국무원 특허행정부문에 출원일 이전에 출원하여 출원일 이후에 공개된 특허출원서류 또는 공고된 특허문서 중에 기재되지 아니한 것을 가리킨다.

③ 진보성은 선행기술과 비교하여 그 발명이 뚜렷한 실질적 특징과 현저한 진보가 있는 것을 가리키고, 그 실용신안이 실질적 특징과 진보가 있는 것을 가리킨다.

④ 실용성은 그 발명 또는 실용신안이 제조 또는 사용될 수 있고, 적극적인 효과를 발휘할 수 있는 것을 가리킨다.

⑤ 이 법의 선행기술은 출원일 이전에 국내외에서 공지된 기술을 가리킨다.

一. 개 요

각국 특허법은 모두 예외 없이 신규성 · 진보성 및 실용성이 있는 발명만이 특허권을 받을 수 있다고 규정하고 있다.[1] 실용신안제도가 있는 국가의 관련 법률도 신규성 · 진보성 및 실용성이 있는 실용신안만이 등록되거나 또는 특허권을 받을 수 있다고 규정하고 있다.

신규성 있는 발명 또는 실용신안에 대해서만 특허권이 수여되는 것은 특허제도의 성질에 의하여 결정된 것이다. 국가가 발명창조에 대하여 특허권을 수여하여 특허권자에게 일정한 기간 동안의 독점권을 주는 것은, 그가 이전에는 존재하지 않았던, 이러한 권리를 수여할 만한 가치가 있는 발명창조를 사회 공중에 제공하였기 때문이다. 공중이 이미 알고 있는 발명창조에 대해서는 공중이 자유롭게 실시 이용할 수 있는 권리가 있기 때문에 누구라도 그것을 특허독점권의 범위 내에 넣을 수 없고, 그렇게 하지 않으면 공중의 이익에 손해를 입히게 된다. 본조 제2항 규정은 공중이 이미 알고 있는 기술에 대하여 특허권을 받는 것을 방지하는 데 목적이 있으며, 이것이 발명 및 실용신안특허권 수여에 있어서 가장 기본적인 요건이다.

---

1) TRIPs 제27조 제1항: "Patents shall be available for any inventions, whether products or processes, in all fields of technology, provided that they are new, involve an inventive step and are capable of industrial application."

발명 또는 실용신안이 신규성만 있는 것으로는 특허권을 받기에 충분하지 않다. 기술방안이 비록 전에는 없었던 것이라고 하더라도, 만약 해당 기술분야의 기술자가 매우 쉽게 생각해 낼 수 있는 것이라면 특허권을 주어서는 안 되며, 그렇게 하지 않으면 특허가 넘쳐나게 되어 공중의 정상적인 생산경영활동에 있어서는 안 되는 제약과 간섭을 발생시키게 된다. 따라서 본조 제3항은 발명 및 실용신안은 이에 더하여 반드시 진보성이 있어야만 특허권이 수여될 수 있다고 규정하고 있다.

발명 또는 실용신안은 이 밖에도 반드시 산업상 이용가능성, 즉 실용성이 있어야만 특허권을 받을 수 있다. 특허제도 수립의 목적은 단지 발명창조를 장려하는 데에만 있는 것이 아니고, 보다 중요한 것은 발명창조의 실시응용을 쉽게 하는 데 있다. 「특허법」을 제정한 이 취지에서 보면, 특허권을 수여받고자 하는 발명 또는 실용신안이 실용성을 구비하여야 한다는 것은 아주 당연한 일이다.

특허 분야에서 사람들은 보통 신규성 · 진보성 · 실용성을 합하여 "특허성(patentability)" 또는 "3성(三性)"이라고 부른다. 그러나 "특허성 요건"에는 「특허법」 제2조, 제5조, 제25조 규정이 포함되어야 한다고 보는 견해도 있다. 이해에 차이가 있으므로, "특허성"이라는 표현을 쓸 때에는 그 의미의 범위에 주의하여 오해가 생기는 것을 방지하여야 한다.

二. 선행기술

(一)「특허법」 중에 명확히 한 선행기술의 개념

비록 "선행기술"이라는 어휘가 특허심사 실무에서는 이미 가장 자주 사용되는 어휘가 되었다고 하더라도, 2008년 개정 전 「특허법」에는 이 어휘가 나오지 않았다. 선행기술의 정의가 개정 전 본조 제2항의 전반부, 즉 "신규성은, 출원일 이전에 동일한 발명 또는 실용신안이 국내외 출판물에 공개적으로 발표되었거나, 국내에서 공개적으로 사용되었거나 또는 기타 방식으로 공중이 알게 된 것이 아닌 것을 가리킨다."에 이미 실질적으로 담겨 있었지만, "선행기술"이라는 명칭은 붙여지지 않았다. 개정 전 본조 제3항은 "진보성은 그 발명이 출원일 이전에 이미 존재하는 기술에 비하여 뚜렷한 실질적 특징과 현저한 진보가 있는 것을 가리키고, 그 실용신안이 실질적 특징과 진보가 있는 것을 가리킨다."고 규정하였으며, 여기에서 "이미 존재하는 기술"이라는 표현을 쓰기는 했지만 이에 대해서 정의하지는 않았다. 2010년 개정 전 「특허법실시세칙」 제30조는 "특허법 제22조 제3항의 이미 존재하는 기술은, 출원일(우선권이 있는 경우 우선일) 전에 국내외 출판물에 공개적으로 발표되었거나, 국내에서 공개적으로 사용되었거나 또는 기타 방식으로 공중이 알고 있는 기술, 즉 선행기술을 가리킨다." 고 규정하여 여기에서 비로소 "선행기술"을 정의하였는데, 그러나 「특허법」에서가 아 니고 「특허법실시세칙」에서 규정한 것이었다. 이러한 규정 방식은 분산되어 복잡하 고 거듭 반복되어, "선행기술"이라는 이 중요한 법적 개념을 일목요연하게 파악하기 가 어려웠다.

2008년 「특허법」 개정 시 본조에 제5항을 신설하여, "이 법의 선행기술은 출원일 이전에 국내외에서 공지된 기술을 가리킨다."고 규정하였고, 이로써 「특허법」에 "선 행기술"의 개념을 도입하여 위와 같은 문제를 해결하였다.

비록 선행기술에 관하여 본조 맨 마지막 항에서 정의하였지만, 개정 후 본조 제2항 및 제3항을 보면 실제로는 이 선행기술의 정의는 본조 제2항의 신규성 기준 및 제3항 의 진보성 기준의 기초가 된다. 이 밖에, 이것은 2008년 「특허법」 개정 시에 새로 신 설된 제62조 선행기술의 항변 규정의 기초이기도 하다. 이 때문에, 선행기술의 정의 는 특허제도 전체에 있어서 매우 중요한 의의를 갖는다.

(二) 선행기술의 범위

1. 2008년 개정 전 「특허법」 규정

2008년 개정 전 「특허법」 본조 제2항 규정에 따르면, 선행기술은 두 가지 유형으로 구분할 수 있었는데, 하나는 국내외에서 출판물을 통하여 공개된 선행기술이고, 다른 하나는 국내에서 공개적으로 사용되었거나 또는 기타 방식을 통하여 공중이 알고 있 는 선행기술이다.[1] 그중에서 후자는 출판물 이외의 모든 공개방식을 포괄하며, 사용 에 의하여 공개된 것은 "기타 방식으로 공중이 알고 있는"의 한 예에 불과하였다.

위와 같이 선행기술의 유형을 구분할 필요가 있었던 것은, 2008년 개정 전 「특허 법」에 의하면 선행기술의 유형에 따라 선행기술의 범위가 약간 달랐기 때문이다. 전

---

[1] 2008년 개정 전 「특허법」 제22조 제2항 규정에 의하면, 당시에는 선행기술의 유형에 대하여 이 와 다른 견해가 있었다. 이 견해에 의하면 선행기술은 세 가지 유형으로 구분되는데, 첫째는 출 판물로 공개된 선행기술이고, 둘째는 사용으로 공개된 선행기술이며, 셋째는 기타 방식으로 공 개된 선행기술이다. 汤宗舜, 专利法解说[M], 修订版, 北京: 知识产权出版社, 2002: 143-145 참고. 이 렇게 구분하면 선행기술에 해당하는 것으로 인정할 수 있는 조건에 영향을 줄 수 있으며, 이에 대해서는 뒤에서 논의한다.

자는 국내외에서 공개된 출판물을 포괄하는 데 대하여, 후자는 국내에서의 공개 행위만을 포괄하였다. 바로 이러한 이유 때문에, 선행기술의 유형 판단은 당시에 본조 제2항 및 제3항 규정에 근거하여 신규성 및 진보성을 판단하는 데 있어서 중요한 문제 중 하나가 되었다.

(1) 출판물에 의한 공개

출판물에 의한 공개는 "서면방식"으로 기술정보를 개시하는 것이다. 출판물은 인쇄된 것에 한정되는 것이 아니고, 타자로 친 것, 손으로 쓴 것, 광선·전자·자기·사진 등 방식으로 복제된 것을 포괄한다. 그 매체도 종이에 한정되지 않으며, 마이크로 필름·영화필름·자기테이프·콤팩트디스크·사진원판 등과 같은 각종 기타 유형의 정보매체를 포괄한다.

신규성 판단에 이용되는 출판물에는 주로 특허문헌·과학기술정기간행물·서적이 포함되며, 이 밖에도 학술논문·전문서적·기술핸드북·카탈로그·설명서·제품목록이 있고, 또한 공개된 회의기록과 기술보고서 등이 있다. 신규성 판단에 이용할 수 있는 선행기술에는 이러한 출판물에 문자(문자·부호·숫자·공식)로 표시된 기술정보뿐만 아니라, 설계도·도면으로 표시된 기술정보도 포함된다. 많은 경우에, 설계도는 기술정보 공개의 중요한 수단이며, 그 내용은 충분히 선행기술에 해당할 수 있다.

출판물로 공개된 내용을 선행기술로 하기 위해서는, 그 출판물이 발명 또는 실용신안특허출원의 출원일 이전에 공개되었음이 출판물 자체에 나타나 있거나 또는 다른 증거에 의해서 증명될 수 있어야 한다.

인터넷 기술의 급격한 발전에 따라서, 인터넷으로 공개되는 정보도 갈수록 풍부해지고 있다. 전통적인 서면방식으로 공개되던 많은 정보는, 이미 점차 인터넷 공개 방식으로 바뀌어가고 있다. 이러한 변화는 전 지구적 범위 내에서의 정보의 전달을 대대적으로 촉진하였으며, 인류가 획득할 수 있는 정보의 출처를 대대적으로 확충하였다. 인터넷 공개 기술정보를 선행기술로 볼 수 있는가? 선행기술에 해당하는지를 어떻게 인정할 수 있는가? 일찍이 많은 국가들을 곤혹스럽게 했던 문제이다. WIPO는 2000년도에 위의 문제에 대하여 조사를 실시한 적이 있었는데, 절대 다수 국가가 긍정적으로 답변하였다. 과거에 사람들은 인터넷으로 전달된 정보의 내용을 어떻게 확정할 수 있는가, 그 공개시기 등을 어떻게 확인할 수 있는가 등과 같은 주로 기술적인 요소를 고민하였다. 이러한 문제는 인터넷 정보전달 방식과 전통적인 출판물 정보전달 방식이 매우 큰 차이가 있음에 따른 것이다. 우리에게는 시간의 경과와 인터넷 기술의 부단한 발전에 따라서 이러한 문제들이 해결될 것이라고 믿을 수 있는 이유가 있다. 2008년 개정 전「특허법」에 의하면, 중국은 인터넷 정보가 선행기술에 해당하는가 하는 이 기본적인 문제 이외에도, 인터넷에 의한 정보공개가 "출판물에 의한 공개"인지 아니면 "기타 방식에 의한 공개"인지도 고려하였어야 했다.

(2) 기타 방식에 의한 공개

출판물 이외의 기타 방식에 의한 공개에는 주로 사용에 의한 공개, 판매에 의한 공개, 전시에 의한 공개, 구두에 의한 공개 등이 포함된다.

사용행위로 기술내용이 공개될 수 있는데, 공중이 참관할 수 있는 건축물 등과 같이 공개된 장소에서 기술을 사용하는 것이 포함된다. 판매행위로 기술내용이 공개될 수 있는데, 발명 또는 실용신안 기술방안을 이용한 제품을 판매 · 교환 · 제공하는 것 등이 포함된다. 전시행위로 기술내용이 공개될 수 있는데, 박람회 · 판매회 · 교역회에서 발명 또는 실용신안 기술방안을 이용한 제품 · 방법 등을 전시하는 것이 포함된다. 구두에 의해서도 기술내용이 공개될 수 있는데, 강의 · 보고 · 발언 · 라디오 또는 텔레비전방송 등을 통해서 공중이 관련 기술내용을 이해하게 하는 것이 포함된다.

2008년 개정 전「특허법」본조 제2항은 "기타 방식으로"라는 개방적 표현을 썼는데, 이 때문에 실제로 각종 공개방식을 일일이 모두 열거할 필요가 없었다. "기타 방식"에는 사람들이 현재 이미 사용하고 있는 출판물 이외의 각종 정보공개 방식 외에도, 앞으로 새롭게 출현할 수 있는 정보공개 방식도 포함된다.「특허법」에 이렇게 규정되어 있으므로 특허제도가 사회발전에 충분히 적응해 나갈 수 있다.

위의 두 유형의 공개방식이 때로는 결합될 수도 있다. 예를 들어, 박람회에서 새로운 기기를 전시하면서 동시에 관중에게 그 기기의 설명자료를 배포할 수 있으며, 이것은 전시에 의한 공개와 출판물에 의한 공개라는 상이한 공개방식이 결합된 것이다.

2. 2008년 개정「특허법」의 규정

2008년 개정「특허법」본조 제5항은 선행기술에 대해서 매우 간명하게 정의하였다. 이렇게 한 것은, 기술이 어떠한 방식으로 공개되었는지를 불문하고, 그 내용이 출원일 이전에 국내외에서 공중이 알 수 있었던 것이라면 충분히 선행기술에 해당할 수 있고, 따라서 출판물에 의한 공개, 사용에 의한 공개 등 구체적인 공개방식을 다시 열거할 필요가 없기 때문이다.

개정 전에 비하여 개정 후 규정은 선행기술의 범위를 확대하였다는 점이 가장 뚜렷한 특징인데, 국외에서 출판물이 아닌 방식으로 공개된 기술도 선행기술의 범주에 추가함으로써, 신규성 및 진보성의 기준을 높였다. 사람들은 이것을 "절대적 신규성 기준"이라고 부른다. 그러나 선행기술의 범위가 확대된 것은 신규성 기준을 높였을 뿐만 아니라 진보성 기준도 높였다는 점에 주의하여야 하는데, 양자가 모두 선행기술의 개념 위에서 정립된 것이기 때문이다.

"절대적 신규성 기준"을 채택한 이유는 다음과 같다.

첫째, 중국 특허제도의 발전에 따라서 중국의 특허출원 건수는 이미 큰 폭으로 늘어나서, 특허제도를 실시하기 시작한 1985년의 1.4만 건에서 2010년에는 122만 건으로 증가하여 불과 24년 사이에 70배 가까이 증가하였으며, 이것은 세계적으로 선례가 없는 일이다. 혁신형 국가건설이라는 전략적 목표를 보다 더 잘 실현하기 위해서, 중국은 특허출원 건수를 유지하고 계속 증가시켜야 할 뿐만 아니라, 특허출원의 품질을 끊임없이 제고시키는 것이 보다 더 중요하다. 출판물에 의하여 공개적으로 발표되지는 않았지만 외국에서 이미 공개적으로 사용되었거나 또는 공개적으로 판매되었던 제품 또는 방법이, 중국 국내에서 아직 공개적으로 사용되지 않았거나 또는 판매되지 않았다고 해서 중국에서 특허를 수여받을 수 있게 규정하는 것은, 진정한 발명창조를 장려하는 데 도움이 되지 않으며 중국 특허의 품질과 수준을 높이는 데도 이롭지 않다.

둘째, 특허제도의 국제협력에 따라서, 절대 다수 국가의 특허법은 선행기술의 지역적 범위에 대하여 구분하지 않고 있다.[1] 이미 공개적으로 사용되었거나 또는 공개적으로 판매된 기술 및 설계는 공유영역에 속하여야 하며, 공중은 이를 자유롭게 실시응용할 수 있는 권리가 있다. 만약 외국출원인에게 이러한 기술 또는 설계에 대하여 중국에서 합법적인 특허권을 받을 수 있게 허락한다면, 분명히 중국 기업과의 공정한 경쟁에 장애를 가져오는 결과가 될 것이다. 이러한 결과는 모두 분명히 불합리하며, 특허제도의 정상적 운영에 장애가 된다.

셋째, 경제의 글로벌화가 날로 뚜렷해지고 과학기술이 끊임없이 발전함에 따라서, 특히 인터넷 기술의 비약적 발전에 따라서, 출판물에 의한 공개와 비출판물에 의한 공개 사이의 경계는 이미 갈수록 모호해졌고, 비출판물에 의한 공개를 중국 국내로

---

1) WIPO의 특허법 상설위원회는 2009년 2월 "국제특허제도 보고서"라는 이름의 문건을 제출하였으며, 그 첨부 1은 도표로 101개 국가 특허법의 실체적 규정에 대하여 비교하였다. 그중 선행기술의 정의에 관하여, 중국 이외에 태국·스리랑카·뉴질랜드 이 네 국가의 특허법이 공개적인 사용행위가 그 국가에서 있었던 경우에만 선행기술에 해당하는 것으로 한정하였다. 이 밖에, 미국은 선발명주의를 따르고 있어서 그 신규성 및 진보성에 관한 규정에 근본적인 차이가 있으므로, 선출원주의를 따르고 있는 국가가 반드시 참고하여야 할 필요는 없다.

한정하는 것은 점차 실질적인 의의를 잃게 되었으며 운용도 쉽지 않게 되었다.

(三) 선행기술에 해당하기 위한 요건

선행기술에 있어서 그 범위 이외에 다른 한 가지 중요한 문제는 선행기술에 해당하는 것으로 인정되기 위한 요건이다.

2008년 개정 전 「특허법」 본조 제2항 규정에 의하면, 선행기술에 해당하기 위한 요건에 대해서 이견이 있을 수 있었다. 비록 다수는 개정 전 본조 제2항 규정을 모든 유형의 선행기술에 있어서 모두 "공중이 알고 있는" 정도가 되어야 선행기술에 해당될 수 있다고 이해하였지만, 일부에서는 본조 제2항 규정을 다르게 해석하여 "동일한 발명 또는 실용신안이 국내외 출판물에 공개적으로 발표되었거나, 국내에서 공개적으로 사용되었거나 또는 기타 방식으로 공중이 알고 있는 것"을 세 유형의 선행기술로, 즉 "국내외 출판물에 공개적으로 발표", "국내에서 공개적으로 사용" 그리고 "기타 방식으로 공중이 알고 있는 것"으로 분설하였다. 이처럼 분설하면 다음과 같은 결론을 얻을 수 있는데, 즉 첫째 유형의 선행기술에 해당하기 위한 요건은 "공개적인 발표"이고, 둘째 유형의 선행기술에 해당하기 위한 요건은 "공개적인 사용"이며, 셋째 유형의 선행기술에 해당하기 위한 요건만이 비로소 "공중이 알고 있는 것"이 된다.

2008년 개정 「특허법」 본조 제5항은 "이 법의 선행기술은 출원일 이전에 국내외에서 공지된 기술을 가리킨다."고 규정하여, 그 기술이 어떠한 방식으로 공개되었는지에 관계없이 선행기술에 해당하는 것으로 인정되기 위해서는 반드시 "공지된"이라는 요건을 만족해야 함을 명확하게 함으로써 위와 같은 이견을 해소하였다. 따라서 본조 제5항 규정을 신설함으로써 선행기술의 범위를 확대하였을 뿐만 아니라, 선행기술에 해당하기 위한 요건을 보다 더 명확하게 하였다는 점에서 의의가 있다.

공지되었다는 것은 무엇을 의미하는가? 이것은 매우 중요한 문제이다. 중국이 「특허법」을 실시해 온 이래의 상황을 보면, 수많은 무효선고청구 사건 중에서 논쟁의 초점은 이 문제에 대한 대답에 집중되어 있다.

「특허심사지침서 2010」은 아래와 같이 규정하고 있다.

> 선행기술은 출원일 이전에 공중이 그 내용을 알 수 있는 기술이어야 한다. 바꿔 말하면, 선행기술은 출원일 이전에 공중이 알 수 있는 상태에 있어야 하고, 공중이 그 안에서 기술지식의 실질적 내용을 알 수 있어야 한다.

비밀유지상태에 있는 기술내용은 선행기술에 해당하지 아니한다는 점을 주의하여야 한다. 소위 비밀유지상태는 비밀유지 규정 또는 협약의 구속을 받는 경우를 포괄할 뿐만 아니라, 사회관념 또는 상관습상으로 비밀유지 의무가 있다고 여겨지는 경우, 즉 비밀유지의 묵계가 있는 경우도 포괄한다.

그러나 만약 비밀유지의무를 지는 자가 규정 · 협약 또는 묵계를 위반하여 비밀을 누설하고, 기술내용이 공개되어 공중이 이러한 기술을 알 수 있게 되었다면, 이러한 기술도 선행기술의 일부분이 된다.[1]

「특허심사지침서 2010」의 위 규정은 소위 "공지된"은 "그 기술내용이 출원일 이전에 공중이 알 수 있는 상태에 있는" 것임을 나타낸다. 이것은 선행기술에 해당하는 것으로 인정되기 위한 가장 실질적인 요건이다. 절대 다수 국가의 특허법은 선행기술에 대하여 모두 "available to public"이라는 표현을 사용하는데, 그중 "available", 이 어휘의 의미가 바로 "알 수 있는"이다. 따라서 위와 같이 해석하는 것은 이러한 국가들의 입장과 일치한다.

강조하여 지적하여야 할 점은, 어떠한 방식으로 그 기술정보가 전달되었는지에 관계없이, 선행기술에 해당하는 것으로 인정되기 위해서는 이러한 상태가 반드시 이미 실제로 있어야 하고 단지 "알 수도 있었던" 것만으로는 안 되며, 그 상태 자체에 의해 그 기술정보를 공중이 "알 수 있는" 것이어야 한다는 점이다. "공지된"의 의미를 이해할 때, 위에서 설명한 "알 수도 있었던" 것과 "알 수 있는" 것 사이의 관계에 대하여 혼동을 일으키기 쉬우므로 주의가 필요하다.

예를 들어, 출원인이 출원일 이전에 그 발명 또는 실용신안을 소개하는 원고를 어떤 학술잡지 출판사에 제출하였다고 하자. 출판업계의 관례에 따르면, 학술잡지 출판사는 그 투고자의 원고에 대하여 비밀유지의 의무가 있으며, 정식으로 출판되기 전에는 일반적으로 공중은 원고의 내용을 알 수가 없다. 따라서 비록 학술잡지 출판사의 편집자가 출원일 전에 그 원고를 이미 열람함으로써 그 발명 또는 실용신안의 내용을 이미 알게 되었다고 하더라도, 정식으로 출판하여 발행하기 전에는 그 원고의 내용이 이미 공중이 알 수 있는 상태에 놓여 있다고 볼 수 없다. 편집자가 그 비밀유지의무를 위반하여 사전에 원고의 내용을 누설할 수도 있으므로, 그 발명은 원고가 출판사에 제출된 날로부터 이미 공지된 것으로 볼 수 있는 것은 아닌가? 이것은 단지 "알 수도 있었던" 것뿐이지 실제로 발생한 것은 아니며, 편집자가 실제로 이렇게 했음

---

1) 国家知识产权局, 专利审查指南2010[M], 北京: 知识产权出版社, 2010: 第二部分 第三章 2.1.

을 보여 주는 증거가 없다면 실제로는 "공중이 알 수 있는" 상태에 있었던 것은 아니고, 이러한 "어쩌면 있을 수도 있다."는 가능성을 선행기술 인정의 근거로 할 수는 없다는 점이 지적되어야 한다. 그 원고가 일단 간행물에 실려 정식으로 출판되면 상황은 완전히 달라진다. 발행된 날로부터 그 발명 또는 실용신안은 "공중이 알 수 있는" 상태에 확실히 놓이게 되며, 다시는 "알 수도 있었던" 상태에 있는 것이 아니다.

그러나 이러한 상태가 강조하는 것은 공중이 알고 싶어 하면 알 수 있는 상태이지, 공중이 이미 실제로 알고 있는 상태이어야 한다는 것은 아니다. 신규성 및 진보성을 판단할 때에, 어떤 자가 그 간행물을 실제로 구매했는지, 몇 명이 그 간행물을 구매했는지, 구매자가 그 원고를 읽었는지, 읽은 사람이 그 원고를 이해했는지와 같은 문제에 대해서는 관심을 가질 필요가 없는데, 이러한 문제는 선행기술에 해당하는지에 대한 판단과는 무관하기 때문이다. 마찬가지로, 도서관이 그 소장한 과학기술 논문을 독자가 찾아 읽을 수 있도록 제공하거나, 상점이 어떤 제품을 고객이 구매할 수 있도록 진열대 또는 판매대에 제공하는 경우 모두 그 기술내용을 공중이 알 수 있는 상태에 놓이게 하는 것이고, 실제로 어떤 사람이 빌려 읽었는지 또는 어떤 사람이 구매했는지는 중요하지 않다.

서적·정기간행물·특허공보·공개문헌·전시·판매·대여·시험판매·영화·텔레비전·광고·인터넷·공개사용·공개강좌·공개연설 등은 기술정보의 주요 전달 방식인데, 이러한 방식은 전달되는 기술정보를 공중이 획득할 수 있는 상태에 놓이게 하는 점에서 공통되고, 따라서 의심할 바 없이 특허법 의미에서의 선행기술에 해당한다. 그러나 정보전달 방식에 따라서 "공지의 대상"도 약간 달라질 수 있음에 주의하여야 한다.

예를 들어, 어떤 공장에서 공중이 자유롭게 참관하는 것이 허용된다면, 그 공장에서 사용되는 모든 설비와 기술이 모두 공지된 것이라고 할 수 있는가? 이에 대해서, 유럽특허청은 아래와 같이 설명하고 있다.

만약 어떤 대상이 비밀유지의무가 없는 공중의 구성원이 볼 수 있는 장소(예를 들어 공장)에 놓여 있고, 그중에는 충분한 전문적 지식을 갖춘 자가 포함되어 있어, 그들이 그 대상의 특정한 특징을 확인할 수 있다면, 즉 전문가가 단순히 외부에서 그 대상을 자세히 살펴봄으로써 그 대상에 관한 모든 지식을 알 수 있다면, 이미 공지된 것으로 인정되어야 한다. 그러나 이러한 경우에, 그 대상을 해체하거나 또는 파손하여야만 비로소 그 대상의 숨겨진 특징을 알 수 있다고 한다면, 이미 공지된 것으로 볼 수 없다.

국가지식산권국도 유럽특허청의 위 해석을 받아들였다.[1] 이와 유사한 경우는 매우 많은데, 예를 들어 어떤 전력회사가 개선된 내부 권선구조를 갖는 신형 변압기를 연구 개발하고, 그 회사가 공개된 장소에 그 변압기를 설치하여 스스로 사용하더라도, 그 발명창조가 선행기술이 되는 것은 아닌데, 공중이 외부관찰만에 의해서는 그 변압기의 내부 권선구조를 알 수 없기 때문이다. 또한 예를 들어 어떤 버스회사가 그 버스의 제동시스템을 개량하여, 그 회사가 공개된 장소에서 개량된 버스를 스스로 운행하였다고 하더라도, 그 발명창조가 선행기술이 되는 것은 아닌데, 공중이 외부관찰만에 의해서는 버스 내부의 제동시스템을 알 수 없기 때문이다.

제품을 공개적으로 판매·제공하는 경우에는 이와 달리 그 제품에 포함된 모든 기술내용이 선행기술에 해당하는데, 구매자 또는 수령자는 이미 그 제품의 합법적인 보유자가 되어 그 제품의 내외부에 대하여 전면적으로 관찰 및 연구하고, 심지어는 분해해 봄으로써 그 내부의 세부기술에 대하여 이해할 수 있는 권리가 있기 때문이다. 위의 변압기의 예와 같이 공개적으로 그 변압기를 판매하였다면, 그 내부의 권선구조는 선행기술에 해당된다.

위에서 분석한 바와 같이, 그 기술내용이 출원일 전에 "공중이 알 수 있는 상태"에 있다는 것에는 공중이 그 기술을 "정당한 경로"를 통해서 알 수 있어야 하다는 제한조건이 부가되어 있음을 볼 수 있다. 이러한 제한조건이 부가되어 있다는 것에 대하여 의문을 표시하는 학자도 있는데, 아래와 같이 지적하였다.

> "정상적 경로"를 통해 알 수 있어야 한다는 것이 공지의 조건이라는 것은 타당하지 않다. 기술정보가 이미 공지된 것이기만 하면, 정당하지 않은 경로를 통해서이든 아니면 정당한 경로를 통해서이든, 그 결과는 동일하고 어떠한 차이도 없다는 점이 중요하다. 설령 정당하지 않은 경로를 통해서 공지되었다고 하더라도 정보 자체는 이미 공개된 것으로 인정되어야 하고, 불이익을 받게 되는 자를 어떻게 구제할 것인가의 문제만 남는다. 이에 관하여, 특허법은 이미 신규성이 상실되지 않는 유예기간을 규정하였다. 이 밖에, 경우에 따라서는 손해배상청구를 할 수도 있다. 따라서 "정당한 경로"를 통하여야 한다는 것은 공지의 요건으로 할 수 없다.[2]

---

1) 구 중국특허국이 1985년 제정한 「심사지침서」 제6장 1.2.2는 "그러나 기기표면 안에 밀봉되어 그 구조와 기능이 드러나지 않은 정밀측정기기 전시품은, 공개적으로 사용된 기술내용에 해당하지 아니한다"고 지적하였다.

2) 汤宗舜, 专利法解说[M], 修订版, 北京: 知识产权出版社, 2002: 141-142.

위의 견해는 실제로는 기술정보의 전달자가 그 기술정보를 "정당한 경로"로 획득하였는지와 기술정보의 수령자가 그 기술정보를 "정당한 경로"로 획득하였는지를 한데 취급한 것으로서, 이들은 발생하는 단계에서 서로 차이가 있으며 선행기술에 해당하는지에 대한 영향도 약간 차이가 있다.

기술정보의 전달자에 있어서는, 그 관련 기술을 획득한 경로가 정당할 수도 있지만, 절도·절취 등과 같이 불법적인 방식으로 획득할 수도 있다. 발명자가 관리를 소홀히 하여 절도·절취의 기회를 주었으므로 불법적인 경로로라도 그 기술정보를 획득할 수 있다면, 그 기술정보는 이미 공지된 것으로 인정하여야 한다고 할 수는 없다. 그러나 정보 전달자가 기술정보를 획득한 경로에 관계없이, 후에 어떤 방식으로든 그 기술정보가 공중에게 알려진다면, 다시 말해서 공중이 정당한 경로를 통해서 그 기술정보를 알 수 있게 된다면, 그 기술정보는 선행기술에 해당하게 되는데, 이러한 경우에는 기술정보의 수령자가 그 기술정보를 정당한 경로로 알 수 있게 되었기 때문이다. 당연히, 이러한 경우에 그 기술정보의 보유자는 전달자가 그 기술정보를 절취 또는 임의로 전달한 법적 책임을 사후에 추궁할 수 있지만, 그 책임을 추궁한다고 하더라도 그 기술정보가 이미 공지되었다는 사실은 바꿀 수가 없다.

기술정보의 수령자, 즉 "공지"의 주체로서의 공중은 그 기술정보를 정당하고 합법적인 방식으로 알았어야 하며, 그렇지 않다면 "공지"된 것이 아니다. 위에서 설명한 변압기를 다시 예로 들면, 공개된 장소에 설치된 변압기를 통해서 공중의 일부 구성원이 그 내부의 권선구조를 알 수 있었다고는 하지만, 이것은 그 변압기를 임의로 뜯어보거나 심지어 파손하여야만 비로소 가능한 일이고, 이러한 행위는 법률로 금지된 것이다. 이러한 방식을 통해서만 알 수 있는 기술정보가 어떻게 특허법 의미에서의 "공지"로 인정될 수 있다는 것인지 상상하기 어렵다.

선행기술에 해당하기 위한 요건, 즉 그 기술내용이 이미 공지된 것인지에 대한 논의에는 일반적으로 "공중"의 의미도 언급되어야 하는데, 이것은 심층적으로 논의할 가치가 있는 문제이다.

먼저 「특허심사지침서 2010」 규정에 따르면 비밀로 유지되는 상태에 있는 기술내용은 선행기술에 해당하지 않는데, 이것은 "공지"에는 비밀유지 의무가 있는 자가 아는 것은 포함되지 않음을 나타낸다. 바꿔 말하면, 구체적인 기술내용에 대하여 비밀유지의무가 있는 자는 "공중"에 속하지 않는다. 비밀유지의무는 비밀유지규칙 제정, 비밀유지계약 체결 등과 같은 명시적인 비밀유지약정에 의해서 발생할 수도 있고, 묵시적인 비밀유지약정에 의해서 발생할 수도 있는데, 여기에는 "사회관념 또는 상관습에 의하여 비밀유지의무가 있는 것으로 인정되는 경우"도 포함된다. 만약 비밀유지

의무를 지는 자가 그 의무를 위반하여 어떤 방식을 통해서 그 알고 있는 기술내용을 공중이 알 수 있는 상태에 놓이게 하였다면, 그 기술내용은 변함없이 선행기술에 해당한다. 약정을 위반하여 비밀을 누설하는 행위로 인해서 특허출원인이 입는 손해를 줄이기 위하여, 「특허법」 제24조 제3호는 출원인의 동의 없이 타인이 출원일 전 6개월 이내에 그 발명창조의 내용을 누설한 경우에, 그 발명창조는 신규성을 상실하지 않는다고 규정하였다. 이에 대해서는 본서의 제24조에 대한 해설에서 상세히 설명하겠다.

다음으로, 기술정보 전달방식이 달라지면 그 기술정보를 알 수 있는 공중의 범위와 숫자도 달라진다. 서적·정기간행물·특허공보·공개문헌·영화·텔레비전·광고·인터넷 등 방식으로 기술정보를 전달하면, 그 기술정보를 알 수 있는 공중은 불특정 다수가 되고 그 범위는 매우 넓으며, 전 세계의 공중이 알 수 있는 경우도 많다. 전시·판매·임대·시판·공개실연·공개사용 등 방식으로 기술정보를 전달하면, 그 기술정보를 알 수 있는 공중이 불특정이기는 하지만, 그러나 그 범위는 상대적으로 좁아지는데, 예를 들어 외진 산골의 상점에서 그 지역의 토산품을 판매하면 일반적으로는 그 지역 사람들만이 기술정보를 알 수 있다. 학교에서의 강의 또는 공개된 기술연구회의에서의 소개 등으로 기술정보를 전달하면, 일반적으로는 특정의 공중만이 그 기술정보를 알 수 있어서 그 범위는 어떤 학교의 몇 학년 몇 반 학생, 회의에 초청되어 참가한 인원 등과 같이 상대적으로 좁아진다. 신규성 및 진보성 측면에서 보면, 그 기술정보를 알 수 있는 공중의 범위와 숫자는 선행기술의 인정에 있어서 고려할 필요가 없으며, 전국 각지 심지어 전 세계 각지의 모든 공중이 모두 알 수 있어야 비로소 "공지"된 것으로 인정되는 것도 아니다.

그 다음으로, "공지"에서의 "공중"이 해당 기술분야의 정통한 기술자이어야 하는가? 만약 그 기술정보를 알게 되는 자가 그 기술을 이해하지 못하는 보통 소비자라면, 그 기술정보는 아직 "공지"된 것이라고 할 수 없는가? 필자는 이와 같은 제한이 불필요하다고 보는데, 본조 제5항이 규정한 것은 "공지"이지 "해당 분야의 기술자에게 공지"가 아니며, 이러한 제한조건을 부가하면 선행기술의 인정이 분명히 더욱 어렵게 되고 그 법적 불확정성이 높아져서 특허제도의 정상적 운영에 백해무익하기 때문이다.

이 밖에, 기술정보에 대하여 비밀유지의무를 지는 자가 아는 것은 공지된 것이 아닌데, 이에 대해서는 이의가 없다. 그러나 "공중"이라는 어휘를 이처럼 "비밀유지의무를 지는 자"의 반대말로 이해하여, 곧 그 기술정보에 대한 비밀유지의무를 지지 않는 임의의 자가 알게 되어야 "공중이 알고 있는" 것이라고 할 수 있는가? 이 문제에 대한 대답은 긍정이어야 한다고 보는 학자도 있는데, 아래와 같이 지적하였다.

> 소위 공중은 비밀유지의무를 지지 않는 자를 가리키는데, 특허법에서 말하는 공개는 그 기술정보가 비밀유지 상태를 벗어난 것을 가리키기 때문이다. 따라서 비밀유지의무를 지지 않는 자가 알 수 있어야만 그 기술이 공개될 수 있는데, 그래야 그가 다른 사람에게 전달할 수 있기 때문이다.[1)

필자는 위의 견해에는 검토해 볼 여지가 있다고 본다.

비밀유지의무를 지지 않는 자가 발명창조를 알게 되는 전형적인 경우는 발명자가 타인과 사적으로 이야기를 나누는 것이다. 이러한 경우는 종종 발생할 수 있는데, 발명자가 발명창조를 한 후에 여러 이유에 의해서 그 스승·학우·동료·친구 등과 이야기를 나누다가 그 발명창조에 대해서 이야기할 수 있다. 사적으로 이야기를 나누는 경우에, 일반적으로는 대화자 사이에 명시적인 비밀유지약정을 체결하지 않으며, "사회관념 또는 상관습"으로 보더라도 묵시적인 비밀유지약정이 있는 것으로 인정하기도 어려운데, 따라서 "비밀유지의무를 지지 않는 자가 알고 있는" 것으로 볼 수 있다.

이 학자가 위와 같은 결론을 얻게 된 것은 두 가지 이유 때문인데, 첫째는 특허법에서의 공개는 그 기술정보가 비밀유지 상태를 벗어나는 것이기 때문이고, 둘째는 비밀유지의무가 없는 자만이 타인에게 전달할 수 있기 때문이다.

첫째 이유는 2008년 개정 전 「특허법」 본조 제2항 규정과 관련되는데, 그중에 "공개적으로 발표", "공개적으로 사용"이라는 표현을 써서, 사람들로 하여금 "공개"가 선행기술로 인정되기 위한 요건으로 인식되도록 했기 때문이다. 앞에서 설명한 바와 같이, 개정 후 「특허법」 본조 제5항은 이미 이러한 이견을 발생시킬 수 있는 가능성을 해소하였으며, 선행기술의 인정은 "공지" 여부가 판단기준이고 "비밀유지" 여부가 아님을 명확히 하였다. 설령 발명자가 사적으로 이야기하는 중에 그 발명창조를 언급하여 그 발명창조가 "비밀유지 상태를 벗어나게" 하였다고 하더라도, 이러한 경우에는 그 발명창조가 이미 "공지"되었다고 하기가 어렵다. 이러한 경우에는 앞에서 설명한 학교에서의 강의, 공개된 기술연구 회의에서의 소개 등 방식으로 기술정보를 전달한 경우와 성질상 차이가 있다.

둘째 이유는 "알 수도 있었던"과 "알 수 있는" 사이의 관계 문제인데, 이에 대해서는 앞에서 이미 논의하였으므로 다시 설명하지 않겠다.

---

1) 汤宗舜, 专利法解说[M], 修订版, 北京: 知识产权出版社, 2002: 140.

출원일 전에 위와 같은 사적인 대화가 있었음을 이유로 특허권의 무효선고를 청구
하는 사례는 실제로 극소수이다. 이 문제를 논의하는 것은 단순히 이러한 사건을 어
떻게 처리하여야 하는가를 정한다기보다는 그 논의의 결과가 발명자의 행위를 규범
하고 규율하게 되어 특허제도의 운영에 정책적 가이드라인으로 작용할 수 있다는 데
그 의의가 있다. 선행기술을 정의하는 목적은, 특허권 수여를 위한 신규성 및 진보성
요건의 기초를 마련하는 데 있다. 신규성 요건에 대해서 말하자면, 한편으로는 출원
일 전에 이미 공지된 기술이 어떤 자의 특허독점권 범위 내에 들어가지 않게 함으로
써, 공중이 선행기술을 자유롭게 사용할 수 있게 보장하여야 하며, 그렇게 하지 않으
면 사회 공중의 정상적 생산경영활동에 영향을 주게 된다. 다른 한편으로는, 신규성
기준을 너무 엄격하게 하여 발명자 · 창작자의 행위를 과도하게 제한하고 걸핏하면
불이익을 받게 하며, 조금만 부주의해도 자기의 행위로 그 발명창조의 신규성이 상실
됨으로써 특허보호를 받을 수 없게 해서는 안 된다. 「특허법」이 신규성 요건을 규정
한 본래 의도는, 발명자가 세상과 동떨어진 곳에서 그 발명창조를 완성하게 하기 위
함이 절대 아니다.

미국법원은 일찍이 비교적 엄격한 판결을 내린 적이 있는데, 비밀유지의무 없는 자
가 출원일로부터 1년 전에 발명의 내용을 알았다면 그 발명은 공개된 것이라고 보았
다. 그러나 미국은 선발명주의를 따르고 있으며, 그 특허법 제102조 제a항은 신규성
요건의 기본원칙에 관하여, 발명창조를 하기 전에(출원일 전이 아님에 주의하기 바람)
그 발명창조를 이미 타인이 알고 있다면 곧 그 발명창조는 신규성이 없다고 규정하고
있음에 주의하여야 한다. 이론적으로 말해서, 발명자 자신의 어떠한 공개행위도 그
발명창조를 완성한 날보다 이를 수는 없으며, 따라서 발명자는 발명 완성 후의 자신
의 행위가 그 발명창조의 신규성에 영향을 미치는 것을 걱정할 필요가 없다. 비록 미
국특허법 제102조 제b항 규정이 위의 기본원칙에 대해서 보다 한정하고 있기는 하지
만, 미국 발명자의 출원일 전 1년 이내에 그 발명창조를 공개한 행위는 모두 그 발명
의 신규성에 영향이 없다. 미국도 그 특허법 제102조 제b항 규정을 "유예기간(grace
period)"이라고 부르지만, 그 적용범위는 중국 「특허법」 제24조가 규정하는 신규성
유예기간의 적용범위에 비하여 훨씬 넓다.[1] 따라서 비록 미국법원이 신규성 판단에
관하여 매우 엄격한 판결을 하였다고는 하지만, 발명자 자신의 행위가 그 후에 한 특
허출원의 신규성에 영향이 있는지에 관한 문제에서는 미국이 따르고 있는 기준은 중

---

1) 미국 특허법 제102조 제a항과 제b항 규정에 관해서, 본서는 「특허법」 제24조에 대한 설명에서
   보다 심도 있게 논의하도록 한다.

국이 따르고 있는 기준보다 훨씬 관대하다. 미국의 특허제도를 전면적으로 이해하지 않고, 미국법원이 개별 사건에 적용한 선행기술 인정에 관한 엄격한 기준을 단편적으로 모방하는 것은 "각주구검"과 다를 바 없으며, 중국 발명자를 너무 엄격하게 제약하여 그들이 법에 의하여 특허보호를 받는 데에도 이롭지 않다.

다른 증거는 독일특허법의 관련 규정인데, 그 제12조는 아래와 같이 규정하고 있다.

> 만약 특허출원인 또는 그 합법적인 양수인이 출원일 전에 타인에게 그 발명을 누설하고, 또한 특허권 수여 후의 권리를 유지한다고 하였다면, 그 타인이 발명을 알게 된 날로부터 6개월 내에 한 실시행위 또는 준비행위는 선사용권을 발생시키지 아니한다.

위의 규정은 출원인 또는 그 합법적인 양수인이 출원일 전에 타인에게 그 발명창조를 누설한 경우, 독일에서는 그 발명창조가 확정적으로 신규성을 상실하게 되는 것은 아니며, 만약 그렇지 않다면 선사용권 주장의 문제는 말할 것도 없으며, 직접적으로 그 특허권의 무효선고를 청구하면 된다는 것을 나타낸다.

마지막으로, 공지된 기술정보가 어느 정도의 기술수준이어야 선행기술로 인정될 수 있는가 하는 문제를 논의할 필요가 있다. 유럽특허청 심사지침서는 이에 대하여 아래와 같이 "충분히 공개(enabling disclosure)"하여야 한다고 요구하고 있다.

> 관련 내용이 이미 공지된 것으로 인정되어 선행기술에 해당하기 위한 요건은, 당시에 해당 기술분야에서의 보통수준의 기술자에게 충분한 기술정보를 제공하여, 보통수준의 기술자가 당시에 구비하고 있었던 기본적 지식과 결합해서, 공개된 내용의 기술적 가르침을 실현할 수 있는 것이어야 한다.

위의 규정은 선행기술에 대해서도 발명 및 실용신안특허출원의 설명서에 대해서와 유사하게 충분히 공개하여야 함을 요구하는 것에 상당한데, 이것은 실제로는 불필요한 것이다. 선행기술은 출원일 전에 공지된 모든 기술을 망라하는데, 이것은 객관적 사실의 반영이다. 선행기술 중 어떤 것은 내용이 매우 상세하고 어떤 것은 매우 광범위하지만, 이것들이 모두 선행기술을 구성함에 영향이 없다. 선행기술은 발명 또는 실용신안특허출원이 신규성 및 진보성 있는지를 판단하는 데 이용된다. 신규성을 판단할 때에, 청구항에 매우 많은 기술적 특징을 기재하여 그 보호받고자 하는 범위가 상대적으로 좁은 경우에는, 이에 상응하는 상세한 기술정보를 개시한 선행기술이 있어야 비로소 그 신규성 판단에 영향을 줄 수 있다. 이와 반대로, 청구항에 매우 적은 기술적 특징만을 기재하여 그 보호받고자 하는 범위가 매우 넓은 경우에는, 광범위한 정보를 개시하는 선행기술만으로도 그 신규성에 충분히 영향을 줄 수 있다. 진보성을 판단할 때에는, 여러 선행기술을 조합하여 특허출원한 기술방안과 비교할 수 있는데, 하나의 선행기술이 비록 일부의 기술적 특징에 관한 정보만 개시하고 있다고 하더라도, 여전히 다른 선행기술과 결합하여 특허로 보호받고자 하는 기술방안의 진보성을 판단할 수 있다. 따라서 선행기술이 충분한 기술정보를 공개하였는가의 문제는 신규성 및 진보성 판단 시에 자연히 고려하게 되므로, 선행기술에 해당하는가를 판단할 때에는 고려할 필요가 없다.

三. 신규성

2008년 개정 「특허법」 본조 제2항 규정에 따르면, 발명 또는 실용신안이 신규성 있는지를 판단하기 위해서는 두 가지를 판단하여야 하는데, 첫째는 선행기술에 속하는가 하는 것이고, 둘째는 확대된 선출원이 존재하는가 하는 것이다. 아래에서 이에 대하여 각각 설명하도록 하겠다.

(一) 선행기술에 속한다는 것의 의미

2008년 개정 「특허법」 본조 제5항이 선행기술을 명확히 정의하였기 때문에, 본조 제2항의 첫 부분은 신규성에 관하여 매우 간명하게 "신규성은 그 발명 또는 실용신안이 선행기술에 속하지 아니한 것을 가리킨다."고 규정하고 있다. 따라서 소위 "선행기술에 속한다."는 것은 기본적으로 발명 또는 실용신안 특허출원 또는 특허로 보호받고자 하는 기술방안이 그 출원일 전에 이미 공지되었음을 의미하는 것임을 알 수 있다.[1]

---

[1] 신규성에 관한 규정에서, 가장 쉽게 볼 수 있는 표현방식은 「유럽특허협약」이 쓰고 있는 표현, 즉 "발명이 선행기술의 일부를 구성하지 않으면(not form a part of the state of the art), 곧 신규성이 있다."인데, 이 협약의 모든 회원국이 이러한 표현방식을 쓰고 있을 뿐만 아니라, 다른 많은 국가들도 이러한 표현방식을 쓰고 있다. 비교적 쉽게 볼 수 있는 다른 표현방식은 "발명이 선행기술에 의해 기대되지 않으면(not anticipated by the prior art), 곧 신규성이 있다."인데, 이러한 표현방식을 쓰고 있는 국가로는 한국·러시아·인도·멕시코·바베이도스·엘살바도르·에스토니아·케냐·니카라과·스리랑카 등이 있다. 또한 비교적 자주 볼 수 있는 표현에는 "발명이 선행기술에 포함되지 않으면(not included in the state of the art), 곧 신규성이 있다."도 있는데,

발명 또는 실용신안이 신규성 있는지에 대한 판단, 즉 선행기술에 속하는지에 대한 판단에는 다음과 같은 기본적 규칙이 있다.

첫째, 신규성 판단은 일종의 비교를 하는 것으로, 비교의 일측은 발명 또는 실용신안 특허출원 또는 특허의 청구항에 기재된 기술방안이고, 비교의 타측은 선행기술에 속하는 특정 기술이다. 특허출원 또는 특허의 각 청구항은 신규성 판단의 가장 작은 단위로서, 즉 하나의 청구항에 기재된 기술방안을 전체로 보아 그것이 신규성이 있는지를 판단하여야 하고, 하나의 청구항에 기재된 내용을 다시 나누어서 그중 일부분 (예를 들면, 전제부에 기재된 기술적 특징 또는 특징부에 기재된 기술적 특징)의 신규성 여부를 판단해서는 안 되며, 그 기술적 특징 중 하나의 신규성 여부를 판단하는 것은 더 말할 필요도 없다.

둘째, 신규성을 판단할 때에는 청구항에 기재된 내용을 하나의 선행기술과 단독으로 대비하여야 하며, 둘 이상의 선행기술을 조합하여 대비해서는 안 된다. 소위 "하나의 선행기술"은 일반적으로 물리적 의미에서 독립적으로 존재하는 각각의 선행기술을 가리킨다. 출판물에 의하여 공지된 선행기술에 있어서는, 독립적인 한 건의 특허문서 또는 논문·저술(보통 대비문헌이라 불린다.)에 기재된 기술내용을 가리키며, 둘 이상의 대비문헌에 기재된 기술내용을 조합하여 하나의 기술방안을 구성한 후 청구항에 기재된 기술방안의 신규성 여부를 판단하는 데 이용해서는 안 된다. 공지공용 방식으로 공지된 선행기술에 있어서는, 단독적인 하나의 설비, 하나의 제품 또는 하나의 가공방법을 가리키며, 두 개 이상의 설비·제품 또는 가공방법을 조합하여 하나의 기술방안을 구성한 후 청구항에 기재된 기술방안의 신규성 여부를 판단하는 데 이용해서는 안 된다. 다음의 두 가지 점을 주의할 필요가 있다. 첫째, 만약 하나의 청구항에 기재된 기술방안 자체가 여러 설비의 조합이라면, 동일 또는 유사한 설비의 조합을 개시하는 하나의 선행기술이 그 청구항의 신규성 판단에 사용될 수 있다. 둘째, 만약 대비문헌을 선행기술로 사용한다면, 그 기술내용에는 대비문헌에 명확하게 기재된 기술내용이 포함될 뿐만 아니라, 대비문헌에 담겨진 "직접적이고 자명하게 확정할 수 있는 기술내용", 즉 해당 기술분야의 기술자가 그 대비문헌에 기재된 기술내용으로부터 직접적이고 자명하게 도출해 낼 수 있는 기술내용도 포함[1])되며, 만약 그 대비문헌이 다른 기술문헌을 인용하여 증명하는 방식으로 그 기술내용을 표현하였

이러한 표현방식을 쓰고 있는 국가에는 스위스·콜롬비아·에콰도르·페루·볼리비아·튀니지 등이 포함된다. 이러한 표현방식은 중국 「특허법」이 쓰고 있는 표현방식과 그 의미가 기본적으로 동일하다.

1) 国家知识产权局, 专利审查指南2010 [M], 北京: 知识产权出版社, 2010: 第二部分 第三章 2.3.

고 그 기술문헌의 공개일이 그 대비문헌의 공개일보다 이르다면, 인용된 기술문헌의 관련 내용도 그 대비문헌 중에 담겨진 "직접적이고 자명하게 확정할 수 있는 기술내용"에 속한다.[1)]

셋째, 하나의 청구항에 기재된 모든 기술적 특징이 하나의 선행기술에 개시되어 있을 때에만, 비로소 그 청구항은 신규성이 없다는 결론을 얻을 수 있다. 이와 반대로, 청구항에 기재된 기술적 특징 중 하나의 기술적 특징만이 그 선행기술에 개시되어 있을 때에는, 일반적으로 그 선행기술로 인하여 그 청구항에 기재된 기술방안의 신규성이 상실된다는 결론을 얻을 수 없다. 이러한 판단방식으로부터 신규성이 없다는 것은 하나의 청구항에 기재된 기술방안이 하나의 선행기술에 개시된 기술내용과 비교하여 반드시 많지도 적지도 않게 완전히 동일하여야 함을 의미하는 것이 아니고, 전자가 이미 후자에 포함되어 있는 것을 가리키는 것임을 볼 수 있다. 따라서 선행기술에 공개된 기술내용이 청구항에 기재된 기술내용보다 더 많을 때에는, 일반적으로 그 청구항에 기재된 기술방안은 신규성이 없다는 결론을 얻을 수 있다. 이 밖에, 신규성이 없다는 것이, 청구항에 기재된 기술적 특징이 선행기술에 완전히 동일하게 개시되어 있다는 것을 의미하는 것은 아니다. 만약 청구항에 기재된 발명 또는 실용신안이 단지 해당 기술분야에서 관용적으로 사용되는 수단을 직접적으로 치환한 것에만 선행기술과 차이가 있을 뿐이라면, 그 발명 또는 실용신안은 신규성이 없다. 예를 들어, 선행기술이 나사에 의해 어떤 장치를 고정하는 것이고, 청구항에 기재된 발명 또는 실용신안은 단지 그 장치의 나사 고정방식을 볼트 고정방식으로 바꾼 것뿐이라면, 여전히 그 발명 또는 실용신안은 신규성이 없다는 결론을 얻을 수 있다.[2)]

넷째, 대비문헌을 선행기술로 하여 청구항에 기재된 기술방안의 신규성 여부를 판단함에 있어서는, 구체적 개념(하위개념)과 일반적 개념(상위개념)의 관계 문제가 존재한다. 대비문헌과 청구항이 모두 언어로 기술내용을 표현한다고 하더라도, 개괄정도가 다른 어휘를 선택하여 이러한 기술적 특징을 표현하게 되면 그 보호범위가 달라진다. 동일한 기술적 특징에 대하여 만약 대비문헌은 하위개념을 사용하여 한정하였고 청구항은 상위개념을 사용하여 한정하였다면, 청구항에 기재된 기술적 특징은 대비문헌에 의해 이미 공개된 것으로 보아야 한다. 이와 반대로, 만약 대비문헌은 상위개념을 사용하여 한정하였고 청구항은 하위개념을 사용하여 한정하였다면, 청구항에 기재된 기술적 특징은 대비문헌에 의해 공개되지 않은 것으로 보아야 한다. 이미 공

1) 国家知识产权局, 审查操作规程 实质审查部分[M], 北京: 知识产权出版社, 2009: 60.
2) 国家知识产权局, 专利审查指南2010 [M], 北京: 知识产权出版社, 2010: 第二部分 第三章 3.2.2.

지된 제품을 선행기술로 사용하면, 그 제품은 결국 구체적인 부속품·조성물·성분 등으로 구성되므로, 그 제품이 제공하는 모든 기술정보는 모두 하위개념으로 한정되고, 따라서 위와 같은 문제는 발생하지 않는다.

「특허법실시세칙」제17조 규정에 따라서, 발명 또는 실용신안 특허출원 또는 특허의 설명서에는, 발명·실용신안의 기술방안을 상세하게 기재하는 것 이외에도, 그 발명·실용신안의 기술분야, 해결하고자 하는 기술적 과제(곧 발명이 달성하고자 하는 목적) 그리고 발생하는 유익한 효과를 기재하여야 한다. 일반적으로 청구범위에 기재하는 것은 발명의 기술방안이고, 발명의 기술분야, 발명의 목적 그리고 유익한 효과는 기재하지 않는다. 따라서 신규성을 판단할 때에는, 주로 청구항의 내용을 주로 고려하는 이외에도, 설명서에 기재된 관련 내용과 결합하여 고려하여야 한다. 일반적으로 선행기술의 기술분야, 발명의 목적 또는 효과가 청구항에 기재된 발명·실용신안의 그것과 실질적인 차이가 있다면, 발명·실용신안의 신규성에 영향이 없다. 그러나 주의하여야 할 점은, 발명의 목적 및 효과에 있어서는, 청구항에 기재된 발명·실용신안이 그 목적 및 효과를 실현할 수 있는가를 판단과정에서 객관적으로 검토할 필요가 있으며, 그 설명서에서 주장하는 발명의 목적 및 효과를 무턱대고 인정해서는 안 된다는 점이다. 발명의 목적 및 효과가 객관적으로 실현될 수 있는가는 모두 선행기술의 취사선택과 관련되며, 비교대상으로 하는 선행기술이 달라지면 발명·실용신안으로 실현할 수 있는 목적 및 효과도 달라진다. 출원인이 선행기술의 상황을 전면적으로 파악하는 것은 대개 불가능하기 때문에, 그 주장하는 발명의 목적 및 효과는 객관적으로 실현될 수 있는 발명의 목적 및 효과와 종종 차이가 있다. 일반적으로 말해서, 동일한 기술방안을 사용하여야만 동일한 효과를 얻을 수 있고 동일한 목적을 달성할 수 있는데, 이 점은 주관적인 표현이 다르다거나 또는 비교한 선행기술이 공지된 제품이어서 그 "목적"을 알기 어렵다고 하더라도 달라지는 것이 아니다. 기술방안, 기술분야, 발명의 목적, 유익한 효과, 이 요소들 중에서 기술방안은 신규성 판단에 있어서 가장 중요한 요소이다.

앞에서 설명한 바와 같이, "하나의 선행기술과 비교"하는 것은 신규성 판단에 있어서 매우 중요한 개념이다. 그러나 인터넷 기술이 발전함에 따라서 이와 같은 개념도 어느 정도 도전을 받고 있다. 인터넷으로 공개되는 정보는 전통적인 서적·저작물과는 다른 방식으로 공개된다. 예를 들어, 컴퓨터의 화면 크기에 제한이 있기 때문에, 또한 독자의 편의를 증진할 목적으로, 인터넷은 종종 관련 정보를 단계적으로 나누어 계층적인 방식으로 표현한다. 열람할 때에 사용자는 그 필요에 따라서, 마우스를 클릭하여 여기서 저기로 단계적으로 열어보면서 그가 알고 싶어 하는 내용을 차츰 볼 수 있으므로 사용하기가 매우 편리하다. 만약 각 단계의 내용을 모두 합한 것을 하나의 선행기술로 본다면, 그 정보의 양은 매우 방대해진다. 만약 그것을 여러 건의 선행기술로 본다면, 어떻게 나눌 것인가 하는 문제가 생긴다. 이 밖에, "하이퍼링크(hyperlink)" 기술은 인터넷에서 매우 광범위하게 응용되고 있는데, 이것은 각종 정보를 유기적으로 연결시키고 사용자의 정보검색을 크게 편리하게 하였다. 이러한 하이퍼링크와 전통적인 색인 또는 인용은 유사한 점이 있지만, 이용자에게는 전통적인 인용에 비하여 훨씬 직접적이고 편리한데, 링크된 정보를 바로 클릭함으로써 획득할 수 있기 때문이다. 링크된 내용은 동일한 인터넷 사이트의 관련된 내용일 수 있고, 다른 인터넷 사이트 또는 데이터베이스의 내용일 수도 있으며, 그 지리적 위치도 서로 많이 떨어져 있을 수 있지만, 독자는 그 차이를 느끼지 못할 수 있고 마음대로 볼 수 있으므로 마치 지적에 있는 것 같을 수도 있다. 이처럼 전통적인 물리적 의미의 "하나의 선행기술" 개념은, 인터넷 시대의 도래와 함께 이미 매우 복잡하고 모호해지기 시작하였다. 이것도 또한 과학기술의 진보가 특허제도에 불러온 새로운 문제 중 하나로서, 인터넷 정보를 선행기술로 하는 것에 대하여 WIPO가 진행한 조사에서 많은 국가는 "하이퍼링크"가 신규성 판단에 미치는 영향에 대하여 매우 관심을 기울이고 있는 것으로 나타났으며, 이 점은 우리가 고도로 중시하여야 하는 문제이기도 하다.

(二) 확대된 선출원

1. 확대된 선출원의 의미

2008년 개정 「특허법」 본조 제2항의 후반부는 "임의의 단위 또는 개인이 동일한 발명 또는 실용신안에 대하여 국무원 특허행정부문에 출원일 이전에 출원하여 출원일 이후에 공개된 특허출원서류 또는 공고된 특허문서 중에 기재되지 아니하여야 한다."고 규정하는데, 이것은 신규성을 판단할 때에 고려하여야 하는 특수한 상황의 일종이다.

위 규정은 실질적으로 국가지식산권국에 제출한 두 건의 발명 또는 실용신안특허출원과 관계되는데, 한 건은 그 신규성 여부를 판단하여야 하는 발명 또는 실용신안특허출원(후출원)이고, 다른 한 건은 후출원의 신규성을 판단하는 데 사용되는 발명 또는 실용신안특허출원(선출원)이다. 만약 이 두 건의 특허출원이 다음 조건을 만족시킨다면, 선출원은 후출원의 "확대된 선출원"에 해당한다. 첫째, 선출원의 출원일(우선권이 있는 경우는 우선일을 가리킨다.)이 후출원의 출원일(우선권이 있는 경우는 우선일을 가리킨다.)보다 앞서야 하며, 그러나 두 건의 출원일이 동일한 경우는 포함되지 않는다. 둘째, 선출원의 공개일이 후출원의 출원일(우선권이 있는 경우 우선일을 가리킨다.)보다 늦어야 하며, 선출원의 공개일이 후출원의 출원일과 동일한 경우도 포함된다. 선출원이 발명특허출원인 경우에 공개일은 「특허법」 제34조가 규정하는 공개일을 가리키고, 선출원이 실용신안특허출원인 경우에 공개일은 「특허법」 제40조가 규정하는 공고일을 가리킨다. 셋째, 후출원의 청구범위에 기재된 발명 또는 실용신안이 선출원의 출원서류 전체에 개시되어 있어야 한다. 본조 제2항의 후반부 규정에 따라서, 만약 후출원과 서로 "저촉"[1]되는 선출원이 있다면, 그 후출원은 신규성이 없으므로 특허권을 수여받을 수 없다.

본조 제2항 규정의 후반부 문구로만 본다면, 확대된 선출원에 해당하기 위한 위와 같은 구체적인 요건을 정확하게 파악하기가 매우 어려운데, 예를 들어 조문 중의 "출원일"은 도대체 선출원의 출원일을 가리키는 것인가 아니면 후출원의 출원일을 가리키는 것인가, "특허출원서류"와 "특허문서"는 도대체 선출원을 가리키는 것인가 아니면 후출원을 가리키는 것인가가 명확하지 않다. 바로 이러한 이유 때문에 2000년 및 2008년 두 차례 「특허법」을 개정할 때에, 국무원 법제판공실과 전국인민대표대회 상무위원회 법제업무위원회는 모두 본조 제2항 후반부의 표현방식이 그다지 이상적이지 않아서 이해하기 어렵다고 보았으며, 의미를 보다 정확하게 하여 공중이 보다 쉽게 이해할 수 있도록 이를 조정하고자 하였다. 그러나 표현방식을 바꾸더라도 이런 저런 문제는 마찬가지로 존재하고, 도리어 원래의 조문만큼 정확하지 않음을 깨닫고서, 최종적으로는 조정하지 않기로 하였다. 20여 년 동안 시행해 오면서, 특허분야 종사자들은 사실상 이미 보편적으로 확대된 선출원의 의미를 이해하여 파악하고 있으므로, 현실에서는 어떠한 문제도 일으키지 않는다.

확대된 선출원의 개념에 관해서 아래의 몇 가지 사항을 주의하여야 한다.

첫째, 선출원의 출원일이 후출원의 출원일보다 앞서야 하고, 공개일 또는 공고일은 후출원의 출원일보다 늦어야만 후출원의 확대된 선출원에 해당할 수 있다. 선출원이 발명특허출원인 경우에는 위의 요건을 만족하기만 하면, 그 선출원이 이후에 어떻게 되었는지에 관계없이, 예를 들어 발명특허권이 수여되기 전에 취하·취하간주·거절되었거나, 발명특허권이 수여된 후에 포기·무효되었다고 하더라도, 그 후출원의 확대된 선출원으로서의 효력은 소멸되지 않는다. 선출원이 실용신안특허출원인 경우에는, 그 출원에 대하여 실용신안특허권이 수여된 후에야 비로소 후출원의 확대된 선출원에 해당할 수 있는데, 국가지식산권국이 실용신안특허권의 수여를 공고하기

---

1) 확대된 선출원에 대하여 중국 실무에서는 이를 '저촉출원'이라고 부른다(역자 주).

전에는 그 특허출원을 공개하지 않으며, 일단 실용신안특허권이 수여되고 나면 그 후출원의 확대된 선출원으로서의 효력은 그 특허권이 나중에 포기 · 무효되더라도 소멸되지 않기 때문이다.

둘째, 본조 제2항 규정은 확대된 선출원이 후출원의 신규성을 평가하는 데 기능함을 나타내는 데, 따라서 선출원이 후출원에 영향이 있는가를 판단함에는 신규성 판단원칙을 적용하여야 한다. 바꿔 말하면, 후출원의 청구항에 기재된 기술방안을 선출원의 출원서류(설명서 · 도면 · 청구범위 등)에 기재된 내용 전체와 비교하여야 한다. 앞에서 설명한 신규성 판단의 기본원칙은 모두 확대된 선출원에도 적용된다.

셋째, 본조 제5항 규정에 의해서 확대된 선출원은 선행기술의 일부를 구성하지는 않는데, 비록 확대된 선출원이 후출원의 출원일 전에 이미 국가지식산권국에 출원되었지만, 「특허법」 제21조 제3항이 "특허출원의 공개 또는 공고 전에, 국무원 특허행정부문의 직원 및 관계인은 그 내용을 비밀로 유지할 책임이 있다."고 명확하게 규정하고 있고, 따라서 선출원의 내용은 후출원의 출원일 전에 공지되지 않았기 때문이다. 출원일 전에 공지된 선행기술이라면 그 선행기술을 단독으로 사용하여 특허출원의 신규성을 평가할 수 있을 뿐만 아니라, 그 선행기술을 다른 선행기술과 조합하여 특허출원의 진보성을 평가할 수도 있다. 본조 제2항의 확대된 선출원의 경우에는, 오직 후출원의 신규성만을 평가하는 데 사용할 수 있을 뿐이고, 다른 선행기술 또는 확대된 선출원과 조합하여 후출원의 진보성을 평가할 수는 없다. 따라서 본조 제2항은 확대된 선출원을 일종의 특수한 선행기술로 보고 있으며, 실제로 보통의 선행기술과 달리 확대된 선출원은 후출원의 신규성을 판단하는 데에만 사용된다.

2. 본조 제2항에 대한 개정

선출원주의를 따르고 있는 국가는 보편적으로 확대된 선출원의 개념을 도입하였는데, 그중 가장 대표적인 것이 「유럽특허협약」 제54조 제3항 규정이다.[1] 2008년 개정 전 「특허법」의 확대된 선출원에 관한 규정과 비교하면, 「유럽특허협약」의 규정은 아래의 두 가지 점에서 차이가 있다.

첫째, 「유럽특허협약」은 확대된 선출원을 선행기술에 포함시켰지만, 중국 「특허법」은 확대된 선출원을 선행기술에서 제외하였다.

비록 「유럽특허협약」 제54조 제3항이 선행기술에 확대된 선출원이 포함되는 것으

---

1) Additionally, the content of European patent application as filed, of which the dates of filing are prior to the date referred to in paragraph 2 and which were published on or after that date, shall be considered as comprised in the state of the art.

로 규정하였지만, 그 제56조에서 진보성을 판단할 때에는 확대된 선출원은 고려하지 않는다고 명확하게 규정하였다. 본조 제5항은 선행기술에 확대된 선출원이 포함되지 않는다고 규정하고, 본조 제3항은 "진보성은 선행기술과 비교하여 … 가리킨다."고 규정하여, 진보성을 판단할 때에 확대된 선출원은 고려하지 않음을 간접적으로 표명하였다. 따라서 비록 약간 다른 방식으로 규정하였지만, 방법은 달라도 결과는 같아서 진보성을 판단할 때에 확대된 선출원을 고려하지 않는다는 점은 일치한다.

그러나 2008년 개정 「특허법」 제62조가 선행기술 및 선행설계의 항변을 규정하였다는 점, 즉 "특허권 침해분쟁에서, 침해로 피소된 자가 그 실시하는 기술 또는 설계가 선행기술 또는 선행설계에 속한다는 것을 증거로써 증명하는 경우에는 특허권 침해에 해당하지 아니한다."고 규정하였다는 점에 주의할 필요가 있다. 이러한 항변을 할 수 있게 허용한 것은, 선행기술 및 선행설계는 출원일 전에 이미 공중이 알고 있는 기술 및 설계로서 공유영역에 속한 것이어서, 공중은 어느 누구라도 자유롭게 실시할 수 있는 권리가 있기 때문이다. 이러한 이유에서 보면, 침해가 아님을 주장하는 데 사용할 수 있는 기술 또는 설계에는 확대된 선출원이 포함되지 않는 것이 적절하다. 제62조와의 조화를 고려한다면, 본조 제5항이 선행기술에 확대된 선출원이 포함되지 않는다고 규정한 것은 적절한 것이다.

둘째, 「유럽특허협약」의 확대된 선출원에 관한 규정은 출원인의 범위에 대하여 한정하지 않았는데, 확대된 선출원은 타인이 제출한 선출원일수도 있고 자신이 제출한 선출원일 수도 있다. 2008년 개정 전 「특허법」 본조 제2항에서는 오직 "타인"이 제출한 선출원만 확대된 선출원이 될 수 있다고 규정하였다.

확대된 선출원은 주로 동일한 발명창조에 대하여 중복해서 특허권이 수여되는 것을 방지하는 작용이 있으며, "타인"으로 한정하는 것을 유지하여야 하는지 아니면 이 한정을 삭제하여야 하는지는 중복수권 방지의 측면에서 논의할 필요가 있다.

2008년 개정 「특허법」 제9조 제1항은 "동일한 발명창조는 하나의 특허권만 수여할 수 있다."고 규정하는데, 이것이 바로 소위 중복수권금지원칙이다. 이 조문에 대한 설명에서 이미 지적하였지만, 이 원칙은 두 가지 방식으로 실현할 수 있는데, 첫째는 후출원의 청구항과 선출원의 청구항을 비교하여 만약 보호범위가 중복되면 후출원에 대해서는 특허권을 수여하지 않는 것으로서, 특허의 보호범위가 중복되는 것을 방지하는 측면에서 출발하여 중복수권금지원칙을 구체화하는 것이고, 둘째는 후출원의 청구항을 선출원의 설명서 및 청구범위에 기재된 내용 전체와 비교하여 후출원의 신규성 여부를 판단하는 것으로서, 만약 신규성이 없다면 후출원은 특허권을 수여받을 수 없는데, 이러한 방식은 신규성의 측면에서 출발하여 중복수권금지원칙을 구

체화하는 것이다. 두 가지 방식을 서로 비교하면 후자가 전자에 비해서 훨씬 엄격한
데, 그 이유는 「특허법」 제9조에 관한 설명에서 이미 상세하게 설명하였으므로 다시
반복하지 않겠다.

특허권의 중복수여를 방지하기 위해서 중국 특허제도는 위의 두 가지를 병행하는
방식을 취하여, 경우에 따라 방식을 달리하였다. 보다 구체적으로 말하자면, 2008년
「특허법」 개정 전에는 동일한 출원인 또는 상이한 출원인이 같은 날에 동일한 발명
또는 실용신안에 대하여 두 건의 특허출원을 하는 경우, 그리고 동일한 출원인이 선
후로 동일한 발명 또는 실용신안에 대하여 두 건의 특허출원을 하는 경우, 모두 전자
의 방식을 따랐으며, 동일하지 않은 출원인이 동일한 발명 또는 실용신안에 대하여
선후로 두 건의 특허출원을 하고 선출원이 출원은 앞서지만 공개는 후에 되는 경우에
비로소 후자의 방식을 따랐다.

2008년 「특허법」을 개정할 때에 본조 제2항 후반부의 확대된 선출원에 관한 규정
에서 "타인"을 "임의의 단위 또는 개인"으로 고쳤는데, 실제로는 「유럽특허협약」의
규정을 참고한 것으로서 그 결과 확대된 선출원의 범위가 확대되었다. 동일한 출원
인이 선후로 동일한 발명 또는 실용신안에 대하여 두 건의 특허출원을 한 경우, 중복
수권금지원칙의 구체화를 위해 기존에는 전자의 방식을 따랐던 것에서 개정 후에는
후자의 방식을 따르는 것으로 바꾸었는데, 이렇게 바꿈으로써 특허권의 중복수여를
보다 더 잘 방지할 수 있게 되었다는 데 의심의 여지가 없다.

이 밖에 2008년 「특허법」을 개정할 때에 본조 제2항 후반부의 문구에 대해서도 조
정하여, "출원일 이후에 공개된 특허출원서류 중에 기재"를 "출원일 이후에 공개된
특허출원서류 또는 공고된 특허문서 중에 기재"로 고쳤다. 개정 전의 표현은 1984년
제정 「특허법」에도 있었던 것으로서, 당시에는 이처럼 규정한 것에 부당한 점이 없
었는데, 그때에는 실용신안특허출원이 방식심사를 거쳐 「특허법」 및 「특허법실시세
칙」 규정에 부합하는 것으로 인정되면 먼저 그 특허출원을 공고하고, 이후 3개월의
이의기간 동안 이의가 없거나 또는 이의가 성립하지 않는 경우에는 비로소 특허권을
수여할 수 있고, 공고된 실용신안특허출원을 "공개된 특허출원서류"로 보는 것도 불
가하다고 볼 수는 없었기 때문이다. 1992년 「특허법」 개정 시에 특허권 수여 전의 이
의제도를 특허권 수여 후의 취소제도로 개정하였고, 2000년 「특허법」 개정 시에는
취소제도를 폐지하여 무효선고청구제도만 남게 되었지만, 두 차례의 개정에서 모두
본조 제2항 후반부의 표현에 대해서는 상응하게 조정하지 않았으므로 이에 대해서
소홀히 하였다고 할 수 있다. 2008년 개정 「특허법」은 이러한 문제를 해결하였다.

四. 진보성

특허출원한 발명 또는 실용신안이 특허권을 받기 위해서는, 단지 신규성만 있는 것으로는 부족하며, 반드시 진보성도 있어야 한다. 본조 제3항은 발명 및 실용신안특허를 수여하기 위한 진보성 요건을 규정하고 있다.

2008년 「특허법」 개정 시에, 본조 제3항에 대하여 원래의 "출원일 이전에 있었던 기술과 비교하여"를 "선행기술과 비교하여"로 고쳐 조정하였다. 본조 제5항에 선행기술에 대한 정의를 추가한 것과 함께, 개정 후의 본조는 신규성 요건과 진보성 요건을 선행기술의 개념 위에서 통일적으로 수립하였으며, 그 의미에 있어서의 점층적인 관계를 명확히 반영하였다. 간단하게 말해서, 신규성이 없다는 것은 특허출원한 발명 또는 실용신안이 어떤 선행기술과 동일하다는 것을 가리키고, 진보성이 없다는 것은 특허출원한 발명 또는 실용신안이 선행기술과 비교하여 실질적으로 다르지 않음을 가리킨다. 세상에 생김새가 유사한 사람들은 매우 많을 수 있지만 생김새가 동일한 사람은 매우 적은 것처럼, 실무에서 보면 진보성이 없음을 이유로 특허출원이 거절되거나 또는 특허권이 무효로 되는 비율은 신규성이 없음을 이유로 특허출원이 거절되거나 또는 특허권이 무효로 되는 비율보다 훨씬 높다. 본조가 규정하는 신규성·진보성·실용성 이 세 가지 특허권 수여의 요건 중에서, 진보성은 가장 중요한 요건이다.

(一) 진보성의 개념

서방국가가 그 특허제도를 수립한 초기에는 모두 신규성 요건만 규정하였고, 진보성 요건은 규정하지 않았다. 특허제도가 발전함에 따라서, 신규성 요건만으로 특허권을 수여하게 되면 선행기술과 비교하여 차이가 크지 않은 발명창조에 대해서도 특허권을 수여하는 결과가 되어 혁신을 장려하고 촉진하려는 특허제도의 취지에 이롭지 않음을 각국은 점차 인식하게 되었다. 이 때문에, 신규성 요건 이외에 또 다른 권리수여 요건을 추가하는 것이 필요하였다.

미국은 1952년 특허법을 개정할 때에 솔선하여 진보성 요건에 관한 조항을 추가하였다. 미국의 영향으로 다른 국가의 특허법도 잇따라서 유사한 규정을 추가하였는데, 예를 들어 「유럽특허협약」 제52조 제1항은 "유럽특허는 신규성·진보성 및 산업상 이용가능성을 구비한 모든 기술분야의 발명에 대하여 수여한다."고 규정하였으며, 이 협약 제56조는 아래와 같이 규정하였다.

만약 발명이 선행기술에 비하여 해당 기술분야의 기술자에게 자명하지 않으면, 그 발명은 진보성이 있다.

중국 「특허법」은 진보성 요건에 관한 표현에 있어서 세계적으로 독창적인 방식을 취하고 있다고 할 수 있으며, 두 가지를 요구하는데, 즉 발명에 있어서는 뚜렷한 실질적 특징과 현저한 진보가 있어야 하고, 실용신안에 있어서는 실질적 특징과 진보가 있어야 한다. 이로부터 발명특허와 실용신안특허의 차이점 중 하나가 발명에 대한 진보성 요건이 실용신안에 대한 진보성 요건보다 까다롭다는 점이라는 것을 볼 수 있다.

본조 제3항의 "뚜렷한 실질적 특징", "실질적 특징"은 특허출원한 발명 또는 실용신안이 출원일(우선권이 있는 경우에는 우선일을 가리킨다.) 이전의 선행기술과 비교하여 기술방안의 구성에서 실질적인 차이가 있어야 하고, 선행기술을 기초로 하여 간단한 분석·추리 또는 실험을 통하여 얻을 수 있는 것이 아니라, 반드시 창조적 사유활동을 거쳐야만 비로소 완성할 수 있는 것이어야 함을 가리킨다. 그중 "뚜렷한"이라는 어휘는 발명특허와 실용신안특허의 실질적 특징에 대한 요구가 정도에 있어서 약간 차이가 있음을 나타낸다.

본조 제3항의 "현저한 진보" 및 "진보"는 특허출원한 발명 또는 실용신안이 출원일(우선권이 있는 경우에는 우선일을 가리킨다.) 이전의 선행기술과 비교하여 양호한 효과가 있는 기술방안이어야 함을 가리킨다. 그중 "현저한"이라는 어휘는 발명특허와 실용신안특허의 진보성에 대한 요구가 정도에 있어서 약간 차이가 있음을 나타낸다. 아래 두 가지 점에 대해서 주의할 필요가 있는데, 첫째, 여기에서의 효과는 넓은 의미를 갖는 것으로서, 기술적 측면의 효과뿐만 아니라 사회적 의미에서의 효과도 포괄한다는 점이다. 예를 들어, 발명 또는 실용신안이 선행기술에 존재하는 결점과 부족함을 극복하여 생태환경 보호에 유익하다는 것 등의 효과를 갖는 경우에는 본조 제3항이 요구하는 진보성이 있는 것으로 인정될 수 있다. 둘째, "현저한 진보" 또는 "진보"는 특허출원한 발명 또는 실용신안이 선행기술과 비교하여 모든 분야에서 반드시 조금이라도 진보하여야 하는 것을 의미하는 것이 아니라는 점이며, 발명창조가 일부 분야에서는 진보하였지만 종종 어쩔 수 없이 다른 분야는 희생하였을 수도 있는데, 이것은 매우 흔히 볼 수 있는 경우로서 발명창조가 선행기술에 비하여 모든 분야에서 현저한 진보 또는 진보가 있을 것을 요구하는 것은 지나치게 가혹하다.

본조 제3항 규정에 따라서, 발명 또는 실용신안이 진보성이 있는 것으로 인정되기 위해서는 "실질적 특징"과 "진보"의 두 가지에 대한 요구를 동시에 만족시켜야 한다. 발명특허에 있어서는, "실질적 특징"과 "진보"는 각각 반드시 뚜렷하고 현저하여야 한다. 이 "그리고"의 논리관계 때문에, "실질적 특징"과 "진보"에 대하여 각각 독립적으로 판단해서 각각 일정한 기준에 도달하였을 때에야 비로소 진보성이 있는 것으로 인정할 수 있는가 하는 문제가 발생한다. 앞에서 설명한 것처럼, 진보성 요건에 관하여 많은 국가들은 자명성 여부를 판단기준으로 사용하고 있다. 이러한 국가들은 자명성을 판단할 때에, 기술방안 자체가 충분히 차이가 있는지를 고려할 수도 있고, 기술방안이 예측할 수 없었던 효과를 발생하는지를 고려할 수도 있는데, 양자는 모두 특허출원한 발명이 자명한지를 나타내는 중요한 요소이다. 발명에 따라 두 가지 요소 중 어느 하나가 훨씬 뚜렷할 수도 있으며, 이 때문에 진보성을 인정함에 있어서 보다 큰 영향을 줄 수 있다. 예를 들어, 새로운 화학약품의 화학구조와 이미 공지된 물질의 화학구조의 차이가 미소해서 기술방안 자체로만 보면 그 차이가 충분히 "뚜렷"하지 않은 것일 수 있지만, 만약 이러한 약품의 어떤 질병에 대한 치료효과가 매우 현저하고 사람들이 일찍이 예상하지 못했던 것이라면 진보성이 있는 것으로 인정되어야 하고 특허권이 수여되어야 한다. 이로부터, 국제적으로 보편적인 진보성 판단기준에 따라서 "실질적 특징"과 "진보", 이 두 가지 요구에 대하여 종합적으로 판단하여야 하며, 두 가지가 강약의 차이가 있을 수 있고 두 가지 모두 각각 어느 정도의 기준에 도달하여야 한다고 규정한 것은 아님을 볼 수 있다. 이러한 방식이 비교적 합리적이며, 특허제도를 수립한 취지에 부합한다. 중국이 1985년 「특허법」을 시행한 이래로 진보성 판단기준을 국제적 기준과 일치시키는 것을 줄곧 매우 중요시하였기 때문에, 본조 제3항 규정에 근거하여 진보성을 판단할 때에는 실제로는 국제적 기준과 기본적으로 동일한 기준을 따른다.

(二) 진보성 판단방식

신규성 판단과 진보성 판단은 논리적 점층관계에 있다. 양자는 모두 선행기술을 기초로 하며, 먼저 발명 또는 실용신안이 신규성 있는지를 판단하여야 하는데, 즉 발명 또는 실용신안 특허출원 또는 특허의 청구항에 기재된 기술방안이 하나의 선행기술에 개시되어 있는지를 판단하여야 한다. 이러한 선행기술이 존재하지 않는다는 결론을 얻을 때에만, 즉 신규성이 있는 경우에만, 비로소 이에 더 나아가 그 발명 또는 실용신안이 진보성을 구비하는지를 판단하는 것, 즉 발명 또는 실용신안 특허출원 또는 특허의 청구항에 기재된 기술방안이 해당 기술분야의 기술자가 여러 건의 선행기술을 결합함으로써 자명하게 도출할 수 있는 것인지를 판단하는 것이 필요하다. 신규성이 없는 발명 또는 실용신안은 진보성이 있을 수 없다. 만약 국가지식산권국의 심사관이 발송한 심사의견통지서에서 진보성 문제를 지적하였다면, 그 심사관은 특허출원한 발명 또는 실용신안의 신규성은 이미 인정하였음을 나타낸다.

진보성을 판단할 때에는 각 청구항의 내용을 일체로 하여 취급하여야 하고, 발명 또는 실용신안 특허출원 또는 특허의 각 청구항에 대하여 개별적으로 판단하여야 한다. 모든 청구항이 진보성 없는 것으로 인정되는 때에만, 비로소 그 특허출원 또는 특허로 보호받고자 하는 기술방안이 진보성 없다는 결론을 얻을 수 있고, 나아가 특허출원을 거절하거나 또는 특허권을 무효로 할 수 있다.

앞에서 설명한 바와 같이, 진보성 판단은 신규성 판단에 비하여 훨씬 어렵다. 진보성을 가급적 객관적으로 판단하기 위하여, 중국을 포함한 많은 국가들은 현재 다음의 "3단계 판단방식"을 따르고 있다.

단계 1: 가장 가까운 선행기술, 즉 선행기술 중에서 보호받고자 하는 발명 또는 실용신안과 가장 관련 있는 선행기술을 확정한다. 일반적으로 이 선행기술은 보호받고자 하는 발명과 동일하거나 또는 가장 가까운 기술분야의 것으로서, 청구항에 기재된 기술적 특징과 가장 많은 기술적 특징을 공유하고 있어야 한다. 「특허법실시세칙」 제17조는 발명 및 실용신안특허출원의 설명서에 출원인이 알고 있는 발명 또는 실용신안에 대한 이해·검색·심사에 유용한 배경기술을 명확히 기재하여야 하고, 이러한 배경기술이 반영된 문서를 인용하여야 한다고 규정하고 있는데, 이것은 출원인에게 설명서 중에 그 알고 있는 선행기술을 설명할 의무가 있음을 나타낸다. 그러나 출원인이 알고 있는 선행기술은 대개 제한적이기 때문에, 특허권 수여 전의 실체심사 절차에서 심사관은 국가지식산권국이 보유하는 매우 넓은 범위를 망라하는 데이터베이스를 검색함으로써 보통은 출원인이 인용한 선행기술보다 훨씬 가까운 선행기술을 찾아낼 수 있다. 특허권 수여 후의 무효선고청구 절차에서 무효선고청구의 청구인은 대개 출원인이 인용한 선행기술보다 훨씬 가까운 선행기술을 증거로 제시할 수 있다. 어떠한 방식으로 보다 가까운 선행기술을 알게 되었는가에 관계없이, 일단 발견되면 이 선행기술을 기초로 하여 진보성을 판단한다.

단계 2: 보호받고자 하는 발명 또는 실용신안의 구별되는 특징을 확정하고, 이로부터 그 발명 또는 실용신안이 실제로 해결하고자 하는 기술적 과제를 확정한다. 이 단계에서는 먼저 보호받고자 하는 발명 또는 실용신안이 위에서 설명한 가장 가까운 선행기술과는 다른 기술적 특징, 즉 소위 "구별되는 특징"을 확정하고, 이러한 구별되는 특징이 유발하는 효과에 근거하여 보호받고자 하는 발명 또는 실용신안이 실제로 어떠한 기술적 과제를 해결하고자 하는 것인지를 인정한다. 「특허법실시세칙」 제18조는 발명 및 실용신안특허출원의 설명서는 발명 또는 실용신안이 해결하고자 하는 기술적 과제 및 그 기술적 과제를 해결하는 데 사용한 기술방안을 명확히 기재하도록 규정하고 있다. 주의하여야 할 점은, 여기서 말하는 "기술적 과제"는 특허출원서류 또는 특허문서 중에서 해결하고자 하는 기술적 과제로 주장된 것이 아니라, 보호받고 자 하는 발명 또는 실용신안이 실제로 해결할 수 있는 기술적 과제라는 점이다. 가장 가까운 선행기술이 달라지면, 인정되는 "해결하고자 하는 기술적 과제"도 달라질 수 있다. 설명서에 기재된 기술적 해결방안은 일반적으로 바뀌지 않으며 기재한 것이 그대로 기술적 해결방안이 되지만, 그 방안이 실제로 어떠한 기술적 과제를 해결하였 는지는 가장 가까운 선행기술이 달라짐에 따라서 바뀔 수 있다. 이 때문에 실체심사 절차에서 또는 무효선고청구에 대한 심사절차에서 일단 보다 가까운 선행기술이 발 견되면, 일반적으로는 발명 또는 실용신안이 "해결하고자 하는 기술적 과제"를 이 선 행기술에 근거하여 다시 인정하는 것이 필요하다.

단계 3: 발명 또는 실용신안이 기술적 과제를 해결하기 위하여 사용한 기술방안이 해당 기술분야의 기술자가 용이하게 생각해 낼 수 있는 것인지를 가장 가까운 선행기 술 및 기타 관련 선행기술을 기초로 하여 판단한다. 이에 대하여 「특허심사지침서 2010」은 아래와 같이 규정하고 있다.

> 이 단계에서는, 가장 가까운 선행기술과 발명이 실제로 해결하는 기술적 과제에서 출 발하여, 보호받고자 하는 발명이 그 기술분야의 기술자에게 자명한 것인지를 판단한 다. 판단과정에서, 선행기술을 전체적으로 보았을 때 모종의 기술을 계시하고 있는지, 즉 선행기술에 위에서 설명한 구별되는 특징을 그 가장 가까운 선행기술에 응용함으 로써 그 존재하는 기술적 과제(즉 발명이 실제로 해결하는 기술적 과제)를 해결할 수 있다는 계시가 있는지를 확정하여야 하는데, 이러한 계시는 그 기술분야의 기술자가 이와 같은 기술적 과제에 직면했을 때에 그 가장 가까운 선행기술을 개량하여 새로운 발명을 얻을 수 있는 동기가 된다. 만약 선행기술에 이러한 기술적 계시가 있다면, 그 발명은 자명한 것이고 뚜렷한 실질적 특징이 없는 것이다.[1]

진보성 판단기준을 가급적 통일시켜 사람에 따라 달라지지 않게 하기 위해서는 통 일적인 "참조체계"를 수립하는 것이 필요한데, 이것이 바로 소위 "해당 기술분야의 기술자" 개념이다. 「특허심사지침서 2010」은 아래와 같이 규정하고 있다.

---

1) 国家知识产权局, 专利审查指南2010 [M], 北京: 知识产权出版社, 2010: 第二部分 第四章 3.2.1.1.

해당 기술분야의 기술자는, 본 분야의 기술자라고도 불리는데, 가상의 "인물"로서, 그는 출원일 또는 우선일 전의 발명이 속하는 기술분야에서의 모든 보통수준의 기술지식을 갖고 있고, 그 분야의 모든 선행기술을 알 수 있으며, 출원일 또는 우선일 전의 일반적인 실험수단을 응용할 수 있는 능력을 갖추었지만, 그러나 그는 창조능력은 갖추지 않은 것으로 가정한다. 만약 기술적 과제를 해결하기 위하여 해당 기술분야의 기술자가 다른 기술분야에서 기술적 수단을 찾아야 한다면, 그는 또한 그 출원일 또는 우선일 전의 다른 기술분야의 관련 선행기술, 보통수준의 기술지식 그리고 일반적인 실험수단을 알 수 있는 능력을 갖추어야 한다.[1]

신규성은 특허출원한 발명 또는 실용신안을 하나의 선행기술과 비교하여, 청구항에 기재된 모든 기술적 특징이 그 선행기술에 개시되어 있는지를 판단하는 것이며, 따라서 그 판단은 비교적 객관적이다. 특정의 발명 또는 실용신안이 특정의 선행기술에 비하여 신규성이 있는지는, 누가 판단하더라도 일반적으로는 그 결론이 기본적으로 일치한다. 진보성 판단은 이와 다른데, "실질적 특징"과 "진보"를 갖추었는가, 그리고 "뚜렷"하고 "현저"한가는 모두 일정한 정도의 문제로서, 주관적 판단요소가 개입함을 피할 수 없다. 더 나아가 분석하면, 위의 세 단계에서의 주관성과 객관성에 차이가 있음을 볼 수 있다.

단계 1에 있어서는, 선행기술을 꼼꼼하고 전면적으로 검색하고, 검색된 선행기술을 전면적으로 살피기만 한다면, 어떤 선행기술이 가장 가까운 선행기술인지에 대한 결론은 기본적으로 일치하고 큰 차이가 없을 수 있다. 단계 2에 있어서는, 가장 가까운 선행기술과 보호받고자 하는 발명을 꼼꼼하게 대비 분석하기만 하면, 보호받고자 하는 발명 또는 실용신안의 구별되는 특징 및 실제로 해결하는 기술적 과제가 비교적 큰 편차 없이 기본적으로는 일치될 수 있다. 실제로는 이 두 단계의 순서가 반대로 된다. 관련 선행기술들을 접하게 되면(심사관이 심사과정에서 검색하여 발견한 것인지 아니면 무효선고 청구인이 제출한 것인지에 관계없이) 판단자는 그중 어떤 것이 가장 가까운 선행기술인지를 판단하여야 하는데, 먼저 이 선행기술들을 발명 또는 실용신안과 비교하여 차이의 정도 및 차이로 인한 효과의 정도를 판단하여야 한다. 따라서 판단자가 가장 가까운 선행기술로 인정할 때에, 사실은 발명 또는 실용신안과 그 선행기술 사이의 구별되는 특징 그리고 발명 또는 실용신안이 실제로 해결하는 기술적 과제에 대해서 이미 모든 준비가 되어 있어야 한다. 바꿔 말하면, 단계 2는 단계 1의 필요적

---

1) 国家知识产权局, 专利审查指南2010 [M], 北京: 知识产权出版社, 2010: 第二部分 第四章 2.4.

전제조건이다. 진보성 판단의 주관적 요소는 주로 단계 3과 관계가 있음을 어렵지 않게 알 수 있으며, 여기에는 두 가지 추상적 개념이 포함되어 있어 판단이 달라질 수 있는데, 첫째는 해당 기술분야의 통상의 기술자가 갖고 있는 기술수준을 어떻게 확정할 것인가 하는 것이고, 둘째는 발명 또는 실용신안을 보통 수준의 기술자가 도출해낼 이유·동기가 있다고 사람들이 믿을 수 있을 정도로, 가장 가까운 선행기술을 다른 선행기술 및 기술상식과 결합할 수 있음을 선행기술이 교시 또는 계시하고 있는지를 어떻게 판단할 것인가 하는 것이다.

발명 또는 실용신안이 진보성을 구비하는지, 그 문턱의 높이는 상당한 정도로 위의 두 개념의 의미에 달려 있다. "해당 기술분야의 기술자"는 진보성 판단을 위해 선택된 "참조체계"로서, 만약 그 수준을 너무 높게 정하면 절대 다수의 발명 또는 실용신안은 모두 자명한 것이 되고, 진보성이 인정되는 발명 또는 실용신안은 매우 적어지게 된다. 이와 반대로, 만약 그 수준을 너무 낮게 정하면, 절대 다수의 발명 또는 실용신안은 모두 자명하지 않은 것이 되어, 진보성이 인정되는 발명 또는 실용신안이 너무 많아지게 된다. 같은 이치로, 만약 여러 선행기술을 조합하는 데 어떠한 교시·계시 또는 동기도 필요하지 않고, 조합할 수 있는 선행기술의 개수에도 제한이 없어서, 여러 건의 선행기술로 청구항에 기재된 모든 기술적 특징을 조합해 낼 수 있기만 하면 그 청구항의 기술방안은 진보성이 없는 것으로 인정될 수 있다고 한다면, 특허권을 받을 수 있는 특허출원은 세상에 몇 건밖에 없게 된다. 이와 반대로, 조합이 허용되는 선행기술의 개수가 적어질수록(예를 들어, 둘 이하이어야 한다면), 선행기술을 조합하는 것에 대한 교시·계시·동기에 대한 요구가 더욱 기계적이고 엄격해질수록, 진보성이 있는 것으로 인정될 수 있는 발명은 더욱 많아지게 된다.

앞에서 설명한 바와 같이, 진보성은 특허권 수여에 있어서 가장 중요한 요건이며, 발명 또는 실용신안이 특허권을 수여받을 수 있는지 여부는 주로 진보성 기준에 달려 있다. 이 때문에, 진보성 판단에 포함되는 위의 두 가지 추상적 개념은 실제로는 특허권 수여기준의 높낮이를 조정하는 결정적 중추이다. 두 가지 개념을 적절하게 확정하는 것은 특허제도의 정상적 운영, 혁신형 국가 건설 그리고 경제사회의 발전에 중요한 영향을 미친다.

발명창조는 그 혁신의 정도로 보아 두 가지 유형으로 구분할 수 있는데, 첫째는 개척형 발명창조이고, 둘째는 개량형 발명창조이다. 개척형 발명창조는 완전히 새로운 기술방안을 가리키는 것으로서, 어떤 새로운 영역을 개척하는 작용이 있다. 만약 발명창조가 개척형 발명창조로 인정될 수 있다면, 의심할 바 없이 진보성이 있다. 그러나 인류의 과학기술 발전 과정에서, 이러한 개척형 발명창조는 많이 볼 수 없으며, 절

대 다수의 발명창조는 모두 개량형 발명창조, 즉 선행기술의 일부를 개량한 발명창조
이다. 「특허심사지침서 2010」은 조합발명·선택발명·전용발명·용도발명 등과 같
은 개량형 발명창조의 몇 가지 유형을 나열하였다. 주의할 점은, 이처럼 열거한 개량
형 발명창조가 진보성이 있을 수는 있지만, 진보성이 있는 것으로 당연히 인정되는
것은 아니라는 점이다. 이러한 유형으로 구분한 주된 목적은, 개량형 발명창조의 유
형에 따른 상이한 특징에 초점을 맞추어, 그 진보성을 판단함에 있어서 주의하여야
할 점을 지적하기 위함이다. 진보성이 있는지 여부는, 결국 앞에서 설명한 "3단계 판
단방식"을 써서 구체적으로 분석하여야 한다.

「특허심사지침서 2010」은 또한 진보성을 판단할 때에 고려하여야 하는 기타 요소,
예를 들면, 사람들이 줄곧 해결하기를 갈망하였으나 시종 성공하지 못했던 기술적 난
제를 발명이 해결한 것인지, 발명이 기술적 편견을 극복한 것인지, 발명이 예상하지
못했던 기술적 효과를 발휘하는 것인지 등을 열거하였다. 주의가 필요한 점은, 이러
한 요소는 모두 진보성 판단의 보조적 요소이므로 기본이 되는 "3단계 판단방식"을
대체할 수는 없다는 점이다. 만약 「특허심사지침서 2010」이 설명하는 것처럼, 특허
출원한 발명 또는 실용신안이 이러한 보조적 요소를 구비하는 것으로 인정된다면, 심
사관은 당연히 이를 고려하여야 하고 경솔하게 진보성이 없다는 결론을 내려서는 안
된다.[1)

진보성은 일종의 사회적 의미가 있는 개념이며, 맞다 또는 틀리다와 같은 간단한
논리개념이 아니다. 바로 이러한 이유 때문에, 사람을 대신해서 발명의 진보성을 판
단할 수 있는 방식(예를 들면, 컴퓨터 프로그램을 연구개발하는 것과 같은)을 찾아낸 국가
가 아직까지 없다. 구체적으로 발명 또는 실용신안의 진보성을 판단할 때에는, 본조
제3항 규정을 근거로 발명 또는 실용신안 각각의 구체적인 상황을 분석하고 각종 요
소를 종합적으로 고려하여 가장 적절한 판단을 내려야 한다.

五. 실용성

(一) 실용성의 개념

본조 제4항은 "실용성은 그 발명 또는 실용신안이 제조 또는 사용될 수 있고, 적극

---

1) 国家知识产权局, 专利审查指南2010 [M], 北京: 知识产权出版社, 2010: 第二部分 第四章 5.

적인 효과를 발휘할 수 있는 것을 가리킨다."고 규정하고 있다. 「유럽특허협약」제57조는 이에 상응하는 요건을 "산업상 이용가능성"이라고 부르는데, 아래와 같이 규정하고 있다.

> 발명이 농업을 포함하여 어떤 산업분야에서라도 제조 또는 사용될 수 있으면, 산업상 이용가능성이 있다.

양자를 서로 비교하면, 본조 제4항은 첫째 "어떤 산업분야에서라도"를 명확히 기재하지 않았고, 둘째 적극적인 효과를 발휘할 수 있어야 한다는 요구를 추가하였다는 점에서 차이가 있다. 그러나 실질적인 방식에서 보면, 중국의 실용성 판단 기준은 유럽의 기준과 다르지 않다.

특허출원한 발명 또는 실용신안이 반드시 산업에서 응용될 수 있어야 한다는 것은, 발명 또는 실용신안이 추상적이고 순수하게 이론적이어서, 이론적으로 사유적으로만 이용할 수 있는 것이어서는 안 되며, 반드시 실제 산업에서 응용할 수 있는 것이어야 함을 가리킨다. 소위 "산업"은 넓은 의미로 이해되어야 하며, 공업·광업·농업·임업·수산업·목축업·운수업·교통업·서비스업 등을 포괄한다. 소위 "응용"은, 만약 특허출원한 발명창조가 제품이라면 그 제품이 반드시 실제로 제조되어 예기된 효과를 발휘할 수 있어야 함을 가리키고, 만약 특허출원한 발명창조가 방법이라면 그 방법이 반드시 실제로 사용되고 예기된 효과를 발휘할 수 있어야 함을 가리킨다. 주의하여야 할 점은, 특허출원한 발명 또는 실용신안이 실용성을 구비할 것이 요구된다고 하더라도 특허출원 시에 그 발명 또는 실용신안이 실제로 제조 또는 사용되고 있어야 함을 요구하는 것은 아니며, 본조 제4항은 단지 "제조 또는 사용될 수 있을 것"만 요구한다는 점, 즉 해당 기술분야의 기술자가 설명서에 기재된 설명을 바탕으로 그 갖추고 있는 기술지식과 결합하여 특허출원한 발명 또는 실용신안을 제조 또는 사용할 수 있다고 판단할 수 있으면 족하다는 점이다.

적극적인 효과는, 발명 또는 실용신안이 제조·사용된 후 선행기술과 비교하여 갖게 되는 유익한 효과를 가리킨다. 이러한 효과는 기술적 효과일 수도 있고, 제품의 생산량을 높이는 것, 제품의 품질을 개선하는 것, 제품의 기능을 추가하는 것, 에너지 또는 원자재를 절감하는 것, 노동조건을 개선하는 것, 환경오염을 방지하는 것, 사회 풍습 개선에 도움이 되는 것 등과 같은 경제적 또는 사회적 효과일 수도 있다. 발명 또는 실용신안이 선행기술과 비교하여 설령 뚜렷한 장점이 없다고 하더라도, 공중이 기술을 실시하는 데 있어서 보다 많은 선택의 기회를 제공한다고 보면, 이것도 또한 본조 제4항이 요구하는 적극적 효과를 발휘하는 것으로 인정될 수 있다. 주의하여야 할 점은, 특허출원한 발명 또는 실용신안의 적극적 효과를 요구하는 것이 발명 또는 실용신안에 어떠한 결점도 없어야 함을 요구하는 것은 아니라는 점이다. 사실상 완전무결한 기술방안은 있을 수 없다. 갖고 있는 결점 또는 부족한 점이 너무 심각해서 그 기술방안을 근본적으로 실시할 수 없거나 또는 그 발명의 목적을 근본적으로 실현할 수 없는 정도만 아니라면, 이런저런 결점 또는 부족한 점을 이유로 그 기술방안의 실용성을 부정할 수는 없다. 따라서 적극적 효과가 없는 발명 또는 실용신안으로 인정되기 위해서는, 명백하게 무익할 뿐만 아니라 악영향(예를 들어, 심각한 환경오염, 심각한 에너지 낭비, 풍기 문란 등)을 미치는 발명 또는 실용신안이어야 한다.

(二) 실용성 판단

「특허법」은 실용성을 신규성·진보성과 같은 조에서 병렬적으로 규정하고 있으며, 많은 사람들은 습관적으로 이들을 발명 및 실용신안 특허권의 "3성" 요건이라고 부른다. 그러나 실용성 판단은 신규성·진보성 판단과 비교적 큰 차이가 있다는 점을 주의하여야 한다. 신규성 및 진보성은 특허출원한 발명 또는 실용신안을 출원일 전의 선행기술과 비교하여 판단하지만, 실용성은 비교하여 판단하는 것이 아니라 발명 또는 실용신안 자체의 성질을 판단하는 것이다.

신규성 및 진보성 판단에는 논리상의 선후 순서관계가 있어서, 먼저 신규성이 있는지를 판단하고 다음에 진보성이 있는지를 판단하여야 한다. 실용성 판단과 신규성·진보성 판단 사이에도 이와 유사한 논리관계가 존재하는가? 일반적으로 말해서, 실체심사 절차에서는 먼저 실용성이 있는지를 판단하여야 하는데, 만약 발명에 실용성이 없는 것으로 인정되면 심사관은 바로 특허권을 수여할 수 없다는 결론을 얻을 수 있고, 선행기술을 검색하여 그 신규성 및 진보성에 대해서 판단할 필요가 없다. 검색은 업무량이 매우 많기 때문에 이와 같은 심사순서를 따름으로써 국가지식산권국의 인력자원 낭비를 방지할 수 있다. 그러나 이러한 순서는 주로 절차 간소화와 심사기간 단축 측면에서 마련된 것이고, 신규성과 진보성 판단이 논리적 점층관계에 있는 것과는 약간 차이가 있다는 점이 지적되어야 한다. 판단의 내용 측면에서 보면, 실용성 판단은 신규성·진보성 판단과는 서로 독립적이고 관계가 없으며, 따라서 실용성을 먼저 평가하든지 아니면 신규성·진보성을 먼저 평가하든지 모두 논리적으로 부당하다고 볼 수는 없다.

발명 또는 실용신안특허출원이 다음의 하나에 해당하는 경우에는, 실용성이 없는 것으로 인정되어야 한다.

(1) 기술의 실현수단 결여. 실용성 있는 발명 또는 실용신안은, 이미 완성된 기술적 해결방안이어야 한다. 만약 출원이 단지 발명이 달성하고자 하는 목표 또는 해결하고자 하는 기술적 과제만을 언급하고, 그 목표를 달성할 수 있는 또는 그 과제를 해결할 수 있는 기술적 수단을 제시하지 않았다면, 그 발명은 미완성발명이어서 제조 또는 사용될 수 없으므로 실용성이 없다.[1]

(2) 자연법칙 위배. 실용성 있는 발명 또는 실용신안은 자연법칙에 부합하여야 한다. 만약 특허출원한 발명 또는 실용신안이 에너지보존법칙과 같이 공인되고 실천적으로 증명된 자연법칙에 위배되는 것이라면, 분명히 실현할 수 없으며 따라서 실용성이 없다.

(3) 독특한 자연조건을 이용하여 완성된 기술적 해결방안. 예를 들어, 특정의 항만에 대하여 제시된 항구 설계방안, 특정의 하천구간에 대하여 만들어진 교량설계방안과 같이, 만약 특정의 자연조건과 긴밀하게 연계되어 다른 장소에서는 적용할 수 없는 것이라면 실용성이 없다.

(4) 적극적 효과가 없는 것. 실용성 있는 발명 또는 실용신안은 예기된 유익한 효과를 발휘하여야 한다. 분명히 무익하고, 사회의 요구와 동떨어진 발명 또는 실용신안은 실용성이 없다.

본조 규정의 신규성 · 진보성 기준과 비교하면, 실용성 없음을 이유로 특허출원이 거절되거나 또는 특허권이 무효로 되는 경우는 상대적으로 적은데, 본조가 규정하는 제조 또는 사용될 수 있어야 하고, 적극적 효과를 발휘할 수 있어야 한다는 요건은 비교적 쉽게 만족할 수 있기 때문이다. 바로 이러한 이유로 과거에는 사람들이 실용성 요건을 그다지 중요시하지 않았고, 심지어 이 요건은 있어도 그만 없어도 그만이라고 보는 사람들도 있었다. 그러나 특허제도가 부단히 발전함에 따라서, 특히 의약기술 · 생물기술에 관한 특허출원 건수는 크게 증가하여, 실용성 기준의 기능이 새롭게 나타나고 있다. 예를 들어, 생물유전자에 대한 특허출원이 어떠한 요구에 부합하여야 특허권을 수여할 수 있는지는, 많은 국가가 풀어야 하는 공통의 과제이다. 수많은 생물유전자 관련 특허출원이 출원 시에 해결한 과제는 단지 유전자 배열을 찾은 것뿐이고, 이러한 배열이 어떠한 기술적 의의가 있고, 어떠한 방식으로 응용될 수 있는지는 아직 미지의 영역에 있다. 생물기술의 잠재적인 상업적 가치를 고려하여, 일부 회

---

[1] 기술적 수단이 결여되어 실현할 수 없는 특허출원은 실제로는 「특허법」 제26조 제3항 규정의 의하여 거절할 수도 있는데, 그 특허출원의 내용이 해당 기술분야의 기술자가 실시할 수 있어야 한다는 요구를 만족시키지 못하기 때문이다.

사들은 조금도 지체 없이 특허를 출원하고 획득하여 고등과학기술 분야의 고지를 점령하기를 희망한다. 이러한 상황에 대하여, 유럽연합이사회는 1998년 2월 26일 생물기술 특허보호에 관한 명령을 통과시켰는데, 그중 제5조 제3항은 유전자서열 또는 유전자서열 일부분의 산업적 용도가 반드시 특허출원 중에 기재되어 있어야 한다고 명확히 규정하고 있다. 「PCT 규칙」 제5조도, 만약 발명의 설명 또는 성질로부터 그 발명을 산업적으로 이용할 수 있는 방식 및 그 제조 또는 사용방법을 분명히 알 수 없다면 설명서에 이러한 방법을 명확히 제시하여야 하고, 발명이 사용될 수 있는 것이라면 설명서에 사용방법을 제시하여야 한다고 규정하고 있다. 과학기술의 부단한 발전 추세에 대응하여, 실용성 기준은 특허제도의 정상적 운영을 유지하고, 공중의 이익이 손해를 입지 않게 보호하는 중요한 작용을 발휘하고 있다.

제23조 디자인특허권 수여의 요건

① 특허권을 수여하는 디자인은 선행설계에 속하지 아니하여야 하고, 또한 임의의 단위 또는 개인이 동일한 디자인에 대하여 국무원 특허행정부문에 출원일 이전에 출원하여 출원일 이후에 공고된 특허문서 중에 기재되지 아니하였어야 한다.

② 특허권을 수여하는 디자인은 선행설계 또는 선행설계 특징의 조합에 비하여 분명하게 구별되어야 한다.

③ 특허권을 수여하는 디자인은 타인이 출원일 이전에 이미 취득한 합법적 권리와 서로 충돌하지 아니하여야 한다.

④ 이 법의 선행설계는 출원일 이전에 국내외에서 공지된 설계를 가리킨다.

一. 개 요

(一) 조문 연혁

1984년 제정 「특허법」 중의 본조는 아래와 같았다.

특허권을 수여하는 디자인은 출원일 전에 국내외 출판물에 공개적으로 발표되었거나 또는 국내에서 공개적으로 사용되었던 디자인과 서로 동일하지 아니하거나 또는 유사하지 아니하여야 한다.

2000년 「특허법」 개정 시에 본조를 아래와 같이 개정하였다.

특허권을 수여하는 디자인은 출원일 전에 국내외 출판물에 공개적으로 발표되었거나 또는 국내에서 공개적으로 사용되었던 디자인과 서로 동일하지 아니하고 유사하지 아니하여야 하며, 그리고 타인이 먼저 취득한 합법적 권리와 서로 충돌하지 아니하여야 한다.

개정된 점은 다음과 같다.

첫째, "서로 동일하지 아니하거나 또는 유사하지 아니하여야 한다."를 "서로 동일하지 아니하고 유사하지 아니하여야 한다."로 고쳤다.

둘째, 새로운 특허권 수여요건을 추가하였는데, 즉 "타인이 먼저 취득한 합법적 권리와 서로 충돌하지 아니하여야 한다."를 추가하였다.

위의 첫 번째와 같이 개정한 이유는, "동일하지 아니하다."와 "유사하지 아니하다."는 동등한 위계를 갖는 개념이 아니어서 유사하지 않으면 필연적으로 동일하지 않지만 이와 반대로 하면 반드시 그렇지는 않은데, 개정 전 「특허법」에서 양자를 "또는"으로 연결함으로써 그중 어느 하나를 만족시키기만 하면 본조가 규정하는 디자인특허권 수여의 요건에 부합함을 의미하게 되지만, 분명히 이것은 입법의 본의가 아니고 국가지식산권국이 정하고 있는 디자인특허권의 수여기준도 절대 이와 같지 않기 때문이다. "서로 동일하지 아니하고 유사하지 아니하여야 한다."로 고친 것은 디자인특허권의 수여기준이 두 단계의 요건을 포괄하는 것이고, 그중 하나만을 포괄하는 것이 아님을 보다 명확하게 표명한 것이다.

2008년 「특허법」 개정 시에 본조 규정을 전면적으로 개정하여 새롭게 하였는데, 개정된 점은 다음과 같다.

첫째, 제4항을 신설하여 "선행설계" 개념을 도입함으로써 본조 제1항 및 제2항 규정, 그리고 「특허법」 및 「특허법실시세칙」의 기타 관련 규정에 기초를 제공하였으며, 동시에 "선행설계"의 범위를 확대하여 출원일 전에 국내외 어느 지역에서 어떤 방식으로든지 공지된 제품의 디자인은 선행설계에 해당하도록 규정하였다.

둘째, 「특허법」 제22조와 상응하게 규정하여, 제1항은 특허권을 수여하는 디자인이 선행설계에 속하지 않아야 한다고 규정하고 디자인의 확대된 선출원에 관한 규정을 신설하였으며, 제2항을 신설하여 특허권을 수여하는 디자인이 선행설계 또는 선행설계 특징의 조합에 비하여 분명하게 구별되어야 한다고 규정함으로써, 디자인특허권을 수여하기 위해 만족되어야 하는 단계적인 요건을 훨씬 명확하게 하였다.

셋째, 개정 전 본조에 규정된 "타인이 먼저 취득한 합법적 권리와 서로 충돌하지 아니하여야 한다."를 분리해서 제3항에 별도로 규정하였으며, 동시에 필요한 조정을 하였다.

(二) TRIPs의 관련 규정

TRIPs 제정을 위한 협상 초기에, 미국이 건의한 협정의 틀에는 공업품디자인이 포함되지 않았으며, 후에 유럽 및 스위스의 주도로 비로소 협상내용에 포함되었다. 일단 협상내용에 포함되자 일부 국가는 의욕적으로 초안을 제출하였으며, 세계 각국의 디자인보호제도를 전면적으로 조화시켜 통일시키기를 희망하였다. 그러나 각 회원국 사이에 디자인제도의 차이가 매우 커서 통일시키는 것은 실제로 어려웠으므로, TRIPs는 최종적으로 단지 두 개 조, 즉 보호요건에 관한 제25조와 보호효력에 관한 제26조만 규정하였는데, 이것은 이미 당시 각국이 인식을 같이할 수 있었던 최대치 이었다. TRIPs가 포괄하는 모든 지식재산권 분야 중에서, 공업품디자인 분야는 각국 의 현행제도를 실질적으로 변화시키지 않은 유일한 분야라는 평가도 있으며,[1] 그 규 정의 내용은 단지 각국 현행방식의 "최대공약수"이므로, TRIPs에 공업품디자인에 관 한 규정을 포함시킨 것은 단지 지식재산권의 모든 분야를 포괄하고자 한 국제조약에 서 디자인을 빠뜨릴 수 없었기 때문이라고 볼 수도 있다. 설령 이와 같다고 하더라도, 이 협정은 변함없이 공업품디자인의 실질적 보호요건과 보호효력에 대해서 명확하 게 규정한 첫 번째 다자 국제조약이다.

TRIPs 제25조는 아래와 같이 규정하고 있다.

> 회원국은 새롭거나 독창성 있는 독립적으로 창작된 디자인의 보호를 규정한다. 회원 국은 공지된 디자인 또는 공지된 디자인의 형태의 결합과 디자인이 현저하게 다르지 아니할 경우, 동 디자인이 새롭지 아니하거나 독창성이 없는 디자인이라고 규정할 수 있다. 회원국은 이러한 보호가 본질적으로 기술적 또는 기능적 고려에 의해 요구되는 디자인에는 미치지 아니한다고 규정할 수 있다.

위의 규정은 세 개의 문장으로 되어 있으며, 3단계의 의미를 표현한 것인데. 즉, 다 음과 같다.

첫째, 디자인으로 보호받을 수 있는 최저요건을 규정하였는데, 즉 "독립적으로 창 작된 것"이어야 하고, "새롭거나 또는 독창성 있는 것"이어야 한다. 여기에서 새롭다 는 것은 특허법 의미의 신규성 요건에 대응하는 것으로서 특허법 또는 디자인의 단행 법으로 디자인을 보호하는 회원국에 적합하며, "독창성 있는"은 저작권법 의미의 독 창성 요건에 대응하는 것으로서 저작권법에 의하여 디자인을 보호하는 회원국에 적 합하다. 특허법 의미의 신규성 요건이 실제로는 저작권법 의미의 독창성 요건에 비 하여 훨씬 엄격한데, 독창성 요건은 다른 사람이 각각 독립적으로 창작한 동일한 작 품도 저작권적 보호를 받을 수 있는 것을 배제하지 않음에서 드러난다. 미국특허법 제171조가 규정하는 디자인특허권의 수여요건은 "새롭고" 그리고 "독창성 있는" 것

---

1) Jayashree Watal, Intellectual Property Rights in the WTO and Developing Countries[J], Springer, 2001: 272.

으로서, 양자 사이에는 "그리고"의 관계에 있으므로, TRIPs 제정을 위한 협상과정에서 미국은 그 제25조에도 이와 같이 규정하여야 한다고 주장하였다. 그러나 유럽연합은 미국의 주장에 굳건히 반대하여 양자는 "또는"의 관계이어야 한다고 보았으므로, 미국도 최후에는 포기할 수밖에 없었다. 사실상 TRIPs 제정 시에 디자인에 관한 협상에서 주로 미국과 유럽연합 사이에 이견이 있었으며, 선진국과 개발도상국 사이에 이견이 있었던 것은 아니다.

둘째, 위의 최저요건을 기초로 각 회원국은 디자인보호에 관하여 보다 엄격한 요건을 규정할 수 있는데, 즉 보호받고자 하는 디자인이 공지된 설계 또는 공지된 설계 특징의 결합에 비하여 현저하게 구별될 것을 요구할 수 있다. 이 요건은 "회원국은 … 규정할 수 있다."라는 표현방식에 드러나듯이 선택적인 것이다. 이 문구를 적어 넣은 것은 미국특허법이 디자인특허권의 수여에 대하여 진보성 요건을 규정한 것과 매우 큰 관계가 있다.

셋째, 디자인의 보호가 "본질적으로 기술적 또는 기능적 고려에 의해 요구되는 디자인에는 미치지 아니한다고 규정할 수 있다."고 규정함으로써, 디자인보호와 발명·실용신안보호 사이의 차이를 드러냈다. 이 규정도 선택적인 것이다.

이로부터 TRIPs 제25조 규정은 디자인의 보호요건에 대하여 두 방안을 제시하였음을 볼 수 있는데, 하나는 요건이 보다 단순한 방안으로서, 즉 디자인이 "새롭거나" 또는 "독창성 있는" 것이라면 보호를 받을 수 있는 방안이며, 이것은 각 회원국이 당연히 준수하여야 하는 최저의 의무이다. 다른 하나는 요건이 보다 까다로운 방안으로, 즉 "새롭거나" 또는 "독창성 있는" 것이 요구될 뿐만 아니라, 공지된 선행설계 또는 선행설계 특징의 결합에 비하여 현저하게 구별되어야 한다는 것인데, 이것은 각 회원국이 선택할 수 있는 방안이다. 그러나 이 협정은 특허와 같이 위의 두 요건에 이름을 붙여서 이를 각각 신규성과 진보성으로 부르지 않고, 이를 "새롭거나" 또는 "독창성 있는"의 의미에 포함되는 것으로 규정하였다.

(三) 2008년 「특허법」 개정 시의 본조 규정에 대한 조정

디자인의 혁신은 중국 상품이 세계로 나아가 세계시장을 석권하는 데 중요한 영향이 있다. 1985년 「특허법」 실시 이래로 중국의 디자인출원 건수는 급격하게 증가하여, 1985년 640건으로부터 2010년 421,273건으로 20여 년 사이에 600배 넘게 증가하였으며, 그중 절대다수는 중국출원인이 출원한 것이었다. 현재 중국이 매년 수리하는 디자인특허출원 건수는 세계에서 압도적인 1위를 차지하고 있으며, 이것은 중국의 기업 및 공중이 디자인에 대한 혁신 분야에서 거대한 잠재력이 있음과 디자인특허권을 확보하는 데 매우 적극적임을 보여 주기에 충분하다. 그러나 비록 중국 디자인특허출원 건수가 세계 제1위라고 하더라도 설계수준은 아직 세계 제1위에 이르지 못하였음을 분명하게 인식하여야 한다. 혁신형 국가를 건설하여 중국 제품의 설계수준과 국제적 경쟁력을 제고하는 측면에서 보면, 중국 디자인특허제도의 개선을 위해서는 디자인특허권의 수준과 품질을 높이는 데 보다 관심을 기울여야 한다. 2008년「특허법」개정을 위해 사전 전문과제연구를 진행하였는데, 중국 디자인특허제도를 어떻게 개선하여야 할 것인가는 중점 연구과제 중 하나였다. 여러 사람의 지혜를 모으고 여러 분야의 의견을 충분히 청취하기 위하여, 국가지식산권국은 네 개의 연구그룹을 조직하여 서로 다른 분야의 전문가가 각각 독립적으로 연구를 진행하도록 하였다. 이들 과제연구그룹은 그들이 완성한 5건의 연구보고서에서 본조가 규정하는 디자인특허권 수여의 요건을 적당한 수준으로 높여야 한다는 데 한목소리로 찬성하였다.[1]

이들 전문과제 연구보고서는 미국·일본 및 유럽연합으로 대표되는 선진국 그리고 많은 기타 국가의 방식에 대해서 심층적으로 조사 및 연구한 내용을 담고 있는데, 이를 기초로 중국 디자인특허권 수여요건의 제고방안에 대해서 여러 다양한 의견을 제출하였다. 전체적으로 보면 미국·일본 및 유럽연합의 방식은 기본적으로 동일한 이념을 체현한 것이지만, 방식에서는 서로 다르며 각자 특징이 있다.

미국특허법은 그 규정하는 세 가지 유형의 특허(발명특허·식물신품종특허 및 디자인특허)에 대해서 동일하고 통일적인 신규성 및 진보성 기준을 적용하고 있다. 미국특허법 제103조가 규정하는 진보성은 보호받고자 하는 대상(the subject matter sought to be protected)과 선행기술(prior art) 사이의 차이가 해당 기술분야에서 통상의 지식을 가진 자(a person having ordinary skill in the art)에게 자명하지 않은 것을 가리킨다. 그 조문 중에 사용된 "대상", "기술", "지식" 등 어휘는 모두 넓은 의미를 갖는 것으로서, 기술분야에 대해서도 적합할 뿐만 아니라 예술분야에 대해서도 적합하며, 따라서 그 세 유형 특허의 수여요건을 동시에 포괄함에 있어서 아무런 장애가 없다. 중국「특허법」제22조 제3항의 발명 및 실용신안의 진보성에 관한 규정방식은 다른 국가와 차이가 있는데, 각각 "뚜렷한 실질적 특징과 현저한 진보"가 있어야 한다는 것과 "실질적 특징과 진보"가 있어야 한다고 규정하고 있다. 이 규정은 분명히 디자인에는 적합하지 않은데, 디자인은 "풍부한 미감"이 있는 설계방안이어서 예술작품의 속성을 갖

---

1) 国家知识产权局条法司, 专利法实施细则 第三次修改专题研究报告[M], 北京: 知识产权出版社, 2006: 312-559.

고 있으며, 디자인마다 스타일이 다를 뿐이지 진보성이 있는지 없는지는 말할 수 없기 때문이다. 다른 한편으로, 디자인특허의 보호객체와 발명 및 실용신안특허의 보호객체는 성질에 있어서 크게 차이가 있으므로, 동일한 진보성 기준을 적용하는 것이 적당한지는 검토해 볼 가치가 있다.

일본디자인법은 출원하는 디자인이 공지된 디자인에 비하여 용이하게 창작할 수 없는 것이어야 한다고 규정하는데, 이 규정은 미국특허법이 규정하는 "비자명성"과 기본적으로 동일한 의미를 갖는다. "창작비용이성"과 "비자명성"은 추상의 정도가 서로 대등한 표현으로서, 모두 디자인이 신규성이 있는 것만으로는 특허를 받기에 부족하다는 의미를 표명하는 것뿐이며, 판단자에게 명확한 기준을 제시하는 것은 아니므로 그 구체적인 판단기준은 실제로 주로 법원의 판례에 의해서 형성된다.

「EU디자인보호규정」은 출원하는 디자인이 "신규성"과 "개성적 특징"이 있어야 한다고 규정하는데, 후자는 공지된 디자인에 비하여 전체적인 느낌이 달라야 함을 가리킨다. 그러나 이러한 표현을 쓰더라도 문제는 남는데, 첫째 "개성적 특징"이라는 표현은 그 뜻을 파악하기가 더 어려워서 "비자명성" 또는 "창작비용이성"만 같지 않다는 점이며, 둘째 이 규정은 둘 이상 디자인의 특징이 단지 중요하지 않은 부분에서만 약간의 차이가 있으면 동일한 디자인으로 보도록, 즉 신규성이 없는 것으로 규정하는데, 그러나 완전히 동일하지 않은 것도 동일한 것으로 간주한다는 것은 "전체적인 느낌"으로 보면 필연적으로 동일한 것이라는 것을 암시하고, 이것은 "전체적인 느낌"이라는 판단기준이 디자인의 신규성 판단에서도 사용된다는 것을 나타내며, 이렇게 됨으로써 "신규성" 요건과 "개성적 특징" 요건의 구별이 어렵게 된다는 점이다.

비교해 보면, TRIPs가 제공하는 선택적 방안이 보다 따를 만한데, 첫째, 이 방안이 규정하는 디자인 보호요건은 새로워야 한다는 이 기본적 요건보다는 분명히 까다로우므로, 이 방안을 따르면 공중과 판단자에게 본조를 개정한 의도를 명확하게 전달할 수 있고, 중국 디자인특허권의 수여요건을 확실히 높일 수 있어 중국 디자인특허제도를 개선하고자 하는 목표를 실현할 수 있기 때문이다. 둘째, "비자명성", "창작비용이성", "개성적 특징", "상이한 전체적인 느낌" 등 표현방식에 비해서, 이 방안과 같이 "공지된 디자인 또는 공지된 디자인의 형태의 결합과 디자인이 현저하게 다르지 아니하는"으로 규정하는 것이 훨씬 의미가 명확하여 공중 및 판단자에게 보다 명확한 기준을 제시할 수 있기 때문이다. 셋째, 이 방안은 현재 효력이 가장 강력한 국제지식재산조약으로부터 나온 것이므로 중국 각계가 받아들이기 쉬울 뿐만 아니라 다른 국가들도 쉽게 이해할 수 있기 때문이다.

위와 같은 점을 고려하여, 2008년 개정 「특허법」은 TRIPs의 위 규정을 본조 제2항에 반영하였으며, 동시에 본조의 나머지 부분에 대해서도 상응하게 조정하였다.

TRIPs 제25조의 표현과 일치시키기 위해서 본조 제1항 및 제2항이 규정하는 요건을 "신규성" 및 "진보성"이라고 부르지는 않았지만, 실제로는 이러한 의미를 나타낸 것이라고 볼 수 있다. 표현의 편의를 위하여, 아래의 논의에서는 본조 제1항이 규정하는 요건을 "신규성"이라 하고 제2항이 규정하는 요건을 "진보성"이라 부르도록 하겠다.

2008년 개정 후 본조 규정에는 "동일" 또는 "유사"라는 어휘를 사용하지 않았는데, 그렇다면 개정 전후의 본조 규정은 어떻게 대응되는가? 이것은 개정 전후 본조 규정의 적용관계에도 연관될 뿐만 아니라, 개정 전후 본조 규정으로 인한 변화에도 연관되며, 이 때문에 매우 큰 관심을 받았다. 입법과정에서의 이에 대한 기본적인 생각은, 개정 전 규정의 "동일"한 경우에 속한다는 것은 모두 개정 후 본조 제1항 규정의 신규성이 없는 범주에 포함되고, 개정 전 규정의 "유사" 경우는 둘로 나누어 그중 유사 정도가 매우 높은 경우 즉, 선행설계에 비하여 중요하지 않은 부분에서만 차이가 있는 경우는 개정 후 본조 제1항 규정의 신규성 없는 범주에 포함되고, 그중 유사한 정도가 보다 낮은 경우 즉, 선행설계에 비하여 그 차이가 단지 중요하지 않은 부분에만 조금 있는 것은 아니지만, 여전히 분명하게 구별되지는 않는 경우는 개정 후 본조 제2항 규정의 진보성 없는 범주에 포함된다는 것이었다. 이 밖에 개정 후 본조 제2항 규정의 진보성 없는 경우에는 둘 이상의 선행설계 특징의 조합에 비하여 분명하게 구별되지 않는 경우, 즉 상이한 선행설계의 특징을 사람들이 용이하게 생각해 낼 수 있는 방식으로 간단하게 조합할 수 있는 경우도 포함한다. 이처럼 설령 하나의 선행기술에 비하여 분명하게 구별되지 않는 경우도 개정 전의 "유사" 범위를 벗어나지 않는 것으로 한정하였다고 하더라도, 본조 제2항에서 둘 이상의 선행기술 특징의 조합에 비하여 분명하게 구별되어야 한다고 요구한 것은 과거에 줄곧 고수하였던 "단독대비" 판단방식을 분명히 돌파한 것으로서, 이는 디자인특허권의 수여기준을 뚜렷하게 높인 것이라고 하겠다.

二. 본조 제1항 및 제2항 규정의 요건

(一) 선행설계의 정의

본조 제4항은 "이 법의 선행설계는 출원일 이전에 국내외에서 공지된 설계를 가리

킨다."고 규정하고 있는데, 이 규정은 특허출원한 디자인이 본조 제1항이 규정하는 신
규성 및 본조 제2항이 규정하는 진보성이 있는지, 그리고「특허법」제62조가 규정하
는 선행설계의 항변을 적용할 수 있는지의 판단에 공통되는 법률적 기초를 제공한다.

"출원일 이전에 국내외에서 공지된 설계"는 디자인의 모든 공개방식을 포괄하는
데, 국내에서 공개된 것뿐만 아니라 국외에서 공개된 것도 포괄하고, 출판물에 의해
공개된 것뿐만 아니라 공개적으로 사용·판매되어 공개된 것도 포괄한다. 이것은 중
국이 디자인특허권에 대해서도 절대적 신규성 요건을 따르는 것으로 전환하였음을
의미하는데, 이것은 중국의 디자인특허권 수여기준을 적절하게 제고시킨 중요한 조
치 중 하나로서, 외국에서 이미 공개적으로 판매·사용되어 공지된 디자인에 대해서
다시 중국에 출원하여 특허권을 받는 것을 방지할 수 있으며, 특허권이 수여되는 디
자인의 혁신의 정도를 제고시키는 데 유리할 뿐만 아니라 중국 공중의 합법적 권익이
손해를 입지 않게 보호하는 데에도 유리하다.

지적이 필요한 점은, 디자인은 제품 외관의 도면 또는 사진이 출판물에 등재됨에 의
해서 또는 그 디자인을 사용한 제품이 공개적으로 판매 또는 사용됨에 의해서 선행기
술로 될 수 있지만, 일반적으로 구두로는 공개될 수 없는데, 구두로는 제품의 형상·
도안 및 색채 그리고 이들의 결합을 충분히 명확하게 표현해 낼 수 없기 때문이다.[1]

선행기술에 해당하기 위한 요건은「특허법」제22조 제5항의 선행기술에 해당하기 위
한 요건과 서로 동일하며, 앞에서 이미 상세히 논의하였으므로 다시 설명하지 않겠다.

(二)「심사지침서」관련 규정의 변화 과정

각국 특허법이 디자인에 대한 보호요건에 대해서 어떤 어휘와 표현방식을 쓰고 있
는지를 불문하고, 특허권 수여요건의 까다로움과 단순함은 실제 집행되는 구체적인
판단기준에 의해 최종적으로 결정된다. 중국에서는 이 기준을 주로 국가지식산권국
이 제정한「심사지침서」가 제시한다.

20세기 80년대 말에 구 중국특허국은 최초의「심사지침서」를 제정하였는데, 당시
에는 내부에서 시범적으로 적용하기 위한 것이었고, 정부부문의 규정으로서의 법적
효력은 없었다. 1993년 3월 구 중국특허국은 정식으로「심사지침서」를 발표하여 부
문규정으로서의 법적 효력을 갖게 되었다. 이후에, 구 중국특허국 및 현 국가지식산
권국은「심사지침서」를 여러 차례 개정하였고, 2008년「특허법」개정 후에 그 명칭

---

1) 汤宗舜,『专利法解说』[M], 修订版, 北京: 知识产权出版社, 2002: 163.

을「특허심사지침서」로 고쳤다.

「심사지침서 1993」제1부분 제3장 "디자인특허출원의 초보심사"에서 디자인의 동일·유사에 대한 심사기준을 규정하였는데, 여기에는 다음과 같은 내용이 포함되어 있었다.[1]

첫째, 일반 구매자의 수준에서 판단하여야 하는데, 즉:

> 일반 구매자는 전문가 또는 전문기술자가 아닌 일반적인 지식을 가진 자를 가리킨다. 유사한 제품의 미세한 차이는, 전문기술자라면 용이하게 분별해 낼 수 있지만, 일반 구매자는 보통 알아채지 못한다. 특허심사관은 일반구매자의 시각에서 판단하여야 한다.

둘째, 육안으로 관찰하여 간접적인 대비방식으로 판단하여야 하는데, 즉:

> 디자인특허 제품의 유사판단에는, 시각 즉 육안으로 관찰하는 방식에 의하여 판단하여야 하고 확대경·현미경 및 기타 화학분석적 수단으로 비교할 수 없으며, 볼 수 없는 부분을 판단의 요소로 할 수 없다.
> 간접적인 대비방식은 두 제품을 병렬적으로 함께 놓고 비교하지 않는 것으로서, 관찰자가 시간적·공간적으로 일정한 간격을 두고 비교할 때에 만약 혼동이 발생한다면 유사한 설계인 것으로 보아야 한다.

셋째, 제품의 동일·유사와 제품 외관의 동일·유사를 각각 판단하여야 하는데, 즉:

> 동일한 디자인은 물품도 동일하고 설계도 동일한 것을 가리킨다. 설계가 동일하지만 물품은 동일하지 않은 경우 동일한 디자인라고 할 수 없다.

「심사지침서 1993」이 확정한 위의 심사기준 중에서, 두 번째 점이 실제로는 가장 핵심적인 지위를 차지하는데, "만약 혼동이 발생한다면 유사한 설계인 것으로 보아야 한다."라고 규정함으로써 "혼동론"에 기초한 판단기준을 확정하였기 때문이며, 일반 구매자가 특허출원된 디자인과 공지인 제품의 외관에 대해서 오인·혼동이 발생하

---

1) 中国专利局, 审查指南1993 [M], 北京:专利文献出版社, 1993: 第一部分 第三章 5.4.

는지 여부를 디자인 유사판단의 기준으로 하도록 하였다.

첫 번째의 판단주체에 관한 규정은 "혼동론"을 따르는 것과 서로 호응한다. 오인·혼동의 발생여부를 유사여부 판단의 기준으로 하였기 때문에, 판단자는 일반 구매자일 수밖에 없고 제품외관의 설계전문가일 수는 없는데, 두 제품의 디자인에 큰 차이가 없는 경우에 일반 구매자는 구분하기 어려워서 이들을 혼동하기 쉽고 유사한 디자인으로 인식할 수 있지만, 전문가는 미세한 것까지 놓치지 않고 분명하게 볼 수 있고 일반적으로는 이들을 혼동하지 않으므로 유사한 디자인에 해당하지 않는다고 인식한다는 데 그 이유가 있다.

두 번째 규정에서 "간접대비" 방식에 의하도록 한 것은 "혼동론"과 밀접한 관계가 있다. "시간적·공간적으로 일정한 간격"을 갖는 판단방식에 의하여야 하고 양자를 함께 놓고 대비 관찰하는 "면대면" 판단방식을 취하면 안 된다고 강조한 것은, 판단자로 하여금 공지된 제품외관의 인상을 일정한 정도로 쇠감시키도록 하고 대략적으로 모호한 기억만 남기도록 하기 위함인데, 판단자가 이러한 방식으로 판단할 때에 특허출원한 디자인이 어디선가 본 듯하여 그 기억하고 있는 공지된 제품의 외관과 "크게 다르지 않다."고 느끼기만 하면 오인·혼동을 유발하는 것으로 인정될 수 있고 따라서 유사한 것으로 인정될 수 있다. 바꿔 말하면, "면대면" 판단방식에 의한다면 판단자가 혼동하지 않을 수도 있다.

세 번째 규정은 실제로는 「상표법」 제52조 제1호에 규정된 등록상표권의 침해판단원칙을 도입한 것이다.

「심사지침서 2001」은 그 제4부분에 제5장 "디자인의 동일 및 유사 판단"을 신설하였는데, 그 이유는 중국이 디자인특허출원에 대해서 초보심사만 진행하여 일반적으로는 동일 또는 유사 여부에 대해서는 판단하지 않고, 디자인특허권이 수여된 후에 무효선고가 청구된 경우에만 비로소 이에 대해서 판단하게 되며, 따라서 제4부분에서 규정하는 것이 제1부분에서 규정하는 것에 비하여 훨씬 적절하기 때문이다. 「심사지침서 1993」과는 달리 「심사지침서 2001」은 주로 다음과 같은 점에서 디자인의 동일·유사여부 판단기준에 변화를 주었다.

첫째, 판단주체를 원래의 "일반 구매자"에서 "일반 소비자"로 고쳤으며, 그리고 이에 대해서 상세하게 정의하였는데, 아래와 같다.

디자인의 동일 또는 유사여부를 판단할 때에, 디자인 제품의 일반적 소비자가 혼동하기 쉬운가를 판단기준으로 하여야 하는데, … 소위 일반 소비자는 가상의 인물이며 다음과 같은 특징이 있다.

(1) 일반 소비자는 일반적인 지식수준과 인지능력을 갖고 제품의 형상·도안 및 색채를 식별해 낼 수 있으며, 그는 판단대상 디자인 제품과 동일 또는 유사한 제품의 디자인 상황을 상식적으로 파악한다.

(2) 일반 소비자는 대비되는 디자인 제품을 구매할 때에, 단지 판단대상 디자인 제품이 갖고 있는 요소를 제품의 동일 여부를 식별하는 요소로 할 뿐이고, 기타 제품에 포함된 기타 요소에 대해서는 주의를 기울이거나 식별해 내지 아니하고, 제품의 크기, 재료, 기능, 기술적 성능, 내부구조 등 요인에 대해서도 주의를 기울이거나 식별해 내지 아니한다. 설계의 구상방법, 창작자의 관념 및 제품 도안에 사용된 재료 및 문자의 의미도 일반 소비자가 고려하는 요소가 아니다.

(3) 판단주체는 전문가 또는 전문창작자가 아닌 일반 소비자인데, 그는 일반적 주의력으로 제품의 디자인을 식별하므로 사용 시에 보이지 아니하는 부위의 외관 그리고 일반적인 미학적 의의를 갖지 아니하는 부위의 외관 및 요소에 대해서는 시각적 인상을 남기지 아니하며, 그는 제품의 형상·도안 및 색채의 미소한 변화에 대해서는 주의를 기울이지 아니한다.[1]

둘째, 판단원칙에 관한 설명을 아래와 같이 추가하였다.

만약 일반 소비자가 판단대상 디자인 제품을 구매하려고 할 때에, 그 구매와 사용에 남은 인상에만 의존하고 판단대상 디자인을 볼 수 없는 상황에서, 선행설계를 판단대상 디자인으로 오인한다면, 즉 혼동이 발생한다면, 곧 판단대상 디자인이 선행설계와 동일하거나 또는 선행설계와 유사한 것이며, 만약 그렇지 않다면 양자는 동일한 것도 아니고 유사한 것도 아니다.

주의하여야 할 점은, 판단대상 디자인과 선행설계의 동일 또는 유사 여부를 판단할 때에, 판단대상 디자인의 유형에 근거하여 선행설계를 확정하고 동일성 및 유사성을 판단하여야 한다는 점이다.[2]

셋째, "단독대비"에 관한 규정을 아래와 같이 추가하였다.

동일성 및 유사성 판단에서, 일반적으로는 하나의 디자인을 판단대상 디자인과 단독으로 비교하여야 하고, 둘 또는 그 이상의 선행설계를 결합하여 판단대상 디자인과 대

---

1) 国家知识产权局, 审查指南2001[M], 北京: 知识产权出版社, 2001: 第四部分 第五章 4.
2) 国家知识产权局, 审查指南2001[M], 北京: 知识产权出版社, 2001: 第四部分 第五章 5.

비할 수 없다.[1]

　전체적으로 보면, 「심사지침서 2010」은 "혼동론"에서 보다 더 나아갔지만, "일반 소비자"에 관한 상세한 정의 및 "단독대비"에 관한 규정을 추가함으로써 새로운 문제를 가져왔다.

　「심사지침서 1993」 및 「심사지침서 2001」의 관련 규정은 학계에 논란을 일으켰다. 먼저, 디자인의 동일 및 유사 판단의 주체를 "일반 구매자"로 규정하였다가 나중에 이를 "일반 소비자"로 규정하고 그를 일종의 "가상의 인물"로 정의한 것이 옳은 것인가 하는 문제에 대해서 논란이 있었다.

　기왕에 「심사지침서 1993」이 디자인의 동일 또는 유사 여부를 판단할 때에 디자인 제품의 일반 소비자가 혼동하기 쉬운가를 판단기준으로 하여야 한다고 규정하였다면, 여기에서의 일반 소비자는 이미 명확하고도 구체적으로 소비자 집합체를 가리키는 개념이라고 본 학자도 있었다. 「심사지침서 2001」이 다시 "일반 소비자"를 일종의 "가상의 인물"로 정의하고, 그가 무엇을 알고 무엇을 알지 못하고, 어떤 분야에 주의를 기울이고 어떤 분야에는 주의를 기울이지 않는다고 규정하였는데, 이것은 근본적으로 일반 소비자가 아니라고 보았다. 이러한 상호 모순된 논리관계 때문에 디자인특허권의 수여기준에 혼란이 발생하였다고 한다.

　이 학자는 나아가 아래와 같이 지적하였다.

　　분석을 통해서 특허권을 수여하는 디자인이 발명창조에 속함을 알 수 있다. 디자인의 구체적인 표현형식은 제품 외부표면 양식의 새로운 설계이다. 제품의 설계가 새로운 것인가는 많은 경우에 일반 구매자가 판단할 수 없으며, 일반 구매자의 수준으로 「특허법」 제23조가 규정하는 디자인특허권의 수여기준을 적용하는 것은 비과학적이고, 이로 인해 얻을 수 있는 결론은 공정하지도 않고 객관적이지도 않다. 제품의 디자인이 공지된 설계와 유사한지를 판단하기 위해서는 해당 분야에서의 통상의 창작자 수준을 기준으로 판단하여야 하고, 일반적인 구매자의 수준을 기준으로 판단해서는 아니 된다. 전문적인 디자인인력은 식별능력이 높고, 디자인에 대한 요구도 상당히 까다롭다. 만약 일반 구매자의 수준을 기준으로 한다면, 필연적으로 신규성 수준이 매우 낮은 디자인특허를 낳게 되고, 단지 구매자가 특허출원된 설계를 공지된 디자인과 혼동하지 않았다는 이유만으로 특허를 받게 되는 것은 특허권을 수여하는 디자인 고유의 속성을 체현해 낼 수 없을 뿐만 아니라 특허법의 입법

---

[1] 国家知识产权局, 审查指南2001[M], 北京: 知识产权出版社, 2001: 第四部分 第五章 6.2.

취지를 실현하는 데에도 이롭지 않다.[1]

이 밖에 이 학자는 또한 「심사지침서 2001」이 규정하는 단독대비·이격대비 판단 방식 및 종합판단과 요부판단 사이의 관계 등에 대하여 의문을 제기하고 자신의 견해를 분명하게 밝혔다.

2003년 3월 20일 베이징시 고급인민법원은 국가지식산권국에 사법건의서를 제출하였는데, 「심사지침서 2001」이 일반 소비자를 디자인의 동일 및 유사 판단의 주체로 한 것은 적절하지 않다고 보았으며, 판단주체를 "통상의 전문창작자"로 바꿀 것을 건의하였다.

2003년 5월 8일, 국가지식산권국은 답변서에서 아래와 같이 지적하였다.

> 통상의 전문창작자는 일본·미국 및 유럽연합 일부 국가가 디자인의 진보성·비자명성·독창성 또는 창작비용이성 판단에 도입한 판단주체 개념으로서, 디자인의 신규성 및 유사성 판단에 대해서는 위의 각국이 전문창작자를 판단주체로 하지 아니하고 심지어 명확하게 배제하고 있으며, "보통의 관찰자", "일반 소비자" 또는 "고객"의 개념을 채용하고 있다. 중국의 현행 특허법이 디자인에 대하여 진보성이 요구된다고 규정하지 않은 상황에서, 진보성 판단에 사용되는 통상의 전문창작자 개념을 도입하게 되면, 디자인특허권 수여요건이 현행 법률의 규정을 벗어나게 된다. 다른 한편으로, 만약 디자인 유사여부 판단 중에 통상의 전문창작자를 판단주체로 도입하면서도 오인여부를 판단기준으로 유지한다면, 전문기술자도 양자 사이의 차이를 변별해 낼 수 없어 오인이 발생하는 정도로 특허권 수여 판단기준을 낮추는 것이 되어 디자인의 유사판단 기준이 동일판단 기준과 거의 같게 된다. 이렇게 되면 특허법에 설정된 유사하지 아니하여야 한다는 특허권 수여기준이 유명무실하게 된다. 가상의 소비자를 판단주체로 한 것은 상이한 전공·경력 및 심사경험을 갖는 심사관들 사이의 유사판단에 동일한 잣대를 적용하기 위함이다.[2]

답변서는 두 가지 의미를 표현한 것인데, 하나는 사법건의서에서 제시한 "통상의 전문창작자"를 판단주체로 하는 것은 「특허법」이 디자인에 대해서 신규성 요건만 규정한 상황에서는 아직 적절하지 않고 진보성 요건을 추가한 후에야 비로소 고려할 수 있다고 보았다는 것이고, 다른 하나는 줄곧 따라왔던 "혼동론"에 부합하도록 하기 위

---

1) 程永顺, 中国专利诉讼[M], 北京: 知识产权出版社, 2005: 70-75.
2) 国家知识产权局[国知发法字(2003)64号]「关于对北京市高级人民法院司法建议的复函」.

해서는 "일반 소비자"를 판단주체로 할 수 있을 뿐이고 그렇게 하지 않으면 디자인특허권의 수여기준이 낮아지게 된다는 것이다.

디자인제도는 혁신을 보호하는 데 기반을 두어야 한다고 보아 "혼동론"에 대해서 의문을 제기한 학자도 있었다.[1] 이 학자는 중국에서 디자인특허에 대한 보호의식은 기본적으로 식별력을 바탕으로, 즉 다른 제조자가 외관에 있어서 자신의 제품을 모방하여 소비자를 오도하는 것을 방지함으로써 자신의 이익을 보호하기 위해 형성되었다고 지적하였다. 이 견해는 「디자인출원 심사가이드」라는 서적에서 가장 직접적으로 설명되었는데, 즉 "디자인특허보호의 목적은 부정경쟁 · 표절 · 모방을 방지하는 데 있으며, 따라서 한 제조자의 제품이 설계 시에 다른 제조자의 제품과 구별되도록 함으로써 구매자가 오인 · 혼동하지 않는 것을 원칙으로 하여야 한다."[2]고 설명하였다. 이 학자는 디자인특허보호에 대해서 논란이 있는 문제 및 디자인특허의 수여 · 무효 또는 침해판단에 존재하는 난제의 대부분은 디자인특허보호가 제품을 혼동할 수 있는가 하는 이 식별기능을 바탕으로 형성된 것과 관계가 있으며, 따라서 이를 디자인특허보호의 기본적 근거로 하는 것이 합리적이고 옳은 것인가에 대해서 고려할 필요가 있다고 보았다. 이와 같은 견해에 기초하여, 이 학자는 디자인특허보호는 디자인에 대한 혁신활동의 보호에 바탕을 두어야 한다고 주장하였다.

적지 않은 전문가와 학자들이 잇따라 유사한 견해를 피력하여, 학술계 및 법조계의 관심을 받았다.[3]

국가지식산권국은 베이징시 고급인민법원의 사법건의서 및 전문가의 견해와 주장을 중시하여, 2004년 5월 26일 「심사지침서 2004」 제1호 공보를 발포하여 일련의 디자인 특허권 수여기준을 조정하였는데[4] 다음과 같다.

첫째, 일반 소비자를 동일 또는 유사판단의 주체로 하는 입장을 계속 견지하였지만, 그 정의를 아래와 같이 조정하였다.

---

1) 吴观乐, 外观设计专利应当立足保护创新[G]//程永顺, 外观设计专利保护实务, 北京: 法律出版社, 2005: 16-29.

2) 刘桂荣, 外观设计申请审查指导[M], 北京: 专利文献出版社, 1993.

3) 张沧, 外观设计专利实质性授权条件研究[G]//国家知识产权局条法司, 专利法研究 2002. 北京: 知识产权出版社, 2003: 227-248; 吴观乐, 试论外观设计专利保护的立足点[J], 知识产权, 2004(1): 14-19; 程永顺, 中国专利诉讼[M], 北京: 知识产权出版社, 2005: 70-75; 应振芳 等, 外观设计专利授权标准和保护范围[G]//国家知识产权局条法司, 专利法及专利法实施细则 第三次修改专题研究报告. 北京: 知识产权出版社, 2006: 449-486.

4) 国家知识产权局, 审查指南2004[M], 北京: 知识产权出版社, 2004: 附录部分.

디자인의 동일 또는 유사를 판단할 때에, 판단대상 디자인 제품의 일반 소비자가 갖고 있는 지식수준 및 인지능력을 기준으로 평가하여야 한다.

판단대상 디자인 제품의 종류가 달라지면 소비자 집합체도 달라진다. 디자인 제품의 일반 소비자는 다음과 같은 특징을 갖고 있어야 한다.

(1) 판단대상 디자인 제품과 동일한 종류의 또는 유사한 종류 제품의 디자인에 대해서 상식적으로 파악한다. 예를 들어, 자동차에 있어서 그 일반 소비자는 시장에서 판매되는 자동차 그리고 대중매체에서 쉽게 볼 수 있는 것과 같은 자동차 광고에서 공개되는 정보에 대해서 일정한 정도로 알고 있다.

(2) 디자인 제품 사이의 형상·도안 및 색채의 차이에 대해서 일정한 분별력을 갖고 있지만, 제품의 형상·도안 및 색채에서의 미소한 변화에 대해서는 주의를 기울이지 않는다.

둘째, 원래의 판단원칙을 조정하여 "판단대상 디자인과 선행디자인과의 차이가 제품의 전체적 시각효과에 현저한 영향을 발생시키는가?"라는 새로운 판단기준을 제시하였는데, 아래와 같다.

만약 일반 소비자가 판단대상 디자인과 선행설계를 전체적으로 관찰한 결과, 양자의 차이가 제품의 전체적 시각효과에 현저한 영향을 주지 아니하는 것이라면, 판단대상 디자인과 선행설계는 유사한 것이고, 그렇지 않으면 양자는 동일한 것도 아니고 또한 유사한 것도 아니다.

만약 일반 소비자가 판단대상 디자인과 선행설계를 오인·혼동한다면, 양자의 차이가 제품의 전체적 시각효과에 현저한 영향을 주는 것이 아님이 분명하다.

그러나 단지 두 건의 디자인이 일반 소비자로 하여금 오인·혼동을 일으키지 아니한다는 것을 근거로 해서 양자의 차이가 제품의 전체적 시각효과에 현저한 영향을 주었다는 결론을 필연적으로 얻을 수 있는 것은 아니다.

셋째, "종합판단"과 "요부판단" 사이의 관계를 조정하여 "일반 제품에 대해서는 그 디자인에 대해서 종합적으로 동일 및 유사를 판단하여야 한다.", "사용상태에서 상대적으로 기타 부위에 비하여 상대적으로 전체적 시각효과의 영향이 분명하게 강력한 부위를 판단의 '요부'로 할 수 있다."고 규정하였다. 이렇게 개정한 것은 "종합판단"을 우선하여야 한다는 의미를 표현한 것이다.

넷째, 광범위하게 비판을 받았던 "이격대비" 비교방식을 삭제하였는데, 「심사지침서 2004」 제1호 공보의 설명은 개정 이유를 "디자인의 동일 또는 유사 여부를 판단할 때에, 절대 다수는 두 건의 디자인을 동시에 분석·비교한 결과를 바탕으로 판단하고, 이격하여 대비하는 방식은 다루기가 쉽지 않으며, 따라서 이격판단 방식을 삭제하였다."라고 지적하였다.

「심사지침서 2004」 제1호 공보의 설명과 같이, "일반 소비자"의 정의에 대해서 개정한 것은 그 일상생활에서 통상적으로 이해되고 있는 "일반 소비자" 개념과 보다 일치시키기 위함이며, 원래 규정하였던 일반 소비자가 "고려하지 아니하는 요소" 등 제한요건을 유사성 판단의 원칙 부분으로 이동시킨 것은 디자인의 유사성 판단이 보다 쉽게 이해되도록 하고 동시에 활용성을 높이기 위함이었다.

규정의 조문으로 보면, 위의 두 번째 개정내용은 마치 "혼동론"과 고별한다는 의미를 갖고 있는 것 같은데, 오인·혼동을 유발하면 분명히 유사한 것이지만 오인·혼동을 유발하지 않는다고 해서 반드시 유사하지 않은 것은 아니라고 규정하였기 때문이며, 이것은 「심사지침서 1993」 및 「심사지침서 2001」이 부여한 "혼동론"의 지위를 동요시켜 이전의 "생사여탈"적 효력을 갖지 않게 한 것이다.

그러나 「심사지침서 2004」 제1호 공보의 설명은 이 개정의 이유를 아래와 같이 지적하였다.

> 판단원칙에 있어서, 구 「심사지침서」는 "일반 소비자의 오인·혼동" 여부를 유사성 판단의 원칙으로 하였다. 구 「심사지침서」에서 일반 소비자에 대한 정의에 원래는 일반 소비자 고유의 특징이 아닌 점을 그 특징으로 한정한 것은 유사성 판단기준이 너무 낮지 않도록 보장하는 데 그 목적이 있었다. 이 때문에 "일반 소비자"의 정의를 개정하였음에도, 만약 여전히 "오인·혼동"의 판단기준을 계속하여 사용한다면 판단기준이 너무 낮아지게 된다. 원래의 판단기준과 연속성을 유지하고 판단기준과 심사에서의 판단방식을 서로 일치시키기 위하여 판단원칙을 개정하였는데, 즉 원래의 "오인·혼동" 판단원칙을 "만약 일반 소비자가 판단대상 디자인과 선행설계를 전체적으로 관찰한 결과, 양자의 차이가 제품의 전체적 시각효과에 현저한 영향을 주지 않는 것이라면, 곧 판단대상 디자인과 선행설계는 유사한 것이고, 그렇지 않으면 양자는 동일한 것도 아니고 또한 유사한 것도 아니다."로 고쳤다.

이것은 "현저한 영향"이라는 판단기준을 도입한 것이 단지 "일반 소비자"가 "가상의 인물"에서 "보다 사실적인 인물"로 회귀함에 따른 영향을 보충하기 위한 것으로, 그것을 삭제하려면 이것을 강화하여야 비로소 디자인특허권의 수여기준을 정상상태로 유지할 수 있음을 나타낸다. 베이징시 고급인민법원에 회신한 국가지식산권국의 답변서 내용과 함께 놓고 보면, 개정 후「특허심사지침서 2004」는 판단기준의 조정에 대해서, 그리고 "혼동론"에 대해서 실질적으로 변경할 의도가 없었다고 할 수 있다.

「심사지침서 2006」은 기본적으로「심사지침서 2004」제1호 공보의 틀을 유지하였으며, 이를 크게 조정하지 않았다.

(三) 분석 및 평가

1. "혼동론"에 관하여

필자는 한 학자가 발표한 아래의 평론에 주의하였다.

디자인은 지식재산권 객체의 일종이다. 간단하게 설명하면, 지식재산권은 창조적 성과에 대한 권리와 식별표지에 대한 권리로 크게 나눌 수 있다. 바로 앞에서 이미 설명한 바와 같이 디자인특허는 지적 성과의 일종으로, 이것이 보호하는 것은 권리자가 창조적 노동을 통해서 얻은 지적 성과이다. 따라서 디자인특허권은 창조적 성과에 대한 권리로 분류할 수 있다. 이것과 식별표지에 대한 권리(예를 들어, 상표권)의 가장 주된 차이점은 전자가 보호하는 것은 창조적 성과임에 대하여 후자가 보호하는 것은 식별정보라는 점이다. 이 때문에, 비록 디자인특허권이 제품의 외형을 타인이 모방하여 소비자가 잘못 구매하는 것을 방지하는 기능이 있다고 하더라도, 즉 일정 정도의 식별기능이 있다고 하더라도, 이러한 식별기능은 디자인특허보호에 있어서는 그 부차적인 기능에 불과하고, 디자인특허보호의 바탕은 디자인에 대한 창조적 활동을 보호하는 것에 있어야 한다. 바로 발명 및 실용신안이 기술분야에서의 혁신활동을 보호하는 것과 마찬가지로, 디자인특허는 인간이 시각적으로 직접 관찰할 수 있는 그 제품의 조형·도안·색채를 설계하여 얻을 수 있는 창조적 성과를 보호하는 것이다. 다른 한편으로, 새로운 것을 만들어 내기만 하면 디자인특허권으로 보호하여야 한다. 이를 기준으로 하면, 디자인특허보호의 기제가 현행제도와는 달라져야 한다는 결론을 얻을 수 있다. 예를 들어, 보호객체에 있어서 만약 창작을 강조한다면 일부의 개량도 있을 수 있고, 이에 대해서도 당연히 보호하여야 한다면 일부에 대한 보호문제도 자연스럽게 해결된다. 만약 창작을 강조한다면, 제품 종류의 동일 또는 유사를 요구할 수 없으며, 자동차외관에 대한 출원이 자동차 모형의 디자인특허를 표절하였고 창작해 낸 것이 아니라고 한다면 당연히 특허권을 받을 수 없다. 판단주체에 있어서, 분명히 창작자는 소비자에 비해서 창작여부를 훨씬 더 잘 판단할 수 있는 능력이 있다. 판단원칙에 있어서, 단독대비로 제한할 것이 아니고, 간단한 중첩은 창작이 아니며, 혼동이 발생하지 아니하거나 또는 현저한 영향이 있다고 하더라도 필연적으로 특허권이 수여될 수 있는 것은 아니다. 특허권 수여기준에 있어서, 창작에 요구되는 어려움에 근거하여 독창성·창작성 또는 진보성을 기준으로 도입하여야 한다.[1]

위의 평론은 과거의 디자인특허권 수여기준에 있었던 문제, 논란을 일으킨 문제의 소재를 지적하였는데, 그것은 바로 「심사지침서 1993」이 확립한 "혼동론"이다. 이 이론은 중국이 특허제도를 수립한 초기에 나타나 여러 해 동안 그림자처럼 따라다녔으며, 줄곧 중국 디자인특허제도와 함께해 왔다. 판단주체·판단원칙·판단방식·판단기준을 포함한 디자인특허권 수여기준에 관한 일련의 제도는 모두 "혼동론"과 함께 설계된 것으로서, 이들로 인해 발생한 문제들의 근원을 탐색해 보면 모두 이 이론으로 귀결된다. 2008년 개정 「특허법」은 본조 규정에 대해서 중요한 개정을 하였는데, 이는 경험을 종합하여 적절한 시기에 중국 디자인제도의 이념을 조정하는 데 좋은 계기가 되었다.

특허출원한 디자인과 선행디자인을 일반 소비자가 오인·혼동할 수 있는가를 디자인특허권 수여기준의 바탕으로 함으로써, 디자인특허권의 보호를 등록상표권에 대한 보호와 혼동하게 하는 결과를 낳았으며, 창조적 성과로서의 지식재산권인 디자인특허와 식별표지로서의 지식재산권이 구별되는 원래의 차이를 덮어 가리게 하였다.

등록상표권의 가장 근본적인 기능은 소비자로 하여금 제품 또는 서비스의 출처를 정확하게 인식하도록 하는 것이고, 이 때문에 상표의 등록요건과 상표권의 침해요건은 모두 소비자로 하여금 제품 또는 서비스의 출처에 대해서 혼동하게 할 수 있는가 하는 이 근본적인 문제를 중심으로 수립되었다. 특허권이 수여되는 디자인은 일종의 발명창조이고, 디자인제품의 출처를 식별하는 데 사용되는 표지가 아니며, 이 때문에 제품의 출처에 혼동을 일으킬 수 있는가는 판단의 출발점으로 할 필요가 없다. 설령 2008년 개정 전 「특허법」 제23조가 규정하는 바와 같이 "유사하지 아니하고", 개정 후 「특허법」 제23조가 규정하는 바와 같이 "분명하게 구별"된다면 "혼동을 일으키지 않는다."고 할 수는 있다고 하더라도, 그 의미는 상표법 의미에서의 제품 또는 서비스 출처에 "혼동"을 일으키는 것과는 분명히 다르며, 양자는 완전히 상이한 개념이다. 디자인제도에 있어서 디자인특허권의 수여요건과 디자인특허권의 침해요건은 모두 "창작성"을 출발점으로 하여, 디자인특허권을 받을 수 있는지는 제품의 외관이 창작된 것인지 그리고 창작의 정도가 규정된 요건에 부합하는지 여부에 의해 결정되어야 하

---

1) 张广良, 外观设计的司法保护[M], 北京: 法律出版社, 2008: 32-33.

고, 디자인특허권을 침해한 것인지는 침해로 피소된 자가 그 제품의 외관에 디자인특허권자의 제품외관에 대한 창작성과를 사용하였는지 여부에 의해 결정되어야 한다.

사실상 발명 및 실용신안특허제도는 줄곧 "창작성"을 기초로 해 왔으며, 종래에 아무도 오인 · 혼동의 유발 여부를 발명 및 실용신안특허권의 권리수여기준 및 침해판단기준의 출발점으로 하여야 한다고 보지 않았다. 비록 디자인특허의 보호객체가 발명 · 실용신안특허와 크게 다르다고 하더라도, 모두 창작성과에 대한 지식재산권이고 식별표지에 대한 지식재산권이 아니라는 점에서 같으므로, 제도설계에 있어서 이처럼 큰 차이가 있어서는 안 된다.

2. 디자인특허권 수여요건의 판단주체

"혼동론"을 권리수여 판단의 기준으로 하는 것은 "일반 소비자"를 권리수여 판단의 주체로 하는 것과 서로 밀접한 인과관계가 있다. "혼동론"을 따르고 있기 때문에 "일반 소비자"를 판단의 주체로 할 필요가 있는 것이고, "일반 소비자"를 판단의 주체로 하기 때문에 "혼동론"을 따를 수밖에 없다.

본조는 원래 특허권을 수여하는 디자인이 공지된 제품의 디자인과 동일하지도 않고 유사하지도 않아야 한다고 규정하였는데, 의미가 사실은 매우 명확하면서도 매우 간단하다. 소위 "동일"하다는 것은 양자가 완전히 동일하거나 또는 기본적으로 동일하여 단순한 복제 또는 복사에 불과함을 가리킨다. 소위 "유사"하다는 것은 양자가 비록 일정한 차이가 있지만 차이가 크지 않아서 약간만 차이가 있는 모방에 불과함을 가리킨다. 완전히 동일한지 여부를 판단함에 있어서 실제로는 판단의 주체를 선택할 필요가 없는데, 누가 판단하더라도 그 결론은 모두 같기 때문이다. 오직 유사여부를 판단할 때에야, 즉 완전히 동일하지는 않고 일정한 차이가 있으며, 나아가 그 차이가 충분히 큰 것인가를 판단할 때에야, 비로소 누구의 시각에서 판단하여야 하는가 하는 문제가 있을 수 있는데, 판단자를 달리 선택하면 그 판단결과도 크게 달라질 수 있기 때문이다.

"혼동론"은 주로 유사여부 판단과 관련되어 있다. 소위 "혼동"이라는 것은 사람들로 하여금 오인 · 혼동을 일으키는 것으로, 비교대상에 실제로는 차이가 존재하지만 판단주체가 알아채지 못하거나 또는 알아채기가 쉽지 않아서, 주관적으로 양자의 차이가 크지 않은 것으로 인식하는 것을 가리킨다. 이 때문에, "혼동론"을 따르게 되면 오인 · 혼동의 발생여부를 디자인특허권 수여의 필요충분조건으로 하게 되며, 그 실질은 바로 판단주체가 양자 사이의 차이를 확실하게 파악할 필요가 없거나 심지어는 확실하게 파악하면 안 되는 것이고, 이렇게 하지 않으면 오인 · 혼동이 발생하기 어려워서 조금이라도 다른 점이 있으면 디자인특허권이 수여될 수밖에 없게 된다. 바꿔 말하면, "혼동론"은 명확한 사실을 전제로 요구하지 않고, 모호한 주관적 인상을 판단의 근거로 하여야 하는데, 이것이 디자인특허제도에 문제를 발생시키고 왜곡을 일으킨 근원이다. 발명 및 실용신안이 진보성을 구비하는지를 평가함에 있어서는 주로 발명 또는 실용신안과 선행기술 사이의 차이가 자명한 것인지를 판단하는 데, 즉 판단주체가 이러한 차이를 도출해 내는 것이 용이한가를 판단하는 데, 여기에서는 양자 사이의 차이를 명확하게 파악하면 안 된다는 의미가 조금도 포함되어 있지 않다.

발명 또는 실용신안특허권의 수여요건에 부합하는지를 판단하는 것과 마찬가지로 디자인특허권의 수여요건에 부합하는지를 판단함에 있어서도 먼저 사실을 명확하게 하여야 하는데, 즉 특허출원한 제품의 디자인이 공지된 제품의 디자인과 동일한지, 만약 동일하지 않다면 차이점은 무엇인지를 명확하게 하여야 한다. 사실을 명확하게 인정하고 나면 법률을 어떻게 적용할 것인가 하는 문제가 비로소 이어진다.

디자인이 발명 및 실용신안과 다른 점은 복잡하고 이해하기 어려운 과학기술에 관한 것이 아니고, 단지 제품의 외관이 인간에게 주는 시각적 느낌에 관한 것이라는 점이다. 현실에서는 설령 일반 소비자라고 하더라도 두 제품의 외관상의 차이를 쉽게 알아볼 수 있는데, 예를 들어 살림하는 보통 사람도 제품을 구매할 때는 대개 안목이 매우 예리하다. 그러나 이러한 일반 소비자가 오인·혼동하지 않는 디자인이라고 해서 반드시 디자인제도를 설계한 자가 특허권이 수여될 수 있다고 인정하는 디자인은 아니다. 디자인특허권의 수여요건이 너무 낮지 않게 보장하기 위하여「심사지침서 2001」은 실제 일반 소비자의 지식수준과 인지능력을 개조할 필요가 있다고 보아서, 그들이 무엇은 분별하고 주의를 기울이며 무엇은 분별하고 주의를 기울일 수 없는지, 어떤 것은 그들에게 시각적 인상을 남기고 어떤 것은 그들에게 시각적 인상을 남기지 않는지를 인위적으로 규정하였다. 동시에 "면대면"의 직접대비를 해서는 안 되고 일정한 시간적 및 공간적 거리를 두고 대비하여야 한다고 규정하였는데, 이것은 판단주체가 설령 두 제품의 외관에 차이가 있음을 이미 알고 있다고 하더라도, 알지 못하였거나 또는 시간적 및 공간적으로 이격하여 판단함에 따라 알지 못한 것으로 보아야 비로소 특허법 의미상의 일반 소비자에 부합한다는 것에 상당한다. 심사관·법관 등과 같은 현실에서의 실제 판단자는 둘 사이의 차이를 완전히 명확하게 파악하고도 자기가 이와 같이 정의된 일반 소비자에 가깝게 되기 위해 노력하여 보지 못한 척하여야 하는데, 이것은 의심의 여지없이 일종의 왜곡이다. 이처럼 설정된 자는 공중이 이해하는 "일반 소비자"와 큰 차이가 있으므로, 이러한 자는 "일반 소비자"가 아니라는 비판이 전혀 이상할 것이 없다.

「심사지침서 2004」는 위의 비판적 의견을 받아들여 "일반 소비자"가 가상의 인물이라고 규정하지 않고 그 지식수준과 인지능력을 제한하지 않음으로써, "일반 소비자"를 현실에서의 일반 소비자에 보다 가깝게 하였다. 그러나 이러한 일반 소비자는 그렇게 쉽게 오인·혼동하지 않음으로써 디자인특허권의 수여기준을 낮출 수 있는 문제를 발생시켰다. 디자인특허권의 수여기준을 너무 낮지 않게 유지시키기 위하여, 그 차이점이 제품의 전체적 시각효과에 현저한 영향이 있는가를 판단기준으로 제시하여, 일반 소비자가 오인·혼동할 수 있게 하는 경우에는 현저한 영향이 없고, 오인·혼동하지 않는 경우라도 반드시 현저한 영향이 있는 것은 아니며 유사한 것으로 판단할 수 있다고 규정하였다. 이것은 실제로는 오인·혼동이 더 이상 유사판단의 필요충분조건이 될 수 없음을 인정한 것이다. 논리적으로 보면, 만약 어떤 기준이 어떤 명제의 성립여부를 판단하는 필요충분조건이 아니라고 한다면, 그 기준은 판단기준으로서의 자격이 없다. 예를 들어, 어느 PC방에서 "15세 이하 출입금지"라고 규정하였으면서도, 다른 한편으로 "15세 이상도 모두 출입할 수 있는 것은 아님"이라고 하였다면, 분명히 "15세 이하"는 판단기준이 아니다. 기왕에 이와 같다면 "혼동론"을 폐기하여야 한다.

판단주체를 현실에서의 일반 소비자로 회귀한 것이 옳은 것인가? 이것은 검토해 볼 가치가 있다. 아래에서는 구체적인 사례를 통해서 이로 인한 문제를 분석하도록 하겠다.

시캉(SACON) 기업이 특허복심위원회에 불복하여 제기한 특허무효행정소송사건[1]에서 특허권자가 받은 디자인특허권은 우주선 형태의 가로등에 관한 것이었다. 무효선고청구에 대한 심사과정에서, 특허복심위원회는 그 특허와 대비문헌의 동일한 점과 차이점을 분석하였고, 가로등이 통상적으로는 전신주의 꼭대기에 설치되어 공중의 위치와는 거리가 있으며, 따라서 가로등류 제품은 전체적으로 관찰하고 종합적으로 판단하여 대비하여야 한다고 보았다. 특허제품과 대비문헌에 개시된 제품이 모두 곡선형의 외형을 갖는 가로등이었고 그 곡선의 곡률에만 차이가 있었으므로, 제품의 외관형상이 분명하게 구별되도록 하기에는 부족하였다. 이에 근거하여, 특허복심위원회는 특허제품과 대비문헌에 개시된 제품이 동일한 분류이고 외관이 유사하며 전체적 시각효과에 차이가 크지 않아서 사용상태에서는 공중이 양자를 혼동하기 쉬우므로 본조 규정에 부합하지 않고, 따라서 이 특허권이 무효라고 결정하였다. 이것은 이 사건에 있어서 특허복심위원회가 "공중", 구체적으로는 가로등이 사용되는 상태

---

1) 北京市第一中級人民法院行政判決書(2005)一中行初字第115号.

에서의 행인을 「특허심사지침서」 중의 일반 소비자로 보았으며, 이러한 일반 소비자가 멀리서 보면 가로등의 외형을 이루는 곡선의 곡률이 다르다는 것을 식별해 내기 어려우므로 쉽게 오인·혼동할 수 있고, 이 때문에 이 특허권이 무효로 되어야 한다고 하였음을 나타낸다. 특허복심위원회는 2004년 9월 8일 결정하였으므로, 2004년 7월 1일부터 시행된 「심사지침서 2004」를 적용하였어야 한다.

일심판결에서, 베이징시 제1중급인민법원은 가로등류의 제품에 관심을 갖고 일정한 지식수준과 인지능력을 갖는 일반 소비자는 이러한 류의 제품을 구매하는 자 및 설치·보수하는 자이어야 하고, 따라서 특허복심위원회가 아무런 한정 없이 "공중"을 판단주체로 한 것은 잘못된 것이라고 보았다. 실제 생활에서, 비록 가로등이 조명 기능 이외에 장식 기능을 하기도 하지만, 이 사건에서 특허로 보호받고자 하는 가로등 및 대비문헌에 개시된 가로등은 모두 몇 미터 위의 전신주 꼭대기에 설치되는 것이므로, 공중은 이러한 가로등류 제품의 전체적 외형에는 일반적으로 주의력을 기울일 수가 없다. 만약 공중을 동일 또는 유사 판단의 판단주체로 한다면, 판단에 정확성과 객관성이 결여되므로 판단의 의의를 잃게 된다고 보았다. 이러한 이유를 기초로 하여, 베이징시 제1중급인민법원은 특허복심위원회의 결정을 취소환송하였다.

특허복심위원회는 일심판결을 받아들였지만, 무효선고 청구인은 일심판결에 불복하여 베이징시 고급인민법원에 항소하였다. 이심판결은, 이 사건 특허제품은 가로등으로 공공서비스 시설에 속하며, 소비자는 사용상태에서의 가로등을 관찰하고 감상만 할 수 있을 뿐이라고 지적하였다. 가로등류 제품의 일반 소비자를 확정할 때에는, 이러한 제품의 사용상태를 중시하여야 한다고 하였다. 가로등의 최종 소비자 및 가로등의 기능을 향유하는 자는 분명히 불특정의 행인이고, 가로등을 제작·판매·구매·설치·보수하는 자가 아니라고 하였다. 따라서 특허복심위원회가 이 사건에서 "공중", 즉 지나다니는 행인을 판단주체로 한 것에 부당한 점이 없으며, 이와 반대로 일심법원이 보통의 공중은 이러한 류의 제품에 접촉할 수도 없고 직접 소비할 수도 없으므로 이러한 제품의 일반 소비자 집합체를 가로등을 제작·판매·구매·설치하는 자로 한 것은 「심사지침서」의 판단주체 규정에 부합하지 않는다고 하였다. 이에 따라서, 베이징시 고급인민법원은 일심판결을 취소하고, 특허복심위원회가 내린 결정을 지지하였다.[1]

이에 관한 저작은 위의 사건에 대해서 "구체적인 제품의 일반 소비자가 누구인지에 대하여 재판실무에서 여전히 인식을 달리하고 있으므로, 보다 구체화하고 규범화

---

1) 北京市高級人民法院行政判決書(2005)高行終字第337号.

할 필요가 있다. 구체적인 디자인 제품에 있어서, 그 판단주체의 확정은, 즉 누구를 그 일반 소비자로 볼 것인가는 종종 유사판단의 결론에 영향을 줄 수 있는데, 집합체마다 지식수준과 인지능력에 차이가 있어서 유사여부 판단에 영향이 있기 때문이다.”라고 평론하였다.[1]

필자는 이 사건이 판단주체의 인정에 있어서 오고 가는 행인지 아니면 제품의 제조·판매·구매·설치에 종사하는 자인지의 논란에 빠져 판단주체 설정의 본의를 이미 벗어났으며, 이것이 바로 판단주체를 일반 소비자로 설정함에 따른, 나아가 이를 현실에서의 일반 소비자로 설정함에 따른 부당한 점이라고 본다. 필자는 위의 평론이 지적한 문제에는 찬성하지만, 이 문제를 해결하는 올바른 길이 일반 소비자에 대해서 “더욱 구체화하고 규범화”하는 것은 아니라고 본다. 이 방향으로 나아가다 보면 디자인특허권의 수여기준이 보다 복잡하게 되어 예측가능성이 훨씬 떨어지게 된다.

판단주체를 설정하는 목적은, 주로 진보성·유사성을 보다 통일적·객관적 및 합리적으로 판단하게 하고, 각 판단자가 자신의 지식수준과 인지능력에 따라 판단함으로써 판단결과가 사람마다 달라지는 것을 방지하는 데 있다. 이를 위해서는 설정된 판단주체가 적정한 지식수준과 인지능력을 갖고 있어야 하며, 해당 분야(기술분야 또는 설계분야)의 경험이 풍부한 전문가이어서는 안 되는데, 이러한 사람에게는 절대 다수 특허출원의 내용이 모두 자명하여 특허권을 수여할 가치가 없기 때문이다. 또한 해당 분야의 문외한이어서도 안 되는데, 이러한 사람에게는 절대 다수 특허출원의 내용이 모두 신기하여 특허권을 수여하여야 하기 때문이다. 이러한 측면에서 보면, 실재하는 인물을 판단주체로 하는 것은 적합하지 않으며, 따라서 판단주체를 일종의 “가상의 인물”로 설정하여야 한다. 판단주체의 설정은 실제로 일종의 정책방향이며, 실제의 판단자가 판단기준을 너무 높거나 너무 낮지 않게 하여 적정하게 판단하도록 하는 데 그 의의가 있다.

기왕에 정책방향의 측면에서 판단주체를 “가상의 인물”로 설정하여야 한다면, 그 수준은 조절할 수 있다. 각국은 자국이 처한 발전단계와 산업정책에 근거하여, 판단주체의 지식수준과 인지능력을 적당하게 조정함으로써 특허권 수여 문턱의 높낮이를 조정할 수 있다. 예를 들어, 미국 연방대법원은 KSR사건에 대한 판결에서 미국이 과거에 설정한 통상의 기술자 수준이 너무 낮아서 많은 문제 있는 특허를 양산하였다고 보았다. 미국 연방대법원이 이 판결을 한 후에, 미국특허상표청은 이 판결에 근거하여 그 심사지침서를 개정함으로써 통상의 기술자의 수준을 적당하게 높였다.

---

1) 张广良, 外观设计的司法保护[M], 北京: 法律出版社, 2008: 20-21.

　"혼동론"을 "창작론"으로 바꾸면, 판단주체는 어떻게 변화되어야 하는가?

　먼저, "창작론"에 맞추어, 충분한 창작성이 있는가를 판단할 수 있는 능력이 있는 자를 판단주체로 하여야 한다. 이 때문에, 판단주체는 "일반 소비자"이면 안 되고, "해당 분야의 디자인에 대해서 통상의 지식을 갖는 자"이어야 한다. 이러한 자는 일종의 "가상의 인물"로서, 그는 해당 분야 제품의 모든 공지된 외관을 알고 있고, 공지된 설계에 대해서 일상적이고 비실질적인 개량을 할 수 있는 능력이 있어, 해당 분야 제품의 외관에 대한 특허출원에 특허권이 수여될 수 있는지 여부를 판단하기에 적합하다. 이러한 가상의 인물을 판단주체로 하면, 앞에서 설명한 사건에서처럼 판단주체를 가로등 밑을 오고 가는 행인으로 하여야 하는지 아니면 가로등의 제조자·설치자로 하여야 하는지와 같은 불필요한 논란에 빠지지 않을 수 있다. 만약 이 사건 제2심 판결의 견해를 따라서 가로등 밑을 오고 가는 행인을 판단주체로 한다면, 가로등 디자인에 관한 디자인특허출원이 탁상용 전등에 관한 디자인특허출원보다 디자인특허를 받기가 훨씬 어렵다는 결론을 얻게 되는데, 이것은 분명히 수긍할 수가 없다.

　다음으로, "창작론"을 따르게 되면, 판단주체가 비교대상 사이의 모든 차이를 명확하게 파악하는 것이 완전히 허용될 뿐만 아니라 당연히 파악하여야 하는데, 차이가 있기만 하면 특허권을 수여할 수 있는 창작으로 인정되는 것이 아니라 차이가 충분히 큰 경우에만 비로소 특허권을 수여할 수 있는 창작으로 인정될 수 있기 때문이다. "차이가 충분히 큰 경우"에 대해서, 2008년 개정된 본조 제2항은 "분명하게 구별되어야"라고 표현하였다. "창작론"을 따른다면, 판단주체가 오인·혼동하도록 하고, 나아가 판단주체가 비교대상에 실제로 존재하는 어떤 차이점을 알아채지 못하였다고 추정하거나 또는 이러한 차이를 보지 않은 것으로 간주할 필요가 없는 것은 당연하다.

　앞에서 설명한 사건에서, 무효선고청구 심사결정과 이심판결은 모두 「심사지침서」의 규정을 따라서 이 사건의 일반 소비자를 가로등 사용상태에서의 행인으로 보았다. 그러나 만약 이 사건의 일심판결이 지적한 것처럼, 가로등 아래의 행인이 몇 미터 떨어져 있어서 가로등의 전체 외관을 볼 수 없을 뿐만 아니라 특허 가로등의 외관과 공지의 가로등 외관 사이의 차이를 명확히 볼 수도 없으며, 단지 멀리서 받게 되는 희미한 시각적 느낌에만 의지하여 일반 소비자가 특허제품의 외관과 공지 제품의 외관을 오인·혼동할 수 있다고 인정하고 이에 나아가 특허권을 무효로 한 것은 공평하고 합리적이라고 볼 수 없다. 판단주체를 이와 같이 인정한다면, 디자인특허권 수여기준의 판단이 잘못된 길로 들어설 수밖에 없다.

　유럽연합의 「EU디자인보호규정」 시행 경험은 중국에 시사하는 바가 크다. 그 관련 판례는, 이 규정에서의 "견문이 넓은 사용자"(informed user)가 상표법 의미의 "보

통의 소비자"(average consumer)를 가리키는 것이 아니고, 그는 보다 더 뛰어난 감별
능력이 있어 설계로 인한 시각효과의 변화를 포함하여 설계문제에 대한 이해가 빠르
며, 불완전한 회상식 비교방식에 의하는 것이 아니라 "면대면"(side by side) 비교방식
에 의하여야 한다고 지적하였다.[1]

3. 디자인특허권 수여요건의 판단방식

"창작론"으로 "혼동론"을 대체하면, 디자인특허권 수여요건에 대한 판단방식도 이
와 상응하게 바뀌어야 한다.

먼저, "창작론"을 따른다면 "사실 조사"를 판단의 전제로 하여야 하는데, 따라서 특
허출원한 제품의 외관을 공지된 제품의 외관과 "면대면"으로 비교분석할 수 있을 뿐
만 아니라 당연히 하여야 하고, 나아가 차이점으로 인해 분명하게 구별되는지를 판단
하여야 하므로 "이격 대비"하여 판단할 필요가 전혀 없다. 설령 "혼동론"을 따른다고
전제하더라도, 이러한 판단방식은 「심사지침서 2004」에서도 폐기하였는데, 그 이유
는 실제로 활용하기가 어렵기 때문이다. "창작론"을 따르면 보다 높은 차원에서 보다
명확하게 "이격 대비" 판단방식의 부당한 점을 간파할 수 있다.

다음으로, 특허출원한 디자인이 그 제품의 외관을 창작한 것인가를 판단하여야 한
다면, 공지 제품의 디자인과 "단독 대비"로만 한정해서는 안 된다. 두 건 공지제품의
외관 중 일부를 취하여 간단하거나 또는 관용적인 방식으로 이들을 조합하는 것은 현
실에서 자주 볼 수 있으며, 그중 대부분은 "해당 제품분야 디자인에 대하여 통상의 지
식을 가진 자"가 용이하게 생각해 낼 수 있는 것이어서 창작이라고 할 만한 것이 없으
므로, 디자인특허권이 수여되어서는 안 된다. "단독 대비"에 의하는 것은 마찬가지로
"혼동론"에 근원을 두고 있는데, 설령 간단하게 조합한 것이라고 하더라도 일반 소비
자로 하여금 오인·혼동하게 할 수 있다고 보기는 어렵기 때문이다. 따라서 혼동론
을 따른다면 특허출원한 디자인이 특허권 수여기준에 부합하는지를 판단할 때에 다
른 선행설계를 조합하여 판단할 수 없다고 규정할 수밖에 없다. "단독 대비" 방식을
따라서 오인·혼동 발생여부를 판단기준으로 하면, 중국의 디자인특허권 수여기준
을 불합리하게 낮추는 결과가 된다. 2008년 개정 「특허법」 본조 제2항은 "특허권을

---

1) Robert Walson. Practice in Infringement of Community Designs. FICPI China(Shenzhen)
Symposium, November 2009. "The informed user is not the 'average comsuner' of trademark
law. He is more discriminating, and is alert to design issues, which includes being aware of
the effect of the function on design. Imperfect recollection is not relevant, the infringement
test requires a side by side comparison."

수여하는 디자인은 선행설계 또는 선행설계 특징의 조합에 비하여 분명하게 구별되어야 한다."고 명확하게 규정하였는데, 이 규정을 시행하기 위해서는 필연적으로 "단독 대비"의 구속을 돌파하여야 한다.

그 다음으로, 제품의 유형에 관하여 분석하는 것이 필요하다. 과거에는 줄곧 동일 또는 유사 판단에 양대 요소가 있으며, 첫째는 제품 유형의 동일 또는 유사 여부이고, 둘째는 제품 외관의 동일 또는 유사 여부인데, 양자가 모두 빠질 수 없다고 보았다.

「심사지침서 1993」은 제품 유형의 동일이 제품의 용도 및 기능이 완전히 동일한 것을 가리킨다고 규정하였으며, 손목시계와 탁상시계는 용도는 동일하지만 기능은 상이하고, 기계식 손목시계와 전자식 손목시계는 용도 및 기능에서 모두 동일하다고 예를 들어 설명하였다. 여기에서 "기능"은 무엇을 가리키는가? 상당히 이해하기 어렵다.

「심사지침서 2001」은 동일 또는 유사 유형의 제품이 용도가 동일 또는 유사한 제품을 가리킨다고 규정하였다. 제품의 종류를 확정할 때에는 제품명칭·로카르노분류 및 제품진열분류를 참고할 수 있지만, 제품의 용도가 동일 또는 유사한가를 기준으로 하여야 한다고 하였다.[1] 「심사지침서 1993」 규정에 비하여, 기능이 동일 또는 유사하여야 한다고 요구하였던 원래 규정이 삭제되었다는 점이 주된 변화이었다.

위의 규정에 대해서 의문을 제기하여, 아래와 같이 지적한 학자가 있다.

> 본조 조문에서는 공지된 선행 디자인과 동일하지 아니하고 유사하지 아니하여야 한다고만 하였고, 어떤 제품의 디자인과 동일하지 아니하고 유사하지 아니하여야 한다고 하지는 않았는데, 일반적인 이해에 따르면 이 조문의 의미는 어떠한 제품의 디자인과도 동일하지 아니하고 유사하지 아니하여야 한다는 것이다. 심사기준이 동일 또는 유사한 종류 제품의 디자인을 대비의 범위로 하여야 한다고 규정하였는데, 이처럼 규정한 근거는 무엇인가? 특허법에도 근거가 없으며, 실시세칙에도 근거가 없다.[2]

이 학자는 나아가 제품의 종류를 한정함에 따른 악영향도 지적하였다.

> 예를 들어, 장난감 자동차의 디자인이 설령 실제 자동차의 형상·양식·색채(예를 들어 경주용 자동차)를 모방한 것이라고 하더라도, 위의 심사기준에 의하면 장난감 자동차의 디자인특허권은 신규성이 없음을 이유로 하여 무효로 될 수 없다. 이것은 사람들로 하여금 종류가 동일 및 유사하지 아니한 제품의 디자인을 표절하고 모방하도록 부추기는 것과 다름

1) 国家知识产权局, 审查指南2001[M], 北京: 知识产权出版社, 2001: 第四部分 第五章 7.1, 7.2.1.
2) 汤宗舜, 专利法解说[M], 修订版, 北京: 知识产权出版社, 2002: 166-167.

이 없다. 우리가 표절과 모방을 근절하기 위해서는, 먼저 법률에서부터 표절과 모방을 틈 탈 수 있는 일체의 기회를 주지 말아야 한다.

필자는 이 학자의 견해에 찬성한다. 「심사지침서」는 제품의 종류를 판단함에 있어서 제품의 용도를 기준으로 하여야 한다고 규정하였다. 그러나 대다수 제품의 용도, 특히 공업제품의 용도는 주로 제품의 기술적 성능 및 사용효과에 의해서 결정되고, 제품의 외관에 의해서 결정되는 것이 아니다. 디자인특허권이 보호하는 것은 제품의 외관이고, 그 기술적 성능이 아니다. 기술적 성능이 분명히 다른 제품에 동일 또는 유사한 디자인을 사용한 경우는 상당히 쉽게 볼 수 있으며, 다른 용도의 제품 외관을 모방하거나 또는 빌려 와서 제품의 외관으로 한 경우를 배제할 수 없다. 예를 들어, 현재 유행하는 냉장고의 외관은 초기의 냉장고에 비하여 이미 크게 변화되었으며, 양문형 구조 등과 같이 유행하는 주방용 수납장의 설계방안을 더욱더 많이 참고하고 있다. 냉장고의 용도는 주방용 수납장의 용도와 분명히 다르지만, 이것이 양자의 디자인을 서로 참고하는 데 있어서 전혀 방해가 되지 않으며, 만약 한쪽이 다른 한쪽의 공지된 외관을 표절 또는 간단히 모방하였다면 특허권이 수여되어서는 안 된다. 따라서 필자는 대비 가능한 제품의 종류를 제한하는 것을 완화하여야 한다고 주장하는 바이다.

이 학자가 말했던 것처럼, 「특허법」에서든 아니면 「특허법실시세칙」에서든 제품 유형의 동일 또는 유사 여부가 디자인특허권의 수여요건 중 하나라고 명확하게 규정되어 있지는 않다. 기왕에 이와 같은데 이 요건이 왜 형성된 것인가는 검토해 볼 가치가 있는 문제이다. 필자는 이것이 중국에서 디자인특허의 수여요건 및 침해요건이 형성된 초기에 상표제도의 영향을 많이 받아서, 상표제도의 관련 판단기준을 참고한 때문이라고 생각한다. 「상표법」제52조 제1호는 상표권자의 허가 없이, 동일 종류의 제품 또는 유사한 제품에 그 등록상표와 동일 또는 유사한 상표를 사용하는 경우에는 상표권을 침해하는 행위에 해당한다고 규정하고 있다. 1984년 제정 「특허법」에서, 본조가 디자인특허권의 수여요건이 "동일하지 아니하고 유사하지 아니하여야" 한다고 한 것은 위 「상표법」 규정의 표현과 "유사"하다. 이에 더하여 디자인특허권의 수여요건과 침해요건 분야에서 상표법 의미의 "혼동론"을 참고하였으므로, 「상표법」의 위 규정이 「특허법」 안으로 "도입"되는 결과가 되었다. 이러한 "도입"이 정확한지는 검토할 가치가 있다. 이에 대해서 본서는 「특허법」제59조에 대한 설명에서 디자인특허권에 대한 침해판단 기준과 함께 보다 더 논의하도록 하겠다.

(四)「특허심사지침서 2010」의 규정

2008년 개정「특허법」및 2010년 개정「특허법실시세칙」에 근거하여, 국가지식산권국은 2010년 1월 21일 제55호 국령(局令)으로「특허심사지침서 2010」을 공포하였으며, 2010년 2월 1일부터 시행하였다. 아래에서는 이 지침서의 디자인특허권 수여 요건에 관한 규정을 소개하고 필요한 부분에 대하여 설명하도록 하겠다.

1. 본조 제1항에 관한 규정

본조 제1항은 "특허권을 수여하는 디자인은 선행설계에 속하지 아니하여야 한다."라고 규정하는데, 이것은 디자인의 신규성에 관한 규정이다.

"선행설계에 속하지 아니하여야 한다."의 의미에 관하여,「특허심사지침서 2010」은 아래와 같이 규정하고 있다.

> 선행설계에 속하지 아니한다는 것은 선행설계 중에 판단대상 특허와 동일한 디자인이 있지도 아니하고, 또한 판단대상 특허와 실질적으로 동일한 디자인이 있지도 아니한 것을 가리킨다. 임의의 단위 또는 개인이 판단대상 특허의 출원일 이전에 국가지식산권국에 출원하였다가 출원일 이후(출원일 포함)에 공고된 동일한 디자인특허출원을 확대된 선출원이라고 부른다. 여기에서, 동일한 디자인은 디자인이 동일하거나 또는 실질적으로 동일한 것을 가리킨다.

디자인이 동일하다는 것의 의미에 관하여,「특허심사지침서 2010」은 아래와 같이 규정하고 있다.

> 디자인의 동일은 판단대상 특허가 대비설계와 동일한 종류 제품의 디자인이고, 판단대상 특허의 디자인요소 전부가 대비설계의 대응하는 설계요소와 동일한 것을 가리키며, 여기에서 디자인요소는 형상·도안 및 색채를 가리킨다.
> 만약 판단대상 특허와 대비설계가 단순히 상용하는 재료로 교체한 것이거나, 또는 제품의 기능, 내부의 구조, 기술적 성능 또는 크기에만 차이가 있을 뿐이고, 제품의 디자인에 변화가 있는 것이 아니라면 양자는 여전히 동일한 디자인에 속한다.
> 제품의 종류를 확정할 때에, 제품의 명칭, 국제디자인분류 및 제품 판매 시의 진열 분류위치를 참고할 수는 있지만, 제품의 용도가 동일한지를 기준으로 하여야 한다. 동일

종류의 제품은 용도가 완전히 동일한 제품을 가리킨다. 예를 들어 기계식 시계와 전자식 시계는 비록 내부 구조가 다르다고 하더라도 그들의 용도는 동일하며, 따라서 동일한 종류의 제품에 해당한다.[1]

디자인 실질적 동일의 의미에 관하여, 「특허심사지침서 2010」은 아래와 같이 규정하고 있다.

디자인의 실질적 동일 판단은 오직 동일 또는 유사한 종류 제품의 디자인에 한정된다. 제품 종류가 동일하지도 아니하고 유사하지도 아니한 디자인에 대해서는, 판단대상 특허와 대비설계가 실질적으로 동일한지에 대한 비교 및 판단을 하지 않고 바로 판단대상 특허와 대비설계가 실질적으로 동일하지 아니하다고 인정할 수 있는데, 손수건과 카펫의 디자인을 예로 들 수 있다.

유사한 종류의 제품은 용도가 유사한 제품을 가리킨다. 예를 들어, 장난감과 장식품은 용도가 유사한 것으로, 양자는 유사한 종류의 제품에 해당한다. 주의하여야 할 점은, 제품에 여러 용도가 있을 때, 만약 그중 부분적으로만 용도가 동일하고 나머지 용도는 다르다고 하더라도, 양자는 유사한 종류의 제품에 해당한다는 점이다. 예를 들어, MP3 기능이 있는 손목시계와 일반 손목시계는 모두 시간을 재는 용도가 있으므로, 양자는 유사한 종류의 제품에 해당한다.

만약 일반 소비자가 판단대상 특허와 대비설계를 전체적으로 관찰하여 양자의 차이가 단지 다음의 경우에 불과한 것으로 볼 수 있다면, 판단대상 특허와 대비설계는 실질적으로 동일하다.

(1) 블라인드 디자인에 있어서 블레이드의 수에만 차이가 있는 경우와 같이, 일반적인 주의력을 다하여도 발견할 수 없는 미소한 차이만 있는 경우

(2) 사용할 때 잘 보이지 않거나 또는 보이지 않는 부분에만 차이가 있는 경우, 다만 잘 보이지 않는 부분의 특정 설계가 일반 소비자의 주목을 끌 만한 시각적 효과를 발생시킬 수 있음을 증거로써 증명할 수 있는 경우는 제외

(3) 도안과 색채를 갖는 과자상자의 형상을 정육면체에서 직육면체로 치환한 경우와 같이, 어떤 설계요소를 전체적으로 그 종류 제품의 관용적인 설계에 상응하는 설계요소로 치환한 경우

(4) 영화관 좌석을 이중으로 배열하거나 또는 좌석의 수량을 증감하는 것과 같이, 대

---

1) 国家知识产权局, 专利审查指南2010[M], 北京: 知识产权出版社, 2010: 第四部分 第五章 5.

비설계를 설계의 단위로 하여 그 종류 제품의 통상적인 배열방식에 따라 반복적으로 배열하거나 또는 그 배열 수량을 증감시킨 경우

(5) 거울에 비친 것과 같이 대칭인 차이가 있는 경우[1]

2. 본조 제2항에 관한 규정

본조 제2항은 "특허권을 수여하는 디자인은 선행설계 또는 선행설계 특징의 조합에 비하여 분명하게 구별되어야 한다."라고 규정하고 있다. 본조 제1항 규정에 비하여, 분명히 제2항은 디자인특허권의 수여기준에 대하여 보다 높은 기준을 제시한다. 따라서 본조 제1항과 제2항은 특허권 수여요건에 있어서 점층적 관계에 있으며, 이 것은 「특허법」 제22조 제2항과 제3항이 발명 및 실용신안특허권 수여요건에 있어서 점층적 관계에 있는 것에 대응한다.

「특허심사지침서 2010」은 아래와 같이 규정하고 있다.

> 판단대상 특허가 선행설계 또는 선행설계 특징의 조합에 비하여 분명하게 구별되지 아니한다는 것은 다음의 몇 가지 경우를 가리킨다.
>
> (1) 판단대상 특허가 동일 또는 유사한 종류 제품의 선행설계에 비하여 분명하게 구별되지 아니하는 경우
>
> (2) 판단대상 특허가 선행설계를 전용하여 얻어진 것으로, 양자의 설계특징이 동일하거나 또는 미세한 차이만 있고, 그 구체적 전용방법이 동일 또는 유사한 종류 제품의 선행설계에 시사되어 있는 경우
>
> (3) 판단대상 특허가 선행설계 또는 선행설계 특징의 조합으로부터 얻어진 것으로, 선행설계와 판단대상 특허의 대응하는 설계부분이 동일 또는 미세한 차이만 있고, 그 구체적 조합방법이 동일 또는 유사한 종류 제품의 선행설계에 시사되어 있는 경우[2]

이상의 규정은 본조 제2항이 규정하는 진보성이 결여되는 세 가지 경우, 즉 선행설계에 비하여 분명하게 구별되지 않는 경우, 선행설계를 전용한 경우 및 선행설계를 결합한 경우를 개괄한다.

소위 "판단대상 특허가 동일 또는 유사한 종류 제품의 선행설계에 비하여 분명하게 구별되지 아니하는 경우"라는 것은 「특허심사지침서 2010」 규정에 의하면 "일반

---

1) 国家知识产权局, 专利审查指南2010[M], 北京: 知识产权出版社, 2010: 第四部分 第五章 5.1.1. 간명하게 하기 위하여, 인용 시에 그중 열거한 예를 생략하였다.

2) 国家知识产权局, 专利审查指南2010[M], 北京: 知识产权出版社, 2010: 第四部分 第五章 6.

소비자가 판단대상 특허와 선행설계에 대해서 전체적으로 관찰한 결과, 양자의 차이가 제품디자인의 전체적 시각 효과에 현저한 영향이 없는 경우"를 가리킨다.

소위 "전용"이라는 것은 「특허심사지침서 2010」 규정에 의하면 제품의 디자인을 다른 종류의 제품에 응용하는 것을 가리키며, 자연물·자연풍경을 모방하고, 제품의 외형이 아닌 단순한 형상·도안·색채 또는 그 결합을 제품의 디자인에 응용하는 것도 전용에 해당한다고 규정하고 있다.

「특허심사지침서 2010」은 아래의 경우가 그 전용방법이 분명하게 시사되어 있는 전용에 해당하며, 이로부터 얻어지는 디자인은 선행설계에 비하여 분명하게 구별되지 않는다는 결론을 얻을 수 있다고 규정하고 있다.

(1) 기본적인 기하학적 형상을 단순하게 사용하거나 또는 그에 대해서 단지 미세한 변화만을 가해서 얻어진 디자인

(2) 자연물·자연풍경의 원래 형태를 단순하게 모방하여 얻은 디자인

(3) 저명한 건축물, 저명한 작품 전부 또는 일부의 형상·도안·색채를 단순하게 모방하여 얻어진 디자인

(4) 다른 종류 제품의 디자인으로부터 전용하여 얻어진 완구·장식품·식품류 제품의 디자인[1)]

소위 "선행설계의 조합"은 「특허심사지침서 2010」 규정에 의하면 둘 또는 둘 이상의 설계 또는 설계 특징을 병합하여 하나의 디자인으로 합성하거나, 또는 한 디자인 중의 설계특징을 기타 설계특징으로 치환한 것을 가리킨다. 하나의 설계 또는 설계특징을 단위로 하여 반복하여 배열함으로써 얻게 되는 디자인은 조합설계에 속한다. 위의 조합에는 자연물, 자연풍경 및 제품의 외형이 아닌 단순한 형상·도안·색채 또는 그 조합을 이용하여 병합 및 치환한 것을 포괄한다.

「특허심사지침서 2010」은 아래의 몇 가지 유형이 그 조합방법이 분명하게 시사되어 있는 조합에 해당하며, 이로부터 얻어지는 디자인은 선행설계에 비하여 분명하게 구별되지 않는다는 결론을 얻을 수 있다고 규정하고 있다.

(1) 동일 또는 유사한 종류 제품의 여러 선행설계의 원형 또는 미세하게 변화시킨 것을 바로 조합하여 얻어진 선행설계. 예를 들어 여러 부속 제품의 설계를 바로 조합하

1) 国家知识产权局, 专利审查指南2010[M], 北京: 知识产权出版社, 2010: 第四部分 第五章 6.2.2.

여 일체로 형성한 디자인

(2) 제품디자인의 설계특징을 다른 동일 또는 유사한 종류 제품의 설계특징의 원형 또는 미세하게 변화시킨 것으로 치환하여 얻어진 디자인

(3) 제품의 선행 외형설계와 선행 도안·색채 또는 그 결합을 바로 조합하여 얻어진 제품의 디자인, 또는 선행설계 중의 도안·색채 또는 그 결합을 다른 선행설계의 도안·색채 또는 그 결합에 치환하여 얻어진 디자인[1]

「특허심사지침서 2010」은 선행설계의 전용 및 결합으로 독특한 시각적 효과가 발휘될 수 있는 경우에는 분명하게 구별되는 것으로 보아야 한다고 지적하고 있다.

3. 평 가

본조 제1항은 디자인특허권의 신규성 요건을 규정하고 있다. 「특허심사지침서 2010」의 규정에 따르면, 신규성이 없는 경우에는 디자인이 동일 및 실질적으로 동일한 두 경우가 포함된다. "선행설계에 속한다."는 것에 실질적으로 동일한 경우도 포함된다고 해석함으로써 디자인의 신규성 요건 판단에 융통성을 주었다. 「특허심사지침서 2010」도 발명 및 실용신안의 신규성 요건에 대해서 융통성을 주고 있는데, 즉 특허출원한 발명 또는 실용신안이 선행기술과 설령 완전히 동일하지는 않더라도, 만약 단지 "관용적 수단의 직접적 치환"에만 차이가 있는 것이라면, 신규성이 없는 것으로 인정될 수 있다고 규정하고 있다. "실질적 동일"이 포괄하는 범위는 분명히 "관용적 수단의 직접적 치환"보다 넓으므로, 「특허심사지침서 2010」에 따르면 디자인의 신규성 요건에 대한 판단은 발명 및 실용신안의 신규성 요건 판단에 비해서 더 융통성이 있다.

무엇 때문에 디자인의 신규성 요건에 훨씬 큰 융통성을 부여하였는지에 대하여 자연스럽게 의문이 생길 수 있다. 실질적으로 동일한 경우에는 특허출원한 디자인과 선행설계가 사실상 분명하게 구별되지 않으므로 본조 제2항이 규정하는 진보성 없는 범주에 포함시킬 수 있으며 디자인특허권이 수여되지 않는 결과에는 다름이 없는데, 무엇 때문에 이러한 경우를 분리하여 본조 제1항이 규정하는 신규성 없는 범주에 포함시킨 것인가?

이것은 주로 디자인의 특징에 근거하여 제도를 설계하였기 때문이다.

디자인특허문서에는 청구범위가 없다는 점에서 발명·실용신안특허문서와 중요

---

1) 国家知识产权局, 专利审查指南2010[M], 北京: 知识产权出版社, 2010: 第四部分 第五章 6.2.3.

한 차이가 있다. 발명·실용신안특허문서는 그 청구범위에 기재된 몇 가지 요소, 즉 기술적 특징을 통해서 보호받고자 하는 기술방안을 확정하며, 발명·실용신안이 신규성·진보성이 있는지를 판단함에 있어서는 인용되는 선행기술이 청구항에 기재된 기술적 특징을 개시하는지만 고려하면 되고, 바꿔 말하면 기술방안의 "요점"만 비교하고 설명서에는 기재하였지만 청구범위에는 기재하지 않은 기술방안의 기타 "사소한 부분"에 대해서는 살필 필요가 없다. 디자인특허문서에는 청구범위가 없으며, 그 보호범위는 도면 또는 사진에 표시된 제품의 디자인을 기준으로 하는데, 특히 출원인이 사진을 사용한 경우에는 제품 외관의 모든 사소한 부분까지 사실적으로 반영할 수 있으므로, 만약 사진을 청구범위에 비유한다면 그 "청구항"에 매우 많은 설계특징이 기재된 것이 된다. 이러한 "청구범위"를 기준으로 하여 특허출원한 디자인이 본조 제1항이 규정한 신규성이 있는지를 판단하여야 하는데, 만약 본조 제1항이 규정하는 신규성을 오직 디자인이 동일한 경우로만 엄격하게 한정한다면, 절대 다수의 디자인특허출원이 신규성이 있다는 결론을 얻게 된다.

만약 선행설계와 비교하여 특허출원한 디자인이 특허권을 받을 수 있는지를 판단한다면, 설령 이와 같이 디자인의 신규성 판단기준을 정한다고 하여도 아무런 문제가 없는데, 특허권이 수여되기 위해서는 본조 제1항이 규정하는 신규성이 있는 것만으로는 불충분하며, 반드시 본조 제2항이 규정하는 진보성이 있어야 하기 때문이다. 그러나 만일 출원일 전에 아직 공개되지 않은 선출원 디자인과 비교하여 후출원에 디자인특허권을 수여할 수 있는지를 판단한다면 문제가 생길 수 있다. 본서의「특허법」제9조에 대한 설명에서 지적한 것처럼, 이 조가 규정하는 중복수권금지의 원칙을 적용하기 위하여 이 조 제1항의 "동일한 발명창조"인지를 판단함에 있어서는 본조 제1항이 규정한 신규성과 일치된 판단기준을 따라야 한다. 만약 신규성이 없는 디자인에는 오직 완전히 동일한 디자인만 포괄하는 것으로 엄격하게 제한한다면, 후출원에서 보호받고자 하는 디자인이 약간만 다르다고 하더라도 "동일한 발명창조"로 인정될 수 없으며, 이에 나아가 디자인특허가 수여된다면 설계방안이 서로 유사한 너무 많은 디자인특허가 양산되어 중국 특허제도의 정상적 운영에 불리한 영향을 주게 된다.「특허심사지침서 2010」은 본조 제1항이 규정하는 신규성 없는 경우에 동일뿐만 아니라 실질적 동일도 포괄하는 것으로 규정하여 디자인 신규성 판단기준을 발명·실용신안의 신규성 판단기준에 비하여 훨씬 융통성을 갖게 함으로써 위에서 설명한 문제를 해결하였다.

2008년 개정「특허법」은 본조 제1항에 디자인의 확대된 선출원에 관한 규정을 추가하였는데, 그 표현이「특허법」제22조 제2항의 발명 및 실용신안의 확대된 선출원에 관한 규정과 완전히 대응하며, 그 목적·의미·인정요건 및 작용은 본서의 제22조 제2항에 관한 설명을 참조할 수 있으므로 반복해서 설명하지 않겠다. 발명 및 실용신안의 경우에는「특허법」제9조 제1항의 "동일한 발명창조"에 해당하는지를 판단함에 있어서, 선후 두 특허출원의 청구항으로 확정한 보호범위를 비교하여 중첩되는 경우에만 "동일한 발명창조"에 속하는 것이고,「특허법」제22조 제2항의 확대된 선출원에 해당하는지를 판단함에 있어서는 후출원의 청구항과 선출원의 출원서류 전체를 신규성 판단기준으로 비교하므로 후자가 훨씬 엄격하며 이 때문에 중복수권을 방지하는 작용이 훨씬 강한 데 대하여, 디자인에 있어서는「특허법」제9조 제1항의 "동일한 발명창조"에 해당하는지의 판단기준과 본조 제1항의 확대된 선출원에 해당하는지의 판단기준에 차이가 없어서 중복수권을 방지하는 작용이 기본적으로 서로 비슷하다는 점에서 차이가 있다. 그러나 후출원에 특허권이 수여되지 않도록 방지하는 확대된 선출원의 효력은 확대된 선출원이 이후에 법률적 상태가 바뀌더라도 영향을 받지 않으며, 확대된 선출원이 후에 디자인특허권이 수여되는 것으로 공고되기만 하면, 설령 그 특허권이 나중에 포기 또는 무효로 되더라도 그 효력에는 변함이 없다. 이렇게 보면, 확대된 선출원에 관한 규정이 보다 엄격하여야 한다는 결론을 얻을 수 있다. 이 때문에, 동일한 출원인 또는 다른 출원인이 선후로 동일한 디자인에 대해서 특허출원을 한 때에는 모두 본조 제1항의 확대된 선출원에 관한 규정을 우선 적용하여야 하고, 동일한 출원인 또는 다른 출원인이 같은 날에 동일한 디자인에 대해서 특허출원을 한 때에야 비로소「특허법」제9조 제1항의 중복수권 금지에 관한 규정을 적용할 필요가 있다.

주의하여야 할 점은, 2008년「특허법」개정 시에 제62조 선행기술 및 선행설계의 항변에 관한 규정, 즉 "특허권 침해분쟁에서 침해로 피소된 자가 그 실시하는 기술 또는 설계가 선행기술 또는 선행설계에 속한다는 것을 증거로써 증명하는 경우에는 특허권 침해에 해당하지 아니한다."를 신설하였다는 점이다. 이 조의 규정에 대하여 각계에서 가장 큰 관심을 보인 문제는 침해로 피소된 기술 또는 설계가 선행기술 또는 설계와 어느 정도로 가까워야 그 침해가 아니라는 항변이 지지받을 수 있는가 하는 것이었다. 이에 대해서「특허법」제62조 규정은 이 법 제22조 및 제23조의 신규성 규정과 서로 대응하는 표현, 즉 "선행기술 또는 선행설계에 속한다."라는 표현을 사용하였다. 이 때문에, 신규성 요건의 판단기준은 선행기술 및 선행설계 항변의 인정여부에 큰 영향을 미치게 되었다. 신규성 판단기준에 융통성을 높이면 중복수권 방지에는 물론 유리하지만, 동시에 선행기술 및 선행설계의 항변은 보다 쉽게 인정될 수 있는데, 설령 침해로 피소된 기술 또는 설계가 침해로 피소된 자가 제출한 선행기술 또는 선행기술과 비교적 큰 차이가 있다고 하더라도 "선행기술 또는 선행설계에 속한다."라고 인정될 수 있으며, 나아가 특허권 침해가 아닌 것으로 인정될 수 있기 때문이다. 만약 신규성 판단기준에 관한 규정을 너무 융통성 있게 하면 선행기술 및 선행설계 항변이 너무 쉽게 인정될 수 있으며, 특허권자의 합법적 이익이 확실히 보호될 수 없어 특허제도의 정상적 운영에 근본적인 영향을 줄 수 있다.

본조 제2항은 디자인특허권의 진보성 요건을 규정하고 있으며, 그 조문에는 두 가지 의미가 포함되어 있는데, 하나는 특허출원한 디자인이 선행설계 중의 어떠한 설계방안과 비교하더라도 분명하게 구별되어야 한다는 것이고, 다른 하나는 특허출원한 디자인을 둘 이상의 선행설계방안의 특징을 조합한 것과 비교하더라도 분명하게 구별되어야 한다는 것이다. 「특허심사지침서 2010」제4부분 제5장의 6은 분명하게 구별되지 않는 세 경우를 규정하였는데, 그중 첫 번째 경우가 "동일 또는 유사한 종류 제품 선행설계에 비하여 분명하게 구별되지 아니하는 경우"이며 그 의미는 하나의 선행설계와 단독으로 비교하여야 한다는 것인데, 따라서 위의 첫 번째 의미와 대응하는 것으로 보아야 한다. 두 번째 경우는 설계를 전용한 경우인데, 다른 분야의 하나의 선행설계와 단독으로 비교하여야 함을 가리키며, 따라서 역시 위의 첫 번째 의미와 대응하는 것으로 보아야 한다. 세 번째 경우는 설계를 조합한 경우인데, 둘 이상의 선행설계를 조합하여 비교할 수 있으므로 위의 두 번째 의미와 대응한다.

위의 첫 번째 경우, 즉 "판단대상 특허가 동일 또는 유사한 종류 제품의 선행설계와 분명하게 구별되지 아니하는 경우"에 관하여, 「특허심사지침서 2010」은 이에 더 나아가 아래와 같이 규정하였다.

> 만약 일반 소비자가 판단대상 특허와 선행설계를 전체적으로 관찰하여 양자의 차이가 제품디자인의 전체적 시각효과에 현저한 영향을 주지 않는 것으로 보인다면, 판단대상 특허와 선행설계는 분명하게 구별되지 아니하는 것이다. 현저한 영향의 판단은 오직 동일 또는 유사한 종류 제품의 디자인에 한정된다.[1]

이 규정은 「심사지침서 2006」에 사용하였던 "현저한 영향" 개념을 도입한 것으로, "분명하게 구별"되는 것을 정의하는 데 사용되었다. 그러나 "현저한 영향"과 "분명하게 구별"은 추상의 정도가 비슷한 개념으로, 이와 같이 정의하는 것은 단지 추상적 개념을 전전하여 겹쳐 놓은 것이어서 본조가 규정하는 "분명하게 구별"되는 것의 의미

---

1) 国家知识产权局, 专利审查指南2010[M], 北京: 知识产权出版社, 2010: 第四部分 第五章 6.1.

를 보다 명확하게 하는 데 도움이 되지 않는다.

판단자가 실제로 어떻게 판단하여야 하는지를 알 수 있게 하기 위하여, 「특허심사지침서 2010」은 이에 나아가 판단대상 특허가 동일 또는 유사한 종류 제품의 선행설계에 비하여 분명하게 구별되는지를 판단할 때에, 일반적으로 아래와 같은 요소를 종합적으로 고려하여야 한다고 규정하였다.

(1) 판단대상 특허와 선행설계를 전체적으로 관찰할 때에, 사용 시 눈에 잘 띄는 부위에 주의를 기울여야 하는데, 사용 시 눈에 잘 띄는 부위의 설계 변화는 상대적으로 눈에 잘 띄지 않는 부위 또는 보이지 않는 부위의 설계 변화에 비하여 전체적 시각효과에 통상적으로 보다 현저한 영향을 준다.

(2) 제품에서의 어떤 설계가 그 종류 제품에 관용되는 설계(원터치 캔 제품의 원주형 설계와 같은)임이 증명된 경우, 그 나머지의 설계 변화는 전체적 시각효과에 통상적으로 보다 현저한 영향을 준다.

(3) 제품의 기능만으로 한정된 특정형상은 통상적으로 전체적 시각효과에 현저한 영향이 없다.

(4) 만약 부분적으로 미세하게 변화시킨 것에만 차이가 있다면, 그 전체적 시각효과에 현저한 영향을 주기에는 부족하다.[1]

위의 규정에 관해서는, 두 가지 점에 주의하여야 한다.

첫째, 본조 제1항이 규정하는 신규성 범주의 "실질적 동일"과 본조 제2항이 규정하는 진보성 범주의 "판단대상과 동일 또는 유사한 종류 제품의 디자인이 분명하게 구별되어야 한다."를 구분하여 서로 중복되지 않게 주의하여야 하며, 그렇게 하지 않으면 선출원이 후출원의 확대된 선출원에 해당하는지를 판단할 때에 혼동할 수 있는데, 확대된 선출원은 오직 신규성 판단방식에 의할 뿐이고 진보성 판단방식에 의할 수는 없기 때문이다. 이 밖에 「특허법」 제9조 제1항에 근거하여 디자인특허권의 중복수권 여부를 판단할 때에도, 신규성 판단방식에 의해서만 할 수 있을 뿐이다.

둘째, 본조 제2항에 관계된 규정에서 "제품의 기능만으로 한정된 특정형상은 통상적으로 전체적 시각효과에 현저한 영향이 없다."라고 언급한 것은 적절하지 않은 것 같은데, 본조 제1항이 규정하는 신규성 판단인지 아니면 본조 제2항이 규정하는 진보성 판단인지를 불문하고 주로 제품의 기능에 의해 결정되는 디자인은 고려하면 안

---

1) 国家知识产权局, 专利审查指南2010[M], 北京: 知识产权出版社, 2010: 第四部分 第五章 6.1.

되기 때문이다.[1]

마지막으로 지적하여야 할 점은, 2008년 개정 「특허법」에 본조 제2항을 추가한 상황에서, 「특허심사지침서 2010」은 본조 제1항의 신규성 요건 및 본조 제2항의 진보성 요건의 판단주체를 여전히 "일반 소비자"로 규정하였다는 점이다. 본조 제2항 규정을 「특허심사지침서 2010」에 어떻게 구체화할 것인가를 토론할 때에, 제정자는 디자인의 전용 및 결합이 본조 제2항이 규정하는 특허권 수여요건에 부합하는지를 "일반 소비자"의 관점에서 판단하기는 사실상 어렵다는 것을 이미 인식하였다. 국가지식산권국은 2003년 5월 베이징시 고급인민법원의 사법건의서에 대한 답변에서, "통상의 전문창작자는 일본·미국 및 유럽 일부 국가에서 디자인의 진보성·비자명성·독창성 또는 창작비용이성 판단에 도입한 판단주체 개념으로, 중국의 현행 특허법이 디자인에 아직 진보성 요건을 규정하지 않은 상황에서 진보성 판단에 사용되는 통상의 전문창작자 개념을 도입하는 것은, 디자인특허권 수여요건을 현행 법률의 규정에서 벗어나게 할 것이다."라고 지적하였다. 그러나 「특허법」이 이미 개정되어 진보성 요건을 도입한 상황에서도 여전히 "일반 소비자"를 판단주체로 견지한 것은 이해하기 어렵다.

三. 타인이 먼저 취득한 합법적 권리와의 충돌

(一) 개 요

2000년 「특허법」 개정 시, 본조에 디자인특허권 수여의 제2요건, 즉 "특허권을 수여하는 디자인은 타인이 출원일 이전에 이미 취득한 합법적 권리와 서로 충돌하지 아니하여야 한다."를 추가하였는데, 디자인특허권과 상표권·저작권이 실제로 서로 충돌하는 문제를 해결하는 것이 개정의 주된 목적이었다.

실제로 일부 디자인특허의 출원인은 타인이 이미 등록한 상표표지 또는 저작권의 보호를 받는 미술작품을 허가 없이 그 제품 디자인의 일부로 하여 디자인특허를 출원하기도 한다. 국가지식산권국은 디자인특허출원에 대하여 단지 초보심사만 진행하며, 이 때문에 이러한 출원이 「특허법실시세칙」이 규정하는 형식적 요건에 부합하기

---

[1] 「특허심사지침서 2010」는 "제품의 기능만으로 한정된 특정형상"으로 규정하고 있고, TRIPs는 "본질적으로 기술적 또는 기능적 고려에 의해 요구되는 디자인"으로 규정하고 있다. 양자를 비교하면, 전자가 배제하는 범위가 분명히 훨씬 좁다.

만 하면 디자인특허권이 수여될 수 있다. 이러한 상황에서, 수여된 디자인특허권은 사전에 이미 존재하고 있었던 상표권·저작권과 충돌할 수 있다. 그러나 법적 경로를 통해서 이러한 충돌문제를 해결하는 데에는 곤란한 점이 있다. 디자인특허권이 법에 의해 수여된 것이므로 법원 및 관련 행정기관은 그 디자인특허권의 효력을 직접적으로 부정할 수 없으며, 따라서 상표권자 또는 저작권자가 충돌하는 디자인특허권의 무효선고를 청구할 수밖에 없다. 「특허법실시세칙」의 특허권 무효선고의 청구이유에 관한 규정에 따르면, 이러한 경우에는 특허권이 수여된 디자인이 본조가 규정하는 요건에 부합하지 않음을 이유로 특허권 무효선고를 청구할 수밖에 없다. 그러나 2000년 개정 전 「특허법」 본조 규정에 따르면, 디자인의 "동일 또는 유사" 여부 판단의 비교대상은 반드시 제품의 디자인이어야 했으며, 등록상표의 표지 및 미술작품은 비교대상이 될 수 없었다. 이 때문에 수여된 디자인특허권이 사전에 취득된 상표권·저작권과 충돌하는 문제를 해결하기가 어려웠다. 이 문제를 해결하기 위하여, 2000년 「특허법」 개정 시 본조에 위의 규정을 신설하였다.

2000년 개정 「특허법」의 시행과 보조를 맞추기 위하여, 2001년 반포된 「최고인민법원의 특허분쟁사건 심리 적용 법률문제에 관한 규정」 제15조는 아래와 같이 규정하였다.

인민법원이 수리한 특허권 침해분쟁사건이 권리충돌에 관계된 것인 경우, 종전부터 법에 의해 권리를 향유한 당사자의 합법적 이익을 보호하여야 한다.

이 사법해석 제16조는 아래와 같이 규정하였다.

특허법 제23조의 이미 취득한 합법적 권리에는 상표권·저작권·기업명칭권·초상권·주지제품 특유의 포장 또는 장식사용권 등이 포함된다.

기본적으로 동일한 이유 때문에, 2001년 개정 「상표법」도 제9조에서 아래와 같이 규정하였다.

등록출원한 상표는 현저한 특징이 있어 식별에 편리하여야 하고, 타인이 사전에 취득한 합법적 권리와 충돌하지 아니하여야 한다.

2001년 개정된 「저작권법」에는 이에 상응하는 규정을 신설하지 않았다는 점은 주의할 가치가 있는데, 이는 저작권의 성질과 관계가 있어 저작권은 행정부문의 심사를 거치는 것이 아니라 자동적으로 발생하는 권리이어서 저작권 무효선고청구라는 것이 없기 때문이며, 동시에 「저작권법」에서의 작품이라고 하는 것은 독창성을 갖고 모종의 유형적 형식으로 복제할 수 있는 지적 성과로서, 그중에서 독창성 요건은 여러 사람이 동일한 작품에 대해서 모두 「저작권법」의 보호를 받는 것을 배제하지 않고, 독립적으로 만들어낸 것이면 족하기 때문이다. 이 때문에 「저작권법」에는 "타인이 사전에 취득한 합법적 권리와 충돌하지 아니하여야 한다."라는 규정을 추가하는 것은 적절하지 않다.

2008년 「특허법」 개정 시에, 본조의 권리충돌에 관한 규정에 대하여 개정한 점은 두 가지인데, 첫째는 권리충돌에 관한 이 특수한 규정을 디자인특허권 수여요건에 관한 일반적 규정으로부터 분리하여 본조 제3항에 단독으로 규정하였다는 점이고, 둘째는 "사전에 취득한"의 의미를 보다 명확하게 하였다는 점으로, 개정 전 규정에는 소위 "사전에"라는 것이 디자인특허출원의 출원일 전인지 아니면 등록일 전인지가 명확하게 규정되지 않아서 본조 규정이 달리 이해되는 경우가 있었으며, 이 규정의 주된 목적이 디자인특허의 출원인이 출원 시에 타인이 이미 등록하여 공고된 상표 또는 타인이 이미 저작권을 향유하는 작품을 자신의 "설계"로 하여 디자인특허를 출원하는 부당행위를 방지하는 것임을 고려하였고, 이 때문에 "타인이 사전에 취득한 합법적 권리와 충돌하지 아니하여야 한다."를 "타인이 출원일 이전에 이미 취득한 합법적 권리와 충돌하지 아니하여야 한다."로 개정하였다.

이 밖에 2008년 「특허법」 개정 시 제25조에 제6호를 신설하여 "평면인쇄물에 대한 도안·색채 또는 이들의 결합으로 주로 표지작용을 발휘하는 설계는 특허권을 수여하지 아니한다."라고 규정하였는데, 수여된 디자인특허권이 상표권·지리적표시권 등 주로 표지작용을 발휘하는 지식재산권과 충돌하는 것을 보다 더 잘 방지하도록 하는 데 주된 목적이 있다.

(二) 본조 제3항의 의미 및 관련 절차

1. 본조 제3항 규정의 의미

「특허심사지침서 2010」은 제4부분 제5장의 7에서 아래와 같이 규정하였다.

디자인특허권이 타인이 출원일(우선권주장이 있는 경우는 우선일을 가리킨다.) 이전에 이미 취득한 합법적 권리와 서로 충돌하는 것으로 인정되는 경우, 그 디자인특허권을 무효로 하여야 한다.

타인은, 특허권자 이외의 민사주체를 가리키며, 자연인·법인 또는 기타 조직을 포괄한다.

합법적 권리는, 중화인민공화국의 법률에 의하여 향유하는 그리고 판단대상 특허의 출원일 이전에 여전히 유효한 권리 또는 권익을 가리킨다. 상표권·저작권·기업명칭권(상호권 포함)·초상권 및 주지제품 특유의 포장 또는 장식사용권 등을 포괄한다.

출원일 이전에 이미 취득(이하 선취득이라 부른다.)하였다는 것은, 선행하는 합법적 권리의 취득일이 판단대상 특허의 출원일 이전임을 가리킨다.

서로 충돌한다는 것은, 권리자의 허가 없이 디자인특허가 선행하는 합법적 권리의 객체를 사용함으로써 이 특허권을 실시하면 선권리자의 합법적 권리 또는 권익에 손해를 입힐 수 있음을 가리킨다.

무효절차에서 청구인은 그 주장에 대하여 증거를 제출하여야 하며, 그가 선권리의 권리자 또는 이해관계인이라는 것 그리고 선권리가 유효하다는 것 등을 증명하여야 한다.[1]

위의 규정은 각 어휘별로 본조 제3항의 의미를 해석하였으므로 이미 매우 전면적이다. 그러나 여전히 논의해 볼 문제가 남아 있다.

먼저, 권리가 충돌하는지를 판단함에 있어서 특허권으로 보호되는 제품의 디자인 전부 또는 일부분(예를 들어 어떤 도안)이 선행하는 합법적 권리의 보호객체와 동일 또는 유사한지만 판단하면 되는가, 아니면 디자인특허를 실시하는 행위, 즉 그 디자인특허 제품을 제조·판매청약·판매·수입하는 행위가 선권리자의 합법적 권익에 손해를 입힐 수 있는가도 판단하여야 하는가? 본조 제3항이 "서로 충돌"한다는 표현을 사용한 것으로 볼 때, 대답은 후자이어야 한다. 이 점을 명확히 하고 나면, 권리의 충돌 여부에 대한 판단기준은 디자인특허권을 실시하는 행위가 선권리를 침해하는 행위에 해당하는가이어야 하고, "선행하는 합법적 권리의 객체를 사용"하였는가에 대한 판단에는 이미 선행하는 권리를 침해하였는가에 대한 판단이 포함되므로, 다시 단독으로 보호객체의 동일 또는 유사여부에 대한 판단기준을 마련할 필요가 없다.

다음으로, 위의 문제를 명확하게 한 다음에는 본조 제3항의 "서로 충돌하지 아니하여야 한다."의 의미가 무엇인가를 논의하여야 한다. 즉, 권리가 충돌하는지를 판단할 때에, 선행하는 합법적 권리를 침범할 수 있는 잠재적인 가능성이 있는 것으로 인정

1) 国家知识产权局, 专利审查指南2010[M], 北京: 知识产权出版社, 2010: 第四部分 第五章 7.

되어 일단 디자인특허권을 실시하면 선권리를 침해하게 된다면 "서로 충돌"하는 것으로 인정될 수 있는가, 아니면 반드시 실시행위를 하여서 선행하는 합법적 권리를 확실히 침해하여야 비로소 "서로 충돌"하는 것으로 인정될 수 있는가 하는 것이다. 단순히 "서로 충돌하지 아니하여야 한다."라는 표현으로 보면 위의 두 가지 해석 모두 가능한 것 같지만, 이 항의 규정이 본조가 규정하는 디자인특허권 수여요건 중 하나임을 보면, 전자의 해석이 보다 합리적이다. 「특허심사지침서 2010」의 위의 규정이 "손해를 입힐 수 있음"이라는 표현을 사용함으로써 이미 이 문제에 대하여 대답하였다.

주의하여야 할 점은, 선행하는 권리의 유형에 따라 그 권리에 대한 침해판단의 기준이 달라진다는 점이다. 예를 들어, 상표권 침해는 행위자가 타인이 등록한 상표표지를 제품에 사용함으로써 소비자의 혼동을 유발하여 그 제조 · 판매한 제품을 상표권자가 제조 · 판매하는 제품으로 오인하게 하는 것을 가리킨다. 저작권 침해는 행위자가 저작권자의 허가 없이 그 작품을 발표 · 복제 · 발행하는 등 행위를 하는 것을 가리킨다. 양자의 판단기준은 매우 큰 차이가 있으므로, 함께 취급할 수 없다.

상표권에 있어서는, 특허권을 받은 디자인의 전부 또는 일부가 타인이 먼저 등록한 상표와 동일 또는 유사하게 되는 것에는 주관적으로 볼 때 두 가지 원인이 있을 수 있는데, 첫째는 디자인 출원인이 고의로 타인의 등록된 상표 표지를 표절하는 것이고, 둘째는 디자인특허 출원인이 독립적으로 창작한 설계방안의 전부 또는 일부가 타인이 먼저 등록받은 상표와 우연히 일치하는 것이다. 전자가 본조 제3항이 배제하고자 하였던 주된 경우이며 당연히 "서로 충돌"하는 것으로 인정되어야 한다. 후자에 대해서는 달리 볼 수 있는가? 대답은 부정이어야 한다. 등록상표는 국가 행정부문의 심사를 거쳐 법에 의해 수여되고 공시된 권리이므로, 비록 국가지식산권국이 디자인특허 출원에 대해서 특허권을 수여하기 전에 실체심사를 진행하지 않는다고 하더라도, 디자인특허의 출원인은 출원 전에 국가가 이미 공고한 등록상표에 대해서 검색해 봄으로써 소비자가 혼동이 일어나지 않도록 방지하였어야 한다. 이 때문에, 설령 디자인이 먼저 등록된 상표와 공교롭게 동일 또는 유사하게 되었다고 하더라도(우연하게 완전히 동일한 것은 사실상 불가능하다.) "서로 충돌"하는 것으로 인정되어야 한다.

저작권에 있어서는 상황이 조금 다른데, 특허권을 받은 디자인의 전부 또는 일부가 저작권이 있는 타인의 작품과 동일 또는 유사하기만 하면 바로 "서로 충돌"하는 것으로 인정되는 것은 아니다. 설령 특허권을 받은 디자인이 타인의 작품(예를 들어, 실용적인 예술작품)과 전부 동일하다고 하더라도, 만약 그 디자인을 출원인이 독립적으로 창작한 것이고 타인의 작품을 표절한 것이 아니라면, 이 디자인 자체가 저작권으로 보호를 받을 수 있는 작품에 해당하며, 「저작권법」도 이 작품이 타인이 먼저 창작한 작품과 "서로 충돌"한다고 보지 않는데, 디자인특허권을 출원하여 받았다고 해서 무슨 이유로 "서로 충돌"한다고 하겠는가?

그 다음으로, 본조 제3항이 규정하는 디자인특허권의 수여요건과 본조 제1항 및 제2항이 규정하는 수여요건과의 차이점을 분석 및 검토하여야 한다.

신규성 및 진보성을 판단하는 것은 특허출원한 디자인을 출원일 전에 이미 공지된 디자인과 비교하는 것으로, 그 출발점은 공지된 디자인을 자유롭게 이용할 수 있는 공중의 합법적 권리를 보호하는 데 있다. 타인이 출원일 이전에 이미 취득한 합법적 권리와 서로 충돌하는지를 판단하는 것은 특허출원한 디자인을 타인이 먼저 취득한 합법적 권리의 권리객체와 비교하는 것으로, 그 출발점은 특정인(선권리자)의 합법적 권리가 손해를 입지 않도록 보호하는 데 있다. 성질이 위와 같이 다르기 때문에 아래와 같은 차이가 있다.

첫째, 신규성・진보성을 판단함에는 「특허심사지침서 2010」이 규정한 판단기준에 근거하여야 하지만, 권리가 충돌하는지를 판단하는 것은 앞에서 설명한 것처럼 디자인특허를 실시하는 행위가 선행권리를 침해할 수 있는 행위인지를 판단하는 것이므로 「상표법」, 「저작권법」, 「반부정당경쟁법(反不正当竞争法)」 및 기타 관련 법률법규가 규정한 판단기준에 근거하여야 한다.

둘째, 신규성・진보성을 판단하는 데 사용되는 선행설계는 반드시 디자인특허의 출원일 이전에 이미 공개된 설계이어야 하지만, 권리가 충돌하는지를 판단함에는 선권리의 객체가 반드시 공개되어야 할 필요는 없는데, "타인이 출원일 이전에 이미 취득한 합법적 권리와 서로 충돌하지 아니하여야 한다."는 규정에 그 권리의 객체가 반드시 이미 공개되었어야 한다는 의미를 담고 있는 것은 아니기 때문이다. 예를 들어, 타인이 앞서 완성한 미술작품・실용예술작품이 설령 아직 공개적으로 발표되지 않았다고 하더라도 「저작권법」 규정에 따라서 저작권을 향유하며, 이때에는 만약 디자인특허의 출원인이 어떠한 경로를 통해서 그 작품을 알게 되었고 작가의 동의 없이 그 제품의 디자인에 이 작품을 사용하였다면 권리가 충돌하는 것이 됨에는 변함이 없다.

셋째, 권리가 충돌하는지를 판단함에 있어서는 반드시 선권리가 디자인특허의 출원일 이전에 유효한 권리이어야 하며, 만약 선권리가 디자인특허의 출원일 전에 법에 의하여 이미 종료되었다면 디자인특허권을 수여하더라도 권리가 충돌하지 않는다. 신규성・진보성을 판단하는 것은 이와 달라서, 그 비교대상인 선행설계가 디자인특허의 출원일 이전에 공지된 것으로 족하고 선행설계의 권리상태와는 무관하다.

마지막으로, 권리가 충돌하는 것을 방지하는 측면에서 보면, 소위 "부분디자인 보호"에 대해서 신중한 입장을 취하여야 하는 이유를 이해할 수 있다. 국가지식산권국이 실제로 수리하는 디자인특허출원의 현황을 보면, 그중 수많은 디자인은 단지 제품 표면에 상이한 도안을 사용한 것에만 선행설계와 차이가 있으며, 예를 들어 수많은 포장박스·포장봉투·술병의 디자인특허출원은 보통 이와 같은데, 제품의 형상에 대한 창작의 여지에 한계가 있어서 어려움이 많음에 대하여 도안·색채를 바꿀 수 있는 여지는 무궁무진하고 손쉽기 때문이다. 만약 부분디자인이 뜻대로 보호받을 수 있게 허용된다면, 이러한 출원인은 그 보호받고자 하는 디자인의 창작 부분이 새롭고도 상이한 도안을 사용한 데 있다고 강조하고, 이에 나아가 디자인의 도안에 대해서 부분디자인으로 보호해줄 것을 요구할 수 있으므로, 그 나머지 부분은 사라지게 된다. 그러나 소위 "도안"으로 가장 쉽게 볼 수 있는 것이 미술·회화·촬영작품이거나 또는 공중이 제품의 출처를 식별하도록 하기 위한 문자 또는 도형표지인데, 이에 대해서 부분디자인으로 보호하는 것은 이러한 작품 또는 표지 자체에 디자인특허권을 주는 것과 무엇이 다르겠는가? 게다가, 사용된 작품·표지는 보통 출원인 자신이 창작한 것도 아니고, 타인의 작품 또는 표지를 표절·모방한 것이며, 따라서 부분디자인으로 보호하는 것은 권리충돌이 발생할 가능성을 제한 또는 축소시키는 것이 아니라 증대시키게 된다.

2. 권리충돌 문제의 해결절차

본조 제3항 규정을 시행하기 위해서는, 실체적 측면에서 검토하여 권리충돌의 판단기준을 명확하게 하는 것 이외에도, 절차적 측면을 검토하는 것이 필요한데, 이렇게 함으로써 권리충돌 문제를 해결할 수 있는 실행가능하면서도 통제가능한 절차를 보장하여야 한다.

앞에서 설명한 것처럼, 국가지식산권국이 디자인특허권을 수여하기 전에는 초보심사만 진행하므로 일반적으로는 선권리와의 충돌 여부를 조사할 수 없는데, 이 때문에 권리충돌 문제를 해결하기 위해서는 무효선고청구 절차에 의할 수밖에 없다. 무효선고청구 절차를 어떻게 진행하는가? 논의를 전개하기 전에 중국 특허제도의 변화과정을 돌아볼 필요가 있다.

1984년 제정 「특허법실시세칙」 제55조는 특허국이 공고하는 특허출원에 대해서 이의를 신청할 수 있는 이유에는 "출원인이 특허법 제6조, 제8조 및 제18조 규정에 의하여 특허출원의 권리가 없는 경우, 또는 특허법 제9조 규정에 의하여 특허권을 취득할 수 없는 경우, 또는 특허출원한 디자인의 기본 구성부분이 타인의 설계·도면·사진·물품 또는 모형을 사용한 것임에도 그 동의를 받지 않은 경우"가 포함된다고 규정하였는데, 이것은 주체적격 문제를 이유로 이의를 신청하는 것이 허용되었음을 나타낸다. 동시에, 1984년 제정 「특허법실시세칙」 제66조는 "무효선고청구의 이유는 이 세칙 제54조 및 제55조의 규정을 적용한다."라고 규정하였으며, 이 또한 주체 적격 문제를 이유로 무효선고를 청구하는 것이 허용되었음을 나타낸다.

그러나 위의 규정이 실제로 적용되기는 어렵다는 것이 실천적으로 증명되었다. 무효선고청구가 주체적격 문제와 관계되는 때에는, 적절하게 결정하여 출원인 또는 특허권자의 주체적격 그리고 발명창조의 실제 완성과정에 대해서 반드시 조사를 진행하여야 한다. 한편으로, 디자인특허의 출원인은 중국의 단위 또는 개인일 수도 있고, 또한 외국인·외국기업 또는 외국의 기타 조직일 수도 있다. 다른 한편으로, 특허복심위원회는 전국으로부터의 심지어 전 세계로부터의 무효선고청구를 수리하는 역할을 담당한다. 위와 같은 상황 때문에 특허복심위원회는 주체적격 문제에 대해서 이러한 조사를 진행하는 것이 매우 어렵고, 이 때문에 적절한 판단을 내리는 것 또한 어려웠다. 이러한 인식을 바탕으로, 1992년 「특허법」 제1차 개정 및 「특허법실시세칙」 개정에서 이의절차를 폐지할 때에 무효선고청구의 이유를 조정하여 주체적격 문제에 관련한 모든 무효이유를 삭제하였다. 이처럼, 특허복심위원회가 무효선고청구에 대해서 심사할 때에 주로 특허출원한 발명창조가 청구인이 제출한 선행기술 및 선행설계에 비하여 신규성·진보성·실용성이 있는지를 판단하고, 출원 주체가 「특허법」 제5조 및 제25조가 배제하는 범위에 속하는지 그리고 1984년 제정 「특허법실시세칙」 제2조의 정의에 부합하는지 판단하며, 특허출원서류의 기재방식이 「특허법」 제26조 및 제27조 규정에 부합하는지를 판단하였다. 이러한 것들은 모두 특허복심위원회의 능력으로 판단할 수 있고 실제로 다룰 수 있는 것들이었다. 특허출원 또는 특허권의 주체적격 분야의 분쟁에 대해서는, 1992년 개정 「특허법실시세칙」 제15조 규정에 따라서, 당사자는 특허관리기관에 처리를 청구할 수도 있고, 또한 법원에 바로 소를 제기할 수도 있었다. 당사자는 동시에 국가지식산권국에 관련 절차의 중지를 청구하고, 법원 또는 특허관리기관의 판결 또는 처리결정이 발효된 후에, 관련 당사자가 국가지식산권국에 가서 특허출원 또는 특허권의 주체를 변경할 수 있었다. 위와 같이 변경한 것은 의심할 바 없이 올바르고, 중국 특허제도의 정상적 운영을 보장하는 데 유리하였다.

디자인특허권이 먼저 취득한 타인의 합법적 권리와 서로 충돌함을 이유로 무효선고를 청구한 때에, 특허복심위원회는 유사한 어려움에 직면할 수 있다. 구체적으로 말하면, 다음과 같은 문제가 있다.

첫째, 선권리자의 주체를 어떻게 확정할 것인가. 앞에서 설명한 바와 같이, 권리충돌에 해당하기 위한 요건 중 하나는 선권리가 반드시 디자인특허출원 전에 이미 취득된 것이어야 하고 출원일 전에 유효한 합법적 권리로 유지되어야 한다는 것이다. 상표권에 있어서는, 이 점을 비교적 용이하게 판단할 수 있는데, 상표권은 국가의 유관 행정주관부문이 수여하고 공시하는 권리이므로 그 권리주체와 효력발생시기를 모두 확정적인 경로로 확인할 수 있기 때문이다. 저작권에 있어서는 비교적 곤란한데, 저작권은 자연적으로 발생하는 권리로서 심사 및 허가를 거칠 필요가 없으며 공개될 필요도 없기 때문이다. 이 때문에 청구인이 타인이 먼저 취득한 저작권과 충돌함을 이유로 디자인특허권의 무효선고를 청구할 때에는, 먼저 관련 작품이 언제 완성된 것이고 디자인의 설계방안이 저작권자의 작품을 모방·표절한 것인지를 반드시 확인하여야 한다. 특허복심위원회는 이러한 문제에 대해서 판단하기가 매우 어렵다. 다른 한편으로, 위의 문제를 증명할 수 있는 증거는 오직 진정한 권리자만이 제공할 수 있으며, 따라서 권리자 이외의 타인이 이를 이유로 무효선고를 청구하는 것은 적절하지 않은데, 이 점은 신규성 없음을 이유로 무효선고를 청구하는 경우와는 다르다. 그러나 만약 이와 같이 규정한다면, 먼저 취득한 저작권과 서로 충돌함을 이유로 한 무효선고청구를 수리할 때에는 반드시 먼저 청구인 적격을 확인하여야 하는데, 즉 청구인이 관련 작품의 작자인지를 판단하여야 하는데, 이 또한 상당히 곤란하다.

둘째, 권리충돌 여부를 어떻게 인정할 수 있는가. "타인이 사전에 취득한 합법적 권리와 충돌"하는 것은 디자인특허권이 상표권·저작권과 서로 충돌하는 것을 가리키는 것이고, 상표권·저작권이 디자인특허권과 서로 충돌하는 것을 가리키는 것이 아니다. 이 때문에 충돌여부를 인정하기 위해서는, 반드시 「상표법」 및 「저작권법」을 근거로 하여야 한다. 이것은 권리가 충돌함을 이유로 디자인특허권의 무효선고를 청구한 때에는, 특허복심위원회가 실제로는 디자인특허를 실시하는 행위가 상표권·저작권을 침해한 것인가 하는 문제를 판단하여야 한다는 말이다. 이것은 특허복심위원회가 이러한 판단을 할 수 있는 법적 자격이 있는가 하는 문제와 관계된다.

위와 같은 이유를 바탕으로, 2001년 「특허법실시세칙」을 개정할 때 제65조에 한 항을 신설하여, 아래와 같이 규정하였다.

> 특허권이 수여된 디자인이 타인이 먼저 취득한 합법적 권리와 충돌함을 이유로 디자인특허권의 무효선고를 청구하면서도, 효력이 있는 권리와 서로 충돌함을 증명할 수 있는 처리결정 또는 판결을 제출하지 아니한 경우에는, 특허복심위원회가 수리하지 아니한다.

위의 규정은 매우 많은 논란을 불러왔다. 선권리자가 무효선고를 청구하기 전에 권리가 충돌함을 인정하는 행정적 처리결정 또는 사법적 판결을 확보하는 것은 매우 곤란한데, 권리가 충돌한다고 해서 반드시 실제로 침해행위가 존재하는 것은 아니기 때문이며, 예를 들어 특허권자 자신이 실시하지 않았을 뿐만 아니라 타인에게 그 디자인의 실시를 허가하지 않았을 수도 있기 때문이다. 이러한 상황에서는 침해를 이유로 선권리자가 행정부문에 처리를 청구하거나 또는 법원에 소를 제기할 수 없는데, 현행 법률법규의 규정에 따르면 단지 권리가 충돌한다고 주장하는 것은 처리의 청구 이유 또는 소제기의 사유가 될 수 없기 때문이다.[1] 많은 사람들은 「특허법실시세칙」의 위 규정이 실제로는 본조 제3항 규정을 "무력화"시켜서, 바라볼 수는 있어도 도달할 수는 없는 "공중누각"으로 만들었으며, 실제로는 시행할 방법이 없다고 보았다.

2010년 「특허법실시세칙」 개정 시에 위의 비판적 의견을 받아들여, 제66조 제3항을 아래와 같이 하였다.

특허법 제23조 제3항 규정에 부합하지 아니함을 이유로 디자인특허권의 무효선고를 청구하면서도 권리가 충돌함을 증명할 수 있는 증거를 제출하지 아니한 경우에는, 특허복심위원회가 수리하지 아니한다.

이것은 특허복심위원회가 다시는 권리충돌을 인정한 행정적 처리결정 또는 사법적 판결을 디자인특허권 무효선고의 근거로 하지 않고, 특허복심위원회 자신이 권리충돌 여부에 대해서 심사하는 것임을 나타낸다. 심사 진행의 편의를 위하여, 위의 규정에 근거해서 「특허심사지침서 2010」은 아래와 같이 규정하였다.

무효선고 절차에서 청구인은 그 주장에 대하여 증거를 제출하여야 하며, 그가 선권리의 권리자 또는 이해관계인이라는 것 그리고 선권리가 유효하다는 것 등을 증명하여야 한다.[2]

(三) 관련 논의

소위 "권리가 충돌"한다는 것은, 상이한 권리의 권리객체가 서로 중복·교차되어 여러 권리자가 동일한 내용을 포함하는 권리객체에 대하여 그 권리를 주장할 수 있어

---

1) 张广良, 外观设计的司法保护[M], 北京: 法律出版社, 2008: 36.
2) 国家知识产权局, 专利审查指南2010[M], 北京: 知识产权出版社, 2010: 第四部分 第五章 7.

서, 권리를 행사할 때에 누구의 권리가 우선하는가 하는 문제가 발생하는 것을 가리킨다. 지식재산권은 일종의 무체재산권으로, 유체재산과는 다른 많은 특징을 갖고 있다. 다른 유형의 지식재산권 사이에는 권리충돌이 발생할 수 있는데, 예를 들어 도안설계방안에 있어서는 디자인특허권·상표권·저작권의 충돌이, 컴퓨터프로그램에 있어서는 발명특허권과 저작권의 충돌이 발생할 수 있다. 같은 유형의 지식재산권 사이에도 권리충돌 현상이 발생할 수 있는데, 이에 대해서는 뒤에서 예를 들어 설명하도록 하겠다. 권리충돌은 분쟁으로 이어질 수 있으며, 이 때문에 사람들은 매우 자연스럽게 이러한 충돌이 제거되기를 희망한다. 본조 제3항이 디자인특허권은 타인이 출원일 전에 이미 취득한 합법적 권리와 서로 충돌하지 않아야 한다고 규정한 것은 권리충돌로 인한 분쟁발생을 예방하기 위한 것으로서, 충돌할 수 있는 후권리의 발생을 차단하고, 설령 발생하였다고 하더라도 그것을 취소하도록 하여야 한다는 생각을 반영한 것이다.

그러나 어떠한 방식으로 권리충돌로 인한 문제를 해결하여야 하는지는 검토해 볼 점이 있다. 대비를 위하여 먼저 특허권 사이에 충돌하는 경우의 처리방식을 살펴보자.

발명 또는 실용신안특허권 사이에 권리충돌이 발생하는 것을 흔히 볼 수 있으며, 가장 전형적인 경우가 바로 이용발명특허이다. 소위 "이용발명특허"는 후출원 발명 또는 실용신안특허의 보호범위가 다른 선출원 발명 또는 실용신안특허의 보호범위에 완전히 포함되는 것을 가리킨다. 예를 들어, 선특허의 독립청구항이 A, B, C 세 가지 기술적 특징으로 구성되고, 후특허의 독립청구항이 A, B, C, D, E 다섯 가지 기술적 특징으로 구성되었다면, 위의 현상이 발생한다.

이용발명특허의 보호객체에 대해서는, 선후 두 특허권이 모두 서로 배척된다. 후특허의 특허권자는 비록 특허를 받기는 했지만 자신이 실시할 수는 없는데, 허가 없이 실시하면 선특허권을 침해할 수 있기 때문이다. 비록 선특허의 보호범위에 이용발명특허의 기술방안이 포함되기는 하지만 선특허의 특허권자도 그 기술방안을 실시할 수는 없는데, 허가 없이 실시하면 후특허권을 침해할 수 있기 때문이다. 이것은 후특허가 수여됨에 따라 선특허의 보호범위에 "치외법권지역"이 설정되고, 이로 하여금 쌍방 모두 실시할 수 없는 일종의 특수상태에 놓이게 하는 것에 상당한다.

위의 현상은 의심할 바 없이 권리가 충돌하는 것이다. 이러한 현상이 발생하는 것을 근절할 필요가 있는가? 대답은 부정인데, 이용발명특허는 실질적으로 선특허를 개량한 것으로서, 선특허의 기술방안을 이용하는 동시에 새로운 기술내용을 추가하고, 이렇게 함으로써 특허법이 규정하는 요건에 완전히 부합할 수 있기 때문이다. 발명 또는 실용신안특허권의 보호범위는 그 청구항의 내용을 기준으로 하는데, 이것은 특허제도 운영의 토대이다. 이 원칙에 따르면, 이용발명특허가 나타나는 것은 피할 수 없는 것이다. 세계적으로 어떠한 국가도 이용발명특허의 합법성을 부인하려고 시도하지 않았다.

이용발명특허를 허용하는 것은, 그 수여가 특허법 규정에 부합하기 때문만이 아니며 이용발명특허가 특허제도의 정상적 운영에 어떠한 장애도 일으키지 않기 때문이기도 하다. 선특허의 특허권자에 있어서는, 만약 그가 이용발명특허의 출현을 바라지 않는다면 적극적으로 그 선특허를 어떻게 개량할 것인가를 연구개발하고, 여러 가능한 개량방안에 대해서 먼저 특허를 출원하거나 또는 이들을 공중에 공개하여야 하는데, 이렇게 하면 타인이 이용발명특허를 받을 수가 없다. 만약 이렇게 하지 않아서 타인이 개량하여 특허권을 받고, 이렇게 함으로써 원래 특허권의 보호범위에 "치외법권지역"을 설정하게 된다고 하더라도, 별로 불합리한 점이 없다. 후특허의 특허권자에 있어서는, 비록 그가 개량을 함으로써 이용발명특허를 받기는 하였지만, 이것은 타인 발명의 기초 위에서 완성된 것이고 타인 발명의 성과를 이용한 것이므로 선특허의 제약을 받는 것이 당연하며, 이렇게 하는 것에 별로 불합리한 점이 없다. 이용발명특허가 존재하는 경우에, 만약 두 특허권자가 모두 이용발명특허 기술방안의 실시를 희망한다면 통상적으로는 교차허가계약을 체결하여 상호 타협하는 방식에 의하는데, 이것은 사적 자치로 민사문제를 해결하여야 한다는 원칙에 부합한다. 만약 대상이 된 발명창조가 매우 중요하지만 협상을 통해서 허가계약을 체결할 수 없는 경우에는, 후특허권자가 「특허법」 제51조 규정에 의하여 선특허 실시의 강제허가를 청구할 수 있다. 이 규정에 의하여 선특허권자도 후특허 실시의 강제허가를 청구할 수 있다. 유일한 결점은 제3자가 후특허를 실시하고자 할 때에 두 특허권자의 허가를 모두 받아야 한다는 점으로서, 절차가 조금 번거롭다는 결점이 있다.

중국이 특허제도를 시행한 초기에는, 이용발명특허가 나타났을 때에 그중 한 특허권자가 그 특허권 침해를 이유로 다른 특허권자를 피고로 하여 소를 제기하면, 후자는 종종 그가 실시한 것은 국가가 특허권을 수여한 발명창조임을 이유로 하거나, 또는 그 실시하는 발명창조는 자신이 받은 특허권의 보호범위에 속하는 것임을 이유로 하여 항변하였다. 당시에 적지 않은 사람들이 이에 대해서 곤혹스러워 했는데, 양자가 모두 까다로운 특허권을 갖고 있어서, 그중 한 특허권을 무효화하지 않는다면 다른 특허권자는 그 권리를 주장할 수 없다고 보았기 때문이다. 사실상 법원과 특허관리기관은 특허권 침해분쟁사건에서 원고의 특허권이 유효한지와 허가 없이 피고가 실시한 것이 원고 특허의 보호범위에 속하는지만 판단하면 되었다. 이 두 문제에 대한 대답이 긍정이기만 하면 침해에 해당한다는 결론을 얻을 수 있었는데, 이것은 피고가 그 실시한 객체에 대해서 다른 특허권을 갖고 있는지와 무관하였고, 또한 원고가 선특허의 특허권자인지 아니면 후특허의 특허권자인지와 무관하였다. 두 특허권자 모두 그 권리를 주장할 수 있어서, 모두 상대방의 행위가 권리침해에 해당한다고 소를 제기할 수 있었다.

이로부터 이용발명특허에 의한 "권리충돌"은 정상적인 것이고, 두 특허권이 병존할 수 있으므로, 이러한 충돌을 제거하기 위한 조치를 취할 필요가 없음을 알 수 있다.

디자인특허권이 선권리와 충돌하는 경우에는, 특히 저작권과 충돌하는 경우에는 이와 유사한 성질을 갖는다. 예를 들어, 갑이 미술작품을 창작하여 그 작품에 대하여 저작권을 향유하고, 을이 갑의 허가 없이 그 미술작품을 병풍에 사용하여 제조 및 판매하였다면, 을은 갑의 저작권을 침해한 것이어서 침해에 대한 민사책임을 부담하여야 한다. 그러나 을이 처음으로 이 미술작품을 제품에 사용하여 그 제품의 기타 형상·도안과 결합해서 풍부한 미감이 있고 공중에 대하여 흡인력 있는 미술공예품을 만들어 냈다면, 그 자체가 일종의 창작으로 저작권 또한 발생한다. 「저작권법」은 후자의 권리가 없어져야 한다거나 또는 인정될 수 없다고 규정하지 않는다. 을이 만약 그 설계한 병풍에 대해서 디자인특허를 출원하였다면, 「특허법」이 규정한 특허권 수여요건에 부합하는 경우에는, 국가지식산권국이 그에 대해서 디자인특허권을 수여하는데, 여기에는 불합리하다고 할 만한 점이 없다. 설령 디자인특허권이 수여되었다고 하더라도, 을이 갑의 미술작품 저작권을 침해한 책임이 면제되는 것을 의미하는 것은 아니다. 이와 반대로, 갑은 그 미술작품의 원창작자이므로, 그가 그 미술작품 자체를 복제·발행하는 것에는 조금도 디자인특허권의 제한을 받지 않지만, 만약 을이 설계한 병풍을 허가 없이 제조·판매하는 경우에는 을의 저작권 또는 디자인특허권을 침해한 책임을 져야 하는데, 그가 다른 사람의 지적 창작성과를 이용하였기 때문이며, 여기에도 불합리하다고 할 만한 점이 없다. 종합하면, 이러한 경우에는 확실히 권리충돌의 문제가 존재하지만, 두 권리는 각각 각자의 용도가 있으므로 이러한 충돌을 제거할 필요성이 보이지 않는다.

을이 병풍에 대해서 출원하여 디자인특허권을 받았고 그 병풍제품을 제조·판매한 경우에, 갑은 그 합법적 권익을 어떻게 보호받을 수 있는가? 사실 가장 간단한 방법은 법원에 소를 제기하는 것으로서, 그 미술작품이 포함된 병풍을 제조·판매한 을의 행위가 미술작품을 복제하는 행위에 해당하여 저작권을 침해하는 것이라고 주장하면서 을에게 침해에 대한 책임을 부담할 것을 요구하는 것이다. 법원이 이 청구를 심리할 때에는, 갑 주장의 당부만 판단하면 되고, 을이 다른 권리를 향유하는가 하는 문제는 고려할 필요가 없다. 만약 법원이 이러한 입장을 취하여 갑의 손실이 합리적으로 보상받을 수만 있다면, 갑은 무효절차를 개시하여 을의 디자인특허권을 무효로 할 필요가 없는데, 무효절차 및 이어지는 사법심리 절차에 상당한 정력과 경비가 소요되므로 갑에게는 필요성이 크지 않기 때문이다.

위에서 설명한 원특허와 이용발명특허 사이의 권리충돌 및 미술작품 저작권과 병풍 디자인특허권 사이의 권리충돌은 공통된 특징이 있는데, 바로 그 권리객체에 공통된 부분이 있지만 완전히 동일하지는 않다는 점이다. 이것이 두 권리가 비록 "충돌"함에도 불구하고 여전히 공존할 수 있다는 결론을 얻을 수 있는 근본적 원인이다. 만약 권리객체가 완전히 동일하다면 결론은 달라진다. 예를 들어, 「특허법」 제9조는 동일한 발명창조에 대해서 특허권을 수여할 수 없다고 명확히 규정하고 있으며, 「상표법」도 동일한 도안에 대해서 상표로 등록할 수 없다고 명확히 규정하고 있다(그러나 저작권은 자연발생하고 심사가 필요 없는 권리이므로 이와 다르다.). 문제는 본조 제3항의 "충돌"이라는 어휘가 넓은 의미를 갖고 있어서, 권리객체가 완전히 동일한 경우를 포함할 뿐만 아니라 권리객체가 부분적으로 동일한 경우도 포함한다는 데 있다.

종합하면, 필자는 「특허법」이 권리충돌을 디자인특허권의 수여요건으로 한 것은 적절하지 않다고 본다. 2000년 「특허법」 개정 시에 전국인민대표대회 상무위원회가 심의과정에서 관련 전문가의 건의를 받아들여 이 규정이 신설되었지만, 사전에 충분한 의견조회·분석 및 논증이 없었으므로 황급하게 처리된 감이 있다. 당시에 국가지식산권국은 이 개정의견에 대해서 반대의견을 명확히 제시하였다.

이와 유사하게 비판적 의견을 제출한 학자도 있었는데, 아래와 같이 지적하였다.

각국의 디자인법 중에서 유사한 규정을 본 적이 없으며, TRIPs 협정에도 이러한 규정이 없다. 「EU디자인보호규정」 중에 비록 저작권 등 선권리를 침해할 수 없다는 규정이 있기는 하지만, 이것이 권리수여의 요건으로 이해될 수는 없다. 유럽연합의 회원국인 독일·영국의 디자인법 및 프랑스 지식산권법 법전의 디자인 관련부분은 권리수여요건 중에 타인의 선권리와 충돌해서는 아니 된다는 규정이 없다. 일반적인 국가의 권리수여 요건은 기본적으로 디자인이 신규성이 있어야 한다는 것이고, 이 요건에 부합하면 등록될 수 있으며, 디자인에 타인의 권리를 침해하는 부분이 포함되어 있는지는 고려할 필요가 없고, 설령 고려하여야 한다고 하더라도 사실상 발견하기가 매우 어려워서 보류할 수밖에 없다. 예를 들어, 일본은 디자인출원에 대해서 실체심사제도를 시행하고 있는 국가로서, 그 디자인법 제26조는 등록디자인의 일부가 그 등록출원일 전에 타인이 이미 출원하여 받은 특허권·실용신안권 또는 상표권, 또는 등록출원일 전에 이미 효력이 있는 타인의 저작권과 서로 충돌하는 때에는, 디자인특허권자가 그 등록디자인을 업으로 실시할 수 없다고 규정하고 있다.

이것은 일본이 디자인특허권의 무효선고청구에 의한 방식을 취하지 않고, 유지는 허용하되 실시는 할 수 없게 하는 방식을 취하고 있다는 말이다. 그렇다면 디자인권을 유지하는 것이 어떤 장점이 있는가? 만약 디자인권리자가 선권리자와의 협상을 통하여 충돌부분의 사용에 합의할 수 있다면, 그 디자인권을 실시할 수 있다. 이렇게 하면 선권리자와 디자인권리자 모두에게 유리하다. 기타 많은 국가들의 디자인법이 비록 일본과 같이 규정하지는 않았지만, 실제 결과는 마찬가지이다. 만약 디자인권리자가 타인의 선권리를 고려하지 않고 그 디자인을 실시하면, 선권리자는 관련 법률 중의 침해요건을 이용하여 제지하고 배상을 받을 수 있다. 이 때문에, 디자인특허권자는 반드시 선권리자와 협상하여 선권리자에게 그 디자인 중의 충돌부분에 대한 실시허가를 청구하여야 한다. 만약 선권리자가 허가를 거절한다면, 디자인특허권자는 최종적으로 그 디자인권을 포기할 수밖에 없다. 따라서 비록 법률 중에 "타인이 사전에 취득한 합법적 권리와 서로 충돌하지 아니하여야 한다."라는 규정이 없다고 하더라도, 타인의 선권리를 침해하게 되지는 않는다.[1]

2008년 「특허법」 개정 시에 본조의 "타인이 사전에 취득한 합법적 권리와 서로 충돌하지 아니하여야 한다."라는 규정을 삭제하여야 한다는 건의가 있었다.[2] 그러나 이 규정은 2000년 「특허법」 개정 시에 추가된 것으로서, 이를 바로 다시 삭제하는 것은 아무래도 입법기관이 꺼릴 수밖에 없었고, 게다가 2001년 「상표법」 개정 시에도 기본적으로 동일한 규정을 신설하여서 「상표법」과도 관련되었으므로 그렇게 하기가 더욱 어려웠다.

---

1) 汤宗舜, 专利法解说[M], 修订版, 北京: 知识产权出版社, 2002: 170-171.
2) 杨金琪 等, 外观设计专利授权标准与保护范围[G]//国家知识产权局条法司, 专利法及专利法实施细则 第三次修改专题研究报告, 北京: 知识产权出版社, 2006: 438.

제24조 신규성 유예기간

특허출원한 발명창조가 출원일 이전 6개월 내에, 다음 각 호 중 하나에 해당하는 경우,
신규성을 상실하지 아니한다.
1. 중국정부가 주최 또는 승인한 국제박람회에서 최초로 전시된 경우
2. 규정된 학술회의 또는 기술회의에서 최초로 발표된 경우
3. 타인이 출원인의 동의 없이 그 내용을 누설한 경우

一. 개 요

선출원주의를 따르고 있는 국가에서는, 출원일을 기준으로 특허출원한 발명창조
의 신규성 및 진보성을 판단한다. 2008년 개정 「특허법」 제22조 및 제23조 규정에 의
하여, 무릇 특허출원의 출원일(우선권이 있는 경우에는 우선일) 이전에 공중이 알고 있
는 기술방안 또는 설계방안이라면, 그 특허출원은 선행기술 또는 선행설계에 해당한
다. 특허출원으로 보호받고자 하는 발명·실용신안·디자인이 선행기술 또는 선행
설계에 해당하면 특허권을 수여할 수 없다.

그러나 현실에서는 발명창조의 발명자·창작자 또는 그 소속 단위가 어떤 정당한
이유 또는 실제적인 필요에 의해서 출원일 전에 그 발명창조를 공개할 수도 있으며,
타인이 합법적 또는 불법적 경로로 발명창조의 발명자·창작자 또는 그 소속 단위로
부터 그 발명창조를 알게 된 후 그의 동의 없이 출원일 전에 그 발명창조를 공개할 수
도 있다. 만약 위의 규정에 따라 일률적으로 이러한 공개행위로 인하여 발명창조의
신규성이 상실되었다고 인정한다면, 특허출원의 권리가 있는 자에게는 공평하지 않
으며, 특허제도에 부정적 영향을 발생시키게 된다. 따라서 많은 국가의 특허법은 출
원일 전 발명창조 공개행위 중 일부에 대해서는 일정한 조건 하에서 그 발명창조의
신규성에 영향이 없도록 규정하고 있다. 본조는 이러한 유형의 규정에 해당한다.

본조 규정은 1984년 제정 「특허법」에도 이미 있었으며, 1992년 및 2000년 「특허
법」 개정 시에 모두 본조 규정에 대해서는 실질적인 개정을 하지 않았다. 2008년 「특
허법」 개정 시에 본조 앞부분의 "신규성을 상실하지 아니한다."를 고쳐야 한다는 의
견이 있었는데, 본조에 규정된 세 가지 방식으로 공개되는 발명창조는 이후 6개월 이
내에 제출되는 특허출원의 신규성에 영향이 없을 뿐만 아니라 진보성에도 영향이 없
으며, 이것은 중국의 특허실무 중에 줄곧 이와 같이 시행되어 온 것이므로 명확히 하

여야 한다는 것이 그 이유였다. 국가지식산권국은 이 의견을 받아들여, 국무원에 보고한 「〈특허법〉 개정초안(심의본)」 중에 본조 앞부분을 "특허출원한 발명창조가 출원일 이전 6개월 내에, 다음 각 호 방식 중 하나로 공지된 경우, 그 특허출원에 대해서는 이 법의 선행기술 또는 선행설계로 보지 아니한다."로 개정할 것을 건의하였다. 국무원 심의과정에서, 본조 규정은 국제적으로 이미 습관적으로 신규성 유예기간에 관한 규정으로 불린다는 점과 중국이 1984년 「특허법」을 제정한 이래로 이 표현 때문에 그 시행에 실제적인 영향이 없었던 점을 고려하여 개정하지 않아도 된다고 보았다. 전국인민대표대회 상무위원회의 심의과정에서, 아무도 이 문제를 다시 제기하지 않았다. 비록 아래의 설명 중에 여전히 "발명창조는 신규성을 상실하지 아니한다."라는 표현을 쓰고 있지만, 그 의미는 이러한 공개행위로 그 발명창조의 진보성도 상실되지 않는다는 것으로 이해되어야 한다.

二. 신규성에 영향이 없는 공개행위

(一) 국제박람회에서 최초로 전시된 발명창조

1. 「파리협약」의 유관 규정

국제박람회에서 전시된 발명창조에 대하여 임시보호를 하는 것은 「파리협약」 제정의 동기 중 하나였다. 국제박람회에서 새로운 발명창조를 신속하게 전시하는 것은, 각국의 기업들이 국제경쟁에서 기선을 제압하여 우세한 지위를 차지하기 위해 상용하는 수단이며, 과학기술의 국제교류를 촉진하는 데에도 유리하므로 장려됨이 마땅하다. 국제박람회의 가치는 새로운 제품, 새로운 방법, 새로운 설계를 전시하는 데 있는데, 만약 전시된 것이 모두 알고 있는 것이라면 국제박람회 개최의 의의를 잃게 된다. 그러나 만약 국제박람회에서의 발명창조 전시행위에 대하여 일정한 규칙을 정해놓지 않는다면, 전시된 발명창조가 전시행위 때문에 각국에서 특허보호를 받을 수 없게 될 수 있어, 국제박람회에서 조속하게 그 발명창조를 전시하고자 하는 기업의 적극성에 영향을 줄 수 있다. 이를 위해서, 「파리협약」 제11조는 아래와 같이 규정하였다.

(1) 동맹국은 동맹국의 영역 내에서 개최되는 공적 또는 공적으로 인정된 국제박람회에 출품되는 상품에 대하여 특허를 받을 수 있는 발명, 실용신안, 디자인 및 상표에 대하여 국내법령에 따라 임시보호를 부여한다.

(2) 그러한 임시보호는 제4조에서 정한 우선기간을 연장하는 것은 아니다. 후에 우선권이 주장되는 경우에는 각 동맹국의 당국은 그 산품을 박람회에 반입한 날로부터 우선기간이 개시되는 것으로 규정할 수 있다.

(3) 각 동맹국은 해당 산품이 전시된 사실 및 반입의 일부를 증명하기 위하여 필요하다고 인정되는 증거서류를 요구할 수 있다.

2. 임시보호의 방식

「파리협약」은 국제박람회에서 전시한 상품에 포함된 발명·실용신안·디자인 및 상표에 대하여 그 모든 동맹국이 임시보호를 부여할 것을 요구하지만, 각 동맹국이 부여하여야 하는 임시보호의 유형 및 기간에 대해서는 구체적으로 규정하지 않았는데, 이것은 각 동맹국에게 자국의 수요에 따라 그 본국의 입법을 통하여 상응하게 규정하도록 여지를 남겨둔 것이다.

임시보호에는 이론적으로 세 가지 유형이 있을 수 있는데, 첫째는 전시자에게 일종의 특수한 우선권을 제공하는 것으로, 즉 전시자가 상품을 박람회에 전시한 날로부터 일정 기간 내에 특허출원을 하는 경우에는 전시한 날에 출원한 것으로 보는 것이고, 둘째는 전시자에게 신규성 유예기간을 보장하는 것으로, 즉 전시자가 상품을 박람회에 전시한 날로부터 일정한 기간 내에 특허출원을 하는 경우에는 그 전시로 인하여 발명창조의 신규성이 상실되지 않는 것으로 보는 것이며, 셋째는 전시자에게 선사용권을 제공하는 것으로, 즉 전시자가 그 전시행위로 타인이 후에 획득한 특허에 대하여 대항할 수 있게 하는 것이다.[1] 이 세 가지 임시보호 방식 중에서, 첫째 방식의 보호강도가 가장 강하지만 이러한 방식을 쓰고 있는 국가는 매우 적으며, 둘째 방식의 보호강도가 적당하여 절대 다수의 국가가 이 방식을 쓰고 있고, 셋째 방식은 보호강도가 가장 약하며 이러한 방식을 쓰고 있는 국가도 거의 없다. 주의하여야 할 점은, 「파리협약」 제11조가 쓰고 있는 "임시보호", 이 어휘는 「특허법」 제13조가 규정하는 발명특허출원 공개 후의 임시보호와 혼동하기 쉽다는 점이다. 실제로 「파리협약」의 "임시보호"는 국제박람회에서 전시한 상품에 포함된 발명창조를 별도로 특별히 보호한다는 것이 아니라, 상품의 전시가 모든 동맹국에서 특허·실용신안·디자인·상표보호를 획득할 수 있는 권리에 영향을 주어서는 안 된다는 것을 가리킨다.

---

1) G. H. C. Bodenhausen, Guide to the Application of the Paris Convention for the Protection of Industrial Property as Revised at Stockholm in 1967[M], Geneva: The United International Bureau for the Protection of Intellectual Property(BIRPI), 1968: 150.

3. 국제박람회의 주최자

「파리협약」 제11조 규정은 그 국제박람회가 "동맹국의 영역 내에서 개최되는 공적 또는 공적으로 인정된 국제박람회"이어야 한다고 하였지만, 박람회 개최지 소재 국가의 정부가 개최 또는 승인하는 박람회를 가리키는지 아니면 나중에 특허가 출원되는 국가의 정부가 개최 또는 승인하는 국제박람회를 가리키는지는 명확하지 않다. 「파리협약」에 관한 권위 있는 해석에 의하면, 후자를 의미하는 것이지 전자일 수는 없다고 한다.[1] 따라서, 본조가 규정하는 그 국제박람회는 "중국정부가 주최 또는 승인한 국제박람회"를 가리키는 것이고, 이것이 「파리협약」 제11조 규정에 부합한다.

"중국정부"는 국무원을 가리킨다. 그러나 국무원 자체는 일반적으로 국제박람회를 주최하지 않으며, 실제로는 국무원 유관부문 또는 지방정부가 주최한다. 중국이 발전함에 따라서 박람회 경제가 번창하고 있으며, 중국에서 개최되는 각종 유형의 국제박람회는 갈수록 많아지고 있다. 본조 규정을 적용할 때에, 국무원이 주최를 비준한 국제박람회만이 "중국정부가 주최하는" 국제박람회라는 점을 주의하여야 한다. 소위 "국제박람회"라는 것은, 전시되는 전시품에 개최국이 제조한 제품 이외에 다른 국가가 제조한 제품도 있어야 함을 가리킨다.[2] 중국에 등록된 외자기업이 제조하는 제품은 외국이 제조하는 제품으로 볼 수 없다.

외국정부가 주최하는 국제박람회 중에서는 어떤 박람회를 "중국정부가 승인한 국제박람회"라고 할 수 있는가? 이것은 본조 규정을 적용하는 데 있어서 중요한 문제이다. 2008년 개정 전 「특허법」은 상대적 신규성 기준을 따랐으므로, 출원일 전에 외국에서 사용·판매·전시 등 행위로 공개된 발명창조는 선행기술 및 선행설계에 해당하지 않았고, 따라서 이 문제는 중요한 문제가 아니었으며, 설령 중국정부가 승인한 국제박람회가 아니라고 하더라도 관계가 없었다. 2008년 「특허법」 개정 시에 절대적 신규성 기준을 도입하여 이 문제가 두드러졌고 회피할 수 없게 되었다. 이 문제에 답하기 위하여, 2010년 개정 「특허법실시세칙」 제30조에 제1항을 신설하였는데, 아래와 같이 규정하고 있다.

특허법 제24조 제1호의 중국정부가 승인한 국제박람회는 세계박람회협약이 규정하

---

1) G. H. C. Bodenhausen, Guide to the Application of the Paris Convention for the Protection of Industrial Property as Revised at Stockholm in 1967[M], Geveva: The United International Bureau for the Protection of Intellectual Property(BIRPI), 1968: 150.

2) 汤宗舜, 专利法解说[M], 修订版, 北京: 知识产权出版社, 2002: 174.

는 세계박람회사무국에 등록하였거나 또는 그가 인가한 국제박람회를 가리킨다.[1]

국제박람회사무국에 등록하였거나 또는 국제박람회사무국이 인가한 국제박람회는 매우 적기 때문에, 본조의 "중국정부가 승인한 국제박람회"의 범위는 상당히 제한적이다.

4. 신규성 유예기간과 우선권 사이의 관계

출원인이 우선권을 주장하는 경우에, 신규성 유예기간은 어떻게 계산되고 적용되어야 하는가는 논의할 가치가 있는 문제이다.

「파리협약」은 우선권을 규정했을 뿐만 아니라 국제박람회에서 전시된 것에 대한 임시보호를 규정했으므로, 만약 동맹국이 중복해서 양자를 적용하면 실제로는 「파리협약」 제4조가 규정하는 우선권 기간을 연장하는 것이 된다. 예를 들어, 독일 지멘스사가 2008년 4월 1일 독일 하노버 국제박람회에서 새로 개발한 전자제품을 전시하였고, 2008년 10월 1일 처음으로 유럽특허청에 그 전자제품에 관한 특허출원을 하였으며, 2009년 10월 1일 중국 국가지식산권국에 동일한 발명특허를 출원하였다고 하자. 이때에 중국에 대한 특허출원에 있어서는, 만약 출원인이 우선권을 향유할 수 있고, 또한 신규성 유예기간을 향유할 수 있다면, 지멘스사가 국제박람회에 그 전자제품을 전시한 후 18개월이 지나서 중국에 출원하고서도 여전히 신규성이 있어서 그 출원이 특허권을 받는 데 영향이 없는 결과가 된다.

위와 같은 문제는 「파리협약」 제11조 규정의 임시보호를 특별우선권을 부여함으로써 구체화하는 동맹국에 있어서는 훨씬 두드러지는데, 특별우선권과 보통우선권이 서로 겹쳐지게 되어 우선권 기간을 연장시키게 된다. 이 문제는 관련 국가와 국제사회의 관심을 받게 되어, 1925년 개최된 「파리협약」 개정을 위한 헤이그회의에서 이 협약 제11조에 제2항 규정을 추가하였다. 이 조항은 먼저 "그러한 임시보호는 제4조에서 정한 우선권 기간을 연장하는 것은 아니다."는 원칙을 명확히 하였고, 이어서 "후에 우선권이 주장되는 경우에는 각 동맹국의 당국은 그 산품을 박람회에 반입한 날로부터 우선권 기간이 개시되는 것으로 규정할 수 있다."고 규정하여 선택할 수 있는 방식을 제공하였다. 위의 예를 사용하여 그 의미를 설명하면, 지멘스사가 2008년 4월 1일 그 전자제품을 국제박람회에 전시하고, 2008년 10월 1일 처음으로 유럽특허

---

1) 「유럽특허협약」 제55조는 신규성에 영향이 없는 국제박람회는 1928년 11월 22일 파리에서 체결되고, 1972년 11월 30일 마지막으로 개정된 「국제박람회협약」이 규정하는 박람회를 가리킨다고 규정하고 있다.

청에 특허출원한 후 또「파리협약」의 어느 동맹국에 동일한 발명창조에 대하여 특허
출원하면서 유럽특허청에 제출한 특허출원의 우선권을 주장하는 경우, 그 동맹국은
이러한 경우에도 변함없이 우선권을 향유할 수 있다고 규정할 수는 있지만, 우선권
기간은 유럽특허청에 출원한 날로부터가 아니라 전시한 날로부터 기산하여야 한다
고 규정할 수 있다. 바꿔 말하면, 지멘스사는 반드시 2009년 4월 1일 전에 그 동맹국
에 특허출원하여야 우선권을 향유할 수 있다.

1984년 제정된「특허법」제29조 제2항은, "출원인이 우선권을 주장하고, 이 법 제
24조 각 호 중 하나에 해당하는 경우, 우선권 기간은 그 경우가 발생한 날로부터 계산
한다."고 규정하였다. 이 조항은「파리협약」제11조 제2항 규정에 의거하여 적어 넣은
것이 분명하다. 어떤 학자는 이 조항을 적어 넣은 이유를 아래와 같이 설명하였다.

> 본조가 규정하는 신규성을 상실하지 않는 우대기간은 일종의 임시보호인데,「파리협약」
> 제11조 제2항 규정에 따라서 우선권 기간을 연장해서는 아니 된다. 만약 발명창조가 국제
> 박람회에서 처음 전시된 후에 출원된 것이고, 우선권 기간을 출원일로부터 계산하도록 허
> 용한다면, 우선권 기간을 연장하는 결과가 된다. 따라서 이러한 경우에 우선권 기간은 처
> 음 전시된 날로부터 계산하여야 한다.[1]

"우선권 기간은 그 경우가 발생한 날로부터 계산한다."는 것이, 국제박람회에서 전
시된 날이 선출원일로 간주되고, 이에 나아가 전시한 날 이후의 그 발명창조에 대한
어떠한 공개행위도 모두 후출원의 신규성에 영향을 미치지 않는다는 결론을 얻을 수
있음을 의미하는가? 이에 대답은 부정인데, 중국은 신규성 유예기간에「파리협약」
제11조 제1항 규정을 적용하고 있으며, 특별우선권을 주는 방식으로 이 조항 규정을
적용하는 것이 아니기 때문이다. 다시 위의 예에 적용하면, 지멘스사가 2008년 4월 1
일 그 전자제품을 국제박람회에서 전시하고 2008년 10월 1일 최초로 유럽특허청에
특허출원한 경우, 만약 이 회사가 후에 중국에 특허출원하면서 그 유럽특허출원의 우
선권을 주장하고자 한다면 2009년 4월 1일 전에 특허출원하여야 하는데, 즉 우선권
기간은 2008년 4월 1일부터 계산하지만 우선일은 변함없이 2008년 10월 1일이지
2008년 4월 1일이 아니다. 2008년 4월 1일부터 2008년 10월 1일의 시간적 기간 내에
만약 타인이 공개적인 출판물상에 동일한 발명창조를 공개하였다면, 이 회사가 중국
에 한 특허출원의 신규성에 영향을 줄 수 있다. 비록 이와 같이 되어, 이 회사가 진정

---

1) 汤宗舜, 中华人民共和国专利法条文释义[M], 北京: 法律出版社, 1986: 115-116.

으로 향유할 수 있는 우선권 기간이 실질적으로는 단축된다고 하더라도, 「파리협약」 제11조 제2항 규정의 본래 의도가 바로 이와 같은 것이다.

1992년 「특허법」 개정 시에 1984년 제정 「특허법」 제29조 제2항 규정을 삭제하였다. 어떤 학자는 삭제한 이유를 아래와 같이 설명하였다.

> 유예기간의 효력과 우선권의 효력은 다른 것인데, 원래의 제2항 규정에 따르면, 우선권 기간 안에 신규성을 상실하지 않는 유예기간이 포함되어, 이것은 법률 해석에 어려움을 준다. 이 때문에 국제관례에 따라서 제2항을 삭제하여야 한다. 한마디 언급할 필요가 있는 점은, 만약 출원일 전의 어떤 공개에 대한 중국 특허법의 보호방법이 우선권을 주는 것이라면, 발명자가 발명을 공개한 날을 발명자가 출원한 날로 보아야 하고, 이러한 경우에는 원래의 제2항 규정을 유지할 수 있다.[1]

본조의 본문은 "특허출원한 발명창조가 출원일 이전 6개월 내에, 다음 각 호 중 하나에 해당하는 경우, 신규성을 상실하지 아니한다."고 규정하고 있다. 「특허법실시세칙」 제11조 제1항은 "특허법 제28조 및 제42조가 규정하는 경우를 제외하고, 특허법의 출원일은 우선권이 있는 경우 우선일을 가리킨다."고 규정하고 있다. 이로부터 본조 본문의 "출원일"은 출원인이 우선권을 향유할 수 있는 경우에는 우선일을 가리킴을 알 수 있다. 이처럼 1984년 제정 「특허법」 제29조의 제2항은 삭제하고 그 제1항만 있는 상황에서, 본조 규정과 함께 놓고 보면, 중국은 출원인에게 신규성 유예기간과 우선권을 동시에 향유하는 것을 허용하고 있음을 알 수 있다.

지금 돌이켜 보면, 1984년 제정 「특허법」 제29조 제2항을 삭제한 이유는 논의해 볼 가치가 있다.

먼저, 「파리협약」 제11조 제2항은 "후에 우선권이 주장되는 경우에는 각 동맹국의 당국은 그 산품을 박람회에 반입한 날로부터 우선권 기간이 개시되는 것으로 규정할 수 있다."고 규정하는데, 이것은 모든 동맹국이 이러한 방식을 사용할 수 있으며, 특별우선권에 의해 「파리협약」 제11조 제1항 규정을 구체화하는 동맹국뿐만 아니라, 신규성 유예기간을 보장하는 동맹국도 마찬가지로 이러한 방식을 사용할 수 있음을 나타낸다.

다음으로, 나라마다 신규성 유예기간에 대하여 상이한 방식을 사용하고 있으며, 출원인이 신규성 유예기간과 우선권을 동시에 향유하는 것을 허용하는 방식이 '국제적

---

1) 吳伯明, 关于中华人民共和国专利法的修改 [G]//中国专利局专利法研究所, 专利法研究1992, 北京: 专利文献出版社, 1992: 72-73.

관례'라고 보기는 어렵다. 그중에서 유럽특허청의 「유럽특허협약」 관련 규정에 대한 해석에 특히 주의할 필요가 있다.

「유럽특허협약」 제55조는, 유럽특허를 출원하기 전 6개월 이내에 국제박람회에서 그 발명을 전시한 행위에는 이 협약 제54조의 신규성에 관한 규정을 적용해서는 안 된다고 규정하고 있다. 이 조의 "유럽특허를 출원하기 전 6개월 이내"(no earlier than 6 months preceding the filing of the European patent application)의 의미에 대해서, 과거 에 유럽특허청에는 서로 다른 견해가 있었다. 유럽특허청 확대심판소[1]는 2000년 7 월 13일 중요한 심결[2]을 내렸는데, 이 심결은 「유럽특허협약」의 관련 규정 사이의 논리관계를 상세하게 분석하였고 이 협약의 형성 과정을 고찰하였으며 이 협약 제55 조와 「유럽특허협약」의 관련 규정 사이의 관계를 검토하여, 최종적으로 6개월의 신 규성 유예기간은 유럽특허출원의 실제 출원일로부터 이전으로 소급되는 6개월을 가 리키는 것이라고 인정하였다. 바꿔 말하면, 유럽특허출원의 실제 출원일 6개월 전에 특허출원한 발명을 국제박람회에서 전시하였다면 그 발명은 신규성을 상실하는데, 비록 그 유럽특허출원이 다른 국가에 한 선출원을 기초로 우선권을 주장한다고 하더 라도 여전히 이와 같다.

유럽특허청 확대심판소의 위 결정은, 「유럽특허협약」의 규정에 따르면, 출원인은 신규성 유예기간과 우선권을 동시에 향유할 수 없고, 둘 중 하나만 선택할 수 있음을 나타낸다. 이러한 방식은 약간 기이한 것처럼 보이지만, 자세히 분석해보면 「파리협 약」의 관련 규정을 위반하는 것도 아닌데, 「유럽특허협약」은 출원인에게 우선권을 향유할 수 있는 기회를 주면서 또한 신규성 유예기간을 향유할 수 있는 기회도 주는 것이고, 단지 둘을 동시에 모두 향유할 수 없다는 제한만 부가하는 것뿐이기 때문이 다. 이러한 제한을 부가한 목적은 「파리협약」 제11조 제2항 첫 번째 구절의 규정, 즉 "그러한 임시보호는 제4조에서 정한 우선권 기간을 연장하는 것은 아니다."를 실현하 는 것이다. 이 항의 두 번째 구절은 "후에 우선권이 주장되는 경우에는 각 동맹국의 당국은 그 산품을 박람회에 반입한 날로부터 우선권 기간이 개시되는 것으로 규정할 수 있다."와 같이 선택적인 방식을 제공하는데, 따라서 각 동맹국은 이러한 방식을 사 용할 수도 있고 이러한 방식을 사용하지 않고 다른 방식을 사용할 수도 있지만 「유럽 특허협약」은 후자를 선택하였고, 이처럼 선택한 것은 「파리협약」의 허용범위를 벗어

---

1) 심판소(the Board of Appeal)는 유럽특허청의 1심 기구에 상당하고, 확대심판소(the Enlarged Board of Appeal)는 유럽특허청의 2심 기구에 상당한다. 확대심판소가 내리는 결정은 종국적인 결정으로, 심판소와 유럽특허청에 모두 구속력이 있다.
2) G 3/98, Official Journal EPO 02/2001.

나지 않은 것으로 보아야 한다.

유럽특허청 확대심판소가 위의 심결을 내린 후에, 유럽특허청은 그 심사지침서를 개정하여, 신규성 유예기간을 향유할 수 있는 요건은 박람회에서 그 발명을 전시하는 행위가 반드시 특허출원 전 6개월 이내에 있었어야 하고, 그 6개월이라는 기간의 시간적 기점은 유럽특허출원의 실제 출원일이고 그 우선일이 아님을 규정하였다.

종합하면, 국제박람회에서 관련 발명을 전시하는 행위에 대해서, 유럽특허청이 취하는 방식은 출원인이 우선권과 신규성 유예기간을 동시에 향유할 수 없게 하는 것인데, 이것은 출원인에게 가장 엄격한 방식이다. 「파리협약」 제11조 제2항 두 번째 구절의 방식은 출원인이 우선권을 향유할 수도 있고 신규성 유예기간을 향유할 수도 있지만, 신규성 유예기간을 향유하는 경우에는 우선권 기간이 전시한 날로부터 계산되며, 이것은 유럽특허청의 방식에 비하여 관대하다. 중국이 사용하는 방식은 출원인은 우선권을 향유할 수도 있고 신규성 유예기간을 향유할 수도 있으며, 우선권 기간은 변함없이 처음 출원한 날로부터 계산되는데, 이러한 방식은 출원인에게 가장 유리하다. 특히 외국출원인에게 훨씬 유리하여, 「파리협약」 제11조 제2항 첫 번째 구절의 규정을 지키지 않는 것과 다를 바 없다. 따라서 1992년 「특허법」 개정 시에 개정전 제29조 제2항 규정을 삭제할 필요가 있었는지 의문이 남는다.

5. 전시의 내용 및 최초 전시의 의미

본조는 중국정부가 주최하거나 또는 승인한 국제박람회에서 최초로 전시된 경우 신규성을 상실하지 않는다고 규정하고 있다. 본조의 "전시"라는 것은 오직 전시행위 자체, 예를 들어 실물·사진·도면 등의 전시행위만을 가리키는가, 아니면 박람회에서 관련 제품을 소개하는 서면자료배포, 판매행위 등도 포함되는가? 전시품을 전시하면서 자료배포, 사업상담, 계약체결, 제품판매 등 각종 전시품과 관련된 행위를 동시에 진행하는 것은 박람회에서 흔히 볼 수 있는 일임에 주의하여야 한다. 만약 오직 전시행위 자체의 신규성에 대한 영향만을 배제하고, 위의 기타 행위의 신규성에 대한 영향을 배제하지 않는다면, 본조가 규정하는 신규성 유예기간의 의의는 크게 감소되고, 심지어는 아무런 실제적 의의가 없다고 말할 수 있다. 따라서 본조 규정은 중국정부가 주최 또는 승인하는 국제박람회에서의 전시품에 대한 모든 공개행위는 모두 본조가 규정하는 신규성 유예기간을 향유할 수 있다는 의미로 이해되어야 한다. 당연히, 박람회 참가자가 박람회에서 배포한 자료 또는 상담한 내용이 전시된 제품과 무관하다면, 이것은 그 공개된 발명창조의 신규성을 상실하게 할 수 있다.

본조의 "최초로"는 출원일 이전 6개월 내에 출원인이 어떤 국제박람회에서 오직 1회만 전시하는 것이 허용된다는 의미인가? 대답은 부정이다. "최초로"는 출원인이 그 발명창조에 대하여 첫 번째 전시한 것이 출원일(우선권이 있는 경우, 우선일을 가리킨다.) 전 6개월 이내이어야 한다는 의미이고, 6개월을 벗어나면 전시한 발명창조는 신규성을 상실하며, 출원인이 출원일 이전 6개월 이내에 다른 국제박람회에서 그 발명창조를 여러 차례 전시하는 것도 배제하지 않는다. 본조 제1호 및 제2호의 "최초로"라는 표현이 오해를 일으킬 수 있음에 비추어, 2008년 「특허법」 개정 시에 국가지식산권국은 그 국무원에 보고한 「〈특허법〉 개정초안(심의본)」에서 "최초로"를 삭제할 것을 건의하였다. 그러나 이 건의는 받아들여지지 않았다.

(二) 규정된 학술회의 또는 기술회의에서 최초로 발표된 발명창조

발명창조의 발명자 및 창작자는 연구개발성과를 얻은 후에, 일반적으로 가급적 조속한 시기에 이를 발표하기를 원하는데, 이것은 발명자 및 창작자의 습관일 뿐만 아니라 어쩔 수 없이 이처럼 하는 경우도 많다. 「특허법」에 발명창조가 일단 공개적으로 발표되면 신규성을 상실한다는 규정이 있다는 것을 알지 못하는 발명자·창작자도 있다. 어떤 발명자·창작자는 자기의 연구개발성과가 특허권을 받을 수 있는 발명창조인지를 잘 알지 못하며, 이 때문에 그것들을 공개적으로 발표한다. 이러한 경우는 특허제도의 역사가 매우 긴 나라에서도 흔히 볼 수 있다. 동시에, 조속하게 연구성과를 발표하는 것은 연구개발성과의 전달과 이용에 유리하며, 과학기술과 문화예술의 발전을 촉진하는 작용이 있으므로 장려되어야 하고 제한해서는 안 된다. 이러한 점을 고려하여, 연구개발성과의 발표에 대하여 신규성의 예외를 두는 것이 필요하다.

나라마다 특허법이 규정하는 예외에는 조금씩 차이가 있다. 예를 들어 일본특허법은, 출원인이 출원일 전 6개월 내에 진행한 공개적인 시험행위 또는 출판물 또는 인터넷에 공개적으로 발표한 행위는 그 발명창조의 신규성에 영향이 없다고 규정하고 있다. 「특허법」의 본조가 규정하는 신규성을 상실시키지 않는 공개적인 발표는 학술회의 또는 기술회의에서 최초로 발표된 것에 한정되며, 만약 공개적인 출판물 또는 인터넷에 연구개발성과를 발표하였다면 본조가 규정하는 신규성 유예기간을 향유할 수 없다. 이 때문에, 「특허법」이 연구개발성과의 발표에 대하여 규정한 신규성 예외는 일본에 비하여 훨씬 엄격하다.

학술회의 또는 기술회의는 연구개발성과의 발표와 토론을 주요 목적으로 하는 집회를 가리킨다. 학술회의와 기술회의는 다양한 유형과 등급이 있는데, 어떤 회의에 대하여 본조 제2호 규정을 적용할 수 있는가? 이에 대하여, 「특허법실시세칙」 제30

조 제2항은 아래와 같이 규정하고 있다.

> 특허법 제24조 제2호의 학술회의 또는 기술회의는, 국무원 유관 주관부문 또는 전국적 학술단체가 조직하여 개최하는 학술회의 또는 기술회의를 가리킨다.

위 규정은 다음 두 가지를 나타낸다. 첫째, 본조 제2호 규정을 적용할 수 있는 학술회의와 기술회의는 오직 중국에서 개최되는 학술회의와 기술회의에 한정되고 외국에서 개최되는 회의에는 적용될 수 없는데, 이것은 본조 제1호의 국제박람회에 관한 규정과는 달리 "중국정부가 승인한" 학술회의 또는 기술회의라고 표현하지 않았기 때문이다. 둘째, 중국에서 개최되는 모든 학술회의와 기술회의에서 공개되는 발명창조가 모두 본조가 규정하는 신규성 유예기간을 향유할 수 있는 것이 아니며, 오직 국무원 유관 주관부문 또는 전국적 학술단체가 개최하는 회의에만 적용되는데, 예를 들어 어떤 대학 명의로 개최되는 학술회의는 본조가 규정하는 범위에 포함되지 않는다.

소위 발명창조의 학술회의 또는 기술회의에서의 "발표"는 단지 구두로 발명창조를 소개한 것만 포함하는가, 아니면 발명창조를 소개한 서면자료를 제공하는 것도 포함하는가? 이에 대하여 본조는 명확하게 규정하지 않았다. 학술회의 및 기술회의의 일반적인 개최방식으로 보면, 통상적으로 구두보고 또는 강연뿐만 아니라 구두보고·강연과 함께 일반적으로는 서면자료도 제공하는데, 이렇게 하지 않으면 학술교류의 효과에 영향을 주게 된다. 따라서 본조 제2호의 "발표"에는 구두보고와 서면자료 양자 모두가 포함되어야 한다. 이 결론은 앞에서 설명한 국제박람회에서 전시품을 소개하는 서면자료를 배포하는 것과 그 결론이 일치한다.

본조 제2호의 "학술회의 또는 기술회의"는 공개적으로 개최된 회의, 즉 참가자가 비밀유지의무를 지지 않는 회의를 가리킨다. 만약 비밀유지가 필요한 학술회의 또는 기술회의라면, 예를 들어 내부 기술연구 토론회라면, 이러한 회의에서 발표되는 내용은 아직 「특허법」 제22조 및 제23조가 규정하는 "공지"에는 이르지 않았으므로 선행기술 또는 선행설계에 해당하지 않으며, 이후에 제출되는 특허출원의 신규성에 영향이 없고, 이 때문에 신규성 유예기간의 적용 문제를 고려할 필요가 없다.

(三) 출원인의 동의 없는 발명창조의 누설

타인이 출원인의 발명창조를 출원인의 동의 없이 누설함으로써 발명창조가 공개되는 때도 있다. 이러한 경우에 출원인을 합리적으로 구제하기 위하여, 본조 제3호는 출원일 이전 6개월 내에 타인이 출원인의 동의 없이 그 내용을 누설한 경우, 신규성을 상실하지 않는다고 규정하고 있다.

본조 제3호의 "출원인"은 특허출원의 권리가 있는 단위 또는 개인을 가리킨다. "타인"은 출원인 이외의 기타 단위 또는 개인을 가리키며, 출원인이 단위인 경우 "타인"에는 본 단위의 직원, 예를 들어 발명창조를 완성한 발명자 또는 창작자도 포함된다. "누설"은 관련 발명창조를 공중이 알 수 있는 상태에 놓이게 하는 것으로, 만약 타인이 그 알게 된 발명창조를 다른 사람에게 말해 주었지만 공중이 알 수 있는 상태에 놓이게 하지는 않았다면 본조 규정의 적용문제를 고려할 필요가 없는데, 이러한 행위는 그 발명창조의 신규성에 영향이 없기 때문이다. "그 내용"은 관련 발명창조의 내용을 가리킨다.

본조 제3호 규정을 적용하기 위해서는 다음 두 가지 요건이 만족되어야 한다.

첫째, 타인이 공개한 발명창조가 직접적으로 또는 간접적으로 출원인으로부터 알게 된 것이어야 한다. 만약 타인이 공개한 발명창조가 자신이 독립적으로 완성한 것이라면, 그 공개행위는 출원인의 동의를 받을 필요가 없다. 만약 타인이 공개한 발명창조가 그 발명창조를 독립적으로 완성한 제3자로부터 알게 된 것이라면 출원인과는 무관하며, "누설"의 책임을 추궁한다고 하더라도 그 제3자가 하여야 하고 출원인이 할 것은 아니다. 이 때문에 이러한 두 가지 경우에는 본조 제3호 규정을 적용할 수 없다. 타인이 직접적으로 또는 간접적으로 출원인으로부터 발명창조의 내용을 알게 되는 방식은 합법적일 수도 있으며 불법적일 수도 있다. 합법적인 방식에는 출원인이 발명창조를 완성하고 이후에 발명창조를 실시할 목적 등으로 타인에게 지원·도움·협력을 요청하여 타인이 그 발명창조를 알게 되었거나, 발명자 또는 창작자가 본 단위의 관리규칙 또는 비밀유지요구를 위반하여 타인이 그 발명창조를 알게 하는 경우 등이 포함된다. 불법적인 방식에는 타인이 사기·협박·절도·강탈 등 방식 또는 첩보수단을 통하여 직접 또는 간접적으로 출원인으로부터 발명창조를 알아내는 것이 포함된다.

둘째, 타인의 발명창조 공개행위가 출원인의 의사에 위배되어야 한다. 바꿔 말하면, 출원인이 타인에게 그 발명창조를 알게 할 때에 그 발명창조를 공개할 의도가 없었어야 한다. 이 점을 증명하려면, 출원인은 먼저 비밀누설방지에 필요한 조치를 취하였어야 한다. 예를 들어, 타인이 합법적인 방식으로 발명창조를 알게 되는 경우에, 출원인은 타인이 그 발명을 알게 되는 때에 서면 또는 구두로 그 비밀유지 요구를 명확히 하거나 또는 타인이 그 발명창조를 알게 되는 때에 당시의 구체적인 상황에 따라서 묵시적 비밀유지의무가 있음을 인식하게 하여야 한다.[1] 타인이 위에서 설명한 불법적인 방식으로 발명창조를 알게 되는 경우에는, 그 발명창조의 공개 행위가 출원인의 의사에 어긋남은 말하지 않아도 명백하다.

三. 신규성 유예기간의 효력 및 그 적용방식

(一) 신규성 유예기간의 효력

특허출원한 발명창조가 그 출원일 전 6개월 내에 본조의 세 가지 방식으로 공개된 경우에는, 본조가 규정하는 신규성 유예기간을 향유할 수 있다. 신규성 유예기간의 효력은 출원인이 후에 그 발명창조에 대하여 특허출원하는 경우, 그 전에 발생한 이러한 공개행위로 인하여 신규성 및 진보성을 상실하지 않고 특허보호를 받을 수 있는 기회를 상실하지 않는 것이다.

주의하여야 할 점은, 본조의 세 가지 방식에 의해서 발명창조가 공개되는 경우에는 사실상 공개일로부터 이미 공지된 것이고, 따라서 그 발명창조가 선행기술 또는 선행설계에 해당하게 되지만, 본조가 신규성 유예기간을 규정하였기 때문에 그 선행기술은 출원인이 특허권을 받는 데 영향을 주지 않는다는 점이다. 그러나 타인에 대해서는, 그 선행기술과 보통의 선행기술 및 선행설계가 구별되는 것이 아니며, 만약 공개된 후에 타인이 동일한 발명창조에 대하여 특허를 출원하면, 그 특허출원은 신규성이 없게 된다. 따라서 본조가 규정한 세 가지 방식으로 공개된 발명창조는 타인에 대해서는 특허법 의미에서의 선행기술 또는 선행설계에 해당한다.

6개월의 신규성 유예기간 내에, 본조의 세 가지 방식 중 오직 하나에 의해서만 공개될 수 있는 것은 아니며, 또한 오직 한 차례만 발생할 수 있는 것도 아니다. 「특허심사지침서 2010」 규정에 따르면, 특허출원을 하기 전 6개월 내에 출원인이 본조 각호에 규정된 방식으로 여러 차례 그 발명창조를 공개하더라도 그 발명창조의 신규성이 상실되는 것은 아니지만, 그러나 6개월의 유예기간은 발명창조가 처음 공개된 날로부터 계산한다.[2] 예를 들어, 어떤 회사가 2009년 3월 1일 그 발명창조를 중국정부

---

1) 「유럽특허협약」 제55조 제1항 (a)는 "출원인 또는 그 합법적 피승계인과의 관계를 남용하였음을 증명할 수 있는 증거"(an evident abuse in relation to the applicant or his legal predecessor)를 규정하고 있는데, 당해 규정은 중국에서 "출원인의 동의 없이 그 내용을 누설"한 것인지를 판단하는 데 참고할 수 있다.

2) 国家知识产权局, 专利审查指南2010[M], 北京: 知识产权出版社, 2010: 第二部分 第三章 5.

가 주최하는 국제박람회에서 전시하고, 같은 해 5월 1일 규정에 부합하는 학술회의
에서 그 발명창조를 또 발표하였으며, 같은 해 7월 1일에 타인이 이 회사의 동의 없이
출판물로 그 발명창조를 공개하는 경우, 이 회사는 같은 해 9월 1일 전에 국가지식산
권국에 특허출원을 하여야만 그 발명창조의 신규성 및 진보성이 위의 모든 공개행위
의 영향을 받지 않게 된다.

신규성 유예기간의 효력과 우선권의 효력은 비슷한 점이 있어 보이지만, 분명하게
구별되기도 한다. 「파리협약」 제4조 B는 우선권의 효력에 대하여 아래와 같이 규정
하였다.

> 따라서 위에 언급된 기간의 만료전에 타 동맹국에 낸 후출원은 그 기간 중에 행하여진
> 행위, 특허, 타 출원, 당해 발명의 공표 또는 실시, 당해 디자인으로 된 물품의 판매 또
> 는 당해 상표의 사용으로 인하여 무효로 되지 아니하며 또한 이러한 행위는 제3자의
> 권리 또는 여하한 개인 소유의 권리를 발생시키지 아니한다.

위 규정은 후 특허출원을 선출원일에 출원한 것으로 취급하는 것이 일반적인 우선
권의 효력이고, 따라서 우선일로부터 실제 출원일 사이의 시간적 기간 내에 있었던
각종 공개행위는, 출원인이 한 것인지 아니면 타인이 한 것인지에 관계없이, 또한 어
떠한 방식으로 공개하였는지에 관계없이, 출원인의 후 특허출원의 신규성 및 진보성
에 영향을 주지 않는다는 것을 나타낸다.[1]

본조가 규정하는 신규성 유예기간의 효력은 우선권의 효력에는 상대적으로 훨씬
미치지 못하며, 이것은 후 특허출원의 출원일을 발명창조의 전시일·발표일 또는 누
설일로 소급시키는 것도 아니고, 본조가 규정하는 세 가지 방식으로 발명창조를 공개
하는 행위가 후 특허출원의 신규성 및 진보성에 영향을 주지 않는다고 규정할 뿐이
다. 따라서 신규성 유예기간을 향유하더라도 출원일 이전 6개월 내의 기타 방식에 의
한 발명창조 공개행위의 신규성과 진보성에 대한 영향은 배제할 수 없다.

구체적으로 말하면, 신규성 유예기간 내에 발생하는 아래 행위는 후에 제출한 특허
출원의 신규성 및 진보성에 영향을 준다.

먼저, 본조가 규정하는 신규성 유예기간을 향유할 수 있는 경우에, 만약 출원인이
유예기간 내에 또 본조가 열거하는 세 가지 방식 이외에 예를 들어 출판물에 발표하

---

[1] 「파리협약」 제4조의 전체 규정으로 보면, 이 결론은 절대적인 것은 아니며 예외도 있는데, 예를
들어 유럽특허청 확대심판소의 앞에서 설명한 판결이 확정한 신규성 유예기간의 적용기준이 그
예외이다. 이에 대하여, 본서는 「특허법」 제29조에 대한 설명에서 논의하겠다.

여 공개하거나 그 발명창조를 사용한 제품을 판매하는 등 기타 방식으로 그 발명창조를 공개하였다면, 이러한 공개행위는 변함없이 그 후에 제출한 특허출원의 신규성 및 진보성에 영향을 준다.

다음으로, 만약 타인이 독립적으로 동일한 발명창조를 완성하였거나, 또는 독립적으로 동일한 발명창조를 완성한 제3자로부터 그 발명창조를 알게 되어, 신규성 유예기간 내에 어떠한 방식으로든지 그 발명창조를 공중이 알 수 있게 하였다면, 신규성 유예기간을 향유하는 자가 제출한 후 특허출원의 신규성 및 진보성에 영향을 줄 수 있다.

그 다음으로, 발명창조가 본조 각 호의 세 가지 방식으로 공개된 후에, 타인이 직접 또는 간접적으로 이 세 가지 방식으로 공개된 발명창조를 알게 되고, 나아가 신규성 유예기간 내에 출판물로 그 발명창조를 공개적으로 발표하거나 또는 공개적으로 그 발명창조를 사용한 제품을 판매하는 경우, 신규성 유예기간을 향유하는 자가 후에 제출한 특허출원의 신규성 및 진보성에 영향을 줄 수 있는가? 이것은 논의해 볼 가치가 있는 문제이다.

위 문제에 대한 대답은 부정이어야 하며, 즉 신규성 유예기간을 향유하는 자가 제출한 후 특허출원의 신규성 및 진보성에 영향을 주어서는 안 된다고 보는 견해가 있다.[1] 그 이유는, 만약 결론이 이와 반대라면, 본조가 규정하는 신규성 유예기간이 크게 의의를 잃게 된다는 것이다.

위 견해는 논의해 볼 가치가 있는데, 그 이유는 다음과 같다.

첫째, 본조는 "특허출원한 발명창조가 출원일 이전 6개월 내에, 다음 각 호 중 하나에 해당하는 경우, 신규성을 상실하지 아니한다."라고 명확하게 규정하고 있다. 본조는 세 가지 경우를 나열하였는데, 그중 첫째와 둘째는 출원인 자신이 공개(비록 본조에는 이 점이 명기되어 있지 않지만)하는 경우이고, 셋째는 타인이 공개하는 경우이지만 오직 "출원인의 동의 없이 그 내용을 누설"하는 경우에 한정된다. 출원인이 국제박람회에서 전시 또는 학술회의·기술회의에서 발표한 것은 이미 출원인이 그 발명창조를 비밀상태로 유지할 의사가 없음을 나타내는 것이고, 타인이 합법적인 방식으로 그 발명을 알게 되어 다시 공개하는 데에는 출원인의 동의를 받을 필요가 없으므로 "누설"은 말할 것도 없다. 본조에 보다 명확하게 규정되지 않은 상황에서, 위와 같은 결론을 얻기는 어렵다.

둘째, 위 견해에 따르면, 출원인이 그 발명창조를 국제박람회에서 전시하거나 또는

<hr />

1) 汤宗舜, 专利法解说[M], 修订版, 北京: 知识产权出版社, 2002: 179.

규정된 학술회의·기술회의에서 발표하고 나서, 출판물에 그 발명창조를 발표하거나 또는 그 발명창조를 사용한 제품을 판매하면, 그 발명창조는 신규성을 상실한 것으로 보아야 한다고 한다. 기왕에 이와 같다면, 왜 타인이 합법적인 방식으로 그 발명창조를 알게 된 후에 공개적으로 발표하거나 또는 공개적으로 판매하여 그 발명창조를 공개하는 행위는 신규성 및 진보성에 영향을 주지 않는가? 이 두 가지 경우에 대하여 다르게 취급하는 것은 어떠한 이치인가? 필자는 납득할 만한 이유를 찾기가 매우 어렵다고 본다.

셋째, 출원인이 박람회에서 전시하거나 또는 학술회의·기술회의에서 그 발명창조를 발표한 후에, 이로부터 그 발명창조를 직접 또는 간접적으로 알게 된 타인이 출원일 전에 이미 그 발명창조를 실시하거나 또는 이를 위해 필요한 준비를 하는 경우, 「특허법」제69조 제2호의 규정에 의해서 선사용권을 향유할 수 있다. 이 점에 있어서, 중국 「특허법」에는 일본특허법과 같은 독립적으로 동일한 발명창조를 완성하였거나 또는 독립적으로 동일한 발명창조를 완성한 제3자로부터 그 발명창조를 알게 되어 실시하는 자만이 선사용권을 향유할 수 있다는 규정이 없다. 이것은 중국은 합법적인 경로로 발명창조를 알게 된 공중의 합법적 권익을 충분히 보장할 필요가 있다고 보고 있음을 나타낸다. 타인이 발명창조를 알게 된 후 공개하는 행위를 다르게 취급하여 일반적인 공개행위와 다르게 보는 것은, 그 선사용권을 향유할 수 있게 하는 방식과 조화되지 않는다.

넷째, 출원인이 이미 그 발명창조를 전시 또는 발표한 경우에, 타인이 후에 공개적인 발표 또는 공개적인 판매 등 방식으로 공개한 발명창조가 직접 또는 간접적으로 국제박람회 또는 학술회의·기술회의에서 알게 된 것인지 아니면 직접 또는 간접적으로 동일한 발명창조를 독립적으로 완성한 제3자로부터 알게 된 것인지를 구분하는 것은 상당히 어려운 일이며, 현재의 정보화시대에는 특히 그러하다. 위 견해에 따르면, 분쟁이 발생할 때에 입증에 매우 큰 어려움이 있다.

위와 같은 이유 때문에, 필자는 위 문제에 대한 대답은 긍정이라고 하고 싶다.

이로부터, 신규성 유예기간은 오직 출원일 이전에 특정한 방식으로 발명창조가 공개된 것에 대한 구제조치의 일종이며, 설령 「파리협약」이 규정하는 것처럼 일종의 "임시보호"라고 부르더라도 그 보호의 강도는 상당히 제한적이므로 너무 의존해서는 안 된다는 것을 알 수 있다. 출원인은 가급적 조속하게 특허출원하고, 다음에 전시 또는 학술회의·기술회의에서 발표하는 것이 훨씬 안전하고 믿을 수 있다.

(二) 신규성 유예기간의 적용방식

기왕에 신규성 유예기간이 특허출원인에게 혜택을 주는 것이라고 한다면, 출원인이 이 혜택을 누리기 위해서는 필요한 책임을 져야 한다. 이에 대해서, 「특허법실시세칙」 제30조 제3항 내지 제5항은 아래와 같이 규정하고 있다.

③ 특허출원한 발명창조가 특허법 제24조 제1호 및 제2호의 경우에 해당하는 경우, 출원인은 특허출원 시에 성명하여야 하고, 출원한 날로부터 2개월 내에 관련 국제박람회 또는 학술회의·기술회의를 조직한 단위가 발급한 관련 발명창조의 전시 또는 발표, 그리고 전시일자 또는 발표일자의 증명서류를 제출하여야 한다.

④ 특허출원한 발명창조가 특허법 제24조 제3호의 경우에 해당하는 경우, 국무원 특허행정부문이 필요하다고 인정하는 경우, 출원인에게 지정된 기간 내에 증명서류를 제출하도록 요구할 수 있다.

⑤ 출원인이 본조 제3항 규정에 따라서 성명 및 증명서류를 제출하지 아니하였거나, 또는 본조 제4항의 규정에 따라서 지정된 기간 내에 증명서류를 제출하지 아니한 경우, 그 출원에는 특허법 제24조 규정을 적용하지 아니한다.

본조 제1호 및 제2호 경우에 있어서는, 출원인이 국제박람회에서 그 발명창조를 전시하고 학술회의 또는 기술회의에서 발명창조를 발표한 행위는 모두 출원인 자신이 한 것이므로, 성명하고 관련 증거를 제출하는 것은 어려움이 없으며 그 책임을 미룰 수가 없다.

먼저, 특허출원한 발명창조가 그 출원일 전에 본조의 제1호 및 제2호의 경우에 해당하는 상황에 있었음을 국가지식산권국과 공중이 조속히 알게 하기 위하여, 출원인이 본조가 규정하는 신규성 유예기간을 적용받고 싶다면 분쟁이 발생할 때에서야 비로소 추가로 성명하는 것이 아니라, 특허출원할 때에 성명하여야 한다. 출원인이 특허출원할 때에 성명하지 않은 경우에는, 본조가 규정하는 신규성 유예기간을 향유할 수 없다.

다음으로, 출원인이 성명하는 경우, 출원일로부터 2개월 내에 관련 국제박람회 또는 학술회의·기술회의를 조직한 단위가 발급한 증명서류를 제출하여야 한다. 증명서류는 두 가지 사실을 증명하여야 하는데, 첫째는 출원인이 국제박람회에서 무엇을 전시했는지, 학술회의 또는 기술회의에서 무엇을 발표하였는지에 관한 것으로서, 출원인이 후에 특허출원한 발명창조가 그 전시 또는 발표한 발명창조와 동일한지를 판단하는 데 활용된다. 둘째는 전시 또는 발표한 구체적인 날짜로서, 전시·발표한 날짜가 출원일 이전 6개월 이내인지를 판단하는 데 활용된다. 지적하여야 할 점은, 조직한 단위의 책임은 관련 사실을 증명하는 것에만 있으며, 신규성 유예기간을 향유할 수 있는지에 대해서는 조직한 단위가 아니라 국가지식산권국이 판단한다는 점이다. 학술회의 또는 기술회의에서 무엇을 발표했는지는 비교적 간단한데, 이러한 회의에는 일반적으로 서면으로 된 회의자료가 존재하기 때문이다. 국제회의에서 무엇을 전시했는지를 증명하는 것은 비교적 어려운데, 대규모 국제박람회에서는 전시하는 항목이 매우 많아서 박람회를 조직한 단위가 모든 전시품의 구체적인 구조와 성능을 확실히 알기가 어렵기 때문이며, 따라서 분쟁이 발생할 때에 출원인에게 관련 증거를 제출하도록 요구하고, 박람회를 조직한 단위가 확인해 주는 방식을 취하는 것이 필요하다.

본조 제3호에 대해서 말하자면, 출원인이 특허출원을 할 때에는 일반적으로 어떤 자가 그로부터 알게 된 발명창조를 동의 없이 공개했는지를 알지 못하고, 따라서 출원인에게 특허출원할 때에 성명하도록 요구할 수 없다. 이 때문에 「특허법실시세칙」 제30조 제4항은 국가지식산권국이 필요하다고 인정하는 경우에만 출원인에게 관련 증명서류의 제출을 요구하도록 규정하고 있다. 이러한 필요성은 보통 특허무효선고청구 절차에서 발생하는데, 즉 청구인은 그 제출한 선행기술 또는 선행설계임을 증명하는 증명서류에 근거하여, 특허권이 신규성 또는 진보성을 구비하지 않았으므로 무효가 되어야 한다고 주장한다. 특허권자는 청구인이 근거로 하는 선행기술 또는 선행설계가 타인이 그의 동의 없이 그 발명창조를 누설하여 이르게 된 것임을 지적하면서, 본조 제3호가 규정하는 신규성 유예기간을 향유할 수 있다고 주장한다. 이때에는 "주장자 증명책임" 원칙에 따라 특허권자에게 증명책임이 있으며, 증거를 제출하여 두 가지 사실을 증명하여야 하는데, 첫째는 타인이 공개한 발명창조가 직접 또는 간접적으로 출원인으로부터 알게 된 것이라는 사실이고, 둘째는 타인의 공개행위가 출원인의 동의를 받지 않은 출원인의 의사에 위배되는 행위라는 사실이다. 이 두 가지를 증명하여야만, 특허복심위원회는 특허권자의 주장을 지지할 수 있다.

제25조 특허권을 수여하지 않는 대상

① 다음 각 호에 대해서는, 특허권을 수여하지 아니한다.

1. 과학적 발견
2. 지적 활동의 규칙 및 방법
3. 질병의 진단 및 치료방법
4. 동물 및 식물의 품종
5. 원자핵 변환방법을 이용하여 획득한 물질
6. 평면인쇄물에 대한 도안·색채 또는 이들의 결합으로 만들어진 주로 표지작용을 일으키는 설계

② 제1항 제4호의 생산방법에 대해서는, 이 법의 규정에 의하여 특허권을 수여할 수 있다.

一. 개 요

각국 특허법의 규정 및 그 시행 현황을 보면, 인간이 창조한 모든 것이 특허로 보호받을 수 있는 것은 아니다. 각국 특허법은 모두 특허권을 받을 수 있는 대상에서 배제하는 규정을 두고 있다. 배제되는 것에는 세 가지 유형이 있는데, 첫째 유형은 과학적 발견, 지적 활동의 규칙방법 등과 같이, 대상 자체가 특허법의 발명창조 범주에 속하지 않는 것이어서 특허권을 수여할 수 없는 경우이고, 둘째 유형은 질병의 진단치료방법, 동식물 신품종, 원자핵 변환방법을 이용하여 획득한 물질 등과 같이, 발명창조의 범주에 속하기는 하지만 어떤 이유 또는 정책적 고려에 의하여 보호하는 것이 적절하지 않거나 또는 특허에 의해 보호하는 것이 적절하지 않기 때문에 특허권을 수여할 수 없는 경우이며, 셋째 유형은 도박·마약흡입에 전용되는 제품·방법 그리고 중국의 유전자원을 위법하게 취득·이용하여 완성한 발명창조 등과 같이, 그 실시가 사회공중도덕을 위반하는 것이거나 공공이익에 손해를 입히는 것이어서 특허권을 수여하게 되면 사회에 위해가 되므로 특허권을 수여할 수 없는 경우이다. 「특허법」에서는, 첫째 유형은 「특허법」 제2조의 발명창조에 대한 정의 그리고 본조 제1항 제1호 및 제2호에서 배제하고, 둘째 유형은 본조 제1항 제3호 내지 제6호에서 배제하며, 셋째 유형은 「특허법」 제5조에서 배제한다.

TRIPs 제27조의 표제는 "특허대상"(Patentable Subject Matter)으로서, 그 제1항은 「특허법」 제22조 규정에 대응하며, 제2항은 「특허법」 제5조 규정에 대응하고, 제3항은

본조 규정에 대응한다. 그 제3항은 아래와 같이 규정하고 있다.

> 각 회원국은 또한 아래 사항을 특허대상에서 제외할 수 있다.
> 가. 인간 또는 동물의 치료를 위한 진단방법, 요법 및 외과적 방법
> 나. 미생물 이외의 동물과 식물, 그리고 비생물학적 및 미생물학적 제법과는 다른 본질적으로 생물학적인 식물 또는 동물의 생산을 위한 제법. 그러나, 회원국은 특허 또는 효과적인 독자적 제도 또는 양자의 혼합을 통해 식물변종의 보호를 규정한다. 이호의 규정은 WTO협정의 발효일로부터 4년 후 재검토된다.

　주의하여야 할 점은, 위의 규정이 배제하는 범위는 상당히 협소하며, 많은 국가가 특허권을 수여하지 않는 대상으로 배제하는 과학적 발견, 과학적 원리, 수학공식, 지적 활동 규칙방법 등을 모두 포괄하지는 않는다는 점이다. 만약 일부의 견해와 같이 TRIPs 제27조가 특허권을 수여하지 않는 모든 요건을 제한적으로 규정한 것이어서, 모든 회원국에게 구속력이 있고 조금도 벗어나서는 안 되는 것으로 이해한다면, 위에서 열거한 대상을 특허법에서 배제하는 것은 협정의 규정에 부합하지 않는 것은 아닌가 하는 의문이 들 수 있다. 그러나 WTO 성립 이래로 TRIPs이사회가 각국 특허제도에 대하여 심의하는 과정에서 그리고 지식재산권 분쟁을 해결하는 과정에서, 이러한 국가들의 특허법에서 위와 같이 배제한 것이 TRIPs 제27조 규정을 위반하는 것이라고 주장한 사람은 없었다. 이것은 WTO가 이미 각국의 방식을 묵인했을 뿐만 아니라, TRIPs 제27조가 각 회원국의 특허권 수여의 충분조건을 규정하는 것은 아니라는 것을 나타낸다.

　중국의 1984년 제정 「특허법」은 본조에서 화학적 방법으로 획득한 물질·약품·식품·음료와 조미료에 대해서는 모두 특허권을 수여할 수 없다고 규정하였다.

　1992년 중·미 양국이 체결한 「지식재산권 보호에 관한 중·미 양해각서」를 바탕으로 당시에 이미 기본적으로 형성되어 있던 TRIPs 체계를 참조해서, 중국은 1992년 「특허법」 개정 시에 본조를 개정하여 위와 같이 배제한 것을 삭제하였다. 개정 「특허법」은 1993년 1월 1일부터 시행되었는데, 이것은 중국 「특허법」이 특허권의 수여 대상에 있어 8년을 미리 앞당겨 TRIPs 규정과 일치되게 하였다는 것을 의미한다.

　2008년 「특허법」 개정 시에 본조 제1항에 제6호를 추가하여, 평면인쇄물에 대한 도안·색채 또는 이들의 결합으로 주로 표지작용을 하는 설계는 디자인특허권을 수여하지 않는다고 규정하였다.

二. 특허권을 수여하지 않는 대상

(一) 과학적 발견 및 지적 활동의 규칙·방법

본조 제1항 제1호 및 제2호를 합하여 논의하는 이유는 특허권을 수여할 수 없는 대상으로 양자가 배제하는 것이 동일한 성질을 갖고 있기 때문인데, 즉 모두 특허권을 수여할 수 있는 발명창조에 해당하지 않기 때문이다. 다른 한편으로는, 본조 제1항 제1호 및 제2호 규정이 모두「특허법」제2조 발명창조의 정의와 긴밀하게 관련되어 있어, 함께 설명하는 것이 논의를 전개하기에 편리하기 때문이다.

사람들은 상식으로 "발견"과 "발명"이 다른 개념이라는 것을 알고 있다. 예를 들어, 태평양에서 사람들이 알지 못했던 섬을 찾아냈다면 "섬을 발견했다."고 말하지 "섬을 발명했다."고 말하지는 않는다. 어떤 회사가 새로운 에너지 절약 자동차를 개발했다면, "새로운 자동차를 발명했다."고 말하지 "새로운 자동차를 발견했다."고 말하지는 않는다.

「특허심사지침서 2010」은 발명에 대하여 아래와 같이 정의하고 있다.

> 과학적 발견은, 자연계에 객관적으로 존재하는 물질·현상·변화과정 및 그 특성과 법칙을 밝히는 것이다. 과학이론은 자연계에 대한 인식을 종합 정리한 것으로서, 보다 넓은 의미의 발견이다. 이들은 모두 인간 인식의 확장에 속한다. 이러한 인식의 대상인 물질·현상·과정·특성과 법칙은 객관적 세계를 개조하는 기술방안과는 다르고, 특허법 의미에서의 발명창조가 아니며, 따라서 특허권을 수여할 수 없다.[1]

발견과 발명은 비록 위와 같은 차이가 있지만, 발견은 종종 발명으로 이어져서 많은 발명은 발견을 기초로 완성되고, 특허권을 수여할 수 없는 발견과 특허권을 수여할 수 있는 발명 사이에 뚜렷한 경계를 구분하는 것은 매우 어려운 일이다. 각국 특허제도의 발전 상황으로 보면, 특허권을 수여할 수 없는 발견과 특허권을 수여할 수 있는 발명 사이의 경계가 갈수록 희미해지는 추세이다.

소위 "의약품 용도발명"이 한 예이다. 전통적인 이론에 따르면, 어떤 공지된 물질(천연물질을 포함하며, 인공합성물질도 포함한다.)이 과거에 사람들이 인식하지 못했던 특성을 갖고 있다는 것을 단지 발견만 하는 것은, "객관적 세계에 대한 인식"의 범주

---

1) 国家知识产权局, 专利审查指南2010 [M], 北京: 知识产权出版社, 2010: 第二部分 第一章 4.1.

에 속하는 것이어서 발명이 아닌 발견으로 보아야 하므로 특허권을 받을 수 없다. 그 이유는 이러한 특성은 그 물질 자체의 고유한 것이고, 후에 특허를 출원한 자가 창조해 낸 것이 아니기 때문이다. 그러나 의약품 업계에서는, 과거에 질병에 치료하지 않았던 공지의 물질이 갖고 있는 어떤 질병을 치료할 수 있는 특성 또는 용도(제1 의약품 용도발명이라고 불린다.)를 발견하거나 또는 과거에 어떤 질병을 치료하는 데 이용하였던 공지물질이 갖고 있는 다른 질병을 치료하는 특성 또는 용도(제2 의약품 용도발명이라고 불린다.)를 발견하는 것은 연구성과로서 상당한 가치가 있다. 이러한 발견은 직접적으로 새로운 약품을 생산하거나 또는 공지인 약품으로 새로운 치료용도를 개척하게 하며, 일반적으로 현저한 경제적 및 사회적 가치를 갖고, 그 연구개발자는 보통 이를 위해 상당한 인력과 재력을 들여야 하는데, 이 때문에 의약품 업계는 이에 대하여 특허보호를 받을 수 있기를 강력하게 희망한다. 의약품 산업의 발전을 촉진하고, 사회공중의 요구를 만족시키기 위하여, 많은 국가들은 20세기 80년대부터 그 특허법의 규정 또는 특허심사기준을 조정하여 이러한 의약품 용도발명을 특허로써 보호하고 있다. 이 점은 질병의 진단치료방법에 대한 아래의 설명에서 보다 상세하게 논의하도록 하겠다.

다른 예로 "유전자기술"이 있다. 생명기술은 20세기에 인류가 중대한 진전을 성취한 과학기술분야 중 하나이며, 그중 가장 뚜렷한 것은 유전자에 관한 발견인데, 이것은 생명의 비밀을 밝혀 과학기술에 있어서 매우 드넓고도 가능성이 많은 영역을 개척하였고, 인류의 미래에 대하여 가늠할 수 없을 만큼 중요한 의의를 갖고 있다. 바로 이와 같은 중요성 때문에, 생물유전자 및 유전자분절(gene segment)의 발견에 특허권을 수여할 수 있는지는 특허제도 중 각국이 매우 큰 관심을 갖는 문제이며, 이에 대해서는 각국의 견해 및 구체적인 방식이 아직 일치되지 않고 있다. 유럽연합은 1998년 「생명기술발명의 법률 보호에 관한 명령」을 반포하였는데, 이 명령 제5조는 첫째, 인체형성의 각 단계에 있어서, 그 유전자 서열 또는 유전자 서열의 일부는 특허를 수여할 수 있는 발명에 해당하지 않는다는 점, 둘째, 인체와 분리되어 있는 것 또는 기술적 방법을 통해 획득한 생물체는, 유전자 서열 또는 그 유전자 서열의 일부를 포함하여, 특허를 수여할 수 있는 발명에 해당할 수 있으며, 설령 그 생물체의 구조가 자연계에 존재하는 구조와 완전히 동일하다고 하더라도 마찬가지라는 점, 셋째, 유전자 서열 또는 유전자 서열 일부의 산업상 용도를 반드시 특허출원 중에 공개하여야 한다는 점을 명확히 규정하였다.

전통적 이론에서는, 발견은 오직 자연계에 원래 존재하였으나 인류가 아직 인식하지 못했던 사물을 드러내어 보이는 것이고, 이것은 어떤 것을 변화시키는 것도 새로운 것을 창조해 내는 것도 아니어서 특허권을 수여할 수 없다고 보았다. 위의 의약용 도발명과 생물유전자의 예를 종합하면, 이러한 기준은 이미 어느 정도 변화되었음을 볼 수 있다. 현재에 사람들은 관건이 되는 점은 발견으로 실질적 용도를 찾아냈는가 하는 것이고, 발견된 것 자체에 어떤 변화가 있었는지는 아니라고 보고 있다. 바꿔 말 하면, 특허권의 수여 가능여부는 자연계에 존재하지 않았던 것을 창조했는가에 의해 좌우되는 것이 아니다. 특허로 보호받고자 하는 객체에 실질적 용도가 있어야 한다 는 것은 실용성을 요구하는 것으로 볼 수 있는데, 이것은 각국 특허법의 일관된 요구 이므로 특허권을 수여받기를 바라는 모든 출원은 반드시 이 요구를 만족시켜야 하는 데, 당연한 이치이므로 따로 강조할 필요가 없다. 유럽연합의 위 명령이 특별히 이처 럼 규정한 이유는, 발견이 특허로 보호받을 수 있는 대상의 범위에 속하는지 문제에 관련되기 때문이다. 이로부터 발견이 특허권을 받을 수 있는지에 관한 판단기준이 실제로는 다시 실용성이라는 특허성 요건으로 회귀하는 경우가 있음을 볼 수 있다. 과거에 사람들은 특허권을 수여할 수 있는 대상의 범위에 속하는가와 "특허 요건"을 구비했는가를 완전히 서로 다른 요건으로 보아서, 이 둘을 함께 취급할 수 없다고 보 았다. 이들을 판단함에는 선후순서도 있어서, 먼저 특허권을 수여할 수 있는 범주에 속하는가를 판단하여야 하고, 이 판단의 결과가 긍정인 경우에만 비로소 "특허 요건" 을 갖추고 있는지를 판단할 필요가 있었다. 지금은 이미 사정이 달라져서, 실용성이 있는지 여부가 특허권을 수여할 수 있는 대상의 범주에 속하는지 여부를 판단할 때에 고려하여야 하는 요소 중 하나인 경우도 있다.

「특허심사지침서 2010」은 "과학이론은 자연계에 대한 인식을 종합 정리한 것으로 서, 보다 넓은 의미의 발견이다."고 보았는데, 이 결론은 논의해 볼 가치가 있다. 「유 럽특허협약」 제52조 제2항(a)는 "발견, 과학이론 및 수학적 방법"을 특허 대상에서 배제하고 있는데, 이것은 이 협약의 제정자가 과학이론 및 수학적 방법을 "발견"이라 는 어휘로 포괄하기에는 부족하거나 또는 포괄하는 어휘로 적절치 않다고 보았으며, 셋을 모두 나열하여 배제하여야만 비로소 특허제도의 정상적 운영을 보장할 수 있다 고 보았음을 나타낸다. 그 이유는 모든 과학이론이 "자연계에 객관적으로 존재하는 물질·현상·변화과정 및 그 특성과 법칙"를 드러내는 성질을 갖는 것은 아니기 때 문이다. 예를 들어, 공정관리론·패턴인식론과 같은 과학이론, 미적분·다변수함 수·실변수함수·범함수분석과 같은 수학이론은 모두 인류로 하여금 자연을 보다 더 잘 인식하고 자연을 이용하는 데 도움을 주는 과학자·수학자가 창조해 낸 도구성 이론이지만, "자연계에 객관적으로 존재하는 물질·현상·변화과정 및 그 특성과 법 칙"을 드러내는 이론은 아니다. 사람들은 이러한 이론을 세우는 것을 "학설의 창시"

라고 부르지, 일종의 발견이라고 부르지는 않는다. 중국의 현행 「특허법」 관련 규정
에 의하면, 이러한 과학이론·수학이론 자체는 특허권을 수여받을 수 있는 대상의 범
주에서 배제되어 있는데, 그 법률적 근거는 「특허법」 제2조의 발명은 일종의 기술방
안이어야 한다는 규정이고, 본조 제1항 제1호 규정이 아니다.

지적 활동의 규칙 및 방법은 인간의 사유·추리·분석 및 판단을 지도하는 규칙 및
방법으로서, 추상적 사유의 특징을 갖고 있으므로 특허권이 수여될 수 없다. 특허법
은 특허권자의 허가 없이 제조·사용·판매와 같은 생산경영활동을 하는 것을 금지
할 수 있는 권리를 특허권자에게 제공하지만, 이를 이용하여 인간의 사상 또는 사유
활동을 구속할 수 있는 것은 아니다. 지적 활동의 규칙 및 방법은 인간의 두뇌 안에서
진행되는 사유활동에 관계되거나 또는 적어도 이를 포함하며, 이러한 사유활동을 독
점권의 통제 범위에 두려고 하는 것은 불합리할 뿐만 아니라 또한 현실적이지도 않다.

발명창조의 완성과정에서, 사람의 지적 활동은 당연히 빠질 수 없다. 본조의 지적
활동의 규칙 및 방법은 발명자·창작자가 발명창조의 완성과정에서 진행하는 지적
활동을 가리키는 것이 아니고, 특허출원한 발명창조 자체가 사람의 지적 활동을 지도
하는데 이용되는 방법인 것을 가리킨다. 바꿔 말해서, 문제의 관건은 발명창조 완성
후에 그 발명창조의 실시가 여전히 인간의 지적 활동에 의존하는가이다. 예를 들어,
속셈방법은 일종의 지적 활동 방법으로서, 인간의 사유를 이끌어 주며, 인간이 이 방
법으로 속셈을 하는 데에는 인간의 사유활동이 있어야 하고, 인간의 사유활동 없이는
이 속셈방법을 실시할 수 없다. 이 밖에 각종 언어의 문법·학습법 등도 이와 유사한
성질이 있으며, 따라서 특허권을 수여받을 수 없다.

「특허심사지침서 2010」은 특허권을 수여할 수 없는 지적 활동 규칙 및 방법을 열
거방식으로 매우 많이 나열하였다.[1] 열거된 대상에 대하여 특허권을 수여해서는 안
된다는 데에 보편적으로는 찬성하지만, 그중 일부는 엄격하게 말해서 "지적 활동의
규칙 및 방법"에 속하는지 검토해 볼 가치가 있는 것도 있는데, 예를 들어, 달력의 편

---

1) 国家知识产权局, 专利审查指南2010 [M], 北京: 知识产权出版社, 2010: 第二部分 第十章 4.2. 이 절에
서 열거하는 지적 활동의 규칙 및 방법에는 특허출원에 대한 심사 방법; 조직, 생산, 상업적 실시
와 경제 분야의 관리방법 및 제도; 교통 운행 규칙, 시간 배정표, 경기 규칙; 연역, 추리 및 전략수
립 방법; 도서 분류 규칙, 사전의 편집 배열 방법, 정보 검색 방법, 특허 분류법; 달력의 편집 배열
규칙 및 방법; 계측기와 설비의 조작 설명; 각종 언어의 문법, 한자 코드화 방법; 컴퓨터 언어 및
계산규칙; 속셈법 및 구결(口訣); 수학이론과 환산방법; 심리 테스트 방법; 교수, 강의, 훈련 및 동
물훈련 방법; 각종 게임, 오락 등 규칙 및 방법; 통계, 회계 및 장부기재 방법; 악보, 요리법, 기보
(棋譜); 신체단련 방법; 질병의 조사방법 및 인구 통계 방법; 정보 전달 방법; 컴퓨터 프로그램 자
체가 있다.

집 배열 방법, 경기 규칙, 계측기와 설비의 조작 설명, 악보, 요리법, 신체 단련방법, 질병 조사방법, 정보 전달방법, 컴퓨터 프로그램 자체 등이다. 이에 대해서도 마찬가지로 「유럽특허협약」 제52조 제(2)항 제(c)호 및 제(d)호 규정을 참고할 수 있는데, 그중 제(c)호는 "지적 활동, 게임 또는 상업 방안·규칙 및 방법 그리고 컴퓨터 프로그램 자체"를 불특허대상으로 배제하고, 제(d)호는 "정보의 서술"을 배제하고 있다. 이것은 이 협약의 제정자가 "지적 활동의 방안·규칙 및 방법"만으로는 모든 기타 항목을 포괄하기에 부족하거나 또는 적절하지 않다고 보았고, 이들을 모두 나열하여 배제하여야만 비로소 특허제도의 정상적 운영을 보장할 수 있다고 보았음을 나타낸다. 중국의 현행 「특허법」 관련 규정에 의하면, 위의 각 항목을 특허권 수여 대상에서 배제하는 보다 적합한 법률적 근거는 「특허법」 제2조의 발명은 일종의 기술방안이어야 한다는 규정이며, 본조 제1항 제2호 규정이 아니다.

(二) 질병의 진단 및 치료방법

1. 배제의 이유 및 내용

중국을 포함한 절대 다수 국가의 특허법은 질병의 진단 및 치료방법을 특허권 수여 대상에서 제외하고 있다. TRIPs 제27조 제3항은 각 회원국이 인간과 동물의 진단·치료 및 수술방법의 특허성을 배제할 수 있다고 규정함으로써, 이러한 배제가 이 협정의 규정에 부합함을 명확하게 표명하였다.

어떤 이유 때문에 이를 배제하는가는 논의할 가치가 있는 문제이다. 질병의 진단 치료방법이 특허법 의미에서의 발명창조에 속하지 않기 때문인가, 아니면 질병의 진단치료방법을 특허권으로 보호하는 것이 적절하지 않기 때문인가? 이 문제에 대한 대답은 배제의 판단원칙 및 배제범위의 대소와 관계된다.

「심사지침서 1993」은 아래와 같이 규정하였다.

인도주의적 고려와 사회윤리적 이유에서, 의사는 진단 및 치료과정에서 각종 방법과 조건을 선택할 자유가 있어야 한다. 이 밖에 이러한 방법은 생명이 있는 인체 또는 동물을 직접적인 실시 대상으로 하는 것으로서, 산업상 이용할 수 없어서 실용성이 없으므로 특허법 의미에서의 발명창조에 해당하지 아니한다. 따라서 질병의 진단 및 치료 방법은 특허권을 수여받을 수 없다.[1]

---

1) 中国专利局, 审查指南1993[M], 北京:专利文献出版社, 2010: 第二部分 第一章 3.3.

2010년 개정 「특허심사지침서 2010」의 규정도 위의 규정과 기본적으로 동일하다.[1]

위의 규정은 가능한 거의 모든 배제 이유를 설명하고 있다. 그중에서, 질병의 진단 및 치료방법이 산업상 이용가능성이 없으므로 실용성이 없다는 것은, 「유럽특허협약」의 영향을 받은 것이다. 1973년 제정 「유럽특허협약」 제52조 제4항은 아래와 같이 규정하였다.

> 인체 또는 동물에 작용하는 수술·치료 및 진단방법은 본조 제1항 중의 산업상 이용 가능한 발명이 아니다. 그러나 이 규정은 상술한 방법에 사용되는 제품, 특히 물질 또는 조성물에는 적용되지 않는다.

사람 또는 동물에 사용되는 진단·치료 및 수술방법에 대하여, TRIPs는 그 제27조 제1항에서 배제하지 않았는데, 즉 이러한 방법이 산업상 이용가능성을 갖지 않는다고 보지 않았으며, 또한 그 제27조 제2항에서 배제하지도 않았는데, 즉 이러한 방법이 공공질서 또는 사회공중도덕에 위배되는 것이라고 보지도 않았고, 또한 제27조 제3항에서 각 회원국이 "이 밖에 배제할 수 있다"고 하면서 이와 함께 동물·식물 품종 및 그 생산방법을 열거하였는데, 이것은 배제의 이유가 주로 정책적 고려에 의한 것이고 이러한 방법에 대하여 특허권을 수여하는 것이 적절하지 않다고 보았음을 나타낸다.

TRIPs의 규정과 일치시키기 위하여, 2000년 「유럽특허협약」 개정 시에, 개정 전 이 협약의 제52조 제4항 규정을 삭제하였고, 그 내용을 현행 제53조로 옮겨서 아래와 같이 규정하였다.

> 다음 각 호에 대해서는 유럽특허를 수여하지 아니한다.
> (a) 그 상업적 실시가 공중이익 또는 공공도덕에 위배되는 것. 다만 그 실시가 일부 또는 모든 회원국의 법률 또는 규칙에 의해 금지된다는 이유만으로 공중이익 또는 공공도덕에 위반되는 것으로 간주되지 아니한다.

---

1) 国家知识产权局, 专利审查指南2010 [M], 北京: 知识产权出版社, 2010: 第二部分 第十章 4.2. "인도주의적 고려와 사회윤리적 이유에서, 의사는 진단 및 치료 과정에서 각종 방법과 조건을 선택할 자유가 있어야 한다. 이 밖에 이러한 방법은 생명이 있는 인체 또는 동물을 직접적인 실시대상으로 하므로 산업상 이용가능할 수 없어서 실용성이 없으며 특허법 의미에서의 발명창조에 해당하지 않는다. 따라서 질병의 진단 및 치료방법에는 특허권이 수여될 수 없다."

(b) 식물 또는 동물 품종 및 본질적으로 생물학적 방법에 속하는 식물 또는 동물의 생산 방법. 다만, 미생물학적 방법 및 그 제품은 포함되지 아니한다.

(c) 인체 또는 동물에 대한 수술·치료 및 진단방법. 다만, 이 규정에는 상술한 방법에 사용되는 제품, 특히 물질 또는 조성물은 포함되지 아니한다.

위와 같이 개정한 것은 「유럽특허협약」이 지금은 실용성이 없음을 이유로 사람 또는 동물에 대한 진단·치료 및 수술방법을 특허권 수여대상에서 배제하는 것은 아님을 나타낸다. 이것은 실용성 판단기준을 명확하게 하는 데 도움이 된다. 실제로 특허권을 받을 수 있는 발명창조 중 상당수가 "생명이 있는 인체 또는 동물을 직접적인 실시대상"으로 하고 있으므로, 분명히 이 이유 때문에 이러한 발명창조가 실용성이 없다고 보아 특허권을 수여할 수 없다고 할 수는 없다.

질병의 진단 및 치료방법은 인류가 창조해 낸 방법으로, 생명과학 분야에 속하며 기술방안에 해당한다. 질병의 진단 및 치료방법은 분명히 본조 제1항 제2호 및 제3호가 배제하는 "과학적 발견" 및 "지적 활동의 규칙"에 속하지 않으므로 발명창조의 범주에 속하여야 한다. 질병의 진단 및 치료방법은 병을 치료하고 사람을 구하기 위한 것이므로, "사회공중도덕 위반 또는 공공이익에 대한 손해"는 말할 것도 없다. 따라서 배제의 이유로 할 수 있는 것은 "인도주의적 고려"밖에 없다. 그러나 약품으로 질병을 치료하는 것은 질병치료방법 중 가장 주요한 방법인데, 만약 "인도주의적 고려"에 의한 것이라면, 왜 약품에 대해서도 특허권을 수여할 수 없다고 규정하지 않은 것인가? 따라서 여러 배제의 이유를 억지로 생각해 내기보다는, TRIPs가 배제할 수 있도록 허용하였으므로 정책적 고려에 의하여 특허권을 수여할 수 없는 대상으로 하였다고 직접적으로 귀결시키는 것만 같지 못하다.

「특허심사지침서 2010」은 "진단방법"은 "생명이 있는 인체 또는 동물체의 발병원인 또는 발명부위의 상태를 식별·연구 및 확정하기 위한 과정"을 가리킨다고 규정하고 있다.[1] 오직 생명이 있는 인체 또는 동물체를 대상으로 하여야 하고 질병의 진단결과 또는 건강상태를 아는 것을 직접적인 목적으로 하여야만 질병의 진단방법이라고 인정될 수 있고, 병자에 대한 질병 진단인지 또는 정상인에 대한 검진인지는 구분할 필요가 없다. 그러나 살아 있는 인체 또는 동물체로부터 중간적 결과로서의 정보를 얻는 방법, 이미 인체 또는 동물체와 분리된 조직·체액 또는 배설물에 대하여 처리 또는 검측하여 중간적 결과로서의 정보를 얻는 방법 및 획득한 정보에 대한 처

---

1) 国家知识产权局, 专利审查指南2010 [M], 北京: 知识产权出版社, 2010: 第二部分 第一章 4.3.1.

리방법은 만약 그 직접적인 목적이 진단결과를 얻거나 또는 건강상태를 알기 위한 것이 아니라면 질병의 진단방법에 해당하지 않는다.

「특허심사지침서 2010」은 "치료방법"은 생명이 있는 인체 또는 동물체가 건강을 회복 또는 통증을 감소시키기 위하여, 발병원인 또는 발병부위를 차단·완화 또는 제거하는 과정을 가리킨다고 규정하고 있다. 치료방법에는 치료를 목적으로 하거나 또는 치료적 성질을 갖는 각종 방법이 포함되며, 질병예방 또는 면역방법도 치료방법으로 본다.[1)]

질병의 진단과 치료방법에 대하여 특허권을 수여하지 않는다는 것은 이러한 방법 자체에 대하여 특허권을 수여하지 않는다는 것이고, 질병의 진단 및 치료방법에 사용되는 물질·조성물, 그리고 기구·설비 및 기계 등 제품은 특허권을 받을 수 있으며, 의족·의치·의안의 제조방법 그리고 치아 모형의 제조방법도 특허권을 받을 수 있다.

2. 의약의 용도발명

특허분야에 있어서 과거에 질병 치료에 사용되지 않았던 공지의 물질 또는 조성물을 어떤 질병의 치료에 이용하는 것을 제1 의약용도발명이라고 부르고, 과거에 이미 어떤 질병의 치료에 사용되었던 공지의 물질 또는 조성물을 다른 질병의 치료에 이용하는 것을 제2 의약용도발명이라고 부른다. 이 두 종류의 발명이 특허권을 수여받을 수 있는지, 그리고 어떤 유형의 특허권을 수여받을 수 있는지에 관하여, 유럽국가에서는 일찍이 격렬한 논쟁이 있었다.

「유럽특허협약」제52조 제4항 규정에 의하면, 인체 또는 동물에 사용되는 수술·치료 및 진단방법은 특허권을 수여받을 수 없지만, 치료 및 질병예방에 사용되는 약품은 특허권을 수여받을 수 있는데, 이에 대해서는 논란이 없다.

약품은 일반적으로 천연물질·화합물·조성물로 제조되어 만들어지는데, 이러한 물질 중 일부는 약품개발자 자신이 "창조"해 낸 것으로, 신물질 또는 새로운 조성물에 해당한다. 일부는 과거에 이미 있었던 물질 또는 조성물로서, 약품개발자가 한 일은 주로 물질 또는 조성물이 어떤 질병의 치료효과가 있음을 연구하여 발견하고, 그것이 인간 또는 동물에 대해서 안전하다는 것을 검증한 것이다. 약품개발자에게 있어서는, 이미 존재했던 물질 또는 조성물을 이용하여 새로운 약품을 개발해 내는 것에 소요되는 작업과 수고는 전자에 소요되는 것보다 뒤지지 않는다.

약품개발자가 약품을 출시할 때에, 설령 그 유효성분이 이미 공지된 화합물·조성

---

1) 国家知识产权局, 专利审查指南2010 [M], 北京: 知识产权出版社, 2010: 第二部分 第一章 4.3.2.

물이라고 하더라도 특허권이 수여될 수 있어야 하는데, 이에 대해서는 논란이 없다. 그러나 이때에 어떤 유형의 특허권을 수여할 수 있는가, 어떤 방식으로 청구항을 기재하여야 하는가는 어려운 문제이다. 만약 제품청구항으로 기재하는 것을 허용한다면, 이미 공지된 물질에 대하여 특허권을 수여하는 것과 다를 바 없으므로 신규성이 있는가 하는 의문이 생긴다. 만약 용도청구항으로 기재하는 것을 허용한다면, 공지된 물질을 이용하여 어떤 질병을 치료하는 용도를 보호하는 것이어서 질병치료 방법에 대하여 특허권을 수여하는 것과 같게 되므로 이 협약 제52조 제4항 규정을 위반하는 것이 아닌가 하는 의문이 생긴다.

이 문제를 해결하기 위하여, 1973년 제정 「유럽특허협약」은 제54조 제5항에 제1 의약용도발명의 신규성 문제에 대하여 아래와 같은 특별규정을 둠으로써, 제1 의약용도발명이 특허보호를 받는 데 유리한 여건을 마련하였다.

> 신규성 규정은 모든 질병의 진단 및 치료방법에 사용되는 공지된 물질 또는 조성물의 특허성을 배제하지 않는다. 다만, 이러한 공지된 물질 또는 조성물이 출원일 전에 질병의 진단치료방법에 사용되지 않았음을 조건으로 한다.

위 규정은 주목할 만한데, 이것이 특허법의 전통적 관념을 깨트렸기 때문이다. 전통적인 신규성 판단원칙에 따르면, 제품청구항에 있어서는 만약 그 제품 자체가 공지된 것이라면 그 청구항은 신규성이 없는 것이어서, 청구항의 전제부에 그 제품의 용도를 기재하였다고 하더라도 이 제품청구항이 신규성이 있는 것으로 볼 수는 없었다. 예를 들어, 강재(鋼材)가 공지된 경우에, "선박의 제조에 이용되는 이 강재는 …"과 같이 청구항을 기재하였다고 하더라도, 일반적으로는 특허권을 수여받을 수 없다. 공지된 제품의 새로운 용도가 특허 보호를 받으려면, 통상적으로는 용도청구항 방식으로 기재하여야 하는데, 이는 방법특허의 유형에 속하는 것으로서 그 제품의 이용방식에 대해서만 보호를 받을 수 있고, 그 제품 자체에 대해서는 보호를 받을 수 없다. 그러나 앞에서 설명한 바와 같이, 의약용도발명에 대하여 용도청구항으로 보호하는 것은 「유럽특허협약」에 법률적 장애가 있어서 불가능하였다. 이러한 장애를 극복하기 위하여, 이 협약은 특별히 제1 의약용도발명에 대하여 일종의 신규성 "면책권"을 주어서, 이용되는 물질 자체가 이미 공지된 경우에도 제품청구항으로 기재하는 것을 허용하였다.

물질 X 자체는 공지이기 때문에, 이러한 유형의 청구항에서 의약용도를 한정하는 특징은 빠질 수 없으며, 그렇게 하지 않으면 제1 의약용도발명에 해당할 수 없고 따라서 「유럽특허협약」이 규정하는 신규성 요건에 대한 "면책권"을 향유할 수 없다. 특허권을 받기 위해서 특허권자는 설명서에 물질 X로 어떤 질병을 치료하는지와 그 치료효과를 기재하여야 하지만, 제1 의약용도특허의 보호범위는 물질 X를 이용하여 이러한 질병을 치료하는 것에만 한정되는 것이 아니고, 질병의 치료 목적으로 그 물질을 생산·판매하면 침해에 해당하며, 설령 이 물질을 사용하여 치료하는 질병이 특허설명서에 기재된 질병과 다르다고 하더라도 여전히 이와 같다. 유럽특허청은 제1 의약용도발명이 공헌한 것은 공지물질이 갖는 의약적 용도를 처음으로 발견한 것이므로, 이에 제공되는 특허보호는 타인이 이러한 물질을, 그것이 어떤 질병의 치료에 이용되는지에 관계없이, 의약적 용도로 사용하는 것을 금지하는 것이라고 보았다. 바꿔 말하면, 제1 의약용도 특허권의 존속기간 내에, 어떤 자가 만약 그 물질을 다른 질병의 치료에 이용하는 제2 의약용도를 연구개발해 내었다면, 후자가 전자와 비교하여 차이가 있고 자명하지 않다고 하더라도 제2 의약용도발명은 변함없이 제1 의약용도발명의 보호범위 내에 속하게 된다. 그러나 1973년 제정 「유럽특허협약」은 제2 의약용도발명의 특허성 문제에 대해서는 규정하지 않았었다.

「유럽특허협약」 개정을 위해 2000년 11월 독일 뮌헨에서 개최된 외교회의에서 협약의 개정에 합의하였다. 각 회원국의 길고 긴 비준절차를 거쳐 이 협약은 2007년 12월 13일 발효되었다.

개정 전 「유럽특허협약」에 제2 의약용도발명의 특허권 수여 가능 여부가 명확히 규정되어 있지 않았던 문제, 그리고 이러한 발명을 청구항에 어떻게 기재하여야 하는지에 대하여 회원국 사이에 있었던 의견대립에 초점을 맞추어, 개정 「유럽특허협약」은 제54조의 신규성에 관한 규정을 아래와 같이 개정하였다.

① 발명이 선행기술의 일부를 구성하지 않으면, 그 발명은 신규성이 있다.

② 선행기술은 유럽특허출원의 출원일 전에 서면발표·구두발표·사용 또는 기타 모든 방식으로 공중이 알게 된 모든 것을 포함한다.

③ 이 밖에 유럽특허출원의 출원일이 본조 제2항의 출원일보다 이르며, 유럽특허출원의 공개일이 본조 제2항의 출원일보다 늦은 유럽특허출원의 출원시의 내용은 선행기술에 포함된다.

④ 본조 제2항 및 제3항 규정은 제53조(c)의 방법에 사용되는 선행기술에 속하는 물질 또는 조성물의 특허성을 배제하지 아니한다. 다만, 그 물질 또는 조성물을 제53조(c)의 방법에 사용하는 것이 선행기술에 속하지 않는 것임을 조건으로 한다.

⑤ 본조 제2항 및 제3항 규정은 제53조(c) 방법의 특정한 용도에 사용되는 제4항의

물질 또는 조성물의 특허성을 배제하지 아니한다. 다만, 그 특정 용도가 선행기술에 속하지 않는 것임을 조건으로 한다.

여기에서 제4항이 제1 의약용도발명에 관한 것으로, 그 조문은 개정 전 협약 제54조 제5항과 기본적으로 같으며, 인용조항이 바뀐 것 이외에 실질적으로 개정된 것이 없다. 제5항이 제2 의약용도발명에 관한 것으로, 신설된 조항이다. 위의 번역문은 가급적 원문에 가깝게 하려고 한 것이어서, 독자가 이해하기에는 약간 어려움이 있다. 명확히 하기 위해서, 위 규정의 의미를 아래에서 직접적으로 설명하겠다.

제4항의 의미는 다음과 같은데, 즉 만약 어떤 물질 또는 조성물 자체가 이미 공지된 것인 경우, 수술·진단 또는 치료방법에 사용되는 그 물질 또는 조성물에 대한 유럽특허출원은, 그 물질 또는 조성물을 수술·진단 또는 치료방법에 사용하는 것을 개시한 선행기술이 없어야만(확대된 선출원 중에 개시된 것도 포함) 신규성이 있다.

제5항의 의미는 다음과 같은데, 즉 만약 어떤 물질 또는 조성물 자체가 이미 공지된 것이고, 이미 그 물질 또는 조성물을 어떤 수술·진단 및 치료방법에 사용하는 것을 개시한 선행기술이 있는 경우, 다른 특정 방식으로 수술·진단 및 치료방법에 사용하는 그 물질 또는 조성물에 대한 유럽특허출원은, 그 물질 또는 조성물을 이러한 특정 용도에 사용하는 것을 개시한 선행기술이 없어야만 신규성이 있다.

개정 「유럽특허협약」의 시행에 맞추어, 유럽특허청은 2007년 12월 「유럽특허심사지침서」를 개정하였다. 의약용도발명에 관하여 이 지침서는 다음과 같이 규정하고 있다.

첫째, 제1 의약용도발명인지 아니면 제2 의약용도발명인지를 불문하고, "물질 또는 조성물 X로 질병 Y를 치료하는 방법"과 같이 용도로 특정하여 청구항을 기재하는 것은 허용되지 않는데, 이러한 청구항을 허용하는 것은 협약 제53조의 인체 또는 동물에 사용되는 수술·진단 및 치료방법에 대해서는 특허권을 수여할 수 없다는 규정에 직접적으로 위배되기 때문이다.

둘째, 제1 의약용도발명인지 아니면 제2 의약용도발명인지를 불문하고, "용도로써 한정하는 제품청구항"으로 기재할 수 있고 또한 "용도로써 한정하는 제품의 제조방법 청구항"으로 기재할 수도 있으며, 특허출원인이 자기의 필요에 따라 선택할 수 있다.

셋째, "용도로써 한정하는 제품청구항"에 있어서는, 「유럽특허협약」 제54조 제4항 및 제5항이 각각 제1 및 제2 의약용도발명에 대하여 절대적 신규성 규정의 예외를 두고 있지만, 그렇다고 해서 제1 및 제2 의약용도발명이 기타 특허성 요건, 특히 진보성 요건을 만족시킬 필요가 없다는 것을 의미하는 것은 아니다.

넷째, 제1 의약용도발명에 대하여, "약품으로 사용하는 데 그 특징이 있는 물질 또는 조성물 X", "항균제로 사용하는 데 그 특징이 있는 물질 또는 조성물 X" 등과 같이 보호범위가 매우 넓은 "용도로 한정하는 제품청구항"을 허용하였는데, 반드시 구체적인 용도를 한정할 필요가 없다. 만약 발명이 제1 의약용도발명에 해당하는 것으로 인정되고, 출원인이 공지된 물질 또는 조성물의 수술·진단 또는 치료방법에서의 다른 용도를 발견하였다면, 출원인은 병렬적인 복수의 독립청구항으로 기재하여 각각 상이한 용도에 대하여 보호를 요구하는 것이 허용되고, 심사관은 일반적으로는 단일성이 없음을 이유로 거절해서는 안 된다.

다섯째, 제2 의약용도발명에 있어서는, "질병 Y를 치료하는 데 이용되는 것을 특징으로 하는 물질 또는 조성물 X" 등과 같이 공지물질의 수술·진단 및 치료방법 중의 특정 용도에 맞추어 "용도로 한정한 제품청구항"으로 기재하는 것만 허용된다. 만약 발명이 제2 의약용도발명에 해당하는 것으로 인정되고, 이미 공지되었고 또한 수술·진단 또는 치료방법에 사용되고 있는 물질 또는 조성물의 수술·진단 또는 치료방법 중에서 다른 몇 가지 특정용도를 발견하였다면, 출원인은 병렬적인 복수의 독립청구항으로 기재할 수 있지만 이러한 특정용도들은 발명의 사상이 동일하여야 한다.

중국「특허법」에는 개정 전「유럽특허협약」제54조 및 개정 후 동 협약 제54조 제4항 및 제5항과 유사한 규정이 없으며, 의약용도발명에 대한 신규성 예외 규정도 없는데, 따라서 의약용도발명은 제품특허권으로 보호받을 수 없다. 이에 대하여,「특허심사지침서 2010」은 아래와 같이 규정하고 있다.

> 물질의 의약적 용도를 "병의 치료에 사용", "질병의 진단에 사용", "약물로써 이용" 등과 같은 청구항으로 기재한 특허출원은,「특허법」제25조 제1항 제3호의 "질병의 진단 및 치료방법"에 해당하고, 따라서 허용될 수 없다. 그러나 약품 및 그 제조방법은 모두 법에 의해 특허를 받을 수 있고, 따라서 물질의 의약용도발명은 약품 청구항 또는 "제약 중에 이용하는 방법", "질병을 치료하는 약품의 제조 중에 이용하는 방법" 등과 같이 제약방법 유형의 용도청구항으로 하여 특허를 출원하면,「특허법」제25조 제1항 제3호가 규정한 경우에 해당하지 않는다.
>
> 위의 제약방법 유형의 용도 청구항은 "화합물 X를 질병 Y를 치료하는 약물을 제조하는 데 이용하는 방법" 또는 이와 유사한 형식으로 기재할 수 있다.[1]

---

1) 国家知识产权局, 专利审查指南2010[M], 北京: 知识产权出版社, 2010: 第二部分 第十章 4.5.2.

물질 X 자체가 신규성 및 진보성이 있는 물질인 경우, 출원인은 그 물질 자체의 제품청구항으로 기재할 수 있으며, 청구항에 그 의약적 용도를 기재할 필요가 없다(설명서의 유익한 효과 부분 등에, 그 의약적 용도를 기재할 수 있다.). 이러한 청구항은 일반적인 제품청구항으로서 특허권자가 가장 넓게 보호받을 수 있는데, 허가 없이 그 물질을 제조·판매·수입 또는 사용하는 것은 침해에 해당하고 제조목적 및 사용방식의 제한을 받지 않기 때문이다. 「특허심사지침서 2010」의 위 규정에 따르면, 물질 X가 공지된 물질이고 이것을 질병의 치료에 이용하는 것을 발명하였다면, 제1 의약용도발명인지 아니면 제2 의약용도발명인지를 불문하고, 중국에서는 모두 약품제조방법 유형의 청구항으로 기재하여야 하는데, 이러한 청구항 기재방식이 바로 실질적으로는 유럽특허청 심판소가 허용한 "용도로 한정한 제조방법 청구항"이다.

약품에 대한 특허보호 문제는 국제 지식재산권 보호분야에서 10년 넘게 많은 논란이 있어 온 문제로서, 개발도상국의 이익에 중대한 영향이 있다. 현재 중국 의약산업의 연구개발 수준과 투자는 미국·유럽·일본에 훨씬 못 미치며, 새로운 중요 약품은 거의 외국 특허권자가 장악하고 있다. 중국의 구체적인 상황에 초점을 맞추어, 의약용도발명의 특허보호에 신중한 입장을 취할 필요가 있다. 예를 들면, 제1 의약용도발명에 있어서, 유럽처럼 설명서에 소개된 특정 질병의 치료에만 한정하지 않고 그 물질의 모든 의약용도로 보호범위를 확대하는 것은 필자가 보기에 합리적이지 않다. 의약용도발명 특허출원에 대한 심사과정 및 의약용도발명 관련 특허침해분쟁의 심리과정에서, 「특허법」 및 관련 법규·규칙의 규정에 따라 그 보호범위의 확정과 해석은 합리적인 범위를 벗어나서는 안 된다.

(三) 동물 및 식물의 품종

TRIPs 제27조 제3항 제b호는 각 회원국이 미생물 이외의 동·식물 그리고 동·식물을 생산하는 주로 생물학적 방법(동·식물을 생산하는 비생물학적 방법 및 미생물학적 방법은 제외)에 대해서는 특허권을 수여하지 않도록 배제할 수 있다고 규정하고 있다. TRIPs는 동시에 또한 각 회원국이 특허제도 또는 유효한 특수제도를 통해서, 또는 이를 조합한 제도를 통해서 식물신품종을 보호하여야 한다고 규정하고 있다.

본조 제1항 제4호는 동물 및 식물의 품종은 특허보호를 받을 수 없다고 규정하는데, 이것은 TRIPs의 위 규정에 부합한다. 다른 한편으로, 중국은 농업대국으로서 식물품종 분야, 특히 농·임업 작물의 품종에 대한 연구개발 분야에서 우세를 보이고 있으며, 많은 성취를 일궈 냈다. 따라서 식물신품종을 법률적으로 보호하는 것은 이러한 분야의 발명창조를 장려하는 데 도움이 되며, 중국의 이익을 보호하는 데 유리하다. 이러한 상황에서, 중국은 별도의 독자적인 입법에 의하여 식물신품종을 보호하는 방식을 따르고 있다. 국무원은 1997년 3월 20일 「식물신품종보호조례」를 반포하여 1997년 10월 1일부터 시행하였다. 이 조례의 규정에 의하면, 국무원 농업임업행정부문은 그 직능에 따라 식물신품종권 출원의 수리 및 심사를 책임지고, 조례의 규정에 부합하는 식물신품종에 대하여 식물신품종권을 수여한다. 육종을 완성한 단위 또는 개인은 그 권리를 받은 품종에 대하여 독점권을 향유하며, 품종권자의 허가 없이는 아무도 그 품종권을 받은 품종의 번식재료를 상업적 목적으로 생산 또는 판매할 수 없고, 그 품종권을 받은 품종의 번식재료를 상업적 목적으로 다른 품종의 번식재료를 생산하는 데 다시 사용할 수 없다. 이러한 방식도 TRIPs의 위 규정에 부합한다.

본조 제2항은 동·식물 품종의 생산방법은 특허보호를 받을 수 있다고 규정하고 있다. 여기서 말하는 동·식물 품종의 생산방법은 비생물학적인 방법을 가리키는 것으로, 주로 생물학적인 방법은 포함되지 않는다. 주로 생물학적인 방법인지 여부는 인간의 기술이 그 방법에 개입하는 정도에 달려 있다. 만약 인간의 기술이 개입하여 그 방법이 달성하고자 하는 목적 또는 효과에 주요한 조절 또는 결정적 작용을 한다면, 이 방법은 "주로 생물학적인 방법"에 해당하지 않는다. 예를 들어, 조사(照射)사육법을 이용한 우유를 많이 생산하는 젖소의 생산방법, 사육법을 개량한 비계의 함량이 적은 돼지의 생산방법 등은 특허권을 수여받을 수 있는 발명이다.[1]

미생물에 대해서는, 본조가 명확하게 규정하지 않았다. 1992년 제1차 「특허법」 개정 전에는 약품 및 화학물질 모두 제품특허권을 받을 수 없었으므로, 심사실무에서는 미생물 자체에 대해서도 특허를 수여하지 않았으며, 미생물학적 방법에 대해서만 특허권을 수여하였다. 약품 및 화학물질이 특허보호를 받을 수 있게 됨에 따라서, 미생물 균종 및 미생물 제품의 특허보호문제도 자연스럽게 해결되었다. 미생물은 세균방선균, 진균, 동식물 세포계, 바이러스, 플라스미드, 원생생물, 조류 등을 포괄한다. 그러나 미생물은 분리되어 순수한 배양물이 되어야 하고 동시에 특정한 산업적 용도가 있어야 비로소 특허권 수여의 대상이 될 수 있다. 「특허법실시세칙」 제24조 규정에 따라서, 만약 특허출원한 발명이 새로운 생물재료에 관한 것이고, 그 생물재료를 공중이 획득할 수 없으며, 생물재료에 대한 설명으로도 해당 기술분야의 기술자가 그 발명을 실시할 수 없는 경우, 출원인은 반드시 출원일 전에 또는 늦어도 출원일에는 생물재료의 견본을 국가지식산권국이 지정한 보관기관에 제출하여 보관하도록 하여야 한다.

---

1) 国家知识产权局, 专利审查指南2010[M], 北京: 知识产权出版社, 2010: 第二部分 第一章 4.4.

생명과학 및 유전공학은 이에 대한 지식재산권적 보호에 대하여 유전자 전환 동물 또는 식물을 어떻게 보호할 것인가, 복제 기술의 남용을 어떻게 방지할 것인가 등 많은 문제를 제기하고 있다. 앞으로 이러한 문제들이 특허제도에 많은 변화를 가져올 것임을 예상할 수 있다.

(四) 원자핵 변환방법으로 획득한 물질

TRIPs 제73조의 표제는 "국가안보 관련 예외조치"로서, 이 협정의 어떠한 규정도 회원국이 그 기본적인 안전에 대한 이익을 보호하기 위하여 필요한 조치를 취하는 것을 제지하는 것으로 해석되지 아니하고, 그중에는 핵분열물질 또는 이러한 물질로부터 파생된 물질도 포함된다고 규정하고 있다. 따라서 본조 제1항 제5호가 원자핵 변환방법 및 그 방법을 이용하여 획득한 물질에 대하여 특허권을 수여하지 않는다고 규정한 것은 이 협정의 규정에 부합한다.

원자핵 변환방법은 하나 또는 복수의 원자핵이 분열 또는 융합에 의해 복수 또는 하나의 새로운 원자핵이 되게 하는 과정을 가리킨다. 원자핵 변환방법으로 획득한 물질은, 주로 가속기·원자로 및 기타 핵반응 장치를 이용하여 제조된 각종 방사성 동위원소를 가리킨다. 본조 제1항 제5호는 원자핵 변환방법 및 원자핵 변환방법으로 획득한 물질은 특허권을 받을 수 없다고 규정하고 있다. 그러나 이러한 동위원소의 용도 및 이를 사용하는 기구·설비는 특허권을 받을 수 있다.

본조 제1항 제5호 규정은 중국이 1984년 「특허법」 제정 시에 다른 국가의 특허법을 참조하여 도입한 것으로서, 그 주된 목적은 국가안전 보호와 핵확산 방지에 있었다. 그러나 원자핵 변환기술은 군사적 의의뿐만 아니라 민간용으로도 의의가 있다. 「특허법」 제4조는 "특허출원한 발명창조가 국가안전 또는 중대이익에 관련되어 비밀유지가 필요한 경우, 국가의 유관 규정에 따라 처리한다."고 규정하고 있다. 「특허법실시세칙」 제7조는 특허출원이 국방이익에 관련되어 비밀유지가 필요한 경우, 국방특허국이 수리하여 심사를 진행하고 규정에 부합하면 국방특허권을 수여할 수 있으며, 발명 또는 실용신안특허출원이 국방이익 이외의 국가안전 또는 중대이익에 관련되어 비밀유지가 필요한 경우, 국가지식산권국이 수리하고 규정에 부합하는 경우 비밀특허권을 수여할 수 있다고 규정하고 있다. 이로부터 국가안전 또는 중대이익에 관련된 발명창조라고 해서 일률적으로 특허보호를 받을 수 없는 것이 아니고, 경우에 따라서 보통의 특허권을 수여할 수 없을 뿐이며 국방특허권 또는 비밀특허권은 수여할 수 있음을 알 수 있다. 이러한 방식이 원자핵 변환 분야의 발명창조를 촉진하는 데 훨씬 유리하다.

(五) 주로 표지작용을 발휘하는 평면인쇄품 디자인

2008년 「특허법」 개정 시에 본조 제1항에 제6호를 신설하여, "평면인쇄물에 대한 도안·색채 또는 이들의 결합으로 만들어진 주로 표지작용을 일으키는 설계에 대해서는 특허권을 수여하지 아니한다."고 규정하였다. 여기서 말하는 특허권은 디자인특허권을 가리킨다.

중국이 매년 수리하는 디자인특허출원 건수는 이미 세계 제1위를 차지하고 있으나, 그 수리하는 디자인출원 및 수여하는 디자인특허 중에는 병에 부착하는 라벨, 평면포장 봉투 등 주로 표지작용을 일으키는 평면도안 설계에 관한 것도 있다. 이것은 중국 제품의 외관에 대한 혁신 수준 제고, 중국 브랜드 상품의 형성 촉진 및 중국 상품의 국제적 경쟁력 제고에 이롭지 않을 뿐 아니라, 디자인특허권과 상표권·저작권 사이의 교차와 충돌을 일으킬 수 있다.

"평면인쇄물"은 주로 평면포장봉투, 병에 부착하는 라벨, 상품에 부착하는 라벨 등과 같이 상품의 포장에 이용되거나 또는 판매되는 상품에 부착되는, 단독으로 소비자에게 판매되는 것이 아닌 2차원 인쇄물을 가리킨다. "주로 표지작용을 일으키는"은 디자인의 도안·색채 또는 양자의 조합이 주로 소비자가 그 포장된 또는 부착된 상품의 출처 또는 생산자를 식별하는 데 사용되고, 주로 그 상품 자체의 외관에 "미감"을 일으켜서 소비자를 유인하는 데 사용되는 것이 아님을 가리킨다. 본조 제1항 제6호는 형상에 대해서는 언급하지 않은 채 "도안·색채 또는 이들의 결합"이라고 하고 있는데, 이것은 만약 디자인특허출원의 객체가 평면인쇄물에 해당하는 것으로 인정된다면 그 평면인쇄물상의 도안·색채 또는 그 결합은 주로 표지작용을 발휘하는 것이어서 특허권을 수여할 수 없는 대상의 범위에 속하는 것으로 인정될 수 있고, 그 표지를 담고 있는 평면인쇄물 자체의 형상은 아무런 관계가 없다는 것을 나타내는 데, 예를 들면 평면포장봉투가 정방형이든 장방형이든 또는 기타 형상이든, 병에 부착하는 라벨이 타원형이든 마름모형이든 또는 기타 형상이든 그 결론에는 아무런 영향이 없으며, 이러한 형상의 변화로 인해 그 표지적 작용이 바뀌는 것은 아니기 때문이다.

비록 침대시트·커튼·직물 등 방직물도 2차원 제품이지만, 이들은 "인쇄물"에 해당하지 않고, 그 도안·색채 또는 양자의 결합도 "주로 표지작용을 일으키는" 것이 아니며, 따라서 이러한 방직물의 디자인은 배제되는 것이 아니라는 점이 지적되어야 한다. 마찬가지로 벽지류와 같은 상품에 대해서도 동일한 결론을 얻게 된다.

제3장

특허출원

제26조~제33조

서 언

이 장은 특허출원 시에 제출하여야 하는 서류 및 그 요건에 관한 것이다.

발명창조를 완성하였다고 해서 자연히 특허권을 받을 수 있는 것은 아니다. 특허권을 받기 위해서는, 반드시 국가지식산권국에 출원하여야 하고, 국가지식산권국이 심사하여 규정에 부합하여야 비로소 특허권을 받을 수 있다.

「특허법」 및 「특허법실시세칙」은 특허출원에 대하여 전면적이고 엄격한 요건을 규정하고 있다. 이 장은 먼저 특허출원에 대한 기본적인 요건을 규정하는데, 여기에는 출원서류의 유형 및 그 내용, 출원일의 확정, 우선권(국외우선권 및 국내우선권 포함) 주장, 특허출원의 단일성 및 병합출원, 출원의 취하 및 출원의 보정이 포함된다. 이 장이 규정하는 기본적인 요건을 기초로 하여, 국무원이 제정한 「특허법실시세칙」과 국가지식산권국이 제정한 「특허심사지침서 2010」은 특허출원에 대하여 보다 구체적인 요건을 규정한다.

특허출원이 있어야만 비로소 특허권을 받을 수 있다. 특허권이 있어야만 비로소 특허권의 행사 및 이에 대한 보호를 말할 수 있다. 특허권에 대한 보호가 있어야만 비로소 「특허법」의 입법취지를 실현할 수 있다. 이로부터 특허출원은 특허제도를 이용하는 최초의 단계이며, 특허업무의 "으뜸"임을 볼 수 있다. 특허출원의 품질 및 수준은 특허권자가 이후에 충분하고 효과적인 보호를 받을 수 있는지 여부에 있어서 매우 중요하며, 한 국가의 특허업무 수준과 직접적으로 관계된다고 말할 수 있다. 따라서 중국이 특허제도를 수립한 이래로, 특허업무에 종사하는 자들은 줄곧 특허출원에 대한 요건을 매우 중시해 왔다.

제26조 발명 및 실용신안특허의 출원서류

① 발명 또는 실용신안특허를 출원하는 경우, 청구서·설명서 및 그 요약서와 청구범위 등 서류를 제출하여야 한다.

② 청구서는 발명 또는 실용신안의 명칭, 발명자의 성명, 출원인의 성명 또는 명칭, 주소 및 기타 사항을 명확히 기재하여야 한다.

③ 설명서는 해당 기술분야의 기술자가 실현할 수 있을 정도로 발명 또는 실용신안에 대하여 명확하고 완전하게 설명하여야 하고, 필요한 경우 도면을 첨부하여야 한다. 요약서는 발명 또는 실용신안 기술의 요점을 간략히 설명하여야 한다.

④ 청구범위는 설명서를 근거로 하여야 하며, 명확하고 간결하게 특허로 보호받고자 하는 범위를 한정하여야 한다.

⑤ 유전자원에 의존하여 완성한 발명창조는, 출원인이 특허출원서류에 그 유전자원의 직접출처와 원시출처를 설명하여야 하고, 출원인이 원시출처를 설명할 수 없는 경우에는 이유를 진술하여야 한다.

一. 개 요

본조는 발명 및 실용신안특허 출원서류의 구성부분 및 그 각 구성부분에 대한 기본적인 요건을 규정하고 있다.

발명 및 실용신안특허를 출원할 때에 제출하여야 하는 서류에는 청구서·설명서·요약서·청구범위가 포함된다. 첨부도면은 설명서의 일부이고 모든 발명특허출원에 필수적으로 도면이 첨부되어야 하는 것은 아니므로(단, 실용신안특허출원에는 도면이 반드시 첨부되어야 한다.) 본조 제1항은 도면을 출원서류의 독립적인 구성부분으로 열거하지 않았다.

2010년 개정 전「특허법실시세칙」제3조는 "특허법 및 이 세칙이 규정하는 각종 절차는 서면형식으로 처리하여야 한다."고 규정하였다. 소위 "서면형식"이라는 것은, 과거의 이해에 따르면 종이형식을 가리킨다. 컴퓨터 기술과 인터넷 기술의 발전에 따라서, 출원인이 보다 빠르고 보다 편리하게 특허출원을 할 수 있도록 하기 위하여, 중국을 포함한 많은 국가의 특허청이 잇따라 전자문서 형식으로 제출한 특허출원을 접수하기 시작하였으며, 점차 모든 출원인에게 전자문서방식으로 그 특허출원을 제출할 것을 요구하는 단계로 넘어가고 있다. 이러한 변화에 적응하기 위하여, 2001년 개정「특허법실시세칙」제3조는 "특허법 및 이 세칙이 규정하는 각종 절차는, 서면형식 또는 국무원 특허행정부문이 규정한 기타 형식으로 처리하여야 한다."로 개정되었다.

2008년「특허법」개정 시에, 본조에 대해서 개정한 점은 다음과 같다.

첫째, 2010년 개정 전「특허법실시세칙」제20조 제1항의 청구범위는 명확하고 간결하여야 한다는 요건을 본조 제4항으로 옮겼으며, 동시에 2008년 개정 전「특허법」본조 제4항의 "보호받고자 하는 범위를 설명하여야 한다."를 "보호받고자 하는 범위를 한정하여야 한다."로 고쳤다.

둘째, 본조에 제5항을 신설하여, "유전자원에 의존하여 완성한 발명창조는, 출원인이 특허출원서류에 그 유전자원의 직접출처와 원시출처를 설명하여야 하고, 출원인이 원시출처를 설명할 수 없는 경우에는 이유를 진술하여야 한다."고 규정하였다.

아래에서 발명 및 실용신안특허의 출원서류를 구성하는 각 부분의 기능·주요내용 및 요건에 대하여 설명하도록 하겠다.

二. 청구서

청구서는 출원인이 특허권 수여를 청구한다는 희망을 표시하는 문서이다. 일부 국가에서는 출원인이 이 청구를 명시적으로 표시할 것을 요구하지만 중국은 이러한 방식을 따르지 않고, 국가지식산권국이 이를 위한 청구서 양식을 마련하여 출원인은 그받고 싶은 특허권의 유형에 근거하여 규정된 요구에 따라 "발명특허청구서" 또는 "실용신안특허청구서" 양식을 채워 넣고 그것을 국가지식산권국에 제출하기만 하면, 발명 또는 실용신안특허권 수여를 청구한다는 바람을 표시한 것으로 인정하고 "특허권이 수여되기를 희망함"과 같은 말을 적어 넣을 필요가 없다.

2008년「특허법」개정 전에는, 본조 제2항에서 청구서에 명확히 기재하여야 하는 사항에 "발명자 또는 창작자의 성명"이 포함된다고 규정하였으나, 이것은 정확하지 않은 것이었다.「특허법」및「특허법실시세칙」에서 발명 및 실용신안의 발명창조자는 "발명자"로 불리고 디자인의 발명창조자는 "창작자"로 불린다. 본조는 발명 및 실용신안특허출원의 출원서류에 관한 규정이므로, 그 청구서 중에 명확히 기재하여야 하는 사항은 "발명자"이지 "창작자"가 아니며, 따라서 2008년「특허법」개정 시에 개정 전 본조 제2항 중의 "창작자"를 삭제하였다.

본조 제2항은 발명 및 실용신안특허출원의 청구서에 명확히 기재하여야 하는 주요 내용, 즉 발명 또는 실용신안의 명칭, 발명자의 성명, 출원인의 성명 또는 명칭, 주소를 열거하고, 마지막에 "기타 사항"으로 마무리하고 있다. 이것은 이처럼 열거한 사항이 제한적인 것이 아님을 나타낸다. 2010년 개정 전「특허법실시세칙」제17조는 보다 상세하게 본조 제2항의 "기타 사항"을 열거하였다. 이러한 규정방식은 부족한 점이 있었는데, 한편으로는 공중이「특허법」을 찾아보든지 아니면「특허법실시세칙」을 찾아보든지를 불문하고 청구서에 명확하게 기재하여야 하는 모든 사항을 일목요연하게 알 수 없었으며, 이 둘을 한데 "결합"하여야 비로소 명확해진다는 점이었다. 다른 한편으로는,「특허법」제27조는 디자인특허출원의 출원서류에도 청구서가 포함되는 것으로 규정하고 있는데, 그러나 개정 전「특허법실시세칙」제17조의 위와 같은 표현방식으로 보면 디자인특허출원의 청구서는 포함되지 않았으므로, 디자인특허출원의 청구서에 명확히 기재하여야 하는 사항은 2010년 개정 전「특허법실시세칙」에서 법률적 근거를 찾을 수 없었다는 점이다. 공중의 편의를 증진하고 디자인특허출원의 청구서에 기재하여야 하는 사항을 명확히 하기 위하여, 2010년 개정「특허법실시세칙」제16조는 세 가지 특허출원의 청구서에 명확히 기재하여야 하는 사항을 아래와 같이 통일적으로 규정하였다.

발명·실용신안 또는 디자인특허출원의 청구서에는 다음 각 호의 사항을 명확히 기재하여야 한다.

(1) 발명·실용신안 또는 디자인의 명칭

(2) 출원인이 중국의 단위 또는 개인인 경우 그 명칭 또는 성명·주소·우편번호·조직기구번호 또는 신분증번호, 출원인이 외국인·외국기업 또는 외국의 기타 조직인 경우 그 성명 또는 명칭·국적 또는 등록된 국가 또는 지역

(3) 발명자 또는 창작자의 성명

(4) 출원인이 특허대리기구에 위임하는 경우, 위임받은 대리기구의 명칭·기구번호 및 그 기구가 지정한 특허대리인의 성명·영업증번호·연락번호

(5) 우선권을 주장하는 경우, 출원인이 최초로 제출한 특허출원(이하 '선출원'이라 한다.)의 출원일·출원번호 및 이를 수리한 기구의 명칭

(6) 출원인 또는 특허대리기구의 서명 또는 날인

(7) 출원서류 목록

(8) 첨부서류 목록

(9) 기타 명확히 기재하여야 하는 관련 사항

三. 설명서

(一) 설명서의 기능

설명서는 출원인이 그 발명 또는 실용신안을 공개하는 문서이며, 주로 다음과 같은 기능이 있다.

첫째, 발명 또는 실용신안의 기술방안을 명확하고 완전하게 공개하여, 해당 기술분야의 기술자가 그 발명 또는 실용신안을 이해하고 실시할 수 있게 함으로써, 사회공중에게 새롭고 유용한 기술정보를 제공한다.

둘째, 설명서는 발명 또는 실용신안이 속하는 기술분야, 배경이 되는 기술, 해결하고자 하는 기술적 과제, 그 기술적 과제를 해결하는 데 사용한 기술방안, 기술방안이 발생시키는 유익한 효과 등 각 분야의 정보를 제공하는데, 이는 국가지식산권국이 특허출원에 대하여 심사하고 특허권을 수여할 수 있는지를 판단하는 데 기초가 된다.

셋째, 설명서는 청구범위의 기초이자 근거이며, 특허권이 수여된 후에, 특히 특허침해분쟁이 발생하였을 때에는, 설명서 및 그 첨부도면은 청구범위를 해석하는 데 이용함으로써 발명 및 실용신안특허권의 보호범위를 정확하게 확정할 수 있다.

위의 세 가지 기능 중에서, 첫째 기능이 가장 중요한 지위를 차지한다. 많은 사람들은 기본적으로 특허제도를, 출원인이 그 신규성·진보성 및 실용성을 갖춘 발명창조를 사회공중에 공개하는 대가로 국가가 수여하는 일정 기간의 특허독점권을 갖는 것으로 이해한다. 그 결과 출원인은 그 발명창조에 대하여 특허보호를 받고 경제적 이익을 얻을 수 있으므로 그 발명창조에 대한 적극성을 장려하는 데 유리하다. 공중은 새로운 기술정보를 얻을 수 있으므로 그 기초 위에서 더 나아가 개량할 수 있어서 연구개발의 중복으로 인한 자원의 낭비를 피할 수 있고, 또한 발명창조의 실시를 촉진할 수 있어서 발명창조의 확산 및 응용에 유리하다. 출원인과 공중에게 모두 이익이 되므로 서로 윈윈하는 결과가 되는데, 이것이 「특허법」의 입법취지를 실현함으로써 달성하고자 하는 바이다. 만약 발명 또는 실용신안특허출원의 설명서가 공중에게 충분한 기술정보를 제공하지 않는다면 특허권을 수여할 수 없으며, 그럼에도 불구하고 특허권이 수여된다면 위의 이익균형이 파괴되어 특허제도는 그 기대되는 작용을 발휘할 수 없게 된다.

(二) 설명서의 내용

1. 설명서 자체

본조 제1항은 발명 또는 실용신안특허출원은 설명서를 제출하여야 한다고 규정하고 있고, 제3항은 설명서에 대한 실질적 요건을 규정하고 있지만, 설명서 기재에 대한 구체적인 요건은 상세히 규정하지 않았다. 이러한 요건은 「특허법실시세칙」에서 규정하는데, 점진적인 개선과정을 거쳤다.

1984년 제정 「특허법실시세칙」 제18조는 발명 또는 실용신안특허출원의 설명서는 8개 부분을 포함한다고 규정하였다. 당시에 이러한 규정은 강제적인 것으로, 모든 발명 또는 실용신안특허출원의 설명서는 모두 규정된 양식에 따라 기재되어야 했는데, 이 때문에 당시에 설명서를 "팔고문(八股文)"[1]이라고 부르는 사람도 있었다.

1992년 개정 「특허법실시세칙」 제18조는 제2항을 신설하여, "발명 또는 실용신안특허의 출원인은 전항이 규정하는 방식 및 순서에 따라 설명서를 기재하여야 한다. 다만, 그 발명 또는 실용신안의 성질에 따라 다른 방식 또는 순서로 기재하면 지면을 줄이면서도 타인이 그 발명 또는 실용신안을 보다 더 잘 이해하게 할 수 있는 경우는 제외한다."고 규정하였다. 이 개정으로 특별한 경우에는 출원인이 그 발명창조를 표현하기 위한 실제적 필요에 따라 설명서 기재방식을 바꿀 수 있게 하여 설명서를 융통성 있게 기재할 수 있도록 하였다. 동시에 1984년 제정 「특허법실시세칙」 제18조의 "발명 또는 실용신안의 설명서에는 화학식 또는 수학식을 쓸 수 있지만, 상업적 광고문구를 쓸 수 없다."를 "발명 또는 실용신안의 설명서에는 '청구항 … 에 설명된 …' 와 같이 인용할 수 없으며, 또한 상업적 광고문구를 쓸 수 없다."고 개정하였다. 여기에서 "발명 또는 실용신안의 설명서에는 화학식 또는 수학식을 쓸 수 있다."는 규정을 삭제한 것은 설명서 중에 화학식 또는 수학식이 있어서는 아니 되기 때문이 아니고, 당연히 있을 수 있는 것이므로 특별히 규정할 필요가 없었기 때문이었다.

2001년 개정 「특허법실시세칙」 제18조는 발명 또는 실용신안특허출원의 설명서에는 먼저 발명 또는 실용신안의 명칭을 명확히 기재하여야 한다고 규정하였는데, 그 명칭은 청구서에 기재된 명칭과 서로 일치하여야 하고, 다음 5개 부분의 내용을 순서대로 명확히 기재하도록 하였다.

(1) 기술분야. 이 부분에는 발명 또는 실용신안이 직접적으로 속하는 또는 직접적

---

[1] 명(明)·청(淸) 2대에 걸쳐 과거시험의 답안용으로 채택된 특별한 형식의 문체로서, 후에 형식적이고 내용이 없는 무미건조한 문장이나 작법을 가리키는 의미로 쓰였다(역자 주).

으로 응용되는 구체적인 기술분야를 명확히 기재하여야 하고, 상위의 또는 인접하는 기술분야를 기재하거나, 발명 또는 실용신안 자체를 기재해서는 안 된다.

(2) 배경기술. 이 부분에는 출원인이 알고 있는 발명 또는 실용신안에 대한 이해 · 검색 · 심사에 유용한 배경기술을 명확히 기재하여야 하고, 가급적 이러한 배경기술이 반영된 문헌을 인용하여야 한다. 배경기술 부분에는 또한 배경기술에 존재하는 문제와 결점을 가급적 기재하고, 가능한 경우에는 이러한 문제와 결점이 발생하게 된 이유 및 이러한 문제를 해결하는 데 있어서의 곤란한 점을 명확하게 기재함으로써, 뒤에 소개할 특허출원한 발명 또는 실용신안에 대하여 미리 준비하도록 하여야 한다.

(3) 발명 또는 실용신안의 내용. 이 부분에는 발명 또는 실용신안이 해결하고자 하는 기술적 과제 및 그 기술적 과제를 해결하는 데 사용한 기술방안을 명확히 기재하여야 하고, 선행기술과 비교하여 발명 또는 실용신안의 유익한 효과를 명확히 기재하여야 한다. 그중에서 해결하고자 하는 기술적 과제는 가급적 배경기술부분에서 지적한 배경기술에 존재하는 결점과 일치시켜 그중 하나 또는 둘 이상의 결점을 대상으로 할 수 있지만, 발명 또는 실용신안특허출원에 기재한 기술방안으로 해결될 수 있는 것이어야 한다. 이 부분에 기재하는 기술적 과제 해결에 사용한 기술방안은 청구항으로 보호받고자 하는 기술방안과 일치되어야 하며, 적어도 독립청구항으로 보호받고자 하는 기술방안을 반영하여야 하고, 종속청구항으로 보호받고자 하는 기술방안도 반영할 수 있다. 유익한 효과는 특허출원한 기술방안을 실시하면 실제로 필연적으로 발생하는 적극적 효과이어야 한다.

(4) 도면에 대한 설명. 도면이 첨부된 발명특허출원 및 모든 실용신안특허출원에 있어서는 각 도면에 대한 간단한 설명이 있어야 한다.

(5) 구체적인 실시례. 이 부분에는 그 발명 또는 실용신안을 실시하는 최선의 실시례를 상세하게 기재하여야 하고, 도면이 첨부된 경우에는 첨부된 도면과 대응되어야 한다. 구체적인 실시례는 발명 및 실용신안특허출원의 설명서에서 가장 중요한 부분으로서, 공중에게 기술정보를 제공하는 설명서로서의 기능은 주로 이 부분에 의해 실현된다.

2001년 개정 「특허법실시세칙」 제18조 제2항은 또한 설명서 각 부분의 시작에는 그 부분의 표제를 기재하여야 한다고 규정하고 있다.

위와 같이 개정한 목적은 「특허법실시세칙」 제18조 규정과 PCT 및 그 규칙의 관련규정을 일치시키기 위함이었다. 과거에 각국의 특허설명서 기재 요건은 서로 차이가 있어서 출원인이 동일한 발명창조를 각국에 특허출원하는 경우, 보통은 설명서의 양식 및 표현을 조정하여야만 비로소 각국의 요건을 만족시킬 수 있었고, 이것은 출원인이 여러 국가에서 특허보호를 받는 데 있어서 곤란과 불편을 초래하였다. PCT를 체결한 주요 목적은 바로 위와 같은 불편을 가급적 감소시킴으로써 출원인이 다른 국가에서 특허보호를 받는 것을 편리하게 하기 위함이었다. 이 조약의 발효 이래로 PCT 경로를 통해서 제출되는 특허출원은 갈수록 늘어나고 있는데, 이것은 PCT 체계가 현재 전 지구적 범위 내에서 갈수록 중요한 기능을 발휘하고 있음을 나타낸다. PCT 및 그 규칙은 국제출원의 양식 및 기재방식에 대하여 명확히 규정하고 있는데, 이것은 많은 연구를 거쳐 각국의 장점을 폭넓게 받아들인 결과로서, 각국의 특허 실무에 매우 중요한 지도적 의의가 있으므로 중국도 받아들일 가치가 있었다.

2. 설명서의 첨부도면

특허출원한 발명 또는 실용신안을 명확히 표현하고 국가지식산권국의 심사관 및 공중이 쉽게 이해할 수 있도록 하기 위하여, 발명특허출원의 설명서는 도면을 첨부하여 보충할 수 있으며, 실용신안특허출원의 설명서는 반드시 도면을 첨부하여야 한다. 도면은 엔지니어의 "언어"라고 불리는데, 도면에 표현되는 기술정보는 일반적으로 매우 많다. 아무리 많은 언어를 쓰더라도 도면에 표현된 기술정보를 명확히 전달할 수 없는 경우가 종종 있다. 따라서 도면이 첨부된 설명서에 있어서는, 도면이 그 중요한 구성부분이 된다. 그러나 「특허법」 및 「특허법실시세칙」의 표현방식 때문에, 그중에 언급된 "설명서"가 "설명서 자체"를 가리키는지 아니면 "설명서 자체 및 그 첨부도면"을 가리키는지가 명확하지 않을 때가 있으며, 다르게 이해되는 때도 있다. 미국특허법은 이 방면에서는 비교적 정교한데, "specification"("설명서"에 상당함)이라는 어휘로 첨부도면을 포함한 전체 설명서를 표현하며, "description"("명세서"에 상당함)이라는 어휘로 "설명서 자체"를 표현한다. 다른 어휘를 사용하기 때문에, 경우에 따라 적당한 어휘를 선택하여 표현할 수 있으므로 혼동이 생기지 않을 수 있다.

첨부도면은 여러 유형이 있을 수 있는데, 발명창조를 보다 명확하게 이해하는 데 도움이 되기만 하다면, 모든 각종 유형의 도면을 사용할 수 있다. 제품발명창조에 있어서는 형상도·구조도·조립도·부속품도·회로도 등의 도면이 있을 수 있다. 방법발명창조에 있어서는 공정순서도·컴퓨터프로그램흐름도 등의 도면이 있을 수 있다. 이 밖에 물리화학적 성질 또는 각종 성능을 표현하는 스펙트로그램·그래프·히스토그램 등 도면일 수도 있다.

도면은 설명서 뒤에 첨부되어야 하고, "도 1, 도 2 …" 방식에 따라 번호순서대로 배열하여야 한다. 설명서에서 언급되지 않은 도면부호는 도면 중에 있어서는 안 되며, 도면 중에 기재되어 있지 않은 부호도 설명서 중에 언급되어서는 안 된다. 출원서류

중에 표시된 동일한 구성의 도면부호는 일치하여야 한다. 도면 중에 반드시 필요한 글자를 제외하고는, 기타 주석이 있어서는 안 된다.

실용신안은 제품의 형상·구조 또는 그 결합에 관한 것으로서, 도면과 함께 제품의 형상·구조를 표현하면 단순히 문자만을 통해 표현하는 것에 비해서 훨씬 명확하고 정확하여 사람들로 하여금 일목요연하게 파악할 수 있게 할 수 있으며, 이 때문에 실용신안특허출원의 설명서에는 반드시 도면을 첨부하여야 하는데, 중국이 특허제도를 수립한 이래로 줄곧 이와 같이 요구해 오고 있다. 그러나 2008년 개정 전「특허법」및 2010년 개정 전「특허법실시세칙」에서는 이를 직접적이고 명확하게 요구하지 않았으며, 2010년 개정 전「특허법실시세칙」제40조 특허출원의 수리요건에 관한 규정에서 괄호 안에 실용신안특허출원에 도면이 첨부되지 않으면 수리하지 않음을 규정하였을 뿐이다. 2010년 개정「특허법실시세칙」은 원래의 제18조를 제17조로 바꾸고 종전의 규정에 대해서는 개정하지 않았지만, 제5항을 신설하여 "실용신안특허출원의 설명서는 보호받고자 하는 제품의 형상·구조 또는 그 결합을 표시한 도면을 첨부하여야 한다."고 규정하였다. 신설된 규정은 위의 요구를 보다 직접적이고 명확하게 하였을 뿐만 아니라, 실용신안특허출원에 첨부되는 도면의 유형에 대해서도 제한하였다. 공정순서도·프로그램흐름도 등은 제품의 형상·구조 또는 그 결합을 표시하는 도면이 아니며, 따라서 실용신안특허출원의 설명서에 이러한 유형의 도면만 첨부되었다면 이 규정에 부합하지 않은 것이다.

발명특허출원은 반드시 도면을 첨부하여야 하는 것은 아니지만, 만약 문자만으로 충분히 명확하게 특허출원한 발명의 기술방안을 표현할 수 없고 도면을 첨부하여 보충하여야 비로소 명확하게 표현할 수 있다면 그 설명서에는 도면을 첨부하여야 한다.

3. 뉴클레오시드(nucleoside) 또는 아미노산 서열표

생명과학의 신속한 발전에 따라서, 유전자 관련 특허출원 건수도 갈수록 늘어나고 있다. 이러한 유형의 출원에 관련되는 뉴클레오시드 또는 아미노산 서열에 대하여, PCT는 특별한 표현방식을 규정하였다. 이 조약의 규정과 일치시키기 위하여, 2001년 개정「특허법실시세칙」제18조는 제4항을 신설하여, "발명특허출원에 하나 또는 다수의 뉴클레오시드 또는 아미노산 서열이 포함된 경우, 설명서에 국무원 특허행정부문이 규정하는 서열표가 포함되어야 한다. 출원인은 서열표를 설명서 중의 독립적인 부분으로 제출하여야 하고, 국무원 특허행정부문의 규정에 따라 컴퓨터로 읽을 수 있는 형식으로 된 서열표 부본을 제출하여야 한다."고 규정하였다.

4. 생물재료의 보관

2001년 개정 「특허법실시세칙」 제25조는, 특허출원한 발명이 새로운 생물재료에 관한 것인 경우에, 만약 그 생물재료가 공중이 취득할 수 없는 것이고 또한 설명서 중의 그 생물재료에 대한 설명으로도 해당 기술분야의 기술자가 그 발명을 실시하기에 충분치 아니하다면, 출원인은 「특허법」 및 「특허법실시세칙」의 관련 규정에 부합하여야 하는 것 이외에, 첫째 늦어도 출원일에는 그 생물재료의 견본을 국가지식산권국이 지정한 미생물균종 보관단위에 제출하고, 출원시 또는 늦어도 출원일로부터 4개월 내에 보관단위가 발급한 보관증명서 및 생존증명서를 제출하여야 하며, 둘째 출원 서류에 그 생물재료의 특징에 관한 자료를 제공하여야 하고, 셋째 청구서 및 설명서에 그 생물재료의 분류명(라틴어 명칭), 그 생물재료를 보관하고 있는 단위의 명칭·주소·보관일자 및 보관번호를 기재하여야 한다.

(三) 설명서 기재요건

본조 제3항은 "설명서는 해당 기술분야의 기술자가 실현할 수 있을 정도로 발명 또는 실용신안에 대하여 명확하고 완전하게 설명하여야 한다."고 규정하고 있다. 이것이 발명 및 실용신안특허의 설명서에 대한 가장 중요한 요건이다. 「특허심사지침서 2010」은 위 요건에 대하여 상세하고 전면적으로 설명하고 있다.[1]

소위 "명확"하다는 것은 설명서의 내용이 명확하여야 함을 가리키는데, 구체적인 요구는 다음과 같다.

첫째, 주제가 명확하여야 한다. 설명서는 선행기술로부터 출발하여 발명 또는 실용신안이 무엇을 하고자 하고 어떻게 하는 것인지를 명확하게 나타내어, 해당 기술분야의 기술자로 하여금 특허출원한 발명 또는 실용신안이 보호받고자 하는 대상을 확실하게 이해할 수 있게 하여야 한다. 바꿔 말하면, 설명서에는 발명 또는 실용신안이 해결하고자 하는 기술적 과제 그리고 그 기술적 과제를 해결하기 위해 채택한 기술방안을 명확하게 기재하여야 하고, 선행기술과 비교하여 발명 또는 실용신안이 갖는 유익한 효과를 명확하게 기재하여야 한다. 위와 같은 기술적 과제, 기술방안 및 유익한 효과는 서로 조화되어야 하며, 서로 모순되거나 무관한 것이어서는 안 된다.

둘째, 용어의 사용이 정확하여야 한다. 설명서는 발명 또는 실용신안이 속하는 기술분야의 기술용어를 사용하여 발명 또는 실용신안의 기술내용을 정확히 표현하여

---

1) 国家知识产权局, 专利审查指南2010[M], 北京: 知识产权出版社, 2010: 第二部分 第二章 2.1.

야 하고, 모호하거나 또는 애매하게 표현하여 해당 기술분야의 기술자가 그 발명 또는 실용신안을 명확하고 정확하게 이해할 수 없게 해서는 안 된다. 국가적으로 통일된 과학기술용어가 있다면 그 용어를 사용하여야 한다. 외국의 인명·지명 또는 외국에서 들어온 과학기술용어에 대한 통일된 중문 용어가 없다면, 원래 용어에 주를 달아 밝혀야 한다. 발명창조가 완전히 새로운 과학기술 개념이어서 국내 및 국외를 불문하고 현재 적합한 용어가 없다면, 출원인 자신이 새로운 어휘를 창조하는 것이 허용되지만, 동시에 그 새롭게 창조해 낸 어휘에 대하여 명확하고 분명하게 정의를 내림으로써 해당 기술분야의 기술자가 그 의미를 다르게 이해하지 않도록 하여야 한다. 설명서 내용이 계량단위에 관계되는 때에는, 국가의 법정 계량단위를 사용하여야 한다.

소위 "완전"하다는 것은 설명서에 「특허법」 및 「특허법실시세칙」이 요구하는 각 항목의 내용이 포함되어 있고, 발명 또는 실용신안의 이해와 실시에 필요한 기술내용이 결여되어서는 안 됨을 가리킨다. 하나의 완전한 설명서에는 발명 및 실용신안을 이해하는 데 필요한 내용, 발명 또는 실용신안의 신규성·진보성 및 실용성 구비여부 확정에 필요한 내용, 그리고 발명 또는 실용신안의 실시에 필요한 내용이 포함되어 있어야 한다. 무릇 발명 또는 실용신안의 이해와 실시에 관련되는 것으로서 해당 기술분야의 기술자가 선행기술로부터 직접적으로 얻을 수 없는 내용이라면, 설명서 중에 분명하고 명확하게 서술하여야 한다.

소위 "실현할 수 있다."는 것은 해당 분야의 기술자가 설명서에 기재된 내용에 따라서 추가적인 창조적 노동을 들이지 않고서도 그 발명 또는 실용신안의 기술방안을 실시하여, 그 해결하고자 하는 기술적 과제를 해결하고 그 예기된 유익한 효과를 발생시킬 수 있는 것을 가리킨다.

설명서를 어느 정도로 기재하여야 "명확", "완전" 그리고 "실현할 수 있다."의 요건을 만족시킨다고 할 수 있는가? 이 점은 읽는 사람의 수준과 관계가 있다. 그 분야의 전문가에게 있어서는, 아마도 도면을 보기만 하면 문자로 설명할 필요도 없이 그 발명 또는 실용신안을 이해하고 실시할 수 있을 것이다. 비전문가에게 있어서는, 아마도 기초적인 지식에 더하여 보충하여야 비로소 발명 또는 실용신안을 이해하고 실시할 수 있을 것이다. 규정된 요건에 대한 기준을 통일시키기 위하여, 본조는 "해당 기술분야의 기술자가 실현할 수 있을 정도"라고 규정하는데, 이는 이러한 기술자가 설명서의 내용을 읽어 본 후에 추가적인 창조적 노동을 들이지 않고서도 발명 또는 실용신안을 이해 및 실시할 수 있으며, 발명 또는 실용신안이 해결하고자 하는 기술적 과제를 해결하고 그 예기된 유익한 효과를 발생시킬 수 있음을 의미한다. 「특허법」

제22조 제3항의 진보성 기준에 대한 설명에서도 "해당 기술분야의 기술자" 개념에 대하여 언급하였는데, 본조의 "해당 기술분야의 기술자"와 그 의미가 같다. 이 개념은 발명 또는 실용신안특허출원의 권리수여 기준과 발명·실용신안특허권의 침해판단 기준에서도 이용되며, 특허 분야에서 매우 중요한 개념 중 하나이다. 이 개념은 「특허법」 제22조 제3항의 진보성에 관한 규정에서는 직접적으로 언급되어 있지 않으며, 「특허법」에서 이 개념을 직접적으로 언급하고 있는 것은 본조가 유일하다.

소위 "설명서는 본조 제3항의 요건을 만족하여야 한다."는 것은, 설명서에 도면이 첨부된 경우에는, 설명서에 문자로 설명된 부분 자체만 이러한 요건을 만족시키면 된다는 것이 아니고, 설명서에 문자로 설명된 부분과 설명서에 첨부된 도면이 함께 이러한 요건을 만족시켜야 함을 가리키는 것임을 지적할 필요가 있다. 출원인이 「특허법실시세칙」 제24조 규정에 따라 관련된 생물재료를 제출하여 보관시킨 경우에, 보관을 위해 제출한 이유는 "생물재료에 대한 설명이 해당 기술분야의 기술자가 그 발명을 실시하기에 충분하지 아니한 경우"에 해당하기 때문이며, 따라서 이러한 경우에도 단지 설명서의 문자로 설명된 부분과 설명서에 첨부된 도면이 함께 이러한 요건을 만족시켜야 함을 가리키는 것이 아니라, 설명서에 문자로 설명된 부분, 설명서에 첨부된 도면, 그리고 보관되어 있는 생물재료, 이 세 가지가 함께 결합하여 이러한 요건을 만족시켜야 함을 가리킨다.

출원인은 국가지식산권국에 발명 또는 실용신안특허출원을 할 때에 특별히 주의하여 그 설명서 및 첨부도면이 본조 제3항 규정에 부합하도록 하여야 한다. 일단 특허출원을 하여 출원일을 부여받게 되면, 출원인이 발견하든지 아니면 심사관이 심사하여 나중에 발견하든지를 불문하고, 설명서 및 첨부도면이 본조 제3항 규정에 부합하지 않는 흠결이 있으면, 특히 일부분이 누락되어 해당 기술분야의 기술자가 당해 발명 또는 실용신안을 실시할 수 없는 흠결이 발견되면 극복할 수 있는 방법이 없으며, 이로써 이미 제출한 특허출원 서류는 구제할 길이 없는 지경에 이르게 된다. 이것은 「특허법」 제33조의 "발명 및 실용신안특허 출원서류에 대한 보정은 원래의 설명서 및 청구범위에 기재된 범위를 벗어날 수 없다."는 규정이 이러한 특허출원서류를 보정함으로써 위와 같은 흠결을 극복할 수 있는 가능성을 차단하기 때문이다.

四. 설명서의 요약서

요약서는 설명서에 기재한 내용을 개괄하는 것으로서, 공중이 간단하고 짧은 문장을 읽어 봄으로써 빠르게 발명창조의 기본적인 내용을 알 수 있게 하는 기능이 있다. 특허출원을 할 때에는 요약서를 제출하여야 한다. 출원인이 요약서를 제출하지 않은 경우, 국가지식산권국은 출원인에게 지정된 기간 내에 보정할 것을 통지하고, 기간 내에 보정하지 않은 경우에 그 출원은 취하된 것으로 본다.

「특허법실시세칙」 제23조는 요약서에 발명 또는 실용신안특허출원의 설명서·청구범위 및 첨부도면에 기재된 내용의 개요, 발명 또는 실용신안이 속하는 기술분야를 기재하여야 하고, 해결하고자 하는 기술적 과제, 그 문제를 해결하는 기술방안의 요점 및 주요 용도를 명확하게 반영하여야 한다고 규정하고 있다.

요약서는 발명을 가장 잘 설명할 수 있는 화학식도 포함할 수 있다. 첨부도면이 있는 특허출원의 경우에는, 그 발명 또는 실용신안의 기술적 특징을 가장 잘 설명할 수 있는 도면을 출원인이 지정하여 대표도면으로 할 수 있다. 요약서의 문자 부분은 300자를 넘을 수 없다. 요약서 중에는 상업적 광고용어를 사용할 수 없다.

요약서는 발명 또는 실용신안에 관한 간략한 기술정보만을 제공하는 것이고, 그 자체는 법률적 효과가 없다. 따라서 요약서에만 기재된 내용으로서 발명 또는 실용신안특허출원의 설명서 및 청구범위에 기재된 것이 아니면, 이후에 설명서 또는 청구범위를 보정하는 근거로 할 수 없다. 특허권이 수여된 후에도, 요약서는 청구항의 내용을 해석하는 데 이용할 수 없다.

五. 청구범위

(一) 청구범위의 유래 및 기능

서방국가들이 특허제도를 수립한 초기에는, 그 특허출원서류 및 특허문서에 청구범위가 없었으며, 발명에 대한 상세한 설명 부분, 즉 현재의 특허설명서만 있었다. 특허침해분쟁이 발생하는 때에, 법원은 설명서의 내용에 근거하여 무엇이 법률적 보호를 받는 발명인지를 확정하였다.

이러한 방식은 부족한 점이 있었다. 발명창조의 내용에 대하여 명확하고 완전하게 설명하고 해당 분야의 기술자가 그 발명창조를 실시할 수 있게 하기 위하여 설명서는 일반적으로 대량의 정보를 담고 있으며, 선행기술의 현황, 발명창조의 원리, 발명창조의 각종 실시례 등을 포함하고 있다. 이러한 정보는 발명창조에 대한 이해와 실시를 돕기 위하여 기재하는 것이고, 특허권의 보호범위를 확정하기 위하여 기재하는 것이 아니다. 특허문서에 설명서와 첨부도면만 있는 경우에, 법관은 특허권의 보호범위를 확정하기 위해서 특허권이 수여된 발명창조와 선행기술을 대비하고, 설명서의 내용에 대해 "제련"하여 발명창조의 실질과 핵심이 무엇인지를 귀납해 내야 했다. 서류에 명확하게 기재되어 있지 않으므로, 법원이 판결하기 전에는 법관이 특허권의 보호범위를 어떻게 인정할지를 공중은 예측하기가 매우 어려웠으며, 이로 인해서 특허보호의 법적 불안정성이 커지게 되어 특허제도의 정상적 운영에 영향을 주었다.

영국·독일 등 국가의 특허제도 발전과정에서, 특허출원인이 자진하여 특허문서 중에 청구범위를 기재하기 시작하였으며, 그 특허법 중에 강제적으로 규정한 후에 이처럼 기재하기 시작한 것이 아니다. 이것은 특별히 일단의 문자를 써서 그 특허권의 보호범위를 표현함으로써, 출원인이 어느 정도의 법적 보호를 원하는지를 표명할 필요가 있음을 많은 출원인들이 실천적으로 느꼈기 때문이다. 처음에는 청구범위가 매우 간단하여, 때로는 단지 "보호를 요구하는 것은 설명서에서 서술한 발명 및 그와 동등한 방안이다."라고 적는 경우도 있었고, 동시에 설명서의 말미에 강조하여 "본 발명의 실시례는 설명서에 기재된 실시례에 한정되지 않고, 본 발명에 대하여 개량 및 변화를 가하였다고 하더라도 본 발명의 실질적 내용을 사용하는 경우에는 변함없이 청구항에 기재된 보호범위에 속한다."라고 적기도 하였다. 오늘날까지도 일부 특허출원에서 이러한 표현방식의 흔적을 볼 수 있다.

미국은 특허출원서류와 특허문서에 청구범위가 포함되어야 함을 그 특허법 중에 앞장서서 명확히 규정하였는데, 그 후에 점차 다른 국가들도 받아들였다.

「특허법」제59조 제1항은 "발명 또는 실용신안특허권의 보호범위는 그 청구범위의 내용을 기준으로 한다."고 규정하고 있다. 이것은 청구범위의 기능이 특허출원 및 특허권의 보호범위를 확정하는 것임을 나타내며, 다음과 같은 두 가지 의미가 담겨 있다.

한편으로는, 출원인이 발명 또는 실용신안특허출원을 할 때에 청구범위를 제출하여야 하고, 이로써 출원인이 어느 정도의 법적 보호를 받기를 희망하는지 표명하여야 한다. 국가지식산권국은 특허출원에 대하여 심사하는데, 즉 출원인이 보호받기를 희망하는 발명 또는 실용신안이 특허권을 수여받을 수 있는 것인지 조사하고 확인한다. 특허출원이 「특허법」이 규정하는 특허권 수여요건에 부합하는지에 대한 판단에는, 출원된 내용이 제2조의 발명창조의 정의 규정에 부합하는지, 제9조의 중복수권금지원칙 및 선출원주의에 부합하는지, 제22조의 신규성·진보성 및 실용성을 구비하는지, 제25조의 특허권이 수여될 수 없는 대상에 해당하는지, 설명서가 제26조 제3항의 충분한 공개에 관한 요건에 부합하는지, 특허출원이 제31조의 단일성 요건에 부합하는지가 포함되는데, 모두 청구범위를 판단의 기초로 한다.

다른 한편으로는, 특허출원이 특허권을 받은 후에, 특허문서의 청구범위는 그 특허권의 보호범위를 확정하는 근거가 된다. 특허권이 수여된 후에 특허권 침해분쟁이 발생하는 경우, 법원과 특허업무관리부문은 특허권 침해행위에 해당하는지를 판단하게 되는데, 이때에는 청구범위로 확정되는 보호범위를 기준으로 한다.

청구범위의 위와 같은 중요한 기능 때문에, 청구범위는 발명 및 실용신안특허제도의 기초라고 해도 과분하지 않다. 청구범위가 생긴 후의 특허제도야말로 비로소 현대적 의미의 특허제도라고 부를 수 있다.

(二) 청구항의 유형 및 기재방식

청구항은 그 보호대상에 따라서 제품청구항과 방법청구항 두 유형으로 구분된다. 제품청구항은 물질, 물품, 설비, 기기 및 몇 가지 설비로 구성되는 시스템 등을 보호대상으로 한다. 방법청구항은 제조방법, 사용방법, 공지된 제품의 새로운 용도, 제품을 특정용도에 사용하는 방법 등을 보호대상으로 한다. 청구항에는 그 청구항으로 보호받고자 하는 것이 제품인지 아니면 방법인지를 명확하게 표현하여야 하며, 예를 들어 "일종의 에너지 절약기술", "일종의 통신방안" 등과 같이 모호한 표현방식을 쓰는 것은 허용되지 않는다. 실용신안특허출원의 청구범위에는 제품청구항만 있을 수 있으며, 방법청구항은 있을 수 없다.

이처럼 요구되는 것은 「특허법」 제11조 규정에 따라 특허권의 유형이 달라지면 받을 수 있는 법률적 보호도 달라지기 때문이다. 제품특허권은 타인이 특허권자의 허가 없이 그 특허제품을 제조·사용·판매청약·판매·수입하는 것을 금지할 수 있는 법률적 보호를 받는다. 제품의 제조방법특허권은 타인이 특허권자의 허가 없이 그 특허방법을 사용하는 것 및 그 특허방법에 의하여 직접적으로 획득한 제품을 사용·판매청약·판매·수입하는 것을 금지할 수 있는 법률적 보호를 받는다. 만약 청구항의 유형이 불명확하면, 어떠한 법률적 보호를 받을 수 있는지를 확정할 방법이 없게 된다.

주의하여야 할 점은, 청구항의 유형은 청구항에 기재된 발명창조의 명칭에 따라서 확정되는 것이지, 청구항에 기재된 기술적 특징의 성질로 확정되는 것이 아니라는 점이다. 청구항의 유형이 명확하여야 한다고 해서 제품청구항의 기술적 특징이 모두 반드시 제품 구조의 기술적 특징이어야 하고, 방법청구항의 기술적 특징은 모두 반드시 방법의 단계에 관한 기술적 특징이어야 함을 의미하는 것은 아니다. 방법청구항에도 방법의 실시에 이용되는 물질, 재료, 공구, 설비에 관한 기술적 특징이 포함될 수 있으며, 어떤 경우에는 방법적 특징으로 제품을 정의하는 것도 허용된다.

청구항은 기재방식에 따라서, 독립청구항과 종속청구항 두 유형으로 구분할 수 있다. 「특허법실시세칙」 제19조 제1항은 아래와 같이 규정하고 있다.

청구범위에는 발명 또는 실용신안의 기술적 특징을 기재하여야 한다.

「특허법실시세칙」 제20조는 아래와 같이 규정하고 있다.

① 청구범위에는 독립청구항이 있어야 하며, 종속청구항도 있을 수 있다.
② 독립청구항은 발명 또는 실용신안의 기술방안을 전체적으로 반영하여야 하며, 기술적 과제를 해결하는 데 필요한 기술적 특징을 기재하여야 한다.
③ 종속청구항은 기술적 특징을 부가하여, 인용하는 청구항을 한층 더 한정하여야 한다.

「특허법」 제2조 및 본조 제4항의 규정, 그리고 「특허법실시세칙」의 위 규정으로부터 청구범위의 내용은 보호받고자 하는 발명 또는 실용신안의 기술방안을 반영하여야 하고, 기술방안은 기술방안을 구성하는 기술적 특징을 기재함으로써 표현되는 것임을 알 수 있다. 따라서 청구범위에는 발명창조의 배경, 발명창조가 해결하고자 하는 기술적 과제, 발명창조의 이론적 원리 및 발명창조가 발휘하는 유익한 효과를 기재하는 것이 아니며, 이러한 내용은 설명서에만 기재하면 된다. 이것은 발명 또는 실용신안 기술방안이 특허출원서류 및 특허문서에서 가장 중요한 내용임을 나타낸다. 중국이 특허제도를 수립한 초기에, "목적·구성·효과"가 발명창조의 3대 요소라는 말이 있었다. 사실, 발명창조의 구성, 즉 기술방안이야말로 발명창조의 핵심이다. 선행기술에 존재하는 부족한 점을 해결하여 보다 양호한 효과를 얻는 것은, 사람들의 보편적인 바람이라고 할 수 있다. 실행 가능한 기술방안을 도출해 내어야만 비로소 해결하고자 하는 기술적 과제를 진정으로 해결해 낼 수 있으며, 예기된 유익한 효과를 발생시킬 수 있다.

독립청구항은 두 부분으로 구성되는데, 즉 전제부와 특징부로 구성된다. 전제부에는 발명 또는 실용신안의 명칭, 및 발명 또는 실용신안의 기술방안이 가장 가까운 선행기술과 공유하는 필요한 기술적 특징을 기재하여야 한다. 특징부의 서두는 "그 특징은 …" 또는 이와 유사한 표현을 써야 하며, 이어서 발명 또는 실용신안이 가장 가까운 선행기술과 구별되는 기술적 특징을 기재하여야 한다. 이러한 기재방식을 사용하면 특허출원하는 발명 또는 실용신안과 가장 가까운 선행기술 사이의 차이점을 명확하게 반영할 수 있으므로, 국가지식산권국의 특허출원에 대한 심사를 용이하게 할수 있을 뿐만 아니라, 공중이 발명 또는 실용신안의 선행기술에 대한 창조적 공헌을 쉽게 이해하게 할 수 있다는 장점이 있다. 「특허법실시세칙」 제21조 제2항은 발명또는 실용신안의 성질상 위와 같은 방식을 써서 표현하는 것이 적합하지 않은 경우, 다른 방식으로도 독립청구항을 기재할 수 있다고 규정하고 있다.

독립청구항의 전제부와 특징부를 구분하는 기준은 "가장 가까운 선행기술"이다. 특허출원한 발명 또는 실용신안의 기술방안 중에서, 이 선행기술과 공유하는 기술적 특징은 전제부에 기재하여야 하고, 차이가 있는 기술적 특징은 특징부에 기재하여야한다. 출원인이 특허출원하는 때에는, 자기가 보기에 가장 가까운 선행기술에 근거하여 그 독립청구항을 기재하여 전제부와 특징부의 경계를 구분하여야 한다. 그러나출원인이 선행기술을 검색할 수 있는 수단은 제한적이며, 국가지식산권국의 심사관이 심사과정에서 출원인이 인용한 가장 가까운 선행기술보다 훨씬 가까운 선행기술을 발견할 수 있다. 특허권을 수여할 수 있는 경우에, 심사관은 설명서의 배경기술 부분에 그 선행기술을 인용하여 보충하고 그 독립청구항의 전제부와 특징부를 다시 구분하도록 출원인에게 요구할 수 있다. 무효선고청구 절차에서 청구인은 또한 심사관이 검색한 가장 가까운 선행기술보다 훨씬 가까운 선행기술을 증거로 제출할 수 있다. 이때에는 설령 특허권을 유효로 유지하는 결정을 내린다고 하더라도 일반적으로는 그 독립청구항의 전제부와 특징부를 다시 구분하도록 특허권자에게 요구하지는 않는다. 지적이 필요한 점은, 발명 또는 실용신안특허권의 보호범위는 전제부에 기재한 기술적 특징과 특징부에 기재한 기술적 특징이 합해져서 결정되는 것이고, 특징부에 기재된 기술적 특징에 의해서만 결정되는 것은 아니라는 점이다. 따라서 특허권 수여 전 심사과정에서만 독립청구항의 전제부와 특징부의 구분이 적절한지를 고려할 필요가 있으며, 특허 침해분쟁사건에서의 심리 또는 처리 과정에서는 이렇게 구분하는 것이 어떠한 효과도 발휘하지 않는다.

종속청구항도 두 부분, 즉 인용부와 특징부로 구성되어야 한다. 인용부에는 인용되는 청구항의 번호 및 그 명칭을 기재하여야 하며, 특징부에는 인용되는 청구항을 기초로 하여 더한층 부가되는 기술적 특징을 기재함으로써 그 종속청구항으로 보호받고자 하는 기술방안을 표현하여야 한다. 종속청구항의 명칭은 인용되는 청구항의명칭과 일치하여야 한다. 예를 들어, 독립청구항 제1항의 명칭이 "천연가스 취사도구"이면, 그 종속청구항의 명칭도 "청구항 제1항과 같은 천연가스 취사도구"이어야 하고, "청구항 제1항과 같은 천연가스 취사도구 중의 전자점화장치"일 수는 없다. 종속청구항에 부가되는 기술적 특징은 인용되는 청구항 및 기재되어 있는 기술적 특징을 보다 한정하는 기술적 특징일 수도 있고, 추가되는 기술적 특징일 수도 있다.

종속청구항에 관하여 주의하여야 할 점은, "청구항 제X항과 같은 …", 이러한 표현을 사용한 종속청구항은 그 인용하는 청구항에 기재된 기술적 특징 전부를 포함하는 청구항임을 의미한다는 점이다.

종속청구항 기재방식을 사용하면 종속청구항이 인용하는 청구항의 기술적 특징 전부를 포함하면서도 그것들을 일일이 기재할 필요가 없다는 장점이 있으며, 종속청구항에 추가로 기재된 기술적 특징은 인용되는 청구항에 부가된 특징과 구별되는 점이다. 이렇게 관련되는 청구항 사이의 구별을 일목요연하게 함으로써, 국가지식산권국의 특허심사, 법원 또는 특허업무관리부문의 특허권 침해분쟁사건 심리 또는 처리, 그리고 공중의 청구범위에 대한 이해를 쉽게 할 수 있다. 만약 모든 청구항을 독립청구항 기재방식으로 기재하여야 한다면, 청구항 사이의 차이점을 식별하는 것이 훨씬 어려워질 수 있다.

발명 또는 실용신안에는 반드시 하나의 독립청구항이 있어야 하고, 종속청구항의 앞에 기재하여야 한다. 만약 발명 또는 실용신안특허출원의 설명서에 둘 이상의 발명 또는 실용신안을 설명하였다면, 「특허법」 제31조 제1항 규정에 부합하는 경우에는 병합하여 출원할 수 있으며, 이때에는 각각의 발명 또는 실용신안에 대하여 독립청구항이 있을 수 있다. 종속청구항이 다른 청구항을 인용할 때에는, 앞에 기재된 청구항만을 인용할 수 있다. 인용되는 청구항은 독립청구항일 수도 있으며, 종속청구항일 수도 있다. 두 항 이상의 청구항을 인용하는 다중종속항은 선택적인 방식으로만 앞에 기재된 복수의 청구항을 인용할 수 있다.

청구범위에 복수의 청구항이 있는 경우, 아라비아 숫자로 번호를 매겨야 한다. 청구항에 사용하는 기술용어는 설명서에 사용된 기술용어와 일치되어야 한다. 청구항에는 화학식 또는 수학식을 사용할 수 있지만, 도면을 삽입해서는 안 된다. 절대적으로 필요한 경우를 제외하고는, "설명서의 … 부분에 설명한 바와 같은" 또는 "도면 X에 보인 바와 같이"와 같은 표현을 사용할 수 없다.

청구항에 기재하는 기술적 특징은 설명서 첨부도면의 상응하는 도면부호를 인용할 수 있으며, 그 도면부호는 상응하는 기술적 특징 다음의 괄호 안에 기재함으로써 청구항에 대한 이해를 도울 수 있다. 「특허법실시세칙」 제19조 제4항은 청구항 중의 도면부호는 청구항을 제한하는 것으로 해석될 수 없다고 명확히 규정하고 있다.

(三) 청구범위에 대한 실체적 요건

발명 또는 실용신안특허권의 보호범위는 그 청구항의 내용을 기준으로 하는데, 따라서 보호받고자 하는 기술방안을 청구항에 의하여 정확하고 합리적으로 확정할 수 있는가는 공중이 발명 또는 실용신안특허권의 보호범위를 합리적으로 예측할 수 있는가에 관계되며, 공중이 특허권의 보호범위를 충분히 정확하게 예측할 수 있어야만 관련 기술을 실시하는 행위를 자기가 의식적으로 규범하고 스스로 타인의 특허권을 침해하는 것을 방지할 수 있다. 특허제도의 정상적 운영을 위해서는 이것이 기본적으로 보장되어야 한다.

청구범위에 대해서는 두 가지 실체적 요건이 있는데, 첫째는 청구항은 설명서를 근거로 하여야 한다는 것으로서, 사람들이 흔히 말하는 것과 같이 청구항이 설명서에 의하여 뒷받침되어야 한다는 것이고, 둘째는 청구항은 명확하고 간결하여야 한다는 것이다. 전자는 청구범위와 설명서의 관계에 관한 요건이고, 후자는 청구범위 자체에 관한 요건이다. 청구항이 합리적이고 정확하게 특허권의 보호범위를 확정하는 작용을 발휘하기 위해서는, 위의 두 가지 요건 중 어느 하나라도 빠져서는 안 된다. 청구항이 위의 두 가지 요건을 만족시키지 않는다면, 특허권 수여 전에는 특허출원의 거절이유가 되고, 특허권 수여 후에는 특허권 무효선고청구의 무효이유가 된다. 각국은 보편적으로 청구항에 대한 위의 두 가지 실체적 요건을 그 특허법의 같은 조항에서 규정한다. 예를 들어, 유럽국가들의 통일적인 입장을 대표하는「유럽특허협약」제84조는 "청구항은 보호받고자 하는 대상을 한정하여야 한다. 청구항은 명확하고 간결하여야 하며, 설명서에 의하여 뒷받침되어야 한다."고 규정하고 있다. PCT 제6조도 "청구항은 보호받고자 하는 대상을 한정하여야 한다. 청구항은 명확하고 간결하여야 한다. 청구항은 설명서에 의하여 충분히 뒷받침되어야 한다."고 규정하고 있다. 이 두 건의 대표적인 국제조약의 청구항에 대한 실체적 요건은 거의 완전히 동일하다.

2008년「특허법」개정 전 본조 제4항은 "청구범위는 설명서를 근거로 하여야 하며, 특허로 보호받고자 하는 범위를 설명하여야 한다."고 규정하였는데, 이는 단지 위의 첫째 요건에만 관계되는 것이고, 위의 둘째 요건은 2010년 개정 전「특허법실시세칙」제20조 제1항에서 규정하였다. 이러한 규정방식은 청구항에 대한 실체적 요건을 일부는「특허법」에서 다른 일부는「특허법실시세칙」에서 나누어 규정하는 것이어서, 본조 제4항에 청구항에 대한 실체적 요건을 전면적으로 반영할 수 없게 하고, 위의 두 가지 요건의 법률적 위계가 다르다는 결론을 얻게 하기가 쉬웠다.

위와 같은 이유에 기초하여, 2008년 「특허법」 개정 시에 본조 제4항을 "청구범위는 설명서를 근거로 하여야 하며, 명확하고 간결하게 특허로 보호받고자 하는 범위를 한정하여야 한다."로 개정하였다. 그중에서 "특허로 보호받고자 하는 범위를 설명"을 "특허로 보호받고자 하는 범위를 한정"으로 고침으로써, 그 표현을 보다 정확하게 하였다.

주의가 필요한 점은, 개정 후 본조 제4항의 청구항에 관한 요건은 여전히 청구항에 대한 실체적 요건을 모두 규정한 것은 아니라는 점인데, 「특허법실시세칙」 제20조 제2항(2010년 개정 전 「특허법실시세칙」 제21조 제2항)이 이에 나아가 "독립청구항은 발명 또는 실용신안의 기술방안을 전체적으로 반영하여야 하며, 기술적 과제를 해결하는 데 필요한 기술적 특징을 기재하여야 한다."고 규정하고 있기 때문이다. 「특허법실시세칙」 제44조, 제53조 및 제65조 규정에 따라서, 청구항이 「특허법실시세칙」 제20조 제2항 규정에 부합하지 않는 것은, 특허권 수여 전의 심사과정에서는 특허출원의 거절이유 중 하나이며, 특허권 수여 후에는 특허권 무효선고청구의 무효이유 중 하나가 된다. 따라서 위의 조항도 청구항에 대한 실체적 요건을 규정한 것이다.

아래에서 본조 제4항 규정 및 「특허법실시세칙」 제20조 제2항 규정에 대하여 설명하겠다.

1. 청구항은 설명서를 근거로 하여야 한다.

설명서는 발명 또는 실용신안의 내용을 상세하게 소개하는 것이고, 청구항은 설명서에 기재된 내용을 기초로 발명 또는 실용신안 기술방안을 구성하는 기술적 특징을 이용하여 특허출원 또는 특허권의 보호범위를 한정하는 것이다. 따라서 청구항의 내용과 설명서의 내용은 서로 어긋나서는 안 되며, 양자는 밀접하게 관련되어야 한다. 특허법은 이러한 관계를 "청구범위는 설명서를 근거로 하여야 한다."고 표현하고 있다. 이 규정의 의미는 PCT의 "청구항은 설명서에 의하여 충분히 뒷받침되어야 한다."라는 규정과 기본적으로 동일하다. 따라서 「특허심사지침서 2010」은 "청구범위가 설명서를 근거로 하여야 한다는 것은, 청구범위가 설명서에 의하여 뒷받침되어야 함을 가리킨다."[1]고 규정하고 있다.

소위 "청구범위는 설명서를 근거로 하여야 한다."는 것의 기본적인 의미는 각각의 모든 청구항이 보호받고자 하는 기술방안이 설명서에 명확하고 충분하게 기재되어 있어, 해당 기술분야의 기술자가 설명서에 공개된 내용으로부터 그 기술방안을 알 수

---

1) 国家知识产权局, 专利审查指南2010 [M], 北京: 知识产权出版社, 2010: 第二部分 第二章 3.2.1.

있거나 개괄해 낼 수 있어야 함을 가리킨다. 첨부도면은 설명서의 구성부분이며, 따라서 도면에서 명확하게 식별해 낼 수 있는 기술적 특징은 설명서 내용의 일부분이고, 청구항을 뒷받침하는 근거가 될 수 있다.

청구범위의 기능은 공중에게 발명 또는 실용신안의 실시에 필요한 구체적인 기술정보를 제공하는 것이 아니고 특허보호의 범위를 확정하는 것이므로, 출원인은 가급적 넓은 보호범위를 획득하기 위하여, 그 청구항, 특히 독립청구항에 일반적으로 설명서에 기재한 하나 또는 둘 이상 기술방안을 포괄할 수 있게 기재하며, 설명서에 공개한 구체적인 실시례를 그대로 기재하지는 않는다. 이처럼 포괄적으로 기재하는 것이 허용되지만, 그러나 적당하여야 한다. 청구항으로 보호받고자 하는 범위가 너무 넓어서 발명자가 한 기술적 공헌에 알맞지 않게 되어서는 안 된다. 만약 청구항이 너무 포괄적이어서 출원인이 추측한 내용을 포함하고 그 효과도 확정 및 평가하기가 곤란하다면, 이러한 기재는 적절하지 않고 설명서에 의하여 뒷받침되지 않는다고 보아야 한다. 만약 청구항이 포괄적이어서 해당 분야의 기술자가 상위개념 또는 병렬개념이 포괄하는 하나 또는 둘 이상의 하위개념 또는 선택한 방식을 사용해서는 발명 또는 실용신안이 해결하고자 하는 기술적 과제를 해결할 수 없다는 의심이 들게 된다면, 이처럼 포괄적으로 기재한 것은 부적절하고 설명서에 의하여 뒷받침되지 않는다고 보아야 한다.

예를 들어, "고주파 전력을 이용하여 물질에 영향을 주는 방법"과 같이 매우 넓게 기재된 청구항에 있어서, 만약 설명서에는 "고주파 전력을 이용하여 기체 중에 먼지를 제거"하는 구체적 기술방안만 기재되어 있고, 고주파 전력이 다른 물질에 미치는 영향에 대해서는 설명되어 있지 않으며, 해당 기술분야의 기술자가 설명서의 내용에 의해서는 설명된 기술방안이 다른 물질에 어떠한 영향을 미치는지를 확인할 수 없다면, 그 청구항은 설명서에 의하여 뒷받침되지 않는다고 보아야 한다.

설명서에 기재된 구체적 실시례가 많을수록 일반적으로는 보다 더 포괄적으로 기재할 수 있다. 청구항에 기재된 것이 적절한지는, 발명 또는 실용신안의 구체적인 사례와 해당 기술분야의 특징을 고려하여 관련 선행기술을 참고해서 판단하여야 하며, 고정되어 변하지 않는 기준이 있을 수는 없다.

2. 청구항은 명확하고 간결하여야 한다.

청구항이 특허권의 보호범위를 확정하는 기능을 한다면, 청구항의 내용과 표현이 명확하고 간결하여야 한다는 것은 필연적인 요구이며, 그렇지 않으면 특허권의 보호가 어렵게 되어 특허제도의 정상적 운영에 영향을 줄 수 있다.

(1) "명확"의 의미

첫째, 청구항으로 보호받고자 하는 대상의 명칭이 명확하고 분명하여야 하며, 출원인이 보호받고자 하는 대상이 제품인지 아니면 방법인지를 알 수 있게 하여야 한다. 대상의 명칭을 "…기술", "…방안" 등과 같이 모호하고 이도저도 아니게 기재해서는 안 되며, 또한 "…제품 및 그 제조방법" 등과 같이 제품·방법을 함께 기재하는 것도 허용되지 않는다.

둘째, 청구항에 기재하는 각각의 기술적 특징 및 각각의 기술적 특징 사이의 관계가 명확하여야 하고, "난융금속", "고온 초전도체", "대략적으로", "예를 들어", "…정도"와 같이 모호하거나 다르게 해석될 수 있는 어휘를 사용해서는 안 되며, 또한 소자·부품의 명칭만 나열하고 이들 사이의 필요한 결합관계를 빠트려서도 안 된다.

셋째, 청구항의 인용관계는 명확하고 정확하여야 한다. 출원인이 청구범위를 기재할 때에 보편적으로 복수의 종속청구항을 기재할 수 있으며, 그 인용관계가 종종 매우 복잡해질 수 있는데, 다중 종속청구항을 빈번하게 사용하는 경우에는 더욱 그러하다. 만약 각 청구항의 내용이 논리관계에 있어서 부정확하게 된다면, 청구항이 명확하여야 한다는 요건에 부합하지 않은 것이다.

(2) "간결"의 의미

첫째, 청구항은 발명 또는 실용신안 기술방안을 구성하는 기술적 특징을 사용하여 그 보호범위를 한정하여야 한다. 기술적 특징 이외의 기타 내용, 예를 들어 발명의 원리, 발명의 목적, 상업적 용도를 기재해서는 안 되고, 관련 기술적 특징을 채택한 원인 또는 이유는 설명할 필요가 없다.

둘째, 청구범위의 전체적 기재 요건으로 보면, 청구항의 수가 적절하여야 하는데, 이 점은 발명 또는 실용신안의 성질 및 구체적인 특징에 근거하여 확정하여야 하고, 청구항의 수가 많을수록 그 발명 또는 실용신안에 대한 보호가 충분해지는 것으로 오해해서는 안 된다. 청구항이 서로 중복되는 경우에는 간결하여야 한다는 요구에 부합하지 않는 것으로 보아야 한다.

PCT 제6조는 "청구항은 보호받고자 하는 범위를 한정하여야 한다. 청구항은 명확하고 간결하여야 한다. 청구항은 설명서에 의하여 뒷받침되어야 한다."고 규정하고 있다. 이 조는 독립적인 세 문장으로 구성되어 있는데, 그중 첫째 문장은 청구항의 기능을 규정하고, 둘째 문장은 청구항과 설명서 사이의 관계를 규정하며, 셋째 문장은 청구항 자체의 기재요건을 규정한다. 세 문장이 마침표로 서로 나누어져 있는 것은, 이 세 가지 요건이 서로 독립적이고 어떠한 의존관계도 없음을 나타낸다. 본조 제4항은 "청구범위는 설명서를 근거로 하여야 하며, 명확하고 간결하게 특허로 보호받고자 하는 범위를 한정하여야 한다."와 같이 하나의 문장으로 동시에 규정하였기 때문에 이에 대한 이해가 달라질 수 있는데, 예를 들어 청구항이 설명서를 근거로 하여야 한다는 것이 그 청구항이 보호범위를 한정하고 있는지의 전제조건이라고 보는 것이나, 청구항이 명확하고 간결하여야 한다는 것이 설명서를 근거로 하여야 한다는 것보다 진일보한 요건이라고 보는 것 등이다. PCT 제6조 규정은 본조 제4항 규정을 이해하는 데 있어서 참고할 필요가 있다.

3. "필요한 기술적 특징"의 의미

「특허법실시세칙」 제20조 제2항은 "독립청구항은 발명 또는 실용신안의 기술방안을 전체적으로 반영하여야 하며, 기술적 과제를 해결하는 데 필요한 기술적 특징을 기재하여야 한다."고 규정하고 있다. 중국은 1984년 제정한 「특허법실시세칙」에서 이를 규정하였지만, 다른 국가의 특허법 그리고 PCT와 그 규칙에는 이와 유사한 규정이 없다.

「특허법심사지침 2010」은 "필요한 기술적 특징"에 대하여 아래와 같이 해석하고 있다.

> 필요한 기술적 특징은, 발명 또는 실용신안이 그 기술적 과제를 해결하는 데 있어서 빠질 수 없는 기술적 특징을 가리키는 것으로, 그 총합으로 발명 또는 실용신안의 기술방안을 충분히 구성하게 하여 배경기술 중에 설명한 기타 기술방안과 구별되게 한다.
> 어떤 기술적 특징이 필요한 기술적 특징인지를 판단함에 있어서는, 해결하고자 하는 기술적 과제로부터 출발하여 설명서에 설명한 전체적 내용을 고려하여야 하며, 단순하게 실시례 중의 기술적 특징을 바로 필요한 기술적 특징으로 인정해서는 아니 된다.[1]

2010년 「특허법실시세칙」 개정 시에, 적지 않은 사람들이 제20조 제2항을 삭제할 것을 건의하였다. 비록 이 건의가 최종적으로는 받아들여지지 않았지만, 이 건의와 관련된 논란을 돌이켜 보면 이 조항 규정을 이해하는 데 도움이 된다.

이 규정은 두 가지 의미를 포함하고 있다고 할 수 있는데, 첫째는 독립청구항에는 발명 또는 실용신안의 기술방안이 완전하게 반영되어야 하고 그중 하나 또는 몇 개의

---

1) 国家知识产权局, 专利审查指南2010 [M], 北京: 知识产权出版社, 2010: 第二部分 第二章 3.1.2.

구성부분만 반영되어서는 안 된다는 것이고, 둘째는 독립청구항에는 기술적 과제를 해결하는 데 필요한 기술적 특징을 기재하여야 한다는 것으로, 즉 독립청구항에서 보호받고자 하는 기술방안으로 설명서에 기재된 해결하고자 하는 기술적 과제를 해결할 수 있어야 하며 양자는 서로 호응하여야 함을 의미한다.

첫째 의미와 관련하여, 현실에서 두 가지 경우가 발생할 수 있다.

첫 번째 경우는, 설명서에는 완전한 기술방안을 공개하였으나, 독립청구항에는 이러한 기술방안을 반영하지 않고 그중 일부 구성을 빠트리는 경우이다. 이때에는 그 독립청구항이 설명서를 근거로 하지 않는다고 보아서, 본조 제4항 규정에 부합하지 않음을 이유로 하여 특허출원을 거절하거나 수여된 특허권의 무효를 선고할 수 있으며, 반드시 「특허법실시세칙」 제20조 제2항 규정을 근거로 하여야 하는 것은 아니다.

두 번째 경우는, 설명서에 완전한 기술방안을 공개하지 않은 경우이다. 이때에는, 만약 해당 기술분야의 기술자가 완전한 정보를 얻을 수 없어서 그 발명 또는 실용신안을 실시할 수 없게 된다면, 본조 제3항 규정에 부합하지 않음을 이유로 하여 특허출원을 거절하거나 수여된 특허권의 무효를 선고할 수 있으며, 반드시 「특허법실시세칙」 제20조 제2항 규정을 근거로 하여야 하는 것은 아니다.

「특허심사지침서 2010」의 "그 총합으로 발명 또는 실용신안의 기술방안을 충분히 구성하게 하여 배경기술 중에 설명한 기타 기술방안과 구별되게 한다."는 것에 있어서는, 이것은 분명히 「특허법」 제22조가 규정하는 신규성 및 진보성 요건의 "관할범위"에 속하는 것이므로, 「특허법실시세칙」 제20조 제2항 규정을 통해서 보장할 필요가 없다.

둘째 의미에 관하여, 먼저 지적하여야 할 점은 설명서에 기재된 발명 또는 실용신안이 해결하고자 하는 기술적 과제는, 출원인이 그 발명 또는 실용신안과 그가 가장 가깝다고 인정한 선행기술 사이의 차이로부터 귀납해 낸 것이라는 점이다. 심사관이 검색하여 훨씬 가까운 선행기술을 발견하거나 또는 무효선고청구의 청구인이 훨씬 가까운 선행기술을 증거로 제출하는 때에는, 설령 특허권을 수여할 수 있거나 특허권을 유효로 유지할 수 있다고 하더라도, 원래 주장한 해결하고자 하는 기술적 과제가 적합하지 않게 될 수 있으며, 해결하고자 하는 기술적 과제를 다시 확정할 필요가 있다. 기왕에 "해결하고자 하는 기술적 과제"가 가장 가깝다고 인정되는 선행기술이 달라지면 함께 달라지는 성질을 갖고 있어서 어떻게 보면 발명 또는 실용신안의 가치에 대한 일종의 주관적 평가에 해당하는 것이라면, 그것을 독립청구항을 판단하는 실체적 요건으로 하는 것이 적합한지에 대하여 의문이 든다. 만약 설명서의 내용과 결합하여 기술방안을 실시할 수 있도록 독립청구항에 완전하게 반영되었고, 신규성·진보성 및 실용성을 갖추었으며, 그리고 특허권 수여를 위한 기타 요건에 부합하는 것으로 인정할 수 있다면, 단지 그 기술방안과 설명서에 기재한 발명의 목적 또는 해결하고자 하는 기술적 과제가 일치하지 않거나 약간 차이가 있다는 것 때문에 특허출원을 거절하거나 수여된 특허권을 무효로 할 이유가 없다.

다음으로, 독립청구항의 기재에 대하여 이와 같은 요구를 고집하게 되면 운영에 문제가 있을 수 있다. 설명서에는 종종 여러 개의 해결하고자 하는 기술적 과제를 기재할 수 있는데, 이것은 발명 및 실용신안의 특허출원에 있어서 매우 쉽게 볼 수 있다. 특히 미국으로부터의 출원의 경우, 그 출원인은 습관적으로 설명서에 "본 발명의 하나의 목적은 …이다.", "본 발명의 다른 목적은 …이다."와 같은 기재방식으로 그 발명의 목적을 표현하는데, 이처럼 밝힌 목적은 실제로 출원인이 해결하고자 하는 기술적 과제로서, 때로는 한번에 10개 이상 나열하기도 한다. 이로 인해「특허법실시세칙」제20조 제2항이 독립청구항은 기술적 과제를 해결하는 데 필요한 기술적 특징을 기재하여야 한다고 규정한 것이 반드시 독립청구항에 이러한 모든 기술적 과제를 해결할 수 있는 기술적 특징을 기재하여야 한다는 것을 의미하는가 하는 문제가 발생한다. 이에 대하여, 다수는 분명히 부정적으로 보는데, 이처럼 엄격하게 요구할 필요가 없기 때문이다. 그러나 만약 대답이 부정이라면, 독립청구항에는 그중 하나의 기술적 과제만 해결할 수 있는 기술적 특징만 기재하면 되는 것인가 하는 또 다른 문제가 발생할 수 있다. 만약 대답이 긍정이라면, 이에 나아가 각 발명의 목적을 어떻게 구별하여야 하는가 하는 문제가 생긴다. 미국출원인이 습관적으로 사용하는 기재방식은 그래도 취급하기가 좋은 편인데, 그 발명의 목적 부분이 하나하나 나누어져 기재되어 있어서, 비교적 구분하기 쉽기 때문이다. 그러나 중국출원인은 보통 하나의 단락에 그 발명이 해결하고자 하는 기술적 과제를 기재하는데, 이때에는 그 기술적 의미 또는 관련된 정도에 따라서 구분하여야 하는가 아니면 쉼표·마침표와 같은 문장부호로 구분하여야 하는가? 중국의 특허실무로 볼 때, 위의 문제에 대해서 만족할 만한 해답을 아직 찾지 못하였다.

「특허법실시세칙」제20조 제2항을 유지하여야 한다고 주장하는 견해는, 이 항의 규정이 독립청구항으로 하여금 형식적으로 보다 완전하게 발명 또는 실용신안의 기술방안을 반영하도록 하는 데 적어도 도움이 되며, 중국이 특허제도를 시행한 기간이 길지 않으므로 이 항의 규정을 유지하는 것은 중국 특허출원과 특허권의 품질을 제고시키는 데 장점이 있다고 본다.

위의 문제에 대하여 이견이 있음을 고려하여, 2010년「특허법실시세칙」개정 시에 원래의 규정을 바꾸지 않고 유지하였다.

六. 유전자원 출처정보의 공개

본조에 신설된 제5항은 "유전자원에 의존하여 완성한 발명창조는, 출원인이 특허출원서류에 그 유전자원의 직접출처와 원시출처를 설명하여야 하고, 출원인이 원시출처를 설명할 수 없는 경우에는 이유를 진술하여야 한다."고 규정하고 있다.

「특허법」제5조 제2항은 "법률·행정법규의 규정에 위반하여 유전자원을 취득 또는 이용하고, 그 유전자원에 의존하여 완성한 발명창조에 대해서는 특허권을 수여하지 아니한다."고 규정하고 있다. 이 조항은 중국이 유전자원을 보호하기 위하여 2008년 개정 「특허법」에 신설한 특허권 수여의 실체적 요건 규정이다. 상대적으로 본조 제5항은 유전자원 출처정보의 공개에 관한 규정 중에서 발명특허출원의 형식적 요건에 관한 규정으로서, 특허출원이 본조 제5항 규정에 부합하지 않으면 거절될 수는 있지만 본조 제5항 규정에 의하여 이미 수여된 특허권의 무효선고를 청구할 수는 없다.

유전자원에 의존하여 완성한 발명창조에 대하여 출원인에게 그 유전자원의 출처정보를 공개하도록 요구하는 것은, 이러한 정보가 중국의 법률집행기관 및 공중이 특허출원한 발명창조가 「특허법」제5조 제2항이 규정한 경우에 해당하는지를 판단하는 데 도움이 되기 때문이다. 두 조항을 서로 결합하면, 중국의 유전자원을 보다 효과적으로 보호할 수 있다.

주의하여야 할 점은, 「특허법」제5조 제2항의 "유전자원"은 중국의 유전자원이라는 점인데, 만약 중국의 유전자원이 아니라면 그 취득과 이용이 중국의 법률 또는 행정법규 규정에 위반하는 문제는 말할 것이 없기 때문이다. 본조 제5항의 "유전자원"은 중국의 유전자원을 포함할 뿐만 아니라 다른 국가의 유전자원도 포함하는데, 바꿔 말하면 특허출원하는 발명창조의 완성에 유전자원을 이용하였다면 출원인은 그 유전자원의 출처정보를 공개하여야 한다. 이처럼 규정한 이유는, 첫째 만약 중국에서 채취한 유전자원의 출처정보만을 공개하도록 요구한다면, 출원인 중에는 그 유전자원의 출처정보를 공개하지 않은 이유가 그 이용한 유전자원이 중국으로부터 채취한 것이 아닌 것으로 알았기 때문이라고 다투는 자가 있을 수 있기 때문인데, 이것은 「특허법」제5조 제2항 규정의 집행에 이롭지 않게 된다. 반대로 출원인이 그 이용한 유전자원의 출처정보를 반드시 공개하도록 요구하고 있는 상황에서, 만약 출원인이 일부러 진상을 숨기기 위해서 중국에서 채취한 유전자원을 다른 국가에서 채취한 유전자원이라고 하였고, 명확한 증거에 의해서 나중에 그 주장이 사실이 아닌 것으로 밝혀지면, 출원인은 그 불리한 법률적 결과를 부담하여야 한다. 둘째, 출원인이 다른 국가에서 채취한 유전자원의 출처정보를 공개하도록 하면, 다른 국가가 그 유전자원의 획득 및 이용 상황을 파악할 수 있어 그 행위가 "생물해적" 행위로 인정되는 때에 필요한 제재 조치를 취하는 데 도움이 되기 때문인데, 이것은 CBD 규정을 각국의 법률에 반영하는 분위기를 조성하는 데에도 유리하다.

유전자원의 출처정보 공개방식에 관하여, 2010년 개정 「특허법실시세칙」 제26조 제2항은 아래와 같이 규정하고 있다.

> 유전자원에 의존하여 완성한 발명창조에 대하여 특허출원하는 경우, 출원인은 청구서에 설명하고, 국무원 특허행정부문이 제정한 서식에 기입하여야 한다.

위 규정에 따라서, 유전자원에 의존하여 완성한 발명창조에 대하여 특허출원하는 경우, 출원인은 우선 청구서의 규정된 항목에 그 발명창조가 유전자원을 이용하였음을 밝혀야 하고, 국가지식산권국이 유전자원의 출처정보 공개를 위해 특별히 제정한 서식에 기입하여야 한다. 국가지식산권국의 심사관이 심사과정에서 특허출원이 위 규정에 부합하지 않음을 발견하면, 출원인에게 보정하도록 통지할 수 있다. 출원인이 지정된 기간 내에 보정하지 않으면, 방식심사 단계인지 아니면 실체심사 단계인지를 불문하고 법에 따라 그 특허출원을 거절할 수 있다.

주의하여야 할 점은, 소위 "유전자원에 의존하여 완성한 발명창조"에는 두 가지 유형이 포함된다는 점인데, 첫째는 발명창조 자체의 완성이 유전자원에 의존한 것이고, 발명창조가 일단 완성되고 나면 그 발명창조의 실시에는 유전자원의 이용이 다시는 필요하지 않은 경우로서, 예를 들면 유전자원을 이용하여 일단 새로운 생물약품을 개발하고 나면 그 생물약품의 생산에는 그 생물자원을 이용할 필요가 없는 경우이다. 둘째는 발명창조가 유전자원에 의존하여 완성된 것일 뿐만 아니라, 그 발명창조를 실시할 때에도 모두 그 유전자원을 이용하여야 하는 경우이다. 후자의 경우에 출원인은 「특허법실시세칙」 제26조 제2항 규정을 이행하여야 할 뿐만 아니라, 설명서에도 그 이용되는 유전자원의 출처정보를 기재하여야 하는데, 이러한 경우에는 출처정보가 이미 완전한 설명서를 이루기 위하여 빠질 수 없는 구성부분이고, 그 해당 기술분야의 기술자가 그 발명창조를 실시하는 데 있어서 필요조건이 되기 때문이다. 이때에 만약 설명서에 그 유전자원의 출처정보를 기재하지 않았다면, 본조 제3항 규정에 부합하지 않은 것이 된다.

무엇이 "직접출처"이고, 무엇이 "원시출처"인가? 「특허심사지침서 2010」은 보다 구체적으로 아래와 같이 규정하고 있다.

특허법 중 유전자원의 직접출처는, 유전자원을 취득한 직접적인 경로를 가리킨다. 출원인이 유전자원의 직접출처를 설명함에는 그 유전자원을 취득한 시간·지점·방식·제공자 등 정보를 제공하여야 한다.

특허법 중 유전자원의 원시출처는, 유전자원이 속하는 생물체의 원생 환경 중의 채집지를 가리킨다. 유전자원이 속하는 생물체가 자연적으로 성장한 생물체인 경우, 원생 환경은 그 생물제가 자연적으로 성장한 환경을 가리킨다. 유전자원이 속하는 생물체가 배양 또는 순화된 생물체인 경우, 원생 환경은 그 생물체가 그 특정한 성상 또는 특징을 형성한 환경을 가리킨다. 출원인이 유전자원의 원시출처를 설명함에는 그 유전자원이 속하는 생물체를 채집한 시간·지점·채집자 등 정보를 제공하여야 한다.[1]

주의하여야 할 점은, 「특허심사지침서 2010」의 "원시출처"에 대한 정의는 "유전자원이 속하는 생물체의 원생 환경 중의 채집지"를 가리키고, "생물 기원지"를 가리키는 것이 아니라는 점이다. 후자는 고고학자·생물기원학자의 관심사항으로서 이를 조사하는 것은 상당히 복잡하고 결론에 이르기가 어렵다. 특허출원 중에 유전자원의 출처를 공개하는 것은 매우 구체적이고 실제적인 상황으로서, 이러한 학술문제에 빠져들 수는 없다. CBD의 유전자원에 대한 국가주권원칙에 관한 규정도 생물기원지의 문제에 대해서는 언급하지 않았다.

유전자원 출처정보 공개에 관한 구체적인 요건에 관하여, 「특허심사지침서 2010」은 아래와 같이 규정하고 있다.

출원인의 직접출처 및 원시출처에 대한 공개는 등록표의 기재요건에 부합하여, 명확하고 완전하게 관련 정보를 공개하여야 한다.

만약 유전자원의 직접출처가 보관기관·종자은행·유전자은행 등 기관으로부터 획득하였고, 그 기구가 원시출처를 알고 있으며 제공할 수 있는 경우, 출원인은 그 유전자원의 원시출처정보를 제공하여야 한다. 출원인이 원시출처를 설명할 수 없다고 선언한 경우, 그 이유를 진술하여야 하고 필요한 때에는 관련 증거를 제출하여야 한다. 예를 들어 "그 종자은행에 당해 유전자원의 원시출처가 기재되어 있지 않음", "그 종자은행이 당해 유전자원의 원시출처를 제공할 수 없음"과 같이 밝히고, 그 종자은행이 발급한 관련 서면증명서류를 제출하여야 한다.[2]

---

1) 国家知识产权局, 专利审查指南2010 [M], 北京: 知识产权出版社, 2010: 第二部分 第十章 9.5.1.
2) 国家知识产权局, 专利审查指南2010 [M], 北京: 知识产权出版社, 2010: 第二部分 第十章 9.5.2.

제27조 디자인특허의 출원서류

① 디자인특허를 출원하는 경우, 청구서, 그 디자인의 도면 또는 사진 그리고 그 디자인
에 대한 간단한 설명 등 서류를 제출하여야 한다.
② 출원인이 제출하는 관련 도면 또는 사진은 특허로 보호받고자 하는 제품의 디자인을
명확하게 나타내어야 한다.

一. 개 요

본조는 「특허법」 제26조와 병렬적인 조문으로서, 디자인특허를 출원할 때에 제출
하여야 하는 출원서류를 규정하고 있다.

디자인은 발명 또는 실용신안과 큰 차이가 있는데, 디자인특허권의 보호객체는 기
술방안에 관한 것이 아니라 풍부한 미감을 갖는 제품 외관의 설계방안이며, 따라서
디자인특허의 출원서류에 대한 요구도 다르다.

2008년 「특허법」 개정 시에, 본조는 다음과 같은 점이 개정되었다.

첫째, 디자인특허의 출원서류에는 반드시 디자인에 대한 간단한 설명이 포함되어
야 한다고 규정하고, 동시에 개정 전 본조의 디자인출원서류는 "그 디자인을 사용하
는 제품 및 그 분류를 기재하여야 한다."라는 규정을 삭제하였다.

둘째, 본조에 제2항을 신설하여, 디자인특허출원의 도면 또는 사진에 대한 실질적
요건을 제시하였다.

二. 청구서

디자인특허를 출원하는 경우에는 청구서를 제출하여야 하는데, 청구서는 출원인
이 국가지식산권국에 대하여 디자인특허의 수여를 청구하는 의사표시 문서이다.

2010년 개정 전 「특허법실시세칙」에서는 디자인특허출원의 청구서 기재요건에 대
하여 특별한 규정을 두지 않았다. 2010년 개정 후 「특허법실시세칙」 제16조는 발
명·실용신안 및 디자인특허출원의 청구서에 대하여 통일적으로 규정함으로써 이
문제를 해결하였다. 발명·실용신안특허출원과 마찬가지로, 디자인특허출원의 청구
서도 국가지식산권국이 통일적으로 제정한 표준양식을 사용하여야 한다. 청구서 양

식 중에 기재하여야 하는 내용에 관해서는, 「특허법」 제26조에 대한 설명에서 이미 소개하였으므로 다시 반복하지 않겠다.

2008년 개정 전 본조는 "디자인 제품의 분류를 기재하여야 한다."고 규정하였는데, 이러한 분류는 「국제디자인분류표」 중의 제품분류를 가리킨다. 디자인의 분류에는 보다 특수한 분류규칙이 있기 때문에, 출원인으로 하여금 디자인 제품의 분류를 기재하도록 하는 것은 곤란한 점이 있고, 설령 기재한다고 하더라도 정확하지 않을 수 있어서, 디자인특허출원에 기재된 분류를 국가지식산권국의 전문인력이 다시 하나씩 검토하여 확인할 수밖에 없다. 이와 마찬가지로, 발명 및 실용신안특허출원에 대해서도 「국제특허분류표」에 의하여 그 발명 또는 실용신안의 분류를 확정하여야 하지만, 「특허법실시세칙」은 출원인 자신이 그 발명 또는 실용신안의 분류를 기재하도록 요구하지는 않는다. 이 때문에 2008년 「특허법」 개정 시에 본조의 이 규정을 삭제하였으며, 「특허심사지침서 2010」에서도 이에 상응하는 내용을 삭제하였다.

三. 도면 또는 사진

「특허법」 제2조 제4항은 "디자인은 제품의 형상·도안 또는 그 결합 및 색채와 형상·도안의 결합에 대하여 만들어진 풍부한 미감이 있고 공업상 이용할 수 있는 새로운 설계를 가리킨다."고 규정하고 있다. 이처럼 정의되는 디자인을 문자만으로 정확하게 표현하는 것은 매우 어려우며, 따라서 본조는 디자인특허출원에는 도면 또는 사진을 제출하여야 한다고 규정하고 있다.

「특허법」 제59조는 "디자인특허권의 보호범위는 도면 또는 사진에 표시된 그 제품의 디자인을 기준으로 한다."고 규정하고 있다. 발명 및 실용신안특허와는 달리, 디자인특허의 도면 또는 사진은 "설명서"의 작용을 하면서 또한 "청구범위"의 작용도 하는데, 이것이 디자인특허권과 발명·실용신안특허권 사이의 뚜렷한 차이이며, 동시에 도면 또는 사진을 디자인특허출원서류 및 특허문서에서 가장 중요한 부분이 되게 한다.

2008년 개정 전 「특허법」 제26조 제3항 및 제4항은 각각 발명·실용신안특허출원의 설명서·청구범위에 대한 실질적 요건을 규정하였는데, 양자는 모두 반드시 "명확"하여야 한다는 공통점이 있었다. 그러나 2008년 개정 전 「특허법」 제27조는 디자인특허출원의 도면 또는 사진에 대해서는 이에 상응하는 실질적 요건을 규정하지 않았는데, 이 때문에 디자인특허 출원서류의 법적 요건에 부족함이 있었다. 2010년 개정 전 「특허법실시세칙」 제27조 제3항은 "출원인은 각 디자인제품의 보호받고자 하는 내용에 대해서 관련 투시도 또는 사진을 제출하여 보호받고자 하는 대상을 명확하게 나타내어야 한다."고 규정하였다. 그러나 이 규정은 단지 초보심사에서의 디자인특허출원의 거절이유일 뿐이었고, 디자인특허권이 수여된 후의 무효선고청구 이유는 아니었다.

2008년 「특허법」 개정 및 2010년 「특허법실시세칙」 개정 시에, 다음과 같은 점을 개정하였다.

먼저, 본조에 제2항을 신설하여 "출원인이 제출하는 관련 도면 또는 사진은 특허로 보호받고자 하는 제품의 디자인을 명확하게 나타내어야 한다."로 규정함으로써, 2008년 개정 전 「특허법」의 부족함을 보충하였다.

다음으로, 2010년 개정 전 「특허법실시세칙」 제27조를 개정하여 아래와 같이 규정하였다.

① 출원인이 색채를 보호받고자 하는 경우, 천연색 도면 또는 사진을 제출하여야 한다.
② 출원인은 각 디자인특허제품의 보호받고자 하는 내용에 대해서 관련 도면 또는 사진을 제출하여야 한다.

이 조문의 개정된 부분은 다음과 같다. 개정 전 제1항의 도면 또는 사진의 크기 규격에 관한 규정을 삭제하였는데, 전자문서 이용이 갈수록 보편화되고 있는 상황에서 그 크기에 관한 요건은 이미 의의를 잃었기 때문이다. "동시에 색채를 보호받고자 하는 경우"를 "출원인이 색채를 보호받고자 하는 경우"로 고쳤는데, 개정 전 규정의 "동시에"가 여러 의미를 가질 수 있어 적당하지 않았기 때문이다. 개정 전 제3항 후반부를 삭제하였는데, 이 부분의 규정을 이미 본조 제2항으로 옮겼기 때문이다. 개정 전 제3항 전반부는 유지하였지만, 개정 전의 "투시도 또는 사진"을 "도면 또는 사진"으로 고쳤는데, "투시도"는 "물체의 정사투영에 의하여 그려낸 도형"[1]을 가리키는 것이어서 "사진"과는 다른 개념이므로 양자 사이에는 "또는"의 관계가 아니고, "투시도"의 원래 의미는 "도면"을 가리키는 것이었기 때문이다.

또한 2010년 개정 전 「특허법실시세칙」 제44조는 디자인특허출원이 본조 제2항 규정에 명백하게 부합하지 않는 경우를 초보심사과정에서의 거절이유로 규정하였다. 2010년 개정 「특허법실시세칙」 제67조는 디자인특허의 도면 또는 사진이 본조

---

1) 中国社会科学院语言研究所词典编辑室, 现代汉语词典[M], 5版, 北京: 商务印书馆, 2006: 1248.

제2항 규정에 부합하지 않는 경우를 그 디자인특허권에 대한 무효선고청구의 이유로 규정하였다.

위와 같이 개정함으로써 중국 디자인특허출원 및 디자인특허의 품질을 높이고, 공중의 합법적 권익을 보호하는 데 이바지하였다.

「특허심사지침서 2010」은 도면 및 사진에 대해서 보다 구체적으로 아래와 같이 요구하고 있다.

> 입체제품의 디자인에 있어서, 제품설계의 요점이 여섯 개 면에 관련되는 경우, 여섯 개 면의 정면도를 제출하여야 한다. 제품설계의 요점이 하나 또는 여러 면에 관계되는 경우, 적어도 관계되는 각 면의 정면도와 입체도를 제출하여야 하고, 간단한 설명에 정면도를 생략한 이유를 기재하여야 한다.
>
> 평면제품의 디자인에 있어서는, 제품설계의 요점이 한 면에 관계되는 경우, 그 면의 정면도만 제출할 수 있다. 제품설계의 요점이 두 개 면에 관계되는 경우, 두 개 면의 정면도를 제출하여야 한다.
>
> 필요한 때에는 출원인이 그 디자인 제품의 전개도·절단도·단면도·확대도 및 변화상태도를 제출하여야 한다.
>
> 이 밖에 출원인은 참고도를 제출할 수 있으며, 참고도는 통상적으로 디자인 제품의 용도·사용방법 또는 사용장소 등을 나타내는 데 사용된다.

본조 규정에 따라서, 보호받고자 하는 제품의 디자인을 나타내기 위하여, 출원인은 도면 또는 사진을 자유롭게 선택할 수도 있다. 양자를 비교하면, 디지털카메라가 날로 보급되고 전자문서에 삽입하기가 편리하기 때문에, 사진을 찍는 것이 도면을 제작하는 것보다 훨씬 간편하며, 따라서 많은 출원인은 사진을 사용하고 싶어 하는 경향이 있다. 그러나 사진을 사용하는 방식에도 분명히 결점이 있다는 점을 지적할 필요가 있는데, 그것은 바로 사진이 통상적으로는 제품의 외관을 사실적으로 반영하여 그 외관상의 모든 세부를 보여 주지만, 이러한 세부가 디자인특허권의 보호범위를 과도하게 한정하는 작용을 할 수 있다는 점이다. 앞에서 설명한 것처럼, 디자인특허권의 보호범위는 도면 또는 사진에 표시된 제품의 디자인을 기준으로 한다. 만약 디자인특허출원의 도면 또는 사진을 발명 및 실용신안특허출원의 청구범위라고 한다면, 사진을 사용한 경우는 출원인이 그 청구항에 너무 많은 기술적 특징을 구체적으로 기재한 것에 상당하며, 그 결과는 필연적으로 그 받게 되는 보호범위가 너무 작아지게 된다. 제품 일부분의 형상·도안·색채 또는 그 결합을 부분적으로 개량한 것이 출원인의 제품외관 창작의 요점이라고 한다면, 출원인은 도면을 사용함으로써 요점을 보다 뚜렷하게 할 수 있으므로, 보다 넓은 보호범위를 확보할 수 있다.

디자인특허 침해분쟁에 대한 심리 또는 처리 과정에서, 특허권자가 그 보호받고자 하는 제품의 디자인을 사진으로 표현했을 때에, 침해로 피소된 제품의 외관이 사진에 표시된 디자인과 모든 세부에서 완전히 동일하여야 비로소 디자인특허권을 침해한 것으로 인정될 수 있다고 필자는 보지 않는데, 이렇게 하면 디자인특허권자의 이익이 충분히 효과적으로 보호될 수 없기 때문이다. 그러나 이것은 사진 중의 일부 불필요한 설계 세부를 생략할 수 있다고 주장하는 것에 상당하여, 독립청구항에 기재된 비필요적 기술적 특징을 생략하는 것과 유사하며, 엄격하게 말하면「특허법」제59조의 특허권의 보호범위는 "청구항의 내용을 기준으로 한다.", "도면 또는 사진에 표시된 제품의 디자인을 기준으로 한다."라는 규정에 저촉된다. 따라서 현실에서는 사진에 표시된 제품외관의 세부를 생략할 수 있는지 그리고 어느 정도까지 생략할 수 있는지를 법원 또는 특허업무관리부문이 구체적인 사건의 상황에 따라 결정하고, 특허권자는 수동적인 상태에 놓일 수밖에 없다. 만약 출원인이 사진을 사용하지 않고 도면으로 그 보호받고자 하는 제품의 디자인을 표현함으로써 도면 중에 너무 많은 설계의 세부가 표시되는 것을 방지하였다면, 위와 같은 수동적 상태에 놓이는 것을 방지할 수 있다.

위의 분석을 근거로, 필자는 그 디자인특허권의 보호범위를 중시하는 출원인이라면 가급적 도면을 사용하여야 하고, 필요한 때에는 채색 도면을 사용하여야 한다고 본다. 현재의 각종 컴퓨터 도면제작 프로그램은 매우 강력한 도면제작 기능이 있으므로, 이러한 프로그램으로 복잡한 형상·도안·색채 및 그 결합을 그려내는 것은 이미 그다지 어려운 일이 아니다.

四. 간단한 설명

2008년 개정 전「특허법」본조는 디자인특허의 출원서류는 "그 디자인을 사용하는 제품 및 그 제품의 분류를 기재하여야 한다."고 규정하였지만, 어떤 출원서류에 기재하여야 하는지는 명확하게 규정하지 않았다. 2010년 개정 전「특허법실시세칙」제28조는 디자인특허를 출원하는 경우, 필요한 때에는 디자인에 대한 간단한 설명을 기재하여야 한다고 규정하고, 간단한 설명에는 그 디자인제품의 설계요점, 보호를 청구하는 색채, 생략한 정면도 등 현황을 기재하여야 한다고 규정하였지만, 간단한 설명이 디자인특허의 보호범위 확정에 어떠한 기능을 하는지에 대해서는 규정하지 않았다.

2008년 개정 전 「특허법」 제56조 제1항은 발명 또는 실용신안특허권의 보호범위는 그 청구범위의 내용을 기준으로 하고, 설명서와 첨부도면은 청구항을 해석하는 데 사용할 수 있다고 규정하였다. 이 규정은 한편으로 특허의 보호범위 확정에 있어서 청구범위의 기능을 뚜렷하고 명확하게 하였으며, 다른 한편으로 청구범위는 설명서 및 그 첨부도면을 바탕으로 하는 것으로서, 설명서 및 그 첨부도면과 분리되어 단순히 청구범위에 의해서만 특허의 보호범위를 확정하는 것은 많은 경우에 부당함이 있으므로, 설명서 및 그 첨부도면의 청구범위에 대한 해석 기능을 명확히 하였는데, 즉 설명서 및 그 첨부도면에 근거하여 청구범위 자체가 표현한 특허의 보호범위를 "교정"할 수 있게 하였다. 양자를 서로 조화시키면, 과학적이고 합리적으로 특허권의 보호범위를 확정하는 데 비교적 바람직한 기제를 형성할 수 있다.

2008년 개정 전 「특허법」이 규정한 디자인특허권의 보호범위 확정 기제는 상대적으로 보다 단순해 보이는데, 그 제56조 제2항이 단지 디자인특허권의 보호범위는 도면 또는 사진에 표시된 그 디자인제품을 기준으로 한다고 규정하였기 때문이다. 원래 규정의 부족을 극복하기 위하여, 2008년 개정 「특허법」 제59조 제2항은 "디자인특허권의 보호범위는 도면 또는 사진에 표시된 그 제품의 디자인을 기준으로 하고, 간단한 설명은 도면 또는 사진에 표시된 그 제품의 디자인을 해석하는 데 이용할 수 있다."고 규정하였다.

기왕에 2008년 개정 「특허법」이 디자인특허출원의 간단한 설명에 새로운 "기능"을 부여하여 디자인특허권의 보호범위 확정에 중요한 작용을 하도록 하였다면, 간단한 설명은 있어도 되고 없어도 되는 것이어서 출원인이 "필요한 때"에만 제출하는 것이 아니고, 모든 디자인특허출원에 포함되는 것이어야 한다. 따라서 2008년 개정 「특허법」 본조 제1항은 간단한 설명을 디자인특허출원의 필요적 서류 중 하나로 명확하게 규정하였다. 2010년 개정 「특허법실시세칙」 제28조는 간단한 설명에 대하여 아래와 같이 보다 상세히 규정하였다.

① 디자인의 간단한 설명에는 디자인제품의 명칭·용도, 디자인의 설계요점을 기재하여야 하며, 설계요점을 가장 잘 나타낼 수 있는 도면 또는 사진 하나를 지정하여야 한다. 정면도 또는 보호받고자 하는 색채를 생략한 경우에는, 간단한 설명에 기재하여야 한다.

② 동일한 제품의 여러 유사한 디자인에 대해서 하나의 디자인특허출원을 하는 경우, 간단한 설명에서 그중 하나를 기본설계로 지정하여야 한다.

③ 간단한 설명에는 상업적 광고용어를 사용해서는 아니 되며, 제품의 성능을 설명하는 데 사용할 수 없다.

여기에서 출원인이 "설계요점을 가장 잘 나타낼 수 있는 도면 또는 사진 하나를 지정하여야 한다."고 규정한 것은 2010년 개정 「특허법실시세칙」 제90조 규정과 서로 호응되게 하기 위함이었다. 2010년 개정 전 「특허법실시세칙」 제89조는 국가지식산권국이 정기적으로 출판하는 특허공보 중에 공개하는 내용에 "디자인의 도면 또는 사진 및 그 간단한 설명"이 포함된다고 규정하였다. 이 규정에 따라서, 국가지식산권국은 특허공보 중에 디자인특허의 모든 도면 또는 사진을 공개하여야 한다. 그러나 발명 및 실용신안특허에 있어서는, 특허공보에 오직 그 설명서의 요약서(설명서에 도면이 첨부된 경우, 그 발명 또는 실용신안의 기술적 특징을 가장 잘 나타낼 수 있는 하나의 도면, 즉 대표도면 포함)만 공개하고 설명서 및 모든 첨부도면을 공개하는 것은 아닌데, 이 때문에 특허공보에 디자인특허의 모든 도면 또는 사진을 공개하는 방식과 균형이 맞지 않음이 분명하다. 2010년 개정 「특허법실시세칙」 제90조는 특허공보에 오직 디자인특허의 도면 또는 사진 하나만 공개한다고 규정하였다. 공중에게 디자인특허에 관한 정보를 정확하게 전달하기 위하여, 그 도면 또는 사진은 당연히 출원인이 지정하여야 하고 국가지식산권국이 대신할 수 없기 때문에 「특허법실시세칙」 제28조에 이 규정을 신설하였다. 특허공보는 주로 정보전달 기능을 하며, 디자인특허의 보호범위가 이 도면 또는 사진에 의해서 한정되는 것은 아니다.

여러 유사한 디자인을 병합하여 출원한 때에는 간단한 설명 중에 "기본디자인"을 지정하여야 한다고 규정한 것에 관해서, 본서는 「특허법」 제31조에 대한 해설에서 설명하도록 하겠다.

2010년 개정 「특허법실시세칙」 제28조는 디자인특허출원의 간단한 설명에 기재하여야 하는 내용에 대한 제한적 규정이 아니다. 구체적인 상황의 필요에 따라, 출원인은 간단한 설명에 디자인의 보호범위를 확정하는 데 유용한 기타 정보를 기재할 수 있는데, 예를 들어 접이식 의자·우산 등과 같은 디자인제품의 사용 상태에서의 형태변화, 조립식 완구 등과 같은 여러 부품으로 구성되는 디자인제품의 조립방식 및 그로 인한 형상, 손목시계·포장박스 등과 같은 디자인제품의 외부표면의 투명부분과 같은 것 등을 기재할 수 있다.

제28조 특허출원일

국무원 특허행정부문이 특허출원서류를 받은 날이 출원일이다. 만약 출원서류가 우편으로 제출된 경우라면, 통신일부인에 표시된 날이 출원일이다.

一. 출원일의 중요성

출원일은 바로 특허출원을 한 날이다. 출원일의 확정은 특허출원에 대해서나 수여된 특허권에 대해서나 모두 매우 중요한데, 다음 몇 가지 점에서 구체적으로 드러난다.

(1) 「특허법」 제9조 제2항 규정에 의하여, 중국의 특허제도는 선출원주의를 따르고 있다. 즉, 둘 이상의 출원인이 각각 동일한 발명창조에 대하여 특허출원한 경우, 출원일이 앞선 특허출원이 특허권을 수여받는다.

(2) 「특허법」 제22조 및 제23조 규정에 의하여, 특허출원한 발명·실용신안이 「특허법」 제22조가 규정하는 신규성 및 진보성이 있는지, 그리고 디자인이 「특허법」 제23조가 규정하는 요건을 만족하는지를 판단함에 있어서, 출원일이 그 시간적 기준이 된다.

(3) 「특허법」 제29조 규정에 의하여, 만약 출원인이 동일한 발명창조에 대하여 최초로 중국에 특허출원하였다면, 그 출원인이 동일한 발명창조에 대하여 규정된 기간 내에 다른 국가에 특허출원하면서 우선권을 주장하는 경우, 중국에 제출한 특허출원의 출원일이 그 우선일이 된다.

(4) 「특허법」 제34조 규정에 의하여, 발명특허출원의 출원일은 그 출원의 공개일 계산에 있어서 시간적 기산일이다.

(5) 「특허법」 제35조 규정에 의하여, 출원일은 발명특허출원에 대한 실체심사청구 기간 3년의 기산일이다.

(6) 「특허법」 제42조 규정에 의하여, 출원일은 특허권 존속기간의 기산일이다.

(7) 「특허법」 제48조 규정에 의하여, 출원일은 발명 또는 실용신안특허 실시의 강제허가를 청구할 수 있는 기간의 기산일이다.

(8) 「특허법실시세칙」 제98조 규정에 의하여, 특허권이 수여된 후, 출원일은 특허권 연차료 확정의 근거가 된다.

「특허법」 및 「특허법실시세칙」에 "출원일"이 언급된 규정이 있는데, 이 중 일부는 "우선일"로 이해하여야 하고 일부는 중국에서의 "실제 출원일"로 이해하여야 한다.

"출원일"이 언급된 모든 조문 중에서 일일이 밝히지 않아도 되게 하기 위하여, 「특허법실시세칙」 제11조는 총괄적으로 아래와 같이 규정하였다.

① 특허법 제28조 및 제42조가 규정한 경우를 제외하고, 특허법에서의 출원일은 우선권이 있는 경우 우선일을 가리킨다.
② 이 세칙에서의 출원일은, 다른 규정이 있는 경우를 제외하고, 특허법 제28조 규정의 출원일을 가리킨다.

위 규정에 근거하여, 본조의 "출원일"은 실제 출원일을 가리킨다.

1984년 「특허법」을 제정한 이래로, 2000년 「특허법」 개정 시에 본조 중의 "특허국"을 "국무원 특허행정부문"으로 고친 것을 제외하고, 여러 차례의 「특허법」 개정에서 모두 본조의 실질적 내용에 대해서는 개정하지 않았다.

二. 출원일의 확정

「특허법실시세칙」 제38조는 아래와 같이 규정하고 있다.

국무원 특허행정부문은 발명 또는 실용신안특허출원의 청구서, 설명서(실용신안은 반드시 도면 포함) 및 청구범위, 또는 디자인특허출원의 청구서, 디자인의 도면 또는 사진 및 간단한 설명을 접수한 후, 출원일을 확정하고 출원번호를 부여하여야 하며, 출원인에게 통지하여야 한다.

「특허법실시세칙」 제39조는 이에 더 나아가 아래와 같이 규정하고 있다.

특허출원서류가 아래 각 호의 하나에 해당하는 경우, 국무원 특허행정부문은 수리하지 아니하고, 출원인에게 통지한다.
(1) 발명 또는 실용신안특허출원에 청구서, 설명서(실용신안에 도면이 없는 경우) 또는 청구범위가 없는 경우, 또는 디자인특허출원에 청구서, 도면 또는 사진, 간단한 설명이 없는 경우
(2) 중문을 사용하지 아니한 경우
(3) 이 세칙 제121조 제1항 규정에 부합하지 아니하는 경우

(4) 청구서에 출원인의 성명 또는 명칭이 없거나, 또는 주소가 없는 경우

(5) 특허법 제18조 또는 제19조 제1항 규정에 명백히 부합하지 아니하는 경우

(6) 특허출원의 유형(발명, 실용신안 또는 디자인)이 불명확하거나 또는 확정하기 어려운 경우

「특허심사지침서 2010」은 출원일의 확정방식에 대하여 아래와 같이 규정하고 있다.

특허국[1]의 수리처 또는 대행처의 창구에 직접 제출한 특허출원은, 접수한 날을 출원일로 한다. 우체국을 통하여 특허국의 수리처 또는 대행처에 우편으로 제출한 특허출원은, 우편물 봉투에 표시된 통신일부인을 출원일로 한다. 통신일부인이 불분명하여 식별할 수 없는 경우, 특허국의 수리처 또는 대행처가 접수한 날을 출원일로 하며, 우편물의 봉투는 보관한다. 특급우편을 통하여 특허국 수리처 또는 대행처에 제출한 특허출원은, 접수한 날을 출원일로 한다. 특허국의 다른 부서 또는 개인에게 우편발송 또는 제출된 특허출원의 경우, 그 우편발송일 또는 제출일은 출원일 확정의 효력이 없으며, 그 특허출원이 특허국의 수리처 또는 대행처에 전송되었다면 수리처 또는 대행처가 실제로 접수한 날을 출원일로 한다.[2]

발명특허출원은 반드시 도면이 첨부되어야 하는 것은 아니며, 따라서 도면은 발명특허출원이 수리되기 위한 필수적인 출원서류가 아니다. 그러나 만약 발명특허출원의 설명서에 첨부된 도면에 대한 설명이 있음에도 도면을 제출하지 않은 경우에, 「특허법실시세칙」 제40조는 국가지식산권국이 지정한 기간 내에 둘 중 하나의 보완조치를 하여야 한다고 규정하는데, 즉 도면을 제출하거나 또는 도면에 대한 설명을 삭제하는 것이다. 출원인이 도면을 제출하는 경우에는 출원인이 국가지식산권국에 도면을 제출하거나 우편으로 발송한 날이 출원일이 되며, 도면에 대한 설명을 삭제하는 경우에는 원래의 출원일이 유지된다.

일반적으로 대다수 특허출원에는 「특허법」, 「특허법실시세칙」 및 「특허심사지침서 2010」 규정에 부합하지 않는 흠결이 있지만, 특허출원을 수리할 때에는 특허출원

---

1) 현 국가지식산권국의 전신인 구 특허국을 가리키는 것이 아니라, 특허출원의 수리, 심사 및 수권 업무를 담당하는 국가지식산권국의 내부조직을 가리킨다. 국가지식산권국의 조직은 국가지식산권국 웹페이지(http://www.sipo.gov.cn/gk/zzjg/zzjgt/201310/t20131025_860636.html) 참조(역자 주).

2) 国家知识产权局, 专利审查指南2010[M], 北京: 知识产权出版社, 2010: 第五部分 第三章 2.3.1.

이 완전무결할 것을 요구하지는 않으며, 「특허법실시세칙」 제39조에 열거된 흠결이 없으면 수리하여 출원번호를 부여하고, 기타 흠결에 대해서는 출원인이 나중에 스스로 보완하거나 또는 초보심사·실체심사 과정에서 심사관의 지적에 대응하여 보정할 수 있다.

특허출원 수리의 요건 및 출원일의 확정에 관해서는, WIPO가 2000년 6월 1일 서명하고 2005년 4월 28일 발효된 「특허법조약(Patent Law Treaty)」의 관련 규정에 주의할 필요가 있다. 2009년 말까지 이미 22개 국가가 이 조약의 가입을 정식으로 비준하였다. 중국은 아직 이 조약의 회원국이 아니다.

이 조약은 세계 각국 특허법의 특허출원에 대한 형식적 요건을 통일시키는 데 목적이 있으며, 출원인이 가급적 편리하게 세계 각국에 특허출원할 수 있게 하는 것을 목표로 하고 있다. 이 조약 제5조의 표제는 "출원일"로서 출원일 확보 요건을 규정하는데, 첫째 제출되는 서류가 특허출원을 목적으로 한다는 취지의 명시적 또는 묵시적 표시, 둘째 출원인의 신분을 확인할 수 있는 표시 또는 출원인과 연락할 수 있는 표시, 셋째 표면적으로 설명서로 간주될 수 있는 부분의 제출을 규정하고 있다. 이 조문은 또한, 앞의 첫째 및 둘째 요건의 내용은 지정된 언어로 제출하도록 회원국이 요구할 수 있지만, 셋째 요건의 내용은 출원인이 임의의 언어로 제출할 수 있다고 규정하고 있다.

중국 「특허법」 및 「특허법실시세칙」 규정에 비하여, 이 조약이 규정하는 출원일 확보 요건은 훨씬 관대하다. 만약 이 조약에 가입하고자 한다면, 중국은 「특허법」 및 「특허법실시세칙」의 현행 규정을 상당부분 개정하여야 한다. 2008년 「특허법」 개정 및 2010년 「특허법실시세칙」 개정 시에, 일찍이 이 조약의 규정과 간격을 좁히는 문제에 대하여 연구를 진행하였으나, 중국의 실제 상황과 발전 단계를 고려하여 입법기관은 최종적으로 중국의 법률과 이 조약을 일치시켜야 한다는 개정의견을 받아들이지 않았다.

제29조 우선권

① 출원인이 발명 또는 실용신안을 외국에 최초로 특허출원한 날로부터 12개월 내에 또는 디자인을 외국에 최초로 특허출원한 날로부터 6개월 내에, 다시 중국에서 동일한 대상에 대하여 특허출원하는 경우, 그 외국이 중국과 체결한 협약 또는 공동으로 가입한 국제조약에 따라서, 또는 상호 승인한 우선권 원칙에 따라서, 우선권을 향유할 수 있다.

② 출원인은 발명 또는 실용신안을 중국에 최초로 특허출원한 날로부터 12개월 내에, 다시 중국 국무원 특허행정부문에 동일한 대상에 대하여 특허출원하는 경우, 우선권을 향유할 수 있다.

一. 개 요

우선권제도는 각국의 특허제도 중에서 중요한 지위를 차지하고 있다. 각국의 특허제도가 서로 독립적인 상황에서, 이 제도는 출원인이 그 발명창조에 대하여 세계 각국에서 특허보호를 받을 수 있도록 보장하는 중요한 수단이 된다.

우선권제도는 1883년 체결된 「파리협약」에서 비롯되었는데, 동맹국 국민이 그 발명창조 또는 상표표지를 그 본국에 특허출원하거나 또는 상표등록출원 한 후에, 다른 동맹국에 특허권 또는 상표권을 출원하여 획득하는 것을 편리하게 하는 것이 그 목적이다. 소위 "우선권"은 출원인이 하나의 동맹국에 최초로 출원한 후 일정 기간 내에 동일한 대상을 다른 동맹국에 출원하는 경우, 그 후출원의 일부 특허성 요건 판단에 있어서는 최초출원일에 출원한 것으로 간주하는 것이다. 바꿔 말하면, 출원인의 후출원은 최초출원일 이후 후출원의 출원일 이전에 제출된, 동일한 대상에 대한 타인의 출원과 비교하여 우선하는 지위를 갖는다. 이것이 "우선권"이라는 어휘의 유래이다.

「파리협약」이 우선권제도를 확립한 것은 절대 다수 국가의 특허법이 선출원주의를 따르고 있기 때문이다. 선출원주의에 따라서, 동일한 발명창조에 대해서는 가장 먼저 특허출원을 한 사람에게만 특허권을 수여한다. 동시에 각국 특허법은 또한 발명창조가 신규성 및 진보성이 있어야만 특허권을 수여할 수 있다고 규정하는데, 절대 다수 국가의 특허법은 출원일을 신규성 및 진보성 판단의 시간적 기준으로 규정하고 있다. 따라서 출원인이 다른 국가에서도 그 발명창조를 특허로 보호받기를 희망한다면, 반드시 가급적 같은 날에 이러한 국가에 특허출원을 하여야 하고, 그렇게 하지 않으면 타인이 먼저 특허출원을 했기 때문에, 또는 출원인이 외국에 특허출원을 하기 전에 그 발명창조가 타인에 의해서 공개적으로 발표되었거나 또는 공개적으로 사용되었기 때문에 그 발명창조는 신규성을 상실하게 됨으로써 이러한 국가에서는 특허권을 받을 수 없게 된다. 그러나 설령 컴퓨터 기술과 인터넷 기술이 이미 매우 발달한 현재라고 하더라도 출원인에게 그 동일한 발명창조에 대해서 동일한 날에 본국 및 기타 국가에 특허출원을 하도록 요구하는 것은 여전히 무리인데, 각국의 요구에 따라서 출원서류를 준비하고 출원절차를 밟는 것은 일정한 시간을 필요로 하기 때문이다. 이 밖에 외국에 특허출원을 하는 데에는 매우 높은 비용이 소요되며, 설령 재력이 막강한 다국적 기업이라고 하더라도 충분한 시간을 가지고 그 발명창조가 외국에 특허출원할 가치가 있는 것인지, 어떤 국가에 특허출원할 것인지의 문제를 고려하여야 한다. 「파리협약」에 우선권에 관한 규정이 있기 때문에, 각국의 출원인은 위와 같은 문제를 더 이상 걱정할 필요가 없으며, 우선 본국에 특허출원을 하고 나서 차분하게 우선권 기간 내에 기타 국가에 특허출원을 하면 된다. 역사적 기록으로 볼 때, 우선권에 대한 각국의 절박한 필요가 당초 「파리협약」을 체결시킨 주요 원동력이 되었다.

특허제도가 발전함에 따라서, 「특허법」이 규정하는 우선권의 적용범위는 확대되었는데, 최초로 외국에 특허출원을 하고 이후에 본국에 특허출원을 한 경우에 적용될 뿐만 아니라, 최초로 본국에 특허출원을 하고 이후에 본국에 다시 출원하는 경우에도 적용되었다. 구별의 편의를 위해서, 외국에 한 최초 특허출원에 기초하여 발생하는 우선권을 "국외우선권"이라 부르고, 본국에 한 최초 특허출원에 기초하여 발생하는 우선권을 "국내우선권"이라 부른다. 국외우선권인지 아니면 국내우선권인지를 불문하고, 후출원은 모두 최초출원의 출원일을 우선일로 할 수 있다.

二. 국외우선권

우선권의 적용에는 많은 법률적 문제가 관련되며, 「파리협약」 제4조는 우선권제도에 대하여 매우 상세하면서도 또한 자세하게 규정하고 있는데, 이 조는 이 협약의 조문 중에서 가장 길어서 우선권제도가 이 협약에서 차지하는 중요한 지위를 보여 주기에 충분하다. 비록 각국이 「파리협약」에 따라 보편적으로 우선권제도를 실시하고 있다고는 하지만, 거의 모든 나라는 그 특허법에 「파리협약」 제4조의 구체적인 규정을 반복하지 않고 직접적으로 협약의 규정을 적용하는데, 중국 「특허법」도 이와 같다.

그 이유는 「파리협약」 제4조 규정이 너무 복잡해서 이 전부를 국내법에 도입하는 것이 실제로 어려우므로 직접적으로 적용하는 것만 같지 못하기 때문이라고 할 수 있다. 중국에서는 이러한 방식을 따르는 경우가 비교적 드문데, 중국은 줄곧 중국이 가입한 국제조약이라고 하더라도 그 조약의 규정이 직접적으로 중국에서 적용될 수 없고, 반드시 중국 법률에 뿌리를 내려야 비로소 적용될 수 있다고 여겨 왔기 때문이다. 이렇게 보면 우선권 관련 규정은 예외적인 경우이다. 바로 이와 같기 때문에, 정확하고 전면적으로 본조 규정의 의미를 이해하기 위해서는 「파리협약」 제4조 규정을 심층적으로 이해할 필요가 있다.

(一) 우선권의 객체 및 주체

「파리협약」이 규정하는 우선권 향유의 객체적 요건은 최초출원의 객체 및 후출원의 객체와도 관계되며, 또한 선후 출원 객체의 동일성과도 관계된다.

「파리협약」 제4조가 확정한 일반적 원칙은 후출원의 객체가 우선권의 기초가 되는 최초출원의 객체와 동일하여야 한다는 것이다. 그러나 「파리협약」 제4조 제E부분은 또한 위의 일반적 원칙에 대하여 아래와 같이 융통성 있게 규정하고 있다.

> (1) 어느 동맹국에 있어서 디자인이 실용신안의 출원을 근거로 하는 우선권에 기하여 출원된 경우에 그 우선 기간은 디자인에 대하여 정하여진 것과 같은 기간으로 한다.
> (2) 또한 어느 동맹국에 있어서나 특허출원을 근거로 하는 우선권에 기하여 실용신안을 출원할 수 있으며 또한 그 역으로도 가능하다.

위 규정에는 다음과 같은 의미가 있다. 첫째, 최초출원이 실용신안출원인 경우에는 후에 제출되는 디자인출원의 우선권의 기초가 될 수 있지만, 최초출원이 특허출원인 경우에는 후에 제출되는 디자인출원의 우선권의 기초가 될 수 없다.[1] 둘째, 최초출원이 디자인출원인 경우에는 후에 제출되는 특허출원 및 실용신안출원의 우선권의 기초가 될 수 없다. 셋째, 최초출원이 특허출원인 경우에는 후에 제출되는 실용신안출원의 우선권의 기초가 될 수 있으며, 이와 반대로 하는 것도 가능한데, 즉 특허출

---

[1] 각국은 보편적으로 실용신안특허출원에는 반드시 도면이 첨부되어야 한다고 규정하고 있지만, 발명특허출원에는 반드시 도면이 첨부되어야 하는 것은 아니어서, 도면이 없는 경우에는 분명히 후에 제출되는 디자인특허출원의 우선권의 기초가 될 수 없기 때문이다.

원과 실용신안출원이 서로 우선권의 기초가 될 수 있다.

이와 유사하게, 「파리협약」이 규정하는 우선권 향유의 주체적 요건도 최초출원의 주체 및 후출원의 주체와 관계되며, 또한 선후 출원 주체의 동일성과도 관계된다.

최초출원과 후출원의 출원인은 모두 「파리협약」 동맹국의 단위 또는 개인, 또는 동맹국의 영토 내에 영업소 또는 계속적인 거소가 있는 단위 또는 개인이어야 한다. 본조 규정에 따르면, 「파리협약」의 동맹국 이외에 중국과 조약을 체결하였거나 또는 상호 우선권을 승인한 기타 국가의 단위 또는 개인도 중국에서 우선권을 향유할 수 있다. 그러나 현재까지, 중국은 「파리협약」 동맹국 이외의 어떠한 기타 국가와도 특별히 양자조약을 체결한 적이 없고, 호혜원칙에 따라서 「파리협약」 비동맹국 출원인의 우선권 주장을 승인한 적도 없다.[1] 따라서 우선권을 향유할 수 있는 주체적 요건에 부합하는지를 판단할 때에는, 출원인이 「파리협약」 동맹국의 단위 또는 개인인지 또는 동맹국의 영토 내에 영업소 또는 계속적인 거소가 있는 단위 또는 개인인지를 확인하는 것으로 족하다.

처음에 「파리협약」은 최초출원과 후출원의 출원인이 반드시 일치할 것을 요구하였는데, 이것은 비교적 엄격한 요건이었다. 1911년 개최된 「파리협약」 워싱턴 개정회의를 통하여, 이 협약 제4조 제A부분 제1항에 "승계인"(successor in title)도 우선권을 향유할 수 있다는 규정을 신설함으로써, 선후 출원의 주체가 다를 수도 있게 허용하였다. 소위 "승계인"은 최초출원 전체의 양수인일 수도 있고, 최초출원 우선권의 양수인일 수도 있는데, 이것은 우선권을 향유할 수 있는 권리가 단독으로 양도될 수 있음을 의미한다. 당연히 승계인도 「파리협약」 동맹국의 단위 또는 개인이거나, 또는 동맹국의 영토 내에 영업소 또는 계속적인 거소가 있는 단위 또는 개인이어야 한다.

---

1) 1997년 홍콩이 중국에 귀속되고 1999년 마카오가 중국에 귀속된 후, 중앙정부는 홍콩특별행정구 및 마카오특별행정구 정부와 협약을 체결하여, 홍콩 및 마카오 특별행정구의 거주민이 대륙(중국)에 대하여 특허출원하는 경우 원래의 홍콩 또는 마카오 특허출원의 우선권을 인정하였다. 2010년 6월 29일, 해협양안관계협회 회장 천윈린(陈云林)은 타이완해협교류기금회 회장 장빙쿤(江丙坤)과 「해협양안지식산권보호합작협약(海峡两岸知识产权保护合作协议)」을 체결하였는데, 이 협약 제2조는 "쌍방은 각자의 규정에 따라서, 상대방의 특허·상표 및 품종권에 대한 최초출원일의 효력을 명확히 인정하고, 적극적으로 이에 상응하는 준비를 하여, 양안 인민의 우선권 권익을 보장한다."고 규정하고 있다. 이 협약에 근거하여, 해협양안은 특허출원의 우선권 문제 해결에 착수할 것이다. 이러한 협약은 중국 내부의 지역간 협약이며, 「파리협약」의 기타 동맹국 사이에 체결되는 협약은 아니다.

(二) 우선권 기간 및 우선권의 기초가 될 수 있는 최초출원

「파리협약」 제4조 제C부분은, 발명 및 실용신안은 우선권 기간이 12개월, 디자인은 6개월로 규정하고 있다. 우선권 기간은 최초출원의 출원일로부터 계산하기 시작하지만 당일은 포함되지 않는다.

주의하여 할 점은, 만약 최초출원이 실용신안출원이고, 이 최초출원을 기초로 후출원인 디자인출원을 하면서 우선권을 주장하면, 우선권 기간은 12개월이 아니라 6개월이라는 점이다.

선출원이 우선권의 기초가 될 수 있는지를 판단하는 것은 우선권을 향유할 수 있는지를 판단하는 데 있어서 중요한 요소이다. 이에 대해서는 아래와 같은 두 가지 요구가 있다.

먼저 우선권의 기초가 되는 선출원은 반드시 정규의 국내출원이어야 한다. 소위 "정규의 국내출원"은 이 출원을 수리하는 국가의 특허법 규정에 따라서 출원되고, 정식으로 수리되어 출원일이 부여된 출원을 가리킨다. 이 요건에 부합하여야만 이 출원이 우선권의 기초가 될 수 있으며, 이 출원의 이후의 법률적 상태와는 무관하다. 예를 들어, 이 출원이 그 수리된 국가에서 특허권을 받았는지, 이미 취하·거절·분할 또는 취하간주되었는지는 이 출원이 정규의 출원으로서 우선권을 발생시키는 효력에는 아무런 영향이 없으며, 이 출원을 수리한 국가가 일찍이 이러한 출원이 있었고 출원일이 부여되었다는 것을 증명할 수만 있다면 다른 동맹국에서 국외우선권 주장의 기초로 할 수 있다. 이 밖에 정규의 국내출원에 상당하는 어떠한 출원도 우선권의 기초가 될 수 있는데, 여기에는 회원국 간에 체결된 양자 또는 다자조약에 따른 출원, 예를 들어 PCT에 의한 국제특허출원, 「유럽특허협약」에 따라 제출된 유럽특허출원, 「헤이그협정」에 의한 디자인등록출원 등이 포함된다. 비록 중국이 그중 일부 조약의 체약국이 아니라고 하더라도, 이러한 조약의 체약국은 「파리협약」의 체약국이기 때문에, 이러한 출원을 기초로 우선권을 주장하는 것도 인정되어야 한다.

다음으로, 우선권의 기초가 되는 선출원은 반드시 동일한 대상에 대한 최초출원이어야 한다. 만약 출원인이 출원하기 전에, 이미 동일한 대상에 대하여 기타 국가에 여러 건의 출원을 하였다면 오직 최초출원만을 기초로 하여 우선권을 주장할 수 있다. 그러나 여기서의 "최초출원"은 반드시 절대적 의미의 최초출원은 아니며, 1958년 개최된 「파리협약」 리스본 개정회의에서 이 협약 제4조 제C부분 중에 제4항을 추가하여 후에 출원한 출원도 "최초출원"으로 간주될 수 있다고 규정하였는데, 첫째 후출원과 최초출원은 동일한 대상에 대한 것일 것, 둘째 후출원과 최초출원은 동일한 동맹국에서 출원된 것일 것, 셋째 후출원이 최초출원의 출원일로부터 12개월 또는 6개월 이내에 출원된 것일 것, 넷째 후출원을 출원하기 전에 최초출원이 이미 취하, 포기 또는 거절되어 공중에게 공개되지도 않았고 어떠한 권리도 남기지 않았을 것, 다섯째 최초출원이 아직 우선권 주장의 기초로 되지 않았을 것, 여섯째 최초출원과 후출원 사이에 이 출원인이 기타 동맹국에 동일한 대상에 대하여 출원한 적이 없을 것을 그 요건으로 한다. 만약 후출원이 위의 모든 요건에 부합한다면, 이 후출원도 최초출원으로 승격되어 우선권의 기초가 될 수 있고 그 출원일도 우선권 기간의 기산일이 될 수 있으며, 원래의 최초출원이 이후에는 또다시 우선권 주장의 기초가 될 수 없다.

(三) "동일한 대상"에 관한 요건

1. 발명 및 실용신안특허출원에 대한 요건

본조는 "다시 중국에서 동일한 대상에 대하여 특허출원하는 경우, 우선권을 향유할 수 있다."고 규정하고 있다. 여기에서의 "동일한 대상"은 우선권을 향유하고자 하는 경우에 만족시켜야 하는 그 선후로 출원한 발명창조의 내용에 관한 요건을 표현한 것이다. 「파리협약」제4조 규정에 따라 우선권을 향유하기 위해서는, 예를 들어 최초출원이 특허출원인 경우에는 후출원이 디자인출원이어서는 안 되는 것과 같이 선후 출원의 객체가 일치되어야 할 뿐만 아니라, 선후 출원의 대상이 일치할 것, 즉 동일한 발명창조에 관한 것일 것이 요구된다. 후자의 요건은 당연한 것인데, 만약 선후 출원이 상이한 발명창조에 관한 것이라면, 우선권 향유의 문제는 당연히 말할 것이 없으며, 그렇지 않다면 다른 출원인과 공중의 이익을 해하게 된다. 그러나 "동일한 대상"의 의미가 무엇인가? 선후 출원의 설명서 내용이 반드시 완전히 동일하여야 하는가? 이에 대한 대답은 부정임을 알 수 있는데, 일정 기간이 경과한 후에 출원인이 다시 출원을 하는 경우에는, 보통 그 선출원에 있었던 부족한 점을 발견하고 이를 개량하기를 희망하기 때문인데, 이것은 매우 정상적이면서 합리적인 일이며 복잡한 기술에 관계되는 특허 분야에서 매우 쉽게 볼 수 있다. 출원인이 후에 다시 특허를 출원할 때에 선출원을 개량하는 데 법률이 장애가 되어서는 안 되며, 따라서 「파리협약」제4조 제F부분, 제G부분 및 제H부분은 특허분야(디자인 불포함)에서 출원인이 우선권을 향유할 수 있도록 유연한 조치를 제공하여, 그 "동일한 대상"에 관한 요건에 필요한 "융통성"을 주고 있다.[1] 이것은 특허분야의 우선권 향유의 요건이 가장 복잡한 분야이어

---

[1] G. H. C. Bodenhausen, Guide to the Application of the Paris Convention for the Protection

서「파리협약」이 이에 대하여 보다 상세하게 규정할 필요가 있음을 나타낸다.

「파리협약」제4조 제H부분은 아래와 같이 규정하고 있다.

> 우선권이 주장되는 발명의 특정요소(elements)가 원 국가에서의 출원에 제시된 청구 중에 포함되어 있지 않다는 것을 이유로 하여 우선권을 거부할 수 없다. 단, 출원서류 가 전체로서 그러한 구성요소를 명시하고 있어야 한다.

위 규정은 1934년 개최된「파리협약」런던 개정회의에서 특허분야의 출원이 우선 권을 향유할 수 있도록 하기 위하여 특별히 이 협약 제4조에 추가된 것인데, 특허분 야에서 후출원이 "동일한 대상"에 대한 것인가를 판단하는 것은 상표와 같은 기타 분 야에 비하여 훨씬 복잡하기 때문이다.[1] 이 규정은 특허분야에서 "동일한 대상"에 해 당하는지에 대하여 다음과 같은 두 가지 기본적인 판단원칙을 명확히 하였다.

첫째, 후출원에서의 소위 "대상"은 우선권을 향유하고자 하는 "발명"(the invention for which priority is claimed)을 가리키며, 보다 구체적으로 말하자면 후출원의 각 청 구항에 기재된 기술방안을 가리킨다. 우선권 주장이 인정되는지를 판단할 때에, 후 출원에서의 비교하여야 하는 "대상"은 설명서의 전체 내용이나 청구항에 기재된 일 부 기술적 특징이 아니라, 후출원의 각 청구항으로 보호받고자 하는 기술방안이다. 바꿔 말하면, 후출원의 청구항이 후출원의 "대상"을 판단하는 최대 단위이며, 다른 청 구항에 기재된 기술방안을 조합하여, 그 조합이 우선권을 향유할 수 있는지를 판단해 서는 안 된다. 또한 후출원의 청구항은 후출원의 "대상"을 판단하는 최소 단위이며, 하나의 청구항에 기재된 기술방안을 분할하여 그중 일부 기술적 특징은 우선권을 향 유할 수 있고 다른 부분의 기술적 특징은 우선권을 향유할 수 없다는 결론을 얻을 수 는 없다.

둘째, 최초출원에서의 소위 "대상"은 최초출원의 설명서·도면 및 청구범위(단 요 약서는 포함하지 않는다.)를 포함한 출원서류 전체에 공개된 기술내용을 가리킨다. 우 선권 주장이 인정되는지를 판단할 때에, 후출원의 청구항에 기재된 기술방안이 반드 시 최초출원의 청구항 중에 완전하게 기재되어 있을 것이 요구되지는 않으며, 최초출

---

of Industrial Property [M], Geneva: The United International Bureau for the Protection of Intellectual Property(BIRPI), 1968: 58.

1) G. H. C. Bodenhausen, Guide to the Application of the Paris Convention for the Protection of Industrial Property [M], Geneva: The United International Bureau for the Protection of Intellectual Property(BIRPI), 1968: 57.

원에 후출원의 그 청구항에 기재된 기술적 특징이 전체적으로 나타나 있으면 된다.

위의 분석으로부터, 선후 출원이 동일한 대상에 대한 것인지를 판단하는 방식은 신규성 판단과 기본적으로 같은 방식임을 볼 수 있다. 보다 구체적으로 말하면, 우선권 주장이 인정되는지를 판단할 때에는, 최초출원을 대비문헌으로 간주하여 후출원의 각 청구항이 신규성이 있는지를 판단한다. 판단 결과, 만약 후출원의 청구항이 신규성이 없다고 인정되면, 그 청구항은 우선권을 향유할 수 있다. 만약 신규성이 있으면, 그 청구항은 우선권을 향유할 수 없다.

출원인이 중국에 특허출원하기 전에 이미 잇따라 다른 국가에 일련의 특허출원을 했을 수도 있다. 이 출원인이 중국에 특허출원하면서 선출원의 우선권을 주장하는 때에는, 출원인이 그 우선권의 기초로 주장한 선출원이 "동일한 대상"에 대한 최초출원인지를 심사할 필요가 있다. 이것은 이미 우선권 기간을 도과한 후에 출원인이 중국에 출원한 것인가 하는 문제에 관계되며, 분명히 중요한 문제이다. 「파리협약」 제4조 제H부분의 규정도 최초출원의 인정에 필요한 근거를 제공한다고 지적한 저작도 있는데, 즉 만약 출원인이 우선권 주장의 기초로 한 선출원이 중국에 한 특허출원의 청구항에 기재된 기술방안의 모든 구성부분을 이미 전체적으로 공개하고 있다면 그 선출원은 우선권의 기초가 될 수 있는 "자격"을 갖추었다고 말할 수 있을 뿐이며, 만약 이 출원인의 선출원 중에 보다 이른 선출원도 위와 같은 요건을 갖추고 있어 우선권의 기초가 될 수 있는 "자격"을 갖추고 있다면, 이보다 이른 선출원만 우선권의 기초로 할 수 있을 뿐이지 이보다 늦은 선출원을 우선권의 기초로 할 수 없다고 한다.[1]

특허출원의 각 청구항의 내용은 각각 다르므로, 보다 적은 기술적 특징이 기재된 청구항도 있고, 보다 많은 기술적 특징이 기재된 청구항도 있으며, 따라서 후출원의 일부 청구항은 우선권을 향유할 수 있지만 다른 청구항은 우선권을 향유할 수 없는 경우도 발생할 수 있다. 또한 우선권을 향유할 수 있는 후출원의 청구항 중에서도, 청구항별로 우선권의 기초가 되는 선출원이 달라지는 경우도 발생할 수 있다. 이처럼 매우 자연스럽게 부분우선권과 복합우선권 개념이 도출된다.

「파리협약」 제4조 제F부분은 아래와 같이 규정하고 있다.

① 어느 동맹국은 특허 출원인이 복수의 우선권(2 이상의 국가에서 한 출원에 기한 것을 포함한다)을 주장한다는 것 또는 일 또는 그 이상의 우선권을 주장하는 출원이 그

---

1) G. H. C. Bodenhausen, Guide to the Application of the Paris Convention for the Protection of Industrial Property [M], Geneva: The United International Bureau for the Protection of Intellectual Property(BIRPI), 1968: 58.

우선권이 주장되는 출원에 포함되지 않은 일 또는 그 이상의 구성요소를 포함한다는 것을 이유로 하여 당해 우선권 또는 당해 특허출원을 거절할 수 없다. 단, 이 두 경우에 당해 동맹국의 법령상 발명의 단일성이 있는 경우에 한한다.

② 우선권이 주장되는 출원에 포함되지 않았던 구성요소에 대하여는 후출원이 통상의 조건에 따라 우선권을 발생시킨다.

위 규정은 1925년 개최된 「파리협약」 헤이그 개정회의를 거쳐 최초로 이 협약 제4조에 추가되었는데, 이후 1934년 개최된 「파리협약」 런던 개정회의 및 1958년 개최된 「파리협약」 리스본 개정회의에서 두 차례 개정되었다.

특허출원인이 그 발명창조에 대하여 최초출원을 한 후 우선권 기간 내에 기타 국가에 특허출원을 하는 경우, 그 설명서의 내용은 최초출원의 설명서와 비교하면 일반적으로 완전히 같지는 않다. 이것은 매우 정상적인데, 한편으로는 출원인이 이 기간 동안에 그 발명창조를 보다 개량함으로써 후출원에 개량한 부분을 포함시키기 때문이고, 다른 한편으로는 외국출원에 소요되는 경비를 절약하기 위하여, 발명의 단일성 규정에 부합하는 한도 내에서 출원인이 여러 건의 선출원 내용을 한 건의 특허출원으로 병합하여 기타 국가에 출원하기 때문인데, 「파리협약」은 이 두 경우 모두 우선권을 향유할 수 있도록 하여 출원인에게 편의를 제공하였다.

후출원에 새로운 내용을 보충한 경우, 우선권을 향유할 수 있는지 여부는 후출원 청구항의 기재방식에 달려 있으며, 만약 후출원의 청구항에 기재된 기술적 특징 전부가 이미 최초출원에 전체적으로 기재되어 있다면 이 청구항은 최초출원의 우선권을 향유할 수 있다. 만약 후출원의 다른 청구항에 기재된 기술적 특징 중에서 일부는 이미 최초출원에 기재되어 있었지만 일부는 후출원에서 새롭게 추가된 것이라면, 이 청구항은 그 최초출원의 우선권을 향유할 수 없고, 그 실제 출원일을 출원일로 할 수 있을 뿐이다. 후출원의 설명서에 새로운 내용을 추가하는 경우, 출원인은 일반적으로 둘 이상의 청구항으로 기재하는데, 그중 하나의 청구항에는 최초출원에 기재된 기술적 특징만 기재함으로써 이 청구항이 우선권을 향유할 수 있도록 하고, 다른 청구항에는 새로운 기술적 특징을 반영하여 추가(독립청구항 또는 종속청구항으로 기재하여)함으로써 개량된 발명창조를 보호받으려 하고 후출원에 추가한 내용의 의의를 드러내는데, 그러나 이 청구항은 우선권을 향유할 수 없다. 이 다른 청구항에 최초출원에 기재된 내용이 기재되어 있다고 해서 이 결론은 달라지지 않으며, 최초출원에 기재되어 있지 않았던 내용이 포함되어 있기만 하면, 그 최초출원을 우선권의 기초로 할 수 없다. 이것이 소위 "부분우선권"의 의미이다.

　새로운 내용이 추가된 청구항이 우선권을 향유할 수 없는 이유는 분명하다. 각국 특허법은 모두 공통된 원칙을 따르고 있는데, 즉 특허출원서류의 보정은 최초출원서류에 기재된 범위를 벗어날 수 없다는 것이다. 만약 새로운 내용이 추가된 후출원의 청구항도 우선권을 향유할 수 있게 허용한다면, 최초출원의 범위를 벗어나는 경우에도 여전히 최초출원의 출원일을 그 출원일로 하는 것과 다를 바 없는데, 이것은 분명히 위 원칙에 어긋난다. 후출원도 하나의 독립적인 특허출원이므로, 출원인이 새로운 내용을 보충할 수 있게 허용하여야 하지만, 우선권을 주장하는 경우에는 최초출원의 내용에 근거하여 각 항별로 각 청구항이 우선권을 향유할 수 있는지를 판단하여야 한다. 이렇게 하여야만 최초출원에 기재된 범위를 벗어날 수 없다는 우선권제도와 보정제도를 비로소 조화시킬 수 있다.

　위와 같은 경우에, 최초출원을 출원 A라 하고, 새로운 내용 X를 보충한 후출원을 출원 B라 하자. 「파리협약」 제4조 제F부분 제2항은 출원 B가 내용 X를 구성부분으로 하는 발명창조에 대한 최초출원이라면, 이 출원 B는 후에 다시 다른 국가에 대한 특허출원의 우선권의 기초로 할 수 있다고 규정하고 있다. 출원인이 재차 하는 특허출원을 출원 C라 하고, 만약 이 출원에 새로운 내용 Y가 보충되었다면 출원 C에는 세 항의 청구항이 있을 수 있는데, 그중 청구항 1은 오직 출원 A에 공개된 내용만 포함하여 출원 A를 기초로 우선권을 향유할 수 있고, 청구항 2는 출원 A에 기재된 내용과 출원 B에서 새롭게 추가한 내용 X를 포함하지만 출원 C에서 새롭게 추가한 내용 Y는 포함하지 않는 것으로 이 청구항은 출원 B를 기초로 우선권을 향유할 수 있다. 청구항 3은 출원 A에 기재된 내용과 출원 B에 새롭게 기재된 내용 X를 포함할 뿐만 아니라, 이에 더하여 출원C에서 새롭게 보충된 내용 Y도 포함하는 것으로, 이 청구항 3은 출원 C의 실제 출원일을 그 출원일로 할 수 있을 뿐이며, 출원 A를 기초로 우선권을 향유할 수도 없고 또한 출원 B를 기초로 우선권을 향유할 수도 없다. 이때에 출원 C의 청구항 1과 청구항 2는 모두 우선권을 향유할 수 있지만, 그 우선권의 기초가 각각 다른데 이를 "복합우선권"이라고 부른다.

　위의 예로부터 출원인은 "복합우선권"과 "부분우선권"을 결합하여 함께 운용하는 것이 허용됨을 볼 수 있다. 위와 같은 경우에 청구항 1이 출원 A를 기초로 우선권을 향유할 수 있는가는 출원 C의 출원일이 출원 A의 출원일로부터 12개월의 우선권 기간 이내인지에 달려 있으며, 만약 이 기간을 도과하면 청구항 1은 출원 A를 기초로 하는 우선권을 향유할 수 없다. 청구항 2가 출원 B를 기초로 우선권을 향유할 수 있는지는 출원 C의 출원일이 출원 B의 출원일로부터 12개월의 우선권 기간 이내인지에 달려 있으며, 만약 이 기간을 도과하면 청구항 2는 출원 B를 기초로 하는 우선권을 향유할 수 없다. 「특허법실시세칙」 제32조 제1항은 "출원인은 하나의 특허출원에서 하나 또는 복수의 우선권을 주장할 수 있으며, 복수의 우선권을 주장하는 경우 그 출원의 우선권 기간은 가장 이른 우선일로부터 계산한다."고 규정하고 있다. 이 규정의 의미에 주의할 필요가 있으며, 이것을 출원인이 복합우선권을 주장하는 때에는 그 중국에 한 특허출원의 출원일과 그 외국에 한 가장 이른 특허출원의 출원일 사이의 간격이 12개월을 초과하기만 하면, 중국에 한 특허출원은 우선권을 전혀 향유할 수 없는 것으로 이해해서는 안 된다. 「파리협약」 제4조 제F부분 제2항은 "우선권이 주장되는 출원에 포함되지 않았던 구성요소에 대하여는 후출원이 통상의 조건에 따라 우선권을 발생시킨다."고 규정하고 있는데, 따라서 중국에 한 특허출원의 각 청구항에 대하여 각 항별로 분석할 필요가 있으며, 우선권 향유의 요건에 부합하는 청구항만이 우선권을 향유할 수 있다. 우선권의 기초로 할 수 있는 모든 선출원의 출원일은 당연히 실제 출원일 전 12개월 이내이어야 한다.

이후에 출원인이 다른 국가에 재차 출원 D를 하면서, 또 새로운 내용 Z를 보충하는 경우도, 그 결과를 유추할 수 있다. 이처럼 확장하면, 출원이 실가닥처럼 길게 이어지게 되는데, 이것이 바로 「파리협약」이 특허분야에 설계한 우선권제도이다.

「파리협약」 제4조 제G부분은 아래와 같이 규정하고 있다.

① 심사에 의하여 하나의 특허를 위한 출원이 1 이상의 발명을 포함하고 있음이 밝혀진 경우에 출원인은 그 출원을 수개의 출원으로 분할시킬 수 있으며 또한 당초 출원일을 그 각각의 출원일로 유지하고 또한 우선권의 혜택이 있는 경우 이를 보유할 수 있다.

② 출원인은 또한 그 스스로 특허출원을 분할시킬 수 있으며 또한 당초의 출원일을 각 분할출원의 일부로 하여 우선권의 혜택이 있는 경우 이를 보유할 수 있다. 각 동맹국은 그러한 분할이 인정될 수 있는 조건을 정한다.

위 규정은 1925년 개최된 「파리협약」 헤이그 개정회의에서 이 협약 제4조에 추가된 것으로, 분할출원에 관한 규정을 보충함과 동시에 분할출원도 선출원의 우선권을 향유할 수 있음을 명확히 하였다.

전체적으로 보면, 「파리협약」 제4조의 특허출원의 우선권에 관한 규정은 특허출원인의 이익을 충분히 보호하기 위해서 주도면밀하고 세심하게 고려한 결과로서, 심혈을 기울였다고 할 수 있다.

2. 디자인특허출원에 대한 요건

발명 및 실용신안특허출원에 비하여, 디자인특허출원은 청구범위가 없다는 점에서 현저한 차이가 있다. 「특허법」 제59조 규정에 따라 디자인특허권의 보호범위는 도면 또는 사진에 표시된 제품의 디자인을 기준으로 한다. 따라서 본조 제1항의 "디자인을 외국에 최초로 특허출원한 날로부터 6개월 내에 다시 중국에서 동일한 대상에 대하여 특허출원하는 경우"에서의 "동일한 대상"은 선후 디자인출원의 도면 또는 사진에 표시된 제품의 디자인이 동일한 것을 의미한다.

중국에 한 디자인특허출원이 외국에 최초로 출원한 디자인출원을 기초로 우선권을 주장하는 경우, 선후 출원의 도면 또는 사진에 대하여 비교하여 선후 출원의 대상이 동일한지를 확인하여야 한다. 이때에 후출원의 도면 또는 사진에 반영된 디자인 요소(형상·도안·색채)가 선출원에 비하여 추가 또는 감소되었다면, 선후 출원의 대상이 다른 것으로 보아야 하고, 이로써 우선권을 향유할 수 없다는 결론을 얻게 된다.

2008년 개정 후 「특허법」 제27조는 디자인특허출원은 반드시 간단한 설명이 포함되어야 한다고 규정하는데, 이것은 중국 디자인특허제도의 새로운 특징이 되었다. 모든 국가에서 디자인특허 출원서류에 반드시 간단한 설명이 있어야 한다고 규정하는 것은 아니므로, 동일한 디자인에 대하여 중국에 디자인특허를 출원하는 경우에는 종종 간단한 설명을 보충하여 제출하여야 할 필요가 있다. 이러한 경우에 출원인이 이로 인해서 우선권을 확보하는 것에 장애가 되지 않게 하기 위하여, 2010년 개정 「특허법실시세칙」 제31조는 제4항을 신설하여 아래와 같이 규정하였다.

> 디자인특허출원의 출원인이 우선권을 주장하였지만, 그 선출원에는 디자인에 대한 간단한 설명이 포함되지 않았고 출원인이 이 세칙 제28조 규정에 따라 제출한 간단한 설명이 선출원서류의 도면 또는 사진에 표시된 범위를 벗어나지 아니한 경우, 그 우선권의 향유에 영향이 없다.

「파리협약」 제4조 제F부분, 제G부분 및 제H부분의 규정은 모두 특허출원에만 적용되고, 디자인출원에는 적용되지 않는다는 점에 주의할 필요가 있는데, 이 협약에서의 "특허"에는 디자인이 포함되지 않기 때문이다. 따라서 원칙적으로 말하면, 각 동맹국은 디자인특허출원에 대해서는 부분우선권 및 복합우선권을 보장하여야 할 의무가 없다.

그러나, 비록 「특허법」 제31조 제2항이 디자인특허출원의 단일성 원칙을 규정하고 있지는 않지만, 동시에 예외적인 경우를 규정하고 있다. 2008년 개정 전 「특허법」

은 이 예외 경우로 "동일 분류에 사용되고 한 벌로 판매 또는 사용되는 제품의 2 이상의 디자인"만 규정하였지만, 2008년 개정 「특허법」은 "동일 제품의 2 이상의 유사한 디자인"도 포함시켰다. 하나의 디자인특허출원에 여러 디자인이 포함되어 있고 우선권을 주장하는 때에는, 선출원에 그중 하나의 디자인만 나타나 있는 경우도 있을 수 있고, 또한 여러 선출원에 각각의 상이한 디자인이 나타나 있는 경우도 있을 수 있다. 이러한 경우에 만약 디자인특허출원이 부분우선권과 복합우선권을 향유할 수 없다고 한다면, 출원인에게 불리하게 된다. 위와 같은 이유에 기초하여, 「특허심사지침서 2010」은 아래와 같이 규정하였다.

> 독립적인 사용가치가 있는 복수의 디자인을 포함하고 있는 디자인에 있어서, 만약 그 중 하나 또는 복수의 제품디자인이 이에 상응하는 하나 또는 복수의 외국 최초출원에 표시된 디자인의 대상과 동일하다면, 이 디자인특허는 하나 또는 복수의 우선권을 향유할 수 있다.[1]

위 규정은 실제로 「파리협약」 제4조 규정보다 출원인에게 유리한 것이다.

(四) 우선권의 효력

「파리협약」 제4조 제B부분은 아래와 같이 규정하고 있다.

> 따라서 위에 언급된 기간의 만료전에 타동맹국에 낸 후출원은 그 기간중에 행하여진 행위, 특허, 타출원, 당해 발명의 공표 또는 실시, 당해 디자인으로 된 물품의 판매 또는 당해 상표의 사용으로 인하여 무효로 되지 아니하며 또한 이러한 행위는 제3자의 권리 또는 여하한 개인 소유의 권리를 발생시키지 아니한다. 우선권의 기초가 되는 최초의 출원일전에 제3자가 취득한 권리는 각 동맹국의 국내법령에 따라 유보된다.

위 규정에 따라서, 우선권의 효력은 주로 다음과 같은 점에서 나타난다.

첫째, 후출원이 최초출원의 우선권을 향유할 수 있기만 하다면, 최초출원의 출원일로부터 후출원의 출원일 사이에 있었던 어떠한 행위도 후출원을 거절되게 하거나 또는 후출원에 수여된 특허권을 무효로 되게 할 수 없다. 여기에서의 "어떠한 행위"에

---

1) 国家知识产权局, 专利审查指南2010[M], 北京: 知识产权出版社, 2010: 第四部分 第五章 9.5.

는 다음과 같은 행위가 포함된다.

(1) 타인이 위 기간 내에 동일한 대상에 대하여 특허출원하는 행위. 이때에 만약 우선권을 향유할 수 없다면, 이 기간에 제출된 출원은 후출원의 확대된 선출원이 될 수 있어, 이 후출원은 특허권을 수여받을 수 없다. 그러나 우선권을 향유할 수 있다면, 후출원은 실제로 그 기간 내에 제출한 출원의 확대된 선출원이 되기 때문에, 이 출원은 특허권을 수여받을 수 없다.

(2) 출원인 본인 또는 타인이 이 기간 내에 발명창조를 공개하는 행위. 이때에 만약 우선권을 향유할 수 없다면, 이 기간에 있었던 공개행위는 후출원의 선행기술 또는 선행설계가 될 수 있어, 후출원은 특허권을 수여받을 수 없다. 그러나 우선권을 향유할 수 있다면, 이러한 공개행위는 후출원의 신규성 및 진보성에 영향을 미치지 않게 된다.

둘째, 후출원이 최초출원의 우선권을 향유할 수 있기만 하다면, 최초출원의 출원일로부터 후출원의 출원일 사이에 있었던 어떠한 행위도 제3자의 권리를 발생시키지 아니한다. 여기에서의 제3자의 권리는 주로 선사용권을 가리키는데, 즉 이 기간에 관련 발명창조를 알게 된 제3자는 이 기간 내에 그 발명창조를 실시할 수 없을 뿐만 아니라 또한 이후에도 그 발명창조를 계속해서 실시할 수 없다.

주의하여야 할 점은, 1883년 제정된 「파리협약」 제4조 제A부분 제1항에는 일찍이 우선권은 "제3자 권리의 제한"을 받는다는 규정이 있었다는 점이다. 이 규정에 따라서, 제3자가 우선권 기간 내에 즉, 후출원의 출원일 전에 이미 발명창조를 실시하였거나 또는 이를 위해 필요한 준비를 마친 경우에는, 설령 후출원에 특허권이 수여된다고 하더라도 변함없이 선사용권을 향유할 수 있으며, 이렇게 됨으로써 우선권이 효력이 크게 감쇄되었다. 1934년 개최된 「파리협약」 런던 개정회의에서는 위 규정을 삭제하였을 뿐만 아니라, 이 협약 제4조 제B부분에 "또한 이러한 행위는 제3자의 권리 또는 여하한 개인 소유의 권리를 발생시키지 아니한다."라는 규정을 추가함으로써, 위에서 설명한 문제를 해결하였다. 이것은 「파리협약」 체결 이래로 그 원래 내용에 대하여 부정의 형식으로 개정된 유일한 부분이었다. 이 밖에 소위 "제3자의 권리"는 오직 "이러한 행위", 즉 공개행위로 발생한 권리만을 가리킨다는 점을 지적할 필요가 있다. 만약 최초출원의 출원인이 이 기간 내에 제3자에게 그 발명창조의 실시를 허가하였다면, 이 실시권은 분명히 공개행위로 발생한 권리가 아니라 출원인이 수여한 권리이며, "발생" 문제는 자연히 말할 것도 없다.

1934년 개최된 「파리협약」 런던 개정회의에서 원래의 제4조 제A부분 제1항의 위 규정을 삭제하는 동시에, 제도를 개선하기 위하여 "우선권의 기초로 한 최초출원의 출원일 이전에 발생한 제3자의 권리는, 본 동맹국의 국내법에 따라 유지된다."라는 규정을 보충하였다. 이 규정은 제3자가 우선일 전에 이미 발명창조의 내용을 알게 되고, 나아가 실시하거나 또는 실시에 필요한 준비를 마친 경우, 선사용권을 향유할 수 있음을 나타낸다. 이 규정은 의심할 바 없이 합리적인 것이다.

三. 국내우선권

(一) 국내우선권의 필요성

본조 제2항의 국내우선권에 관한 규정은 1992년 「특허법」 개정 시에 추가한 것인데, 이를 추가한 주요 이유로는 다음의 세 가지가 있다.

첫째, 외국의 출원인이 중국에 특허출원을 할 때에는, 본조 제1항 규정에 따라 다른 국가에 제출한 최초 특허출원을 기초로 우선권을 주장함으로써 우선권을 보장받을 수 있는 우대를 받을 수 있지만, 그러나 중국 출원인이 중국에 동일한 발명에 대하여 재차 제출한 특허출원은 그 최초출원에 대한 우선권을 주장할 수 없어서 유사한 대우를 받을 수 없다면, 상대적으로 현저하게 불리한 위치에 처하게 되기 때문이다.

둘째, 1992년 「특허법」 개정 시에 중국의 PCT 가입은 이미 계획되어 있었으며, 일단 중국이 이 조약의 회원국이 되고 나면, 출원인이 중국에 최초로 출원한 후 동일한 대상에 대하여 국제출원을 하는 경우, 그 중국에 대한 최초출원을 기초로 우선권을 주장할 수 있었다. 만약 그 국제출원이 중국을 지정국으로 하여 나중에 중국의 국내단계에 진입하면, PCT 규정에 따라 그 출원인은 이로써 그 중국에서의 최초출원을 대체할 수 있다. 이러한 상황은 이미 출원인이 국내에서의 최초출원에 대한 우선권을 향유하는 것에 상당한다. 이와 같음에도 만약 본조 제2항 규정을 추가하지 않는다면, 출원 경로에 따라 국내우선권 향유 가능여부의 결론이 달라지는 불합리한 현상이 발생할 수 있다.

셋째, 국내우선권제도는 세계적으로 많은 국가의 특허법에서 규정하고 있는 제도이다.

(二) 국내우선권의 기초

주의하여야 할 점은, 본조 제2항 규정에 따라서 국내우선권은 발명 및 실용신안특허출원에만 적용되며, 디자인특허출원에는 적용되지 않는다는 점이다. 디자인특허출원을 배제한 이유는, 1992년 「특허법」 개정에 관한 설명에서 언급되어 있지 않다.[1] 2008년 특허법 개정 시에, 디자인특허출원도 국내우선권에 관한 규정이 적용되어야 한다는 건의가 강력하게 제시되었지만, 이 건의는 입법기관에 의해서 받아들여지지 않았다.

「특허법실시세칙」 제32조 제2항 규정에 따라서, 선출원의 내용이 다음의 하나에 해당하는 경우, 국내우선권 주장의 기초로 할 수 없다.

(1) 이미 국외 또는 국내우선권을 향유한 경우에는 국내우선권의 기초로 할 수 없는데, 우선권의 기초가 되는 출원은 최초출원이어야 하므로 이미 국외 또는 국내우선권을 향유한 출원은 이 요건에 부합하지 않기 때문이다.

(2) 이미 특허권이 수여된 경우에는 국내우선권의 기초로 할 수 없는데, 중복수권을 방지하는 데 그 목적이 있다.

(3) 규정에 따라 제출된 분할출원의 경우에는 국내우선권의 기초로 할 수 없는데, 분할출원은 원출원으로부터 분할된 출원이어서 원출원이 최초출원이고 분할출원은 최초출원이 아니어서 국내우선권의 기초가 될 수 없기 때문이다.

국내우선권의 우선권 기간, 우선권주장의 출원인 적격, 우선권주장 인정의 요건 등은 모두 국외우선권과 동일하지만, 그러나 「특허법실시세칙」 제32조 제3항은 "출원인이 국내우선권을 주장하는 경우, 그 선출원은 후출원이 제출된 날에 취하된 것으로 본다."라고 규정하고 있음에 주의하여야 하는데, 이 규정은 중복수권을 방지하는 데 그 목적이 있다.

(三) 국내우선권의 기능

국내우선권은 국외우선권과 마찬가지로, 출원인에게 다음과 같은 편리한 점이 있다.

첫째, 단일성 요건에 부합할 것을 조건으로, 출원인은 국내우선권 주장을 통해 몇 건의 선출원을 하나의 후출원으로 병합함으로써, 이후에 납부하여야 하는 연차료를 절감하여 비용을 절약할 수 있다.

둘째, 출원인은 우선권 기간 내에 발명 및 실용신안특허출원을 서로 전환할 수 있는데, 이것은 출원인에게 그 적합한 특허출원의 유형을 다시 선택할 수 있는 기회를

---

1) 吳伯明, 关于中华人民共和国专利法的修改[G]//中国专利局专利法研究所, 专利法研究 1992, 北京: 专利文献出版社, 1992: 72-73.

제공한다.

국내우선권을 이용하면 최초출원을 보충하고 개량하는 목적을 달성할 수 있다고 보는 견해도 있다. 이에 대해서는, 혼동하지 않도록 주의하여야 한다. 국내우선권을 주장하는 후특허출원에서, 출원인은 확실히 최초출원에 포함된 내용을 추가하고 보충할 수 있지만, 만약 기술방안에 새로운 내용을 추가하여 보호받고자 한다면, 즉 일부 청구항에 새로운 기술적 특징이 추가되었다면, 그 청구항은 우선권을 향유할 수 없으며, 그 실제 출원일을 기준으로 할 수밖에 없다. 이 점은 앞에서 국외우선권을 설명할 때에 이미 상세히 해설하였으며, 이 해설은 국내우선권에도 동일하게 적용된다. 따라서 새롭게 추가되는 내용이 있는 경우, 후출원을 하는 것은 출원인이 보통의 특허출원을 별도로 하는 것과 다를 것이 없다. 당연히 설령 이와 같다고 하더라도, 이러한 방식으로 국내우선권을 주장하는 것이 출원인에게 일정한 가치가 있음에는 변함이 없다.

제30조 우선권주장의 절차

출원인이 우선권을 주장하는 경우, 출원 시에 서면 성명서를 제출하고 3개월 내에 최초 특허출원서류의 부본을 제출하여야 하며, 서면 성명서를 제출하지 아니 하였거나 또는 기간 내에 특허출원서류의 부본을 제출하지 아니한 경우, 우선권주장이 없는 것으로 본다.

본조는 우선권주장의 주요 절차 및 관련 절차를 밟지 않았을 때의 효과를 규정하고 있다. 1992년 「특허법」 개정 시에, 본조 규정의 표현이 보다 명확하지 않은 점에 대하여 개정하였다. 2000년 및 2008년 「특허법」 개정 시에는 모두 본조에 대하여 개정하지 않았다.

우선권주장의 절차와 제출하여야 하는 문서에 관하여, 「파리협약」 제4조 제D부분은 아래와 같이 매우 상세하게 규정하고 있다.

① 전출원의 우선권을 이용하려는 자는 그 출원의 일부 및 그 출원을 한 동맹국의 국명을 명시한 선언을 할 것이 요구된다. 각 동맹국은 그러한 선언을 하여야 할 최종일을 결정한다.

② 일부 및 국명은 권한있는 당국이 발행하는 간행물 특히, 특허 및 명세서에 관한 간행물에 게재한다.

③ 동맹국은 우선권을 출원하는 자에 대하여 최초의 출원에 관한 출원서류(명세서, 도면 등을 포함)의 등본의 제출을 요구할 수 있다. 그러한 출원을 접수한 당국에 의하여 인증된 등본은 여하한 공증도 필요로 하지 않으며 여하한 경우에도 그 후출원일로부터 3개월의 기간 내에 언제든지 무료로 제출될 수 있다. 동맹국은 그 등본에 같은 당국이 교부하는 출원의 일부를 표시하는 증명서 및 역문을 첨부하도록 요구할 수 있다.

④ 출원을 할 때에는 우선권의 선언에 대하여 여타의 형식적 요건을 요구할 수 없다. 각 동맹국은 이 조항에서 정하는 형식적 요건을 따르지 않았을 경우의 효과에 대하여 정한다. 다만, 그 효과는 우선권의 상실을 초과하지 아니한다.

⑤ 그 이후에는 다른 증거 서류가 요구될 수 있다. 전출원의 우선권을 이용하는 자는 그 출원의 번호를 명시하도록 요구될 수 있으며 그 번호는 위 2항에 정하는 방법으로 공표된다.

중국에 특허출원하면서 우선권을 주장하는 경우, 국외우선권인지 국내우선권인지를 불문하고, 출원인은 서면 성명서를 제출하여 우선권의 향유를 희망한다는 의사를 밝혀야 하는데, 이것은 우선권 향유에 있어서 가장 중요한 절차적 요건이다.

우선권을 주장하는 서면 성명서를 언제 제출하여야 하는가, 이것은 매우 중요한 문제이다. 「파리협약」의 위 규정에는 직접적으로 기재되어 있지 않지만, 그 제4항에서 "출원을 할 때에는 우선권의 선언에 대하여 여타의 형식적 요건을 요구할 수 없다."고 규정한 것을 볼 때, 동맹국은 출원인에게 그 국가에 특허출원함과 동시에 성명하도록 요구할 수 있다는 의미를 내포하고 있다. 본조 규정도 이처럼 규정한 것인데, 그 "출원인이 우선권을 주장하는 경우, 출원 시에 서면 성명서를 제출하여야 한다."는 것은 출원인이 후출원을 한 후에 우선권을 주장하는 서면 성명서를 보충하여 제출하는 경우에는 우선권을 향유할 수 없음을 나타낸다. 예를 들어, 출원인이 우선권 기간 내에 중국에 후출원을 하였지만 우선권주장 서면 성명서를 제출하지 않은 경우에는, 우선권 기간이 아직 만료되지 않았다고 해서 나중에 우선권주장 서면 성명서를 다시 보충하여 제출하는 것이 허용된다고 볼 수 없다.

이처럼 「특허법」 제29조와 본조 규정을 함께 놓고 보면, 중국에서의 우선권주장 절차가 비교적 엄격함을 볼 수 있는데, 첫째, 후출원이 반드시 「파리협약」이 규정하는 우선권 기간 내에 제출되어야 하고, 둘째, 후출원과 동시에 반드시 우선권주장 성명을 제출하여야 하고 뒤에 보충하여 제출할 수 없다는 점에서 드러난다. 전자는 「파리협약」의 우선권 기간에 대한 규정 자체가 매우 엄격하여 탄력적이지 않기 때문이며, 후자는 출원의 우선권 향유여부는 후출원에 대한 심사처리 절차에 직접적인 영향이 있기 때문인데, 예를 들어 「특허법」 제34조는 발명특허출원이 초보심사를 통과한 후 출원일로부터 18개월이 되는 때에 공개하도록 규정하고 있고, 여기서 "출원일"은 우선권이 있는 경우에는 우선일을 가리키기 때문에 후출원이 우선권을 향유하는 경우에는 일반적으로 후출원의 출원일로부터 6개월이 되는 때에 공개하여야 하는데, 만약 출원인이 이후에 우선권주장 서면 성명서를 보충하여 제출할 수 있도록 허용한다면 국가지식산권국의 공개업무가 곤란해질 수 있기 때문이다.

WIPO가 근년에 「특허법조약」 제정과 「PCT규칙」 개정을 통하여, 우선권주장 절차를 완화하고 있다는 점은 지적할 필요가 있다. WIPO는 「특허법조약」 제정 시에, 구「PCT규칙」의 관련 규정을 참고하여, 그 회원국의 요구가 국제출원에 대한 요구보다 더 엄격해서는 안 된다고 규정함과 동시에 출원인에게 보다 유리한 규정을 신설하였으며, 이후에 「PCT규칙」을 개정할 때에 역으로 「특허법조약」에 신설한 관련 규정이 PCT 체계에도 반영되도록 하였다. 이와 같이 양자가 서로 협력하게 함으로써 출

원인에게 보다 편리한 환경을 제공하고자 하는 목적을 달성하였다.[1]

2008년 「특허법」 개정 및 2010년 「특허법실시세칙」 개정 시에는, 위 국제조약의 우선권 관련 규정을 참조하지 않았으며, 따라서 출원인이 후에 중국에 특허출원하면서 우선권주장을 하는 경우에는 그 후출원의 출원시기 및 우선권주장의 서면 성명서 제출시기가 반드시 본조 규정에 부합하여야 한다.

국제출원에 있어서는, 국가지식산권국은 국제출원의 수리관청이면서 국제출원의 지정관청이어서 비교적 복잡하므로 특별히 주의할 필요가 있다.

2010년 개정 「PCT규칙」의 규정에 따라서, 국제출원이 설령 「파리협약」이 규정하는 우선권 기간을 도과하였다고 하더라도 우선일로부터 14개월 내에 우선권의 회복을 청구할 수 있다. 「파리협약」이 규정하는 우선권 기간 내에 국제출원을 한 경우, 우선일로부터 16개월 내에 우선권주장의 성명을 보충하여 제출할 수 있고 그리고 먼저 한 우선권주장을 보정 또는 추가할 수 있다.

국제출원의 수리관청으로서, 국가지식산권국은 「PCT규칙」의 위 규정의 적용을 유보하지 않았다. 따라서 국가지식산권국을 수리관청으로 하여 국제출원하는 경우, 우선일로부터 14개월 내에 우선권의 회복을 청구할 수도 있고, 우선일로부터 16개월 내에 우선권주장의 성명을 보충하여 제출하거나 먼저 한 우선권주장을 보정 또는 추가할 수 있다.

그러나 국제출원의 지정관청으로서, 「PCT규칙」 제49의3.1 수리관청에 의한 우선권 회복의 효력에 관한 규정에 대하여, 국가지식산권국은 이 규정이 중국 「특허법」의 본조 규정에 부합하지 않으므로 그 적용을 유보할 것임을 2005년에 정식으로 PCT 국제사무국에 통지하였다.[2] 이렇게 유보한 것은 다른 국가의 특허청이 수리한 국제출원인지 아니면 중국 국가지식산권국이 수리한 국제출원인지를 불문하고, 설령 국제출원을 수리할 때에는 출원인이 12개월의 우선권 기간이 만료되고 나서 2개월 내에 그 우선권을 회복할 수 있다고 하더라도, 그 국제출원이 중국 국내단계로 진입할 때에는 우선권을 회복한 것으로 인정받을 수 없으며, 12개월의 우선권 기간을 도과하면 우선권 향유의 권리가 상실함을 의미한다. 이처럼 유보한 것은 여전히 유효하다.

그러나 중국 국내단계로 진입하는 국제출원에 있어서는, 만약 우선일로부터 16개월 내에 우선권주장의 성명을 보충하고 그리고 먼저 한 우선권주장을 보정 또는 추가한 것을 수리관청이 이미 인정한 경우에는, 국가지식산권국도 이를 인정한다는 점을

---

1) 「특허법조약」 제13조, 「특허법조약규칙」 제14조 규정 및 이 조약 제13조에 대한 주석, 그리고 「PCT규칙」 제4.10 및 제26의2.1 규정 참고.
2) [EB/OL]. www.wipo.int/pct/en/texts/reservations/res_incomp.html. (방문시기 미상)

주의할 필요가 있다. 이것은 우선권주장의 절차적 요건에 있어서, PCT 경로를 통하여 중국에 진입한 특허출원이 곧바로 중국에 한 특허출원에 비하여 보다 우대받을 수 있음을 의미한다.

소위 서면 성명서를 제출한다는 것은, 발명·실용신안 또는 디자인특허출원의 청구서에 마련된 "우선권주장의 성명" 란에 관련 항목을 기입하는 것을 가리킨다.

우선권주장 서면 성명서의 구체적인 내용에 관하여, 2010년 개정 전「특허법실시세칙」제32조 제1항은 출원인이「특허법」제30조 규정에 따라서 우선권주장 절차를 밟는 경우, 서면 성명서에 최초 특허출원의 출원일·출원번호 및 그 출원을 수리한 국가를 기재하여야 하고, 서면 성명서에 선출원의 출원일 및 그 출원을 수리한 국가를 기재하지 않은 경우에는 성명서를 제출하지 않은 것으로 본다고 규정하였다. 2010년 개정「특허법실시세칙」제31조 제2항은 이러한 요건을 완화하여 아래와 같이 규정하였다.

> 우선권을 주장하였으나 청구서에 선출원의 출원일·출원번호 및 수리기구의 명칭 중 하나 또는 둘의 내용을 누락하였거나 잘못 기재한 경우, 국무원 특허행정부분은 출원인에게 지정된 기간 내에 보정할 것을 통지하여야 하며, 기간 내에 보정하지 아니한 경우, 우선권주장이 없는 것으로 본다.

미국특허법이 미국 특허출원은 반드시 발명자가 출원인이 되어야 한다고 규정하고 있으므로, 발명자의 소속 단위가 권리자가 되기 위해서는 오직 양수인으로만 특허출원서류 또는 특허문서 중에 표시될 수 있으며, 이에 더하여「파리협약」제4조가 우선권은 독립적으로 양도할 수 있다고 규정하고 있으므로, 선후 출원의 출원인 명칭이 불일치하는 경우가 종종 발생한다. 이에 대하여, 2010년 개정「특허법실시세칙」제31조 제3항은 아래와 같이 규정하고 있다.

> 우선권을 주장하는 출원인의 성명 또는 명칭이 선출원서류 부본 중에 기재된 출원인의 성명 또는 명칭과 일치하지 아니하는 경우, 우선권 양도 증명서류를 제출하여야 하고, 그 증명서류를 제출하지 아니한 경우, 우선권주장이 없는 것으로 본다.

본조 규정에 따른 우선권주장의 또 다른 절차는 출원인이 출원일로부터 3개월 내에 선출원서류의 부본을 제출하는 것이다. 부본 제출을 요구하는 목적은 선출원한 사실을 확인하고, 선출원의 출원일과 출원의 주체 및 객체를 확인하기 위함인데, 이러한 것들은 모두 후출원이 우선권을 향유할 수 있는지를 판단하는 데 있어서 빠질 수 없는 필수정보이다. 부본이 틀림없고 정확하도록 하기 위하여, 출원인이 제출하는 선출원서류 부본은 반드시 선출원을 수리한 기관의 증명을 거쳐야 한다. 과거에 서면으로만 출원하였던 시대에는, 선출원서류 부본을 발급받고 제출하는 것이 비교적 복잡하였다. 출원인이 먼저 선출원을 수리한 기관에 청구하면, 그 기관은 부본과 증명서류를 제작하고 봉투에 담아 출원인에게 우편으로 발송하고, 출원인은 다시 후출원을 수리한 기관에 제출하여야 했는데, 전체 과정에 비교적 긴 시간이 소요되었다. 현재에는 이미 인터넷 시대에 진입하여 전자적으로 출원서류 및 기타 서류를 제출하는 방식이 갈수록 확산되고 있는데, 이것은 전자적 방식으로 선출원서류의 부본을 발급받는 것을 가능하게 하였다. 현재 세계 각국 및 WIPO의 PCT 국제사무국은 협력을 강화함으로써 선출원서류 부본의 제공과 획득 방식을 개선하여, 출원인에게 편의를 제공하고자 하고 있다. 이에 따라 2010년 개정「특허법실시세칙」제31조 제1항은 아래와 같이 규정하고 있다.

출원인이 특허법 제30조 규정에 의하여 국외우선권을 주장하는 경우, 출원인이 제출하는 선출원서류 부본은 수리기관의 증명을 거쳐야 한다. 국무원 특허행정부문이 그 수리기관과 체결한 협정에 따라서, 국무원 특허행정부문이 전자적 교환 등 경로를 통해서 출원서류 부본을 취득하는 경우 출원인이 그 수리기구의 증명을 거친 선출원서류 부본을 제출한 것으로 본다. 국내우선권을 주장하는 경우, 출원인이 청구서 중에 선출원의 출원일과 출원번호를 기재하면 선출원서류 부본을 제출한 것으로 본다.

위 규정은 전자적 교환방식 등으로 선출원서류 부본을 취득하는 데 있어서 법률적 장애를 제거하였으며, 이와 동시에, 규정에 부합한다면 출원인이 국내우선권을 주장하는 경우에도 선출원서류 부본을 제출할 필요가 없음을 규정하였다.

선출원서류가 외국어로 된 경우, 국가지식산권국이 필요하다고 인정하는 때에는 지정된 기간 내에 중문 번역문을 제출하여야 한다. 출원인이 지정된 기간 내에 선출원서류의 부본을 제출하지 않은 경우, 우선권주장이 없는 것으로 본다. 출원인이 국가지식산권국이 요구한 선출원서류의 중문 번역문을 지정된 기간 내에 제출하지 않은 경우, 그 출원서류를 제출하지 않은 것으로 보며, 그 결과 우선권주장이 없는 것으로 본다.

제31조 특허출원의 단일성 및 병합출원

① 하나의 발명 또는 실용신안특허출원은 하나의 발명 또는 실용신안에 한정되어야 한다. 하나의 총괄적 발명의 사상에 속하는 둘 이상의 발명 또는 실용신안은 하나의 출원으로 할 수 있다.

② 하나의 디자인특허출원은 하나의 디자인에 한정되어야 한다. 동일한 제품의 둘 이상의 유사한 디자인, 또는 동일한 분류에 이용되고 한 벌로 판매 또는 사용되는 제품의 둘 이상의 디자인은 하나의 출원으로 할 수 있다.

一. 개 요

하나의 특허출원은 하나의 발명창조에 한정되어야 하는데, 이것이 소위 특허출원의 단일성 원칙이다. 이 원칙은 각국 특허제도가 보편적으로 채택하고 있다.

단일성 원칙을 채택하는 것은, 출원인이 하나의 특허출원에 내용적으로 무관하거나 또는 관계가 깊지 않은 여러 발명창조를 포함시키는 것을 방지함으로써, 국가지식산권국의 특허출원에 대한 처리·검색 및 심사를 편리하게 하고, 특허권 수여 후에 특허권자의 권리행사와 의무이행을 쉽게 하며, 법원 및 특허업무관리부문의 특허분쟁에 대한 심리 또는 처리를 용이하게 할 뿐만 아니라, 공중이 특허문헌을 효과적으로 이용할 수 있게 하기 위함이다. 그러나 단일성 원칙은 절대적인 것이 아니다. 어떤 경우에는 둘 또는 그 이상의 밀접하게 관련된 발명창조를 병합하여 하나의 특허출원으로 함으로써 심사와 보호를 보다 편리하게 할 수 있다. 이 때문에 본조는 단일성 원칙의 예외 경우도 규정하였는데, 즉 본조가 규정하는 요건에 부합하는 경우에는, 설령 하나의 특허출원에 둘 이상의 발명창조가 포함되어 있다고 하더라도 단일성 요건에 부합하는 것으로 인정된다.

성질로 보면, 단일성 요건은 특허권 수여의 형식적 요건에 해당하며, 특허권 수여의 실체적 요건에 해당하는 것은 아니다. 이것은 특허권 수여 전에는 국가지식산권국이 본조 규정에 위배됨을 이유로 특허출원을 거절할 수 있지만, 특허권이 일단 수여되고 나면 설령 본조 규정에 부합하지 않는 것으로 보이더라도, 단일성 없음을 이유로 그 특허권의 무효선고를 청구할 수 없음에서 구체적으로 드러난다.

소위 "하나의 특허출원은 하나의 발명창조에 한정되어야 한다."는 것은 하나의 특허출원에는 하나의 발명창조만 기재될 수 있음을 가리키는 것이 아니라, 하나의 특허출원은 하나의 발명창조에 대해서만 보호를 요구할 수 있음을 가리킨다. 따라서 발명 및 실용신안특허출원에 있어서의 단일성 요건 판단근거는 설명서 및 그 도면이 아니고 청구범위이다. 당연히, 그렇다고 해서 설명서에 그 보호받고자 하는 발명창조와 무관한 내용을 출원인이 제멋대로 기재해서는 안 되는데, 예를 들어 특허출원을 빌어 전문서적을 발표함으로써 설명서 중에 기재된 그 발명 또는 실용신안과 관련된 설명이 대량의 기타 정보 속에 파묻혀도 된다는 것을 의미하는 것은 아니다. 만약 이러한 경우가 발생한다면, 「특허법」 제26조 제3항 규정에 따라서, 설명서가 불명확함을 이유로 그 특허출원을 거절할 수 있다. 디자인특허출원에 있어서는, 도면 또는 사진이 설계방안을 공개하는 매체이면서 동시에 그 보호범위를 확정하는 근거이며, 도면 또는 사진이 두 가지 기능을 갖고 있으므로 위와 같은 문제는 생기지 않는다.

발명 및 실용신안특허출원과 디자인특허출원이 위와 같은 차이가 있으므로, 본조는 발명 및 실용신안특허출원의 단일성 요건과 디자인 특허출원의 단일성 요건에 대하여 각각 두 항으로 나누어 규정하고 있다.

단일성 문제는 주로 단일성 원칙의 예외 경우에 집중되며, 병합출원이 허용되는 경우에 대해서 명확하게 규정하기만 하면, 본조의 의미도 명확해진다.

二. 발명 및 실용신안특허출원의 단일성

본조 제1항은 발명 또는 실용신안특허출원의 단일성 원칙에 대한 예외 경우로서, "하나의 총괄적 발명의 사상에 속하는 둘 이상의 발명 또는 실용신안은 하나의 출원으로 할 수 있다."라고 규정하고 있다.

무엇을 "하나의 총괄적 발명의 사상에 속한다."라고 하는지가 관건이다.

「특허법실시세칙」 제34조 제1항은 아래와 같이 규정하고 있다.

> 특허법 제31조 제1항 규정에 따라서 하나의 특허출원으로 할 수 있는 하나의 총괄적 발명의 사상에 속하는 둘 이상의 발명 또는 실용신안은, 기술적으로 서로 관련되어 있어야 하고, 하나 또는 복수의 동일 또는 상응하는 특정한 기술적 특징을 포함하고 있어야 하며, 그중 특정한 기술적 특징은 각 발명 또는 실용신안을 전체적으로 고려하여 선행기술에 대해서 공헌하는 기술적 특징을 가리킨다.

「특허법실시세칙」 제34조의 "특정한 기술적 특징"은, 발명 또는 실용신안특허출원

의 단일성 요건 부합여부 판단을 위하여 특별히 도출된 개념으로서, 이 조는 그 개념
에 대해서 "각 발명 또는 실용신안을 전체적으로 고려하여 선행기술에 대해서 공헌
하는 기술적 특징"이라고 정의하고 있다. 소위 "선행기술에 대해서 공헌하는 기술적
특징"은 병합하여 출원하고자 하는 모든 발명 또는 실용신안이 각자의 선행기술에
비하여 신규성 및 진보성 있는 기술적 특징을 갖고 있어야 하며, 보호받고자 하는 모
든 발명 또는 실용신안을 전체적으로 고려하여야 함을 가리킨다.

「특허심사지침서 2010」에 제시된 병합출원이 허용되는 경우에는 아래와 같은 예
가 있다.

> 청구항 1: 필라멘트 A.
> 청구항 2: 필라멘트 A를 이용하여 제조한 전구 B.
> 청구항 3: 필라멘트 A를 이용하여 제조한 전구 B와 회전장치 C를 장착한 탐조등.
> 선행기술에 개시된 전구 제작에 이용되는 필라멘트와 비교하여, 필라멘트 A는 새로
> 운 것이고 진보성을 구비하고 있다.
> 설명: 위 세 항의 청구항은 동일한 특정한 기술적 특징인 필라멘트 A를 포함하고 있으
> 며, 따라서 이들은 단일성이 있다.[1]

위의 예는 다음과 같은 논리를 따른 것인데, 필라멘트를 개량하였으므로 필라멘트
자체는 신규성 및 진보성이 있고, 따라서 필라멘트에 대한 이 개량은 이 필라멘트를
이용한 모든 제품에 있어서의 선행기술에 대해서 공헌하는 기술적 특징이며 "특정한
기술적 특징"으로 인정될 수 있고, 이로써 이러한 독립청구항들은 단일성이 있다는
결론을 얻을 수 있으며, 나아가 이를 이용하는 각 제품도 신규성 및 진보성이 있다는
결론을 얻을 수 있다. 바꿔 말하면, 필라멘트 자체를 개량한 것이 신규성 및 진보성이
있다면, 곧 그 필라멘트를 이용하는 모든 제품도 모두 신규성 및 진보성이 있다.

위의 견해는 검토해 볼 만한 가치가 있는데, 그 특정한 예에 대해서는 위와 같은 결
론이 어쩌면 정확할지도 모르지만, 이와 유사한 경우에도 모두 정확한 것은 아니다.
예를 들어, 보다 쉽게 회전시킬 수 있는 단부 구조를 갖는 새로운 나사못을 출원인이
발명하였다면, 나사못 자체에 있어서는 이러한 개량이 상당히 현저하므로 개량된 나
사못은 신규성과 진보성이 있는 것으로 인정될 수 있어 특허권이 수여될 수 있다. 그
러나 그렇다고 해서 그 나사못을 사용한 자동차도 신규성 및 진보성이 있음을 의미하

---

1) 国家知识产权局, 专利审查指南2010[M], 北京: 知识产权出版社, 2010: 第二部分 第六章 2.2.2.1.

는 것은 아닌데, 나사못이 발휘하는 작용효과는 부속품을 결합하는 것이어서 자동차 전체에서 보면 매우 사소한 기술이므로 그 자동차 자체의 신규성 및 진보성을 확보하는 데 도움이 되지 않기 때문이다. 「PCT규칙」 제13.2조는 "특정한 기술적 특징이란 청구범위에 기재된 각 발명이 전체로서 선행기술에 대하여 기여하는 기술적 특징을 말한다."라고 규정하고 있으며, 그중 앞뒤 부분의 표현이 서로 관련되는데, 소위 "선행기술"은 발명창조 각각의 선행기술을 가리키는 것으로서 발명창조가 달라지면 그 선행기술도 달라진다. "전체로써"라고 특별히 한정한 것이 매우 중요한데, 부속품의 어떤 기술적 특징이 부속품 자체의 신규성 및 진보성에 공헌한다고 해서, 그 기술적 특징이 그 부속품을 이용한 모든 제품의 신규성 및 진보성에도 공헌하는 것은 아님을 의미한다. 이것은 병합출원에 대한 필요적 제한일 뿐만 아니라, 더욱 중요한 것은 신규성 및 진보성 판단에 대한 필요적 제한이기도 하다. 만약 출원인이 위와 같은 방식을 써서 함부로 제품에 대한 독립청구항을 기재하여 병렬시키는 것이 허용되고 단일성 요건에 부합하는 것으로 인정된다면, 결과적으로 그 부속품을 이용한 각종 제품도 필연적으로 신규성 및 진보성이 있는 것으로 판단될 수밖에 없다. 이러한 결론은 분명히 바람직하지 않으며 규제할 필요가 있는데, 그렇게 하지 않으면 일단 부속품을 일부 개량하고 나면 출원인은 제한 없이 확장하여 그 부속품을 이용한 모든 제품에 대하여 특허보호를 받게 되고, 특허제도의 정상적인 운영에 불리한 영향을 줄 수 있다. 일정한 확장은 마땅히 허용되어야 하지만 한도가 있어야 하며, 그 한도를 벗어나면, 부속품의 신규성 및 진보성에 공헌한 기술적 특징이 그 부속품을 이용한 제품의 신규성 및 진보성에도 공헌하였다고 할 수 없다. 예를 들어, 출원인이 새로운 반도체 재료를 발명하였다면, 그는 반도체 재료 자체에 대하여 특허보호를 받고자 할 뿐만 아니라, 이 반도체 재료를 이용하여 만들어진 전자소자, 이 전자소자를 이용하여 만들어진 회로, 이 회로를 이용하여 만들어진 모뎀(modem), 이 모뎀을 이용하여 만들어진 무선송신장치, 이 무선송신장치를 이용하여 만들어진 위성통신시스템에 대해서도 전부 특허로 보호받고 싶어 할 수 있는데, 그 이유는 반도체 재료에 대한 창조적 공헌이 위성통신시스템에 대해서도 역시 창조적 공헌을 하였다고 보기 때문이다. 이러한 결론이 합리적이라고 할 수는 없다.

일반적인 이해에 따르면 부속품을 개량한 경우에는 출원인이 그 부속품 자체에 대하여 특허를 출원하여 받을 수도 있고 그 부속품을 이용한 제품에 대하여 특허를 출원하여 받을 수도 있으며 이에 대해서는 추가적인 제한이 없는데, 위의 견해는 이에 대하여 제한을 할 필요가 있다는 것을 의미하는 것은 아닌지 의문이 생길 수 있다.

필자는 위의 문제에 대한 대답은 부정이라고 보는데, 아래의 두 가지 구체적인 이유 때문이다.

먼저, 진보성 측면에서 볼 때 진보성 있는 나사못의 구조로 개량한 경우에는 개량한 나사못에 대하여 보호받고자 하는 것은 아무 문제가 없지만, 만약 보호받고자 하는 것이 그 나사못을 이용한 자동차라면 진보성이 있다고 단정할 수 없다. 바꿔 말하면, 위와 같은 개량을 한 자에게는 나사를 보호받을 것인지 아니면 자동차를 보호받을 것인지를 자유롭게 선택할 수 있는 당연한 권리가 있다고 할 수 없다.

다음으로, 어떠한 객체에 대하여 특허로 보호할 것인가는 침해인정 후의 배상액수 확정에 영향을 줄 수 있다.

중국의 사법실무 중에 발생할 수 있는 문제에 대하여, 2009년 반포된 「최고인민법원의 특허권 침해분쟁사건 심리 응용법률 문제에 관한 해석」 제16조 제2항은 아래와 같이 규정하고 있다.

> 발명·실용신안특허권을 침해한 제품이 다른 제품의 부속품인 경우, 인민법원은 그 부속품 자체의 가치 및 그 완제품의 이윤 중에서의 작용 등 요소에 근거하여 배상액을 합리적으로 확정하여야 한다.

위 규정의 문구를 볼 때, "발명·실용신안특허권"은 부속품 자체에 대하여 받은 특허권을 가리킨다. "다른 제품"은 그 특허부속품을 이용한 제품으로, 그 제품 자체는 특허권을 받지 않은 것을 가리킨다. 이 규정은 분명히 필요하면서도 합리적인 것으로, 한 가지 중요한 문제, 즉 부속품의 특허권을 침해한 경우에 침해배상액은 그 부속품을 이용한 다른 제품이 얻을 수 있는 전체 이윤에 따라서 계산하는 것이 아님을 분명히 밝혔는데, 이렇게 하지 않으면 특허보호가 남의 권리를 교묘하게 빼앗는 것이 된다. 그러나 만약 그 특허권자가 "다른 제품" 자체에 대하여도 특허권을 받았다면 따로 논의하여야 하며, 위의 규정을 적용하기는 곤란하다. 이처럼, 부속품 자체에 신규성 및 진보성이 있어서 특허권이 수여될 수 있는 경우에, 그 부속품을 이용하는 제품에 대한 독립청구항을 출원인이 병합하여 출원하더라도 단일성 요건에 부합하는지는 그 중요성이 뚜렷해진다. 위에서와 같은 문제를 토론한 것은 바로 이러한 이유 때문이다.

사실, 출원인은 부속품에 대한 독립청구항을 기재함과 동시에 그 부속품을 이용하는 기타 제품에 대한 독립청구항도 기재할 수 있지만, 만약 그 부속품 자체를 개량한 것 이외에 그 부속품을 이용한 제품에 대해서는 어떠한 개량도 하지 않았다면, 그 의도는 특허권자의 허가 없이 특허권을 받은 부속품을 이용하여 기타 제품을 제조하는 행위마저도 부속품 특허권을 침해하는 행위가 되게 하고자 하는 것으로 이해될 수밖에 없다. 「특허법」 제11조의 규정에 의하면, 부속품에 대하여 특허권이 수여된 후에 특허권자의 허가 없이 그 특허부속품을 제조하는 것은 그 특허권을 침해하는 제조행위에 해당하며, 그 특허부속품을 이용한 다른 제품을 판매하는 것은 그 특허권을 침해하는 판매행위에 해당한다.[1] 이로부터, 만약 출원인의 의도가 이와 같다면 본래부터 법적으로 보장되기 때문에 독립청구항을 병렬적으로 기재하지 않아도 그 의도를 실현할 수 있고, 만약 출원인의 의도가 이와 같을 뿐만 아니라 욕심을 부려서 그 특허제품을 부속품으로 하는 모든 각종 제품에 대해서도 특허로 보호받기를 희망한다면, 이러한 제품을 "전체적으로 고려하여" 부속품에 있어서 "특정한 기술적 특징"에 해당하는 것이 이러한 제품에 있어서도 "특정한 기술적 특징"에 해당하는지를 판단하여야 함을 알 수 있다.

이미 수여된 특허권에 있어서, 만약 그 청구범위가 복수의 독립청구항이 병렬적으로 기재된 것으로, 실질적으로 신규성·진보성이 있는 부속품 자체뿐만 아니라 그 부속품을 이용한 각종 제품까지 보호받고자 하는 것인 경우에, 그 부속품에 대해서만 개량하였고 이를 이용한 후속제품에 대해서는 이와 달리 개량한 것이 없다면, 법원이 배상액을 확정할 때에 위에서 설명한 최고인민법원의 사법해석 규정을 적용하여야 한다고 필자는 주장하는 바이다.

三. 디자인특허출원의 단일성

디자인에 있어서는, 만약 출원인이 그 출원서류 중에 제품의 디자인방안이 반영된 도면 또는 사진만 제출하였다면, 그 제품의 그 디자인에 대해서만 보호를 받을 수 있을 뿐이다. 주의가 필요한 점은, 본조 제2항에는 제1항과 같은 "하나의 총괄적인 발명사상에 속하는 둘 이상의 디자인은 하나의 출원으로 할 수 있다."라는 원칙적 규정이 없고, 단일성 요건의 예외 경우는 본조 제2항에서 구체적으로 나열한 두 가지 구체적인 경우에 한정된다는 점인데, 따라서 디자인 출원인이 병합하여 디자인특허출

---

[1] 2009년 12월 공포된 「최고인민법원의 특허권 침해분쟁사건 심리 응용법률 문제에 관한 해석」 제12조 제1항은 명확하게 "발명 또는 실용신안특허권을 침해하는 제품을 부속품으로 하여, 다른 제품을 제조하는 경우, 인민법원은 특허법 제11조가 규정하는 사용행위에 해당하는 것으로 인정하여야 한다. 다른 제품을 판매하는 경우, 인민법원은 특허법 제11조가 규정하는 판매행위에 해당하는 것으로 인정하여야 한다."고 규정하고 있다.

원을 할 수 있는 여지가 비교적 적다.

아래에서 본조 제2항이 규정하는 단일성 요건의 두 가지 예외 경우에 대하여 각각 설명하겠다.

(一) 동일한 제품의 둘 이상의 유사한 디자인

2008년「특허법」개정 전에, 본조 제2항은 "동일한 분류에 이용되고 한 벌로 판매 또는 사용되는 제품의 둘 이상의 디자인은 하나의 출원으로 할 수 있다."고 하여 오직 하나의 단일성 예외 경우만 규정하였고, 이 밖에 모든 디자인특허출원은 하나의 디자인으로 제한되었으므로 출원인이 병합하여 디자인특허출원을 할 수 있는 여지가 매우 적었다.

디자인특허문서에는 청구범위가 없기 때문에,「특허법」제59조 제2항은 "디자인특허권의 보호범위는 도면 또는 사진에 표시된 그 제품의 디자인을 기준으로 한다."고 규정하고 있다. 디자인의 도면, 특허 사진에는 제품 디자인의 수많은 세부가 반영되어 있고, 발명·실용신안특허출원의 독립청구항처럼 발명창조의 "요점"만 기재되어 있는 것이 아니며, 따라서 도면 또는 사진을 보호범위의 기준으로 하면 일반적으로는 디자인특허권의 보호범위가 좁아진다. 이러한 이유 때문에, 타인이 설령 디자인특허권자의 설계방안 중 상당부분을 참고하여 표절하였다고 하더라도, 일부 세부적인 설계를 조금만 바꾼다면 디자인특허권의 보호범위를 벗어나서 침해에 해당하지 않는 것으로 볼 수 있으므로 디자인특허권이 효과적으로 보호받기가 어려웠다. 이 문제를 극복하기 위하여, 디자인특허의 출원인은 매우 자연스럽게 디자인특허 출원서류 중에 그 기본적 설계사상을 실현할 수 있는 여러 설계방안을 기재하기를 희망하였는데, 이는 여러 항의 병렬적인 "독립청구항"을 기재하는 것에 상당하는 것으로, 이렇게 하면 타인이 그 디자인특허권의 보호범위를 피해 가기가 쉽지 않게 된다.

그러나 2008년「특허법」개정 전에 디자인특허의 심사기준은 이러한 방식을 엄격하게 제한하였는데, 출원인이 만약 동일한 제품의 몇 가지 유사한 설계방안을 하나의 디자인특허출원에 기재하면, 곧 하나의 특허출원에 둘 이상의 "상이한" 디자인을 보호받고자 하는 것이어서, 2008년 개정 전 본조 제2항 규정에 따라 거절되어야 했기 때문이고, 만약 출원인이 동일한 제품의 몇 가지 유사한 설계방안을 여러 건의 디자인출원으로 분할하여 각각 출원하면, "동일한" 발명창조로 인정되어 2010년 개정 전「특허법실시세칙」제13조 제1항의 중복수권금지 규정에 의하여 거절되어야 했기 때문이다. 바꿔 말하면, 저기에서는 다른 것으로 인정되고 여기에서는 같은 것으로 인정되어 출원인은 이러지도 저러지도 못하였다.

2008년 「특허법」 개정 시에 이 문제에 대한 사회적 반향이 두드러졌는데, 이를 개선하여야 한다는 요구가 매우 강력하였고, 이 때문에 개정 후 본조 제2항에 "동일한 제품의 둘 이상의 유사한 디자인은 하나의 출원으로 할 수 있다."를 신설하였다.

위 규정을 구체화하기 위하여, 2010년 「특허법실시세칙」 개정 시에 개정 전 「특허법실시세칙」 제36조를 제35조로 고치고, 제1항을 추가하여 아래와 같이 규정하였다.

특허법 제31조 제2항 규정에 의하여, 동일한 제품의 둘 이상의 유사한 디자인을 하나의 출원으로 하는 경우, 그 제품의 기타 디자인은 간단한 설명 중에 지정한 기본디자인과 유사하여야 한다. 하나의 디자인특허출원으로 할 수 있는 유사한 디자인은 10건을 초과할 수 없다.

위 규정에 대하여, 다음과 같은 몇 가지 점을 주의하여야 한다.

첫째, 위 규정에 의하여 병합출원한 디자인특허 제품은, 동일한 제품의 디자인에 관한 것이어야 하고, 그 제품의 명칭·유형 및 그 용도가 모두 동일하여야 한다. 만약 동일하지 않으면, 위 규정을 적용할 수 없다.

둘째, 병합출원한 둘 이상의 디자인은 유사하여야 한다. 여기서 말하는 "유사"는, 2008년 개정 전 「특허법」 제23조의 "유사"와 동일한 개념이 아니다. 개정 후 「특허법」 제23조에는 이미 "유사"라는 어휘가 없으며, 따라서 "유사"는 본조가 디자인특허출원의 단일성을 규정하기 위하여 특별히 사용한 술어가 되었다. 출원인이 위의 규정에 근거하여 디자인을 병합하여 특허출원하는 경우, 간단한 설명 중에 그중 하나의 디자인을 "기본디자인"으로 지정하여야 하고, 나머지 각각의 디자인은 모두 그 기본디자인과 유사하여야 하지만, 각각의 디자인이 차례로 유사하여야 하는 것은 아니다. 그 이유는, 하나의 디자인특허출원에 동일한 제품에 대한 여러 건의 디자인이 포함되어 있는 경우에 만약 차례로 유사하여야 한다면, A는 B와 유사, B는 C와 유사, C는 D와 유사, D는 E와 유사하지만, A와 D는 서로 비교적 큰 차이가 생길 수 있어서, 본조 제2항에 관련 규정을 신설한 취지에 어긋나기 때문이다.

모두 기본디자인과 비교하는 방식을 따르면 이러한 현상이 발생하는 것을 방지할 수 있다. 당연히 각 디자인방안이 둘씩 짝을 지어 유사할 것이 요구되는 것도 아닌데, 하나의 디자인특허출원에 10건의 디자인이 포함되어 있다면, 둘씩 짝을 지어 유사한지를 판단하기 위해서는 45가지가 넘는 경우를 고려하여야 하므로 매우 번잡하고 불필요한 일이다. "유사"의 의미에 관하여 「특허심사지침서 2010」은 "전체적으로 관찰할 때, 기타 디자인과 기본디자인은 서로 동일하거나 또는 유사한 설계특징을 갖고, 그 디자인은 기본디자인과 실질적으로 동일하여야 한다. 실질적 동일의 판단기준은 본 지침서 제4부분 제5장의 관련 규정을 적용한다."[1]고 규정하고 있다.

셋째, 병합출원할 수 있는 디자인의 건수에 제한이 있으며, 최대 10건을 초과할 수 없다. 이처럼 규정한 것은 출원인에게 최대한 편의를 제공하면서도, 병합출원된 디자인이 과다하여 디자인특허출원의 심사와 디자인특허권의 보호에 과대한 부담이 발생하는 것을 방지하는 것에도 주의하여야 하기 때문이다.[2] 주의하여야 할 점은, 본조 제2항이 규정하는 디자인특허출원의 단일성에 대한 두 가지 예외 경우는 구별되어야 한다는 점이다. 바꿔 말하면, 출원인이 한 벌의 제품을 이루는 여러 제품의 디자인으로 병합출원한 경우에는, 그중 하나의 제품에 대하여 또다시 여러 건의 유사한 디자인을 출원할 수 없다.

본조 제2항에 신설한 동일한 제품의 둘 이상의 유사한 디자인을 병합출원하는 것을 허용하는 규정을 일본디자인법의 "관련 디자인"에 관한 규정과 서로 비교하면, 효과에 있어서는 유사한 점이 있지만 양자는 절대 동일한 것이 아니다. 일본의 소위 "관련 디자인"은 출원인의 여러 디자인출원이 서로 유사한 디자인에 관한 것인 경우에, 이들을 서로 관련되는 것으로 인정하여 중복등록 금지에 관한 규정을 적용할 때에 일정한 우대를 받을 수 있게 하는 것으로서, 그 규정이 보다 복잡하다. 상대적으로 본조 제2항 규정은 훨씬 간단하고, 병합하여 출원할 수 있으며, 따라서 출원인에게 보다 유리하다. 본조 제2항에 신설한 규정을 "관련출원"이라고 부르는 사람도 있지만, 이것은 일본의 방식과 쉽게 혼동할 수 있으므로, "유사디자인의 병합출원"으로 부르는 것이 보다 적합하다.

(二) 한 벌의 제품을 이루는 둘 이상의 디자인

본조 제2항이 규정하는 디자인특허출원 단일성의 두 번째 예외 경우는, 동일한 분류에 이용되고 한 벌로 판매 또는 사용되는 제품의 둘 이상의 디자인은 하나의 출원

---

1) 国家知识产权局, 专利审查指南2010[M], 北京: 知识产权出版社, 2010: 第一部分 第三章 9.1.2.
2) 2010년 2월 1일 개정 「특허법실시세칙」 및 「특허심사지침서 2010」 실시 이래의 상황으로 볼 때, 디자인특허출원인은 보편적으로 본조 제2항 규정을 이용하여, 동일한 제품의 유사한 여러 디자인을 보호받기를 바라고 있으며, 이것은 이 규정이 출원인으로부터 광범위하게 환영을 받고 있음을 나타내지만, 부정할 수 없는 점은 이와 함께 국가지식산권국의 심사부담도 분명하게 늘어났다는 점이다.

으로 할 수 있다는 것이다.

1992년 「특허법실시세칙」 개정 시에, 제36조에 제1항을 신설하여, 본조 제2항 규정을 아래와 같이 해석하였다.

특허법 제31조 제2항의 동일한 분류는 제품이 분류표 중의 동일한 소분류에 속함을 가리키고, 한 벌로 판매 또는 사용되는 것은 각 제품의 설계사상이 동일하며 습관적으로 동시에 판매되고 동시에 사용됨을 가리킨다.

2001년 「특허법실시세칙」 개정 시에 위 규정을 고치지 않고 기본적으로 유지하였으며, 단지 "동일 소분류"를 "동일한 소분류"로만 고쳤다.

2010년 「특허법실시세칙」 개정 시에 위 규정을 다시 개정하여, 제35조 제2항을 아래와 같이 하였다.

특허법 제31조 제2항의 동일 분류이고 한 벌로 판매 또는 사용되는 제품의 둘 이상의 디자인은, 각 제품이 분류표 중의 동일한 대분류에 속하고, 습관적으로 동시에 판매 또는 사용되며, 각 제품의 디자인이 동일한 설계사상을 갖는 것을 가리킨다.

「특허법실시세칙」의 위 규정은 한 벌 제품의 디자인을 병합하여 특허출원하는 경우 동시에 만족하여야 하는 두 가지 요건을 나타내는 데, 하나는 제품 자체에 대한 요건으로서, 즉 제품이 반드시 분류표 중의 동일한 대분류에 속하여야 하고 습관적으로 동시에 판매되거나 동시에 사용되어야 하며, 둘째는 제품의 디자인에 대한 요건으로서, 각 제품의 디자인이 동일한 설계사상을 갖고 있어야 한다는 것이다.

2010년 「특허법실시세칙」 개정 시에 제품이 분류표 중의 동일한 소분류에 속하여야 한다고 했던 것에서 각 제품이 분류표 중의 동일한 대분류에 속하여야 하는 것으로 고쳤는데, 한 벌의 제품에 대하여 병합해서 디자인특허출원할 수 있는 요건을 뚜렷하게 완화하였다. 「특허심사지침서 2010」은 이에 더 나아가 소위 "분류표"는 습관적으로 「로카르노분류표」라고 부르는 「국제디자인분류표」를 가리킨다고 규정하였다.

"한 벌로 판매 또는 사용되는 제품"의 의미에 관하여, 「특허심사지침서 2010」은 습관적으로 동시에 판매 또는 동시에 사용되고 조합적 사용 가치가 있는 집합적 제품으로서, 예를 들면, 커피주전자·커피잔·설탕통·프림통 등 제품으로 구성되는 집합적 커피세트, 침대시트·침대커버·베개 등 제품으로 구성되는 집합적 침상용품 등을 가리킨다고 규정하고 있다. 주의하여야 할 점은, 첫째, 소위 "동시에 사용"에는 조합하여 사용하는 과정에서 선후로 각각 사용되는 것도 포함되며, 엄격한 의미에서 동시에 각각의 제품이 사용되는 것을 가리키는 것은 아니라는 점인데, 전술한 커피 세트가 이와 같은 경우이다. 둘째, 소위 "동시에 판매"에는 판매 목적으로 임의로 조합하여 판매하는 집합적 제품, 예를 들어 책가방과 연필통 등은 포함되지 않는다는 점이다.[1]

"동일한 설계사상"에 관하여, 「특허심사지침서 2010」은 아래와 같이 규정하고 있다.

> 설계사상의 동일은, 각 제품의 설계양식이 통일적인 것, 즉, 각 제품의 형상·도안 또는 그 결합 그리고 색채와 형상·도안의 결합으로 인한 설계가 통일적인 것을 가리킨다.
>
> 형상의 통일은, 각각의 구성제품이 모두 동일한 특정의 조형을 특징으로 하는 것을 가리키거나, 또는 각 구성제품 사이에 특정의 조형적 구성으로 조합관계를 구성하면 곧 형상의 통일에 부합하는 것으로 인정된다.
>
> 도안의 통일은, 각 제품의 도안설계 제재·구도·표현형식 등이 통일되어야 함을 가리킨다. 만약 그중 하나라도 같지 않으면, 도안이 통일되지 않은 것으로 보는데, 예를 들어 커피주전자의 설계 도안은 난초를 설계제재로 하면서 커피잔의 설계 도안은 팬더로 하는 경우, 도안에 선택된 설계제재가 같지 않으므로 도안이 통일되지 않아서 통일조화의 원칙에 부합하지 않은 것으로 보아야 하며, 따라서 한 벌인 제품으로 병합출원할 수 없다.
>
> 색채의 통일에 대해서는, 독립적으로 판단할 수 없고, 각 제품의 형상·도안과 종합적으로 판단하여야 한다. 각 제품의 형상·도안이 통일조화의 원칙에 부합하는 경우에 있어서, 간단한 설명 중에 색채를 보호받고자 한다는 내용이 기재되어 있지 않았다면 설계사상이 동일하고, 간단한 설명 중에 색채를 보호받고자 한다는 내용이 기재되어 있다면 제품의 색채양식이 일치하여야 설계사상이 동일하며, 만약 각 제품의 색채 변화가 비교적 커서 전체적인 조화를 깨트린다면 한 벌인 제품으로 병합출원할 수 없다.[2]

四. 분할출원

본조는 특허출원의 단일성 요건을 규정하였지만, 이에 더 나아가 특허출원이 단일

---

1) 国家知识产权局, 专利审查指南2010[M], 北京: 知识产权出版社, 2010: 第一部分 第三章 9.2.2.
2) 国家知识产权局, 专利审查指南2010[M], 北京: 知识产权出版社, 2010: 第一部分 第三章 9.2.3.

성 요건에 부합하지 않는 경우에 어떻게 처리하여야 하는지는 규정하지 않았는데, 이에 관해서는 「특허법실시세칙」이 규정하고 있다.

특허출원에 대한 초보심사 및 실체심사 과정에서, 특허출원이 단일성 요건에 부합하지 않는 것으로 국가지식산권국이 인정할 때에는, 출원인에게 통지하여 지정된 기간 내에 그 출원에 대하여 보정하도록 한다. 출원인이 기간 내에 답변서를 제출하지 않으면 그 출원은 취하된 것으로 보며, 답변서 제출 또는 보정에 의해서도 여전히 단일성 요건에 부합하지 않는 것으로 인정되면 그 출원은 거절된다. 여기에서의 보정은 하나의 특허출원으로 보호받고자 하는 발명창조의 수량을 제한하는 것으로서, 발명 또는 실용신안특허출원의 하나 또는 여러 청구항을 삭제하여 제한할 수도 있고, 디자인특허출원의 하나 또는 여러 도면·사진을 삭제하여 제한할 수도 있다.

병합하여 특허출원한 출원인이 국가지식산권국에 실제로는 이미 여러 발명창조를 공개하였고 이러한 발명창조에 대하여 모두 특허보호를 희망하는 의사를 표시하였음을 고려하면, 심사결과 설령 그 출원이 단일성 요건에 부합하지 않아서 출원인의 여러 발명창조를 하나의 출원으로 보호받을 수 없다고 하더라도, 그러나 만약 단지 이러한 이유 때문에 출원인으로 하여금 그중 오직 하나의 발명창조만을 남기고 나머지 발명창조는 뒤에 별도로 특허출원하도록 한다면, 뒤에 출원하는 날이 그 출원일이 되어 출원인의 이익이 손해를 입게 된다. 이러한 이유에 기초하여 「특허법실시세칙」은 출원인이 이후에 나머지 발명창조에 대하여 일종의 특수한 특허출원을 할 수 있도록 규정하는데, 이것이 바로 소위 "분할출원"이다. 분할출원은 원래의 출원일을 유지할 수도 있고, 원출원이 우선권을 향유하는 경우에는 분할출원도 우선일을 유지할 수 있으며, 이렇게 함으로써 특허출원인의 정당한 이익이 손해를 입지 않게 한다. 출원인은 국가지식산권국의 심사통지서에 대응하여 분할출원하는 이외에, 자진하여 분할출원할 수도 있다.

분할출원의 요건에는 다음과 같은 내용이 포함된다.

첫째, 출원인이 자진하여 분할출원할 수 있는 기간은 국가지식산권국이 발송한 특허권 수여 결정통지를 받은 날로부터 2개월 이내이다.

둘째, 분할출원은 원출원의 유형을 바꿀 수 없는데, 즉 원래 발명특허출원이었던 것을 분할하여 실용신안특허출원으로 할 수 없으며, 단지 하나 또는 둘 이상의 발명특허출원으로 분할할 수 있을 뿐이다. 원래 실용신안특허출원이었던 것을 분할하여 발명특허출원으로 할 수 없으며, 단지 하나 또는 둘 이상의 실용신안특허출원으로 분할할 수 있을 뿐이다. 원래 디자인특허출원이었던 것을 분할하여 발명 또는 실용신안특허출원으로 할 수 없으며, 단지 하나 또는 둘 이상의 디자인특허출원으로 분할할 수 있을 뿐이다. 출원의 유형을 바꾼 경우에는, 별도의 보통 특허출원으로 취급한다.

셋째, 분할출원의 내용은 원출원에 기재한 범위를 벗어날 수 없는데, 즉 새로운 내용을 추가할 수 없다. 이 요건에 부합하지 않는 경우, 국가지식산권국은 출원인에게 통지하여 보정하도록 하고, 출원인이 보정하지 않는 경우 국가지식산권국은 그 분할출원을 거절한다.

넷째, 출원인은 분할출원의 청구서 중에 원출원의 출원일과 출원번호를 기재하여야 하고, 원출원서류의 부본을 제출하여야 한다. 원출원이 우선권을 향유하는 경우, 원출원의 우선권 부본도 제출하여야 한다.

제32조 특허출원의 취하

출원인은 특허권이 수여되기 전에 언제든지 그 특허출원을 취하할 수 있다.

특허출원의 권리는 일종의 민사적 권리로서, 이 권리에 의하여 한 특허출원은, 그 권리자, 즉 출원인이 처분할 수 있는 권리가 있으며, 특허출원을 취하하는 것도 출원인이 그 특허출원에 대하여 처분권을 행사하는 방식 중 하나이다.

출원인이 그 특허출원을 취하한다고 해서 출원인이 그 발명창조에 대하여 특허를 받을 수 있는 권리를 완전히 포기 또는 상실함을 의미하는 것은 아니며, 단지 그가 그 특허출원에 대한 심사절차를 중단한다는 것만을 나타낼 뿐이다. 발명특허출원으로서 「특허법」 제34조 규정에 의하여 공개된 경우를 제외하고, 특허출원은 특허권이 수여되기 전까지는 줄곧 비밀로 유지되므로, 출원인은 특허출원을 취하한 후에도 그 발명창조에 대하여 다시 중국 또는 외국에 특허출원을 할 수 있으며, 그 중국 또는 외국에 한 출원에서 취하된 특허출원을 기초로 우선권을 주장할 수 있다.

특허권이 수여되기 전에 출원인이 그 특허출원을 취하하는 이유는, 보정을 통해서도 바로잡을 수 없을 정도로 그 특허출원서류가 잘못 기재되어 있어서 발명특허출원이 공개되기 전에 또는 실용신안·디자인특허권의 수여가 공고되기 전에 취하하고 새롭게 다시 특허출원하는 것이 더 낫다고 출원인이 판단한 때문일 수도 있고, 출원인이 그 발명창조를 훨씬 좋은 발명창조로 개량하였으므로 다시 특허출원을 해서 원래의 특허출원을 대체하기 위해서일 수도 있으며, 또한 출원인이 그 발명창조가 특허법이 규정하는 특허권 수여 요건에 부합하지 않음을 발견하였거나 또는 그 발명창조가 상업적 전망이 없다고 판단하여 그 출원에 대한 심사절차를 계속할 필요가 없다고 보아서, 그 특허출원을 취하하는 것일 수도 있다. 출원인이 그 특허출원을 취하함에는 어떠한 조건도 붙일 수 없다.

출원인이 그 특허출원을 취하하는 경우, 작위에 의할 수도 있고 부작위에 의할 수도 있다.

출원인의 작위에 의하여 그 특허출원을 취하하는 경우, 국가지식산권국에 취하하는 특허출원의 출원번호, 출원일 및 그 발명창조의 명칭을 기재한 성명서를 제출하여야 한다. 특허출원이 공유인 경우, 사전에 다른 약정이 있는 경우를 제외하고, 그 특허출원 취하의 성명서는 공동출원인 전원이 서명 또는 날인하여야 한다. 출원인이 특허대리기구에 위임한 경우, 특허출원을 철회하는 절차는 위임을 받은 특허대리기구가 밟아야 하며, 출원인 또는 공동 출원인 전원이 서명 또는 날인한 특허출원의 취하에 동의하였음을 증명하는 서류를 제출하여야 한다. 특허출원 취하의 성명서에는 취하하는 이유에 대하여 설명할 필요가 없다.

특허출원 취하의 성명서는 그 출원이 특허권을 받기 전에 언제라도 제출할 수 있는데, 즉 초보심사단계, 실체심사단계, 특허출원이 거절된 후의 복심단계에서 모두 특허출원 취하의 성명서를 제출할 수 있다. 출원인의 그 특허출원 취하의 성명서를 국가지식산권국이 접수하고 승인한 경우, 그 출원에 대한 심사처리절차를 중지하여야 한다. 발명특허출원에 있어서는, 특허출원 취하의 성명서가 만약 국가지식산권국이 그 특허출원의 공개를 위한 인쇄 준비 작업을 마친 후에 제출되었다면, 국가지식산권국은 예정대로 그 특허출원을 공개하지만, 이후의 특허공보에 특허출원이 취하되었음을 공고하여야 한다.

비록 원칙적으로는 출원인이 특허권이 수여되기 전에는 언제든지 그 출원을 취하할 수 있는 권리가 있지만, 이러한 권리의 행사가 절대적인 것도 무조건적인 것도 아니다. 「특허법실시세칙」 제86조 규정에 의하여, 당사자 사이에 특허출원의 귀속문제로 분쟁이 발생하여 특허업무관리부문에 조정을 청구하였거나 인민법원에 소를 제기한 경우에는, 국가지식산권국에 관련 절차의 중지를 청구할 수 있다. 「특허법실시세칙」 제87조 규정에 의하여, 인민법원이 민사사건의 심리 중에 특허출원권에 대한 보전조치를 재정한 경우, 국가지식산권국은 출원번호가 기재된 재정서와 집행협조통지서를 받은 날로부터 보전되는 특허출원권에 관한 절차를 중지하여야 한다. 위와 같은 경우에, 국가지식산권국이 관련 절차를 중지한 기간에 출원인은 그 특허출원을 취하할 수 없다.

출원인의 부작위로 그 특허출원이 취하되는 것은 「특허법」 또는 「특허법실시세칙」의 관련 규정 또는 국가지식산권국의 관련 요구에 따라서 필요한 절차를 밟지 않은 것을 가리킨다. 예를 들어, 발명특허출원인이 출원일로부터 3년 내에 국가지식산권국에 대하여 그 특허출원에 대한 실체심사를 청구하지 않는 경우, 그 발명특허출원은 취하된 것으로 본다. 국가지식산권국이 방식심사 또는 실체심사 과정에서 특허출원이 「특허법」, 「특허법실시세칙」 또는 「특허심사지침서 2010」의 규정에 부합하지 않는 것으로 인정하여 출원인에게 지정된 기간 내에 의견서를 제출하거나 그 특허출원에 대하여 보정하도록 통지하였음에도 출원인이 정당한 이유 없이 기간 내에 답변하지 않은 경우에 그 특허출원은 취하된 것으로 보는 것 등등이다.

제33조 특허출원서류 보정의 원칙

출원인은 그 특허출원서류에 대하여 보정할 수 있으나, 발명 및 실용신안특허 출원서류에 대한 보정은 원래의 설명서 및 청구범위에 기재된 범위를 벗어날 수 없으며, 디자인특허 출원서류에 대한 보정은 원래의 도면 및 사진에 표시된 범위를 벗어날 수 없다.

一. 개 요

본조는 비록 하나의 항으로 되어 있지만 두 가지 의미를 나타내는 데, 첫째는 출원인이 그 특허출원서류에 대하여 보정할 수 있다는 것이고, 둘째는 특허출원서류에 대한 보정은 규정된 원칙을 준수하고 규정된 요건에 부합하여야 한다는 것이다.

출원인이 그 특허출원서류에 대하여 보정할 수 있다고 규정한 것은, 출원인의 특허출원에는 용어 사용이 치밀하지 못하다든지, 표현이 정확하지 않다든지, 청구항의 기재가 적절하지 않다든지 등의 각종 흠결이 늘상 있게 마련이기 때문이다. 만약 보정을 하지 않은 채로 특허권이 수여되면, 공중에게 특허정보를 정확하게 전달하는 데 영향이 있을 수 있을 뿐만 아니라, 특허권의 행사도 어렵게 할 수 있다. 양자는 모두 특허제도의 정상적 운영에 방해가 되며, 특허제도의 가치를 떨어뜨리게 된다. 따라서 국가지식산권국이 특허출원서류에 흠결이 있음을 발견한 경우에는 특허권을 수여할 수 없고, 이렇게 하지 않으면 「특허법」이 부여한 직책을 엄밀하게 이행하지 않는 것이다. 출원인의 특허출원서류가 완전무결하여, 어떠한 보정도 없이 특허권을 수여할 수 있는 사례가 실무에서 확실히 있기는 하지만, 이러한 사례는 매우 적으며, 대다수 특허출원서류는 특허권 수여 전에 어느 정도 보정할 필요가 있다. 따라서 특허출원서류에 대한 보정은 특허심사 과정에서 매우 쉽게 볼 수 있다. 특허출원서류를 정확하게 보정하는 것은, 출원인이 조속히 특허권을 받는 데 도움이 된다.

출원인은 특허출원을 한 후에 자진하여 그 출원서류에 대하여 보정할 수도 있고, 또한 국가지식산권국의 요구에 따라 그 출원서류에 대하여 보정할 수도 있다. 그러나 출원인이 자진하여 보정하든지 아니면 요구에 따라 보정하든지를 불문하고, 모두 본조가 규정하는 원칙을 준수하여 허용되는 범위 내에서 보정하여야 하고, 함부로 보정할 수는 없다.

二. 발명 및 실용신안특허 출원서류의 보정

(一) 보정의 원칙

본조는 발명 및 실용신안특허 출원서류에 대한 보정은 원래의 설명서 및 청구범위에 기재된 범위를 벗어날 수 없다고 명확하게 규정하는데, 이것은 발명 및 실용신안특허 출원서류에 대한 보정에 있어서 가장 중요한 제한적 요건이다. 출원인이 그 특허출원서류를 보정하더라도 그 출원일이 바뀌는 것은 아닌데, 이것은 보정 후의 내용이 원래의 출원일에 이미 제출된 것으로 국가지식산권국이 인정함을 의미한다. 원래의 출원일이 유지되는 상황에서, 만약 출원인의 특허출원서류에 대한 보정이 원래의 설명서 및 청구범위에 기재된 범위를 벗어나도록 허용한다면, 「특허법」 제9조 제2항이 규정하는 선출원주의에 위배되는 것이어서 다른 출원인에게 불공평한 결과가 된다.

본조는 "원래의 설명서 및 청구범위에 기재된 범위를 벗어날 수 없다."라고 규정하고 있으며, 그중 "기재"라는 표현이 충분히 엄밀하지 않은 점이 있는데, 법률 조문의 문자적 의미에서 보면 소위 "기재된 범위"는 문자로 표현된 내용만을 가리키고 첨부도면에 표시된 내용은 포함되지 않기 때문이다. 만약 이처럼 해석한다면, 첨부도면에 표시된 내용은 "기재된 범위"에 속하지 않는다.

「특허심사지침서 2010」은 아래와 같이 규정하고 있다.

> 원래의 설명서 및 청구범위에 기재된 범위에는 원래의 설명서 및 청구범위에 문자로 기재된 내용과 원래의 설명서 및 청구범위에 문자로 기재된 내용 및 설명서의 첨부도면에 근거하여 직접적이고 틀림없이 확정할 수 있는 내용이 포함된다.[1]

위 규정은 설명서의 첨부도면에 표시된 내용도 "원래의 설명서와 청구범위에 기재된 범위"에 속함을 나타낸다. 도면이 첨부된 발명특허출원 및 모든 실용신안특허출원에 있어서, 설명서의 첨부도면은 출원인이 그 발명 또는 실용신안을 공개하는 중요한 수단이 된다. 만약 도면으로 보완하지 않는다면, 많은 경우에 설명서에 아무리 많은 문자로 기재하더라도 명확하게 발명창조를 표현해 낼 수 없다. 바꿔 말하면, 첨부도면이 갖는 기능은 종종 설명서로 대체할 수 없다.

「특허심사지침서 2010」의 위 규정에 근거하여, "원래의 설명서 및 청구범위에 기재

---

1) 国家知识产权局, 专利审查指南2010[M], 北京: 知识产权出版社, 2010: 第二部分 第八章 5.2.1.1.

된 범위"의 의미에는 두 가지가 포함되는 것으로 이해되어야 하는데, 첫째는 원래의 설명서 및 청구범위에 문자로 명확하게 표현된 내용이고, 둘째는 해당 기술분야의 기술자가 원래의 설명서, 청구범위 및 첨부도면으로부터 직접적이고 틀림없이 확정할 수 있는 내용이다. 위의 둘째 의미 중에서, 소위 "직접적이고 틀림없이 확정할 수 있는 내용"은 "명확하게 도출해 낼 수 있는 내용"을 의미하며, 만약 설명서 및 권리범위에서 그에 대하여 명확하게 표현하였다면, 첫째 의미와 차이가 없으므로 더 말할 필요가 없다. 위와 같이 이해하면, 설명서의 첨부도면을 둘째 의미로 이해하는 것은 검토해 볼 필요가 있으며, 설명서의 첨부도면에 이미 명확하게 표시된 내용도 첫째 의미의 공개에 속하여야 한다. 따라서 필자는 보다 정확하게 하려면 "원래의 설명서 및 청구범위에 기재된 범위에는 원래의 설명서 및 청구범위에 문자로 기재된 내용, 설명서에 표시된 내용이 포함되고, 또한 원래의 설명서·청구범위 및 첨부도면에 근거하여 직접적이고 틀림없이 확정할 수 있는 내용도 포함된다."로 규정하여야 한다고 본다.

본조의 "원래의 설명서 및 청구범위"는 출원인이 국가지식산권국에 제출한 최초의 설명서 및 청구범위를 가리키는 것이고, 우선권의 기초가 된 선출원의 설명서와 청구범위를 가리키는 것이 아니다. 이 점은 본조의 서두에 "출원인은 그 특허출원서류에 대하여 보정할 수 있다."고 한 것으로부터 명확하게 알 수 있는데, 보정을 요하고 보정할 수 있는 것은 오직 현재의 특허출원서류일 뿐이지 우선권의 기초로 한 선출원서류가 아니기 때문이다. 만약 출원인이 우선권을 주장하였지만, 국가지식산권국에 제출한 후출원의 최초 설명서 및 청구범위에 우선권의 기초로 한 선출원의 설명서 및 청구범위의 일부 내용을 기재하지 않았다면, 보정을 통해서 이러한 내용을 후출원의 설명서 및 청구범위에 추가하는 것은 허용되지 않는다. 그러나 「특허법조약」의 선도 아래 개정 「PCT규칙」은 제4.18조 및 제20.6조를 개정하여 "인용에 의한 보완"(incorporation by reference)이라는 기제를 마련하였으며, 2007년 4월 1일부터 시행하고 있다. 이 기제를 이용하면, 만약 후출원의 출원서류에 우선권 주장된 선출원의 일부 내용이 누락되었다고 하더라도, 관련 규정에 부합한다는 조건 하에서 출원인이 이러한 내용을 나중에 후출원의 출원서류에 추가하는 것이 허용된다. 「PCT규칙」 제20.8조(b)는 이 규칙의 인용에 의한 보완에 관한 규정이 지정국의 국내법에 부합하지 않는 경우, 지정국은 국제사무국에 통지함으로써 그 관련 규정을 적용하지 않을 수 있다고 규정하고 있다. 이 규정에 근거하여, 국가지식산권국은 PCT국제사무국에 국제출원의 지정관청으로서 적용을 유보할 것 성명하였다.[1] 이처럼 유보한 것은, 설령 국가지식산권국이

---

1) 중국 이외에 이를 유보한 국가에는 독일·일본·한국·스페인 등 12개 국가가 있다. [EB/OL] 참

국제출원의 수리관청으로서 국제출원의 수리단계에서 출원인이 이 기제를 이용하여 선출원의 일부 내용을 인용하여 보완하는 것을 (국가지식산권국은 수리관청으로서 유보한 것이 아니므로) 허용한다고 하더라도, 국제출원이 중국 국내단계에 진입할 때에는 승인하지 않는다는 것을 의미한다.[1] 이때에 만약 출원인이 그 인용에 의한 보완을 고집한다면, 그 보완한 날을 출원일로 할 수 있을 뿐이다.

본조의 "청구범위에 기재된 범위"의 의미에 주의할 필요가 있다. 「특허법」에는 청구항과 관련된 두 가지 범위가 있는데, 하나는 본조의 청구범위에 "기재된 범위"이고, 다른 하나는 「특허법」 제59조의 청구항의 "보호범위"로서, 두 "범위"는 분명하게 다른 의미를 갖고 있다. 전자는 청구범위에 문자로써 이미 명확하게 기재된 내용을 가리키며, 따라서 청구범위에 기재된 기술적 특징이 많을수록 그 기재된 범위도 커진다. 후자는 이와 반대인데, 무릇 청구항에 기재되지 않은 기술적 특징은 모두 그 보호받고자 하는 발명 또는 실용신안 기술방안 중에 있을 수도 있고 없을 수도 있는 기술적 특징이며, 침해자로 피소된 자가 실시하는 기술방안이 설령 청구항에 기재되지 않은 기타 기술적 특징을 포함하고 있다고 하더라도 변함없이 그 청구항의 보호범위 내에 속하며, 따라서 청구항에 기재된 기술적 특징이 적을수록 그 보호범위는 커진다. 분명히, 출원인의 그 특허출원서류에 대한 보정이 본조가 규정하는 원칙에 부합하는지를 판단할 때에는, 청구항에 기재된 범위를 기준으로 하여야 하고, 청구항의 보호범위를 기준으로 해서는 안 된다.

본조는 요약서에 대해서는 언급하지 않았는데, 따라서 오직 요약서에만 기재되어 있고 설명서 및 청구범위에는 기재되어 있지 않은 내용은, 발명 및 실용신안 특허출원서류 보정의 근거로 할 수 없다.

비록 본조가 설명서 · 첨부도면 · 청구범위를 포함한 모든 특허출원서류의 보정에 적용되는 원칙을 광범위하게 규정하고 있지만, 설명서와 청구범위의 기능에 차이가 있고 또 설명서 각 부분의 거능도 같지 않으며, 따라서 이 원칙의 구체적인 적용에 있어서는 각기 고려할 사항이 있다. 아래에서 각각에 대하여 논의하도록 한다.

(二) 설명서 및 그 첨부도면에 대한 보정

「특허법실시세칙」 제17조는 발명 및 실용신안특허출원의 설명서에 일반적으로 포

고. www.wipo.int/pct/en/texts/reservations/res_incomp.html.(방문시기 미상)

1) 国家知识产权局, 专利审查指南2010[M], 北京: 知识产权出版社, 2010: 第二部分 第八章 5.3.

함되어야 하는 내용을 규정하였는데, 아래와 같다.

발명 또는 실용신안특허출원의 설명서에는 발명 또는 실용신안의 명칭을 기재하여야 하고, 그 명칭은 청구서 중의 명칭과 일치하여야 한다. 설명서는 아래의 내용을 포함하여야 한다.

(1) 기술분야: 보호받고자 하는 기술방안이 속하는 기술분야를 기재한다.

(2) 배경기술: 발명 또는 실용신안에 대한 이해 · 검색 · 심사에 유용한 배경기술을 기재하며, 가능한 경우에는 이러한 배경기술이 반영된 문서를 인용하여 증명한다.

(3) 발명의 내용: 발명 또는 실용신안이 해결하고자 하는 기술적 과제 및 그 기술적 과제를 해결하는 데 사용한 기술방안을 기재하고, 선행기술과 비교하여 발명 또는 실용신안이 갖는 유익한 효과를 기재한다.

(4) 도면의 설명: 설명서에 첨부도면이 있는 경우에는 각 도면에 대하여 간략히 설명한다.

(5) 구체적인 실시례: 출원인이 알고 있는 최선의 발명 또는 실용신안 실시례를 상세하게 기재하며, 필요한 경우에는 예를 들어 설명하고, 첨부도면이 있는 경우에는 첨부도면과 대조한다.

아래에서 설명서 각 부분의 보정요건에 대하여 각각 논의하겠다.

1. 발명 또는 실용신안의 명칭 및 기술분야 부분에 대한 보정

발명 또는 실용신안의 명칭은 청구범위에 기재된 발명창조와 서로 대응되어야 한다. 따라서 만약 청구범위에 복수의 독립청구항이 있어서 제품 · 방법 · 용도 등 상이한 유형의 여러 발명창조에 관계되는 경우에는 설명서의 명칭 부분에 반영되어야 한다. 이와 반대로, 만약 원래의 명칭은 여러 발명창조를 반영하는 것이었으나, 청구범위가 심사를 거쳐서 그중 한 유형의 발명창조로만 한정되었다면, 원래의 명칭도 이에 상응하게 조정되어야 한다. 이 밖에, 발명 또는 실용신안의 명칭은 가급적 간명하여야 하는데, 이 요건에 부합하지 않는 경우에도 보정하여야 한다.

「특허심사지침서 2010」은 "해당 기술분야는 보호받고자 하는 발명 또는 실용신안이 국제특허분류표 중에 위치된 분류의 기술분야를 가리킨다."[1]고 규정하고 있다. 그러나 발명 또는 실용신안의 「국제특허분류표」에서의 분류를 정확하게 확정하는

---

1) 国家知识产权局, 专利审查指南2010[M], 北京: 知识产权出版社, 2010: 第二部分 第八章 5.2.2.2.

것, 특히 세부적인 분류를 정확하게 확정하는 것은 절대 쉬운 일이 아니며, 일반적으로는 전문지식과 실무경험을 가진 전문적인 분류담당자만이 감당해 낼 수 있다. 따라서 원래의 설명서에 기재된 해당 기술분야가 부정확하여 「특허심사지침서 2010」의 규정에 부합하지 않는다면, 필요한 때에는 심사관이 출원인에게 국가지식산권국이 확정한 분류로 보정할 것을 요구할 수 있다.

이로부터 발명 또는 실용신안의 명칭 및 해당 기술분야에 대한 보정기준은 비교적 관대하여 실제적 필요에 따라 큰 폭으로 조정될 수도 있음을 볼 수 있다. 실무에서는 출원인이 심사관의 명확한 요구에 따라 보정하게 되면 일반적으로 아무런 문제가 되지 않는다.

2. 배경기술, 해결하고자 하는 기술적 과제 및 유익한 효과 부분에 대한 보정

이 부분에 대한 보정은 발명특허출원의 실체심사 단계에서 빈번하게 발생하며, 실용신안특허출원의 초보심사 단계에서는 일반적으로 이러한 부분을 보정하지 않는다.

배경기술, 해결하고자 하는 기술적 과제 및 유익한 효과 부분을 보정하는 가장 쉽게 볼 수 있는 경우는, 이후에 발견된 가장 가까운 선행기술과 상응하게 하기 위해서 보정하는 경우이다.

출원인의 선행기술 검색능력에는 일반적으로 한계가 있으므로, 원래의 설명서에 기재한 배경기술은 보통 그 발명과 가장 가까운 선행기술은 아니다. 원래의 설명서에 기재된 발명이 해결하고자 하는 기술적 과제 및 유발하는 유익한 효과도 모두 출원인이 그 발명 또는 실용신안을 그가 알고 있는 가장 가까운 선행기술과 비교하여 다른 점을 귀납하여 정리한 것이다. 심사관이 검색과정에서 출원인이 인용한 배경기술보다 훨씬 가까운 선행기술을 발견할 때에는, 출원인에게 설명서의 배경기술 부분을 보정하여 보다 가까운 그 선행기술을 인용하도록 요구할 수도 있으며, 출원인에게 보다 가까운 그 선행기술에 근거하여 그 발명이 해결하고자 하는 기술적 과제 및 유발하는 유익한 효과를 다시 확정하도록 요구할 수도 있다. 그러나 심사관이 인정한 보다 가까운 선행기술도 반드시 절대적 의미의 가장 가까운 선행기술이라고 할 수는 없는데, 예를 들어 특허권 수여 후의 무효선고청구 과정에서 당사자는 훨씬 가까운 선행기술을 증거로 제출할 수 있으며, 이때에는 설령 특허문서를 보정하는 것이 불가능하다고 하더라도 특허권이 유효한지를 판단할 때에는 당사자가 제출한 보다 가까운 선행기술을 기초로 하여 특허성을 판단하여야 한다. 따라서 가장 가까운 선행기술과 보조를 맞추는 것에 대해서 말하자면, 설명서의 이 부분은 시종 "유동적" 상태에 있어서, 「특허법실시세칙」 제17조의 관련 규정에 "근접"한다고 말할 수 있을 뿐이지,

이 규정이 요구하는 수준에 "도달"했다고 말하기는 어렵다. 바로 이와 같은 이유 때문에, 설명서의 이 부분들은 보정의 여지가 비교적 크다.

그러나 출원인이 설명서에서 선행기술의 출처만을 밝히고 인용되는 선행기술의 구체적인 내용은 그 설명서에 기재하지 않은 경우에, 출원인이 보정을 통해서 인용된 선행기술에 기재된 구체적인 내용을 설명서에 적어 넣는 것이 허용되는가? 이 문제는 논의해 볼 가치가 있다. 이에 대하여, 「특허심사지침서 2010」은 아래와 같이 규정하고 있다.

> 인용문헌은 다음 요구를 만족시켜야 한다.
> (1) 인용문헌은 공개된 출판물이어야 하며, 서면형식 이외에 전자적 출판물 등 형식으로 공개된 출판물도 포함된다.
> (2) 인용된 비특허문헌과 외국 특허문서의 공개일은 본 출원의 출원일 이전이어야 하며, 인용된 중국 특허문서의 공개일은 본 출원의 공개일보다 늦어서는 아니 된다.
> (3) 외국 특허문서 또는 비특허문헌을 인용하는 경우, 인용문헌의 공개 또는 발표 시의 원문이 사용한 문자로 인용문헌의 출처 및 관련 정보를 기재하여야 하며, 필요한 때에는 중문 번역문을 적어야 하고, 번역문을 괄호 안에 위치시켜야 한다.
> 만약 인용문헌이 위의 요구를 만족시킨다면, 본 출원의 설명서에 인용문헌의 내용이 기재된 것으로 본다.

위 규정의 결론은 "본 출원의 설명서에 인용문헌의 내용이 기재된 것으로 본다."인데, 이것은 규정된 요건에 만족되는 경우, 출원인이 단순 인용하는 방식을 사용하는 것이 허용될 뿐만 아니라, 인용되는 문서에 기재된 관련 내용을 출원인이 보충하여 설명서에 적어 넣는 것도 허용되며, 이 두 가지 방식 모두 원래의 설명서 및 청구범위에 기재된 범위를 벗어나는 것이 아님을 나타낸다. 이에 대해서는 검토해 볼 여지가 있다.

인용문헌에 기재된 관련 내용을 설명서에 보충하여 기재하는 것에는 두 가지 이유가 있을 수 있는데, 하나는 단지 발명의 배경기술로 함으로써 발명창조와 선행기술의 차이 및 그 차이의 의의를 두드러지게 하기 위함이고, 다른 하나는 인용문헌의 관련 내용을 설명서의 해당 부분에 기재함과 동시에 독립청구항의 전제부에 기재하여, 발명과 그 가장 가까운 선행기술이 공유하는 기술적 특징으로 함으로써, 특징부에 기재된 기술적 특징과 함께 보호받고자 하는 기술방안을 한정하기 위함이다.

전자의 경우에 대해서는 허용되어야 한다고 보는 경향이지만, 후자의 경우에 대해서는 신중한 입장을 취할 수 있는데, 인용문헌에 기재된 내용이 매우 풍부하여(예를 들어 인용문헌이 전문서적인 경우) 그중에는 원래의 설명서 및 청구범위에 명확하게 기재되어 있지 않았던 기술적 특징이 포함되어 있을 수 있고, 만약 이러한 보정방식을 허용한다면 이러한 기술적 특징이 인용문헌으로부터 설명서의 구체적인 실시례 및 청구항으로 "전이"되어 그것이 보호받고자 하는 발명의 기술적 특징이 됨으로써, 본 조 규정에 위반될 가능성이 있기 때문이다. 그러나 문제는 출원인이 "단계적" 전략을 쓸 수 있다는 점에 있는데, 첫째 단계에서는 먼저 배경기술을 보충함을 이유로 인용문헌에 기재된 기술적 특징을 설명서의 배경기술 부분에 적어 넣고, 둘째 단계에서는 이미 기재된 기술적 특징을 설명서의 구체적 실시례 및 청구항에 적어 넣을 수도 있다. 만약 전자는 허용되고 후자는 허용되지 않는다면, 심사관이 심사할 때에 설명서의 어느 부분의 내용이 언제 어떤 이유로 추가된 것인지를 시종 주의하여 그 목적이 달라지지 않게 하여야 하는데, 이것은 상당히 번거로운 일임에 틀림없다.

위의 분석에 기초하여, 필자는 인용문헌의 구체적 내용이 설명서로 "전이"되는 것에 대하여 신중한 태도를 유지하여야 한다고 본다. 만약 원래의 설명서에 배경기술을 인용하는 동시에 그 구체적인 내용을 기재하였다면 "원래의 설명서 및 청구범위에 기재된 범위"에 속하며, 합리적인 경우에는 출원인이 보정을 통해서 그 내용을 설명서의 구체적 실시례 부분에 적어 넣고, 나아가 청구범위에도 적어 넣는 것이 허용될 수 있지만, 만약 원래의 설명서에는 인용문헌의 출처만 제시되어 있고 그 구체적 내용은 기재되어 있지 않은 경우에는, 원래의 인용상태를 유지하도록 하는 것이 가장 바람직하며, 출원인이 그 구체적인 내용을 설명서에 적어 넣는 것을 쉽게 허락해서는 안 된다. 심사관이 보다 가까운 선행기술을 검색해 냈을 때에는, 출원인에게 설명서의 배경기술 부분에 그 선행기술의 출처를 인용하고, 그 발명이 해결하고자 하는 기술적 과제 및 발생하는 유익한 효과에 관한 설명을 이와 상응하게 조정하도록 하며, 동시에 그 독립청구항의 전제부와 특징부 사이의 경계를 조정하도록 요구할 수 있지만, 출원인에게 설명서의 배경기술 부분에 그 선행기술의 구체적 내용을 보충하여 적어 넣도록 요구할 필요는 없다.

앞에서 출원인이 보정을 통하여 우선권 주장된 선출원에 기재되어 있었으나 후출원에 기재되지 않은 내용을 후출원에 추가하는 것은 허용되지 않음을 설명하였다. 일반적인 인용문헌에 비하여 우선권 주장된 선출원은 후출원과의 관계가 훨씬 밀접한 인용문헌인데, 이에 대하여 이러한 입장이라면 일반적인 인용문헌의 내용을 추가하는 것은 더욱 허용되지 않아야 한다.

인용문헌에는 여러 유형이 포함될 수 있는데, 예를 들어 특허출원이 새로운 전자회로에 관한 것으로서 그중에 시장에서 판매되는 반도체칩을 이용하는 경우, 충분히 공개하여야 한다는 요건을 만족시키기 위하여, 출원인은 설명서 중에 단지 그 칩의 모델명만 인용하면 되고 그 칩의 내부구조까지 기재할 필요는 없다. 출원인이 이러한 방식으로 그 설명서를 기재한 것은, 출원인이 칩의 성능 및 그 발명 중의 작용에만 관심이 있으며, 칩의 내부구조에 대해서는 그 보호받고자 하는 발명과 무관함을 나타낸다. 기왕에 이와 같다면, 출원인은 그 칩의 모델명만 인용하는 것으로 충분하고, 칩의 내부구조까지 보충하여 설명서에 기재할 필요가 없다.

보다 가까운 선행기술을 반영하여 발명이 해결하고자 하는 기술적 과제 및 달성하고자 하는 유익한 효과를 조정하는 이외에, 출원인은 그 발명이 진보성이 있음을 다투기 위해서도 설명서에 기재된 그 발명이 해결하고자 하는 기술적 과제 및 달성하고자 하는 유익한 효과 부분을 보충하기를 희망할 수 있다. 만약 원래의 설명서에 기재된 발명의 기술방안과 선행기술 사이의 차이에 근거하여, 출원인이 보충하고자 하는 해결하고자 하는 기술적 과제 및 달성하고자 하는 유익한 효과를 명확하게 도출해 낼 수 있다면, 이는 허용될 수 있을 것이다. 이러한 경우는 기계와 전자제품 분야에서 비교적 쉽게 볼 수 있는데, 제품의 물리적인 구조적 차이로부터 발명이 해결하고자 하는 기술적 과제 및 달성하고자 하는 유익한 효과를 보통은 명확하게 이해할 수 있기 때문이다. 그러나 화학 · 생물분야는 이와 다른데, 화학적 구조 또는 생물학적 구조의 차이로부터 이러한 차이가 어떠한 유익한 효과의 차이를 가져오는지를 판단하는 것이 보통은 쉽지 않기 때문이며, 따라서 화학 · 생물분야에서의 위와 같은 보정은 보다 엄격한 제한을 받을 수 있다.

3. 발명의 내용, 도면에 대한 설명, 실시례 및 첨부도면에 대한 보정

설명서의 발명의 내용(제3부분의 2), 구체적인 실시례(제5부분) 및 첨부도면은 출원인이 그 발명창조의 기술방안 자체에 대하여 설명하는 핵심부분이다. 설명서의 나머지 부분은 그 발명창조의 기술방안에 대한 예비적 묘사이거나 발명창조의 기술방안에 대한 주관적 평가이므로 모두 보조적 작용만 할 뿐이다. 따라서 본조가 규정하는 보정원칙은 설명서의 핵심부분을 출원인이 보정하는 경우에 원래의 설명서 및 청구범위에 기재된 범위를 벗어나지 않도록 하는 데 중점을 두고 있다.

그러나 설명서의 핵심을 이루는 위 부분들에는 차이점도 있다. 그중에서 설명서의 발명의 내용부분(제3부분의 2)은 비록 "발명의 내용"을 그 명칭으로 하고 있지만, 실제 특허출원서류의 일반적인 기재방식을 보면, 그 내용은 보통 청구범위의 "복제판"이고, 실제로는 발명창조의 기술방안을 개괄한 것이지 상세하게 설명한 것이 아니다.

출원인이 이 부분을 이처럼 기재하는 목적은 보통 그 청구범위가「특허법」제26조 제4항의 청구범위는 설명서를 근거로 하여야 한다는 규정에 부합하도록 하기 위함이다. 출원인이 청구범위를 보정할 때에는, 일반적으로 이 부분에 대해서도 상응하게 보정할 필요가 있다. 따라서 이 부분의 보정에 대한 요건은 청구범위에 대한 보정 요건과 서로 일치하여야 하며, 이에 대해서는 뒤에서 함께 논의하도록 하겠다.

결국 설명서에서 발명창조의 기술방안에 대해 진정으로 상세하게 설명하여 해당 기술분야의 기술자가 그 발명창조를 실시할 수 있도록 하는 것은, 실제로는 구체적인 실시례와 첨부도면 부분이다. 기술정보의 전달 측면에서 볼 때, 이 두 부분이 핵심 중의 핵심이다. 따라서 이 두 부분에 대한 보정이 가장 엄격하게 제한된다.「특허심사지침서 2010」은 "원래의 설명서와 청구범위에 문자로 기재된 내용 및 설명서의 첨부도면에 근거하여 직접적이고 틀림없이 확정할 수 있는 내용"만 보정으로 바꿀 수 있다고 규정하였는데, 이 규정은 주로 이 두 부분에 대한 것이다.

무엇을 "직접적이고 틀림없이 확정할 수 있는 내용"이라고 하는가? 여기에는 두 가지 의미가 담겨 있다고 보는 견해가 있는데, 첫째는 해당 분야의 기술자가 원래의 출원서류상의 표현에 어떠한 흠결이 있는지를 정확하게 판단해 낼 수 있어야 한다는 것이고, 둘째는 해당 분야의 기술자가 원래의 출원서류에 근거하여 정확한 표현이 무엇이어야 하는지를 명백하고 유일하게 도출해 낼 수 있어야 한다는 것이다. 이러한 요구는 논리적으로는 맞는 것 같지만 너무 엄격하여, 무릇 보정이 허용되는 흠결이 모두 실제로는 보정이 불필요한 흠결이 되는 결과가 되는데, 설령 보정을 하지 않더라도 해당 분야의 기술자가 무엇이 정확한 것인지를 판단할 수 있어 오해가 없을 것이기 때문이다. 또한 무릇 보정하지 않으면 오해가 있을 수 있어 보정이 필요한 흠결이라면, 일률적으로 보정이 허용될 수 없는데, 위와 같은 판단논리대로라면 이러한 보정은 반드시 원래의 설명서 및 청구범위에 기재된 범위를 벗어날 것이기 때문이다. 만약 이와 같다면, 본조가 "출원인은 그 특허출원서류에 대하여 보정할 수 있다."고 규정한 것은 상당한 정도로 그 의의를 잃게 된다. 근년에 국가지식산권국은 심사품질을 갈수록 중시하여 심사품질이 갈수록 높아지는 추세인데, 이것은 의심할 바 없이 바람직하며 각계각층의 호평을 받고 있다. 그러나 이에 따라서 그 출원서류를 보정하는 것이 훨씬 어려워져서 종종 출원인을 진퇴양난의 처지에 놓이게 하는 문제가 발생하는데, 만약 보정하지 않으면 원래의 출원서류에 존재하는 흠결 때문에 특허권을 수여받지 못할 수 있고, 만약 보정하면 심사관이 원래의 출원서류에 기재된 범위를 벗어남을 이유로 불허하여, 설명서에 오해를 일으킬 수 있는 흠결이 있기만 하면 그 특허출원은 기본적으로 "사형"을 선고받아 구제할 길이 없는 것과 다름없는 결과가 되기 때문이다. 이것은 본조 규정의 본의에 어긋나는 것이라고 필자는 생각한다. 최고인민법원도 이 문제에 대하여 관심을 기울여, 그 관련 사법해석 초안에 아래와 같이 규정[1]할 것을 건의하였다.

만약 이 분야의 기술자가 그 분야의 공지된 상식에 기초하여, 보정 후의 내용에 새로운 기술내용이 포함되지 않았음을 확인할 수 있어, 특허권자 또는 특허출원인이 부당한 이익을 얻게 하지 않거나, 또는 특허출원서류의 공시 기능에 실질적 영향이 없는 경우, 그 보정 후의 내용은 원래의 설명서 및 청구범위로부터 직접적이고 틀림없이 확정할 수 있는 것이고 특허법 제30조 규정에 부합하는 것으로 인정하여야 한다.

위의 건의는 새로운 판단기준을 제시한 것이므로, 국가지식산권국도 고려할 가치가 있다.

(三) 청구범위에 대한 보정

「특허법」제59조 규정에 의하여, 청구범위는 발명 또는 실용신안특허권의 보호범위를 확정하는 기능을 하며, 발명 또는 실용신안의 기술방안을 공개하는 기능을 하는 것은 아니다. 「특허법」제26조 제4항이 청구범위는 설명서를 근거로 하여야 한다고 규정하고 있으므로, 청구범위에 기재된 기술적 특징은 설명서에 상응하게 기재되어 있어야 한다. 일반적으로 말해서, 설명서의 구체적인 실시례와 첨부도면에 표현된 내용은 최초 설명서에 의하여 기본적으로 고정되며, 비교적 크게 바뀌질 가능성은 없다. 그러나 설명서 및 그 첨부도면에 개시된 발명창조에 대하여, 보호받고자 하는 객체의 유형, 보호받고자 하는 범위의 크고 작음을 선택함에 있어서는 출원인에게 비교적 큰 선택의 여지가 있다. 실무에서 출원인이 발명창조를 출원할 때에는 보편적으로 다음과 같은 전략을 쓰는데, 즉 처음에는 보호범위가 가급적 넓게 청구범위를 작성하고, 가급적 많은 발명창조의 유형에 대한 보호를 요구하며, 실체심사 단계에 들어가면 심사관의 심사의견에 따라 보정하여 필요한 만큼 감축함으로써 청구항의 보호범위를 점차 좁게 한다. 이러한 전략을 쓰기 때문에 발명특허출원의 청구범위에 대한 보정은 매우 보편적이다.

---

1) 「최고인민법원의 특허권 확정 행정사건 문제에 관한 의견(最高人民法院关于审理专利授权确权行政案件若干问题的意见)」, 2011년 11월 1일 보고.

1992년 「특허법」 개정 시에 본조 규정을 개정 전의 "원래의 설명서에 기재된 범위를 벗어날 수 없다."를 "원래의 설명서 및 청구범위에 기재된 범위를 벗어날 수 없다."로 고친 것은, 출원인이 최초의 청구범위에는 어떤 기술적 특징을 기재하였으면서도 최초의 설명서에는 이에 상응하게 그 기술적 특징을 기재하지 않았을 수도 있기 때문이다. 이때에는, 비록 청구항이 설명서에 의하여 뒷받침되지 않을 수는 있다고 하더라도, 그 기술적 특징은 이미 최초의 출원서류에 의하여 공개된 것이므로, 원래 청구범위에만 기재되어 있었던 내용을 출원인이 설명서에 상응하게 적어 넣는 보정을 허용함으로써 청구범위가 설명서에 의하여 뒷받침되지 않는 흠결을 극복하도록 하여야 한다. 이처럼 보정하는 것은 단지 보다 합리적으로 하기 위함이고, 청구범위가 발명 또는 실용신안의 기술정보를 전달하는 기능을 갖고 있기 때문은 아니다.

특허출원의 심사과정에서, 청구범위에 대한 보정, 특히 출원인의 자진보정은 "원래의 설명서 및 청구범위에 기재된 범위를 벗어날 수 없다."라는 이 기본적 요건을 제외하면, 출원인에게 비교적 큰 여지가 있어서 많은 부분을 보정할 수 있다. 「특허심사지침서 2010」은 청구범위에 대한 보정이 허용되는 경우로, 독립청구항에 기재된 기술적 특징을 추가 또는 감축함으로써 또는 독립청구항에 기재된 발명의 유형 또는 명칭을 변경함으로써 그 독립청구항으로 보호받고자 하는 범위를 변경하는 것, 하나 또는 둘 이상의 청구항을 추가 또는 삭제하는 것, 독립청구항을 보정하여 그 상대적으로 가장 가까운 선행기술을 다시 확정하는 것, 종속청구항의 인용부를 보정하여 그 인용관계를 바꾸거나 또는 종속청구항에서 한정한 부분을 보정함으로써 그 종속청구항으로 보호받고자 하는 범위를 한정하는 것이 포함된다고 규정하고 있다.[1]

(四) 보정의 유형, 방식 및 보정이 규정에 부합하지 않는 경우의 효과

「특허법실시세칙」 제51조 규정에 따라서, 출원인의 그 특허출원서류에 대한 보정에는 자진보정과 심사관의 요구에 따른 보정의 두 가지 유형이 있다. 후자에 있어서는 보정 범위가 일정하게 제한되어, 본조가 규정하는 보정의 원칙 이외에 특허출원서류에 대한 보정의 다른 제한적 요건으로 작용한다. 출원인이 보정을 하는 것 이외에, 국가지식산권국은 직권으로 특허출원서류의 경미한 오기재에 대하여 보정할 수 있다.

출원인은 특허출원서류에 대하여 어떠한 방식으로 보정하여야 하는가, 이것은 구체적인 운영의 문제이며, 「특허법실시세칙」 제52조가 규정하고 있다. 출원인의 보정

---

1) 国家知识产权局, 专利审查指南2010[M], 北京: 知识产权出版社, 2010: 第二部分 第八章 5.2.2.1.

이 본조 및 「특허법실시세칙」 제51조 규정의 요건에 부합하지 않는 경우, 그 법률적 효과는 무엇인가? 이것은 중요한 문제이므로 명확하게 하여야 한다.

1. 보정의 유형

(1) 자진보정

「특허법실시세칙」 제51조 제1항 및 제2항 규정에 의하여, 출원인은 그 발명 또는 실용신안특허 출원서류에 대하여 자진보정할 수 있지만, 자진보정은 규정된 시점 또는 규정된 기간 내에만 할 수 있다. 발명과 실용신안특허출원의 심사제도가 다르므로, 특허출원의 유형에 따라서 자진보정할 수 있는 기간도 차이가 있다.

발명특허출원에 있어서는, 출원인은 다음의 두 차례 자진보정 기회가 있다.

첫째, 실체심사를 청구할 때에 보정할 수 있다. 한편으로는, 「특허법」 제35조 규정에 의하여 출원인은 출원일로부터 3년 내에 실체심사를 청구할 수 있으며, 발명특허의 출원인이 출원일 후에 일정한 시간이 흐른 뒤에야 비로소 실체심사를 청구를 하는 경우에는, 그 출원에 존재하는 흠결을 충분히 인식했을 수 있다. 다른 한편으로는, 출원인이 실체심사를 청구하면 곧 실체심사절차가 시작되는데, 만약 출원인이 자진보정으로 원래의 출원서류에 존재하는 흠결을 치유하게 되면 실체심사가 시작부터 보다 정확한 출원서류를 기초로 하게 되므로 심사시간을 절약하여 심사기간을 단축할 수 있다. 이러한 점을 고려하여, 「특허법실시세칙」 제51조 제1항은 실체심사를 청구할 때에 출원인이 자진하여 그 발명특허 출원서류를 보정할 수 있다고 규정하고 있다.

둘째, 국가지식산권국이 발명특허출원의 실체심사단계 진입을 통지한 날로부터 3개월 내에 보정할 수 있다. 만약 출원인이 실체심사를 비교적 빨리 청구하면, 심지어 특허출원과 동시에 실체심사를 함께 청구하면 위의 첫째 자진보정의 기회를 갖기 어렵거나 심지어 이용할 수 없다. 발명특허출원인이 적어도 한 차례는 그 발명특허출원에 대하여 자진보정할 수 있는 기회를 보장하기 위하여, 「특허법실시세칙」 제51조 제1항은 국가지식산권국이 발명특허출원의 실체심사단계 진입을 통지한 날로부터 3개월 내에 출원인이 자진보정할 수 있다고 규정하고 있다.

실용신안특허출원은 실체심사가 진행되지 않으므로, 초보심사를 통과하면 바로 특허권이 수여되어 그 심사기간이 비교적 짧으며, 이 때문에 「특허법실시세칙」 제51조 제2항은 실용신안특허의 출원인이 그 출원서류를 자진보정하고자 하는 경우 조속히, 즉 출원일로부터 2개월 내에 보정하여야 한다고 규정하고 있고, 그렇게 하지 않으면 기회를 놓치게 된다.

「특허법실시세칙」 제51조 제1항과 제2항이 규정하는 자진보정의 기회를 제외하면, 출원인은 그 특허출원서류에 대하여 따로 자진보정할 수 없다.

(2) 심사관의 요구에 따른 보정

심사를 통해서 심사관은 대개 특허출원서류에 존재하는 「특허법」 및 「특허법실시세칙」 규정에 어긋나는 흠결을 발견하게 된다. 이러한 흠결에 대하여, 심사관은 "보정통지서" 또는 "심사의견통지서"를 발송할 수 있다. 「특허법실시세칙」 제51조 제3항 규정에 따라서, 국가지식산권국이 통지서를 발송한 후에는 출원인이 그 출원서류에 대하여 자진보정을 할 수 없으며, "심사의견통지서"에서 지적한 흠결에 대해서만 보정할 수 있다. 이러한 보정이 바로 심사관의 요구에 따른 보정이다.

자진보정과 심사관의 요구에 따른 보정의 차이점은, 자진보정은 완전히 출원인의 의사에 따른 것이지만, 심사관의 요구에 따른 보정은 이와 같을 수 없어서 오직 "심사의견통지서"에서 지적한 흠결에 대해서만 할 수 있다는 점이다.

「특허법실시세칙」 제51조 제3항은 2001년 「특허법실시세칙」 개정 시에 신설된 것으로서, "출원인이 국무원 특허행정부문이 심사의견통지서를 발송한 후 특허출원서류에 대하여 보정하는 경우, 통지서의 요구에 따라 보정하여야 한다."고 규정하였다. 2010년 「특허법실시세칙」 개정 시에, 그중의 "통지서의 요구에 따라 보정하여야 한다."를 "통지서에서 지적한 흠결에 대하여 보정하여야 한다."로 고쳤다. 이처럼 개정한 이유는, 첫째는 심사관의 직책은 출원서류에 존재하는 흠결을 지적하는 것으로, 이러한 흠결을 해소하는 방식에는 여러 가지가 있을 수 있으며, 당연히 출원인 자신이 선택하여야 하는 것이고, 심사관은 일반적으로 통지서 중에 어떻게 보정하여야 한다는 것을 구체적으로 기재하지 않으므로, 엄격하게 말해서 "통지서의 요구에 따라 보정하여야 한다."라고 말할 것이 못 되기 때문이다. 둘째는 특허출원서류의 수많은 표현들은 종종 서로 관련되어 있어서, 출원인이 한 곳의 흠결에 대하여 보정하면 보통은 이곳저곳 나머지 관련된 표현들에 대해서도 함께 조정할 필요가 있으므로, 지적한 부분만 기계적으로 고쳐서 심사과정이 불합리하게 지연되게 해서는 안 되기 때문이다. 이 두 가지 이유를 볼 때, "통지서에서 지적한 흠결에 대하여 보정"하는 것은 개정 전 규정의 "통지서의 요구에 따라 보정"하는 것에 비하여 훨씬 정확하다.

「특허법실시세칙」 제51조 제3항 규정에 관하여, 「특허심사지침서 2010」은 필요한 융통성을 제공하는 아래와 같은 규정을 두고 있다.

> 특허법실시세칙 제51조 제3항 규정에 근거하여, 심사의견통지서에 대응하여 출원서류를 보정하는 경우, 통지서에서 지적한 흠결에 대하여 보정하여야 하고, 만약 보정방

식이 특허법실시세칙 제51조 제3항 규정에 부합하지 아니한다면 이러한 보정서는 일반적으로 받아들이지 아니한다.

그러나, 보정방식이 특허법실시세칙 제51조 제3항 규정에 부합하지는 않지만 그 내용과 범위가 특허법 제33조의 요건을 만족시키는 보정에 대해서는, 보정된 문서가 원래의 출원서류에 존재했던 흠결을 해소하는 것이고 특허권을 받을 가능성이 있는 경우, 이러한 보정은 통지서에서 지적한 흠결에 대한 보정으로 볼 수 있으며, 따라서 이처럼 보정한 출원서류는 받아들일 수 있다. 이렇게 처리하는 것이 심사절차를 간소화하는 데 유리하다.[1]

당연히, 자진보정인지 아니면 심사관의 요구에 따른 보정인지를 불문하고 모두 반드시 보정의 기본원칙을 준수하여야 하며, 원래의 설명서 및 청구범위에 기재된 범위를 벗어나서는 안 된다.

(3) 국가지식산권국의 직권보정

특허권은 일종의 민사적 권리로서, 출원인만이 그 특허출원에 대한 처분권이 있고, 따라서 일반적인 경우에는 국가지식산권국이 출원인을 대신하여 그 특허출원에 대하여 보정할 수 없다.

그러나 이 원칙에는 예외가 있다. 실체심사 과정에서, 출원인이 여러 차례 보정하였지만 출원서류에 존재하는 흠결을 여전히 완전히 해소하지 못하는 일이 종종 생길 수 있다. 만약 위 원칙을 고수한다면, 심사관은 여러 차례 통지서를 발송할 수밖에 없다. 각 통지서는 적어도 1개월 내지 2개월의 답변기간을 지정하여야 하므로, 왔다 갔다 하는 데에도 수개월의 시간을 요한다. 반복하여 여러 차례 통지서를 발송하는 것은 필연적으로 특허심사 기간을 크게 지연시키게 되는데, 이것은 국가지식산권국의 업무부담을 증가시킬 뿐만 아니라 출원인과 공중의 이익에도 손해가 될 수 있다. 효율적인 특허제도를 수립하기 위하여, 2001년 「특허법실시세칙」 개정 시에 제51조에 제4항을 신설하여 아래와 같이 규정하였다.

국무원 특허행정부문은 특허출원서류 중의 문자 및 부호의 명백한 오기를 스스로 보정할 수 있다. 국무원 특허행정부문이 스스로 보정하는 경우, 출원인에게 통지하여야 한다.

---

1) 国家知识产权局, 专利审查指南2010[M], 北京: 知识产权出版社, 2010: 第二部分 第八章 5.2.1.3.

이것이 소위 국가지식산권국의 직권에 의한 보정이다.

직권에 의한 보정은 다음과 같은 요건에 부합하여야 하는데, 첫째, 일반적으로 말해서 특허출원이 특허권을 받을 가능성이 높고 이미 심사의 마지막 단계에 가까워졌을 때에야 비로소 이러한 보정을 할 필요가 있으며, 특허권을 받을 가능성이 낮은 특허출원서류 중의 문자 및 부호의 오기에 대해서는 국가지식산권국이 스스로 보정할 필요가 없다. 둘째, 이러한 보정은 문자 및 부호의 오기에 한정되며, 만약 보정이 특허권의 보호범위에 실질적 영향을 줄 수 있는 것이라면, 국가지식산권국은 출원인을 대신하여 보정할 수 없다. 셋째, 국가지식산권국은 그 직권에 의하여 보정하였음을 즉시 출원인에게 통지하여야 한다.

2. 보정의 방식

「특허법실시세칙」제52조는 아래와 같이 규정하고 있다.

> 발명 또는 실용신안특허출원의 설명서 또는 청구범위의 보정부분은, 개별적인 문자의 보정 또는 첨삭을 제외하고, 규정된 양식에 따라 교체되는 페이지를 제출하여야 한다. 디자인특허출원의 도면 또는 사진의 보정은, 규정에 따라 교체되는 페이지를 제출하여야 한다.

원래의 출원서류에 대한 출원인의 보정을 심사관이 편리하게 확인하고 식별하도록 하기 위하여,「특허심사지침서 2010」은 출원인이 설명서 및 청구범위에 대한 보정부분의 교체 페이지를 제출하는 외에, 별도로 보정 전후의 대조명세표 또는 원문복사본에 보정한 대조 페이지를 제출하여야 한다고 규정하고 있다.

컴퓨터의 이용이 갈수록 편리해지고 갈수록 보편화됨에 따라서, 전자적 방식으로 특허출원하고 의견서를 제출하는 것이 갈수록 늘어나고 있어서, 위와 같은 보정방식도 곧 달라질 것으로 보인다. 현재에는 그 보정된 부분의 교체 페이지를 제출하는 것이 보정된 전체 특허출원서류를 제출하는 것만 같지 못한데, 현재 널리 활용되고 있는 문서편집프로그램이 보정 후 문서의 교정본을 보여 줄 수 있을 뿐 아니라, 또한 보정 후 문서의 최종본도 보여 줄 수 있어, 심사의 측면에서나 아니면 출판의 측면에서나 모두 교체 페이지 및 대조표, 대조 페이지를 제출하는 것보다 훨씬 편리하기 때문이다.

3. 보정이 규정에 부합하지 않는 경우의 효과

「특허법실시세칙」제44조, 제53조 및 제65조 규정에 따라서, 출원인의 그 특허출원에 대한 보정이 본조 규정에 부합하지 않는 것은, 초보심사 및 실체심사에서는 그 특허출원의 거절이유이며, 또한 특허권이 수여된 후에는 특허권 무효의 이유이기도 하다.

심사관이 출원인의 보정이 원래의 설명서 및 청구범위에 기재된 범위를 벗어남을 발견하는 경우, 먼저 출원인에게 통지하여 이 문제를 지적하고 출원인에게 고치도록 요구할 수 있다. 출원인이 기간 내에 답변하지 않으면, 그 특허출원은 취하된 것으로 본다. 출원인이 비록 답변하였지만 여전히 그 보정을 견지하는 경우 그 특허출원은 거절되며, 설령 그 특허출원에 대하여 원래의 설명서 및 청구범위에 기재된 범위를 벗어나지 않는 다른 보정으로 바꾼다거나 또는 특허권을 받을 가능성이 있다고 하더라도 그 결과는 여전히 이와 같다. 만약 특허권이 수여된 후에 출원인의 보정이 본조 규정에 부합하지 않는 문제가 있음이 뒤늦게 발견된다면, 출원인은 이를 고쳐서 보정 전으로 돌아갈 수 있는 기회가 없으며, 그 결과 이를 이유로 그 특허권의 무효선고가 청구되면 그 특허권은 무효로 될 수밖에 없다. 따라서 본조 규정을 위반하는 법률적 효과가 매우 엄중함을 볼 수 있으므로, 출원인은 반드시 이를 중시하여야 한다.

「특허법실시세칙」 제51조 및 제52조 규정은 초보심사 및 실체심사 과정에서의 특허출원의 거절이유가 아닐 뿐만 아니라, 특허권 수여 후의 그 특허권의 무효이유가 아닐 것을 요구하는데, 따라서 출원인의 보정이 위의 규정에 부합하지 않는 경우의 법률적 효과가 약간 다르다.

「특허법실시세칙」 제51조 제1항 규정에 관하여, 「특허심사지침서 2010」은 출원인이 발명특허출원의 실체심사단계 진입 통지서를 받은 날로부터 3개월 내에 출원서류에 대하여 여러 차례 자진보정한 경우에는, 마지막에 제출한 출원서류를 심사대상으로 하여 실체심사를 진행한다고 규정하고 있다. 출원인이 3개월 이후에 출원서류에 대하여 한 자진보정은 일반적으로 받아들이지 않으며 그 보정된 출원서류를 심사대상으로 하지 않지만, 심사관이 그 보정된 문서를 읽어본 후 그것이 원래의 출원서류에 존재하였던 해소하여야 하는 흠결을 해소하였고, 본조가 규정하는 보정원칙에 부합하며, 그 보정서를 기초로 심사할 경우에 심사절차 간소화에 유리하다고 인정되면, 그 보정을 거친 출원서류를 받아들여 심사대상으로 할 수 있다.[1]

「특허법실시세칙」 제51조 제2항 규정에 관하여, 「특허심사지침서 2010」은 실용신안특허출원의 자진보정에 대하여 먼저 심사관은 보정서를 제출한 날이 출원일로부터 2개월 이내인지를 검토하여야 한다고 규정하고 있다. 2개월이 경과된 보정에 대

---

[1] 国家知识产权局, 专利审查指南2010[M], 北京: 知识产权出版社, 2010: 第二部分 第八章 4.1.

해서는, 만약 보정서가 원래 출원서류에 존재하였던 흠결을 해소하였고 특허권이 수여될 가능성이 높다면 그 보정서를 받아들일 수 있으며, 받아들이지 않는 보정서에 대해서는 심사관이 "미제출간주통지서"를 발송하여야 한다.[1]

「특허법실시세칙」 제51조 제3항 규정에 관하여, 발명특허출원 및 실용신안특허출원 모두에 대하여 「특허심사지침서 2010」은 만약 출원인이 "심사의견통지서"에 대응하여 제출한 보정서가 통지서에서 지적한 흠결에 대한 것이 아니라면 심사관은 "심사의견통지서"를 발송하여 그 보정서를 받아들이지 않는 이유를 설명하고 출원인에게 지정된 기간 내에 규정에 부합하는 보정서를 제출하도록 요구하여야 하며, 이와 동시에 지정된 기간의 만료일까지 만약 「특허법실시세칙」 제51조 제3항 규정에 부합하는 보정서를 여전히 제출하지 않거나 또는 기타 그 규정에 부합하지 않는 내용이 발생하는 경우에는 심사관이 보정 전의 문서로 심사를 계속하여 특허권 수여결정 또는 거절결정할 것임을 밝혀야 한다고 규정하고 있다.[2]

三. 디자인특허출원의 보정

1984년 제정 「특허법」에서 본조는 디자인특허 출원서류의 보정에 대해서는 규정하지 않았다. 1992년 「특허법」 개정 시에, 본조에 디자인특허 출원서류의 보정에 관한 관련 규정을 신설하였다.

「특허심사지침서 2010」은 아래와 같이 규정하고 있다.

> 보정이 원래의 도면 또는 사진에 표시된 범위를 벗어난다는 것은, 보정 후의 디자인이 최초출원서류 중에 표시된 상응하는 디자인과 서로 비교하여 동일하지 아니한 디자인에 해당함을 가리킨다.
> 출원인의 그 디자인특허 출원서류에 대한 보정이 원래의 도면 또는 사진에 표시된 범위를 벗어난 것인지를 판단할 때에, 만약 보정 후의 내용이 원래의 도면 또는 사진에 이미 표시된 것이거나 또는 직접적이고 틀림없이 확정할 수 있는 것이라면, 그 보정이 특허법 제33조 규정에 부합하는 것으로 본다.[3]

---

1) 国家知识产权局, 专利审查指南2010[M], 北京: 知识产权出版社, 2010: 第一部分 第二章 8.1.
2) 国家知识产权局, 专利审查指南2010[M], 北京: 知识产权出版社, 2010: 第一部分 第二章 8.2. 및 第二部分 第八章 5.2.1.3.
3) 国家知识产权局, 专利审查指南2010[M], 北京: 知识产权出版社, 2010: 第一部分 第三章 10.

　디자인특허의 출원인은 디자인특허출원에 대하여 출원일로부터 2개월 이내에 자진보정하여야 한다. 출원인이 위의 2개월의 기간을 경과하여 자진보정하는 경우, 만약 보정서가 원래의 출원서류에 존재하였던 흠결을 해소하였고 특허권이 수여될 수 있는 가능성이 높다면 그 보정서를 받아들일 수 있다. 받아들이지 않는 보정서에 대해서는, 심사관이 "미제출간주통지서"를 발송하여야 한다.

제4장

특허출원의 심사

제34조~제41조

서 언

본장은 특허출원의 심사절차를 규정하며, 주요 내용은 세 부분으로 구성되는데, 첫째는 발명특허출원의 심사 및 수권에 관한 규정(제34조 내지 제39조)이고, 둘째는 실용신안 및 디자인특허출원의 심사 및 수권에 관한 규정(제40조)이며, 셋째는 복심에 관한 규정(제41조)이다.

1984년 「특허법」 제정 이래로, 특허출원의 심사절차에서는 이의절차의 변천에 주된 변화가 있었다. 1984년 「특허법」 제정 시에 당시의 많은 국가들의 방식을 참고하여 특허권 수권 전의 이의절차를 두었다. 실무 중에 신청되는 이의의 비율이 매우 낮고 수권 전의 이의절차가 절대다수 특허권의 수여를 쓸데없이 지연시키는 점을 고려하여, 1992년 「특허법」 개정 시에 수권 전의 이의절차를 수권 후의 취소절차로 변경하였다. 수권 후의 취소절차가 실제로는 무효절차와 실질적 차이가 없고 양자가 병립하는 것이 오히려 무효절차의 정상적 개시에 일정한 지장을 초래하는 점을 고려하여, 2000년 「특허법」 개정 시에 취소절차를 없애고 오직 무효선고절차만 남겼다.

2000년 개정 「특허법」이 규정하는 특허출원의 심사제도가 현재 중국의 실제적 상황에 기본적으로 적합함이 실천적으로 증명되었다. 바로 이러한 이유 때문에, 2008년 「특허법」 개정 시에 본장은, 부칙 부분을 제외하고, 어떠한 규정도 개정되지 않은 유일한 장이었다.

당연히, 중국의 특허제도가 발전함에 따라서, 특허출원의 심사제도도 조정이 필요하다. 예를 들어, 실용신안과 디자인특허권의 수여에 초보심사를 하는 것이 적절한가는 줄곧 논란이 있어 왔던 문제이다. 2000년 「특허법」 개정 시에 실용신안특허 검색보고서와 관련한 규정을 신설하였고, 2008년 「특허법」 개정 시에 이를 특허권 평가보고서로 고치고 디자인특허에까지 확대하였지만, 시종 해결하기 어려운 일부 문제가 남아 있어 장래에 좀 더 개정이 필요할 수 있다.

제34조 발명특허출원의 공개

국무원 특허행정부문이 발명특허출원을 접수한 후, 초보심사[1]를 거쳐 이 법의 규정에 부합한다고 판단하는 경우, 출원일로부터 만 18개월이 되는 때에 즉시 공개한다. 국무원 특허행정부문은 출원인의 청구에 의하여 그 출원을 조기에 공개할 수 있다.

발명특허출원의 공개는, 국가지식산권국이 발명특허출원의 청구서에 기재된 서지사항과 요약서를 특허공보에 게재하고, 별도로 전문을 발명특허출원 단행본으로 출판하는 것을 가리킨다.

「특허법」은 발명특허출원 및 실용신안·디자인특허출원에 대하여 공개방식을 다르게 규정하고 있다. 발명특허출원에 대해서는 출원일(우선권 주장이 있는 경우에는 우선일로부터)로부터 만 18개월이 되는 때에 즉시 공개하도록 하고 있으며, 실용신안 및 디자인특허출원에 대해서는 수권 공고할 때에 비로소 공개하도록 규정하고 있다. 공개방식을 다르게 규정한 이유는, 발명특허출원은 실체심사를 거쳐야 하고 심사기간이 비교적 길기 때문으로, 만약 실체심사가 종료될 때에야 비로소 발명특허출원의 내용을 공개한다면 동일한 과제에 대하여 중복하여 연구·투자 및 출원할 가능성이 커져서 특허제도의 기능이 효과적으로 발휘될 수 없으며, 이 때문에 발명특허권을 수여하기 전에 공개하는 것이 필요하다.

발명특허출원을 한 날로부터 공개하기까지의 기간을 어떻게 확정할 것인가에는 출원인과 공중 사이의 이익균형이 필요하다. 한편으로 공중의 이익을 보호하는 측면에서 보면, 중복연구개발을 방지하며 기술정보의 조속한 전파를 촉진하기 위하여 가급적 빨리 공개하는 것이 좋다. 다른 한편으로 출원인은 종종 보다 충분한 시간을 갖고 그 기술의 공개여부를 결정할 수 있기를 희망하므로, 너무 일찍 출원내용을 공개하는 것은 출원인의 이익에 손해를 입힐 수 있다. 예를 들어, 출원인이 발명특허출원을 한 후, 어떤 이유로 그 출원을 취하할 수도 있는데, 취하한 특허출원에 대해서 말하자면, 이미 공개된 것과 아직 공개되지 않은 것에는 크게 차이가 있다. 만약 출원이 아직 공개되지 않았다면, 출원인이 그 발명특허출원을 취하한 후에도, 그 기재된 기술은 기술비밀로 보호받을 수 있으며, 나중에 필요하면 다시 발명 또는 실용신안특허

---

1) 우리나라의 '방식심사'에 대응한다고 볼 수 있지만, 초보심사에는 명백한 실체적 요건의 흠결까지 심사하므로 우리나라의 '방식심사'와 차이가 있으며, 따라서 '초보심사'라고 표현하였다. 초보심사에 대해서는 제40조에 대한 설명 참조(역자 주).

출원을 하여 특허권을 받을 수 있다. 만약 출원이 이미 공개되었다면, 그 기재된 기술은 이미 선행기술이 되었음을 의미하며, 출원인은 다시 동일한 기술에 대하여 특허권을 출원하여 받을 수 없을 뿐만 아니라, 기술비밀로도 보호받을 수 없다. 출원인과 공중의 이익균형을 위해 국제관례를 참조하여, 「특허법」은 출원일로부터 만 18개월이 되는 때에 즉시 공개하도록 규정하고 있다. 18개월로 규정한 것은 다음과 같은 것을 고려한 것으로서, 출원인이 그 발명을 외국에서 최초로 특허출원한 경우, 12개월의 우선권 기간을 향유할 수 있고, 그 기간이 만료되기 전에 중국에 발명특허출원 할 수 있으며, 중국에 발명특허출원을 한 후 국가지식산권국은 그 출원에 대하여 초보심사와 공개 전의 준비작업에 일정한 시간을 필요로 하는데, 따라서 만 18개월이 지난 때에 공개하는 것이 비교적 현실성이 있기 때문이다. 이것은 세계적으로 대다수 국가가 취하고 있는 방식으로서, 그 기간이 비교적 합리적이라는 것이 실천적으로 증명되었다.

발명특허출원의 출원인은 여러 이유로 출원일로부터 18개월이 되는 때에 공개되는 것이 아니라, 보다 조속하게 그 발명특허출원이 공개되기를 희망할 수도 있다. 출원인의 요구를 만족시키기 위하여, 본조는 나아가 "국무원 특허행정부문은 출원인의 청구에 의하여 그 출원을 조기에 공개할 수 있다."고 규정하고 있다. 이에 대하여, 「특허법실시세칙」 제46조는 아래와 같이 규정하고 있다.

출원인이 그 발명특허출원의 조기공개를 청구하는 경우, 국무원 특허행정부문에 대하여 성명하여야 한다. 국무원 특허행정부문은 그 출원에 대하여 초보심사를 한 후 거절결정하는 경우를 제외하고, 즉시 그 출원을 공개하여야 한다.

본조는 발명특허의 공개에 대하여 한 가지 요건을 규정하고 있는데, 즉 반드시 초보심사를 통과하여야만 비로소 공개할 수 있다는 것이다. 이 규정은 주로 사회와 공중의 이익을 보호하기 위함이다. 한편으로, 특허법 규정에 명백하게 부합하지 않는 발명을 특허권이 수여될 수 있는 발명으로 하여 공개하는 것은 사회에 대하여 무책임한 태도로서, 만약 발명특허출원의 관련 내용이 사회공중도덕을 위반하거나 공공이익에 손해를 입히는 것이라면, 특허권이 수여될 수 있는 가능성이 전혀 없으므로 공개해서는 안 된다. 다른 한편으로, 명백한 흠결이 있는 발명특허출원을 공개하는 것은 사회에 부정확하고 불완전한 기술정보를 전달하는 것이어서, 공중에 오해를 불러일으킬 수 있으므로 특허제도의 정상적 운영에 이롭지 않다.

발명특허출원의 초보심사에 대한 구체적 내용은, 「특허법」 제40조에 대한 설명에서 함께 소개하겠다.

제35조 발명특허출원의 실체심사 청구

① 국무원 특허행정부문은 출원인이 발명특허출원의 출원일로부터 3년 내에 언제든지 제출한 청구에 근거하여 그 출원에 대한 실체심사를 진행할 수 있다. 출원인이 정당한 이유 없이 기간 내에 실체심사를 청구하지 아니하는 경우, 그 출원은 취하된 것으로 본다.
② 국무원 특허행정부문은 필요하다고 인정하는 경우, 스스로 발명특허출원에 대한 실체심사를 진행할 수 있다.

발명특허출원에 대하여, 중국은 실체심사제도를 실시하고 있는데, 즉 발명특허출원은 초보심사를 거쳐야 할 뿐만 아니라 실체심사도 거쳐야 한다. 실체심사 절차의 개시여부는 본조 규정에 따라서, 모든 발명특허출원에 대하여 자동적으로 실체심사를 진행하는 것이 아니고 심사청구제도에 의하고 있는데, 즉 규정된 기간 내에 출원인이 스스로 실체심사의 진행여부를 결정하여 확정하도록 하고 있다. 출원인이 실체심사를 희망하는 경우에는 규정된 기간 내에 청구하여야 하고, 기간 내에 청구가 없는 경우에는 그 발명특허출원은 취하된 것으로 본다.

중국이 발명특허출원의 심사에서 조기공개·심사청구제도를 규정한 것은, 외국의 실천적 경험을 참고하고 중국의 실제적 형편을 종합하여 확정한 것이다. 20세기 말 이래로, 세계경제와 과학기술의 신속한 발전에 따라서, 수많은 국가들의 특허출원 건수도 큰 폭으로 증가하여, 많은 국가들에서 특허출원의 적체 현상이 나타났으며, 각국은 모두 효과적인 해결방법을 모색하고 있다. 사실상 출원인의 발명특허출원 중에서, 일부는 앞을 다퉈 황급히 출원한 것이어서 그 관련된 발명이 충분히 성숙되지 않은 것도 있다. 일부는 방어목적으로 출원한 것이어서, 출원인은 실제로 특허권을 받고자 하는 것이 아니고, 그 특허출원이 공개되어 타인이 동일한 대상에 대해서 나중에 특허권을 받는 것을 방지할 수 있기만 하면 된다. 또한 일부는 그 관련된 발명의 상업적 성공가능성이 출원 시에는 아직 불분명하였지만, 일정한 시간이 지난 후에 출원인은 그 발명의 상업적 성공가능성이 없다고 확신하는 경우도 있을 수 있다. 따라서 합리적인 일정한 기간을 설정하여, 출원인 자신이 발명특허출원에 대한 실체심사의 필요여부를 결정할 수 있도록 하여야 한다. 이 밖에, 각국은 발명특허출원의 실체심사에 대하여 상당 액수의 실체심사비용을 수취하는데, 출원인(특히 다국적기업)이 하나의 발명창조에 대하여 전 세계적 범위에서 특허보호를 받기를 원하여 많은 국가에 특허출원한 때에는 실체심사비용의 액수가 상당히 많아지며, 따라서 출원인이 상황을 잘 살펴서 일부 발명특허출원에 대하여는 실체심사를 청구하지 않는 것이 불필요한 재정지출을 줄이는 중요한 수단이 될 수 있다. 위와 같은 점을 고려하여, 네덜란드가 앞장서서 조기공개 · 심사청구제도(일부 학자는 이를 "지연심사제"라고 부르기도 한다.)를 시행하였다. 이러한 제도는 출원인이 조속히 특허출원할 수 있으면서도 출원인에게 충분히 생각할 시간을 주도록 하여, 계속해서 인력과 자금을 투입할 필요가 있는가 하는 문제에 있어서 출원인에게 보다 큰 선택의 여지를 제공한다. 다른 한편으로, 이러한 제도는 각국 특허청이 받고 있는 업무 부담을 완화하는 데에도 유리하다. 위와 같은 장점이 있기 때문에, 많은 국가와 국제조직이 연이어 뒤따랐으며, 조기공개 · 심사청구제도가 각국에 보편적으로 도입되었다.

실체심사 청구기간에 있어서는 각국의 방식이 조금씩 다르다. 원칙적으로 이 기간은 너무 길어서도 안 되고 너무 짧아서도 안 된다. 너무 길면 발명특허출원이 법률적 불확정 상태로 있는 기간을 연장시켜서 공중이 발명창조를 알고 나서도 자유롭게 실시할 수 있는지를 확신할 수 없으므로 새로운 기술의 조속한 응용에 방해가 될 수 있다. 너무 짧으면 예기된 효과가 발휘될 수 없어서 출원인에게 불리하다. 본조는 3년의 기간을 규정하였는데, 비교적 합리적임이 실천적으로 증명되었다.

본조 제2항은 또한 국가지식산권국이 필요하다고 인정하는 경우에는 심사청구가 없어도 발명특허출원에 대하여 실체심사를 할 수 있다고 규정하고 있다. 이것은 이론적으로 말해서, 어떤 발명창조가 국가와 공중의 중대한 이익에 관련된 것이지만 출원인이 이를 인식하지 못하였거나 또는 어떤 이유로 사회적 필요를 외면하여 의식적으로 실체심사 청구를 지연하는 경우가 있을 수 있기 때문이다. 만약 이러한 경우가 발생한다면, 국가와 공중의 이익에 좋지 않은 영향을 주게 된다. 그러나 실제로는 이러한 경우가 거의 없다. 현재까지 국가지식산권국은 이러한 권한을 행사한 적이 없다.

소위 "실체심사"는 국가지식산권국이 초보심사의 기초 위에서, 발명특허출원에 대하여 보다 심층적이고 전면적으로 심사하는 것으로서, 특히 보호받고자 하는 발명에 대하여 선행기술을 검색하고 보호받고자 하는 발명이 신규성 · 진보성 및 실용성을 갖추고 있는지를 판단하며 최종적으로 발명특허권의 수여여부를 결정하는 것을 가리킨다. 실체심사 절차는 국가지식산권국의 실체심사부서가 초보심사부서가 송부한 출원서류철을 접수하고 대조하는 것에서부터, 특허권 수여 통지서를 발송하거나 출원을 거절하는 결정을 할 때까지(발명특허출원이 중도에 취하 또는 취하간주된 경우는 제외한다.)이다.

실체심사의 주요 내용에는 다음과 같은 내용이 포함된다.

(1) 출원으로 보호받고자 하는 대상이 「특허법」 제2조 제3항의 발명에 대한 정의 규정에 부합하는지, 즉 제품·방법 또는 그 결합에 대한 새로운 기술방안에 해당하는지.

(2) 출원 내용이 「특허법」 제5조 제1항이 규정하는 경우에 해당하는지, 즉 국가법률·사회공중도덕을 위반하거나 또는 공공이익에 손해를 입히는 것인지.

(3) 출원이 보호받고자 하는 발명이 「특허법」 제5조 제2항이 규정하는 경우에 해당하는지, 즉 위법하게 취득한 유전자원에 의존하여 또는 위법하게 유전자원을 이용하여 완성한 발명인지.

(4) 출원이 「특허법」 제20조 제1항 규정을 위반한 것인지, 즉 특허출원한 발명이 중국에서 완성되었지만 사전에 국가지식산권국의 비밀유지심사를 거치지 않고 출원인이 임의로 그 발명창조를 외국에 특허출원한 것인지.

(5) 출원으로 보호받고자 하는 대상이 「특허법」 제25조가 규정하는 특허권을 수여하지 않는 객체에 해당하는지.

(6) 출원으로 보호받고자 하는 발명이 「특허법」 제22조 규정에 부합하는지, 즉 신규성·진보성 및 실용성을 갖추고 있는지.

(7) 출원의 설명서가 「특허법」 제26조 제3항 규정에 부합하는지, 즉 해당 분야의 기술자가 실시할 수 있을 정도로 발명을 명확하고 완전하게 설명하였는지.

(8) 유전자원에 의존하여 완성한 발명에 있어서, 출원서류에 그 유전자원의 직접출처와 원시출처가 설명되어 있는지, 그리고 원시출처를 설명하지 않은 경우에 그 이유를 진술하였는지.

(9) 출원의 청구범위가 「특허법」 제26조 제4항의 규정에 부합하는지, 즉 청구범위가 설명서에 뒷받침되어 명확하고 간결하게 기재되었는지, 「특허법실시세칙」 제19조 내지 제22조가 규정한 청구범위 기재요건에 부합하는지.

(10) 출원이 「특허법」 제31조 제1항 규정에 부합하는지, 출원에 하나의 총괄적 발명사상에 속하지 않는 둘 이상의 발명이 포함되어 있는지.

(11) 출원인의 그 출원서류에 대한 보정이 「특허법」 제33조 규정에 부합하는지, 즉 보정이 원래의 설명서 및 청구범위에 기재된 범위를 벗어나는지, 출원인의 그 출원서류에 대한 자진보정 및 심사관의 지적에 대한 보정이 「특허법실시세칙」 제51조 제1항 및 제3항 규정에 부합하는지.

(12) 출원인이 분할출원한 경우, 「특허법실시세칙」 제43조 규정에 부합하는지.

초보심사에서도 실질적으로는 위와 같은 실체심사의 일부 항목을 심사하지만, 단지 명백한 실체적 흠결이 있는 경우로만 한정될 뿐이고, 명백하지 않은 경우에 대해서는 실체심사 단계에서 심사되는 것임을 지적할 필요가 있다. 실체심사는 상대적으로 전면적이면서 보다 심층적인 심사이며, 따라서 그 심사기간이 초보심사보다 현저하게 길다.

제36조 발명특허출원 관련 자료의 제출

① 발명특허의 출원인이 실체심사를 청구할 때에는, 출원일 전의 그 발명과 관련된 참고 자료를 제출하여야 한다.

② 발명특허를 이미 외국에서 출원한 경우, 국무원 특허행정부문은 출원인에게 지정된 기간 내에 그 국가가 그 출원을 심사하기 위하여 검색한 자료 또는 심사결과 자료를 제출하도록 요구할 수 있으며, 정당한 이유 없이 기간 내에 제출하지 아니하는 경우, 그 출원은 취하된 것으로 본다.

一. 본조의 의미

본조 제1항은 발명특허 출원인은 출원일 전의 그 발명과 관련된 참고자료를 제출하여야 한다고 규정하고 있는데, 이러한 참고자료는 주로 발명자가 발명의 완성 과정에서 참고한 그 발명과 관련된 기술자료를 가리키며, 특허문헌·기술서적·과학기술간행물 등이 포함된다. 출원인은 그중에서 발명과 가장 밀접한 관계가 있는 자료를 선택하여 국가지식산권국에 제출하여야 한다. 분명히 이 규정은 심사관이 신속하고 정확하게 특허출원된 발명을 이해하고 발명의 신규성 및 진보성을 정확하고 합리적으로 판단하는 데 큰 도움이 되며, 동시에 출원인 자신의 이익에도 부합한다. 당연히 발명자가 발명창조를 완성할 때에 어떠한 자료도 참고하지 않았을 가능성을 배제할 수 없다. 따라서 비록 본조 제1항은 출원인이 관련 자료를 제출하여야 한다고 규정하였지만, 실제로는 참고자료의 제출이 필요한지 그리고 어떤 참고자료를 제출하여야 하는지는 출원인 자신이 결정한다.

출원인이 별도로 제출하는 참고자료와 설명서의 배경기술 부분에 기재하는 선행기술현황은 상이한 성질을 갖고 있으며, 양자를 혼동해서는 안 된다는 점을 지적할 필요가 있다. 전자는 「특허법」 제33조의 "원래의 설명서 및 청구범위에 기재된 범위"에 속하지 않으며, 출원인은 이 조의 규정을 위반하여 오직 참고자료에만 기재된 내용을 설명서 및 청구범위에 보정으로 추가할 수 없고, 참고자료는 주로 국가지식산권국이 심사과정에서 참고할 수 있도록 제공하는 것이다.

본조 제2항은 출원인이 이미 외국에서 동일한 발명에 대하여 특허출원한 경우에, 국가지식산권국이 출원인에게 관련 외국의 그 출원에 대하여 검색한 자료 또는 심사결과 자료를 제출하도록 요구할 수 있다고 규정하고 있다. 검색한 자료는 관련 국가 또는 지역 특허청(예를 들면 유럽특허청)이 관련 출원에 대하여 검색하여 작성한 검색보고서 및 PCT 국제사무국이 공개한 국제출원에 대한 국제조사보고서를 가리킨다. 심사결과자료는 관련 국가 또는 지역 특허청이 관련 출원에 대하여 심사하여 내린, 예를 들면 외국 특허청이 발송한 심사의견통지서, 특허권수여결정서, 특허출원거절결정서 등과 같은 결론적 통지서 및 PCT 국제예비심사기관의 국제출원에 대한 예비심사보고서를 가리킨다.

1984년 제정「특허법」중에는, 본조 제2항이 아래와 같이 규정되었다.

> 발명특허를 이미 외국에서 출원한 경우, 출원인은 실체심사 청구 시에, 그 국가가 그 출원을 심사하기 위하여 검색한 자료 또는 심사결과자료를 제출하여야 한다. 정당한 이유 없이 제출하지 아니하는 경우, 그 출원은 취하된 것으로 본다.

이 규정은 출원인에게 비교적 엄격했다. 1984년「특허법」제정 시에 이처럼 규정한 것은 당시에 구 특허국이 보유하고 있었던 특허문헌이 부족하였고 특허국의 검색수단이 비교적 낙후하였으며 심사관도 심사경험이 일천하였기 때문이었다. 실체심사 업무의 순조로운 전개와 조속한 완성을 보장하기 위하여 이러한 규정을 두는 것이 필요했으며, 또한 최종적으로 출원인에게도 유리하였다. 중국의 특허제도가 부단히 개선됨에 따라서, 중국 특허업무의 각 분야도 장족의 발전을 이루었다. 심사관들은 이미 풍부한 심사경험이 있어서 심사수준이 계속 높아지고 있고, 국가지식산권국이 보유한 특허문헌도 이미 크게 보강되어 PCT가 요구하는 최소문헌을 현저하게 넘어섰으며, 국가지식산권국은 이미 검색시스템을 개발 및 개선하고 내용이 풍부한 데이터베이스를 확보하였으며 강력한 검색기능을 갖추어 심사관의 선행기술문헌 검색능력과 속도를 크게 향상시켰다. 또한 국가지식산권국은 1994년 1월 1일부터 이미 PCT 국제조사기관 및 예비심사기관이 되어 일찍이 국제출원에 대한 검색 및 예비심사 능력을 구비하고 있다. 다른 한편으로, 더욱더 많은 외국출원이 PCT 경로를 통해 중국에 진입하고 있으며, 국내단계에 진입한 국제출원은 모두 국제조사보고서를 포함하고 있고, 대부분은 국제예비심사보고서도 첨부되어 있다. 이러한 요인들로 인해 1984년 제정「특허법」본조 제2항의 엄격한 규정은 존재의 필요성을 잃었다. 당연히, 심사업무에 협조하여 출원인이 관련 자료를 제출함으로써 실체심사가 조속히 진행되도록 하는 것이 여전히 필요한 경우도 있을 수 있음을 배제할 수 없으며, 따라서 국가지식산권국이 필요하다고 인정하는 경우에는 출원인에게 관련 검색 및 심사 자료를 제출하도록 요구하는 것이 허용되어야 한다. 위와 같은 이유에 기초하여, 2000

년「특허법」개정 시에 본조 제2항을 개정하였다.

다음과 같은 점에 대해서는 설명을 필요로 한다.

첫째, 비록 위의 검색 및 심사결과 자료가 국가지식산권국이 그 출원의 신규성 및 진보성 판단에 가치가 있는 자료라고 하더라도, 「파리협약」제4조의2 규정에 의하여, 각 동맹국은 동일한 특허출원에 대하여 독립적으로 특허권의 수여여부를 결정할 수 있다. 따라서 특허출원이 신규성 및 진보성을 구비하는지는 중국 국가지식산권국이 전반적인 검색 및 심사를 기초로 독립적으로 판단하는 것이고, 외국의 검색 및 심사 자료는 국가지식산권국이 단순히 참고만 할 뿐이다.

둘째, 본조 제2항의 "발명특허를 이미 외국에서 출원한 경우"는 출원인이 그 외국 출원을 우선권으로 주장한 경우에 한정되는 것은 아니며, 무릇 이미 외국에서 특허출원한 적이 있는 출원인은 국가지식산권국이 관련 검색 및 심사 자료의 제출을 요구하는 경우 모두 즉시 그 자료를 제출할 의무가 있는 것으로 이해되어야 한다.

셋째, 본조 제2항은 정당한 이유 없이 기간 내에 본 조항이 규정하는 의무를 이행하지 않는 경우에는 그 특허출원은 취하된 것으로 본다고 규정하고 있는데, 이 규정은 본조 제2항에만 적용되고 본조 제1항에는 적용되지 않는다. 그중에서 정당한 이유라는 것은 국가지식산권국이 지정한 기간 내에, 관련 국가의 특허청이 그 출원에 대하여 아직 검색보고서를 작성하지 않았거나 기타 결론적 통지를 하지 않아서 출원인이 요구에 따라 관련 자료를 제출할 수 없는 것을 가리킨다. 이에 대하여, 「특허법 실시세칙」제49조는 아래와 같이 규정하고 있다.

> 발명특허 출원인이 정당한 이유로 특허법 제36조가 규정하는 검색한 자료 또는 심사결과 자료를 제출할 수 없는 경우에는, 국무원 특허행정부문에 성명하여야 하고, 관련 자료를 취득한 후에 보충하여 제출하여야 한다.

2008년「특허법」개정 시에, 본조 규정에 대해서는 개정하지 않았다.

二. 국제적 발전 동향

글로벌화가 날이 갈수록 진전됨에 따라서, 선진국의 특허출원인, 특히 다국적기업은 세계 각국에 출원하여 특허를 받음에 있어서 각국에서 독립적으로 심사를 거쳐야 하는 현재의 상황에 대하여 갈수록 불만을 나타내고 있는데, 이것은 각국에서 특허보호를 받는 데 소요되는 비용과 어려움을 증가시켜 출원인에게 막대한 부담이 된다고 보고 있다. 근년에 "국제특허"(world patent)를 도입하여야 한다는 목소리가 나오고 있다. 소위 "국제특허"는 출원인이 발명에 대하여 한 번만 특허출원을 하고 한 차례의 심사만 거쳐서 특허권을 받으면, 세계 각국에서 모두 특허보호를 받을 수 있는 것을 가리킨다. 바꿔 말해서, 이 주장의 핵심은 「파리협약」이 확정한 "특허독립"의 원칙을 바꾸자는 것이다. 만약 언젠가 이 목표가 실현된다면, 분명히 출원인에게는 틀림없이 매우 유리할 것이다.

당연히 이러한 목표를 실현하는 것은 절대 쉬운 일이 아니다. 이 목표를 향해 다가가기 위한 사전단계로서, 선진국은 각국의 "심사결과 상호승인"을 힘써 추진하고 있다. 그 이유는 제법 그럴싸한데, 각국의 동일한 특허출원에 대한 개별적인 검색 및 실체심사는 막대한 인력 및 물자가 소요되어 인류가 보유한 자원의 막대한 낭비이므로, 서로 승인하지 않을 이유가 없다는 것이다.

현재 세계적으로 그 국가의 모든 특허출원에 대하여 실체심사를 할 수 있는 능력이 있는 국가는 얼마 되지 않고, 절대다수의 국가는 이러한 능력이 없다. 실체심사 능력이 없는 국가에 있어서는, 특허권을 수여할 때에 다른 국가의 심사결과를 참고하는 것이 매우 자연스러운 일이다. 그러나 미국·일본·유럽특허청에 대해서 말하자면, 특허심사결과를 서로 승인하자는 논의가 시작된 것은 오래되었지만, "동상이몽"이어서 줄곧 실질적 진전을 얻지 못하고 있다. 따라서 그들이 주장하는 "심사결과 상호승인"은 사실상 주로 개발도상국에 대해서 하는 말이다.

비록 현재 중국이 아직은 개발도상국이지만 빠르게 발전하고 있으며 이미 경제대국이 되었고, 국가지식산권국의 인력규모와 심사능력도 세계 각국 특허청 중에 이미 선두에 있다. 이러한 상황에서, 중국은 이러한 주장에 대하여 어떤 입장을 취하여야 할까?

먼저 비록 「파리협약」이 "특허독립"의 원칙을 규정하였다고 하더라도, 문을 닫고 앉아서 독립적으로 실체심사를 진행하여, 다른 국가의 동일한 특허출원에 대한 심사결과를 고려 및 참고하지 않을 필요는 없다. "타산지석"이라는 고사성어도 있다. 사실상 중국은 특허제도를 수립한 때부터 줄곧 개방적인 태도를 유지하여 다른 국가의 심사결과를 참고하는 것을 중시하고 있으며, 본조 규정이 이를 뒷받침하고 있다고 하겠다. 따라서 이러한 입장을 취하는 것은 중국이 특허제도를 수립한 초기의 임시변통을 위한 계책이 아니라, 장기적으로 유지할 필요가 있는 전략이다. 컴퓨터와 인터넷 기술이 급속하게 발전하고 있는 오늘날에는, 다른 국가의 특허심사 결과를 참고하는 것이 더욱 편리해졌으므로, 효과적으로 이용하지 않을 이유가 없다.

그러나, 다른 국가의 심사결과를 "참고"하는 것과 다른 국가의 심사결과를 "승인" 하는 것은 완전히 다른 일이다. 소위 "참고"는 주로 다른 국가의 특허출원에 대한 부정적 의견을 참고한다는 것으로 특허출원에 존재하는 흠결의 증거와 이유에 중점을 두는 것이다. 소위 "승인"은 다른 국가의 심사결과가 특허권을 수여하는 것이든 아니면 특허권 수여를 거절하는 것이든 모두 받아들인다는 것을 의미한다. 특허권을 수여할지 여부는 한 국가의 주권에 관계되는 것이고, 중국은 대국으로 국가지식산권국이 충분한 특허심사능력을 구비하고 있으므로, 특허권 수여라는 이 중요한 권력을 양보할 어떠한 이유도 없다.

제37조 발명특허출원의 실체심사

국무원 특허행정부문은 발명특허출원에 대하여 실체심사한 후 이 법 규정에 부합하지 아니하는 것으로 판단하는 경우, 출원인에게 통지하여 지정된 기간 내에 의견을 제출하거나 또는 그 출원에 대하여 보정하도록 요구할 수 있다. 정당한 이유 없이 기간 내에 답변하지 아니하는 경우, 그 출원은 취하된 것으로 본다.

본조 규정은 1984년 제정 「특허법」에도 이미 있었으며 1992년, 2000년 및 2008년 세 차례의 「특허법」 개정에서 모두 실질적으로 바뀌지 않았다.

실체심사 과정에서, 국가지식산권국은 발명특허출원이 「특허법」 및 「특허법실시세칙」의 관련 규정에 부합하지 않는다고 판단하는 경우, 그 상태로 특허권을 수여할 수도 없고 바로 발명특허출원을 거절하는 결정을 할 수도 없으며, 반드시 먼저 출원인에게 통지하여 의견을 제출하거나 보정할 수 있는 기회를 주어야 한다. 일반적으로 국가지식산권국은 심사의견통지서를 발송하는 방식으로 심사의견과 예비적 결론을 출원인에게 통지한다.

발명특허출원의 구체적 상황에 따라 심사의견통지서의 내용이 다음과 같이 달라진다.

(1) 보호받고자 하는 발명이 특허권을 받을 수 있는 가능성이 높지만, 출원서류에 사소한 흠결이 있어서 보정을 통해 이러한 흠결을 해소하여야 하는 경우. 이러한 경우에, 국가지식산권국은 심사의견통지서에 가급적 출원서류에 존재하는 모든 흠결을 지적하고, 필요한 경우에는 구체적인 보정방향을 제시함으로써 심사절차가 신속히 진행되도록 하여 출원인이 조속히 특허권을 받을 수 있게 한다.

(2) 출원된 발명이 특허권을 받을 수 있는 가능성이 있지만, 출원서류에 비교적 심각한 흠결이 있어서, 실질적인 보정이 이루어져야만 특허권이 수여될 수 있는 경우, 예를 들면 청구범위의 내용이 크게 조정되어야 하는 경우. 이때에 국가지식산권국은 심사의견통지서에 존재하는 흠결 및 그 이유를 명확하게 지적하여 출원인이 그 출원서류를 보정하도록 요구하여야 한다.

(3) 출원된 발명이 특허권을 받을 수 있는 가능성이 없어서 거절되어야 하는 경우. 이때에 국가지식산권국은 심사의견통지서에 특허권을 받을 수 없는 이유를 지적하고, 출원인에게 의견을 제출할 수 있는 기회를 주지만, 일반적으로 출원인에게 그 출원서류를 보정하도록 요구하지는 않는다.

(4) 심사결과 출원에 단일성이 없는 경우, 국가지식산권국은 심사의견통지서에서 보호받고자 하는 발명을 한정하여 단일성 요건에 부합되게 하도록 출원인에게 요구할 수 있다. 출원에 포함된 둘 이상의 발명이 상이한 기술분야에 속하는 것이어서 출원인이 어떤 발명을 선택할 것인지를 예상할 수 없는 경우에, 심사관은 검색하지 않고 출원인이 단일성 흠결을 해소한 후에 검색 및 심사할 수 있다.[1]

출원인은 국가지식산권국에 발송한 심사의견통지서를 받은 후에, 다음과 같은 대응방식을 취할 수 있다.

(1) 국가지식산권국의 심사의견에 동의하여, 심사의견통지서의 요구에 따라서 그 출원서류에 대하여 보정함으로써「특허법」,「특허법실시세칙」 및「특허심사지침서 2010」의 관련 규정에 부합되게 한다. 이후에 국가지식산권국은 일반적으로 보정된 출원에 대하여 특허권을 수여한다.

(2) 출원인이 국가지식산권국이 지적한 흠결을 인정하여 보정은 하지만, 국가지식산권국이 제시한 보정방식을 따르지 않거나 또는 부분적으로만 따르고, 자기의 의사에 따라 보정한다. 국가지식산권국이 출원인의 보정을 인정하면 보정된 출원에 대하여 특허권을 수여할 수 있다. 만약 인정하지 않는다면 다시 심사의견통지서를 발송하여 출원인에게 다시 그 출원을 보정하도록 요구할 수 있다. 이 과정은 원칙적으로는 국가지식산권국이 특허권을 수여하거나 또는 그 출원을 거절할 때까지 여러 차례 진행될 수 있다.

(3) 국가지식산권국의 심사의견을 출원인이 인정하지 않고, 출원인은 그 출원에 대한 심사의견통지서에서 지적한 흠결이 없다고 볼 수도 있다. 이러한 경우에 출원인은 반박하고 그 이유를 설명할 수 있다. 만약 국가지식산권국이 출원인의 주장에 이유가 있다고 인정하는 경우에는 보정 없이 출원에 대하여 특허권을 수여할 수 있다. 만약 출원인의 주장에 이유가 없지만 그 원래의 심사의견을 조정할 필요가 있다고 인정하는 경우에는 다시 심사의견통지서를 발송하여 새롭게 심사의견을 제시한다.

(4) 그 출원된 발명이 특허권을 수여받을 수 있는 가능성이 없으므로 거절되어야 한다는 국가지식산권국의 심사의견에 출원인이 동의하면, 의견을 제출하거나 보정하지 않고 아무런 조치를 취하지 않음으로써 기간 만료 후에 그 출원이 취하간주되게 한다.

위의 과정은 출원인과 국가지식산권국 사이에 진행되는 대화로써, 특허출원으로 하여금「특허법」,「특허법실시세칙」 및「특허심사지침서 2010」의 관련 규정에 부합

---

1) 国家知识产权局, 专利审查指南2010[M], 北京: 知识产权出版社, 2010: 第二部分 第七章 9.2.1.

하도록 해 가는 과정이다. 출원인이 특허권을 받을 수 있게 도와주는 측면에서 보면, 출원인에게 그 출원서류를 보정할 수 있는 기회를 가급적 많이 주어야 한다. 국가지식산권국 심사업무의 효율성 측면에서 보면, 실체심사 과정도 너무 길어져서는 안 된다. 두 고려 사항 사이에서 합리적인 균형점을 찾아야 한다. 1985년「특허법」실시 이래로, 국가지식산권국이 수리하는 특허출원량은 매년 급속도로 증가하고 있어 국가지식산권국의 심사업무가 가중되고 있으며, 발명특허출원의 심사에 비교적 심각한 적체를 유발했는데, 이 문제는 20세기 90년대 후기에 정점에 달했다. 2000년「특허법」개정 시에, 신속한 심사와 적체 해소에 전 사회의 요구가 집중되었으며 가장 큰 반향을 불러일으켰다. 국가지식산권국은 이 문제를 고도로 중시하였고 각종 조치를 취하여 발명특허출원에 대한 실체심사 속도를 높였고 이미 합리적인 평균 심사기간을 회복하는 데 성공하여 세계 각국의 특허청 중에서 선두를 차지하고 있다. 평균 실체심사 기간의 단축은 심사관의 충분한 계획과 심사 기법의 부단한 혁신에 의한 것일 뿐만 아니라 국가지식산권국과 출원인 사이에 양호한 상호 협조관계를 수립함에 의한 것이기도 하다는 점이 지적되어야 한다. 한편으로는, 국가지식산권국이 발송하는 심사의견통지서에, 특히 최초 심사의견통지서에, 출원서류에 존재하는 모든 흠결 및 문제를 가급적 명확하고 전반적으로 지적함으로써 어떻게 보정하여야 출원서류가「특허법」,「특허법실시세칙」및「특허심사지침서 2010」의 관련 규정에 부합하게 되는지를 출원인이 명확하게 알게 함으로써, 가급적 심사의견통지서의 발송 횟수를 줄일 수 있는데, 심사의견통지서를 한 차례 적게 발송하면 적어도 3개월의 심사기간을 줄일 수 있기 때문이다. 다른 한편으로는, 출원인은 국가지식산권국의 심사의견을 전면적이고 정확하게 파악하여 심사의견통지서에 대하여 의견을 제출하고, 그 특허출원서류를 보정할 때에 가급적 그 출원서류에 존재하는 모든 흠결을 한번에 해소함으로써, 전반적인 요건에 부합하는 경우에 사소한 문제로 지연되는 것을 방지하여야 한다. 출원인은 국가지식산권국의 심사업무에 적극적으로 협조하여 그 심사업무의 효율을 높아지도록 하는 것이 국가의 이익에 부합할 뿐만 아니라 자신의 이익에도 부합하는 것임을 인식하여야 한다.

이 밖에, 두 가지 점에 대해서 설명할 필요가 있다.

첫째는, 특허출원서류의 보정에 대하여, 특히 설명서 및 청구범위에 대한 보정에 대하여, 국가지식산권국은 보정을 명확하게 요구할 수 있으며, 심지어 구체적인 보정 방안을 제시할 수도 있지만, 일반적인 경우에는 출원인을 대신하여 출원서류를 보정할 수는 없는데, 그 출원서류를 어떻게 보정할 것인지는 출원인의 권리이기 때문이다. 당연히 발명특허출원이 기본적으로 요건에 부합하는 경우에, 심사관은 직권으로 출원서류에 존재하는 명백한 문자 또는 부호의 오기에 대하여 보정할 수 있지만, 이러한 경우라고 하더라도 반드시 그 보정사항을 출원인에게 통지하여야 한다.

둘째, 모든 심사의견통지서에서 답변기간을 지정하고, 출원인이 기간 내에 답변하지 않는 경우 그 특허출원은 취하된 것으로 본다. 답변기간에 관하여 「특허법」 또는 「특허법실시세칙」에 명확히 규정되어 있는 경우에는, 그 규정을 따른다. 명확히 규정되어 있지 않은 경우에는, 국가지식산권국이 구체적인 상황 및 각종 요인을 고려하여 지정한다. 본조는 출원인이 정당한 이유 없이 "심사의견통지서"에 대하여 답변하지 않는 경우에 그 출원은 취하된 것으로 본다고 규정하고 있다. 출원인이 책임질 수 없는 사유로 또는 정당한 사유로 지정된 답변기간을 놓쳐서 출원이 취하간주된 경우에는, 「특허법실시세칙」 제6조 규정에 따라서 그 권리의 회복을 청구할 수 있다. 2010년 개정 「특허법실시세칙」 제6조 규정에 의하여, 책임질 수 없는 사유가 있는 경우 이외에, 출원인이 정당한 사유로 국가지식산권국이 지정한 기간을 놓쳐서 권리가 상실된 경우에도, 권리의 회복을 청구하는 동시에 권리상실 전에 마땅히 밟아야 했던 상응하는 절차를 밟아야 하고, 먼저 권리회복을 청구하고 나중에 천천히 처리하는 것이 아니라는 점을 주의할 필요가 있다. 이처럼 개정한 목적은 출원인의 이익을 고려함과 동시에 가급적 실체심사 절차가 조속히 진행될 수 있게 하기 위함이었다. 이 밖에, 만약 출원인이 국가지식산권국이 지정한 기간이 너무 짧다고 여기거나 또는 정당한 사유가 발생하여 기간 내에 답변할 수 없을 것으로 예상하는 경우, 기간이 경과하기 전에 이유를 설명하고 지정된 기간의 연장을 청구할 수 있다. 다만 국가지식산권국이 지정한 기간에 대해서만 연장을 청구할 수 있고, 「특허법」 또는 「특허법실시세칙」에 명확히 규정된 기간에 대해서는 연장을 청구할 수 없음은 주의하여야 한다.

발명특허출원의 실체심사 절차에서, 본조 규정은 다음과 같은 점에서 중요한 의의가 있다.

첫째, 발명특허의 출원인에게 그 출원서류 중에 존재하는 흠결을 치유할 수 있는 기회를 준다. 출원인의 관련 기술 또는 법률문제에 대한 이해 그리고 출원서류의 기재방식에는 실수나 잘못이 있을 수밖에 없고, 이러한 실수나 잘못은 특허권의 등록에 영향을 줄 수 있으며, 국가지식산권국은 출원서류에 존재하는 흠결을 지적하여 출원인이 그 실수 또는 잘못을 바로잡도록 도와줌으로써 그 출원이 「특허법」 및 「특허법실시세칙」의 관련 규정에 부합하도록 하여 최종적으로 특허권을 받을 수 있게 한다.

둘째, 국가지식산권국이 정확한 심사결정을 내려서 심사품질을 높이는 데 유리하다. 사실상 국가지식산권국의 심사의견이 항상 정확한 것은 아니며, 심사관의 출원서류에 대한 이해에도 잘못이 있을 수 있다. 출원인과의 의견 교환을 통하여, 심사관은 출원서류에 대한 이해를 깊게 할 수 있을 뿐만 아니라, 이전의 잘못된 이해를 바로 잡을 수 있으며, 최종적으로 정확하게 심사결정을 할 수 있다.

셋째, 실체심사의 효율을 높이는 데 유리하다. 국가지식산권국과 출원인 사이의 대화와 교류를 통하여, 출원인이 그 출원의 등록가능성을 충분히 파악하게 하여 불필요한 후속 절차를 방지하게 할 수 있다. 예를 들어, 발명특허출원의 거절로 기울어진 심사의견에 대해서는, 출원인이 국가지식산권국이 제시한 사실과 이유를 통하여, 그 출원이 특허권을 받을 가능성이 없음을 확실히 인식한다면, 정력을 들여서 후속 절차를 진행할 필요가 없다. 이러한 결과는 출원인에게나 국가지식산권국에게 모두 이익이 된다.

넷째, 민주 및 투명한 공개원칙에 부합한다. 국가지식산권국이 특허출원에 대하여 거절결정하기 전에 출원인에게 이유를 설명하고 출원인에게 그 의견을 제출할 수 있는 기회를 주는 것은 행정 민주화 및 투명한 공개라는 시대적 요구를 실현하는 것이다. 국가지식산권국은 1985년 「특허법」 실시 초기부터 본조 규정을 시행하여 위와 같은 업무방식을 취했는데, 이것은 당시에 중국의 정부부문에서 드문 일이었다. 중국에서 의법행정에 대한 요구가 부단히 높아짐에 따라서, 이미 중국 각급 정부가 이러한 업무방식을 보편적으로 취하고 있다.

종합하면, 여러 측면에서 볼 때, 본조는 절대적으로 없어서는 안 되는 규정이다.

제38조 발명특허출원 실체심사 후의 거절

출원인의 의견 제출 또는 보정 후에도 발명특허출원이 여전히 이 법의 규정에 부합하지
아니하는 것으로 국무원 특허행정부문이 판단하는 경우, 거절하여야 한다.

본조 규정은 1984년 제정 「특허법」에도 이미 있었으며 1992년, 2000년 및 2008년
세 차례 「특허법」 개정에서 모두 그 실질적 내용에 대해서는 개정하지 않았다.

본조 규정에 따라서, 실체심사 과정에서 출원인이 국가지식산권국의 심사의견통
지서에 대하여 의견을 제출하거나 또는 그 출원서류를 보정한 후에도 국가지식산권
국이 그 특허출원이 여전히 「특허법」 규정에 부합하지 않는 것으로 판단하는 경우에
는 그 출원을 거절하는 결정을 하여야 한다.

앞에서 설명한 바와 같이, 출원인은 실체심사 과정에서 의견을 제출하고 그 출원서
류를 보정할 수 있는 기회가 있다. 이러한 기회는 여러 차례 있을 수 있지만, 무제한
적으로 계속될 수는 없으며, 일정한 시기에 이르면 실체심사 절차는 반드시 종료되어
야 한다. 거절결정은 국가지식산권국이 실체심사 절차의 종료를 선고하는 행정결정
이다.

거절결정은 발명특허출원이 특허권을 받을 수 없다고 국가지식산권국이 판단했음
을 의미하며, 출원인에게는 중대한 영향이 있다. 따라서 국가지식산권국은 거절결정
을 하기 전에, 반드시 발명특허출원이 「특허법」 또는 「특허법실시세칙」의 관련 규정
에 부합하지 않는다는 사실ㆍ이유 및 법적 근거를 출원인에게 통지하고, 출원인에게
의견을 제출하거나 또는 보정할 수 있는 적어도 한 차례의 기회를 주어야 한다. 출원
인이 지정된 기간 내에 그 심사의견에 부당한 점이 있음을 국가지식산권국이 인정할
수 있게 하는 증거와 이유를 제출하지 않았고, 또한 그 출원서류를 보정하여 출원서
류가 「특허법」 및 「특허법실시세칙」의 관련 규정에 부합하게 하지 않았을 때에야 비
로소 국가지식산권국은 그 출원을 거절할 수 있다. 이를 "청문의 원칙"이라고 부르기
도 하는데, 이것은 특허심사 절차에서 매우 중요한 원칙이며, 출원인의 합법적 권익
을 보장하는 데 있어서 매우 중요한 의의가 있다. 국가지식산권국이 이 원칙을 위반
하여 거절결정하면 설령 그 심사의견 및 결론 자체에 착오가 없다고 하더라도, 복심
및 이후의 사법절차에서 심각한 절차적 흠결이 있는 것으로 인정되어 그 거절결정이
취소된다.

그러나 "청문의 원칙"은 출원인이 그 답변에서 과거에 제출하지 않았던 새로운 의

견을 제출하거나 또는 그 출원서류에 대하여 새롭게 보정하기만 하면 국가지식산권국이 반드시 재차 심사의견통지서를 발송하여 출원인에게 그 제출한 의견이 인정되지 않고 그 보정에도 불구하고 여전히 출원서류에 흠결이 있음을 지적하여 출원인이 "말할 이유도 없고, 보정할 것도 없는" 정도가 되어야 비로소 거절결정할 수 있음을 의미하는 것은 아니다. 만약 이와 같다면, 실체심사 절차는 영원히 끝이 없을 것이다. 국가지식산권국이 이미 심사의견통지서를 발송하였고, 출원인이 제출한 의견으로도 그 심사의견이 바뀌지 않으며, 보정에 의해서도 출원서류 중의 모든 흠결이 해소되지 않았다면 거절결정할 수 있다. "청문의 원칙"이 갖는 최고로 중요하면서도 가장 실질적인 의미는 출원인이 그 발명창조에 대한 실체심사 절차 중에서 일찍이 들어본 적이 없는 법적 근거 및 이유를 국가지식산권국이 그 출원에 대한 거절결정의 법적 근거 및 이유로 하지 않도록 확실히 보장하는 데 있다.

1985년 제정「특허법실시세칙」제53조 본문은 "특허법 규정에 의하여, 특허출원이 거절되어야 하는 경우는 ….".으로 규정하고 있었다. 이 규정에는 두 가지 문제가 있었는데, 첫째는 발명특허출원을 거절하는 법적 근거는「특허법」의 관련 규정이고「특허법실시세칙」의 관련 규정일 수는 없음을 나타내는 데, 이것은 실제와 일치하지 않았다는 점이었고, 둘째는 총괄적으로 말해서 "특허출원이 거절되어야 하는 경우"는 세 가지 유형의 모든 특허출원을 포괄하지만, 이 규정이 실제로는 오직 발명특허출원만을 대상으로 한다는 점이었는데, 초보심사에서 실용신안 및 디자인특허출원을 거절하는 법적 근거는「특허법실시세칙」제44조에 별도로 규정되어 있었기 때문이다. 위와 같은 문제 때문에, 1992년「특허법실시세칙」개정 시에 이를 "특허법 및 이 세칙 규정에 의하여 발명특허출원이 실체심사에서 거절되는 경우는 ….".으로 고쳤다.

그러나 1992년 개정「특허법실시세칙」제53조 규정도 여전히 문제가 있었는데, 이 조에 열거된 발명특허출원을 거절하는 법적 근거가 제한적인 것인가 하는 점이었다. 본조에 "이 법의 규정에 부합하지 아니하는 것으로 국무원 특허행정부문이 판단하는 경우, 거절하여야 한다."라고 규정되어 있어「특허법실시세칙」제53조 규정에 완전히 들어맞지는 않았는데, 이로 인해서 상이한 해석을 낳았다. 발명특허출원이「특허법」의 어떤 규정에라도 부합하지 않으면 설령 그 규정이「특허법실시세칙」제53조에 열거된 발명특허출원을 거절하는 법적 근거에 해당하지 않는다고 하더라도 직접 본조 규정을 적용하여 거절할 수 있다고 해석해야 한다는 견해가 있었다. 이러한 해석 차이는 심사기준의 불일치를 불러와서 출원인의 불만을 낳았다. 위처럼 해석해야 한다는 견해는 적절하지 않은데, 만약 이와 같다면「특허법실시세칙」에 제53조 규정을 둘 필요가 없게 되기 때문이다. 위와 같은 이견을 해소하기 위하여, 2001년「특허법실시세칙」 개정 시에 그 제53조 본문을 "특허법 제38조 규정에 의하여 발명특허출원이 실체심사에서 거절되는 경우는 …."로 개정하였다.

「특허법실시세칙」 제53조 본문 규정 이외에도 1992년, 2001년 및 2010년 세 차례 「특허법실시세칙」 개정에서 본조 각 호의 발명특허출원을 거절하는 법적 근거를 조정하였다. 2010년 개정 「특허법실시세칙」 제53조 규정에 의하면, 발명특허출원을 거절하는 경우는 다음 중 하나로 제한된다.

(1) 발명특허출원의 대상이 「특허법」 제2조 제2항이 규정하는 발명의 정의에 부합하지 않는 경우, 즉 제품·방법 또는 그 개량에 대한 기술방안에 해당하지 않는 경우.

(2) 발명특허출원의 대상이 「특허법」 제5조가 규정하는 경우에 해당하여, 즉 발명창조가 국가법률·사회공중도덕을 위반하거나 또는 공공이익에 손해를 입히거나, 또는 발명창조가 위법하게 취득한 유전자원에 의존하여 완성되었거나 또는 유전자원을 위법하게 이용한 것인 경우.

(3) 발명특허출원의 대상이 과학적 발견, 지적 활동의 규칙·방법, 질병의 진단·치료 방법과 같은 「특허법」 제25조가 규정하는 특허권을 수여하지 않는 대상에 해당하는 경우.

(4) 발명특허출원이 「특허법」 제9조 규정에 의하여 특허권을 수여할 수 없는 경우, 즉 출원인이 동일한 발명에 대하여 둘 이상의 발명 또는 실용신안특허출원을 하였거나 또는 출원인이 동일한 발명에 대하여 가장 먼저 출원한 자가 아닌 경우.

(5) 발명특허출원이 「특허법」 제20조 제1항 규정을 위반한 경우, 즉 발명이 중국에서 완성되었지만 출원인이 사전에 국가지식산권국에 비밀유지심사를 청구하지 않았거나 또는 청구하였지만 허가를 받지 않고 임의로 그 발명을 외국에 특허출원한 경우.

(6) 발명특허출원으로 보호받고자 하는 발명이 「특허법」 제22조 규정에 부합하지 않는 경우, 즉 신규성·진보성 또는 실용성을 갖추지 않은 경우.

(7) 발명특허출원의 설명서가 「특허법」 제26조 제3항 규정에 부합하지 않는 경우, 즉 설명서가 해당 기술분야의 기술자가 그 발명을 실현할 수 있을 정도로 발명을 명확하고 완전하게 설명하지 않은 경우.

(8) 발명특허출원의 청구범위가 「특허법」 제26조 제4항 규정에 부합하지 않는 경우, 즉 청구범위가 설명서를 근거로 하지 않았거나 또는 청구범위가 명확하고 간결하게 보호받고자 하는 범위를 한정하지 않은 경우.

(9) 발명특허출원의 출원서류가 「특허법」 제26조 제5항 규정에 부합하지 않는 경우, 즉 유전자원에 의존하여 완성한 발명창조에 대하여 그 유전자원의 직접출처와 원시출처를 설명하지 않았거나 또는 그 유전자원의 출처를 설명할 수 없는 경우에 그

이유를 진술하지 않은 경우.

(10) 발명특허출원이 「특허법」 제31조 제1항 규정에 부합하지 않는 경우, 즉 단일성이 없는 경우.

(11) 발명특허출원에 대한 보정이 「특허법」 제33조 규정에 부합하지 않는 경우, 즉 보정이 원래의 설명서 및 청구범위에 기재된 범위를 벗어나는 경우.

(12) 발명특허출원의 독립청구항이 「특허법실시세칙」 제20조 제2항 규정에 부합하지 않는 경우, 즉 발명의 기술방안이 전체적으로 반영되지 않았고 해결하고자 하는 기술적 과제를 해결하는 데 필요한 기술적 특징이 기재되지 않은 경우.

(13) 분할된 발명특허출원이 「특허법실시세칙」 제43조 제1항 규정에 부합하지 않는 경우, 즉 분할출원이 원래의 출원에 기재된 범위를 벗어나는 경우.

모든 국가의 특허제도에서, 특허출원을 거절하는 법적 근거 및 특허권 무효선고를 청구하는 법적 근거는 모두 매우 중요한 문제이며, 각국은 모두 그 특허법에서 이를 규정하고 있다. 그러나 중국은 이러한 법적 근거를 「특허법」과 「특허법실시세칙」에 나누어서 규정하고 있다. 이렇게 하는 것이 적절한지는 검토해 볼 가치가 있는데, 각국의 특허법실시세칙은 기본적으로 각종 절차에 대한 구체적인 사항에 대해서만 규정할 뿐이기 때문이다. 본조는 "여전히 이 법의 규정에 부합하지 아니하는 것으로 국무원 특허행정부문이 판단하는 경우, 거절하여야 한다."라고 규정하고 있다. 법률 조문의 의미를 엄격하게 따른다면, 오직 「특허법」의 관련 규정만이 발명특허출원을 거절하는 법적 근거가 될 수 있으며, 「특허법실시세칙」의 관련 규정은 포함되지 않는다. 2008년 「특허법」 개정 시에, 2010년 개정 전 「특허법실시세칙」 제2조의 발명·실용신안 및 디자인의 정의에 관한 규정, 제13조 제1항 중복수권금지원칙에 관한 규정, 제10조 제1항 청구범위가 명확하고 간결하여야 한다는 요건에 관한 규정 등과 같이 원래는 「특허법실시세칙」에서 규정하였던 내용을 의식적으로 「특허법」에 옮겨 규정하였지만 충분히 철저하지는 않았으며, 발명특허출원을 거절하는 법적 근거로 할 수 있는 규정이 아직도 「특허법실시세칙」에 남아 있다. 이에 대해서는, 다음 「특허법」 및 「특허법실시세칙」 개정 시에 고려하여야 한다.

발명특허출원이 출원일로부터 18개월 되는 때에 공개되면 공개된 날로부터 이미 공지된 것이기 때문에, 출원인 자신 및 타인 모두 발명특허출원이 거절되고 나서는 동일한 발명에 대하여 다시 특허권을 출원하여 받을 수 없다.

제39조 발명특허권의 수여

실체심사에서 발명특허출원에 거절이유가 발견되지 아니한 경우, 국무원 특허행정부문은 발명특허권의 수여를 결정하고, 발명특허증서를 발급하며, 동시에 등록 및 공고한다. 발명특허권은 공고한 날로부터 효력이 있다.

본조의 "실체심사에서 발명특허출원에 거절이유가 발견되지 아니한 경우"에는 두 경우가 포함되는데, 하나는 실체심사에서 출원서류에 「특허법」 및 「특허법실시체칙」의 관련 규정에 부합하지 않는 흠결이 발견되지 않았으므로 거절할 이유가 없는 경우이고, 다른 하나는 실체심사에서 특허출원에 「특허법」 및 「특허법실시세칙」의 관련 규정에 부합하지 않는 흠결이 발견되었지만 출원인의 보정으로 존재하는 모든 흠결을 극복하였으므로 거절할 이유가 더 이상 없는 경우이다.

비록 조문으로 보면 특허권 수여 과정은 결정·등록·공고 및 증서발급 등과 같은 주로 국가지식산권국이 진행하는 일련의 행위이지만, 특허권 수여 절차는 국가지식산권국의 일방적인 행위가 절대 아니며 출원인의 참여와 협조가 필요하다는 점에 주의하여야 한다. 본조 조문은 발명특허출원에 거절할 이유가 없기만 하면 국가지식산권국이 바로 특허권 수여의 결정을 하고 발명특허증서를 발급하며, 동시에 등록 및 공고하는 것 같은 인상을 준다. 그러나 실제는 이와 같지 않은데, 「특허법실시세칙」 제54조가 아래와 같이 규정하고 있기 때문이다.

① 국무원 특허행정부문이 특허권의 수여를 통지한 후, 출원인은 통지를 받은 날로부터 2개월 내에 등록절차를 밟아야 한다. 출원인이 기간 내에 등록절차를 밟은 경우, 국무원 특허행정부문은 특허권을 수여하고 특허증서를 발급하며 공고하여야 한다.
② 기간 내에 등록절차를 밟지 아니한 경우, 특허권을 받을 수 있는 권리를 포기한 것으로 본다.

이에 따라 실체심사가 종료된 때로부터 발명특허출원은 발명특허를 수여할 수 있는 상태에 놓이게 되며, 발명특허권의 수여를 결정할 때까지의 사이에 절차를 거쳐야 하는데, 즉 국가지식산권국은 먼저 특허권 수여를 통지하여 출원인에게 규정된 기간 내에 등록절차를 밟도록 요구하며, 기간 내에 관련 절차를 밟고 절차가 격식에 맞아야만 비로소 발명특허권을 수여하는 결정을 할 수 있다.

　　수여된 발명특허권이 언제부터 효력을 발생하는가, 이것은 분명히 매우 중요한 문제이다. 「특허법」 및 「특허법실시세칙」의 이 문제에 대한 규정은 변화과정을 겪었다.

　　1984년 제정 「특허법」에서 본조는 아래와 같이 규정되었다.

　　　　실체심사에서 발명특허출원에 거절이유가 발견되지 아니한 경우, 특허국은 심사결정
　　　　하고 공고하며, 그리고 출원인에게 통지하여야 한다.

　　설령 실체심사에서 발명특허출원에 거절이유가 발견되지 않았다고 하더라도 특허국이 단지 심사결정하여 공고하도록 하고 바로 발명특허권의 수여를 결정하지 않도록 규정한 것은, 당시의 「특허법」은 심사결정 공고 후 3개월의 이의기간을 규정하여 공중이 이 이의기간 내에 이의를 제기함으로써 「특허법」 규정에 부합하지 않는 발명특허출원에 대하여 특허권이 수여되는 것을 방지하도록 했기 때문이다.

　　1992년 「특허법」 개정 시에, 발명특허권 수여 전의 이의절차를 특허권 수여 후의 취소절차로 고쳤으며, 이 변화로 본조 규정도 상응하게 개정되었다. 1992년 개정된 본조 규정은 아래와 같았다.

　　　　실체심사에서 발명특허출원에 거절이유가 발견되지 아니한 경우, 특허국은 발명특허
　　　　권의 수여를 결정하고, 발명특허증서를 발급하며, 그리고 등록 및 공고하여야 한다.

　　그러나 1984년 제정 「특허법」 및 1992년 개정 「특허법」의 본조 규정에는 모두 여전히 문제가 있었는데, 즉 수여된 특허권이 언제부터 효력을 발생하는지가 명확하지 않다는 점이었다. 위 규정에 따르면, 발명특허권의 수여과정에는 특허국의 행위 즉, 발명특허권의 수여 결정, 발명특허증서의 발급, 등록, 공고를 필요로 한다. 이러한 행위를 함에는 반드시 선후의 순서가 있어야 하고 같은 날에 완성할 수 없으며, 따라서 특허권 수여 통지일, 등록일, 공고일, 특허증서 발급일이 실제로는 서로 다르다. 도대체 어떤 날을 특허권의 효력발생일로 하여야 하는가? 1984년 제정 「특허법」 및 1992년 개정 「특허법」에는 명확한 규정이 없었으며, 이 때문에 필연적으로 견해가 일치하지 않았다.

　　이 문제를 확실히 하기 위하여, 1992년 「특허법실시세칙」 개정 시에 제54조 제1항의 말미에 한 문장을 추가하여, 증서발급일을 특허권의 효력발생일로 규정하였다.

　　이 규정은 비록 특허권의 효력발생일을 명확히 하였지만, 구체적으로 다음과 같은 검토해 볼 점이 있었다.

첫째, 특허권처럼 국가가 수여함으로써 발생하는 중요한 권리에 있어서는, 권리가 시작되는 시점과 끝나는 시점이 「특허법」에 명확히 규정되어 있어야 했다. 이 중요한 문제를 「특허법」에서 규정하지 않고, 「특허법실시세칙」에서 규정하는 것은 적절하다고 할 수 없었다.

둘째, "증서발급일"이라는 어휘 자체가 충분히 정확하지 않았다. 국가지식산권국이 출원인에게 특허증서를 발급함에는 일반적으로 우편발송하는 방식을 취하며, 따라서 국가지식산권국이 특허증서에 밝힌 발급일자, 특허증서의 발송일자 및 출원인의 실제 증서 수령일자가 각각 다르게 되는데, 소위 "증서발급일"은 도대체 그중 어떤 날짜를 가리키는 것인가? 후에 실무에서는 특허증서에 표시된 증서 발급일자를 특허권 효력발생일로 하는 방식을 취하였다.

셋째, "증서발급일"을 특허권의 효력발생일로 하는 규정 자체가 충분히 합리적이지 않았다. 「특허법」 제11조는 특허권이 수여된 후 어떠한 단위 또는 개인도 특허권자의 허가 없이 그 특허를 생산경영 목적으로 실시할 수 없으며, 이렇게 하지 않으면 그 특허권을 침해하는 행위에 해당한다고 규정하고 있다. 그중 "특허권이 수여된 후"는 "특허권의 효력이 발생한 후"로 이해되어야 한다. 이 조문의 규정에 따라서, 특허권은 그 권리의 효력발생일로부터 중국의 모든 단위 및 개인에게 구속력을 가지는 일종의 무체재산권이고, 따라서 그 효력발생이 공시되어 공중이 정당한 경로로 권리의 효력 발생을 알 수 있어야 비로소 공중에게 그 특허권을 침해해서는 안 된다는 의무를 부담시킬 수 있다. 이 때문에, 공고일을 특허권의 효력발생일로 하는 것은 증서발급일을 효력발생일로 하는 것보다 훨씬 합리적이다. 이 점은 발명특허에 있어서 훨씬 중요한데, 발명특허출원은 이미 공개되어 공중이 실제로는 일찍이 발명의 내용을 알고 있지만, 국가지식산권국이 발명특허권의 수여결정을 하거나 또는 그 발명특허출원의 거절결정을 하여 공고하기 전에는, 공중은 그 발명을 실시해도 되는지를 알 수 없어서 실제로는 일종의 대기상태에 있기 때문이다. 국가지식산권국이 그 특허권의 수여결정을 공고하는 것은 대기상태의 종료를 의미하며, 공중으로 하여금 그 발명이 이미 정식으로 법적 보호를 받는 것임을 알게 한다. 실무에서는, 공고에 일정한 준비작업이 소요되기 때문에 공고일이 보통 증서발급일보다 늦으며, 따라서 공중이 모르고 있는 상황에서 특허권 침해에 대한 책임을 지도록 요구하여야 하는 결과가 발생할 수도 있다. 이 밖에, 「특허법」 제45조는 무효선고청구는 오직 특허권 수여의 공고일 이후에만 할 수 있다고 규정하고 있다. 만약 증서발급일을 특허권의 효력발생일로 한다면, 곧 특허권자가 증서발급일로부터 그 권리를 행사할 수 있게 한다면, 특허권자는 침해소송을 제기할 수 있지만 피고는 무효선고를 청구할 수 없는 불합리한 현상이 나타나게 된다.

최고인민법원의 관련 사법해석은 특허권 침해사건에서 특허권 무효선고청구로 인해 침해소송의 중지를 구하는 청구에 대하여 엄격하게 제한하고 있어, 이러한 불합리한 현상이 훨씬 두드러지게 된다.

위와 같은 이유 때문에, 2000년 「특허법」 개정 시에, 본조의 말미에 한 문장을 추가하여, 발명특허권은 공고일로부터 효력이 있다고 규정하였다.

이 밖에, 본조는 "발명특허증서를 발급하며, 동시에 등록 및 공고한다."고 규정하고 있는데, 그중 "동시에"도 2000년 「특허법」 개정 시에 추가된 것으로서, 이는 국가지식산권국의 업무에 대하여 훨씬 까다로운 요구를 하는 것이며, 국가지식산권국으로 하여금 특허증서발급, 등록, 공고 이 세 가지 일을 동시에 완성하도록 요구함으로써 모순 및 문제가 발생하는 것을 방지하기 위함이었다.

2008년 「특허법」 개정 시에는 본조를 개정하지 않았다.

제40조 실용신안 · 디자인특허권의 수여

초보심사에서 실용신안 및 디자인특허출원에 거절이유가 발견되지 아니하는 경우, 국무원 특허행정부문은 실용신안특허권 또는 디자인특허권의 수여를 결정하고, 상응하는 특허증서를 발급하며, 동시에 등록 및 공고한다. 실용신안특허권 및 디자인특허권은 공고한 날로부터 효력이 있다.

　「특허법」 제34조 및 본조 규정에 의하여, 발명 · 실용신안 및 디자인특허출원에 대해서 모두 초보심사를 진행하여야 한다. 차이가 있는 점은, 발명특허출원은 초보심사를 통과한 후에 공개되게 되지만, 즉시 발명특허권이 수여되지는 않고 발명특허권이 수여될 수 있는가는 이후에 진행되는 실체심사에서 비로소 확정되는 데 대하여, 실용신안 및 디자인특허출원은 초보심사를 통과한 후에 바로 실용신안 또는 디자인특허권이 수여된다는 점이다. 이로부터 초보심사는 세 유형의 특허출원 모두 반드시 거쳐야 하는 절차이므로 중국의 특허제도에 있어서 매우 중요한 위치를 차지함을 볼 수 있다.

　「특허법실시세칙」 제44조는 초보심사의 의미를 규정하고 있다. 1984년 제정 「특허법실시세칙」 제44조는 아래와 같이 매우 원칙적으로만 규정하였다.

　① 초보심사에서 특허출원이 특허법 제5조 또는 제25조 규정에 명백히 해당하거나, 또는 특허법 제18조, 제19조 또는 이 세칙 제2조 규정에 명백히 위반되는 것으로 특허국이 판단하는 경우, 출원인에게 통지하여 지정된 기간 내에 의견을 제출하도록 요구하여야 하며, 출원인이 정당한 이유 없이 기간 내에 답변하지 아니하는 경우, 그 출원은 취하된 것으로 본다.
　② 출원인이 의견을 제출한 이후에도 특허출원이 전항의 각 조문 규정에 여전히 부합하지 않는다고 특허국이 판단하는 경우, 거절하여야 한다.

　위 규정은 초보심사의 범위를 너무 좁게 한정하였다. 만약 초보심사가 위의 범위에 엄격하게 얽매인다면 수여된 실용신안특허권 및 디자인특허권에 기타 명백한 실질적 흠결이 있을 수 있을 뿐만 아니라 특허문서에도 각종 형식적 흠결이 있게 되어, 실용신안 및 디자인특허의 품질을 떨어뜨리게 된다. 이 밖에, 공개된 발명특허출원에도 기타 명백한 실질적 흠결 및 기타 형식적 흠결이 있게 될 수 있다.

위와 같은 이유에 기초해서, 1992년 「특허법실시세칙」 개정 시에 제44조 규정을 한층 강화하여, 원래의 두 개 항의 규정을 조정하였을 뿐만 아니라 제1항에 세 개 호를 신설하여 초보심사에서 바로잡아야 하는 발명 · 실용신안 및 디자인특허출원의 명백한 실질적 흠결을 나누어서 열거하였다.

2001년 및 2010년 「특허법실시세칙」 개정에서 모두 제44조 규정에 대하여 개정하였는데, 주로 그 제1항의 각 호에 열거하여 규정하였던 초보심사 사항을 조정하였으며, 2010년 「특허법실시세칙」 개정에서는 제44조 제1항 중에 제4호를 신설하였다.

주의하여야 할 점은, 「특허법실시세칙」 제44조가 규정하는 초보심사에는 그 제1항 각 호에 열거된 사항이 포함될 뿐만 아니라, 제1항의 본문에 규정된 사항도 포함된다는 점인데, 그 서두부분이 아래와 같기 때문이다.

특허법 제34조 및 제40조의 초보심사는, 특허출원이 특허법 제26조 또는 제27조가 규정하는 서류 및 기타 필요한 서류를 구비하였는지 여부, 이러한 서류가 규정된 형식에 부합하는지 여부를 심사하고, 다음 각 호의 항목을 심사하는 것을 가리킨다.

「특허법실시세칙」 제44조 제1항 규정에 의하여, 초보심사의 대상이 되는 사항은 세 유형으로 구분할 수 있다. 첫째는 특허출원서류에 대한 형식심사로서, 즉 특허출원에 「특허법」 제26조 또는 제27조가 규정하는 출원서류가 포함되어 있는지, 그리고 이러한 문서가 규정된 형식에 부합하는지를 심사한다. 둘째는 기타 필요한 서류에 대한 형식심사로서, 즉 출원인이 기타 필요한 서류를 제출하였는지, 그리고 이러한 서류가 규정된 형식에 부합하는지를 심사한다. 셋째는 출원서류의 명백한 실질적 흠결에 대한 심사로서, 즉 발명 · 실용신안 및 디자인특허출원서류에 제44조 제1항 제1호 내지 제3호가 각각 열거하고 있는 명백한 실질적 흠결이 있는지를 심사한다.

「특허법실시세칙」 제44조 제2항은 초보심사의 심사방식 및 관련 규정에 부합하지 않는 경우의 법적 효과에 대하여 규정하고 있는데, 아래와 같다.

국무원 특허행정부문은 심사의견을 출원인에게 통지하여 그 지정된 기간 내에 의견을 제출하거나 보정하도록 요구하여야 하며, 출원인이 기간 내에 답변하지 아니하는 경우, 그 출원은 취하된 것으로 본다. 출원인의 의견 제출 또는 보정 후에도 전항의 각 호 규정에 여전히 부합하지 않는다고 국무원 특허행정부문이 판단하는 경우, 거절하여야 한다.

　「특허심사지침서 2010」 제1부분 제1장, 제2장 및 제3장은 각각 발명특허출원, 실용신안특허출원 및 디자인특허출원의 초보심사에 대하여 상세히 규정하고 초보심사의 범위를 보다 확충하였는데, 첫째는 「특허법실시세칙」 제44조 제1항이 규정하는 세 가지 유형의 초보심사 사항 이외에, 네 번째 유형의 초보심사 사항, 즉 수수료에 관한 심사를 추가하였으며, 둘째는 두 번째 유형의 심사사항을 확대하여, 기타 필요한 서류에 대한 형식심사뿐만 아니라 기타 절차에 대한 형식심사도 포함시켰다. 「특허심사지침서 2010」의 규정에 따르면, 초보심사의 범위가 매우 광범위하며 여러 방면의 심사사항을 포괄한다.

　「특허법실시세칙」 제44조 제1항과 제2항 사이의 조화, 그리고 「특허심사지침서 2010」의 관련 규정과 본조 규정 사이의 조화에 있어서, 모두 검토해 볼 만한 문제가 있다.

　먼저 「특허법실시세칙」 제44조 제2항에서 "전항 각 호 규정에 여전히 부합하지 아니한다고 국무원 특허행정부문이 판단하는 경우, 거절하여야 한다."의 의미가 무엇인가? 그중에서 "전항 각 호 규정"에는 단지 제1항에서 명확히 열거된 규정(제1항 본문에 열거된 「특허법」 제26조, 제27조 및 각 호에서 열거된 「특허법」 및 「특허법실시세칙」의 관련 규정)만 포함되는가, 아니면 제1항 본문의 "이러한 서류가 규정된 형식에 부합하는지"라는 조문을 통하여 포괄적으로 관련되는 「특허법」 및 「특허법실시세칙」의 모든 관련 규정도 포함되는가? 이에 대한 이해를 달리하면 결과에도 큰 차이가 생기는데, 「특허심사지침서 2010」은 명확하게 후자의 이해를 따르고 있으며, 그 초보심사 범위에 관련되는 것으로 규정한 「특허법」 및 「특허법실시세칙」의 관련 조항은 「특허법실시세칙」 제44조에 직접적으로 열거된 조항을 현저하게 벗어난다.

　문제는 위의 어떠한 이해를 따른다고 하더라도 부당한 점이 생긴다는 데 있다.

　만약 전자와 같이 이해한다면, 특허출원서류에 존재하는 일부 형식적 흠결에 대해서는 어떻게 처리할지를 정할 법적 근거를 찾기 어렵게 된다. 예를 들어, 「특허법실시세칙」 제121조는 각종 출원서류는 타자 또는 인쇄되어야 하고, 글자색은 흑색으로, 가지런하고 뚜렷하여야 하며, 그리고 고쳐 써서는 안 된다고 규정하고 있다. 만약 이 조문이 초보심사에서 특허출원을 거절할 수 있는 법적 근거가 될 수 없다면, 출원서류가 이 조문의 규정에 부합하지 않는 경우에 국가지식산권국은 어떻게 처리해야 하는지 알 수 없다.

　만약 후자와 같이 이해한다면 다음과 같은 결론을 얻게 되는데, 즉 출원인이 기타 필요한 문서를 제출하지 않았거나 또는 제출한 기타 문서가 요건에 부합하지 않는 경우에도 전부 그 특허출원이 거절되는 법적 결과를 맞게 된다는 것이다. 이 결론은 분명히 적절하지 않다. 예를 들어, 출원인이 신규성 유예기간을 향유하고 싶었지만,「특허법실시세칙」제30조 제3항 규정에 따라서 관련 증명서류를 제출하지 않은 경우에는, 신규성 유예기간을 향유할 수 없게 되는 결과가 될 뿐이지 특허출원이 거절되는 것은 아니다. 결과적으로는 특허출원한 발명창조에 신규성 또는 진보성이 없으므로 그 특허출원이 거절되겠지만, 거절되는 법적 근거는「특허법」제22조 제2항 또는 제23조 제1항이지「특허법실시세칙」제30조가 아니다. 또한 예를 들어, 출원인은 생물재료를 제출하여 보관시켜야 하지만 제출하지 않았거나 또는 규정에 부합하지 않게 보관시킨 경우에, 법적으로는 보관시키지 않았거나 또는 보관시키지 않은 것으로 보게 되는 결과가 된다. 이렇게 되면 특허출원이 충분히 공개되지 않아서 그 특허출원이 거절될 수 있지만, 거절되는 법적 근거는「특허법」제26조 제3항이지「특허법실시세칙」제24조가 아니다.

이것은「특허법실시세칙」제44조 제1항의 초보심사의 법적 효과에 관한 규정이 개선될 필요가 있기는 하지만, 어떻게 개선해야 하는지는 좀 더 복잡한 문제임을 보여 준다.

다음으로,「특허법실시세칙」제44조 제2항이 쓰고 있는 어휘는 "보완"이고, "보정"이 아니라는 점을 검토해 볼 필요가 있다. 출원인이 제출하는 기타 필요한 서류에 존재하는 흠결에 대해서는 "보완"이라는 어휘를 사용하는 것이 "보정"이라는 어휘를 사용하는 것보다 훨씬 적합할 수 있다. 하지만, 출원서류에 존재하는 흠결에 대해서는 출원인이 "보완"을 해야 하는지 아니면 "보정"을 해야 하는지 분명하지 않은 점이 있다.

「특허심사지침서 2010」제1부분 제1장, 제2장 및 제3장의 제3절은 각각 초보심사의 심사절차에 대해서 규정하였으며, 기본적으로 동일한 병렬적인 규정방식을 사용하고 있다. 제1장을 예로 들면, 제3.2절의 제목은 "출원서류의 보완"이며, 아래와 같이 규정하고 있다.

> 초보심사에서, 출원서류에 보완을 통해 극복할 수 있는 흠결이 있는 특허출원에 대하여, 심사관은 전면적으로 심사하고 보완통지서를 발송하여야 한다.

제3.3절의 제목은 "명백한 실체적 흠결의 처리"이며, 아래와 같이 규정하고 있다.

> 초보심사에서, 출원서류에 보완을 통해 극복할 수 없는 명백한 실체적 흠결이 있는 특허출원에 대하여, 심사관은 심사의견통지서를 발송하여야 한다.

위의 두 곳 규정은 언제 "보완통지서"를 발송하여야 하고, 언제 "심사의견통지서"를 발송하여야 하는지를 심사관이 분명하게 알게 하는 데 목적이 있다. 그러나 어떤 흠결이 "보완을 통해 극복할 수 있는 흠결"에 해당하는지 명확하게 정해지지 않은 상황에서, 제3.2절의 규정은 "보완통지서를 발송하여야 할 때에 보완통지서를 발송하여야 한다."와 같은 순환적 정의와 다를 바 없다.

위의 두 흠결 유형, 즉 "보완을 통해 극복할 수 있는 흠결" 및 "보완을 통해 극복할 수 없는 흠결"에 대하여, 출원인은 어떤 방식으로 처리하여야 하는지 「특허심사지침서 2010」의 규정에도 의문이 남는다.

제3.4절의 제목은 "통지서에 대한 답변"으로, 아래와 같이 규정하고 있다.

　　출원인은 보정통지서 또는 심사의견통지서를 받은 후에, 지정된 기간 내에 보완하거나 또는 의견을 제출하여야 한다.

제3.5절의 제목은 "출원의 거절"이며, 아래와 같이 규정하고 있다.

　　출원서류에 존재하는 명백한 실체적 흠결이, 심사관이 심사의견통지서를 발송하고 나서 출원인이 의견을 제출하거나 또는 보정한 후에도 여전히 해소되지 아니한 경우, 또는 출원서류에 존재하는 형식적 흠결이, 심사관이 그 흠결에 대하여 이미 두 차례의 보완통지서를 발송하고 출원인이 의견을 제출하거나 또는 보완한 후에도 여전히 해소되지 아니한 경우, 심사관은 거절결정할 수 있다.

위 네 곳의 규정을 종합해 보면, 제3.4절에서 "출원인은 보정통지서 또는 심사의견통지서를 받은 후에, 지정된 기간 내에 보완하거나 또는 의견을 제출하여야 한다."고 하였지만, 제3.3절에서 이미 보완을 통해서 극복할 수 없는 명백한 실체적 흠결이 존재하는 경우에만 초보심사 심사관이 비로소 심사의견통지서를 발송할 수 있다고 규정하고 있으므로, 심사의견통지서에 대해서 출원인은 "의견제출"이라는 방식으로만 답변할 수 있고, 보완은 할 수 없음을 의미하는 것 같다. 그러나 제3.5절에는 바로 이어서 심사의견통지서에 대하여 출원인이 "의견제출"뿐만 아니라 출원서류에 대하여 "보정"도 할 수 있는 것으로 규정하고 있다. 이것은 "명백한 실체적 흠결"은 보완을 통해서는 "극복"될 수 없지만, 보정을 통해서는 "해소"될 수 있음을 나타내는 데, 둘 사이의 차이는 무엇인가?

위와 같은 문제가 발생한 근원은 「특허법실시세칙」 제44조 제2항이 "보완"이라는 개념을 새롭게 도입했다는 데 있다. 「특허법」에는 특허출원서류에 대한 보정만 규정하고 있을 뿐이고 출원서류에 대한 보완은 규정하고 있지 않다. 바로 이러한 이유 때문에, 「특허심사지침서 2010」은 "보완"과 "보정"을 구분하여, 각각 "보완통지서"와 "심사의견통지서"라는 두 가지 다른 유형의 통지서를 두고 있다. 그러나 「특허법실시세칙」 제44조 제2항은 "국무원 특허행정부문은 심사의견을 출원인에게 통지하여 그 지정된 기간 내에 의견을 제출하거나 또는 보완하도록 요구하여야 한다."라고 명확하게 규정하고 있는데, 그중 심사의견을 통지하는 문서가 바로 "심사의견통지서"인가? 만약 이처럼 이해해야 한다면, 「특허심사지침서 2010」 제3.3절의 규정은 이와 부합하지 않게 된다.

출원서류에 대한 "보완"도 "보정"의 범위에 속하는 것으로 이해하여야 한다. 「특허법」 제33조는 발명 및 실용신안특허 출원서류에 대한 보정은 원래의 설명서 및 청구범위에 기재된 범위를 벗어날 수 없고, 디자인특허 출원서류에 대한 보정은 원래의 도면 또는 사진에 표시된 범위를 벗어날 수 없다고 규정하고 있는데, 이 특허출원서류의 보정에 관한 기본원칙은 특허출원서류에 대한 "보완"에도 마찬가지로 적용되어야 한다. 기왕에 이와 같다면, 출원인이 그 특허출원서류를 변경하는 것에 관한 「특허법실시세칙」의 규정에는 「특허법」과 일치된 용어를 사용하는 것이 가장 바람직하며, 이렇게 함으로써 법적 개념에서의 불필요한 혼동이 발생하는 것을 피할 수 있다.

다음으로, 「특허법실시세칙」 제44조 제1항의 본문은 "기타 필요한 서류를 구비하였는지", "이러한 서류가 규정된 형식에 부합하는지"와 같은 개괄적인 표현방식을 쓰고 있는데, 그 의미가 매우 탄력적이어서 초보심사의 범위는 「특허심사지침서 2010」의 세부 규정에 의해서만 확정될 수 있다. 앞에서 설명한 것처럼, 국가지식산권국이 특허출원을 거절하는 결정을 한다는 것은, 국가지식산권국이 심사과정에서 그 특허출원이 특허권을 받을 수 없는 것으로 판단하여 일단락 짓는 것을 의미하는 데, 이는 출원인에게 있어서는 의심할 바 없이 중대한 사건이다. 실체심사에 대해서 「특허법실시세칙」 제53조는 제한적인 방식으로 실체심사 후 발명특허출원을 거절할 수 있는 모든 법적 근거를 차례로 열거하고 있어, 법률의 완전성과 치밀성을 나타내었다. 그러나 초보심사에 대해서는 「특허법실시세칙」 제44조가 내포하고 있는 초보심사에서 특허출원을 거절할 수 있는 법적 근거의 범위가 매우 넓을 뿐 아니라 모호하며, 심지어 정확히 하나하나 열거할 수 없어서 둘 사이가 너무 크게 대비된다.

2001년 「특허법실시세칙」 개정 시에 위에서 설명한 문제가 지적되었지만, 이때의 개정에서는 상응하게 조정하지 않았고, 결과적으로는 「특허법실시세칙」 제44조의 기본적인 골격을 유지한 채 개별적인 어휘에 대해서만 개정하였다. 2010년 「특허법실시세칙」개정 전에, 국가지식산권국이 2009년 2월 27일 국무원에 보고한 「국가지식산권국의 〈특허법실시세칙〉 개정초안(심의본) 심의에 관한 지시요청」중에서 「특허법실시세칙」 제44조 제1항 본문을 아래와 같이 개정할 것을 건의하였다.

특허법 제34조 및 제40조의 초보심사는, 특허출원이 특허법 제26조 또는 제27조가 규정하는 문서 및 기타 필요한 서류를 갖추고 있는지를 심사하며, 다음 각 호의 사항을 심사하는 것을 가리킨다.

동시에 제1항 중에 제4호를 신설할 것을 건의하였는데, 아래와 같다.

4. 출원서류가 이 세칙 제2조, 제3조 제1항 규정에 부합하는지 여부

이와 서로 조화되도록, 「특허법실시세칙」 제2조 규정을 아래와 같이 개정할 것을 건의하였다.

① 특허법 및 이 세칙이 규정하는 각종 절차는, 서면형식 또는 국무원 특허행정부문이 규정하는 기타 형식으로 밟아야 한다.
② 당사자가 국무원 특허행정부문에 제출하는 각종 서류는, 규정된 형식적 요건에 부합하여야 한다.

위와 같은 일련의 개정을 건의한 목적은 적어도 부분적으로라도 위에서 설명한 문제를 해결하여, 국가지식산권국이 초보심사에서 특허출원을 거절결정하는 구체적인 사유가 「특허법실시세칙」 중에 명확한 법적 근거를 갖도록 하기 위함이었다.

그러나 2010년 개정 「특허법실시세칙」은 결과적으로 제44조 제1항 본문 및 제2항의 규정을 그대로 유지하여 고치지 않았으며, 동시에 제1항에 국가지식산권국이 개정을 건의한 제4호 규정을 신설하였다. 이것은 개정 전에 이 조문에 있었던 문제를 해결하지 않은 것일 뿐만 아니라 오히려 새로운 문제를 가져왔는데, 신설된 제44조 제1항 제4호가 이 제44조 제1항의 본문 규정과 중복되기 때문이다.

이렇게 보면 「특허법실시세칙」의 전체적인 골격을 큰 폭으로 조정하지 않고서는 위와 같은 문제를 근본적으로 해결할 수 없다.

본조의 실용신안 및 디자인특허권의 수여절차 및 효력발생에 관한 규정은 「특허법」 제39조의 규정과 동일하므로 다시 반복하지 않겠다.

제41조 특허출원의 복심

① 국무원 특허행정부문은 특허복심위원회를 설립한다. 특허출원인이 국무원 특허행정부문의 거절결정에 불복하는 경우, 통지를 받은 날로부터 3개월 내에 특허복심위원회에 복심을 청구할 수 있다. 특허복심위원회는 복심 후, 결정을 내리고 특허출원인에게 통지한다.

② 특허출원인이 특허복심위원회의 복심결정에 불복하는 경우, 통지를 받은 날로부터 3개월 내에 인민법원에 소를 제기할 수 있다.

一. 개 요

본조 제1항은 "국무원 특허행정부문은 특허복심위원회를 설립한다."라고 규정하는데, 이는 특허복심위원회가 국가지식산권국의 소속기관임을 나타낸다. 「특허법실시세칙」 제59조는 이에 나아가 "특허복심위원회는 국무원 특허행정부문이 지정한 기술전문가와 법률전문가로 구성되며, 주임위원은 국무원 특허행정부문의 책임자가 겸임한다."고 규정하고 있다.

특허복심위원회는 국가지식산권국의 소속기관으로서, 그 기관 명칭 및 인원 구성, 책임자의 직함과 직책이 「특허법」 및 「특허법실시세칙」에 나뉘어 규정되어 있는데, 이것은 국가지식산권국의 모든 소속기관 중 유일한 것으로서 특허복심위원회가 전체 특허제도 중에서 특수한 지위에 있음을 나타내기에 충분하다.

특허복심위원회의 직무는 크게 두 가지인데, 첫째는 국가지식산권국의 거절결정에 불복하는 특허출원인의 복심청구에 대해서 복심을 진행하여 복심결정을 내리는 것이고, 둘째는 이미 수여된 특허권에 대한 무효선고청구에 대해서 심사를 진행하여 무효선고청구 심사결정을 내리는 것이다. 이 가운데 첫 번째 직무는 본조에 규정되어 있고, 두 번째 직무는 「특허법」 제46조에 규정되어 있다.

「특허법」 규정에 근거하여, 국가지식산권국은 그 수리하는 세 가지 종류의 특허출원에 대하여 모두 초보심사를 진행한다. 발명특허출원의 출원인이 실체심사를 청구하면, 그 특허출원에 대하여 실체심사를 진행한다. 초보심사와 실체심사에서 특허출원이 「특허법」 및 「특허법실시세칙」의 관련 규정에 부합하지 않는다고 국가지식산권국이 판단하면, 먼저 출원인에게 통지하여 지정된 기간 내에 의견을 제출하거나 그 특허출원서류를 보완 또는 보정할 수 있음을 알려 주어야 한다. 출원인의 의견 제출 또는 보완·수정 후에도 여전히 「특허법」 및 「특허법실시세칙」의 관련 규정에 부합하지 않는다고 국가지식산권국이 판단하면, 그 특허출원을 거절하는 결정을 내릴 수 있다. 그러나 위와 같은 절차를 거쳤다고 하더라도, 국가지식산권국이 특허출원을 거절한 결정이 모두 합리적이고 정확하다고 보장할 수는 없다. 출원인의 발명창조가 특허권을 획득하여 이로부터 유효한 법률적 보호를 받을 수 있는지 여부는 출원인의 중대한 이익에 관계되고, 중국이 시장경제체제를 수립한 이후에는 더욱 이와 같다. 출원인의 합법적 권익이 침해받지 않도록 보다 충실하게 보장하기 위해서, 중국은 1984년 특허제도를 수립한 초기부터 출원인이 국가지식산권국의 거절결정에 불복하여 상소할 수 있는 제도를 수립하였다. 특허복심위원회가 출원인의 청구에 의하여 복심을 진행하는 것은 상소 제도의 첫 번째 단계이다.

특허출원에 대한 거절결정은 국가지식산권국의 명의로 내려지며, 이 결정에 불복하여 복심을 청구하는 경우에도 여전히 국가지식산권국의 일개 소속기관이 심사를 진행하는데, 이것은 충분히 합리적이지 않은 것 같다. 예를 들어, 독일특허법은 출원인이 독일특허청의 특허출원에 대한 거절결정에 불복하는 경우, 독일특허청이 아니라 독일연방 특허법원에 소를 제기할 수 있다고 규정하고 있다. 또 예를 들어, 「상표법」은 출원인이 상표국의 상표등록출원에 대한 거절결정에 대하여 불복하는 경우 상표평심위원회에 복심을 청구할 수 있다고 규정하는데, 「상표법실시조례」는 상표평심위원회와 상표국은 서로 독립된 별개의 행정부문임을 규정하고 있다. 그러나 세계적으로 적지 않은 국가들의 특허제도가 이와 다른 방식을 취하고 있다. 예를 들어, 미국·일본에서는 출원인이 미국특허상표청·일본특허청의 거절결정에 불복하는 경우, 먼저 그 내부의 위원회·심판부에 청구하도록 하고 있으며, 바로 법원에 소를 제기하는 것이 아니다. 중국의 방식은 미국·일본의 방식과 서로 동일하다.

二. 복심절차

(一) 복심청구

본조 규정에 근거하여, 특허출원인은 국가지식산권국의 거절결정에 대하여 불복하여 복심을 청구하는 경우에 국가지식산권국의 거절결정을 받은 날로부터 3개월 이내에 특허복심위원회에 복심청구를 하여야 한다.

주의하여야 할 점은, 국가지식산권국의 특허출원에 대한 거절결정에 대해서만 출원인이 특허복심위원회에 복심을 청구할 수 있다는 점이다. 초보심사와 실체심사 과정에서, 국가지식산권국은 출원인에게 불리한 갖가지 결정 또는 처분을 할 수 있지만, 모두 특허출원에 대한 거절결정의 방식으로 하는 것은 아니다. 예를 들면, 「특허법실시세칙」 제39조 규정에 따라서 특허출원서류가 동조 규정에 부합하지 않으면, 국가지식산권국은 출원을 불수리하는 결정을 할 수 있다. 「특허법」 제35조 규정에 의하면, 출원인이 출원일로부터 3년 이내에 실체심사를 청구하지 않은 경우, 그 특허출원은 취하된 것으로 본다. 「특허법」 제36조 제2항 규정에 의하면, 국가지식산권국이 출원인에게 지정된 기간 내에 다른 국가가 그 특허출원에 대해서 진행한 검색자료 및 심사자료를 제출하도록 요구했음에도 출원인이 정당한 이유 없이 기간 내에 제출하지 않은 경우, 그 출원은 취하된 것으로 본다. 「특허법실시세칙」 제44조 규정에 의하면, 국가지식산권국이 초보심사에서 출원인에게 심사의견을 통지하여, 지정된 기간 내에 의견을 제출하거나 보정하도록 요구했음에도 출원인이 기간 내에 답변하지 않은 경우, 그 출원은 취하된 것으로 본다. 「특허법실시세칙」 제30조 규정에 의하면, 출원인이 신규성 유예기간을 향유하고자 하였으나 동조 규정에 의한 증명서류를 제출하지 않은 경우, 그 출원에 대하여 신규성 유예기간을 향유할 수 없다. 「특허법실시세칙」 제31조 규정에 의하면, 출원인이 우선권을 주장하였으나 동조 규정의 요건을 만족시키지 못하면, 우선권 주장이 없는 것으로 본다. 위에 열거된 거절결정 이외의 방식으로 내린 출원인에게 불리한 특허출원에 대한 결정 또는 심사결과에 대하여, 「특허법실시세칙」 및 「특허심사지침서 2010」은 출원인에게 상응하는 구제조치를 제공하지만, 특허복심위원회에 복심을 청구하는 방식으로 구제하는 것은 아니다.

중국의 법치가 부단히 발전하고 개선됨에 따라서 1989년 4월 「행정소송법」을 제정하여, 공민·법인 또는 기타 조직이 행정기관 및 행정기관 직원의 구체적인 행정행위가 그 합법적인 이익을 침해한다고 판단하는 경우, 법원에 행정소송을 제기할 수 있다고 규정하였다. 1999년 4월 「행정재의법」을 제정하여, 공민·법인 또는 기타 조직이 구체적인 행정행위가 그 합법적인 이익을 침해한다고 판단하는 경우, 행정재의를 청구할 수 있다고 규정하였다. 국가지식산권국의 특허출원에 대한 거절결정은 의심할 바 없이 구체적인 행정행위에 해당하는데, 이로부터 "출원인이 특허복심위원회에 복심을 청구하는 외에, 법원에 직접 행정소송 또는 행정재의를 제기할 수 있는가?"하는 문제가 발생한다. 「행정소송법」 제37조 제2항은 "법률·법규에 먼저 행정기관에 재의를 청구하여야 하고, 재의에 불복하면 다시 인민법원에 소송을 제기하도록 규정된 경우에는, 법률·법규의 규정에 따른다."고 규정하고 있다. 이 조항의 규정에 의하여, 출원인은 국가지식산권국의 특허출원에 대한 거절결정에 대하여 바로 법원에 행정소송을 제기할 수 없다. 「행정재의법」이 시행된 후에 국가지식산권국은 「국가지식산권국 행정재의규정」을 제정하여, 국가지식산권국에 청구할 수 있는 행정재의의 사유 및 그 절차를 규정하였고, 동시에 국가지식산권국의 특허출원에 대한 거절결정과 특허복심위원회의 복심결정 및 무효선고청구 심사결정에 대해서는 모두 행정재의를 청구할 수 없음을 명확히 규정하였다.[1] 위 규정에 의하여, 국가지식산권국의 특허출원에 대한 거절결정에 대해서 출원인은 단지 특허복심위원회에 복심만을 청구할 수 있을 뿐이고, 국가지식산권국에 행정재의를 청구할 수 없다. 본조가 규정한 복심절차는 전문적인 행정절차로서, 본래는 행정재의의 성질을 갖는다. 그러나 본조 규정에 의하여, 그 명칭에 약간 차이가 있다. 따라서 특허출원 거절결정에 대한 복심절차와 국가지식산권국이 기타 사유에 대하여 진행하는 행정재의절차를 혼동해서는 안 된다.

출원인이 특허복심위원회에 복심을 청구하는 경우, 「특허법실시세칙」 제60조 규정에 따라서, 복심청구서를 제출하고 이유를 설명하여야 하며, 필요한 때에는 관련 증거를 첨부하여야 한다. 복심청구가 「특허법」 제19조 제1항 규정에 부합하지 않으면, 즉 출원인이 중국에 계속적인 거소나 영업소가 없는 외국인·외국기업 또는 외국의 기타 조직이면서도 법에 의하여 설립된 특허대리기구에 위임하여 대리하도록 하지 않았거나, 본조 제1항 규정에 부합하지 않는 경우, 특허복심위원회는 수리하지 않는다. 복심청구서가 규정된 양식에 부합하지 않는 경우, 복심청구인은 특허복심위원회가 지정한 기간 내에 보완하여야 한다. 기간 내에 보완하지 않는 경우, 그 복심은 청구되지 않은 것으로 본다.

복심청구인은 복심청구를 할 때에 또는 특허복심위원회의 복심통지서에 대하여 답변할 때에, 그 출원서류를 보정할 수 있다. 보정은 거절결정 또는 복심통지서에서 지적한 흠결을 해소하는 것으로 제한되어야 한다.

(二) 복심절차

특허복심위원회가 복심청구를 수리한 후, 다음의 절차에 따라 복심을 진행한다.

(1) 「특허법실시세칙」 제62조 규정에 따라서, 특허복심위원회는 먼저 복심청구서를 국가지식산권국의 원래 심사부서로 이관하여, 원래의 심사부서가 전치심사를 진행한다.

---

1) 국가지식산권국령 제24호, 2002년 7월 25일 공포.

(2) 전치심사에서, 원래의 심사부서가 복심청구인이 제출한 의견에 동의하거나 또는 복심청구인의 특허출원서류에 대한 보정으로 원거절결정에서 지적한 흠결을 극복하였다고 판단하여 원거절결정을 취소하는 것에 동의하는 경우, 특허복심위원회는 이에 근거하여 원거절결정을 취소하는 복심결정을 하고 복심청구인에게 통지한다.

(3) 전치심사에서, 원래의 심사부서가 복심청구인이 제출한 의견 및 특허출원서류에 대한 보정에 의해서도 원거절결정이 지적한 흠결을 극복하지 못한 것으로 판단하여 원거절결정을 유지하는 경우, 특허복심위원회는 합의체를 구성하여 복심청구에 대하여 심사를 진행한다.

(4) 심사에서, 복심청구가 성립하지 않는 것으로 특허복심위원회가 판단하면, 복심청구인에게 통지하여 지정된 기간 내에 의견을 제출하도록 요구하여야 한다. 기간 내에 답변이 없을 경우에 그 복심청구는 취하된 것으로 본다. 의견제출 또는 보정 후에도, 특허출원이 여전히「특허법」및「특허법실시세칙」의 관련 규정에 부합하지 않는 것으로 특허복심위원회가 판단하는 경우에는 원거절결정을 유지하는 복심결정을 하여야 한다. 원거절결정이「특허법」및「특허법실시세칙」의 관련 규정에 부합하지 않거나, 또는 특허출원서류의 보정으로 원거절결정이 지적한 흠결을 해소하였다고 특허복심위원회가 판단하는 경우에는 원거절결정을 취소하는 복심결정을 하여야 하고, 원래의 심사부서가 계속하여 심사절차를 계속 진행하도록 한다.

(5) 특허복심위원회는 복심결정을 한 후, 서면으로 복심청구인에게 통지하여야 한다.

(6) 특허복심위원회가 복심결정을 하기 전에, 복심청구인은 그 복심청구를 취하할 수 있다. 특허복심위원회가 복심결정을 하기 전에 복심청구인이 그 복심청구를 취하하면, 복심절차는 종료된다.

(三) 복심결정의 효력과 후속 절차

본조 제2항 규정에 따라서, 특허복심위원회의 복심결정은 종국적인 결정이 아니며, 복심청구인이 특허복심위원회의 복심결정에 불복하는 경우에는 사법적 구제의 기회가 있는데, 즉 특허복심위원회의 통지를 받은 날로부터 3개월 내에 베이징시 중급인민법원[1]에 행정소송을 제기할 수 있다.

---

1) 2014년 10월 31일 공포된「최고인민법원의 베이징·상하이·광저우 지식재산권법원 사건 관할에 관한 규정」에 따라서, 현재에는 특허복심위원회의 결정에 불복하는 경우에는 베이징시 제1중급인민법원이 아닌 베이징시 지식재산권법원에 소를 제기하여야 한다(역자 주).

위 규정은 역사적 변화 과정을 거쳤다. 1984년 제정된 「특허법」 제43조 제3항은 아래와 같이 규정하였다.

특허복심위원회가 출원인의 실용신안 및 디자인 복심청구에 대하여 내린 결정은 종국적인 결정이다.

1992년 「특허법」 개정 시에, 위 규정을 유지하고 고치지 않았다.

2000년 「특허법」 개정 시에, 제43조를 제41조로 바꾸고, 동시에 특허복심위원회의 실용신안 및 디자인특허출원에 대한 복심결정이 종국적 결정이라는 규정을 삭제하였으며, 특허복심위원회의 발명·실용신안 및 디자인특허출원에 대한 복심결정에 대하여 복심청구인이 불복하는 경우, 모두 인민법원에 소를 제기할 수 있도록 하였다.

특허복심위원회는 행정기관이고, 그 복심결정 행위는 구체적인 행정행위에 속한다. 「행정소송법」 규정에 따르면, 복심청구인이 복심결정에 대해 불복하면 당연히 법원에 행정소송을 제기할 수 있다. 그러나 「특허법」은 「행정소송법」 보다 먼저 제정되었으며, 당시 중국의 특허제도는 아직 수립 초기이어서 법원이 특허사건에 대한 실제 경험이 부족하다는 점을 고려하였고, 만약 특허복심위원회의 모든 결정에 대하여 당사자가 법원에 행정소송을 제기할 수 있게 한다면 법원의 업무 부담이 지나치게 가중될 수 있었다. 이 때문에 이해득실을 따져서 세 종류 특허출원의 복심결정을 다르게 취급하여, 복심청구인이 발명특허출원에 대한 복심결정에 불복하는 경우에는 법원에 소를 제기할 수 있도록 하였고, 특허복심위원회의 실용신안 및 디자인특허출원에 대한 복심결정은 종국적인 결정으로 하였다.

2000년 「특허법」 개정 시에는, 상황이 이미 크게 변해 있었다. 첫째, 「행정소송법」은 중국 행정관리제도의 근본적 변혁으로서, 대중의 열렬한 지지를 받았으며, 「특허법」의 관련 규정도 마땅히 이와 일치되어야 했다. 둘째, 중국의 특허제도가 십여 년간 운영되면서 법원의 특허사건에 대한 심리능력도 이미 많이 제고되었다. 셋째, TRIPs 제62조 제5항은 지식재산권의 획득과 유지 및 관련 당사자 사이의 절차 중에 내린 종국적 행정결정은 마땅히 사법기관 또는 준사법기관의 재심사를 받아야 한다고 명확하게 규정하고 있다. 위와 같은 변화에 기초하여, 1992년 개정 「특허법」 제43조 규정을 개정하여, 모든 복심청구인에게 사법적 구제를 받을 수 있는 기회를 주었다.

2008년 「특허법」 개정 시에 본조 규정에 대해서는 어떠한 개정도 하지 않았다.

제5장

특허권의 기간, 종료 및 무효

제42조~제47조

서 언

    이 장에는 「특허법」 제42조 내지 제47조가 포함되며, 각각 특허권의 기간, 특허권 기간 만료 전의 소멸 및 특허권 무효선고 등 사항에 대하여 규정하고 있다.

    동산·부동산 등 유체재산은 이를 이용함에 따라서 점차 소모되어 일정한 때에 이르면 다시는 사용할 수 없으며, 주택 등과 같은 그중 일부는 설령 이용하지 않는다고 하더라도 자연적인 손실이 발생한다. 특허권은 일종의 무체재산으로서, 그 객체는 발명창조, 보다 구체적으로는 기술방안 또는 설계방안이며, 이들은 영구히 존재하고 소멸하지 않는다. 이와 같음에도 만약 특허권에 기한이 없다면, 특허권이 부단히 증가함에 따라서 공중의 정상적 생산경영 활동에 심각한 제한 및 영향을 줄 수 있는데, 이것은 사회공중이 용인할 수 없는 것이므로 반드시 특허권의 기간을 규정하여야 한다.

    비록 특허권이 국가지식산권국의 심사를 거쳐 수여되는 것이고, 그중 발명특허출원에 대해서는 실체심사를 진행한다고 하더라도, 수여된 특허권이 「특허법」 및 「특허법실시세칙」의 관련 규정에 부합하지 않을 수 있는 가능성을 배제할 수는 없다. 「특허법」은 각각 발명·실용신안 및 디자인의 신규성 및 진보성을 규정하고 있는데, 특허출원된 발명창조를 선행기술 및 선행설계와 비교하여 판단한다. 선행기술 및 선행설계는 "끝없이 펼쳐져 있다."고 말할 수 있고, 인류사회가 발전함에 따라서 끊임없이 증가하고 있으므로, 특허권이 수여된 발명창조라고 하더라도 절대적으로 「특허법」 규정에 부합한다고 보장하기는 매우 어렵다. 사실상 세계적으로 어떤 국가 또는 지역의 특허청도 그 수여한 특허권이 그 특허법 규정에 완전히 부합한다고 사회공중에 대하여 보증할 수 없다. 이러한 상황 때문에 특허법 중에 특허권 무효선고에 대하여 규정하는 것이 절대적으로 필요하다. 공중이 특허권에 대한 심사에 참여하도록 보장하는 것은 특허제도의 기본적 특징 및 작동원리 중 하나이다.

    특허권이 일단 무효로 되면, 법적 보호를 받을 수 없다. 특허권이 무효로 되는 경우는 특허권이 기간 만료 전에 소멸되는 경우와 효력이 다르다. 특허권이 소멸되는 경우에는 단지 특허권의 기간만 단축되는 것이지만, 특허권이 무효로 되는 경우에는 처음부터 없었던 것으로 본다.

제42조 특허권의 기간

발명특허권의 기간은 20년이고, 실용신안특허권 및 디자인특허권의 기간은 10년이며, 모두 출원일로부터 계산한다.

TRIPs 발효 전에는, 세계 각국의 특허법에 규정된 발명특허와 실용신안 · 디자인특허의 기간은 서로 차이가 있었다. 중국의 1984년 제정「특허법」제45조는 아래와 같이 규정하고 있었다.

① 발명특허권의 기간은 15년이고, 출원일로부터 계산한다.

② 실용신안 및 디자인특허권의 기간은 5년이고, 출원일로부터 계산하며, 기간 만료 전에 특허권자가 3년의 연장을 신청할 수 있다.

③ 특허권자가 우선권을 향유하는 경우, 특허권의 기간은 중국에 출원한 날로부터 계산한다.

20세기 80년대 후기에, 선진국의 주도와 적극적인 추진 아래「관세 및 무역에 관한 일반협정」의 우루과이라운드협상에서 TRIPs 제정을 위한 노정을 시작하였는데, 그 총체적 목표는 지식재산권 보호를 상품무역 및 서비스무역과 연계하여 전 지구적 범위에서 지식재산권 보호를 크게 강화하고자 하는 것이었다. 이를 위해 취해진 조치 중 하나가 바로 1995년 1월 1일 발효된 TRIPs 제33조에서, 모든 회원국이 발명특허의 기간을 20년보다 짧지 않게 법률로 보장하여야 한다고 강제적으로 규정한 것이다.

20세기 90년대 초기에, 중 · 미 양국 정부는 제1차 지식재산권 관련 회담을 진행하였는데, 그 결과로 1992년 1월 17일「지식재산권 보호에 관한 중 · 미 양해각서」를 체결하였다. 이 양해각서 제1조 제1항은 "발명특허의 보호기간은 특허출원일로부터 20년이다."라고 규정하였고, 제1조 제2항은 "중국정부는 그 입법기관에 본조 제1항이 규정하는 보호수준의 의안을 제출하고, 최선을 다해 개정 특허법이 1993년 1월 1일부터 통과 및 시행되도록 한다."라고 규정하였다.

중국은 위의 양해각서에서 약속한 사항을 이행하여, 1992년 9월「특허법」을 개정해서 1984년 제정「특허법」제45조를 본조의 현재 조문으로 고쳤다. 이처럼 중국은 2001년 WTO 가입보다 8년을 앞서 TRIPs 제33조가 규정한 요구를 만족시켰다. 2000년 및 2008년「특허법」개정 시에 본조에 대해서는 고치지 않았고, 다만 조문 번호를

제45조에서 제42조로 바꾸었다.

1992년 「특허법」 개정 시에, 발명특허권의 기간을 15년에서 20년으로 연장한 이 외에도, 실용신안 및 디자인특허권의 기간을 10년으로 연장하였으며, 동시에 실용신 안 및 디자인특허권의 연장제도를 폐지하였다. 개정 전 「특허법」 제45조가 연장제도 를 규정한 본의는 실용신안 및 디자인특허권자로 하여금 5년이라는 보호기간의 만료 시점에 이르렀을 때에 그 특허권이 계속해서 법적 보호를 받을 필요가 있는지를 스스 로 결정하도록 하는 것이었지만, 객관적으로는 오히려 특허권자에게 절차에 대한 부 담만 가중시켰다. 실제로, 특허권자는 연차료를 계속해서 납부할지를 결정함으로써 이 의사를 표명하면 되므로, 별도의 절차를 밟아 표명하게 할 필요가 없었다.

2008년 「특허법」 개정 시에, 특허권의 기간문제에 대해서는 두 가지 문제에 대해 서 논란과 토론이 있었다.

첫째는, 약품특허권의 보호기간 연장 문제였다.

약품은 광범위한 공중의 신체건강 및 생명유지에 밀접하게 관계되는 특수 상품이 며, 약품특허권의 보호는 매우 강한 공공정책적 요소를 갖고 있다. 공중의 이익을 보 호하는 측면에서 출발하여, 미국은 앞장서서 그 특허법 중에 Bolar 예외[1]에 관한 규 정을 추가함으로써, 약품특허권의 기간 만료 후에 값싼 복제약이 즉시 시장에 출시될 수 있도록 보장하고 있다. 이와 동시에 약품특허권자의 이익을 충분히 보장하고 신 약 연구개발의 적극성을 장려하기 위하여, 미국특허법에는 약품특허권의 기간연장 에 관한 규정도 두고 있다. 이 규정은 매우 복잡한데, 미국특허법에서 가장 긴 조항이 다. 미국의 방식을 따라서, 유럽·일본·호주 등 선진국도 잇따라서 그 특허법 중에 Bolar 예외와 의약품특허권의 기간연장에 관한 규정을 신설하였다.

국가지식산권국이 2006년 공개한 「〈특허법〉 개정초안」에는 Bolar 예외에 관한 규 정을 신설하는 내용이 포함되었지만, 약품특허권의 보호기간 연장에 관한 규정을 신 설하는 내용은 포함되지 않았는데, 이것은 수많은 선진국, 특히 다국적 제약회사의 주목을 끌어 「특허법」에 약품특허권의 보호기간을 연장하는 규정을 추가할 것을 요구하였다. 국무원 및 전국인민대표대회 상무위원회의 심의를 거쳐, 2008년 개정 된 「특허법」은 국가지식산권국의 개정의견을 받아들였다. 약품특허권의 기간연장 제도를 도입하지 않은 주된 이유는, TRIPs가 각 회원국의 특허법이 발명특허권의 보 호기간을 20년보다 짧지 않게 보장할 것만 요구하고 있을 뿐이고, 각 회원국이 약품

---

1) 복제약품 개발을 위해 특허약품을 시험 및 제조하는 행위에 대해서는 특허권이 만료되기 전이라 도 특허권 침해로 보지 않는 것으로서, 자세한 내용은 제69조 제5호에 대한 설명 참조(역자 주).

특허권의 기간을 연장할 수 있게 하여야 한다고는 규정하고 있지 않기 때문이다.

둘째는, 디자인특허권의 보호기간 문제이다.

디자인특허권의 기간에 관하여는 각국(지역) 법률의 규정이 제각각이다. 그중에서 중국·타이완·오스트리아·인도네시아·태국·페루·캐나다·칠레 등은 보호기간을 10년으로 하고 있으며, 미국은 보호기간을 14년으로 규정하고 있고, 한국·일본·말레이시아·싱가포르·러시아·우크라이나·오스트리아·스위스·노르웨이·헝가리·덴마크·에스토니아·스웨덴·루마니아·아르헨티나·멕시코 등 국가는 보호기간을 15년으로 규정하고 있다. 프랑스는 보호기간을 가장 길게 50년으로 규정하고 있다.[1]

EU이사회는 2001년 12월 12일「유럽디자인보호조례」를 통과시키고, 2002년 2월 12일부터 시행하였다.[2] 이 조례의 내용은 하나의 완전한 디자인법률에 상당하며, 이 조례가 모든 EU 회원국에 대하여 구속력이 있고 모든 회원국에서 직접 시행될 수 있음을 명확하게 규정하였다.[3] 이 조례 제12조는 등록된 유럽공동체 디자인의 보호기간은 출원일로부터 5년이지만, 한 차례 또는 여러 차례 연장할 수 있으며, 매 차례 5년씩 연장하여 출원일로부터 최장 25년까지 연장할 수 있다고 규정하였다. 2008년「특허법」개정 시에, EU 및 일부 EU국가는 중국이 EU와 유사한 방식으로 디자인특허권의 기간을 25년까지 연장할 수 있게 해 줄 것을 여러 차례 건의하였다.[4]

유럽국가들이 디자인 보호를 위해 채택하고 있는 제도는 조금씩 다른데, 독립적인 입법에 의해 보호하는 방식을 취하고 있는 국가가 있는가 하면, 저작권법의 틀 내에서 보호하는 방식을 취하고 있는 국가도 있음이 지적되어야 한다.「EU디자인보호조례」가 디자인의 최장 보호기간을 25년으로 규정한 것은 EU 각국의 현재 상황을 고려하여 유럽 각국의 상이한 방식을 절충한 결과이다. 중국은 처음부터「특허법」의 틀 내에서 디자인을 보호하여 디자인을 특허권으로 보호하는 것으로 명확하게 규정하였는데, 이것은 EU조례의 배경과 매우 큰 차이가 있다. 이 점에 대한 자세한 논의는 본서의「특허법」제2조에 대한 설명을 참고하기 바란다.

TRIPs의 디자인에 관한 규정은 보다 넓은 범위에서 각 회원국의 방식을 절충한 결

---

1) 宫宝珉 等, 外观设计专利审查与授权标准研究[G]//国家知识产权局条法司, 专利法及专利法实施细则 第三次修改专题研究报告, 北京: 知识产权出版社, 2006: 312-371.

2) 이 조례 제111조 제1항에 이 조례가 공포된 날로부터 60일 후 발효된다고 규정되어 있다.

3) Article 11 of the Regulation: "This Regulation shall be binding in its entirety and directly applicable in all Member States."

4) 예를 들면, 노르웨이와의 자유무역협정(FTA) 협상에서, 노르웨이는 중국이 디자인특허권에 25년의 보호기간을 보장할 것을 강력하게 요구하였다.

과로서, 그 제26조 제3항은 디자인의 보호기간이 짧아도 10년은 되어야 한다고 규정하고 있다.

위의 이유에 기초하여, 국무원과 전국인민대표대회 상무위원회는「특허법」개정 초안에 대하여 심의한 결과 본조의 디자인특허권 기간에 관한 규정을 고치지 않고 유지하여야 한다고 판단하였다.

주의가 필요한 점은 비록 1992년「특허법」개정 시에 1984년 제정「특허법」제45조 제3항 규정, 즉 "특허권자가 우선권을 향유하는 경우, 특허권의 기간은 중국에 출원한 날로부터 계산한다."라는 규정을 삭제하였다고 하더라도, 이 조문에 내포되어 있었던 의도까지 바꾼 것은 아니라는 점이다. 특허권 기간의 시작점은 실제 출원일이지 우선일이 아니며, 이것이 각국 특허제도의 관례이다.「특허법실시세칙」제11조는 아래와 같이 규정하고 있다.

① 특허법 제28조 및 제42조가 규정한 경우를 제외하고, 특허법의 출원일은 우선권이 있는 경우 우선일을 가리킨다.
② 이 세칙의 출원일은, 별도 규정이 있는 경우를 제외하고, 특허법 제28조가 규정하는 출원일을 가리킨다.

위 규정으로 1984년 제정「특허법」제45조 제3항 규정을 대체하였으며, 동시에「특허법」에 있어서 하나의 중요한 문제, 즉 "출원일"이라는 표현이 포함된 조문 중에서, 그 "출원일"이 도대체 중국에서의 실제 출원일을 가리키는 것인지 아니면 우선일을 가리키는 것인지를 명확히 하였다.

본조가 특허권의 기간이 출원일로부터 계산된다고 규정하고 있으므로, 출원일로부터 특허보호를 받을 수 있다고 종종 오해하는 사람들이 있다. 이것은 사실이 아니다. 본조 규정은 단지 특허권 기간 계산의 시점과 종점을 명확히 한 것이고, 특허출원한 날부터 특허보호를 받을 수 있음을 의미하는 것은 아니다.「특허법」제11조는 이 조문 중의 특허권의 효력이 "특허권이 수여된 후"에야 비로소 발생한다고 명확히 규정하고 있다. 어떤 유형의 특허출원인지를 불문하고, 출원에서부터 특허권을 받을 때까지는 심사에 일정한 기간이 소요되며, 따라서 발명특허권자가 실제로 법적 보호를 받을 수 있는 기간은 필연적으로 20년보다 짧고, 실용신안 및 디자인특허권자가 실제로 법적 보호를 받을 수 있는 기간은 필연적으로 10년보다 짧다.

마지막으로 특허권 기간의 길고 짧음이 어떠한 요소를 기초로 규정된 것인지 살펴볼 필요가 있다.

특허권·저작권·상표권, 이 세 주요 지식재산권 중에서 특허권의 보호기간이 가장 짧다. 「저작권법」은 저작권 보호기간을 저작자의 생존기간과 사망 후 50년으로 규정하고 있어서, 특허권 기간보다 훨씬 길다. 「상표법」은 상표권을 정기적으로 연장할 수 있다고 규정하고 있으므로, 그 보호기간이 이론상으로는 무제한이다. 무엇 때문에 이러한 차이가 있는가? 그 이유에 대해서 살펴보는 것은, 특허제도의 본질적 속성을 이해하는 데 도움이 된다.

「특허법」제1조는 그 입법취지 중 하나가 "발명창조의 응용촉진"이라고 규정하고 있다. 바꿔 말하면, 특허권에 대한 보호가 그 보호객체의 "응용촉진", 즉 발명창조의 "응용촉진"에 도움이 되어야 한다. 보호객체에 대한 응용촉진의 필요성, 이것이 특허권을 저작권 및 상표권과 구별되게 하는 매우 중요한 차이점이다.

TRIPs 제7조는 이 협정 제정의 목표를 아래와 같이 규정하고 있다.

> 지식재산권의 보호와 시행은, 기술혁신의 증진과 기술의 이전 및 전파에 기여하고 기술지식의 생산자와 사용자에게 상호이익이 되고 사회 및 경제복지에 기여하는 방법으로 권리와 의무의 균형에 기여하여야 한다.

이 규정에서 "이전 및 전파에 기여"를 언급할 때에, 이에 관련되는 것은 오직 "기술혁신"뿐이며, 다른 지식재산권의 보호객체는 이에 관련되지 않는다.

상표는 상품 또는 서비스를 다른 상품 또는 서비스와 구별하는 데 사용되는 표지이다. 그러나 만약 상표권의 보호객체가 바로 표지라고 한다면 이는 너무 피상적이고, 이것이 실제로 보호하는 것은 이러한 표지로 대표되는 그 상품 또는 서비스를 제공하는 상인의 상업적 신용이다. 상업적 신용의 높고 낮음은 아주 많은 요소에 의해 결정되는데, 여기에는 상품 또는 서비스의 품질, 경영관리 수준, 광고선전의 정도, 상품 또는 서비스의 역사적 유래 등이 포함되며, 상표 표지 자체의 도안과는 아무런 직접적인 관련이 없다. 상표 표지의 작용효과 때문에 상표표지는 개성이 뚜렷해야 하고, 형상이 구별되어야 한다. 상표 표지 자체에 있어서든 아니면 그 대표하는 상업적 신용에 있어서든, 모두 절대적으로 "응용촉진"되어야 할 필요는 없다. 마오타이주(茅台酒)가 아무리 좋아도 모든 술에 마오타이주(茅台酒)의 상표를 부착하도록 장려할 수 없고, 나이키 운동화가 아무리 좋아도 모든 운동화에 나이키 상표를 부착하자고 제창하지 않는다.

저작권의 보호객체는 문화예술작품이지만, 실질적으로는 작품의 표현형식을 보호하는 것이지 작품의 내용을 보호하는 것은 아니다. 만약 과학자가 새로운 중요한 과학이론을 창안하여 과학 논문을 발표하였다면,「저작권법」은 어떠한 타인 또는 개인도 허가 없이 그것을 출판·복제·발행·번역·편집 등 행위를 할 수 없게 하여 과학자를 보호하지만,「저작권법」은 그 저작권으로 보호되는 논문에 표현된 과학적 이론을 타인이 이용하는 것까지 금지하는 것은 아니다. 타인은 이 과학이론을 이해하여 완전히 자유롭게 이용할 수 있을 뿐만 아니라, 이 기초 위에서 발명창조를 연구개발해 낼 수 있다면 특허권으로 보호받을 수 있다. 이 밖에, 만약 후자가 다른 표현방식으로 이 과학이론을 설명하여 자기의 저작을 완성하였다면, 마찬가지로 저작권의 보호를 받을 수 있다. 바꿔 말하면, 많은 경우에 저작권적 보호는 작품 내용의 "응용촉진"에 방해가 되지 않는다. 사실상 저작권으로 보호받는 절대 다수의 작품, 예를 들면 소설·영화·음악·가곡·무도·촬영·회화·미술·조소·건축양식 등의 내용에 대해서 말하자면, 단지 마음에 들거나 또는 마음에 들지 않거나 하는 문제만 있을 뿐이지 "응용촉진"에 대해서는 말할 필요가 없다.

특허권은 이와 다르다. 특허권의 보호객체는 과학기술 분야의 발명창조로서, 발명창조의 가치가 실천적으로 증명된 후에는, 국가·사회 및 공중의 이익 측면에서 그 응용촉진이 장려되어야 한다. 일반적으로 말해서 사회적 또는 경제적 가치가 있는 발명창조는 아무래도 빨리 응용될수록 좋고, 널리 응용될수록 바람직하다. 만약 새로운 자동차 배기가스 처리장치로 자동차 배기가스 중의 오염성분을 낮출 수 있다면, 환경을 보호하기 위하여 이전의 낙후된 기술을 계속 사용하는 것을 중지하고 가급적 이러한 신기술을 사용하도록 하여야 한다. 만약 새로운 암모니아 합성기술이 암모니아 합성에 소요되는 에너지 소모를 줄일 수 있다면, 에너지를 절약하기 위하여 모든 화학비료 생산자가 이 신기술을 사용하도록 장려하여야 한다. 만약 새로운 비계가 사용이 편리할 뿐만 아니라 훨씬 안전하여 사고발생 가능성을 감소시킬 수 있다면, 시공효율을 높이고 시공자의 생명과 안전을 보호하기 위하여 건설업계에 이 신기술을 가급적 빨리 보급하여야 한다.

그러나「특허법」규정에 따르면, 특허권의 효력은 바로 특허권자의 허가 없이 보호되는 발명창조를 타인이 실시하는 것을 금지하는 데 있다. 제품특허권은 그 제품을 생산·판매·판매청약·사용·수입하는 행위를 금지할 수 있으며, 방법특허권은 그 방법을 사용하는 행위를 금지할 수 있고, 특허방법에 의하여 직접적으로 획득한 제품을 판매·판매청약·사용·수입하는 행위를 금지할 수 있다.「특허법」제1조에 규정된 발명창조의 장려, 혁신능력의 제고, 과학기술의 발전촉진이라는 입법취지를 실현하고, 특허권자의 합법적 권익을 확실히 보호하기 위해서는, 특허권의 기간이 너무 짧아서는 안 된다. 동시에,「특허법」제1조의 발명창조의 응용촉진, 사회경제 발전촉진이라는 입법취지를 실현하고, 공중의 이익을 확실히 보호하기 위해서는, 특허권의 기간이 또한 너무 길어서도 안 된다. 본조가 발명특허의 기간을 20년으로, 실용신안 및 디자인의 기간을 10년으로 규정한 것은, 현재 중국의 상황으로 보면, 양자의 이익을 균형하여 찾은 합리적인 균형점이라고 할 수 있다. 2001년 11월, 중국의 지도자는 아사아태평양경제협력체(APEC) 제8차 회의에서 아래와 같이 지적한 바 있다.

경제 글로벌화는 무역 및 투자의 자유화뿐만 아니라, 과학기술지식의 보급에도 보다 관심을 기울여야 한다. 새로운 추세에 맞추어, 지식재산권 보호 등 분야의 국제규범도 이에 맞게 조정되어야 한다. 지식재산권을 확실히 보호하는 동시에, 시장법칙에 따라서 지식재산권의 보호범위, 보호기간 및 보호방식이 과학기술지식의 확산과 전달을 촉진시키고, 각국이 과학기술의 발전으로 인한 이익을 공유하는 데 이롭게 하여야 한다.

위의 주장은 지식재산권의 보호와 과학기술지식의 전달 및 응용촉진 사이의 관계를 통찰력 있게 밝힌 것으로, 특허보호 전략 수립 및 국제규범 제정 참여에 지도적 의의가 있다.

제43조 특허연차료

특허권자는 특허권이 수여된 당해 연도부터 연차료를 납부하여야 한다.

특허연차료 납부는 특허권자가 그 특허권을 유효하게 유지시키기 위하여 반드시 이행하여야 하는 의무이다.

특허권자가 적시에 연차료를 납부하여야 한다고 규정한 것은, 한편으로는 국가지식산권국이 특허권을 수여한 후에도 여전히 서비스를 제공하므로 특허권자가 이에 상응하는 비용을 지급하는 것은 당연하기 때문이며, 다른 한편으로는 연차료 납부를 경제적 지렛대로 하여 특허권자로 하여금 경제적 가치가 없는 특허권을 포기하게 함으로써 발명창조를 가급적 빨리 공유 영역에 속하게 하여 사회공중이 자유롭게 실시 및 이용할 수 있게 할 수 있기 때문이다.

연차료의 액수는 발명창조 자체의 경제사회적 가치와는 무관하며, 특허권의 종류 및 연차에 따라 달라진다. 세 종류의 특허 중에서, 발명특허의 연차료는 높고, 실용신안특허 및 디자인특허의 연차료는 낮다. 동일한 종류의 특허권에 있어서는 납부하여야 하는 연차료의 액수가 같지만, 시간이 흐름에 따라 연차료 액수가 단계적으로 높아진다.[1] 이러한 제도는 합리적인 것이다. 특허권으로 보호되는 발명창조의 경제사회적 가치가 공중 및 사회의 인정을 받는 데에는, 일반적으로 점진적인 인식의 과정을 필요로 한다. 가치 있는 많은 발명창조가 처음 세상에 나왔을 때에 사람들에게 "완구" 또는 "오락"으로 받아들여지는 사례가 적지 않다. 예를 들어, "전보(電報)"라는 이 중요한 발명도 탄생 초기에는 사람들이 이를 "매우 재미있는 물건" 정도로 생각했다. 따라서 만약 특허권자가 특허권을 받은 초기에 높은 액수의 연차료를 납부하여야 한다면, 그 발명창조의 가치가 사람들에게 인정받기도 전에 특허권자로 하여금 경제적인 부담 때문에 그 특허권을 포기하게 만들 수 있으며, 이것은 특허제도의 정상적 운영에 이롭지 않다. 특허권이 수여되고 나서 몇 년이 지난 후에도, 특허권자가 여전히 연차료를 납부하여 그 특허권을 유효하게 유지시키기를 희망하는 것은, 대부분 그 발

---

1) 2001년 1월 15일 공포된 국가지식산권국 제75호 공고 「특허 수수료 기준 및 감면 비율」 규정에 따르면, 발명특허의 연차료 납부기준은 1~3년차는 인민폐 900원, 4~6년차는 인민폐 1200원, 7~9년차는 인민폐 2000원, 10~12년차는 인민폐 4000원, 13~15년차는 인민폐 6000원, 16~20년차는 인민폐 8000원이다. 실용신안 및 디자인특허의 연차료 납부기준은 1~3년차는 인민폐 600원, 4~5년차는 인민폐 900원, 6~8년차는 인민폐 1200원, 9~10년차는 인민폐 2000원이다.

명창조의 가치가 이미 사람들에게 인정받았고 자기가 실시하거나 또는 타인이 실시하는 것을 허가함으로써 경제적 이익이 발생하기 때문이다. 기왕에 특허권자가 그 특허권의 보호를 통해서 경제적 이익을 얻을 수 있다면, 시간이 지남에 따라서 납부하여야 하는 연차료의 액수를 적당히 높이는 것도 특허권자가 받아들일 수 있다. 사실상 특허권의 가치를 평가하는 가장 간단한 방법은 바로 특허권자가 그 특허권을 유효로 유지시키는 기간의 장단을 보는 것이다. 특허권자가 유효기간의 마지막 해까지 연차료를 납부하는 특허권은 일반적으로 높은 가치가 있는 특허권이다.

「특허법」제42조 규정에 따라서, 특허권의 기간은 출원일로부터 계산된다. 본조 규정에 따라서, 특허권자는 특허권이 수여된 당해 연도부터 연차료를 납부하여야 한다. 그중 "당해 연도부터"는 특허권자가 특허권을 받은 연도부터 연차료를 납부하면 되고, 출원일로부터 권리를 받은 날까지의 시간적 기간 중에는 연차료를 납부할 필요가 없음을 가리킨다. "당해 연도"는 특허권이 수여된 해가 출원일이 속한 해로부터 몇 번째 해인가를 가리킨다. 납부하여야 하는 연차료의 액수는 국가지식산권국이 2001년 1월 15일 제75호로 공고한 「특허 수수료 기준 및 감면 비율」에 따라서 확정된다. 예를 들어, 발명특허가 2000년에 출원 및 수리되고, 2003년에 발명특허권이 수여되었다면, 특허권자가 처음 납부하여야 하는 연차료는 인민폐 1200원인데, 특허권이 수여된 해가 특허권 기간의 네 번째 해이기 때문이다. 이 점에 대해서 오해하여 위의 수수료 기준에 규정된 제1 내지 제3차년도 연차료 기준 인민폐 900원을 납부하면 되는 것으로 생각하기 쉬운데, 이것은 정확한 것이 아니다. 위와 같은 특허연차료 계산 방식은 중국만의 독창적인 것이 아니며, 세계 각국이 보편적으로 취하고 있는 방식이다.

국가지식산권국은 과거에 발명특허출원에 대하여 매년 인민폐 300원의 발명특허출원 유지비를 추가로 징수하였다. 이것도 또한 중국의 독창적인 것은 아니고, 많은 국가들도 이러한 방식을 취하고 있었다. 그러나 국가지식산권국의 발명특허출원에 대한 심사기간이 길어지면서 필연적으로 출원인이 납부하여야 하는 발명특허출원 유지비도 늘어나게 되었다. 중국의 공중은 이에 대하여 불만을 표시하였는데, 출원인이 이미 규정에 따라서 출원료와 발명특허출원 심사료를 납부한 상황에서, 국가지식산권국은 그 발명특허출원에 대한 실체심사를 조속히 마무리하는 것이 당연한데, 유지비를 징수하는 것은 심사기간을 늘어나도록 하겠다는 것과 차이가 없다고 보았다. 국가지식산권국은 공중의 의견을 받아들여서, 2010년 「특허법실시세칙」개정 시에 발명특허출원 유지비에 관한 규정을 삭제하였다.

제44조 기간 만료 전의 특허권 소멸

① 다음 각 호 중 하나의 경우, 특허권은 기간 만료 전에 소멸된다.
  1. 규정에 따라 연차료를 납부하지 아니한 경우
  2. 특허권자가 서면으로 그 특허권의 포기를 성명한 경우
② 특허권이 기간 만료 전에 소멸된 경우, 국무원 특허행정부문은 등록 및 공고한다.

TRIPs는 그 서문에 명확히 규정하여 지식재산권이 사권의 속성을 띠고 있음을 인정하였는데, 따라서 특허권자는 스스로 그 지식재산권에 대한 권리를 처분할 수 있으며, 그중에는 기간 만료 전에 그 지식재산권을 포기하는 것도 포함된다.

「특허법」 제42조는 특허권의 최장 기간을 규정하였다. 그러나 특허권자가 그 기간의 마지막 날까지 그 특허권을 유지하는 비율은 실제로는 적으며, 대다수 특허권은 기간 만료 전에 소멸된다. 본조는 특허권자가 기간 만료 전에 그 특허권을 소멸시키는 두 가지 방식으로 연차료를 납부하지 않은 경우 또는 서면으로 그 특허권의 포기를 성명한 경우를 규정하고 있다.

연차료 납부는 특허권자가 그 특허권을 유효하게 유지시키기 위하여 이행하여야 하는 「특허법」이 규정한 의무로서, 만약 특허권자가 연차료를 납부하지 않았다면 특허권자가 어떤 이유에서 그 특허권을 유지할 필요가 없어졌다고 추단할 수 있다. 따라서 본조는 규정된 연차료를 납부하지 않은 경우 특허권이 기간 만료 전에 소멸된다고 규정하고 있다.

이 밖에 특허권자는 국가지식산권국에 대하여 서면으로 그 특허권의 포기를 성명함으로써 기간 만료 전에 그 특허권을 소멸시킬 수도 있다. 연차료를 납부하지 않으면 특허권을 소멸시키고자 하는 목적을 자동적으로 달성할 수 있으므로 다수의 특허권자는 연차료를 납부하지 않는 방식으로 그 특허권을 소멸시킨다. 그러나 특허권자는 어떠한 목적 때문에, 성명서를 제출하는 방식으로 그 특허권을 포기하는 때도 있다. 예를 들어, 공익적 행위의 일종으로서 특허권자는 성명서를 제출하는 방식으로 공중의 이익에 관계되는 매우 큰 가치가 있는 특허권을 포기함으로써, 사회에 대하여 헌신하는 정신을 드러낼 수 있다.

특허권자가 특허권을 받은 후에, 특허권자는 언제라도 그 특허권의 포기를 성명할 수 있다. 특허권의 포기를 성명하는 경우, 포기의 이유는 설명할 필요가 없다. 그러나 특허권의 포기 성명은 어떠한 조건도 붙일 수 없고, 하나의 특허권 전체를 포기할 수

있을 뿐이지 특허권을 부분적으로 포기할 수는 없는데, 예를 들어 독립청구항은 포기하고 종속청구항만 유지할 수는 없다. 특허권 포기의 성명에 조건을 붙였거나 또는 부분적으로 특허권을 포기한 경우, 그 성명은 제출되지 않은 것으로 본다. 특허권이 여러 특허권자에 의하여 공유인 경우, 특허권 포기의 성명에는 반드시 공유 특허권자 모두가 서명 또는 날인하여야 한다.

1984년 제정「특허법」제47조 제2항은 아래와 같이 규정하였다.

특허권의 소멸은 특허국이 등록 및 공고한다.

2000년「특허법」개정 시에, 위의 규정을 아래와 같이 개정하였다.

특허권이 기간 만료 전에 소멸되는 경우, 국무원 특허행정부문이 등록 및 공고한다.

특허권은 공시가 필요한 권리이며, 그 발생과 소멸은 모두 공중에게 알려야 한다. 「특허법」제39조 및 제40조는 특허권이 공고일로부터 효력이 있다고 규정하고, 「특허법」제42조는 세 가지 종류 특허의 보호기간을 규정하고 있는데, 따라서 특허권의 기간 만료로 자연적으로 소멸되는 특허권에 대해서는 국가지식산권국이 특허권의 효력발생을 공고하면 동시에 그 특허권의 소멸일을 공고하는 것과 같으므로 별도로 특허권의 소멸을 공고할 필요가 없다. 그러나 보호기간 만료 전에 소멸되는 특허권에 대해서는 공중이 그 특허권의 소멸일을 추산해 낼 방법이 없으며, 따라서 이를 공고할 필요가 있다. 2000년 개정「특허법」은 공고가 필요한 경우를 기간 만료 전에 소멸되는 특허권으로 한정하였는데, 이렇게 하는 것이 보다 합리적이다.

규정된 연차료를 납부하지 않은 경우, 특허권은 연차료 납부기간 만료일에 소멸된다. 서면으로 특허권의 포기를 성명하는 경우, 특허권은 국가지식산권국이 발송한 절차합격통지서의 발송일에 소멸된다.[1]

특허권이 기간 만료 전에 소멸됨에 따른 법률적 효과는 특허권의 기간이 단축되어 이후에는 특허권이 법적 보호를 받을 수 없게 된다는 것이다. 그러나 특허권의 소멸은 특허권자가 이전에 향유하였던 권리에는 영향이 없다. 특허권자는 특허권 소멸 전에 타인이 그 특허를 실시한 행위에 대하여 허가료를 수취할 수 있고, 특허권 소멸 전에 타인이 그의 허가 없이 그 특허를 실시한 행위에 대하여 특허권침해소송을 제기할 수 있다.

---

[1] 国家知识产权局, 专利审查指南2010[M], 北京: 知识产权出版社, 2010: 第五部分 第九章 2.3.

제45조 특허권 무효선고의 청구

국무원 특허행정부문이 특허권 수여를 공고한 날로부터, 그 특허권의 수여가 이 법의 관련 규정에 부합하지 아니한다고 판단하는 단위 또는 개인은 누구라도 특허복심위원회에 그 특허권의 무효선고를 청구할 수 있다.

一. 무효선고청구의 청구인

본조의 규정에 근거하여, 국가지식산권국이 특허권 수여를 공고한 날로부터 단위 또는 개인은 누구라도 모두 특허복심위원회에 무효선고를 청구할 수 있다. 시간적 요건으로 볼 때, 본조는 단지 무효선고를 청구할 수 있는 시간적 기점, 즉 특허권이 수여된 후를 규정하고 있을 뿐이며, 그 시간적 종점은 규정하지 않았는데, 이것은 설령 특허권이 그 기간이 만료되어 소멸되었거나 또는 기간 만료 전에 소멸되는 경우에도 여전히 무효선고를 청구할 수 있음을 의미한다. 청구의 주체적 요건으로 볼 때, 본조의 "단위 또는 개인은 누구라도"는 중국의 단위와 개인을 포함할 뿐만 아니라, 외국인·외국기업 및 외국의 기타 조직도 포함한다. 「특허법」제19조 제1항의 규정에 따라서, 중국에 계속적인 거소 또는 영업소가 없는 외국인·외국기업 또는 외국의 기타 조직이 특허권 무효선고를 청구하려면 마땅히 중국에서 법에 의거하여 설립된 특허대리기구에 위임하여 절차를 밟아야 한다.

그러나 본조의 "단위 또는 개인은 누구라도"에 대해서는 논의가 필요한 점이 있다.

먼저, 특허실시허가계약의 피허가자도 무효선고를 청구할 수 있는가?

「계약법」총칙 부분 제1장 제2조는 계약당사자의 법률적 지위는 평등하고, 일방이 자기의 의지를 상대방에게 강요할 수 없다고 규정하고 있으며, 동법 제4조는 당사자가 스스로 원하는 바에 따라 계약을 체결할 권리를 가지며, 단위 또는 개인 누구라도 불법적으로 간여해서는 안 된다고 규정하고 있다. 또한, 동법 제8조는 법에 의해 성립한 계약은 당사자에게 대하여 구속력이 있다고 규정하고 있다. 위의 계약관련 기본원칙에 의하여, 비록 특허권자가 그 특허권을 획득한 발명창조에 대하여 법률이 부여한 독점적 권리를 향유하고, 이로 인해서 시장경쟁 중에 우세한 지위를 점유한다고 하더라도, 특허실시허가계약은 쌍방 당사자가 스스로의 의사에 의해 평등한 지위에서 협상을 거쳐 체결하는 것이고 쌍방이 승인한 것이므로, 마땅히 쌍방 당사자에게 구속력이 있다. 특허실시허가계약의 체결을 통하여, 피허가자는 관련 발명창조를 실시할 수 있는 권리를 획득하고 경제적 이익을 얻는 것을 기대할 수 있으며, 다른 한편으로는 특허권자에게 특허 사용료를 지급할 의무가 있다. 이 때문에, 특허실시허가계약의 체결은 쌍방 당사자에게 일반적으로 일종의 서로 원원하는 결과가 되고, 그자체로 피허가자는 대상이 되는 특허권이 유효한 특허권임을 인정한다는 의미를 내포하고 있으며, 만약 그렇지 않다면 피허가자는 그 계약의 체결에 동의하지 않았을 것이다. 피허가자가 먼저 특허권자와 특허실시허가계약을 체결하고 바로 뒤에 특허권의 무효선고를 청구하는 것은 분명히 신의성실의 원칙을 위배하는 혐의가 있다. 이와 같은 이유에 기초하여, 피허가자가 무효선고를 청구하는 행위를 적절히 제한하는 것을 특허실시허가계약에서 흔히 볼 수 있다. 이와 같은 제한은 합리적인 것으로 법률도 허락하고 있다.

그러나 현실에서는 특허권자가 그 특허독점권을 남용하여, 피허가자가 대상 특허권의 유효성에 의문을 제기하는 것을 불합리하게 금지할 가능성도 있다. 이에 대해서는, 국제법과 국내법 모두 이를 제지하는 규정이 있다.

TRIPs 제40조 제2항은 아래와 같이 규정하고 있다.

> 이 협정의 어느 규정도 회원국이 특정한 경우에 있어서 관련시장의 경쟁에 부정적 영향을 주는 지적재산권의 남용을 구성하는 사용허가 관행 또는 조건을 자기 나라 법에 명시하는 것을 금지하지 아니한다. 위에 규정된 바와 같이 회원국은 동회원국의 관련 법률과 규정에 비추어 예를 들어 배타적인 일방적 양도조건, 유효성 이의제기 금지조건, 강제적인 일괄 사용허가 등을 포함하는 이러한 관행을 금지 또는 통제하기 위하여, 이 협정의 그 밖의 규정과 일치하는 범위내에서 적절한 조치를 취할 수 있다.

「반독점법」 제55조는 아래와 같이 규정하고 있다.

> 경영자가 관련 지식재산권 법률·행정법규의 규정에 따라서 지식재산권을 행사하는 행위에는 이 법을 적용하지 아니한다. 그러나 경영자가 지식재산권을 남용하여, 경쟁을 배제·제한하는 행위에는 이 법을 적용한다.

「대외무역법」 제30조는 아래와 같이 규정하고 있다.

> 지식재산권의 권리자가 허가계약에서 피허가자가 지식재산권의 유효성에 대하여 의문을 제기하는 것을 저지하거나, 강제적으로 일괄사용허가를 하거나, 계약 중에 피허

가자의 추가적인 개발성과를 권리자가 무상으로 사용할 수 있게 규정하는 등 행위 중의 하나를 하고, 그리고 대외무역의 공평한 경쟁질서에 위해를 입히는 경우, 국무원 대외무역주관부문은 필요한 조치를 취하여 그 위해를 제거할 수 있다.

위의 두 요소를 종합하면, 특허실시허가계약에서 특허권의 유효성에 대하여 피허가자가 의문을 제기하는 것을 제한하는 약정을 할 수 없는 것은 아니지만, 이러한 제한적 약정이 「반독점법」이 규정하는 한도에 저촉되어서는 안 된다. 중국이 「반독점법」을 시행한 지는 오래되지 않았는데, 구체적인 상황에서 제55조 규정을 어떻게 적용할 것인가는 아직 「지식재산권 반독점지침서」가 나오기를 기다려야 한다.

「특허법」, 「특허법실시세칙」 및 「특허심사지침서 2010」은 모두 특허복심위원회가 무효선고청구를 수리할 때에 「반독점법」을 적용해야 하는지에 관한 규정을 두고 있지 않으며, 따라서 특허실시허가계약의 피허가자가 무효선고를 청구하면 특허복심위원회는 불수리하지 않을 것이다. 그러나 허가계약에서의 제한적 약정이 법률의 규정에 부합하는 상황에서는, 피허가자가 계약의 약정을 위반하여 무효선고를 청구하는 경우, 심사 및 심리 결과 설령 특허권이 무효로 된다고 하더라도, 특허권자가 법에 의해 피허가자의 계약 위반 책임을 추궁할 수 있는 권리가 배제되는 것은 아니다.

다음으로, 특허권자 자신도 무효선고를 청구할 수 있는가?

이 문제는 얼핏 듣기에 약간 난해한데, 특허권자가 무슨 이유로 자기 특허권에 대하여 무효선고를 청구하는가? 그러나 현실에서는 이와 같은 사례가 적지 않다. 이와 같은 현상이 나타나게 하는 원인은 여러 가지가 있을 수 있다. 「특허법」은 특허권 수여 후의 정정 절차를 규정하고 있지 않은데, 특허권자가 설령 특허서류에 착오 또는 문제가 있음을 발견한다고 하더라도 이를 교정하기 어려우며, 어떤 때에는 특허권의 부분 무효를 청구하는 방법으로 그 특허권의 보호범위를 축소함으로써 그 특허권을 법률적으로 보다 안정적이게 할 수밖에 없다.

「특허심사지침서 2010」에는 특허권자의 그 특허권에 대한 무효선고청구를 불수리한다는 규정은 없지만, 제한적 조건을 규정하고 있다. 첫째, 그 특허권의 일부 무효를 청구할 수 있을 뿐이고 그 특허권의 전부 무효를 청구할 수 없다. 둘째, 제출되는 증거는 반드시 공개된 출판물이어야 하고, 기타 유형의 증거일 수 없다. 셋째, 특허권이 공유인 경우에, 무효선고청구는 특허권자 전체가 공동으로 하여야 하고, 그 중 하나 또는 일부의 특허권자가 해서는 안 된다. 특허권자의 그 특허권에 대한 무효선고청구가 위 규정에 부합하지 않는 경우에, 특허복심위원회는 이를 수리하지 않는

다.[1]

위와 같이 규정한 것은, 특허권자 자신이 무효선고를 청구함으로써 생기는 폐단을 방지하기 위함이다. 그러나 위의 규정은 쉽게 피해갈 수 있는 것이고, 특허권자가 특허권자 이외의 타인에게 부탁하거나 또는 타인을 고용하여 대신해서 무효선고를 청구하면, 위 조건의 제약을 받지 않는다.

二. 무효선고청구의 이유

본조 규정에 따라서, 특허권의 수여가 특허법의 "관련 규정"에 부합하지 않는다고 판단하는 단위 또는 개인은 누구라도 특허권 무효선고를 청구할 수 있다. 그중에서 "관련 규정"의 범위는 「특허법실시세칙」이 규정한다. 2010년 개정된 「특허법실시세칙」 제65조에 근거하여, 특허권 무효선고청구의 이유에는 다음이 포함된다.

(1) 특허권이 수여된 대상이 「특허법」 제2조의 발명·실용신안 또는 디자인의 정의에 부합하지 않는 경우.

(2) 특허권이 수여된 발명창조가 「특허법」 제5조가 규정하는 경우에 속하는 경우. 즉, 국가법률·사회공공도덕을 위반하거나 공공이익을 해하는 경우, 또는 발명창조가 법률·행정법규의 규정에 위반하여 취득 또는 이용한 유전자원에 의존하여 완성된 경우.

(3) 수여된 특허권이 「특허법」 제9조 규정에 따라서 특허권을 취득할 수 없는 경우. 즉, 그 특허권의 수여로 동일한 발명창조에 대하여 중복하여 특허권이 수여된 경우 또는 그 특허권의 출원인이 동일한 발명창조에 대하여 가장 먼저 특허출원한 자가 아닌 경우.

(4) 특허권이 수여된 발명 또는 실용신안이 「특허법」 제20조 제1항 규정에 부합하지 않는 경우. 즉, 그 발명 또는 실용신안이 중국 내에서 완성된 것으로서 특허권자가 사전에 국가지식산권국에 대하여 비밀유지심사를 청구하지 않고 바로 외국에 출원한 경우.

(5) 특허권이 수여된 발명·실용신안이 「특허법」 제22조 규정에 부합하지 않는 경우. 즉, 그 발명 또는 실용신안이 신규성·진보성 및 실용성을 구비하지 않은 경우.

(6) 특허권이 수여된 디자인이 「특허법」 제23조 규정에 부합하지 않는 경우. 즉,

---

1) 国家知识产权局, 专利审查指南2010[M], 北京: 知识产权出版社, 2010: 第四部分 第三章 3.2.

그 디자인이 신규성 및 진보성을 구비하지 않은 경우, 또는 타인이 출원일 전에 이미 취득한 합법적 권리와 서로 충돌하는 경우.

(7) 특허권이 수여된 대상이 「특허법」 제25조가 규정하는 특허권을 수여할 수 없는 내용인 경우.

(8) 발명 또는 실용신안특허문서가 「특허법」 제26조 제3항 또는 제4항 규정에 부합하지 않는 경우. 즉, 설명서가 발명 또는 실용신안을 충분히 공개하지 않았고, 청구범위가 설명서를 근거로 하지 않으며, 특허로 보호받고자 하는 범위를 명확하고 간결하게 한정하지 않은 경우.

(9) 디자인특허문서가 「특허법」 제27조 제2항 규정에 부합하지 않는 경우. 즉, 그 도면 또는 사진이 특허로 보호받고자 하는 제품의 디자인을 명확하게 표시하지 않은 경우.

(10) 특허출원서류에 대한 보정이 「특허법」 제33조 규정에 부합하지 않는 경우. 즉, 발명 또는 실용신안특허 출원서류에 대한 보정이 원래의 설명서 및 청구범위에 기재된 범위를 벗어나거나, 또는 디자인특허 출원서류에 대한 보정이 원래의 도면 또는 사진에 표시된 범위를 벗어나는 경우.

(11) 발명 또는 실용신안특허의 청구범위가 「특허법실시세칙」 제20조 제2항 규정에 부합하지 않는 경우. 즉, 독립청구항에 발명 또는 실용신안의 기술방안이 전체적으로 반영되지 않았고, 기술적 과제를 해결하는 데 필요한 기술적 특징이 기재되지 않은 경우.

(12) 수여된 특허권이 「특허법실시세칙」 제43조 제1항 규정에 부합하지 않는 경우. 즉, 그 특허권이 분할출원에 대하여 수여된 것이나 그 분할출원이 원출원에 기재된 범위를 벗어나는 경우.

위에서 설명한 각 항목은 특허권 무효선고청구 이유의 제한적 규정이다. 무릇 위의 각 항목 중 어느 하나가 아닌 것을 이유로 하는 무효선고청구는 특허복심위원회가 수리하지 않는다.

무효선고청구는 특허권 전부에 대하여 청구할 수도 있고, 또한 그 일부에 대해서만 청구하여 특허권의 일부무효를 청구할 수도 있다. 소위 "특허권의 일부무효 청구"는, 발명 또는 실용신안특허권에 있어서는, 발명 또는 실용신안특허권의 하나 또는 복수의(단, 전부는 아닌) 청구항에 대하여만 청구하는 것을 가리키며, 디자인특허권에 있어서는, 독립적인 사용가치가 있는 제품의 디자인으로서 그중 단지 제품의 일부분의 디자인에 대하여만 청구하는 것을 가리킨다.

제46조 특허권 무효선고청구의 심사 및 심리

① 특허복심위원회는 특허권 무효선고청구에 대하여 조속히 심사를 진행하여 결정을 내리고, 청구인 및 특허권자에게 통지하여야 한다. 특허권 무효선고의 결정은 국무원 특허행정부문이 등록 및 공고한다.

② 특허복심위원회의 특허권 무효선고 또는 특허권 유지 결정에 불복하는 경우, 통지를 받은 날로부터 3개월 내에 인민법원에 소를 제기할 수 있다. 인민법원은 무효선고청구 절차의 상대방 당사자에게 제3자로 소송에 참가하도록 통지하여야 한다.

一. 개 요

(一) 조문 연혁

1984년 제정「특허법」제49조는 아래와 같이 규정하였다.

① 특허복심위원회는 특허권 무효선고청구에 대하여 심사를 진행하여 결정을 내리고, 청구인 및 특허권자에게 통지한다. 특허권 무효선고의 결정은 국무원 특허행정부문이 등록 및 공고한다.

② 특허복심위원회의 발명특허권 무효선고 또는 발명특허권 유지 결정에 불복하는 경우, 통지를 받은 날로부터 3개월 내에 인민법원에 소를 제기할 수 있다.

③ 특허복심위원회가 실용신안 및 디자인특허권 무효선고청구에 대하여 내린 결정은 종국적 결정이다.

1992년「특허법」개정 시에, 위 규정에 대해서는 개정하지 않았다.

2000년「특허법」개정 시에, 개정 전 제49조를 제46조로 고치고 그 조문을 개정하였는데, 그 개정된 점은 다음과 같다.

첫째, 개정 전「특허법」제49조의 특허복심위원회가 실용신안 및 디자인특허권 무효선고청구에 대하여 내린 결정이 종국적 결정이라는 규정을 삭제하고, 특허복심위원회의 세 종류 특허권에 대한 무효선고청구 심사결정에 당사자가 불복하는 경우, 모두 법원에 소를 제기할 수 있도록 변경하였다. 이 개정내용의 배경과 이유는「특허법」제41조에 대한 설명에서 이미 소개하였으므로, 다시 설명하지 않겠다.

둘째, 20세기 90년대 말기에 국가지식산권국이 수리하는 세 종류의 특허출원 건수는 급격히 증가하였으나, 심사인력이 부족하여 심사기간이 증가하는 결과를 낳았고, 그중에서도 발명특허출원의 실체심사, 복심청구의 심사 및 무효선고청구의 심사가 특히 두드러져서 많은 출원인과 사회공중의 불만을 유발하였으며, 2000년 「특허법」 개정 시에 공중은 강력하게 문제를 제기하였다. 중국 입법기관은 이를 매우 중시하고, 2000년 개정 「특허법」에서 국가지식산권국의 심사업무에 대하여 명확하게 요구하였는데, 「특허법」 제21조 제1항에서 "국무원 특허행정부문 및 그 특허복심위원회는 객관적이고 공정하며 정확하고 신속하게, 법에 의하여 관련 특허의 출원 및 청구를 처리하여야 한다."고 규정한 이외에, 또한 본조 제1항에서 특허복심위원회가 특허권 무효선고청구에 대하여 "조속히 심사를 진행하여 결정"을 내리도록 하는 특별 규정을 두었다. 「특허법」의 위 규정을 준수하여, 국가지식산권국은 그 후 심사기간 단축을 위한 여러 조치를 취하였으며, 특허출원, 복심청구 및 무효선고청구 사건의 적체현상이 눈에 띄게 완화되었다.

셋째, 당사자가 특허복심위원회의 결정에 불복하여 인민법원에 소를 제기하는 경우, 법원이 무효선고청구 절차의 상대방 당사자가 제3자로 소송에 참가하도록 통지하여야 한다는 규정을 신설하였다. 무효선고청구 절차는 쌍방 당사자 절차로서, 사건에 대한 심사 과정에서 반드시 쌍방 당사자가 제공하는 증거와 진술하는 사실을 충분히 연구해야 하며, 꼼꼼하게 쌍방 당사자의 다투는 의견을 청취하여야 하고, 이것은 객관적이고 공정하며 정확하고 신속하게 처리함에 있어서 매우 중요하다. 특허복심위원회의 절차 중에만 이와 같은 것이 아니라, 법원에 대한 소제기 및 상소 과정에서도 마찬가지로 이와 같아야 한다. 법원이 복심위원회의 무효선고청구 심사결정을 유지하는 판결을 내리든지 아니면 취소하는 판결을 내리든지를 불문하고, 모두 쌍방 당사자의 이익에 직접적인 영향이 있다. 무효선고청구는 일반적으로 많은 양의 구체적인 사실 및 증거와 관계되고, 쌍방 당사자가 있어야만 보다 명확해지며, 특허복심위원회가 행정소송의 피고로 그중 어느 일방 당사자를 대신할 수 없다. 「행정소송법」 제27조는 "소송이 제기된 구체적인 행정행위와 이해관계가 있는 기타 공민·법인 또는 기타 조직은 제3자로서 소송참가를 신청하거나, 인민법원이 소송에 참가할 것을 통지할 수 있다."고 규정하고 있다. 그러나 2000년 개정 「특허법」 이전의 재판실무에서는, 상대방 당사자가 제3자로 소송절차에 참가하는 것을 법원이 종종 불허하여, 상대방 당사자가 법정에서 의견을 진술하고 상소를 제기하는 합법적 권리에 영향을 주었다. 이러한 상황에서, 특허복심위원회는 두 가지 곤경에 처하게 되었는데, 만약 소송에 대하여 비교적 소극적인 태도를 취한다면 상대방 당사자의 이익을 해할 가능성이 있었으며, 반대로 상대방 당사자의 실질적인 대변자가 된다면 특허복심위원회가 행정기관으로서 국가와 공중의 이익을 위하여 마땅히 치우침 없이 공정한 입장을 유지해야 한다는 기본원칙에 반하게 될 수 있었다. 특허권 무효선고 절차의 특징과 실제 수요에 근거하여, 2000년 「특허법」 개정 시에 위 규정을 신설한 것은 무효선고청구의 사법판단 업무를 개선하고 쌍방 당사자의 합법적 권익을 확보하는 데 뚜렷한 의의가 있다.

2008년 「특허법」 개정 시에는 본조를 개정하지 않았다.

(二) 관련 문제에 대한 논의

2000년 개정 「특허법」은 특허복심위원회가 내린 모든 무효선고청구 심사결정에 대하여 불복하는 당사자가 법원에 소를 제기하는 것을 허용하였는데, 이것은 공평하고 공정한 심리결과를 확보하고 당사자의 합법적 권익을 보호하는 데 중요한 의의를 가진다. 그러나 세상의 일은 좋은 점이 있으면 나쁜 점도 있는 법이어서, 이와 같이 규정함에 따라 무효선고청구의 최종 결정에 소요되는 시간을 연장시켜, 특허권자가 신속하게 유효한 법률적 보호를 받는 것에 종종 영향을 주며, 특허제도의 정상적 운영에 이롭지 않은 결점이 있다.

어떤 국가라도 그 수여한 모든 특허권이 특허법 규정에 부합하도록 하는 것은 쉽지 않기 때문에, 특허제도를 수립한 모든 국가는 반드시 일종의 기제를 마련해야 하는데, 즉 수여된 특허권이 사후에 특허법의 관련 규정에 부합하지 않는 것으로 인정되는 경우에는 그 특허권을 무효로 함으로써 공중의 합법적 권익이 침해받지 않도록 보호하고 있다. 특허권 무효선고에는 상당히 많은 인력과 자원의 투입을 필요로 하며, 현실에서 아무 이유 없이 무효선고를 청구하는 경우는 매우 드물다. 절대 다수의 무효선고는 모두 특허권과 현실적 또는 잠재적인 이해관계가 있는 자가 청구하며, 그중에는 특허권 침해소송의 피고 또는 침해로 피소될 염려가 있는 자가 다수를 차지한다. 특허권 침해로 피소된 자가 특허권 침해에 대한 책임을 벗어날 수 있는 가장 철저한 방식은 대상이 된 특허권을 무효로 하는 것이며, 이 때문에 특허권의 유효성에 대한 다툼은 항상 특허권 침해소송과 함께하여 그림자가 몸을 따라다니는 것과 같다. 중국에서 특허권자가 침해자의 특허권 침해행위에 대하여 법률적 구제를 받기 위해서는 필연적으로 무효절차라는 이 관문을 거쳐야 한다.

특허권을 무효로 하는 절차와 방식이 모든 나라에서 동일한 것은 아니다.

독일은 특허권 침해소송사건과 특허권 무효소송사건을 각각 서로 다른 법원에서 수리하는 방식을 취하고 있다. 특허권 무효사건은 독일연방 특허법원이 수리하며, 특허권 침해사건은 독일연방 주(州)법원이 수리한다. 특허권 침해소송의 피고가 독일연방 특허법원에 특허권 무효선고를 청구하면, 침해소송을 심리하는 법원은 일반적으로 침해사건에 대한 심리를 중지하고 독일연방 특허법원의 특허 유효성에 대한 심리결과를 기다릴 수 있다. 침해사건의 피고가 특허권 무효선고를 청구하지 않은 경우에는, 침해사건을 심리하는 법원은 특허권의 유효성을 의심해서는 안 되며, 대상이 된 특허권을 유효한 특허권으로 추정하고, 이를 전제로 하여 침해로 피소된 행위가 특허권 침해행위에 해당하는지를 심리하여야 한다.

미국은 다른 방식을 취하는데, 독립적인 무효선고 절차를 두고 있지 않으며, 미국 연방지방법원(Federal District Court)이 특허권 침해분쟁을 심리함과 동시에 특허권 유효여부에 대한 다툼을 함께 심리한다. 특허권 침해소송의 피고가 특허권의 유효성에 대하여 의문을 제기하는 경우는 상당히 보편적이므로, 미국 연방지방법원이 특허권 침해 사건을 심리하여 내리는 판결에서는 일반적으로 먼저 특허권의 유효성을 판단하며, 특허권이 유효하거나 부분적으로 유효하다는 전제 하에서만, 비로소 이에 더 나아가 특허권 침해 문제가 성립하는지를 판단할 수 있다.[1]

위의 두 방식에는 각각 장점과 단점이 있는데, 주로 다음과 같다.

첫째, 특허침해소송에 대한 심리는 주로 특허기술과 피고의 기술을 대비하는 것이고, 특허권 무효선고청구에 대한 심리는 주로 특허기술과 선행기술을 대비하는 것이므로, 양자는 자주 서로 밀접하게 관련된다. 미국은 같은 법원의 동일한 재판부가 특허권 침해분쟁과 특허권 유효성분쟁을 한꺼번에 심리하므로 특허권 유효성판단과 특허권 침해판단을 긴밀하게 결합할 수 있으며, 많은 경우에 있어서 법원이 보다 적절하고 합리적으로 판단하는 데 도움이 될 수 있다. 이와 같은 방식에서는 당사자가 특허권의 유효성 문제를 변론할 때에 그 다투는 이유가 침해판단에 대하여 발생시킬 수 있는 영향을 고려하여야 하며, 이와 반대의 경우도 마찬가지이다. 이것은 당사자

---

1) 2011년 9월 14일, 미국대통령 오바마는 미국 상하원이 통과한 「미국발명법안」에 서명하였는데, 미국특허법에 대하여 중요한 개정을 하였다. 개정 미국특허법은 수권 후 재심사(post-grant review)와 쌍방 재심사(inter parte review)를 도입하였다. 전자의 절차는 수여된 특허권이 특허권 수여의 어떤 실체적 요건에 부합하지 않음을 이유로 하여 개시할 수 있으며, 후자의 절차는 특허문서 또는 출판물을 증거로 수여된 특허권이 신규성·비자명성이 없음을 이유로 하여 개시할 수 있다. 두 절차는 모두 미국특허상표청의 특허심판항소위원회가 심리하고, 해당 위원회가 내리는 결정에 대하여 당사자 쌍방은 모두 미국 연방순회항소법원에 상소할 수 있다. 위 방식은 중국의 무효절차와 유사한 점이 있다. 그러나 개정 미국특허법은 미국 연방지방법원이 특허침해 사건에 대한 심리과정에서 특허의 유효성에 대해서 심리하는 방식을 여전히 유지하고 있다.

에게는 일종의 제약으로서, 그들로 하여금 전후에서 서로 모순되는 주장을 하는 것을 가급적 피하게 만든다. 독일의 방식은 특허권 유효성판단과 특허권 침해판단을 분리하고자 하는 것이지만, 실제로는 양자가 분명하게 분리되지는 않으며, 침해소송 심리법원이 특허권의 유효성에 대하여 의문을 제기하지 못하게 하면서 또한 피고의 선행기술의 항변을 고려할 수 있도록 하는 방식을 도입할 수밖에 없는데, 양자의 연결에 때로는 문제가 발생할 수도 있다.

둘째, 미국의 방식에 의하면 같은 법원의 동일한 재판부가 두 건의 분쟁을 심리함으로써 절차를 절약할 수 있어 당사자의 소송경제에 이바지할 수 있는 반면에, 독일의 방식에 의하면 당사자가 별개의 소송절차를 별도로 개시해야 하고, 많은 경우에 각각의 상소 절차를 진행해야 하므로 시간이 많이 소요되어 당사자의 부담도 커지게 된다.

셋째, 특허권 침해사건을 심리하는 미국의 모든 연방지방법원은 특허권을 무효로 할 수 있는 권리가 있는데, 이것은 미국에서 특허권을 수여하는 기관은 미국특허상표청 하나이면서, 특허권을 취소할 수 있는 기관은 백여 개가 되는 국면을 초래하게 된다. 이와 같은 제도는 법관이 매우 높은 수준을 갖출 것이 요구되는데, 그들은 특허권 침해판단의 원칙을 숙지해야 할 뿐만 아니라 특허권 수여의 판단원칙도 숙지해야 하고, 지역 보호주의의 영향도 받아서는 안 되며, 그리고 법원에 따라 심리결과가 달라지지 않도록 하여야 하는데, 이것은 상당히 쉽지 않은 일이다. 법원이 특허권 무효를 선고할 수 있는 권리를 적절하게 행사할 수 있는지 여부는 특허제도에 있어서 매우 큰 영향이 있다. 바로 이러한 이유 때문에 미국이 설립한 전문적인 상소법원이 바로 미국 연방순회항소법원인데, 미국 연방순회항소법원은 각 연방지방법원의 일심판결에 불복하여 제기하는 항소를 통일적으로 수리하여, 이와 같은 체제에서 발생할 수 있는 문제를 해결한다. 독일은 양자를 분리해서 법원에 따라 사건의 관할범위를 달리하여 그 전문성이 보다 향상되고, 특허권 무효소송을 독일연방 특허법원에 집중시킴으로써 특허권 유효성판단의 기준을 통일시키는 데 유리하다.

위의 독일과 같은 방식을 따르는 국가는 비교적 적은데, 현재 유럽에서는 오직 독일과 오스트리아, 아시아에서는 일본과 한국이 있다. 중국의 구체적인 상황을 고려하여, 중국은 1984년 특허제도를 수립한 초기에 독일의 방식을 선택하였다. 이미 30년에 가깝게 특허제도를 운영해 온 중국으로서는 현재에 이와 같은 방식을 바꾸어 새로 시작하는 것은 이미 기본적으로 불가능하다.

1992년 반포된 「최고인민법원의 특허분쟁사건 심리 문제에 관한 해답」과 2001년 반포된 「최고인민법원의 특허분쟁사건 심리 적용 법률문제에 관한 규정」에 따라서,

침해사건의 피고가 특허권 침해분쟁의 처리 및 소송절차에서 무효선고를 청구하면, 특허권 침해분쟁사건을 처리 또는 심리하는 특허관리부문 또는 법원은 보편적으로 처리절차 또는 침해심리절차를 중지하고 무효선고청구의 심사 및 심리결과를 기다리는 방식을 취하였다. 본조의 규정에 따르면, 무효선고청구는 특허복심위원회의 심사, 베이징시 제1중급인민법원의 일심,[1] 베이징시 고급인민법원의 이심, 세 단계를 밟아야 하고, 이 외에 당사자는 최고인민법원에 재심을 청구할 수 있다. 무효선고청구 절차가 종결된 후, 그 결과가 특허권을 유효 또는 일부 유효로 유지하는 것이라면, 이어서 특허권 침해분쟁의 처리 및 심리를 진행하는 경우에도 특허행정부문의 처리, 중급인민법원의 일심, 고급인민법원의 이심이라는 세 단계를 밟아야 할 수 있으며, 이 밖에 당사자는 마찬가지로 최고인민법원에 재심을 청구할 수도 있다. 두 가지 절차를 모두 다 거치는 데는 상당히 긴 시간을 필요로 한다.

2008년 「특허법」 개정의 전체 과정에서, 무효선고청구 절차와 특허침해소송 절차의 간소화를 요구하는 목소리가 높았다. 국가지식산권국은 이 문제를 고도로 중시하여 「특허법」 개정을 위해 진행한 사전연구에서 특별히 세 개의 연구그룹을 설치하였으며, 각기 다른 업무에 종사하는 전문가와 학자로 구성하여 각각 독립적으로 연구를 진행하게 하였고, 연구결과로서 다양한 제도 개혁안이 건의되었다.[2]

연구 중에 봉착한 핵심문제는 특허권 무효여부에 관한 분쟁의 성질이 도대체 민사적 분쟁인가, 아니면 행정적 분쟁인가 하는 것이었다. 여기에 대해서는 여러 다양한 견해가 있다.

그중 하나는 특허권 무효여부에 관한 분쟁을 민사적 분쟁으로 하여, 특허권 무효소송을 민사소송으로 하여야 한다는 것인데, 그 주된 이유는 다음과 같다.

첫째, 특허권 무효소송을 행정소송으로 하여야 한다는 것은 간단한 논리로 추리한 결과로서, 즉 특허복심위원회는 행정기관이고, 특허권복심위원회의 무효선고청구에 대한 심사결정은 행정행위이며, 특허복심위원회의 무효선고청구에 대한 심사결정은 공민·법인 또는 기타 조직의 합법적 권익을 침범하는 것이므로, 특허권 무효소송이 행정소송이라는 결론을 얻게 된 것이기 때문이다. 이에 대해서 이와 같은 논리적 추

1) 그러나 2014년 10월 31일 공포된 「최고인민법원의 베이징·상하이·광저우 지식재산권법원 사건 관할에 관한 규정」에 따라서, 현재에는 특허복심위원회의 결정에 불복하는 경우에는 베이징시 제1중급인민법원이 아닌 베이징시 지식재산권법원에 소를 제기하여야 한다(역자 주).

2) 程永順 等, 无效宣告请求诉讼程序的性质; 董巍 等, 专利无效宣告请求诉讼程序的性质; 李隽 等, 无效宣告请求诉讼程序的性质[G]//国家知识产权局条法司, 专利法及专利法实施细则 第三次修改专题研究报告, 北京: 知识产权出版社, 2006: 710-839 참고.

리가 너무 표면적이고 깊이가 얕으며, 특허권의 속성에 대하여 깊이 생각하지 않은 것이라는 비판이 있는데, 그 결론을 얻음에 있어서 특허권 무효선고청구가 반드시 먼저 국가지식산권국 특허복심위원회의 심사를 거쳐야 한다는 점을 근본적인 전제로 하고 있지만, 많은 국가에서는 이를 필연적인 선택으로 하고 있지 않다는 점을 전혀 모르고 있는 것이라고 지적한다.

둘째, TRIPs가 특허권을 포함한 지식재산권을 사권으로 규정하고 있고, 특허권 무효여부에 관한 분쟁은 특허권자와 기타 이해관계인 사이에 발생하는 분쟁이며, 특허복심위원회의 무효선고청구 심사결정은 분명히 공공사무에 대한 관리 또는 행정처벌의 성질을 띠고 있는 것이 아니라 중간에서 분쟁을 해결하는 성질을 띠고 있기 때문이다. 따라서 특허권 무효소송을 민사소송으로 하는 것이 훨씬 합리적이고 특허무효분쟁의 성질과 소송법칙에 부합하며, 국제적으로 통용되는 방식에 부합하고, 분쟁 해결에 소요되는 비용 절약, 법집행 기준의 통일성 확보, 사법의 기능 및 역할 강화에도 유리하다고 본다.[1]

셋째, 특허권 무효소송을 행정소송으로 하면 특허복심위원회가 그 행정소송의 피고가 되어, 원래의 무효선고청구 심사결정 시에는 당사자 사이의 공정한 재판자였던 특허복심위원회가 실제로는 일방 당사자의 대변자로 바뀌게 되고, 「특허법」 제21조 규정의 객관적이고 공정하며 정확하고 신속하게 특허에 관한 청구를 처리해야 한다는 이 중요한 원칙에 어긋나게 되어 특허복심위원회의 지위와 기능을 왜곡시키게 되기 때문이다. 비록 2000년 「특허법」 개정 시에, 인민법원이 무효선고청구 절차의 상대방 당사자에게 제3자로서 소송에 참가하도록 통지하여야 함을 본조 중에 신설하였지만, 이와 같은 왜곡을 철저하게 제거할 수는 없다. 중국이 취하고 있는 방식은 독일과 일본 방식을 참고한 결과인데, 독일연방 특허법원이 진행하는 무효선고청구 절차에는 분쟁의 쌍방 당사자만 소송의 당사자가 되고 독일특허청은 피고가 될 수 없으며, 독일특허법은 사건의 심리에 중요한 법률문제가 관련되어 있다고 독일특허청이 인정하는 경우에만 독일특허청이 법정에 출석하여 그 의견과 입장을 진술할 수 있는 권리가 있다고 규정하고 있다. 일본의 방식은 중국과 훨씬 유사한데, 특허무효선고의 청구는 먼저 일본특허청의 심판부(중국의 특허복심위원회)가 심사를 진행하고, 심판부의 심사결정에 불복하는 경우에는 동경지방법원에 소송을 제기하는 것이 아니라 직접 동경고등법원에 항소할 수 있으며, 원래의 쌍방 당사자만이 소송의 당사자가

---

1) 최고인민법원 민사3법정의 2007년 12월 6일 「국무원 법제판공실의 〈특허법〉 개정초안 관련 특허심판업무의 몇 가지 중점문제에 관한 교환의견」 참고.

되고, 일본특허청은 피고가 될 수 없다. 독일과 일본의 이와 같은 방식은 중국이 참고할 만하다.

위 견해는 중국의 특허권 침해분쟁 절차가 과도하게 긴 문제를 해결하는 것과 밀접한 관계가 있다. 위의 견해를 기초로 무효절차를 단축할 수 있는 두 가지 방안이 건의되었는데, 첫째는 당사자가 특허권 무효선고를 청구하려면 바로 베이징시 중급인민법원에 민사소송을 제기하고, 일심판결에 불복하는 경우에는 베이징시 고급인민법원에 상소하도록 하는 것이고, 둘째는 특허복심위원회의 무효선고청구에 대한 심사결정은 준사법적 심판행위이고 일심판결의 효력도 있으므로, 당사자가 해당 결정에 불복하는 경우에는 바로 베이징시 고급인민법원에 상소하도록 하는 것이다. 이 두 가지 방안은 특허 무효선고청구에 대한 심리의 성격을 민사소송으로 정하는 것이라는 점에서 공통점이 있다. 이 밖에 많은 사람들이 전문적인 특허상소법원의 설립을 건의하였는데, 베이징시 중급인민법원 또는 특허복심위원회의 특허권 유무효에 대한 일심판결 및 각지 중급법원의 특허권 침해사건에 대한 일심판결에 불복하여 제기하는 상소사건을 통일적으로 수리함으로써 특허분쟁사건의 심리기준을 보다 통일시키고자 하였다.

그러나 위의 견해에 반대하여 특허권 유효여부에 관한 분쟁을 행정적 분쟁으로 취급하여야 한다고 보는 견해가 있는데, 그 주된 이유는 다음과 같다.

첫째, 특허권 침해분쟁이 민사분쟁의 성질을 갖는다는 데는 어떠한 다툼도 없으며, 특허권 무효여부에 관한 분쟁은 일반적으로 특허권 침해분쟁과 함께하는 침해분쟁의 피고가 취하는 반격조치라는 것 또한 확실한 사실이다. 그러나 단지 두 개의 절차가 이와 같은 인과관계를 갖는다고 해서 특허권 무효여부에 관한 분쟁이 민사분쟁의 성질을 갖는다고 보는 것 또한 편면적이고 깊이가 얕은 것이다. 특허출원인은 특허출원 여부를 결정할 수 있는 권리가 있을 뿐이고, 그 특허출원이 특허권을 받을 수 있는지 여부를 결정할 수 있는 권한이 없으며, 특허권은 국가지식산권국이 국가를 대표하여 심사를 거친 후에 수여할 수 있는 권리이다. 당사자의 무효선고청구는 국가지식산권국의 특허권 수여결정에 대해 하는 것이고, 인민법원에 무효소송을 제기하는 것은 특허권을 유효 또는 일부유효를 유지하는 특허복심위원회의 무효선고청구 심사결정에 대해 하는 것이며, 양자는 모두 청구인과 특허권자 사이의 분쟁만이 아니다. 「특허법」의 관련 규정에 부합하지 않는 특허출원에 대하여 특허권이 수여되면, 청구인의 권익을 해할 뿐만 아니라 공중의 권익도 해하게 되며, 따라서 무효선고청구를 편협하게 단지 구체적인 쌍방 당사자 사이의 분쟁으로 볼 수만은 없다.

둘째, 일본특허법이 일본특허청 심판부의 무효선고청구 심사결정에 대하여 불복하는 경우 동경고등법원에 소송을 제기하여야 하고, 일본특허청이 피고가 되는 것이 아니라 원래의 쌍방 당사자가 원고와 피고가 되는 것으로 명확하게 규정하고 있어 언뜻 보기에는 민사소송의 일종인 것 같지만, 그러나 동경고등법원의 소개에 의하면 일본은 여전히 이와 같은 소송의 성격을 민사소송이 아닌 행정소송으로 보고 있음이 분명하다. 독일이 20세기 60년대 전에 따랐던 방식도 역시 독일특허청의 일개 부서가 먼저 무효선고청구에 대하여 심사를 하여 결정하는 방식이었다. 당시에 독일에서는 독일특허청의 부적절한 수권행위에 대한 청구에 대하여 여전히 그 소속부서가 심사를 하는 것은 법리에 맞지 않는다는 의견이 있었다. 독일 당국은 이 의견을 받아들여서, 전문적인 독일연방 특허법원을 설립하여 무효선고청구를 심리하도록 하였다. 위 두 국가의 방식으로 볼 때, 모두 특허권 무효소송을 민사소송으로 인정하고자 하는 뜻은 없다.

셋째, 특허는 보통 복잡한 기술에 관계되므로 무효선고청구에 대한 처리는 충분한 법률지식뿐만 아니라 충분한 전문기술지식도 필요로 한다. 다년간의 운영을 통해서, 국가지식산권국은 모든 기술영역을 포괄하는 전문기술인력을 갖추고 있는데, 이것은 전국의 행정기관 중에서 유일하다고 할 수 있다. 특허복심위원회는 국가지식산권국이 보유한 풍부한 전문기술인력을 배경으로 하여, 충분히 모든 영역의 기술문제에 대응할 수 있으며, 이것은 특허복심위원회로 하여금 무효선고청구에 대한 심사에 있어서 적합한 자격을 구비하도록 한다. 이러한 인력을 놓아두고서, 베이징시 중급인민법원을 활용하면 상당히 긴 시간 동안 무효선고청구에 대한 심리 품질이 떨어질 것임을 예견할 수 있다. 무효소송에서 특허복심위원회를 피고로 하는 것은 확실히 논의가 필요한 부분이 있지만, 그러나 소송에 참여하는 것은 의심할 바 없이 법원의 무효소송사건에 대한 심리에 크게 도움이 된다.

위의 두 견해의 중간적 입장인 견해도 있는데, 구체적인 사건에 따라서 특허권 무효여부에 관한 분쟁의 성질을 확정하여야 한다고 주장한다. 보다 구체적으로는, 특허권 침해분쟁으로 발생하는 특허권 무효여부에 관한 분쟁은 민사분쟁으로 취급하여야 하고, 특허권 침해분쟁에 의해서 발생하지 않은 특허권 무효여부에 관한 분쟁은 행정소송으로 취급하여야 한다는 것이다.[1]

2008년 「특허법」 개정 과정에서, 전국인민대표대회 교육과학문화위원회와 전국인민대표대회 상무위원회 법제업무위원회는 모두 특허소송절차 간소화에 대한 요구를

---

[1] 李隽 等, 无效宣告请求诉讼程序的性质[G]//国家知识产权局条法司, 专利法及专利法实施细则 第三次修改专题研究报告, 北京: 知识产权出版社, 2006: 798-839 참고.

매우 중시하여, 각계각층의 개정 건의에 대하여 여러 차례 조사연구를 진행하였으며, 그 결과로 다음과 같이 계획하였다.

첫째, 특허무효소송이 민사소송의 성질을 갖는다는 견해와 행정소송의 성질을 갖는다는 견해는 각각 일리가 있으며, 이것은 특허권 무효여부에 관한 분쟁이 독특한 성질을 갖고 있음을 보여 주는 것으로서, 간단하게 그중 어느 하나의 견해에 따르는 것은 매우 어려운 일이다.

둘째, 비록 사람들이 "준사법"으로 자주 언급한다고 하더라도, 그러나 중국의 법률 중에는 명확한 법률적 근거가 없다. 국가기관이 수행하는 행정업무 중에서 특허복심위원회의 무효선고청구에 대한 심리와 유사한 것도 적지 않다. 특허복심위원회를 "준사법기관"으로 인정하기 시작하면 반드시 큰 영향이 있게 되고, 그 결과로 중국의 행정관리와 사법심판 사이의 한계가 모호하게 되어, 중국이 힘을 기울여 현재 진행하고 있는 행정제도개혁과 법치건설 사업에 이롭지 않게 된다.

셋째, 비록 근년에 전문적인 특허상소법원 또는 지식재산권상소법원을 설립해야 한다는 요구가 부단히 높아지고 있다고 하더라도, 그러나 현재 중국 법치건설의 발전 방향은 과거에 설립한 각종 전문법원을 줄이는 것이지 이와 반대로 늘리는 것이 아니다. 게다가 전국적 범위의 관할권을 갖는 통일적인 상소법원을 설립하는 것은 현재 중국이 수립한 기본적인 사법제도에 분명히 서로 부합하지 않으며, 중국의 「인민법원조직법」 개정을 전제조건으로 하는 것이어서 단기간에는 절대 실현될 수 없다.

위의 이유에 기초하여, 2008년 「특허법」 개정 시에 본조 규정을 유지하였고, 어떠한 개정도 하지 않았다. 비록 이와 같다고 하더라도, 이 문제에 대한 연구와 토론이 모두 '헛된 일'이라고 할 수는 없는데, 이것은 중국 각계의 특허제도에 대한 인식이 보다 심화되었음을 보여 주는 것이고 반드시 중국 특허제도의 장래에 생산적인 영향이 있을 것이다.

二. 무효선고청구의 심사절차

(一) 무효선고청구의 수리

무효선고가 청구된 후에 특허복심위원회는 먼저 그 청구를 수리할 것인지를 확정해야 한다. 「특허법실시세칙」 제66조 규정에 따르면, 무효선고청구가 다음의 하나에 해당하는 경우에는 특허복심위원회가 수리하지 않는다.

(1) 청구인이「특허법」제19조 제1항 규정에 부합하지 않는 경우. 즉, 청구인이 중국에 계속적인 거소 또는 영업소가 없는 외국인, 외국기업 또는 외국의 기타 조직이면서도 중국법에 의해 설립된 특허대리기구에 그 청구를 처리할 것을 위임하지 않은 경우.

(2) 특허권 무효선고청구의 이유가「특허법실시세칙」제65조 제2항에 열거된 이유에 속하지 않는 경우. 즉, 청구인이「특허법」제31조의 단일성 규정, 제26조 제5항의 유전자원의 출처공개 규정 등에 부합하지 않음을 이유로 하여 특허권 무효선고를 청구한 경우.

(3) 청구가「특허법실시세칙」제65조 제1항 규정에 부합하지 않는 경우. 즉, 특허권 무효선고청구의 이유를 구체적으로 설명하지 않았거나, 또는 비록 구체적으로 설명하였다고 하더라도 그 이유를 뒷받침할 수 있는 필요한 증거를 제출하지 않았거나, 또는 비록 증거를 제출하였다고 하더라도 그 증거가 어떠한 이유를 뒷받침하기 위한 것임을 밝히지 않은 경우.

(4) 청구가「특허법실시세칙」제66조 제2항이 규정한 "일사부재리"원칙에 부합하지 않는 경우. 즉, 특허복심위원회가 무효선고청구에 대하여 결정을 내린 후에 동일한 이유와 증거로 다시 무효선고를 청구하는 경우.

(5) 청구인이 특허권이 수여된 디자인과 타인이 출원일 이전에 이미 취득한 합법적인 권리와 서로 충돌함을 이유로 디자인특허권의 무효선고를 청구하였으나, 청구인이 권리가 충돌함을 증명하는 증거를 제출하지 않은 경우.

무효선고청구의 수리요건에 관해서는, 보다 자세하게 설명하고 논의할 필요가 있다.

「특허법실시세칙」제65조 제1항 후반부는 아래와 같이 규정하고 있다.

무효선고청구서는 제출한 모든 증거를 결합하여, 무효선고청구의 이유를 구체적으로 설명하여야 하고, 이유가 근거로 하는 증거를 지적하여 밝혀야 한다.

위 규정의 의미는 조금 복잡하며 세 가지 요건을 포함하고 있는 것으로 볼 수 있는데, 첫째는 청구인이 무효선고청구의 이유를 반드시 구체적으로 밝혀야 한다는 것이고, 둘째는 청구인이 각각의 이유에 대해서 모두 반드시 이를 뒷받침하는 증거를 제출하여야 한다는 것이며, 셋째는 청구인이 제출하는 모든 증거가 어떤 이유를 뒷받침하기 위한 것인지 반드시 밝혀야 한다는 것이다.「특허법실시세칙」제65조 및 제66조 규정에 따라서, 그중 어느 하나의 요건을 만족시키지 못한다면 그 결과로 무효선고청구는 수리될 수 없다.[1] 그중에서 둘째 및 셋째 요건에 대해서는 검토해 볼 가치가 있다.

먼저, 「특허법실시세칙」 제65조 제2항의 규정에 따르면 무효선고청구를 할 수 있는 이유는 여러 가지로 다양하다. 그중에서 일부 이유는 청구인이 증거를 제출하여 뒷받침하는 것이 필요한데, 예를 들어, 특허권으로 보호받는 발명창조가 「특허법」 제22조 및 제23조가 규정하는 신규성 및 진보성이 없음을 주장하는 경우에, 청구인은 관련 선행기술 또는 선행설계를 증거로 제출함으로써 그 주장을 뒷받침해야지 그렇지 않으면 "과녁 없이 활을 쏘는 것과 같다." 어떤 이유들은 청구인에게 이를 뒷받침하는 증거를 제출하게 할 필요가 없는데, 예를 들어, 설명서가 명확하지 않고 완전하지 않다고 주장하거나, 청구범위가 설명서를 근거로 하지 않는다고 주장하는 경우에는, 특허문서 자체가 바로 증거이며 청구인은 별도로 증거를 제출할 필요가 없다. 따라서 모든 이유 각각에 대해서 이를 뒷받침하는 증거를 제출할 필요는 없고, 모든 이유 각각에 대해서 이를 뒷받침하는 증거를 제출하지 않았다고 해서 수리되지 않는 것은 절대 아니다.

다음으로, 만약 청구인이 한 무더기의 증거만을 제출하고 특허권 무효선고청구의 이유를 밝히지 않는다면, 특허복심위원회의 재량에 맡기는 것이 되어 분명히 무책임한 방식이고, 따라서 이를 수리하지 않는 것은 적절한 것이다. 그러나 만약 청구인이 5건의 대비문헌을 제출하면서 동시에 대비문헌 1과 2의 결합에 의해서 특허권으로 보호되는 발명창조가 신규성이 없음을 명확하게 주장하고, 대비문헌 3 내지 5는 어떠한 목적에 이용되는지를 언급하지 않은 경우에는 대비문헌 3 내지 5는 고려할 필요가 없다. 따라서 모든 증거에 대하여 그것이 뒷받침하는 이유를 지적하여 밝힐 필요는 없으며, 지적하여 밝히지 않았다고 해서 수리되지 않는 것은 절대 아니다.

실무에서 특허복심위원회는 위의 적절하다고 여겨지는 방식을 따르고 있으며 「특허법실시세칙」 제65조 제1항 규정을 엄격하게 집행하는 것은 아닌데, 이것은 이 규정에 충분히 치밀하지 않은 문제가 있음을 나타낸다.

이 밖에 "이유"와 "증거"의 의미에도 연구해 볼 가치가 있는 문제가 있다.

「특허법실시세칙」 제65조 제2항은 "전항의 무효선고청구의 이유는 … 가리킨다."라는 표현을 쓰고 있는데, 이 표현에 따르면 소위 "이유"는 「특허법」 및 「특허법실시

---

1) 国家知识产权局, 专利审查指南2010[M], 北京: 知识产权出版社, 2010: 第四部分 第三章 3.3. "청구인이 무효선고청구의 이유를 구체적으로 설명하지 아니하였거나, 또는 증거를 제출하였으나 제출한 모든 증거를 결합하여 무효선고청구의 이유를 설명하지 아니하였거나, 또는 각각의 이유를 뒷받침하는 증거를 명확히 밝히지 아니한 경우에는, 그 무효선고청구를 수리하지 아니한다."

세칙」의 관련 규정을 가리킨다. 이로 인해서 청구인이 그 무효선고청구서 중에 수여된 특허권이 「특허법」 및 「특허법실시세칙」의 어떤 규정에 부합하지 않는지를 적어서 밝히기만 하면 충분한 이유를 진술한 것으로 인정되는가 하는 문제가 발생한다. 이 문제에 대한 대답은 분명히 부정이다. 예를 들어, 청구범위가 설명서를 근거로 하지 않음을 이유로 하여 무효선고를 청구하는 경우에, 앞에서 설명한 것처럼, 특허문서 자체가 바로 증거이기 때문에 청구인은 별도로 증거를 제출할 필요가 없는데, 그러나 이것은 무효선고청구서 중에 "청구항 1이 설명서에 의해 뒷받침되지 않는다."는 주장을 적어 밝히면 충분하다는 것을 의미하는 것은 아니며, 청구인은 반드시 그 주장의 "구체적인 이유", 즉 무엇 때문에 청구항 1이 설명서를 근거로 하지 않는다고 생각하는지를 분명하게 밝혀야 하고, 분명하게 밝히지 않았다면 그 청구는 마땅히 수리되지 않아야 한다. 또한 예를 들어, 특허권으로 보호받는 발명이 진보성 없음을 이유로 하여 무효선고를 청구하는 경우에, 앞에서 설명한 것처럼 청구인은 관련된 선행기술을 들어서 그 주장을 뒷받침해야 하는데, 그러나 이것은 청구인이 입증책임을 부담하는 이외에 무효선고청구서에 "제출한 모든 선행기술을 참조하면 청구항 1의 발명은 분명히 진보성이 없다"라는 주장을 적어 밝히는 것으로 충분함을 의미하는 것은 아니며, 청구인은 반드시 그 주장의 "구체적인 이유"를 밝혀야 하고, 그렇지 않으면 그 청구는 마땅히 수리되어서는 안 된다. 분명히 위의 "구체적인 이유"는 "증거"에 속하지 않을 뿐만 아니라, 또한 「특허법실시세칙」 제65조 제2항의 "이유"에도 속하지 않고, 「특허법실시세칙」 제65조 제1항이 규정하는 "무효선고청구의 이유를 구체적으로 설명" 중의 이유로 이해되어야 한다. 바꿔 말하면, 이 "이유"는 그 "이유"가 아니다. 이와 같은 표현방식은 개념상의 혼동을 불러일으키기 쉽다.

이 밖에, 「특허법실시세칙」 제66조 제2항은 "특허복심위원회가 무효선고청구에 대하여 결정을 내린 후 다시 동일한 이유 및 증거로 무효선고를 청구한 경우, 특허복심위원회는 수리하지 아니한다."고 규정하는데, 그중의 "이유"도 마찬가지로 의문을 불러일으킨다. 무효선고청구가 근거로 하는 법률조항이 서로 같고 증거도 서로 같기만 하면 "일사부재리"원칙이 적용된다는 의미인가? 아니면 그 무효선고청구가 근거로 하는 법률조항이 서로 같고 증거도 서로 같으며 그 구체적인 이유도 서로 같아야만 비로소 "일사부재리"원칙이 적용된다는 의미인가?

위의 논의를 종합하면, 필자는 무효선고청구의 수리요건에 관한 규정이 아래와 같은 3단계이어야 한다고 생각한다. 첫째, 청구인은 반드시 무효선고청구의 법률적 근거를 밝혀야 하고, 즉 특허권 수여가 「특허법실시세칙」 제65조 제2항에 열거된 조항 중 어떤 조항의 규정에 부합하지 않는지를 밝혀야 하고, 청구인이 어떠한 법률적 근거도 밝히지 않았거나 또는 비록 밝혔지만 「특허법실시세칙」 제65조 제2항에 열거된 조항의 범위에 속하지 않는 것이라면 수리하지 않는다. 둘째, 청구인은 무효선고청구의 구체적인 이유를 반드시 진술하여야 하고, 즉 무효선고 청구인이 무엇 때문에 수여된 특허권이 그 근거로 든 「특허법」 또는 「특허법실시세칙」의 규정에 부합하지 않는다고 보는지에 대한 분석적 의견을 진술하여야 하고, 구체적인 이유를 진술하지 않으면 수리하지 않는다. 셋째, 필요한 때에는 청구인이 그 구체적인 이유를 뒷받침하는 증거를 제출하여야 하고, 증거를 제출하지 않으면 수리하지 않으며, 이에 대해서는 「특허심사지침서 2010」에 「특허법실시세칙」 제65조 제2항에 열거된 법률 조항 중에서 청구인이 증거를 제출하여 그 주장을 뒷받침하여야 하는 조항이 어떤 조항인지를 명확하게 규정하여야 한다.

「특허심사지침서 2010」은 아래와 같이 규정하고 있다.

> 특허권을 수여한 디자인이 타인이 출원일 이전에 취득한 합법적인 권리와 서로 충돌함을 이유로 하여 디자인특허권의 무효선고를 청구하였으나, 청구인이 선권리자 또는 이해관계자임을 증명하지 못한 경우, 그 무효선고청구는 수리하지 아니한다.
> 여기에서 이해관계인은 관련 법률 규정에 근거하여 선권리의 침해에 대하여 인민법원에 소를 제기하거나 또는 관련 행정관리부문에 처리를 청구할 수 있는 자를 가리킨다.

이 규정은 「특허법」 제23조 제3항 규정에 부합하지 않음을 이유로 하는 무효선고청구는 일종의 특수한 청구이고, 단위 또는 개인 누구라도 청구할 수 있는 것이 아니며, 선권리자 또는 그 이해관계인만이 제출할 수 있음을 나타낸다.

국가지식산권국이 2009년 2월 제출하여 국무원이 심의한 「〈특허법실시세칙〉 수정초안(심의본)」은 원래의 제65조 제3항을 아래와 같이 개정할 것을 건의하였다.

> 특허법 제23조 제3항 규정에 부합하지 아니함을 이유로 한 디자인특허권 무효선고청구의 청구인은 선권리자 또는 이해관계인이어야 한다.

심의를 거쳐서 2010년 개정 「특허법실시세칙」 제66조 제3항은 아래와 같이 규정하였다.

> 특허법 제23조 제3항 규정에 부합하지 아니함을 이유로 디자인특허권의 무효선고를 청구하면서도 권리가 충돌함을 증명하는 증거를 제출하지 아니한 경우, 특허복심위

원회는 수리하지 아니한다.

「특허심사지침서 2010」은 위 규정에서의 "권리가 충돌함을 증명하는 증거"에 두
가지 종류의 증거가 포함되는 것으로 해석하는 데, 첫째는 청구인이 선권리의 권리자
또는 이해관계인이라는 증거이고, 둘째는 선권리가 디자인특허권과 충돌한다는 증
거이다. 두 가지 종류의 증거는 모두 필요하며, 그중 어느 하나의 증거라도 부족하면,
그 결과로서 수리하지 않는다.

(二) 무효선고청구에 대한 심사

1. 형식심사와 문서송달

특허복심위원회가 무효선고청구를 수리하면, 「특허법실시세칙」 제66조 제4항 규
정에 따라서 먼저 그에 대한 형식심사를 진행한다. 무효선고청구서가 규정된 형식에
부합하지 않으면, 특허복심위원회는 청구인에게 지정된 기간 내에 보완할 것을 통지
한다. 기간 내에 보완하지 않으면, 그 무효선고청구는 없었던 것으로 본다.

형식심사 결과, 무효선고청구서가 요구되는 격식에 부합하는 것으로 인정되면, 특
허복심위원회는 특허권 무효선고청구서와 관련 서류의 부본을 특허권자에게 송부하
고, 특허권자에게 지정된 기간 내에 의견을 제출할 것을 요구한다. 특허권자가 의견
을 제출하면, 특허복심위원회는 그 제출한 의견을 청구인에게 송달하여 청구인에게
지정된 기간 내에 의견을 제출하도록 요구할 수 있다. 사건의 상황에 따라서, 위의 과
정은 여러 차례 반복하여 진행될 수 있다. 필요한 경우에는, 특허복심위원회가 쌍방
당사자에게 "무효선고청구 심사통지서"를 발송할 수도 있다. 「특허법실시세칙」 제68
조 제2항 규정에 따라서, 특허권자와 무효선고청구인은 지정된 기간 내에 특허복심
위원회가 발송한 "문서송달통지서" 또는 "무효선고청구 심사통지서"에 대하여 답변
하여야 하고, 기간 내에 답변하지 않는 경우에는 특허복심위원회의 심리에 영향이 없
다. 「특허심사지침서 2010」은 소위 "특허복심위원회의 심리에 영향이 없다."라는 것
은 송달된 문서 또는 심사통지서에서의 관련된 사실·이유 및 증거를 당사자가 이미
알고 있었으면서도 반대의견을 제출하지 않은 것으로 간주한다는 의미임을 보다 명
확히 하였다.[1]

---

1) 国家知识产权局, 专利审查指南2010[M], 北京: 知识产权出版社, 2010: 第四部分 第三章 4.4.1 및 4.4.3.

2. 청구인의 이유 추가 또는 증거 보충에 대한 제한적 규정

앞에서 설명한 바와 같이 무효선고청구는 많은 경우에 특허권 침해분쟁에서의 피고가 청구하는 것으로, 단순히 대상 특허권을 무효로 하기 위한 목적만 있는 것이 아니라 특허권 침해분쟁 사건에 대한 처리 또는 소송을 중지시키기 위한 목적도 있다. 2001년 반포된 「최고인민법원의 특허분쟁사건 심리 적용 법률문제에 관한 규정」 제9조는 인민법원이 수리한 실용신안·디자인특허권 침해분쟁 사건에서 피고가 답변기간 내에 그 특허권의 무효선고를 청구하면 인민법원은 소송을 중지하여야 한다고 규정하였다. 「민사소송법」 제113조는 인민법원은 접수 후 5일 이내에 소장 부본을 피고에게 송부하여야 하고, 피고는 송달받은 날로부터 15일 내에 답변서를 제출하도록 규정하고 있다. 위 규정 때문에 청구인이 그 무효선고청구서를 준비하는 시간에 보통은 매우 여유가 없으며, 대개는 특허권 무효선고청구의 이유 및 증거를 충분히 고려하고 준비할 수가 없다. 이 때문에 청구인이 그 후에 이유를 추가하고, 증거를 보충하겠다고 하는 경우가 자주 발생한다. 이유 추가와 증거 보충이 한편으로는 합리적인 면이 있으므로 청구인이 적절하게 이유를 추가하거나 또는 증거를 보충하도록 허락해야 하지만, 다른 한편으로는 청구인이 계속해서 이유와 증거를 보충함으로써 절차를 지연시키는 것을 방지하고 무효선고청구의 심사기간을 가급적 단축하기 위해서 청구인이 무제한적으로 이유를 추가하거나 증거를 보충하는 것을 허락해서는 안 된다. 이와 같은 점을 고려하여, 「특허법실시세칙」 제67조는 특허복심위원회가 무효선고청구를 수리한 후에, 청구인은 무효선고 청구일로부터 1개월 이내에 이유를 추가하고 증거를 보충할 수 있으며, 기간을 도과하여 이유를 추가하거나 증거를 보충하는 경우에는 특허복심위원회가 이를 고려하지 않을 수 있다고 규정하고 있다.[1]

특허출원에 대한 심사절차에서는 국가지식산권국이 지정한 기간을 출원인이 정당한 이유로 연장하고자 하는 경우에는 단지 기간이 도과하기 전에 신청서를 제출하기만 하면 국가지식산권국은 일반적으로 모두 연장을 허락할 수 있다. 무효선고청구의 절차는 쌍방 당사자가 참여하는 절차이고, 청구인과 권리자의 이익은 일반적으로 서로 모순되는 것이어서, 일방 당사자가 조속한 결정을 희망하는 경우에 상대방 당사자는 보통 가급적 심리 시간을 연장하기를 희망한다. 일방 당사자가 기간 연장을 신청하여 심사기간을 지연시킴으로써 상대방 당사자의 이익에 손해를 가하는 것을 방지하기 위해서, 「특허법실시세칙」 제71조는 무효선고청구의 심사과정에서 특허복심위원회가 지정한 기간은 연장할 수 없다고 규정하고 있다.

---

1) 国家知识产权局, 专利审查指南2010[M], 北京: 知识产权出版社, 2010: 第四部分 第三章 4.2 및 4.3.1.

3. 무효선고 절차에서의 특허문서에 대한 정정[1]

많은 국가는 특허권자가 특허권을 받은 후에 특허권의 보호범위를 축소하는 등과 같이 그 특허문서를 적절하게 정정하는 특별한 절차를 특허법에서 규정하고 있다. 「특허법」에는 이에 대한 규정이 없으며, 단지 「특허법실시세칙」 제69조에서 아래와 같이 규정하고 있을 뿐이다.

① 무효선고청구의 심사과정에서 발명 또는 실용신안특허의 특허권자는 그 청구범위를 정정할 수 있지만, 원래 특허의 보호범위를 확대할 수 없다.

② 발명 또는 실용신안특허의 특허권자는 특허설명서 및 첨부도면을 정정할 수 없으며, 디자인특허의 특허권자는 도면 · 사진 및 간단한 설명을 정정할 수 없다.

「특허심사지침서 2010」은 이에 나아가 아래와 같이 규정하고 있다.

발명 또는 실용신안특허문서의 정정은 오직 청구범위에 한정되며, 그 원칙은 다음과 같다.

(1) 원래 청구항의 발명창조의 명칭을 바꿀 수 없다.

(2) 권리가 수여된 청구항과 비교하여, 원래 특허의 보호범위를 확대할 수 없다.

(3) 원래의 설명서 및 청구범위에 기재된 범위를 벗어날 수 없다.

(4) 원칙적으로, 권리가 수여된 청구범위에 포함되어 있지 않은 기술적 특징을 추가할 수 없다.

디자인특허의 특허권자는 그 특허문서를 정정할 수 없다.

특허권자의 청구범위에 대한 정정이 원래 특허권의 보호범위를 확대할 수 없게 규정한 것은 공중의 이익을 합리적으로 보호하여 손해를 입지 않게 하기 위함이다. 국가지식산권국이 발명 또는 실용신안특허권의 수여를 공고할 때에는 동시에 특허문서의 단행본을 제공하여 공중이 무료로 열람할 수 있게 한다. 공중은 특허문서의 청구범위를 열람하여 특허권의 보호범위를 알 수 있고, 이로부터 자기의 생산경영행위를 규범함으로써 타인의 특허권을 침해하는 것을 피하게 된다. 만약 특허권자가 정

---

1) 중국 「특허법」에서는 특허권 수여를 위한 심사절차와 특허권 수여 후 무효절차에서 출원서류 및 특허문서의 내용을 고치는 것을 구분하지 않고 동일하게 '보정'으로 표현하고 있으나, 우리 특허법의 용어와 일치하게 하기 위하여 이 책에서는 무효절차에서 특허문서의 내용을 고치는 것은 '정정'으로 표현하였다(역자 주).

정을 통해서 특허권의 원래 보호범위를 확대하도록 허용한다면, 본래는 특허권을 침해하지 않는 것으로 보았던 생산경영행위가 특허권을 침해하는 행위가 될 수 있는데, 이것은 공중으로 하여금 일종의 불안정한 상태에 처하게 하고, 국가지식산권국의 특허권 수여 공고에 대한 신뢰를 상실시키며, 신용사회의 건설에 장애가 된다.

원칙적으로 권리가 수여된 청구범위에 포함되어 있지 않은 기술적 특징을 추가할 수 없다고 규정한 것은, 무효선고청구에 대한 심사가 실질적으로 특허권 수여에 관한 실체심사로 변질되는 것을 방지하기 위함이다. 통상적으로, 특허설명서에는 발명창조의 기술방안을 상세하게 공개하고 많은 기술적 특징을 기재한다. 이 기초 위에서 다양한 청구범위를 기재할 수 있다. 가급적 넓은 특허권 보호범위를 확보하기 위하여, 출원인은 대개 청구항에 가능한 적은 가급적 상위개념의 기술적 특징을 적어 넣으려고 한다. 만약 무효선고청구의 심사과정에서 특허권자가 원래의 설명서에만 기재된 기술적 특징을 청구항에 보충하여 넣을 수 있게 허용한다면, 비록 이와 같은 정정이 원래의 설명서 및 청구범위에 기재된 범위를 벗어나지 않고 특허권의 보호범위를 축소하는 것이라고 하더라도, 실체심사를 진행하거나 실체심사를 재개하는 것과 다를 것이 없으며, 특허복심위원회는 이를 위해서 많은 시간을 소비해야 한다. 이와 같은 방식은 실용신안특허권에 있어서는 그 결과가 특히 심각하여, 특허권자가 특허출원 시에는 보호범위가 매우 넓게 그 청구범위를 기재하더라도 걱정할 것이 없게 되는 결과가 되는데, 나중에 누군가가 특허권 무효선고를 청구했을 때에 그 청구범위를 다시 기재하기만 하면 되기 때문이며, 이것은 특허제도의 신용을 떨어뜨리게 될 것이다.

특허권자의 청구범위에 대한 정정이 위의 원칙에 부합한다는 기초 위에서, 「특허심사지침서 2010」은 청구범위의 정정에 대하여 보다 더 한정하고 있는데, 즉 청구범위에 대한 정정의 구체적인 방식은 청구항의 삭제ㆍ병합과 기술방안의 삭제로만 제한된다. 그중에서 청구항의 삭제는 청구범위 중의 하나 또는 둘 이상의 청구항을 삭제하는 것을 가리키고, 청구항의 병합은 서로 종속관계가 아닌 동일한 독립청구항을 인용하는 둘 또는 둘 이상의 종속청구항을 하나의 청구항으로 병합함으로써 원래의 독립청구항을 대신하는 것을 가리킨다. 기술방안의 삭제는 한 청구항에 병렬적으로 기재하였던 둘 이상의 기술방안 중 하나 또는 그 이상의 기술방안을 삭제하는 것을 가리킨다. 바꿔 말하면, 특허권자가 설명서 중에 기재되어 있는 기술적 특징을 청구범위에 추가하는 것이 허용되지 않을 뿐만 아니라, 특허권자가 각 항의 청구항에 기재된 기술적 특징을 임의로 배열 및 조합하는 것도 허용되지 않는다. 이와 같이 규정한 이유는 위에서 설명한 이유와 기본적으로 같다.

4. 구술심리

「특허법실시세칙」 제70조는 특허복심위원회가 당사자의 청구 또는 사건의 필요에 따라서 무효선고청구에 대한 구술심리를 진행할 것을 결정할 수 있다고 규정하고 있다. 실제로 구술심리는 특허복심위원회의 무효선고청구에 대한 심사속도를 높일 수 있으며, 보다 전면적으로 관련 사실·이유와 증거를 살필 수 있어 공정하게 결정을 내릴 수 있고, 심사품질을 제고할 수 있는 것으로 나타나고 있어 매우 뚜렷한 의의를 갖고 있다. 특허복심위원회가 무효선고청구사건을 수리하기 시작한 초기에, 특허복심위원회는 서면으로 심사를 진행하는 방식을 취하여 구술심리는 하지 않았다. 20세기 80년대 후기에, 특허복심위원회는 구술심리를 시험적으로 시작하였으나, 이와 같은 방식이 당시에는 보편적이지 않았고 쟁점이 많은 사건에만 시행하였다. 현재에는 특허복심위원회가 기본적으로 이미 모든 무효선고청구사건에 일률적으로 구술심리를 개최하는 방식을 취하고 있다.

특허복심위원회가 무효선고청구에 대하여 구술심리를 진행하는 것으로 결정하면, 당사자에게 "구술심리통지서"를 발송하여 구술심리 개최 날짜와 장소를 고지하여야 한다. 당사자는 통지서가 지정한 기간 내에 답변서를 제출하여야 하고, 특허복심위원회가 발송한 "구술심리통지서"에 대하여 무효선고 청구인이 지정된 기간 내에 답변서를 제출하지 않고 구술심리에 참석하지 않으면 그 무효선고청구는 취하된 것으로 볼 수 있다. 특허권자가 구술심리에 참석하지 않으면, 결석심리 할 수 있다.

「특허심사지침서 2010」은 제4부분에 전문적인 장을 두어, 구술심리의 각 준비업무와 그 개최방식에 대하여 상세하고 명확하게 규정하고 있다.

5. 무효선고청구 심사절차의 종료 및 결정

「특허법실시세칙」 제72조 제1항 규정에 따라서, 특허복심위원회가 무효선고청구에 대해서 결정을 내리기 전에, 무효선고 청구인은 그 청구를 취하할 수 있다.

청구인이 그 청구를 취하하는 것의 법률적 효과에 관하여, 2010년 개정 전 「특허법실시세칙」 제71조 제2항은 아래와 같이 규정하였다.

> 무효선고 청구인이 특허복심위원회가 결정을 내리기 전에 그 청구를 취하하는 경우, 무효선고청구 심사절차는 종료된다.

2010년 개정 「특허법실시세칙」 제72조 제2항은 위의 규정을 아래와 같이 개정하였다.

특허복심위원회가 결정을 내리기 전에 무효선고 청구인이 그 청구를 취하하거나 그 무효선고청구가 취하간주된 경우, 무효선고청구의 심사절차는 종료된다. 그러나 특허복심위원회가 이미 진행한 심사로도 특허권의 무효 또는 일부무효의 결정을 선고할 수 있다고 판단하는 경우, 심사절차는 종료되지 아니한다.

이 개정된 부분은 특허권의 무효여부에 관한 분쟁이 단지 청구인과 특허권자 사이의 민사분쟁이 아니고 공중의 이익에 관계되는 것이라는 의미를 나타낸다. 수여된 특허권이 「특허법」의 관련 규정에 부합하지 않음을 사실과 증거가 나타내고 있어서 유지하지 않아야 하거나 또는 일부만을 유지하여야 하는 경우에, 단지 쌍방 당사자 사이에 합의가 이루어져 청구인이 그 무효선고청구를 취하하였다는 이유 때문에, 특허복심위원회가 보고도 보지 않은 척하고 귀를 닫고 듣지 않은 척하면서 무효선고 절차를 종료하여야 한다면, 「특허법」 제3조가 규정하는 국가지식산권국의 책무와 제21조가 규정하는 국가지식산권국 및 그 특허복심위원회가 객관적이고 공정하며 정확하고 신속하게 특허와 관련한 출원 및 청구를 처리하여야 한다는 요구를 위배하는 것이다.

「특허법실시세칙」 개정안에 대한 토론과정에서, 일부 기업과 특허대리인은 위의 개정이 무효선고청구의 심사과정에서 청구인이 상대방 당사자와 협상하여 합의에 이를 수 있는 기회에 영향을 줄 수 있다고 우려하였다. 위와 같이 개정하더라도 이와 같은 기회를 제거한다고 할 수 없으며, 당사자 사이에 합의의 의사와 가능성이 있다면 서둘러 진행하여 구술심리를 개최하기 전과 같이 가급적 조속한 시기에 그 청구를 취하하도록 할 뿐이다.

특허복심위원회는 심사를 통해서 세 유형의 결정을 내릴 수 있는데, 즉 특허권 무효선고, 특허권 일부무효선고, 특허권 유효유지이다. 특허복심위원회는 서면으로 결정을 내려야 하고, 결정을 내린 후에는 무효선고 청구인과 특허권자에게 통지하여야 한다.

특허복심위원회가 특허권 무효 또는 일부무효의 선고를 한 후에 당사자가 기간 내에 소를 제기하지 않으면 국가지식산권국은 등록 및 공고하고, 당사자가 규정된 기간 내에 법원에 소를 제기한 경우에는 법원의 특허권 무효 또는 일부무효 판결이 효력을 발생한 후에, 다시 국가지식산권국이 등록 및 공고한다.

三. 무효선고청구의 사법절차

본조 제2항은 특허복심위원회의 특허권 무효선고 또는 특허권 유지결정에 불복하는 경우, 통지를 받은 날로부터 3개월 내에 인민법원에 소를 제기할 수 있다고 규정하고 있다. 「행정소송법」규정 및 최고인민법원의 관련 규정에 따르면, 당사자는 베이징시 제1중급인민법원에 소를 제기하여야 하고, 당해 법원의 일심판결에 불복하는 경우에는 베이징시 고급인민법원에 상소하여야 한다.[1]

특허권 무효여부에 관한 분쟁의 소송에 관해서는, 두 가지 토론해 볼 문제가 있다.

첫째, 베이징시 제1중급인민법원 및 베이징시 고급인민법원의 일심과 이심 과정에서, 발명 또는 실용신안특허권자는 그 청구범위를 정정할 수 있는가?

이 문제에 대하여 「특허법실시세칙」제69조는 직접적으로 답을 하고 있지 않으나, 「특허법실시세칙」제69조에서 "무효선고청구의 심사과정에서 발명 또는 실용신안특허의 특허권자는 그 청구범위를 정정할 수 있다."고 하고 있는 점과 관련 기타 조항의 내용으로 볼 때 특허복심위원회의 심사과정에서만 청구범위를 정정할 수 있는 것으로 이해되어야 하고, 따라서 이 문제에 대한 대답은 부정이어야 한다.

둘째, 베이징시 제1중급인민법원 및 베이징시 고급인민법원은 특허복심위원회가 내린 결정을 직접 바꾸는 판결을 할 수 있는가? 예를 들어, 일심판결 또는 이심판결에서 특허복심위원회가 내린 특허권 유효유지의 결정을 그 특허권의 무효선고로 직접 바꿀 수 있는가?

현재의 법률제도는 특허복심위원회의 결정에 불복하여 법원에 제기한 소송을 여전히 행정소송으로 보고 있으며, 따라서 이 문제에 답하기 위해서는 「행정소송법」의 규정을 준수하여야 한다. 「행정소송법」제54조[2]는 아래와 같이 규정하고 있다.

> 인민법원은 심리하여 경우에 따라서, 다음 각 호의 판결을 내린다.
> 1. 구체적인 행정행위가 증거가 확실하고, 적용법률 및 법규가 정확하며, 법정 절차에 부합한 경우, 유지를 판결한다.

---

1) 그러나 2014년 10월 31일 공포된 「최고인민법원의 베이징·상하이·광저우 지식재산권법원 사건 관할에 관한 규정」에 따라서, 현재에는 특허복심위원회의 결정에 불복하는 경우에는 제1중급인민법원이 아닌 베이징시 지식재산권법원에 소를 제기하여야 하고, 베이징시 지식재산권법원의 판결에 불복하는 경우에는 베이징시 고급인민법원에 상소하여야 한다(역자 주).
2) 2014년 중국은 「행정소송법」을 개정하였으며, 이 개정으로 개정 전 제54조 제1호는 개정 후 제69조로, 개정 전 제54조 제2호는 개정 후 제70조로, 제54조 제3호는 개정 후 제72조로, 제54조 제4호는 개정 후 제77조 제1항으로 각각 조문번호가 변경되었다(역자 주).

2. 구체적인 행정행위가 다음 중 하나에 해당하는 경우, 취소 또는 일부취소를 판결하며, 그리고 피고가 다시 구체적인 행정행위를 내리도록 판결할 수 있다.

　가. 주요 증거가 부족한 경우

　나. 적용법률 및 법규가 잘못된 경우

　다. 법정 절차를 위반한 경우

　라. 직권을 벗어나는 경우

　마. 직권을 남용한 경우

3. 피고가 법이 정한 직책을 이행하지 아니하거나 또는 이행을 미루는 경우, 일정한 기한 내에 이행할 것을 판결한다.

4. 행정처벌이 명백히 공정하지 아니하는 경우, 변경을 판결할 수 있다.

위 규정에 따라서, 행정결정이 행정처벌결정인 경우에만 법원은 변경을 판결할 수 있는 권한이 있다. 특허복심위원회의 무효선고청구에 대한 심사결정은 분명히 행정처벌 결정의 범위에 속하지 않으며, 따라서 위 문제에 대한 대답은 부정이다. 이것은 「행정소송법」제1조가 규정하는 입법취지에 부합하는데, 즉 행정소송을 진행하는 목적은 행정기관이 그 행정직권을 행사하는 것을 보호하고 감독하는 데 있으며, 직분을 넘어서 행정기관을 대신하여 그 직권을 행사하는 것이 아니다.

최고인민법원은 2007 행제자(行提字) 제3호 재심신청에 대하여 2008년 5월 30일 내린 행정재결서에서 "우리 「행정소송법」의 규정에 근거하여, 설령 특허복심위원회의 결정에 잘못이 있다고 하더라도, 법원은 직접 이를 변경할 수 없고, 취소 또는 이와 함께 다시 결정할 것을 요구하는 판결을 할 수 있을 뿐이며, 판결주문에서 직접 특허권의 효력에 대하여 선고를 내리는 판결은 「행정소송법」 및 그 사법해석의 재판방식에 관한 규정을 벗어나는 것이고, 충분한 법률적 근거가 부족하다. 현행의 행정소송법 체계 내에서, 법원은 특허무효분쟁 사건을 심리하고 법에 의한 합법적인 재판원칙을 따라야 하며, 분쟁의 대상인 특허권이 「특허법」이 규정하는 특허 수여의 실체적 요건에 부합하는지 등 문제에 대하여 판단한다. 그러나 특허권 무효여부를 선고하는 문제에 관해서는, 여전히 현행 법률규정의 재판방식을 준수하여 진행해야 한다. 특허복심위원회와 관련된 이 사건의 제2심법원이 직접 이 사건 특허의 무효를 판결한 것이 법률적 근거가 없다는 주장은, 당연히 지지되어야 한다."고 지적하였다.

이로부터 더 나아가면 무효선고청구 절차는 쌍방 당사자가 참가하는 절차로서, 법원이 특허복심위원회의 결정을 취소 또는 일부취소로 하는 판결을 내리고, 특허복심위원회가 법원의 유효한 판결에 따라 다시 이와 다른 결정을 내리는 경우, 상대방 당사자가 불복하여 또다시 행정소송을 제기할 수 있는 문제가 발생할 수 있다. 이처럼 반복되면, 무효선고청구 절차가 차일피일 미루어지는 현상이 초래될 수 있다. 이것은 적지 않은 사람들이 특허무효에 관한 분쟁을 민사소송으로 하여야 한다고 주장하는 이유 중 하나이기도 하다. 필자가 생각하기에는, 이 문제는 특허무효에 관한 분쟁을 민사분쟁으로 하는 것에 의해서만 해결할 수 있는 것은 아니며, 행정소송의 체계에서도 능히 해결할 수 있다. 본조 제2항은 법원이 무효선고청구 절차의 상대방 당사자에게 제3자로서 소송에 참가하도록 통지하여야 한다고 명확히 규정하고 있다. 따라서 쌍방 당사자는 모두 소송에 참가할 수 있고, 법원의 심리과정에서 충분히 그 의견을 진술함으로써 법원이 공평하고 합리적인 판결을 내리도록 도와야 한다. 이와 같은 경우에, 법원은 쌍방 당사자 및 특허복심위원회의 주장과 의견을 이미 충분히 고려한 후 판결을 내린 것으로 보아야 한다. 이 후에 당사자가 반복하여 소송을 제기하는 경우, 법원은 수리하지 않을 수 있다.

제47조 특허권 무효선고 결정의 효력

① 무효로 선고된 특허권은 처음부터 없었던 것으로 본다.

② 특허권 무효선고의 결정은 특허권 무효선고 전에 인민법원이 내려서 이미 집행한 특허권 침해의 판결·조정서, 이미 이행 또는 강제 집행한 특허권 침해분쟁 처리결정 및 이미 이행한 특허실시허가계약과 특허권 양도계약에 대하여 소급력이 없다. 다만, 특허권자가 악의로 타인에게 손해를 입힌 경우에는 배상하여야 한다.

③ 전항 규정에 따라서 특허권 침해 배상금, 특허 사용료, 특허권 양도료를 반환하지 아니하는 것이 공평의 원칙에 명백히 반하는 경우, 전부 또는 일부를 반환하여야 한다.

一. 조문 연혁

1984년 제정 「특허법」 제50조는 아래와 같이 규정하였다.

무효로 선고된 특허권은 처음부터 없었던 것으로 본다.

1992년 「특허법」 개정 시에, 이 조에 제2항 내지 제4항을 추가하여 아래와 같이 규정하였다.

① 무효로 선고된 특허권은 처음부터 없었던 것으로 본다.

② 특허권 무효선고의 결정은 특허권 무효선고 전에 인민법원이 내려서 이미 집행한 특허권 침해의 판결·재정, 특허관리기관이 내려서 이미 집행한 특허권 침해 처리결정 및 이미 이행한 특허실시허가계약과 특허권 양도계약에 대하여 소급력이 없다. 다만, 특허권자가 악의로 타인에게 손해를 입힌 경우에는 배상하여야 한다.

③ 만약 전항 규정에 따라서 특허권자 또는 특허권 양도인이 특허실시 피허가자 또는 특허권 양수인에게 특허 사용료 또는 특허권 양도료를 반환하지 아니하는 것이 공평의 원칙에 명백히 반한다면, 특허권자 또는 특허권 양도인은 특허실시 피허가자 또는 특허권 양수인에게 특허 사용료 또는 특허권 양도료의 전부 또는 일부를 반환하여야 한다.

④ 본조 제2항 및 제3항의 규정은 취소된 특허권에도 적용된다.

2000년 「특허법」 개정 시에, 개정 전 제50조의 조문번호를 제47조로 바꾸고, 그 조문을 아래와 같이 개정하였다.

① 무효로 선고된 특허권은 처음부터 없었던 것으로 본다.

② 특허권 무효선고의 결정은 특허권 무효선고 전에 인민법원이 내려서 이미 집행한 특허권 침해의 판결·재정, 이미 이행 또는 강제 집행한 특허권 침해분쟁 처리결정 및 이미 이행한 특허실시허가계약과 특허권 양도계약에 대하여 소급력이 없다. 다만, 특허권자가 악의로 타인에게 손해를 입힌 경우에는 배상하여야 한다.

③ 만약 전항 규정에 따라서 특허권자 또는 특허권 양도인이 특허실시 피허가자 또는 특허권 양수인에게 특허 사용료 또는 특허권 양도료를 반환하지 아니하는 것이 공평의 원칙에 명백히 반한다면, 특허권자 또는 특허권 양도인은 특허실시 피허가자 또는 특허권 양수인에게 특허 사용료 또는 특허권 양도료의 전부 또는 일부를 반환하여야 한다.

개정된 부분은 다음과 같다.

첫째, 개정 전 본조 제2항의 "특허관리기관이 내려서 이미 집행한 특허권 침해 처리결정"을 "이미 이행 또는 강제 집행한 특허권 침해분쟁 처리결정"으로 고쳤다.

둘째, 개정 전 본조 제4항 규정을 삭제하였는데, 2000년 「특허법」 개정 시에 취소 절차를 폐지하였기 때문이다.

2008년 「특허법」 개정 시에, 다시 본조를 개정하였는데, 개정된 부분은 다음과 같다.

첫째, 2008년 개정 전 본조 제2항의 "재정"을 "조정서"로 바꾸었다.

둘째, 본조 제3항의 표현방식을 크게 간략하게 하였으며, 그중에서 특허권 침해 배상금의 전부 또는 일부를 반환하여야 한다는 규정을 추가하였다.

二. 본조 규정의 의미

(一) 제1항 규정에 관하여

2010년 개정 「특허법실시세칙」 제65조 제2항 규정에 의하면, 이 항이 규정하는 특허권 무효선고청구의 이유는 모두 특허권 수여의 실체적 요건이고, 특허권 수여의 절차적 요건이 아님을 알 수 있다. 따라서 특허권이 법에 의해 무효로 선고된다는 것은 그 특허권이 특허권 수여의 실체적 요건에 부합하지 아니함을 의미하는데, 즉 원래부터 특허권이 수여되어서는 안 되는 것이었음을 의미한다. 바로 이와 같기 때문에, 본조 제1항은 "무효로 선고된 특허권은 처음부터 없었던 것으로 본다."고 규정하고 있으며, 특허권 무효선고의 결정이 과거로 소급하는 법률효과가 있음을 매우 명확하게 표명하고 있다. 아래와 같이 지적한 학자도 있다.

> 특허권 무효선고의 결정은 위에서 설명한 사회적 효과 이외에도, 소급효가 있다. 이것은 바로 특허권이 무효로 선고되는 경우, 특허권 수여 시로 소급되어 효력이 미치는데, 즉 특허권이 처음부터 없었던 것으로 보아서 특허권이 근본적으로 수여되지 않았던 것과 같이 본다.[1]

본조 제1항은 "무효로 선고된 특허권은 처음부터 없었던 것으로 본다."고 규정하고 있는데, 특허권 무효선고 전후를 막론하고, 공중은 누구라도 모두 자유롭게 그 특허권으로 보호받는 발명창조를 자유롭게 실시할 수 있으며, 특허권자의 허가를 받을 필요가 없고, 또한 어떠한 특허 사용료도 지급할 필요가 없음을 의미한다. 따라서 특허권 무효선고 후에는 특허권이 유효함을 전제로 하여 내려진 관련 사법적 판결, 행정적 결정 및 이루어진 거래는 모두 기초를 상실한다. 원래의 특허권자가 타인이 그 특허권을 침해하였음을 이유로 소를 제기하거나 처리를 청구한 경우에 대해서 말하자면, 아직 집행되지 않았거나 현재 집행 중인 특허권 침해를 인정한 법원의 판결 또는 특허업무관리부문의 처리결정은 즉시 집행을 중지하여야 한다. 원래의 특허권자가 특허권을 양도하거나 또는 타인에게 그 실시를 허가하는 행위에 대해서 말하자면, 아직 이행하지 않았거나 또는 현재 이행 중인 특허실시허가계약 및 특허권 양도계약은 바로 이행을 정지하여야 하고, 양수인 또는 피허가자는 관련 비용의 지급을 중지할 수 있다.

(二) 제2항 및 제3항 규정에 관하여

1984년 제정 「특허법」 중에서 본조는 단지 "무효로 선고된 특허권은 처음부터 없었던 것으로 본다."라고만 규정하였을 뿐, 이 밖에 다른 규정이 없었다. 이러한 규정에 근거하여 특허권이 무효로 선고된 후에는, 무릇 아직 이행되지 않았거나 또는 현

---

1) 汤宗舜, 中华人民共和国专利法条文释义[M], 北京: 法律出版社, 1986: 161-162.

재 이행 중인 특허권 양도계약과 특허실시허가계약은 이행되지 않아야 하고, 무릇 아직 집행하지 않았거나 또는 현재 집행 중인 법원 또는 특허업무관리부분의 특허권 침해를 인정한 판결 또는 처리결정은 집행이 중지되어야 했는데, 이것은 의심할 바 없이 합리적인 것이었다. 그러나 만약 특허권 무효선고의 결정이 이미 이행한 특허권의 양도계약과 특허권 실시계약, 그리고 이미 집행한 특허권 침해를 인정한 판결 또는 처리결정에 모두 소급력이 있다고 본다면, 이것은 충분히 합리적이라고 할 수 없다.

 법원 및 특허관리기관이 특허권 침해분쟁을 재판 및 처리하여 피고에게 내리는 특허권 침해에 대한 민사책임 부담 명령은 대상이 되는 특허권이 유효하다는 것을 전제조건으로 하여 사실과 증거에 근거해서 법에 따라 내린 것이다. 특허권 무효선고는 특허권이 수여된 후에 어느 때라도 청구할 수 있고 심지어 특허권 보호기간이 만료된 이후에도 청구할 수 있기 때문에, 특허권 침해분쟁 사건의 판결 또는 처리결정이 완전히 집행되고 나서 긴 시간이 지난 이후에도 특허권은 무효로 선고될 수 있다. 세계 각국의 특허제도는 어떠한 특허권자라도 그 획득한 특허권이 처음부터 끝까지 유효한 특허로 인정될 수 있다는 것을 절대적으로 자신할 수 없다는 하나의 공통적인 특징이 있다. 그 원인은 특허권 유효여부에 있어서 가장 중요한 요소는 선행기술과 선행설계인데, 「특허법」이 규정하는 선행기술과 선행설계의 범위가 매우 광범위해서 어느 누구도 세계의 모든 관련 선행기술과 선행설계를 검색해 볼 수 없다는 데 있다. 이러한 현실임에도 만약 특허권 무효선고결정이 이미 집행된 판결 또는 처리결정에까지 모두 소급력이 있다고 인정한다면, 원래의 침해자는 모두 "묵은 빚을 청산"받을 권리를 갖게 되어 다음과 같은 부정적인 영향을 주게 된다. 한편으로는, 특허권자를 오랜 기간 동안 불안정한 상태에 있게 하여, 그 법에 의하여 받은 손해배상액을 어느 날엔가 다시 침해자에게 반환해야 할지도 모르고, 어느 날엔가 그 침해자에게 침해행위를 중지하라고 요구한 주장 때문에 거꾸로 배상해야 될지 모르게 되며, 또한 특허권자가 획득한 특허가 많을수록 그 특허권을 적극적으로 행사할수록 짊어져야 할 부담도 더욱 무거워져 뒷감당에 대한 걱정도 많아지게 되는데, 이렇게 되면 특허권자의 그 특허권 행사에 대한 자신감에 큰 영향을 주게 됨으로써 특허제도가 마땅히 발휘하여야 하는 작용에 영향을 주게 된다. 다른 한편으로는, 특허권이 무효로 된 경우에, 특허권자는 반환을 할 수 있는 능력이 없을 수도 있고 또한 특허권자가 기업인 경우에는 원래의 특허권자가 이미 존재하지 않을 수도 있는데, 침해자는 자신에게 "묵은 빚을 청산"받을 수 있는 권리가 있다고 하더라도 돌려받을 길이 없어 근심하고 불만을 갖게 되는데, 이러한 사람이 많으면 사회의 안정과 조화에 영향을 주게 된다. 특허권자와 타인이 체결한 특허허가계약 또는 특허권 양도계약은 대상이 되는 특허가 유효하다는 것을 전제로 진행한 것으로, 일단 특허가 무효로 선고되고 나면 이러한 계약은 존재의 기초를 잃게 된다. 이미 이행한 특허허가계약과 특허권 양도계약에 있어서, 특허권이 무효로 된 후에 원래의 피허가자와 양수인에게 "묵은 빚을 청산"하는 것을 허용한다면, 비슷한 문제를 일으킬 수 있다. 민사분쟁에 대하여, 세계 각국은 보편적으로 "원한은 풀어야야 맺어서는 안 된다."는 입장을 취하고 있으며, "묵은 빚을 청산"하는 것을 장려하지는 않는다.

위에서 설명한 이유와 실제적 수요에 기초하여, 1992년 「특허법」 개정 시에 본조에 제2항을 신설하여, "특허권 무효선고의 결정은 특허권 무효선고 전에 인민법원이 내려서 이미 집행한 특허권 침해의 판결·재정, 특허관리기관이 내려서 이미 집행한 특허권 침해 처리결정 및 이미 이행한 특허실시허가계약과 특허권 양도계약에 대하여 소급력이 없다."고 명확히 규정하였다. 이 규정은 본조 제1항이 "무효로 선고된 특허권은 처음부터 없었던 것으로 본다."고 규정한, 즉 특허권 무효선고의 결정이 소급력을 갖는다고 규정한 것에 대한 필요적 제한이다. 2000년 「특허법」 개정 시에 위 규정을 일부 조정하였는데, "특허관리기관이 내려서 이미 집행한 특허권 침해 처리결정"을 "이미 이행 또는 강제집행한 특허권 침해분쟁 처리결정"으로 고쳐서 그 표현을 보다 정확히 하였다.

주의하여야 할 점은, 본조 제2항의 "특허권 무효선고의 결정"은 이미 효력이 발생한 특허권 무효선고의 결정을 가리키는 것이어야 한다는 점이다. 최고인민법원은 2009년 12월 8일 재심사건에 대한 재정에서 아래와 같이 지적하였다.

> 특허복심위원회가 내린 특허권 무효선고의 결정에 있어서, 만약 당사자가 통지를 받은 날로부터 3개월이 지나서도 인민법원에 소를 제기하지 않으면, 그 결정의 효력은 최종적으로 확정되고, 만약 당사자가 법에 따라서 행정소송을 제기하면, 그 결정은 유효한 행정재판에 의해 합법적이고 유효한 것으로 유지된 이후에야 비로소 최종적으로 확정된다. 본 사건의 대상 특허가 비록 특허복심위원회의 심사에 의해 전부무효로 결정되었다고 하더라도, 특허권자가 이미 그 결정에 대해서 법정 기간 내에 행정소송을 제기하고, 베이징시 제1중급인민법원이 이에 대해서 이미 입안하여 수리하였으므로, 그 결정의 효력은 분명히 최종적으로 확정된 것이 아니다. 이와 같은 상황에서, 당사자가 이심법원에 심리중지를 신청하고, 이심법원이 대상 특허가 이미 무효선고청구에 의해 심사되어 전부무효로 결정되었음을 이유로 하여 직접 특허권자의 모든 소송청구를 기각한 것은 법률 적용에 잘못이 있다.[1]

---

1) 最高人民法院[(2009) 民申字 第1573号], 「最高人民法院知识产权案件年度报告(2009)」 第15页 참조.

그러나 만약 모든 경우를 불문하고 특허권 무효선고의 결정이 법원이 내려서 이미 집행한 특허권 침해의 판결·재결, 이미 이행 또는 강제집행한 특허권 침해분쟁 처리 결정 및 이미 이행한 특허실시허가계약과 특허권 양도계약에 대하여 모두 소급력이 없다고 확정적으로 규정한다면, 이 또한 합리적이지 않다. 이 때문에 본조 제2항 단서 및 제3항에 "소급력이 없다."는 규정에 대하여 필요한 제한을 하여, 두 가지 예외를 규정하고 있는데, 첫째는 특허권자가 악의로 타인에게 손해를 끼친 경우에는 배상하여야 한다는 것이고, 둘째는 반환하지 않는 것이 공평의 원칙에 명백히 위반하는 경우, 전부 또는 일부를 반환하여야 한다는 것이다. 이 규정은 의심할 바 없이 합리적이다. 예를 들어, 어떤 자가 국외의 특허문헌에 공개된 기술방안을 그대로 베껴서 실용신안 또는 디자인특허를 출원하고, 이 두 종류의 특허에 대하여 실체심사를 하지 않는 특허법의 규정을 이용하여 특허권을 획득한 후, 그 특허권이 무효라는 것을 분명히 알고 있으면서도 타인과 특허권 양도계약, 특허실시허가계약 또는 침해소송을 제기하여 위법한 이익을 도모하는 것이 바로 전형적인 악의의 행위이다. 이와 같은 행위에 대해서도 특허권 무효선고의 결정이 "소급력이 없다."는 것을 무리하게 강조한다면, 곧 악의의 행위를 방임하는 것과 다를 바 없는데, 어떻게 정의를 구현하고 정도를 실천하겠는가?

2008년 「특허법」 개정 시에, 본조 규정의 두 곳에 대해서 중요한 개정을 하였다.

첫째, 개정 전 제1항의 "재정"을 "조정서"로 고쳤다.

"재정"은 법원이 민사사건을 심리하는 과정에서 재판업무의 순조로운 진행을 보장하기 위해 내리는, 소송절차에 대해서 내리는 판정이다. 예를 들어, 불수리·재산보전·소취하의 허가 또는 불허, 절차중지, 소송종결 등이다. 「특허법」 및 관련 사법해석의 규정에 따르면, 법원은 특허소송 이전 또는 도중에 소제기 전 침해행위 금지, 소제기 전 재산보전, 소제기 전 증거보전 등 재정을 내릴 수 있다. "재정"은 분쟁사건의 시비곡직에 대한 법원의 최종적 재판의 결론이 아니고, 법원이 보다 공평하고 합리적으로 최종적인 재판의 결론을 얻기 위해서 취하는 조치라는 점에서 "재정"과 "판결"은 구별된다. 위 유형의 재정 중에서, 소취하 불허, 절차중지 등과 같이 당사자의 이익에 직접적인 영향이 없는 것도 있고, 소제기 전 또는 소제기 중 관련 행위의 중지, 재산보전, 증거보전 등과 같이 당사자의 이익에 직접적인 영향이 있는 것도 있다. 재정은 최종판결이 아니기 때문에, 신청에 착오가 있어 당사자의 이익이 손해를 입는 것을 방지하기 위해서, 「특허법」 제66조는 특허권자가 법원에 피고의 관련 행위 중지명령의 재정을 신청하는 경우에는 반드시 담보를 제공하여야 한다고 명확하게 규정하고 있으며, 제67조는 특허권자가 법원에 증거보전의 재정을 신청하는 경우에 법원은 담보의 제공을 명령할 수 있다고 규정하고 있다. 담보 제공을 요구하는 목적 중 하나가 바로 신청이 잘못 되어 상대방 당사자에게 손해가 발생하는 경우에 배상에 이용하기 위함이다. 특허권이 무효로 선고되는 경우가 출원인에게 잘못이 있음을 인정한 전형적인 경우이다. 특허권이 일단 무효로 선고되면, 그 재정은 존재의 기초를 잃었으므로 바로 취소되어야 하고, "이미 집행"되었다고 해서 소급되지 않는 것이 아니다. 출원인이 사전에 담보를 제공한 경우에는 그 담보를 이용하여 피신청인이 입은 손실을 배상하여야 하고, 본조 제2항의 "소급력이 없다."는 규정을 적용함으로써 그 재정이 지속적으로 유지되도록 해서는 안 된다. 바꿔 말하면, 본조 제2항의 "소급력이 없다."라는 규정은「특허법」제66조 및 제67조의 관련 규정과 서로 모순될 수 없다. 따라서 2008년 개정 전「특허법」본조 제2항의 "재정"을 삭제할 필요가 있었다. 이 밖에, 특허권 침해소송에서의 법원의 특허권 조정서는 특허권 침해판결과 유사한 법적 효력이 있으므로, 본조 제2항 본문의 입법취지를 고려하면, 특허권 무효선고 결정이 이미 집행한 조정서에 대하여 소급력이 없다고 함께 규정하는 것이 마땅하다. 이 때문에 2008년「특허법」개정 시에 개정 전 본조 제2항의 "재정"을 삭제하는 동시에 "조정서"를 추가하였다.

둘째, 본조 제3항의 표현방식을 간략화하고, "특허권 침해 배상금"을 반환하여야 하는 비용의 하나로 추가하였다.

2008년 개정 전「특허법」본조 제3항 규정은 표현이 매우 복잡하였고, 그 조문 대부분이 실제로는 본조 제2항의 내용과 중복되었다. 2008년 개정 후 본조 제3항은 매우 간단하고, 읽어 보면 훨씬 명확하게 되었다.

특허권 침해로 인정된 경우에, 침해자가 특허권 침해에 대한 민사책임을 부담하는 방식 중 하나가 특허권 침해 배상금을 지급하는 것이다. 특허권 침해 배상금은 특허 실시허가계약의 특허 사용료를 지급하는 것과 성질상 유사한 점이 있는데, 모두 특허권이 유효하다는 전제하에서 그 특허를 실시하는 자가 특허권자에게 지급하여야 하는 비용이다. 만약 대상이 된 특허권이 후에 무효로 선고되면, 실시자가 관련 비용을 지급해야 하는 기초가 사라진다. 이와 같다면, 본조 제3항이 규정한 경우에, 특허권자가 관련 당사자에게 반환하여야 하는 전부 또는 일부의 비용에 특허권 침해 배상금도 포함되어야 한다.

2008년 개정 후 본조 제3항 규정에 따르면, 특허권자가 반환하여야 하는 비용에는 두 유형이 포함되는데, 첫째는 특허권 침해 배상금이고, 둘째는 특허 사용료와 특허권 양도료이다. 두 비용의 성질은 약간 다른데, 전자는 특허권 침해가 성립하는 것으로 인정한 법원이 침해자에게 지급하도록 명령하는 것이고, 후자는 특허권자와 실시허가계약을 체결한 피허가자 및 특허권자와 특허권 양도계약을 체결한 양수인이 스스로 원하여 지급한 것이다. 중국이 특허제도를 수립한 초기에, 중국 민중의 법치 의식은 비교적 낮았고, 시장경제 규칙에 대해서도 익숙하지 않았으므로, 처음에 건성으로 특허 사용료, 특허권 양도료를 지급하고, 특허권이 무효로 선고된 후에는 속았다고 야단법석을 피우는 현상이 빈번하였다. 요사이에는 이와 같은 일이 많이 줄어들었다. 쌍방 당사자가 실시허가계약 또는 특허권 양도계약을 체결할 때에는 계약으로 약정된 권리의무를 모두 특별히 유의하여야 하는데, 그중에서 빠질 수 없는 조항이 바로 약정의 대상이 된 특허권이 무효로 선고되는 때에 어떻게 처리하여야 하는가이다. 구체적인 상황에 따라 계약에서 약정한 처리방식도 조금씩 달라질 수 있는데, 특허 사용료 또는 특허권 양도료를 전부 반환하는 것으로 약정할 수도 있고, 일부만 반환하는 것으로 약정할 수도 있으며, 계약이 이행된 후 일정한 기간이 경과하였거나 또는 피허가자나 양수인이 이미 실질적인 경제적 이익을 얻은 후에 특허권이 무효로 선고되면 반환하지 않거나 또는 소액만 반환하는 등으로 약정할 수도 있다. 요컨대 기왕에 쌍방이 평등하게 협상한 결과라면, 계약에 약정된 것은 쌍방 당사자에게 모두 공평하고 합리적인 것으로 믿을 수 있고 모두 받아들일 수 있다. 만약 계약으로 약정하였다면, 약정우선의 원칙을 따라야 한다. 일방 당사자가 약정을 이행하지 않으면, 본조 제3항의 "공평의 원칙에 명백히 반하는 경우"로 인정될 수 있고, 또한 법에 따라서 그 책임을 물을 수도 있다. 이와 같은 경우에는 본조의 규정을 적용하는 의의가 이미 크지 않다고 볼 수 있다. 이 때문에 2008년 개정 후 본조 제3항에 "특허권 침해 배상금"을 추가한 것이야말로 바로 가장 실제적 의의가 있고 규정이 필요한 사항이라고 하겠다.

여기까지 설명하였지만, 아직 본조 규정의 논리구조에 대하여 좀 더 검토해 볼 필요가 있다. 필자는 본조 규정이 다음과 같은 논리순서를 따라야 한다고 본다.

첫째, 제1항에서 "무효로 선고된 특허권은 처음부터 없었던 것으로 본다."고 규정한 것은 바로 먼저 특허권 무효선고 결정이 소급력이 있다는 기본원칙을 명확하게 밝힌 것이다.

둘째, 제2항에서 "특허권 무효선고의 결정은 특허권 무효선고 전에 인민법원이 내려서 이미 집행한 특허권 침해의 판결·조정서, 이미 이행 또는 강제집행한 특허권 침해분쟁 처리결정 및 이미 이행한 특허실시허가계약과 특허권 양도계약에 대하여 소급력이 없다."고 규정한 것은 제1항이 규정한 기본원칙에 대한 일종의 예외이다.

셋째, 제3항에서 "전항 규정에 따라서 특허권 침해 배상금, 특허 사용료, 특허권 양도료를 반환하지 아니하는 것이 공평의 원칙에 명백히 반하는 경우, 전부 또는 일부를 반환하여야 한다."고 규정한 것은 제2항의 예외에 대한 또 하나의 예외로서, 그 의의는 이미 지급한 특허권 침해 배상금을 합리적으로 처리하는 데 있을 뿐만 아니라, 당사자가 보다 규범 있는 방식으로 실시허가계약과 특허권 양도계약을 체결할 수 있도록 지도하는 데에도 있다.

넷째, 제4항에서 "당사자가 특허권자의 악의와 그로 인하여 입은 손해를 증명하는 경우에는, 특허권자가 본조 제3항 규정에 따라서 특허권 침해 배상금, 특허 사용료, 특허권 양도료를 전부 반환하는 이외에, 당사자가 입은 손해를 추가로 배상해야 한다."고 규정하여 제3항 규정을 보충함으로써, 신의성실의 원칙을 엄중하게 위반한 행위를 한 특허권자가 부담해야 하는 민사책임을 확대하는 필요한 법률적 처벌 단계를 형성하여야 한다.

이와 같이 규정하면, 본조가 규정하는 순서를 보다 분명하게 할 수 있고, 논리가 보다 순조롭게 된다. 현행 본조 조문의 부족한 점은 제2항 후반부의 규정과 제3항 규정이 논리순서에서 바뀌어 있다는 점이다. 2008년 「특허법」 개정 시에, 국가지식산권국의 담당자가 입법기관에 위와 같은 의견을 제출하였으나 받아들여지지 않았는데, 본조 규정은 본래에도 이와 같이 이해될 수 있어서 개정하지 않아도 되기 때문이라는 것이 그 이유였다.

종합하면, 본조는 여러 경우를 구분하여, 여러 측면에서 특허권 무효선고 결정으로 인한 영향을 반복적으로 규정하는데, 그 목적은 특허권자의 합법적 권익과 공중의 합법적 권익 사이의 균형을 모색하고, 정상적인 사회경제질서를 유지하면서 운용가능성과 공평합리 사이의 균형을 도모하는 데 있으며, 매우 고심한 결과라고 하겠다. 「특허법」이 조정해야 하는 법률관계 중에서, 특허권 무효선고로 발생하는 문제를 어떻게 처리해야 하는가, 어떻게 각종 방법 간의 한계를 보다 적절하게 구분하는가는 쉽지 않은 문제 중의 하나이므로, 본조 규정을 매우 신중하게 제정하고 적용할 필요가 있다.

제6장

특허실시의 강제허가

제48조~제58조

서 언

소위 특허실시의 강제허가제도는, 특허권자의 동의를 받지 않은 상황에서 정부가 법에 의하여 타인에게 그 특허를 실시할 수 있는 권리를 주는 제도이다. 이 제도는 특허권자의 권리남용을 방지하고 공공이익을 보호하는 중요한 법률제도로서, 특허법의 입법취지 실현, 과학기술의 응용확산 촉진, 국가와 공중의 이익 보호에 매우 중요한 의의가 있다. 현재 세계적으로 절대 다수 국가의 특허법이 이 제도를 규정하고 있다.

「파리협약」제5조는 각 동맹국은 강제허가를 할 수 있는 권리가 있다고 규정하고 있지만, 이 조문은 매우 간단하고 주로 강제허가의 이유에 관한 것으로, 불실시와 같이 특허권 행사로 인해서 권리가 남용되는 것을 방지하는 데 그 목적이 있다고 밝히고 있다.

특허실시의 강제허가제도는 가장 중요한 문제인 강제허가의 이유 외에도, 강제허가 전에 피허가자가 특허권자와 협의하여야 하는지 여부, 강제허가의 수여 또는 거절 결정에 대하여 불복하는 경우 법원에 소를 제기할 수 있는지 여부, 수여된 강제허가에 근거하여 특허를 실시하는 경우 사용료를 지급하여야 하는지 여부, 수여받은 강제허가를 양도할 수 있는지 여부, 피허가자가 강제허가에 근거하여 제조한 특허제품을 다른 국가로 수출할 수 있는지 여부 등과 같은 기타 많은 문제에도 관계된다. 이러한 문제에 대해서, 「파리협약」은 명확하게 규정하지 않았다.

경제의 글로벌화 추세가 갈수록 뚜렷해짐에 따라서, 세계 경제의 구조가 과거 몇십 년 사이에 크게 변화하였다. 선진국은 이미 그 제조업을 개발도상국으로 점차 이전하고 있으며, 갈수록 기술혁신·설계혁신을 경제적 이익 획득의 중요한 방식으로 삼음으로써, 제품의 "제조국·수출국"에서 지식재산권의 "창조국·수출국"으로 전환하고 있다. 이러한 경제모델에서, 선진국은 필연적으로 지식재산권에 대한 효과적인 보호를 보다 중시하고 있다. 선진국은, 만약 너무 쉽게 강제허가를 받을 수 있다면 그 기업이 그 특허권을 행사하는 데 심각한 위협이 될 수 있다고 여긴다. 이 때문에 선진국들의 대대적인 지원으로, WTO TRIPs는 회원국이 강제허가제도를 이용하는 데 있어서 갖가지 엄격한 제한을 규정하였는데, TRIPs 제31조에 집중적으로 드러나 있다.

중국이 1984년 제정한 「특허법」은 강제허가에 관하여 비교적 간단하게 규정하였다. 1992년, 2000년 및 2008년 세 차례 「특허법」 개정 시에 본장의 규정을 개정함으로써 점차 개선하였다.

중국이 1985년 4월 1일 「특허법」을 처음 시행한 이래로 현재까지, 특허실시의 강제허가를 한 적이 단 한 번도 없다. 이 사실은 단지 중국이 특허실시의 강제허가에 있어서 매우 신중한 태도를 취하고 있음을 나타낼 뿐이고, 제6장 규정이 중요하지 않다는 것을 나타내는 것은 절대 아니다.

제48조 강제허가의 일반 이유

다음 각 호의 하나에 해당하는 경우, 국무원 특허행정부문은 실시조건을 갖춘 단위 또는
개인의 신청에 근거하여, 발명특허 또는 실용신안특허 실시의 강제허가를 할 수 있다.
1. 특허권자가 특허권이 수여된 날로부터 만 3년, 그리고 특허출원한 날로부터 만 4년이
   지나서도, 정당한 이유 없이 그 특허를 불실시하거나 또는 불충분하게 실시한 경우
2. 특허권자의 특허권 행사행위가 법에 의해 독점행위로 인정되고, 그 행위가 경쟁에 미
   치는 불리한 영향을 해소 또는 감소시키기 위한 경우

一. 개 요

(一) 강제허가의 이유에 관하여

특허실시의 강제허가에서 가장 중요한 문제는 강제허가를 하는 이유, 즉 어떤 경우
에 강제허가를 할 수 있는가이다. 강제허가의 이유(grounds)와 강제허가의 절차적 요
건(conditions)을 주의하여 구분하여야 하는데, 양자가 상이하기 때문이다. 설령 강제
허가의 신청이유가 「특허법」의 관련 규정에 부합한다고 하더라도 바로 강제허가를
할 수 있는 것이 절대 아닌데, 이 밖에도 「특허법」이 규정한 강제허가의 절차적 요건
을 만족시켜야 하기 때문이다. 이러한 의미에서, 양자는 점층적인 논리관계에 있다.
「파리협약」 제5조 제A부분 제2항은 아래와 같이 규정하고 있다.

> 각 동맹국은 불실시와 같은 특허에 의하여 부여되는 배타적 권리의 행사로부터 발생
> 할 수 있는 남용을 방지하기 위하여 강제실시권의 부여를 규정하는 입법조치를 취할
> 수 있다.

위의 규정은 「파리협약」이 강제허가를 규정한 목적이 특허권의 남용을 방지하는
데 있음을 나타내고 있다. 그러나 이 협약에는 어떠한 행위가 특허권의 "남용"행위를
구성하는지를 명확하게 정의하지 않았고, 단지 하나의 전형적인 예, 즉 특허권자가
그 특허를 불실시하는 경우만을 제시하고 있다. 일반적으로 말해서, "특허권 남용"
행위의 범위는 반독점법 의미상의 경쟁을 배제 또는 제한하는 행위의 범위보다는 넓
어서, 무릇 반독점법에 저촉되는 특허권 행사행위는 특허권의 남용 행위로 인정될 수

있지만, 특허권 남용 행위라고 해서 모두 반독점법에 저촉되는, 경쟁을 배제 또는 제한하는 행위에 해당하는 것은 아니다. 이로부터 각국이 그 입법조치를 통하여 규정할 수 있는 강제허가의 이유에 있어서 「파리협약」이 비교적 큰 재량의 여지를 남겨 두었음을 볼 수 있다.

TRIPs 제2조 제1항은 아래와 같이 규정하고 있다.

> 이 협정의 제2부, 제3부 및 제4부와 관련, 회원국은 파리협약(1967년)의 제1조에서 제12조까지 및 제19조를 준수한다.

이것은 「파리협약」 제5조 제A부분 제2항의 규정이 실제로 TRIPs 내용의 일부임을 나타낸다.

TRIPs 제31조는 강제허가에 대하여 많은 제한적 요건을 규정하고 있는데, 그중에는 강제허가 전에 만족시켜야 하는 절차적 요건에 관한 것도 있고, 강제허가 후에 그 강제허가를 실시하는 데 있어서의 제한적 요건에 관한 것도 있지만, 모두 강제허가의 이유에 관한 규정은 아니다. 이것은 TRIPs가 강제허가의 이유에 있어서 「파리협약」의 입장을 계승하였으며, 그 입법조치를 통하여 규정할 수 있는 강제허가의 이유에 있어서 변함없이 각국에게 비교적 큰 재량의 여지를 남겨 두었음을 나타낸다. 2001년 11월 14일 WTO 각료회의는 「도하선언」을 통과시켜, 그 회원국에게 TRIPs의 융통성 있는 조항을 충분히 운용할 권리가 있음을 재차 천명하였고, 여기에는 TRIPs의 다른 규정을 위반하지 않는 범위 내에서 각 회원국이 강제허가를 할 수 있는 권리와 강제허가의 이유를 자주적으로 결정할 수 있는 권리가 포함됨을 인정하였다. 「도하선언」의 이러한 내용은 위와 같은 결론을 얻을 수 있는 유력한 증거이다.

2008년 개정 「특허법」 제6장은 강제허가의 다섯 가지 이유를 명확히 하였는데, 각각 다음과 같다.

(1) 국가에 긴급상태 또는 비상상황이 발생하였거나 또는 공익목적을 위한 경우(제49조, TRIPs 제31조에 이러한 이유로 강제허가를 할 수 있다고 규정되어 있음을 근거로 한다.)

(2) 공공건강의 목적을 위하여, 중국에서 특허권을 받은 약품에 대해서, WTO총회의 「TRIPs 개정에 관한 의정서」 규정에 따라, 이러한 약품을 필요로 하는 국가 또는 지역의 청구에 의하여, 중국에서 특허약품을 제조하여 청구한 국가 또는 지역에 이를 수출하는 경우(제50조, 「TRIPs 개정에 관한 의정서」를 근거로 한다.)

(3) 특허권자가 규정된 기간 내에 정당한 이유 없이 그 특허를 불실시하거나 또는

충분히 실시하지 않은 경우(제48조 제1항, 「파리협약」 제5조 제A부분 제2항 규정을 근거로 한다.)

(4) 특허권자의 특허권 행사행위가 법에 의해 독점행위로 인정되고, 그 행위가 경쟁에 미치는 불리한 영향을 해소 또는 감소시키기 위한 것인 경우(제48조 제2항, 「파리협약」 제5조 제A부분 제2항 규정 및 TRIPs 제31조에 이러한 이유로 강제허가를 할 수 있다고 규정되어 있음을 근거로 한다.)

(5) 특허권자가 받은 특허가 타인이 전에 받은 다른 특허의 이용발명특허로서, 그 이용발명특허가 전에 받은 특허에 비하여 현저한 경제적 의의가 있는 중대한 기술적 진전이고, 이용발명특허의 실시가 그 다른 특허의 실시에 의존하는 경우(제51조, TRIPs 제31조에 이러한 이유로 강제허가를 할 수 있다고 규정되어 있음을 근거로 한다.)

비록 「파리협약」과 TRIPs가 모두 강제허가의 이유에 대하여 회원국에게 비교적 큰 재량을 주었지만, 중국 「특허법」은 강제허가를 신청할 수 있는 이유를 규정함에 있어서 줄곧 상당히 신중한 태도를 견지하고 있으며, 규정된 다섯 가지 강제허가의 이유 모두 굳건한 국제법적 근거를 갖고 있음을 볼 수 있다.

(二) 본조 규정의 연혁

1984년 「특허법」 제정 시에 일부 국가의 특허법을 참고하여, 먼저 제51조에 아래와 같이 규정하였다.

> 특허권자는 자신이 중국에서 그 특허제품을 제조하거나, 특허방법을 사용하거나 또는 타인이 중국에서 그 특허제품을 제조하고 그 특허방법을 사용하도록 허가할 의무가 있다.

그리고 제52조에 아래와 같이 규정하였다.

> 발명 및 실용신안특허권자가 특허권이 수여된 날로부터 만 3년 내에, 정당한 이유 없이 이 법 제51조가 규정하는 의무를 이행하지 아니하는 경우, 특허국은 실시조건을 갖춘 단위의 신청에 의하여, 그 특허의 실시를 강제허가 할 수 있다.

위의 두 조 규정은 서로 관련되어 함께 특허권자의 불실시라는 하나의 강제허가 이유를 구성하였다.

이런저런 이유로 세계 각국에서는 특허권이 수여된 때로부터 종료될 때까지 실시된 적이 없는 특허권이 상당한 비율을 차지하고 있으며, 따라서 제51조가 규정한 의무가 실제로는 별로 의미가 없었다. 특허제도가 부단히 발전함에 따라서, 세계 각국은 이미 보편적으로 특허권자에게 그 특허를 자기가 실시하거나 또는 타인이 실시하도록 허가할 의무가 있다고 규정하지 않고 내버려 두고 있다. 아래와 같이 지적한 학자도 있다.

> 특허권자 입장에서 생각해 보면, 이 규정을 집행하는 것은 실제로 곤란한 점이 있다. 일부 대기업은 보통 그 발명을 수많은 국가에 특허출원한다. 이러한 기업에게 이러한 특허권을 받은 모든 국가에서 그 특허를 실시하도록 요구하는 것은, 경제적이지도 합리적이지도 않을 뿐 아니라, 때로 일부 국가에서는 실시하는 것이 기술적으로 어려울 수도 있다. 실제로 최근 이삼십 년 동안에, 국제무역의 급속한 발전과 대기업이 생산을 하나 또는 몇 개 국가에만 집중시키려고 하는 추세에 따라서, 수많은 특허제품이 갈수록 현지 생산이 아닌 수입을 통해서 시장의 수요를 만족시키고 있다.[1]

이 이유에 기초하여, 1992년 「특허법」 개정 시에 개정 전 제51조의 특허권자의 특허실시 의무에 관한 규정을 삭제하였다.

1992년 개정 「특허법」은 개정 전 제51조를 삭제함과 동시에, 개정 전 제52조의 특허 불실시로 인한 강제허가에 관한 규정도 삭제하였다. 그러나 이렇게 삭제하는 것에 대하여 논란이 있었다. 삭제의 이유에 관하여, 아래와 같은 점이 지적되었다.

> TRIPs 제31조는 강제허가 문제에 관한 것인데, 당해 조는 TRIPs의 조문 중에서 가장 길며, 강제허가에 대하여 매우 상세히 규정하여 제한하고 있다. 이 조는 특허기술의 실시여부를 강제허가 비준의 조건으로 하고 있지 않다. 이 밖에 TRIPs 제27조 제1항은 이 협정에 별도로 규정되어 있는 경우를 제외하고, 특허권의 향유는 제품이 수입 또는 현지에서 제조되었음을 이유로 차별받아서는 아니 된다고 규정하고 있다. 이것은 특허권자가 특허제품을 수입하는 것과 특허권자가 현지에서 특허제품을 제조하는 것이 동일하게 취급되어야 함을 뜻하며, 이로써 현지에서 제조 및 사용되지 않았음을 이유로 강제허가를 비준할 수 있는 가능성을 명확하게 배제하였다. 이것은 강제허가 제도가 당초에는 주로 특허권자의 권리남용(불실시)을 방지하는 차원에서 시작되었던 것에서 주로 국가와 공공이익을 보호하고

---

1) 汤宗舜, 专利法解说[M], 北京: 专利文献出版社, 1994: 239.

특허기술의 이용확산을 촉진하는 차원에서 취해지는 일종의 보장조치로 이미 변화되었음을 나타낸다.[1]

위의 견해를 비판하는 학자도 있었는데, 아래와 같이 지적하였다.

이처럼 해석하는 것은 TRIPs의 관련 규정을 다음과 같이 이해하는 것인데, (1) 특허권자가 특허제품의 수입을 허용하는 때에는 「파리협약」이 규정하는 특허 불실시에 속하지 않으므로 남용에 해당하지 않으며, (2) 이에 나아가, 특허를 실시(수입 포함)하지 않더라도 남용이 아니므로 강제허가 조치가 취해지지 않는다. 즉, TRIPs는 철저하게 「파리협약」 제5조 제A부분의 규정을 부정한 것이다.

「특허법」을 위와 같이 개정한 것이 불실시로 인한 강제허가를 철저히 폐지함으로써 TRIPs를 적용하기 위한 것으로 이해하는 것은 TRIPs에 대한 오해이다. 왜냐하면, 수입이 특허실시에 속하는지는 여전히 논란이 있는 문제이며, TRIPs 규정은 특허 불실시를 강제허가의 이유로 할 수 있음을 부정하지 않기 때문이다.[2]

1992년 개정 「특허법」 제51조는 아래와 같이 규정하였다.

실시조건을 갖춘 단위가 합리적인 조건으로 발명 또는 실용신안의 특허권자에게 그 특허의 실시허가를 청구하였으나 합리적인 기간 내에 이러한 허가를 받지 못했을 때에, 특허국은 그 단위의 신청에 의하여, 그 발명특허 또는 실용신안특허를 실시하는 강제허가를 할 수 있다.

이 규정은 문제를 불러왔다. 이 규정은 실제로는 TRIPs 제31조 (나)항 규정으로부터 유래한 것인데, 이 조문은 아래와 같다.

이러한 사용은, 동 사용에 앞서 사용예정자가 합리적인 상업적 조건하에 권리자로부터 승인을 얻기 위한 노력을 하고 이러한 노력이 합리적인 기간 내에 성공하지 아니하는 경우에 한하여 허용될 수 있다. 이러한 요건은 국가 비상상황, 극도의 긴급상황 또는 공공의 비상업적 사용의 경우에 회원국에 의하여 면제될 수 있다. 그럼에도 불구하

1) 国家知识产权局条法司, 新专利法详解[M], 北京: 知识产权出版社, 2001: 285-286.
2) 单晓光 等, 专利强制许可制度[G]//国家知识产权局条法司, 专利法及专利法实施细则 第三次修改专题研究报告, 北京: 知识产权出版社, 2006: 1345.

고 국가 비상상황 또는 그 밖의 극도의 긴급상태의 경우 권리자는 합리적으로 가능한 빠른 시간 내에 통보를 받는다. 공공의 비상업적 사용의 경우 정부 또는 계약자가 유효한 특허가 정부에 의해 또는 정부를 위해서 사용되거나 사용될 것이라는 사실을 특허검색 없이 알거나 알만한 입증할 수 있는 근거가 있는 경우 권리자는 신속히 통보받는다.

앞에서 설명한 것처럼, TRIPs 제31조는 강제허가의 절차적 요건을 규정하고 있으며, 강제허가의 이유를 규정한 것은 아니다. 이 협정 제31조의 각 항 규정을 전체적으로 보면, 실시자가 사전에 합리적인 조건으로 합리적인 기간 내에 특허권자와 협상하였으나 합의에 이르지 못한 것이, 특허의 불실시 또는 불충분한 실시를 이유로 하여 강제허가를 할 수 있는 절차적 요건이면서, 또한 이용발명특허의 실시를 이유로 강제허가를 할 수 있는 절차적 요건임을 알 수 있다. 강제허가의 "이유"가 강제허가의 "요건"과 차이가 있음을 인식하지 못하였기 때문에 1992년 개정 「특허법」 제51조는 TRIPs 제31조 규정을 오해한 것이라고 지적한 견해도 있다.[1] 제51조 규정 이외에도, 1992년 개정 「특허법」 제54조는 강제허가의 절차적 요건을 규정하였는데, 즉 "이법 규정에 따라서 실시의 강제허가를 신청하는 단위 또는 개인은 합리적인 조건으로 특허권자와 실시허가계약을 체결할 수 없었음을 증명하여야 한다."고 규정하였다. 1992년 개정 「특허법」 제51조 규정은 실제로 제54조와 서로 중복되었다.

위에서 설명한 문제를 해결하기 위하여, 2008년 「특허법」 개정 시에 본조 규정을 다시 개정하였는데, 개정된 점은 다음과 같다.

첫째, 특허권자가 불합리하게 허가를 거절하는 것을 강제허가의 이유로 했던 것에서 특허권자가 규정된 기간 내에 그 특허를 불실시하거나 또는 불충분하게 실시하는 것으로 강제허가의 이유를 고치고, 본조 제1호로 하였다.

둘째, 강제허가를 할 수 있는 새로운 이유를 추가하였는데, 즉 특허권자의 특허권 행사행위가 법에 의하여 독점행위로 인정되고 이 행위가 경쟁에 미치는 불리한 영향을 해소 또는 감소시키기 위하여 강제허가를 할 수 있다고 본조 제2호에서 규정하였다.

셋째, 본조에 의하여 강제허가를 신청할 수 있는 주체의 자격을 본조의 본문에 규정하였는데, 즉 실시조건을 갖춘 단위 또는 개인이 강제허가를 신청할 수 있음을 명확히 하였다.

---

[1] 单晓光 等, 专利强制许可制度[G]//国家知识产权局条法司, 专利法及专利法实施细则 第三次修改专题研究报告, 北京: 知识产权出版社, 2006: 1288.

특허제도의 국제적 발전 과정에서, 강제허가제도가 처음에는 특허가 실시되지 않는 상황에 대응하기 위하여 마련되었는데,「파리협약」제5조 제A부분 제2항에 열거된 강제허가를 할 수 있는 유일한 예가 바로 특허권자가 그 특허를 실시하지 않은 경우이다. 주의하여야 할 점은,「파리협약」의 규정에 따르면, "특허 불실시"는 단지 밖으로 드러난 것에 불과하고, 이로 인해 강제허가를 하는 진정한 이유는 "특허 불실시"가 특허권의 남용에 해당하기 때문이라는 점이다.[1) 따라서 특허 불실시를 이유로 강제허가를 할 수 있다는 것이 모든 특허권자에게 그 특허를 실시할 의무가 있음을 의미하는 것은 아니다. 만약 아무런 시장가치도 없는 특허라면, 특허권자 자신이 실시하지 않더라도 아무도 신경 쓰지 않을 것이므로, 그 특허권의 남용은 조금도 말할 것이 못 된다. 일정한 시장가치가 있지만 가치가 크지 않고 다른 대체할 수 있는 기술방안이 있는 특허라면, 설령 특허권자 자신이 실시하지 않고 또한 타인에게 실시를 허가하지 않더라도 그 특허권을 남용하는 것에 해당하지 않는다. 공중이익에 중대한 영향이 있고 유사한 효과를 발휘하는 다른 대체할 수 있는 기술방안이 없는 특허라면, 이러한 상황에서는 특허권자가 실시하지도 않고 타인에게 실시를 허가하지도 않으면 공중의 수요를 만족시킬 수 없으므로, 비로소 그 특허권을 남용하는 것에 해당할 수 있다. 특허권자가 그 특허를 실시하지 않는 것이 특허권을 남용하는 것에 해당할 가능성이 있다면, 2008년「특허법」개정 시에 이를 강제허가 이유의 하나로 본조에 규정한 것은 필요하면서도 의미가 있는 일이었다. 비록 2008년 개정「특허법」본조 제1호가 1984년 제정「특허법」제52조로 다시 되돌아간 것처럼 보이기는 하지만, 그러나 실제로는 단순하게 회귀한 것이 아니라는 점이 지적되어야 하는데, 개정 후 본조 제1호의 의미는 1984년 제정「특허법」제51조 및 제52조에 함께 표현된 의미와는 다르기 때문이다.

二. 강제허가 할 수 있는 특허

본조와 제6장의 다른 각 조의 규정에 의하면, 발명특허 또는 실용신안특허만 강제허가를 할 수 있으며, 디자인특허는 강제허가를 할 수 없다. 이처럼 규정한 것은 강제허가의 주된 목적이 특허권자의 권리남용으로 특허기술의 이용확산이 가로막혀 공

---

1) G. H. C. Bodenhausen, Guide to the Application of the Paris Convention for the Protection of Industrial Property [M], Geneva: The United International Bureau for the Protection of Intellectual Property (BIRPI), 1968: 71.

중이 신기술로 인한 혜택을 누릴 수 없게 되는 것을 방지하기 위함이기 때문이다. 사실상 모든 발명 또는 실용신안특허권에 대하여 강제허가 할 수 있는 것은 아니고, 그중 오직 국가와 공중의 이익에 중대한 영향이 있는, 예를 들어 유행병에 대한 예방 또는 치료에 뚜렷한 효과가 있는, 에너지절약·환경보호 분야에 현저한 효과가 있는, 사고발생방지·작업자생명안전에 특수한 효과가 있는 극소수의 발명창조만이 강제허가의 필요가 있을 수 있다. 제품의 외관에만 관계되어 사람들로 하여금 미감을 불러일으키는, 기술적 기능에는 관계되지 않는 디자인특허에 있어서는, 특허권이 수여된 디자인을 실시하지 않는다고 하더라도 기껏해야 사람들의 시각적 감각에만 영향이 있을 뿐이고, 현실적으로는 사람들이 선택할 수 있는 대체방안이 충분히 있게 마련이므로, 반드시 특정한 디자인을 사용하여야만 비로소 미감을 발생시키는 문제는 없으며, 따라서 디자인특허에 대해서는 강제허가를 할 필요가 없다.

강제허가는 특허권자의 국적에 따라서 달라지는 것이 아니다. 외국인인지 아니면 내국인인지를 불문하고 중국에서 획득한 특허권이라면, 모두 법에 의하여 강제허가를 할 수 있다. 이것이 강제허가제도와 「특허법」 제14조가 규정하는 발명특허의 응용확산의 중요한 차이 중 하나이다. 후자는 중국의 국유 기업사업단위가 받은 발명특허권에 한정된다.

三. 특허권자의 불실시 또는 불충분한 실시로 인한 강제허가

「파리협약」 제5조 제A부분 제4항은 그 제2항의 "불실시"에 대하여 더 나아가 한정하였는데, 아래와 같이 규정하고 있다.

> 특허 출원일로부터 4년 기간의 만료일 또는 특허 부여일로부터 3년 기간의 만료일 중 늦은 기일 이전에 불실시 또는 불충분한 실시를 이유로 강제 실시권을 신청할 수 없다. 그러한 신청은 특허권자가 정당한 이유로써 그의 불실시를 정당화하는 경우에 거절된다. 그러한 강제 실시권은 비배타적이며 또한 공여의 형태로서도 이전될 수 없으나 그러한 강제 실시권을 이용하는 기업 또는 영업권의 일부와 함께 이전되는 경우에는 예외로 한다.

본조 제1호 규정은 위 규정 중 첫째 문장의 요건에 대응하고, 「특허법」 제56조 규정은 위 규정 중 셋째 구절의 요건에 대응한다.

본조 제1호 규정을 이해하기 위해서는 몇 가지 문제를 살펴보아야 하는데, 아래에서 각각 설명하도록 한다.

1. 특허실시 행위의 유형

본조 제1호의 "불실시" 또는 "불충분한 실시"는 모두 특허의 "실시"에 관계되는데, 수많은 특허권자, 특히 외국특허권자는 "실시"의 의미에 큰 관심이 있어서 "실시"에 「특허법」 제11조에 언급된 행위 모두가 포함되는지 아니면 특허제품의 제조 또는 특허방법의 사용행위만 포함되는지를 명확히 할 것을 희망한다. 만약 전자라고 한다면, 특허권자 또는 그 피허가자가 그 다른 국가에서 제조한 특허제품을 중국으로 수입하고, 나아가 중국에서 그 제품을 판매·사용하는 경우에도 이미 그 특허를 실시한 것으로 인정될 수 있으며, 결과적으로 본조 제1호 규정의 적용에 여유가 있게 된다. 이와 반대로 만약 후자라고 한다면, 본조 제1호 규정이 엄격해진다.

이 문제에 관하여, 「파리협약」 제5조 제A부분 규정을 근거로 하여, "불실시"(failure to work)를 특허권을 받은 국가에서 특허제품을 제조하지 않았거나 또는 특허방법을 사용하지 않은 것으로 이해할 수 있다. 「파리협약」에 관한 권위 있는 저작은 아래와 같이 지적하였다.

> 동맹국은 그들이 이해하는 "불실시"의 의미를 자유롭게 규정할 수 있다. 일반적으로 특허를 "실시"한다는 것은 산업적으로 특허를 실시하는 것, 즉 특허제품을 제조하거나 또는 산업적으로 특허방법을 사용하는 것을 가리키는 것으로 이해된다. 그렇다면 특허제품의 수입 또는 판매, 특허방법에 의하여 직접적으로 획득한 제품의 수입 또는 판매는, 일반적으로는 특허의 "실시"로 여겨지지 않는다.
> 동맹국은 마찬가지로 관련 국가에서 불실시하는 경우에 입법조치(legislative measures)를 취할 것인지 아니면 하나 또는 그 이상의 다른 국가의 지역적 범위 내에서 불실시할 때에야 비로소 입법조치를 취할 것인지를 결정할 수 있는 자유가 있다.[1]

이 저작이 이처럼 설명한 것은, 「파리협약」 제5조 제A부분이 그 제2항에서 강제허가 조치를 규정하였을 뿐만 아니라, 제3항에서 만약 강제허가 조치에 의해서도 특허권의 남용을 방지하기에 부족하다면 동맹국이 특허권을 상실시키는 훨씬 엄격한 조

1) G. H. C. Bodenhausen, Guide to the Application of the Paris Convention for the Protection of Industrial Property [M], Geneva: The United International Bureau for the Protection of Intellectual Property (BIRPI), 1968: 71.

치를 취할 수 있다고 규정하고 있기 때문인데, 이 조치는 최초로 강제허가를 한 날로부터 2년이 경과된 후에야 취해질 수 있음을 조건으로 한다. 소위 "특허권을 상실"시킨다는 것은 넓은 의미를 갖고 있는데, 행사불능 · 폐지 · 취소 · 무효선고 등과 같은 특허권의 효력을 종료시키는 일체의 방식이 포함된다.[1] 이 밖에, 「파리협약」 제5조 제A부분 제1항은 또한 "특허는 특허권자가 어느 동맹국 내에서 제조된 상품을 그 특허를 부여한 국가로 수입함으로 인하여 몰수되지 아니한다."고 규정하고 있다. 이 규정의 실제 의미는, 특허권자가 관련 상품을 이 협약의 다른 동맹국으로부터 그 상품에 대하여 특허권을 수여한 동맹국으로 단지 수입만 하고, 그 제품에 대하여 특허권을 수여한 국가에서 그 상품을 제조하지 않는 경우, 그 특허권이 상실되도록 하여야 하는 것은 아니라는 것이다. 바꿔 말하면, 이러한 상황에서도 여전히 특허권을 수여한 동맹국이 그 국내에서 그 상품의 제조에 대하여 강제허가 하는 것을 배제하는 것은 아니다. 「파리협약」 제5조 제A부분 제1항, 제2항 및 제3항 규정을 전체적으로 놓고 보면, 위의 저작과 동일한 결론이 얻어진다.

TRIPs 제27조의 표제는 "특허대상"(patentable subject matter)인데, 그 제1항 후반부는 아래와 같이 규정하고 있다.

> 제65조 제4항, 제70조 제8항 및 이 조의 제3항을 조건으로, 발명지, 기술분야, 제품의 수입 또는 국내생산 여부에 따른 차별 없이 특허를 받을 수 있고 특허권을 향유할 수 있다.

위 규정 중의 "제품의 수입 또는 국내생산 여부에 따른 차별 없이"에는 특허권자의 특허제품 수입행위를 특허권자의 그 특허에 대한 실시로 보아야 한다는 의미를 포함하며, 나아가 이러한 의미의 기초 위에서 본조 제1호의 "실시"에 관한 규정을 이해하여야 한다고 보는 견해가 있다.

이 견해는 아래와 같은 이유 때문에 검토해 볼 점이 있다. 첫째, 위의 TRIPs 규정은 "특허대상"의 문제, 즉 특허권을 수여할 수 있는지 및 특허권을 유지할 수 있는지의 문제이며, 그 인용하고 있는 TRIPs 제65조 제4항, 제70조 제8항 및 제27조 제3항도 모두 특허권 수여 문제에 관한 것이지 강제허가 문제에 관한 것이 아니며, 만약 강제허가 문제에 관계된 것이었다면 TRIPs 제31조 중에 규정되었어야 한다. 둘째, 이 견

---

1) G. H. C. Bodenhausen, Guide to the Application of the Paris Convention for the Protection of Industrial Property [M], Geneva: The United International Bureau for the Protection of Intellectual Property (BIRPI), 1968: 69.

해는 TRIPs 제2조가 「파리협약」 제5조 규정을 인용하여 직접 그 내용의 일부로 하는 방식과 일치하지 않으며, 만약 TRIPs의 위 규정이 「파리협약」 제5조 규정에 대하여 변화를 주기 위한 것이었다면, TRIPs 제2조에서 「파리협약」의 규정을 인용할 때에 무엇인가 설명을 했을 것이다.

이와 같은 점을 고려하면, TRIPs 제27조 제1항 후반부 규정은 강제허가의 이유와 무관하다는 결론을 얻을 수 있다.

국제조약에 특허제품의 수입이 "특허의 실시"에 해당하는지가 명확히 규정되어 있지 않은 상황에서는, 중국 「특허법」 규정에 근거하여 위의 문제에 대한 해답을 찾을 수밖에 없다. 「특허법」에서 "특허의 실시"라는 개념이 최초로 나오는 조항은 제11조이다. 발명 및 실용신안특허에 대해서, 이 조 제1항은 "발명 및 실용신안특허권이 수여된 후에, 이 법에 다른 규정이 있는 경우를 제외하고, 어떠한 단위 또는 개인도 특허권자의 허가 없이 그 특허를 실시 즉, 생산경영 목적으로 그 특허제품을 제조·사용·판매청약·판매·수입하거나, 또는 그 특허방법을 사용 및 그 특허방법에 의하여 직접적으로 획득한 제품을 사용·판매청약·판매·수입할 수 없다."고 규정하고 있다. 이 규정은 "특허의 실시"라는 개념에 대해서 명확히 정의를 내린 것에 상당한다. 따라서 「특허법」의 뒤따르는 기타 조항에서 "특허의 실시"라는 표현이 나올 때마다, 다른 규정이 있는 경우를 제외하고, 동일하게 해석되어야 한다. 예를 들어, 제60조는 "특허권자의 허가 없이 그 특허를 실시하여 분쟁이 발생하는 경우 …"라고 규정하고 있는데, 여기에서 언급된 "특허를 실시"한다는 것은 제11조에 언급된 "특허를 실시"한다는 것과 같은 의미를 갖는다.

위와 같이 이해하면 특허권자에게 유리한 것처럼 보이지만, 그러나 본조 제1호에는 특허권자가 "불실시"하는 경우만 포함하는 것이 아니라, 특허권자가 "불충분하게 실시"하는 경우도 포함하고 있으므로 양자가 모두 강제허가의 이유가 될 수 있으며, 따라서 설령 특허권자가 그 다른 국가에서 제조한 특허제품을 중국으로 수입하여 판매 또는 사용하더라도 강제허가를 하는 것이 완전히 불가능한 것이 아니고, 여전히 "불충분하게 실시"하였음을 이유로 강제허가 할 수 있음에 주의하여야 한다.

본조 제1호의 "특허권자가 불실시"하는 것에는 특허권자 자신이 중국에서 그 특허를 실시하지도 않았고 또한 중국에서 그 특허를 실시하도록 타인에게 허가하지도 않은 것을 가리킨다. 만약 본조 제1호를 반드시 특허권자 자신이 중국에서 그 특허를 실시하여야 하는 것으로 이해하면 너무 가혹하게 된다. 마찬가지로, "특허권자가 그 특허를 불충분하게 실시"하는 것도 동일하게 이해하여야 한다.

2. "불충분하게 실시" 및 "정당한 이유"의 의미

2008년 「특허법」 개정 전후에, 매우 많은 사람들이 본조 제1호의 "그 특허를 불충분하게 실시"하는 것의 의미에 대하여 관심을 가졌다. 이들의 근심을 해소하기 위하여, 2010년 개정 「특허법실시세칙」은 제73조 제1항에서 아래와 같이 규정하였다.

> 특허법 제48조 제1호의 그 특허를 불충분하게 실시하는 것은 특허권자 및 그 피허가자가 그 특허를 실시하는 방식 또는 규모가 국내의 특허제품 또는 특허방법에 대한 수요를 충족시키지 못하는 것을 가리킨다.

소위 "방식"은 특허제품을 제조·수입하거나, 특허방법을 사용하거나, 또는 특허방법으로 직접적으로 획득한 제품을 수입하는 등의 구체적인 실시행위를 주로 가리키며, 소위 "규모"는 특허제품을 제조·수입하는 수량, 특허제품을 사용하는 범위 및 규모를 가리키며, 소위 "국내의 특허제품 또는 특허방법에 대한 수요를 충족시키지 못하는 것"은 예를 들면 특허권자가 비록 중국에서 그 특허제품을 제조하거나 또는 외국으로부터 특허제품을 중국으로 수입하기는 하지만, 수량이 적거나 또는 제품의 판매가격이 너무 높아서 그 특허제품의 국내수요를 만족시키지 못하거나, 또는 특허권자가 비록 중국에서 그 특허방법을 사용하기는 하지만, 사용하는 범위와 규모가 작아서 그 특허방법의 국내수요를 만족시키지 못하는 것을 가리킨다. 증명책임의 측면에서 말하자면, 특허권자가 그 특허를 불실시 또는 불충분하게 실시했는지에 대한 증명책임은 강제허가의 신청인이 부담한다.

본조 제1호 규정에 의하면, 특허권자가 그 특허를 불실시하였거나 또는 불충분하게 실시하였음이 증명되었다고 해서 강제허가를 할 수 있는 것은 아니다. 만약 그 특허를 불실시하였거나 또는 불충분하게 실시한 것에 정당한 이유가 있었음을 특허권자가 증명할 수 있다면 강제허가 신청은 거절되어야 한다. 「파리협약」의 해석에 관한 권위 있는 저작은 "동맹국이 특허를 실시하거나 또는 특허의 실시를 강화하는 데 있어서 법률적·경제적 및 기술적 장애가 이러한 이유가 될 수 있다."고 지적하고 있다. 예를 들어, 중국이 관련 제품의 제조·수입 또는 유통을 제한하고 있어서, 반드시 유관 정부부문의 비준을 받아야 특허제품을 제조·수입하고 그것을 시장에 출시할 수 있지만, 유관 부문이 아직 비준하지 않았거나 또는 근본적으로 비준할 수 없음을 특허권자가 증명하는 경우가 정당한 이유의 예가 될 수 있다.

3. 시간적 제한

불실시 또는 불충분한 실시를 이유로 강제허가를 하는 경우에는 시간적 제한이 있는데, 특허권이 수여된 날로부터 만 3년, 그리고 특허출원한 날로부터 만 4년이 되어야 할 수 있다. 특허권이 수여된 날로부터 만 3년은 2010년 개정 전 「특허법실시세칙」 제72조 제1항에 규정되어 있었던 것이다. 2008년 「특허법」 개정 시에 본조 제1호에 "특허출원한 날로부터 만 4년"이라는 요건을 추가한 것은, 「파리협약」 제5조 제A부분 제3호에 이에 대하여 명확하게 규정되어 있기 때문이다. 절대 다수의 실용신안특허에 있어서는, 출원일로부터 1년이 되기 전에 특허권이 수여되며, 따라서 특허권이 수여된 날로부터 만 3년이 경과한 것만으로는 강제허가를 하기에 부족하고, 반드시 출원일로부터 만 4년이라는 요건도 동시에 만족시켜야 한다.

이처럼 기간을 제한한 것은, 특허권자의 정당한 권익을 보호하는 데 주된 목적이 있다. 특허권이 수여된 후에, 특허권자 자신인지 또는 그 피허가자인지를 불문하고 그 특허를 실시하기 위해서는, 공장·설비·원재료 매입, 직원 채용 등과 같은 준비작업이 필요하고, 이러한 준비작업에는 비교적 긴 시간을 필요로 하기 때문이다. 이 밖에, 어떤 상품(약품과 같은)은 먼저 실험과 연구를 진행하여 관련 데이터를 확보한 후, 정부 주관부문의 허가를 받아야 시장에 출시할 수 있으므로, 훨씬 긴 시간을 필요로 한다. 이 밖에, 특허권자는 시장분석·위험평가 등을 진행한 후에야 그 특허의 실시방식을 확정할 수 있는 경우도 있을 수 있다. 특허권자의 이익을 보장하기 위하여, 특허의 실시에 필요한 준비작업을 할 수 있는 일정한 시간을 특허권자에게 줄 필요가 있다. 이 기간은 너무 짧아서는 안 되는데, 너무 짧으면 특허권자의 이익을 보장할 수가 없다. 또한 너무 길어서도 안 되는데, 너무 길면 공중의 이익을 보장할 수가 없다. 논의를 거쳐서, 「파리협약」은 특허권이 수여된 날로부터 3년 그리고 출원일로부터 4년의 기간을 확정하였다.

청구인의 신청으로부터 국가지식산권국의 강제허가 결정 때까지는 어느 정도 시간이 소요되는데, 전술한 3년 또는 4년의 시간적 기간이 강제허가 신청인이 청구하는 때를 기준으로 하는가 아니면 강제허가 여부를 결정하는 때를 기준으로 하는가? 만약 후자로 한다면, 특허권이 수여된 날로부터 3년이 되기 전에 또는 출원일로부터 4년이 되기 전에 강제허가의 신청을 할 수 있으며, 국가지식산권국이 강제허가를 결정하는 시기가 특허권이 수여된 날로부터 만 3년 그리고 출원일로부터 만 4년을 경과하기만 하면 된다. 전자로 하는 것이 논리적인데, 본조 제1호가 규정한 요건은 "특허권자가 특허권이 수여된 날로부터 만 3년, 그리고 특허출원한 날로부터 만 4년이 지나서도, 정당한 이유 없이 그 특허를 불실시하거나 또는 불충분하게 실시한 경우"로서, 즉 강제허가의 신청인은 반드시 특허권자가 법정기간 내에 그 특허를 불실시하였거나 또는 불충분하게 실시하였음을 증명하여야 하는데, 만약 3년 또는 4년이 되기 전에 신청인이 강제허가를 신청하면 특허권자는 그 불실시 또는 불충분한 실시가 아직 법률이 규정한 기간에 이르지 않았음을 들어 반박할 수 있기 때문이다.

4. 강제허가 신청인의 자격

본조 규정에 의하여, 강제허가의 주체는 단위도 될 수 있고 개인도 될 수 있다. 그러나 모든 단위 또는 개인이 본조에 의한 강제허가 신청의 자격이 있는 것은 아닌데, 본조의 본문에 신청인은 "발명특허 또는 실용신안특허의 실시 조건을 갖추어야 한다."고 규정되어 있기 때문이다. 소위 "발명특허 또는 실용신안특허의 실시 조건을 갖추어야 한다."는 것은, 제품특허권에 있어서는, 강제허가의 신청인이 수량이 충분하게, 요구되는 품질에 맞게, 국내시장이 받아들일 수 있는 가격으로 그 특허제품을 제조 또는 수입할 수 있는 능력을 갖추어야 함을 주로 가리키며, 그 특허제품을 판매 또는 사용할 수 있는 능력을 갖추는 것만을 가리키는 것이 아니다. 방법특허권에 있어서는, 주로 강제허가의 신청인이 충분한 규모로, 만족할 만한 원가로 그 특허방법을 실시할 수 있는 능력을 갖추어야 함을 가리키며, 특허방법에 의하여 직접적으로 획득한 제품을 판매·사용할 수 있는 능력을 갖추는 것만을 가리키는 것이 아니다. 그 이유는, 본조 제1호 규정에 의하여 강제허가를 하는 것은 특허권자가 그 특허를 불실시 또는 불충분하게 실시하여 국내의 특허제품 또는 특허방법에 대한 수요를 충족시키지 못하였기 때문이다. 만약 신청인이 제조 또는 수입할 수 있는 특허제품의 수량이 너무 적고 품질이 너무 떨어지거나 또는 가격이 너무 높다고 한다면, 설령 그 특허를 실시할 수 있는 강제허가를 한다고 하더라도, 국내의 특허제품에 대한 수요를 충족시키기가 어렵게 된다. 위와 같은 요구를 만족시켜야 하므로, 단위는 개인에 비하여 자격을 갖춘 신청인이 될 가능성이 현저히 높다.

四. 독점행위에 해당함에 따른 강제허가

(一) 개 요

특허권과 독점은 매우 특수한 관계에 있다. 영국이 처음 그 특허제도를 수립했을 때의 법률 명칭이 바로 「독점법」이었다. 19세기 말 20세기 초기에 서방국가가 잇따라서 반독점제도를 수립한 이래로, 경제학자·경쟁법학자 및 지식재산권학자들은 특허제도와 반독점제도 사이의 관계에 대해서 계속해서 논쟁을 벌여 왔다.

특허제도와 반독점제도의 관계에 관하여 두 가지 극단적인 견해가 존재한다.

한쪽에서는, 특허권은 국가가 수여하는 일종의 독점권으로 이 권리 자체에 독점적 성질이 있다고 본다. 각국이 반독점제도를 수립한 후에도 이미 형성되어 있었던 특허제도를 부정하지는 않았는데, 이것은 특허법이 특허권자에게 부여한 독점권이 합법적인 독점권임을 나타낸다는 것이다. 따라서 반독점법은 특허권을 예외로 취급하여야 하므로, 특허권자가 그 권리를 어떻게 행사하더라도 반독점법의 제약을 받게 해서는 안 된다고 본다.

다른 한쪽에서는, 특허권이 수여되기만 하면 특허권자로 하여금 "시장지배적 지위"를 갖게 한다고 본다. 경영주체가 시장지배적 지위를 갖는지, 나아가 경영자가 그 시장지배적 지위를 남용하였는지는 독점행위에 해당하는지를 판단하는 데 중요한 전제조건이 된다고 본다.[1] 특허권자가 필경 "시장지배적 지위"를 갖게 되는 만큼 특허권자가 다른 경영자에 비해서 반독점법을 위반할 가능성이 훨씬 크고, 따라서 반독점 기관은 특허권자의 그 권리행사에 대한 관리 및 감독을 더욱 강화하여야 한다고 한다.

미국 사법부와 연방무역위원회는 1995년 4월 6일 공동으로 「지식재산권 허가에 관한 반독점 지침서」(Antitrust Guidelines for the Licensing of Intellectual Property)를 발표하였는데, 이 지침서는 먼저 지식재산권법과 반독점법 사이의 관계를 분석하고, 이들이 공통된 목표를 갖고 있다고 지적하였는데, 혁신을 촉진하여 국민을 행복하게 하는 것이 바로 그 목표라고 하였다. 지식재산권법은 새로운 제품, 새로운 방법, 오리지널 작품에 재산권을 인정하여 법률로 보호함으로써, 혁신의 장려, 신기술의 전달 및 그 상업화를 촉진하는 효과를 일으킬 수 있다. 지식재산권으로 보호하지 않으면, 모방자는 혁신의 성과를 무상으로 실시하면서도 어떠한 대가도 치를 필요가 없게 되어, 혁신의 상업적 가치를 떨어뜨리고 혁신을 위한 투자 의욕을 꺾어서, 최종적으로는 소비자의 이익에 손해를 입히게 된다. 반독점법은 경쟁을 저해할 수 있는 일부 행위의 금지를 통하여 시장이 충분한 활력을 갖도록 보장하고, 공중에게 보다 많은 선택의 기회를 제공하며, 이렇게 함으로써 동일한 목표를 실현할 수 있다.[2]

앞에서 소개한 두 가지 극단적인 견해에 대하여, 이 지침서는 다음과 같은 3가지 원칙을 확립하였다.

---

1) 「반독점법」 제17조 규정에 따르면, "시장지배적 지위"는 "경영자가 관련 시장 내에서 상품가격, 수량 또는 기타 거래 조건을 통제할 수 있거나, 또는 다른 경영자가 관련 시장에 진입하는 것을 저지하거나 영향을 미칠 수 있는 능력이 있는 시장에서의 지위"를 가리킨다.

2) 王先林, 知识产权与反垄断法: 知识产权滥用的反垄断问题研究[M], 修订版, 北京: 法律出版社, 2008: 106.

첫째, 반독점법 적용 시에, 반독점 부문은 지식재산권을 기타 재산권과 동일하게 취급하여야 한다. 지식재산권이 반독점법의 관리감독을 특별히 면제받는 것도 아니지만, 또한 특별히 의심을 받아서도 안 되고, 통일된 기준과 법적 원칙이 적용되어야 한다.

둘째, 반독점 부문은 지식재산권이 필경 반독점 의미상의 시장지배적 지위를 갖게 된다고 단정해서는 안 된다. 즉 지식재산권이라는 이러한 독점권을 취득하였다고 해서, 그 자체로 특허권자가 반드시 시장지배적 지위를 갖게 된다는 결론을 얻을 수는 없다.

셋째, 반독점 부문은 기업이 지식재산권 허가 행위를 통하여 각종 생산수단을 합리적으로 배치할 수 있으므로 일반적으로는 경쟁에 유리하다는 것을 인정한다.

미국의 「지식재산권 허가에 관한 반독점 지침서」는 세계 각국이 지식재산권과 반독점법 사이의 관계를 다루는 데 매우 큰 영향을 미쳤다.

2008년 8월 1일부터 시행된 「반독점법」 제55조는 아래와 같이 규정하고 있다.

> 경영자가 지식재산권 관련 법률·행정법규 규정에 의하여 지식재산권을 행사하는 행위에는 이 법을 적용하지 아니한다. 그러나 경영자가 지식재산권을 남용하여 경쟁을 배제·제한하는 행위에는 이 법을 적용한다.

위의 규정은 법에 의해 지식재산권을 행사하는 행위에는 원칙적으로 「반독점법」을 적용하지 않음을 먼저 분명히 하고, 다음으로 지식재산권을 남용하여 경쟁을 배제 또는 제한하는 경우에는 독점행위에 해당하여 「반독점법」을 적용할 수도 있음을 명확히 하였다. 그러나 「반독점법」 자체에는 어떠한 행위가 지식재산권을 남용하여 경쟁을 배제 또는 제한하는 행위인지 구체적으로 규정되어 있지 않다. 지식재산권 분야에서의 「반독점법」 시행에 보다 구체적인 지침을 제공하기 위하여, 국무원 유관부문은 현재 중국 지식재산권 반독점 지침 제정에 박차를 가하고 있다.

본조는 두 가지 강제허가 신청의 이유를 규정하였는데, 하나는 특허권자가 그 특허를 불실시하거나 또는 불충분하게 실시하는 것이고, 다른 하나는 특허권자의 그 특허권 실시행위가 법에 의해 독점행위로 인정되는 것이다. 앞서 설명한 것처럼, 「파리협약」 제5조 제A부분 제2항에서 특허 불실시를 이유로 강제허가를 할 수 있다고 규정한 것은 특허권의 남용행위를 방지하기 위함이고, 「반독점법」 제55조도 특허권을 행사하여 경쟁을 배제 또는 제한하는 행위가 특허권을 남용하는 행위에 해당한다고 규정하고 있는데, 따라서 이 둘은 모두 특허권의 남용과 관련이 있다. 기왕에 이와 같다면, 본조는 무엇 때문에 특허권 남용을 강제허가의 이유로 통일시키지 않고, 구태여 이를 나누어 두 개 호로 규정하였는지 의문을 가질 수 있다. 그 이유는 비록 강제허가의 측면에서 보면 본조 두 호의 규정이 공통된 기초를 갖고 있지만, 즉 특허권자의 그 권리행사가 특허권 남용행위에 해당하지만, 강제허가의 절차적 요건 측면에서 보면 두 호의 규정에 차이가 있기 때문이다. 특허권자가 그 특허를 불실시하였음을 이유로 하여 강제허가를 하는 경우에는, TRIPs 제31조 제b항, 바로「특허법」제54조가 규정한 절차적 요건을 만족시켜야 하는데, 즉 "강제허가를 신청하는 단위 또는 개인은 증거를 제출하여, 합리적인 조건으로 특허권자에게 그 특허실시의 허가를 청구하였으나 합리적인 기간 내에 허가를 받지 못하였음을 증명하여야 한다." 특허권자의 특허권 행사행위가 법에 의해 경쟁을 배제·제한하는 행위로 인정되어 강제허가를 하는 경우에는, TRIPs 제31조 제k항 규정에 근거하여, 이 입증책임이 면제될 수 있다. 이러한 이유로 이 두 가지 이유를 하나로 규정하는 것은 적절하지 않으며, 만약 하나로 규정한다면 강제허가의 절차적 요건에 있어서 혼란과 착오가 발생할 수 있다. 이 점도 강제허가의 이유와 절차적 요건을 구분할 필요가 있음을 나타낸다. 다른 한편으로는, 앞서 설명한 바와 같이, 특허권 남용의 의미는 독점행위에 해당한다는 것의 의미보다 훨씬 넓다. 바로 이러한 이유로,「반독점법」제55조는 경영자의 지식재산권 남용행위 중에서, 동시에 경쟁을 배제·제한하는 결과를 낳는 경우에만, 이 법을 적용한다고 규정하고 있다.

(二) 본조 제2호 규정의 의미

1. 특허권 행사행위의 의미

「특허법」에는 "특허권 행사"라는 표현이 두 조에 나오는데, 하나는 제15조의 공유인 권리에 관한 규정이고, 다른 하나는 본조의 강제허가에 관한 규정이다. 원칙적으로 말해서,「특허법」중에 특별히 설명되어 있지 않으므로, 이 두 조에 쓰여진 동일한 표현은 동일하게 이해되어야 한다. 그러나「특허법」제15조의 "특허권 행사" 행위는 매우 넓은 의미를 갖고 있어서 양도, 허가, 질권설정, 포기, 증여, 무효선고청구에 대한 답변, 침해행위에 대한 소제기 등 행위가 포함된다.「반독점법」의 이론 및 실무로 볼 때,「반독점법」위반으로 의심되는 특허권 행사행위는 주로 타인에게 특허실시를 허가하는 거래 중에 발생하며, 포기, 증여, 무효선고청구에 대한 답변 등 행위에는 관계되지 않는다.

2. 법에 의해 독점행위로 인정되는 특허권 행사

본조 제2호 규정에 의하여 강제허가를 하게 되는 요건은, 특허권자의 특허권 행사 행위가 법에 의해 독점행위로 인정되는 것이다. 여기서 "법에 의해"라는 것은, 당연 히 「반독점법」에 의하는 것이다. 인정의 주체 문제는, 본조 중에 직접적으로 규정되 어 있지 않으며, 「반독점법」의 규정에 따라서 확정할 필요가 있다.

「반독점법」 규정에 의하면, 반독점행위에 대하여 조사·판단 및 처벌하는 행정기 관은 "반독점 집행기구"이다. 국무원 유관 주관부문의 기구·편제 및 직능에 의하면, 상무부에 설치된 반독점국, 국가발전개혁위원회에 설치된 가격관리감독검사부, 국가 공상행정관리총국에 설치된 반독점 및 부정당경쟁국이 각각 관련 분야의 반독점법 집행 업무를 책임진다. 이 밖에, 최고인민법원의 지식재산권 재판부도 반독점 분쟁 사건에 대하여 재판하는 직능이 있다. 따라서 앞의 행정기관 또는 뒤의 사법기관이 특허권 행사행위가 독점행위에 해당한다는 유효한 결정 또는 판결을 내리기만 하면, "특허권 행사행위가 법에 의해 독점행위로 인정"된다는 결론을 얻을 수 있으며, 국가 지식산권국은 신청에 의하여 강제허가를 할 수 있다.

어떠한 행위가 독점행위에 해당하는가? 「반독점법」 제3조는 아래와 같이 규정하 고 있다.

> 이 법이 규정하는 독점행위에는 다음 각 호가 포함된다.
> 1. 경영자 사이의 독점합의
> 2. 경영자의 시장지배적 지위 남용
> 3. 경쟁을 배제·제한하거나 또는 배제·제한할 수 있는 경영자집중

이 조 제1호에 규정된 "독점합의"의 의미는, 「반독점법」 제13조 규정에 의하면, 둘 또는 둘 이상의 경영자가 경쟁을 배척 또는 제한할 목적으로, 계약·결정 또는 기타 협동 행위를 통하여 실시하는 경쟁제한 행위를 가리킨다.

학리적으로, 독점합의는 "수평적 독점합의", "수직적 독점합의" 및 "혼합형 독점합 의"의 세 유형으로 구분될 수 있다. 수평적 독점합의는 주로 경쟁관계에 있는 경영자 사이에 이루어지며, 전형적으로는 가격고정, 생산제한, 거래배제, 시장분할 등 경쟁 제한 행위가 있다. 수직적 독점합의는 주로 생산·판매의 다른 단계에서 또는 연쇄 적인 경영자 사이에 이루어지며, 전형적으로는 전매가격 유지, 수직적 최고 또는 최 저 가격 제한, 끼워 팔기, 독점 거래, 특허 합의, 조건부 계약 등이 있다. 혼합형 독점 합의는 위의 두 가지 경우에 모두 해당하는 경쟁제한 합의이다.[1]

입법적으로는, 수평적 독점합의의 경쟁질서에 대한 영향이 보다 크기 때문에, 보다 엄격하게 규제된다. 수직적 독점합의는 경쟁질서에 대한 영향이 상대적으로 적기 때문에, 그 규제가 보다 느슨하여 「반독점법」을 적용하지 않을 수도 있으며, 또한 국제적으로도 이에 대해서는 관리 및 규제를 완화하는 추세에 있다. 수평적 독점합의에 대해서 각국은 "당연위법의 원칙"(per se violation)을 따르는데, 수직적 독점합의에 대해서는 각국이 "합리성의 원칙"(rule of reason)을 따른다.

이 조 제2호에서의 "시장지배적 지위의 남용"의 의미에 관하여, 각국의 반독점법은 명확하게 정의하지 않는 것이 보편적이며, 열거와 포괄하는 방식을 함께 써서 규정한다. 「반독점법」 제17조에 열거된 이러한 독점행위에는, 불공정하게 고가로 상품을 판매하거나 또는 불합리하게 저가로 상품을 구매하는 행위, 정당한 이유 없이 원가보다 낮은 가격으로 상품을 판매하는 행위, 정당한 이유 없이 거래상대방과의 거래를 거절하는 행위, 정당한 이유 없이 거래상대방으로 하여금 자신과만 거래를 하거나 자신이 지정한 사업자와만 거래를 하도록 한정하는 행위, 정당한 이유 없이 상품을 끼워 팔거나 거래에 있어 기타 불합리한 거래 조건을 부가하는 행위, 정당한 이유 없이 조건이 동등한 거래상대방에 대해서 거래가격 등 거래조건을 차별하는 행위 등이 포함된다. 위와 같은 행위는 분명히 일반적으로 시장지배적 지위를 갖는 경영자만이 할 수 있다는 점에서 공통된 특징이 있다.

이 조 제3호에서의 "경영자집중"의 의미에 관하여, 「반독점법」 제20조는 3가지 경우를 열거하고 있는데, 즉 경영자합병의 경우, 경영자가 지분취득 또는 자산취득의 방식으로 다른 경영자에 대한 지배권을 취득하는 경우, 경영자가 계약 등 방식으로 다른 경영자에 대한 지배권을 취득하거나 또는 다른 경영자에 대해 결정적 영향을 미칠 수 있는 경우이다. 「반독점법」이 경영자집중에 대하여 규제를 가할 필요가 있는 가장 주된 이유는 경영자가 집중됨에 따라 관련 시장의 시장구조가 함께 변화되기 때문인데, 시장집중의 정도가 증가하고 경영자의 시장 점유율과 세력이 증대될수록 그 시장의 경쟁이 억제된다. 시장경쟁 환경이 변화된 후에, 경영자는 그 경영전략을 바꿀 수 있는데, 특히 가격고정 전략을 취함으로써 최종적으로 소비자의 복지와 이익에 영향을 줄 수 있다.[2]

특허권 남용행위 중 어떤 행위가 「반독점법」에 저촉되는 독점행위에 해당할 수 있는가? 흔히 볼 수 있는 것에는 다음과 같은 행위가 있다.

1) 时建中, 反垄断法: 发点释评与学理探讨[M], 北京: 中国人民大学出版社, 2008: 28.
2) 时建中, 反垄断法: 发点释评与学理探讨[M], 北京: 中国人民大学出版社, 2008: 250.

(1) 상호 경쟁관계에 있는 경영자 사이에 특허의 독점적 합의를 하는 행위. 예를 들어, 상호 경쟁관계에 있는 특허권자가 합의를 통해서 특허허가의 사용료, 특허제품의 가격, 특허제품의 생산량을 고정시키는 행위, 상호 경쟁관계에 있는 특허권자가 합의하여 특허제품의 판매시장 분할을 약정하는 행위, 각자 관련된 특허권을 보유한 둘 이상의 경영자가 연합하여 그 특허를 특정 거래상대에게 허가하는 것을 거부하거나 특허제품을 특정 거래상대에게 판매하는 것을 거부하는 행위 등이다. 이러한 합의는 일반적으로 성질상 심각한 독점행위로 간주되어 "당연위법의 원칙"이 적용되어야 하며, 발견되면 바로 국무원 반독점 집행기구가 「반독점법」 제13조 규정에 의하여 금지시킨다.

(2) 특허 허가계약에서 불합리한 제한적 조항을 두는 행위. 예를 들어, 특허권자가 그 시장지배적 지위를 이용해서, 피허가자의 의사에 반하여, 피허가자가 피허가된 특허기술에 대해서 개선하는 것을 금지하거나 또는 피허가자가 피허가된 특허기술에 대해서 개선한 후 받게 될 특허권이 특허권자에게 독점적으로 귀속되도록 강제하는 행위, 피허가자가 계약 대상 특허권의 유효성에 대하여 의문을 제기하는 것을 특허권자가 금지하는 행위 등이다. 이러한 허가계약에 대하여, 국무원 반독점 집행 기구는 "합리성의 원칙"을 적용하여 독점행위에 해당하는지를 판단하여야 하며, 독점행위에 해당하는 것으로 인정되면 금지시킨다.

(3) 끼워팔기 방식으로 특허실시 허가계약을 체결하는 행위. 이러한 방식으로 특허 허가계약을 체결한다는 것은, 특허권자가 그 보유하고 있는 특허권에 대해서 타인과 특허실시허가계약을 체결할 때에, 피허가자의 의사에 반하여 피허가자에게 그 불필요한 다른 특허권의 허가까지 받아들이도록 강요하거나 또는 계약 중에 약정하여 피허가자가 특허권자 또는 그 지정하는 제3자로부터만 어떤 상품을 구매하도록 강요하는 것을 가리킨다. 이러한 허가계약에 대해서는, "합리성의 원칙"을 적용하여 독점행위에 해당하는지를 판단하여야 하며, 다음 요건에 만족되는 것으로 인정되는 경우에는, 즉 첫째 특허권자가 시장지배적 지위에 있고, 둘째 함께 묶여진 상품이 성질 및 거래관습으로 볼 때 두 개의 독립적인 제품이며, 셋째 끼워팔기가 관련 시장에 실질적인 영향을 미친다고 인정되면, 국무원 반독점 부문이 금지시킨다.

(4) 정당한 이유 없이 타인에게 그 특허의 실시를 허가하지 않는 행위. 일반적으로는 특허권자가 경쟁상대 또는 거래상대방과 반드시 거래하여야 하는 의무가 있는 것은 아니며, 따라서 특허권자가 타인에게 그 특허의 실시를 허가하는 것을 거절하는 것은 그 특허권을 행사하는 정당한 방식 중 하나이다. 그러나 만약 시장지배적 지위를 갖는 특허권자가 어떤 사람에게는 허가하였음에도, 다른 사람에게는 불평등하고

차별적으로 허가하는 것을 거절하는 경우, 또는 허가를 거절한 특허기술이 기타 경영자가 관련 시장에 참여하여 경쟁하는 데 필수적인 기술이어서 허가를 거절한 것이 경영자들이 관련 시장에서 효과적으로 경쟁하는 것을 가로막고 관련 시장에서의 경쟁과 혁신에 불리한 영향을 미치는 경우에는, 국무원 반독점부문이 심사할 필요가 있다.[1]

이 밖에 특허풀(patent pool) 관리기구가 만약 불합리하게 특정 참여자를 차별하여, 참여자가 특허풀을 사용하는 것 또는 당사자 간의 경쟁에 관한 민감한 정보를 교환하는 데 편리를 제공하는 것 등을 제한하면, 경쟁을 배제·제한하는 성질을 갖고 있다고 인정될 수 있다. 표준제정 과정에서 만약 표준제정기구에 그 관련된 특허를 공개하지 않았다가 표준제정 후에 그 특허권을 주장하는 행위도 경쟁을 배제·제한하는 성질을 갖고 있다고 인정될 수 있다.

위의 분석으로부터 특허권의 남용행위는 「반독점법」 제3조에 규정된 세 가지 유형의 독점행위 모두에 관련될 수 있음을 볼 수 있다.

3. TRIPs의 관련 규정 및 그 특징

최근 20여 년 동안 경제글로벌화 추세가 날로 뚜렷해지고 있는데, 그 주요 특징은 국제무역 및 외자투자의 자유화이다. WTO의 설립은 국제사회가 이 방향으로 나아가고 있다는 중요한 표지이다. 우루과이라운드협상의 중요한 성과 중 하나인 TRIPs도 이러한 추세를 반영하였는데, 그 제8조 제2항은 아래와 같은 원칙을 규정하였다.

이 협정의 규정과 일치하는 범위내에서, 권리자에 의한 지적재산권의 남용 또는 불합리하게 무역을 제한하거나 국가간 기술이전에 부정적 영향을 미치는 관행을 방지하기 위하여 적절한 조치가 필요할 수 있다.

위의 목표와 원칙을 실현하기 위하여, TRIPs 제2부(지적재산권의 취득가능성, 범위 및 사용에 관한 기준)에 특별히 그 제목을 "사용허가계약에 있어서 반경쟁 관행의 통제"로 하는 제8절을 두었다. 이 절에 실제로는 한 개 조의 규정, 즉 TRIPs 제40조만 있으며, 그 내용은 아래와 같다.

---

[1] 국가공상행정관리총국이 2009년 8월 마련한 「지식재산권 영역의 반독점 집행 지침서(논의본)」 참고.

1. 회원국은 경쟁을 제한하는 지적재산권에 관한 일부 사용허가 관행 또는 조건이 무역에 부정적 영향을 줄 수 있고 기술이전 및 전파를 방해할 수 있다는데 동의하였다.

2. 이 협정의 어느 규정도 회원국이 특정한 경우에 있어서 관련시장의 경쟁에 부정적 영향을 주는 지적재산권의 남용을 구성하는 사용허가 관행 또는 조건을 자기나라 법에 명시하는 것을 금지하지 아니한다. 위에 규정된 바와 같이 회원국은 동 회원국의 관련 법률과 규정에 비추어 예를 들어 배타적인 일방적 양도조건, 유효성 이의제기 금지조건, 강제적인 일괄 사용허가 등을 포함하는 이러한 관행을 금지 또는 통제하기 위하여, 이 협정의 그 밖의 규정과 일치하는 범위 내에서 적절한 조치를 취할 수 있다.

3. 각 회원국은 요청이 있는 경우 협의요청의 대상국인 회원국의 국민 또는 거주자인 지적재산권 소유자가 이 절의 대상에 관한 협의요청국의 법률과 규정에 위반되는 관행을 행하고 있다고 믿을 만한 사유가 있고, 각 회원국의 법에 따른 조치와 최종결정에 대한 완전한 자유를 저해함이 없이 이러한 규정의 준수를 확보하기를 희망하는 그 밖의 회원국과 협의를 가진다. 협의 대상인 회원국은 협의요청 회원국과의 협의에 충분하고 호의적인 고려 및 적절한 기회를 제공하며, 당해 문제와 관련되는 공개적으로 입수가능한, 비밀이 아닌 정보와 기타 입수가능한 정보를 국내법 및 협의요청국에 의한 비밀보장에 관해 상호 만족할 수 있는 합의의 체결에 따라 제공함으로써 협력한다.

4. 자기나라의 국민 또는 거주자가 이 절의 대상에 관한 다른 회원국 법률과 규정의 위반여부주장에 관하여 동 다른 회원국에서의 소송절차에 회부된 회원국에게는 요청에 따라 제3항에 규정된 바와 동일한 조건으로 동 다른 회원국에 의하여 협의기회가 부여된다.

TRIPs의 위 규정은 이전의 지식재산권 국제조약 중에는 없었던 것으로, 다음과 같은 특징이 있다.

첫째, 이 조는 각국이 그 입법으로 특정한 상황에서 지식재산권의 남용에 해당하여 관련 시장에서의 경쟁에 불리한 영향을 미치는 허가의 방식 또는 조건에 대하여 규정할 수 있도록 허용하였지만, 그중에 "특정한 상황에서"만 할 수 있음을 명확히 하였는데, 이는 TRIPs가 지식재산권 남용, 관련 시장에서 경쟁에 불리한 영향을 미치는 행위의 판단에 오직 "합리성의 원칙"을 취하고 있으며, "당연위법의 원칙"은 따르지 않음을 나타낸다. 이 조문은 열거방식으로 배타적인 일방적 양도조건, 유효성 이의제기 금지조건, 강제적인 일괄 사용허가, 이 세 가지 지식재산권 남용행위를 언급하였는데, 미국 및 유럽의 실무에 의하면, 이 세 가지 행위가 독점에 해당하는가는 모두 구체적인 상황에 대하여 구체적으로 분석하여야 비로소 결론을 얻을 수 있다. 그러나 미국에서 "당연위법"으로 간주되고 유럽에서는 "블랙리스트"에 오른 성질상 훨씬 심각한 독점행위, 예를 들면 지식재산권을 이용한 가격고정, 시장분할, 집단적 거래 거부 등은 언급되지 않았다.

둘째, 이 조는 구체적인 통제방식을 규정하지 않았다. 각국의 경쟁제한 행위에 대한 통제방식에는 크게 세 가지가 있다. 첫째는 "사후처리" 방식으로서, 계약 또는 합의의 이행 전에는 심사하지 않고, 분쟁이 발생하였거나 또는 심각한 영향이 발생했을 때에야 비로소 정부의 반독점기관이 반독점법에 의하여 조사·심리하며, 캐나다·독일·영국 및 미국이 이러한 방식을 사용하고 있다. 둘째는 "사전신고" 방식으로서, 계약 당사자 또는 협의 당사자가 계약·합의를 이행하기 전에, 이의가 있는 계약·합의를 정부의 반독점기관에게 심사해 주도록 청구하여 반독점법에 저촉되지 않는 경우에만 이행하는데, EU 및 일본이 주로 이러한 방식을 사용한다. 셋째는 "사전심사" 방식으로서, 일부 유형의 계약·합의는 유관부문의 심사·비준을 거쳐야만 비로소 효력이 발생될 수 있다고 규정하는데, 일부 개발도상국이 주로 이러한 방식을 사용하고 있다.

셋째, 이 조 제4항은 외국특허권자의 한 회원국 내에서의 그 특허권 행사행위가 그 회원국의 반독점법 규정을 위반한 것으로 의심되는 경우에, 그 행위에 대하여 제재를 가하기 전에, 만약 특허권자 소속 국가의 청구가 있다면, 그 회원국은 특허권자 소속 국가와 협의를 진행하여야 한다고 명확하게 규정하고 있다. 이 규정으로 외국이 간섭할 수 있는 가능성이 있으므로, 관련 사건의 처리 및 심리에 크게 어려움을 가중시켰다. 이 규정을 위한 사전정지 작업으로, TRIPs는 먼저 이 조 제3항에 매우 그럴듯하게 그 회원국이 특허권자 소속 국가와 협의하여 협력해 줄 것을 요구할 수 있으며, 특허권자 소속국가는 거절할 수 없다고 규정하고 있다. 그러나 이 조 제4항에서는 바꾸어서 마찬가지로 규정하고 있다. 한눈에 이것은 "더 큰 것을 잡기 위해 일부러 놓아주는" 수법으로, 이 조 제4항 규정을 확실히 보장하는 데 그 핵심이 있음을 알 수 있다. 한 회원국 내에서의 특허권자의 특허권 행사행위가 그 회원국의 반독점법을 위반하는 경우에, 법에 의해 이러한 행위를 제재하는 것은 그 회원국의 당연한 주권이며, 소위 "왕자가 법을 범해도 서민과 같이 다스린다."는 말과 같이 특허권자가 내국인인지 아니면 외국인인지를 구분할 필요가 없는데, 무엇 때문에 특허권자의 소속 국가와 협의를 요청할 필요가 있는가? 혹시 외국인이라서 어느 정도의 "치외법권"을 누리는 것인가?[1]

---

1) 「특허법」 및 「반독점법」 모두 이러한 규정이 없다.

　　TRIPs의 지식재산권 남용, 경쟁제한 행위에 대한 통제는, 기본적 원칙에 있어서 적절하지만 구체적인 규정에 있어서는 적절하지 않다고 볼 수 있다. TRIPs 제40조 규정은 상당히 포괄적인데, 이것은 미국·EU국가·일본이 일찍이 비교적 개선된 반독점 체계를 수립하여, 그 반독점 체계의 운영에 TRIPs의 구체적 규정을 적용할 필요가 없기 때문이다. 이와 반대로 선진국은 구체적이고 엄격한 규정을 두게 되면 개발도상국들이 남용할 수 있어서 선진국에게 불리한 영향을 미칠 수 있음을 염려하였으며, 이 때문에 TRIPs 제40조에 경쟁제한 행위에 대한 통제를 "특정한 상황에서" 경쟁에 장애가 되는 행위로 한정하고, 외국특허권자의 반독점에 대하여 제재를 가하기 전에 그 소속국가와 협의하여야 한다고 규정한 것이다. 이러한 방식은 TRIPs의 지식재산권 보호강화를 위한 상세하고 구체적인 규정과 비교하여 매우 선명한 대조를 이룬다.

4. 독점행위가 경쟁에 미치는 불리한 영향을 해소 또는 감소

　　「반독점법」제46조 내지 제48조는 각각 그 제3조에 열거된 세 가지 독점행위 유형의 행정적 위법책임을 규정하고, 이 법 제50조는 경영자가 독점행위로 타인에게 손해를 입힌 경우 법에 따라 민사책임을 져야 한다고 규정하고 있다. 이와 같음에도, 「반독점법」외에 「특허법」에도 특허권 행사행위가 법에 의해 독점행위로 인정되는 경우에 강제허가를 함으로써 경쟁에 대한 불리한 영향을 해소 또는 감소하여야 한다고 규정한 이유는 무엇인가?

　　이것은 특허권을 남용하여 경쟁을 배제·제한하는 행위에 대하여 단지 행정처벌을 하고 행위자로 하여금 일반적 의미의 민사책임만 지도록 하는 것은, 그 행위가 경쟁과 소비자에게 주는 불리한 영향을 해소하기에 부족한 때가 있으며, 「특허법」이 규정하는 강제허가 제도를 통해서 관련 특허를 보다 넓은 범위 내에서 실시하도록 하여야만 공정한 경쟁을 회복할 수 있기 때문이다. 예를 들어, 특허권자 몇 명이 독점합의를 통해서 특허풀(patent pool)을 형성하여 다른 경쟁자가 관련 시장에 진입하는 것을 어렵게 만든 상황에서는, 행정처벌 이외에도 강제허가를 함으로써 다른 경쟁자가 그 시장에 진입하여 소비자가 보다 저렴한 가격에 양질의 상품 또는 서비스를 획득하도록 할 필요가 있다.

　　본조 제2호의 자구적 의미로 볼 때, 특허권자의 특허권 행사행위가 법에 의해 독점행위로 인정되는 것은 강제허가의 충분조건이 아니며, 이 밖에 반드시 경쟁에 대하여 불리한 영향을 해소 또는 감소하기 위하여 강제허가를 할 필요가 있어야 한다. 그러나 「반독점법」규정에 의하면, 「반독점법」에 저촉되는 독점행위는 필연적으로 경쟁을 제한 또는 배제하는 효과가 있으므로, 독점행위로 인정되면 바로 경쟁이 불리한 영향을 받는다는 결론을 얻을 수 있다. 따라서 필자는 특허권 행사행위가 법에 의해 독점행위로 인정되기만 하면, 강제허가를 할 수 있다고 본다.

마지막으로, 본조 제1호 및 제2호를 적용하는 데 있어서의 논리관계를 살펴볼 필요가 있다. 앞에서 설명한 바와 같이, 본조 제1호 및 제2호를 적용하는 조건은 모두 특허권자의 그 특허권 행사행위가 특허권을 남용하는 행위에 해당하는 것이다. 그중에서 만약 특허권 남용행위가 법에 의하여 독점행위로 인정되면, 직접적으로 본조 제2호 규정에 의하여 강제허가를 할 수 있다. 만약 특허권 남용행위가 법에 의해 독점행위로 인정되지 않는다면, 특허권자의 특허권 남용행위가 규정된 기간 내에 정당한 이유 없이 불실시 또는 불충분하게 실시하는 것으로 구체화된 경우에만, 본조 제1호 규정에 의하여 강제허가를 할 수 있다.

제49조 강제허가의 특별 이유

국가에 긴급상태 또는 비상상황이 발생할 때, 또는 공공이익의 목적을 위하여, 국무원 특허행정부문은 발명특허 또는 실용신안특허 실시의 강제허가를 할 수 있다.

一. 개 요

특허제도가 발전해 온 지금까지, 강제허가제도는 특허권자가 그 특허권을 남용하는 것을 제한하는 조치일 뿐만 아니라, 국가이익 및 공공이익을 보호하기 위한 조치라는 점이 보다 중요하다.

국가지식산권국은 본조 규정에 의하여 두 가지 경우에 강제허가를 할 수 있는데, 하나는 국가에 긴급상태 또는 비상상황이 발생하여 응급조치로서 강제허가를 하는 경우이고, 다른 하나는 공공이익의 목적(예를 들어, 공중위생·환경오염방지 등)을 위하여 특별한 필요에 의해 강제허가를 하는 경우이다.

TRIPs에는 그 회원국이 긴급상태 또는 비상상황 발생 시에 강제허가를 할 수 있음이 직접적으로 규정되어 있지는 않다. 그러나 TRIPs 제31조 제b호는 아래와 같이 규정하고 있다.

이러한 사용은, 동 사용에 앞서 사용예정자가 합리적인 상업적 조건하에 권리자로부터 승인을 얻기 위한 노력을 하고 이러한 노력이 합리적인 기간 내에 성공하지 아니하는 경우에 한하여 허용될 수 있다. 이러한 요건은 국가 비상상황, 극도의 긴급상태 또는 공공의 비상업적 사용의 경우에 회원국에 의하여 면제될 수 있다.

앞에서 설명한 바와 같이, 위의 규정은 강제허가의 이유에 관한 규정이 아니고, 강제허가의 절차에 관한 규정이다. 그러나 이 규정은 국가가 비상상황, 극도의 긴급상태에 처해 있거나 또는 공공의 비상업적 사용을 위하여 강제허가를 할 수 있을 뿐만 아니라, 다른 이유로 강제허가를 할 때에 만족시켜야 하는 절차적 요건을 반드시 준수하여야 하는 것은 아님을 간접적으로 나타낸다.

TRIPs는 "국가 비상상황, 극도의 긴급상태"에 대하여 정의하지도 않았고 할 수도 없다. 따라서 WTO 회원국은 그 국내 입법으로 국가 비상상황, 극도의 긴급상태가 무엇인지를 자유롭게 규정할 수 있는 권리가 있다. 「도하선언」은 아래와 같이 명확하게 지적하였다.

각 회원국은 국가 비상상황, 극도의 긴급상태에 해당하기 위한 요건을 결정할 권리가 있으며, 에이즈·결핵·말라리아 및 기타 유행병과 관련된 위기를 포함한 공공건강의 위기가 위의 국가 비상상황, 극도의 긴급상태에 해당하는 것으로 이해할 수 있다.

이 선언은 비록 국제조약으로서의 효력은 없지만, WTO의 최고위급 회의인 장관급 회의에서 TRIPs의 관련 조항을 해석한 것이므로, 각 회원국은 이를 완전히 신뢰할 수 있으며 어떠한 법적 위험도 있을 수 없다.

二. 긴급상태, 비상상황 및 공공이익의 의미

본조 규정에 의한 강제허가에 있어서는, 먼저 소위 "긴급상태", "비상상황", "공공이익"의 의미와 이를 인정할 권한이 누구에게 있는지를 명확히 하여야 한다.

"긴급상태"는 특별히 중대한 돌발사건이 이미 발생하였거나 또는 곧 발생함에 따라 국가기관이 긴급히 공권력을 행사하여 그 사회에 대한 위해와 위협을 통제 및 해소할 필요가 있는 때에, 유관 국가기관이 헌법·법률이 규정한 권한에 따라 일부지역 또는 전국에 실행하는 임시적인 심각한 위급상태를 가리킨다. 「헌법」 제80조 및 제89조 규정에 의하면, 긴급상태임을 선포할 수 있는 권한은 각각 국가주석과 국무원이 갖고 있다. 국가주석은 전국인민대표대회 상무위원회의 결정에 근거하여, 전국 또는 성·자치구·직할시가 긴급상태에 있음을 선포할 수 있으며, 국무원은 성·자치구·직할시 범위 내의 일부 지역이 긴급상태에 있음을 결정하고 선포할 수 있다. 중국은 현재 「긴급상태법」을 제정하지는 않았다.

2007년 8월 3일 전국인민대표대회 상무위원회는 「돌발사건응대법」을 반포하여, 2007년 11월 1일부터 시행하였다. 이 법 제3조는 아래와 같이 규정하였다.

① 이 법의 돌발사건은, 우연히 발생하여 사회에 심각한 손해를 가하였거나 또는 가할 수 있어 긴급처리 조치를 취하여 대응할 필요가 있는 자연재해·사고재난·공중위생사건 및 사회안전사건을 가리킨다.

② 사회의 손해정도·영향범위 등 요소에 따라, 자연재해·사고재난·공중위생사건은 특별중대·중대·대·일반의 네 등급으로 구분한다. 법률·행정법규 또는 국무원

에 다른 규정이 있는 경우, 그 규정을 따른다.

③ 돌발사건의 등급기준은 국무원 또는 국무원이 정한 부문이 제정한다.

기본적으로 본조의 "비상상황"은 위 규정의 "돌발사건"에 대응하는 것으로 볼 수 있다.

"긴급상태"와 "비상상황"은 서로 의미가 유사하지만, 양자가 대상으로 하는 사건의 국가 또는 사회에 대한 손해 및 긴급의 정도에 차이가 있음을 이해하여야 한다. "긴급상태"는 주로 전쟁·외적침입·폭동 등 국가안전에 위험을 미치는 특별히 긴급하고 위험한 상황을 가리키고, "비상상황"은 주로 심각한 자연재해 발생 또는 유행병 창궐 등 사회안정에 영향을 미치는 돌발사건을 가리킨다.

"공공이익"은 많은 법률 중에 흔히 볼 수 있는 어휘 중 하나이다. 예를 들어, 「민법통칙」, 「계약법」 중에 모두 "사회공공이익에 손해를 입히는 계약은 무효이다."라고 규정되어 있다. 「물권법」 제42조 제1항은 "공공이익을 위하여, 법률이 규정한 권한과 절차에 따라서, 집단소유의 토지 및 단위·개인의 가옥 및 기타 부동산을 징발할 수 있다."고 규정하고 있다. 현재에는 어떤 국제조약·법률·행정법규 또는 사법해석도 "공공이익"의 의미와 외연에 대하여 정하고 있지 않다. 이것이 공공이익을 임의로 인정할 수 있음을 의미하는 것은 절대 아니다. 일반적으로 공공이익은 일정한 지역적 범위 내에서 불특정 다수인과 관련되는 이익을 가리키는 것으로 여겨진다.

본조의 국가에 발생하는 "긴급상태" 또는 "비상상황"은 "공공이익"에 관계되지 않는 것이 없기 때문에, 이들 사이에는 필연적으로 중복이 발생한다. 구체적인 사건에 대하여, 어떠한 경우에 속하는가를 판단함에는 주로 상황의 심각성 및 긴급성 정도에 의하여 확정하여야 한다. 예를 들어 말하자면, 어떤 질병이 중국의 일부 지역에 유행하여, 그 환자의 치료와 그 확산의 방지를 위하여 취해지는 조치는 분명히 "공공이익"을 위한 것이다. 만약 이러한 질병의 유행이 이미 만연하게 되어 전염병이 된 상황이라면, 민중의 생명안전에 중대한 위협이 되므로, "비상상황"에 해당하는 것으로 볼 수 있다. 만약 이 질병이 이미 중국 전역으로 확산되고 심각한 전염 상황이 되어 많은 공중을 죽음으로 몰아간다면, 국가는 이로부터 "긴급상태"를 선포할 수 있다. 2003년 중국에 발생했던 SARS(중증 급성 호흡기 증후군) 사건은 건국 이래 매우 보기 드문 경우로서, 모든 국민을 불안에 떨게 하여 정상적인 생산활동에 심각한 영향을 주었는데, 당시를 "긴급상태"라고 할 만하다. 위의 세 가지 경우 모두 본조 규정에 의하여 강제허가를 할 수 있다.

三. 본조에 의한 강제허가의 절차

본장 제48조, 제49조, 제50조 및 제51조는 강제허가의 다섯 가지 이유(이 중 48조는 두 가지 이유)를 규정하였는데, 이 모든 조항의 공통점은 국가지식산권국이 강제허가를 한다고 명확하게 규정하고 있다는 점이다. 이로부터 「특허법」은 강제허가의 심사 및 비준기관이 국가지식산권국임을 명확하게 규정하였음을 볼 수 있다.

제48조는 이 조에 의하여 강제허가를 청구할 수 있는 출원인은 "실시조건을 갖춘 단위 또는 개인"이어야 한다고 규정하고 있으며, 제51조는 이 조에 의하여 강제허가를 청구할 수 있는 출원인은 후특허의 특허권자일 수도 있고 선특허의 특허권자일 수도 있다고 규정하고 있고, 제50조는 이 조에 의하여 강제허가를 청구할 수 있는 출원인을 직접적으로 규정하지 않았지만, 이 조의 조문 및 「TRIPs 개정에 관한 의정서」에 의하면, 그 출원인은 중국에 특허약품을 수출할 것을 요청하는 관련 국가 또는 지역이어야 함을 알 수 있다. 이것은 국가지식산권국의 강제허가가 직권에 의한 행정행위가 아니라, 당사자의 청구에 의한 행정행위라는 것을 나타낸다.

그러나 유독 본조는 본조 규정에 의하여 강제허가를 하는 절차가 누구에 의해 개시되는지를 명확히 하지도 또는 암시하지도 않았다. 이로 인해 두 가지 의문이 생기는데, 첫째는 국가에 긴급상태 또는 비상상황이 발생했을 때에 또는 공공이익의 목적을 위하여, 국가지식산권국이 스스로 강제허가 절차를 개시하여 강제허가를 결정할 수 있는가 하는 것이고, 둘째는 어떠한 단위 또는 개인(또한 비정부기구 포함)이라도 본조 규정에 의하여, 국가에 긴급상태 또는 비상상황이 발생하였거나 또는 공공이익의 목적을 위함을 이유로 하여, 국가지식산권국에 강제허가를 청구할 수 있는가 하는 것이다.

앞에서 설명한 바와 같이, 긴급상태에 있어서는, 「헌법」 규정에 의해서, 국가주석이 전국인민대표대회 상무위원회의 결정에 근거하여, 전국 또는 성·자치구·직할시에 긴급상태를 선포할 수 있는 권한이 있고, 국무원은 성·자치구·직할시 범위 내의 일부 지역에 긴급상태를 결정 및 선포할 수 있는 권한이 있다. 비상상황에 있어서는, 「돌발사건응대법」에 의해서, 국무원, 국무원 유관부문 및 각 지방 인민정부가 돌발사건의 발생여부를 결정할 권한이 있다. 이로부터 국가지식산권국은 국가에 긴급상태 또는 비상상황이 발생하였는지를 인정할 수 있는 권한이 없다. 국가지식산권국도 이와 같으므로, 기업 또는 개인에게는 국가에 긴급상태 또는 비상상황이 발생하였음을 인정할 수 있는 권한이 없음을 알 수 있다. 이러한 점을 고려하여, 국가지식산권국은 2003년 반포한 「특허실시 강제허가 방법」 제4조에서 아래와 같이 규정하였다.

국가에 긴급상태 또는 비상상황이 발생했을 때에, 또는 공공이익의 목적을 위하여, 국무원 유관 주관부문은 특허법 제49조 규정에 의하여 발명특허 또는 실용신안특허의 강제허가를 청구할 수 있다.

2008년「특허법」개정 시에 본장 규정을 큰 폭으로 개정하였으므로, 국가지식산권국은 개정 후「특허법」에 따라서「특허실시 강제허가방법」에 대해서도 조정할 필요가 있었다. 조정 과정에서, 본조 규정에 의한 강제허가절차를 어떻게 설정하여야 하는가 하는 문제가 다시 논의되었다. 법에 의해 국가 긴급상태 또는 비상상황으로 인정되어 강제허가를 필요로 하는 때에, 정부부문을 강제허가 청구의 신청인으로 하는 것은 적절하지 않으며, 국무원 또는 유관 정부부문이 결정 또는 요청하면 국가지식산권국이 집행하도록 하여야 한다는 견해가 있었다. 그러나 만약 이와 같이 한다면, 그 강제허가는 국가지식산권국이 하는 것이 아니고 국무원 또는 유관 정부부문이 하는 것과 다를 바 없어서, 본조 규정에 부합하지 않는 문제가 발생하였다.

본조 규정에 의하여, "공공이익" 보호를 이유로 강제허가를 하는 경우에도 유사한 문제가 존재한다.

이로부터 본조 규정에는 아직 충분히 명확하지 않은 문제가 있으므로, 명확하게 할 필요가 있음을 볼 수 있다.

제50조 특허약품 수출의 강제허가

공공의 건강 목적을 위하여, 특허권을 취득한 약품에 대하여, 국무원 특허행정부문은 제조하여 이를 중화인민공화국이 가입한 관련 국제조약의 규정에 부합하는 국가 또는 지역에 수출하는 강제허가를 할 수 있다.

一. 개 요

본조는 2008년 「특허법」 개정 시에 신설된 것으로서, 그 주된 목적은 「TRIPs 개정에 관한 의정서」를 구체화하여, 필요한 경우에 특허약품을 제조할 수 있는 능력이 없거나 또는 능력이 부족한 국가 또는 지역을 도와서 그 직면한 공공의 건강문제를 해결하는 데 있다.

특허제도는 공공의 건강문제와 밀접한 관련이 있는데, 주로 다음과 같은 두 가지 측면에서 드러난다.

첫째, 특허제도는 공공의 건강문제 해결에 유인책을 제공한다. 특허제도는 일정 기간의 특허독점권을 줌으로써, 제약회사가 혁신을 통해 보다 좋은 약품을 발명하여 질병을 치료하도록 유도하고, 공공의 건강문제를 해결하는 데 도움을 준다. 인류사회가 특허제도를 수립한 이래로, 중대한 유행성 질병을 해결한 약물은 일찍이 특허보호를 받았다. 만약 특허제도가 유인책을 제공하지 않았다면, 수많은 신약은 근본적으로 생산되지 않았을 것이고, 공공의 건강문제도 해결될 수 없는 지경에 이르렀을 것이다. 이러한 특허권의 보호기간이 만료된 후에는, 어떠한 제약회사도 모두 그 약품을 복제할 수 있어서, 공중이 훨씬 저렴한 가격으로 그 약품을 이용할 수 있다.

둘째, 특허제도는 공공의 건강문제 해결에 장애가 될 수도 있다. 공공의 건강문제가 발생한 경우에, 만약 관련 약품이 특허를 받았고 특허권의 보호기간이 만료되지 않았다면, 그 약품의 제조 및 판매는 특허권자의 통제를 받게 되기 때문에, 공중이 저렴한 가격으로 충분한 특허약품을 즉시 확보하는 데 영향을 줄 수 있다.

특허제도가 공공의 건강문제 해결에 대하여 위와 같은 긍정적 작용과 부정적 영향을 동시에 갖고 있기 때문에, 특허제도는 혁신에 대한 촉진과 공공이익의 보호 사이에서 합리적인 균형점을 찾아야 하는데, 즉 특허제도가 공공의 건강문제 해결에 있어서 장애가 되는 것을 방지하는 동시에 특허제도가 의약품 업계의 혁신을 촉진하는 작용을 불합리하게 저해하는 것도 방지하여야 한다. 「특허법」의 특허보호기간에 관한 규정 및 강제허가에 관한 규정은 모두 이러한 균형을 유지하기 위한 필요적 조치이다.

WTO 성립 전에는, 많은 개발도상국들이 약품에 대해서는 특허로 보호하지 않았고, 따라서 이러한 국가들은 그 국내에서 다른 국가에서 특허받은 약품을 복제하는 것을 허용함으로써 그 직면한 공공의 건강문제를 해결하였다. 약품 생산능력이 없거나 또는 약품 생산능력이 부족한 일부 개발도상국가들은, 약품에 대해서 특허로 보호하지 않지만 이러한 약품을 생산할 수 있는 개발도상국으로부터 저렴한 복제약품을 수입함으로써, 그 직면한 공공의 건강문제를 해결하였다. WTO 성립 이후에는, 각 회원국이 TRIPs의 요구에 따라 각각 1996년 전 또는 2000년 전(일부 소수의 국가는 2005년 심지어 2016년 까지 연기)에 약품에 대하여 특허로 보호하거나 또는 "미시판물질(pipeline product)"로 보호하게 되었다.[1] 이처럼, 특허약품에 대하여 특허로 보호하지 않는 국가는 점차 줄어들다가 없어지게 되어, 특허약품의 복제 또는 복제약품의 수입 행위는 갈수록 엄격한 제한을 받게 되었다.

일부 아프리카 국가에서는, 말라리아·폐결핵·에이즈 등 질병이 유행하여, 매년 수많은 사람들이 이러한 질병으로 죽어 가고 있다. 이러한 질병의 치료에 효과적인 약품의 대다수는 선진국 제약회사가 절대다수의 국가에서 이에 대한 특허권을 갖고 있고, 이러한 개발도상국가들은 대부분 특허약품을 생산할 수 있는 능력이 없으며, 특허권자 또는 다른 피허가자가 각국에서 시장에 내놓은 특허약품을 수입할 수 있을 뿐이다. 그러나 특허권자 또는 그 피허가자가 각국의 시장에 출시하는 특허약품은 일반적으로 매우 비싸기 때문에 개발도상국가의 국민들이 이를 구매하는 것도 쉽지 않다. 따라서 각 회원국이 TRIPs를 따라서 수립한 특허제도는 많은 개발도상국들이 공공의 건강문제를 해결하는 데 법률적 장애가 되고 있다.

수많은 개발도상국가의 강력한 요청과 적극적 추진하에, 2001년 11월 개최된 WTO 각료회의는 「도하선언」을 통과시켰다. 이 선언은 수많은 개발도상국들과 최빈국들이 직면한 공공 건강문제의 심각성을 인정하고, WTO 회원국이 공공의 건강문제를 해결하기 위하여 TRIPs의 관련 조항이 제공하는 융통성을 이용할 수 있는 권한이 있음을 밝혔는데, 여기에는 각 회원국이 강제허가를 할 수 있고 강제허가의 이유를 자주적으로 결정할 수 있는 권한이 있다는 점, 각 회원국은 국가 긴급상태 또는 기

---

[1] TRIPs 제70조 규정에 의하면, 「WTO협정」 발효일 전에 약품에 대하여 특허로 보호하지 않는 회원국은, 반드시 이 협정 발효일로부터 방법을 규정하여, 출원인이 그 국내에서 약품에 대한 특허출원을 할 수 있도록 하여야 한다. TRIPs가 그 회원국에서 효력을 발생할 때에, 이러한 회원국은 TRIPs가 규정한 기준에 따라서 특허권의 수여 여부를 확정하여야 하고, 특허권 수여를 결정하는 경우 특허권자는 출원일로부터 20년의 보호기간 중 잔여기간동안 특허보호를 받는다.

타 비상상황에 해당하기 위한 요건을 결정할 권한이 있다는 점, 각 회원국은 지식재산권 권리소진 문제에 대한 입장을 자주적으로 정할 수 있다는 점이 포함되었다. 이 선언은 또한 에이즈·결핵·말라리아 등 전염병 관련 위기를 포함하는 공공 건강의 위기도 국가 긴급상태 또는 비상상황에 해당한다고 지적하였다.

「도하선언」은 원칙적으로 각 회원국이 그 직면한 공공의 건강문제를 해결하는 데 있어서, TRIPs가 가져온 법률적 장애를 극복하는 데 유리한 환경을 조성하였다. 그러나 약품 생산능력이 부족한 수많은 국가들에게 있어서는, 이 선언을 활용하는 것이 실제로는 쉽지 않은데, 즉 TRIPs 제31조 제f호는 각 회원국이 강제허가에 의해 생산한 특허제품은 주로 그 국내시장에서의 수요에 공급되어야 한다고 명확하게 규정하고 있고, 따라서 약품 생산능력을 갖춘 회원국이 그 수여한 강제허가에 의하여 생산한 저렴한 특허약품을 약품 생산능력이 부족한 다른 국가로 수출할 수 없다. 이 문제에 대해서, 「도하선언」은 TRIPs이사회가 규정된 기간 내에 이 문제를 해결하기 위한 방안을 논의할 것을 명확하게 요구하였다.

길고도 험난한 협상을 거쳐서, WTO 총이사회는 2003년 8월 30일 「TRIPs 실시와 공공 건강 선언에 관한 제6단의 결의」(약칭 「총이사회결의」)를 통과시켰는데, 이 결의는 약품 생산능력이 부족한 국가가 TRIPs의 관련 규정을 개정하기 전에, 에이즈·결핵·말라리아 등 유행성 질병으로 인한 공공의 건강문제를 해결하는 데 일종의 과도기적 방안을 제공하였다. 이 방안에는 다음과 같은 내용이 핵심으로 포함되었다.

(1) WTO의 모든 최빈국 및 TRIPs이사회에 통보한 모든 기타 회원국은 이 방안을 이용하여 유행병 치료를 위한 특허약품을 수입할 수 있다.("수입국"으로 약칭하며, 미국·일본·영국 등 주요 선진국은 이미 이 방안을 이용하는 수입국으로서의 권리를 포기한다고 성명하였다.)

(2) 수입국이 이 방안을 이용하여 특허약품을 수입하고자 하는 경우, 그 수입하고자 하는 약품의 명칭·수량 및 기타 관련 사항을 TRIPs이사회에 통보하여야 한다.

(3) 모든 회원국("수출국"으로 약칭)은 이 방안을 이용하여 강제허가를 할 수 있으며, 이 강제허가에 의하여 그 국내에서 특허약품을 생산하고 이를 수입국에 수출할 수 있다.

(4) 수출국, 수입국 및 모든 기타 회원국은 효과적인 조치를 취하여 그 약품이 수입국 이외의 지역으로 이전되는 것을 방지하여야 한다.

「총이사회결의」는 약품 생산능력을 갖춘 회원국으로 하여금 약품 생산능력을 갖추지 못한 회원국이 공공의 건강문제 해결을 위해 강제허가를 할 수 있도록 하여, 특허약품을 그 국내에서 제조하고 이를 약품 생산능력을 갖추지 못한 회원국에 수출할 수 있도록 했다는 점에서 뚜렷한 의의가 있다.

2005년 12월, WTO 총이사회는 「TRIPs 개정에 관한 의정서」를 통과시켰는데, 위 「총이사회결의」의 내용을 TRIPs에 포함시키는 것이었다. 이 의정서는 2007년 12월 1일 이전 또는 WTO 장관급회의가 확정한 날 중 늦은 날까지 받아들이도록 각 회원국에게 개방되었다. 중국에서는 2007년 10월 전국인민대표대회 상무위원회가 이 의정서를 비준하였다. 2007년 12월 1일까지 발효 기준인 회원국 2/3의 비준을 받지 못했으므로, WTO 총이사회는 이 협정 비준의 마감시기를 이미 여러 차례 연장하였다.

중국은 이 의정서를 이미 비준한 WTO 회원국이고, 동시에 일정한 약품 생산능력을 갖춘 개발도상국이므로, 이 의정서의 규정을 「특허법」에 반영하여 중국이 필요한 때에 강제허가제도를 이용하여 다른 국가가 공공의 건강문제를 해결하는 것을 도울 수 있는 법적 근거를 마련할 필요가 있었다. 국가지식산권국은 일찍이 2005년 말에 「공공건강에 관련된 특허실시의 강제허가 방법」을 반포함으로써 중국의 국제적 의무를 이행하고 있었다. 그러나 이 방법은 국가지식산권국의 내부 규정에 지나지 않아 법률적 위계가 낮았으므로, 2008년 「특허법」 개정 시에 본조 규정을 신설하였다.

중국 이외에도, 캐나다 · 노르웨이 · 네덜란드 · 한국 · 인도 및 EU 등 국가와 지역이 모두 특허법 개정 또는 관련 조례의 제정을 통하여 「총이사회결의」, 「TRIPs 개정에 관한 의정서」의 내용을 반영하였다. 전체적으로는 이러한 국가의 입법이 기본적으로 일치하지만, 강제허가 전에 특허권자와 협의를 하여야 하는지, 특허권자의 실험데이터가 독점권(영업비밀로 보호받는)으로 보호받는지 등의 문제에 있어서는 약간의 차이가 있다. 예를 들어, EU와 캐나다의 법률은 강제허가 전에 합리적인 조건으로 특허권자와 협의를 진행하여야 한다고 요구하고 있으며, EU는 특허권자의 실험데이터 독점권은 당연히 보호받아야 함을 명확히 규정하였다.

주의하여야 할 점은, TRIPs가 확립한 지식재산권보호 체계에서 「총이사회결의」, 「TRIPs 개정에 관한 의정서」가 제공하는 특수 방안을 이용하여 공공의 건강문제를 해결하기 위해서는, WTO의 두 회원국(수입국과 수출국)이 각각 강제허가를 하여야 한다는 점이다. 그중에서 수입국은 특허약품을 수입하는 것을 허용하는 강제허가를 하여야 하고, 수출국은 그 국내에서 특허약품을 생산하고 이를 수입국가로 수출하는 강제허가를 하여야 한다. 수입국이 강제허가를 하여야 하는 이유는 이러한 특허약품이 수출국의 강제허가를 통하여 생산한 것이어서 "특허권자의 허가"를 받아 생산한 행위로 볼 수 없고, 각국이 보편적으로 인정하고 있는 특허권 소진원칙을 적용할 수 없기 때문이다. 수출국이 강제허가를 하여야 하는 이유는, 수입국이 공공의 건강문제 해결을 위해 필요한 것은 가격이 저렴한 특허약품인데, 특허권자 또는 그 피허가

자가 시장에 출시하는 특허약품의 가격에는 모두 특허사용료가 포함되어 있어 일반
적으로는 가격이 저렴할 수 없고, 오직 강제허가에 의해서 생산한 특허약품만 가격이
저렴해질 수 있기 때문이다. 따라서 수입국과 수출국 사이의 관계는 연결된 고리와
같이 한데 결합되어 있어서 설명하기가 번잡하다.

또 하나 주의하여야 할 점은, 본조의 조문으로 보면, 중국은 오직 「총이사회결의」,
「TRIPs 개정에 관한 의정서」가 수립한 특수 방안의 수출국만을 예정하고 있고, 이 방
안의 수입국이 되는 것은 예정하고 있지 않는 것 같다는 점이다. 이처럼 이해하는 것
은 올바르지 않다. 중국은 개발도상국가로서 일정한 약품 생산능력을 갖추고 있지
만, 모든 약품을 스스로 생산할 수 있는 능력이 있다고는 할 수 없어서, 중국이 어떤
경우에는 특허약품의 수입국이 될 수 있는 가능성을 배제할 수 없다. 2008년 「특허
법」 개정 시에, 중국이 수출국이 되는 문제에 관하여 본조에서 특별히 규정함으로써
약품 생산능력이 없거나 또는 생산능력이 부족한 국가가 그 공공의 건강문제를 해결
하는 것을 도와야 하는 중국의 국제적 의무를 이행하였다. 중국이 수입국이 되는 문
제에 관하여는 규정하지 않은 것처럼 보이지만, 실제로는 「특허법」 제49조 규정에
포함되어 있는 것이고, 특별히 언급만 하고 있지 않을 뿐이다. 국가지식산권국이 제
출하여 국무원이 심의한 「〈특허법〉 개정초안(심의본)」에는 제49조에 한 항을 신설하
여, "유행병을 예방·치료 및 통제하기 위하여, 국무원 특허행정부문은 전항 규정에
의하여 발명특허 또는 실용신안특허를 실시하는 강제허가를 할 수 있다."고 규정하
고 있었는데, 첫째, 공공 건강문제의 속성을 명확히 하였으며, 둘째, 중국도 수입국이
될 수 있는 가능성이 있음을 표명하였다. 심의과정에서 입법기관은 개정 전 제49조
규정에도 이미 위의 두 가지 의미가 표현되어 있어서 적어 넣지 않아도 오해를 일으
키지 않는다고 보았으며, 따라서 위의 건의를 받아들이지 않았다.

二. 본조 규정의 의미

(一) "공공의 건강" 및 "약품"의 의미

본조에 사용된 "공공의 건강"이라는 표현은 「도하선언」에서 직접적으로 유래된 것
이다. 「도하선언」 제1단락은 "수많은 개발도상국과 최빈국이 직면해 있는 공공의 건
강문제, 특히 에이즈·결핵·말라리아 및 기타 유행병이 가져온 공공의 건강문제의
심각성을 인정한다."고 언급하고 있다. 비록 이 단락이 "공공의 건강"에 대하여 명확

하게 정의를 내리고 있지는 않지만, "공공의 건강문제"를 유행병과 서로 연계시켰다. 질병의 유형에 대한 표현에는 유행병과 전염병이 포함되는데, 이에 대응하는 영문은 각각 epidemic과 infectious disease이다. 「도하선언」 제1단락이 "유행병"이라는 표현을 쓰고 있으므로, 사람들은 "공공의 건강" 문제를 "전염병"이 아닌 "유행병"과 연결시키는 경향이 있다. 중국의 「전염병방지법」 제3조는 전염병을 갑류·을류 및 병류 세 유형으로 구분하여, 구체적으로 열거하고 있다. 전염병은, 이론상 일반적으로 각종의 병원체가 유발하는 사람과 사람, 동물과 동물 또는 사람과 동물 사이에 서로 전염되는 일종의 질병으로 여겨진다. 유행병에 관하여는, 두 가지로 이해될 수 있는데, 하나는 감염자수가 매우 많은 전염병으로 이해하는 것이고, 다른 하나는 감염자수가 매우 많은 각종 질병으로 이해하는 것이다. "유행병"에 대한 두 가지 이해 방식 중에서, 전자의 범위에는 심장병·당뇨병·고혈압 등 비전염성 질병은 포함되지 않을 뿐만 아니라 감염자수가 적은 전염병도 포함되지 않는다. 이러한 이해는 분명히 취할 것이 못되는데, 이와 같이 이해하면 「도하선언」의 의의를 크게 퇴색시켜 수많은 개발도상국가가 적극적으로 추진하여 「도하선언」을 제정한 본의를 도외시하는 것이 되기 때문이다. 대다수 전문가들은 「도하선언」의 "유행병"(epidemic)이 넓은 의미로 이해되어야 한다고 본다.

2010년 개정 「특허법실시세칙」 제73조 제2항은 아래와 같이 규정하고 있다.

> 특허법 제50조의 특허권을 받은 약품은, 공공의 건강문제를 해결하는 데 필요한 의약 분야의 모든 특허제품 또는 특허방법에 의하여 직접적으로 획득한 제품을 가리키며, 여기에는 특허권을 받은 그 제품의 제조에 필요한 활성성분 및 이 제품을 사용하는 데 필요한 진단용품도 포함된다.

위의 규정은 「TRIPs 개정에 관한 의정서」의 원문으로부터 번역해 온 것으로서, 본조의 "약품"에는 일반적 의미의 질병치료 약품 자체가 포함될 뿐만 아니라, 약품의 활성성분 및 약품을 사용하는 진단용품도 포함됨을 명확히 하는 데 주된 목적이 있다. 위의 규정으로 보면, 의료기기는 약품의 범위에 속하지 않는다. 백신이 약품의 범위에 속하는가는, 위의 규정에서 직접적으로 규정되지 않았다. WTO 주재 중국대표부가 WTO 사무국에 특별히 이 문제를 질의하였는데, WTO 사무국은 많은 회원국들이 「총이사회결의」 중에 언급된 "약품"(pharmaceutical product)에 백신이 포함되는 것으로 보고 있다고 답변하였다. 세계보건기구의 정의에 따르면, "pharmaceutical", "drugs", "medicines" 등에는 질병의 예방 및 치료를 위한 모든 물질이 포함되며, 따라서 백신도 포함된다. 「약품관리법」 제102조 규정은 아래와 같이 규정하고 있다.

> 약품은, 인간의 질병을 예방·치료·진단하는 데 이용되며, 목적에 맞게 인간의 생리기능을 조절하고, 적응증이 있거나 또는 기능적인 치료·용법 및 용량을 갖는 물질을 가리키며, 중약재·탕약·중약성분약·화학원료약 및 그 제재·항생제·방사성약품·혈청·백신·혈액제품·진단약품 등이 포함된다.

위 규정은 "약품"을 넓은 의미에서 "질병"과 연결시켜, 어떤 제품이 "약품"에 해당하는지를 판단하는 데 있어서 그 작용효과가 질병예방·질병진단 아니면 질병치료에 있는지를 구분할 필요가 없음을 나타내고 있으며, 동시에 백신도 약품에 속함을 명확하게 밝히고 있다. 따라서 백신도 본조의 "약품"의 범위에 속한다고 보아야 한다. 백신에 대하여 특허권을 받은 경우, 본조에 의해서 백신을 생산하여 수출하는 강제허가를 할 수 있다.

(二) 중국이 가입한 관련 국제조약의 규정에 부합하는 국가 또는 지역

본조의 "중국이 가입한 관련 국제조약"과 관련하여, 현재에는 두 건의 국제법률문건이 본조의 국제조약에 주로 관계되는데, 하나는 「총이사회결의」이고, 다른 하나는 「TRIPs 개정에 관한 의정서」이다. 전자는 WTO 총이사회가 2003년 8월 30일 통과시킨 것으로서, 회원국이 비준하거나 받아들이지 않아도 즉시 발효되지만, 후자는 WTO 총이사회가 2005년 12월 6일 통과시킨 것으로서, 이 의정서를 비준하거나 가입한 회원국의 수가 아직 WTO가 규정한 요건을 충족시키지 않아서 2010년 1월 1일 현재 아직 발효되지 않았다. 「총이사회결의」는 이미 WTO의 모든 회원국에 발효되었으므로, 「TRIPs 개정에 관한 의정서」가 발효되기 전에, 「총이사회결의」는 본조의 "중국이 가입한 관련 조약"에 해당한다.

본조의 "관련 조약의 규정에 부합하는 국가 또는 지역"은 WTO 회원국과 비회원국으로 나누어 확정할 필요가 있다.

WTO 회원국에 있어서는, 「총이사회결의」 및 「TRIPs 개정에 관한 의정서」 규정에 따라서, 모든 WTO 회원국은 다른 회원국이 그를 위해 강제허가를 하여 생산 및 수출하는 수입국이 될 수 있다. WTO 회원국 중에서도 만약 최빈국에 해당한다면, 수입국이 될 수 있는 자격을 자동적으로 취득한다. 만약 개발도상국 및 선진국이라면, 반드시 먼저 이 방안을 이용할 의사가 있음을 TRIPs 이사회에 통지(그러나 비준을 받을

필요는 없다.)하여야만 비로소 수입국이 될 수 있다. 바꿔 말하면, 만약 WTO의 개발
도상국 또는 선진국이 사전에 TRIPs에 이 방안을 이용할 의사가 있음을 통지하지 않
았다면, 중국은 본조 규정에 근거해서 특허약품을 생산하고 이를 이러한 국가에 수출
하는 강제허가를 할 수 없다. 현재 미국·일본·EU·호주 등 선진국은 이미 자진하
여 수입국이 되지 않을 것임을 밝혔으며, 따라서 중국은 이러한 국가들의 공공 건강
문제를 해결할 목적으로 특허약품을 생산하고 이를 이러한 국가들에 수출하는 강제
허가를 할 필요가 없다.

WTO 비회원국에 있어서는, TRIPs가 WTO 회원국 사이의 협정이기 때문에 WTO
회원이 아닌 국가 또는 지역에 대해서는 효력이 없다. 소위 "효력이 없다."는 것에는
두 가지 의미가 있는데, 하나는 이러한 국가 또는 지역은 약품을 특허로 보호할지 여
부를 스스로 결정할 권리가 있다는 것이고, 다른 하나는 이러한 국가 또는 지역은「총
이사회결의」및「TRIPs 개정에 관한 의정서」가 규정한 특수 방안을 향유할 수 없다는
것이다. 약품 생산능력을 갖춘 WTO 비회원 국가 또는 지역(이러한 국가 또는 지역은
극소수이다.)에 대해서 말하자면, TRIPs의 제약을 받지 않는 지위를 이용하여 국내에
서 약품을 복제하거나 또는 복제약품을 수입할 수 있으며, 이로써 그 직면한 공공의
건강문제를 해결할 수 있다. 약품 생산능력이 없는 WTO 비회원 국가 또는 지역(대다
수가 최빈국이다.)에 대해서 말하자면, 비록 법률상으로는 약품을 복제할 자유가 있지
만, 이 자유는 약품을 생산할 능력이 없기 때문에 의의가 없게 된다. 이들도 약품 생
산능력을 갖춘 국가 또는 지역으로부터 복제약품을 수입할 수 있는 자유가 있지만,
이 자유도 절대 다수의 약품 생산능력이 있는 국가 또는 지역이 모두 WTO 회원국이
어서 TRIPs의 제약을 받아 가격이 저렴한 약품을 제공할 수 없기 때문에 의의가 없게
된다. 실행 가능한 유일한 방식은 약품 생산능력이 있는 WTO 회원국이 강제허가를
하여 특허약품을 생산하고 이를 이러한 국가에 수출하는 것이다. 그러나「총이사회
결의」및「TRIPs 개정에 관한 의정서」의 자구적 의미로 볼 때, 적격인 수입국이 청구
하는 경우에만 수출국은 비로소 특허약품을 생산하여 이를 수입국으로 수출하는 강
제허가를 할 수 있다. 이것은 WTO 비회원국인 국가 또는 지역이 설령 약품 생산능
력이 부족하다고 하더라도, WTO 회원국은「총이사회결의」및「TRIPs 개정에 관한
의정서」가 규정한 방안을 이용하여 특허약품을 생산하고 이를 이러한 국가 또는 지
역에 수출하는 강제허가를 할 수 없음을 의미한다.

이처럼 이해하는 것이 자구적으로 볼 때 정확한 것이지만, 국제적 인도주의 정신에
는 부합하지 않는다. 따라서「총이사회결의」발효 후 입법을 통해서 이 결의를 가장
먼저 구체화한 캐나다는 그 법률 중에, WTO 비회원국인 최빈국가는 수입국이 될 수

있음을 명확히 규정하였다. 이러한 조치는 많은 WTO 회원국의 지지를 받았고, WTO 총이사회와 TRIPs 이사회도 반대 의견을 표시하지 않았다. 이후에, 노르웨이·네덜란드·EU·한국 등 국가 또는 지역이 잇따라서 위와 같은 캐나다의 방식을 본받았다. 중국은 개발도상국으로서, WTO 비회원국인 최빈국을 수입국의 범위 외로 배제할 이유가 없다. 국가지식산권국이 국무원에 보고한 「〈특허법〉 개정초안(심의본)」에 이 점을 분명히 할 것을 건의하였으나, 입법기구는 중국의 입법이 비교적 간명한 특징을 고려하여, 최종적으로 "중화인민공화국이 가입한 관련 국제조약의 규정에 부합하는 국가 또는 지역에 수출"이라는 표현을 채택하였다. 그중 "부합"은 넓은 의미로 이해하여야 하는데, 즉 자구적으로 부합하는 것을 포함할 뿐만 아니라 실제로 이에 위배되지 않는 것도 포함한다. 각국도 WTO 비회원국인 최빈국이 수입국이 되는 것을 「총이사회결의」 및 「TRIPs 개정에 관한 의정서」의 규정에 위반되는 것으로 보지 않으며, 따라서 이러한 국가가 본조의 "중화인민공화국이 가입한 관련 국제조약의 규정에 부합하는 국가 또는 지역"에 속하는 것으로 볼 수 있다.

(三) 본조 규정에 근거하여 강제허가를 하기 위한 추가적인 요건

조문으로 볼 때, 본조에 근거하여 강제허가를 하는 것은 제48조, 제49조 및 제51조에 근거하여 강제허가를 하는 절차와 차이가 없다. 그러나 「총이사회결의」 및 「TRIPs 개정에 관한 의정서」는 그 규정한 특수 방안에 따라서 강제허가를 하는 것에 대하여 추가적인 요건을 규정하고 있다. 국가지식산권국은 국무원에 심의를 요청한 「〈특허법실시세칙〉 개정초안(심의본)」에서 이러한 추가적인 요건을 「특허법실시세칙」에 규정할 것을 건의하였다. 그러나 입법기관은 이러한 요건이 너무 번잡한 데 대하여 중국의 법률은 비교적 간명하다는 점을 고려하여, 「특허법실시세칙」 제74조 제4항에 아래와 같은 원칙적 규정만을 두기로 하였다.

국무원 특허행정부문의 특허법 제50조 규정에 의한 강제허가 결정은, 중국이 체결하였거나 또는 가입한 관련 국제조약의 공공의 건강문제 해결을 위한 강제허가 규정에도 부합하여야 하지만, 중국이 보류한 경우는 제외한다.

아래에서 이러한 추가적인 요건에 대하여 설명하겠다.

1. 수입국에 대한 요건
앞에서 설명한 바와 같이, 본조 규정을 제정한 목적은 약품 생산능력이 없거나 또는 능력이 부족한 국가 또는 지역의 공공 건강문제 해결을 도와서, 중국에서 특허약품을 제조하여 이를 이러한 국가 또는 지역에 수출할 수 있는 강제허가를 하기 위함이다. 따라서 중국에서 이러한 강제허가를 신청하는 전제조건은 반드시 적격인 수입국이 있어야 한다는 것이다.

만약 수입국이 WTO 회원국이라면, 선진국·개발도상국 아니면 최빈국 회원인지를 불문하고 TRIPs 이사회에 그 필요로 하는 특허약품의 명칭과 수량을 통보하기만 하면 된다. 만약 수입국이 WTO 비회원국인 최빈국이라면, TRIPs 이사회에 통보할 수 있는 자격이 없으며, 따라서 반드시 외교적 경로 또는 기타 방식으로 그 필요로 하는 특허약품의 명칭과 수량을 중국에 설명하여야 한다.

만약 수입국이 WTO 회원국인 개발도상국 또는 선진국이라면, 그 필요로 하는 특허약품의 명칭과 수량을 통보하는 외에, 반드시 그 특허약품을 생산할 능력이 없거나 또는 능력이 부족함을 함께 밝혀야 한다. 「총이사회결의」 및 「TRIPs 개정에 관한 의정서」 규정에 따라서, 약품 생산능력이 없거나 또는 능력이 부족하다는 주장은 다음 방식 중 하나를 통해서 확인할 수 있는데, 그 회원국이 이미 약품 생산분야의 생산능력이 없음이 확인되었거나, 그 회원국이 일정한 약품 생산능력이 있지만 특허권자가 보유하고 통제하고 있는 생산능력 이외에 다른 제약회사의 생산능력으로는 그 수요를 만족시킬 수 없음이 심사결과 발견되는 것이다. WTO 회원국여부를 불문하고, 최빈국가 또는 지역은 당연히 약품 생산능력이 없거나 능력이 부족한 것으로 간주된다.

특허권자가 동일한 약품에 대하여 수출국 및 수입국에서 특허권을 받은 상황에서, 단지 수출국만 특허약품을 생산하여 수출하는 강제허가를 하게 되면 수출국에서의 법률적 장애만을 극복한 것일 뿐이고, 수입국에서의 법률적 장애는 아직 해소하지 못한 것이다. 특허권자는 수입국의 법률에 의하여 수출국이 생산해서 수입국에 수출한 특허약품에 대해 "수입권"을 행사하여 수입을 저지할 수 있다. 또는 수입국 중에서는 중국과 마찬가지로 특허제품의 병행수입을 허용하지만, 병행수입을 오직 특허권자 또는 그 피허가자가 외국시장에 출시하는 약품에만 허용하고, 강제허가를 통하여 시장에 출시되는 특허제품에는 허용하지 않을 수도 있다. 이 때문에, 수입국에서도 동일한 약품에 대하여 특허권을 받았다면, 수입국은 그 특허약품에 대한 강제허가를 함으로써 반드시 그 국내에서의 법률적 장애를 해소하여야 한다. 따라서 「총이사회결의」 및 「TRIPs 개정에 관한 의정서」는 동일한 약품에 대하여 특허권을 수여한 수입국이 WTO에 통보할 때에, 특허약품의 강제허가를 이미 하였거나 또는 할 예정임을 반드시 밝히도록 요구하고 있다. 지적할 필요가 있는 점은, 수입국이 통보할 때에 강제허가 할 예정임을 설명하였으면 되고, 반드시 특허약품의 수입을 허용하는 강제허가를 이미 하였어야 하는 것은 아니라는 점이다.

2. 수출국에 대한 요건

본조는 중국이 특허약품의 수출국이 되는 강제허가에 관한 규정이므로, 중국에서 본조를 시행함에 있어서는 주로 「총이사회결의」 및 「TRIPs 개정에 관한 의정서」의 수출국에 대한 요건을 고려하여야 하는데, 아래의 문제와 관계된다.

(1) 강제허가의 신청인 및 피허가자

「총이사회결의」 및 「TRIPs 개정에 관한 의정서」가 제정한 특수 방안을 이용함에 있어서 매우 분명하고 의심의 여지가 없는 점은, 필연적으로 반드시 사전에 수입국이 되고 싶다는 의사를 명확히 표시하는 회원국이 있어야 한다는 점인데, 이것은 수출국이 있게 하는 선결조건이다. WTO 회원국은 일방적인 수출국이 될 수 없는데, 사전에 스스로 강제허가를 하고 그 강제허가에 근거하여 국내에서 그 관련 특허약품을 생산해 놓은 다음에, 그 약품의 생산능력이 없거나 또는 부족한 국가가 찾아와서 강제허가에 의해 생산된 특허약품을 수입할 수 있도록 도와줄 것을 요청하기를 앉아서 기다릴 수 있는 것이 아니다.

특정의 특허약품을 수입할 의사가 있음을 회원국 중 하나가 TRIPs 이사회에 통보하였고, 수입국으로서의 자격을 갖추고 있다고 인정된 경우에, 어떤 WTO 회원국이 수출국이 될 수 있는가? 이에 대해서는, 「총이사회결의」 및 「TRIPs 개정에 관한 의정서」 모두 명확하게 규정하지 않았다.

이때에 그 특허약품의 생산능력이 있는 회원국이 모두 몰려들어, 경쟁적으로 그 국내에서 그 특허약품을 생산하여 이를 그 수입국으로 수출하는 강제허가를 함으로써 수출국이 되는 것으로 볼 수는 없다. 이러한 때에는 수입국에게 선택의 기회가 주어져야 하며, 그로 하여금 사전적 이해 또는 사후적 협상을 통해서 여러 회원국의 제약회사가 생산하는 그 특허약품의 품질·가격 및 상업적 신용을 비교하여, 어떤 회원국을 수출국으로 할지를 선택하여 확정하여야 한다. 그 회원국이 어떤 회원국을 수출국으로 선택했는지를 불문하고, TRIPs 이사회와 기타 회원국은 그 회원국의 선택을 존중하여야 한다. 당연히 수출국으로 선택된 회원국이 무조건적으로 수출국이 될 의무가 있는 것은 아니며, 만약 수입국이 제시한 조건이 너무 가혹하다면(예를 들어, 특허약품 수출가격이 너무 낮다면) 선택된 회원국이 받아들일 수 없으므로, 선택된 회원국도 수출국이 되는 것을 거절할 수 있는 권리가 있어야 한다. 따라서 수입국은 합리적인 방식으로 TRIPs 이사회에 통보하기 전에 먼저 그 수출국이 될 수 있는 회원국과 협상을 진행하여야 한다.

수입국이 중국으로 하여금 수출국이 되어 줄 것을 희망하고 중국도 수출국이 되는 것에 동의한 경우에, 본조 규정에 따라서 중국에서 특허약품을 생산하고 이를 그 수입국으로 수출하는 강제허가를 함에는 해결하여야 하는 문제가 하나 남아 있는데, 즉 강제허가의 신청인 및 피허가자가 될 수 있는 자는 누구인가 하는 것이다. 이에 대해서는 「총이사회결의」 및 「TRIPs 개정에 관한 의정서」에 규정되어 있지 않다. 이것은 이 결의 및 의정서가 수입국의 공공 건강문제 해결을 위하여 수출국에게 강제허가라는 권리와 의무가 있음을 규정한 것은, 회원국 자체를 권리와 의무의 주체로 한 것이고, 회원국이 이러한 권리를 행사하거나 의무를 이행함에 있어서 구체적으로 회원국 내부의 어떤 기관 또는 조직이 이를 행사 또는 이행하는지에 대해서는 이 결의 및 의정서가 규정할 필요가 없었기 때문이다. 그러나 본조 및 2010년 개정 「특허법실시세칙」도 위의 문제에 대해서는 규정하지 않았기 때문에, 본조 규정을 시행하는 구체적인 방식을 어떻게 설계하여야 하는가 하는 문제를 불러왔다.

본조가 규정하는 강제허가는 아래와 같은 특수한 성질을 갖는데, 첫째, 본조 규정에 의하여 강제허가를 함에 있어서는 중국을 수출국으로 하여 수입국과 협상을 진행하여야 하는데, 이러한 협상은 일반적으로 정부 대 정부의 방식으로만 진행할 수 있으며, 중국의 제약회사가 나서서 진행할 수 없다는 점이고, 둘째, 「총이사회결의」 및 「TRIPs 개정에 관한 의정서」는 본조 규정에 의하여 강제허가를 하는 것에 대하여 매우 엄격한 요건을 규정하고 있다는 점인데, 여기에는 생산되는 특허약품의 수량이 수입국의 수요를 초과할 수 없고, 생산되는 특허약품은 반드시 특수한 외형 또는 색상을 써야 하며, 특별한 표지 및 포장을 써서 본조 규정의 강제허가에 의해 생산된 특허약품인지 아니면 특허권자 자신 또는 다른 피허가자가 생산한 특허약품인지를 구분하기가 쉽게 하여야 할 뿐만 아니라, 수출국은 반드시 그 강제허가에 의해 생산된 특허약품이 국내 시장 또는 기타 회원국의 시장에 흘러들어가지 않도록 보장하여야 한다는 것 등이다. 이러한 요구를 만족시키기 위해서는 여러 단계에서의 관리감독 조치를 필요로 하는데, 이는 제약회사가 감당할 수 있는 것이 아니다. 위와 같은 이유에 기초하여, 필자는 본조 규정에 의하여 강제허가를 하는 경우, 국무원의 유관 주관부문이 신청인 및 피허가자가 되어야 한다고 본다. 당연히 국무원의 유관 주관부문은 자신이 특허약품을 생산할 방법이 없기 때문에, "정부조달" 방식으로 조건에 부합하는 중국의 제약회사가 특허약품을 생산하도록 위탁하는 방식을 취할 수 있고, 국무원 유관 주관부문은 이에 상응하게 관리감독을 하여야 한다.

(2) 강제허가 신청인과 특허권자의 사전 협상 필요 여부

중국에서 특허약품을 생산하고 이를 수입국으로 수출하는 강제허가를 신청함에 있어서, 출원인이 신청 전에 반드시 특허권자와 협상을 하여야 하는가?

이 문제에 대해서는, 「총이사회결의」 및 「TRIPs 개정에 관한 의정서」 모두 명확하게 규정하지 않았다. 캐나다·EU 등 일부 국가 또는 지역은 이러한 요구를 규정하여 입법하였다. 캐나다는 「총이사회결의」 통과 후 처음으로 이 결의를 입법으로 실천한 국가로서, 비록 그 적극적인 태도 때문에 전체적으로는 각국의 지지를 받았지만, 강제허가의 신청인이 반드시 사전에 특허권자와 협상을 진행하도록 해서 많은 개발도상국으로부터 비판을 받았다.

2008년 「특허법」 개정 및 2010년 「특허법실시세칙」 개정 시에, 일부 선진국은 중국도 캐나다와 유사하게 규정하기를 희망하였다. 이에 대하여, 중국의 입법기구는 TRIPs 제31조 제b호는 국가 긴급상태 또는 기타 비상상황이 발생하였거나, 또는 공공의 비상업적 사용의 경우에 출원인은 특허권자와 사전에 협상할 필요가 없다고 명확히 규정하고 있고, 「도하선언」도 각 회원국이 긴급상태 또는 비상상황에 해당하기 위한 요건을 스스로 확정할 권한이 있고 공공 건강의 위기가 긴급상태에 해당함을 밝히고 있다고 보았다. 수입국의 공공 건강위기도 중국의 긴급상태 또는 비상상황에 속한다고 하는 것은 약간 억지가 있지만, 수입국의 그 공공 건강문제 해결을 위하여 중국에서 특허약품을 생산하고 이러한 수입국으로 수출하는 것은, 적어도 TRIPs 제31조 제b호가 규정한 "공공의 비상업적 사용"에 해당하며, 따라서 특허권자와 사전에 협상할 필요가 없다고 보았다.

2008년 개정 「특허법」 제54조는, 강제허가를 신청하는 단위 또는 개인은 증거를 제출하여, 합리적인 조건으로 특허권자에게 그 특허실시의 허가를 청구하였으나 합리적인 기간 내에 허가를 받지 못하였음을 증명하여야 한다고 규정하고 있다. 이 조는 이 요건의 적용범위를 명확하게 규정하였는데, 즉 이 요건은 「특허법」 제48조 제1호 및 제51조가 규정하는 이유로 강제허가를 신청하는 경우에만 적용되며, 본조가 규정하는 이유를 포함하여 기타 이유로 강제허가를 신청하는 경우에는 적용되지 않는다. 이것도 본조 규정에 의하여 강제허가를 신청하는 경우에 특허권자와 사전협상을 진행할 필요가 없음을 나타낸다.

3. 피허가자에 대한 특별한 요건

「총이사회결의」 및 「TRIPs 개정에 관한 의정서」는 약품 생산능력이 없는 회원국이 공공의 건강문제를 해결하도록 특허약품을 생산하여 이를 수입국으로 수출하는 강제허가를 할 수 있는 권한을 수출국에게 부여함과 동시에, 수출국에게 많은 의무를 규정함으로써 이 특수제도의 운영이 이 제도를 수립한 목적에 위배되지 않도록 하고 특허권자의 이익을 보호하도록 보장하고 있다. 따라서 중국이 본조 규정에 의하여 강제허가를 하는 경우에는 이에 상응하는 의무를 이행하여야 하는데, 주로 다음과 같은 내용이 포함된다.

첫째, 국가지식산권국의 강제허가 결정 중에 피허가자가 준수하여야 하는 조건을 명확히 규정하여야 한다.

(1) 강제허가에 의하여 생산되는 약품의 수량은 수입국이 필요로 하는 수량을 초과할 수 없으며, 반드시 모두 이 수입국으로 수출되어야 한다.

(2) 강제허가에 의하여 생산된 약품은 특정한 라벨 또는 표기를 써서 이 약품이 강제허가에 의하여 생산된 것임을 명확히 나타내어야 하고, 약품 가격에 현저한 영향이 없다면 가급적 약품 자체를 특수한 색깔 또는 형상으로 하거나 또는 약품에 특수한 포장을 사용하여야 한다.

(3) 약품의 선적 전에, 강제허가를 받은 단위는 수입국으로 향하는 약품의 수량 및 이 약품을 식별할 수 있는 특징 등 정보를 그 인터넷 페이지 또는 WTO의 관련 인터넷 페이지에 공개하여야 한다.

둘째, 수출국이 강제허가를 한 후, 관련 정보를 TRIPs 이사회에 통보하여야 한다. 이러한 정보에는 다음과 같은 것들이 포함된다.

(1) 강제허가를 받은 단위의 명칭 및 주소

(2) 수출약품의 명칭 및 수량

(3) 수입국

(4) 강제허가의 기간

(5) 약품의 수량 및 약품의 식별 특징 등 정보를 공개한 인터넷 주소

이처럼 통보하도록 한 것은, WTO와 기타 회원국 및 특허권자가 이 방안이 「총이사회결의」 및 「TRIPs 개정에 관한 의정서」가 수립한 이 방안의 목적 및 구체적인 요건에 맞게 운영되고 있는지를 관리감독할 수 있게 하기 위함이다. 의심할 바 없이, 이 통보의무는 국무원 유관 주관부문이 이행하여야 한다. 중국이 WTO에 가입한 후, 국무원 유관 주관부문의 WTO에 대한 업무분장으로 보면, 이 직책은 상무부가 담당하여야 한다.

셋째, 특허권자에게 사용료를 지급하여야 한다.

TRIPs 제31조 제k호 규정에 의하면, 강제허가의 이유를 불문하고 특허권자에게 적절한 사용료를 지급하여야 한다. 따라서 중국에서 본조 규정에 의하여 강제허가를

하는 경우에 피허가자는 특허권자에게 적절한 사용료를 지급하여야 한다. 「총이사회결의」 및 「TRIPs 개정에 관한 의정서」 모두 수출국이 특허권자에게 사용료를 지급하여야 하고, 구체적인 사용료는 그 강제허가가 수입국에게 가져오는 경제적 가치(economic value)를 고려하여야 한다고 규정하고 있다. 그러나 만약 특허권자가 수입국에서도 동일한 약품에 대한 특허권을 향유하고 있고 수입국에서도 강제허가를 한 경우에는, 만약 중국의 피허가자가 특허권자에게 사용료를 지급하였다면, 그 수입국은 사용료를 재차 지급할 필요가 없다.

넷째, 기타 관련 요구를 준수하여야 한다.

「총이사회결의」 및 「TRIPs 개정에 관한 의정서」 규정에 근거하여, 중국에서 본조 규정에 의하여 강제허가를 한 경우에, 앞에서 설명한 의무를 이행하여야 할 뿐만 아니라 수출한 특허약품이 되돌아와 중국에서 판매되는 것을 방지하기 위한 효과적인 조치도 취하여야 한다.

중국이 수입국이 되어 다른 회원국이 강제허가에 의하여 생산한 특허약품을 수입한 경우에도, 중국은 이미 실제로 중국 국내로 수입된 약품이 다시 다른 국가 또는 지역으로 수출되는 것을 방지하기 위한 효과적인 조치를 취하여야 한다.

설령 중국이 수입국도 아니고 수출국도 아니라고 하더라도, TRIPs가 규정하는 필요적 수단(주로 침해상품이 수입되는 것을 저지하기 위한 국경조치)을 취하여 다른 회원국이 「총이사회결의」 및 「TRIPs 개정에 관한 의정서」가 확정한 방안에 따라 강제허가하여 생산한 특허제품이 중국 국내로 수입되고 중국 국내에서 판매되는 것을 방지할 의무가 있다.

제51조 이용발명특허의 강제허가

① 특허권을 받은 발명 또는 실용신안이 이전에 특허권을 받은 발명 또는 실용신안에 비하여 현저한 경제적 의의가 있는 중대한 기술적 진보성을 갖고, 그 실시를 위해서는 선발명 또는 선실용신안을 실시하여야 하는 경우, 국무원 특허행정부문은 후특허권자의 신청에 근거하여 선발명 또는 선실용신안 실시의 강제허가를 할 수 있다.

② 전항 규정에 의하여 강제허가를 하는 경우, 국무원 특허행정부문은 선특허권자의 신청에 근거하여 후발명 또는 후실용신안 실시의 강제허가를 할 수 있다.

「특허법」 제59조는 발명 및 실용신안특허권의 보호범위는 그 청구범위를 기준으로 한다고 규정하고 있다. 청구범위를 기준으로 특허권의 보호범위를 확정하는 방식은, 무릇 청구항에 기재된 기술적 특징이라면 모두 그 청구항으로 보호받고자 하는 기술방안에 포함되어야 하는 기술적 특징이고, 무릇 청구항에 기재되지 않은 기술적 특징이라면 그 청구항으로 보호받고자 하는 기술방안에 있어도 되고 없어도 되는 기술적 특징이라는 점을 기본으로 한 것이다. 특허권 침해에 해당하는지를 판단할 때에, 침해로 피소된 객체가 청구항에 기재된 기술적 특징 전부를 포함하고 있다면 그 청구항의 보호범위에 속하는 것으로 인정되어야 하고, 이 밖에 다른 기술적 특징을 더 포함하고 있는지는 이러한 결론을 얻는 데 영향이 없다. 이와 같은 방식으로 특허권의 보호범위를 확정하게 되면, 필연적으로 "이용발명특허"를 낳게 된다. 바꿔 말하면, 서로 다른 발명 또는 실용신안특허권 사이에 필연적으로 "권리충돌" 현상이 나타날 수 있다.

소위 "이용발명특허"는, 선발명 또는 선실용신안을 개량한 후발명 또는 후실용신안을 가리키는 것으로서, 후특허의 청구항에 선특허의 청구항에 기재된 기술적 특징 전부가 기재되어 있고 이 밖에 다른 기술적 특징이 부가된 것이다. 이러한 별도의 기술적 특징을 보충하였으므로, 후특허의 청구항으로 보호받고자 하는 기술방안은 선특허의 청구항으로 보호받고자 하는 기술방안에 비하여 신규성이 있을 뿐만 아니라 진보성도 있을 수 있으며, 따라서 특허권 수여의 요건에도 부합될 수 있다. 그러나 일단 특허권이 수여되고 나면, 두 특허권은 그 보호범위에 있어서 일종의 특수 관계에 있게 되는데, 즉 후특허의 청구항으로 보호받고자 하는 기술방안이 선특허 청구항의 보호범위에 속하게 되며, 이 때문에 이러한 후특허를 선특허의 "이용발명특허"라고 부른다. 이러한 경우에, 후특허의 특허권자는 비록 특허권을 받았다고 하더라도 자유롭게 그 권리로 보호받고자 하는 기술방안을 실시할 수 없는데, 그 기술방안이 다른 유효한 특허의 보호범위에 속하여 실시하기 위해서본 반드시 선특허 특허권자의 허가를 받아야 하기 때문이다. 다른 한편으로, 후특허가 특허권을 받을 수 있는 것은 그 보호하는 기술방안이 기술에 있어서 선특허가 보호받는 기술방안에 비하여 보다 진전된 것이기 때문에, 선특허의 특허권자도 종종 후특허를 실시하고 싶어한다. 그러나 비록 후특허로 보호받는 기술방안이 선특허의 보호범위에 속한다고 하더라도 선특허의 특허권자는 후특허로 보호받는 기술방안을 실시할 수 없는데, 이러한 기술방안은 이미 타인이 출원하여 특허권을 받은 것이어서 실시하기 위해서는 반드시 후특허 특허권자의 허가를 받아야 하기 때문이다. 이처럼 이용발명특허로 보호받는 기술방안에 있어서는, 후특허의 특허권자인지 아니면 선특허의 특허권자인지를 불문하고, 사전에 상대방의 동의를 받지 않으면 실시할 수 없다. 이러한 현상은 약간 "괴이"한 것 같지만, 특허제도 중에서 종종 볼 수 있다. 어떤 의미에서는 이러한 현상을 선특허와 후특허 사이의 "권리충돌"로 볼 수 있지만, 매우 정상적이고 피할 수 없는 문제이며, 놀랄 일이 아니다. 이미 수여된 특허권에 있어서도 이용발명특허가 출현할 수 있기 때문에, 엄격하게 말하면 특허권은 특허권자가 당연히 그 특허를 실시할 수 있는 권리가 아니라, 단지 타인이 허가 없이 그 특허를 실시하는 것을 금지할 수 있는 권리라고 할 수 있다. 바꿔 말하면, 특허권의 실질은 일종의 "배타권"이고 "독점권"이 아니다.

위의 문제에 대한 일반적인 해결방식은 선후 특허권자가 "교차허가"라고 불리는 허가계약을 체결하여, 서로 편리하게 쌍방이 모두 개량된 기술을 실시할 수 있게 하는 것이다. 그러나 제3자가 개량된 기술을 실시하고자 하는 경우에는 반드시 동시에 선후 두 특허권자의 허가를 받아야 한다. 따라서 특허실시허가계약을 체결할 때에, 빠질 수 없는 사항 중 하나가 나중에 계약대상 특허가 다른 선특허의 이용발명특허에 해당한다는 것이 발견되는 경우에 허가자측이 선특허 특허권자의 허가를 받을 의무가 있음을 약정하고 지급하여야 하는 사용료의 분담방식을 명확히 하는 것이다.

그러나 만약 선특허의 특허권자가 개량된 특허기술을 실시할 의사가 별로 없다면, 이용발명특허의 특허권자에게 그 이용발명특허의 실시를 허가하고 싶지 않을 수 있다. 이렇게 되면 이용발명특허로 보호받고자 하는 개량된 기술의 실시에 장애가 되어 선진기술의 응용확산을 저해함으로써 과학기술의 진보 촉진에 이롭지 않게 된다. 이러한 상황이 발생하는 것을 방지하기 위하여, 조건에 부합하는 경우에 강제허가를 함으로써 후에 특허를 받은 특허권자가 그 개량된 특허기술을 실시할 수 있도록 규정할 필요가 있다.

본조 제1항은 이용발명특허의 특허권자에게 강제허가를 하기 위한 두 가지 요건을 규정하는데, 하나는 특허를 받은 두 건의 발명 또는 실용신안이 있고, 후발명 또는 후실용신안의 실시를 위해서는 선발명 또는 선실용신안을 실시하여야 한다는 것이고, 다른 하나는 후발명 또는 후실용신안이 선발명 또는 선실용신안에 비하여 현저한 경제적 의의가 있는 중대한 기술적 진보를 갖고 있어야 한다는 것, 즉 기술적으로 비교적 뚜렷하게 공헌한 점이 있어 현저한 경제적 효과를 발생시켜야 한다는 것이다. 전자의 요건은 실제로는 "이용발명특허"의 의미를 정의한 것인데, 따라서 본조 제1항이 규정한 강제허가의 요건은 주로 "특허권을 받은 발명 또는 실용신안이 이전에 특허권을 받은 발명 또는 실용신안에 비하여 현저한 경제적 의의가 있는 중대한 기술적 진보를 갖는다."는 데 있다. 2000년 개정 전 「특허법」은 위의 두 번째 요건에 관하여 후발명 또는 후실용신안이 선발명 또는 선실용신안에 비하여 "기술적으로 진보된 것"이어야 한다고 규정하였다. 이에 대하여, TRIPs 제31조 제(1)항에는 "상당한 경제적 중요성이 있는 중요한 기술적 진보를 포함한다."로 규정하고 있다. 양자를 비교하면, TRIPs가 규정하는 요건이 보다 까다롭다. TRIPs규정과 일치시키기 위하여, 2000년 「특허법」 개정 시에 본조 제1항의 강제허가 요건 규정을 개정하였다.

TRIPs 제31조 제(1)항이 강제허가 요건에 대하여 훨씬 엄격하게 규정한 것은 현재 특허분야에서 더욱 더 빈번하게 나타나는 현상에 대응하기 위함인데, 즉 어떤 사람이 일단 새로운 분야를 개척하는 중요한 발명창조를 하여 특허권을 받은 후에는, 다른 사람도 뒤따라 "몰려들어" 각종 측면에서 그 발명창조를 개량한 다량의 이용발명특허가 발생하는 현상에 대응하기 위함이다. 과학기술의 진보를 촉진하는 측면에서 보면, 이용발명특허가 발생하는 것은 비난할 것이 못되며, 원래의 특허권자는 이를 저지할 권리가 없다. 그러나 원래의 특허권자 입장에서 보면, 수많은 이용발명특허가 있는 것은 그 특허권의 보호범위 내에 "치외법권영역"을 두는 것이어서 그 특허권의 효력을 크게 약화시키게 되므로, 당연히 선특허의 특허권자로서는 바라지 않는 일이다. 이용발명특허가 단지 존재하기만 하면 모르지만, 만약 이용발명특허의 특허권자가 손쉽게 강제허가를 신청할 수 있다면, 원래의 특허권자에게 있어서는 "설상가상"이 되어 그 개척성 발명창조로서 마땅히 받아야 하는 보상을 받기도 어려워진다. 바로 이러한 이유 때문에, 선진국은 이용발명특허 실시에 대한 강제허가의 문턱을 높여야 한다고 강조한다.

본조 규정과 「특허법」 제48조 제2호 규정 사이의 관계에 주의하여야 한다. 만약 선특허 특허권자의 행위가 「반독점법」의 "시장지배적 지위를 남용"하는 행위에 해당한다면, 법에 의해 독점행위로 인정되어 후특허의 특허권자도 「특허법」 제48조 제2

호 규정에 의하여 직접적으로 강제허가를 신청할 수 있는데, 이러한 경우에는 그 특허가 선특허에 비하여 "현저한 경제적 의의가 있는 중대한 기술적 진보를 갖음"을 증명할 필요가 없다. 당연히 만약 이용발명특허로 보호되는 기술방안이 원래의 특허와 비교하여 현저한 경제적 의의가 있는 중대한 기술적 진보를 갖지 않는다면, 원래의 특허권자가 허가를 하지 않는 행위도 "시장지배적 지위의 남용" 행위로 인정되기 어렵다.

앞에서 설명한 바와 같이, 선특허의 특허권자도 후특허의 기술을 실시하기를 희망할 수 있으며, 이용발명특허가 "현저한 경제적 의의가 있는 중대한 기술적 진보를 갖는" 경우에는 더욱 이와 같다. 선특허 특허권자의 이익을 보장하여야 함을 고려하고, 공평하고 합리적으로 되게 하기 위해서, 본조 제2항은 후특허의 특허권자가 선특허를 실시하는 강제허가를 받았다면, 국무원 특허행정부문은 선특허권자의 신청에 의하여 후특허 실시의 강제허가를 하여야 한다고 규정하였다.

본조 제2항은 선특허의 권리자도 이용발명특허 실시의 강제허가를 받을 수 있다고 규정하였는데, 후특허권자가 선특허를 실시하는 강제허가를 이미 받았음을 그 요건으로 한다. 만약 이용발명특허의 특허권자가 선특허 실시를 위한 강제허가를 신청하지 않았다면, 선특허의 특허권자가 본조 제2항에 의하여 후특허를 실시하는 강제허가를 받을 수 있는가? 필자는 이러한 경우에, 선특허권자가 이용발명특허를 실시하는 강제허가를 받고자 한다면 본조 제2항을 근거로 할 수는 없으며, 오직 「특허법」 제48조 제1호 규정을 근거로 하여 후특허의 특허권자가 규정된 기간 내에 불실시 또는 불충분하게 실시함을 이유로 하여 강제허가를 청구할 수 있을 뿐이라고 본다.

제52조 반도체 기술의 강제허가

강제허가와 관련된 발명창조가 반도체 기술인 경우, 그 실시는 공공이익의 목적 및 이 법 제48조 제2호가 규정한 경우로 한정된다.

2008년 「특허법」 개정 시에, 2001년 개정 「특허법실시세칙」 제72조 제4항을 「특허법」으로 옮겨 본조 규정을 두었다. 2001년 「특허법실시세칙」 개정 시에 이 규정을 신설한 목적은 TRIPs의 관련 규정과 일치시키기 위함이었다.

TRIPs 제31조 제(c)호는 아래와 같이 규정하고 있다.

이러한 사용의 범위 및 기간은 동 사용이 승인된 목적에 한정되며, 반도체 기술의 경우에는 공공의 비상업적 사용, 또는 사법 혹은 행정절차의 결과 반경쟁적이라고 판정된 관행을 교정하는 것에 한정된다.

비록 2001년 개정 「특허법실시세칙」 제72조 제4항에 위와 같은 요구를 반영하였지만, 이 규정이 실체적 조항임을 고려하면 「특허법」에서 규정하는 것이 보다 적절하였고, 따라서 2008년 「특허법」 개정 시에 본조 규정을 신설하였다.

2008년 「특허법」 개정 시에, 반도체 기술에는 다른 기술과 비교하여 도대체 어떤 상이한 성질 또는 특징이 있어서 TRIPs가 이를 특별히 고려하여 위와 같이 규정하였는지에 대하여 의문을 갖는 사람들이 있었다. 필자는 이와 관련하여 많은 수많은 자료를 살펴보았지만 이유가 설명되어 있지 않았거나 또는 납득할 만한 이유가 없었으며, 선진국이 반도체 기술분야에서 분명한 우세를 차지하고 있으므로 이 분야의 특허권자가 이 규정을 통하여 그 권익을 보다 더 잘 보장받아서 강제허가로 인해 손해를 입지 않기를 희망한 것이라고 추측한다. 그러나 선진국이 우세한 지위를 차지하고 있는 분야는 이 밖에도 매우 많은데, 왜 단지 반도체 기술분야에 대해서만 이처럼 규정한 것인가? 반도체 기술에서는 대표적으로 고밀도집적회로가 있다. 이 기술분야에 대해서는 특허로 보호하는 이외에, TRIPs는 특별히 그 제2부분 제6절에서 집적회로 배치설계에 대한 보호를 규정하지만, 집적회로 배치설계 유형의 지식재산권에 있어서는 이 협정에서 강제허가 제도를 규정하지 않았다. 따라서 강제허가가 특허권자에게 불리한 영향을 미칠 수 있다고 하더라도, 반도체 기술분야에서 받을 수 있는 영향은 상대적으로 적다고 보아야 한다. 아무튼 TRIPs의 위 규정은 그 속내를 알기 힘들며, 아무리 생각해도 도무지 이해가 되지 않는 점이 있다. 사실상, 많은 WTO 회원국들은 특허법에 이와 유사한 규정을 두지 않고 있다.

TRIPs의 위 규정이 합리적인지에 관계없이, 중국이 이미 가입한 국제조약의 규정이라면, 중국은 이행하는 것 외에 다른 선택의 여지가 없다. 중국이 WTO에서 응소한 지식재산권 분쟁사건들을 보면, 많은 선진국들은 지식재산권 분야에서 중국에 대하여 걸핏하면 트집을 잡으려 한다. 따라서 이처럼 드물면서도 중국의 이익에 영향이 크지 않은 조문 때문에 쓸모없는 분쟁을 일으키기보다는 우선 「특허법」에 명확히 규정하여 따르는 것이 낫다.

본조 규정에 따라서, 반도체 기술분야에서 강제허가를 할 수 있는 이유는 오직 두 가지뿐으로, 하나는 공공의 비상업적 사용을 위한 것이고, 다른 하나는 사법 또는 행정 절차에서 확정된 반경쟁행위를 교정하기 위한 것이다. 그중 "공공의 비상업적 사용"의 의미는 「특허법」 제49조에 언급된 "공공이익의 목적"과 동일하다. 그러나 제49조에는 단지 "공공이익의 목적"만 언급되어 있는 것이 아니고 이 밖에 "국가 긴급상태 또는 비상상황이 발생"하는 것도 포함되어 있는데, 이 때문에 본조 규정이 단지 "공공이익의 목적"을 위한 것에만 적용되고 "국가에 긴급상태 또는 비상상황이 발생"하는 것에는 적용되지 않는 것인가 하는 문제가 발생한다. 필자는 이 견해는 정확하지 않다고 보는데, 국가에 긴급상태 또는 비상상황이 발생하여 강제허가를 하는 것은 "공공이익의 목적"을 위한 것이 아닌 것이 없기 때문이다.

제53조 강제허가의 실시제한

이 법 제48조 제2호 및 제50조 규정에 의한 강제허가를 제외하고, 강제허가의 실시는
주로 국내시장에의 공급을 위해서 하여야 한다.

一. "주로 국내시장에의 공급을 위해서"의 의미

TRIPs 제31조 제f호는 "이러한 사용은, 주로 동 사용을 승인하는 회원국의 국내시
장에 대한 공급을 위해서만 승인된다."고 규정하고 있다. 중국은 WTO 회원국으로
서, 당연히 이 규정을 중국의 「특허법」에 반영하여야 한다.

이 협정이 이처럼 제한한 것은, 한편으로는 특허권자의 이익을 보장하기 위함이고,
다른 한편으로는 특허에 지역적 특징이 있기 때문이다. 강제허가를 통해서 생산한
특허제품은 특허권자 또는 그 피허가자가 생산한 특허제품에 비하여 일반적으로 가
격이 저렴하며, 만약 강제허가를 통해서 생산한 특허제품이 대량으로 다른 국가에 유
입된다면, 특허권자가 다른 국가에서 동일한 발명창조에 대해서 받은 특허권에 충격
을 가하게 된다.[1] 특허권의 지역적 특징은 한편으로는 특허권자가 한 국가에서 향유
하는 특허권은 그 국가에서만 유효하며 다른 국가에서 동일한 발명창조에 대해서 받
은 특허권은 서로 독립적이라는 점과, 다른 한편으로는 한 국가에서 강제허가를 하면
오직 그 국가에서 받은 특허권에만 영향이 있고 특허권자가 동일한 발명창조에 대해
서 다른 국가에서 받은 특허권은 그 강제허가의 영향을 받지 않는다는 점에서 드러난
다. 따라서 이론적으로 말하면, 한 국가에서 강제허가를 통해 생산한 제품은 그 국가
의 국경 내에서만 특허권자의 통제를 받지 않고 자유롭게 유통될 수 있을 뿐이고, 일
단 그 국가를 떠나 다른 국가로 들어가면 그 특허권자가 다른 국가에서 받은 특허권
의 제약을 받게 된다. 이 밖에 강제허가제도를 마련한 취지로 볼 때, 강제허가의 주된
이유는 국내에 긴급상태 또는 비상상황이 발생하였거나, 또는 공공이익의 목적을 위

---

[1] 설령 강제허가를 하지 않는다고 하더라도, 특허권자의 허가를 받아 특허를 실시하여 생산한 특허
제품의 가격은 국가에 따라 크게 차이가 있을 수 있는데, 예를 들어 중국에서 생산된 특허제품의
판매가격은 일반적으로 선진국에서 제조된 동일한 특허제품의 가격보다 눈에 띄게 낮으며, 특허
약품에 있어서는 훨씬 현저하다. 바로 이와 같은 이유 때문에, 수많은 선진국이 병행수입을 불허
하는 입장을 취하고 있는데, 병행수입을 허용하면 그 국내에서 제조된 특허제품의 시장점유율에
충격을 가하기 때문이다.

한 것이거나, 또는 특허권자가 국내에서 불실시 또는 불충분하게 실시함으로 인한 영향을 극복하기 위한 것이고, 이러한 상황이 한 국가에서 발생하였다고 해서 다른 국가에서도 발생한다고 할 수는 없다. 따라서 한 국가에서 강제허가를 하는 것은 국내수요를 만족시키는 것을 주된 목적으로 하여야 한다.

TRIPs 제31조 제f호 및 본조 규정이 모두 "주로"(predominantly)라는 한정어를 사용하고 있음에 주의하여야 한다. "주로"의 의미를 어떻게 이해하여야 할까? 자구로 보면, 강제허가에 의해 생산된 제품이 국내시장에서 50% 이상 판매되기만 하면, "주로 국내시장에의 공급을 위해서"라는 요구에 부합한다고 볼 수 있다. 이처럼 이해하는 것은 너무 형식적인데, 만약 정말로 이처럼 이해될 수 있다면, TRIPs 제31조 제f호가 수많은 개발도상국들을 이처럼 크게 제한하는 작용을 하여 이들이 단체로 「도하선언」및 「TRIPs 의정서」를 통과시킬 필요까지는 없었을 것이다. 본조가 규정하는 "주로 국내시장에의 공급을 위해서"라는 제한적 조건은 다음과 같은 두 가지 방면에서 이해되어야 한다. 첫째, 본조가 규정한 것은 "강제허가의 실시는 주로 국내시장에의 공급을 위해서 하여야 한다."는 것이지, "강제허가의 목적이 국내시장에의 공급을 주된 목적으로 한다."는 것이 아니며, 따라서 강제허가 신청의 목적은 매우 분명하게 국내시장에의 공급을 위한 것이어야 하고, 국내시장에의 공급을 위함과 동시에 국외시장에의 공급을 위한 것일 수는 없으며, 이 목적을 위해 생산한 특허제품은 국내시장에의 공급 이외에 남아도는 경우에만(예를 들어 사전에 국내시장의 수요량을 정확하게 예측할 수 없어서) 비로소 남아도는 특허제품을 외국으로 수출할 수 있다고 이해되어야 한다. 둘째, 「특허법」 제55조 제2항은 "강제허가 실시의 결정은 강제허가의 이유에 근거하여 실시의 범위 및 기간을 규정하여야 한다."고 규정하는데, 그중 "범위"라는 표현에 특허제품의 생산 수량이라는 의미가 포함되어 있으며, 국가지식산권국이 그 결정 중에 강제허가의 실시범위를 일단 규정하면, 피허가자는 이를 엄격하게 준수하여 결정에서 한정한 실시범위를 벗어나서는 안 되는 것으로 이해되어야 한다.[1]

二. 예외의 경우

비록 강제허가가 원칙적으로는 주로 국내시장의 수요에 공급하기 위해 실시되어

---

1) Nuno Pires De Carvalho, The TRIPs Regime of Patent Rights[M], Kluwer Law International, 2002: 241.

야 하지만, 유관 국제조약 및 「특허법」의 관련 규정에 근거하여 아래와 같은 예외가
있다.

(一) 독점행위의 제지를 위해 강제허가를 하는 경우

비록 TRIPs 제31조 제f호가 각 회원국이 하는 강제허가는 주로 국내시장의 수요를
만족시키기 위함이어야 함을 명확하게 요구하고 있기는 하지만, 이 협정 제31조 제
(k)호는 이 요구에 대한 예외의 경우를 규정하였는데, 즉 만약 강제허가가 사법 또는
행정 절차의 결과 반경쟁적인 것으로 판정된 관행을 교정하기 위한 것인 경우에는 주
로 국내시장의 수요를 만족시키기 위한 것이어야 한다는 제한을 받지 않는다고 규정
하고 있다. 이 예외를 규정한 것은 특허권 남용으로 형성된 독점행위로 인한 영향 또
는 결과가 종종 한 국가의 국내로만 한정되지 않으며, 동일한 발명에 대하여 특허권
이 수여된 모든 국가에도 영향을 줄 수 있기 때문이다. 예를 들어, 특허 허가계약에서
특허권자가 전 세계적으로 받은 모든 관련 특허를 한데 묶어 허가하였고, 만약 이 허
가행위가 독점행위로 인정된다면, 그 영향을 받는 것은 전 세계적 범위의 피허가자가
된다. 이러한 상황에서의 강제허가 목적이 독점행위로 인한 부정적 영향을 교정하기
위한 것이라면, 이러한 경우에서의 강제허가의 실시도 주로 강제허가를 한 국가의 국
내시장에 공급하기 위한 것으로 규정해서는 안 된다.

(二) 다른 국가의 공공 건강문제 해결을 돕기 위한 경우

TRIPs 규정에 의하면, 그 제31조 제f호는 회원국이 강제허가를 함에 있어서 주로
국내시장의 수요를 만족시키기 위해서 하여야 한다고 요구하는데, 그 유일한 예외가
바로 제31조 제k호가 규정하는 반경쟁적 행위를 바로잡기 위해 강제허가를 하는 경
우이다. 약품 생산능력이 없거나 또는 부족한 회원국이 공공의 건강문제에 직면한
경우에는, 약품생산능력이 있는 회원국이 설령 강제허가제도를 이용하여 저렴한 특
허약품을 생산하여 이러한 회원국에 수출하고 싶다고 하더라도, TRIPs 제21조 제f호
의 제한 때문에 돕고 싶어도 도울 수가 없다. 제f호로 인한 부정적 영향을 해소하기
위하여 2003년 통과된 「총이사회결의」와 2005년 12월 통과된 「TRIPs 개정에 관한
의정서」는 약품 생산능력이 있는 회원국이 전술한 경우에 제31조 제f호 규정을 준수하
여야 하는 의무를 면제하였다(본서의 「특허법」 제50조에 관한 설명 부분 참고). 「특허법」
제50조는 위의 결의 및 의정서를 실천하기 위하여 특별히 제정된 것이고, 따라서 이

조에 의한 강제허가를 실시하는 경우에는 당연히 "주로 국내시장에의 공급을 위해서"라는 제한을 받지 않는다.

(三) 자유무역지구의 예외

「특허법」에 명확히 규정된 위의 두 가지 경우 이외에, 자유무역지구의 예외가 있다. WTO「총이사회결의」및「TRIPs 개정에 관한 의정서」의 관련 규정에 근거하여, 중국이 일부 WTO 회원국과 자유무역협정을 체결할 때에, 만약 이 협정에 의해 형성된 자유무역지구 중 절반 이상의 회원국이 최빈국가로 인정된다면, 중국이 공공의 건강문제 해결을 위해 결정한 강제허가에 근거하여 제조된 특허약품이 동일한 공공의 건강문제에 직면한 이 자유무역지구 내의 국가 또는 지역 내에서 자유롭게 유통될 수 있다. 예를 들어, H1N1이 유행하는 상황에서, 만약 중국이 강제허가를 통하여 중국에서 관련 특허약품을 생산한다면, 이 약품을 전술한 조건에 부합하는 자유무역지구 내의 다른 국가 또는 지역으로 수출할 수 있으며, 주로 국내시장에의 공급을 위해서 하여야 한다는 제한을 받지 않는다. 현재까지 중국이 체결한 자유무역협정 중에서, 절반 이상의 회원국이 최빈국 국가인 협정은 아직 없으며, 따라서 현재 중국은 이 예외를 이용할 수 없다.

제54조 강제허가신청 관련 증거

이 법 제48조 제1호 및 제51조 규정에 의하여 강제허가를 신청하는 단위 또는 개인은 증거를 제출하여, 합리적인 조건으로 특허권자에게 그 특허실시의 허가를 청구하였으나 합리적인 기간 내에 허가를 받지 못하였음을 증명하여야 한다.

TRIPs 제31조 규정은, 본조가 규정하는 강제허가 신청의 절차적 요건이 「특허법」에 규정된 강제허가의 모든 이유에 적용되는 것은 아니고, 그중 일부의 이유에 대해서만 적용되는 것임을 표명하고 있다. 이 협정 제31조 제b호는 아래와 같이 규정하고 있다.

이러한 사용은, 동 사용에 앞서 사용예정자가 합리적인 상업적 조건하에 권리자로부터 승인을 얻기 위한 노력을 하고 이러한 노력이 합리적인 기간내에 성공하지 아니하는 경우에 한하여 허용될 수 있다. 이러한 요건은 국가 비상상황, 극도의 긴급 상황 또는 공공의 비상업적 사용의 경우에 회원국에 의하여 면제될 수 있다.

이 협정 제31조 제k호는 또한 아래와 같이 규정하고 있다.

회원국은 이러한 사용이 사법 또는 행정절차의 결과 반경쟁적인 것으로 판정된 관행을 교정하기 위해서 허용되는 경우에는 제b호 및 제f호에 규정된 조건을 적용할 의무가 없다.

TRIPs의 위 규정에 근거하여, 2008년 개정 「특허법」의 본조는 본조의 적용범위를 보충하여 규정하였는데, 즉 「특허법」 제48조 제1호 및 제51조 규정에 의하여 강제허가를 신청하는 단위 또는 개인의 경우에만 본조가 요구하는 증거를 제출하도록 규정하였다.

본조가 규정하는 사전협의의 목적은 쌍방의 협의를 통한 특허실시허가계약 체결을 촉구하고 피허가자와 특허권자 사이의 협력를 촉진함으로써, 특허기술이 보다 더 잘 실시되도록 하기 위함이다. 실무에서 보면, 특허권자가 새로운 기술방안을 보호함에 있어서는 특허권을 취득하는 것과 기술비밀로 유지하는 것을 결합하는 방식을 대부분 사용한다. 강제허가는 단지 법적인 관점에서 피허가자의 특허실시행위에 대한 합법성을 보장하는 것일 뿐이고, 특허권자로 하여금 그 특허기술을 실시하는 데 필요한 기술비밀과 기술지원을 제공하도록 할 수는 없다. 특허기술의 실시와 관련된 기술비밀을 확보하지 못하고 또한 특허권자의 필요한 지원과 협조를 받지 못하는 상황에서는, 피허가자가 제대로 특허를 실시하는 것은 일반적으로 쉽지 않다. 본조에는 특허기술을 실시하고자 하는 단위 또는 개인이 특허권자와의 협의를 장려함으로써 가급적 합리적인 조건으로 특허권자의 허가를 받아야 한다는 의미가 포함되어 있다.

중국이 「계약법」을 시행하기 전에는, 계약체결방식에 대해서 법적인 규범이 없어서, 쌍방 당사자가 어느 시점에서 제시한 조건을 그 최종적인 조건으로 보아야 하는지, 이에 나아가 이를 기초로 했을 때 그 조건이 합리적인 것인지를 정하기가 어려웠다. 1999년 제정된 「계약법」은 계약체결의 방식에 대하여 명확하게 규정하였는데, 그 제13조에서 아래와 같이 규정하였다.

당사자가 계약을 체결함에 있어서는, 청약과 승낙의 방식을 취하여야 한다.

제14조는 아래와 같이 규정하였다.

청약은 타인과의 계약체결을 희망하는 의사표시로서, 그 의사표시는 다음의 규정에 부합하여야 한다.
(1) 내용이 구체적으로 확정되어야 한다.
(2) 청약을 받는 자가 승낙을 표시하면, 청약자는 그 의사표시의 구속을 받는다.

위 규정은 청약이 반드시 완전하고 확정적이어야 하며, 적어도 계약의 주요 조항이 포함되어야 함을 나타낸다. 이러한 경우에, 상대방이 청약을 승낙하면 계약은 바로 성립하고, 청약자는 다시 의사표시를 할 필요가 없다. 따라서 강제허가를 신청하는 단위 또는 개인이 본조 규정에 의하여 제출하는 증거는 특허권자에 대한 특허실시허가계약의 청약이 된다. 이 청약에는 청약자가 특허권자와 체결하고자 하는 특허실시허가계약의 의사와 주요 조건이 드러나야 하고, 청약자의 상대방인 특허권자가 승낙하면 청약자와 청약의 상대방 사이에 계약이라는 법률관계가 발생한다.

강제허가를 신청하는 단위 또는 개인의 특허권자와의 특허실시허가계약 체결을 위한 청약에는 특허사용료, 지급방식 및 기한, 생산규모, 제품의 판매지역, 계약기간 등 여러 요소가 조건으로 제시될 수 있다. 이러한 조건이 합리적인지는, 대상이 되는 발명 또는 실용신안의 구체적인 상황에 의해서 확정되는 데, 예를 들면 기술분야, 시장상황, 유사 기술의 허가사용료, 발명 또는 실용신안의 난이도, 발명 또는 실용신안에 소요된 자금 등이며, 이러한 것이 모두 제시된 조건이 합리적인지를 판단하는 요소가 될 수 있다. 전체적으로 보면, 제시된 조건을 관련 업계의 상업적 관례에 따라 검토했을 때, 너무 높아서도 안 되고 너무 낮을 필요도 없으며, 적당한 정도면 족하다.

관례에 따라서, 특허실시허가계약을 체결하고자 하는 단위 또는 개인은 합리적인 조건으로 특허권자에게 청약을 한 후, 특허권자는 일정한 시간동안 검토할 필요가 있다. 얼마 동안이 합리적인지는, 특허기술의 난이도, 그 기술 실시의 난이도, 특허기술의 경제적 가치 등에 관계되며, 또한 청약자가 제시한 조건의 높고 낮음에도 관계되므로, 일률적으로 말할 수 없다. 일반적인 특허기술에 대해서는, 쌍방 당사자가 모두 특허실시허가계약 체결을 원한다는 조건하에서, 일반적으로는 3~6개월이 피허가자와 특허권자가 특허실시허가계약을 체결하는 데 필요한 합리적인 기간이라고 본다. 강제허가 신청이 필요한 특허기술이 일반적으로는 보통의 특허기술이 아님을 고려하여야 하는데, 예를 들어 「특허법」 제51조는 "이용발명특허가 이전에 특허권을 받은 발명 또는 실용신안에 비하여 현저한 경제적 의의가 있는 중대한 기술적 진보를 가질 것"을 강제허가 신청의 요건으로 명확하게 규정하고 있다. 따라서 본조의 "합리적인 기간"은 위에서 설명한 3~6개월보다는 길게, 예를 들어 9개월 내지 1년까지 고려되어야 한다. 만약 단위 또는 개인이 합리적인 조건으로 특허권자의 허가를 청구하였으나, 청약을 한 날로부터 위에서 설명한 기간 내에 허가를 받지 못한 경우에는, 이미 본조가 규정한 조건에 부합하여 강제허가를 신청할 수 있다고 볼 수 있다.

제55조 강제허가의 결정과 그 등록·공고 및 종료

① 국무원 특허행정부문이 내리는 강제허가 실시의 결정은, 즉시 특허권자에게 통지하고, 등록 및 공고하여야 한다.
② 강제허가 실시의 결정은, 강제허가의 이유에 근거하여 실시의 범위 및 기간을 규정하여야 한다. 강제허가의 이유가 해소되고 다시 발생하지 아니하는 때에는, 국무원 특허행정부문이 특허권자의 청구에 근거하여, 심사한 후 강제허가의 실시를 종료하는 결정을 하여야 한다.

비록 TRIPs 제31조가 강제허가의 수여와 실시에 대하여 많은 절차적 요건을 규정하였다고 하더라도, 강제허가 신청에 필요한 서류, 강제허가 신청의 수리 요건, 강제허가 신청의 심사절차, 강제허가 결정의 내용 등에 대해서는 이 협정이 구체적으로 규정하지도 않았고 규정할 수도 없으며, 각 회원국이 이 협정의 규정에 부합한다는 전제조건 하에서 각국의 행정·사법제도 및 구체적인 상황의 요구에 따라 보다 심도 있게 규정하기를 기다릴 수밖에 없었다.

중국의 입법은 간명하다는 특징이 있는데, 이 때문에 「특허법」 및 「특허법실시세칙」도 강제허가의 구체적인 절차에 대해서는 규정하지 않았다. 국가지식산권국은 2003년에 「특허실시 강제허가 방법」을 제정 및 시행하여, 강제허가의 신청·심사 및 결정, 강제허가 사용료의 재결, 강제허가의 종료 등 절차에 대하여 비교적 상세하면서도 운용이 가능하도록 규정하였다. 아래에서는 이 방법이 규정하는 강제허가의 기본적인 절차를 설명하도록 하겠다.

一. 청 구

강제허가를 신청하는 경우, 국가지식산권국에 다음 항목이 기재된 강제허가 청구서를 제출하여야 한다.

(1) 청구인의 성명 또는 명칭, 주소
(2) 청구인의 국적 또는 그 본부의 소재 국가
(3) 강제허가 청구의 대상 발명특허 또는 실용신안특허의 명칭·특허번호·출원일 및 등록공고일, 특허권자의 성명 또는 명칭

(4) 강제허가 신청의 이유와 사실

(5) 청구인이 특허대리기구에 위임하는 경우, 기재하여야 하는 관련 사항. 청구인이 특허대리기구에 위임하지 않는 경우, 그 연락받을 수 있는 자의 성명·주소·우편번호 및 전화번호

(6) 청구인의 서명 또는 날인. 대리기구에 위임하는 경우, 그 대리기구의 날인

(7) 첨부서류의 목록

(8) 기타 기재가 필요한 사항

강제허가의 청구서 및 그 첨부서류는 두 부씩을 제출하여야 한다. 둘 이상의 발명특허 또는 실용신안특허를 대상으로 강제허가를 청구하는 경우, 만약 둘 또는 둘 이상의 특허권자와 관련된다면, 특허권자별로 각각 청구서를 제출하여야 한다.

二. 수리, 문서송달 및 답변

강제허가 청구가 다음 중 하나에 해당하는 경우, 국가지식산권국은 수리하지 않고 청구인에게 통지한다.

(1) 강제허가 청구의 대상인 발명특허 또는 실용신안특허의 특허번호가 불명확하거나 또는 확정하기 곤란한 경우

(2) 청구서류에 중문을 사용하지 않은 경우

(3) 강제허가 청구의 이유에 해당하지 않음이 명백한 경우

「특허법」,「특허법실시세칙」및 위 방법의 규정에 부합하는 강제허가 청구에 대해서는, 국가지식산권국이 수리하여야 하고 청구서 부본을 특허권자에게 송달하여야 한다. 특허권자는 지정된 기간 내에 의견을 제출하여야 한다. 특허권자가 기간 내에 답변하지 않는 경우, 국가지식산권국의 결정에 영향을 주지 않는다.

三. 심사와 청문

국가지식산권국은 청구인이 제출한 이유와 관련 증명서류에 대하여 심사를 하여야 한다. 현장조사가 필요한 경우, 국가지식산권국은 둘 이상의 직원을 파견하여 현장조사를 하여야 한다. 청구인이 제출한 이유 및 관련 증명서류가 불충분하거나 또는 사실에 어긋나는 경우, 국가지식산권국은 강제허가 청구의 거절결정을 하기 전에

통지인에게 통지하여 의견을 제출할 수 있는 기회를 주어야 한다.

「특허법」 제49조 규정에 의하여 강제허가를 청구한 경우를 제외하고, 청구인 또는 특허권자가 청문을 요구하는 경우에는, 국가지식산권국이 청문회를 개최하여야 한다. 국가지식산권국은 청문회 개최 7일 전에 청구인, 특허권자 및 기타 이해관계인에게 통지하여야 한다. 국가기밀, 영업비밀 또는 개인 사생활에 관계된 경우를 제외하고, 청문회는 공개로 진행하여야 한다. 국가지식산권국이 청문회를 개최할 때, 청구인, 특허권자 및 기타 이해관계인은 변론하고 증거조사를 할 수 있다. 청문회를 개최함에는 청문조서를 작성하고, 청문회 참가자에게 교부하여 확인한 후 서명 또는 날인하여야 한다.

四. 강제허가 청구의 거절 또는 강제허가의 수여 결정

다음 중 하나에 해당하는 경우, 국가지식산권국은 강제허가 청구를 거절하는 결정을 하고, 청구인에게 통지하여야 한다.

(1) 청구인이 규정에 따른 주체로서의 자격을 갖추지 않은 경우

(2) 강제허가 청구의 이유가 「특허법」 제48조 내지 제51조 규정에 부합하지 않는 경우

심사에서 강제허가 청구에 거절이유를 발견할 수 없는 경우, 국가지식산권국은 강제허가의 결정을 하고, 다음 각 항목을 기재하여 밝혀야 한다.

(1) 강제허가를 받는 개인 또는 단위의 성명 또는 명칭, 주소

(2) 강제허가 대상 발명특허 또는 실용신안특허의 명칭·특허번호·출원일 및 등록공고일

(3) 강제허가의 범위·규모 및 기간

(4) 결정의 이유·사실 및 법적 근거

(5) 국가지식산권국의 인장 및 책임자의 서명

(6) 결정일

(7) 기타 관련 사항

강제허가의 결정은 즉시 청구인 및 특허권자에게 통지하여야 한다.

국가지식산권국이 강제허가를 결정하는 경우, 이외에도 강제허가의 결정을 등록 및 공고하여야 한다. 이 점은 필요적인 것인데, TRIPs 규정에 의하여 강제허가 피허가자의 실시권은 독립적으로 양도될 수 없지만, 관련 특허를 실시하는 기업 또는 영

업과 함께라면 양도될 수 있기 때문이다. 국가지식산권국이 강제허가 결정에 대해서
등록 및 공고함으로써 공중으로 하여금 그 강제허가의 법적 상태를 알 수 있게 하여,
강제허가의 피허가자가 임의로 그 실시권을 양도하는 것을 방지할 수 있다.

五. 강제허가의 종료

국가지식산권국이 강제허가 결정에서 강제허가의 기간을 규정하기 때문에, 그 기
간이 만료되면 강제허가는 자동으로 종료된다. 강제허가가 자동으로 종료되는 경우,
국가지식산권국은 특허등록부에 등록하고, 특허공보, 국가지식산권국 인터넷페이지
및 「중국지식산권보1)」에 공고하여야 한다.

본조 제2항 규정에 근거하여, 만약 강제허가 결정에 규정된 기간 내에, 특허권자가
강제허가의 이유가 이미 해소되었고 다시 발생하지 않을 것으로 판단한다면, 국가지
식산권국에 강제허가의 조기종료를 청구할 수 있다. 예를 들어, 강제허가가 어떤 유
행병의 창궐에 의한 것이었지만, 유행병이 이미 사라진 경우에는 강제허가 결정에 규
정된 기간이 아직 만료되지 않았다고 하더라도 조기종료를 청구할 수 있다.

강제허가의 조기종료 청구절차는 강제허가 신청절차와 기본적으로 같으며, 따라
서 다시 설명하지 않겠다.

---

1) 중국지식산권보(中国知识产权报, www.cpo.cn.net)는 지식재산권 업무, 방침 및 정책을 전달하
   는 소식지로서, 중국 국가지식산권국이 주관하고 있다(역자 주).

제56조 강제허가의 실시권

강제허가를 받은 단위 또는 개인은 독점적인 실시권을 향유하지 아니하며, 타인에게 실시를 허가할 권한도 없다.

본조 규정에 의하여, 강제허가는 독점적으로 허가될 수 없다. 이처럼 규정한 이유는, 강제허가제도가 특허권자의 특허권 남용을 방지하거나 또는 공공이익을 보호하기 위하여 타인에게 특허를 실시할 수 있는 권리를 주는 것이어서, 보다 많은 사람들이 그 특허를 실시할 수 있는 권한이 있어야 이 목적을 보다 더 잘 실현할 수 있기 때문이다. 만약 강제허가가 독점허가라면, 그 허가를 받은 단위 또는 개인은 타인이 그 특허를 실시하는 것을 배제시킬 수 있는 권리가 있으므로, 보다 많은 사람들이 그 특허를 실시하는 것에 장애가 된다. 따라서 강제허가는 피허가자가 발명특허 또는 실용신안특허를 실시하는 통상실시허가만 하는 것으로서, 특허권자는 그 특허를 자기가 실시하거나 또는 타인에게 실시를 허가할 수 있는 권리가 있음에 변함이 없으며, 국가지식산권국도 다른 사람에게 그 특허를 실시할 수 있는 강제허가를 계속해서 할 수 있다.

본조는 강제허가를 받은 단위 또는 개인은 "타인에게 실시를 허가할 권한도 없다."고 규정하는데, 그 의미는 강제허가의 피허가자가 재허가할 수 없음을 가리킨다. 이처럼 규정한 이유는, 만약 강제허가의 피허가자가 재허가하는 것을 허용한다면, 「특허법」이 규정하는 강제허가의 엄격한 절차를 우회할 수 있어 국가지식산권국에 강제허가를 청구할 필요가 없기 때문이다. 「특허법」 제12조 규정에 의하여, 설령 일반적인 허가계약에서라고 하더라도, 피허가자는 계약에서 규정한 자 이외의 단위 또는 개인에게 그 특허를 실시하는 것을 허용할 수 있는 권한이 없다. 일반적인 허가에서도 피허가자가 임의로 제3자에게 그 특허의 실시를 허가할 수 없다면, 특허권자의 동의 없는 허가인 강제허가는 특허권자의 합법적 이익을 보다 더 고려하여 강제허가의 피허가자가 재허가하는 것을 금지하여야 한다.

강제허가의 양도 문제에 대해서는 「특허법」 및 「특허법실시세칙」이 모두 규정하지 않고 있다. TRIPs 제31조 제c호 규정에 의하여, 강제허가를 받은 기업 또는 영업권과 함께 양도되는 경우를 제외하고, 강제허가는 양도될 수 없다. 이처럼 규정한 이유는, 강제허가를 하는 상황에서 피허가자는 특허실시의 권리를 받음과 동시에 사용료를 지급할 의무를 지므로, 피허가자는 특허권자와 실질적인 채권채무관계를 형성하기 때문이다. 「계약법」 제88조 규정에 의하여, 당사자 일방은 상대방의 동의를 받아, 계약에서의 자신의 권리와 의무를 함께 제3자에게 양도할 수 있다. 당사자의 의사에 따른 쌍무계약에서도 당사자가 자신의 권리의무를 양도함에는 상대방의 동의를 받아야 하므로, 스스로의 의사에 의한 것이 아닌 강제허가에서의 채무의 양도도 당연히 상대방의 동의를 받아야 한다. 이 밖에, 어떤 경우에는 피허가자가 특허권자와의 사이에 특정관계에 있다거나(예를 들면, 이용발명특허) 또는 피허가자가 실시능력이 있음을 기초로 하여 강제허가를 한 것일 수 있는데, 만약 피허가자가 임의로 양도할 수 있게 허용한다면 피허가자는 이를 특허권자와 특정관계가 없는 제3자 또는 실시능력이 없는 제3자에게 양도할 수 있게 되어 강제허가의 취지에 어긋나게 된다.

만약 기업 인수합병 등 이유로 강제허가 피허가자의 자산이 이전되거나 또는 강제허가와 관련된 영업권이 양도된다면, 강제허가는 함께 양도될 수 있다. 영업권(goodwill)은 영문 중에서 쉽게 볼 수 있는 어휘이지만, 기업 인수합병에 전문용어로 사용되는 때에는, 인수합병과 직접적으로 관련된 유형의 재산가치 이외의 무형의 재산가치를 가리킨다.

제57조 강제허가의 사용료

강제허가를 받은 단위 또는 개인은 특허권자에게 합리적인 사용료를 지급하거나, 중화인민공화국이 가입한 유관 국제조약 규정에 의하여 사용료 문제를 처리하여야 한다. 사용료를 지급하는 경우, 그 액수는 쌍방의 협상에 의하고, 쌍방이 합의에 이르지 못하는 경우, 국무원 특허행정부문이 재결한다.

특허권자의 권리는 주로 두 가지 방면에서 드러나는데, 하나는 타인이 그 허가를 받지 않고 그 특허를 실시하는 것을 금지하는 것이고, 다른 하나는 그 허가를 받고 그 특허를 실시하는 자로부터 사용료를 수취하는 것이다. 강제허가는 피허가자가 특허권자의 허가 없이 국가의 허가만 받아 타인의 특허를 실시하도록 하는 것이어서, 결과적으로 특허권자의 위 첫 번째 권리를 빼앗는 것이 된다. 만약 강제허가의 경우에 피허가자가 특허권자에게 어떠한 비용도 지급하지 않아도 되도록 규정한다면, 특허권자의 위의 두 번째 권리도 함께 빼앗는 결과가 된다. 만약 이와 같다면, 강제허가를 하는 것은 특허권자가 그 특허의 실시행위에 대하여 어떠한 보상도 받을 수 없게 되는 결과를 초래한다. 이것은 특허제도를 수립한 근본적 목적에 부합하지 않는다.

유체재산제도를 보더라도, 국가가 사유재산을 징발할 때에는 항상 보상을 하여야 한다. 만약 무상이라면, 징발이 실제로는 징수 또는 국유화로 변질된다. 사유재산이 무상으로 징발되는 사회에서, 사람들이 편안하게 살 수 있을까?

지식재산권에 대해서도 동일한 입장을 취하여야 한다. 어떤 이유의 강제허가인지를 불문하고, 강제허가의 피허가자는 그 특허를 실시함으로써 일정한 경제적 이익을 얻을 수 있는데, 여기에는 특허권자가 공헌한 부분이 포함되어 있기 마련이다. 이 때문에 각국은 강제허가를 하는 경우에 특허권자에게 합리적인 보상을 하여야 한다고 규정하고 있다.

강제허가의 사용료 액수는 먼저 특허권자와 강제허가의 피허가자 쌍방이 협의하여 확정하여야 하는데, 통상실시허가의 사용료를 기준으로 참고하여 공평하고 합리적으로 정하여야 한다.

만약 쌍방이 사용료 액수를 협의하여 정하였다면, 이 액수를 강제허가의 사용료로 하여야 하고, 만약 쌍방이 사용료 액수에 대하여 합의에 이르지 못하였다면 사법기관 또는 행정기관이 재결하여야 한다. 중국에서는 국가지식산권국이 강제허가를 결정하며, 따라서 사용료 액수도 국가지식산권국이 재결하는 것이 순리에 맞고 자연스럽다.

강제허가 사용료의 재결 절차에 관하여는, 2003년 국가지식산권국이 공포한 「특허실시 강제허가 방법」을 참고하기 바란다.

TRIPs 제31조 제h호는 명확하게 아래와 같이 규정하고 있다.

> 권리자는 각 사안의 상황에 따라 승인의 경제적 가치를 고려하여 적절한 보상을 지급받는다.

비록 TRIPs 제31조 제h호가 강제허가의 모든 경우에 특허권자에게 사용료를 지급하여야 한다고 규정하였지만, 「총이사회결의」 및 「TRIPs 개정에 관한 의정서」는 강제허가를 하는 수출국이 이미 특허권자에게 사용료를 지급한 경우에 수입국은 사용료 지급 의무가 면제된다고 보충적으로 규정하였다.

이처럼 면제하는 데에는 두 가지 이유가 있는데, 하나는 약품 생산능력이 없거나 또는 부족한 회원국이 그 공중에게 제공하는 수입 특허약품의 가격을 가급적 낮춤으로써 그 공공의 건강문제 해결을 돕는다는 취지를 진정으로 실현하기 위함이고, 다른 하나는 수입국과 수출국이 모두 강제허가를 한 상황에서, 만약 수입국과 수출국 모두 특허권자에게 사용료를 지급하도록 한다면, 특허권자는 동일한 제품에 대해서 이중으로 사용료를 수취하는 결과가 되어 불합리하기 때문이다. 따라서 특허약품 생산능력이 없거나 또는 부족한 국가가 그 공공의 건강문제를 해결하기 위하여 특허약품을 수입하는 강제허가를 한 경우에는, 만약 수출국이 이미 특허권자에게 사용료를 지급하였다면 수입국은 사용료를 지급할 필요가 없다.

중국은 상당한 약품 생산능력을 보유하고 있으므로, 일반적인 상황에서는 중국은 국내에서 특허약품을 생산하여 이를 수입국으로 수출하는 수출국으로서의 강제허가를 함으로써 약품 생산능력이 없거나 또는 부족한 다른 국가 또는 지역이 그 공공의 건강문제를 해결하는 것을 돕게 된다. 그러나 중국이 어떤 약품에 대해서는 생산능력이 없거나 능력이 부족하여, 「총이사회결의」 및 「TRIPs 개정에 관한 의정서」가 확립한 방안을 이용해서 강제허가를 하고, 중국이 공공의 건강문제를 해결하는 것을 돕기 위하여 다른 회원국이 강제허가를 하고 그 국가가 생산한 특허약품을 중국이 수입하는 상황도 배제할 수 없다. 이러한 상황에서는, 만약 수출국이 강제허가로 이미 특허권자에게 사용료를 지급하였다면, 비록 중국이 그 약품을 수입하는 강제허가를 하였다고 하더라도 특허권자에게 사용료를 지급할 필요가 없다.

제58조 강제허가 결정 및 사용료 재결의 사법적 구제

특허권자가 국무원 특허행정부문의 강제허가 실시에 관한 결정에 불복하는 경우, 특허권자 및 강제허가를 받은 단위 또는 개인이 국무원 특허행정부문의 강제허가 사용료에 관한 재결에 불복하는 경우, 통지를 받은 날로부터 3개월 내에 인민법원에 소를 제기할 수 있다.

각국의 강제허가 절차가 완전히 동일한 것은 아닌데, 그중 행정적 절차에 의하여, 즉 특허권 수여기관 또는 기타 행정기관이 강제허가를 결정하는 국가가 다수이고, 사법적 절차에 의하여, 즉 법원이 사법적 절차에 따라서 강제허가를 하는 국가는 소수이다. 행정기관이 강제허가를 하는 경우에, 각국은 모두 특허권자가 사법적 구제를 청구할 수 있다고 규정하고 있다. TRIPs 제31조 제i호는 이러한 사용의 승인에 관한 모든 결정의 법적 유효성은 사법심사 또는 회원국 내의 별개의 상위당국에 의한 독립적 심사의 대상이 된다고 규정하고 있으며, 제j호는 이러한 사용에 대하여 제공된 보상에 관한 어떠한 결정도 사법심사 또는 회원국 내의 별개의 상위당국에 의한 독립적 심사대상이 된다고 규정하고 있다.

「특허법」은 강제허가의 수여에 관하여 사법적 절차가 아닌 행정적 절차를 취하고 있다. 「행정소송법」의 기본원칙에 따라서, 모든 행정기관의 구체적인 행정행위는 사법적 심사를 받아야 한다. 따라서 당사자가 국가지식산권국의 강제허가 실시에 관한 결정 및 강제허가 사용료에 대한 재결에 불복하는 경우, 법원에 소를 제기할 수 있는 권리가 있다. 이것은 한편으로는 특허권자 및 기타 당사자의 합법적 이익을 보호하여 행정기관의 결정 또는 재결로 인해 특허권자 및 기타 당사자의 합법적 이익이 손해를 입지 않도록 할 수 있고, 다른 한편으로는 국가지식산권국이 법에 따라 직권을 행사하도록 감독할 수 있다.

본조 규정에 따라서, 당사자가 제기할 수 있는 강제허가에 관한 행정소송에는 두 가지 유형이 있다. 하나는 특허권자가 국가지식산권국의 강제허가 실시 결정에 불복하는 분쟁사건으로, 그 쟁점은 국가지식산권국의 강제허가 결정이 「특허법」이 규정하는 요건에 부합하는가 하는 것이다. 다른 하나는 특허권자 및 강제허가를 받은 단위 또는 개인이 국가지식산권국의 강제허가 사용료에 관한 재결에 불복하는 분쟁사건으로, 그 쟁점은 국가지식산권국의 사용료에 관한 재결이 합리적인가 하는 것이다.

　2000년「특허법」개정 전에는, 강제허가를 받은 단위 또는 개인이 강제허가 사용료의 재결에 대하여 불복하는 경우에 법원에 소를 제기할 수 있다는 규정이 본조에 없었다. 국가지식산권국의 강제허가 사용료에 대한 재결도 강제허가 피허가자의 이익에 관계되므로, 만약 재결의 사용료가 너무 높으면 그 이익에 손해를 입힐 수 있으며, 따라서 2000년「특허법」개정 시에 피허가자도 사용료 재결에 대하여 법원에 소를 제기할 수 있다고 보충하여 규정하였다.

　본조 규정에 대하여, 다음과 같은 두 가지 논란이 있는 문제가 있다.

　첫째, 본조 규정에 근거하여, 국가지식산권국이 강제허가를 한 상황에서 특허권자가 불복하는 경우에는 법원에 소를 제기할 수 있지만, 국가지식산권국이 강제허가 신청을 거절한 상황에서 강제허가의 신청인은 법원에 소를 제기할 수 없다. 따라서 강제허가에 있어서 본조가 규정하는 사법적 구제는 일방적이다. 강제허가의 신청인에게 사법적 구제를 받을 수 있는 기회를 주지 않는 이유는 무엇인가? 이 문제에 대해서, 국가지식산권국은 2006년 국무원에 제출한「〈특허법〉개정초안(심의본)」에서 일찍이 아래와 같은 개정의견을 제시하였다.

　　강제허가를 신청한 단위 또는 개인이 국무원 특허행정부문의 그 신청을 거절한 결정에 불복하는 경우, 특허권자가 국무원 특허행정부문의 강제허가 결정에 불복하는 경우, 통지를 받은 날로부터 3개월 내에「중화인민공화국 행정소송법」에 의하여 인민법원에 소를 제기할 수 있다.

　그러나 입법기관은 위의 개정 의견을 받아들이지 않았는데, 그 이유는 알 수가 없다.

　둘째, 국가지식산권국의 강제허가 실시 결정은 구체적인 행정행위에 해당하고, 당사자가 불복하는 경우 행정소송을 제기할 수 있는데, 여기에는 논란이 없다. 그러나 국가지식산권국의 사용료에 관한 재결에 불복하여 법원에 제기하는 소송이 도대체 민사소송인지 아니면 행정소송인지, 실무에서 의견이 갈린다. 필자는, 비록 강제허가의 사용료가 특허권자와 강제허가 피허가자 사이의 이익에 관계되어 표면적으로는 민사적 권익의 분쟁이지만, 사용료에 대한 재결은 강제허가 결정을 기초로 하고, 이 결정은 국가지식산권국의 행정적 결정이므로 이 행정적 결정을 기초로 하는 강제허가 사용료에 관한 재결도 행정적 결정에 해당하며, 이 재결에 불복하여 법원에 제기하는 소송도 행정소송에 해당한다고 본다. 이 밖에, 만약 사용료 재결이 단순한 민사적 권익의 분쟁이라면, 먼저 국가지식산권국이 재결하여야 한다고 규정할 필요가 없으며 바로 법원에 소를 제기할 수 있다고 규정하였어야 한다.

　사실상 이 논란은 강제허가 사용료의 재결에만 관계되는 것이 아니고, 중국 특허제도에서의 다른 사항과도 관계된다. 예를 들어, 특허복심위원회의 무효선고 청구에 대한 결정은 무효선고 청구인과 특허권자 사이의 민사적 분쟁에 대한 것이며, 이 결정에 대하여 불복하는 경우 행정소송이 아닌 민사소송을 제기하여야 한다고 보는 견해가 있다. 이와 유사하게, 특허업무관리부문의 특허권 침해분쟁에 대한 처리 결정도 침해자로 피소된 자와 특허권자 사이의 민사적 분쟁에 대한 것이며, 이 결정에 불복하는 경우 행정소송이 아닌 민사소송을 제기하여야 한다고 보는 견해가 있다. 이러한 문제는 민사소송과 행정소송의 경계를 어떻게 나눌 것인가에 관계되며, 근본적인 분석 및 연구가 필요한 중대한 과제이다.

제7장

특허권의 보호

제59조~제74조

서 언

법의 본질은 권리에 있고, 현대법치의 정신은 권리의 합리적인 인정과 권리의 충분한 보장에 있다. 중국의 입법이 의무 위주에서 권리 위주로 전환되는 과정은, 바로 중국의 법치현대화 과정이기도 하다. 합리적으로 권리를 설정하고 충분히 권리를 보장하는 것에 바로 민법의 기본적 가치가 있다. 「특허법」이 설정한 권리내용도 최종적으로는 본장에서 구체화된다. 이러한 의미에서 본장은 의심할 바 없이 「특허법」의 가장 중요한 내용 중 하나이다.

특허권은 일종의 민사재산권으로서, 특허보호에도 민사권리보호의 일반원칙이 적용된다. 그러나 특허권은 일종의 무체재산권으로서, 물권·채권 등 민사재산권에 비하여 그 자체에 특징이 있으므로 특별한 규정을 필요로 한다. 따라서 본장은 일반적인 민사법률과 같이 "법률책임" 또는 "벌칙"을 표제로 하지 않고 "특허권의 보호"를 표제로 삼았다. 그러나 본장의 마지막 네 조문 규정은 분명히 특허권의 보호와 직접적인 관련이 없어서, 본장의 표제와는 잘 어울리지 않아 보인다.

각국 특허법에는 한 가지 보편적인 경향이 있는데, 특허권 수여의 요건 및 절차에 관한 규정은 상대적으로 자세한 데 대하여, 특허권 보호에 관한 규정은 원칙적이라는 점이다. 이것은 전자가 훨씬 중요하기 때문이어서가 절대 아니며, 그 이유는 다음과 같다. 첫째, 특허권 수여의 요건 및 절차는 특별한 요건 및 절차이어서 특허법에서 규정하는 이외에는 다른 법률에서 규정할 수 없지만, 특허권 보호, 특허위법행위 금지 등 절차는 다른 상위 법률의 규정을 적용할 수 있기 때문이다. 둘째, 특허권 보호에 관한 일부 규정은 복잡한 문제에 관계되므로, 각국이 간단한 법률 조문으로 명확하게 규정하기가 어렵기 때문이다. 2000년 「특허법」 개정 후인 2001년에는 총 26개 조의 「최고인민법원의 특허분쟁사건 심리 적용 법률문제에 관한 규정」을 반포하였고, 2008년 「특허법」 개정 후인 2009년에는 총 20개 조의 「최고인민법원의 특허권 침해 분쟁사건 심리 응용법률 문제에 관한 해석」을 반포하였다. 이러한 사법해석은 반드시 규정이 필요한 사항이어서 이것이 없으면 특허권 침해분쟁에 대한 재판업무의 정상적 진행이 어려움을 재판실무를 통해 실천적으로 증명한 것으로서, 본장의 규정을 확장하고 상세화하는 실제적인 작용을 발휘한다. 따라서 본장의 관련 규정에 대하여 설명할 때에 최고인민법원의 사법해석을 함께 논의하는 것이 필요하다.

제59조 특허권의 보호범위

① 발명 또는 실용신안특허권의 보호범위는 그 청구항의 내용을 기준으로 하고, 설명서 및 첨부도면은 청구항의 내용을 해석하는 데 이용할 수 있다.

② 디자인특허권의 보호범위는 도면 또는 사진에 표시된 그 제품의 디자인을 기준으로 하고, 간단한 설명은 도면 또는 사진에 표시된 그 제품의 디자인을 해석하는 데 이용할 수 있다.

一. 개 요

민사권리에는 권리주체, 권리객체 및 권리내용, 세 가지 요소가 포함된다. 특허권은 일종의 민사권리로서, 「특허법」의 규정에 의하면 특허주체는 법에 의해 특허권을 받은 중국의 단위 또는 개인, 또는 외국인·외국기업 또는 외국의 기타 조직이다. 권리객체는 특허권이 수여된 발명창조, 즉 발명·실용신안 및 디자인이다. 권리내용은 「특허법」이 규정한 관련 권리로서, 타인에게 그 발명창조의 실시를 허가할 수 있는 권리, 타인이 허가 없이 생산경영 목적으로 그 발명창조를 실시하는 것을 제지할 수 있는 권리 및 기타 권리가 포함된다.

특허권은 무체재산권의 일종으로, 유체재산권에 비하여 그 특수성이 있다. 유체재산권의 권리객체는 실재하는 동산 또는 부동산이어서 볼 수 있고 만질 수 있으며, 이 때문에 보통은 그 권리범위가 명확하다. 특허권은 일종의 지식재산권으로, 그 보호객체는 지적 활동의 결과인 무형의 발명창조이며, 법률에서 그 보호범위에 대하여 규정할 필요가 있고, 타인의 행위가 특허권 침해행위에 해당하는지를 판단함에는 그 행위의 객체가 특허권의 보호범위에 속하는지를 판단하여야 하는데, 이것은 일반적인 유체재산의 보호와 분명하게 다른 점이다. 일반적인 민사권리 침해행위를 영문으로는 "tort"라고 하지만, 특허권 침해행위는 "infringement"라고 하는 것은 어느 정도 이러한 차이를 드러낸 것이다. "tort", 이 어휘의 원래 의미는 "왜곡", "상해"이며, 그 법률에서의 의미는 행위자가 고의 또는 과실로 권리자에게 손해를 입히는 것으로, 주로 행위로 인해 발생한 결과 측면에서 표현한 것이다. "fringe", 이 어휘의 원래 의미는 "경계", "범위"이고, "infringe"는 "경계에 진입", "범위에 진입"하는 것을 의미하며, "infringement"는 "경계 또는 범위에 진입하는 실시행위"를 가리키는데, 주로 행위의 객체가 권리객체의 보호범위에 들어오는 측면에서 표현한 것이다. 이 용어는 특허권 침해행위에 해당하기 위한 요건을 형상화하여 드러낸 것이다.

특허권을 어떻게 합리적으로 보호할 것인가에는 두 가지 고려하여야 할 요소가 있다.

첫째, 공중이 선행기술 또는 선행설계를 실시·이용할 수 있는 권리를 빼앗아서는 안 된다. 국가가 특허권자에게 일정 기간의 독점권을 주는 것은, 그가 사회공중에 새롭고 유용한 발명창조를 제공하여 인류가 이용할 수 있는 기술방안과 설계방안의 보고에 새로운 내용을 추가시켰기 때문이다. 따라서 「특허법」이 주는 특허독점권은 그 새로운 기술방안 또는 설계방안으로 한정되고, 과거에 이미 공지된 선행기술 또는 선행설계까지 특허권자의 권리범위 안에 포함될 수 없으며, 그렇지 않다면 공중의 이익에 손해를 가하여 정상적인 경제사회 질서에 영향을 주게 된다.

둘째, 공중으로 하여금 무엇이 특허보호를 받는 기술방안 또는 설계방안인지를 충분히 명확하게 알 수 있게 하는 방식을 반드시 마련하여, 이로써 스스로 그 생산경영행위를 규범하고 타인의 지식재산을 존중하는 양호한 사회 분위기를 조성하여야 한다. 특허권의 보호범위가 특허권자에 의해서 제멋대로 주장되고, 분쟁이 발생했을 때에 법원의 판결을 통해서만 확정되어 사전에는 아무도 예측할 수 없는 국면을 특허제도가 만들어 내서는 안 된다. 만약 이와 같다면, 공중은 어떠한 생산경영활동이 합법적인지를 확정할 방법이 없으므로 정상적인 경제사회 질서에 영향을 주게 된다.

특허제도가 위의 두 가지 점을 어떻게 구체화할 것인가는 쉬운 일이 아니며, 인류사회는 이를 위해서 오랜 기간 동안 탐구해 왔다. 이 두 가지 점에 있어서, 각국의 특허제도는 지금까지 완전무결하다고 할 수 없으며, 여전히 끊임없이 발전하고 개선하는 과정에 있다.

본조는 특허권의 보호범위를 규정하였지만, 특허권의 보호범위 확정은 특허권 침해행위의 판단과 밀접한 관계가 있을 뿐만 아니라, 심지어 불가분의 관계에 있다. 구체적인 분쟁사건의 심리 또는 처리를 통하여 다음과 같은 점을 체득한 사람들이 많은데, 특허권 보호범위의 확정이 체계적인 규칙과 이론을 물론 갖추고 있다고 하더라도, 최종적으로 그 범위를 확정함에는 항상 구체적인 특허권 침해행위의 판단과 떨어질 수 없는데, 어떤 실시행위가 특허권 침해에 해당한다고 판단하는 것은 그 특허권의 보호범위에 이러한 행위가 충분히 포함된다고 해석됨을 나타내기 때문이며, 다른 실시행위가 특허권 침해에 해당하지 않는다고 판단하는 것은 그 특허권의 보호범위에 이러한 행위가 포함된다고 해석될 수 없음을 나타내기 때문인데, 이러한 과정 자체가 바로 특허권의 보호범위를 확정하는 것이다. 특허권 침해여부에 대한 판단은 두 단계로 구분될 수 있다고 보는 이론이 있는데, 첫째 단계는 특허권의 보호범위를 확정하는 것으로서 어떤 "범위"를 정하는 것이고, 둘째 단계는 침해로 피소된 행위가 확정된 보호범위에 속하는지를 판단하는 것으로 위의 "범위" 안에 들어가는지를 판단하는 것으로서, 양자는 분명하게 분리되는 것이므로 먼저 첫째 단계를 진행하고 나서 둘째 단계를 진행하여야 한다는 것이다. 필자는 이것은 학리적인 이론으로서 이론적 탐구와 교육에 보다 적합한 것이라고 본다. 실무에서 법을 집행하다 보면 알게 되지만, 구체적인 침해행위와 결합해서 비교분석을 하여 그 구체적인 행위가 특허권의 보호범위에 속하는지를 판단함으로써 그 보호범위의 대소를 정하지 않고, 단지 공허하게 특허권의 보호범위를 논하여 정말로 위와 같은 "범위"를 정하려고 하는 것은 매우 어려울 뿐만 아니라 심지어 아무런 의의가 없다고 말할 수 있다. 이러한 점을 고려하여, 본서는 특허권의 보호범위 확정과 특허권 침해행위의 판단을 모두 본조에서 설명함으로써, 본조에 대한 설명이 본서에서 가장 많은 분량을 차지하게 되었다.

「특허법」은 세 종류의 특허권, 즉 발명특허권·실용신안특허권 및 디자인특허권을 규정하고 있다. 그중에서 발명특허권 및 실용신안특허권 특허문서에는 청구범위가 있는데, 이것은 특별히 발명특허권과 실용신안특허권의 보호범위를 확정하는 데 사용되며, 디자인특허권의 특허문서에는 청구범위가 없으므로 디자인특허권의 보호범위는 주로 그 도면 또는 사진에 표시된 제품의 디자인에 의하여 확정된다. 따라서 발명·실용신안 및 디자인특허권은 그 보호범위 확정방식이 다르므로 나누어서 설명할 필요가 있다.

二. 발명 및 실용신안특허권의 보호범위

(一) 발명 및 실용신안특허권 보호범위 확정의 원리

1. 기본규칙

청구범위로 발명특허권 및 실용신안특허권의 보호범위를 어떻게 확정하는가? 이를 위해서는 먼저 그 기본규칙을 명확히 하여야 한다.

「특허법실시세칙」 제19조 규정에 의하여, 청구범위에는 발명 또는 실용신안의 기술적 특징을 기재하여야 한다. 소위 기술적 특징은, 보호받고자 하는 기술방안을 이루는 각각의 기술적 요소를 가리키는데, 이 기술적 요소들은 상대적으로 독립적인 기능을 수행하여 상응하는 효과를 발휘한다. 청구항에 기재된 모든 기술적 특징이 함께 특허로 보호받고자 하는 범위를 한정한다. 그러나 청구항에 기재된 기술적 특징이라면, 그 청구항의 보호범위를 일정하게 한정하는 작용을 발휘한다. 소위 "한정하는 작용"은, 그 청구항이 보호하는 기술방안에 그 기술적 특징이 포함되어 있어야 함을 가리킨다. 일반적으로 말해서, 특허권이 수여된 후에, 타인이 실시하는 기술방안이 청구항에 기재된 기술적 특징 모두를 재현하였다면, 그 청구항이 문언적으로 확정한 보호범위에 속하게 되는데, 이것은 청구항으로 확정되는 가장 좁은 의미의 보호범위이다. 만약 타인이 실시하는 기술방안이 청구항에 기재된 기술적 특징 전부를 포함하는 이외에도 청구항에 기재되어 있지 않은 하나 또는 둘 이상의 기술적 특징을 포함하고 있다고 하더라도, 청구항의 보호범위에 포함된다는 결론에는 어떠한 영향도 없다. 이와 반대로, 만약 타인이 실시하는 기술방안이 청구항에 기재된 일부 기술적 특징을 포함하고 있지 않다면, 일반적으로는 그 청구항이 문언적으로 확정한 보호범위에 속하지 않는 것으로 인정된다.

이로부터 「특허법」 제11조의 "그 특허제품" 및 "그 특허방법"은 침해로 피소된 행위의 객체가 특허기술방안과 반드시 "동일"하여야 함을 가리키는 것이 아니라, 특허가 수여된 청구범위에 기재된 기술적 특징 전부를 포함함을 가리키는 것임을 볼 수 있다. 타인이 특허기술을 바탕으로 개량을 하여, 다른 발명창조를 할 수도 있다. 만약 개량한 발명창조가 신규성·진보성 및 실용성을 갖추고 있으면, 출원하여 다른 특허권을 받을 수 있다. 이때에 전체적으로 보아서, 개량된 발명창조가 원래의 특허권을 받은 기술방안에 비하여 이미 큰 차이가 있다면 "동일"은 말할 것도 없으며, 만약 개량된 발명창조가 여전히 원래 특허권의 청구항에 기재된 기술적 특징 전부를 포함하고 있다면 특허권의 보호범위에 속하게 되고, 개량된 발명창조에 대하여 출원하여 다른 특허권을 받았다고 해서 그 결론이 달라지는 것은 아니다.

위와 같은 발명 및 실용신안특허권 보호범위 확정의 기본규칙에 근거하여, 다음과 같은 결론을 얻을 수 있는데, 청구항에 기재된 기술적 특징의 개수가 적을수록 이러한 기술적 특징은 "상위" 개념의 어휘로 표현된 것이고, 그 청구항으로 확정되는 보호범위가 넓어지며, 이와 반대이면 좁아지게 된다. 이것이 청구항의 기본적인 속성이다.

특허문서의 청구범위에는 일반적으로 다음과 같은 복수의 청구항이 있다.

청구항 1. A, B, 특징적 구성인 C, D를 포함하는 제품(방법)

청구항 2. 청구항 1의 제품(방법)에 있어서, 특징적 구성 E가 추가된 제품(방법)

청구항 3. 청구항 2의 제품(방법)에 있어서, 특징적 구성 F가 추가된 제품(방법)

여기에서 청구항 1은 소위 "독립청구항"이다. 「특허법실시세칙」 제21조 규정에 의하여, 독립청구항은 전제부와 특징부로 기재하여야 하는데, 그중에서 전제부에는 보호받고자 하는 발명 또는 실용신안 기술방안의 명칭 및 그 발명 또는 실용신안이 가장 가까운 선행기술과 공유하는 기술적 특징을 기재하여야 하고, 특징부에는 발명 또는 실용신안이 가장 가까운 선행기술과 구별되는 기술적 특징을 기재하여야 한다. 발명 또는 실용신안특허권의 보호범위를 확정할 때에는 특징부에 기재된 기술적 특징을 전제부에 기재된 기술적 특징과 종합하여 고려하여야 하고, 전제부에 기재된 것이 가장 가까운 선행기술과 공유하는 기술적 특징임을 이유로 전제부에 기재된 기술적 특징은 중요하지 않다고 여겨서는 안 되며, 더욱이 소홀히 하여 그냥 지나쳐서도 안 된다. 따라서 청구항 1로 보호받고자 하는 기술방안은 A, B, C, D 이 네 특징을 포함하는 것이지, 기술적 특징 C, D만 포함하는 것이 아니다.

청구항 2와 청구항 3은 소위 "종속청구항"이다. 「특허법실시세칙」 제22조에 의하면, 종속청구항은 인용부와 한정부를 포함하여야 하는데, 그중에서 인용부에는 인용하는 청구항의 번호 및 명칭을 기재하여야 하고, 한정부에는 발명 또는 실용신안이 부가하는 기술적 특징을 기재하여야 한다. 종속청구항이 앞의 청구항을 인용하는 것은 일종의 "축약" 방식으로, 종속청구항이 그 인용하는 청구항에 기재된 기술적 특징 전부를 포함함을 의미한다. 종속청구항이 보호받고자 하는 것은 그 인용하는 청구항에 기재된 기술적 특징 전부와 그 종속청구항의 한정부에서 추가한 기술적 특징에 의해서 함께 한정되는 기술방안이다. 따라서 종속청구항 2가 보호받고자 하는 기술방안은 A, B, C, D, E, 이 다섯 가지 기술적 특징을 포함하는 것이고, 단지 기술적 특징 E만 포함하는 것이 아니다. 종속청구항 3이 보호받고자 하는 기술방안은 A, B, C, D, E, F, 이 여섯 가지 기술적 특징을 포함하는 것이고, 단지 기술적 특징 F만 포함하는 것이 아니다.

위에서 설명한 기본규칙을 종합하면, 종속청구항의 보호범위는 필연적으로 그 인용하는 청구항의 보호범위에 속하게 된다는 결론을 얻을 수 있다. 상술한 세 청구항의 보호범위는 아래 그림으로 표시할 수 있다.

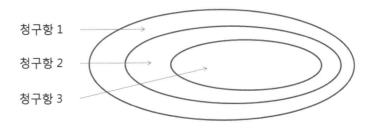

독립청구항 및 그 종속청구항에 대해서 말하자면, 독립청구항의 보호범위가 가장 넓어서 모든 종속청구항의 보호범위는 그 인용하는 청구항의 보호범위에 속하게 됨을 그림으로부터 볼 수 있다. 침해여부를 판단할 때에, 침해로 피소된 행위의 객체가 특허의 청구항 중 어느 하나(독립청구항도 포함되며, 종속청구항도 포함된다.)의 보호범위에 속하는 것으로 인정되기만 하면, 그 특허권을 침해한 것으로 인정되기에 충분하다. 종속청구항을 침해하게 되면 필연적으로 그 항이 인용한 독립청구항도 침해하게 된다는 논리가 성립하지만, 그 반대는 성립하지 않는다. 따라서 독립청구항이 「특허법」 및 「특허법실시세칙」 규정에 부합하는 때에는, 일반적으로 종속청구항은 특허권 침해판단에 있어서 별다른 기능을 발휘하지 못한다.

기왕에 이와 같다면 무엇 때문에 종속청구항을 기재하여야 하는지 의문이 들 수도 있다. 이에 대하여, 많은 서적들이 다양한 이유를 들고 있지만, 그중 가장 주된 이유는 특허권이 전부 무효로 되는 것을 방지하는 것이다.

국가지식산권국이 초보 또는 실체심사를 하여 특허권을 수여하였다고 하더라도, 수여된 특허권이 반드시 「특허법」 및 「특허법실시세칙」의 모든 관련 규정에 부합한다는, 특히 신규성 및 진보성에 관한 규정에 부합한다는 의미는 아니다. 공중의 어느 누구라도 특허심사에서 발명 또는 실용신안과 밀접한 관련이 있는 선행기술을 고려하지 않았음을 발견할 때에는, 특허권의 유효성이 도전을 받게 된다. 현재 국가지식산권국은 특허권자가 무효선고 절차에서 그 특허문서를 정정하는 것을 엄격히 제한하고 있으며, 일반적으로는 특허권자가 설명서에만 기재하고 청구범위에는 기재하지 않았던 기술적 특징을 청구범위에 정정하여 추가하는 것을 허용하지 않는다. 이와 같이, 수여된 특허에 하나의 독립청구항만 있으면 세력이 약하게 되어, 만약 무효선고 절차에서 그 독립청구항이 신규성 및 진보성 없음이 발견된다면, 설령 설명서에 다른 기술적 특징이 기재되어 있고 이를 독립청구항에 이미 기재되어 있는 기술적 특징과 결합하면 선행기술과 충분히 구별될 수 있다고 하더라도, 특허권자는 청구항에 이러한 기술적 특징을 추가하여 그 특허권을 구해 낼 방법이 없다. 여러 종속청구항을 두어 적당한 기재방식으로 보호범위의 크고 작음에 단계를 형성하는 것은 입체적인 방어선을 구축하는 것에 비유될 수 있는데, 특허권자가 무효선고청구 절차에서 전투를 하면서 후퇴를 한다고 할 때 제1방어선을 지킬 수 없으면 제2방어선으로 물러나 지킬 수 있고, 독립청구항이 무너진다고 해서 전멸하는 지경에는 이르지 않을 수 있다.

2. 보호범위 확정의 두 가지 방식
발명 및 실용신안특허권의 보호범위 확정에 전문적으로 이용되는 청구범위가 있다고 해서 모든 문제가 해결되는 것은 아니다. 이에 더 나아가, 청구범위를 어떻게 볼 것인가 하는 문제가 있다. 비교적 이른 시기에 특허제도를 시행한 국가들도 이에 대해서 오랜 기간 동안 탐구해 왔다. 탐구의 초점은 어떻게 해야 특허권자에 대한 효과적인 보호와 사회공중에 대한 법적 안정성 제공 사이에서 보다 더 양호한 균형상태에 이를 수 있는가에 있다.

특허권 보호범위의 확정방식에 있어서, 세계적으로 두 가지 대표적인 학설이 있어 왔다고 학계는 보고 있는데, 하나는 영미를 대표로 하는 "주변한정주의"이고, 다른 하나는 독일을 대표로 하는 "중심한정주의"이다.

소위 "주변한정주의"는 특허권의 보호범위가 완전히 청구항의 문언적 내용에 의해서 확정된다는 것이다. 침해로 피소된 행위가 엄격하게 문언적 의미에서 청구항에 기재된 기술적 특징 모두를 재현했을 때에야 비로소 그 청구항의 보호범위에 속하는 것으로 인정될 수 있다고 한다. 조금이라도 차이가 있다면 침해는 성립하지 않는다. 이러한 방식을 따르면, 청구항을 적절하게 기재하는 것이 특허권자에게 매우 중요하다. 청구항의 문언이 일단 특허청의 심사로 확정되면 그 보호범위도 고정되며, 특허권 침해분쟁 사건을 심리하는 법원도 특허권의 보호범위를 확정할 때에는 반드시 특허권이 수여된 청구범위의 문언적 내용을 엄격히 따라야 하므로 조금도 벗어날 수 없다.

소위 "중심한정주의"는 특허가 수여된 청구범위는 주로 발명자가 선행기술의 기초 위에서 어떠한 공헌을 하였는가를 정의하는 작용을 하며, 그 목적은 단지 특허권을 받은 발명창조가 특허법이 규정하는 특허권 수여의 요건에 부합하는지를 특허청 및 공중이 판단하기 위해 제공된다는 것이다. 이러한 방식을 따르면, 출원인은 청구항의 내용에 그 발명창조가 개선한 부분을 확실히 반영하도록 하여 특허권 수여요건을 충족시키기만 하면 족하고, 심혈을 기울여 추상화하고 개괄해 낼 필요가 없다. 특허권이 수여된 후에는, 특허권 침해분쟁 사건을 심리하는 법원은 특허권 침해가 성립하는지를 판단함에 있어서 특허설명서 및 첨부도면을 통하여 그 발명의 사상을 인정할 수 있으며, 청구항에 문언적으로 표현된 보호범위를 보다 자유롭게 확장하여 청구항의 내용과 문언적으로 동일하지 않은 실시행위까지 포괄하게 할 수 있다.

위의 두 학설로 대표되는 특허권의 보호범위 확정방식은 확연히 다르며, 그 장단점도 서로 보완적이다. 전자는 특허권 보호범위 확정의 법적 안정성을 확보하는 데 유리하지만, 특허권자를 융통성 있게 보호하는 데는 이롭지 않다. 후자는 특허권자를 융통성 있게 보호할 수 있지만, 공중이 특허권의 보호범위를 정확하게 예지하는 데는 이롭지 않다. 양 학설에 존재하는 심각한 결함은 특허제도의 정상적인 운영을 심각하게 방해할 수 있으며, 그 원래 발휘될 것으로 기대되는 장점으로 하여금 빛을 잃게 한다.

1977년 10월 7일 발효된「유럽특허협약」제69조 제1항은 아래와 같이 규정하였다.

유럽특허 또는 유럽특허출원의 보호범위는 청구범위의 내용을 기준으로 확정되며, 설명서와 도면은 청구항을 해석하는 데 이용할 수 있다.

비록 위의 규정이 분명하게 절충적 성질을 갖고 있다고 하더라도 여전히 매우 포괄적이어서, 유럽 각국이 실제로 집행하는 과정에서는 각자가 필요에 따라 여러 가지로 다르게 해석할 수 있는 여지가 있다. 이러한 현상이 발생하는 것을 방지하기 위하여,「유럽특허협약」은 특별히 이 협약 제69조에 관한 의정서를 부가하였는데, 아래와 같이 규정하였다.

제69조는 유럽특허의 보호범위가 청구항에 표현된 문언적 의미로 확정되고 설명서 및 도면은 단지 청구항 중의 모호한 부분을 해석하는 데 이용되는 것으로 이해되어서는 아니 되며, 청구항은 단지 지도적 기능만 발휘하고 실제적인 보호범위는 해당 기술분야의 기술자가 설명서 및 도면에 대한 이해로부터 출발하여 특허권자가 기대하는 범위까지 확장되는 것으로 이해되어서도 아니 된다. 이 조항은 특허권자를 적절하게 보호하는 동시에 타인에 대해서는 합리적인 법적 안정성을 갖도록 하는 두 극단 사이의 중간적인 입장을 정의한 것으로 이해되어야 한다.

위의 의정서는 청구범위의 내용에 의하여 특허권의 보호범위를 어떻게 확정하여야 하는지를 적극적으로 설명하지 않고, 소극적으로 두 가지 극단적인 방식을 배제하여 협약 제69조 제1항이 추구하는 것은 양자 사이의 중간적 입장임을 밝혔는데, 이것은 유럽 각국 특허제도의 발전추세에 큰 영향을 주기에 충분하였다. 실제로 영국이나 독일 모두, 그 특허제도의 전체 실시과정 중에서 위에서 설명한 것과 같은 극단적인 "주변한정주의" 또는 "중심한정주의"는 따른 적이 없거나 또는 극히 일부만 따랐을 뿐이다.

「유럽특허협약」제69조 제1항 규정은 후에 각국 특허법 중의 관련 규정에 입법적 모범이 되었으며, 또한 본조 규정의 입법적 기원으로 여겨진다.「유럽특허협약」제69조에 관한 의정서는 우리가 본조 규정을 이해하는 데 참고할 만한 의의가 있다.

3. 충분하고 합리적인 보호범위를 확보하기 위한 필요적 조치

출원인은 어떻게 해야 그 획득한 특허가 가급적 넓으면서도 합리적인 보호범위를 갖도록 할 수 있는가? 먼저 충분한 법적 보호를 획득하기 위하여, 출원인은 특허출원 과정 중에 허용된 한도 내에서 가급적 넓은 청구범위를 의식적으로 쟁취하여야 한다. 여기에서의 "쟁취"에는 두 가지 의미가 포함되는데, 하나는 발명 또는 실용신안 특허 출원시에 그 청구항, 특히 독립청구항을 정확하게 기재함으로써, 청구범위에 보호범위가 처음부터 너무 좁은 "선천적 부족" 현상이 발생하는 것을 방지하는 것으로서, 일단 이처럼 되고 나면 국가지식산권국은 심사과정에서 일반적으로는 출원인에게 그 보호범위를 확대하도록 요구하지 않기 때문이다. 다른 하나는 심사관의 그 청구항의 보호범위에 대한 축소 요구가 합리적이지 않은 때에는 논리를 근거로 다툼으로써 자기의 합법적 권익을 보호하는 것이다. 바꿔 말해서, 보호범위가 충분히 넓은 특허권을 받고 싶다면 출원인 자신이 노력하여야 하며, 이것 외에 더 좋은 방법이 없다. 청구항 기재와 심사 단계에 주의하지 않고 특허권을 받는 것에만 만족한다면, 그 특허권의 앞날은 법원 또는 특허업무관리부문의 "관대한" 해석에 매이게 되는데, 이것은 절대 상책이 아니다.

다음으로, 출원인은 불합리하게 너무 넓은 보호범위를 받으려고 하지 말아야 한다. 수여되는 특허권의 최대 보호범위는 출원인의 주관적 의사에 의해 달려 있는 것이 아니라, 그 발명창조의 혁신 정도에 달려 있음을 출원인은 깨달아야 한다. 만약 출원인의 의사에만 좌우되어 넓은 보호범위를 받고 싶으면 바로 넓은 보호범위를 받을 수 있게 된다면, 반드시 공중의 합법적 권리에 손해를 입히는 결과가 되고, 특허제도도 정상적으로 운영될 수 없다.

「특허법」은 특허권 보호범위의 대소에 대하여 여러 제한적인 조치를 규정하였는데, 그중 가장 주요한 것이 신규성 및 진보성에 관한 규정이다. 특허권 침해판단방식은 신규성·진보성 판단방식과 어느 정도 유사한 점이 있다. 침해판단은 침해로 피소된 자가 실시하는 기술을 청구항의 내용과 비교하여, 만약 청구항에 기재된 기술적 특징 전부를 완전히 동일하게 재현하였다면 침해에 해당한다. 만약 차이가 있지만 이러한 차이가 균등한 범위 이내라면 균등침해에 해당한다. 신규성 및 진보성 판단은 특허출원 또는 특허권의 청구항 내용을 선행기술과 비교하여, 만약 청구항에 기재된 기술적 특징 전부가 선행기술에 개시되어 있다면 그 청구항은 신규성이 없는 것이고, 만약 차이가 있지만 이러한 차이가 해당 기술분야의 기술자에게 자명한 것이라면 그 청구항은 진보성이 없는 것이다. 넓은 보호범위를 확보하기 위해서라면, 청구항에 기재하는 기술적 특징이 적을수록 좋고 상위개념일수록 좋지만, 청구항에 기재된 기술적 특징이 적을수록 이러한 기술적 특징도 상위개념으로 표현되어, 선행기술에 의하여 그 신규성과 진보성이 부정되기 쉽다. 특허권의 법적 안정성을 확보하기 위해서라면, 청구항에 기재하는 기술적 특징은 자연히 많을수록 좋고 구체적일수록 좋지만, 청구항에 기재된 특징이 많을수록 이러한 기술적 특징은 하위개념으로 표현되어, 그 확정된 특허권의 보호범위도 갈수록 좁아진다. 위의 두 가지 극단적인 방식 중 하나를 편면적으로 취하는 것은 분명히 득보다는 실이 크며, 실제로는 둘 모두를 고려한 방식을 취함으로써 합리적인 균형을 찾아야 한다.

특허심사 과정에서, 심사관이 선행기술을 검색하여 출원인의 청구항에 신규성 및 진보성이 없다고 판단한 경우, 출원인은 신규성 및 진보성 요건을 만족시키기 위하여 어쩔 수 없이 그 청구항을 보정하여 청구항에 보다 많은 기술적 특징을 추가함으로써 청구항으로 보호받고자 하는 기술방안이 인용된 선행기술과 충분히 구별되도록 한다. 출원인이 그 청구항에 기술적 특징을 하나씩 추가할 때마다 그 청구항의 보호범위는 조금씩 줄어드는데, 따라서 출원인이 이렇게 함과 동시에 그 보호범위를 의식적으로 또는 무의식적으로 좁히는 것이 된다.

위의 두 방면을 서로 조화시켜 보완하는 것의 최종적인 목적은, 수여된 특허권이 가급적 넓으면서도 또한 합리적인 보호범위를 갖게 하는 것인데, 이것이 특허제도가 희망하고 추구하는 이상적인 상태이다.

당연히 위의 이상적인 상태는 특허권 수여 시에는 도달할 수 없는 것이다. 현재 세계적으로 어떤 국가의 특허청도 그 수여한 특허권이 그 특허법이 규정하는 신규성 및 진보성 요건에 부합한다고 보장할 수 없다. 따라서 각국 특허법은 수여된 특허권이 신규성 및 진보성 요건에 부합하도록 하는 책임을 특허청이 단독으로 지도록 요구하지 않고, 공중이 이러한 작업에 참여할 수 있도록 허용하고 있다. 이를 위해서「특허법」은 무효선고청구 절차를 두고 있는데, 즉 국가지식산권국이 특허권의 수여를 공고한 후 공중의 누구라도 수여된 특허권이「특허법」및「특허법실시세칙」의 관련 규정에 부합하지 않는다고 판단하는 경우 특허복심위원회에 그 특허권의 무효선고를 청구할 수 있으며, 그중 가장 흔한 경우가 바로 특허권이 수여된 발명 또는 실용신안이 신규성 및 진보성 없음을 이유로 하는 것이다. 따라서 출원인이 청구항을 기재할 때에 그리고 특허심사 과정에서 실사구시의 태도를 취하여야 하고, 요행을 바라거나 불합리하게 너무 넓은 보호범위를 도모해서는 안 되는데, 설령 특허심사의 관문을 통과하더라도 이때부터 모든 근심이 사라지는 것은 아니기 때문이다. 위태롭고 믿을 수 없는 특허권을 갖고 있는 것은, 특허권자에게 해로울 뿐 이익이 없으며 후환도 매우 많다. 이후에 실제로 경제적 이익을 발생시킬 수 있고, 진정으로 활용이 기대되는 발명창조에 대해서는 더욱 이와 같다. 선진국의 특허출원인은 특허청의 그 특허출원에 대한 심사의 주된 가치는 보호범위가 너무 넓은 청구항에 대하여 이를 한정하도록 요구함으로써 안정되고 믿을 수 있는 특허권을 얻을 수 있도록 보장하는 데 있다고 본다. 이 때문에 그들은 특허청이 특허심사의 품질을 유지하고 더욱 높이기를 강력히 요구하며, 특허청의 특허심사 과정에서의 반대의견을 환영하여 자신의 결점을 지적해 주는 것을 반기고, 심사관이 어떠한 대비문헌도 제공하지 않을 때에는 불만을 갖게 되는데, 이것은 바로 믿을 수 있는 특허권을 받는 것이 보다 중요하다는 것을 그들은 잘 알고 있기 때문이다. 중국에서 실용신안특허권은 초보심사만을 거쳐 특허권이 수여되므로 그 청구항의 보호범위가 보편적으로 너무 넓은데, 따라서 실용신안특허권자는 이 문제에 더욱 주의하여야 한다.

(二) 청구항의 내용을 기준으로 한다는 것의 의미

1. 특허권자는 근거가 되는 청구항을 밝혀야 한다.

발명 또는 실용신안특허의 청구범위는 적어도 하나 이상의 독립청구항을 포함하고, 일반적으로는 복수의 종속청구항도 포함한다. 그 보호범위는 청구항마다 각각 동일하지 않다. 본조 제1항은 "발명 또는 실용신안특허권의 보호범위는 그 청구항의 내용을 기준으로 한다."고 규정하는데, 여기에는 특허권자가 권리를 주장하는 경우 그 근거가 되는 하나 또는 둘 이상의 청구항을 밝혀야 한다는 의미가 포함되어 있다. 만약 특허의 청구범위에 둘 이상의 청구항이 있고, 특허권자가 침해소송의 소장에 근거가 되는 청구항을 밝히지 않은 경우, 법원은 석명을 통해 특허권자에게 명확히 하도록 요구하여야 한다. 특허권자가 명확하게 하지 않은 경우, 법원은 소를 각하할 수 있다.[1]

앞에서 설명한 바와 같이, 발명창조에 있어서 독립청구항의 보호범위가 가장 넓으며, 직접 또는 간접적으로 이 독립청구항에 종속하는 종속청구항의 보호범위는 모두 독립청구항의 보호범위에 속하게 된다. 침해로 피소된 행위의 객체가 청구항의 보호범위에 속한다면 특허권 침해에 해당되고, 종속청구항의 보호범위에 속한다면 필연적으로 그 인용하는 청구항의 보호범위에 속하게 되므로, 특허권자가 그 특허권 침해를 이유로 소를 제기하는 경우에 독립청구항을 근거로 하여 그 권리를 주장하여야 한다는 결론을 얻을 수 있는 것은 아닌가?

2009년 반포된 「최고인민법원의 특허권 침해분쟁사건 심리 응용법률 문제에 관한 해석」 제1조는 아래와 같이 규정하고 있다.

---

[1] 「최고인민법원의 특허권 침해분쟁 사건 심리 문제에 관한 의견」, 2011년 논의안, 제2조 제2항.

① 인민법원은 권리자가 주장하는 청구항에 근거하여, 특허법 제59조 제1항 규정에 의하여 특허권의 보호범위를 확정하여야 한다. 특허권자가 일심법원의 변론종결 전에 그 주장하는 청구항을 변경하는 경우, 인민법원은 이를 허용하여야 한다.

② 특허권자가 종속청구항에 의하여 특허권의 보호범위를 확정할 것을 주장하는 경우, 인민법원은 그 종속청구항에 기재된 추가적인 기술적 특징 및 그 인용하는 청구항에 기재된 기술적 특징으로써, 특허권의 보호범위를 확정하여야 한다.

위의 규정은 특허권자가 침해소송을 제기하는 경우, 청구범위 중의 하나 또는 둘 이상의 청구항을 선택하여 그 보호범위를 확정할 권리가 있으며, 법원 및 특허업무관리부문은 특허권자의 선택을 존중하여야지 특허권자로 하여금 독립청구항에 의해서만 그 권리를 주장하도록 강제할 수 없음을 나타낸다. 따라서 본조 제1항의 "그 청구항의 내용을 기준으로 한다."는 것은 특허권자가 주장하는 청구항의 내용을 기준으로 한다는 것을 가리킨다.

본조 제1항이 "그 청구항의 내용을 기준으로 한다."고 규정하고 "독립청구항의 내용을 기준으로 한다."고 규정하지 않았으므로, 원칙적으로는 그 자체로 이미 위와 같은 규정의 의미를 내포하고 있었지만, 그러나 이 점이 과거에는 명확하지 않았다. 최고인민법원이 사법해석으로 명확하게 규정한 것은 확실히 현실적인 의의가 있다. 실무에서 특허권자가 특허권 침해소송을 제기할 때에 종종 그 독립청구항의 보호범위가 너무 넓은 문제를 발견할 수 있으며, 그 보호받고자 하는 기술방안이 신규성 또는 진보성이 결여되어 무효선고가 청구될 위험이 있을 수 있다. 이러한 상황에서 만약 특허권자가 반드시 독립청구항에 의하여 그 권리를 주장하여야 한다고 규정한다면 특허권자를 진퇴양난의 곤경에 처하게 할 수 있는데, 특허권 침해소송을 제기하지 않으면 침해행위를 제지할 수 없어서 그 획득한 특허권의 가치를 실현할 수 없고, 특허권 침해소송을 제기하지만 그 독립청구항에 하자가 있다면 그 청구항을 기초로 권리를 주장함으로써 말썽을 자초할 수 있기 때문이다.

최고인민법원의 사법해석에 따라서, 특허권자는 적당한 청구항을 자유롭게 선택하여 그 권리를 주장할 수 있다. 만약 종속청구항을 선택하였다면, 이것은 특허권자가 이미 스스로 그 특허의 보호범위를 축소하였음을 나타낸다. 이것은 일종의 실사구시적 방식으로서 마땅히 장려되어야 한다.

실무에서는 특허권 침해소송을 제기하는 많은 특허권자가 보통 소장에서는 피소된 침해행위가 그 모든 청구항을 침해하였다고 주장하는 전략을 취하는데, 그 목적은 특허권 침해분쟁사건을 심리하는 법원이 침해가 성립한다고 인정하는 경우에 구체적으로 피고의 행위가 어떤 청구항을 침해한 것인지 밝히기를 바라는 것이다. 이러한 주장은, 만약 독립청구항 또는 보호범위가 넓은 종속청구항은 나중에 무효로 되고 보호범위가 좁은 종속청구항을 기초로 하여 특허권이 일부유효로 유지된다면, 피고의 행위가 그 보호범위가 좁은 종속청구항을 침해하였다고 침해소송 심리법원이 판단한 경우에도, 특허권을 일부유효로 유지한 무효선고청구의 심사결정은 이미 내려진 특허권 침해판결에 영향이 없다는 점에서 현실적인 의의를 갖는다.

이러한 주장에 대해서, 특허권 침해 심리법원은 어떠한 방식으로 심리하여야 하는가? 이 문제에 대해서는 경우를 나누어 살펴볼 필요가 있다. 만약 특허권 침해 심리법원이 피고의 행위가 독립청구항의 보호범위에 속하지 않는다고 인정한다면, 분명히 특허권자의 다른 주장에 대해서는 살필 필요가 없는데, 독립청구항의 보호범위에 속하지 않는 피고의 행위는 분명히 그 종속청구항의 보호범위에 속할 수 없으므로 특허권자의 기타 주장도 성립하지 않는 것으로 바로 인정할 수 있기 때문이다. 만약 특허권 침해 심리법원이 피고의 행위가 독립청구항의 보호범위에는 속한다고 인정한다면, 피고의 행위가 어떤 종속청구항에는 속하고 어떤 종속청구항에는 속하지 않는지를 하나씩 차례대로 판단하여야 하는가? 이를 긍정하는 견해가 있다.[1] 이에 대해서 필자는 검토해 볼 필요가 있다고 본다. 이러한 방식을 취하는 것은 특허권자에게는 물론 유리하지만 재판자원의 소모와 당사자의 소송부담을 대가로 하는 것으로서, 하나씩 차례대로 판단함에는 필연적으로 훨씬 많은 증거인정을 필요로 하여 보다 많은 법정변론을 진행하여야 하기 때문에 특허침해 분쟁사건의 심리효율을 저하시킬 수 있으며, 현재 각지의 관련 법원이 수리하는 특허권 침해분쟁사건은 끊임없이 증가하고 있어 이미 법원이 막중한 부담을 안고 있는 상황에서는 더욱 이와 같다.

따라서 필자는 특허권자로 하여금 실사구시의 태도를 취하여 객관적이고 이성적으로 특허권 침해소송 제기의 근거가 되는 청구항을 선택하도록 장려하여야 하고, 이러한 투망식 소송방식을 지지하는 것은 적절하지 않다고 본다.

2. 특허권의 보호유형은 청구항에 의해 확정된다.

「특허법」제11조 규정에 의하여, 제품특허권의 법적 효력은 허가 없이 그 특허제품을 제조·사용·판매청약·판매 또는 수입할 수 없는 것이고, 제품의 제조방법 특허권의 법적 효력은 허가 없이 그 특허방법을 사용하는 것과 그 특허방법에 의하여 직접적으로 획득한 제품을 사용·판매청약·판매 또는 수입할 수 없는 것이며, 기타

---

1) 「최고인민법원의 특허권 침해분쟁 사건 심리 문제에 관한 의견」, 2011년 논의안, 제2조 제3항.

방법특허권의 법적 효력은 허가 없이 특허방법을 사용할 수 없는 것이다. 특허권의 유형에 따라 법적 효력도 크게 차이가 나는데, 따라서 특허권 침해분쟁사건의 심리 또는 처리 시에는 먼저 특허권의 유형을 판단하여야 한다.

사실상 방법발명과 제품발명을 뚜렷하게 구분하기가 어려운데, 많은 발명창조가 양자를 동시에 갖추고 있다. 예를 들어, 일정한 요건을 만족하는 조건하에서 제품의 제조방법으로 제품을 한정할 수도 있고, 방법을 한정할 때에 방법의 단계 이외에도 이용되는 설비 또는 원료를 기재하는 때도 있으며, 새로운 가공방법은 보통 새로운 설비로 실현되는데 출원인은 그 가공방법과 설비를 동시에 보호받고자 할 수도 있다. 그러나 이러한 것들이 특허권 유형의 확정에 장애가 되는 것은 아닌데, 특허권의 유형을 판단하는 근거는 청구항에 기재된 각 기술적 특징의 속성이 아니고 청구항의 명칭이기 때문이다. 「특허법실시세칙」제21조 및 제22조 규정에 의하여, 독립청구항인지 아니면 종속청구항인지를 불문하고 전제부에 보호받고자 하는 기술방안의 명칭을 기재하여야 한다. 청구항의 명칭은 반드시 제품이나 방법 중에서 그중 하나를 선택해야 하고, "…기술", "…방안" 등 모호한 표현방식은 허용되지 않으며, 또한 "제품 및 그 제조방법" 등 혼합된 명칭을 쓰는 것도 허용되지 않는다. 이처럼 일단 규정에 따라 청구항에 명칭을 기재하면 특허권의 유형도 이에 따라서 확정되며, 이에 더 나아가 청구항에 기재된 각 기술적 특징이 방법인지 아니면 제품인지를 구체적으로 분석할 필요가 없다.

3. "용도발명" 및 "용도한정"

소위 "용도발명"으로 받은 특허권의 유형을 어떻게 확정하여야 하는지는 주의할 가치가 있는 문제이다. 「특허심사지침 2010」은 화학분야의 용도발명에 대하여 아래와 같이 규정하고 있다.

화학제품의 용도발명은 제품의 새로운 효능 발견과 그 효능의 이용을 기초로 하는 발명이다. 새로운 제품인지 아니면 공지된 제품인지를 불문하고, 그 효능은 제품 자체의 고유한 것이므로, 용도발명의 본질은 제품 자체에 있는 것이 아니라 제품 효능의 응용에 있다. 따라서 용도발명은 일종의 방법발명이고, 그 청구항은 방법의 유형에 속한다.

만약 제품 A를 이용하여 다른 제품 B를 발명하였다면, 자연히 제품 B 자체로 특허출원하여야 하고, 그 청구항은 제품유형에 속하며 용도청구항이 아니다.

심사관은 주의하여 청구항에 기재된 표현으로 용도청구항과 제품청구항을 구분하여야 한다. 예를 들어, "화합물 X를 살충제로 이용" 또는 "화합물 X를 살충제에 응용"은 용도청구항으로 방법의 유형에 속하지만, "화합물 X로 만들어진 살충제" 또는 "화합물 X를 함유한 살충제"는 용도청구항이 아니고 제품청구항이다.

이 밖에 "화합물 X의 살충제에의 응용"을 "살충제에 이용되는 화합물 X"와 동등하게 이해해서는 아니 된다는 것을 명확히 하여야 한다. 후자는 용도를 한정한 제품청구항이지, 용도청구항이 아니다.[1]

위의 규정은 "용도발명"이 방법발명의 일종이고, 그 청구항도 방법청구항 기재방식을 따라야 함을 명확히 하였다.

(1) 공지된 제품의 새로운 용도

공지된 제품에 있어서, 만약 어떤 자가 해당 기술분야의 기술자가 예측할 수 없었던 효과를 발휘하는 그 제품의 새로운 용도를 개발하였거나 또는 그 제품의 새로운 사용방식을 발명하였다면, 특허법상의 발명창조에 해당하여 특허권이 수여될 수 있다. 사람들은 일반적으로 이러한 상황에서 받게 되는 특허권은 방법특허권이어야 하고 제품특허권일 수는 없다고 생각한다. 그러나 여러 이유로 반드시 그런 것은 아니다. 예를 들어, 「특허심사지침서 2010」은 소위 "전용발명"을 규정하고 있는데, 그 의미는 어떤 기술분야의 선행기술을 다른 기술분야에 전용하는 발명창조를 가리키지만, 그러나 "전용발명"을 어떤 유형의 특허권으로 출원하여야 하는지는 명확하게 규정하지 않았다. 출원인은 공지제품의 새로운 용도가 일종의 그 제품의 용도발명이므로 용도로써 한정하는 제품청구항으로 기재하는 것이 허용되어야 한다고 다툴 수도 있다.

어떻게 해야 특허권자가 공지제품의 새로운 용도에 대하여 받은 특허를 합리적으로 보호하면서도 공중의 이익에 손해를 미치지 않을 수 있을까?

여기에는 국가지식산권국과 침해소송 심리법원의 역할분담이 필요하며, 서로 조화되는 일치된 입장을 취하는 것이 요구된다. 국가지식산권국의 역할은 수여하는 특허권이 「특허법」이 규정하는 특허권 수여 요건, 특허 신규성 및 진보성 규정에 부합하도록 하는 데 있으며, 공지제품의 새로운 용도에 있어서, 출원인이 제품청구항으로 기재하였는지 아니면 방법청구항으로 기재하였는지를 불문하고, 청구항 중에 모두 그 새로운 용도 또는 새로운 사용방식을 반드시 명확하게 기재하도록 하여야 한다.

---

1) 国家知识产权局, 专利审查指南2010[M], 北京: 知识产权出版社, 2010: 第二部分 第十章 4.5.1.

법원의 역할은 특허권의 보호범위를 정확하게 해석하여 특허권자가 받을 수 있는 보호가 그 공헌에 걸맞게 하는 데 있으며, 청구항에 기재된 용도한정의 특징을 소홀히 해서는 안 된다.

위의 두 가지가 달성된다면, 설령 수여된 특허권이 용도로 한정된 제품청구항으로 기재되었다고 하더라도, 어떠한 문제도 발생하지 않을 것이다.

한 가지 명확하게 할 점이 있는데, 즉 수여된 특허가 용도로 한정한 제품청구항인 경우에, 특허권자의 허가를 받지 아니하고 동일한 제품을 제조하는 타인의 행위가 특허권을 침해하는 행위에 해당하는가?

앞에서 특허법은 제품특허권의 제조행위에 대하여 절대적 보호를 제공한다고 설명한 바 있는데, 즉 그 제조된 동일한 제품을 어떤 용도로 사용할 계획인가를 불문하고, 특허권자의 허가 없이 동일한 제품을 생산하는 것은 제품특허권을 침해하는 행위에 해당한다.

이 이론을 용도로 한정한 제품청구항에 적용하면 다음과 같은 결론을 얻을 수도 있는데, 비록 공지된 제품이라고 하더라도 특허권자가 그 제품의 새로운 용도를 발명하였기 때문에, 제조자가 동일한 제품을 제조하는 것은 그 새로운 용도에 전용하기 위한 것일 수 있고, 그 제품이 판매된 후에 구매자는 그 제품을 공지된 용도에 사용할 수도 있지만 그 제품을 그 새로운 용도로 사용할 수도 있어서 사전에 확인할 방법이 없으며, 따라서 용도발명에 대하여 특허권이 수여된 후에는 누구라도 특허권자의 허가 없이 동일한 제품을 제조하면 그 특허권을 침해하는 것이 된다.

이처럼 이해하는 것은 검토해 볼 가치가 있다. 소위 "절대적 보호"는 "특허권의 보호범위 확정"과는 상이한 개념으로, 이를 혼동해서는 안 된다. 제조자의 행위가 특허권을 침해하는 것으로 인정되기 위해서는, 반드시 허가 없이 제조한 제품이 "그 특허제품"이어서 특허권의 보호범위에 속하는 것으로 인정되어야 한다. 특허권의 보호범위는 청구항의 내용을 기준으로 하는데, 용도로 한정한 제품청구항이라면 용도 한정의 특징이 포함되기 마련이고(만약 그 용도 한정의 특징을 기재하지 않았다면, 보호받고자 하는 것은 공지제품에 해당하여 신규성 없음이 분명하기 때문이다.), 특허의 보호범위 확정 시에 그 특징을 소홀히 하여 그 용도 한정의 특징이 없는 제품 자체에까지 보호범위를 확대할 수는 없다.

특허권자가 타인의 제조행위가 용도로 한정한 제품청구항을 침해하였다고 소를 제기하는 때에는, 증명책임을 부담하여 침해로 피소된 자가 용도 한정의 특징을 포함하여 청구항에 기재된 기술적 특징 전부를 사용하였음을 증명하여야 한다. 제조자는 보통 그 제조한 제품을 다른 사람이 사용하도록 판매·제공하고, 자신이 사용하지는 않는다. 제품의 제조 시에는 사용행위가 아직 발생하지 않았다. 일반적으로, 하나의 제품에 여러 용도가 있는 때에는 제조된 제품 자체의 구조에 의해서 그것을 어떤 용도로 사용할 것인지를 제조자가 판단할 방법이 없다. 따라서 피고의 행위에 청구항에 기재된 용도의 특정을 포함하고 있는지에 대해서는 특허권자가 증명책임이 있어 침해로 피소된 자가 그 제품을 제조한 것이 청구항에 기재된 용도로 사용하기 위한 것임을 증명하여야 한다. 바꿔 말하면, 용도를 한정한 제품청구항에 있어서는, 침해로 피소된 제조자의 행위 객체가 특허권자의 보호범위에 속함을 특허권자가 증거에 의하여 증명할 때에는 청구항의 특징에 따라 그 사용하는 입증방식이 달라지는데, 청구항에 기재된 제품 자체의 구조적 특징에 대해서는 침해로 피소된 자가 제조한 제품의 구조를 증거로 하여 청구항에 기재된 제품의 구조와 동일하거나 균등함을 증명하여야 하고, 청구항에 기재된 제품의 용도의 특징에 대해서는 침해로 피소된 자의 제조행위의 주관적 의사를 증거로 하여 청구항에 기재된 용도와 동일하거나 균등함을 증명하여야 한다.

예를 들어, 과거에 식품의 염색제로 사용된 화합물이 식품의 염색뿐만 아니라 식품의 부패 방지 작용도 있음을 어떤 사람이 발견하여 특허권을 받았다고 하자. 그가 방법청구항으로 기재하였는지 아니면 용도로 한정한 제품청구항으로 기재하였는지를 불문하고, 그 특허의 보호범위는 그 용도의 제한을 받게 된다. 침해소송에서 특허권자는 그 화합물의 생산자가 그 제조한 제품을 당해 용도로 사용할 것임이 명시 또는 암시되어 있음을, 예를 들어 제품의 설명서에 명확하게 기재되어 있거나 또는 기타 증거에 생산자가 그 제품을 제조한 것이 그 용도에 사용할 의도임이 드러나 있음을 증명하여야 하고, 그렇지 않으면 그 제조한 제품은 특허권자의 보호범위에 속할 수 없어 그 특허권을 침해한 것으로 인정될 수 없다.

이 결론은 의심할 바 없이 합리적이다. 생산자는 이미 합법적으로 그 화합물을 다년간 생산경영해 온 것일 수 있으며, 만약 후에 그 화합물의 새로운 용도를 발견하여 특허권을 받았다고 해서 그 생산자가 후에 그 화합물을 제조한 행위가 특허권 침해에 해당한다고 인정하는 것은 그 생산자가 계속해서 그 화합물을 생산할 수 있는 권리를 빼앗는 것이어서 그 생산자에게 있어서는 뜻밖의 재난과 다를 바 없다. 정상적인 특허제도 아래에서는 이러한 일이 발생하게 할 수 없다. 특허권자가 받게 되는 보호범위는 그 기술적 공헌에 적합한 것이어야 하며, 공지된 제품의 새로운 용도만을 발견하여 특허를 받고서 욕심을 내어 그 용도에 한정되지 않는 그 제품 자체에까지 독점권을 향유하기를 바랄 수는 없다.

(2) 제품 이용분야의 한정

제품 독립청구항에는, 그 전제부에 발명 또는 실용신안의 명칭을 기재하는 외에 발명 또는 실용신안의 이용분야를 기재하기도 한다. 예를 들면, "과실수의 줄기에 농약을 주사하는 주사장치로서, …", "상어를 포획하는 데 이용하는 어구(漁具)로서, …" 등[1]과 같은 것인데, 이러한 예들은 용도에 관한 표현과 명칭이 함께 보호받고자 하는 대상을 확정한다고 볼 수 있다.

이러한 제품의 전체적 용도 또는 이용분야에 대한 표현은 앞에서 설명한 용도로 한정한 제품청구항과 매우 유사한데, 따라서 유사한 문제, 즉 용도를 한정한 특징이 특허권의 보호범위를 한정하는 작용을 하는가 하는 문제에 다시 직면하게 된다.

제품의 전체적 용도에 대한 표현은 제품의 이용분야에 대한 예시적 설명일 뿐이고, 그 목적은 공중이 청구항의 의미를 이해하는 것을 돕기 위한 것이므로, 특허권의 보호범위를 한정하는 효과는 일으키지 않는다고 보는 견해가 있다.

먼저 특허권자가 무엇 때문에 청구항에 용도 또는 이용분야를 기재하는지 분석하여야 한다. 가장 쉽게 볼 수 있는 이유는 청구항에 기재된 기술방안으로 하여금 신규성 및 진보성을 갖게 하기 위함이다. 발명 또는 실용신안이 원래는 단지 한 기술분야에 이용하던 것을 비교적 거리가 먼 다른 기술분야에서 이용함으로써, 그 기술분야에서 현저한 효과를 발휘한다거나 또는 그 기술분야에서 과거에 해결하지 못했던 문제를 해결하였다면, 신규성 및 진보성이 있을 수 있다.[2] 이때에 특허권을 받은 제품 자체는 공지된 제품에 비하여 뚜렷하게 구별되지 않을 수 있고, 그 신규성 및 진보성은 그것을 다른 기술분야에 사용하는 것에서 드러날 수 있다. 이러한 상황에서 용도 또는 이용분야에 관한 한정을 소홀히 하면 청구항의 보호범위를 크게 확장하여 신규성 또는 진보성이 없는 선행기술까지 아우르게 될 수 있다.

제품청구항에서 제품의 이용분야를 한정한 것이 출원된 발명창조가 특허권 수여의 실질적 요건에 부합하는지를 확정하는 데 의의가 있는 것이라면, 특허권의 보호범위를 확정할 때에도 그것을 소홀히 해서는 안 된다. 이러한 용어는 종종 우선 가장 넓은 범위로부터 발명의 기술분야를 한정하여 발명창조가 선행기술에 대하여 공헌한 점을 드러낸다. 만약 그 범위를 벗어난다면, 관련이 없는 다른 영역에까지 특허권의 범위가 확대되는 것이어서 불합리한 결과에 이르게 된다.

---

1) 청구항에 기재된 기술적 특징은 보통 각 부속품 또는 방법단계의 용도 또는 효과를 포함하는데, 이에 대해서는 뒤에서 상세하게 논의하기로 한다. 여기에서의 논의주제는 명칭 부분에서의 전체 제품 또는 방법의 용도에 관한 표현으로, 양자는 같은 것이 아니다.
2) 国家知识产权局, 专利审查指南2010[M], 北京: 知识产权出版社, 2010: 第二部分 第十章 4.4.

발명창조의 용도가 많을수록 응용범위는 넓어지고, 그 상업적 가치도 커진다. 특허 제품 또는 방법 자체에 신규성이 있고 여러 분야에서 이용할 수 있을 때에는, 당연히 출원인은 그 설명서에 충분히 설명하고 동시에 이에 걸맞은 청구항의 명칭을 선택할 수 있으며, 이러한 때에는 출원인이 그 독립청구항에 발명의 이용분야를 한정하는 것은 생각할 수 없다. 이와 반대로 만약 선행기술 때문에 출원인이 어쩔 수 없이 독립청구항에 그 제품 또는 방법의 특정 이용분야 또는 특정 용도를 밝혔다면, 이렇게 하는 것이「특허법」에 규정된 특허권 수여의 요건을 만족시키기 위해 필요했음을 나타내며, 특허권의 보호범위를 확정할 때에 이를 고려하여야 하고 이를 소홀히 할 수 없다.

(3) 새로운 제품 및 그 용도

제품 자체의 구조가 이미「특허법」의 신규성·진보성 및 실용성 요건에 만족되어 특허권이 수여될 수 있는 경우에, 예를 들어 출원인이 새로운 구조의 전동기를 개발한 경우에, 출원인은 그 전동기 구조 자체에 대한 제품 독립청구항 1을 기재하는 이외에, "청구항 1의 전동기를 세탁기에 이용하는 방법" 또는 "청구항 1의 전동기를 사용한 세탁기"와 같은 병렬적인 독립청구항을 기재할 수 있다. 청구항 1로 보호받을 수 있음에도, 이러한 병렬적인 독립청구항을 기재하는 것이 특허권자에게 어떠한 이익이 있는가는 검토해 볼 가치가 있다.

이때에 청구항 1은 진정한 제품청구항인데, 이것은 어떤 용도 또는 이용방식을 한정하지 않고 제품 자체의 구조적 특징만으로도 보호받고자 하는 기술방안으로 하여금 신규성 및 진보성을 갖게 하기에 충분하기 때문이다. 이와 같다면 청구항 1은 그 전동기의 모든 용도 및 이용방식을 아우른다. 전동기 자체가 같기만 하면, 제조·판매청약·판매·사용·수입행위에 종사하는 자가 그 전동기를 어떠한 용도에 이용하고자 하는 것인지를 불문하고 침해가 성립한다는 결론에 영향이 없다. 이로부터 이러한 경우에는 청구항 1만으로도 충분하며, 위와 같은 병렬적인 독립청구항을 기재할 필요가 없음을 알 수 있는데, 독립청구항에서 청구항 1에 다시 무엇인가를 추가할 필요가 없기 때문이다.

제품독립청구항 이외에 용도 독립청구항도 청구범위에 포함되어 있는 경우에, 특허권자에게 특허권 소진원칙의 예외를 적용할 수 있다고 볼 수도 있다. 바꿔 말하면, 제품 독립청구항과 용도 독립청구항이 서로 "독립"적인 청구항이어서, 제품청구항이 "권리소진"된다고 해서 용도청구항도 "권리소진"되는 것은 아니라는 말이다. 다시 위의 전동기를 예로 들면, 특허권자가 자신이 직접 또는 타인에게 허가하여 그 특허 전동기를 제조 및 판매한 후, 만약 다른 용도 독립청구항이 없다면 그 전동기를 제조 및 판매한 후에는 그 특허권은 소진되고, 구매자는 이후에 어떠한 방식으로 이러한 전동기를 사용하더라도 특허권자는 간여할 수 있는 권리가 없다. 그러나 만약 다른 용도 독립청구항이 있다면 상황은 달라진다. 비록 전동기의 제조 및 판매가 합법적이라고 하더라도, 만약 구매자가 구매한 전동기를 사용하여 세탁기를 제조하면 그 청구항 2를 침해할 수 있다. 만약 이와 같은 견해가 성립한다면 특허권자는 훨씬 강하게 보호받을 수 있고, 용도청구항을 기재한 효과가 뚜렷해진다.

그러나 이러한 견해는 정확한 것이 아니다. 만약 「특허법」 제69조가 규정하는 특허권 소진원칙이 이처럼 쉽게 돌아가고 피해갈 수 있는 것이라면, 이 원칙은 큰 의의가 없다. 「특허법」 제69조 제1호는 "특허제품 또는 특허방법에 의하여 직접적으로 획득한 제품을 특허권자 또는 그 허가를 받은 단위 또는 개인이 판매한 후, 그 제품을 사용·판매청약·판매·수입하는 경우"는 특허권 침해로 보지 않는다고 규정하고 있다. 이 규정에는 어떠한 예외조건도 부가되어 있지 않으며, 따라서 「특허법」이 규정하는 소진원칙은 절대적인 것이다.

일부 국가들은 특허권 소진원칙을 중국과 같이 그 특허법 중에 명확하게 규정하지 않고, 이 원칙을 "묵시허가" 이론의 기초 위에서 수립하였다. 이 이론에 따르면, 제품청구항과 용도청구항을 포함하고 있는 특허에 있어서는, 특허권자 자신이 그 특허제품을 제조 및 판매하거나 또는 타인에게 허가하여 그 특허제품을 제조 및 판매할 때에, 만약 제품의 이용방식에 대하여 명확하게 제약조건을 부가하지 않았다면, 구매자에게 그 구매한 제품을 어떠한 방식으로라도 사용하거나 처분할 수 있게 하는 일종의 묵시허가를 한 것이어서 특허권자는 간여할 권한이 없다고 한다.

본서의 「특허법」 제12조에 대한 설명에서 지적한 것처럼, 묵시허가이론을 적용하는 것은 특허권 소진원칙으로 인한 결과와 기본적으로는 동일하지만 차이점도 있는데, 주로 다음과 같은 점에서 드러난다. 첫째, 적용범위로 보면, 묵시허가이론의 적용범위가 훨씬 넓어서, 특허권 소진원칙을 적용할 수 없는 상황에서도 여전히 묵시허가이론을 적용할 수 있다. 둘째, 적용방식으로 보면, 묵시허가이론은 특허권자 또는 그 피허가자가 그 특허제품을 판매할 때에 그 제품의 사용방식에 대해서 명시적인 제약조건을 부가하는 것을 허용하고, 구매자가 그 제약조건을 받아들이고 나서 후에 위반하는 경우에는 묵시허가이론을 적용할 수 없다. 위의 두 번째 차이점은 보기에 매우 큰 차이가 있는 것 같지만 실제로는 그렇지 않은데, 특허권자가 그 특허제품을 판매할 때에 위와 같은 제약조건을 붙이는 것은 대부분 사리에 맞지 않기 때문이다.

모두 다 알고 있듯이, 특허기술의 이용분야가 넓을수록 특허권자가 얻을 수 있는 경제적 이익도 커진다. 만약 위의 새로운 전동기가 광범위하게 이용될 수 있어서 여

러 분야에서 사용될 수 있고 보다 좋은 효과를 발휘할 수 있다면, 당연히 특정 용도에
만 사용될 수 있는 전동기를 발명하는 것에 비해 그 가치가 훨씬 커지는데, 이것이야
말로 특허권자가 몹시 바라 마지 않던 일이다. 만약 이와 같다면, 특허권자가 이러한
전동기를 판매할 때에 구매자가 세탁기·선풍기 등 분야에 이용하지 못하게 할 이유
가 무엇이 있는지 상상하기 어려운데, 이와 같이 하는 것은 오히려 자신에게 해가 되
는 것이 아니겠는가? 만약 제품특허에 오직 하나의 용도만 있다면 더욱 이와 같은데,
이러한 상황에서 특허권자가 그 특허제품을 판매할 때에 만약 구매자가 그 제품을 당
해 용도로 사용하는 것을 금지한다면, 어느 누가 그 특허제품을 구매하겠는가?

특허 허가계약을 체결하여 타인에게 특허제품을 제조 및 판매하도록 허가하는 것
도 유사한 상황이다. 타인이 높은 사용료를 지급하고서 특허권자와 이러한 전동기를
제조·판매할 수 있는 허가계약을 체결하고자 하는 것은, 제조해 낸 제품이 보다 양
호한 판로를 확보할 수 있게 하거나 또는 이것을 여러 분야에 이용함으로써 보다 높
은 경제적 이익을 얻을 수 있을 것으로 기대하기 때문이다. 만약 특허권자가 허가계
약 중에 갖가지 제약조건을 붙여서 피허가자가 제조한 특허제품을 각종 용도로 사용
하는 것을 허락하지 않거나 또는 그 특허제품의 구매자가 각종 방식으로 그 구매한
특허제품을 사용하는 것을 금지한다면, 곧 사리분별을 제대로 못하는 사람만이 이러
한 실제적 가치가 없는 계약을 체결할 수 있다.

정상적인 용도 이외에, 사람들이 예상하지 못했던 특수한 용도를 갖는 제품도 있을
수 있다. 예를 들어, 새롭게 발명한 세제는 세탁효과가 있을 뿐 아니라, 가축 사료의
첨가제로도 사용되어 가축의 성장 촉진에 예측하지 못했던 효과를 발휘할 수도 있
다. 이러한 상황에서, 특허권자가 세제를 생산 및 판매하는 허가계약을 타인과 체결
할 때에 이러한 특정용도를 유보할 수 있다. 그러나 이러한 발명창조는 필경 극소수
이다.

이로부터 일반적인 경우에 만약 제품 구조의 개량 자체가 특허권 수여의 요건을 만
족시킬 수 있다면, 제품 자체에 대한 제품청구항을 제대로 기재하는 데 진력함으로써
가급적 넓은 보호범위를 받을 수 있으면 충분하고, 다시 차례로 그 제품의 각종 용도
를 열거할 필요가 없는데, 병렬적인 용도청구항은 제품청구항을 넘어서는 어떠한 보
호의 효력도 없기 때문이다.

4. 방법으로 한정한 제품청구항
(1) 방법으로 한정한 제품청구항의 기재방식
일반적으로 말해서, 특허권의 보호범위를 분명하고 명확하게 한정하기 위하여, 제

품청구항은 제품의 구조적 특징으로 그 기술방안을 표현하여야 한다.

그러나 제품의 제조방법으로 그 제품을 정의하는 것이 허용되는 경우도 있다. 예를 들어, 케이크의 맛은 케이크를 제작하는 원료와 첨가성분에 의해 결정될 뿐만 아니라 그 제작방식에 의해서도 결정된다. 많은 경우에 케이크의 원료 및 첨가성분은 다를 것이 없으며, 그러나 새로운 제작기법을 사용함으로써 케이크의 맛에 변화를 가져올 수 있다. 출원인이 이처럼 제작한 케이크 자체에 대해서 특허권을 받고 싶어 하는 경우에, 그 제품청구항은 완전히 케이크의 원료와 성분만을 기술적 특징으로 하여 그 제품을 한정할 수 없는데, 맛의 차이는 이러한 기술적 특징으로 한정하기가 매우 어렵기 때문이다. 「특허법」에 제조방법에 의하여 직접적으로 얻어지는 제품에까지 제조방법 특허권에 의하여 보호받을 수 있다고 규정하지 않았던 과거에는, 방법특허권의 보호효력이 제품특허권에는 미치지 않았기 때문에 출원인은 종종 제품 자체에 대해서도 특허보호를 받을 수 있기를 희망하였다. 따라서 만약 제조방법으로 제품을 정의하는 청구항 기재방식을 허용하지 않는다면, 특허권자가 유효한 특허보호를 받기가 어려워지는 때가 종종 있다. 이것이 방법으로 제품을 한정한 청구항(product-by-process claim)이 생겨난 유래이다. 많은 국가들이 모두 이러한 유형의 청구항 기재방식을 허용한다.

쉽게 볼 수 있는, 방법으로 한정한 제품청구항 기재방식에는 다음과 같은 두 가지 방식이 있다.

첫째는 단독의 제품 독립청구항으로, 그 보호의 대상은 방법이 아닌 제품이지만, 그중 적어도 일부의 기술적 특징은 제품의 구조·조성 또는 특성이 아닌 방법적 단계이다.

둘째는 병렬적인 독립청구항으로서, 그 전형적인 경우는 다음과 같다.

청구항 1. …에 특징이 있는 제조방법

청구항 2. 청구항 1의 제조방법으로 제조한 제품

(2) 방법으로 한정한 제품청구항의 보호범위

이러한 방식으로 기재된 제품청구항에 있어서, 그 기재된 제조방법적 특징이 신규성·진보성 판단 및 보호범위의 확정에 어떠한 작용을 하는지는 매우 중요한 문제이다. 이에 대해서는 상이한 견해가 있다.

한편에서는 제품청구항은 절대적 보호를 제공하므로 제품 제조방식의 제한을 받지 않는다고 본다. 어떤 제조방법을 사용했는지를 불문하고, 얻어지는 제품이 동일하기만 하면 제품청구항의 보호범위에 속하게 된다는 것이다. 따라서 신규성 및 진보성을 판단할 때에, 그리고 특허권 침해에 해당하는지를 판단할 때에, 청구항에 기재된 방법적 단계인 기술적 특징의 제한을 받을 필요가 없고 이를 고려하지 않아도 된다고 한다.

다른 한편에서는 본조에 특허권의 보호범위는 청구항의 내용을 기준으로 하여야 한다고 명확하게 규정되어 있으므로, 따라서 특허심사 과정인지 아니면 특허권 침해 판단과정인지를 불문하고, 무릇 청구항에 기재되어 있는, 특히 독립청구항에 기재되어 있는 기술적 특징은 소홀히 해서는 안 된다고 본다. 방법으로 한정한 제품청구항에 포함되어 있는 방법적 특징은, 그 제품의 한정적 특징에 해당한다는 것이다. 만약 선행기술에 단지 동일한 제품만 개시되어 있고 그 한정한 특정 제조방법은 개시되지 않았다면, 방법으로 한정한 제품청구항의 신규성 및 진보성에 영향이 없다고 본다. 마찬가지로 침해소송에서 방법으로 한정한 제품청구항의 보호범위를 확정함에도 그 가운데 기재된 방법적 특징의 제한을 받게 된다.

나라마다 이 문제에 대해서는 입장을 달리하고 있다. 예를 들어, 「유럽특허심사지침서」는 아래와 같이 규정하고 있다.

> 제품 자체가 특허성 요건을 만족하는 때에만, 즉 신규성 및 진보성이 있는 때에만, 제조방법으로 한정하는 제품청구항이 허용된다. 단지 어떤 제품이 새로운 방법으로 제조되었다는 사실만으로는 그 제품 자체가 신규성이 있다고 할 수 없다. 방법으로 한정한 제품청구항은 그 제품 자체에 대한 청구항으로 해석되어야 한다. 이러한 청구항은 예를 들어 "방법 Y로 얻어지는 제품 X"(Product X obtainable by process Y)와 같은 방식으로 기재될 수 있다. 그러나 방법으로 한정한 제품청구항에 "얻을 수 있는"(obtainable), "얻어진"(obtained), "직접적으로 얻어진"(directly obtained) 또는 기타 유사한 표현을 사용했는지에 관계없이, 그 청구항은 그 제품 자체를 대상으로 하는 것으로 그 제품에 대하여 절대적인 보호를 제공한다는 점에서 변함이 없다.

유럽특허청 심판소의 심결은 아래와 같이 지적하였다.

> 심판소가 반복해서 지적한 것처럼, 방법적 특징으로 정의한 제품청구항은 절대적 의미 (absolute sense)에서 해석하여여 하는데, 즉 그 가운데 방법을 기재한 것은 무관한 것으로 보아야 한다.

유럽특허청의 위 규정과 심결은 유럽특허청이 전자의 견해를 따르고 있음을 나타낸다.

미국 연방순회항소법원은 방법으로 한정한 제품청구항의 해석방식에 대하여 완전히 상이한 두 가지 판결을 내린 적이 있다.

첫 번째 판결은 미국 연방순회항소법원의 1991년 Scripes Clinic v. Genetech Inc. 사건에 대한 판결로서, 이 판결은 전자의 견해를 따른 전형적인 판례이다.[1] 이 사건의 특허에는 독립적인 방법청구항과 방법으로 한정한 병렬적인 제품청구항이 있었다. 이 판결은 아래와 같이 지적하였다.

> 특허권자는 피고가 다른 방법을 써서 제조한 제품도 그 방법을 특징으로 정의한 제품청구항을 침해한 것이라고 소를 제기하였다. 이에 대하여 일심법원은 그 청구항에 기재된 방법의 기술적 특징을 이용한 경우를 제외하고, 그렇지 않으면 특허권 침해로 인정될 수는 없다고 보았다. 특허권자가 정확하게 지적하였듯이, 일심법원의 이 견해는 기존의 판례에 위배된다. 판례에 의하면, 방법적 특징으로 정의된 제품청구항의 신규성 및 진보성은 그 청구항에 기재한 방법적 특징과는 무관하다. 본 법정은 특허성을 판단할 때에, 이러한 청구항으로 보호받고자 하는 제품이 방법적 특징의 제한을 받는다고 볼 수는 없다고 본다. 특허권 침해 판단원칙은 특허성 판단원칙과 서로 일치되어야 하며, 따라서 특허권의 보호범위를 확정할 때에, 방법적 특징으로 정의한 제품청구항도 제품이 방법적 특징의 제한을 받는 것으로 해석할 수는 없다.

두 번째 판결은 당해 법원의 1992년 7월 13일 Atlantic Thermoplastic Co., Inc. v. Faytex Corp. 사건에 대한 판결이다.[2] 이 판결은 두 번째 견해를 따른 전형적인 판례이다. 미국 연방순회항소법원은 이 사건을 이 법원의 모든 판사가 전부 참여하는 대법정 심리방식(en banc)으로 심리하였는데, 이러한 법정의 판결은 일반적인 3인 합의체로 구성되는 법정의 판결에 비하여 훨씬 강력한 법적 효력을 갖는다. 이 판결은 아래와 같이 지적하였다.

> 일찍이 미국 세관 및 특허상소법원은 판결에서 "미국특허상표청이 방법적 특징으로 제품을 정의하는 것을 허용하는 것은, 일부 법원이 침해소송에서 이러한 청구항에는 단지 기재된 방법으로 제조한 제품만 포함되는 것으로 해석하고 있음을 충분히 인식하고 있기 때문이다."고 지적하였다. 이 법원의 다른 판결에서는 "이러한 문제에서의 규칙은 다음과 같아

---

1) 18 USPQ, 2d 1001.
2) 970 F. 2d 834, 23 USPQ, 1481.

야 한다고 보는데, 즉 어떤 사람이 공지된 제품과는 다른 새로운 제품을 발명하였고, 그러나 그 제조방법으로 그 제품을 정의하는 이외에 다른 선택이 없는 때에는, 그가 제품청구항을 방법적 특징으로 정의하여 기재할 수 있도록 허용하여야 한다. 그러나 이때에는 그가 받을 수 있는 특허보호도 기재된 방법으로 제조된 제품에 한정된다."고 지적하였다.

본 법정은 방법적 특징으로 정의된 제품청구항에 포함되어 있는 방법적 특징을 침해소송에서 반드시 고려하여야 한다고 보는데, 이것은 이 견해가 기존의 판례와 서로 일치하기 때문일 뿐만 아니라, 방법의 기술적 특징을 소홀히 하는 것은 특허법의 기본원칙, 즉 특허권 침해로 피소된 행위가 청구항 중의 전체 기술적 특징 또는 그 균등물을 재현했을 때에야 비로소 침해에 해당하는 것으로 인정될 수 있다는 기본원칙에 위배되기 때문이다.

현재 특허권 침해사건을 심리하는 미국 연방지방법원은 기본적으로 후자 판결의 입장을 따르고 있다.

중국 「특허심사지침서 2010」은 아래와 같이 규정하고 있다.

일반적인 상황에서 청구항의 보호범위를 확정할 때에는, 청구항의 모든 기술적 특징을 모두 고려하여야 하고, 각 특징의 실질적 한정작용이 최종적으로 그 청구항으로 보호받고자 하는 대상에 체현되어야 한다. 예를 들어, 제품청구항의 하나 또는 둘 이상의 기술적 특징을 구조적 특징으로는 표현할 방법이 없고 또한 매개변수의 특징으로도 명확하게 표현할 수 없는 때에는 방법적 특징으로 표현하는 것이 허용된다. 그러나 방법적 특징으로 표현한 제품청구항의 보호대상은 변함없이 제품이며, 그 실제적 한정 작용은 보호받고자 하는 제품에 어떠한 영향을 주는가에 달려 있다.[1]

「특허심사지침서 2010」은 화학분야 발명특허출원의 심사에 관하여 아래와 같이 규정하고 있다.

구조적 및/또는 조성적 특징만으로는 명확하게 표현할 수 없는 화학제품 청구항에 대해서는, 더 나아가 물리화학적 매개변수 및/또는 제조방법으로 표현하는 것이 허용된다.[2]

---

1) 国家知识产权局, 专利审查指南2010[M], 北京: 知识产权出版社, 2010: 第二部分 第二章 3.1.1.
2) 国家知识产权局, 专利审查指南2010[M], 北京: 知识产权出版社, 2010: 第二部分 第十章 4.3.

(3) 분석 및 토론

유럽특허청은 특허권의 심사과정에서 제품청구항에 기재된 방법적 특징을 고려하지 말아야 한다고 하였지만, 여기에는 중요한 전제조건이 있는데, 바로 제조방법적 특징을 제외하고 난 후에 청구항에 기재된 다른 구조적 특징으로 한정되는 제품 자체에 여전히 신규성 및 진보성이 있어야 한다는 것으로서, 그 이유는 특허권자가 어떤 제품에 대하여 특허보호를 받는 경우에는, 그 청구항이 어떤 방식으로 기재되어 있는지를 불문하고, 만약 보호받고자 하는 제품 자체가 신규성 및 진보성이 없는 것이라면 공중의 이익에 손해를 입히게 되기 때문이다. 이 전제조건은 방법으로 한정한 제품청구항의 허용범위를 실질적으로 제한한다.

신규성 및 진보성이 있는 모든 제품 제조방법의 발명창조가 방법으로 한정하는 청구항으로 기재될 수 있는 것은 절대 아닌데, 새로운 제품 제조방법으로 얻어진 제품이 모두 새로운 제품은 아니기 때문이다. 예를 들어, 공지의 에틸렌 가공공정에 의해서인지 아니면 새로운 에틸렌 가공공정에 의해서인지를 불문하고, 얻어지는 것은 모두 화학구조식이 동일한 에틸렌이다. 새로운 가공공정의 신규성 및 진보성은 공정이 보다 간단하고, 회수율이 높으며, 에너지 소비가 낮다는 등의 가공공정 자체에 있다. 가공공정에 신규성·진보성이 있다고 해서 얻어진 제품도 신규성·진보성이 있는 것은 아니다. 따라서 유럽특허청의 규정에 따르면, 무릇 그로 인해 얻게 되는 제품 자체에 신규성 및 진보성이 없는 제조방법이라면, 방법으로 한정하는 제품청구항으로 기재하는 것이 허용되지 않는다.

제조방법으로 얻어지는 제품 자체가 신규성 및 진보성이 있는 경우에는, 방법으로 한정하는 제품청구항으로 기재하는 것이 허용되거나 또는 필요한가? 방법으로 한정한 제품청구항은 어떻게 해야 제품 자체의 신규성 및 진보성을 드러낼 수 있는가? 이것이 논의하여야 할 주요 문제이다.

제품 자체의 신규성 및 진보성이 제품 자체의 구조적 변화에 의해 체현되는 경우가 있다. 현실에서는 이와 반대의 경우가 일반적인데, 즉 발명으로 새로운 구조를 갖는 제품을 도출해 냈을 때에는 이에 상응하는 새로운 제조방법 또는 가공공정으로 생산해 낼 필요가 있다. 예를 들어 새로운 유기화합물은 새로운 가공방법을 써서 제조하여야 한다. 이때에 기왕에 제품 자체의 구조에 이미 신규성 및 진보성이 있다면, 그 제품의 구조적 특징을 이용하여 보통의 제품청구항으로 기재하지 않고, 무엇 때문에 방법으로 정의하는 제품청구항으로 기재하겠는가? 모두 알다시피 일반적으로 제품청구항은 제품의 보호에 있어서 그 제조방법의 제한을 받지 않으며, 공지의 제조방법을 썼는지 아니면 특허권자가 제공한 새로운 제조방법을 썼는지를 불문하고, 제품의 구조가 특허제품의 구조와 동일 또는 균등하기만 하면 그 제품청구항의 보호범위에 속하게 된다. 이로부터 실제로 이러한 경우에는 방법으로 한정하는 제품청구항을 기재할 필요가 없음을 볼 수 있다.

제품 자체의 구조에 신규성 및 진보성이 있는 경우를 제외하고, 제품 자체의 신규성 및 진보성이 새로운 제조방법을 사용하여 제품의 성질·특성에 변화를 주는 것에 의해서만 가능한 경우도 있다. 예를 들어, 새로운 염색가공법으로 제작한 직물의 색상이 쉽게 퇴색하지 않는 것, 새로운 방법으로 만든 빵에 특수한 맛이 있는 것, 새로운 가공방법으로 양조한 포도주에 다른 맛이 나는 것 등이다. 엄격하게 말해서, 이러한 성질 또는 특성의 변화는 제품의 어떤 성분에 물리화학적 변화를 일으켜서 비로소 발생하는 것이 분명하므로, 근본적으로는 제품의 구조에 변화가 생긴 것이다. 발명특허에 있어서, 제품의 구조적 특징에는 거시적인 구조적 특징이 포함될 뿐만 아니라 미시적인 구조적 특징도 포함되지만, 단지 위와 같은 예에서의 미시적인 구조적 변화는 보통 매우 복잡하여 정확하게 표현하기가 쉽지 않고, 심지어 어떤 경우에는 특허권자 자신도 제품의 각종 성분에 도대체 어떠한 변화가 일어났는지를 정확하게 파악할 수 없는데, 예를 들면 새로운 가공방법으로 양조한 포도주가 바로 이와 같다. 그러나 그렇다고 하더라도 새로운 가공방법에 대해서 특허권을 받는 데 아무런 장애가 없다. 특허제도가 중시하는 것은 예기된 기술적 효과를 발휘하는 기술방안을 공중에게 제공하는 것으로, 설명서의 방법적 기술방안에 대한 설명으로 해당 기술분야의 기술자가 그 방법을 충분히 실시할 수 있고 예기된 효과를 얻을 수 있으면 족하고, 과학적 원리 또는 반응기제에 대해서는 특허권자가 정확하게 해석할 수 있다면 물론 좋겠지만, 해석할 수 없거나 또는 그 해석이 학술적 관점에서 그다지 정확하지 않더라도 무방하다.

제품 제조방법으로 미시적인 구조적 변화가 발생하지만 이러한 미시적인 구조적 변화를 명확하게 표현하기가 어려운 경우가 바로 유럽특허청이 방법으로 한정하는 제품청구항으로 기재하는 것을 허용하는 가장 전형적인 경우이다. 유럽특허청의 이론에 따르면, 이러한 경우에 특허권의 보호범위를 확정할 때에는 제품청구항 중에 기재된 제조방법에 대한 기술적 특징을 고려하면 안 되는데, 타인이 제작한 모든 동일한 맛을 갖는 빵, 동일한 맛을 갖는 포도주는 모두 특허권의 보호범위에 속하는 것으로 보아야 하고, 그것이 어떠한 방법으로 제조되었는가는 물을 필요가 없다. 그러나 이렇게 하는 데에는 한 가지 전제조건이 있는데, 기왕에 방법적 특징을 사용하지 않았다면, 반드시 다른 수단으로 특허제품과 비특허제품을 구분하여야 하는데, 예를 들면 빵이 어떠한 맛이 나는지, 포도주가 어떠한 맛이 나는지, 그리고 어떠한 수단을 써서 이러한 특징을 정량적으로 분석하고 측정할 것인지를 특허설명서에 명확히 기재할 것이 요구되며, 그렇게 하지 않으면 한데 뒤섞여서 구분이 안 되고 전체를 혼란에 빠뜨리는 불합리한 현상이 발생할 수 있고, 판사가 특허권자와 침해자의 제품을 직접 맛봄으로써 혀끝의 감각에 의지하여 침해에 해당하는지를 판단할 수밖에 없다. 앞에서 설명하였지만, 이러한 상황에서, 특허권자가 방법으로 한정하는 제품청구항을 기재할 필요가 있는 것은 제품의 미시적인 구조적 변화 또는 성질·특성을 정의하기가 매우 어렵기 때문이다

차례로 배제하고 나면, 유럽특허청의 기준에 의해서 방법으로 한정하는 제품청구항을 기재할 수 있는 진정한 경우는 거의 남지 않는다.

(4) 중국이 취하여야 할 입장에 대한 검토

아래에서는 중국이 어떠한 입장을 취하여야 하는지 논의하도록 하겠다.

이론적으로 말해서 두 가지 선택이 있을 수 있는데, 하나는 유럽특허청의 방식을 따라서 특허출원의 심사과정 및 특허침해 판단에서 청구항에 기재된 방법적 특징을 고려하지 않고, 반드시 그 제품 자체에 신규성 및 진보성이 있어야 한다고 보는 것이고, 둘째는 방법으로 한정한 제품청구항을 기타 다른 유형의 청구항과 마찬가지로 취급하여, 특허심사과정 또는 특허침해 판단에서 이러한 유형의 청구항에 기재된 방법적 특징을 반드시 고려하는 것이다. 특허심사 및 침해판단은 서로 일관된 입장을 취하여야 하며, 특허심사과정에서는 방법적 특징을 고려하고 침해판단에서는 방법적 특징을 고려하지 아니하거나, 또는 이와 반대로 특허심사 과정에서는 방법적 특징을 고려하지 아니하고 침해판단에서는 방법적 특징을 고려하는 것은 모두 취할 것이 못 된다.

문제의 핵심은 위의 두 가지 입장 중에서 어떤 것이 바람직한가에 있다.

유럽특허청의 방식은 이론적으로는 특허출원인이 방법으로 한정한 제품청구항을 기재하는 것을 허용하지만, 특허출원의 심사 및 특허침해 판단에서는 방법적 특징을 고려하지 말아야 한다고 보며, 동시에 이러한 청구항으로 정의한 제품 자체에 신규성 및 진보성이 있을 것을 엄격하게 요구한다. 이러한 방식을 취한다면, 도대체 무엇을 근거로 제품 자체에 신규성 및 진보성이 있는지를 확정하여야 하는가 하는 문제가 있다. 만약 청구항에 기재된 내용을 근거로 하지 않고 설명서에 기재된 제품의 구조적 특징 또는 성질적 특징을 근거로 한다면, 분명히 유럽특허청 및 세계 각국이 따르고 있는 신규성·진보성 심사기준과 서로 어긋나며, 과거에 청구항이 없었던 시대로 돌아가는 것에 상당한다. 만약 제품의 구조적 특징 또는 성질적 특징도 함께 청구항에

기재하도록 요구하고, 이러한 특징 자체로 이미 제품의 신규성 및 진보성을 보장하기에 충분하다면, 무슨 필요로 이에 더하여 제조방법적 특징까지 기재하여야 하는가? 그 결과는 진퇴양난일 수밖에 없고, 결국 어불성설이 된다.

중국이 수리하는 외국의 특허출원, 특히 미국으로부터의 특허출원 중에는 방법으로 한정한 제품청구항이 매우 많으며, 일반적으로는 먼저 방법에 대한 독립청구항을 기재하고 나서 제품에 대한 독립청구항을 병렬적으로 따로 기재하는데, 후자는 "청구항 1과 같은 방법으로 제조된 ○○"로 매우 간단하다. 「특허심사지침서 2010」에는 방법으로 한정한 제품청구항이 특허를 받기 위해서는 보호받고자 하는 제품 자체에 신규성 및 진보성이 요구된다고 명확하게 규정되어 있지는 않으며, 이러한 상황에서 단순하게 유럽특허청의 결론을 모방하여 특허권 보호범위 확정 시에 이러한 청구항에 기재된 방법적 특징을 고려하지 않는 것은 매우 위험한 일이고, 필경 제품에 대한 독립청구항의 보호범위를 크게 확대하여 공중 및 국가의 이익에 손해를 입히는 결과가 된다.

청구항의 중요한 기능 중 하나는 공중에 대한 공시 작용으로, 공중으로 하여금 어떤 실시행위가 침해행위에 해당하는지를 사전에 알 수 있도록 함으로써 스스로 자기의 행위를 자제하여 타인의 특허권을 침해하는 것을 방지하는 것인데, 이것이 바로 특허제도가 실현하고자 하는 정상적인 운영 기제이다. 특허제도는 단지 침해행위의 제재에 의존하여 그 입법취지를 실현하는 것이 아니며, 보다 중요한 것은 타인의 지식재산권을 존중하는 양호한 사회적 분위기를 조성하는 것이다. 청구항에 대한 해석 방식은 공중으로 하여금 청구항의 보호범위를 합리적으로 확정할 수 있게 하여야 한다. 위와 같은 유형의 병렬적인 제품에 대한 독립청구항에 있어서는, 만약 방법에 대한 독립청구항에 기재된 방법적 특징을 완전히 제외한다면, 제품에 대한 독립청구항에 남는 것은 전체에서 오직 "빵", "포도주"와 같은 명칭뿐이다. 이러한 청구항 해석 방식으로는, 어떠한 실시행위가 특허권 침해로 인정될 수 있는지를 공중이 근본적으로 알 수 없어 망연자실할 수밖에 없다. 분명히 이러한 국면이 발생하는 것은 허용될 수 없다.

특허권의 보호범위 문제에 있어서, 특허권자를 충분히 보호하면서도 또한 법적 안정성을 확보하는 것은, 어느 한쪽도 소홀히 할 수 없다. 편면적으로 그중 하나만 강조하고 다른 하나는 소홀히 하는 것은 취할 바가 못 된다. 방법으로 한정한 제품청구항 중의 방법적 특징을 고려하지 말아야 한다는 주장은 「특허법」에서 어떠한 근거도 찾을 수 없다. 본조는 발명 및 실용신안특허권의 보호범위는 청구항의 내용을 기준으로 한다고 명확하게 규정하고 있으므로 모든 발명 및 실용신안특허에 이 규정이 적용되고, 방법청구항인지 아니면 제품청구항인지를 불문하고 또한 청구항에 어떤 유형의 기술적 특징이 기재되어 있는지를 불문하고 모두 예외가 없다.

종합하면, 필자는 중국이 아래와 같은 입장을 취하여야 한다고 주장하는 바이다.

(1) 방법으로 한정한 제품청구항으로 기재하는 것을 제한하여, 제품의 구조적 특징 또는 성질적 특징으로는 그 제품을 명확하게 정의하기에 부족한 경우를 제외하고, 일반적으로는 이러한 유형의 청구항을 기재하는 것을 허용하지 않는다. 이 점은「특허심사지침서 2010」에 이미 명확하게 규정되어 있다.

(2) 출원인이 그 제품을 다른 방식으로 한정하는 것이 쉽지 않고 오직 방법에 의해서만 한정할 수 있다고 강조하는 경우에는, 방법으로 한정하는 제품청구항으로 기재하는 것을 허용할 수 있지만, 특허출원의 심사과정인지 아니면 특허권 수여 후의 침해판단인지를 불문하고 모두 청구항에 기재된 방법적 특징을 고려하여야 하고, 이러한 방법적 특징을 다른 특징들과 함께 고려하여 특허권의 보호범위를 한정하여야 한다.

위와 같은 입장을 취하면 실제로 유럽특허청처럼 "제품 자체에 신규성 및 진보성이 있을 것"을 요구할 필요가 없다. 사실상, 이러한 해석방식을 취하면 방법으로 한정하는 독립청구항을 기재할 필요성 및 가치가 이미 크게 감소하는데, 이러한 청구항의 보호범위는 실제로 제조방법 특허권의 확대보호와 별로 차이가 없기 때문이며, 특히 위와 같은 유형의 병렬적인 제품에 대한 독립청구항으로 표현되는 의미는 제조방법 특허권의 보호가 그 방법에 의해서 직접적으로 얻어진 제품에까지 미쳐야 한다는 것에 불과하기 때문이다. 과거 많은 국가의 특허법에 제품 제조방법의 확대보호에 대한 규정이 없었을 때에는 이러한 청구항을 기재하는 것이 아마도 가치가 있을 수 있었지만, TRIPs에서 확대보호를 명확히 규정하여 각국이 받아들인 후에는 이러한 청구항을 기재하는 것은 이미 완전히 군더더기가 되었다.

이로부터 방법적 특징도 마찬가지로 제품청구항의 보호범위를 한정하는 작용을 한다는 입장을 취하게 되면, 방법으로 한정한 제품청구항의 보호범위를 합리적으로 보장할 수 있으며 또한 청구항의 공중에 대한 공시 기능도 보장할 수 있어, 설령 제품 자체에 신규성 및 진보성이 있을 것을 요구하지 않는다고 하더라도 공중의 이익에 손해를 입히게 되지는 않을 것임을 알 수 있다. 각국은 제조방법에 대한 확대보호가 새로운 제품에 미칠 뿐만 아니라 공지된 제품에도 미친다는 것에 이미 인식을 같이하고 있다. 사람들이 설령 제품의 제조방법에 대한 특허권의 보호범위가 공지된 제품에까지 확대되어도 무방하다고 여기는 것은, 이러한 보호가 특허방법에 의하여 직접적으로 얻어진 제품으로만 제한되기 때문이다.

방법으로 한정하는 제품청구항 기재방식을 제한하는 것은 중국에 대해서는 이 밖에 특별한 의의가 있는데, 바로 발명특허와 실용신안특허를 구분하는 것이다. 발명 및 실용신안은 모두 기술방안의 일종이지만, 「특허법」 제2조가 규정하는 실용신안은 오직 "제품의 형상·구조 또는 그 결합에 대한 실용에 적합한 새로운 기술방안"으로 한정된다. 바꿔 말하면, 실용신안특허는 제품만을 보호할 수 있고 방법은 보호할 수 없다. 만약 방법으로 한정하는 제품청구항을 기재하는 것을 보다 관대하게 허용한다면, 출원인은 본래 발명특허를 출원하여야 하는 제조방법발명을 바꾸어서 방법으로 한정하는 제품청구항을 기재하여 실용신안특허를 받음으로써 「특허법」의 위 규정의 의의를 일정 정도 잃게 할 수 있다. 이러한 결과는 중국이 세 가지 특허의 비율구조를 조정하는 데 이롭지 않다. 이 때문에, 「특허심사지침서 2010」은 아래와 같이 규정하고 있다.

> 실용신안의 청구항은 제품의 형상·구조적 특징을 묘사하여야 하지만, 방법으로 제품의 어떤 형상·구조를 한정하는 것이 그 형상·구조를 훨씬 명확하게 하는 경우에는, 청구항에 방법으로써 제품의 형상·구조를 한정하는 것이 비로소 허용된다.

주의하여야 할 점은, 「특허법」 제61조 제1항은 증명책임의 전환을 규정하는데, 즉 "특허권 침해분쟁이 새로운 제품의 제조방법 발명특허에 관계되는 경우, 동일한 제품을 제조하는 단위 또는 개인은 그 제품의 제조방법이 특허방법과 같지 아니함을 증명하여야 한다."고 규정하고 있다는 점이다. 이 조문은 증명책임의 전환이 오직 새로운 제품의 제조방법 특허권에만 적용될 수 있으며, 제품특허권에는 적용되지 않음을 나타낸다. 어떤 제품이 새로운 제품인 경우에는, 방법 독립청구항에 의하든 아니면 방법으로 한정한 제품 독립청구항에 의하든 특허권의 보호강도에는 별로 차이가 없지만, 소송절차에서 보면 이와 달리 장단점이 있는데, 전자는 증명책임 전환의 원칙을 적용할 수 있는 데 대하여 후자는 할 수 없기 때문이며, 이 점은 소송에 있어서 일반적으로 매우 중요하다. 이 이유 때문에, 이러한 경우에는 방법청구항으로 기재하는 것이 보다 유리하다.

5. 청구항에서의 용어 및 부호
(1) 개방식 및 폐쇄식 청구항

화학분야에서의 조성성분은 조성물 발명의 관건이 되는 것이 보통이다. 조성성분의 표현에 관하여, 청구항에서 국제적으로 통용되는 용어는 특정한 의미를 갖는다. 다른 용어를 사용하면, 보호범위가 달라진다. 「특허심사지침서 2010」은 아래와 같이 규정하고 있다.

　　조성물 청구항은 조성물의 조성성분 또는 조성성분과 함량 등 조성적 특징으로 표현
되어야 한다. 조성물 청구항은 개방식과 폐쇄식, 두 가지 표현방식으로 구분된다. 개
방식은 조성물 중에 청구항에 기재하지 않은 조성성분이 배제되는 것은 아님을 나타
내고, 폐쇄식은 조성물 중에 오직 기재된 조성성분만 포함되고 모든 기타 조성성분은
배제됨을 나타낸다. 개방식과 폐쇄식에 자주 활용되는 용어는 다음과 같다.
(1) 개방식은, 예를 들어 "함유하는", "포괄하는", "포함하는", "기본적으로 함유하는",
"본질적으로 함유하는", "주로 …로 조성되는", "기본적으로 조성되는" 등이며, 이것들
은 모두 그 조성물에 청구항에 기재되지 않은 다른 성분들도, 설령 그것이 함량에서
비교적 큰 비율을 차지한다고 하더라도, 포함될 수 있음을 나타낸다.
(2) 폐쇄식은, 예를 들어 "…로 조성되는", "조성결과 …가 되는", "나머지는 …인" 등
으로, 이것들은 모두 보호받고자 하는 조성물이 기재된 조성성분으로 구성되며 다른
조성성분은 없지만, 단 불순물은 포함될 수 있고 그 불순물은 허용되는 통상의 함량으
로 존재할 수 있음을 나타낸다.[1]

　　앞에서 설명한 바와 같이, 청구항의 보호범위 해석에 대하여 특허심사 및 침해판단
에서 서로 일관된 입장을 취하여야 한다. 따라서 비록 「특허심사지침서 2010」의 위
규정이 심사업무에 대한 것이라고 하더라도, 침해판단에서 특허권의 보호범위를 확
정할 때에도 이와 일관된 방식으로 해석하여야 한다.
　　주의하여야 할 점은, 「특허심사지침서 2010」이 규정하는 소위 "폐쇄식" 청구항의
해석방식은 일반적인 청구항 해석원칙과 다른 일종의 특수한 해석방식이라는 점이다.
　　일반적인 청구항 해석원칙에 따르면, 특허권 침해행위의 객체는 청구항에 기재된
모든 특징이 빠져서는 안 되지만, 청구항에 기재된 특징 이외의 다른 특징이 부가될
수 있다. 이 원칙은 무릇 청구항에 기재되지 않은 기술적 특징은 모두 있어도 되고 없
어도 되는 것으로, 존재여부에 관계없이 침해판단에 영향이 없음을 의미한다. 그 이
유는 일반적인 제품에 있어서는 제품청구항에 기재된 모든 기술적 특징을 재현하여
야 특허제품을 재현한 것으로 인정될 수 있고 특허발명이 실현하고자 하는 기능이 실
현될 수 있으며 특허발명에 기대되는 효과를 발휘할 수 있지만, 다른 기술적 특징이
부가되는 것은 단지 "금상첨화"일 뿐이어서 청구항에 기재되어 있었던 기술적 특징

---

1) 国家知识产权局, 专利审查指南2010[M], 北京: 知识产权出版社, 2010: 第二部分 第十章 4.2.1.

은 필경 원래의 작용을 발휘하기 때문이다.

"폐쇄식" 청구항의 해석방식은 분명하게 이와 다른데, 청구항이 "폐쇄식"으로 기재되어 있을 때에는, 예를 들어 "A+B+C로 조성되는 조성물"로 기재되어 있다면, 그 보호범위는 A, B, C 이 세 가지 조성성분의 조성물로 한정되고, 그중 하나의 성분이 부족해서도 안 되고 다른 성분이 추가되어서도 안 된다. 분명히 이러한 특수한 해석방식에 의하게 되면, "폐쇄식" 청구항의 보호범위는 "개방식" 청구항의 보호범위에 비하여 훨씬 좁아진다. 따라서 출원인이 조성물에 관한 청구항을 기재할 때에는 매우 유의하여야 한다. 만약 그 본래 의도가 "폐쇄식" 청구항을 기재하려고 한 것이 아니어서 보호받고자 하는 조성물에 다른 성분도 포함될 수 있다고 한다면, "폐쇄식"으로 청구항을 기재하는 방식은 절대 삼가야 하고, 그렇지 않으면 자승자박이 되어 그 특허권의 보호범위를 크게 축소시키게 된다.

"폐쇄식" 해석방식은 오직 화학분야의 조성물 또는 화합물 발명창조에만 적용된다는 점을 명확하게 하여야 한다. 기계 또는 전자 분야의 발명창조에 있어서는, 설령 그 청구항이 "…로 구성되는", "기본적으로 …로 구성되는"과 같은 방식으로 기재하였다고 하더라도 그 청구항을 "폐쇄식" 청구항으로 해석할 수 없다.

「특허심사지침서 2010」의 위 규정에 따르면, 청구항이 "폐쇄식" 청구항인지 아니면 "개방식" 청구항인지를 판단함에 있어서 유일한 판단의 근거는 "함유", "포함"과 같은 표현방식을 쓰고 있는지 아니면 "…로 조성되는", "조성결과 …가 되는"과 같은 표현방식을 쓰고 있는지이다. 이처럼 규정한 것은 합리적이지 않은데, 필자는 검토해 볼 점이 있다고 본다. 이 문제에 대해서는, 유럽특허청의 입장을 참고할 만하다. 2007년의 「유럽특허청 심사지침서」는 아래와 같이 규정하였다.

> 비록 일상적인 언어에서, "comprise"라는 어휘는 "포함하는", "함유하는"의 의미를 갖는다고 볼 수도 있고, "…로 조성되는"이라는 의미를 갖는다고 볼 수도 있지만, 청구항에 기재되어 있을 때에는 법적 안정성을 확보하기 위하여 이 어휘는 "포함하는", "함유하는"의 의미로 해석되어야 한다. 다른 한편으로, 만약 화합물(a chemical compound)에 관한 청구항이 "A, B, C 성분으로 조성되는"으로 표현되어 있고 백분율로 성분의 비율을 표현하였다면, 다른 기타 성분은 포함하고 있지 않음을 의미하고, 따라서 각 성분의 백분율의 합은 100이 되어야 한다.[1]

---

1) Guideline for Examination in the European Patent Office, Part C, Chapter Ⅲ, 4.21, While in everyday language the word "comprise" may have both the meaning "include", "contain" or "comprehend" and "consist of", in drafting patent claims legal certainty normally requires it to

중국 「특허심사지침서 2010」의 규정과 비교하면, 유럽특허청의 위의 규정은 다음과 같은 차이가 있다.

첫째, "폐쇄식" 청구항은 오직 화합물에 대한 청구항에 적용된다고 규정하였고, 언급하지는 않았지만 조성물에 대한 청구항에도 적용된다.

둘째, "폐쇄식" 청구항인지를 판단함에 있어서, "…로 조성되는"과 같은 표현방식을 쓰고 있는가를 판단의 근거로 하는 이외에, 백분율로 성분의 비율을 표현하였는가도 판단의 근거로 한다.

셋째, 각 성분의 백분율의 합이 100이 되는 때에야 비로소 "폐쇄식" 청구항으로 인정될 수 있다.

필자는 유럽특허청의 규정이 훨씬 엄격하면서 또한 훨씬 합리적이라고 본다. 앞에서 설명한 바와 같이, "폐쇄식" 청구항으로 해석하는 방식은 일종의 특수한 방식이며, 따라서 이러한 해석방식은 매우 신중하게 적용하여야 한다. 유럽특허청의 판단기준은 출원인이 분명하고 착오 없이 그 기재한 청구항이 "폐쇄식" 청구항이라는 것을 표명한 때에야 비로소 그렇게 인정할 수 있게 하는데, 이렇게 하는 것은 특허권자의 합법적 권익 보호에 보다 유리함이 분명하다.

(2) 도면부호

「특허법실시세칙」 제19조 제4항은 아래와 같이 규정하고 있다.

> 청구항 중의 기술적 특징은 설명서 첨부도면의 상응하는 부호를 인용할 수 있으며, 그 부호는 상응하는 기술적 특징 뒤의 괄호 안에 기재하여 청구항의 이해를 편리하게 하여야 한다. 도면부호는 청구항을 제한하는 것으로 해석될 수 없다.

도면부호는 청구항에서 매우 유용한데, 특히 기계 등 기술분야에서는 대다수의 청구항에 도면부호를 기재한다. 예를 들어, 장치 중에 여러 개의 커넥팅로드 및 기어를 포함하고 있을 때, 만약 청구항에 도면부호를 기재하는 것을 허용하지 않는다면 어쩔 수 없이 모든 부속품에 하나씩 이름을 붙일 수밖에 없으며, 이렇게 하는 것은 많은 경우 불편할 뿐만 아니라 혼동을 일으키기 쉽다. 도면부호를 표시하여 청구항에 포괄

---

be interpreted by the broader meaning "include", "contain" or "comprehend". On the other hand, if a claim for a chemical compound refers to it as "consisting of components A, B and C" by their proportions expressed in percentage, the presence of any additional component is exclude and therefore the percentages should add up to 100%.

적인 방식으로 표현한 기술방안을 설명서 첨부도면과 서로 연계시킴으로써, 공중·법원 및 특허업무관리부문의 청구항에 대한 정확한 이해를 도울 수 있을 뿐만 아니라, 오해를 일으키는 것을 방지할 수 있어 청구항의 법적 안정성을 제고시킬 수 있다.

논의가 필요한 문제는「특허법실시세칙」제19조의 "도면부호는 청구항을 제한하는 것으로 해석될 수 없다."의 의미를 어떻게 이해하여야 하는가이다.

설명서의 첨부도면은 기술방안에 대한 일종의 직관적 표현으로, 특허문서 설명서의 첨부도면에는 다음과 같은 정보가 표시된다.

(1) 각 부속품의 구체적인 기하학적 형상

(2) 각 부속품 사이의 상대적 크기 및 상대적 위치관계

(3) 각 부속품 사이의 결합관계

청구항은 일반적으로 "상위"개념으로 표현하여, 보호받고자 하는 기술방안을 명확하게 표현할 수 있으면 족하고, 반드시 각 부속품 형상의 크기, 상대적 위치, 결합관계 등 구체적 정보까지 기재할 필요는 없다.「특허법실시세칙」의 위 규정은 청구항에 도면부호가 표기되어 있는 경우에 이 때문에 도면에 표시된 위의 각종 정보도 함께 청구항으로 "끌려 들어가서" 청구항의 보호범위가 이에 상응하게 제한되는 작용을 한다고 볼 수는 없음을 나타낸다. 이렇게 함으로써 출원인은 도면부호를 써서 그 보호받고자 하는 기술방안을 명확하게 안심하고 표현할 수 있으며, 이 때문에 그 청구항의 보호범위가 제한되어 자신에게 불리한 영향을 주는 것을 걱정할 필요가 없다.

그러나 기왕에 첨부도면으로 청구항에 대한 이해를 높일 수 있고, 본조 제1항에서 청구항을 해석하는 데 첨부도면을 이용할 수 있다고 명확하게 규정하고 있다면, 청구항의 도면부호가 어떠한 상황에서도 보호범위의 확정에 있어 가치 있는 정보가 될 수 없다고 볼 수는 없다.

예를 들어, 수많은 서양의 언어와 달리 중국어에는 명사의 단수 및 복수에 구별이 없는 것이 보통이다. 영문으로 된 청구항에 기재된 것이 "including a roller"(롤러를 포함)인지 아니면 "including rollers"(복수의 롤러를 포함)인지에 따라서 그 기술적 의미는 현저하게 달라지지만, 중문으로 번역된 후에는 종종 "수"의 구별이 사라지는데, 이것은 중국어의 고유한 결점이다. 도면부호는 일정 정도로 이러한 결점을 보충할 수 있다. 예를 들어, 한 도면에 표시된 장치의 실시례에 두 개의 롤러, 즉 롤러 10과 롤러 12를 사용하고 있는 경우에, 만약 청구항에 기재된 것이 "롤러(10, 12)"라면 이 롤러는 롤러 10과 롤러 12을 모두 포함하는 롤러임을 나타낸다. 만약 청구항에 단지 롤러(10)로 기재하였다면 이 롤러는 단지 롤러 10만 포함하고 롤러 12는 포함하지 않음을 나타낸다. 전자의 경우에 만약 특허권자가 이후의 특허권 침해소송에서 그 청

구항의 롤러는 하나의 롤러일수도 있다고 다툰다면, 청구항에 표현된 것에 의해서 제한을 받게 된다.

그러나 설명서에 그 발명창조를 실현하는 여러 실시례가 기재되어 있고, 각 실시례의 장치에 하나씩의 롤러가 사용되며, 그들이 여러 실시례에서 동일한 작용을 발휘하는 경우에, 각각 다른 첨부도면에서 각각의 실시례에 상응하는 롤러에 대하여 보통 110, 210, 310과 같은 도면부호로 표기한다는 점은 판단할 때에 주의할 필요가 있다. 이때에 많은 출원인은 습관적으로 청구항에 "롤러(110, 210, 310)를 포함"과 같은 방식으로 표현하는데, 이것은 그 롤러가 각각 대응하는 실시례 1, 실시례 2, 실시례 3 중의 그 롤러임을 의미한다. 이때에는 비록 3개의 도면부호를 기재하였지만, 그러나 하나의 부속품을 가리키는 것이다.

(三) 설명서 및 첨부도면의 청구항 해석 작용

1. 청구항에 대한 해석의 필요성

본조 제1항은 "발명 또는 실용신안특허권의 보호범위는 그 청구항의 내용을 기준으로 한다."고 규정하고 있는데, 이것이 특허권의 보호범위를 확정할 때에 청구항에 의하는 것만으로도 충분하다는 것을 의미하는가? 이에 대한 대답은 부정이어야 한다.

「특허법」 제26조는 설명서 및 그 첨부도면은 발명 또는 실용신안에 대하여 명확하고 완전하게 설명하여야 한다고 규정하고 있는데, 그 기능은 해당 분야의 기술자가 그 발명 또는 실용신안을 실시할 수 있게 하는 데 있으며, 실시할 수 있게 하기 위해서는 당연히 먼저 이해할 수 있어야 한다. 또한 청구범위는 명확하고 간결하여야 한다고 규정하고 있는데, 그 기능은 특허로 보호받고자 하는 범위를 한정하는 데 있다. 따라서 양자의 기능은 완전히 다르다. 상대적으로 복잡한 기술방안인지 아니면 상대적으로 간단한 기술방안인지를 불문하고, 단지 청구범위만 읽어보고서 보호받고자 하는 기술방안의 의미를 정확하게 파악하는 것은 실제로는 거의 불가능하다.

많은 사람들이 몸소 체험하여 깨닫는 것인데, 단지 청구항만을 읽어보고 나서 발명창조를 이해하는 것은 특허문서 전체를 읽어보고 나서 이해하는 것과 종종 매우 큰 차이가 있다. 이것은 설명서와 첨부도면을 이용하는 것이 청구항 해석에 매우 필요한 일이고, 이 규정을 단지 청구항에 불명확한 점이 있는 때에만 비로소 해석이 필요한 것으로 이해해서는 안 되며, 청구항의 보호범위를 확정할 때에는 항상 청구항의 의미에 대해서 해석할 필요가 있는 것으로 이해되어야 함을 나타낸다.

발명 및 실용신안 특허권의 보호객체는 기술방안이고 특허 침해분쟁사건을 심리하는 법관은 일반적으로 이공계 전공자가 아니었으므로, 중국이 특허재판업무를 시작한 초기에는 법원이 전문가를 초빙해서 전문가 감정의견을 제출하도록 하는 방식을 자주 사용했었다. 이로부터, 어떤 문제가 전문가의 감정을 필요로 하고 어떤 문제는 전문가의 감정이 필요하지 않은가 하는 중요한 문제가 생겨났다.

먼저, 특허사건을 심리하는 법관은 기술적 문제를 두려워해서는 안 된다. 과학기술 연구분야에 종사하여 발명창조를 하는 데에는 당연히 전문적인 과학기술지식과 비교적 높은 연구능력을 필요로 한다. 그러나 특허사건을 심리하기 위하여 법관이 반드시 심오한 과학기술지식을 갖추어야 하는 것은 아니다. 특허권 수여와 침해분쟁 사건에서의 쟁점은 종종 한 가지 또는 매우 작은 범위에 집중되고, 이 쟁점은 기술적으로 어려운 것이 아닌 경우가 종종 있다. 사건의 서류철을 살펴보고 당사자와 대리인의 해석에 도움을 받으면, 기초적인 과학기술지식만 있다고 하더라도 법관은 쟁점이 되는 문제의 응어리가 어디에 있는지를 어렵지 않게 이해할 수 있다.

다음으로, 감정을 진행하여야 하거나 또는 전문가의 증언을 필요로 하는 경우가 확실히 있지만, 양자는 다르게 취급되어야 한다.

만약 특허권 침해분쟁사건이 침해제품의 성분 및 그 함량, 재료의 물리화학적 성질, 제품의 성능지표 등과 관련된 경우, 그 성질은 사실에 대한 인정에 해당하므로 당연히 증명책임이 있는 당사자가 관련 증거를 제출하여야 한다. 이 당사자가 관련 증거를 제출하였지만, 그러나 상대방 당사자가 그 증거를 의심하여 다툼이 있는 경우에는, 법원이 기술감정을 진행할 수 있다. 「민사소송법」 제72조 규정에 의하여, 기술감정은 법이 정한 또는 법원이 지정한 감정기구가 진행한다. 법원이 이러한 기구에 기술감정을 의뢰하는 때에는 감정이 필요한 내용과 사항에 대하여 명확하게 서면으로 요구하여야 하고, 사전에 이 서면요구서를 쌍방당사자에게 고지하여 그들의 의견을 들어야 한다. 감정기구는 법원의 요구에 따라 엄격하게 감정을 진행하여야 하고, 요구 이외의 사항에 대해서 감정의견을 제시해서는 안 된다.

전문가 증인의 작용은 이와 다른데, 그들은 주로 사건에 관련된 기술적 문제에 대해서 해석하여 설명하고, 자기의 견해를 진술한다. 법원은 쌍방당사자 각자가 전문가 증인을 신청하는 것을 허용하여야 하고, 또한 자신도 전문가 증인을 초빙할 수 있다. 전문가 증인의 의견은 증인의 증언으로서의 성질을 갖는다.

감정의 결과와 증인의 증언은 모두 「민사소송법」 제63조가 규정하는 증거의 범주에 속한다. 「민사소송법」 제66조 규정에 의하여, 증거는 법정에서 제출되어야 하고 당사자가 서로 검증할 수 있다. 검증에는 더욱 많은 시간이 소요될 수 있지만, 법관의 사실 파악에 큰 도움이 되어 사건의 심리에 큰 보탬이 된다.

외국의 사례를 보면, 전문가 증인이 법정에 출석하여 증언하는 경우가 감정을 진행하는 경우에 비해서 훨씬 많다. 사실상 법정에 출석하는 특허대리인이 자주 이러한 전문가 증인으로서의 기능을 발휘할 수 있다.

법원은 원래 합의체가 심리판단하여야 하는 법률문제에 대하여 감정을 진행해서는 안 된다는 점이 가장 중요하다. 예를 들어, 거절결정에 대한 불복사건에서 감정기구 또는 전문가로 하여금 발명 또는 실용신안이 선행기술에 해당하는지, 뚜렷한 실질적 특징 및 현저한 진보가 있는지에 대해서 감정하도록 요청할 수 없는데, 이것이 실제로는 신규성 및 진보성이 있는가 하는 법률문제에 대해서 감정을 하는 것이기 때문이다. 특허권 침해분쟁사건에서는, 감정기구로 하여금 설명서 및 그 첨부도면을 이용하여 청구항을 어떻게 해석하여야 하는지, 균등론이나 금반언의 원칙을 적용할 수 있는지에 대해서 감정하도록 요청할 수 없는데, 이것이 실제로는 특허권 침해 해당여부에 대한 최종적인 결론에 대해서 감정하는 것이기 때문이다. 감정기구로 하여금 이러한 문제에 대해서 감정하도록 하는 것은 법원을 대신하여 판결을 내리도록 하여 대권을 남의 손에 맡기는 것과 다를 바 없다.

2. 청구항 해석의 근거

청구항은 근거 없이 해석할 수 없으며 반드시 그 근거가 있어야 한다. 따라서 먼저 무엇을 근거로 하여 청구항을 해석할 것인가 하는 문제를 논의해 볼 필요가 있다.

본조 제1항은 "설명서 및 첨부도면은 청구항의 내용을 해석하는 데 이용할 수 있다."고 규정하는데, 그중 "할 수 있다."고 표현한 것은 본조가 청구항의 해석의 근거로서 특허설명서 및 첨부도면을 예로 들어 설명한 것이지 제한적인 것이 아니라는 점을 나타낸다. 바꿔 말하면, 오직 설명서 및 첨부도면만이 청구항의 해석에 이용될 수 있는 것은 아니다.

청구항 해석의 근거는 내재적 증거와 외재적 증거로 나누어진다. 소위 "내재적 증거"에는 설명서 및 첨부도면 이외에도 청구범위 중의 다른 청구항 및 특허심사 서류철이 포함된다. "특허심사 서류철"에는 특허심사·복심·무효과정에서 중국 국가지식산권국이 발송한 심사의견통지서, 특허출원인 또는 특허권자가 제출한 보정서 및 의견서, 면담기록, 구술심리기록, 특허복심청구 심사결정, 특허무효선고청구 심사결정 등이 포함된다. 소위 "외재적 증거"에는 사전(특히, 전문기술사선), 기술참고서(특히, 기술핸드북·기술표준), 교과서, 백과사전, 전문가 증언 등이 포함된다. 위 두 종류의 증거는 특허권 보호범위의 확정에 중요한 작용을 한다.

외재적 증거로까지 청구항 해석의 근거를 확대하면, 두 유형 증거의 중요도와 적용

순서를 어떻게 정하여야 하는가 하는 문제가 필연적으로 발생한다.

2009년 반포된 「최고인민법원의 특허권 침해분쟁사건 심리 응용법률 문제에 관한 해석」은 청구항 해석에 관하여 2개 조의 규정을 두고 있는데, 그중 제2조는 아래와 같이 규정하고 있다.

> 인민법원은 청구항의 기재를 근거로, 해당 기술분야의 보통의 기술자가 설명서 및 첨부도면을 읽고 난 후의 청구항에 대한 이해와 결합하여, 특허법 제59조 제1항이 규정하는 청구항의 내용을 확정하여야 한다.

제3조는 아래와 같이 규정하고 있다.

> ① 인민법원은 설명서 및 첨부도면, 청구범위 중의 관련 청구항, 특허심사서류철을 이용하여 청구항을 해석할 수 있다. 설명서에서 청구항의 용어에 대하여 특별히 정의한 경우에는, 그 특별한 정의를 따른다.
> ② 위의 방식으로도 여전히 청구항의 의미를 명확하게 할 수 없는 경우에는, 참고서 · 교과서 등 공지된 문헌 및 해당 기술분야 통상의 기술자의 일반적인 이해를 결합하여 해석할 수 있다.

위의 규정은 청구항의 해석에 있어서 먼저 내재적 증거를 우선적으로 고려하여야 하고, 필요한 경우에만 비로소 외재적 증거를 고려하여야 함을 명확하게 나타내고 있다.

무엇 때문에 위와 같은 순서를 따라야 하는가?

먼저, 특허권의 보호객체는 발명창조로서, 무릇 「특허법」이 규정하는 특허권 수여의 요건에 부합하는 발명 또는 실용신안이라면 선행기술에 없었던 기술방안이어서 발명창조에 대하여 전면적이고 완전하게 소개할 수 있는 것은 오직 출원인 자신밖에 없으며, 출원일 전에 존재하는 모든 기술문헌과 전문서적도 그 발명창조 또는 실용신안에 대해서 이처럼 소개할 수 없다. 사실상 기술사전 · 교과서 등 참고서는 일반적으로 특수한 상황에서 사용함으로써, 특허 침해분쟁사건의 쌍방당사자 사이에 다툼이 있는 특정 어휘의 의미를 명확하게 하는 것뿐이다. 만약 설명서 전체에 불명확한 점이 있고 전반적으로 이해하기가 어렵다면 수여된 특허권의 유효성은 의심받을 수밖에 없고, 이때에는 어떠한 외재적 증거를 사용하여 해석하더라도 아무런 도움이 안 된다.

다음으로, 동일한 발명 또는 실용신안에 대하여 국가가 통일적으로 규범한 과학기술 용어를 사용하였다고 하더라도 사람마다 그 발명 또는 실용신안을 표현하는 방식은 다를 수 있으며 모든 사람에게 동일한 표현형식을 사용하도록 강제할 수도 없다. 많은 경우에 발명창조(완전히 새로운 것인지 아니면 개량된 것인지를 불문하고)는 새로운 기술적 개념을 도입하는 것이어서 기존의 기술용어 또는 표현방식으로는 명확하게 표현하는 것이 어려우며, 때문에 출원인이 새로운 용어를 "창조"해 낼 필요가 있다. 어떤 경우에는 기존의 용어 또는 표현방식을 사용하여 특허출원하는 발명창조를 표현해 내는 것이 완전히 불가능한 것은 아니지만, 이렇게 하면 효과적이지 않고 사람들이 이해하기 어려울 수도 있어서 새롭게 만들어 낸 용어 또는 특수한 표현방식을 쓰는 것만 같지 못한 경우도 있다. 어떤 경우인지를 불문하고, 설명서·청구범위가 스스로 체계를 갖추어 합리적으로 설명할 수 있으면, 「특허법」제26조 제3항 및 제4항의 요건을 만족시킬 수 있다. 이 때문에 사람들은 자주 설명서 및 그 첨부도면이 청구항 해석에 가장 좋은 "사전"이라고 말한다. 앞에서 설명한 바와 같이, 청구항의 내용을 정확하게 이해하기 위해서는 어떠한 경우에라도 설명서 및 그 첨부도면의 도움을 받아야 하며, 최고인민법원이 그 사법해석에서 먼저 제2조를 규정한 것도 바로 이러한 이유 때문이다.

청구항에 사용된 어휘 및 용어의 의미를 해석하는 데 청구범위의 기타 청구항을 이용할 수 있는데, 그 기본원칙은 다음과 같다.

첫째, 상이한 청구항에서 동일한 기술용어를 사용한 경우에는 같은 의미를 갖는 것으로 해석하여야 하고, 이를 서로 모순되게 해석하거나 또는 발명·실용신안에 있어서 아무런 의미가 없게 해석해서는 안 된다.

둘째, 상이한 청구항에서 동일하거나 유사한 기술적 개념에 대하여 상이한 어휘 또는 용어를 사용하고 있다면, 그들은 의미가 서로 다르다고 보아야 하고 동일한 의미를 갖는 것으로 해석할 수는 없다. 특허침해소송에서 특허권자 또는 침해로 피소된 자는 그 자신의 이익을 위하여 다른 청구항에서 사용한 상이한 어휘 또는 용어가 동일한 의미를 갖는다고 주장하는 때가 있는데, 이러한 주장은 인정될 수 없다. 만약 동일한 의미를 갖는 것이었다면 특허권자는 당초 특허출원서류에 동일한 어휘 또는 용어를 사용했어야 한다. 상이한 어휘 및 용어를 사용하였다면, 이들은 다른 의미를 갖는 것으로 인정되어야 한다.

특허심사 서류철의 청구항 해석에 대한 작용은 뒤쪽의 금반언원칙에 대한 설명에서 상세하게 설명하도록 하겠다.

3. 발명의 목적 및 효과가 청구항 해석에 미치는 영향

(1) 개 요

일본 특허실무에서의 한 이론에 의하면, 발명에는 3가지 요소, 즉 "목적", "구성" 및 "효과"가 있다. 일본의 이 이론은 중국이 특허제도를 수립한 초기에 많은 영향을 주었는데, 신규성 판단 또는 특허침해 판단에서 모두 목적·구성·효과 이 세 가지 요소를 반드시 고려하여야 하고, 이 세 가지 요소 중 하나라도 같지 않으면 신규성이 없거나 침해행위에 해당한다는 결론을 얻을 수 없다고 보는 견해가 있었다.[1]

일반적으로 말해서, 청구항에 기재되는 것은 기술방안, 바로 발명의 구성이고, 발명의 목적 및 기대되는 효과는 보통 설명서에 기재된다. 청구항을 해석할 때에, 나아가 특허권의 보호범위를 확정할 때에, 목적 및 효과는 어떤 작용을 하는가? 침해에 해당한다고 인정할 때에, 침해로 피소된 자가 실시하는 기술방안이 동일하거나 균등한 기술적 수단을 사용하고 있는 이외에, 특허발명 또는 실용신안과 동일한 목적 및 효과를 갖고 있어야 하는가? 이것은 중국의 특허실무에서 자주 문제가 되므로, 논의할 필요가 있다.

「특허법」제2조의 정의에 의하여, 발명 또는 실용신안특허권이 보호하는 것은 일종의 기술방안이다. 청구항에 한정된 기술방안에 부품 또는 단계를 하나씩 추가할 때마다 그 자체의 "목적"이 있어서, 그 기술방안에 상응하는 "효과"를 갖게 할 수 있다. 예를 들어, 찻잔이 몸체·손잡이·받침 세 부분을 포함하고 있다고 하자. 그중에서 몸체의 목적은 액체를 담기 위한 것으로 이것이 없으면 찻잔이 될 수 없으며, 그 효과는 자연히 액체를 충분히 담는 것이다. 손잡이의 목적은 사용자로 하여금 이 찻잔을 잡기 편하게 하여 손을 데는 것을 방지하는 것이고, 그 효과도 이와 같다. 받침의 목적은 찻잔이 보다 안정되게 놓여지게 하고 테이블이 더러워지는 것을 방지하는 것으로, 그 효과도 이와 같다. 찻잔 전체의 효과는 바로 이러한 각 구성 각자의 효과와 이들의 상호작용으로 발생하는 효과가 중첩된 것이다. 그러나 「특허법실시세칙」제17조 규정에 따라서 설명서에 발명이 해결하고자 하는 기술적 과제를 기재할 때에, 출원인은 그중에서 중요하게 여기는 부분과 그 효과를 기재하면 된다.

발명 및 실용신안특허 설명서의 내용은 그 성질에 따라 크게 두 부분으로 나눌 수 있다. 첫째는 발명 또는 실용신안 기술방안 자체에 대한 소개로서, 이것은 설명서의 발명의 내용 부분(설명서의 제3부분의 2), 발명의 구체적인 내용 부분(설명서의 제5부

---

[1] 「심사지침서 1993」은 "소위 동일한 발명 또는 실용신안이라는 것은, 기술분야와 목적이 동일하고 기술적 해결수단이 실질적으로 동일하며 예상되는 효과가 서로 동일한 발명 또는 실용신안을 가리킨다."고 규정하였다.

분) 및 첨부도면에 기재한다. 둘째는 특허권자의 그 발명 또는 실용신안에 대한 평가
로서, 그 알고 있는 선행기술의 현황에 대한 묘사, 즉 설명서의 배경기술 부분(설명서
의 제2부분 및 선행기술에 관한 도면), 선행기술에 존재하는 부족한 점에 대한 서술, 즉
발명이 해결하고자 하는 기술적 과제 부분(설명서의 제3부분의 1) 및 발명이 선행기술
에 비하여 갖는 장점에 대한 설명, 즉 유익한 효과 부분(설명서의 제3부분의 2)이 포함
된다. 그중에서 첫째 부분이 특허권자의 그 완성한 발명창조에 대한 실제적 기록이
므로, 공중이 그 발명창조를 실시할 수 있도록 출원인에게 이에 대해서 명확하고 완
전하게 설명할 것을 요구할 수 있는 충분한 이유가 있으며, 이것은 출원인이 반드시
이행하여야 하는 의무이다. 둘째 부분은 특허권자의 그 완성한 발명창조에 대한 주
관적 평가로서, 주관적 요소 특히 선행기술에 대한 이해 정도의 영향이 없을 수 없다.
이에 대하여 본서는 「특허법」 제26조에 대한 설명에서 이미 상세하게 분석하였다.
바로 이와 같기 때문에, 청구항에 기재된 기술방안이 특허권의 보호범위 확정에 주된
작용을 하고, 설명서에 기재된 발명의 목적 및 효과는 일반적으로 특허권 보호범위의
확정에 대하여 결정적 영향을 미치지 않는다.

(2) 발명의 목적에 관하여

1984년 제정 「특허법실시세칙」 및 1992년 개정 「특허법실시세칙」 제18조는 설명
서에 8개 부분이 포함된다고 동일하게 규정하였는데, 그중 제4부분이 "발명 또는 실
용신안의 목적"이었다. 2001년 「특허법실시세칙」 개정 시에, 「PCT규칙」의 관련 규
정을 참고하여 원래에 규정되어 있었던 "발명의 목적"을 "발명 또는 실용신안이 해결
하고자 하는 기술적 과제"로 대체함으로써, 발명의 목적은 설명서를 구성하는 독립적
인 부분이 아니게 하였다. 양자의 의미는 기본적으로 동일하지만 주로 다음과 같은
차이점이 있는데, 과거에는 많은 출원인이 설명서에서 장황하게 그 "발명의 목적"을
늘어놓고 출원인의 주관적인 희망만을 기재한 경우가 빈번하여서, 실현될 수 있는지
그리고 어느 정도로 실현될 수 있는지는 알 수가 없었지만, 현재에는 출원인으로 하
여금 설명서에 기재한 "해결하고자 하는 기술적 과제"와 결합하여 그 "발명의 목적"
을 반영하도록 하고 있으므로 보통은 훨씬 더 객관적일 수 있다.[1] 표현의 편의를 위
하여, 아래의 논의에서는 "해결하고자 하는 기술적 과제"를 종전과 같이 "발명의 목
적"이라고 표현한 경우도 있다.

특허 침해분쟁사건의 심리 또는 처리과정에서, 침해로 피소된 기술방안이 특허권

---

1) 国家知识产权局条法司, 专利法实施细则 第二次修改导读[M], 北京: 知识产权出版社, 2001: 20.

자가 서술한 것과 동일한 목적을 달성하기 위한 것이어야 비로소 특허권 침해에 해당하는 것으로 인정될 수 있는가?

먼저, 발명 및 실용신안특허의 설명서는 새로운 발명창조를 공개하는 데 그 취지가 있다. 소위 발명창조는, 선행기술과는 달라야 함이 자연스럽다. 「특허법실시세칙」제17조는 발명 및 실용신안특허의 설명서에는 그 발명이 해결하고자 하는 기술적 과제를 기재하여야 한다고 규정하는데, 그 목적은 국가지식산권국이 심사과정에서 발명과 선행기술의 차이점을 파악하기 쉽도록 하고 이로부터 특허권 수여여부를 결정하기 편리하게 하는 데 있다. 침해로 피소된 행위는 기술방안을 실시하는 행위이지 특허를 출원하여 받기 위한 것이 아니며, 행위자는 그 기술방안을 실시함으로써 어떠한 경제적 이익을 얻을 수 있는가 그리고 그가 해당 기술방안을 실시하는 데 필요한 조건을 갖추고 있는가를 주로 고려하고, 그 기술방안이 어떠한 기술적 과제를 해결할 수 있는가 하는 문제까지 일부러 고민하지는 않을 것이다. 따라서 침해로 피소된 자가 어떤 제품을 제조하거나 또는 어떤 방법을 사용하는 행위는 모두 구체적인 것이므로 그 제품의 구조 또는 그 방법의 단계를 밝히는 것은 어렵지 않지만, 침해로 피소된 자의 그 행위가 어떤 기술적 과제를 해결하고자 하는 것이었는지를 판단하는 것은 쉽지 않으며, 일반적으로는 명확한 증거와 답변이 없을 것이다.

다음으로, 설명서에 기재된 발명의 목적, 즉 해결하고자 하는 기술적 과제는, 발명자의 배경기술에 대한 이해정도의 차이에 따라 달라진다. 예를 들어, 어떤 사람이 의료용 베개를 발명하였고, 만약 그가 과거에는 의료용 베개가 없었던 것으로 알았다면, 설명서에 그 "발명의 목적" 또는 "해결하고자 하는 기술적 과제"를 "건강에 좋은 효과가 있는 베개를 제공"하는 것으로 기재하였을 것이다. 그러나 검색을 통하여 유사한 의료용 베개가 이미 존재하였고 단지 베개의 내부에 넣은 중약품의 종류에만 차이가 있음을 발견한 경우에는, 원래 기재하였던 해결하고자 하는 기술적 과제는 더 이상 적합하지 않으며, "경추염을 치료할 수 있는 의료용 베개를 제공"하는 것과 같이 보정하여야 한다. 이로부터 동일한 기술방안이라고 하더라도 선행기술에 대한 이해의 정도가 달라지면 출원인이 주장하는 발명의 목적도 달라질 수 있음을 볼 수 있다. 기술방안 자체에 있어서는, 특허출원하여 국가지식산권국이 수리하게 되면 그 내용은 고정되고, 「특허법」제33조는 제출된 원래의 기술방안을 출원인이 보정하는 것을 엄격하게 제한하여 원래의 출원서류에 기재된 범위를 벗어나게 보정하는 것을 허용하지 않는다. 그러나 설명서 중의 발명의 목적 부분에 있어서는 그 "가소성"이 커서, 국가지식산권국은 심사과정에서 나중에 발견된 보다 가까운 인용문헌에 근거하여 원래의 발명이 해결하고자 하는 기술적 과제를 출원인이 적당하게 조정하는 것을 허용한다.

그 다음으로, 특허실무 경험이 있는 사람이라면 아는 것이지만, 특허출원한 기술방안이 선행기술에 비하여 어떤 차이점이 있다면, 그 차이점으로부터 특허출원한 기술방안이 해결하고자 하는 기술적 과제와 그 기술적 과제를 해결함으로 인한 장점 또는 바람직한 효과를 귀납해 낼 수 있다. 차이점이 많을수록 찾아낼 수 있는 발명의 목적 및 효과도 더 많아진다. 특허출원한 기술방안이 가장 가까운 선행기술에 비하여 여러 차이점이 있는 경우에는, 특허출원인이 설명서에서 발명의 어떠한 목적 및 유익한 효과를 강조할 것인가는 그가 어떤 부분의 차이점을 중요하게 보는가와 직접적으로 관계된다. 따라서 설령 기술방안이 서로 동일하고 근거가 되는 선행기술도 서로 동일하다고 하더라도, 사람마다 관심이 있는 문제가 달라서 중요하게 보는 점이 다르므로, 발명이 해결하고자 하는 기술적 과제에 대한 묘사가 사람마다 다르게 될 수 있다.

이 밖에 청구항의 보호범위에 속하게 되는 전제조건은 침해로 피소된 행위의 객체가 그 청구항에 기재된 기술적 특징 전부를 사용하는 것이다. 이 조건을 만족시키는 상황에서는, 설령 침해로 피소된 행위의 객체가 보다 진보된 기술적 특징을 포함하고 있다고 하더라도 특허권 침해임에는 변함이 없다. 바꿔 말하면, 침해로 피소된 행위의 객체가 청구항에 기재된 기술방안과 "동일"하여야만 특허권 침해에 해당하는 것으로 인정되는 것이 아니다. 기왕에 이와 같다면, 양자가 동일한 "목적"을 갖고 있어야 한다는 것을 특허권 침해행위 판단의 전제조건으로 하기는 어렵다. 예를 들어, 어떤 사람이 세탁기 뚜껑에 관한 특허를 출원하여 받았는데, 그 설명서에 기재된 발명의 목적은 "전자동 세탁기에 제공하기 위한 개폐가 원활하고 밀폐가 잘 되는 뚜껑"이거나 또는 그 발명이 해결하고자 하는 기술적 과제가 기존의 세탁기 뚜껑이 개폐가 원활하지 않고 밀폐성이 좋지 않은 문제라고 하자. 다른 사람은 전자동 세탁기를 생산하여 판매하였는데, 그 뚜껑에 그 특허의 청구항에 기재된 기술적 특징 전부를 사용함과 동시에 다른 구성들을 추가하였으며, 이들이 뚜껑 및 세탁기의 다른 구조와 결합하여 세탁기 작동과정에서의 진동으로 인한 소음 발생을 감소시켰다고 하자. 후자는 그가 특허권자의 뚜껑 구조를 사용한 것은 그 뚜껑이 추가된 다른 구성들과 결합하여 보다 나은 소음저감 효과를 발휘하기 때문으로 그 목적은 소음감소이지만, 특허권을 받은 발명의 목적은 개폐를 편리하게 하기 위한 것이어서 양자는 근본적으로 다르며, 따라서 그 특허권을 침해하는 것이 아니라고 강조할 수 있다. 이처럼 다투는 것은 분명히 이유가 불충분한데, 청구항에 기재된 기술적 특징 전부를 이용하고 있는 상황에서는 일반적으로 말해서 필연적으로 그 기술방안으로 인한 장점을 얻을 수 있고, 사용자가 이러한 장점을 중요하게 여겼다거나 또는 그 본의가 이러한 장점을 이용하고자 하는 것이었는가는 특허침해 판단에서 절대 중요한 것이 아니기 때문이다.

양자가 주장하는 주관적인 목적이 다르다는 것만으로는 침해가 성립하지 않는다는 결론을 쉽게 얻을 수 없다.

위와 같은 각 방면의 이론을 종합하면, 설명서에 기재된 발명이 해결하고자 하는 기술적 과제 또는 발명의 목적은 특허 침해판단의 결론에 결정적 영향을 줄 수 없다. 바꿔 말하면, 설명서를 이용하여 청구항을 해석할 때에, 설명서에 기재된 발명이 해결하고자 하는 기술적 과제 또는 발명의 목적을 청구항에 넣어 해석함으로서 청구항의 보호범위를 불필요하게 제한할 필요가 없다.

(3) 발명의 효과에 관하여

「특허심사지침서 2010」의 규정에 따르면, 발명의 효과와 발명의 목적은 모두 발명과 선행기술을 비교한 후에 얻어지는 결론이라는 점에서 공통점이 있다. 이 때문에 유익한 효과가 있는지 여부와 그 효과의 현저한 정도는 이와 비교되는 선행기술에 의해서 결정된다. 발명 또는 실용신안의 기술방안과 가장 가까운 선행기술 사이에 차이점이 많아질수록 이러한 차이로 야기되는 발명의 효과도 더욱 분명해진다. 만약 선행기술에 청구항으로 보호받고자 하는 기술방안과 동일한 기술방안이 존재한다면, 특허권자가 인류의 지식의 보고에 어떠한 새로운 내용도 보태지 못했음을 드러내는 것으로 그 유익한 효과도 없게 된다. 보통은 출원인이 선행기술에 대해서 완전하게 파악할 수 없고, 국가지식산권국도 모든 선행기술을 검색할 수는 없으며, 따라서 설명서에 기재한 발명의 효과는 통상적으로 참고작용만 할 뿐이다.

그러나 발명의 효과는 발명의 목적에 비하여 다음과 같은 차이점이 있다.

첫째, 발명의 효과는 발명 및 실용신안의 진보성 판단에 있어서 중요한 근거가 되는 것으로, 진보성 기준 중의 하나, 즉 현저한 진보 또는 진보는 주로 발명 또는 실용신안이 일으킬 수 있는 유익한 효과를 가리킨다.

둘째, 유익한 효과가 위와 같은 작용을 하기 때문에 설명서 중의 유익한 효과 부분을 보정함에 있어서는 훨씬 엄격한 제한을 받아서, 발명의 목적 부분을 보정하는 것에 비하여 그 자유로운 보정의 정도가 현저하게 낮으며, 무릇 원래의 설명서 및 청구항의 기재로부터 명확하고 의심 없이 도출할 수 있는 발명의 효과가 아니라면 보정을 통하여 설명서에 추가하는 것이 허용되지 않는다.

위와 같은 차이가 있기 때문에 발명의 효과는 특허 침해판단에서 발명의 목적에 비하여 보다 뚜렷한 작용을 한다. 침해판단에서, 침해로 피소된 자는 그 제품 또는 방법이 특허설명서에서 기재된 발명의 효과를 발휘하지 않으므로 침해행위에 해당하는 것으로 인정될 수 없다고 강조할 수 있다. 이에 대해서는 구체적으로 분석해 보아야 한다.

기술방안을 실시함으로 인해 얻을 수 있는 효과는 여러 요소에 의해 결정된다. 위의 문제를 논의함에 있어서는 먼저 반드시 특허기술 자체 이외의 요소에 의한 영향, 예를 들어 실시자의 기술수준·숙련정도, 사용하는 설비·재료의 품질 등의 영향을 배제할 필요가 있다. 다음으로, 설명서에 기재된 발명의 효과에는 발명의 성능지표·효율 등에서 과장이 있을 수밖에 없는 때가 있다. 만약 침해로 피소된 행위가 청구항의 기술방안을 사용하였고, 단지 얻어진 효과의 정도에서만 약간 차이가 있다면, 일반적으로는 침해행위가 성립하지 않는다는 결론을 얻을 수는 없다.

그러나 설명서의 관련 내용에서 또는 특허권자가 심사과정에서 제출한 의견서에서, 기재된 발명의 효과가 특허출원한 발명 또는 실용신안을 선행기술과 구별되게 하는 중요한 지표라고 밝혔다면, 만약 이러한 발명의 효과가 없으면 그 발명 또는 실용신안은 진보성 요건을 만족시키지 않는 것으로 인정될 수 있고, 특히 혼합물·의약용도발명 등과 같이 발명의 효과를 그 구조·성분으로부터 도출해 낼 수 없는 발명이라면, 설명서에 기재된 발명의 효과가 발휘될 수 있는지가 침해판단의 결론에 큰 영향을 미칠 수 있다.

심사과정에서 심사관이 설명서에 기재된 발명의 효과에 의심이 드는 때에는, 출원인에게 시험보고서·대비분석자료 등 보충적인 증거를 제출하도록 요구할 수도 있다. 일반적으로는 이러한 보충적 증거를 보정에 의하여 설명서에 추가하는 것이 허용되지 않지만, 이것을 출원서류철에 중간서류로 보존한다. 비록 이와 같다고 하더라도 보충적 증거, 특히 출원인이 그 진보성을 다투는 데 활용한 보충적 증거의 내용은 장차 그 특허권의 보호범위를 일정한 정도로 제한하게 된다. 이 점에 대해서는 뒤에 설명할 금반언 원칙에서 상세하게 논의하도록 하겠다.

위에서 설명한 발명의 효과는 설명서에 기재된 발명 또는 실용신안의 전체적 효과를 가리키며, 이러한 전체적 효과의 청구항 해석에 대한 작용을 논의한 것이다. 주의하여야 할 점은, 청구범위에 종종 일부 구성 또는 단계의 기능적 또는 효과적 특징이 기재되었을 수도 있는데, 이러한 특징은 청구항의 구성부분으로서 이들의 청구항의 보호범위 확정에 대한 작용은 설명서의 청구항에 대한 해석 작용과 다르며, 절대 이들을 혼동해서는 안 된다는 점이다. 청구항에 기재된 기능적 또는 효과적 특징에 대해서는 아래에서 상세하게 논의하도록 하겠다.

4. 기능적으로 표현된 특징에 대한 해석

(1) 개 요

일반적으로 제품청구항은 그 제품의 구조적 또는 조성적 특징으로 보호받고자 하는 제품을 한정하여야 한다. 방법청구항은 그 방법의 단계적 또는 조작방식의 특징으로 보호받고자 하는 방법을 한정하여야 한다. 만약 제품청구항에 구조적 또는 조성적 특징으로 그 제품을 한정하지 않고, 방법청구항에 단계적 또는 조작방식의 특징으로 그 방법을 한정하지 않고, 제품의 구조 또는 방법의 단계가 기술방안 중에서 발휘하는 기능 또는 효과를 사용하여 그 발명창조를 한정하였다면, 이를 일컬어 "기능적으로 표현된 특징"이라고 한다. 출원인이 기능적으로 특징을 표현하는 것은, 이렇게 기재한 청구항이 그 기능을 발휘하는 모든 방식을 포괄하게 함으로써, 그 청구항의 보호범위가 더욱 넓어지게 하기 위해서이다.

기능적으로 표현된 특징에 관하여, 「특허심사지침서 2010」은 제한적이면서 엄격한 입장을 취하고 있는데, 아래와 같이 규정하고 있다.

통상적으로, 제품청구항에 있어서는, 기능적 또는 효과적 특징으로 발명을 표현하는 것을 가급적 삼가야 한다. 어떤 기술적 특징을 구조적 특징으로 표현할 방법이 없거나 또는 기술적 특징을 기능적 또는 효과적 특징으로 표현하는 것이 구조적 특징으로 표현하는 것보다 훨씬 적당하고, 그 기능 또는 효과를 설명서에 규정된 실험 또는 조작, 또는 해당 기술분야에서 관용되는 수단을 통하여 직접적이고 확실하게 검증할 수 있는 경우에는, 기능 또는 효과적 특징으로 발명을 표현하는 것이 비로소 허용될 수 있다.

청구항에 포함된 기능적으로 표현된 기술적 특징에 대해서는 그 기능을 실현할 수 있는 모든 실시방식을 포괄하는 것으로 이해하여야 한다. 기능적으로 표현된 기술적 특징을 포함하고 있는 청구항에 대해서는 이 기능적 표현이 설명서에 의하여 뒷받침되는지를 심사하여야 한다. 만약 청구항에 표현된 기능이 설명서의 실시례에 기재된 특정 방식으로 완성되는 것이고, 해당 기술분야의 기술자가 이 기능이 설명서에 언급되지 않은 기타 대체방식으로도 완성될 수 있음을 명확히 알 수 없는 경우, 또는 해당 기술분야의 기술자가 이 기능적인 표현이 포함하는 하나 또는 둘 이상의 방식으로는 발명 또는 실용신안이 해결하고자 하는 기술적 과제를 해결할 수도 없고 동일한 기술적 효과를 얻을 수 없다고 의심할 수 있는 이유가 있는 경우에는, 청구항 중에 위의 기타 대체방식 또는 발명 또는 실용신안의 기술적 과제를 해결할 수 없는 방식을 포괄하는 기능적 표현으로 기재할 수 없다.

이 밖에 만약 설명서에 모호한 방식으로 기타 대체방식도 적용할 수 있다고 하였지만, 해당 기술분야의 기술자에게는 이러한 대체방식이 무엇인지 또는 이러한 대체방식을 어떻게 응용할 수 있는지가 불명확한 경우에는, 청구항에 기능적으로 표현하는 것이 허용되지 않는다. 또한 완전히 기능적인 청구항은 설명서에 의하여 뒷받침될 수 없으

며, 따라서 마찬가지로 허용되지 않는다.[1]

특허실무로 보면 기술분야에 따라서 기능적 표현을 이용하는 정도에 차이가 있다.

화학분야에서는, 청구항 기재가 좀 더 까다롭다. 화학제품에 있어서, 화합물 청구항은 화합물의 구조식·분자식으로 표현하여야 하고, 조성물 청구항은 그 조성성분 및 각 조성성분의 함량으로 표현하여야 하며, 구조·조성만으로는 명확하게 표현할 수 없는 경우에는 물리·화학 매개변수 또는 제조방법으로 표현하는 것이 허용된다. 화학적 방법에 있어서, 청구항은 공정단계, 사용재료, 이용설비로 표현하여야 한다.[2] 따라서 이 분야에서는 특징을 기능적으로 표현하는 경우가 매우 적다.

기계분야에서는, 「특허심사지침서 2010」에서 설명한 "기술적 특징을 구조적 특징으로 표현할 방법이 없거나, 또는 기술적 특징을 기능적 또는 효과적 특징으로 표현하는 것이 구조적 특징으로 표현하는 것보다 훨씬 적당한" 경우가 매우 드물며, 따라서 이 분야에서도 특징을 기능적으로 표현하는 경우가 드물다. 그러나 기능적으로 특징을 표현하여야 하는 경우의 발생가능성을 배제할 수는 없다. 예를 들어, 국가지식산권국은 아래와 같은 제품청구항을 허용하였다.[3]

> 연초재료를 압출할 수 있는 연초압출기, 상기 연초압출기 바로 뒤에서 연초를 함유한 재료에 대해서 소성상태에서 인발하는 인발장치, 상기 인발장치에는 연초를 함유한 재료와 서로 접촉하는 표면을 갖는 연초 재가공설비로서, 인발장치로부터 수분을 제거하는 장치가 포함되고, 상기 수분을 제거하는 장치는 인발장치의 표면과 상호작용하는 것을 특징으로 하는 연초 재가공설비.[4]

위의 청구항에는 수분을 제거하는 장치의 구조는 기재되어 있지 않고, 단지 그 장치가 전체 설비에서 발휘하는 기능만 기재되어 있으므로, 기능적으로 특징을 표현한 것으로 보아야 한다.

또 다른 예로, 국가지식산권국은 아래와 같은 방법청구항을 허용하였다.[5]

---

1) 国家知识产权局, 专利审查指南2010[M], 北京: 知识产权出版社, 2010: 第二部分 第二章 3.2.1.
2) 国家知识产权局, 专利审查指南2010[M], 北京: 知识产权出版社, 2010: 第二部分 第二章 3.2.1.
3) 国家知识产权局, 专利审查指南2010[M], 北京: 知识产权出版社, 2010: 第二部分 第十章 4.
4) 93107315.4호 발명특허.
5) 88106708.3호 발명특허.

(1) 용융된 역청을 열가소성 합성재료 또는 열가소성 합성재료 혼합물을 가속 혼합하는 단계;

(2) 상기 가속 혼합으로 얻어지는 혼합물을 슬롯에 통과시키는 단계;

(3) 상기 슬롯을 통과한 혼합물을 충격면에서 갑자기 정지시킴으로써 일정한 운동에너지를 얻어 균일화 처리를 하는 단계로서, 그 운동에너지는 적어도 처리온도와 열가소성 합성재료 또는 열가소성 합성재료 혼합물의 반응이 쉽게 되는 분자의 열분해 온도 사이의 온도차에 상당한 것인,

역청 변성 점착제의 제조방법.

위의 청구항은 그 충격면의 형상 및 이와 슬롯 사이의 위치관계를 기재하지 않았을 뿐만 아니라, 혼합물의 최초속도와 최종속도의 범위도 기재하지 않았고, 그 구조로 인한 운동에너지 변화로 피가공물질의 온도가 일정하게 상승된다고 하였는데, 이것은 기대되는 효과로 발명의 기술적 특징을 한정한 것이므로 특징을 기능적으로 표현한 범주에 속한다고 보아야 한다.

기능적으로 특징을 한정하는 경우는 전기분야에서 가장 빈번하게 볼 수 있다. 예를 들어, 아래와 같은 방식으로 청구항을 기재하는 경우는 전기분야에서 매우 쉽게 볼 수 있다.

영상을 여러 개의 영상으로 분할하는 장치;

분할한 여러 개의 영상을 이차원 인접 계수로 변환하는 데 사용되는 변환회로;

분할한 영상을 수신하여 영상 중에 주목할 만한 이동부분이 있는 때에는 이동신호를 발생시키는 데 사용되는 이동검측기;

이동신호와 관련된 스캔 형식을 이용하여 상기 계수를 읽어 내고, 이들을 일련의 계수 배열로 전환하는 데 사용되는 스캔장치로 구성되며,

상기 스캔 형식은 바로 앞에서 읽어 낸 계수와 인접하지 않은 예정계수로 적어도 건너뛰는 것을 특징으로 하는 영상신호 코드의 변환에 사용되는 코딩회로.[1]

위의 청구항에는 변환회로, 검측기, 스캔장치 등 여러 부품과 장치를 언급하였는데, 이들 모든 장치는 그 명칭 앞에 "… 사용되는"(means for)과 같은 어휘로 표현되어 있고, 이러한 부품의 구체적인 회로구조를 기재하지 않았다. 이러한 어휘를 보면 부

---

[1] 92100810.4호 발명특허.

품의 용도를 표현한 것 같기도 하고 이러한 부품을 사용하는 목적을 표현한 것 같기도 하지만, 실질적으로는 보호받고자 하는 기술방안에서 부품이 발휘하는 작용 또는 기능으로서, 이것이 특징을 기능적으로 표현하는 전형적인 방식이다.

「특허심사지침서 2010」의 위 규정은 "완전히 기능적인 청구항은 설명서에 의하여 뒷받침될 수 없으며, 따라서 마찬가지로 허용되지 않는다."고 하였다. 소위 "완전히 기능적인 청구항"은 청구항에 발명 전체의 발명의 목적 또는 발생되는 효과만 기재되어 있고, 기재된 목적을 달성하기 위한 또는 기재된 효과에 이르기 위해 채용하는 기술수단은 전혀 기재되지 않은 것을 가리킨다. 예를 들어, 어떤 사람이 유리 계량컵을 발명하였는데, 이 계량컵은 특수한 컵모양의 모선(母線)을 갖고 있고 특별하게 설계된 눈금과 유표(遊標)가 부착되어 있어서, 이러한 계량컵을 사용하여 용액을 조제하면 사전에 계산할 필요가 없이 필요한 농도를 갖는 용액을 조제할 수 있다고 하자. 이 발명에 대하여, 출원인이 청구항을 아래와 같이 기재하였다고 하자.

> 사전에 계산 및 계량이 필요 없이 바로 필요한 농도를 갖는 용액을 조제할 수 있는 유리 계량컵.

위의 청구항은 발명이 해결하고자 하는 과제 또는 달성하고자 하는 목적과 중복되고, 이러한 목적을 어떻게 실현할 수 있는지에 대해서는 전혀 기재하지 않았다. 만약 이러한 청구항이 등록되고 유지된다면, 동일한 목적을 달성할 수 있는 타인의 모든 발명은 그 보호범위에 속하게 되며, 설령 그 구조 및 원리가 이 발명과 완전히 다르다고 하더라도 마찬가지이다. 이것은 분명히 불합리한데, 특허권자가 받는 보호가 그가 한 공헌을 초과해서 타인의 이익에 손해를 입힐 수 있기 때문이다.

(2) 기능적으로 표현된 특징에 대한 해석 입장

미국은 1952년 다시 제정한 특허법 제112조 제6항에서 기능적으로 특징을 표현한 청구항을 아래와 같이 허용하였다.

> 조합 청구항(a claim for a combination)에 있어서는, 그 특징을 "어떤 특정 기능을 실현하는 수단 또는 단계"로 기재할 수 있으며, 반드시 그 기능을 실현하는 구체적인 구조·재료 또는 동작을 기재하여야 하는 것은 아니다. 이러한 방식으로 기재된 청구항은 설명서에 기재된 상응하는 구조·재료 또는 동작 및 그 동등한 수단을 포괄하는 것으로 이해되어야 한다.

상술한 방식으로 청구항의 특징을 표현한 것을 미국에서는 "수단+기능" 한정 (means plus function limitation)이라고 하는데, 미국 특허출원에서 광범위하게 이용되고 있으며, 이미 수많은 미국의 특허출원인은 청구항을 이처럼 기재하는 것에 습관이 되어 있다. 비록 그 특허법에서 유사한 규정을 두고 있는 국가는 아직까지 없다고 하더라도, 미국 특허법의 이 규정은 전 세계에 매우 큰 영향을 주었다.

미국특허법 제112조 제6항으로 인한 가장 두드러진 문제는 바로 특허심사과정에서 신규성 및 진보성을 판단할 때에, 그리고 특허권 침해소송에서 이러한 유형의 청구항 보호범위를 확정할 때에, 그 기능적으로 표현된 특징을 어떻게 해석하여야 하는가 그리고 이 두 상황에서의 해석방법이 서로 일치되어야 하는가이다.

미국의 1952년 제정 특허법에서 위의 규정을 신설한 후에, 미국특허상표청은 상당히 오랜 기간 동안 제112조 제6항의 마지막 부분, 즉 "이러한 방식으로 기재된 청구항은 설명서에 기재된 상응하는 구조 · 재료 또는 동작 및 그 동등한 수단을 포괄하는 것으로 이해되어야 한다."는 법원의 특허권 침해여부 판단에 대한 것이고, 특허청의 특허출원에 대한 특허권 수여 가능여부 판단에 대한 것은 아니라고 보았다. 미국특허상표청은 특허심사과정에서 청구항 중의 기능적으로 표현된 특징에 대하여 넓게 해석하는 입장을 취하여, 이러한 특징은 이 기능을 실현할 수 있는 모든 방식을 포괄하는 것으로 보았다. 바꿔 말하면, 미국특허상표청은 설명서에 기재된 이 기능을 실현하는 구체적인 방식을 청구항에 포함시켜 해석하지 않았다. 인용문헌에 동일한 기능을 실현할 수 있는 기술적 특징이 기재되어 있기만 하면, 설령 그것이 설명서에 기재된 그 기능을 실현하는 구체적인 방식과 매우 큰 차이가 있다고 하더라도, 그 기능적으로 표현된 특징은 이미 그 인용문헌에 의하여 공개된 것으로 보아야 한다고 보았다.

미국 연방순회항소법원은 이와 다른 입장이었는데, 미국 특허법 제112조 제6항의 마지막 부분에 근거하여, 청구항에 기재된 기능적으로 표현된 특징은 단지 설명서에 기재된 구체적인 구조 · 재료 · 단계 또는 그 균등물만 포함되고, 적어도 구체적인 실현방식의 제한을 받아야 한다고 보았다. 미국 연방순회항소법원은 위와 같이 해석하는 것이 특허권 침해소송에 적용될 뿐만 아니라 특허심사에도 적용된다고 보았다. 미국 연방순회항소법원은 1994년 2월 14일 In re Donaldson 사건에 대하여 당해 법원의 법관 전체가 참가하는 대법정 방식으로 중요한 판결을 하였는데, 미국특허상표청의 해석방식이 잘못된 것임을 명확히 지적하고 미국특허상표청이 법원의 입장을 따르도록 요구하였다.[1]

미국 연방순회항소법원이 위의 판결을 한 후에, 미국특허상표청은 기능적으로 표

---

1) 29 USPQ. 2d 1845.

현된 청구항에 대한 심사기준을 조정하여 미국 연방순회항소법원의 입장과 일치되도록 하였다.

전체적으로 보면, 미국은 현재 기능적으로 표현된 청구항에 대하여 그 보호범위를 제한하여 해석하고 있으며, 그 보호범위를 확대하여 해석하지 않는다. 미국이 이처럼 해석하는 입장을 취하고 있으므로, 어떤 발명에 있어서는 기능적으로 표현한 청구항으로 얻을 수 있는 보호범위가 오히려 직접 구조적 특징으로 표현된 청구항의 보호범위보다 좁을 수도 있으며, 때문에 수지가 맞지 않는다고 보는 견해도 있다.[1]

앞에서 설명한 바와 같이, 세계적으로 많은 국가의 특허제도는 특허권의 보호범위를 처음에는 특허설명서의 내용을 기준으로 하던 것에서 청구범위의 내용을 기준으로 하는 것으로 하는 변화과정을 겪었다. 청구범위라는 특수한 형식을 마련할 필요가 있었던 것은, 설명서의 내용은 발명의 배경, 여러 구체적인 실시례, 발명의 근거가 되는 이론 등 여러 가지를 포함하고 있어 내용이 매우 자세한 것이 보통이어서, 설명서에 의하여 특허권의 보호범위를 확정하는 것은 매우 불편하고 특허권 보호범위의 안정성에 이롭지 않기 때문이다. 청구범위는 간명한 문자로 발명의 구성을 나열한 것으로, 침해에 해당하는지를 판단할 때에 처방에 따라 약을 짓는 방식으로, 침해로 피소된 기술방안을 청구항에 기재된 기술적 특징과 하나씩 대조함으로써 특허권 침해여부를 훨씬 쉽게 판단할 수 있게 하였다. 기능적으로 표현된 청구항에 대한 미국의 해석방식은 어떤 의미에서는 초기의 방식으로 되돌아간 것이라고 할 수 있다. 이러한 방식을 취하여, 한편으로 청구항에 특징을 기능적으로 표현하는 것을 허용하면서, 다른 한편으로 그 특징을 해석할 때에는 설명서에 기재된 구체적인 실시례에 의하여 특허권의 보호범위를 확정하고 침해로 피소된 기술방안이 설명서에 기재된 구체적인 실시례와 동일 또는 균등한지를 판단하기보다는, 청구항에 구체적인 구조·단계로 발명을 표현하도록 직접적으로 요구하고 나중에 법관이 균등침해 판단과정에서 이를 그 동등한 수단까지 포함하는 것으로 확대해석하는 것이 낫지 않겠는가?

발명 또는 실용신안의 직접적인 특징을 드러내는 것은 제품의 구조 및 방법의 단계이며, 이러한 특징은 객관적으로 "볼 수 있고 만질 수 있어", 침해로 피소된 제품 또는 방법과 직접적으로 대비할 수 있다. 그러나 "기능"은 이용되는 구조 또는 단계가 발휘하는 효과 또는 일으키는 작용으로 발명의 간접적인 특징을 나타내며, 그 인정에 주관적 요소가 개입된다. 설령 동일한 제품의 구조 또는 방법의 단계라고 하더라도, 그것이 어떤 효과 또는 작용을 발휘할 수 있는지는 사람마다 서로 다르게 볼 수 있어

---

1) Gregory Maier & Bradley Lytle, The Strategic Use of Means-Plus-Function Claims[J], JPTOS, April 1998: 241, 250.

일치된 결론을 얻기가 쉽지 않다. 이 점도 기능적 표현을 허용하는 것의 폐단이다.

미국의 사법당국은 청구범위에 기재된 기능만을 근거로 하여 특허권 침해행위에 해당하는지를 판단하는 것의 문제점을 충분히 인식하여, 기능적으로 표현된 특징에 그 기능을 실현할 수 있는 모든 방식이 포함되는 것으로 보는 것은 많은 경우에 특허권의 보호범위를 불합리하게 확대할 수 있어 침해인정의 법적 불확정성을 높일 수 있으므로 공중의 이익에 영향을 줄 수 있다고 판단했으며, 이 때문에 위에서 설명한 것과 같은 입장을 취함으로써 그 부정적인 영향을 감소시켰다. 그러나 비록 미국의 사법당국이 여러 보충적 조치를 취하였다고 하더라도, 그 특허법의 규정을 바꿀 수는 없었다. 미국 특허법에 제112조 제6항이 규정된 이래로, 청구항에서 기능적으로 특징을 표현하는 것은 미국 특허출원인에게 이미 습관이 되어 이제는 그만두려고 해도 그만둘 수 없었고, 이처럼 뒤틀린 해석방식을 취할 수밖에 없었다.

아래에서는 기능적으로 특징을 표현한 것을 중국이 어떻게 해석하여야 하는가에 대하여 논의하도록 하겠다.

중국의 「특허법」 및 「특허법실시세칙」에는 미국특허법의 제112조 제6항과 유사한 규정이 없으며, 「특허심사지침서 2010」도 기능적 표현을 장려하지 않는다는 입장을 명확히 표명하여, 제품청구항에 있어서는 기능적 또는 효과적 특징으로 발명을 한정하는 것을 가급적 피하여야 하고, 기술적 특징을 구조적 특징으로 한정할 방법이 없거나 또는 기술적 특징을 기능적 또는 효과적 특징으로 한정하는 것이 구조적 특징으로 한정하는 것보다 훨씬 적절하고, 이 기능 또는 효과가 설명서에 기재된 실험 · 조작 또는 해당 기술분야에서 관용되는 수단을 통해서 직접적이고 확실하게 검증할 수 있는 경우에만 비로소 청구항에서 기능적으로 특징을 한정하는 것이 허용된다고 규정하고 있다. 그럼에도 불구하고, 국가지식산권국이 수리하는 발명 및 실용신안 특허출원에서, 청구항에 기능적으로 특징을 표현하는 것은 여전히 상당히 보편적이며, 특히 미국으로부터의 특허출원에서는 훨씬 쉽게 볼 수 있다. 이러한 상황에서, 중국이 청구항에 기재된 기능적 표현을 어떻게 해석할 것인가는 중국 특허제도의 정상적 운영에 있어서 매우 중요하다.

앞에서 설명한 바와 같이, 신호처리 · 컴퓨터 · 통신 · 방송 등은 가장 빈번하게 기능적으로 특징을 표현하는 기술분야인데, 이러한 분야는 모두 공교롭게도 최근 수십 년 이래 가장 급속하게 발전하고 새로운 기술이 가장 많이 쏟아져 나오는 분야이다. 이러한 분야에서 기능적으로 특징을 표현한 청구항의 보호범위를 너무 넓게 해석하면, 국부적인 개량만으로도 너무 많은 것이 포함되는 현상이 발생하기 쉬워서 공중, 특히 특허권자의 경쟁자를 너무 제한하게 되어 과학기술의 발전에 이롭지 않은데, 이것이 바로 미국법원이 위에서 설명한 바와 같은 해석입장을 취하게 된 근본적이 이유이다. 따라서 기능적으로 표현된 특징에 대하여 미국 사법당국이 위에서 설명한 바와 같이 해석하는 것은 사리에 맞는 것이고, 중국이 참고하여 교훈으로 삼을 가치가 있는 것이다.

이론적으로 말해서, 기능적으로 표현된 특징에 대해서는 두 가지 가능한 해석방식이 있을 수 있는데, 하나는 특허심사과정 및 침해판단에서 모두 이러한 기술적 특징에는 그 기능을 실현할 수 있는 모든 방식이 포함된다고 인정하는 것이고, 다른 하나는 특허심사과정 및 침해판단에서 모두 이러한 기술적 특징에는 오직 설명서에 기재된 그 기능을 실현하는 구체적인 방식 및 그와 균등한 방식만이 포함된다고 인정하는 것이다. 두 방식 모두 각각의 장단점이 있는데, 전자의 방식에 의하면 기능적으로 표현된 특징을 갖는 청구항은 신규성 및 진보성이 없다고 인정될 가능성이 크기 때문에 출원인이 특허를 받는 데는 유리하지 않지만, 그러나 일단 특허권을 받고 나면 매우 넓은 보호범위를 확보할 수 있다. 후자 방식의 특징은 이와 정반대이다. 여러 방면의 요소를 종합적으로 고려하면, 역시 후자의 방식을 취하는 것이 보다 적절하다.

보다 구체적으로 말하면, 필자는 기능적으로 표현된 특징을 갖는 청구항에 대해서 아래와 같이 해석하여야 한다고 주장한다.

① 청구항에서 특징을 기능적으로 표현한 것은 그 자구의 의미에 따라 해석하여 그 기능을 실현할 수 있는 모든 방식을 포함한다고 해석해서는 안 되며, 특허설명서에 기재된 그 기능을 실현할 수 있는 구체적인 방식의 제한을 받아야 한다.

② 문언침해가 성립하는 것으로 인정되기 위해서는, 침해로 피소된 기술이 동일한 기능을 실현하고, 그 기능을 실현하는 방식이 설명서에 기재된 그 기능을 실현하는 구체적인 방식 중 하나와 동일하여야 한다.

③ 문언침해가 인정되지 않는 경우에도, 나아가 균등침해가 성립하는지를 판단할 수 있다. 균등침해가 성립하는 것으로 인정되기 위해서는, 침해로 피소된 기술이 동일한 기능을 실현하고, 그 기능을 실현하는 방식이 특허설명서에 기재된 그 기능을 실현하는 구체적인 방식과 균등하여야 한다.

④ 침해로 피소된 기술이 청구항에 기재된 기능과 동일한 기능을 실현하는 것에는, 침해로 피소된 기술이 청구항에 기재된 기능을 실현할 뿐만 아니라, 기타 보다 많은 기능을 실현하는 것도 포함할 수 있다. 그러나 만약 침해로 피소된 기술이 청구항에 기재된 기능적 특징의 일부 기능을 실현하지 않는 것이라면, 문언침해에도 해당하지 않고 균등침해에도 해당하지 않는 것으로 인정되어야 한다.

⑤ 설명서에서도 청구항에 기재된 기능적 특징에 대하여 기능적으로만 묘사하였

고, 그 기능을 실현할 수 있는 어떠한 구체적인 실현방식도 공개하지 않았을 경우에
는, 그 청구항은 특허보호의 범위를 명확하게 한정하지 않은 것으로 인정되어 「특허
법」 제26조 제4항 규정에 부합하지 않을 수 있다. 만약 해당 기술분야의 기술자가 그
발명을 실시할 수 없다면, 특허설명서가 「특허법」 제26조 제3항 규정에 부합하지 않
는 것으로 인정될 수 있다. 위 두 조문에 부합하지 않는 경우에는, 「특허법실시세칙」
제65조 규정에 의하여, 특허권 무효선고를 청구할 수 있다.

2010년 「심사지침서 2006」을 개정할 때에도, 청구항에서 기능적으로 표현된 특징
에 대하여 넓은 의미로 해석하는 입장을 유지하였는데, 즉 아래와 같다.

> 청구항에 포함된 기능적으로 표현된 기술적 특징에 대해서는, 이러한 기능을 실현할
> 수 있는 모든 실시방식을 포함하는 것으로 이해하여야 한다.[1]

2010년 「특허법실시세칙」 개정 시에, 특허복심위원회는 일찍이 위의 규정을 「특
허법실시세칙」에 포함시킬 것을 강력히 주장하였지만, 국무원 입법기관은 이 건의를
받아들이지 않았다.

2009년 반포된 「최고인민법원의 특허권 침해분쟁사건 심리 응용법률 문제에 관한
해석」 제4조는 아래와 같이 규정하였다.

> 청구항 중의 기능 또는 효과로 표현된 기술적 특징에 대해서는, 인민법원은 설명서 및
> 첨부도면에 묘사된 그 기능 또는 효과의 구체적인 실시례 및 그와 균등한 실시례를 결
> 합하여 그 기술적 특징의 내용을 확정하여야 한다.

이로부터 최고인민법원이 미국의 경험을 참고하여 청구항에 기능적으로 표현된
특징에 대해서 좁게 해석하는 입장을 취하였음을 알 수 있다. 이렇게 됨으로써 중국
에서는 특허권의 수여과정과 특허권 침해판단과정에서 청구항에 기능적으로 표현된
특징에 대하여 다르게 해석하는 국면이 초래되었다. 이것은 바람직하지 않으므로 해
석방식을 서로 일치시켜야 한다.

최고인민법원이 2009년 반포한 사법해석이 시행된 이래로, 청구항에 기재된 기능
적으로 표현된 특징을 어떻게 인정하여야 하는지에 대해서 의문이 있어 왔다. 예를
들어, 청구항에 기재된 "증폭기", "변속기"와 같은 기술적 특징도 기능적으로 표현된
특징이라고 할 수 있는가? 만약 그렇다면, 이러한 기술적 특징을 어떻게 해석하여야

---

1) 国家知识产权局, 专利审查指南2010[M], 北京: 知识产权出版社, 2010: 第二部分 第二章 3.2.2.

하는가?

증폭기·변속기 등은 이미 해당 기술분야의 기술자가 익숙하게 알고 있는 관습적으로 정해진 제품의 명칭이다. 이러한 기술적 특징의 표현방식으로 보면, 소위 "기(器)"는 단지 일종의 제품을 가리키는 것일 뿐이고 실제적인 의미가 없다. 도대체 어떠한 제품을 "증폭", "변속"과 같은 어휘로 확정할 수 있는지 의문인데, 이러한 어휘가 표현하는 것은 분명히 그 제품의 작용 또는 기능이다. 따라서 넓은 의미로 보면, 이러한 기술적 특징도 "기능적으로 표현된 특징"이 아니라고 할 수 없다.

청구항에 이러한 유(類)의 기술적 특징이 기재된 경우에, 출원인이 설명서에 그 구체적인 구조를 설명하여야 하는지는 발명창조의 성질에 의해서 결정된다.

만약 특허출원한 발명창조가 증폭기·변속기 자체의 구조를 개량한 것이라면, 설명서에 개량된 구체적인 기술방안을 반드시 기재하여야 한다. 청구범위에도 그 기술방안을 나타내는 기술적 특징을 반드시 기재하여야 하고, 단지 증폭기·변속기와 같은 유(類)의 명사만 기재해서는 안 되며, 이렇게 하지 않으면 청구항에는 발명창조의 명칭만 남게 된다.

만약 특허출원한 발명창조가 증폭기·변속기 자체를 개량한 것이 아니고, 증폭기·변속기와 다른 부속품의 결합을 통해서 다른 신규성 및 진보성이 있는 제품을 형성하는 것이라면 분명히 차이가 있다. 이러한 경우에 만약 출원인이 공지의 증폭기·변속기를 이용하고 단지 증폭기의 전기신호 증폭 기능 또는 변속기의 운동속도 변환 기능에만 관심이 있다고 한다면, 설명서의 구체적인 실시례 부분에 단지 증폭기·변속기만 언급하였다고 하더라도 충분히 「특허법」 제26조 제3항의 설명서는 충분하고 완전하게 그 발명창조를 공개하여야 한다는 요건을 만족시킬 수 있으며, 그 내부구조를 상세하게 소개할 필요가 없다. 만약 청구항에 기재할 필요가 있다면, 증폭기·변속기와 같은 명칭만 기재하여도 「특허법」 제26조 제4항의 요건을 만족시킬 수 있으며, 그에 대해서 더 나아가 해석할 필요도 없다. 이때에는 이러한 기술적 특징을 기능적으로 표현한 특징으로 볼 것인지 아니면 일반적인 구조적 특징으로 볼 것인지를 불문하고 별로 달라질 것이 없는데, 청구범위의 표현과 설명서의 표현이 동일하게 단지 그 명칭만 기재하였으므로, 설령 최고인민법원의 "설명서 및 첨부도면에 묘사된 그 기능 또는 효과의 구체적인 실시례 및 그와 균등한 실시례를 결합하여 그 기술적 특징의 내용을 확정하여야 한다."라는 규정을 적용하여도 결론이 달라지지 않기 때문이다.

이로부터 청구항에 기능적으로 표현된 특징이 기재된 경우에, 출원인이 설명서에 그 기능의 구체적인 실시례를 기재하여야 하는지 여부 판단의 근거는 「특허법」 제26

조 제3항임을 볼 수 있다. 이 조항의 요건을 만족시키기 위해서, 출원인은 청구항에 기재된 기능적으로 표현된 특징의 구체적인 실시례를 설명서에서 상세하게 소개하여야만 최고인민법원의 위 규정을 적용하는 것이 비로소 실제적 의의가 있을 수 있는데, 위 규정을 적용하여 확정된 특허권의 보호범위가 기능적 표현의 자구적 의미로 확정된 보호범위와 다르기 때문이다.

三. 발명 또는 실용신안특허권에 대한 침해판단

현재 세계 각국은 특허권 침해에 문언침해와 균등침해 두 유형이 있다고 인식을 같이하고 있다.[1)]

(一) 문언침해

문언침해(literal infringement)는 침해로 피소된 제품 또는 방법에 청구항에 기재된 모든 기술적 특징과 동일한, 상응하는 기술적 특징을 갖추고 있는 것을 가리킨다. 문언침해 판단은 신규성 판단과 비교될 수 있는데, 표 I 로부터 명확하게 이들 사이의 대응관계를 볼 수 있다.

신규성 판단			문언침해 판단		
청구항	대비문헌	결론	청구항	피소된 행위	결론
A, B, C	A, B, C	없음	A, B, C	A, B, C	성립
A, B, C, D	A, B, C	있음	A, B, C, D	A, B, C	불성립
A, B, C	A, B, C, D	없음	A, B, C	A, B, C, D	성립
A, B, C, D	a, b, c, d	없음	A, B, C, D	a, b, c, d	성립
a, b, c, d	A, B, C, D	있음	a, b, c, d	A, B, C, D	부존재

표 I 문언침해 판단과 신규성 판단의 대비[2)]

---

1) Takenankat Toshiko, Interpreting Patent Claim, The U.S., Germany and Japan[M], Munich: Max Planck Institute, 1995.
2) 표에서 대문자 A, B, C가 표시하는 기술적 특징은 소문자 a, b, c가 표시하는 기술적 특징의 상위 개념이다.

대비를 통해서 다음과 같은 결론을 얻을 수 있다. 문언침해 판단은 신규성 판단방식을 빌릴 수 있는데, 보다 구체적으로 말하면 침해로 피소된 제품 또는 방법을 대비문헌으로 보고 특허의 청구항이 신규성이 있는지를 판단하되, 만약 신규성이 인정되면 문언침해에 해당하지 않고 신규성이 인정되지 않으면 문언침해에 해당한다.

표 I 의 제1행은 만약 침해로 피소된 행위가 포함하는 기술적 특징이, 많지도 적지도 않게 청구항에 기재된 기술적 특징과 일대일로 대응된다면, 당연히 문언침해가 성립한다는 결론이 얻어짐을 보여준다. 그러나 현실에서 이처럼 완전히 동일한 침해행위가 발생하는 경우는 매우 드물다.

표 I 의 제2행은 만약 침해로 피소된 행위가 청구항 중의 일부 기술적 특징을 포함하지 않는다면, 문언침해가 성립하지 않는다는 결론이 얻어짐을 보여준다. 당연히, 이때에 침해가 인정되지 않는다는 최종 결론이 얻어지는 것은 아닌데, 균등침해에 해당하는지에 대하여 계속해서 판단하여야 하기 때문이다.

표 I 의 제3행은 만약 침해로 피소된 행위가 청구항에 기재된 기술적 특징과 대응하는 동일한 특징을 모두 포함하는 이외에도, 기타 기술적 특징을 추가한 것이라면, 추가한 기술적 특징 자체가 또는 이것이 기타 기술적 특징과 결합하여 어떠한 기능·효과를 발휘하는지에 관계없이 모두 문언침해가 성립한다는 결론이 얻어짐을 보여준다.

표 I 의 제4행은 청구항에 기술적 특징을 상위개념으로 표현한 경우를 보여 준다. 이때에, 침해행위로 피소된 자가 사용한 구체적인 실시방식은 설명서에 기재된 그 상위개념의 구체적인 실시례와는 완전히 동일하지 않을 수 있지만, 본조 규정의 "그 청구항의 내용을 기준으로 한다."는 원칙에 따라서, 침해로 피소된 자가 사용한 구체적인 실시방식이 청구항에 기재된 그 상위개념이 의미하는 범위에 속하기만 한다면, 문언침해가 성립한다는 결론이 얻어져야 한다. 현실에서 문언침해 행위는 대부분 이러한 경우이다.

표 I 의 제5행이 보여 주는 경우, 즉 침해로 피소된 행위는 상위개념을 사용하고 청구항에는 구체적인 실현방식이 기재된 경우는, 현실에서는 존재하지 않는데, 침해로 피소된 행위는 구체적인 제품 또는 방법으로 그 제품의 구조 또는 방법적 단계는 모두 구체적인 물품 또는 구체적인 조작방식이어서, 나사이면 나사이고 리벳이면 리벳이지 어떤 추상적인 "결합부품"일 수 없으며, 따라서 이러한 경우는 고려할 필요가 없다.

문언침해 판단과 신규성 판단에는 한 가지 차이점이 있다. 국가지식산권국의 「심사지침서 2001」 규정에 의하면, 관용수단을 직접적으로 치환한 경우에도 신규성이 없다.[1] 예를 들어, 청구항에 A, B, C 세 가지 기술적 특징이 있고, 대비문헌에 A, B, C′ 세 가지 기술적 특징이 공개된 경우에, 만약 C와 C′의 치환가능성이 공지된 상식에 속한다면 곧 관용수단의 직접적인 치환에 해당하는 것이어서 신규성이 없기는 마찬가지이다. 특허권 침해판단에서는 이러한 경우를 문언침해 범주에 넣지 않는 것이 바람직한데, 균등침해로 판단하는 것이 보다 적합하기 때문이다. 구체적인 제품에 포함된 기술정보는 종종 대비문헌을 초과하며, 모두 구체적인 형식으로 체현되는 것이지 "상위개념"으로 표현되는 것이 아니고, 따라서 이러한 입장을 취하더라도 문언침해의 인정범위를 불합리하게 제한하는 것은 아니다.

위의 두 경우를 제외하고, 문언침해의 판단은 신규성 판단과 완전히 대응된다. 중국의 특허업무 종사자들은 다년간의 실무경험을 통해서 신규성 판단원칙이 상당히 익숙하기 때문에 이처럼 대비하면 그들로 하여금 문언침해의 판단방식을 쉽게 이해하게 할 수 있다.

모두 알고 있다시피, 신규성과 진보성 판단 사이에는 단계적인 점층적 논리관계가 있다. 단지 신규성이 있는 것만으로는 특허권이 수여될 수 없으며, 반드시 더 나아가 진보성이 있어야 한다. 이와 반대로 만약 신규성이 없다면 진보성이 있는지를 판단할 필요가 없으므로, 심사관이 진보성을 지적하였다는 것은 그가 이미 청구항의 신규성은 인정하였음을 나타낸다. 문언침해와 균등침해도 이와 유사한 점층적 논리관계에 있다. 문언침해가 성립하지 않는다고 하여, 이것으로 침해판단이 종료되는 것이 아니며, 더 나아가 균등침해가 성립하는지를 판단하여야 한다. 이와 반대로 문언침해가 성립되는 때에는 균등침해가 성립하는지를 다시 판단할 필요가 없으며, 법관이 균등침해 문제를 검토한다는 것은 그가 이미 문언침해는 성립하지 않는 것으로 인정하였음을 나타낸다. 그러나 이 결론이 균등침해를 판단할 때에 진보성 판단기준을 사용할 수 있음을 의미하는 것은 아니며, 이에 대해서는 뒤에서 상세하게 논의하도록 하겠다.

신규성 판단은 비교적 객관적인 판단으로, 그 결론은 기본적으로 완전히 사실에 의해서 결정되며, 일단 신규성이 없다는 결론이 나오면 출원인이 다시 다투어 성공할 수 있는 기회는 매우 적다. 마찬가지로 문언침해 판단도 비교적 객관적인 판단으로, 공중과 당사자 모두 법원 또는 특허업무관리부문의 판단 결과를 충분히 예견할 수 있다. 이에 비하여, 균등침해의 판단은 훨씬 유동적이며 여기에는 일정 정도의 주관적 판단이 개입된다.

---

1) 国家知识产权局, 审查指南2001[M], 北京: 知识产权出版社, 2001: 第二部分 第三章 3.2.3.

(二) 균등침해

1. 개 요

본조 제1항은 "발명 또는 실용신안특허권의 보호범위는 그 청구항의 내용을 기준으로 한다."고 규정하고 있다. 이 규정에 의해 특허권 침해분쟁사건에서 이론적으로는 청구항의 기재를 엄격하게 따라서 특허권 침해가 성립하는지를 판단하여야 한다. 그러나 너무 지나치게 청구항의 문언에 구애되면 특허권자를 효과적이고 충분하게 보호할 수 없음을 각국의 실무로부터 알 수 있다.

비록 앞에서 설명한 것처럼 출원인이 그 청구항을 기재할 때에 그리고 특허심사 과정에서 가급적 보다 넓은 보호범위를 쟁취한다고 하더라도, 사실상 출원인이 특허권을 받는 과정에서 침해자가 나중에 사용할 수 있는 모든 침해방식을 예견하는 것은 사실상 불가능하다. 국가지식산권국이 수여하는 특허권은 모두 공고되는데, 이렇게 함으로써 특허권이 수여되는 발명창조는 모두 "양지"에 놓이게 되는 데 대하여, 타인의 특허기술을 실시하지만 대가를 지급하고 싶지 않은 자는 "음지"에 있게 되고, 이들은 종종 특허발명의 실질적 내용의 이용을 도모하면서 그중 일부의 비실질적 변동을 궁리하여 그 실시행위가 청구항의 문언적 내용과 약간 차이가 있게 보이도록 한다. 이러한 경우에 만약 양자를 서로 비교하여 조그마한 차이가 있다고 해서 특허권 침해가 성립하지 않는다고 인정한다면, 반드시 특허권자의 합법적 이익에 손해를 입히게 되고, 특허제도의 전체적인 작용에 영향을 미치게 된다. 따라서 청구항의 문언적 보호범위를 일정 정도 확대하여 특허권 침해판단이 청구항의 문언적 내용에 너무 과도하게 구애받지 않도록 하는 규칙을 마련할 필요가 있다.

세계 각국은 이에 대해서 일찍부터 인식을 같이하고 여러 방안을 모색하여 잇따라 많은 이론이 등장하였는데, 예를 들면 영국의 "발명의 핵심" 원칙, 독일의 "총체적 발명사상" 이론 등으로, 그 작용은 모두 청구항의 문언적 보호범위를 확대하는 것이다. 그중 가장 깊이 있게 연구되었고 광범위한 영향을 준 것은 미국이 수립하고 차츰 발전시킨 균등론이다.

청구항의 문언적 내용에 구애받지 않는다는 점에서, 균등론은 본조 제1항의 "설명서 및 첨부도면은 청구항의 내용을 해석하는 데 이용할 수 있다."와 유사한 점이 있지만, 양자는 서로 상이한 법적 개념이므로 이들을 함께 논의할 수는 없다. 본조 제1항은 사람들로 하여금 청구항의 보호범위를 정확하게 이해할 수 있게 하는 작용을 하는데, 해석한 결과로 청구항의 보호범위가 그 문언적 범위보다 훨씬 넓어질 수도 있고 훨씬 좁아질 수도 있으며, 어떤 의미에서는 청구항의 본래 의미를 돌려주는 것이다.

균등론은 청구항의 보호범위에 대한 정확한 해석의 기초 위에서 이에 나아가 청구항의 보호범위를 확대하는 작용을 하며, 균등론을 적용할 때에는 설명서 및 첨부도면의 내용을 참고할 수 있을 뿐만 아니라 단지 설명서 및 첨부도면의 내용에 제한될 필요 없이 해당 분야 기술자의 발명창조에 대한 이해, 해당 분야의 기술상식, 시장에서의 관련 기술 실시현황 등도 참고할 수 있다. 따라서 "설명서 및 첨부도면을 이용하여 청구항을 해석"하는 것은 균등론을 적용한다는 의미가 아니다.

세상에 완전히 동일한 물건은 아무래도 매우 적지만, 유사한 물건은 매우 많다. 예를 들어, 세상에 얼굴이 완전히 같은 사람은 있을 수 없지만, 비슷한 사람은 적지 않다. 특허심사 과정에서 진보성으로 거절되는 출원의 비율이 신규성으로 거절되는 비율보다 훨씬 높은 것과 마찬가지로, 특허 침해판단에서도 균등침해로 인정되는 경우가 문언침해에 해당하는 경우보다 현저하게 많으며, 이것은 균등론이 특허권 침해분쟁사건의 심리 또는 처리에서 매우 중요한 지위를 차지하고 있음을 나타낸다.

특허권 침해판단에는 두 가지 정책적 요소를 반드시 고려하여야 한다. 하나는 특허권자에게 효과적인 법적 보호를 제공하는 것으로, 만약 이를 달성할 수 없다면 특허제도는 그 수립한 의의를 잃게 된다. 다른 하나는 특허권자의 보호범위에 대하여 충분한 법적 확정성과 예견 가능성을 보장하는 것으로, 만약 이를 달성할 수 없다면 공중의 합법적 권익에 손해를 입히고 정상적 경쟁질서에 영향을 주어서 오히려 과학기술의 발전에 장애를 초래하는 결과가 될 수 있다. 양자는 서로 모순되는 관계로, 적당하게 균형을 이루도록 하는 것이 가장 중요하다. 미국이 균등론을 수립한 최근 두 세기 이래로 균등론에 대한 연구는 그친 적이 없어 균등론은 미국 특허업계의 영원한 화제가 되었으며, 잇따라 수많은 이론이 등장하고 셀 수 없이 많은 사례와 저작이 나와서 눈이 어지러울 지경이다.

균등론은 말하자면 매우 간단한데, 침해로 피소된 행위가 청구항에 기재된 기술방안과 "기본적으로 유사하고", "차이가 크지 않으며", "실질적으로 동일한" 때에는, 여전히 특허권 침해행위에 해당한다고 인정되어야 함을 가리킨다. 그러나 본질적으로 모호한 점이 있는 이러한 설명으로부터 어떻게 보다 집행 가능한 판단규칙을 마련할 것인가 하는 어려운 점이 있다. "균등"은 특허심사에서의 "진보성", "비자명성" 개념과 유사한 성질이 있으며, 각국은 반복적으로 연구하였지만 진보성 판단에 기계적인 판단방식을 제공하지 못하고 있다. 실무에서 보면, "진보성", "균등"과 같은 주관적 판단요소가 포함될 수밖에 없는 특허분야의 개념에 대해서는 여러 보충적인 규칙이 필요할 수 있겠지만, 최종적으로는 구체적인 사건에 따라 구체적으로 분석할 수밖에 없다.

2. 중국에서의 균등론의 응용과 발전

(1) 균등론의 도입

특허제도를 수립한 초기에 중국은 세계 각국의 특허제도를 폭넓게 연구하는 것에 주의를 기울여 중국의 상황에 적합한 각종 경험을 흡수하였는데, 그 범위와 속도에서 개혁개방정책 실현의 모범이라고 할 만하다. 그중 하나가 바로 미국의 균등론을 받아들인 것인데, 특허권자에게 보다 충분하고 합리적인 법적 보호를 제공하는 것이 목적이었다. 일찍이 20세기 80년대 후반에, 중국의 법원과 특허업무관리부문은 특허권 침해분쟁사건을 심리 또는 처리할 때에 균등론을 적용하기 시작하였다.

실무를 통해 일정한 경험을 축적한 상황에서, 2001년 반포된 「최고인민법원의 특허분쟁사건 심리 적용 법률문제에 관한 규정」 제7조는 아래와 같이 규정하였다.

① 특허법 제56조 제1항의 "발명 또는 실용신안특허권의 보호범위는 청구항의 내용을 기준으로 하며, 설명서 및 첨부도면은 청구항을 해석하는 데 이용할 수 있다."는 것은 특허권의 보호범위가 청구항에 명확하게 기재된 필수 기술적 특징으로 확정되는 범위를 기준으로 하되, 이 기술적 특징과 서로 균등한 특징으로 확정되는 범위도 포함함을 가리킨다.
② 균등한 특징은 기재된 기술적 특징과 기본적으로 동일한 수단을 써서, 기본적으로 동일한 기능을 실현하며, 기본적으로 동일한 효과를 발휘할 뿐만 아니라, 당해 분야의 통상의 기술자가 창조적 노동을 들이지 않고도 생각해 낼 수 있는 특징을 가리킨다.

위의 규정은 첫째, 중국은 사법해석을 통해서 균등론의 개념을 이미 정식으로 도입했으며, 둘째, 소위 "균등"은 각 대응하는 기술적 특징 사이의 균등을 가리키는 것이지 특허기술방안과 침해로 피소된 행위 사이의 "전체적인 균등"을 가리키는 것이 아니라는 점을 나타낸다.

주의가 필요한 점은, 최고인민법원의 위 규정은 미국의 방식 및 유럽의 기본적인 건의와 모두 차이가 있다는 점이다. 전자와는 "당해 분야의 통상의 기술자가 창조적 노동을 들이지 않고도 생각해 낼 수 있는"이라는 제한적 요건을 부가한 것에서 차이가 있는데, 이렇게 함으로써 "기본적으로 동일"이라는 것의 주체적 판단기준을 명확히 하였으므로 보다 합리적이고 전면적이라고 말해야 할 것이다. 후자와는 균등의 판단에 있어서 "기본적으로 동일한 결과"만 발생하면 족한 것이 아니라는 점에서 차이가 있는데, "방식", "기능", "효과" 이 세 요소 중에서 "방식"이 균등 판단의 가장 중요한 요소이다. 많은 사람이 알다시피, 기본적으로 동일한 결과를 얻는 데에는 종종 여러 가지 다른 방식이 있을 수 있으며, 만약 실질적으로 청구항에 기재된 기술방안을 이용하지 않았다면 침해로 피소된 자가 타인의 특허기술을 이용하지 않았음을 나타내는 데, 결과가 기본적으로 동일하다고 해서 균등침해에 해당한다고 인정하여야 하는 이유가 무엇인가? "모든 길은 로마로 통한다."고 하는데, 균등침해 판단에는 "로마"로 통한 것에만 관심을 쏟는 것이 아니고 어떻게 "로마"에 도달했는지를 물을 수밖에 없다.

2008년 「특허법」 개정 시에, 국가지식산권국이 최초로 공개한 개정안 의견조회본에서는 균등론에 관한 규정을 아래와 같이 신설할 것을 건의하였다.

> 발명 또는 실용신안특허권을 침해한다는 것은, 침해로 피소된 자가 실시하는 기술이 발명 또는 실용신안의 청구항에 기재된 기술방안의 기술적 특징 전부와 동일하거나 또는 균등한 기술적 특징이 있음을 가리킨다.
> 균등한 특징은, 침해로 피소된 자가 실시하는 기술의 일부 기술적 특징이 발명 또는 실용신안특허권의 청구항에 기재된 상응하는 기술적 특징과 비교하여 비록 다르다고 하더라도, 해당 분야의 기술자가 침해행위 발생시에 특허설명서·첨부도면 및 청구항을 읽어 봄으로써 창조적 노동을 들이지 않고도 대응하는 기술적 특징과 기본적으로 동일한 수단을 이용하고, 기본적으로 동일한 기능을 실현하며, 기본적으로 동일한 효과를 발휘하는 것임을 인식할 수 있는 것을 가리킨다.

이 의견조회본에 대한 논의 과정에서, 균등론을 「특허법」에 적어 넣을 필요가 있는지에 대해서 적지 않은 사람들이 의문을 제기하였다. 이러한 견해를 밝힌 사람들도 균등론에 반대한 것은 아니고, 미국은 균등론을 적용한 지가 이미 백 년 이상 되었음에도 미국특허법에는 균등론을 시종 반영하지 않았고, 「유럽특허협약」도 개정 시에 균등론과 관련된 간략한 규정을 신설하긴 하였지만 이 협약 제69조의 의정서에 넣었을 뿐이지 협약 자체 조문에 넣은 것은 아니므로, 이와 유사하게 중국도 최고인민법원의 사법해석이면 충분하지 「특허법」에 적어 넣을 필요는 없다고 보았다. 중국 국가지식산권국은 이 의견을 받아들여 국무원에 보고한 「〈특허법〉 개정안(심의본)」에서는 균등론 관련 개정의견을 삭제하였다.

(2) 균등론 적용에 있어서 청구항에 기재된 기술적 특징의 생략 가능성

비록 중국 특허제도의 역사가 아직 매우 짧기는 하지만, 균등론을 어떻게 적용하여야 하는가 하는 문제에 있어서도 탐구과정을 거쳤다.

균등론을 적용하여 침해여부를 판단할 때에 자주 직면하게 되는 문제가 있는데, 침해로 피소된 행위의 객체가 청구항에 기재된 기술적 특징 중 일부를 결여하고 있을 때에도 균등침해가 성립한다는 결론을 얻을 수 있는가 하는 것이다.

이 문제에 대해서는, 국내외에서 일찍이 이를 긍정하는 이론이 잇따라 출현하였다.

"불완전이용침해" 또는 "생략침해"(Unterkombination)는 일찍이 독일에서 주장되었던 이론으로서, 청구항의 기술방안에는 그중 일부의 기술적 특징으로 정의되는 그 자체로 특허보호를 받을 수 있는 다른 기술방안이 포함될 수 있음을 의미한다. 이러한 기술방안은 보다 적은 기술적 특징으로 한정되기 때문에, 보호범위가 훨씬 넓게 된다. 예를 들어, 어떤 청구항이 자전거에 관한 것이고, 그중에는 새로운 또는 공지된 자전거의 기타 부품 이외에도, 신형의 동력전달장치가 포함되었을 수 있다. 타인이 허가 없이 이러한 동력전달장치를 제조·판매하는 경우에는, 설령 자전거에 이용한 것이 아니라고 하더라도, 법원은 "불완전이용침해" 또는 "생략침해" 이론에 의하여 그 행위가 침해행위에 해당한다고 인정할 수 있다고 한다.

중국에 있어서는 "불완전이용침해" 및 "생략침해"이론은 받아들일 수 없는데, 이 이론들은 본조 제1항의 발명 또는 실용신안특허권의 보호범위는 청구항의 내용을 기준으로 한다는 기본원칙에 직접적으로 위배되기 때문이다. "불완전이용침해" 또는 "생략침해" 이론은 실제로는 법원이 특허권을 받을 때의 청구항을 벗어나 자기의 발명에 대한 이해에 근거해서, 청구항에 기재된 기술적 특징을 이용하여 특허권의 보호범위를 다시 정의하는 것을 허용한 것이다. 보호범위를 이렇게 확정하면 반드시 청구항의 공시 작용을 크게 약화시켜서, 공중은 법원이 장차 어떻게 다시 확정할지를 예측하기 어려우며, 특허권의 보호범위 확정을 너무 유동적이고 불안정하게 하여 정상적인 경제사회 질서에 영향을 주게 된다. 이것은 분명히 「특허법」의 입법취지에 어긋난다. 「유럽특허협약」의 이 협약 제69조에 관한 의정서는 이러한 방식을 명확하게 금지하였으며, 과거에 이러한 방식을 사용하였던 독일도 일찍이 이러한 이론을 폐기하였으므로, 중국이 그 전철을 밟을 이유가 없다.

중국에서는 "비필요적 기술적 특징" 및 "다여지정(多余指定)" 이론이 있었다.

"비필요적 기술적 특징" 이론의 근거는 「특허법실시세칙」 제20조 제2항 규정, 즉 "독립청구항은 발명 또는 실용신안의 기술방안을 전체적으로 반영하여야 하고, 기술적 과제를 해결하는 데 필요한 기술적 특징을 기재하여야 한다."이다. 이 이론에 의하면, 특허권의 보호범위를 확정할 때에는 독립청구항에 기재된 모든 기술적 특징에 대하여 기술적 과제를 해결하는 데 필요한 기술적 특징인지 여부를 하나씩 감별할 수 있다는 의미가 위의 규정에 내포되어 있다고 한다. 만약 어떤 기술적 특징이 필요적 특징이 아닌 것으로 인정된다면, 즉 그 기술적 특징이 있어도 그만 없어도 그만이라면, 보호범위를 확정할 때에는 그것을 고려하지 않을 수 있다는 것이다.

"다여지정" 이론은 중국이 특허제도를 수립한 초기에 과거 독일의 관련 개념으로부터 받아들인 것으로서, 만약 해당 분야의 기술자가 청구항에 기재된 기술방안을 이해할 때에 그 청구항에 기재된 일부 기술적 특징이 발명이 해결하고자 하는 기술적 과제 해결에 있어서 남아도는 것이라면, "다여지정" 이론에 의해서 그 기술적 특징을 고려하지 않을 수 있으며, 설령 침해로 피소된 행위가 그 기술적 특징을 이용하지 않았다고 하더라도 침해에 해당한다는 결론을 얻을 수 있다는 것이다.

"비필요적 기술적 특징" 이론과 "다여지정" 이론의 의미는 기본적으로 동일한데, 완전히 꼭 들어맞는 청구항을 기재하는 것은 매우 어려운 일이어서 때로는 원래 기재하지 말았어야 하는 비필요적 기술적 특징을 출원인이 독립청구항에 기재함으로써 그 보호범위가 불필요하게 제한되었을 수 있으며, 만약 이러한 관대한 정책을 취하지 않으면 특허권자에게 불리하고 손해를 입힐 수 있다고 인식하는 것이 공통적인 출발점이다.

그러나 필자가 미국의 특허권 침해분쟁 판례를 살펴본 바로는, 법원이 특허권자의 부주의나 부적절한 기재를 양해하여 독립청구항 중의 기술적 특징 일부를 고려하지 않고 이에 나아가 침해가 성립한다고 인정한 판례가 없다. 과거 독일의 방식은 보다 융통성이 있지만, 주로 "총괄적인 발명의 사상"을 보호하는 측면에서 시작된 것이지 특허권자의 부적절한 기재를 양해하는 측면에서 출발한 것이 아니다. 유럽이 특허권 침해판단 기준을 통일시킨 후에 내린 일련의 판결에서, 독일 대법원은 독일이 이미 "총괄적인 발명의 사상"을 보호하는 방식을 포기하였음을 명확히 표명하였다. 사람들은 특허권을 특허권자와 국가 사이에 체결된 일종의 "계약"으로 이해하는 것이 보통이다. 각국의 특허심사제도는 특허권 수여 과정에서 출원인의 "사적 자치"를 충분히 보장한다. 먼저 특허출원서류는 출원인 자신이 기재하는 것이지, 타인이 강제하는 것이 아니다. 다음으로 특허청의 의견에 대하여 특허출원인은 이치에 맞게 반박하고 받아들이지 않을 수 있다. 그리고 특허출원에 대한 특허청의 거절결정에 대하여 출원인은 행정적 및 사법적 구제의 기회를 갖는다. 일단 그 특허출원인이 동의 또는 묵인하면, 현행의 출원서류를 기초로 특허권을 수여하며, 특허권자는 당연히 그 "계약"의 제약을 받고 "계약을 위반"할 수 없다. 법률은 엄격한 것으로, 만약 특허권자 자신에게 과실이 있다면 상응하는 책임을 지도록 하여야 하며, 이렇게 하지 않으면 특허권자에게는 합리적인 것처럼 보이더라도 공중과 사회의 이익에 손해를 입히게 된다. 특허제도의 정상적 운영을 보장하기 위하여, 특허권자를 보호한다고 하더라도 공중 이익의 희생을 대가로 할 수는 없다.

「특허법실시세칙」 제20조 제2항이 독립청구항에는 "필요한 기술적 특징"을 기재
하여야 한다고 명확히 규정하였으므로, 무릇 특허권자가 독립청구항에 기재한 기술
적 특징이라면 모두 필요적 기술적 특징으로 추론되어야 한다. 공중은 청구항의 내
용에 근거해서 무엇이 법률이 허용한 실시행위이고 무엇이 법률이 허용하지 않는 실
시행위인지를 판단할 수밖에 없으므로, 위와 같이 추론할 권리가 있다. 법에 의해 본
래 필요한 것으로 간주되던 기술적 특징을 "비필요적 기술적 특징"으로 또는 "다여지
정"된 것으로 해석하여 이를 생략하면 특허권의 보호범위를 확대하게 되는데, 이것은
"신뢰보호" 원칙을 위배하는 것이고, 또한 본조 제1항이 규정하는 "발명 및 실용신안
특허권의 보호범위는 청구범위의 내용을 기준으로 한다."라는 기본원칙에 어긋난다.
사실 미국·유럽·일본 특허법에는 모두 비록 그 독립청구항에 "필요한 기술적 특
징"을 기재하여야 한다고 규정되어 있지는 않지만, 청구항을 해석할 때에는 모두 동
일하게 추론하고 있다.

「특허법실시세칙」 제20조 제2항은 독립청구항에 기재한 기술적 특징을 "필요한
기술적 특징"이라고 표현하고, 제20조 제3항은 종속청구항에 보충하여 기재한 기술
적 특징을 "부가적 특징"이라고 한다. 모든 청구항은 독립청구항인지 아니면 종속청
구항인지를 불문하고, 모두 독립적인 보호범위를 정의하며, 소위 "종속"은 심사와 공
중의 이해를 편리하게 하기 위해 사용하는 일종의 축약적 기재방식에 불과하다.
2009년 반포된 「최고인민법원의 특허권 침해분쟁사건 심리 응용법률 문제에 관한
해석」 제1조는 특허권자가 특허권 침해소송을 제기할 때에 독립청구항을 그 보호범
위 확정의 근거로 선택할 수도 있고 또한 종속청구항을 근거로 선택할 수도 있다고
명확히 규정하였다. 이것은 특허권의 보호측면에서 보면 독립청구항과 종속청구항
이 실제로는 동등한 지위에 있음을 나타낸다. 특허권자가 독립청구항을 선택하든 아
니면 종속청구항을 선택하든, 법원 및 특허업무관리부문은 모두 특허권자의 선택을
존중하여야 하며, 동시에 그 선택한 청구항에 기재된 모든 기술적 특징이 그 보호범
위를 한정하는 작용을 하는 특징으로 간주하여야 한다. 만약 독립청구항에 기재된
기술적 특징에 대해서 감별하는 것을 허용하여 필요한 기술적 특징인지 아니면 불필
요한 기술적 특징인지를 구분한다면, 특허권자가 종속청구항을 소제기의 근거로 선
택한 때에도 종속청구항에 보충적으로 기재한 기술적 특징은 모두 "부가적 특징"이
고 "필요한 기술적 특징"이 아니기 때문에 이러한 보충적으로 기재한 특징을 모두 고
려하지 않아도 되지 않겠는가? 이로부터 「특허법실시세칙」 제20조 제2항과 제3항의
"필요한 특징"과 "부가적 특징" 개념은 검토해 볼 점이 있음을 알 수 있다.

중국이 「특허법」을 시행한 지는 이제 겨우 20여 년 정도이어서, 공중은 아직도 특허제도에 익숙하지 않고 일부 특허대리인의 수준은 아직도 제고될 필요가 있으며, 그리고 중국에서는 출원인 자신이 특허출원서류를 작성하는 비율도 상당한데, 이 때문에 청구항 기재불비 발생 가능성이 선진국에 비해서 훨씬 높다. 이러한 구체적인 상황을 고려하여, 일부 특수한 경우에는 법원 또는 특허업무관리부문이 일종의 변통방식을 써서 청구항 중의 개별적 특징을 고려하지 않을 수도 있다. 그러나 이러한 방식을 "원칙" 또는 "이론"으로 일반화하여 보편적인 규칙으로 삼을 수는 없다. 독립청구항 중의 기술적 특징이 "비필요적 특징" 또는 "다여지정"임을 이유로 고려하지 않게된다면, 그 결과 공중의 이익에 손해를 입히게 되고, 중국 특허출원인과 특허대리인의 특허출원서류 기재능력 제고에도 유리하지 않게 될 뿐만 아니라, 중국 특허제도의전체적인 수준 향상에도 이롭지 않다. 현재 중국 경제는 세계를 향해 나아가고 있으므로, 중국의 발명창조는 반드시 다른 나라에서도 특허로 보호받고 싶어 한다. 이러한 상황에서 중국 특허출원인과 특허대리인의 역량을 제고시킴으로써 선진국의 상응하는 인력에 상당하는 수준을 갖추도록 하는 것은 매우 중요하다. 만약 특허출원인과 특허대리인이 중국에서 "비필요적 특징" 또는 "다여지정" 이론의 관대함에 습관이 되어, 설령 기재가 부적절하다고 하더라도 퇴로가 있으므로 특허문서 작성능력을중요시하지 않는다면, 나중에 외국으로 출원할 때 크게 손해를 보게 된다.

필자는 특허권 침해판단에서 법원 또는 특허행정부문이 주동적으로 독립청구항중의 일부 기술적 특징을 "비필요적 특징" 또는 "다여지정"으로 인정하는 것은 적절하지 않다고 주장한다. 필요한 경우에는 특허권자가 청구하여야 하고, 독립청구항에기재된 일부 기술적 특징을 비필요적 특징이라고 보는 이유가 무엇인지 그리고 당초에는 무엇 때문에 그것을 독립청구항에 기재하였는지를 밝히도록 하여야 하며, 동시에 침해로 피소된 자에게 이에 대해서 의견을 제출할 수 있는 기회를 반드시 주어야한다. 설명서 내용 중에 독립청구항에 기재된 어떤 기술적 특징이 비필요적 특징이라는 것이 이미 명확하게 나타나 있다는 등과 같은, 사람들이 충분히 납득할 수 있는이유를 특허권자가 제출하고, 침해로 피소된 자의 반대의견(이러한 의견은 단지 반드시청구항을 기준으로 하여야 한다는 등의 원칙적 의견이 아니라, 기술적 측면에서의 구체적 분석이어야 한다.)이 설득력이 없는 경우에만, 청구항 중의 일부 기술적 특징을 제외하는 것에 동의할 수 있다. 이 밖에 제외되는 기술적 특징은 일부이어야 하고, 수량이 너무 많아서도 안 된다. 예를 들어 청구항에 10가지 기술적 특징이 있는데 특허권자가그중 하나가 원래 기재하지 말았어야 하는 것이었다고 한다면, 아마도 납득할 수 있을것이다. 만약 전체가 5가지 기술적 특징으로 구성되어 있는데 특허권자가 그중 두 가지가 원래 기재하지 말았어야 하는 것이었다고 한다면, 사람들이 납득하기 어렵다.

최고인민법원은 2005년 8월 22일 랴오닝성 고급인민법원의 이심판결에 불복하여 제기한 특허권 침해분쟁 재심사건에 대한 판결에서, 아래와 같이 지적하였다.

먼저 청구범위의 기재요건으로 볼 때, 「특허법실시세칙」 제20조 및 제21조는 청구항은 명확하고 간결하게 보호받고자 하는 범위를 표현하여야 한다고 명확하게 규정하고 있다. 청구범위는 독립청구항이 있어야 한다. 독립청구항은 발명 또는 실용신안의 기술방안을 전체적으로 반영하여야 하고, 기술적 과제를 해결하는 데 필요한 기술적 특징을 기재하여야 한다. 무릇 특허권자가 독립청구항에 기재한 기술적 특징이라면 모두 필요한 기술적 특징으로 보아야 하며, 제외되지 않고 모두 기술적 특징이 비교되어야 한다. 본 법원은 소위 "다여지정" 원칙을 적용하는 것에 경솔하게 동의하지 않는다. 다음으로 청구범위의 기능을 보면, 「특허법」 제56조 제1항 규정에 의하여, 발명 또는 실용신안특허권의 보호범위는 그 청구항의 내용을 기준으로 한다. 청구범위의 기능은 특허권의 보호범위를 확정하는 것으로서, 즉 공중에게 발명 또는 실용신안의 기술방안을 구성하는 기술적 특징 전부를 드러내어, 공중으로 하여금 어떠한 기술을 실시하면 특허권 침해에 해당하는지를 명확하게 알게 함으로써, 한편으로는 특허권자를 효과적이고 합리적으로 보호하고 다른 한편으로는 공중의 기술실시의 자유를 보장하는 것이다. 청구범위에 기재된 기술적 특징 전부가 전면적이고 충분하게 존중되어야만, 비로소 청구항 내용의 예측할 수 없었던 변동으로 사회공중이 어찌할 바 모르는 일이 발생하지 않을 수 있으며, 이렇게 함으로써 법적 안정성을 확보할 수 있고 특허제도의 정상적 운영과 가치 실현을 근본적으로 보장할 수 있다.

이 판결은 최고인민법원의 "비필요적 특징" 또는 "다여지정"이론에 대한 신중한 입장을 보여 준다.

2009년 반포된 「최고인민법원의 특허권 침해분쟁사건 심리 응용법률 문제에 관한 해석」 제7조 제2항은 아래와 같이 규정하고 있다.

침해로 피소된 기술방안이 청구항에 기재된 기술적 특징 전부와 동일하거나 또는 균등한 기술적 특징을 포함하고 있는 경우, 인민법원은 침해로 피소된 기술방안이 특허권의 보호범위에 속하는 것으로 인정하여야 한다. 침해로 피소된 기술방안의 기술적 특징이 청구항에 기재된 기술적 특징 전부와 비교하여, 청구항에 기재된 기술적 특징 중 하나 이상을 결여하거나, 또는 동일하지도 균등하지도 아니한 기술적 특징이 하나 이상 있는 경우, 인민법원은 침해로 피소된 기술방안이 특허권의 보호범위에 속하지

　　아니하는 것으로 인정하여야 한다.

　　이 규정은 사법해석이라는 보다 높은 법적 위계에서 균등론을 적용할 때에 청구항에 기재된 기술적 특징을 배제하는 것이 허용될 수 없음을 표명한 것이다.

　　"전체적 균등" 이론은 미국 연방순회항소법원이 20세기 80년대 초에 수립한 이론이다. 이 이론에 의하면 "균등"은 두 가지 경우로 나누어질 수 있는데, 하나는 대응하는 기술적 특징 사이의 균등으로서, 침해로 피소된 행위의 하나 또는 몇 가지 특징이 청구항에 기재된 대응하는 기술적 특징과 약간 차이가 있다고 하더라도, 만약 양자가 "기본적으로 동일한 방식으로, 기본적으로 동일한 기능을 실현하며, 기본적으로 동일한 효과를 발휘"한다면, 균등침해에 해당한다는 결론을 얻을 수 있다는 것이다. 다른 하나는 전체적 균등으로서, 침해로 피소된 행위에 청구항에 기재된 하나 또는 몇 가지 특징이 결여되어 있고 대체물 또는 대체단계를 사용하지 않았다고 하더라도, 만약 침해로 피소된 행위의 객체를 특허기술과 각각 전체적으로 보아 비교분석했을 때에 양자가 "기본적으로 동일한 방식으로, 기본적으로 동일한 기능을 실현하며, 기본적으로 동일한 효과를 발휘하는"것으로 인정된다면, 마찬가지로 균등침해에 해당한다는 결론을 얻을 수 있다는 것이다. 분명히, 전체적 균등이론은 균등론의 적용범위를 확대하는 것으로서, 특허권자에게 매우 유리하다.

　　앞에서 설명한 "불완전이용침해", "생략침해", "다여지정", "비필요적 특징"에 비하여, 전체적 균등이론은 훨씬 정교하다. 이것은 특허권이 수여될 때의 청구항을 도외시하고 법관으로 하여금 새로운 청구항을 확정하도록 함으로써 "청구항의 내용을 기준으로 한다."는 기본원칙에 상충되는 것도 아니고, 또한 특허권자가 법원에게 양해해 줄 것을 요청하도록 하여 특허권자의 지위를 불안정하게 만드는 것도 아니며, 청구항에 기재된 일부 기술적 특징을 이용하지는 않았지만 전체적으로 보아 침해로 피소된 행위의 객체가 청구항에 표현된 기술방안과 실질적인 차이가 없는 경우에 침해행위에 해당하는 것으로 인정되어야 함을 지적한 것이다. 따라서 전체적 균등이론은 청구항 중의 일부 특징을 배제하는 것에 관한 가장 유력한 이론이다.

　　그러나 만약 "전체적 균등"이론의 적용을 허용하면 실제로는 "비필요적 특징" 또는 "다여지정" 이론을 적용하는 것과 본질적으로는 차이가 없게 되는데, 어떤 기술적 특징이 비필요적 특징이라고 다투어 그 특징을 기재한 것은 자기의 착오이므로 법원이 관용을 베풀어 줄 것을 바라기보다는, 설령 그 특징이 없다고 하더라도 침해로 피소된 행위의 객체가 특허발명과 전체적으로 균등하다고 다투는 편이 차라리 낫다는 것은 조금이라도 영리한 특허권자 또는 특허대리인이라면 금방 알 수 있기 때문이다.

앞의 이유에서 뒤의 이유로 다투는 이유를 바꾸는 것은 단지 표현만 달리하는 것에 불과한 것이어서 절대 다수 경우에 손바닥을 뒤집는 것처럼 간단하지만, 듣기에는 훨씬 그럴듯해 보인다. 만약 표현만 바꿨는데도 법관이 쉽게 받아들일 수 있는 것이라면, 사람들은 모두 후자를 이유로 하게 될 것이다.

2009년 반포된 「최고인민법원의 특허권 침해분쟁사건 심리 응용법률 문제에 관한 해석」 제7조 제2항은 "침해로 피소된 기술방안의 기술적 특징이 청구항에 기재된 기술적 특징 전부와 비교하여, 청구항에 기재된 기술적 특징 중 하나 이상을 결여하거나, 또는 동일하지도 균등하지도 아니한 기술적 특징이 하나 이상 있는 경우, 인민법원은 침해로 피소된 기술방안이 전리권의 보호범위에 속하지 아니하는 것으로 인정하여야 한다."고 규정하고 있다. 이 규정은 전체적 균등이론을 사용함으로써 청구항에 기재된 기술적 특징을 배제해서는 안 됨을 표명한 것이다.

종합하면, 특허제도의 강화와 개선이 특허권자를 보다 더 많이 배려하는 것을 의미한다고 인식해서는 안 된다. 특허 보호범위의 확정성을 높여서, 공중으로 하여금 보호범위의 경계를 확실히 알도록 하고 그들이 스스로 침해행위를 방지하기 쉽도록 하는 것이 바로 특허보호의 중요한 조치이다. 법을 준수하고 지식재산권을 존중하는 양호한 사회적 분위기를 조성하는 것, 이것이 지식재산제도의 보다 기본적인 임무이며, 현재 중국과 선진국 사이에 격차가 있는 부분이다. WIPO의 각국 특허법의 국제적 조화 과정에서, 선진국은 "특허제도의 사용자 편의"(user friendly)를 힘써 강조하여, 특허심사의 절차적 요건에서든 아니면 실체적 요건에서든 모두 가급적 특허출원인에게 유리하게 하여야 한다고 주장한다. 이 주장은 "전심전력하여 인민을 위해 봉사한다."를 제창하는 것과 비슷해 보이지만, 이로부터 가장 큰 이익을 얻는 것은 외국 출원에서 절대 다수의 비중을 차지하는 선진국의 기업이라는 사실은 감출 수가 없다. 각국 특허청이 최대한 관료주의적 업무방식을 극복하여 특허출원 절차에 있어서 특허출원인에게 가급적 많은 편의를 제공하여야 함은 당연하지만, 특허권 수여 및 특허권 보호의 실체적 요건에 있어서는, 특허출원인과 특허권자만을 특허제도의 "사용자"로 보는 것은 편협하고 해로운 생각이다. 광범위한 공중도 특허제도의 "사용자"이므로, 이들의 이익을 도외시해서는 안 된다.

(3) "구성요소완비의 원칙" 적용의 주의사항

소위 "구성요소완비의 원칙"은 청구항에 기재된 모든 기술적 특징을 갖추고 있어야 함을 가리킨다. 균등론은 모든 기술적 특징에 대해서 각각 적용되어야 하며, 이들을 한데 섞어서 판단하는 것이 아니다. 미국 연방대법원에 의해 부정된 "전체적 균등" 이론이 실제로는 청구항에 기재된 여러 기술적 특징을 한데 섞어서 판단하는 것이다.

"구성요소완비의 원칙"을 적용하다 보면 청구항 중의 기술적 특징을 어떻게 구분할 것인가 하는 문제에 직면하게 된다.

과학기술 분야마다 큰 차이가 있으므로, 청구항에 기술적 특징을 표현하는 방식도 매우 다양하다. A, B, C, D 방식을 써서 기술적 특징을 명확하게 구분하지 않은 청구항도 매우 많으므로, 판단자가 구분하여야 한다. 기술적 특징의 구분 방식이 달라지면, 기술적 특징의 개수 및 각 기술적 특징의 의미도 달라지고, 균등론 적용의 결과도 달라질 수 있다.

미국 특허분야의 권위 있는 서적인 Chisum on Patents는 이 문제를 언급하면서, 한 예를 들고 있다.[1] 가령 어떤 사람이 6개의 측면(側面)을 갖는 코담배통에 대해서 특허를 출원한다고 할 때, 그는 다양한 방식으로 청구항을 기재할 수 있다. "제1측면, 제2측면, 제3측면, 제4측면, 제5측면, 제6측면을 포함하는 코담배통"으로 기재하는 방식이 있을 수 있다. 다른 방식으로는 "육면체인 코담배통"으로 기재할 수도 있다. 만약 어떤 사람이 5개 측면을 갖는 코담배통을 제조하였다면, 특허권자가 균등침해를 주장할 때에, 위의 청구항 기재방식이 다름에 따라서 판단 결과가 달라질 수 있다. 전자는 6가지 기술적 특징을 포함한다고 간주되므로, 만약 침해성립이 인정된다면 실제로는 그중 특징 하나를 제외한 것인데, 이것은 미국 연방대법원이 판결로써 명확히 금지한 것이다. 후자는 오직 하나의 기술적 특징만 있으며, 균등론을 적용할 때에 5개 측면을 갖는 코담배통이 6개 측면을 갖는 코담배통과 "기본적으로 동일한 방식으로, 기본적으로 동일한 기능을 실현하며, 기본적으로 동일한 효과를 발휘"하는지 판단할 수 있고, 만약 긍정적인 결론이 얻어진다면 균등침해가 성립한다고 인정될 수 있다.

이처럼 동일한 발명창조에 대해서도, 청구항의 표현방식이 달라지면 판단결과도 완전히 달라질 수 있다.

위의 예는 가상의 것이지만 현실에서도 이러한 문제는 확실히 존재할 수 있으며, 실제로 있을 수 있는 예를 필자가 들어 보겠다. 어떤 사람이 전자제품에 대해서 특허권을 받았는데, 그 청구항에는 아래와 같이 점층적으로 한정하는 내용이 포함되어 있다고 하자.

① 진동회로, 변조회로, 제어회로 세 부분으로 구성되어 있는 제품

② 각각의 회로에 포함된 부속품 및 결합관계를 한정

---

1) Donald S. Chisum, Chisum on Patents [M], Vol. 5A, Chapter 18, 18.04[l][b][i].

③ 그중 일부 부품의 성능과 계수를 한정

이 청구항에 기초하여 균등침해를 판단할 때에는, 여러 기술적 특징을 다르게 구분할 수 있다.

그 청구항에 단지 세 가지 기술적 특징만 있는 것으로, 즉 세 가지 회로를 기술적 특징으로 보는 방식이 있을 수 있으며, 각 회로를 구성하는 부품, 결합관계 및 부품의 성능과 계수는 그 기술적 특징에 내포되어 있는 것으로 보아 독립적인 기술적 특징으로 보지 않는 것이다.

세 가지 회로 중의 각각의 부속품 및 결합관계까지는 독립적인 기술적 특징으로 보고, 부속품의 성능과 계수는 그 기술적 특징에 내포되어 있는 것으로 보아 독립적인 기술적 특징으로 보지 않는 방식도 있을 수 있다.

또한 세 가지 회로, 모든 부속품 및 그 결합관계, 부속품의 성능 및 계수까지 모두 서로 다른 기술적 특징으로 보는 방식도 있을 수 있다.

분명히 구분해 낸 기술적 특징의 수량이 적을수록, 각 기술적 특징이 내포하는 것은 더욱 넓어지게 되어, 균등하다는 결론을 얻기가 보다 쉬워지는데, 이것은 일부 기술의 조합에 대해서 "전제척 균등" 판단을 하는 것에 상당하기 때문이다.

이처럼 동일한 청구항에 대한 것이라고 하더라도, 기술적 특징의 구분 방식이 달라지면 균등의 판단결과도 달라질 수 있다.

분명히 위 두 가지 예로 살펴본 결과는 우리가 바라는 바가 아니다. 만약 균등론의 적용이 이처럼 청구항 기재방식 및 해석방식에 따라서 달라질 수 있다면, 특허권의 보호라는 것은 말장난이 아니고 무엇이겠는가?

중국의 법원과 특허행정부문은 특허권 침해사건을 심리할 때에, 청구항의 기술방안과 침해로 피소된 제품 또는 방법 사이의 차이점 비교를 쉽게 하기 위하여, 보통은 대비표를 사용하여 청구항의 내용을 차례로 나열한 후 침해로 피소된 제품 또는 방법의 상응하는 부분과 각각 대비한다. 이러한 방식은 특허권 침해판단을 보다 조리 있게 하고, 청구항 중의 기술적 특징이 누락되는 것을 방지할 수 있으므로, 추천할 만한 방식 중 하나라고 하겠다. 사람마다 대비표에 나타낸 특징의 수량과 계층 구분이 같을 수가 없는데 이것은 매우 자연스러운 일이며, 모든 사람들의 생각이 완전히 같을 수가 없기 때문이다. 그러나 어떤 방식으로 기술적 특징을 구분하였는지를 불문하고, 균등론을 적용할 때에는 청구항에 기재된 기술적 특징의 일부가 제외되는 결과가 발생해서는 안 된다.

균등론은 침해로 피소된 제품 또는 방법이 청구항의 문언적 기재와 약간의 차이가 있는 경우에만 비로소 적용될 수 있다. 따라서 균등론을 적용할 때에는 이러한 차이

점에 대한 분석에 중점을 두어야 하고, 같은 점이 5개인지 아니면 10개인지는 중요하지 않다. 모든 차이점에 대하여 개별적으로 대비분석하여 만약 침해로 피소된 행위가 청구항의 어떤 기술적 특징을 동일한 방식으로 재현한 것은 아니지만, 침해로 피소된 행위 객체의 어떤 구성부분이 또는 어떤 구성부분과 다른 구성부분의 결합이, 청구항에 기재된 그 기술적 특징과 기본적으로 동일한 방식으로, 기본적으로 동일한 기능을 실현하고, 기본적으로 동일한 효과를 발휘하는 것으로 인정된다면, 균등침해에 해당한다는 결론을 얻을 수 있다.

위와 같은 판단방식을 사용하면, 청구항의 기술적 특징을 다르게 구분하였다고 하더라도 판단결과에 미치는 영향을 최소한으로 줄일 수 있으며 균등침해 판단의 법적 확정성을 높일 수 있다.

다른 문제는, "구성요소완비의 원칙"에 의하여 균등을 판단할 때에, 청구항에 기재된 기술적 특징이 침해로 피소된 제품 또는 방법의 상응하는 기술적 특징과 일대일 대응관계가 있어야 하는 것인가 하는 것이다.

실제 사건에서 다음과 같은 경우가 있을 수 있다.[1]

① 청구항에 기재된 것은 하나의 부품 또는 단계이지만, 침해로 피소된 제품 또는 방법은 둘 또는 그 이상의 부품 또는 단계를 써서 상응하는 기능을 실현하는 경우

② 청구항에 기재된 것은 둘 또는 둘 이상의 부품 또는 단계이지만, 침해로 피소된 제품 또는 방법은 하나의 부품 또는 단계를 써서 상응하는 기능을 실현하는 경우

③ 청구항에 기재된 것은 직접적인 연결 또는 결합관계이지만, 침해로 피소된 제품 또는 방법은 다른 부품 또는 단계를 부가하여 간접적인 연결 또는 결합관계를 사용하고 있는 경우

④ 청구항에 기재된 구조·위치에 대하여, 침해로 피소된 제품 또는 방법은 이를 반대로 또는 거꾸로 하여 실현하는 경우.

위와 같은 경우에, 만약 기술적 특징 사이의 일대일 대응관계를 너무 엄격하게 요구한다면, 균등침해에 해당하지 않는다는 결론을 얻게 된다.

필자는 각 기술적 특징 사이의 균등이 각 기술적 특징 사이에 반드시 일대일 대응관계를 요구하여, 청구항에 A, B, C, D 네 가지 기술적 특징이 있으면 침해 제품도 반드시 네 가지 특징이 있어서, 설령 A, B, C, D가 아니라면 반드시 A′, B′, C′, D′는 되어야 한다는 의미는 아니라고 본다. 이러한 요구는 너무 형식적이다. 만약 침해로 피소된 제품 또는 방법이 A″, B″, C″ 세 가지 기술적 특징을 포함하고 있고, A″와 A, B″

---

1) Donald S. Chisum, Chisum on Patents [M], Vol. 5A, Chapter 18, 18.04[l][b][III].

와 B, C″와 C 사이의 변화 및 그 상호 간의 결합관계가 A″+B″+C″로 구성되는 기술방안으로 하여금 실제로는 청구항에 기재된 기술적 특징 D가 발휘하는 작용도 갖게 하며, 이러한 변화가 해당 분야의 기술자에게 자명한 것이라면, 마찬가지로 균등침해에 해당하는 것으로 인정될 수 있다. 바꿔 말하면, 이러한 경우에 균등을 인정하는 것은 기술적 특징 D를 제외한 것이 아니다. 만약 A″+B″+C″의 조합이 기술적 특징 D의 효과를 발휘하지 못한다면, 균등침해가 성립한다고 인정될 수 없다.

가상의 예를 들어서 위 견해를 설명하겠다. 예를 들어, 독립청구항에 "나사로 두 개의 판자를 하나로 고정"하는 기술적 특징이 기재되어 있다고 하자. 만약 침해로 피소된 물품도 두 개의 판자를 구성요소로 하지만 나사를 쓴 것이 아니고 리벳을 써서 고정시키는 것이라면, 위의 특징과 균등한 특징을 갖고 있어서 균등침해로 인정될 수 있다. 만약 침해로 피소된 물품에 나사도 리벳도 쓰지 않았지만, 두 개의 판자와 다른 부속품 사이의 결합방식을 이용하여 이들의 상대적인 위치를 고정시켰다고 하더라도 균등침해에 해당한다고 인정될 수 있다. 후자의 경우에 균등침해라는 결론을 얻은 것이 "구성요소완비의 원칙"에 위배되는 것은 아닌데, 두 개의 판자와 기타 부속품 사이의 결합관계가 마찬가지로 "나사로 두 개의 판자를 하나로 고정"하는 이 기술적 특징의 작용을 일으켰으므로 균등으로 볼 수 있기 때문이다.

(4) 균등범위의 넓고 좁음의 문제

균등론을 적용할 때에는 균등범위의 문제가 있다. 발명창조의 기술분야에 따라서 또는 성질에 따라서, 균등의 범위가 달라질 수 있는가? 이 문제에 대한 대답은 균등론의 적용에 있어서 매우 중요하다.

균등의 범위 문제에 대해서는 두 가지 견해가 있는데, 하나는 "개척발명"에 대해서는 균등의 범위를 보다 넓게 인정하여야 한다는 것이고, 다른 하나는 "퇴보발명"에 대해서는 균등의 범위를 보다 좁게 인정하여야 한다는 것이다. 아래에서 각각에 대하여 논의하겠다.

과학기술과 사회의 진보에 대한 공헌으로 볼 때, 압력밥솥용 패킹에 대한 개량을 트랜지스터 발명과 함께 논할 수 없다는 것은 모든 사람들이 인정하는 바이다. 균등론 적용에 있어서, 의의가 매우 중대한 개척발명(pioneer invention)에 대하여 일반적인 개량발명과 다른 기준을 적용하여야 하는가는 사람들이 아주 자연스럽게 생각해 낼 수 있는 문제이다.

특허심사 과정에서 진보성을 판단할 때에도 "개척발명"이라는 말이 등장한다. 「특허심사지침서 2010」은 아래와 같이 지적하고 있다.

개척발명은 완전히 새로운 기술방안으로서, 기술의 역사에 있어서 일찍이 선례가 없었으며, 일정 시기의 인류 과학기술에 신기원을 개창한 것이다.

개척발명은 선행기술에 비하여 뚜렷한 실질적 특징과 현저한 진보가 있어 진보성을 갖는다. 예를 들어, 중국의 4대 발명―나침판, 제지술, 활자인쇄술 및 화약이 있다. 이 밖에 개척발명의 예로는 증기기관, 백열등, 라디오, 레이다, 레이저, 컴퓨터 한자입력 등이 있다.[1]

미국 특허분야에서의 권위 있는 저작은 아래와 같이 지적하였다.

모든 유효한 특허는 선행기술에 비해서 자명하지 않은 진보성을 갖추어야 하며, 특허법이 설계한 특허제도에서는 발명의 학술적 · 사회적 및 경제적 가치를 특허청 또는 법원이 판단하는 것이 아니고, 사회공중과 시장이 판단하여야 한다. 따라서 정량적 측면에서 보면 모든 청구항은 동일한 균등범위를 가져야 한다.[2]

"동일한 균등범위"의 의미에 관하여, 이 저작은 미국 연방청구법원(Federal Court of Claims)이 1967년에 내린 판결 중에 설시한 내용을 인용하였다.[3] 이 판결은 구체적인 비유를 들고 있는데, 만약 모든 특허에 적용되는 균등범위의 상대치가 모두 50%(즉, 청구항에 문언적으로 표현된 보호범위의 50%까지 확장된다는 것인데, 분명히 이것은 과장된 것이다.)라고 한다면, 보호범위의 절대치가 6인치인 개척발명에 있어서는 균등범위가 3인치가 되고, 보호범위의 절대치가 2인치인 개량발명에 있어서는 균등범위가 1인치가 된다. 이러한 방식을 사용하면, 한편으로는 균등범위의 상대치는 모든 특허에 있어서 같으므로 어떠한 차별도 없으며, 다른 한편으로는 균등범위의 절대치는 개척발명이 보다 넓게 된다.

미국 연방순회항소법원은 1999년 내린 판결에서 위의 분석에 대해서 아래와 같이 보다 심도 있게 설명하였다.

본 사건의 특허권자는 개척발명이 보다 넓은 균등범위를 가져야 한다고 설시한 본 법원의 판결을 인용하면서, 그 발명이 개척발명이므로 보다 넓은 보호범위가 인정되어야 한다고 주장한다. 먼저, 본 법원은 개척발명과 개량발명을 구분하는 데 사용할 수 있는 객관적인

---

1) 国家知识产权局, 专利审查指南2010[M], 北京: 知识产权出版社, 2010: 第二部分 第四章 4.1.

2) Donald S. Chisum, Chisum on Patents [M], Vol. 5A, Chapter 18, 18.04[2][c].

3) Autogiro Co. of America v. United States(1967).

법적 기준이 없음에 주의하였다. 다음으로, 본 법원 또는 미국특허상표청은 기술의 미래상황을 예측할 수 없으며, 따라서 어떤 발명이 새로운 영역을 개척할 수 있는가를 판단할 수 없다. 그러나 특허권 보호범위의 주변한정주의 자체가 개척발명과 개량발명을 가장 잘 구분할 수 있다. 개척발명의 특허권자는 보다 넓은 보호범위를 갖는 청구항을 기재함으로써 그 공헌에 대해서 충분히 보상받을 수 있다. 개척발명에 있어서는, 선행기술의 제한을 받지 않으므로 자유롭게 기재할 수 있으며, 따라서 그 특허권자는 보호범위가 매우 넓은 청구항을 기재할 수 있다. 개량발명에 있어서는, 선행기술의 제한을 받으므로 자유롭게 기재하는 데 한계가 있으며, 그 특허권자는 청구항을 보호범위가 보다 좁게 기재할 수밖에 없다. 이 밖에 개척발명의 특허권자는 일반적으로 금반언 원칙으로 균등론 적용이 제한되는 것을 근심할 필요도 없는데, 금반언 원칙은 대부분 심사관이 인용한 선행기술을 회피하기 위하여 특허출원인이 보정하거나 의견을 제출함으로써 적용되기 때문이다.[1]

필자는 위 견해에 찬성한다. 어떤 발명이 개척발명인지를 나타내는 증거는 특허권자 자신이 기재한 설명서와 청구범위 자체보다 더 좋은 것이 없다. 모든 출원인은 청구항을 기재할 때에 가급적 넓은 보호범위를 추구하기 마련이다. 그러나 특허권 보호범위의 넓고 좁음은 자기 뜻대로 되는 것이 아니며, 청구항 기재에는 선행기술의 제약을 가장 크게 받는다. 관련 선행기술이 눈앞에 있으면, 출원인은 너무 넓은 보호범위를 추구할 수 없으며, 그렇게 하지 않으면 눈앞의 이익만 좇는 꼴이어서 자신에게 후환을 남기게 된다. 개척발명의 최대 특징은 관련 선행기술을 찾을 수 없거나 또는 관련 선행기술이 매우 적다는 점이다. 이때에 특허출원인은 보호범위를 거침없이 매우 넓게 기재할 수 있다. 발명창조의 혁신정도가 높을수록 특허권자가 받게 되는 보호범위도 훨씬 넓게 되는데, 특허제도는 바로 이러한 메커니즘을 통해서 "자동적으로" 개척발명의 발명자에게 보다 융숭한 보상을 한다.

따라서 특허권 침해행위에 해당하는지를 판단할 때에, 행정 또는 사법당국은 발명이 개척발명인지 아니면 개량발명인지를 인위적으로 판단할 필요가 없다. 바꿔 말하면, 만약 진정한 개척발명이라면 법률이 허용하는 넓은 범위의 청구항 기재로부터 자연스럽게 이익을 얻게 되므로, 행정 또는 사법당국이 우대하여 배려할 필요가 없다. 마찬가지로 특허심사과정에서 진보성을 판단할 때에, 심사관이 그 발명이 개척발명인지 아니면 개량발명인지를 인위적으로 판단할 필요도 없는데, 심사관이 아무리 찾아도 관련 선행기술을 찾을 수 없다는 것이 개척발명에 해당함을 가장 잘 증명할 수

---

1) Augustine Medical, Inc. v. Gaymer Industries, Inc. (1999).

있기 때문이다. 이러한 경우에는 특허출원서류가 관련 기재요건에 부합하기만 하면, 틀림없이 특허권이 수여될 수 있다.

소위 "퇴보발명"은 침해로 피소된 자가 타인의 특허권을 침해한 책임을 회피하기 위하여, 기본적으로는 발명의 실질적 내용을 이용하면서도 특허권의 청구항에 기재된 필요적 기술적 특징을 고의로 생략함으로써, 그 실시하는 기술방안의 성능 및 효과가 특허기술방안에 미치지 못하도록 기술방안을 변질시킨 것이다. 만약 침해로 피소된 자의 행위가 이러한 성질을 갖는다면, 균등론을 넓게 적용하여 특허권 침해로 인정하여야 한다는 견해가 있다.

이에 대해서는 검토해 볼 필요가 있다.

먼저, 타인 특허권의 보호범위를 회피하고자 하는 의도 및 행위에는 비난받을 점이 없다. 비록 「특허법」이 새로운 기술의 응용확산을 장려하고 있기는 하지만, 「특허법」은 모든 단위·개인이 타인의 특허기술을 실시할 의무가 있다고 규정하지 않았을 뿐만 아니라, 심지어는 특허권자에 대해서도 자신의 특허기술을 실시하여야 하는 의무가 있다고 규정하지 않았다.[1] 이와 반대로, 「특허법」 제11조는 특허권 수여 후에 어떠한 단위 또는 개인이라도 특허권자의 허가 없이는 타인의 특허기술을 실시할 수 없다고 규정하고 있다. 이것은 「특허법」이 모든 단위 또는 개인에게 허가 없이 타인의 특허기술을 실시해서는 안 되는 의무가 있음을 규정하였다는 것을 나타낸다. 법률이 규정하는 작위의 의무(예를 들어, 병역의 의무, 납세의 의무 등)를 회피하는 것과 달리, 「특허법」 제11조가 규정하는 부작위의 의무를 이행하는 것, 즉 타인의 특허권을 침해하는 행위를 회피하는 것은 바로 특허제도가 기대하는 것이다. 특허제도는 모든 단위 또는 개인이 기술을 실시하기 전에 사전에 유효한 특허에 대하여 조사함으로써 타인의 특허권을 침해하는 행위를 방지하도록 하는 사회적 규범을 수립하는 데 그 취지가 있다. 일단 조사를 통해서 그 기술을 실시하는 것이 타인의 특허권을 침해할 수 있는 것으로 드러나면, 실시자는 당연히 침해를 피할 수 있는 방안을 강구하여야 하며, 이를 위해서는 실시를 포기하든지, 특허권자의 허가를 받든지, 아니면 실시하는 기술을 변형하여 특허권의 보호범위를 벗어나도록 하는 조치가 있을 수 있다. 어떤 조치를 취하더라도 모두 정당하며, 모두 법률이 허용하는 바이다.

---

[1] 중국이 1984년 제정한 「특허법」 제51조는 "특허권자는 자신이 중국에서 그 특허제품을 제조 및 그 특허방법을 사용하거나 또는 타인이 중국에서 그 특허제품을 사용 및 그 특허방법을 사용하도록 허가하여야 할 의무를 진다."고 규정하였다. 이 규정은 특허제도의 본질에 부합하지도 않고, 국제관례에도 부합하지 않았으며, 따라서 1992년 「특허법」 개정 시에 이 규정은 이미 삭제되었다.

다음으로, 타인이 실시하는 기술이 특허권의 보호범위에 속하는지를 판단하기 위해서는 그 실시하는 기술을 특허권의 보호범위와 비교하여야 하며, 그 판단결과는 실시자의 주관적 의도와 무관하다. 중국「특허법」은 침해행위의 고의, 과실 및 무과실을 구분하지 않는다. 이를 구분하는 국가(예를 들면, 미국)에서도, 침해로 인정된 후에 침해자의 민사책임을 구분하는 것이고, 예를 들어 고의적인 침해자의 손해배상 액수는 더욱 높아지는 것이고, 침해로 피소된 행위가 특허권의 보호범위에 속하는지를 판단하는 기준에 차이가 있는 것은 아니다. 고의인지 아니면 과실인지를 불문하고, 실시자가 실시하는 기술은 모두 객관적인 사실로서, 특허권의 보호범위에 속하는지의 판단기준은 행위자의 주관적 의사가 달라진다고 해서 함께 달라지는 것이 아니다.

또한 일반적으로 말해서, 실시자가 그 실시하고자 하는 기술을 변경하여 특허권의 보호범위를 벗어나려고 하는 경우에 두 가지 결과가 발생할 수 있는데, 하나는 변경 후의 기술이 특허기술에 비하여 "발전"되어 특허권의 보호범위를 벗어났을 뿐만 아니라 기능 또는 효과에 있어서 특허기술에 비하여 보다 선진화되는 것이고, 다른 하나는 변경 후의 기술이 특허기술에 비하여 "퇴보"되어 비록 특허권의 보호범위는 벗어났지만 그 기능 또는 효과가 더 나빠지는 것이다. 모든 사람은 가능하면 분명히 후자가 아닌 전자를 선택할 것인데, 특허기술에 비하여 정말로 "퇴보"된 기술이라면 시장에서 우세한 지위를 차지할 수 없어서 경제적 이익을 얻을 수 없기 때문이다. 만약 "발전"된 기술방안을 도출해 낼 수 있는 조건과 능력을 갖추지 못한 사람이라면, 특허권 침해를 회피하기 위하여 "퇴보"된 기술방안을 이용할 수밖에 없는데, 특허권의 "위력" 때문에 어쩔 수 없는 조치라고 할 수 있다. 침해판단 규칙에 따라서 그 방안이 확실히 특허권의 보호범위를 벗어난 것이라고 인정된다면, 특허권 침해가 아니라는 결론이 나와야 한다. 행위자가 고의로 타인의 특허권을 회피하여 실시한 기술이 특허권의 청구항에 기재된 필요적 특징을 결여하고 있는 상황에서, 단지 그 기능 또는 효과가 특허기술만 못하다는 이유로, 특허침해 책임을 의도적으로 회피하기 위한 악의적 행위라로 보아서 균등론을 넓게 적용하여 특허권 침해로 판단하는 것은, 행위자를 처벌하는 것과 같은 성질을 갖는다. 이러한 처벌은 법률적으로 근거가 없다. 시장경제체제 하에서, 낙후된 기술을 실시하는 자가 받게 되는 징벌은, 실시행위가 동시에 환경을 오염시켰다든지, 안전사고를 유발하였다든지 등과 같은 관련 법률의 명백한 규정을 위반한 경우를 제외하고, 행정 또는 사법당국의 처벌이 아닌 시장경제법칙의 징벌이어야 한다. 그리고 관련 법률의 규정을 위반한 경우의 처벌도「특허법」이 아닌 기타 관련 법률에 근거하여야 한다.

이 밖에 "퇴보"의 개념 자체에 대해서도 검토해 볼 필요가 있다. 어떤 기술이 특허기술에 비하여 "발전"된 것인지 아니면 "퇴보"된 것인지의 판단은 판단의 측면과 가치의 선택에 달려 있다. 판단의 측면과 가치의 선택을 달리하면, 판단의 결과도 달라질 수 있다. 예를 들어, 어떤 제품청구항에 기재된 어떤 필요적 기술적 특징의 작용이 그 제품의 사용을 편리하게 하는 것이라고 하자. 만약 실시자가 그 기술적 특징을 생략하였다면, 사용의 편리 측면에서 보면 특허기술에 비하여 "퇴보"한 것이지만, 구조의 단순화 및 가격 측면에서 보면 오히려 "발전"한 것이다. 전체적으로 보아 "발전"된 것인지 아니면 "퇴보"된 것인지는 판단자가 어떤 점을 중시하는가에 달려 있으며, 절대적으로 말하기 어렵다. 세상에는 장점만 있고 결점이 없는 것은 거의 없다. 발명자가 선행기술을 개량할 때에는 보통 얻는 것이 있으면 잃는 것도 있는 법이어서, 특허출원한 기술방안이 어떤 부분에서는 분명히 개량되어 실질적 특징과 진보가 있는 것으로 인정되면, 그 기술이 개량되는 동시에 다른 부분에서는 상응하는 결점을 수반한다고 하더라도 그 결점이 그 기술방안을 실시할 수 없게 하는 정도만 아니라고 한다면 그 결점 때문에 거절되지는 않는다. 특허권을 수여할 때에도 출원인에게 이처럼 관용적인 태도를 취하는데, 특허침해를 판단할 때에 공중에게 이처럼 가혹하게 할 이유를 찾을 수 없다.

마지막으로, "퇴보발명"이 특허권 침해에 해당한다고 주장하는 것은 실질적으로는 청구항에 기재된 기술적 특징을 제외하는 것과 차이가 없다는 점이 지적되어야 한다. 이 이론에 의하면, 일단 "퇴보"로 인정되면 비필요적 기술적 특징을 제외할 수 있을 뿐만 아니라 심지어 필요적 기술적 특징도 당당하게 제외할 수 있는데, 이것은 "다여지정" 이론에 의하여 비필요적 기술적 특징을 제외하는 것보다 훨씬 더 본조 제1항이 규정하는 "발명 및 실용신안특허권의 보호범위는 그 청구항의 내용을 기준으로 한다."를 이탈하는 것이다.

위에서 설명한 이유에 기초하여, 필자는 "퇴보발명"에 대한 침해인정이 보다 까다로워야 한다는 견해에 찬성하지 않는다.

최고인민법원은 2009년 10월 30일 한 재심사건에 대하여 내린 판결에서 아래와 같이 지적하였다.

> 인민법원이 침해로 피소된 기술방안이 특허권의 보호범위에 속하는지를 판단할 때에는, 침해로 피소된 기술방안의 기술적 특징을 특허의 청구항에 기재된 기술적 특징 전부와 대비하여야 한다. 만약 침해로 피소된 기술방안에 특허의 청구항에 기재된 하나 또는 둘 이상의 기술적 특징이 결여되어 있거나 또는 침해로 피소된 기술방안의 하나 또는 둘 이상의 기술적 특징이 특허의 청구항에 기재된 상응하는 기술적 특징과 동일하지도 균등하지도

않는다면, 인민법원은 침해로 피소된 기술방안이 특허권의 보호범위에 속하지 않는다고 인정하여야 한다. 침해로 피소된 기술방안에 특허의 기술적 특징이 결여되어 있어 기술적 효과가 퇴보하게 되는 것은, 특허침해를 판단할 때에 고려하여야 하는 요소가 아니다.[1]

위의 "개척발명"과 "퇴보발명"에 대한 논의를 종합해 보면, 그 핵심은 모두 본조 제1항의 특허권의 보호범위는 청구항의 내용을 기준으로 한다는 법률 규정의 준수를 강조하는 데 있으며, 이것이 발명 및 실용신안특허제도의 정상적 운영을 보장하는 토대이다.

(三) 금반언 원칙

1. 개 요

특허출원에 대한 심사과정에서 출원인이 그 특허출원에 대하여 한 보정 및 심사통지서에 대하여 제출한 의견은 그 특허권의 보호범위를 일정하게 제한하는 작용을 발휘할 수 있다. 이러한 제한작용은 특허권자가 그 심사과정에서 보정 또는 의견제출에 의하여 그 특허권의 보호범위에 속하지 않는다고 표명한 내용을, 균등원칙을 적용하면서 다시 그 특허권의 보호범위 내에 포함시키는 것을 금지하는 것으로 나타난다. 이것이 바로 소위 "금반언" 원칙이다.

금반언 원칙은 특허권자가 일관성 없는 책략을 쓰는 것을 방지하는 데 목적이 있는데, 즉 특허심사과정에서는 특허권을 받기 위하여 그 보호범위를 어느 정도 제한하거나 또는 청구항 중의 어떤 기술적 특징이 그 신규성·진보성 확정에 얼마나 중요한 것인가를 강조하였다가, 침해소송에서는 다시 그 제한한 것을 취소하거나 또는 그 기술적 특징이 있어도 되고 없어도 되는 것이라고 강조하여, 균등론의 적용을 통하여 그 보호범위의 확장을 시도함으로써 양쪽에서 모두 이익을 얻고자 하는 책략을 방지하는 데 목적이 있다. 이러한 책략을 "무효선고절차 중의 온순한 고양이가 문을 나서면 바로 무서운 호랑이가 된다."라고 형상화하여 비유한 사람도 있다.[2]

금반언 원칙은 민사소송에서 자주 사용되는 원칙이지만, 특허권 침해소송에서의 금반언 원칙은 그 독특한 점이 있다. 구분을 쉽게 하기 위하여, 미국은 특허권 침해소송에서의 금반언 원칙을 "심사과정 금반언"(prosecution history estoppel)이라고 부른

---

1) 最高人民法院[(2008)民提字第83号], 「最高人民法院知识产权案件年度报告(2009)」第5页.
2) 독일의 변호사인 Bernhard Geissie의 독일최고법원의 Formstein 사건 판결에 대한 평론, IIC Vol. 18, No. 6, 1987: 802, 804.

다. 모든 사람이 알다시피, 특허권이 수여된 후에 각국 특허청은 설명서·첨부도면 그리고 청구범위가 포함된 특허문서를 공고하여야 하는데, 이것이 특허권 침해판단에 근거가 된다. 그러나 공고된 문서로부터는 금반언 원칙 적용의 근거를 찾을 수가 없는데, 공고된 문서에는 심사과정에서 특허권자가 행한 보정 및 제출한 의견이 나타나 있지 않기 때문이다. 따라서 금반언 원칙을 적용하려면 반드시 특허청이 보관하고 있는 출원서류철을 열람하여야 한다. 바로 이러한 이유로, 미국은 과거에 금반언 원칙을 "출원서류철 금반언"(file wrapper estoppel)이라고 불렀다. 편의를 위해서, 아래에서는 이를 "금반언"이라고 부르도록 하겠다.

지적하여야 할 점은, 금반언 원칙은 단지 본조 제1항이 규정하는 "특허권의 보호범위는 그 청구항의 내용을 기준으로 한다."를 보충하는 것이고, 이러한 특허법의 가장 기본적인 원칙을 넘어설 수는 없다는 점이다. 이 점은 문언침해가 성립하는 때에는, 일반적으로 금반언 원칙을 고려할 필요가 없다는 점에서 체현된다. 바꿔 말하면, 침해로 피소된 행위의 객체가 청구항의 문언적 보호범위에 속하는 때에는, 침해가 성립한다는 결론을 바로 얻을 수 있고, 특허심사과정에서의 출원서류철 기록을 조사할 필요가 없는데, 심사과정에서 무엇을 했고 또는 무슨 말을 했는지에 관계없이 문언침해에 해당한다는 결론에 영향이 없기 때문이다. 이것은 특허받은 청구항의 문언적 보호범위는 특허권자가 향유할 수 있는 최저 수준의 보호범위로서, 특허권이 나중에 무효로 선고되지만 않는다면 이러한 최저 수준의 보호를 받을 수 있는 특허권자의 권리를 빼앗을 수 없음을 나타낸다. 문언침해가 성립하지 않고 더 나아가 균등침해가 성립하는지를 판단할 때에, 비로소 금반언 원칙을 고려할 필요가 있다. 앞에서 설명한 것처럼, 균등론 적용의 결과는 청구항의 문언적 보호범위를 확장하는 것이므로, 매우 자연스럽게 어느 정도까지 확장하는 것이 허용되는가 하는 문제가 생긴다. 금반언 원칙의 핵심은 출원인이 심사과정에서 진행한 보정 및 제출한 의견을 근거로 청구항의 문언적 보호범위의 확장을 제한하는 데 있다. 따라서 금반언 원칙의 작용은 균등론과 상반되는 것이라고 볼 수 있다.[1] 양자가 서로 보충하여, 특허권자에게 충분하면서도 적절한 법적 보호를 보장한다.

특허분야에서 솔선하여 금반언 원칙을 적용한 것도 미국이다. 균등론의 보충적인 원칙으로서, 균등론이 미국에서 부단히 발전함에 따라 금반언 이론도 미국에서 계속적으로 개선되는 과정을 겪었다.

금반언 원칙은 많은 국가의 특허권 침해소송에서 응용되고 있다. 비록 중국「특허

---

1) Donald S. Chisum, Chisum on Patents [M], Vol. 5A, 18.05.

법」 중에는 금반언 원칙에 관한 명확한 규정이 없지만, 일부 법원과 특허행정부문은 특허권 침해분쟁사건의 심리 및 처리 실무에서 이미 금반언 원칙을 적용한 판결을 하였다.[1] 2009년 반포된 「최고인민법원의 특허권 침해분쟁사건 심리 응용법률 문제에 관한 해석」 제6조는 특허권 침해분쟁사건 심리에서의 금반언 원칙 도입을 명확히 규정하였는데, 이는 중국 특허제도의 개선에 매우 중요한 의의를 갖는다.

2. 금반언 원칙의 적용원리

금반언 원칙 적용의 근거는 특허출원인이 특허권이 수여되기 전의 특허심사과정(특허복심절차 포함)에서 그리고 특허권자가 특허권이 수여된 후의 무효선고청구 절차에서 특허출원서류 또는 특허문서에 대하여 진행한 보정 및 제출한 의견이다. 국가지식산권국이 위의 과정에서 발송하는 심사의견통지서, 복심통지서, 무효선고청구심사통지서 및 다른 당사자가 제출한 의견은 본조 제1항 규정에 따른 청구항의 내용에 대하여 해석하는 내재적 증거가 될 수 있지만 금반언 원칙 적용의 근거는 될 수 없는데, 이러한 문서 또는 의견은 특허출원인 또는 특허권자 자신의 것이 아니어서 특허출원인 또는 특허권자의 의사표시라고 할 수 없고 따라서 "반언(反言)"이라고 말할 수 없기 때문이다.

금반언 원칙이 적용되는 가장 흔한 경우는 출원인이 특허심사과정에서 그 출원서류에 대하여, 특히 청구항에 대하여 보정하는 경우이다.

실체심사과정에서 심사관은 거의 모든 발명특허출원의 출원인에게 그 청구항을 보정할 것을 요구한다. 예를 들어, 출원인이 처음 기재한 독립청구항에는 A, B, C, D, 네 가지 기술적 특징이 있었는데, 심사관이 대비문헌을 인용하여 그 청구항은 진보성이 없으므로 특허받을 수 없다고 지적하였다고 하자. 출원인은 심사관이 지적한 흠결을 극복하기 위하여, 그 독립청구항으로 보호받고자 하는 기술방안과 심사관이 인용한 선행기술을 차별화시켜, 독립청구항이 기술적 특징 A, B, C′, D′를 포함하도록 보정하고, 이렇게 함으로써 심사관의 동의를 얻었다. 만약 출원인이 처음 기재한 청구항에 A, B, C′, D′, 네 가지 기술적 특징이 있었고, 보정도 하지 않고 특허권이 수여되었다면, 특허권자는 특허권 침해소송에서 아마도 법관을 설득하여 A, B, C, D, 네 가지 기술적 특징을 포함하는 실시행위가 그 특허권의 균등침해에 해당한다고 믿게 할 수 있었을 것이다. 그러나 보정을 하였으므로 상황은 달라진다. 특허권자는 진보성 규정을 만족시키기 위하여 A, B, C, D를 A, B, C′, D′로 보정하였는데, 이것은 특

---

1) 程永順, 罗李华, 专利侵权判定: 中美发条与案例比较分析[M], 北京: 专利文献出版社, 1998: 209-236.

허권자가 A, B, C, D로 구성되는 기술방안은 특허권 수여의 실체적 요건에 부합하지 않음을 이미 인정하였거나 또는 그가 A, B, C, D로 구성되는 기술방안은 이미 포기하였음을 나타내는 증거가 될 수 있으며, 이것은 이러한 기술방안을 특허권의 보호범위에 포함시킬 수 있는 가능성을 배제하여야 하고 특허권 침해소송에서 특허권자가 균등론 적용을 주장함으로써 이를 다시 특허권의 보호범위 내에 포함시키는 것이 허용될 수 없음을 의미한다. 이것이 바로 금반언 원칙의 작용이다.

만약 침해로 피소된 행위가 A, B, C′, D′, 네 기술적 특징을 포함하였다면 문언침해에 해당하며, 이 결론은 금반언 원칙의 영향을 조금도 받지 않는다. 이로부터 금반언 원칙의 적용은 "청구항의 내용을 기준으로 한다."라는 기본원칙에 절대 위배되는 것이 아니고, 단지 균등론 적용을 일부 제한하는 것이라는 것을 볼 수 있다.

위의 분석에 의하면 등록된 청구항이 모두 A, B, C′, D′, 네 가지 기술적 특징을 포함하고 있음에도, 보정을 하고 안 하고에 따라서 결론이 달라진다고 하는 것은, 말장난에 불과하다고 생각하는 사람도 있을 수 있다. 사실은 절대 이와 같지 않은데, 양자 사이에는 다음과 같은 차이가 있다. 전자의 경우에는, 심사관이 선행기술을 인용하여 A, B, C, D, 네 가지 기술적 특징을 갖는 최초의 청구항에 대해서 심사하고 진보성이 없다는 명확한 결론을 얻었으며, 출원인은 이 결론에 대하여 반박하거나 불복하지 않고 그 청구항을 보정하였는데, 이것은 출원인도 심사관의 결론을 인정하였음을 나타낸다. 후자의 경우에는, 심사관이 본 것은 처음부터 A, B, C′, D′, 네 가지 기술적 특징으로 구성된 청구항이고 이러한 청구항에 대해서 검색 및 심사한 것이어서, A, B, C, D, 네 가지 기술적 특징으로 구성된 기술방안이 특허권 수여의 요건에 부합하는지에 대한 의견은 피력할 기회가 없었으며, 특허 침해분쟁사건의 심리과정에서 법원 또는 특허업무관리부문으로 하여금 A, B, C, D, 네 가지 기술적 특징으로 구성된 기술방안이 특허권 수여요건에 부합하는지에 대하여 실체심사를 하도록 할 수도 없으므로, 따라서 특허권자는 자신에게 훨씬 유리한 판단결과를 얻을 수 있게 된다.

금반언 원칙이 적용되게 되는 보정에는 관련 청구항을 포기 또는 삭제하는 경우가 포함된다. 예를 들어, 특허권자가 처음에는 두 개 항의 청구항을 기재하였는데, 청구항 1에는 A, B, C, 세 가지 기술적 특징이 있고, 청구항 2에는 A, B, C, D, 네 가지 기술적 특징이 있다고 하자. 심사과정에서 심사관은 청구항 1은 진보성이 없지만 청구항 2는 「특허법」의 요건에 부합한다고 판단하였다. 특허권자는 심사관의 의견을 받아들여, 청구항 1은 삭제하고 청구항 2를 기초로 특허권을 받았다. 이후의 특허권 침해소송에서, 금반언 원칙은 특허권자가 균등론 적용을 주장하여 타인이 실시하는 A, B, C, 세 가지 기술적 특징을 포함하는 기술방안을 그 특허의 보호범위 안에 포함하는 것을 방지하는 데 이용될 수 있다. 이 경우는, 특허권자의 최초 특허출원에는 청구항 1만 있다가 심사를 거치면서 이를 청구항 2로 보정한 경우와 마찬가지이다.

금반언 원칙으로 균등론 적용을 제한하는 다른 흔한 경우에는 특허권자가 특허 심사과정에서 의견을 제출한 경우가 있다.

특허 심사과정에서 심사관이 거절이유를 통지하면 출원인이 의견을 제출하여 이에 대해서 다투는 경우를 쉽게 볼 수 있다. 의견제출은 출원서류에 대한 보정과 동시에 이루어지는 때도 있고, 단지 의견만 제출하고 보정은 하지 않는 때도 있다. 미국 연방순회항소법원은 특허권자가 심사과정에서 제출한 의견은 특허권 침해분쟁의 심판과정에서, 첫째 청구항에 사용된 용어의 의미를 해석하는 데 이용될 수 있고, 둘째 금반언의 작용을 할 수 있다고 지적한 판결을 하였다.[1]

예를 들어, 출원인이 제출한 최초의 독립청구항에는 A, B, C, D, 네 가지 기술적 특징이 기재되어 있었고, 심사관이 A, B, C′, D′, 네 가지 기술적 특징이 개시된 대비문헌을 인용하여, 이 독립청구항은 진보성이 없음을 지적하였다고 하자. 이에 대해서 출원인은 의견을 제출하여 C와 C′, D와 D′는 실질적인 차이가 있고 이러한 차이로 인해서 두 기술방안은 구성뿐만 아니라 효과에서도 현저한 차이가 있다고 다투었다. 특허권자의 의견이 설득력이 있다면 심사관은 특허권을 수여할 수 있다. 만약 심사과정에서 심사관이 위의 대비문헌을 인용하지 않았다면, 출원인은 의견을 제출하지 않고도 바로 특허권을 받았을 것이고, 특허권자는 특허권 침해소송에서 아마도 법원 또는 특허업무관리부문을 설득해서 A, B, C′, D′, 네 가지 기술적 특징이 포함된 실시행위가 그 특허권의 균등침해에 해당한다고 인정할 수 있게 할 수 있었을 것이다. 그러나 출원서류철에 위와 같은 심사의견통지서와 의견서가 있다면 상황은 달라진다. 당초에 특허권자가 특허권을 받기 위해서, 의견을 제출함으로써 A, B, C′, D′, 네 가지 기술적 특징이 있는 선행기술과는 큰 차이가 있다고 다투었다면, 이후에 일관성 없이 이를 다시 자기 특허의 보호범위에 속한다고 할 수는 없다.

마찬가지로 만약 침해로 피소된 행위의 객체가 A, B, C, D, 네 가지 기술적 특징을 포함하고 있다면 문언침해에 해당하며, 이 결론은 금반언 원칙으로 인해서 조금의 영향도 받지 않는다.

3. 중국에서의 금반언 원칙 적용방식

2009년 반포된 「최고인민법원의 특허권 침해분쟁사건 심리 응용법률 문제에 관한

---

1) Loctite Corp. v. Ultraseal Ltd., 228 USPQ. 90.

해석」 제6조는 아래와 같이 규정하고 있다.

> 특허출원인·특허권자가 특허권 수여절차 또는 무효선고절차 절차에서 청구항·설명서에 대한 보정 또는 의견 제출을 통해서 포기한 기술방안을 권리자가 특허권 침해 분쟁사건에서 특허권의 보호범위에 다시 포함시키고자 하는 경우, 인민법원은 이를 인정하지 아니한다.

위의 규정을 어떻게 이해하여 시행하여야 하는가?

첫째, 최고인민법원의 사법해석은 특허출원인·특허권자가 특허권 수여를 위한 심사과정에서 또는 무효선고청구의 심사과정에서 그 원래 요구하였던 보호범위를 축소하였다면 금반언 원칙이 적용되어야 하고, 보호범위를 축소한 것이 원래의 출원 서류 또는 특허문서에 존재하였던 어떠한 흠결을 극복하고자 한 것이었는지는 물을 필요가 없음을 나타낸다. 앞에서 설명한 바와 같이, 금반언 원칙이 적용되는 가장 흔한 경우는, 심사관이 인용한 선행기술 또는 무효선고 청구인이 증거로 삼은 선행기술과 분명하게 구별되도록 특허출원인 또는 특허권자가 청구항에 기술적 특징을 보충한 경우이다. 주의하여야 할 점은, 금반언 원칙의 적용은 이러한 경우로만 한정되는 것은 아니라는 점이다. 예를 들어, 청구항이 불명확하게 기재된 흠결을 극복하기 위하여, 출원인이 의미가 모호하고 다른 해석이 가능한 원래의 어휘를 의미가 명확하고 해석이 일치되는 어휘로 보정하였다면, 그 결과 필연적으로 청구항의 보호범위가 축소될 수 있다. 청구항이 설명서에 의해서 뒷받침되지 않는 흠결을 극복하기 위하여, 출원인이 원래는 청구항 중에 상위개념으로 표현되어 있었던 기술적 특징을 설명서에 기재되어 있었던 구체적인 기술적 특징으로 보정하였다면, 그 결과 필연적으로 청구항의 보호범위가 축소될 수 있다. 이러한 경우 모두에 대하여 금반언 원칙이 적용되며 구분할 필요가 없는데, 특허출원인 또는 특허권자가 특허심사과정에서 또는 무효심사과정에서 그 보호범위를 축소하는 것에 동의하였다는 것은 그가 이미 원래의 보호범위로는 특허권을 받을 수 없거나 또는 특허권이 유효로 유지될 수 없음을 인정하였다는 것을 의미하기 때문이다.

둘째, 금반언 원칙을 적용하다 보면 다음과 같은 문제에 직면하게 될 수 있다. 심사관이 발명 및 선행기술을 잘못 이해하면 그 심사의견에 부당한 점이 있을 수밖에 없으며, 심사관의 심사의견에 착오가 있어 원래는 보정할 필요가 없음에도 출원인에게 보정할 것을 요구하였고, 특허출원인 또는 특허권자는 이에 따라 그대로 보정한 경우에, 금반언 원칙을 적용함에 있어서 특허권자가 진정으로 그 청구항에 대해서 제한하는 보정을 할 필요가 있었는가를 판단할 필요가 있는가? 이 문제에 대한 대답은 부정인데, 만약 이를 가려서 판단하여, 심사관의 어떤 심사의견이 정확한 것인지를 판단하고 정확한 의견에 대해서 진행한 보정 및 제출된 의견에 대해서만 금반언이 적용되도록 하는 것은 의심할 여지없이 문제를 너무 복잡하게 만들 수 있다. 보다 중요한 것은 심사관의 의견이 부정확하다고 할 때에, 특허출원인 또는 특허권자는 법에 의해서 이를 반박할 수 있는 충분한 기회를 갖는다는 점이다. 만약 특허권자가 당초에는 조속히 특허권을 받거나 또는 그 특허권이 유효로 유지되도록 하기 위하여 본심과 다르게 심사관의 의견을 받아들였다가 이후에 특허권 침해소송이 발생했을 때에는 다시 심사관의 의견이 원래는 부정확하였다는 이유로 이를 번복하려고 하는 것은 지지하고 장려할 만한 태도가 아니며, 이것이 바로 금반언 원칙이 제지하려고 하는 행위이다.

셋째, 위 규정 중의 "포기한 기술방안"은 보정 또는 의견제출 전의 특허출원서류 또는 특허문서에 의해서는 보호범위에 속할 수 있었지만, 보정 또는 의견제출 후의 특허출원서류 또는 특허문서에 의해서는 이미 보호범위에 속한다고 하기 어려운 기술방안을 가리키는 것으로 이해되어야 한다. 예를 들어, 원래의 독립청구항에는 A, B, C, 세 가지 기술적 특징이 있었는데, 보정 후의 그 독립청구항에는 A, B, C, D, 네 가지 기술적 특징이 있다고 하자. 이 보정으로 특허권의 보호범위가 축소되었고, 그 "포기한 기술방안"은 바로 기술적 특징 A, B, C로 한정되는 기술방안이다. 이러한 상황에서 금반언 원칙을 적용하면 특허권자가 특허권 침해분쟁사건의 심리과정에서 균등론을 주장하여 이 포기한 기술방안을 다시 보호범위에 포함시키는 것이 허용되지 않는다. 침해행위의 객체에 A, B, C, 세 가지 기술적 특징 이외에도 이 밖에 나중에 추가시킨 기술적 특징 D와 무관한 E, F 등 기타 기술적 특징을 포함하고 있는지는 위의 결론을 얻는 데 영향이 없다. 또한 예를 들어, 원래의 설명서 및 청구항에 기재된 어떤 기술용어가 두 가지 방식으로 이해될 수 있어 그 의미가 불명확한 흠결이 있었고, 출원인이 그 제출한 의견에서 설명서 및 청구항에 기재된 나머지 내용에 근거하여 해당 기술분야의 기술자는 그 용어를 그중 하나의 의미로 이해하여야 하고 다른 의미는 포함되지 않음을 밝혔으며, 이 해석을 심사관이 받아들였지만 설명서 및 청구항에 대해서 이에 상응하게 보정할 것을 요구하지 않은 채 특허권을 수여하였다고 하자. 출원인의 그 제출한 의견은 실질적으로는 특허권의 보호범위를 축소시키는 작용을 하는데, 여기서 "포기한 기술방안"은 바로 기술용어에 대해서 다르게 해석함으로써 형성되는 기술방안이다. 위의 두 가지 경우에서 금반언 원칙을 적용한 결과, 특허권자가 특허권 침해분쟁사건의 심리과정에서 균등론을 주장하여 포기한 기술방안을 특허권의 보호범위에 포함시키는 것이 허용되지 않는다. 특허권의 보호범위를 축소시켰다면 필연적으로 어느 정도의 "포기"가 발생한다고 볼 수 있다.

넷째, 금반언 원칙은 당사자의 청구가 있는 경우에만 적용할 수 있는 것이 아니며, 법원이 직권에 의하여 적용할 수 있다. 최고인민법원은 2009년 8월 18일 한 재심사건에 대하여 내린 판결에서 아래와 같이 지적하였다.

> 금반언 원칙은 균등침해 인정에 대한 제한으로, 특허권자와 사회공중 사이의 이익균형을 위한 것이므로, 인민법원이 주동적으로 금반언 원칙을 적용하는 것이 제한되지 않는다. 따라서 균등침해에 해당하는지를 인정함에 있어서, 설령 침해로 피소된 자가 금반언 원칙의 적용을 주장하지 않았다고 하더라도, 인민법원은 이미 조사한 사실에 근거해서 금반언 원칙을 적용하여 균등범위에 대해서 필요한 제한을 가함으로써, 특허권의 보호범위를 합리적으로 확정할 수 있다.[1]

금반언 원칙 적용에 필요한 증거는 국가지식산권국이 보관하고 있는 출원서류철이고, 법원 및 특허업무관리부문이 필요한 때에는 손쉽게 열람 및 복사할 수 있으며, 따라서 위와 같은 입장을 취하는 것은 특허 침해사건의 심리 및 처리를 보다 공평하고 공정하게 할 수 있고, 관련기관의 증거수집 및 조사의 부담을 불합리하게 가중시키지는 않을 것이다.

四. 디자인특허의 보호범위 및 침해판단

(一) 개 요

1984년 제정 「특허법」의 본조 제2항은 아래와 같이 규정하였다.

> 디자인특허권의 보호범위는 도면 또는 사진에 표시된 그 디자인특허제품을 기준으로 한다.

1992년 및 2000년 두 차례 「특허법」을 개정 할 때에, 모두 위의 규정에 대해서는 개정하지 않았다.

---

1) 最高人民法院[(2009)民提字第239号], 「最高人民法院知识产权案件年度报告(2009)」 第7页.

2008년「특허법」개정 시에, 본조 제2항을 아래와 같이 규정하였다.

> 디자인특허권의 보호범위는 도면 또는 사진에 표시된 그 제품의 디자인을 기준으로 하고, 간단한 설명은 도면 또는 사진에 표시된 그 제품의 디자인을 해석하는 데 이용할 수 있다.

개정된 점은 다음과 같다.

첫째, 개정 전의 "그 디자인특허제품"을 "그 제품의 디자인"으로 고쳤다.

둘째, "간단한 설명은 도면 또는 사진에 표시된 그 제품의 디자인을 해석하는 데 이용할 수 있다."라는 규정을 추가하였다.

위의 첫째와 같이 개정한 것은 2008년 개정「특허법」제2조 제4항이 디자인에 대해서 "디자인은 제품의 형상·도안 또는 그 결합 및 색채와 형상·도안의 결합에 대하여 만들어진 풍부한 미감이 있고 공업상 이용할 수 있는 새로운 설계를 가리킨다."라고 정의하였기 때문이다. 이 정의는 디자인특허의 보호객체가 제품 자체가 아니라, 제품의 형상·도안·색채 등 설계요소로 구성된 그 제품의 디자인이며, 제품은 단지 디자인을 담는 매개체임을 나타낸다. 개정 전 본조 제2항 규정은 이 정의에 충분히 부합하지 않아서, 디자인특허권의 보호객체에 대해서 오해를 불러일으킬 수 있었기 때문에, 위와 같이 개정하였다.

그러나 주의하여야 할 점은, 위와 같이 개정하였다고 해서 디자인특허권의 보호범위를 확정할 때에, 디자인의 설계방안을 추상화하여 디자인특허문서가 한정한 그 디자인을 사용한 제품과 분리해서 단독으로 보호할 수 있음을 의미하는 것은 아닌데, 그 이유는 첫째, 제품의 형상은 디자인의 중요 구성요소로서 형상은 오직 제품으로 확정될 수 있을 뿐이고, 양자는 상호 불가분으로 밀접하게 관련되어 있어서 제품과 따로 떼어내어 형상을 말할 수 없으며, 둘째, 도안·색채가 제품의 외부 표면에 반영 및 배치되는 방식도 디자인의 중요한 구성요소로서, 제품과 따로 분리하여 고려할 수 없기 때문이다. 따라서 비록 디자인특허권의 보호객체는 제품 자체가 아니라 그 외관에 대한 설계방안이고 제품은 단지 디자인의 매개체라고 하더라도, 디자인은 그 매개체와 분리되어 단독으로 존재할 수 없다. 2008년 개정「특허법」의 본조 제2항은 "디자인을 기준으로 한다."라고 하지 않고 "그 제품의 디자인을 기준으로 한다."라고 규정하였는데, "그 제품의"라는 표현으로 디자인과 제품 사이의 긴밀한 연관관계를 나타내었다.

위의 두 번째와 같이 개정한 것은, 개정 전 본조 제2항 규정에 따라 디자인특허권의 보호범위를 확정할 때에 오직 그 도면 또는 사진에만 근거하도록 한 것이, 실무에서는 디자인특허권의 보호범위를 부적절하게 확대하거나 또는 디자인특허권의 보호범위를 부적절하게 축소시킬 수 있기 때문이었다. 디자인특허의 간단한 설명에는 예를 들어 제품의 명칭, 제품의 용도, 제품의 설계요점 등 디자인특허권의 보호범위에 영향을 줄 수 있는 정보를 기재할 수 있고, 필요한 때에는 보호받고자 하는 색채, 생략한 도면 등에 대해서도 기재할 수 있다. 이 때문에, 간단한 설명을 도면 또는 사진에 표시된 그 제품의 디자인을 해석하는 데 이용할 수 있다고 규정함으로써 디자인특허권의 보호범위를 보다 합리적으로 확정하게 할 수 있다.

기왕에 간단한 설명에 이러한 기능을 부여하여 디자인특허권의 보호범위 확정에 중요한 작용을 하게 하였다면, 있어도 되고 없어도 되어 출원인이 "필요한 때"라고 보는 경우에만 비로소 제출할 것이 아니라 반드시 제출하도록 하여야 한다. 본조 제2항 규정과 조화되도록 하기 위하여, 2008년 개정 「특허법」 제27조 제1항은 간단한 설명을 디자인특허출원의 필요적 사항 중 하나로 규정하였다.

디자인특허권의 보호객체는 청구항으로 그 보호범위를 확정하기가 적합하지 않기 때문에 디자인특허제도는 청구범위 없이 운영될 수밖에 없고, 이것은 확실히 디자인특허제도에 여러 난제를 가져왔다. 2009년 반포된 「최고인민법원의 특허권 침해분쟁사건 심리 응용법률 문제에 관한 해석」은 아래와 같이 규정하였다.

제8조 디자인특허제품과 동일 또는 유사한 종류의 제품에 특허권이 수여된 디자인과 동일 또는 유사한 디자인을 사용한 경우, 인민법원은 침해로 피소된 디자인이 특허법 제59조 제2항이 규정하는 디자인특허권의 보호범위에 속하는 것으로 인정하여야 한다.

제9조 인민법원은 디자인특허제품의 용도에 근거하여 제품 종류의 동일 또는 유사 여부를 판단하여야 한다. 제품의 용도를 확정함에는 디자인의 간단한 설명, 국제디자인분류표, 제품의 기능 및 제품의 판매·실제사용 현황 등의 요소를 고려하여야 한다.

제10조 인민법원은 디자인특허제품의 일반 소비자의 지식수준과 인지능력으로 디자인의 동일 또는 유사여부를 판단하여야 한다.

제11조 ① 인민법원은 디자인의 동일 또는 유사여부를 인정할 때에, 권리가 수여된 디자인 및 침해로 피소된 디자인의 설계특징에 근거하여, 디자인의 전체적 시각효과에 의하여 종합적으로 판단하여야 한다. 주로 기술적 기능으로 결정되는 설계특징 및 전체적 시각효과에 영향이 없는 제품의 재료·내부구조 등 특징은 고려하지 아니하여야 한다.

② 다음 각 호의 경우에는, 디자인의 전체적 시각효과에 통상적으로 보다 큰 영향이

있다.

1. 제품을 정상적으로 사용할 때에 쉽게 관찰할 수 있는 부위는 기타 부위에 비해서
2. 선행설계와 구별되게 하는 권리가 수여된 디자인의 설계특징은 권리가 수여된 디자인의 기타 설계특징에 비해서
③ 침해로 피소된 설계가 특허권이 수여된 디자인과 전체적 시각효과에서 차이가 없는 경우, 인민법원은 양자가 동일한 것으로 인정하여야 한다. 전체적 시각효과에서 실질적 차이가 없는 경우 양자가 유사한 것으로 인정하여야 한다.

위의 규정은 디자인특허권의 침해인정에 관해서 최고인민법원이 제정한 최초의 사법해석으로, 디자인 침해분쟁사건의 사법심판과 행정처리기준을 통일하는 데 중요한 의의를 갖는다.

(二) 디자인특허권 침해행위의 판단규칙

TRIPs가 규정하는 모든 유형의 지식재산권 중에서, 디자인은 다른 유형의 지식재산권과 중첩되기 쉽다는 뚜렷한 특징이 있다. 한편으로는 특허법 의미의 디자인이 저작권법 의미의 실용예술작품과 중첩되어, 디자인 중 적어도 일부분은 발명창조로 보호될 수도 있고 예술작품으로 보호될 수도 있는 문제가 있으며, 다른 한편으로는 중국은 디자인특허권에 대한 침해행위의 인정방식 및 판단규칙이 등록상표권에 대한 침해행위의 인정방식 및 판단규칙과 많은 유사한 점이 있어서 디자인을 창조적 성과 유형의 지식재산권으로 보호하여야 하는지 아니면 식별표지 유형의 지식재산권으로 보호하여야 하는지의 문제가 있다.

TRIPs는 디자인을 저작권의 범주에 포함시키지 않았을 뿐만 아니라 상표권의 범주에도 포함시키지 않았고, 이를 단독적인 유형의 지식재산권으로 함으로써 디자인이 이 두 유형의 지식재산권과 모두 분명하게 다르다는 것을 표명하였다. 이 때문에, 디자인특허권에 대한 침해행위의 인정과 관련 규칙에 대해서 분석 및 검토하여 구분할 필요가 있으며, 이렇게 하지 않으면 디자인의 보호가 저작권 및 상표권 보호와 뒤섞여서 디자인제도의 그 독립적인 가치를 잃게 할 수 있다.

첫 번째 문제에 대해서, 본서는 「특허법」 제2조 제4항에 대한 설명에서 이미 어느 정도 논의하였으므로, 아래에서는 주로 두 번째 문제에 대해서 논의를 전개하도록 하겠다.

1. 상표권 침해 판단방식과 관련규칙

중국「상표법」제3조는 "상표등록인은 상표권을 향유하며, 법률의 보호를 받는다."고 규정하고 있다. 상표의 기본가치는 상표등록인의 상업적 신용을 보호하는 데 있고, 상표권의 핵심은 상품 또는 서비스의 출처를 구분함으로써 소비자의 상품 또는 서비스의 출처에 혼동이 발생하는 것을 피하도록 하는 데 있으며, 그 주요 기능은 임의의 타인이 허가 없이 상업적 활동에서 등록상표와 동일 또는 유사한 표지를 동일 또는 유사한 상품 또는 서비스에 표시함으로써 소비자가 그 제공한 상품 또는 서비스를 상표등록인이 제공하는 상품 또는 서비스로 오인하는 것을 방지하는 데 있다. 상표등록의 요건 및 기준인지 아니면 상표권 침해행위의 인정방식 및 관련규칙인지를 불문하고, 아래에서 설명하는 바와 같이 모두 이 근본적 목표를 중심으로 수립된 것이라고 볼 수 있다.

첫째,「상표법」제52조 제1호는 상표등록인의 허가 없이 동일 또는 유사한 상품에 등록상표와 동일 또는 유사한 상표를 사용하는 경우, 상표권 침해에 해당한다고 규정하고 있다. 이치대로라면 동일 또는 유사한 상표표지를 사용하기만 하면 침해행위로 인정될 수 있는데, 무엇 때문에 이 밖에 상표를 사용한 상품이 동일 또는 유사할 것이 요구되는가? 이것은 상표법 의미상의 "혼동"이 상표표지 자체의 혼동이 발생하는 것을 가리키는 것이 아니라, 그 상표를 사용한 상품의 출처에 혼동이 발생하는 것을 가리키기 때문이다. 만약 타인이 제공한 상품이 상표등록인이 그 상표를 사용한 상품과 동일하지도 않고 유사하지도 않은 유형이라면, 설령 타인이 사용한 상표가 상표등록인이 사용한 상표와 동일 또는 유사하다고 하더라도 소비자로 하여금 상품의 출처에 혼동을 발생시키지는 않을 것이다.

둘째, "혼동"이 발생하는 것으로 인정되기 위해서는 반드시 먼저 소비자로 하여금 상표등록인이 그 상표를 사용한 상품에 대해서 인상이 남게 하여, 등록상표와 상표등록인이 그 등록상표를 사용한 상품 사이에 일종의 견련관계가 형성되어야 하는데, 이렇게 되어야 침해자가 동일 또는 유사한 상품에 등록상표와 동일 또는 유사한 상표를 사용할 때에 비로소 소비자로 하여금 연상작용에 의하여 상품의 출처에 혼동이 발생하게 할 수 있다. 바로 이와 같은 이유 때문에, 등록상표의 사용은 상표권 존재의 필요조건이며,「상표법」제44조는 "등록상표가 연속해서 3년간 사용이 중지된 경우, 상표국은 기한 내에 시정할 것을 명령하거나 또는 그 상표의 등록을 취소할 수 있다."고 규정하고 있다. 2009년 4월 반포된「최고인민법원의 현재 경제상황에서의 지식재산권 심판서비스 형세 문제에 관한 의견」은 "상품의 유사 및 상표의 유사를 판단함에는 보호를 청구한 등록상표의 현저한 정도와 시장 지명도를 고려하여야 하고, 현저성이 강하고 시장 지명도가 높은 등록상표일수록 그 보호범위는 넓게 보호강도는 크게 함으로써, 시장경쟁의 승리자를 격려하고 시장환경을 정화하며 부정당한 무임승차·모방행위를 억제한다."[1]고 지적하였다. 이것은 등록상표의 보호강도가 그 상표의 사용정도 및 지명도와 관계가 있어서, 등록상표의 사용이 빈번할수록 그 지명도는 높아지고 지명도가 높아지면 보호강도도 커지게 되는데, 이러한 상황에서는 설령 침해로 피소된 자가 판매하는 상품의 유사정도 및 사용된 상표의 유사정도가 낮다고 하더라도 소비자로 하여금 혼동을 일으키게 할 수 있기 때문이다.

셋째, "혼동의 가능성"이 있는지를 판단함에는 누구의 눈으로 볼 것인가의 문제가 있는데, 즉 판단의 주체를 명확히 할 필요가 있다. 판단의 기준을 통일시키기 위해서, 가상적 인물, 즉 합리적인 정보와 중간정도의 주의력을 갖는 관련 분야의 현실적 또는 잠재적 소비자를 설정할 필요가 있으며, 이 가상의 소비자가 최후의 발언권을 갖는다.[2] 「상표법」은 판단주체를 "관련 공중"으로 규정하였다. 2002년 반포된 「최고인민법원의 상표 민사분쟁사건 적용법률 문제에 관한 해석」 제8조는 "상표법의 관련 공중은 상표가 부착된 상품 또는 서비스의 소비자 및 전술한 상품 또는 서비스의 판매와 밀접한 관계가 있는 기타 경영자를 가리킨다."고 규정하였다. 상표의 주요 기능이 소비자의 상품 또는 서비스 출처에 대한 혼동을 방지하는 데 있기 때문에, 판단주체를 일반적 주의력을 갖는 소비자로 한 것은 적절하다.

넷째, 「상표법」 제52조 제1호는 상표등록인의 허가 없이 동일 또는 유사한 상품에 등록상표와 동일 또는 유사한 상표를 사용하는 경우 등록상표권의 침해에 해당한다고 규정하고 있다. 이 규정에 근거하여, 등록상표권을 침해하는 행위에 해당하기 위한 요건 중 하나는 "등록상표와 동일 또는 유사한 상표를 사용"하는 것이다. 사실상 "동일" 여부를 판단하기 위해서는 판단규칙을 마련할 필요가 없으며, "유사" 여부를 어떻게 판단하여야 하는가에 중점을 두어야 한다. 한 저작에 의하면, 상표의 유사 판단에는 전체적 대비, 요부관찰, 이격관찰, 지명도와 현저성 고려, 유사점 위주판단 등의 기본원칙이 있다고 한다. 그중에서, "이격관찰" 방식을 사용하는 이유는 "일반 소비자가 물품구매 시에 일반적으로는 견본을 보고 구매하는 것이 아니고, 대부분은 이전에 구매한 경험 또는 광고에 의해 남은 인상에 의지하여 선택한다. 기억은 항상 믿을 수 있는 것이 아니므로 이러한 경험은 매우 불완전하며, 만약 대비관찰 방식으로 혼동의 가능성을 판단하면, 분명히 실제상황과 일정한 오차가 있을 수 있는데, 대비

---

1) 최고인민법원문건 [法发(2009)23号] 참고.
2) 黄晖, 商标法[M], 北京: 法律出版社, 2004: 117.

는 종종 두 상표 사이의 차이가 매우 미소하다고 하더라도 그 차이를 발견하는 데 도움이 되며, 이로부터 혼동의 가능성을 낮추게 되기 때문이다." "유사점 위주판단" 방식을 사용하는 이유는 "설령 일반인이 분간해 낼 수 없는 쌍둥이라고 하더라도, 그들의 부모가 보면 매우 쉽게 틀림없이 식별해 낼 수 있음을 경험적으로 알고 있는데, 이것은 아무리 닮은 쌍둥이라고 하더라도 미세한 차이가 있어서, 동일한 나무의 나뭇잎에도 차이가 있는 것과 마찬가지이다. 「상표법」은 상표 사이에 존재하는 차이를 대비하는 것에 중점을 두는 것이 아니고, 그들의 동일 및 유사한 점의 판단에 중점을 두어 혼동이 쉽게 일어날 수 있는가를 판단한다."[1] 위의 두 가지 판단규칙을 따르는 것은 상품의 출처에 혼동을 일으킬 수 있는가에 대한 판단과 긴밀하게 관련되어 있다.

비록 「상표법」 제52조 제1호는 일반 소비자로 하여금 상품의 출처에 대해서 혼동을 일으키게 하는 문제에 대해서 직접적으로 언급하지 않았지만, 한 학자는 아래와 같이 지적하였다.

분명히 상표의 현저성은 바로 이로 하여금 타인의 상표 사용행위와 서로 혼동하는 것을 방지하는 기능을 갖게 한다. 현저성이 있는가는 등록요건에 속하기 때문에 상표행정심사기관의 직능이며, 상표권 침해판단에서 현저성은 통상적으로 상표가 관련 공중으로 하여금 권리자를 연상시킬 수 있는가를 평가하는 데 사용되고, 그 최종목적은 "혼동"이 발생하는가를 판단하기 위함이다. 동일한 종류의 상품에 동일한 상표를 사용하는 경우를 제외하고, "혼동"이 발생하는가는 상표권 침해판단의 전제조건 또는 실질적 조건에 해당하여야 한다.

이 학자는 나아가 아래와 같이 지적하였다.

「상표법」 제52조 제1호 규정에 의하면 상표권 침해행위를 네 가지 구체적인 경우로 나눌 수 있는데, 즉 (1) 동일한 상품에 등록상표와 동일한 상표를 사용하는 경우, (2) 동일한 상품에 등록상표와 유사한 상표를 사용하는 경우, (3) 유사한 상품에 등록상표와 동일한 상표를 사용하는 경우, (4) 유사한 상품에 등록상표와 유사한 상표를 사용하는 경우이다. 이 때문에, 첫 번째 경우를 제외하고, 유사여부는 상표권 침해에 해당하기 위한 필요조건이지만 충분조건은 아니다. 바꿔 말하면, 만약 "유사"하지 않으면 침해가 아니라는 결론을 얻을 수 있지만, 단지 "유사"하다는 것만으로는 필연적으로 상표권 침해라는 결론을 얻을 수 없으며, 반드시 "혼동"이 발생하는가를 판단하여야 한다.[2]

---

1) 黄晖, 商标法[M], 北京: 法律出版社, 2004: 126-131.
2) 孙海龙, 姚建军, 商标侵权判定与例外抗辩[J], 中华商标, 2010(5): 33-39.

위의 설명으로부터 이 학자는 공중의 "혼동" 발생 가능성을 상표권 침해판단의 필수적인 요건으로 보았다는 것을 알 수 있다.

2. 디자인특허권의 침해판단방식과 관련 규칙

본서의 「특허법」 제2조 및 제23조에 대한 설명에서 이미 지적하였는데, 디자인특허권과 등록상표권은 성질이 확연히 다른 지식재산권이다. 특허법 제23조는 디자인특허권의 보호객체가 발명창조의 일종이라고 명확히 규정하고 있는데, 이 때문에 디자인특허권은 창조적 성과 유형의 지식재산권이다. 등록상표의 주된 기능은 등록상표를 사용함으로써 소비자로 하여금 상표등록인이 제공하는 상품 또는 서비스를 타인이 제공하는 상품 또는 서비스와 구분해 낼 수 있게 하는 것이고, 따라서 등록상표권은 식별표지 유형의 지식재산권이다.

디자인과 상표가 성질에서 차이가 있기 때문에 권리수여요건과 침해요건의 판단도 다를 수밖에 없다. 아래에서는 이에 대해서 논의하도록 하겠다.

(1) 상품의 출처에 대한 혼동 유발 문제

앞에서 설명한 바와 같이, 등록상표권을 침해하는 행위에 해당하는지에 대한 판단의 핵심은 소비자로 하여금 침해로 피소된 상품 또는 서비스의 출처를 혼동하게 하여 상표등록인이 제공한 상품 또는 서비스로 잘못 알게 할 수 있는가에 있다. 디자인특허권은 창조적 성과 유형 지식재산권의 일종으로서, 디자인특허권의 수여요건은 제품의 외관을 창작하여 선행설계와 동일하지 않고 분명하게 구별되는 설계방안을 제출하였는가에 있고, 디자인특허권 침해요건은 허가 없이 권리자의 설계방안을 사용하였는가 또는 실질적으로 사용하였는가에 있다. 이 때문에 디자인특허권에 있어서는 권리수여요건이든 아니면 침해요건이든 모두 소비자로 하여금 제품의 출처에 혼동을 유발할 수 있는가 하는 요소는 고려할 필요가 없다.

위의 결론을 얻은 데에는 다음의 세 가지 이유가 있다.

먼저, 디자인특허권의 보호객체는 그 설계방안을 사용한 제품 자체이고, 디자인특허권자의 상업적 신용이 아니기 때문이다. 「상표법」 제44조가 상표등록인은 그 등록상표를 사용할 의무가 있다고 규정한 것과 달리, 「특허법」에는 특허권자가 그 취득한 특허권을 실시할 의무가 있다고 규정하지 않았다. 디자인특허문서의 도면 또는 사진은 이미 제품의 보호받는 디자인을 명확하게 나타내므로, 디자인특허권의 침해 여부를 판단하는 기초로 충분히 사용될 수 있으며, 이것이 본조 제2항이 규정하는 "디자인특허권의 보호범위는 도면 또는 사진에 표시된 그 제품의 디자인을 기준으로 한다."의 의미이다. 바꿔 말하면, 디자인특허권의 침해여부를 판단하는 것은 침해로 피소된 제품의 외관과 특허문서의 도면 또는 사진에 표시된 제품의 외관을 비교하는 것이고, 특허권자가 제조 및 판매하는 제품의 외관과 비교하는 것이 아니다. 침해로 피소된 제품이 특허권이 수여된 디자인의 도면 또는 사진에 표시된 것과 동일 또는 실질적으로 동일한 설계방안을 사용하기만 하였다면, 그 디자인특허권의 보호범위에 속하는 것이 되며, 디자인특허권자 자신이 그 설계방안을 실시하였는지 그리고 그 설계방안을 사용한 제품을 시장에 출시하였는지와 무관하다. 기왕에 이와 같다면, 소비자가 침해로 피소된 제품과 특허제품의 출처를 혼동할 수 있는가 하는 문제는 고려할 필요가 없다.

다음으로, 「상표법」은 상표등록인이 타인에게 그 등록상표의 사용을 허가할 수 있다고 규정하고 있고, 「특허법」은 특허권자가 타인에게 그 특허의 실시를 허가할 수 있다고 규정하고 있지만, 양자의 허가자와 피허가자에 대한 요구는 분명하게 구별된다. 「상표법」 제40조는 "허가자는 피허가자가 그 등록상표를 사용하는 상품의 품질을 감독하여야 한다. 피허가자는 그 등록상표를 사용하는 상품의 품질을 보장하여야 한다."라고 명확하게 규정하고 있다. 중국 법원의 관련 판례는 등록상표의 피허가자가 제공하는 상품의 품질에 문제가 있어서 소비자의 이익에 손해를 입힌 경우, 허가자는 상응하는 법률적 책임을 부담하여야 한다고 판시하였다.[1] 이처럼 규정하고 이처럼 판시한 이유는, 등록상표를 사용한 피허가자 상품의 소비자는 그 구매한 상품이 상표등록인이 제공하는 상품으로 추정할 이유가 있으며, 바로 상표등록인의 상업적 신용 때문에 그 상품을 구매하고자 하는 것인데, 피허가자의 상품에 품질문제가 있는 경우에는 허가자가 그 책임을 벗어날 수 없다고 보는 것이 자연스럽기 때문이다. 이것은 상표의 상품출처표시 기능을 뚜렷하게 보여 주는 것이다. 「특허법」 제12조의 특허 실시허가에 관한 규정에는 「상표법」 제40조와 유사한 조문이 없으며, 특허실시 허가계약의 체결은 단지 그 특허를 피허가자가 실시하는 것에 특허권자가 동의하였음을 나타내는 것뿐이고, 공중으로 하여금 피허가자가 제조하는 제품이 특허권자가 제조하는 제품으로 여기게 할 수 있다는 의미는 조금도 없다. 이것은 다른 측면에서 디자인특허권에 대한 침해행위 판단에 제품의 출처에 혼동을 일으킬 수 있는가 하는 문제를 고려할 필요가 없음을 나타낸다.

마지막으로, 2008년 개정 「특허법」 제25조에 제6호를 신설하였는데, "평면인쇄물

---

1) 2002년 7월 11일 공포한 「最高人民法院关于产品侵权案件的受害人能否以产品的商标所有人为被告提起民事诉讼的批复」[法释(2002)22号].

에 대한 도안·색채 또는 이들의 결합으로 만들어진 주로 표지작용을 일으키는 설계"에 대해서는 특허권을 수여하지 않는다고 규정하였다. 이 규정은 디자인특허권과 등록상표권 사이의 차이를 뚜렷하게 하는 데 도움이 된다.

미국 연방순회항소법원은 1986년 내린 판결에서 디자인특허권의 판단은 상표법 의미의 상품의 출처에 대한 "혼동 가능성"을 판단기준으로 하면 안 된다고 하였다. 이 판결은 아래와 같이 지적하였다.

> 상품의 출처에 대한 혼동 가능성은 디자인특허권 침해판단의 요소로 해서도 아니 되고 적합하지도 않다. 유효한 디자인특허권의 침해여부 판단에는 특허권자가 제조 및 제공하는 "판매할 수 있는" 제품이 반드시 요구되는 것은 아니다. 침해로 피소된 제품과 특허제품 사이에 어떤 유사한 점이 있다고 하더라도 구매자로 하여금 혼동을 일으키지 않게 하는 경우에만 비로소 디자인특허권에 대한 침해가 아닌 것으로 보는 견해는, 디자인특허권 침해판단기준과 상표권 침해에서의 "혼동 가능성" 판단기준 사이의 원래는 명확한 경계를 흐리게 할 수 있다.[1]

미국 연방순회항소법원은 1992년 내린 다른 판결에서 이에 나아가 분석하였는데, 아래와 같이 지적하였다.

> 디자인특허권 침해판단과 상표 및 트레이드드레스(trade dress) 침해판단이 현저하게 다른 것으로부터, 경험적 증거가 주는 핵심적 차이를 충분히 이해할 수 있다. 구매자가 상품의 출처에 대해서 혼동을 일으킬 수 있는지를 판단하는 것은, 상표권 침해 및 트레이드드레스 침해 인정의 필요적 요소이다. 침해에 해당함을 증명하기 위해서, 상표권자 또는 트레이드드레스권자는 반드시 "구매할 수 있는" 상품을 제조 및 판매하여야 하고, 그 결과 소비자가 시장에서 어떠한 행위를 할 수 있는가는 상표 또는 트레이드드레스 침해여부를 판단하는 데 있어서 매우 중요한 요소가 된다. 조사결과 및 기타 경험적 증거는 소비자가 어떠한 행위를 하는지를 검증하는 데 자주 이용되는 증거이며, 이러한 증거는 상표권 침해 및 트레이드드레스 침해 인정에 매우 중요한 의의를 갖는다. 이에 비하여, 디자인특허권 침해의 증명에는 제출되어야 하는 증거가 분명하게 다른데, 소비자가 시장에서 어떠한 행위를 할 수 있는가 하는 이 광범위한 문제를 고려할 필요가 없기 때문이다. 디자인특허권 침해여부의 증명에는 단지 한 가지 요소에만 관계되며, 이에 대해서 조사하는 것은 훨씬 단순하

---

1) Unette Corp. v. Unit Pack Co., Inc. (1986).

다. 간단히 말해서, 디자인특허권자는 보통의 관찰자가 침해로 피소된 제품의 디자인과 특허제품의 디자인을 구분해 낼 수 없다는 것만 증명하면 된다. 따라서 디자인특허권 침해에 해당하는지를 증명함에는 일반적으로 경험적 증거를 제출할 필요가 없다.[1]

2009년 반포된 「최고인민법원의 특허권 침해분쟁사건 심리 응용법률 문제에 관한 해석」의 제정 과정에서도, 일찍이 제8조에 "소비자로 하여금 혼동을 유발하는"이라는 표현을 기재하여 디자인특허권 보호범위 속부 판단에 고려하여야 하는 요소로 할 것을 고려하였었다. 논의와 연구를 거쳐, 최종적으로 통과된 해석에는 이 요건을 포함시키지 않았다.

(2) 제품 유형의 동일 또는 유사 문제

「상표법」 제52조 제2호는 상표등록인의 허가 없이 동일 또는 유사한 상품에 등록상표와 동일 또는 유사한 상표를 사용하는 경우 상표권을 침해하는 행위에 해당한다고 규정하였다. 이 규정은 등록상표권 침해에 해당하기 위해서는 두 가지 요건을 만족시켜야 함을 명확히 밝힌 것인데, 하나는 상품이 동일 또는 유사하여야 한다는 것이고, 다른 하나는 상표가 동일 또는 유사하여야 한다는 것이다. 이 규정의 필요성에 관해서는, 앞에서 이미 설명한 바 있다. 2009년 반포된 「최고인민법원의 특허권 침해분쟁사건 심리 응용법률 문제에 관한 해석」 제8조는 디자인특허제품과 동일 또는 유사한 종류의 제품에 특허권이 수여된 디자인과 동일 또는 유사한 디자인을 사용한 경우, 인민법원은 침해로 피소된 설계가 디자인특허권의 보호범위에 속하는 것으로 인정하여야 한다고 규정하였다. 이 규정은 분명히 「상표법」의 관련 규정을 참고하였다.

그러나 주의하여야 할 점은, 「특허법」인지 아니면 「특허법실시세칙」인지를 불문하고, 모두 「상표법」 제52조 제1호와 같은 규정이 없다는 점이다. 「특허법」 제2조 제4항은 "디자인은 제품의 형상·도안 또는 그 결합 및 색채와 형상·도안의 결합에 대하여 만들어진 풍부한 미감이 있고 공업상 이용할 수 있는 새로운 설계를 가리킨다."고 규정하고 있고, 본조 제2항은 "디자인특허권의 보호범위는 도면 또는 사진에 표시된 그 제품의 디자인을 기준으로 하고, 간단한 설명은 도면 또는 사진에 표시된 그 제품의 디자인을 해석하는 데 이용할 수 있다."고 규정하고 있다. 여기에서 "제품" 및 "그 제품"의 의미는 주로 디자인의 설계방안이 반드시 제품과 결합되어야 하고, 제품과 분리되어 단독으로 보호될 수는 없음을 나타내는 데 있다. 디자인특허권 침해분

---

1) Braun Inc. v. Dynamic Corporation of America(1992).

쟁 사건에서 제품 유형의 동일 또는 유사를 고려할 필요가 있는가는 논의해 볼 가치가 있는 문제이다. 만약 고려하여야 한다면 어떻게 고려하여야 하는가?

디자인특허권에 대한 보호에 있어서 동일 또는 유사한 제품으로 엄격히 제한하여야 하는가는 여러 국가들을 곤혹스럽게 만드는 공통된 문제이다. 예를 들어, 미국의 권위 있는 저작은 아래와 같이 지적하였다.

> 특정제품의 디자인에 수여한 디자인특허권에 있어서, 상이한 제품에 동일한 디자인을 사용한 것이 특허권 침해행위에 해당하는가는 유래가 깊은 문제로서, 미국은 종래부터 만족할 만한 해결책을 얻지 못하였다. 거의 모든 공개된 판례에서, 침해로 피소된 제품은 모두 특허제품과 동일한 특징을 갖는다. 이에 반하여, 만약 제품의 특징을 변동시켰다면, 필연적으로 그 제품의 외관에 실질적 변화를 불러옴으로써, 침해행위로 인정될 수 있는 가능성을 배제하였다.[1]

미국의 한 판례는 아래와 같이 지적하였다.

> 침해로 인정되기 위해서는 침해로 피소된 제품이 보호받는 디자인방안을 남용하였음을 증명하기만 하면 족하고, 침해로 피소된 제품이 특허권자가 보유한 시장을 교란하였음을 증명할 필요가 없으며, 침해로 피소된 자의 제품이 특허권자와 경쟁하는 제품임이 요구되는 것도 아니다. 사실상, 설령 디자인특허권자가 그 제품을 제조하지 않는 상황이라고 하더라도, 침해자는 그 침해책임을 벗어날 수 없다.[2]

상표는 통상적으로 단지 상품에 부착하는 표지이며, 상표권 침해로 인정되기 위해서는 반드시 소비자로 하여금 표지를 부착한 상품의 출처에 혼동을 일으킬 수 있음이 전제조건이 되고, 이 때문에 필연적으로 상품이 동일 또는 유사한지를 고려하여야 하는데, 그 이유는 상표가 저명상표가 아닌 상황에서는 설령 동일하지도 아니하고 유사하지도 아니한 상품에 동일 또는 유사한 상표를 사용하였다고 하더라도 관련 공중으로 하여금 그 상품의 출처를 혼동하게 하지는 않을 것이기 때문이다. 디자인특허권은 이와 달라서, 그 특허문서의 도면 또는 사진에 제품 전체의 외관이 명확하게 표현되어 있다. 디자인의 3대 요소(형상·도안 및 색채) 중에서, 형상은 제품의 유형을 가

---

[1] Donald S. Chisum, Chisum on Patents[M].
[2] Avia Group International, Inc. v. L. A. Gear California, Inc. (1998), 853 F. 2d 1557, 1563.

장 잘 체현해 낼 수 있는 요소이다. 설령 침해로 피소된 제품이 동일한 도안 및 색채를 사용하였다고 하더라도, 제품의 형상이 분명히 다르다면(단지 제품의 크기가 다른 경우는 포함하지 않는다.), 동일한 또는 실질적으로 동일한 전체적 시각효과를 일으킬 수 없으므로 침해제품으로 인정될 수 없다. 바꿔 말하면, 본조 제2항이 디자인특허권의 보호범위는 도면 또는 사진에 표시된 그 제품의 디자인을 기준으로 한다고 규정한 것은, 이미 제품의 유형 문제를 상당부분 고려하였음을 나타내고, 이로부터 별도로 그리고 단독으로 제품의 유형에 대해서 비교하여야 하는 필요성을 감소시켰다. 앞에서 인용한 미국 저작에서 설명한 것의 의미가 바로 이것이다.

2009년 반포된 「최고인민법원의 특허권 침해분쟁사건 심리 응용법률 문제에 관한 해석」 제9조는 "인민법원은 디자인특허제품의 용도에 근거하여 제품 종류의 동일 또는 유사 여부를 판단하여야 한다. 제품의 용도를 확정함에는 디자인의 간단한 설명, 국제디자인분류표, 제품의 기능 및 제품의 판매, 실제사용 현황 등 요소를 고려하여야 한다."고 규정하였다. 제품의 용도는 통상적으로 제품의 기능에 의해 결정되고, 제품의 외관에 의해 결정되지는 않는다. 이 때문에, 용도·분류 또는 기능이 분명히 다른 제품에 대해서도, 디자인특허권자가 창작한 성과를 도용·모방하였을 가능성을 배제할 수는 없다. 들 수 있는 예는 매우 많은데, 실제 자동차의 외관을 장난감 자동차에 이용하는 경우, 주방 수납장의 외관을 냉장고에 이용하는 경우, 건축물의 외관을 장식품에 이용하는 경우 등이다. 이러한 예에서, 제품마다 용도는 분명히 다르지만, 디자인특허의 설계성과를 빌려 쓰는 데에는 아무런 문제가 없다. 예를 들어, 현재의 장난감 자동차는 갈수록 실제 자동차와 닮아가서 어떤 것은 자동차의 모형과 다를 바 없고, 실제 자동차와 같을수록 보통은 그 소비자(아동)도 더욱 좋아하여 시장가치가 높아진다. 이것은 디자인특허권의 침해판단 규칙에 대해서 이러한 모방행위가 허용되어야 하는가 또는 장려되어야 하는가라는 문제를 던진다. 표절·모방의 경우에, 단지 제품의 용도 또는 기능이 다르다고 해서 디자인침해에 해당하지 않는다고 인정하여야 하는가?

TRIPs 제26조 제1항은 공업품디자인의 효력에 대해서 아래와 같이 규정하였다.

> 보호되는 디자인의 권리자는 제3자가 권리자의 동의 없이 보호디자인을 복제하였거나 실질적으로 복제한 디자인을 지니거나 형체화한 물품을 상업적 목적으로 제조·판매 또는 수입하는 행위를 금지할 권리를 갖는다.

「EU디자인보호규정」 제19조 제1호는 등록된 유럽공동체디자인의 효력에 대해서 아래와 같이 규정하였다.

> 등록된 유럽공동체디자인에 대해서는 권리자가 그 디자인을 독점적으로 이용할 수 있고, 제3자가 허가 없이 그 디자인을 이용하는 것을 제지할 수 있는 권리가 있다. 위의 이용행위에는 그 디자인이 포함된 또는 적용된 제품을 제조·제공약속·시장출시·수입·수출하거나, 또는 위의 목적으로 이러한 제품을 보관하는 것이 포함된다.

TRIPs와 「EU디자인보호규정」에서의 위 규정은 "물품" 또는 "제품"에 보호받는 디자인과 동일한 또는 실질적으로 동일한 디자인을 사용한 것이기만 하면 특허권 침해에 해당한다고 규정하고, 이 밖에 "물품" 또는 "제품"의 유형·용도 등에 대해서 제한하지 않았다는 점에서 공통점이 있다. 「특허법」제11조와 본조 제2항 규정은 이 점에 있어서 서로 동일하다.

필자는 침해로 피소된 자가 그 제품외관의 장식효과를 개선할 목적으로 그 제품에 디자인특허로 보호받는 설계방안을 사용함으로써 침해로 피소된 제품으로 하여금 형상·도안 또는 색채에 있어서 특허제품과 동일하게 또는 실질적으로 동일하게 하였다면, 침해에 해당하는 것으로 인정되어야 하고, 양자가 기능 또는 용도에 있어서 서로 차이가 있는가는 중요하지 않다고 본다.

(3) 디자인의 동일 또는 유사 판단

2009년 반포된 「최고인민법원의 특허권 침해분쟁사건 심리 응용법률 문제에 관한 해석」제11조는 디자인의 설계방안이 동일 또는 유사한지를 판단하는 기본원칙을 명확히 하였는데, 즉 권리가 수여된 디자인 및 침해로 피소된 디자인의 설계특징을 근거로, 디자인의 전체적 시각효과에 의하여 종합적으로 판단하여야 하며, 전체적 시각효과에서 차이가 없는 경우, 인민법원은 양자가 동일한 것으로 인정하여야 한다고 규정하였다.

위의 규정은 디자인특허권 침해판단에 두 단계가 포함됨을 나타내는 데, 첫째 단계는 양자가 전체적 시각효과에서 차이가 있는지를 판단하는 것으로, 만약 판단결과 전체적 시각효과에 차이가 없다고 한다면, 바로 침해에 해당한다는 결론을 얻을 수 있는데, 이것은 발명 또는 실용신안특허의 문언침해에 상당한다. 둘째 단계는, 만약 판단결과 전체적 시각효과에 차이가 있다고 하더라도(한 부분일 수도 있고 여러 부분일 수도 있다.) 판단이 이것으로 종료되는 것은 아니고, 이에 더 나아가서 그 차이가 전체적 시각효과에 있어서의 실질적 차이에 해당하는지를 계속해서 판단하여야 하며, 만약 실질적 차이에 해당하지 않는다면 침해에 해당한다는 결론을 얻을 수 있는데, 이것은 발명 또는 실용신안특허의 균등침해에 상당한다.

위의 규정에 근거하여, 디자인특허권의 침해판단에는 침해로 피소된 제품과 특허제품의 외관에 있어서의 동일 또는 유사점을 고려하여야 할 뿐만 아니라, 양자 사이의 차이점도 고려하여야 하며, 균형 있게 따져 보고 종합적으로 판단한 후에야 비로소 전체적 시각효과에 차이가 있는지 또는 실질적 차이가 있는지에 관한 결론을 얻을 수 있다. 상대적으로 말해서, 양자 사이의 차이에 대한 분석과 인정이 보다 중요한데, 최고인민법원의 사법해석 규정에 따르면 먼저 전체적 시각효과에 차이가 있는지를 판단하고 그 다음에 그 차이의 크기와 성질을 판단하여야 하며, 이것이 침해의 성립을 인정하기 위한 전제조건이다. 기왕에 이와 같다면, 상표의 동일 또는 유사 판단에 사용하는 "유사점 위주" 판단규칙을 따르는 것은 적절하지 않다. 보다 구체적으로 말하면, 양자 사이의 전체적 시각효과상의 차이를 회피하여 "보고도 못 본 체하거나" 또는 "존재하지 않는" 것으로 보아서는 안 된다. 기왕에 양자 사이의 전체적 시각효과상의 차이를 명확하게 인정할 필요가 있다면, 또한 "이격 관찰"의 간접적 비교방식을 따르는 것도 적절하지 않으며, 양자를 함께 놓고 "면대면"으로 분석 및 대비하여야 하고, 판단자의 머릿속에 남아 있는 인상에 의지해서 어디선가 본 것 같은 느낌으로 침해의 성립을 인정해서는 안 되는데, 디자인특허권자는 종래에 그 특허제품을 시장에 출시한 적이 전혀 없을 수 있기 때문이다. 상표권 침해판단과 이처럼 달라야 하는 근본적 이유는 디자인특허권의 침해판단은 소비자가 상품의 출처에 대해서 혼동을 일으킬 수 있는가를 판단하는 것이 아니기 때문이다.

"면대면" 비교방식을 사용하는 것에 대해서, 판단자가 침해로 피소된 제품의 외관과 디자인특허제품의 외관 사이의 모든 차이를 "매우 뚜렷하게" 볼 수 있어서 침해가 아니라는 결론을 내리기 쉬우므로, 디자인특허권의 보호강도를 떨어뜨릴 수 있다고 우려하는 견해가 있다. 최고인민법원의 사법해석은 이 문제에 대해서 사실상 이미 대답하였는데, 양자의 전체적 시각효과에 차이가 있기만 하면 침해가 아니라는 결론을 얻을 수 있는 것이 아니고, 실질적인 차이가 있는 경우에만 이러한 결론을 얻을 수 있기 때문이다. 이로부터, "실질적 차이"의 판단기준이 실제로는 디자인특허권 보호범위의 크기를 결정하는 가장 중요한 요소이며, 바로 "균등"범위의 기준이 발명 및 실용신안특허권 보호범위의 크기를 결정하는 중요한 요소인 것과 같음을 볼 수 있다. 디자인특허권의 침해여부를 판단하는 것은 골동품을 감정하는 것과는 다르다. 골동품의 가치를 판별하는 것과는 매우 큰 차이가 있는데, 골동품 감정에서는 진품인지 가짜인지를 판단하는 것이 문제이고, 가짜가 판치는 것을 근절하여야 하므로 조금의 모호함도 용납되지 않으며, 따라서 하자 또는 결점이 있기만 하면 가짜로 인정될 수 있다. 특허권의 보호는 이와 다르며, 발명 및 실용신안특허권 침해에 균등침해가 포함되는 것과 마찬가지로, 디자인특허권의 특허문서에는 청구범위가 없기 때문에 디자인특허권의 침해에 해당하는지를 판단하기 위해서는 침해로 피소된 제품의 외관과 특허제품의 외관 사이에 일정한 차이가 있는 것도 허용되어 판단규칙에 일정한 "허용범위"가 주어져야 한다. 본서의 「특허법」제62조에 대한 설명에서 특허제도의 정상적 운영에 필요한 조건에 관한 논의에서 지적한 바와 같이, 침해라는 주장이 인정되기 위해서는 침해로 피소된 제품과 디자인특허제품의 외관이 전체적 시각효과에 있어서 허용되는 차이("균등"의 범위에 상당함)가 너무 커서는 안 되며, 그 침해제품을 하나의 선행설계라고 가정할 때 그 디자인특허의 설계방안을 그 선행설계와 비교하여 적어도 그 디자인특허권이 유효한 특허라는 결론을 얻게 되는 정도가 되어서는 안 된다. 보다 구체적으로 말하면, 침해로 피소된 제품과 디자인특허제품의 외관이 전체적 시각효과에서 차이가 있고, 나아가 그 차이가 "실질적 차이"인가를 판단할 때에는, 침해로 피소된 제품을 출원일 전에 이미 공지된 선행기술이라고 가정하고 디자인특허의 설계방안을 그 선행설계와 비교하여 「특허법」제23조 제2항이 규정하는 진보성 요건을 판단하고, 만약 진보성이 있다는 결론이 얻어진다면 이 차이를 "비실질적 차이"라고 보아 침해가 성립한다는 결론을 얻는 것은 적절하지 않다. "비실질적 차이"의 인정에는 「특허심사지침서 2010」의 「특허법」제23조 제1항 적용에 관한 규정을 참고할 수 있다. 이 규정은 디자인특허출원이 신규성이 없는 경우에는 선행설계와 동일한 경우를 포함할 뿐만 아니라, 또한 선행설계와 실질적으로 동일한 경우도 포함한다고 규정하고 있다. 여기에는 아래와 같이 규정되어 있다.

> 만약 일반소비자가 판단대상 특허와 대비설계를 전체적으로 관찰하여 양자의 차이가 단지 다음의 경우에 불과한 것으로 볼 수 있다면, 판단대상 특허와 대비설계는 실질적으로 동일하다.
>
> (1) 블라인드 디자인에 있어서 블레이드의 수에만 차이가 있는 경우와 같이, 일반적인 주의력을 다하여도 발견할 수 없는 미소한 차이만 있는 경우.
>
> (2) 사용할 때에는 보이기가 쉽지 않거나 또는 보이지 않는 부분에만 차이가 있는 경우, 다만 보이기가 쉽지 않은 부분의 특정 설계가 일반 소비자에게 주목을 끌 만한 시각적 효과를 발생시킬 수 있음을 증거로써 증명할 수 있는 경우는 제외한다.
>
> (3) 도안과 색채를 갖는 과자상자의 형상을 정육면체에서 직육면체로 치환한 경우와 같이, 어떤 설계요소를 전체적으로 그 종류 제품의 관용적인 설계에 상응하는 설계요

소로 치환한 경우.

(4) 영화관 좌석을 이중으로 배열하거나 또는 좌석의 수량을 증감하는 것과 같이, 대비설계를 설계의 단위로 하여 그 종류 제품의 통상적인 배열방식에 따라 반복적으로 배열하거나 또는 그 배열 수량을 증감시킨 경우.

(5) 그 차이가 거울에 비친 것과 같이 대칭인 경우.[1)]

만약 침해로 피소된 제품의 외관과 특허제품의 외관이 전체적 시각효과에서 있어서 위의 유형 중 하나의 차이가 있는 것으로 인정된다면, 그 차이는 "비실질적 차이"로 보아야 한다고 한 것은 적합하고 적절한 것이다. 이러한 입장을 따르면, 디자인특허권의 수여기준과 디자인특허권의 침해기준 사이를 바람직하게 연계시키고 서로 조화시키는 데 유리하다.

발명 또는 실용신안특허권에 있어서는, 침해제품과 특허제품 사이의 차이가 기술적 기능에서 드러나며, 보통은 시각적 관찰에 의해서 바로 볼 수 있는 것이 아닌데, 이 때문에 발명 또는 실용신안특허권 침해의 인정에는 종래부터 혼동발생 가능성의 문제가 없다. 디자인특허권이 보호하는 것은 그 제품의 외관으로, 사람들은 시각적으로 직접 제품의 외관을 관찰할 수 있기 때문에, 침해로 피소된 제품의 외관과 특허제품의 외관이 전체적 시각효과에서 단지 "비실질적 차이"만 있는 경우에는, 판단자가 시각적 느낌에서 이들을 혼동한다고 보는 것은 불가능한 일이 아니다. 그러나 주의하여야 할 점은, 여기에서의 "혼동"은 양자가 그 외관에 대한 시각적 느낌에서 혼동을 일으킬 수 있다는 것이지, 사람들로 하여금 제품의 출처에 대해서 혼동을 일으킬 수 있음을 가리키는 것은 아니라는 점이다. 따라서 설령 "비실질적 차이"로 "혼동 유발" 가능성이 있다고 하더라도, 중국「상표법」의미의 "혼동 유발"과는 다르다. 기왕에 이와 같다면, 법률 적용 시의 "혼동 유발"을 방지하기 위하여, 최고인민법원이 규정한 "실질적 차이"라는 표현을 사용하는 것이 가장 적절하며, 이렇게 함으로써 개념을 더욱 명확하고 엄격하게 할 수 있다.

2009년 반포된「최고인민법원의 특허권 침해분쟁사건 심리 응용법률 문제에 관한 해석」제11조 제2항은 아래와 같이 규정하였다.

② 다음 각 호의 경우에는, 디자인의 전체적 시각효과에 통상적으로 보다 큰 영향이 있다.

---

1) 国家知识产权局, 专利审查指南2010[M], 北京: 知识产权出版社, 2010: 第四部分 第五章 5.1.2.

1. 제품을 정상적으로 사용할 때에 쉽게 관찰할 수 있는 부위는 기타 부위에 비해서
2. 선행설계와 구별되게 하는 권리가 수여된 디자인의 설계특징은 권리가 수여된 디자인의 기타 설계특징에 비해서

위의 규정에서 열거한 경우는 어떤 의미에서는 바로 디자인의 "요부"라고 볼 수 있는데, 이 때문에 이 규정은 디자인의 동일 또는 유사여부를 판단함에 있어서 디자인의 전체적 시각효과에 대한 판단을 위주로 하고, "요부관찰"을 보충적으로 하여야 한다는 의미를 표현한 것이다. 그러나 "요부"가 통상적으로 디자인의 전체적 시각효과에 보다 큰 영향이 있다고 규정하였는데, 여기에서 "보다 큰 영향"의 의미를 어떻게 해석하여야 하는가? 이론적으로 보면, 다음과 같은 두 가지 다른 해석이 가능하다.

하나는, "요부"가 발생시키는 시각효과에 대해서는 일반적인 판단기준을 적용하고 "비요부"가 발생시키는 시각효과에 대해서는 판단기준을 완화시키는 것으로, "비요부"에 존재하는 차이는 생략할 수 있도록 하여, 설령 비교적 큰 차이가 있다고 하더라도 "비실질적 차이"인 것으로 보는 것이다.

다른 하나는, "비요부"가 발생시키는 시각효과에 대해서는 일반적인 판단기준을 적용하고, "요부"가 발생시키는 시각효과에 대한 판단기준을 엄격하게 하는 것으로, "요부"에 존재하는 차이를 보다 엄격하게 취급하여 조금이라도 다르기만 하면 "실질적 차이"가 있는 것으로 보는 것이다.

위와 같은 해석방식을 제시하는 목적은 "보다 큰 영향"의 의미를 드러내 보이기 위한 것인데, 그러나 해석방식을 달리하면 얻어지는 결과는 분명히 크게 달라질 수 있다. 둘 중에서 어떤 것이 옳은가? 그렇지 않으면 모두 틀렸는가? 필자는 일찍이 최고인민법원의 사법해석을 기초한 사람과 이 문제에 대해서 논의해 본 적이 있는데, 위의 두 가지 해석 모두 사법해석을 기초한 사람의 본래 의도는 아닌 것 같다.

디자인의 권리수여판단과 침해판단에서 전체적 시각효과와 요부관찰대비는 모두 필요한 것이지만, 양자 사이의 관계를 어떻게 처리하여야 하는가는 시종 어려운 문제였다. 전체적 시각효과에 대해서 종합적으로 판단하여야 한다는 것은 의심할 바 없는 일반적 원칙이지만, 그러나 동시에 디자인제품의 각 부분에 따라 그 발생시키는 전체적 시각효과에 대한 영향도 다르다는 것을 인정하여야 한다. 필자는 최고인민법원 사법해석의 규정, 즉 "제품을 정상적으로 사용할 때에 쉽게 관찰할 수 있는 부위는 기타 부위에 비해서 디자인의 전체적 시각효과에 통상적으로 보다 큰 영향이 있다."는 규정에 동의한다. 예를 들어, 냉장고의 디자인에 있어서 그 정면·측면·평면의 설계특징은 분명히 배면·저면의 설계특징에 비하여 훨씬 더 판단자의 주의를 끌기

쉬운데, 만약 침해로 피소된 제품과 특허제품의 외관이 단지 냉장고의 배면 또는 저면 부위에만 차이가 있다면, 양자가 전체적 시각효과에서 실질적 차이가 없다는 결론을 얻게 되기가 쉬워진다. 이 때문에 필자는 위 규정의 의미가 각급 법원의 재판실무를 통해 그 의미가 풍부하게 되고 나서 부단히 개선되어야 한다고 본다.

「최고인민법원의 특허권 침해분쟁사건 심리 응용법률 문제에 관한 해석」제11조 제2항 제2호가 "선행설계와 구별되게 하는 권리가 수여된 디자인의 설계특징은 권리가 수여된 디자인의 기타 설계특징에 비해서 디자인의 전체적 시각효과에 통상적으로 보다 큰 영향이 있다."고 규정하였는데, 이것은 이 사법해석에서 새롭게 신설한 개념이다. 이와 대비하기 위하여, 필자는 미국에서의 디자인특허권 침해에 대한 판단기준의 형성과 발전과정을 연구하는 것이 유익하다고 본다.

미국에서의 디자인특허권에 대한 침해판단의 기본규칙은 지금까지도 미국 연방대법원의 1872년 Gorham Mfg. Co. v. White 사건에 대한 판결로 수립되었는데,[1] 이 판결은 아래와 같이 지적하였다.

> 침해로 피소된 제품의 외관과 특허제품의 외관이 동일한지를 판단함에는, 전문가의 시각으로 보아서는 아니 되며 "보통의 관찰자"의 시각으로 보아야 한다. 만약 일반적인 구매자의 주의력을 갖는 보통의 관찰자가 볼 때에, 양자 사이의 유사점이 그 관찰자를 기만하여 그로 하여금 침해로 피소된 제품을 구매하도록 유도하고 그 구매한 것을 특허제품으로 알게 한다면, 양자가 실질적으로 동일하여 침해에 해당하는 것으로 판단하여야 한다.

특허에 관한 미국의 권위 있는 저작은, 미국 연방대법원의 일백여 년 전의 위 판례는 상표권 침해판단 및 부정당경쟁 인정과 유사한 여러 개념을 사용하였다고 지적하였는데, 예를 들면 "보통의 관찰자", "실질적으로 동일", "관찰자를 기만", "구매하도록 유도", "구매한 것을 다른 제품으로 알게"와 같은 개념이다. 비록 미국 연방대법원이 이처럼 판결하였지만, 미국법원의 많은 판결은 디자인특허권 침해와 상표권 침해 및 부정당경쟁의 침해판단이 달라야 한다고 여전히 강조하였다.[2]

미국 연방순회항소법원은 1981년 설립되고 나서 얼마 지나지 않아, 미국 연방대법원의 위 판결을 바탕으로 디자인특허권 침해의 "새로운 점" 판단기준(Similarity stemming from novel elements point of novelty)을 추가하였다. 미국 연방순회항소법원은 1984년

---

[1] 81 U. S. (14 Wall.) 511 (1872).
[2] Donald S. Chisum, Chisum on Patents[M].

Litton Sys., Inc. v. Whirlpool Corp. 사건에 대한 판결에서 아래와 같이 지적하였다.[1]

> 그러나 디자인특허권에 대한 침해를 인정하기 위해서는, 양자가 어떻게 유사한가를 불문하고, 반드시 특허제품의 외관을 선행설계와 차별시키는 새로운 점을 침해로 피소된 제품이 표절하였어야 한다. 바꿔 말하면, 설령 법원이 보통 관찰자의 시각에서 양자를 비교한다고 하더라도, 침해로 인정하기 위해서는 양자가 유사한 것이 디자인특허제품을 선행설계와 차별화시키는 새로운 점을 사용한 때문이어야 한다.

이에 뒤따른 미국의 판결은 미국 연방순회항소법원이 제시한 "새로운 점" 판단기준을 미국 연방대법원이 제시한 "보통 관찰자" 판단기준과 서로 독립적인 판단기준으로 취급하였다. 바꿔 말하면, 디자인특허권 침해판단에 두 개의 기준을 적용하여야 한다고 보아서, 각각 이 두 판단기준에 부합하는 경우에만 비로소 침해로 인정될 수 있다고 하였다.

미국 연방순회항소법원은 2008년 9월 22일 Egyptian Goddess Inc. v. Swisa Inc. 사건에 대한 판결에서 위의 견해를 명확히 하였다.[2]

이 사건은 디자인특허권 침해분쟁에 관한 것이었는데, 일심법원이었던 미국 텍사스 북부지방법원은 침해로 피소된 제품은 디자인특허를 가장 가까운 선행설계와 차별화시키는 점을 사용하지 않았다고 보았고, 따라서 침해가 성립하지 않는다고 판단하였다. 특허권자는 일심판결에 불복하여 미국 연방순회항소법원에 항소하였는데, 그 결과 재판부는 일심판결을 유지하는 이심판결을 하였다. 미국 법조계에 "새로운 점" 판단기준에 대해서 다른 의견이 존재함을 고려하여, 미국 연방순회항소법원은 이 법원의 전체 법관이 참여하는 대법정 형식으로 이 항소사건에 대해서 새롭게 심리를 진행하기로 결정하였고, 이렇게 함으로써 디자인특허권 침해에 대한 한 가지 중요한 법률문제를 명확히 하였는데, 그 결과 이 법원의 원래 재판부가 내린 판결을 번복하는 동시에 이 법원이 종전에 제시하였던 "새로운 점" 판단기준을 폐기하였다.

대법정판결은 비교적 간단한 침해분쟁 사건에서는, 즉 특허권이 수여된 디자인이 하나의 선행설계에 기초하여 창작된 것이어서 그 선행설계에 비하여 오직 하나의 차이점만 있는 경우에는, "새로운 점" 판단기준이 비교적 쉽게 적용될 수 있지만, 비교

---

1) 436 F. Supp. 380, 194, 81 U.S. (14 Wall.) 511 (1872).
2) 543 F. 3d665.

적 복잡한 침해분쟁 사건에서는, 즉 특허권이 수여된 디자인이 여러 선행기술에 기초하여 창작된 경우에는, 특허권이 수여된 디자인에는 이러한 선행설계에 비하여 여러 차이점을 갖게 되고, 그 새로운 점은 이러한 여러 차이점의 조합에 있으므로, "새로운 점" 판단기준을 적용하기가 어렵다고 보았다. 대법정판결은 "새로운 점" 판단기준을 따르게 되면 판단자로 하여금 그 주의력을 특허권이 수여된 디자인의 개별적 설계특징에 집중하게 하고, 침해로 피소된 제품이 전체적으로 특허권이 수여된 디자인을 표절한 것인지에 대해서는 집중하지 못하게 한다고 지적하였다. 이 밖에, 특허권이 수여된 디자인의 창작의 정도가 높을수록 그 선행설계와의 차이점은 더욱 많아지게 되므로, 본래는 보다 효과적인 특허보호를 받아야 한다. 그러나 "새로운 점" 판단기준을 따르게 되면 침해로 피소된 자에게 그 침해로 피소된 제품이 침해에 해당하지 않음을 다툴 수 있는 기회를 보다 많이 주게 되는 결과가 되는데, 그 침해로 피소된 제품이 특허권을 받은 디자인의 이러한 "새로운 점"을 사용한 것이 아니라고 하나씩 다툴 수 있기가 쉬워지기 때문이다.

대법정판결은 아래와 같이 지적하였다.

위의 분석을 바탕으로, 우리는 "새로운 점" 판단기준이 다시는 디자인특허권에 대한 판단기준으로 사용되어서는 아니 된다고 본다. 이와 반대로 미국 연방대법원의 Gorham 사건에 대한 판결 및 이후의 일련의 판결에 근거하여, 우리는 "보통 관찰자" 판단기준은 디자인특허권의 침해여부를 판단하는 유일한 기준이 되어야 한다고 본다. 이 기준에 근거하여, 본 법원이 말했던 것처럼, 침해로 피소된 제품이 특허권을 받은 디자인을 사용하였거나 또는 이를 위장적으로 모방한 경우를 제외하고, 그렇지 않으면 디자인특허권의 침해에 해당하지 않는다.

그러나 대법정판결은 동시에 아래와 같이 지적하였다.

당연히, 우리가 "새로운 점" 판단기준을 따르지 않기로 결정했다고 해서 특허권이 수여된 디자인과 선행설계 사이의 차이점이 중요하지 않음을 의미하는 것은 아니다. 이와 반대로, 특허권이 수여된 디자인의 새로운 점을 살펴보는 것은 특허권이 수여된 디자인과 침해로 피소된 제품의 디자인과의 비교 및 특허권이 수여된 디자인과 선행설계와의 비교에 있어서 중요한 구성부분이다. 그러나 설계방안에 대한 비교에 있어서는 어떠한 "새로운 점"에 대해서 살펴보더라도 반드시 "보통 관찰자" 판단기준의 일부로 진행하여야 하고, 하나의 독립적인 판단기준으로 하여 그 주의력을 단지 소송과정에서 강조하여 지적한 개별적인

"새로운 점"에 집중해서는 아니 된다.

필자는 최고인민법원이 그 사법해석에 "선행설계와 구별되게 하는 권리가 수여된 디자인의 설계특징은 권리가 수여된 디자인의 기타 설계특징에 비해서 디자인의 전체적 시각효과에 통상적으로 보다 큰 영향이 있다."를 추가한 것에 찬성하는데, 이 규정이 디자인특허권에 대한 보호가 창작을 보호하기 위한 것이라는 기본적 출발점을 뚜렷하게 보여 주며, 디자인특허권 침해판단과 등록상표권 침해판단이 구별되도록 보장하는 중요한 규정이기 때문이다. 이 사법해석은 단지 "선행설계와 구별되게 하는 권리가 수여된 디자인의 설계특징"이 "보다 큰 영향"을 준다는 의미만 나타낸 것뿐이고, 침해로 피소된 제품이 반드시 선행설계와 구별되게 하는 권리가 수여된 디자인의 설계특징을 동일한 방식으로 사용하여야 한다는 것을 나타낸 것은 아니며, 따라서 "디자인의 전체적 시각효과에 의한 종합적 판단"에 필요한 보충을 하는 것이고, 이와 서로 대등한 독립적인 판단원칙은 아니다.

미국 연방순회항소법원이 Egyptian Goddess Inc. v. Swisa Inc. 사건에 대한 판결에서 표명한 견해를 참고하여, 필자는 위의 사법해석을 적용할 때에 다음과 같은 문제에 주의하여야 한다고 본다.

먼저, 사법해석에서의 "선행설계"를 어떻게 확정하여야 하는가? 필자는 이를 하나의 선행설계로 이해하여야 하고, 통상적으로는 권리가 수여된 디자인과 가장 가까운 선행설계이며, 관련된 모든 선행기술은 아니라고 본다. 실제로는 권리가 수여된 디자인과 관련된 선행설계는 매우 많으며, 권리가 수여된 디자인을 여러 선행설계와 비교하면 그 새로운 점은 각각 달라진다. 만약 무릇 권리가 수여된 디자인을 모든 선행설계와 구별시키는 설계특징이기만 하면 디자인의 전체적 시각효과에 모두 보다 큰 영향이 있다고 한다면, 권리가 수여된 디자인의 수많은 설계특징이 전체적 시각효과에 보다 큰 영향이 있다고 인정하는 것과 다를 바 없게 되는데, 이것은 분명히 논리에 맞지 않고 이 사법해석의 위 규정을 올바르게 적용할 수 없게 하는 결과가 되어, 디자인특허권자의 효과적인 보호에 영향을 주게 된다.

다음으로, 가장 가까운 선행설계를 어떻게 확정하는가? 미국법원은 디자인특허권 침해분쟁 사건을 심리할 때에 그 근거가 된 디자인특허권의 유효성 문제를 함께 심리할 수 있는 권한이 있으며, 특허권 유효성에 대한 변론과 심리를 통해서 법관은 통상적으로 권리가 수여된 디자인과 가장 가까운 선행기술을 파악할 수 있는데, 따라서 "가장 가까운 선행설계"를 확정하는 것이 별로 어렵지 않을 것이다. 중국에서는 디자인특허권 침해분쟁 사건을 심리하는 법원은 디자인특허권의 유효여부 문제를 심리할 수 있는 권한이 없고,[1] 국가지식산권국이 디자인특허권을 수여할 때에는 실체심사를 거치지 않으므로 그 사건기록에도 가장 가까운 선행기술에 관한 기록은 존재하지 않으며, 이 때문에 침해사건 심리법원이 어떻게 가장 가까운 선행기술을 확정할 것인가 하는 문제가 존재한다. 현실적으로 실행 가능한 방안으로는 첫째, 특허복심위원회가 무효선고청구를 심사한 경우, 심사결정 중에 인용한 가장 가까운 선행설계를 빌려 쓰는 방안과, 둘째, 침해로 피소된 자가 선행설계의 항변을 한 경우, 그 증거로 든 선행설계를 빌려 쓰는 방안을 벗어나지 않는다. 후자에 대해서 말하자면, 침해로 피소된 자가 증거로 제출한 선행설계는 두 가지 기능을 할 수 있는 것 같은데, 먼저 이 증거를 써서 선행설계의 항변을 하는 것이고, 설령 선행설계의 항변이 인정되지 않는다고 하더라도 이 증거를 이용하여 침해가 아니라는 항변을 하면서, 비록 그 침해로 피소된 제품이 권리가 수여된 디자인과 비교하여 전체적으로 유사한 시각효과를 갖고 있다고 하더라도, 권리가 수여된 디자인에 체현된 그 증거로 제출한 선행설계와 구별시키는 설계특징을 사용하지 않았으므로 침해에 해당하지 않는다고 다툴 수 있다. 디자인특허권자가 보호를 받는 것이 너무 곤란해지지 않도록 주의하여야 하는데, 그렇게 하지 않으면 디자인특허제도에 요구되는 가치와 기능이 저하된다. 이를 고려하여, 필자는 침해판단에 "디자인의 전체적 시각효과에 의한 종합적 판단"을 주된 원칙으로 관철하고, "보다 큰 영향"에 관한 규정은 단지 보조적 작용을 하여야 한다고 주장하는 바이며, 이것은 또한 "보다 큰 영향"의 인정 및 인정의 작용에 대해서 보다 상세한 규칙이 마련될 필요가 있음을 나타낸다.

(三) 부분디자인 보호에 관한 문제

「특허법」은 디자인특허권에 대한 보호에 대하여 약간 다른 두 가지로 표현하였는데, 첫째는 제11조 제2항의 "디자인특허권이 수여된 후, 어떠한 단위 또는 개인도 특허권자의 허가 없이 그 특허를 실시, 즉 생산경영 목적으로 그 디자인특허제품을 제조·판매청약·판매·수입할 수 없다."라고 규정한 것이고, 둘째는 제59조 제2항의 "디자인특허권의 보호범위는 도면 또는 사진에 표시된 그 제품의 디자인을 기준으로 한다."라고 규정한 것이다.[2] 전자는 "그 디자인제품"이라고 하고 후자는 "그 제품의

---

[1] 설령 베이징시 제1중급인민법원이라고 하더라도, 동일한 특허권에 관한 침해분쟁사건과 권리확정분쟁사건이 서로 독립적인 사건이며, 병합하여 심리될 수 없다.

[2] 2008년 개정 전 「특허법」 제56조 제2항은 "디자인특허권의 보호범위는 도면 또는 사진에 표시된 그 디자인제품을 기준으로 한다."고 규정하였다.

디자인"라고 하였으므로, 양자는 표현에 있어서 조금 차이가 있는데, 두 조가 규정하는 내용이 다르기 때문이다. 제11조 제2항은 디자인특허권의 효력을 규정하기 위한 것으로, 제조·판매청약·판매·수입할 수 있는 것은 당연히 제품일 수밖에 없고 제품과 분리된 디자인일 수는 없으며, 이 때문에 "그 디자인제품"이라는 표현을 쓴 것이다. 제59조 제2항은 디자인특허권의 보호범위를 규정하기 위한 것으로, "그 제품의 디자인을 기준으로 한다."라는 표현방식은 "디자인제품을 기준으로 한다."에 비하여 훨씬 정확하며, 이 때문에 "그 제품의 디자인"라는 표현을 쓴 것이다.

　「특허법」 제2조 제4항, 제11조 제2항 및 본조 제2항은 공통된 의미를 나타내는 데, 바로 디자인특허권의 보호객체가 "그 외관에 특허권을 받은 설계방안을 사용한 제품"이라는 것이다. 여기에서의 제품이란, 비행기·선박·자동차와 같은 대형 제품일 수도 있고, 목걸이·열쇠·압핀과 같은 소형 제품일 수도 있으며, 많은 부품으로 이루어진 전체 장치일 수도 있고, 의복의 단추, 냉장고 손잡이, 전자기기의 다이얼 등과 같은 다른 제품에 부착되는 하나의 부속품일 수도 있으며, 독립적으로 제조되어 독립적으로 판매될 수 있는 제품으로서 공중이 제품의 외관을 관찰할 수 있기만 하면 된다. 출원하여 디자인특허권을 받을 수 있는 제품의 유형이 다양하므로, 출원인은 그 필요에 따라 선택하여 디자인특허권을 출원하고 받을 수 있다. 예를 들어, 어떤 자가 독특한 외관을 갖는 자동차의 외부 후사경을 설계하였다면, 그는 그 외부 후사경을 사용한 자동차 전체에 대해서 디자인특허를 출원하여 받을 수도 있고, 그 외부 후사경 자체에 대해서 디자인특허를 출원하여 받을 수도 있다. 일단 출원인이 선택하고 나면, 그 보호객체는 "고정"되고, 그 디자인특허의 보호범위는 그 제품의 외관을 반영한 도면 및 사진을 기준으로 하게 된다. 지적이 필요한 점은, 제품의 불가분적인 구성부분은 단독으로 디자인특허를 출원할 수 없다는 점인데, 예를 들어 찻잔의 손잡이, 나이프와 포크의 손잡이, 소파의 팔걸이 부분 등이다. 바꿔 말하면, 중국의 현행 「특허법」 규정에 따르면 제품의 불가분적인 하나 또는 복수의 부분에 대해서는 부분디자인으로 보호받을 수 없다.

　지식재산권제도가 부단하게 발전함에 따라서, 일부 국가 또는 지역은 부분디자인을 보호하기 시작하였다. 일본은 1999년 1월 1일부터 시행된 개정 디자인법에 부분디자인에 관한 개념을 도입하였는데, 그 제2조에 "이 법의 디자인은, 제품(제품의 부분을 포함한다.)의 형상·도안·색채 또는 이들을 결합한 것으로서 시각을 통하여 미감을 일으키게 하는 설계를 가리킨다."고 규정하였다. 2002년 2월 12일부터 시행된 「EU디자인보호규정」 제3조 제a호도 "디자인이란 제품의 형상 자체 및/또는 그 장식물의 특징, 특별히 그 선·윤곽·색채·형상·무늬 및/또는 재료로 형성되는 제품 전체 또는 제품 일부분의 외관을 가리킨다."고 규정하였다.

외국 디자인제도의 변혁에 영향받아, 중국이 2008년 「특허법」을 개정할 때에, 적지 않은 사람들이 제품의 부분디자인에 대해서도 특허로 보호하여야 한다는 개정의견을 제출하였는데, 그 이유는 주로 다음과 같다.

첫째, 산업화에 따른 대량화·표준화·분업화가 진행됨에 따라서 많은 경우에 제품의 기능이 제품의 조형을 결정하고, 그 디자인이 날로 성숙됨에 따라 일부 제품에 있어서는 그 디자인의 여지가 갈수록 좁아진다. 이러한 상황에서, 창작자가 제품의 외관에 대해서 국부적으로 개량한 것은 설령 제품의 전체 외관에 큰 영향을 주지는 않는다고 하더라도, 그들이 심혈을 기울인 것이어서 소비자의 주의를 끌 수 있다. 따라서 창작자의 끊임없는 창작을 장려하기 위하여 부분디자인 보호제도를 도입하여야 한다.

둘째, 현행 디자인제도에서는 창작자가 단지 제품의 외관에 대해서 국부적인 개량을 한 경우에도, 마찬가지로 제품의 전체 외관에 대해서 디자인특허출원을 하여야 한다. 이때에는 그 제품의 전체 외관이 선행설계에 비하여 분명하게 구별되지 않으므로 디자인특허권이 수여될 수 없을 수 있다. 이러한 결과는 출원인에게 있어서 불공평한 것이고, 설계의 혁신을 장려하는 데에도 이롭지 않다.

셋째, 디자인특허권의 보호범위가 도면 또는 사진에 표시된 그 제품의 디자인을 기준으로 하기 때문에, 창작자가 단지 제품의 외관에 대해서 국부적인 개량을 한 경우에도 마찬가지로 제품 전체의 외관에 대해서 디자인특허출원을 하여야 하는데, 이것은 설령 디자인특허권을 받는다고 하더라도 효과적인 보호를 받기가 어렵게 된다. 예를 들어, 창작자가 단지 헤어드라이어의 손잡이 외관을 개량하였다고 하더라도 어쩔 수 없이 전체 헤어드라이어의 외관에 대해서 디자인특허출원을 하여야 하고, 타인은 그 손잡이 부분의 외관을 완전히 모방하는 동시에 헤어드라이어의 머리부 외관에 대해서 그다지 중요하지 않은 변화를 줌으로써, 법원 또는 특허업무관리부문으로 하여금 침해로 피소된 제품이 특허제품의 디자인과 동일하지도 않고 유사하지도 않다고 여기게 함으로써 침해가 성립하지 않는다는 결론을 내리게 할 수 있다. 이러한 결과를 방지하기 위하여, 출원인은 그 특허출원 중에 그 손잡이와 다양한 외관을 갖는 머리부를 서로 결합시킨 가급적 많은 설계방안을 나열할 수밖에 없고, 이렇게 함으로써 모든 가능한 변화를 궁구하여 침해자가 위와 같이 빈틈을 파고들 수 있는 수단을 사용할 가능성을 차단하고자 할 것이다. 그러나 이러한 방식을 사용한 디자인특허출원은 심사규정의 제한을 받게 되고, 동시에 출원인에게는 너무 번거로운 것이어서 현실에서는 실행하기가 매우 어렵다.

위와 같은 견해를 갖는 사람들은 부분디자인보호제도를 수립하는 것이 국제적 조류이고 대세이므로, 이 문제를 해결하지 않으면 반드시 중국 디자인특허제도와 국제적 규칙 사이의 조화에 영향을 줄 수 있으며, 국내외 출원인의 불만은 말할 것도 없고 혁신형 국가건설에도 도움이 되지 않는다고 보았다.[1]

2008년 「특허법」 개정 시에, 위의 개정의견에 대해서 광범위하게 심층적으로 논의하였는데, 이와 다른 견해도 있었다.

먼저, 산업화의 진전에 따라서 새로운 디자인을 창작해 낼 수 있는 여지가 갈수록 좁아져서 창작자가 이미 창작력이 고갈될 지경에 있다는 것은, 검토해 볼 점이 있다고 보았다. 과학기술분야인지 아니면 문화예술분야인지를 불문하고, 인류의 창작능력은 무궁무진하며 영원히 끝이 없는데, 공업품디자인분야도 또한 이와 같다. 예를 들어, 의복·신발·모자·가구 등 일상용품은 옛날부터 있었지만, 그 변화와 혁신은 끊임이 없어서 종래부터 고갈된 적이 없다. 그중에서 특히 언급할 만한 것은 운동화이다. 최근 20년 사이에, 신발업계는 각양각색의 운동화를 출시하였는데, 그 재질·가공·양식 등 분야에서의 개량의 다양성은 인류 역사상 유례가 없는 것으로서, 눈이 부시고 다 볼 수 없을 정도이며, 인류 생활의 모습과 질을 매우 크게 변화시켰다. 지적하여야 할 점은, 과학기술의 부단한 발전도 디자인의 혁신에 광대한 무대를 제공하였다는 점이다. 예를 들어, 텔레비전 브라운관은 음극선관으로부터 플라즈마·액정 모니터로 발전해 오면서 텔레비전 산업에 거대한 변화를 일으켰으며, 그 외관도 이에 따라 크게 변화하여 각종 설계방안이 잇따랐고, 옛날의 텔레비전 외관은 이와 서로 비교할 수가 없을 정도이다. 제품의 디자인을 개량할 길이 갈수록 좁아지지는 않을 것이라고 믿을 수 있는 충분한 이유가 있으며, 이것이 바로 디자인특허제도 생명력의 근원이라고 하겠다.

유럽연합은 2002년에 「EU디자인보호규정」을 시행하기 시작하였다. 이 규정은 등록출원한 디자인이 "개성적 특징"이 있는지 판단함에 있어서, 그리고 등록된 디자인의 보호범위를 확정함에 있어서 모두 "창작자가 그 디자인을 창작할 때의 설계 자유도"를 고려하여야 한다고 규정하였다. 이 규정의 의미는, 설계 자유도가 비교적 큰 경우에는 등록출원한 디자인이 선행설계에 비하여 보다 뚜렷하게 구별되어야 비로소 "개성적 특징"이 있다고 인정될 수 있고, 나아가 등록받을 수 있지만, 일단 등록되고 나면 훨씬 넓은 보호범위를 확보할 수 있다는 것이다. 이와 반대로 설계 자유도가 비

---

1) 宮宝珉 等, 外观设计专利审查与授权标准研究[G]//国家知识产权局条法司, 专利法及专利法实施细则第三次修改专题研究报告, 北京: 知识产权出版社, 2006: 319-320.

교적 작은 경우에는 설령 등록출원한 디자인이 선행설계에 비하여 차이가 크지 않다고 하더라도 "개성적 특징"이 있는 것으로 인정될 수 있고, 나아가 등록받을 수 있지만, 그러나 설령 등록되었다고 하더라도 보호범위가 좁아질 수밖에 없다고 한다.

그러나 유럽연합의 위 규정이 유럽연합국가들이 "새로운 디자인을 창작해 낼 수 있는 여지가 갈수록 좁아졌다."라고 보고 있다는 것을 의미하는 것은 아니며, 단지 설계 자유도가 설계분야에 따라서 커지거나 작아질 수 있다는 것을 나타내는 것뿐이다. 지적할 가치가 있는 점은, 권리수여 요건에 부합하는지를 판단할 때에 그리고 보호범위를 확정할 때에 "자유도"라는 개념을 도입하는 것에는 장단점이 있을 수 있다는 점인데, 장점은 권리자가 등록을 받고 보호를 받을 때 비교적 유리하다는 점이고, 단점은 판단에 주관적 요소와 법적 불확정성을 증대시킴으로써 판단을 보다 복잡하게 하고 판단의 결론이 사람에 따라 달라지게 할 수 있다는 점이다. 발명 또는 실용신안에 있어서는, 중국이 특허제도를 수립한 초기에 관련 국가들의 의견을 참고하여, 많은 사람들이 일찍이 권리수여 요건에 부합하는지를 판단할 때 그리고 보호범위를 확정할 때에 "첨단기술분야"인지 아니면 "비첨단기술분야"인지를 구분하여야 한다고 보았는데, 이것은 실질적으로 발명 또는 실용신안의 "자유도"를 고려한 것이다. 현재에는 다른 국가뿐만 아니라 중국에서도 이러한 의견은 이미 거의 들리지 않는다.

다음으로, 과학기술의 혁신이든 아니면 디자인의 혁신이든, 그중 절대다수는 모두 선행기술·선행설계를 바탕으로 개량한 것이고 진정으로 완전히 새로운 것은 매우 적은데, 이는 인류의 인식과 능력은 항상 점진적으로 발전한다는 객관적 규칙에 부합한다. 「특허법」이 규정하는 세 유형 특허의 권리수여요건으로 보거나 아니면 「특허심사지침서 2010」이 규정하는 세 유형 특허의 권리수여기준으로 보거나, 특허권이 수여되기 위해서 발명·실용신안·디자인의 모든 기술적 특징 또는 설계적 특징이 선행기술 또는 선행설계의 상응하는 특징과 다를 것이 요구되는 것은 아니다. 디자인에 있어서는, 제품의 국부적 외관의 개량으로 제품의 전체 외관을 선행설계에 비하여 시각적 효과에서 분명하게 구별시킬 수 있다면 디자인특허권을 수여하기에 충분하다.

개정의견이 지적한 것처럼, 디자인특허권에 대한 보호에는 다음과 같은 부족한 점이 있다.

첫째, 발명 및 실용신안특허권은 모두 청구범위라는 특수한 법률문서가 있어서, 몇 개의 구성요소(기술적 특징)를 통하여 명확하고 간명하게 보호받고자 하는 기술방안을 특정할 수 있으며, 발명 및 실용신안특허권의 침해여부를 판단함에는 침해로 피소된 제품 또는 방법이 동일 또는 균등한 방식으로 이러한 기술적 특징을 재현한 것인가만 판단하면 된다. 바꿔 말하면, 오직 기술방안의 "요점"만 비교하면 되고 설명서에 기재하였지만 청구범위에는 기재하지 않은 기술방안의 기타 "세부"는 고려할 필요가 없다. 디자인특허는 청구범위가 없고, 그 보호범위는 도면 또는 사진에 표시된 디자인제품을 기준으로 하며, 특허 출원인이 사진을 사용한 경우에는 제품 외관의 모든 세부를 사실적으로 반영할 수 있어서 만약 사진을 청구범위에 비견한다면 곧 그 "청구항"에 아주 많은 기술적 특징을 기재한 것이어서, 만약 이러한 "청구항"을 기준으로 디자인특허권의 보호범위를 확정한다면 침해자는 빈틈을 노릴 수 있는데, 바로 디자인특허권을 받은 설계방안의 정수인 "요점"을 표절하면서 동시에 고의적으로 그 "비요점" 부분에 대해서 쉽게 생각해 낼 수 있는 그다지 중요하지 않은 변화를 가하여, 그 제품 외관의 전체적 시각효과에 어떠한 변화를 가져오게 함으로써 디자인특허권에 대한 침해책임을 벗어날 수 있다.

둘째, 위와 같은 불리한 결과를 방지하기 위하여 디자인특허의 출원인은 매우 자연스럽게 디자인특허 출원서류에 여러 항의 병렬적인 "독립청구항"에 상당하는, 그 기본적인 설계사상을 실현하는 여러 개의 유사한 설계방안을 기재하고자 할 것인데, 이렇게 하면 침해자가 그 디자인특허권의 보호범위를 그렇게 쉽게 피해 가지는 못할 것이다. 그러나 2008년 「특허법」 개정 전의 심사기준은 이러한 방식을 엄격하게 가로막았는데, 만약 여러 개의 유사한 설계방안을 하나의 디자인특허출원에 기재하게 되면, 하나의 출원으로 여러 개의 상이한 설계방안에 대한 보호를 요구하는 것이어서, 2008년 개정 전 「특허법」 제31조 제2항의 디자인특허출원 단일성에 관한 규정에 의해서 거절되어야 했기 때문이다. 만약 여러 개의 유사한 설계방안을 여러 디자인출원에 나누어서 출원하면 또한 "동일"한 발명창조로 여겨져서, 2010년 개정 전 「특허법실시세칙」 제13조 제1항의 중복수권 금지에 관한 규정에 의해서 거절되어야 했으므로, 출원인으로 하여금 이러지도 저러지도 못하는 속수무책의 상황으로 만들었다.

위와 같은 결점을 극복하고 디자인특허권자를 효과적으로 보호하기 위하여, 2008년 개정 「특허법」은 뚜렷한 목표를 갖고 디자인특허제도를 상응하게 조정하였는데 첫째, 개정 전의 있어도 되고 없어도 되었던 디자인에 대한 간단한 설명을 디자인특허 출원서류의 필요적 부분으로 고치고 그 내용에 설계요점에 대한 설명을 포함하도록 하였으며, 동시에 본조 제2항에 간단한 설명을 디자인특허권의 보호범위 해석에 이용할 수 있도록 하였는데, 이렇게 함으로써 법원 또는 특허업무관리부문이 디자인특허권 침해분쟁에 대해서 심리 또는 처리할 때에 설계요점의 중요부분을 더욱 뚜렷하게 하여 침해자가 침해책임을 회피하기 위하여 위와 같은 방식을 취하는 것을 보다 더 잘 방지할 수 있게 하였다. 둘째, 디자인의 병합출원 허용범위를 확대하여, 동일한 제품에 대한 둘 이상의 유사한 디자인을 하나의 출원으로 할 수 있도록 규정하였으며, 2010년 개정 「특허법실시세칙」 제35조 제1항에서 하나의 디자인특허출원에 최대 10개의 유사한 디자인이 포함될 수 있도록 규정하였는데, 이렇게 함으로써 출원인이 보다 견고하게 방어선을 구축하도록 하여 침해자가 그 디자인특허권의 보호범위를 쉽게 피해갈 수 없게 하였다. 위와 같은 개정내용에 대해서 본서는 「특허법」 제9조 및 제31조에 대한 설명에서 이미 상세하게 설명하였다.

2008년 개정 「특허법」으로 위와 같이 조정한 상황에서, 부분디자인에 대한 보호를 추가로 규정할 필요가 있는가?

이것은 부분디자인을 어떻게 보호할 것인가 하는 문제에 관계된다. 이에 대해서는 크게 두 가지 선택방안이 있을 수 있는데, 하나는 출원인에게 그 제품의 모든 육면도를 제출할 것을 요구하지 않는 것으로, 예를 들어 출원인이 그 냉장고의 정면에 대한 설계방안에 대해서 부분디자인으로 보호받고 싶어한다면, 그 냉장고의 정면도만 제출하면 되고, 나머지 면의 도면을 제출할 필요가 없게 하는 것이다. 둘째는 출원인에게 그 제품의 어떤 면의 완전한 도면을 요구하지 않는 것인데, 예를 들어 출원인이 단지 그 냉장고 정면의 국부적인 부분의 디자인을 부분디자인으로 보호받고 싶어 한다면, 그 국부적인 부분의 상세도만 제출하고 냉장고 정면의 그 나머지 부분은 점선으로 상징적으로 표시하여, 점선으로 냉장고 정면 외형의 윤곽만 표시하게 하는 것이다.

「특허심사지침서 2010」은 입체디자인제품에 있어서, 제품설계의 요점이 여섯 개 면에 관계되는 경우 여섯 면의 정면도를 제출하여야 하고, 제품설계의 요점이 하나 또는 복수의 면에 관계되는 경우 관계되는 면의 정면도와 입체도를 제출하여야 한다고 규정하였다.[1] 이것은 위의 첫 번째 방안이 실제로는 현행 디자인특허제도에서 이미 사용되고 있으며, 「특허법」을 개정하여야 비로소 실시할 수 있는 것이 아님을 나타낸다. 그러나 주의하여야 할 점은, 「특허심사지침서 2010」의 위 규정에 따라서 출원인이 입체인 제품에 대해서 디자인특허를 출원하면서 그 제품의 하나 또는 복수의 정면도를 생략한 경우에는 반드시 그 제품 전체의 외관이 반영된 입체도를 제출하여야 한다는 점인데, 그 목적은 디자인특허권으로 보호되는 제품의 전체 외관을 공중이 알 수 있도록 보장하기 위한 것이다. 만약 출원인에게 그 제품의 어떤 일부 면의 정면도만 제출할 수 있게 허용한다면, 공중으로 하여금 보호를 받는 디자인제품이 도대체 평면 제품인지 아니면 입체 제품인지를 구분할 수 없게 하여, 설령 특허문서에 보호받는 제품이 냉장고와 같은 제품이라고 기재하였다고 하더라도 그 보호범위를 크게

---

1) 国家知识产权局, 专利审查指南2010[M], 北京: 知识产权出版社, 2010: 第一部分 第三章 4.2.

넓히게 된다.

위의 두 번째 방안은 제품의 국부적인 세부에 대해서도 독립적으로 디자인특허로 보호받게 할 수 있는데, 그 목적은 출원인으로 하여금 보다 쉽게 디자인특허권을 획득할 수 있게 할 뿐만 아니라, 디자인특허권의 보호범위를 크게 확장시킬 수 있게 하기 위함이다. 이 방안을 사용하면, 출원인은 그 도면 또는 사진에 그 제품 디자인의 개량한 점을 보다 집중적으로 반영하고, 그 개량하지 않은 나머지 부분이 개량한 부분에 대해서 발생시킬 수 있는 "희석화" 작용을 배제할 수 있으며, 그 특허출원한 설계방안으로 하여금 100%에 가까운 완전히 새로운 설계가 되게 할 수 있으므로 자연히 디자인특허권의 수여요건을 훨씬 쉽게 만족시킬 수 있다. 이와 같이 획득한 부분디자인특허권에 있어서는, 침해로 피소된 제품이 그 개량된 점을 사용하였기만 하면, 그 제품의 나머지 부분의 외관이 어떻게 다른지에 관계없이 모두 그 디자인특허권의 보호범위에 속하게 되므로 자연히 디자인특허권의 보호범위를 확대시키게 된다. 앞에서 설명한 바와 같이, 절대 다수의 디자인특허출원은 제품의 외관을 국부적으로 개량한 것으로서, 이러한 방식을 통해서 부분디자인으로 보호받는다면 특허권을 받기도 용이할 뿐만 아니라 보호범위도 또한 넓어지는데, 왜 출원인이 기꺼이 하지 않겠는가? 출원인은 분명히 다투어 이 방식을 너나없이 사용할 것이므로, 그 결과 필연적으로 중국의 현행 디자인특허제도를 크게 손봐야 할 것이다.

발명 및 실용신안특허권 보호기제의 역사와 연혁에 비교해 보면, 부분디자인을 위에서 설명한 것과 같이 극단적으로 보호하는 것은 적절하지 않다는 것을 보다 분명하게 이해할 수 있다. 서방국가에서의 특허제도의 역사적 변천과정에 있어서도 마찬가지로 부분기술방안의 보호를 주장하는 이론과 방식이 제시된 적이 있었는데, 바로 "발명의 사상" 또는 "발명의 핵심"에 대한 보호를 강조하여 청구항에 기재된 기술적 특징의 일부로 구성되는 "2차적 조합"에 대한 보호도 허용하는 것으로서, 이러한 방식은 청구항에 기재된 그 나머지 기술적 특징을 "점선화"하는 것에 상당하는 것이다. 중국이 특허제도를 수립한 초기에도, 법집행기관이 청구항에 기재된 기술적 특징에 대해서 감별하여 필수적 기술적 특징만을 골라내고 비필수적 기술적 특징은 생략하는 방식이 일찍이 유행했었다. 이러한 방식의 목적은 부분디자인보호를 주장하는 목적과 완전히 동일한 것이었는데, 즉 특허권자를 보다 충분하게 보호하기 위함이었다. 그러나 실무를 통해서, 각국은 이미 이러한 방식이 올바르지 않음을 인식하였는데, 특허제도는 특허권자의 이익만 고려하여야 하는 것이 아니라 공중의 이익도 고려하여야 하기 때문이다. 현행 특허제도에서는, 한편으로 특허권자의 합법적 이익을 충분히 보호하기 위해서 균등론을 도입하여 청구범위에 의해 문언적으로 확정되는 보호범위를 적절히 확장하였고, 다른 한편으로 특허권 보호범위의 법적 확정성을 보장하고 공중의 합법적 이익을 보호하기 위하여 균등론의 적용에 대해서 여러 제한적 조치를 취하였는데, 발명 및 실용신안특허권의 청구범위에 기술적 과제를 해결하는 데 필요한 기술방안 전체를 반드시 기재하도록 하고, 특허권의 보호범위를 확정할 때에 "구성요소완비의 원칙"에 따라 전제부에 기재된 공지된 기술적 특징인지 아니면 특징부에 기재된 공지되지 않은 기술적 특징인지를 불문하고 똑같이 보호범위를 한정하는 작용을 하며, 균등론의 적용으로 청구범위에 기재된 기술적 특징을 생략하는 것을 허용하지 않는 것이다. 이 방식은 근본적으로 부분발명을 보호할 수 없다거나 또는 발명의 일부 기술적 특징을 보호할 수 없다고 보는 것이며, 그 나머지 기술적 특징을 "점선화"할 수는 없다고 말하는 것이다. 「특허법실시세칙」제21조 제1항은 독립청구항에는 전제부와 특징부가 포함되어야 하고, 전자에는 발명 또는 실용신안이 가장 가까운 선행기술과 공유하는 필수적인 기술적 특징을 기재하여야 하며, 후자에는 발명 또는 실용신안이 가장 가까운 선행기술과 차이가 있는 기술적 특징을 기재하여야 한다고 규정하고 있다. 청구항에 오직 새롭게 창작한 부분인 "구별되는 기술적 특징"만 기재하여야 한다고 보는 사람은 없는데, 이러한 "구별되는 기술적 특징"이 만약 전제부에 기재된 기술적 특징과 결합되지 않는다면 "공중누각"이 되어 아무런 의의가 없게 되기 때문이다. 같은 이치로 「특허법」제59조 제2항은 디자인특허권의 보호범위는 도면 또는 사진에 표시된 제품의 디자인을 기준으로 한다고 규정하고 있다. 제품의 일부분(특히 제품과 불가분적인 일부분)은 단독으로 제품이 될 수 없으며, 이 때문에 그 외관도 그 "제품의 디자인"이 될 수 없고, 보호범위를 확정함에도 이러한 부분적인 외관만을 기준으로 할 수는 없다. 종합하면, 디자인특허권의 보호에 있어서, 일부 국가가 발명 및 실용신안특허권 보호분야의 실무에서 올바르지 않다고 보았던 역사적 전례를 밟을 필요가 없다.

종합하면, 비록 현행 디자인특허제도를 개선하고 과거에 존재하였던 불합리한 점을 극복할 필요가 있기는 하지만, 디자인에 대한 보호를 극단적인 상태로 몰아가서는 안 된다. 사실상, 일본과 같이 설령 그 법률 중에 부분디자인에 대한 보호를 규정한 국가가 있다고 하더라도, 또한 이에 대해서 여러 제한을 가하였으므로 함부로 사용할 수 있는 것은 아니며, 중국에서 부분디자인의 보호를 주장하는 사람들도 그 본의가 제품의 국부적인 외관에 대해서 보호하여야 한다는 것은 아니라고 밝히고 있다.[1]

---

[1] 吴观乐 等, 外观设计专利的保护[G]//国家知识产权局条法司, 专利法及专利法实施细则 第三次修改专题研究报告, 北京: 知识产权出版社, 2006: 538. "현재 부분디자인에 대한 보호를 반대하는 이유 중 하나는, 일단 디자인을 부분적으로 보호하게 되면 디자인의 매개체가 다시는 제품 전체가 아니

다른 국가들도 부분디자인의 보호를 허용한 시간이 오래되지 않았으며, 중국에게는 이러한 국가의 실제 시행상황을 관찰하여 그 효과와 장단점을 평가할 시간이 필요하다. 이 밖에, 부분디자인을 보호하기 위해서는 이와 관련한 일련의 제도를 수립하여야 하므로 오랫동안 계획하고 면밀하게 고려하여야 한다. 중국은 현재 세계에서 디자인특허 출원건수가 가장 많은 국가로서, 건수에 있어서 큰 차이로 선두를 지키고 있다. 이러한 상황에서 중국은 부분디자인에 대한 보호여부 문제에 있어서 조급해하지 말고 신중한 태도를 취하여야 한다.

고 단지 그 제품의 일부분, 특히 한 제품의 불가분적인 일부분일수도 있게 한다는 것이다. 이러한 의견은 실질적으로 부분디자인보호의 의미를 곡해한 것이다. 부분디자인라고 하더라도, 그 매개체는 변함없이 제품 전체이며, 보호하는 것도 변함없이 제품의 전체 디자인이며, 단지 디자인의 주요 창작부위가 그 제품의 전체 디자인이 아니고 그 제품 전체 디자인의 일부분일 수 있음을 표명한 것뿐이다."

제60조 특허권 침해분쟁의 처리·심리 및 특허권 침해의 민사책임

특허권자의 허가 없이 그 특허를 실시하여, 즉 그 특허권을 침해하여 분쟁이 발생한 경우, 당사자가 협상하여 해결하며, 협상을 원하지 아니하거나 또는 협상이 이루어지지 아니한 경우, 특허권자 또는 이해관계인은 인민법원에 소를 제기할 수도 있고 특허업무관리부문에 처리를 청구할 수도 있다. 특허업무관리부문은 처리할 때에 침해행위가 성립된다고 인정되면 침해자에게 침해행위의 즉시 중지를 명령할 수 있고, 당사자가 불복하는 경우에는 처리통지를 받은 날로부터 15일 내에 「중화인민공화국행정소송법」에 따라 인민법원에 소를 제기할 수 있으며, 침해자가 기간 내에 소를 제기하지도 아니하고 침해행위를 중지하지도 아니한 경우에는 특허업무관리부문이 인민법원에 강제집행을 신청할 수 있다. 처리를 진행하는 특허업무관리부문은 당사자의 청구에 의하여 특허권 침해배상액에 대한 조정을 진행할 수 있으며, 조정이 이루어지지 아니한 경우, 당사자가 「중화인민공화국민사소송법」에 따라 인민법원에 소를 제기할 수 있다.

一. 특허권 침해의 민사책임 및 책임귀속의 원칙

(一) 본조의 적용범위

본조는 특허권 침해분쟁의 해결방안 및 침해자의 민사책임에 관하여 규정하고 있다. 본조 규정을 적용하기 위해서는 먼저 "특허권 침해분쟁"의 의미를 명확히 하여야 한다.

본조는 "특허권 침해분쟁"을 "특허권자의 허가 없이 그 특허를 실시"함으로써 발생한 분쟁으로 정의하였다. 그중 "특허권자"는 법에 의해 중국에서 특허권을 취득한 권리 주체로서, 중국의 단위 또는 개인을 포함할 뿐만 아니라 외국인·외국기업 또는 외국의 기타 조직도 포함한다. "허가 없이"와 "특허를 실시"하는 것은 각각 「특허법」제11조의 "특허권자의 허가 없이"와 "그 특허를 실시"에 대응하며, 동일한 의미로 이해되어야 한다. 제11조 규정에 따라서, 소위 "그 특허를 실시"한다는 것은 발명 및 실용신안특허에 있어서는 생산경영의 목적으로 그 특허제품을 제조·사용·판매청약·판매·수입하는 것, 그 특허방법을 사용하는 것, 그리고 그 특허방법에 의하여 직접적으로 획득한 제품을 사용·판매청약·판매·수입하는 것을 가리킨다. 디자인특허에 있어서는 생산경영의 목적으로 그 디자인특허제품을 제조·사용·판매청약 · 판매 · 수입하는 것을 가리킨다. 실시행위의 객체가 "그 특허제품", "그 특허방법", "그 디자인특허제품"에 해당하는지 여부에 대해서는 「특허법」 제59조 규정에 따라 특허권의 보호범위에 근거하여 확정할 필요가 있다.

위와 같이 이해하면 본조의 "특허권 침해분쟁"은 특정한 의미가 있으며, 관련되는 범위가 보다 좁아진다. 피허가자가 특허권자의 동의 없이 임의로 제3자에게 특허실시를 허가하거나, 타인이 특허제품이 아닌 제품에 특허권자의 특허번호를 표시하는 등의 행위도 특허권자의 권리 또는 이익을 침해하는 행위에 해당한다고 볼 수 있지만, 이로부터 발생하는 분쟁은 특허권 침해분쟁에 속하지 않으며 본조 규정이 적용되지 않는다.

특허권 침해행위는 특허권의 효력과 밀접한 관계가 있는 개념이다. 특허권의 효력에 관한 규정은 특허권자가 향유하는 권리라고 직접적으로 규정하지만, 특허권 침해행위에 관한 규정은 어떠한 행위가 특허권 침해행위에 해당하는지를 간접적으로 규정한다. 특허권의 효력 및 특허권 침해에 관하여 규정하는 방식에는 세 가지 유형이 있는데, 첫째는 특허권의 효력을 상세하게 규정하고 침해에 관한 규정에서 "특허권자의 허가 없이 그 특허를 실시하는 경우 침해에 해당한다."와 같이 원칙적으로 규정하는 방식으로서, 중국 · 독일 · 스웨덴 등이 이러한 방식을 사용하고 있으며, 둘째는 특허권 침해의 유형을 상세하게 열거하고 특허권의 효력은 직접적으로 규정하지 않는 방식으로서, 미국 등이 이러한 방식을 사용하고 있다. 셋째는 특허권의 효력을 명확히 규정하고 또한 침해행위도 구체적으로 열거하는 방식으로서, 한국 · 일본 등이 이러한 방식을 사용하고 있다.

(二) 특허권 침해의 민사책임

특허권 침해는 일종의 민사적 권리에 대한 침해이므로, 행위자는 민사책임을 부담하여야 한다. 「민법통칙」 제6장 제3절의 표제는 "침해에 대한 민사책임"으로, 그중 제118조는 아래와 같이 규정하고 있다.

공민 · 법인의 저작권 · 특허권 · 상표전용권 · 발견권 · 발명권 및 기타 과학기술성과의 권리가 표절 · 왜곡 · 허위표시 등으로 침해된 경우, 침해중지 · 영향제거 · 손해배상을 요구할 권리가 있다.

「민법통칙」 제6장 제4절의 표제는 "민사책임의 부담방식"으로, 그중 제134조는 아래와 같이 규정하고 있다.

① 민사책임은 주로 다음 각 호의 방식으로 부담한다.
(1) 침해중지
(2) 방해배제
(3) 위험제거
(4) 재산반환
(5) 원상회복
(6) 수리 · 개작 · 변경
(7) 손해배상
(8) 위약금 지급
(9) 영향제거 · 명예회복
(10) 사과
② 전항의 민사책임 부담방식은, 단독으로 적용할 수도 있고 함께 적용할 수도 있다.
③ 인민법원이 민사사건을 심리하는 경우, 위의 규정을 적용하는 이외에도, 훈계, 서약서 제출명령, 위법활동에 사용한 재물 및 위법소득 몰수를 할 수 있고, 법률 규정에 따라서 과태료 · 구류에 처할 수도 있다.

2010년 7월 1일부터 시행한 「권리침해책임법」 제15조는 아래와 같이 규정하고 있다.

① 권리침해책임은 주로 다음 각 호의 방식으로 부담한다.
(1) 침해중지
(2) 방해배제
(3) 위험제거
(4) 재산반환
(5) 원상회복
(6) 손해배상
(7) 사과
(8) 영향제거 · 명예회복
② 전항의 권리침해책임 부담방식은, 단독으로 적용할 수도 있고 함께 적용할 수도 있다.

「민법통칙」및「권리침해책임법」에 비하여「특허법」은 특별법에 해당하므로, 특허권 침해의 민사책임은「특허법」의 관련 규정이 우선 적용되어야 한다.

본조는 특허권 침해자가 민사책임을 져야 한다고 직접적으로 규정하지 않고, 특허권 침해분쟁의 해결방안 및 법률집행기관의 특허권자 구제조치와 함께 규정하고 있다. 본조가 규정한 특허권 침해에 대한 민사책임 부담방식에는 두 가지가 있는데, 하나는 침해자에게 침해행위의 즉시 중지를 명령하는 것이고, 다른 하나는 침해자에게 특허권자가 입은 손해를 배상하도록 명령하는 것이다. 자구로만 보면, 본조는 특허업무관리부문이 특허권자를 위해서 구제조치를 취할 수 있다고 규정하였을 뿐이고, 법원이 특허권자를 위해서 어떠한 구제조치를 취할 수 있는지는 직접적으로 규정하지 않았다. 법원도 특허업무관리부문과 동일한 구제조치를 취할 수 있는가? 조문 자체로 보면 명확한 답을 얻기가 어렵다. 그러나 지금까지의 사법실무와 학술적 이해로 보면, 특허권자를 위해서 사법부가 취할 수 있는 구제조치에는 위의 두 가지가 포함된다고 보는 데 의견이 일치한다. 두 가지 구제조치는 성질이 다른데, 전자는 이후에 발생할 수 있는 침해행위를 근절하는 데 목적이 있는 반면, 후자는 과거에 이미 발생한 침해행위를 청산하는 데 목적이 있다.

사법실무에서는 이 밖에 침해자가「민법통칙」제134조 제9호의 "영향제거·명예회복" 및 제10호의 "사과"의 책임을 부담하도록 명령할 것을 청구하는 특허권자도 있다. 법원은 이러한 주장을 지지하여야 하는가? 아래와 같이 지적하는 학자가 있다.

> 특허법 규정에 의하여 특허권 침해에 대한 민사책임은 침해행위중지와 손해배상의 방식으로 부담하는데, 이것은 특허권의 재산권적 성질에 의해서 결정된 것이다. 그러나 사법실무에서는 이에 대하여 통일적이지 않게, 침해자로 하여금 침해중지·손해배상의 민사책임을 지도록 판결할 뿐만 아니라「민법통칙」의 관련 규정에 근거하여 침해자로 하여금 사과·영향제거 등 민사책임을 지도록 판결하는 법원도 있다. 일상생활에서는, 잘못했으면 타인에게 사죄하고 사과하는 것이 당연하다. 그러나 민사책임 형식으로서의 "사과·영향제거"는 그 적용에 특정한 요건이 있어서, 일반적으로는 타인의 명예권·영업권 등 침해에 관련된 경우에 적용되어야 한다. 특허권은 일종의 재산권으로서, 특허권을 침해하는 것은 위와 같은 문제에는 관계되지 않는다. 따라서 앞으로 이 문제에 있어서는 통일적으로 특허권 침해에 대하여 사과·영향제거의 민사책임을 적용하지 말아야 한다.[1]

---

1) 최고인민법원 지식재산권재판정 재판장 장찌페이(蔣志培)가 2003년 전국법원 특허재판업무 좌담회에서 발언한 내용 참고.

최고인민법원에서도 관련 최종심 판결에서 아래와 같이 지적하였다.

> 사과는 주로 인격적 이익 및 영업적 신용이 손해를 입었을 때의 책임부담 방식이다. 그러나 특허권은 일종의 재산권이며, 따라서 특허권 침해분쟁사건에는 일반적으로 사과를 하도록 하지는 않는다. 그럼에도 원심법원이 원심상소인의 행위로 인해 원심피상소인의 신용이 손해를 입었음을 증명하는 증거가 없는 상황에서, 원심상소인에게 사과를 명령하는 판결을 한 것은 부당한 점이 있다.[1]

위의 설명과 판결로 최고인민법원은 이미 입장을 표명하여, 위 문제에 대해서 대답하였다.

손해배상의 의미 및 배상액수의 확정방식에 관해서는,「특허법」제65조 규정과 함께 상세하게 설명하고, 아래에서는 먼저 침해행위 중지의 의미에 대해서 논의하도록 하겠다.

"침해행위의 즉시 중지"는 법원 또는 특허업무관리부문이 심리 또는 처리를 거쳐서 특허 침해행위에 해당한다고 인정하는 경우에 내리는 명령인데, 이것은 당연한 조치라고 볼 수 있고, 중지명령을 내리지 않으면 특허권자를 충분히 보호할 수 없다. 만약 법집행기관이 특허권자를 위해 취할 수 있는 구제조치에 오직 침해자가 과거에 한 침해행위를 청산하는 것만 포함되고, 침해자가 이후에 계속할 수 있는 침해행위를 금지하는 것은 포함되지 않는다면, 과거의 잘못만 꾸짖을 뿐 미래를 위한 교훈으로는 삼을 수 없는 것이 되어, 침해자가 이후에도 침해행위를 계속하는 경우에 특허권자는 반복해서 법원에 소를 제기하거나 특허업무관리부문에 청구를 해야 하므로 늘상 분쟁 대응에 바빠서 평온할 수 없다. 만약 이와 같다면, 특허제도는 그 기대되는 작용을 발휘할 수 없다.

그러나 어떠한 방식으로 침해자에게 특허권 침해행위의 중지를 명령할 것인가는 논의해 볼 가치가 있다. 본조 규정의 "침해행위의 중지"에는 다음의 두 가지 실현방식이 있을 수 있다.

첫째는 물리적 의미에서 침해행위를 중지시키는 것으로서, 즉 침해자가 과거에 침해제품을 제조한 경우에는 제조설비 또는 생산라인을 즉시 폐쇄하도록 하여 다시는 어떠한 침해제품도 제조하지 못하게 하고, 필요한 때에는 침해자에게 특허실시에 사

---

[1] 최고인민법원이 2005년 다롄(大连) 신이(新益)건축자재유한회사가 다롄(大连) 런다(仁达)신형벽체건축자재제창이 그 특허권을 침해하였다고 제소한 사건에 대한 최종심 판결[최고인민법원 민사판결서(2005) 民三提字 第1호] 참고.

용된 주형 등 전용설비를 소각하도록 하는 것이다. 침해자가 과거에 침해제품을 수입한 경우에는 수입행위를 즉시 중지하도록 하여 다시는 어떠한 침해제품도 수입하지 못하게 한다. 침해자가 과거에 침해제품을 판매청약·판매한 경우에는 그 전시·광고·선전행위를 즉시 중지하도록 하고 아직 판매하지 않은 특허제품을 봉인하여 다시는 어떠한 특허제품도 판매하지 못하게 한다. 침해자가 과거에 특허제품을 사용한 경우에는 사용행위를 즉시 중지하도록 하여 다시는 어떠한 침해제품도 사용하지 못하게 한다. 침해자가 과거에 침해방법을 사용한 경우에는 사용행위를 즉시 중지하도록 하여 다시는 침해방법을 사용하지 못하게 한다. 간단하게 말하면, 침해로 피소된 자가 다시는 어떠한 특허 실시행위도 하지 못하게 하는 것이다.

둘째는 법리적 의미에서 침해행위를 중지시키는 것으로서, 즉 침해자가 계속해서 특허실시를 희망하는 경우에는 특허권자와 합의하여 특허권자에게 특허실시 사용료를 지급하도록 명령하여, 이러한 기초 위에서만 비로소 특허제품의 제조·수입·판매청약·판매·사용행위 또는 특허방법의 사용행위를 계속할 수 있게 하는 것이다. 간단하게 말하면, 원래의 침해자가 계속해서 특허를 실시하는 것을 허용하지만, 반드시 합법적인 방식으로 진행하도록 하는 것이다.

위의 두 가지 방식은 모두 "침해행위 중지"의 목적을 달성할 수 있으며, 본조 규정의 본래 의도에 부합하는 것으로 보아야 한다. 두 방식을 서로 비교해 보면, 첫째 방식이 침해자에게 보다 엄격하며 침해자가 지급해야 하는 대가가 훨씬 크다. 이론적으로 말해서, 특허권자는 법원 또는 특허업무관리부문의 심리·처리과정에서 그중 어떠한 방식을 취할지를 주장할 수 있는 주도권을 갖는데, 이것은 「특허법」이 특허권자에게 부여한 권리이다. 예를 들어, 침해자의 행위가 신의성실의 원칙에 위반되고 죄질이 보다 나쁜 경우, 특허권자는 첫째 방식을 선호할 것이다. 특허권자가 충분한 생산제조능력과 양호한 판매경로를 확보하고 있어서 시장의 수요를 충분히 만족시킬 수 있다면 그와 경쟁하고 싶지 않기 때문에 첫째 방식을 취하고 싶어 할 수 있다.

특허권자가 첫째 방식으로 침해자에게 침해행위의 중지를 명령할 것을 주장하는 경우, 법집행기관은 모든 경우에 이를 지지하여야 하는가는 논의해 볼 가치가 있는 문제이다. 과거에 이 문제에 대해서는 많이 연구되지 않았는데, 반드시 지지하여야 함은 말하지 않아도 분명하다고 보는 견해가 있었다. 그러나 근년에는 외국 판결의 동향을 참고해서 이와 다른 견해를 나타내어, 설령 특허권자가 첫째 방식을 주장하였다고 하더라도 법집행기관이 각종 요소를 종합적으로 고려하여 피고에게 물리적인 의미의 침해행위 중지를 명령할 필요가 있는지를 합리적으로 확정하여야 한다고 보는 학자도 있다.

침해자에게 물리적인 의미의 침해행위 중지를 명령하는 방식은, 영미법계 국가의 사법적 구제제도 중 금지명령(Injunction)과 유사하다. 미국특허법 제283조는 아래와 같이 규정하고 있다.

> 이 법에 의하여 분쟁사건에 관할권을 갖는 법원은, 형평의 원칙에 근거하여, 당해 법원이 합리적이라고 인정되는 조건으로 금지명령을 함으로써 특허의 어떠한 권리도 손해를 입지 아니하게 할 수 있다.

미국이 오랜 기간의 사법실무를 통해서 형성한 형평의 원칙에 따라서, 특허권자가 금지명령을 내릴 것을 주장하는 경우에, 미국법원은 네 요소 판단법(four factor test)에 의하여 금지명령이 필요한지를 확정한다.

(1) 특허권자가 돌이킬 수 없는 손해를 입었는가?

(2) 손해배상과 같은 법률이 규정하는 기타 구제조치로는 특허권자가 입은 손해를 보충할 방법이 없는가?

(3) 특허권자와 침해자의 처지를 종합적으로 고려했을 때에도, 형평법 의미에서의 추가적인 구제조치를 제공하는 것이 적당하다고 인정되는가?[1]

(4) 금지명령으로 인해 공중의 이익이 손해를 입어서는 안 된다.

위의 네 요소 중에서, 제(4)호의 요소가 가장 중요한데, 특허권 침해분쟁에 대해서는 더욱 이와 같다.

그러나 미국법원은 과거 오랜 기간 동안 특허권 침해분쟁사건에 있어서 특허권자에게 보다 유리한 방식을 취하여, 대상이 된 특허권이 유효하고 그 특허권의 침해가 성립한다고 인정되는 경우에는, 일반적으로 특허권자가 금지명령을 청구하면 법원도 금지명령을 내렸다.

미국 연방대법원은 2008년 MerExchange Inc. v. eBay Inc. 사건에 대한 판결에서 당해 법원의 이러한 방식을 부정하는 태도를 표명하였다.

이 사건에서, 특허권자 자신은 그 특허를 실시할 능력이 없었으며, 피고 eBay와 특허실시 허가계약을 체결하고자 하였지만, 그러나 협상이 이루어지지 않았고, 피고는 이후에 임의로 이를 실시하였다. 이 실시행위에 대해서, 특허권자는 피고가 그의 특

---

1) 미국의 과거 사법제도에 따르면, 일반법원은 손해배상의 구제조치만을 취할 수 있었고, 오직 형평법원만이 손해배상의 구제조치와 금지명령의 구제조치 모두를 취할 수 있었다. 이것은 두 가지 구제조치가 법적 위계에 있어서 차이가 있으며, 금지명령이 훨씬 엄격하므로 형평성을 고려한 후에야 내릴 수 있는 것임을 나타낸다.

허권을 침해하였다고 하면서 미국법원에 소송을 제기하였고, 금지명령을 내려 줄 것을 요구하였다. 일심법원은 침해가 성립한다고 판단하였지만 영구적인 금지명령을 내리지는 않았는데, 그 이유는 이 사건의 특허권자는 그 특허를 실시할 능력이 없었고 일찍이 피고에게 그 특허의 실시를 허가하고자 시도하였는데, 이것은 금지명령을 내리지 않더라도 특허권자에게 돌이킬 수 없는 손해를 입히는 것은 아님을 보여 주기에 충분하다는 것이었다. 특허권자는 일심판결에 불복하여 미국 연방순회항소법원에 항소하였다. 이심법원은 일심법원이 특허권 침해가 성립한다고 판단한 결론은 유지하였지만, 금지명령은 특허권 침해소송의 일반적 규칙을 따라서, 즉 일단 침해행위가 성립한다고 인정되면 금지명령을 내릴 수 있고, 공공의 이익보호 등과 같은 극소수의 특수한 경우에만 금지명령을 내리지 않을 수 있다고 보았다. 일심의 피고는 이심판결에 불복하여, 미국 연방대법원에 상고하였다.

　미국 연방대법원은 일심법원의 견해에 동의하지 않았을 뿐만 아니라, 이심법원의 견해에도 동의하지 않았다. 일심법원의 견해에 대하여 미국 연방대법원은 그 판결에서 일심법원이 비록 네 요소 판단법을 응용하였지만, "특허권자가 그 특허를 실시할 능력이 부족"하고 "일찍이 피고에게 그 특허를 허가하고자 하였다는 것"을 이유로 하여 설령 금지명령을 내리지 않는다고 하더라도 원고에게 돌이킬 수 없는 손해가 발생하지는 않을 것이라고 판단한 것은 잘못된 것이고 편파적이라고 지적하였다. 미국 연방대법원은 대학의 과학기술 연구자 또는 개인 발명가는 보통 타인에게 그 특허를 허가하는 방식을 선택하고 자신이 자금을 마련하여 그 발명을 실시하지는 않는데, 만약 일심법원의 견해에 따른다면 이러한 특허권자가 금지명령으로 구제받을 수 있는 기회를 불합리하게 배제할 수 있다고 보았다. 이심법원의 견해에 대하여도 미국 연방대법원은 그 판결에서, 이심법원이 오직 특허권 침해소송에만 적용할 수 있는 일종의 특수한 방식을 수립하여, 특허권이 유효하고 침해행위가 성립한다고 인정되기만 하면 영구적인 금지명령을 내릴 수 있고, "예외적인 경우" 또는 "특수한 경우"에만 비로소 영구적인 금지명령을 내릴 수 없다고 하였기 때문에, 당해 이심법원이 금지명령 검토를 위한 전통적인 네 요소 판단법을 벗어나서 다른 극단에 치우쳤다고 지적하였다. 미국 연방대법원은 일심판결이 획일적인 입장을 취한 것과 마찬가지로 이심판결도 영구적인 금지명령의 범위를 획일적으로 부적절하게 확대하였으므로 이것 또한 올바르지 않다고 보았다. 미국 연방대법원은 최종적으로 이 사건을 환송하여 다시 심리하도록 하였으며, 금지명령은 심리법원의 자유재량의 범위에 속하는 것이지만 이 재량권의 행사는 반드시 미국의 전통적인 형평원칙에 부합하여야 하고, 특허권 침해분쟁 사건의 심리와 기타 사건의 심리에 예외 없이 동일한 기준이 적용되어야 한다고 지적하였다.

미국 연방대법원이 이와 같이 판결한 이유는 무엇인가? 판결 자체로 보면 그 이유를 찾기가 어렵다. 미국 연방대법원은 이 판결문의 뒤쪽에 이 판결에 대해서 반대의견을 낸 수석대법관 Roberts와 찬성의견을 낸 대법관 Kennedy의 이 판결에 대한 각자의 의견을 첨부하였는데, 이 법원의 두 명 및 세 명의 대법관이 각각 이들을 지지하였다. 그중, Kennedy 대법관의 의견은 이 판결의 배후에 숨겨진 이유를 이해하는 데 도움이 되는데, 그는 아래와 같이 지적하였다.

> 법원은 많은 경우에 특허권자가 그 특허권을 행사하는 방식 및 특허권자의 경제사회적 작용이 과거에 비해서 크게 변화하였음에 주의하여야 한다. 현재 수많은 기업들은 자신이 특허제품을 제조 및 판매하지 않고, 주로 특허를 이용해서 특허허가 사용료를 받는 데, 이것은 미국에서 이미 하나의 업종이 되었다. 이러한 기업에 대해서 말하자면, 특허권 침해에 대해서 보편적으로 영구적인 금지명령을 내리고 또한 기타 엄격한 징벌조치를 취하는 것이 허가를 받고자 하는 기업에게 과도한 허가사용료를 요구할 수 있는 수단이 되고 있다. 관련 특허제품이 단지 생산하고자 하는 제품의 부품에 불과한 경우에는, 영구적 금지명령의 위협은 허가협상에서 우세한 지위를 얻기 위한 수단으로서만 사용될 수 있을 것이다. 이러한 경우에는 배상만으로도 충분히 침해행위로 인한 손해를 구제할 수 있으며, 영구적 금지명령이 반드시 공중의 이익 보호에 유리하다고 할 수 없다. 이 밖에 영구적 금지명령 조치가 부단히 증가하고 있는 영업방법특허에 있어서는 다른 결과를 가져올 수 있는데, 과거에는 이러한 방법이 현저한 경제적 가치를 갖지 않았다. 일부 영업방법특허의 잠재적 불명확성과 의심되는 특허유효성 때문에 "네 요소 판단법"의 적용결과가 달라질 수 있다. 미국특허법은 영구적 금지를 명령함에 있어서는 형평의 원칙을 준수하여야 한다고 규정하는데, 이 점은 상당히 현명하며 법원으로 하여금 과학기술 및 특허제도의 급속한 발전에 조속히 적응하여 필요한 조정을 할 수 있게 한다.

미국의 특허관계자들은 미국 연방대법원의 이 판결이 미국의 향후 특허제도에 중대한 영향을 미쳤다고 본다.

최고인민법원은 2009년 4월 한 문건에서 아래와 같이 지적하였다.

> 침해중지의 구제 작용이 충분히 발휘되도록 하고, 침해중지 책임을 적절히 적용하여야 하며, 침해행위를 효과적으로 억제하여야 한다. 소송에서의 당사자의 청구, 사건의 구체적인 상황 및 침해중지의 실제적 수요에 근거하여, 당사자로 하여금 침해제품 제조에 전용되는

재료 · 공구 등을 소각하도록 명확하게 명령할 수 있지만, 소각조치는 필요성이 확실히 있음을 전제로 하여 침해행위의 심각한 정도에 상당하여야 하며, 불필요한 손실을 조성해서는 아니 된다. 만약 관련 행위를 중지시키는 것이 당사자 사이의 이익에 중대한 불균형을 초래한다거나, 또는 사회공공이익에 위배된다거나, 또는 실제로는 집행할 방법이 없다면, 구체적인 사건의 상황에 근거하여 이익균형함으로써 행위의 중지를 판결하지 아니하고 보다 충분한 배상 또는 경제적 보상 등 대체적 조치로 분쟁을 해결할 수 있다. 특허권자가 침해를 장기간 방임하여 권리보호를 태만히 하였음에도 그 침해중지를 청구한 때에, 만약 관련 행위의 중지를 명령한다면 당사자 사이에 큰 이익불균형을 초래할 수 있으므로, 면밀하고 신중하게 중지명령을 고려하지 않을 수 있으며, 그러나 법에 의해서 합리적인 배상을 해줘야 함에는 변함이 없다.[1]

필자는 「특허법」이 발명창조의 응용확산을 장려하는 것을 그 입법취지의 하나로 하는 것은 그 결과가 국가와 공중에게 모두 이익이 되기 때문이라고 생각한다. 특허권자의 이익이 충분히 보장받을 수만 있다면, 원래의 침해자가 이후에는 합법적인 방식으로 계속해서 특허권을 받은 발명창조를 실시하도록 허용하는 것에는 잘못된 점이 없으며, 이것이 물리적 의미에서 침해행위를 중지시키는 것에 대해서 신중한 입장을 유지하여야 한다는 주장의 근본적 이유이다. 최고인민법원의 위 문건은 "구체적인 사건의 상황에 근거하여 이익균형함으로써 행위의 중지를 판결하지 아니하고 보다 충분한 배상 또는 경제적 보상 등 대체적 조치로 분쟁을 해결할 수 있다."라는 표현을 쓰고 있다. 그중에서 침해자가 이후에 실시하고자 하는 행위에 대하여 특허권자에게 합리적 비용을 지급하는 것은 빠질 수 없는데, 그렇게 하지 않으면 본조 규정을 준수하는 것이 아니며, 그러나 이를 "배상"의 명목에 넣는 것은 검토해 볼 가치가 있다. "행위의 중지"는 물리적 의미에서의 특허의 실시행위 중지를 가리키며, 그러나 법리적 의미에서의 "침해행위"는 반드시 중지시켜야 한다.

종합하면, 어떠한 방식으로 "침해행위 중지" 명령을 집행할 것인가는 국가와 공공의 이익에 관계되는 중요한 문제이다. 중국 법원이 특허권 침해가 성립한다고 판단하는 경우, 침해자가 어떠한 방식으로 "침해행위 중지"를 하여야 하는지를 판결에서 반드시 분명히 밝힘으로써 판결이 정확하게 집행되도록 하여야 하는데, 이것은 국가와 공중의 이익 보호에 있어서 중요한 의의를 갖는다.

---

1) 2009년 4월 21일 반포된 「최고인민법원의 현재 경제상황에서의 지식재산권 심리업무 문제에 관한 의견」[法发(2009)23호] 참고.

(三) 특허권 침해에 대한 민사책임 부담의 귀책원칙

본조 규정에 의하면, 마치 법집행기관이 특허권 침해가 성립한다고 인정하기만 하면, 침해자에게 즉시 침해행위중지와 손해배상의 민사책임을 부담하도록 명령하여야 한다는 결론을 얻을 수 있는 것 같다. 그러나 이러한 결론은 너무 단순화한 것인데, 중국 법조계에서는 중국의 기본 법률규정에 의하여 형성되어 있는 권리침해에 대한 민사책임 부담의 귀책원칙을 고려할 필요가 있다고 보는 견해가 보편적이기 때문이다.

중국의 전통적인 권리침해 이론에 따르면, 타인의 재산권 또는 일신전속권을 침해한 행위자에게 권리침해에 대한 민사책임을 부담하게 하기 위해서는 다음과 같은 요건을 만족시켜야 한다.

(1) 행위자의 주관적 과실

(2) 행위자의 객관적 위법행위

(3) 타인에게 발생한 손해

(4) 손해와 위법행위 사이의 인과관계

위의 요건 중 어느 하나라도 부족하다면, 행위자에게 권리침해에 대한 민사책임을 부담하도록 요구할 수 없다. 이 가운데 행위자의 주관적 과실은 가장 중요하면서도 가장 복잡한 요건으로서, 보다 심도 있는 논의를 필요로 한다.

중국의 권리침해에 대한 민사책임의 귀책원칙이 몇 가지인지에 관해서는 이론적으로 견해가 일치하지 않는다. 일원론을 주장하는 견해는 중국의 민사적 권리 침해의 귀책원칙은 오직 하나, 즉 과실원칙만 있다고 본다. 이원론을 주장하는 견해는 과실원칙 이외에 무과실원칙도 중국의 민사적 권리 침해의 귀책원칙 중 하나라고 본다. 다원론을 주장하는 견해는 과실원칙과 무과실원칙 이외에 과실추정원칙·공평책임원칙도 중국의 민사적 권리 침해의 귀책원칙이라고 본다.

과실책임원칙은, 절대다수의 민사적 권리침해행위(또는 일반적 침해행위로서, 즉「민법통칙」,「침해책임법」및 기타 법률이 규정하는 과실추정원칙 또는 무과실원칙이 적용되는 침해행위 이외의 침해행위)에 대해서, 행위자에게 주관적 과실(고의 또는 과실)이 있는 경우에만 행위자가 비로소 침해에 대한 민사책임을 부담하여야 함을 가리킨다.[1] 예

---

[1] 근년에 전통적인 침해법 이론이 주관적 과실을 침해책임 부담의 요건으로 한 것은 잘못된 것이고, 정확하게는 주관적 과실이 배상책임부담의 요건이지 모든 침해책임부담의 요건은 아니라고 지적하는 학자도 있다. 예를 들어 침해중지, 방해배제, 위험제거 등 형식의 책임에 대해서는, 행위자가 주관적 과실이 있는지를 불문하고, 권리가 침해되었다는 사실이 있기만 하면 변함없이

를 들어,「민법통칙」제106조 제2항은 "공민·법인이 과실로 국가·집단의 재산에 손해를 입히고 타인의 재산·인격을 침해하는 경우에 침해책임을 부담하여야 한다." 고 규정하여, 이 원칙을 구체화하고 있다.

과실추정원칙은 특별한 유형의 침해행위에 대해서, 행위자가 자신에게 과실이 없음을 증명하거나 또는 피침해자가 고의로 조성한 것임을 증명하는 경우를 제외하고, 법률이 손해사실의 존재로부터 행위자에게 과실이 있는 것으로 추정하여 행위자에게 민사책임을 부담하도록 하는 것을 가리킨다. 예를 들어「침해책임법」제6조 제2항은 "법률의 규정에 의하여 행위자의 과실이 추정됨에도 행위자가 자신의 과실 없음을 증명할 수 없는 경우, 침해책임을 부담하여야 한다."고 규정하고 있으며,「침해책임법」제85조는 "건축물·구조물 또는 기타 시설 및 그 거치물·부착물이 탈락·추락하여 타인의 손해를 조성하고, 소유자·관리자 또는 사용자가 자신에게 과실 없음을 증명할 수 없는 경우, 침해책임을 부담하여야 한다."고 규정하고 있는데, 바로 과실추정을 구체화한 것이다. 과실추정원칙은 과실책임원칙에 포함되고 독립적인 귀책원칙은 아니라고 보는 견해가 있다.

무과실원칙은 특정한 경우에 대해서, 피침해자의 이익을 보호하기 위하여 행위자의 과실여부에 관계없이 침해책임을 부담하여야 한다고 법률로 명확하게 규정한 것을 가리킨다. 예를 들어「민법통칙」제106조 제3항은 "과실이 없어도 법률이 민사책임을 부담하여야 한다고 규정한 경우, 민사책임을 부담하여야 한다."고 규정하고 있고,「침해책임법」제7조는 "행위자가 타인의 민사적 권익에 손해를 입힌 경우, 법률이 행위자의 과실 유무에 관계없이 민사책임을 부담하여야 한다고 규정한 경우, 그 규정에 따른다."고 규정하고 있는데, 바로 이 원칙을 구체화한 것이다.「민법통칙」제122조, 제123조, 제124조 및 제127조는 제조물의 품질책임, 고도위험 작업으로 인한 손해책임, 환경오염으로 인한 손해책임, 동물사육으로 인한 손해책임에 관한 규정이고,「침해책임법」제5장의 제조물책임, 제8장의 환경오염책임, 제9장의 고도위험책임, 제10장의 동물사육책임에 관한 규정도 이 원칙을 구체화한 것이다.

공평책임원칙은 객관적으로 손해가 발생하였지만 쌍방당사자 모두 과실이 없는 경우에, 실제 상황에 근거하여 당사자가 공평의 원칙에 따라 민사책임을 분담할 수 있음을 가리킨다. 예를 들어「민법통칙」제132조는 "발생한 손해에 대해서 당사자의 과실이 없는 경우, 실제 상황에 근거하여 당사자가 민사책임을 분담할 수 있다."고 규

상응하는 책임을 부담하여야 한다고 한다고 한다. 郑成思, 中国侵权法理论的误区与进步: 写在「专利法」再次修订与「著作权法」颁布十周年之际[J], 中国工商管理研究, 2001(2) 등.

정하고 있는데, 바로 이 원칙을 구체화한 것이다.

앞에서 여러 원칙을 구분하여 설명한 것은 피침해자의 증명책임이 달라진다는 데 주된 의의가 있다. 과실책임원칙에 따르면, 피침해자는 피고의 침해행위, 자신이 입은 손해, 침해행위와 손해결과 사이의 인과관계 이외에도, 행위자의 주관적 과실이 존재함을 증명하여야 하는데, 이 때문에 증명책임이 보다 무거워진다. 과실추정원칙에 따르면, 피침해자는 행위자의 주관적 과실을 증명할 필요가 없고, 앞의 세 가지 요건만 증명하면 행위자에게 책임을 요구할 수 있으며, 그러나 행위자가 자신에게 과실이 없거나 또는 피침해자의 고의가 있었음을 증명하면 그 책임이 면제될 수 있는데, 이것은 과실여부에 대해서 증명책임이 전환되는 것에 상당한다. 무과실원칙에 따르면, 피침해자는 피고의 주관적 과실을 증명할 필요가 없고, 앞의 세 가지 요건만 증명하면 행위자에게 책임을 요구할 수 있으며, 설령 행위자가 자신의 주관적 과실이 없음을 증명할 수 있다고 하더라도 여전히 이와 같다. 공평책임원칙에 따르면, 피침해자도 행위자의 주관적 과실을 증명할 필요가 없고, 실제 상황에 근거하여 쌍방이 책임을 분담하는 것이 공평하고 합리적이라는 것을 주장하기만 하면 된다.

특허권 침해에 대한 민사책임 부담에 관하여, 전통적인 권리침해법 이론에서의 귀책원칙을 어떻게 적용하여야 하는가? 이에 대하여 중국에서는 줄곧 여러 견해가 있어 왔다.

특허분야에서는 침해행위가 성립하기만 하면 행위자의 주관적 과실을 고려할 필요 없이 침해자의 특허권 침해에 대한 민사책임 부담을 인정할 수 있다는, 즉 무과실원칙을 따를 수 있다는 견해가 있다. 전형적인 경우로서, 을 회사 발명특허출원의 출원일로부터 공개일 전에, 갑 회사는 독립적으로 동일한 발명을 연구개발하여 그 특허출원이 공개되기 전에 실시하였다면, 특허권 수여 후에는 을 회사의 허가가 없이 갑 회사는 그 실시행위를 계속할 수 없고, 그렇게 하지 않으면 을 회사의 특허권을 침해하는 행위에 해당하게 된다. 이러한 경우에 행위자의 주관적 과실이 존재했는지를 판단하는 것은 매우 어렵지만, 「특허법」 규정에 따라서 행위자가 그 실시행위를 계속하는 경우에는 특허권 침해에 대한 민사책임을 부담하여야 한다.

특허권이 비록 전체적으로 보면 부동산과 유사한 성질을 갖지만, 일반적인 부동산과는 필경 다른 점이 있다고 필자는 생각한다. 가옥과 같은 부동산은 유형의 것이어서, 공중은 충분히 명확하게 부동산의 존재 및 그 범위를 알 수 있으며, 자신이 타인의 가옥에 진입했는지에 근거해서 자신의 행위가 타인의 부동산을 침범한 것인지를 확인할 수 있는 완전한 능력이 있다. 그러나 특허권과 같이 문자로 정해진 무체재산권에 있어서는 일반인이 특허권의 보호범위를 명확히 알기가 매우 어려우며, 종종 어떤 경우에 특허권자의 "영역"에 진입한 것인지를 충분한 정도로 확실하게 판단할 수가 없고, 특히 타인이 제조한 침해제품을 판매청약·판매·사용하는 경우에, 행위자는 보통 그 판매청약·판매·사용하는 제품이 타인의 특허권을 침해하는 제품인지를 판단할 방법이 없다. 바로 이러한 이유 때문에,「특허법」제70조는 특허권자의 허가 없이 침해제품을 판매청약·판매·사용하는 것은 특허권 침해에 해당하지만, 만약 행위자가 그 판매청약·판매·사용한 것이 특허권자의 허가 없이 제조 및 판매된 특허침해제품임을 알지 못하였고, 또한 그 제품의 합법적 출처를 증명할 수 있다면 그 배상책임이 면제될 수 있다고 규정하고 있다. 바꿔 말하면, 이러한 경우에 행위자가 그 주관적 과실이 없음을 증명할 수 있다면, 손해배상의 민사책임을 부담하지 않을 수 있다. 이 규정은 특허권 침해자가 손해배상의 민사책임을 부담하여야 하는가에 있어서, 적어도 일부의 경우에는 행위자의 주관적 과실의 존재여부를 고려하여야 하고, 일률적으로 무과실원칙을 따를 수는 없음을 나타낸다.

일단 국가지식산권국이 특허권의 수여를 공고하면「물권법」의미상의 "공시"효력이 발생하고, 모든 공중은 그 특허권의 존재를 알고 있는 것으로 추정되므로, 따라서 스스로 그 특허권을 침해하는 행위를 방지하여야 하는 의무가 있다고 보는 견해가 보편적이다. 이러한 이론에 따르면, 국가지식산권국이 특허권의 수여를 공고한 후에 그 특허를 실시하는 자는 누구라도 그 주관적 과실이 있는 것으로 추정된다. 이러한 의미에서 보면, 일단 침해가 성립하면 특허권 침해에 대한 민사책임을 부담하여야 한다고 보는 견해도 전통적인 권리침해법 이론에 위배되는 것은 아니다. 그러나 앞에서 설명한 바와 같이, 이처럼 추정하는 것은 공중에게 너무 무거운 부담을 지우는 것이어서 공중이 이를 감당할 수 없으며, 이 때문에 이러한 견해가 특허권 침해에 대한 민사책임에 대해서 과실원칙을 따르고 있는 것 같아 보이지만, 실질적으로는 무과실원칙을 아니면 적어도 과실추정원칙을 따르고 있는 것이다.

주의가 필요한 점은, 예를 들어 한국 및 일본의 특허법이 특허권을 침해한 자는 과실이 있는 것으로 추정한다고 명확하게 규정하고 있는 것처럼 비록 일부 국가가 이러한 과실추정원칙을 따르고 있다고 하더라도, 이러한 과실추정이론을 따르지 않는 국가도 있다는 점인데, 미국이 바로 이와 같다.

미국 특허법 제287조 제(a)항은 침해자가 손해배상이라는 민사책임을 부담하여야 한다고 특허권자가 주장하기 위해서는 특허권자가 침해자에게 그 실시행위가 특허권 침해에 해당함을 사전고지(give notice)하였어야 하고, 침해자가 고지를 받은 후에도 계속해서 침해행위를 계속하는 경우에만 특허권자가 손해배상을 받을 수 있다고 명확히 규정하고 있다.[1][2] 미국에서 특허권자가 침해자에게 고지하는 방식에는 여러 가지가 있는데, 먼저 특허권자 자신이 그 특허제품을 제조 및 판매하면서, 그 제품 또는 제품의 포장에 특허표지를 표시한 경우에는, 특허권자가 고지의무를 이행한 것이다. 다음으로, 특허권자 자신이 그 특허제품을 제조 및 판매하는 것은 아니지만, 타인이 그 특허권을 침해하는 것을 발견하여 행위자에게 경고장 또는 기타 통지를 발송한 경우에도, 특허권자가 고지의무를 이행한 것이다. 마지막으로, 특허권자가 그 특허권 침해행위에 대하여 법원에 소를 제기하는 경우에도, 특허권자가 그 고지의무를 이행한 것이다. 어쨌든 미국은 미국 특허상표청의 특허권 수여공고가 이러한 고지에 해당하여 공중의 모든 사람이 그 특허권의 존재를 알고 있는 것으로 추론할 수 있는 것으로 보지 않고, 반드시 특허권자가 구체적 실시행위에 대하여 행위자에게 구체적으로 고지하여야 한다고 규정하고 있다. 행위자가 고지를 받은 후에도 침해행위를 계속하는 경우에는, 당연히 주관적 과실이 있으며(설령 행위자가 고지를 받은 후에 변호사 또는 그 법률고문으로 하여금 구체적으로 분석하게 하여, 그 행위가 특허권 침해에 해당하지 않는 것으로 판단하였다고 하더라도, 만약 법원이 최종적으로 침해를 인정하는 판결을 하였다면, 행위자의 당초 판단이 부정확하였고 판단에 잘못이 있었음을 나타내는 것이고, 이 또한 행위자에게 과실이 있음을 드러내기에 충분하다.), 이로부터 미국은 특허권 침해자의 손해배상 민사책임에 과실원칙을 따르고 있음을 알 수 있다.

중국「특허법」제70조 규정에 비하여, 미국 특허법 제287조 제(a)항 규정은 특허권자에 대하여 보다 엄격한데, 첫째 중국에서는 행위자가 "선의"에서 "악의"로 바뀌는 데 여러 경로가 있어서 반드시 특허권자의 고지가 필요한 것은 아니지만, 미국에서는 행위자가 "선의"에서 "악의"로 바뀌는 데 반드시 특허권자의 고지가 필요하다는 점, 둘째 중국의 규정은 단지 판매청약・판매・사용행위의 행위자에게만 적용되는 데 대하여 미국의 규정은 제조・수입행위를 포함하는 모든 특허 실시행위의 행위자가 포함되는 점에서 구체적으로 드러난다.

또한 전통적인 권리침해법 이론이 주관적 과실을 권리침해에 대한 민사책임 부담의 요건으로 하는 것은 잘못된 것이고, 정확하게는 주관적 과실은 배상책임 부담의 요건이지 침해중지, 방해배제, 위험제거 등과 같은 기타 침해책임 부담의 요건은 아니며, 행위자의 주관적 과실 유무를 불문하고 권리가 침해된 사실만 있으면 이에 상

---

1) Donald S. Chisum, Chisum on Patent[M], Vol. 7, Chapter 20, 20.07[7][c][iv]. "In applying the notice provision, the cases generally require that the patent owner give specific and actual notice to the accused infringer charging infringement of the patent in question."

2) 미국 특허법 제287조 제(a)항의 원문 및 내용에 관해서는, 본서의 「특허법」 제17조에 관한 설명을 참조.

응하는 책임을 부담하여야 한다고 보는 견해도 있다.[1] 사실상 침해행위중지의 민사책임에 있어서는, 어떠한 경우에라도 실제로는 이미 과실원칙을 따르고 있다고 보아야 한다. 그 이유는 침해행위중지라는 민사책임은 침해자가 이후에도 침해행위를 계속하는 것을 방지하는 데 그 목적이 있으며, 그 전제조건은 이미 행위자의 행위가 침해에 해당하는 것으로 인정되는 것인데(여기에서의 "인정"에는 특허권자가 행위자에게 경고장을 발송하고 행위자도 동의한 경우와 같은 당사자 사이의 인정도 포함되고, 법집행기관이 침해를 인정하는 판결을 하여 이미 효력이 발생한 경우도 포함된다.), 이러한 경우에는 행위자가 주관적으로 그 행위가 특허권 침해행위에 해당한다는 것을 이미 명확하게 알고 있음이 분명하며, 만약 이후에도 계속한다면 과실 있는 침해행위가 아니라 고의적인 침해행위가 된다. 따라서 권리침해에 대한 민사책임에서, 오직 손해배상만이 과실원칙을 따를 것인지 아니면 무과실원칙을 따를 것인지의 구분이 있고, 침해중지, 방해배제, 위험제거 등의 민사책임은 실질적으로는 반드시 과실원칙을 따르게 마련이다.

특허권 침해행위에 대한 손해배상 민사책임의 부담방식에 있어서, 중국의 방식과 미국의 방식을 비교하면, 어떤 것이 보다 합리적이고 중국의 구체적인 상황에 보다 적합한가? 이것은 검토와 논의할 가치가 있는 문제이다.

TRIPs 제45조는 아래와 같이 규정하고 있다.

① 사법당국은 알면서 또는 알만한 합리적인 근거를 가지고 침해행위를 한 침해자에 의한 지적재산권 침해행위로 권리자가 입은 피해를 보상할 수 있는 적절한 손해배상을 침해자가 권리자에게 행하도록 명령하는 권한을 갖는다.

② 사법당국은 침해자에게 적절한 변호사 비용을 포함한 경비를 권리자에게 지급할 것을 명령한다. 적절한 경우, 회원국은 침해자가 알면서 또는 알만한 합리적 근거를 가지고 침해행위를 하지 않은 경우에도 사법당국이 이득의 반환 및/또는 기산정된 손해배상의 지급을 명령하도록 승인할 수 있다.

이로부터 TRIPs는 침해자의 손해배상책임 문제에 있어서 각 회원국에게 과실원칙을 따르도록 요구하고 있으며, 동시에 회원국이 부당이득반환제도에 따라서 무과실 침해자에 대하여 침해행위로 얻은 이윤을 특허권자에게 반환하도록 요구하는 것을

---

1) 郑成思, 中国侵权法理论的误区与进步: 写在「专利法」再次修订与「著作权法」颁布十周年之际[J], 中国工商管理研究, 2001(2).

허용하고 있음을 볼 수 있다. 바꿔 말하면, 만약 침해자의 침해행위가 고의 또는 과실에 의한 것이라면 회원국은 반드시 사법기관에게 침해자에 대하여 배상책임의 부담을 명령할 수 있는 권한을 주어야 하며, 설령 특허권자의 침해행위에 과실이 없다고 하더라도 회원국은 사법기관에게 침해자에 대하여 부당이익반환 또는 법정배상액지급을 명령할 수 있는 권한을 줄 수 있다. 그러나 주의하여야 할 점은, TRIPs 제45조 제1항과 제2항의 성질이 같지 않다는 점인데, 제1항은 강행규정이어서 각 회원국이 모두 이를 준수하여 집행할 의무가 있지만, 제2항은 임의규정으로 회원국이 원하는 경우에만 이를 따르면 된다는 점에서 차이가 있다.

二. 특허권 침해행위에 대한 구제청구의 주체

(一) 특허권자 및 이해관계인

본조 규정에 따라서, 특허권 침해행위에 대하여 구제를 받을 수 있는 주체는 특허권자와 이해관계인이다.

특허권자는 법에 의하여 중국에서 특허권을 향유하는 자연인·법인 또는 기타 민사주체를 가리키며, 특허출원을 통해서 특허권을 받은 자일수도 있고 양도·상속 등 방식을 통해서 특허권을 취득한 자일수도 있다. 이해관계인은 비록 특허권자는 아니지만 특허권 침해행위로 인해서 그 이익에 불리한 영향이 있는 자를 가리킨다.

이해관계인의 범위에 관해서는,「특허법」및「특허법실시세칙」모두 명확하게 규정하지 않았다. 2001년 반포된「최고인민법원의 소제기 전 특허권 침해행위 중지 적용 법률문제에 관한 규정」제1조는 "신청할 수 있는 이해관계인에는 특허실시허가계약의 피허가자, 특허재산권의 합법적 승계인 등이 포함된다. 특허실시허가계약의 피허가자 중에서 독점실시허가계약의 피허가자는 단독으로 인민법원에 신청할 수 있고, 배타실시허가계약의 피허가자는 특허권자가 신청하지 않은 경우에 신청할 수 있다."고 규정하였다. 필자는 이 규정이 특허권 침해분쟁 사건에도 적용되어, 독점실시허가계약의 피허가자는 특허권 침해행위에 대하여 단독으로 법원에 소를 제기할 수 있고, 배타실시허가계약의 피허가자는 특허권자가 소를 제기하지 않은 경우에 단독으로 소를 제기할 수 있으며, 통상실시 허가계약의 피허가자는 원칙적으로는 특허권 침해행위에 대하여 단독으로 소를 제기할 수 있는 권리가 없지만 만약 특허권자와의 허가계약 중에 특별수권이 있다면 피허가자도 허가계약 중의 수권에 따라서 특허권 침해행위에 대하여 법원에 소를 제기할 수 있다고 본다.

국가지식산권국이 2001년 반포한 「특허행정집행방법」은 제5조에서 아래와 같이 규정하였다.

> 제1항의 이해관계인에는 특허실시 허가계약의 피허가자, 특허권의 합법적 승계인이 포함된다. 특허실시 허가계약의 피허가자 중, 독점실시 허가계약의 피허가자는 단독으로 청구할 수 있고, 배타실시 허가계약의 피허가자는 특허권자가 청구하지 않은 경우에 단독으로 청구할 수 있으며, 계약에 다른 약정이 있는 경우를 제외하고 통상실시 허가계약의 피허가자는 단독으로 청구할 수 없다.

본조 규정의 자구적 의미를 따르면, 비록 침해로 피소된 자와 특허권자 사이에 이해관계가 존재한다고 하더라도, 침해로 피소된 자는 "이해관계인"으로 볼 수 없다. 바꿔 말하면, 본조는 침해로 피소된 자가 솔선해서 법원에 소를 제기하거나 또는 특허업무관리부문에 처리를 청구함으로써, 신속히 그 특허권 침해의 책임을 벗어나는 것을 허용하지 않는다. 그러나 현실에서는 특허권자가 행위자에게 일정한 방식으로 경고를 하여 그 행위가 그 특허권 침해에 해당함을 지적하였지만 소를 제기하거나 처리를 청구하는 것을 차일피일 미룸으로써, 경고받은 자를 장기간 불안정한 상태에 처하게 하여 정상적으로 자금을 마련하고 그 생산경영활동을 전개할 수 없게 하는 경우도 있을 수 있다. 비록 「특허법」 제68조가 2년이라는 특허권 침해소송 시효를 규정하였다고 하더라도, 과학기술이 비약적으로 발전하고 있는 작금의 상황에서 2년을 기다려야 한다는 것은 기업의 정상적 운영에 매우 큰 악영향을 주기에 충분하다. 이 문제를 해결하기 위하여, 중국 각 분야의 요청에 근거해서, 2009년 반포된 「최고인민법원의 특허권 침해분쟁사건 심리 응용법률 문제에 관한 해석」 제18조는 아래와 같이 규정하였다.

> 특허권자가 타인에게 특허권을 침해하였음을 경고하였고, 피경고인 또는 이해관계인이 특허권자에게 소권을 행사하도록 서면으로 최고하였음에도, 특허권자가 서면 최고를 받은 날로부터 1개월 또는 서면 최고를 발송한 날로부터 2개월 내에 특허권자가 경고를 철회하지도 아니하고 소송을 제기하지도 아니하여 피경고인 또는 이해관계인이 인민법원에 그 행위가 특허권 침해에 해당하지 아니함의 확인을 청구하는 소송을 제기하는 경우, 인민법원은 수리하여야 한다.

위의 규정에 따라 제기하는 소송을 "불침해의 소"라고 부르는데, 소제기의 목적은 법원으로부터 그 실시행위가 특허권 침해에 해당하지 않음을 인정받는 것이다. 실제로, "불침해의 소"와 "침해의 소"는 동일한 사실과 동일한 법률관계에 대한 것으로서, 그 차이는 단지 소를 제기하는 자가 달라지는 것뿐이다. 그럼에도 불구하고, "불침해의 소"를 허용하는 것은 분명한 현실적 의의가 있다.

"불침해의 소" 제기에는 두 가지 전제조건이 있는데, 첫째는 특허권자가 명확하게 경고를 하는 것으로서, 반드시 서면경고이어야 한다고 최고인민법원이 규정하지 않았으므로 구두경고도 포함된다. 둘째는 피경고인이 특허권자에게 그 소권의 행사를 독촉하는 서면 최고를 발송하고, 특허권자가 서면 최고를 받은 날로부터 2개월 내에 소송을 제기하지 않은 것이다. 두 번째 요건에 있어서, 최고는 반드시 서면방식이어야 하고 구두방식은 안 된다는 점, 규정에 언급된 "소권 행사" 및 "소송 제기"에는 특허권자가 본조 규정에 의하여 특허권 침해행위에 대하여 특허업무관리부문에 처리를 청구하는 것도 포함된다는 점, 그리고 "이해관계인"은 피경고인의 이해관계인을 가리키는 것이고 본조 규정에서의 특허권자의 "이해관계인"을 가리키는 것은 아니라는 점을 주의하여야 한다.

(二) 특허권이 공유인 경우의 구제청구 주체

공유인 특허권에 대해서, 공유자가 단독으로 자기의 명의로 법원에 소를 제기할 수 있는가? 만약 가능하다면, 단독으로 소제기의 비용과 위험을 부담하는가? 소제기로 얻은 배상액도 단독으로 향유할 수 있는가?

위의 문제에 대해서는 본조가 규정하지 않았다. 「특허법」 제15조는 공유인 특허의 행사에 대하여 아래와 같이 규정하고 있다.

① 특허출원권 또는 특허권의 공유자가 권리의 행사에 대하여 약정한 경우, 그 약정을 따른다. 약정하지 아니한 경우, 공유자는 단독으로 실시하거나 또는 보통허가 방식으로 타인에게 그 특허의 실시를 허가할 수 있으며, 타인에게 그 특허의 실시를 허가한 경우, 수취한 사용료는 공유자 사이에 분배하여야 한다.

② 전항이 규정한 경우를 제외하고, 공유인 특허출원권 또는 특허권의 행사는 공유자 전원의 동의를 얻어야 한다.

침해행위에 대하여 소를 제기하는 것은 특허권의 행사에 속하는 것으로, 따라서

「특허법」제15조 규정에 의하여, 공유자 사이에 사전에 약정하지 않은 경우에는, 공유자 중 하나가 단독으로 침해행위에 대하여 소를 제기할 수 없다. 만약 공유자 사이에 단독으로 소를 제기할 수 있는 권리, 단독으로 소제기하는 경우의 비용 및 위험의 부담, 배상액의 분배 등에 대하여 약정한 경우에는 약정을 따라야 한다. 만약 공유자 사이에 오직 단독으로 소를 제기할 수 있는 권리에 대해서만 약정하고, 비용 및 위험의 부담, 배상액의 분배 등에 대해서 약정하지 않았다면, 공유자 중 하나가 다른 공유자와 협의하지 않고 단독으로 소를 제기하는 경우, 소제기의 비용 및 위험은 단독으로 부담하여야 하고, 배상액도 단독으로 향유한다.

三. 구제 수단

본조는 특허권자가 그 특허권을 침해한 행위에 대하여 구제받는 방식으로 협상, 사법적 구제, 행정적 구제의 세 가지 유형을 규정하고 있다. 그중에서, 협상은 특허권자의 자력에 의한 구제이고, 사법적 구제와 행정적 구제는 공권력에 의한 구제이다.

(一) 협 상

특허권 침해분쟁은 당사자의 협상으로 해결할 수 있다. 협상방식을 통해서 특허권 침해분쟁을 해결하는 것에 관한 규정은 2000년「특허법」개정 시에 특별히 신설되었다. 특허권은 일종의 민사재산권으로 특허권 침해분쟁도 민사분쟁이므로 당사자의 협상으로 해결할 수 있고, 반드시 공권력에 의한 구제수단으로 해결되어야 하는 것은 아니다. 특허제도를 수립한 것은 사회적으로 혁신을 촉진하고 혁신을 장려하며 혁신을 보호하기 위한 행위규범을 마련하는 데 목적이 있다. 이러한 행위규범의 인도 아래에서, 침해자 특히 비고의적 침해자는 자신의 행위가 타인의 특허권을 침해하는 행위에 해당한다는 것을 일단 인식하였다면 스스로 이를 교정하여야 한다. 협상을 통해서 합리적인 방식으로 특허권 침해분쟁을 해결하게 되면, 쌍방 당사자 모두 소제기 및 응소로 인한 정력·시간·비용 등 방면에서 치러야 하는 대가를 줄일 수 있다. 어느 국가에게나 소송이 많아질수록 좋을 것이 없다. 당연히 협상을 통한 특허권 침해분쟁 해결방식은 법률이 규정한 공권력에 의한 구제방식에 의해서 뒷받침된다. 공권력에 의한 구제수단이 충분하면서도 효과적이어서 침해자에게 충분히 법률적 위협이 될 수 있는 경우에만, 협상이라는 이 자력에 의한 구제방식이 비로소 당사자에 의해서 고려되고 채택될 수 있다.

(二) 사법적 구제

특허권자 또는 이해관계인이 인민법원에 민사소송을 제기하는 것은, 쉽게 볼 수 있는 민사권리 침해분쟁 해결방식이다. 설령 본조가 규정하지 않았다고 하더라도, 특허권자는 「민사소송법」 규정에 의해서도 자신의 소권을 행사할 수 있다.

이론적으로 말해서, 특허권 침해소송은 민사소송의 일종이므로, 민사소송의 관할에 관한 일반적 기준을 따라야 한다. 그러나 보통의 민사소송에 비해서 특허권 침해소송은 그 특징이 있는데, 첫째 다툼이 되는 실체적 문제가 종종 기술적 문제에 관계되어 비교적 복잡하다는 점이고, 둘째 갑 지역에서 제조, 을 지역에서 판매, 병 지역에서 사용 등과 같이 동일한 특허권에 대해서 여러 건의 연계된 침해행위가 있을 수 있다는 점이다. 이 때문에, 최고인민법원은 특허권 침해소송에 대해서 특별한 관할기준을 규정하였다.

1. 심급관할

2001년 반포된 「최고인민법원의 특허분쟁사건 심리 적용 법률문제에 관한 규정」 제2조 규정에 근거하여, 특허분쟁의 일심 사건은 각 성·자치구·직할시 인민정부 소재지의 중급인민법원[1]과 최고인민법원이 지정한 중급인민법원이 관할한다. 이 규정은 특허사건의 심급관할을 중급인민법원으로 한정하는 동시에 소수의 중급인민법원만이 특허사건에 대하여 관할권이 있는 것으로 한정하였다. 2009년 12월까지, 전국적으로 특허사건의 관할권이 있는 중급인민법원은 71개가 있다. 피고의 주소지가 특허사건에 대해서 관할권이 없는 중급인민법원 소재 관할구역에 있는 특허분쟁사건은, 피고 소재지의 성·자치구·직할시 인민정부 소재지의 중급인민법원이 관할하여야 한다.

2. 지역관할

「최고인민법원의 특허분쟁사건 심리 적용 법률문제에 관한 규정」 제5조는 아래와 같이 규정하였다.

---

[1] 2014년 10월 31일 공포된 「최고인민법원의 베이징·상하이·광저우 지식재산권법원 사건 관할에 관한 규정」에 따라서 베이징시, 상하이시 및 광동성 관할구역 내의 특허침해소송은 각각 베이징시 지식재산권법원, 상하이시 지식재산권법원 및 광저우 지식재산권법원에 제기하여야 한다.

① 특허권 침해를 이유로 제기된 소송은, 침해행위지 또는 피고 주소지 인민법원이 관할한다.

② 침해행위지에는, 발명·실용신안특허권 침해로 피소된 제품의 제조·사용·판매청약·판매·수입 등 행위의 실시지, 특허방법 사용행위의 실시지 및 특허방법에 의하여 직접적으로 획득한 제품의 사용·판매청약·판매·수입 등 행위의 실시지, 디자인특허제품의 제조·판매·판매청약·수입 등 행위의 실시지, 타인 특허의 허위표시 행위의 실시지가 포함된다. 이러한 침해행위로 인한 침해결과 발생지도 포함된다.

위 사법해석에서의 "침해결과 발생지"에 대한 이해가 법원 실무에서 일치하지 않았다. 1997년 11월, 최고인민법원은 쟝쑤성에서 개최한 전국지식재산권 재판업무 좌담회에서 이 문제에 대하여 세미나를 개최하였다. 논의 결과, 지식재산권 침해분쟁 사건에서의 침해결과 발생지는 침해행위로 인한 직접적인 결과발생지로 이해되어야 하고, 원고가 손해를 입었다고 해서 원고소재지를 침해결과 발생지로 볼 수는 없다고 하였다. 침해결과는 지식재산권의 권리자가 지목한 침해자가 실시한 침해행위와 직접적인 인과관계가 있어야 하며, 만약 단순히 원고주소지를 침해결과 발생지로 한다면 「민사소송법」이 확립한 "피고의 보통재판적" 관할 기준에 위배되는 것이어서, 「민사소송법」 제29조 "침해행위로 소송을 제기하는 경우, 침해행위지 또는 피고주소지 인민법원이 관할한다."라는 규정에 부합하지 않는다.[1]

이 사법해석 제6조는 아래와 같이 규정하였다.

① 원고가 침해제품의 제조자에게만 소송을 제기하고, 판매자에게는 소송을 제기하지 아니하였으며, 침해제품의 제조지와 판매지가 일치하지 아니하는 경우, 제조지 인민법원이 관할권을 갖는다. 제조자와 판매자에 대하여 공동으로 소송이 제기된 경우, 판매지 인민법원이 관할권을 갖는다.

② 판매자가 제조자의 지점이고, 원고가 판매지에서 침해제품 제조자의 제조·판매 행위에 대하여 소송을 제기한 경우, 판매지 인민법원이 관할권을 갖는다.

제조자와 판매자가 각각 주소지가 다른 독립적인 주체인 경우에, 만약 양자를 공동 피고로 하여 소를 제기한다면, 제조자 주소지와 판매자 주소지의 법원이 모두 관할권이 있으며, 원고는 그중 하나의 법원을 선택하여 소를 제기할 수 있다고 보는 견해가

---

1) 最高人民法院民事審判第三庭, 新专利法司法解释精解[M], 北京: 人民法院出版社, 2002: 56.

있다. 그러나 이 사법해석 제6조 규정에 의하면, 이러한 경우에도 판매지 법원만이 관할권을 갖는다.

판매청약행위로 인한 특허권 침해분쟁에 있어서는, 만약 판매청약행위의 구체적 방식이 상품진열장에의 진열 또는 박람회에서의 전시라면, 상점소재지·박람회개최지 중급인민법원이 관할하여야 한다. 만약 판매청약행위의 구체적 방식이 간행물에 광고를 게재한 것이라면, 간행물의 사업자등록지 중급인민법원이 관할하여야 한다. 만약 판매청약행위의 구체적인 방식이 인터넷을 통한 광고라면, 홈페이지서버 소재지 중급인민법원이 관할하여야 하고, 서버의 소재지가 불명확한 경우에는 피고주소지의 중급인민법원이 관할한다.[1]

(三) 행정적 구제

1. 관련 배경

특허권 침해행위에 대해서 중국은 사법적 구제수단을 제공할 뿐만 아니라 행정적 구제수단도 제공하는데, 이것은 중국의 특허제도를 수많은 국가의 특허제도와 구별 짓는 뚜렷한 특징이다.

중국이 특허제도를 수립한 초기에, 한편으로는 당시의 지식재산권 사법판단 능력이 아직 부족하여 법원이 특허권 침해사건 전부를 심리하는 것은 곤란하다는 점을 고려하였고, 다른 한편으로는 특허권 침해사건을 심리함에 있어서는 법관이 전문적인 기술지식을 갖추는 것이 필요함에도 당시에 각지의 각급 인민법원의 법관은 일반적으로 전문적인 기술지식을 갖추지 못하였다는 점을 고려하였으며, 이 때문에 1984년 제정 「특허법」 제60조는 행정적 구제수단을 규정하였다. 1984년 8월 원래의 국가경제위원회, 국가과학위원회, 노동인사부, 중국특허국이 연합해서 「전국적인 특허업무기구 설치에 관한 통지」를 발포하여 국무원의 부 및 위원회 그리고 지방인민정부 등에 특허관리기구의 설립을 요구하였으며, 특허관리기구는 특허법집행과 특허관리의 직능을 갖는다고 규정하였다. 중국이 수립한 이와 같은 특허의 행정적 보호와 사법적 보호 병존체계를 "쌍궤제"(双轨制)라고 부른다.

「특허법」 시행 20여 년이 지난 지금, 특허의 행정적 보호를 계속 유지하여야 하는가? 만약 유지되어야 한다면 강화되어야 하는가 아니면 약화되어야 하는가? 이것은 2000년 및 2008년 「특허법」 개정 시에 가장 격렬한 논란이 있었던 문제 중 하나이다.

---

1) 最高人民法院民事審判第三庭, 新专利法司法解释精解[M], 北京: 人民法院出版社, 2002: 57.

특허업무관리부문이 특허권 침해분쟁을 처리한 것은 중국 특허제도 발전의 역사적 산물이며, 당초 중국의 지식재산권 사법재판능력이 부족했던 상황에서 일찍이 적극적인 작용을 발휘한 적이 있다고 보는 견해가 있다. 중국의 지식재산권 제도가 부단히 개선되고 사법재판능력이 점차 강화됨에 따라서, 특허권 침해분쟁도 사법적 경로로 해결되어야 하고, 이렇게 하는 것이 사회적 자원의 합리적 배분에도 유리하며 중국 법률체제 건설의 전체적 방향에도 부합한다고 한다. 특허업무관리부문의 기능이 충분히 발휘될 수 있도록, 특허업무관리부문은 당사자의 청구에 응하여 특허권 침해분쟁에 대하여 조정을 진행할 수 있게 하여야 한다고 한다.

이와 다른 견해에서는, 비록 중국 법률체제 건설의 전체적 방향으로 보면 정부기관이 민사분쟁에 간여하지 않는 입장을 취하는 것이 마땅하다고 하더라도, 그러나 현재 중국의 실제적 상황으로 보면 민중의 지식재산권에 대한 의식수준은 아직 낮고 지식재산권 침해도 아직 심각하며, 특히 시장경제체제로 개선되고 있는 과정에서 지식재산권을 어떻게 효과적으로 보호하여야 하는가는 매우 중요한 문제라고 본다. 이러한 상황에서 특허에 대한 행정적 보호를 폐지하거나 또는 약화시키는 것은 특허권에 대한 보호를 약화시키는 것이어서, 「특허법」이 의도한 특허권에 대한 효과적인 보호, 혁신형 국가 건설이라는 입법취지에 부합하지 않는다고 본다. 이 견해에서는 특허의 행정적 보호가 중국 상황에 적합하므로 폐지될 수 없을 뿐만 아니라 보다 강화되어야 한다고 강조한다.

반복적인 토론과 논의를 거쳐, 2000년 「특허법」 개정 시에 본조 규정의 전체적인 구조를 조정하였고, 2008년 「특허법」 개정 시에는 그 구조에 대해서 조정하지 않았다. 이것은 위의 두 견해를 조화시켜 각각의 합리적인 부분을 받아들인 결과이다. 특허권의 행정적 보호를 유지한 데에는 보다 깊은 이유가 있다. 지식재산권은 재산권적 성질을 갖고 있지만, 일반적인 재산권과는 다른 특징이 있다. 일반적인 지식재산권은 특정인에 의해서 점유될 수밖에 없고, 동시에 다수에 의해서 점유될 수 없으며, 이 때문에 타인의 사적 유체재산에 대한 위법적 침해로 인한 분쟁은 일반적으로 개별적인 당사자 사이의 이익에만 관계되고 사회 및 공중의 이익에는 관계되지 않는다(물론 강도행위 등 정상적 사회질서를 파괴하는 방식으로 타인의 재산을 침탈하는 행위는 제외). 지식재산권의 객체는 발명창조·작품 등 지적 활동의 성과물로서, 이론적으로 말하면 무수한 사람들이 동시에 사용할 수 있고 그 응용범위도 일반적인 유형재산에 비하여 훨씬 광범위하다. 중국은 지식재산권 제도의 역사가 아직 길지 않고, 국민의 지식재산권 의식도 아직 약하며, 타인의 지식재산권을 침해하는 현상도 아직 심각한데, 이것은 특허권자의 이익에 손해를 입힐 뿐만 아니라 국가의 정상적 사회질서 및 경제질서에도 영향을 준다. 이러한 상황에서 사법적 구제만으로는 지식재산권 권리자의 이익을 효과적으로 보호하기에 부족하다. 국가와 공중의 이익을 보호하는 측면에서, 지식재산권 보호분야에서도 정부기관의 기능이 발휘될 필요가 있다. TRIPs가 지식재산권이 일종의 사적인 권리임을 인정하였지만, 지식재산권에 대해서 행정적 보호조치를 취할 수 있는 가능성까지 배제한 것은 아니다. 이 협정은 원래의 관세 및 무역에 관한 협정의 무역분쟁해결기구를 지식재산권 분야에 도입하여, 회원국이 그 지식재산권을 존중하지 않는 회원국에 대하여 무역보복을 진행하는 것을 허용하고 있다. 분쟁해결절차가 개시된 상황에서, 피고가 되는 것은 국가이고 구체적인 당사자가 아니다. 무역보복이 진행되는 상황에서, 보복을 받는 것도 국가 즉 그 국가의 사회공중이고 구체적인 당사자가 아니다. 이러한 메커니즘은 지식재산권 보호문제를 국가이익의 보호문제로 격상시켰으며, 일반적인 민사적 권리에 대한 침해분쟁의 수준을 크게 벗어난 것이다.

2. 구제조치 및 성질

본조 규정에 의하여 특허업무관리부문은 특허권 침해분쟁 처리에 대하여 다음과 같은 직능이 있다. 첫째, 당사자의 청구에 응하여 특허권 침해분쟁을 처리하고 특허권 침해로 인정되는 경우에는 침해자에게 즉시 중지명령을 내릴 수 있으며, 이것은 구체적인 행정행위이므로 당사자가 불복하는 경우에는「행정소송법」에 의하여 행정소송을 제기할 수 있고, 침해자가 기간 내에 소를 제기하지도 않았고 침해행위를 중지하지도 않은 경우에는 특허업무관리부문이 인민법원에 강제집행을 신청할 수 있다. 둘째, 위와 같은 처리과정에서 당사자의 청구에 응하여 특허권 침해의 배상액에 대하여 조정을 진행할 수 있으며, 이것은 중재행위로서 구속력이 없고, 조정이 성립하지 않는 경우에 당사자는「민사소송법」에 의하여 민사소송을 제기할 수 있다.

「상표법」,「저작권법」이 규정하는 상표권·저작권 침해행위에 대한 행정적 구제조치는 보다 광범위하여, 침해행위 중지명령, 과태료 부과, 침해제품 및 전용설비의 몰수 및 소각 등이 포함된다. 상대적으로「특허법」이 규정하는 특허권 침해행위에 대한 행정적 구제조치는 보다 제한적이어서 오직 "침해행위의 즉시 중지명령"만 포함된다. 2000년 및 2008년 두 차례「특허법」개정 과정에서, 수많은 사람들이 고의적인 특허권 침해행위에 대해서 과태료 부과라는 행정처벌을 도입할 것을 건의하였는데, 이러한 행위가 특허권자의 합법적 권익을 침해하는 민사권리 침해행위일 뿐만 아니라 정상적 시장질서를 파괴하고 공중의 이익을 위협하는 행정적 위법행위라는 것이 그 이유였다. 그러나 입법기관은 이 건의를 받아들이지 않았다.

비록 본조가 특허업무관리부문의 "침해행위의 즉시 중지명령" 결정에 대하여 불복하는 경우 「행정소송법」에 의하여 행정소송을 제기할 수 있다고 명확히 규정하였지만, 실무에서는 이 행정적 구제조치의 법적 성질에 대해서 논란이 있다. 중국의 행정법 원리에 따르면, 구체적 행정행위에는 일반적으로 행정허가, 행정처벌, 행정포상, 행정강제, 행정할당, 행정권리침해 등이 포함되고, 「행정소송법」 제11조의 행정소송 수리 사건 범위 및 「행정재의법」 제6조의 행정재의 수리 사건 범위에 열거된 행위도 앞의 예와 다르지 않다. "침해행위의 즉시 중지명령"은 도대체 어디에 속하는가?

형식으로 보면, "침해행위의 즉시 중지명령"은 「행정소송법」 제11조 및 「행정재의법」 제6조에 규정된 "생산영업 중지명령"과 유사하며, 따라서 행정처벌의 범주에 속한다. 그러나 행정기관의 행정처벌 결정에는 능동적인 조사 및 처리와 증거수집 권한이 있는 것과 달리, 본조는 오직 특허권자가 청구하여 침해가 성립하는 것으로 인정되는 경우에만 특허업무관리부문이 비로소 "침해행위의 즉시 중지명령" 결정을 할 수 있고, 특허업무관리부문이 능동적으로 조사하고 증거를 수집할 수 있는 직권은 없는 것으로 규정하고 있다. 따라서 특허업무관리부문의 특허권 침해분쟁에 대한 처리 결정을 행정처벌이 아닌 "행정재결"로 보는 견해가 있다.

3. 행정적 구제기구의 위계 및 관할

본조의 "특허업무관리부문"은 일정한 위계의 지방인민정부에 설치된 특허업무관리부문을 가리킨다. 특허행정의 품질을 보장하기 위하여, 「특허법실시세칙」 제79조는 아래와 같이 규정하고 있다.

특허법 및 이 세칙의 특허업무관리부문은, 성·자치구·직할시 인민정부 및 특허관리 업무량이 많고 또한 실질적 처리능력을 갖춘 구(区)가 설치된 시(市) 인민정부에 설립된 특허업무관리부문을 가리킨다.

이로부터 지방인민정부에 설치된 모든 특허업무관리부문에 특허권 침해분쟁을 처리할 수 있는 권한이 있는 것은 아님을 알 수 있다. 현(縣)급 인민정부 및 구(区)가 설치되지 않은 시(市)급 인민정부의 특허업무관리부문은 특허권 침해분쟁을 처리할 수 있는 권한이 없다.

「특허법실시세칙」 제81조는 아래와 같이 규정하고 있다.

① 당사자가 특허권 침해분쟁의 처리 또는 특허분쟁의 조정을 청구하는 경우, 피청구

인 소재지 또는 침해행위지의 특허업무관리부문이 관할한다.

② 둘 이상의 특허업무관리부문에 모두 특허분쟁의 관할권이 있는 경우, 당사자는 그 중 하나의 특허업무관리부문에 청구할 수 있다. 당사자가 둘 이상의 관할권 있는 특허업무관리부문에 청구한 경우, 가장 먼저 수리한 특허업무관리부문이 관할한다.

③ 특허업무관리부문이 관할권에 대하여 다툼이 발생한 경우, 그 공통되는 상급 인민정부의 특허업무관리부문이 관할을 지정한다. 공통되는 상급 인민정부의 특허업무관리부문이 없는 경우, 국무원 특허업무관리부문이 관할을 지정한다.

특허권 침해분쟁의 처리과정에서 침해로 피소된 자가 무효선고를 청구한 경우의 처리 문제에 관해서, 「특허법실시세칙」 제82조는 아래와 같이 규정하고 있다.

① 특허권 침해분쟁 처리과정에서, 피청구인이 무효선고를 청구하여 특허복심위원회가 수리한 경우, 특허업무관리부문에 처리의 중지를 청구할 수 있다.

② 특허업무관리부문이 피청구인이 제출한 중지이유가 현저히 성립하지 않는다고 인정하는 경우, 처리를 중지하지 아니할 수 있다.

4. 행정적 구제에 불복하는 경우의 소제기 기간

「행정소송법」 제39조 규정에 따라서, "공민·법인 또는 기타 조직이 직접 인민법원에 행정소송을 제기하는 경우, 구체적인 행정행위가 있었음을 안 날로부터 3개월 내에 하여야 한다. 법률에 다른 규정이 있는 경우는 제외한다." 본조는 당사자가 침해행위의 즉시 중지명령 결정에 불복하는 경우, 처리통지를 받은 날로부터 15일 내에 인민법원에 소를 제기할 수 있다고 규정하고 있다. 이 때문에 본조 규정은 「행정소송법」 위 규정의 "법률에 다른 규정이 있는 경우"에 해당하는데, 그 이유는 많은 사람들이 3개월이라는 행정소송 제기 기간이 너무 길다고 여기고 있으며, 침해자가 종종 이 기간을 이용해서 특허제품 또는 그 제조설비를 양도함으로써 이후의 행정결정 집행에 어려움을 가져오고 특허권자의 합법적 권익 보호에도 이롭지 않기 때문이다.

본조는 침해행위의 즉시 중지명령이라는 행정적 처리결정에 불복하는 경우, 처리통지를 받은 날로부터 15일 내에 법원에 행정소송을 제기할 수 있다고 규정하고 있다. 이에 대해서는 한 가지 현실적인 문제가 있는데, 즉 당사자가 「행정재의법」에 의해서 행정재의도 신청할 수 있는가? 이에 대해서는 견해가 일치하지 않는다.

침해자가 15일 내에 소를 제기하지도 않고 또한 침해행위를 중지하지도 않은 경우에 특허업무관리부문이 법원에 강제집행을 신청할 수 있다고 본조가 명확하게 규정하고 있음을 고려할 때, 본조는 당사자가 불복하는 경우에 오직 15일 내에 행정소송만 제기할 수 있다는 의미를 담고 있다고 볼 수 있다. 행정법 원리에 따르면, 행정결정이 발효되고 구제수단이 이미 소진되어야만, 행정결정을 내린 행정기관이 비로소 인민법원에 강제집행을 신청할 수 있다.

제61조 증명책임에 관한 특별규정 및 특허권 평가보고서

① 특허권 침해분쟁이 새로운 제품의 제조방법 발명특허에 관계되는 경우, 동일한 제품을 제조하는 단위 또는 개인은 그 제품의 제조방법이 특허방법과 다르다는 것을 증명하여야 한다.

② 특허권 침해분쟁이 실용신안 또는 디자인특허에 관계되는 경우, 인민법원 또는 특허업무관리부문은 특허권자 또는 이해관계인에게 국무원 특허행정부문이 관련 실용신안 또는 디자인에 대하여 검색·분석 및 평가한 후 작성한 특허권 평가보고서를 제출하도록 요구하여 특허권 침해분쟁 심리·처리의 증거로 할 수 있다.

一. 제조방법 특허권 침해분쟁의 증명책임

(一) 조문 연혁

「민사소송법」제64조는 아래와 같이 규정하고 있다.

　　당사자는 자기의 주장에 대해서 증거를 제출할 책임이 있다.

이것이 바로 사람들이 보통 말하는 "주장자 증명책임" 원칙이다. 이 원칙은 민사소송의 기본원칙 중 하나이다.

이 원칙에 의하면, 특허권자가 타인이 그 특허권을 침해하였다고 주장하는 경우에는 먼저 증명책임이 있어서 다음과 같은 사실을 증명할 수 있는 증거를 제출하여야 하는데, 첫째 자기가 보유하고 있는 특허권의 유형과 특허권의 권리상황, 둘째 침해로 피소된 자가 언제 어디에서 어떠한 행위를 하였는지, 셋째 침해로 피소된 자의 행위객체가 그 특허권의 보호범위에 속한다는 사실이다.

방법특허권은 오직 특허방법의 사용만 보호받을 수 있는데, 제품의 제조방법 특허권에 있어서는 특허방법이 반드시 제품을 제조하는 과정에서 사용되고, 특허권자는 일반적으로 침해로 피소된 자의 제조현장에 진입할 수 없으며, 따라서 특허권자에게 침해로 피소된 자가 사용하고 있는 제조방법이 특허방법과 동일하다는 것을 증명할 수 있는 증거를 제출하도록 요구하는 것은 대개 상당히 곤란하다. 이 점을 고려하여, 중국은 1984년 제정된 「특허법」제60조 제2항에 증명책임의 전환을 규정하였는데,

즉 아래와 같았다.

> 침해분쟁이 발생한 때에, 만약 발명특허가 제품의 제조방법이라면, 동일한 제품을 제조하는 단위 또는 개인은 그 제품의 제조방법을 증명하여야 한다.

위 규정에 근거하여, 제품의 제조방법 특허권에 있어서는 특허권자가 특허권 침해소송을 제기하면, 침해로 피소된 자에게 증명책임이 있어서 그 제품이 어떤 방법으로 제조된 것인지를 증명하여야 했다. 만약 침해로 피소된 자가 그 제품이 다른 방법으로 제조된 것임을 증명할 수 없다면, 법원 또는 특허업무관리부문은 그 제품이 특허방법을 사용해서 제조된 것으로 추정할 수 있었다. 이 규정은 제품제조방법 특허권자가 제품 특허권자에 비해서 증거를 제출하기가 어려운 점을 보충해 주고자 하는 것이 그 본래 의도였다.

그러나 제품제조방법 특허권에 있어서, 어떠한 상황인지를 불문하고 모두 침해로 피소된 자에게 먼저 위와 같은 증명책임을 부담하도록 요구하는 것은 매우 불합리하다. 특허권을 받은 제품제조방법이 새로운 제품의 제조방법일 수도 있지만, 공지된 제품의 제조방법일 수도 있다. 만약 공지된 제품이라면, 이에 상응하는 제조방법도 있게 마련이다. 단지 어떤 자가 이미 공지된 제품을 제조하는 새로운 방법을 발명하였다고 해서, 이 제품을 생산하는 모든 자에게 특허권 침해분쟁이 발생했을 때에 어쩔 수 없이 먼저 증명책임을 지워서 자기가 "결백"하다는 것을 증명하도록 강요하는 것은 이치에 맞지 않는다고 할 수 있다. 특히 그 1992년 개정 「특허법」이 제품의 제조방법 특허권에 대한 보호를 확대하여, 허가 없이 특허방법을 사용하는 행위 자체뿐만 아니라 허가 없이 특허방법에 의하여 직접적으로 획득한 제품을 판매ㆍ사용ㆍ수입하는 행위까지 특허권 침해에 해당되게 하였으므로, 만약 원래 규정을 계속 따른다면 위와 같은 불합리한 점이 더욱 커지게 된다.

TRIPs 제34조 제1항은 아래와 같이 규정하고 있다.

> ① 제28조 제1항 나호에서 언급된 특허권자의 권리침해에 관한 민사소송절차를 위하여 특허대상이 물질을 취득하는 제법인 경우, 사법당국은 피고에게 동일 물질을 취득하는 제법이 이미 특허된 제법과 다름을 증명하도록 명령할 권한을 갖는다. 따라서 회원국은 다음 중 최소한 하나의 경우에는 동일한 물질이 특허권자의 동의 없이 생산된 경우 반대의 증거가 없는 한, 이미 특허된 제법에 의해서 취득된 것으로 간주된다고 규정한다.

가. 특허된 제법에 의해 취득된 물질이 신규인 경우

나. 동일물질이 그 제법에 의해서 만들어졌을 상당한 가능성이 있고 특허권자가 합리적인 노력에 의해서도 실제로 사용된 제법을 판정할 수 없는 경우.

위의 규정은 두 경우를 선택할 수 있게 하는데, 중국은 1992년 「특허법」 개정 시에 제60조 제2항에서 그중 첫 번째 경우를 선택하여,[1] 아래와 같이 규정하였다.

침해분쟁이 발생한 때에, 만약 발명특허가 새로운 제품의 제조방법이라면, 동일한 제품을 제조하는 단위 또는 개인은 그 제품의 제조방법을 증명하여야 한다.

1992년 개정 전 규정에 비해서, 개정 후 조문은 단지 "새로운"이라는 단어가 추가되었을 뿐이지만, 증명책임전환의 범위를 크게 제한하였다. 이렇게 해서, 1992년 개정 「특허법」은 한편으로는 확대보호를 통해서 제조방법 특허권에 대한 보호를 강화하였으며, 다른 한편으로는 제조방법 특허권과 관련된 특허권 침해분쟁에서 증명책임전환의 범위를 축소시켰는데, 양자는 법률적으로 균형을 맞춘 것이다.

1992년 개정 「특허법」 제60조 제2항 규정에는 아직 개선되어야 할 점이 있었는데, 바로 동일한 제품을 제조하는 단위 또는 개인이 "그 제품의 제조방법을 증명"하여야 한다고 규정한 점이다. 실무에서 보면, 침해로 피소된 자에게 그 실제로 사용한 제조방법만을 증명하도록 요구하는 것에 의해서는 침해로 피소된 자가 실시하는 방법과 특허방법 사이의 차이가 명확하게 드러나지 않는 때가 있으며, 법원 또는 특허업무관리부문이 침해로 피소된 행위가 제조방법 특허권을 침해하는 행위에 해당하는지 판단하는 데 도움이 되지 않고, 증명책임의 전환을 규정한 입법목적을 달성하는 데에도 도움이 되지 않는 경우가 있다. 이 때문에, 2000년 「특허법」 개정 시에 TRIPs 제34조에 따라서 위의 규정을 다시 조정하여, 개정 전 「특허법」 제60조를 제57조로 고치고 동시에 그 제2항 규정을 아래와 같이 개정하였다.

특허권 침해분쟁이 새로운 제품의 제조방법 발명특허에 관계되는 경우, 동일한 제품을 제조하는 단위 또는 개인은 그 제품의 제조방법이 특허방법과 다르다는 것을 증명하여야 한다.

---

1) 미국특허법은 두 번째 경우를 반영하였다.

2008년 「특허법」 개정 시에, 개정 전 제57조 제2항 규정을 나누어 본조 제1항으로 하였으며, 원래 규정 자체에 대해서는 고치지 않았다.

(二) 증명책임전환의 요건

본조 제1항은 특허권 침해분쟁이 제품의 제조방법에 관계되는 때에는 증명책임이 전환될 수 있다고 규정하고 있다. 그러나 이 규정은 특허권 침해분쟁이 발생할 때에 제품 제조방법특허의 특허권자가 침해로 피소된 자가 그 특허권을 침해하였다고 주장하기만 하면 이후부터는 침해로 피소된 자가 그 제품의 제조방법이 특허방법과 같지 않음을 증명하기를 가만히 앉아서 기다리면 된다는 의미는 아니다. 본조 제1항 규정이 적용되기 위해서는 일정한 요건이 만족되어야 하며, 특허권자는 먼저 바로 이러한 요건을 증거로써 증명하여야 하는데, 첫째는 특허방법으로 얻어지는 제품이 일종의 새로운 제품이어야 한다는 점이고, 둘째는 침해로 피소된 자가 제조하는 제품이 특허방법으로 얻어지는 제품과 서로 동일하여야 한다는 점이다. 특허권자가 위와 같은 요건에 대한 증명책임을 다한 후에야, 법원 또는 특허업무관리부문은 비로소 침해로 피소된 자에게 그 제품의 제조방법이 특허방법과 다르다는 것을 증거로써 증명하도록 명령할 수 있다.

1. "새로운 제품"의 의미

"새로운 제품"의 의미에 관하여, TRIPs는 더 나아가 규정하지 않았고, 중국 「특허법」 및 「특허법실시세칙」도 마찬가지이다.

먼저, 본조 제1항 규정이 오직 제품의 제조방법특허에만 적용된다는 점을 명확히 할 필요가 있다. 만약 특허권을 받은 방법이 제품의 제조방법특허가 아니고, 작업방법·사용방법 등과 같은 기타 방법이라면, 특허권 침해분쟁의 심리 또는 처리 과정에서 증명책임의 전환이 적용될 수 없다.

다음으로, 무엇이 "새로운 제품"인지 명확히 할 필요가 있다. 한 저작은 아래와 같이 지적하였다.

일반적 이해에 의하면, 새로운 제품의 "새로운"은 이 법에 의하여 특허권이 수여될 때에 요구되는 "신규성"이 아니며, 어떤 제품이 특허출원일 전에 국내 시장에 출시된 적이 없었던 것이라면 곧 새로운 제품으로 볼 수 있다.[1]

무엇 때문에 이처럼 이해해야 하는지에 대해서, 이 저작은 그 이유를 밝히지 않았다. 이에 대하여 국내에서는 줄곧 상이한 견해가 있어 왔다.

2009년 반포된 「최고인민법원의 특허권 침해분쟁사건 심리 응용법률 문제에 관한 해석」 제17조는 아래와 같이 규정하였다.

> 제품 또는 제품제조 기술방안이 특허출원일 이전에 국내외에서 공지된 것인 경우, 인민법원은 그 제품이 특허법 제61조 제1항 규정의 새로운 제품에 속하지 아니하는 것으로 인정하여야 한다.

위 규정에 따르면, 특허권을 받은 제품제조방법으로 얻어지는 제품이 새로운 제품에 해당하는지를 판단함에는 두 가지 경로가 있으며, 하나는 제품이 출원일 전에 국내외에서 공지된 것인가 하는 것이고, 다른 하나는 제품을 제조하는 기술방안이 출원일 전에 국내외에서 공지된 것인가 하는 것이다. 양자는 "또는"의 관계이며, 특허권자는 먼저 증명책임이 있으므로 전자도 아니고 후자도 아님을 증명하여야 비로소 본조 제1항 규정이 적용될 수 있다.

전자에 대해서 말하자면, 위의 규정은 제품이 "새로운 제품"인지를 판단함에 있어서 최고인민법원은 신규성 판단기준을 적용하여야 하고 위의 저작이 주장한 국내시장에서의 출시여부를 기준으로 하는 것이 아니라는 점을 분명히 하였는데, 이로써 과거에 장기간 논란이 있었던 문제를 해결하였다. 필자도 이 해석에 찬성하는데, 신규성 판단기준은 특허분야에서 이미 모두가 알고 있고 성숙된 이론과 실천적 경험을 갖춘 것이므로 본조의 "새로운 제품"의 판단근거로 완전하고 직접적으로 이용될 수 있으며, 본조의 "새로운 제품"을 위해서 따로 독특한 판단기준을 세울 필요가 없기 때문이다. 위 저작의 견해에 비하여, 신규성 판단기준에 의하게 되면 결과적으로 제품의 제조방법 특허권자가 특허권 침해분쟁사건에서 증명책임이 전환되어야 한다고 주장하기가 훨씬 어렵게 되는데, 신규성 판단기준은 국내시장에서의 출시여부보다 훨씬 엄격하기 때문이며, 2008년 「특허법」 개정 시에 상대적 신규성 판단기준을 절대적 신규성 판단기준으로 고친 이후에는 더욱 이와 같다.

후자에 대해서 말하자면, 그 의미가 분명하지 않으므로 구체적으로 분석할 필요가 있다. 소위 "제품제조 기술방안이 특허출원일 이전에 국내외에서 공지된 것"에는 두 가지 가능성이 있는데, 하나는 출원일 이전에 특허방법과는 다른 그 제품의 제조방법

---

1) 汤宗舜, 专利法解说[M], 修订版, 北京: 知识产权出版社, 2002: 347.

이 이미 공지된 경우이고, 다른 하나는 출원일 이전에 특허방법과 동일한 그 제품의 제조방법이 이미 공지된 경우이다. 전자의 경우에, 이미 그 제품의 제조방법이 존재하고 또한 공지되었다면 일반적으로는 그 방법으로 제조된 제품도 공지된 것이고, 따라서 그 제품은 "새로운 제품"이 아니라고 추론할 수 있으며, 이것이 최고인민법원 사법해석의 본의라고 할 수 있다. 그러나 주의가 필요한 점은 이러한 논리로 판단한다고 하더라도 결국에 가서는 제품 자체가 출원일 이전에 공지된 것인지를 확정하여야 한다는 점인데, 본조 제1항 조문에 따르면 증명책임이 전환되기 위한 결정적 요건은 그 제품이 특허출원일 이전에 국내외에서의 공지되었는지 여부이지, "제품제조 기술방안"이 특허출원일 이전에 국내외에서의 공지되었는지 여부가 아니기 때문이다. 후자의 경우에, 제품의 제조방법 특허로 보호받고자 하는 기술방안이 출원일 이전에 이미 국내외에서 공지되었다면, 그 특허기술 자체가 이미 신규성이 없어서 특허권이 무효로 되어야 한다는 것을 나타내므로, 그 특허권을 침해한 것인지를 판단할 필요가 없으며 자연히 증명책임의 전환을 고려할 필요도 없게 된다.

다음으로 특허권자가 그 제품 제조방법으로 얻은 제품이 "새로운 제품"이라는 것을 어떻게 증명할 수 있는지 명확히 할 필요가 있다. 어떤 제품이 신규성 없음을 증명할 때에는 그 제품이 출원일 전에 이미 공지된 것이라는 증거만 들면 된다. 어떤 제품이 신규성이 있음을 증명하는 것은 한도 끝도 없는 일로써, 단언하는 것 이외에 특허권자가 어떻게 해야 그 증명책임을 다할 수 있는지 생각하기 어렵다. 현실에서 실행 가능한 방법으로는 침해로 피소된 자에게 반증을 들도록 하는 것으로, 침해로 피소된 자가 증거를 제출하여 그 제품이 출원일 이전에 공지된 것임을 증명하면 본조 제1항의 증명책임전환에 관한 규정을 적용할 수 없다. 그러나 이러한 방식은 제품이 "새로운 제품"인지의 문제에 있어서 증명책임을 전환하는 것에 상당하는 것이므로 본조 규정을 벗어난 것이라는 의심이 든다.

이 점에서 보면, TRIPs 제34조 제1항 제(나)호가 규정하는 방식을 이용하는 것이 보다 좋을 것 같다. 제(가)호와 제(나)호는 모두 증명책임전환의 요건으로서, 제(나)호의 요건은 "동일물질이 그 제법에 의해서 만들어졌을 상당한 가능성이 있고 특허권자가 합리적인 노력에 의해서도 실제로 사용된 제법을 판정할 수 없는 경우"이다. 이 요건에 대해서는 특허권자가 증명하는 것이 비교적 용이하고 법원도 판단하기가 비교적 쉬우므로, 특허권 침해분쟁사건의 심리 또는 처리과정에서 시작하자마자 증명책임이 전환되어야 하는지에 대한 절차적 문제에서 큰 다툼이 발생하여 심리 또는 처리의 진행이 어려운 지경에 빠지게 되는 것을 방지할 수 있다.

필자는 최고인민법원이 최근에 아래와 같은 견해를 피력한 것에 주의하였다.

제품제조방법 발명특허 침해사건을 적절히 심리함으로써 법에 따라 발명특허권을 보호한다. 방법특허권자의 권리보호의 어려움을 적절히 고려함과 동시에, 침해로 피소된 자의 영업비밀을 보호할 합법적 권익도 함께 고려한다. 법에 따라 새로운 제품제조방법 특허의 증명책임전환 규정을 적용하여, 특허방법을 사용하여 얻어진 제품 및 그 제품을 제조하는 기술방안이 특허출원일 전에 공지된 것이 아닌 경우, 침해로 피소된 동일한 제품을 제조하는 자는 그 제품의 제조방법이 특허방법과 다르다는 것을 증명하여야 하는 증명책임을 진다. 특허방법을 사용하여 얻어진 제품이 새로운 제품에 속하지는 않는다고 하더라도, 특허권자가 침해제품이 동일한 제품임을 증명하고 합리적인 노력을 기울였음에도 여전히 그 특허방법을 사용했다는 것을 증명할 방법이 없지만, 사건의 구체적인 상황에 따라서, 이미 확인된 사실과 일상생활의 경험을 종합하여, 동일한 제품이 특허방법으로 제조되었을 가능성이 매우 크다고 인정되는 경우에는, 민사소송의 증거에 관한 사법해석의 관련 규정에 근거하여 특허권자에게 더 나아가 증명할 것을 요구하지 않고, 침해로 피소된 자에게 그 제조방법이 특허방법과 다르다는 증거를 제출하도록 할 수 있다. 방법특허권 침해 증명의 실질적 어려움에 대해서는, 법에 따라 증거보전조치를 취함으로써 방법특허권자의 증명부담을 적절하게 완화시킬 수 있다. 피신청인의 이익보호에도 주의하여, 당사자가 증거보전제도를 남용하여 타인의 영업비밀을 위법하게 취득하는 것을 방지하여야 한다. 침해로 피소된 자가 제출하는 그 제조방법이 특허방법과 다르다는 증거가 영업비밀에 관계되는 경우에는, 심리판단 시에 조치를 취해서 보호하도록 주의하여야 한다.[1]

최고인민법원의 위 견해는 실질적으로 TRIPs 제34조 제1항 제(나)호 규정을 도입한 것인데, 그 목적은 방법특허권자가 그 방법으로 얻어진 제품이 새로운 제품임을 증명하여야 함에 있어서 증명의 곤란함을 적절하게 완화시키기 위함이다. 이 견해는 특허권 침해분쟁의 심리 또는 처리 과정에서 자주 만나게 되는 난제를 해결할 수 있는데, 이것이 또한 필자가 TRIPs 제34조 제1항 제(나)호가 제(가)호보다 낫다고 여기는 이유이기도 하다. 그러나 최고인민법원의 위 견해에 따라서, 설령 제조방법특허로 얻어지는 제품이 새로운 제품이 아니라고 하더라도, 어떤 경우에는 침해로 피소된 자에게 증명책임을 부담하도록 하여 그 제조방법이 특허방법과 다르다는 것을 증명하도록 요구하는 것은, 본조 제1항 규정에 부합하지 않는다는 의심이 든다. 필자는 비록 TRIPs 제34조 제1항이 제(가)호와 제(나)호 두 가지 중에서 선택할 수 있게 하였

---

1) 「最高人民法院关于充分发挥知识产权审判职能作用推动社会主义文化大繁荣和促进经济自主协调发展若干问题的意见」[法发(2011)第18号, 2011年 12月 16日].

지만, "적어도 아래 경우 중 하나"에서 증명책임이 전환되어야 한다고 규정하였으므로 이러한 두 경우 중 오직 하나만 선택할 수 있는 것이 아니라 필요한 경우에는 두 가지를 겸용할 수 있음을 나타낸다고 본다. 따라서 최고인민법원의 위 견해를 따를 필요가 있다고 인정된다면, 다음「특허법」개정 시에 본조 제1항 규정을 적절히 조정하여 법적인 장애를 해소하여야 한다.

본조 제1항 규정에 따라서, 침해소송에서 침해로 피소된 자가 "동일한 제품을 제조하는 단위 또는 개인"인 때에만, 본조 제1항의 증명책임전환에 관한 규정이 적용될 수 있다는 점에 주의할 필요가 있다.「특허법」제11조는 제품의 제조방법 특허권에 대한 확대된 보호를 제공하지만, 만약 침해로 피소된 자의 행위가 단지 특허방법에 의해서 직접적으로 획득한 제품의 판매청약·판매·사용 또는 수입일 뿐이고 그 특허방법을 사용, 즉 그 제품을 제조하는 것은 아닌 경우에는, 설령 침해로 피소된 자가 특허권 침해에 대한 민사책임을 부담하여야 한다고 하더라도 이에 대해서 증명책임 전환 규정을 적용할 수 없는데, 관련된 제품이 그 침해로 피소된 자 자신이 제조한 것이 아니어서 그 제품이 어떠한 방법으로 제조된 것인지를 증명하도록 요구할 수 없기 때문이다. 이러한 경우에는 특허권자에게 증명책임이 있어서 침해로 피소된 자가 판매청약·판매·사용·수입한 것이 특허방법에 의해서 직접적으로 획득한 제품임을 증명하여야 한다.

2. "동일한 제품의 제조"의 의미

본조 제1항은 증명책임전환으로 증명책임이 있는 주체는 "동일한 제품을 제조"하는 단위 또는 개인이라고 규정하고 있다. 이로부터 침해로 피소된 자가 제조하는 제품이 "동일한 제품"에 해당하는지를 어떻게 인정할 수 있는가 하는 문제가 발생한다. 주의가 필요한 점은 TRIPs 제34조 제1항이 규정하는 제(가)호 및 제(나)호 중 어떤 방식을 따를 것인지를 불문하고 이 문제는 회피할 수 없다는 점인데, 만약 침해로 피소된 자가 제조하는 제품이 동일한 제품이 아니라면 증명책임의 전환이 적용되지 않기 때문이다.

소위 "동일한"이라는 것은, 반드시 비교의 결론일 수밖에 없지만, 비교의 대상이 무엇인가? 이것은 실제로 매우 대답하기 어려운 문제이다.

먼저 "동일한 제품"이 무엇인지에 대해서 논의할 필요가 있다.

모두 알고 있는 바와 같이, 발명 및 실용신안특허권에 있어서 침해분쟁이 발생한 때에는, 침해제품을 특허의 청구항으로 보호받고자 하는 제품과 비교하여, 침해제품이 제품청구항에 기재된 기술적 특징 전부를 포함하고 있는지를 판단하며, 이에 대해서는 일련의 판단규칙이 마련되어 있다. 그러나 제조방법특허권에 있어서는, 그 청구항에 기재된 것은 제품제조방법의 기술적 특징이고 제품 자체의 기술적 특징이 아니므로, 위의 판단규칙은 모두 쓸모가 없다. 이뿐만 아니라「특허법」,「특허법실시세칙」및「특허심사지침서 2010」규정에 따라서, 제품제조방법특허의 설명서와 첨부도면은 해당 분야의 기술자가 그 방법을 충분히 실시할 수 있을 정도로 그 방법에 대해서 설명하고 있으면 족하고, 특허방법으로 얻어지는 제품의 구조, 특성 및 기능에 대해서까지 출원인이 상세하게 소개할 필요는 없다. 제조방법특허가 화합물의 제법에 관한 것이라면, 원료와 방법적 단계로부터 얻어지는 제품의 구조를 판단해 낼 수도 있을 것이다. 기계제품 또는 전기·전자제품의 제조방법에 관한 것이라면, 많은 경우에 제조방법 자체로부터 얻어지는 제품의 구조를 명확하게 판단해 낼 수가 없다.

따라서 증명책임전환을 위해서 침해로 피소된 자가 "동일한 제품을 제조"한 것인지를 판단할 때에, 현실적으로 실행가능한 비교방식은 침해제품을 특허방법에 의해서 얻어진 제품과 대비하는 것이다. 하나의 실제 제품에는 무궁한 "기술적 특징"이 포함되어 있다고 할 수 있다. 판단할 때에, 침해제품과 특허권자의 실제 제품 사이에 어떠한 차이라도 존재하기만 하면 차이의 크고 작음에 관계없이 "동일한 제품"에 해당하지 않는 것으로 인정되어야 하는가? 이에 대한 대답이 부정이어야 함은 쉽게 생각해 낼 수 있는데, 그렇지 않다면 본조 규정은 크게 그 의의를 잃게 되기 때문이다. 게다가, 특허권자가 그 특허를 실시하지 않아서 제품이 실제로 존재하지 않을 수도 있는데, 이때에는 어떻게 대비를 하여야 하는가?

다음으로, "동일한 제품"은 이 외에도 "최초제품"과 "최종제품" 사이의 관계 문제에도 관련된다.

제품의 제조방법 특허에 대해서 말하자면, 특허문서에서 볼 수 있는 것 그리고 법원이 인정할 수 있는 것은 일반적으로 특허방법의 마지막 단계가 완성된 후에 얻어지는 최초제품일 수밖에 없는데, 특허설명서에는 이 밖의 것에 대해서 소개되어 있지 않을 것이기 때문이다. 그러나 침해로 피소된 자가 제조하는 제품은, 그 최초제품일 수도 있지만 그 최초제품에 나아가 가공처리한 후에 얻어지는 최종제품일 수도 있다. 예를 들어, 특허방법이 에틸렌 제조방법에 관한 것이고, 침해로 피소된 자가 이 방법으로 에틸렌을 제조하지만, 얻어진 에틸렌을 단지 하나의 중간제품으로 하여 후속 가공공정에서 폴리염화비닐을 합성하여 판매한다고 하자. 이때에 침해로 피소된 자는 그 제조한 제품이 특허방법에 의해서 직접적으로 얻어진 제품과 근본적으로 다르므로, 증명책임전환을 적용해서는 안 된다고 주장할 수 있다. 이 주장을 어떻게 보아야 하는가?

　필자는 "동일한 제품의 제조"에는 특허방법을 사용하여 일찍이 동일한 제품을 얻었던 경우가 포함되며, 침해로 피소된 자가 최후에 얻게 되는 최종제품만을 비교대상으로 해서는 안 된다고 본다. 그렇지 않다면, 침해자는 추가적인 가공처리를 가함으로써 본조 제1항의 증명책임전환에 관한 규정을 회피할 수 있게 된다. 그러나 만약 제조과정의 어떠한 단계에서라도 일찍이 동일한 제품을 얻은 적이 있기만 하면 침해로 피소된 자에게 증명책임이 있다고 본다면, 현실에서는 또 다른 복잡한 문제들이 생길 수 있다.

　위에서 설명한 것은 동일인이 최초제품을 얻은 후에 계속해서 가공처리를 하여 최종제품을 얻은 경우이다. 만약 최초제품의 제조와 최종제품의 제조가 다른 사람에 의해서 완성되었다면, 결론은 달라질 수밖에 없다. 예를 들어, 갑이 특허방법으로 최초제품을 얻고, 을은 이 최초제품을 이용하여 최종제품을 제조하였다면, 을의 행위는 허가 없이 특허방법에 의해서 직접적으로 획득한 제품을 사용하는 행위에 해당하므로, 을은 특허권에 대한 침해책임을 부담하여야 한다. 그러나 을에 대한 침해소송에서는 증명책임전환 규정을 적용할 수 없는데, 이때에 을은 그 사용한 최초제품이 어떠한 방법으로 제조된 것인지를 근본적으로 모를 수도 있기 때문이다.

　종합하면, 본조 제1항의 규정이 보기에는 매우 간단해서 이해가 어렵지 않은 것 같지만 실제로는 절대로 그렇게 간단하지 않으며, 수많은 심층적인 검토가 필요한 문제를 포함하고 있다.

二. 실용신안특허 및 디자인특허의 특허권 평가보고서

（一）조문 연혁

　침해분쟁의 심리 또는 처리 중에, 특허권자는 먼저 증명책임이 있어서 그 보유하고 있는 특허권의 권리상황을 증명하여야 한다. 2000년 「특허법」 개정 전의 사법실무에서는, 특허권자가 국가지식산권국이 발급한 특허증서 및 특허권이 아직 소멸되지 않았다는 증명서를 제출하기만 하면 유효기간이 종료되지 않은 특허권을 합법적으로 보유하고 있음을 증명할 수 있었으며, 따라서 특허권 침해소송을 제기할 수 있었다.

　그러나 「특허법」은 실용신안과 디자인특허출원에 대해서 초보심사만 진행하고 실체심사는 진행하지 않는 것으로 규정하고 있으며, 이 때문에 등록된 실용신안 및 디자인특허권이 무효로 될 가능성이 비교적 커서 법적 안정성이 떨어진다. 일부 실용신안 및 디자인특허권자는 이러한 법적 불확정성을 정확하게 인식하지 못하고 종종 너무 경솔하게 타인의 실시행위에 대하여 특허권 침해소송을 제기하지만 마지막에는 그 특허권이 무효로 되는 것으로 끝을 맺게 되는데, 이것은 자신의 자원을 헛되이 소비하는 것일 뿐만 아니라 타인의 정상적 생산경영활동에도 지장을 주는 것이어서 자신에게나 남에게 모두 이롭지 않은 결과가 되므로 권장할 만한 것이 못 된다. 이 문제를 해결하기 위하여, 2000년 「특허법」 개정 시 제60조 제2항에 아래와 같은 규정을 신설하였다.

> 특허권 침해분쟁이 실용신안특허에 관계되는 경우, 인민법원 및 특허업무관리부문은 특허권자에게 국무원 특허업무관리부문이 작성한 검색보고서를 제출할 것을 요구할 수 있다.

디자인특허도 마찬가지로 초보심사만 통과하면 특허권이 수여됨에도, 위의 규정은 단지 실용신안에 대해서만 규정하고 디자인에 대해서는 규정하지 않았는데, 그 주된 이유는 당시에 국가지식산권국은 디자인의 도면 또는 사진에 대해서 검색하여 대비할 수 있는 선행설계 데이터베이스가 부족하여 디자인특허에 대해서는 아직 검색보고서를 작성할 수 있는 능력이 없었기 때문이었다.

몇 년간의 시행을 거쳐서 실용신안특허 검색보고서 제도는 일정 정도 사회 각 분야의 인정을 받았지만, 보고서 작성 청구인의 범위, 보고서가 관계되는 범위, 보고서의 작성방식 등 문제에 있어서 여전히 의문이 존재했으며, 가장 중요한 것으로는 보고서의 성질과 작용에 대해서 의문이 있었다. 이러한 의문이 존재했으므로, 검색보고서 제도는 2008년 「특허법」 개정 시에 공중이 가장 큰 관심을 보인 주제가 되었다.

광범위한 의견수렴과 반복적인 연구를 거쳐서, 2008년 개정 「특허법」은 개정 전 제60조 제2항 후반부의 실용신안 검색보고서에 관한 규정을 본조 제2항 규정으로 고치고 동시에 개정하였는데, 개정된 점은 다음과 같다.

첫째, 보고서의 명칭을 원래의 "검색보고서"에서 "특허권 평가보고서"로 고침으로써, 보고서가 관계되는 내용을 확대하였다.

둘째, 보고서 작성대상을 원래의 실용신안특허에서 디자인특허를 포함하는 것으로 확대하였다.

셋째, 보고서 작성청구의 주체를 원래의 "특허권자"에서 "이해관계인"을 포함하는 것으로 확대하였다.

넷째, 보고서의 성질과 효력을 명확히 하여, 이 보고서가 인민법원 또는 특허업무관리부문의 "특허권 침해분쟁 심리·처리의 증거"가 된다고 규정하였다.

(二) 특허권 평가보고서에 관한 설명

1. 국가지식산권국에 대한 특허권 평가보고서 작성청구 시기

본조 제2항은 특허권 침해분쟁이 실용신안특허 또는 디자인특허에 관계되는 경우, 인민법원 또는 특허업무관리부문은 특허권자 또는 이해관계인에게 국무원 특허행정부문이 작성한 특허권 평가보고서를 제출하도록 요구할 수 있다고 규정하고 있다. 본조 제2항의 조문으로 보면 다음과 같이 이해할 수 있을 것 같은데, 즉 인민법원 또는 특허업무관리부문이 요구하는 때에만 특허권자 또는 이해관계인이 비로소 국가지식산권국에 실용신안특허 또는 디자인특허에 대한 특허권 평가보고서를 청구할 필요가 생긴다.

그러나 보다 합리적인 각도에서 보면, 실용신안 또는 디자인의 특허권자가 특허권을 받은 후에는 즉시 국가지식산권국에 특허권 평가보고서를 청구하는 것이 허용되어야 한다. 그 이유는 제2항 규정의 출발점은 실용신안특허권의 법적 확정성이 부족한 결점을 일정 정도 극복하기 위함에 있으며, 특허법이 규정하는 실체적 등록요건에 부합하지 않아서 본래 특허권이 수여되지 말았어야 하는 실용신안 또는 디자인에 있어서는 특허권자가 그 특허권의 실제 상황을 빨리 파악할수록 더욱 바람직하고, 이렇게 함으로써 특허권자가 불필요하게 양도·허가를 하거나 또는 특허권 침해소송을 제기하는 것을 방지할 수 있는데, 이것은 특허권자에 대해서나 아니면 사회공중에 대해서나 모두 유익한 점이 있기 때문이다. 다른 한편으로, 2000년 개정「특허법」의 시행상황으로 보면, 실용신안특허권자가 특허권 침해소송을 제기한 경우에, 인민법원인지 아니면 각지의 특허업무관리부문인지를 불문하고 특허권 침해분쟁의 심리 또는 처리를 편리하게 하기 위하여, 특허권자에게 국가지식산권국이 작성한 검색보고서를 제출하도록 요구하는 것이 보편적인 방식이 되어 왔다. 2001년 반포된「최고인민법원의 특허권 침해분쟁사건 심리 적용 법률문제에 관한 규정」제8조는 실용신안특허권 침해소송을 제기하는 원고는 소를 제기할 때에 국무원 특허행정부문이 작성한 검색보고서를 제출하여야 한다고 규정하였다. 이러한 상황은 2008년「특허법」개정에 의해서도 바뀌지 않았다. 만약 실용신안 또는 디자인특허권자가 국가지식산권국의 특허권 평가보고서에 그에게 불리한 평가의견이 담겨 있지 않을 것으로 믿는다면, 조속히 특허권 평가보고서를 발급받음으로써 주도권을 확보하여 특허권 침해소송의 심리 또는 처리절차가 지연되는 것을 방지할 수 있을 것이다.

위와 같은 점을 고려하여, 2010년 개정 「특허법실시세칙」 제56조 제1항은 아래와 같이 규정하고 있다.

실용신안 또는 디자인특허권의 수여결정이 공고된 후, 특허법 제60조 규정의 특허권자 또는 이해관계인은 국무원 특허행정부문에 특허권 평가보고서의 작성을 청구할 수 있다.

2. 특허권 평가보고서 작성청구의 주체

2000년 개정 「특허법」 제60조 제2항은 특허권 침해분쟁이 실용신안특허권에 관계되는 경우, 인민법원 또는 특허업무관리부문은 특허권자에게 국무원 특허행정부문이 작성한 검색보고서를 제출하도록 요구할 수 있다고 규정하였다. 당시의 「특허법실시세칙」 제55조는 실용신안특허권의 수여결정이 공고된 후, 실용신안특허권자는 국무원 특허행정부문에 검색보고서의 작성을 청구할 수 있다고 규정하였다. 이로부터 과거에는 오직 실용신안특허권자만이 국가지식산권국에 검색보고서의 작성을 청구할 수 있는 권리가 있었음을 알 수 있다.

2008년 개정 「특허법」 본조 제2항은, 인민법원 또는 특허업무관리부문은 특허권자 또는 이해관계인에게 국무원 특허행정부문이 작성한 특허권 평가보고서를 제출하도록 요구할 수 있다고 규정하고 있다. "이해관계인"을 추가한 것은 「특허법」 제60조 규정에 따라서 특허권 침해분쟁이 발생하는 경우, 특허권자 또는 이해관계인은 인민법원에 소를 제기할 수도 있고, 또한 특허업무관리부문에 처리를 청구할 수도 있기 때문이다. 이것은 특허권자의 이해관계인이 특허권 침해행위에 대해서 단독으로 소송을 제기하거나 또는 처리를 청구하는 것을 법률이 허용하고 있음을 나타낸다. 현실에서 이러한 이해관계인은 대부분 독점실시 허가계약의 피허가자 또는 특허권자가 명확하게 소제기의 권리를 부여한 통상실시 허가계약의 피허가자이다. 「특허법」 제60조 규정과 서로 조화되도록 하기 위하여, 본조 제2항에 "이해관계인"을 추가하였다.

만약 본조 제2항의 "이해관계인"을 따로 떼어 놓고 본다면 이를 넓은 의미로 해석할 수도 있는데, 예를 들어 특허권 침해분쟁에서 침해로 피소된 자도 그 안에 포함될 수 있는데, 특허권의 유효여부는 침해로 피소된 자의 이익에도 관계되기 때문이다. 2008년 「특허법」 개정 시에, 적지 않은 사람들이 침해로 피소된 자도 국가지식산권국에 특허권 평가보고서의 작성을 청구하는 것이 허용되어야 한다고 주장하였다.

이 견해에 대하여, 국가지식산권국은 아래와 같은 두 가지 점에서 의견을 달리하였다.

먼저 국가지식산권국에 특허권 평가보고서의 작성을 청구하는 것이 도대체 당사자의 권리인가 아니면 당사자의 의무인가에 대해서 대답하여야 할 필요가 있다. 본조 제2항의 입법목적으로 보면, 이 규정은 실용신안특허 및 디자인특허가 실체심사를 거치지 않고 수여됨에 따라 그 법적 안정성이 떨어지는 점을 보완하기 위해서 제정된 것이고, 특허권 침해분쟁에서 특허권자는 능동적으로 권리를 주장하는 일방 당사자이므로 원고가 당연히 그 특허권이 「특허법」 규정에 부합한다는 증거를 제출하여야 하기 때문이다. 따라서 본조 제2항 규정을 원고의 의무의 하나로 보는 것이 보다 적당하고, 침해로 피소된 자에게 이 의무를 부담하도록 요구할 이유가 없다. 이에 비하여, 「특허법」 제54조 규정에 따르면, 침해로 피소된 자를 포함한 누구라도 특허권이 수여된 후에는 언제라도 그 특허권의 무효선고를 청구할 수 있는 권리가 있다. 이 권리는 특허권 평가보고서 제도가 생겼다고 해서 조금의 영향도 받지 않으며, 따라서 침해로 피소된 자도 특허권 평가보고서 작성을 청구할 수 있다고 규정할 필요가 없다.

다음으로, 국가지식산권국이 조속히 특허권 평가보고서를 작성하여,[1] 인민법원 또는 특허업무관리부문의 특허권 침해분쟁의 심리 또는 처리 수요를 만족시키기 위해서는, 특허권 평가보고서 작성절차는 상당히 간명하여야 한다. 기왕에 특허권 평가를 하는 것이라면 특허권자도 이 절차에 참여할 권리가 있어야 하며, 이것은 의심의 여지가 없다. 만약 침해로 피소된 자도 절차를 개시할 수 있게 허용한다면, 필연적으로 침해로 피소된 자가 이 절차에 참여하는 것도 허용하여야 하는데, 이렇게 되면 국가지식산권국은 특허권 평가보고서를 작성하기 전에 문서를 송달하여야 하고 쌍방당사자의 의견을 차례로 청취해야 하므로, 특허권 평가보고 절차가 특허권 무효선고청구 절차와 다를 것이 없게 되고, 동시에 양자가 저촉되게 결론이 달라지는 현상이 발생할 수도 있어서, 분명히 취할 바가 못 된다.

위와 같은 이유에 기초하여, 2010년 개정 「특허법실시세칙」 제56조 제1항은 본조 제2항의 "이해관계인"은 「특허법」 제60조 규정의 "이해관계인", 즉 특허권 침해행위에 대하여 인민법원에 소를 제기하거나 특허업무관리부문에 처리를 청구할 수 있는 자로 한정됨을 명확히 하였다. 이것으로 침해로 피소된 자는 본조 제2항의 "이해관계인"에서 배제됨을 분명히 하였다.

---

1) 2010년 개정 「특허법실시세칙」 제57조는 "국무원 특허행정부문은 특허권 평가보고서 작성 청구서를 접수한 후 2개월 내에 특허권 평가보고서를 작성하여야 한다."고 규정하고 있다.

3. 특허권 평가보고서의 내용 및 작성 방식

2008년 「특허법」 개정 시에, 개정 전 규정의 실용신안에 대한 검색보고서를 실용신안특허 및 디자인특허에 대한 특허권 평가보고서로 고쳤는데, 이 조치로 대상이 되는 특허권의 유형을 확대하고 보고서의 명칭을 바꿨을 뿐만 아니라, 보고서에 담게 되는 내용도 확충하였다.

소위 "검색"은, 각종 데이터베이스에서 특허출원한 발명창조 또는 특허권이 수여된 발명창조와 동일하거나 또는 밀접한 관계가 있는 선행기술 또는 선행설계를 찾아내는 것을 가리킨다. 이로부터 「특허법」이 규정한 특허권 수여의 실체적 요건 중, "검색"과 관련된 것은 단지 제22조 제2항과 제3항이 규정하는 발명 또는 실용신안의 신규성 및 진보성 요건, 그리고 제23조 제1항 및 제2항이 규정하는 디자인의 신규성 및 진보성 요건뿐임을 알 수 있다. 비록 발명창조가 신규성 또는 진보성이 없음을 이유로 하여 특허권 무효선고를 청구하는 경우가 전체 무효선고청구 중에서 매우 큰 비율을 차지하고 있다고 하더라도, 신규성과 진보성이 특허권 무효선고청구의 유일한 이유가 절대 아니다. 신규성과 진보성 이외에도, 「특허법실시세칙」 제65조는 특허권이 수여되기 위해서는 기타 수많은 실체적 요건이 만족되어야 한다고 규정하고 있다. 실용신안 및 디자인특허권이 이러한 실체적 요건을 만족하는지 여부를 판단함에 있어서, 설명서의 공개가 충분한지, 청구범위가 명확하고 간결하며 설명서에 의해서 뒷받침되는지와 같이 단지 특허문서 자체만으로도 판단할 수 있는 요건이 있는가 하면, 보정의 적법여부와 같이 출원서류철을 참고하여야 하는 요건도 있고, 디자인특허권이 출원일 전의 선사용권과 충돌하는지와 같이 기타 증거가 있어야 판단할 수 있는 요건도 있지만, 모두 검색해 보지 않고도 판단할 수 있는 요건이라는 공통점이 있다.

2000년 개정 「특허법」 제57조에서 국가지식산권국이 실용신안특허에 대하여 검색보고서를 작성하여야 한다고 규정한 것은, 주로 신규성 및 진보성 없는 실용신안특허가 자주 발생하는 이 두드러진 문제를 해결하고자 하는 의도였으며, 실용신안특허에 기타 실체적 흠결이 있는 것은 구태여 문제 삼지 않았음을 나타낸다.

2008년 개정 「특허법」 본조 제2항은 국가지식산권국이 검색·분석 및 평가한 후 특허권 평가보고서를 작성하여야 한다고 규정하고 있는데, 이것은 다음 두 가지를 나타낸다. 첫째, 특허권 평가보고서에는 국가지식산권국이 그 확보하고 있는 정보·자료(선행기술 데이터베이스, 선행설계 데이터베이스, 특허문서, 특허출원서류, 출원서류철 등 포함)에 근거하여 판단할 수 있는 특허권 수여의 모든 실체적 요건에 관한 내용이 담겨져야 한다는 것으로서, 이렇게 됨으로써 특허권 평가보고서의 내용이 검색보고서의 내용을 크게 초과하게 되었다. 둘째, 국가지식산권국이 작성하는 특허권 평가보고서에는 단순히 결론만 있을 수 없으며, 이유 또는 원인까지 기재되어야 한다는 것이다. 예를 들어, 특허권 평가보고서에는 단지 검색으로 발견한 관련 문서만 늘어놓는 것이 아니라, 이어서 특허권으로 보호받고자 하는 발명창조가 신규성·진보성이 없다는 결론까지 간단하게 기재되어야 한다.

특허권 평가보고서의 작성방식에 관하여, 2010년 개정된 「특허법실시세칙」 제57조는 아래와 같이 규정하고 있다.

> 국무원 특허행정부문은 특허권 평가보고 청구서를 접수한 후 2개월 내에 특허권 평가보고서를 작성하여야 한다. 동일한 실용신안 또는 디자인특허권에 대해서, 다수의 청구인이 특허권 평가보고서의 작성을 청구한 경우, 국무원 특허행정부문은 하나의 특허권 평가보고서만을 작성할 수 있다. 어떠한 단위 또는 개인이라도 그 특허권 평가보고서를 열람 또는 복사할 수 있다.

특허권 평가보고서의 결론이 보다 객관적이고 공정하게 보장되도록 하기 위하여, 국가지식산권국은 국무원에 보고한 「〈특허법실시세칙〉 개정초안(심의본)」 중에서 아래와 같이 규정할 것을 건의하였다.

> 국무원 특허행정부문이 특허권 평가보고 청구의 대상인 실용신안 또는 디자인특허권이 특허법 및 이 세칙 규정에 위반되는 것을 발견하지 못한 경우, 즉시 특허권 평가보고서를 작성하여야 한다. 특허법 및 이 세칙 규정에 위반되는 것을 발견한 경우, 즉시 그 일차적 평가의견 및 그 이유를 특허권자에게 통지하여야 하고, 특허권자는 그 통지를 받은 날로부터 1개월 내에 의견을 제출할 수 있다. 특허권자가 기간 내에 의견을 제출한 경우, 국무원 특허행정부문은 그 의견을 고려하여 즉시 특허권 평가보고서를 작성하서야 한다. 특허권자가 기간 내에 의견을 제출하지 아니한 경우, 특허권 평가보고서의 작성에 영향을 주지 아니한다.

국무원은 특허권 평가보고서의 신속성을 보다 중시하였으므로, 국가지식산권국으로 하여금 반드시 2개월의 기간 내에 작성하도록 요구하였고, 따라서 위의 건의는 받아들여지지 않았다.

4. 특허권 평가보고서의 성질 및 기능

2000년 개정 「특허법」 제57조는 검색보고서 제도를 규정하였지만, 국가지식산권국이 작성하는 검색보고서의 성질과 기능이 명확하지 않아서 비교적 큰 논란이 있었다. 이 보고서가 국가지식산권국의 행정결정과 같은 성질을 갖는다고 보는 견해가 있었는가 하면, 이 보고서는 단지 증거로만 이용될 수 있다는 견해도 있었다.

2008년 8월 5일 국무원은 「〈특허법〉 개정안(초안) 심의 제청안」 중에서 "특허권 평가보고서는 인민법원 또는 특허업무관리부문이 특허권의 유효성을 판단할 때의 추정적 증거이다"로 규정할 것을 건의하였다. 전국인민대표대회 상무위원회의 심의를 거쳐서, 개정 후의 「특허법」 본조 제2항에는 위와 같이 건의한 규정이 "특허권 침해분쟁 심리 · 처리의 증거로 할 수 있다"로 되었다.

위와 같은 심의과정에서의 조정내용을 종합하면, 본조 제2항 규정에는 아래와 같은 의미가 담겨 있다고 볼 수 있다.

첫째, 특허권 평가보고서는 증거이고, 행정결정이 아니다. 이것은 특허권 평가보고서가 비록 특허권자 또는 이해관계인의 청구에 의해서 작성되지만, 절차적으로 보면 기본적으로 국가지식산권국이 일방적으로 작성하고, 청구인에게 의견을 제출할 수 있는 기회를 주는 것과 같은 청구인의 실질적인 참여 없이 결론이 내려진다. 설령 청구인이 특허권 평가보고서의 결론에 동의하지 않는다고 하더라도, 복심을 청구할 수도 인민법원에 소를 제기할 수도 없어 행정 및 사법적 구제를 받을 수도 없다. 바로 이러한 이유로, 특허권 평가보고서는 국가지식산권국이 실체심사절차를 거쳐서 내리는 특허권 수여의 결정 또는 특허출원에 대한 거절결정과는 다르며, 하나의 증거만 될 수 있을 뿐이다.

둘째, 이 증거는 특허권 침해분쟁에서의 심리 또는 처리에서의 증거이고, 특허권 유효성 판단에서의 증거가 아니다. 특허권 평가보고서의 내용은 수여된 실용신안 또는 디자인특허권이 「특허법」이 규정하는 특허권 수여의 실체적 요건에 부합하는지에 대한 국가지식산권국의 완전한 평가의견임에도, 전국인민대표대회 상무위원회가 이를 "특허권 유효성 판단의 증거"로 하는 것이 적절하지 않다고 본 이유는 무엇인가? 그 이유는, 중국의 특허제도에 따르면 특허권의 유효성에 의심이 가는 자는 특허복심위원회에 특허권 무효선고의 청구를 할 수 있을 뿐이고, 특허복심위원회의 심사결정에 불복하는 경우 베이징시 중급인민법원에 소를 제기하고 나아가 베이징시 고급인민법원에 상소할 수 있을 뿐이며, 특허권 침해분쟁을 수리한 각지 법원 및 특허업무관리부문은 특허권의 유효성 문제에 간여할 권한이 없기 때문이다. 특허권 평가보고서는 특허권 침해분쟁을 심리 또는 처리하는 법원 또는 특허업무관리부문이 특허권자 또는 이해관계인에게 제출하도록 요구하는 것인데, 만약 이를 "특허권 유효성 판단의 증거"로 한다면 이러한 법원의 관할범위 또는 특허업무관리부문의 직능범위와 서로 어울리지 않아서 이 증거를 어떻게 사용하여야 하는지 알 수 없게 된다.

셋째, 이 증거는 보통의 증거이고, 추정적 증거가 아니다. 전국인민대표대회 상무위원회의 「〈특허법〉 개정안(초안)」에 대한 심의 과정에서, 전국인민대표대회 법률위원회는 일찍이 이에 대해서 특별히 논의하였는데, 그 결과 국가지식산권국이 법에 의해 작성한 특허권 평가보고서는 비록 행정결정으로 볼 수는 없다고 하더라도 그러나 이를 보통의 증거보다 낮은 추정적 증거로 정할 필요 또한 없다고 보았다.

특허권 침해분쟁을 심리 또는 처리하는 인민법원 또는 특허업무관리부문은 특허권 평가보고서라는 이 증거를 어떻게 응용하여야 할까? 이 증거는 침해로 피소된 자가 답변기간 내에 특허권 무효선고를 청구한 경우에, 인민법원 또는 특허업무관리부문이 침해분쟁 심리 또는 심사의 중지여부를 결정하는 데 도움이 될 수 있다는 점에 가장 중요한 기능이 있다.

2001년 반포된 「최고인민법원의 특허분쟁사건 심리 적용 법률문제에 관한 규정」 제9조는 아래와 같이 규정하고 있다.

> 인민법원이 수리한 실용신안 · 디자인특허권 침해분쟁 사건에서, 피고가 답변기간 내에 그 특허권의 무효선고를 청구한 경우, 인민법원은 소송을 중지하여야 하며, 다만 다음 각 호의 경우에는 소송을 중지하지 아니할 수 있다.
> (一) 원고가 제출한 검색보고서에 실용신안특허가 신규성 · 진보성이 없음을 보여 주는 기술문헌이 기재되어 있지 아니한 경우
> (二) 피고가 제출한 증거만으로도 그 사용된 기술이 이미 공지된 것임을 충분히 증명할 수 있는 경우
> (三) 피고가 그 특허권의 무효선고를 청구하면서 제출한 증거 또는 근거의 이유가 현저히 불충분한 경우
> (四) 인민법원이 소송을 중지해서는 아니 된다고 인정하는 기타의 경우.

2009년 반포된 「최고인민법원의 특허권 침해분쟁사건 심리 응용법률 문제에 관한 해석」은 위 규정에 대해서 개정하지도 보충하지도 않았으므로 위의 규정은 여전히 적용될 수 있지만, 2008년 개정 「특허법」에 근거하여 그 규정의 의미는 적절하게 조정되어야 할 것이다.

특허권 평가보고서에 특허권자에게 불리한 평가의견이 기재되지 않은 때에는, 최고인민법원의 위 규정에 따라서 특허권 침해분쟁을 심리하는 법원은 관례와 달리 소송을 중지하지 않을 수 있다. 이것은 특허권 침해분쟁의 심리를 단축시켜서, 당사자의 소송수행에 소요되는 노력을 감소시킬 수 있음을 의미한다.

특허권 평가보고서가 인민법원이 소송의 중지여부를 판단하는 것을 돕는 기능만 하는 것은 아니라는 점을 지적할 필요가 있는데, 필자는 특허권 평가보고서가 특허권자로 하여금 그 보유한 특허권의 법적 안정성을 정확하게 인식하게 하고, 나아가 특허권자가 맹목적으로 무익한 행위를 하는 것을 방지하도록 할 수 있다는 점이 그보다 훨씬 중요한 기능이라고 본다. 매우 불안정한 특허권을 받게 되면 아무런 가치도 쓸모도 없으며, 이러한 특허권에 기하여 양도·허가를 하거나 또는 특허권 침해소송을 하는 것은 모두 득보다 실이 많고, 자신에게 부담만 안겨줄 뿐이다.

제62조 선행기술 및 선행설계의 항변

특허권 침해분쟁에서 침해로 피소된 자가 그 실시하는 기술 또는 설계가 선행기술 또는 선행설계에 속한다는 것을 증거로써 증명하는 경우, 특허권 침해에 해당하지 아니한다.

一. 개 요

본조는 2008년 「특허법」 개정 시에 새롭게 신설된 조문으로, 선행기술의 항변과 선행설계의 항변을 규정하고 있다.

(一) 선행기술 및 선행설계의 항변 허용의 필요성

「특허법」 제22조 및 제23조 규정은 무릇 선행기술 또는 선행설계에 속하는 기술방안 또는 설계방안이라면 특허권이 수여될 수 없음을 표명하고 있다. 이러한 기술방안 또는 설계방안이 특허권을 받을 수 없다면, 공중은 자유롭게 실시할 권리가 있다. 실제로는 위의 규정이 이미 선행기술 및 선행설계의 항변이 허용됨을 암시하고 있다고 볼 수 있다.

발명 · 실용신안 및 디자인특허권은 모두 출원인이 출원하여, 국가지식산권국의 심사를 거친 후에 받게 되는 권리로서, 저작권과 같이 작품의 완성에 따라서 자연적으로 발생하는 권리가 아니다. 만약 국가지식산권국의 심사를 거쳐 수여되는 모든 특허권이 「특허법」의 위 규정에 부합한다면, 특허권을 받은 기술방안 또는 설계방안은 선행기술 또는 선행설계와 모두 명확하게 구별될 것이다. 바꿔 말하면, 무릇 특허권의 보호범위에 속하는 것이라면 선행기술 또는 선행설계에는 속하지 않을 것이고, 무릇 선행기술 또는 선행설계를 실시하는 것이라면 특허권의 보호범위에 속하지 않을 것이다. 정말로 이와 같다면, 선행기술 및 선행설계의 항변을 허용할 필요가 없다. 그러나 현재 세계적으로 어떤 국가의 특허청도 그렇게 할 수 있다고 보장할 수 없으며, 각국이 수여한 특허권 중에는 모두 어느 정도 부당하게 수여된 권리가 있다. 이로 인해서 공중이 선행기술 또는 선행설계를 실시하였다고 하더라도 타인이 받은 특허권의 보호범위에 속하게 될 수도 있다. 이것이 선행기술 및 선행설계의 항변 원칙을 도입한 주요 이유이다. 부당하게 수여된 특허권이 많을수록, 선행기술 및 선행설계 항변 원칙의 의의가 더욱 두드러진다.

「특허법」은 실용신안 및 디자인특허출원에 대해서 오직 초보심사만 진행하고, 실체심사를 진행하지 않는 것으로 규정하고 있다. 이 때문에, 중국이 수여한 실용신안 및 디자인특허권의 보호범위는 기본적으로 특허출원인 자신이 확정한 것이고, 국가지식산권국이 선행기술 및 선행설계를 검색하고 대비하여 그 보호받고자 하는 기술방안 또는 설계방안이 「특허법」의 관련 규정에 부합하는지를 확인한 것이 아니다. 2009년을 예로 들면, 국가지식산권국이 수리한 세 가지 특허출원은 97.7만 건에 달하였으며, 발명·실용신안 및 디자인특허출원이 각각 31.5만 건, 31.1만 건 및 35.1만 건을 차지하고 있다. 그중에서 99.3%의 실용신안특허출원 및 96.8%의 디자인특허출원은 국내출원인이 출원한 것이다. 같은 해에, 국가지식산권국이 수여한 국내출원인의 특허권은 50.2만 건이고, 그중에서 국내출원인의 실용신안 및 디자인특허권이 각각 20.2만 건과 23.4만 건으로, 양자의 합은 국내출원인의 특허권 총 건수의 87%를 점하였다. 이것은 국내출원인이 받은 절대 다수의 특허권이 실체심사를 거치지 않고 받은 것이며, 부당하게 특허권이 수여되었을 가능성이 비교적 크다는 것을 나타낸다. 따라서 선행기술 및 선행설계 항변의 원칙을 도입한 것은 중국에게 있어 보다 뚜렷한 의의가 있다.

독일·일본 등 선진국의 국민은 매우 높은 법치의식을 갖고 있는 것으로 세계적으로 유명하며, 법률에 명확하게 규정되어 있는 경우에는 그 절대 다수의 국민이 스스로 법률의 규정에 따라 일을 처리한다. 중국 국민의 자주적 준법의식은 아직 이러한 수준에 이르지 못하였으며, 특허출원서류의 기재 수준도 차이가 매우 크다. 이러한 실제적 상황 때문에 특허권이 부당하게 수여되는 현상이 중국에서 쉽게 나타날 수 있다. 심지어 국가지식산권국의 특허도서관에서 외국의 특허문헌을 찾아본 후, 이를 중문으로 번역하고 바로 자신의 발명창조로 하여 특허출원을 해서 특허권을 받은 후에, 타인의 실시행위에 대하여 당당하게 특허권 침해소송을 제기하는 경우도 실제로 발견되었다. 이러한 현상은 독일·일본에서는 거의 발생할 수 없는 것으로서 전형적인 사기행위이며, 정상적인 경제사회 질서를 어지럽히고 중국 특허제도의 영예를 떨어뜨리는 악랄한 행위이다. 근년에 혁신을 장려하고 지식재산권 획득을 돕기 위하여, 중국 각지에서 특허권을 출원하고 획득하고자 하는 단위 또는 개인을 후원하는 방식이 보편적으로 사용되고 있는데, 이것은 중국 국민의 지식재산권 의식을 높이고 중국 특허제도의 발전을 촉진하는 데 매우 적극적인 작용을 하고 있다. 그러나 이러한 정책을 남용하여 특허출원 건수에만 신경을 쓰고 「특허법」 규정에 부합하지 않는 "비정상" 특허출원을 조작해 내는 단위 또는 개인도 있다. "비정상 출원"의 존재는 선행기술 항변 원칙 도입의 필요성을 한층 더 두드러지게 한다.[1]

설령 실체심사를 거쳤다고 하더라도 수여된 특허의 신규성 및 진보성을 여전히 보장할 수는 없다는 점을 지적할 필요가 있다. 그 이유는 각국 특허법이 규정하는 선행기술의 범위가 매우 넓어서, 각국의 특허청이 특허출원의 심사에 아무리 많은 인력과 자원을 투입하더라도, 수여된 특허권이 모두 그 특허법 규정에 부합한다고 확실히 보장할 수는 없기 때문이다. 국가지식산권국 특허복심위원회의 무효선고청구에 대한 심사결과로 보면, 무효선고가 청구된 발명특허권 중에서 무효 및 부분무효로 선고되는 발명특허의 비율이 실용신안 및 디자인특허보다 현저하게 낮은 것은 아니며, 그중 대부분은 신규성 및 진보성 흠결로 인한 것이다.

모든 국가가 수여한 특허권 중에는 신규성 또는 진보성이 없어서 본래 특허권이 수여되지 말았어야 하는 경우가 있게 마련이며, 따라서 특허제도를 수립한 국가는 모두 반드시 일정한 메커니즘을 마련하여 등록된 특허권이라도 일단 특허법의 관련 규정에 부합하지 않는 것으로 판단되는 경우에는 특허권을 무효로 함으로써 공중의 합법적 권익이 침해받지 않게 보호하여야 한다.

이론적으로 말해서, 부당하게 수여된 특허권 문제를 바로잡는 가장 철저한 방식은 무효선고를 청구하는 것인데,「특허법」제47조 제1항 규정에 따르면 무효로 된 특허권은 처음부터 없었던 것으로 보기 때문이다. 그러나 이것도 절대적인 것은 아니다. 중국의 형편에 부합하고 정상적으로 운영할 수 있는 특허제도를 수립하기 위해서는 이 밖에 현실적인 문제를 고려할 필요가 있다.

특허권 무효선고는 상당한 자원의 투입을 요하는 것으로, 실무에서 보면 아무런 이유 없이 무효선고를 청구하는 경우는 매우 드물다. 절대 다수의 무효선고청구는 모두 특허권자와 현실적인 또는 잠재적인 이해관계가 있는 자에 의한 것으로서, 그중에는 특허권 침해소송의 침해자 및 특허권 침해로 경고장을 받은 자가 많은 수를 차지한다.

무릇 침해로 피소된 자가 특허권 침해분쟁의 처리·소송 절차 중에 무효선고를 청

---

1) 국가지식산권국이 2007년 8월 27일 공포한 「특허출원행위의 규율에 관한 규정(关于规范专利申请行为的若干规定)」(제45호령)은 "특허출원 또는 특허출원의 대리를 하는 경우, 법률·법규 및 규칙의 관련 규정을 준수하고, 신의성실의 원칙을 지켜야 하며, 비정상 특허출원행위를 해서는 아니 된다."고 명확히 규정하고 있다. 이 규정은 또한 "본 규정의 비정상 특허출원행위는 (1) 동일한 단위 또는 개인이 내용이 동일한 다수 건의 특허를 출원하거나, 또는 타인에게 내용이 동일한 다수 건의 특허를 출원하도록 지시하는 행위; (2) 동일한 단위 또는 개인이 선행기술 또는 선행설계를 그대로 베낀 다수 건의 특허를 출원하는 행위, 또는 타인에게 선행기술 또는 선행설계를 그대로 베낀 다수 건의 특허를 출원하도록 지시하는 행위; (3) 특허대리기구가 제(1)항 또는 제(2)항의 유형에 해당하는 특허출원을 제출하는 행위를 가리킨다."고 규정하고 있다.

구한 경우라면, 특허행정부문 및 법원이 특허권 침해분쟁의 처리 또는 심리절차를 중지하고 무효선고청구의 심사·심리결과를 기다려야 한다고 주장하는 견해가 있다. 「특허법」의 관련 규정 및 중국의 현행 사법재판제도에 따르면, 우선 특허권 무효선고가 특허복심위원회에 청구되어야 한다. 특허복심위원회가 내리는 무효선고청구 심사결정에 대해서 불복하는 경우, 특허권자나 무효선고의 청구인은 모두 베이징시 중급인민법원에 소를 제기하고 나아가 베이징시 고급인민법원에 상소할 수 있다. 무효선고 절차가 종료된 후, 만약 특허권이 유효 또는 일부유효로 유지되어 이어서 특허권 침해분쟁이 처리·심리되는 경우, 특허업무관리부문의 처리, 일심법원에 소제기, 이심법원에 상소라는 세 단계를 또 거치게 될 수 있다. 두 가지 절차의 전체 과정을 거치는 데에는 상당히 긴 시간을 필요로 한다.

특허유효성 문제에 관계되는 모든 경우에 특허권 침해여부에 대한 심리절차를 중지하여야 한다면, 다음과 같은 두 가지 점에서 폐단이 있을 수 있다.

한편으로, 그 특허권이 「특허법」 규정에 부합하는 특허권자에게 대해서는, 침해로 피소된 자가 절차를 지연시키는 방해수단으로 무효선고청구를 활용하는 경우가 있을 수 있다. 이기지는 못해도 지치게 하는 전략을 쓰는 자들이 있다. 「특허법」은 하나의 특허권에 대한 무효선고의 청구 횟수를 제한하지 않으며, 따라서 설령 특허복심위원회의 심사, 일심, 이심으로 특허권이 유효로 인정되었다고 하더라도, 침해로 피소된 자는 종종 다른 대비문헌을 찾아서 재차 무효선고를 청구하기도 한다. 놀랍게도 어떤 특허권 침해사건 중에서는 4, 5차례의 무효선고청구 절차를 거친 것도 있다. 이러한 상황에서는 "초강력" 의지를 가진 극소수의 특허권자만이 소송을 끝낼 수 있다고 말해도 이상할 것이 없다. 지금은 세계적으로 과학기술과 제품설계가 날마다 달라져서, 신기술·신설계의 갱신주기가 갈수록 짧아지고 있다. 몇 년간의 소송을 거치면, 특허권으로 보호받는 기술방안 또는 설계방안은 보통 이미 시장에서 가치를 잃게 되어 침해행위를 중지하라는 판결이 의의가 없게 되며, 심지어는 특허권의 권리주체마저 이미 존재하지 않게 되기도 한다. 수많은 국내 특허권자가 다년간의 괴롭힘을 당한 이후에, "특허가 쓸모없다."는 탄식을 늘어놓고 있다.

다른 한편으로, 선행기술 또는 선행설계를 실시하는 단위 또는 개인에게 있어서는, 잘못 수여된 특허권의 특허권자에 의해서 특허권 침해소송을 당할 수 있는데, 심지어는 악의적인 협박이라고 말할 수도 있다. 이때에, 침해로 피소된 자는 분명히 선행기술 또는 선행설계를 실시하였다고 하더라도 잘못된 특허권의 특허권자가 그 특허권을 침해하는 행위라고 소를 제기하면, 어쩔 수 없이 무효선고를 청구하고 소송에 휘말리어 몇 년간 벗어날 수 없으므로 그 정상적 생산경영활동이 심각한 방해를 받게 되며, 설령 마지막에 승소한다고 하더라도 이미 상처투성이어서 악몽을 꾸고 난 것과 다를 바 없다.

위의 두 측면에서의 폐단을 종합하여 고려하면, 헛되이 시간을 보내면서 질질 끄는 소송은 특허권자에게나 사회공중 모두에게 백해무익한 것이다. 다만 가능하다면 가급적 기간을 단축시킬 수 있는 제도를 마련하여야 한다. 현재 중국이 처한 발전단계와 특허출원건수가 급속히 증가하고 있는 상황으로 보면, 처리기간을 단축시키는 것은 서방국가보다는 중국에게 있어서 그 의의가 훨씬 크고, 이 때문에 2008년 「특허법」 개정 시에 이에 대하여 강력한 요구가 있었다.

「특허법」에 선행기술 및 선행설계의 항변에 관한 규정을 신설한 것은, 위의 문제를 일정부분 해결하는 데 도움이 될 수 있다. 이 규정이 있음으로 해서, 침해로 피소된 자가 그 실시하는 기술방안 또는 설계방안이 선행기술 또는 선행설계에 속하는 것임을 증거로써 증명할 수만 있다면, 법집행기관에 의하여 특허권 침해에 해당하지 않는 것으로 판단받을 수 있고 대상이 되는 특허권이 유효인지 아니면 무효인지의 문제를 따질 필요가 없는데, 이것은 절차를 가로질러 "지름길"을 가는 것에 상당하는 것이어서 소송경제에 도움이 되며, 공평의 구현 및 조화로운 사회 건설에도 중요한 의의가 있다.

선행기술 및 선행설계의 항변이 현실적으로 존재하는 잘못 수여된 특허권 문제를 극복하는 작용만 하는 것은 아니라는 점을 지적할 필요가 있다. 어떤 경우에는, 특허권 침해소송을 제기한 특허권자가 보유한 특허권 자체는 「특허법」이 규정하는 특허권 수여의 요건에 부합하지만, 침해로 피소된 자가 실시하는 기술 또는 설계가 특허권을 받은 기술 또는 설계에 비하여 일정한 차이가 있고, 균등론을 적용하여 침해로 인정될 수 있는가에도 다툼이 있어서, 비교적 복잡한 기술문제 및 법률문제에 관계되는 사건이 있을 수 있다. 이때에 만약 침해로 피소된 자가 그 실시하는 기술 또는 설계가 선행기술 또는 선행설계에 속한다는 것을 증거로써 증명할 수만 있다면, 법원 또는 특허행정부문은 직접적으로 바로 침해가 성립하지 않는다는 결론을 내릴 수 있다. 이러한 경우에도, 선행기술 또는 선행설계 항변의 원칙이 소송절차를 단축시키고 소송경제에 도움이 되는 작용을 할 수 있다.

(二) 본조 규정의 형성과정

중국이 특허제도를 수립한 초기인 1992년에 반포한 「최고인민법원의 특허분쟁사건 심리 문제에 관한 해답」 제3조는 아래와 같이 규정하였다.

인민법원이 수리하는 특허권 침해사건 중, 침해자가 특허권 무효선고를 청구함으로써 고의로 소송을 지연시키고 침해행위를 계속하는 경우가 자주 발생한다. 법에 따라 특허권자의 합법적 권익을 효과적으로 보호하고 침해로 인한 손해가 확대되는 것을 방지하기 위하여 특별히 아래와 같이 규정한다.

(一) 인민법원이 실용신안 또는 디자인특허권 침해사건을 수리한 후 피고에게 소장 부본을 송달할 때에, 피고가 그 특허권의 무효선고를 청구하고자 하는 경우에는 반드시 답변서 제출 기간 내에 특허복심위원회에 대해서 청구하여야 함을 통지하여야 한다. 피고가 답변서 제출 기간 내에 그 특허권의 무효선고를 청구한 경우에, 인민법원은 소송을 중지하여야 하고…(중략)…, 피고가 답변서 제출 기간 내에 그 특허권의 무효선고를 청구하지 아니하고, 그 후의 심리과정에서 무효선고를 청구한 경우에 인민법원은 소송을 중지하지 아니할 수 있다.

(二) 인민법원이 발명특허권 침해사건 또는 특허복심위원회의 심사에서 특허권이 유지된 실용신안특허권 침해사건을 수리한 경우에는, 피고가 답변서 제출 기간 내에 특허권의 무효선고를 청구하였다고 하더라도 인민법원은 소송을 중지하지 아니할 수 있다.

위 사법해석의 목적은 "법에 따라 효과적으로 특허권자의 합법적 권익을 보호하고 특허권자의 침해가 확대되는 것을 방지"하는 데 있으며, 따라서 그 침해소송을 중지하지 않을 수 있다고 한 것은 규정된 경우에는 법원이 사건의 대상이 되는 특허권이 유효함을 전제로 특허권 침해에 대한 심리를 계속할 수 있으며, 침해로 피소된 자가 제출한 무효선고청구를 신경 쓸 필요가 없음을 가리킨다. 따라서 이 사법해석에는 선행기술의 항변이 허용된다는 의미가 포함되어 있지 않다. 이것은 중국이 특허제도를 수립한 초기에는, 어떻게 하면 특허권자의 이익을 보다 더 잘 보호할 수 있는가 하는 문제에 주의력을 집중하였으며, 특허권자의 남용을 방지하여 특허권자의 이익과 공중의 이익이 합리적인 균형을 이루도록 하여야 한다는 것에 대한 인식은 상대적으로 부족하였음을 반영한다.

경험을 종합하여 2001년 반포한 「최고인민법원의 특허권 침해분쟁사건 심리 적용 법률문제에 관한 규정」 제9조는 아래와 같이 규정하고 있다.

인민법원이 수리하는 실용신안·디자인특허권 침해분쟁 사건에서, 피고가 답변서 제출 기간 내에 그 특허권의 무효선고를 청구한 경우, 인민법원은 소송을 중지하여야 한다. 그러나 다음 각 호 중 하나에 해당하는 경우, 소송을 중지하지 아니할 수 있다.

(一) 원고가 제출한 검색보고서에 실용신안특허의 신규성·진보성을 상실하게 하는 기술문헌이 기재되지 아니한 경우

(二) 피고가 제출한 증거로도 그 사용하는 기술이 이미 공지된 것임을 증명하기에 충분한 경우

(三) 피고가 그 특허권 무효선고청구에 제출한 증거 또는 근거가 되는 이유가 명백하게 불충분한 경우

(四) 인민법원이 소송을 중지할 필요가 없다고 인정하는 기타의 경우.

최고인민법원의 위 사법해석 제26조는 "이전의 사법해석이 이 규정과 일치하지 아니하는 경우, 이 규정을 기준으로 한다."고 규정하였다.

2001년 사법해석에서 "피고가 제출한 증거로도 그 사용하는 기술이 이미 공지된 것임을 증명하기에 충분한 경우" 소송을 중지하지 않을 수 있다고 규정한 것은, 1992년 사법해석에 대한 중요한 변경이다. 비록 이 사법해석에서 이러한 소송을 중지하지 않음으로 인한 결과가 무엇인지를 직접적으로 밝히지는 않았지만, 이러한 경우에 법원이 특허권 침해가 성립하지 않는다고 직접적으로 인정할 수 있음이 논리적으로 당연한데, 따라서 선행기술의 항변이 허용된다는 의미를 이미 일정한 정도로 나타내었다. 이것은 최고인민법원이 "중지하지 아니함"으로써 앞에서 설명한 첫 번째 방면의 폐단을 극복할 필요가 있을 뿐만 아니라, "중지하지 아니함"으로써 두 번째 방면의 폐단도 극복할 필요가 있음을 이미 인식하였음을 보여 준다. 이후에 각지의 중급인민법원과 고급인민법원은 잇따라서 그 사법재판실무 중에 선행기술 및 선행설계의 항변을 적용한 판결을 하였는데, 중국에서는 선행기술 및 선행설계의 항변이 입법에 앞서 실질적으로는 실무에서 먼저 도입되었다고 할 수 있다.

최고인민법원이 2001년 반포한 사법해석의 부족한 점은 "피고가 제출한 증거로도 그 사용하는 기술이 이미 공지된 것임을 증명하기에 충분한 경우" 소송을 중지하지 않을 수 있다는 규정이 오직 실용신안 및 디자인특허권에만 적용된다는 점이었다. 2001년 사법해석을 1992년 사법해석 중에 유지된 부분과 종합해 보면, 발명특허권 그리고 무효선고청구 절차에서 유효 또는 일부유효로 유지된 실용신안특허권 및 디자인특허권에 대해서 중지하지 않을 수 있다는 것은 단지 특허권이 유효함을 전제로 특허권 침해에 대한 심리를 계속할 수 있음을 의미할 뿐이다. 앞에서 설명한 바와 같이, 실체심사를 거쳐서 특허권이 수여된 발명특허권도 모두 유효로 유지될 수 있는 것은 아니며, 그 보호범위에 선행기술이 포함되어 있을 가능성을 배제할 수 없다. 무효선고청구 절차는 일반적으로 그 사건의 청구인이 제출한 특허권 무효선고의 증거

및 이유에만 관계되고 선행기술 또는 선행설계 모두를 검토하는 것은 아니므로, 심사를 거쳐서 유효 또는 일부유효로 유지된 실용신안 및 디자인특허권의 보호범위에도 여전히 선행기술 또는 선행설계가 포함되어 있을 가능성을 배제할 수 없다. 선행기술 및 선행설계의 항변 원칙은 공중의 합법적 권익을 보호하기 위한 원칙이므로, 침해로 피소된 자가 그 실시하고 있는 기술이 선행기술 또는 선행설계에 속한다는 것을 증거로써 증명할 수만 있다면, 법집행기관은 실사구시의 태도를 취하여 특허권 침해행위에 해당하지 않는다고 인정하여야 하고, 실체심사 및 무효선고청구 절차를 거쳤다는 것은 단지 수여된 또는 유지된 특허권이 신규성·진보성이 없을 가능성이 조금 낮아졌다는 것에 불과한 것임을 인식하여야 한다.

20여 년의 실제 운영을 거치면서, 특허제도의 본질적 특징에 대한 중국의 인식은 이미 크게 심화되었다. 중국이 WTO에 가입한 이래의 많은 사건들은 특허제도가 특허권자의 합법적 권익을 보호하여야 할 뿐만 아니라, 공중의 합법적 권리도 철저히 보장하여야 한다는 것을 보다 확실하게 인식하게 하였다. 「국가지식산권전략강요」도 아래와 같이 지적하고 있다.

> 관련 법률법규를 제정함에는, 지식재산권의 한계를 합리적으로 정하고, 지식재산권의 남용을 방지하며, 공정경쟁의 시장질서와 공중의 합법적 권익을 보호한다.

아직 「특허법」에 선행기술 및 선행설계의 항변을 규정하지 않은 상황에서, 중국 각지의 법원은 이미 사법실무에서 이를 받아들였지만, 이렇게 하는 것은 견실한 법적 기초가 부족함이 분명하였다. 선행기술 및 선행설계의 항변 원칙 적용은 비교적 복잡하고, 그 법적 성질·적용범위·법적 효과 등에 대해서 모두 인식에 차이가 있었으며, 따라서 실제 적용기준이 제각각이었는데, 이것도 여러 분야에서 주목하는 문제였다. 2008년 「특허법」 개정을 위한 사전연구에서, 많은 사람들이 「특허법」에 선행기술 및 선행설계의 항변을 명확히 규정할 것을 건의하였다.[1] 국가지식산권국은 이 건의를 받아들여 국무원에 심의를 제청한 「〈특허법〉 개정초안(심의본)」에 반영하였다. 국무원 및 전국인민대표대회 상무위원회의 심의를 거쳐서 마지막에 통과된 「특허법」 개정안에 선행기술 및 선행설계의 항변에 관한 규정이 추가되었다.

2008년 「특허법」 개정 전에, 중국의 법조계 및 학술계는 이 항변을 "공지기술의 항

---

1) 须建楚, 张晓都 等, 发明与实用新型专利侵权判定标准[G]//国家知识产权局条法司, 专利法及专利法实施细则 第三次修改专题研究报告, 北京: 知识产权出版社, 2006: 1573-1580.

변"이라고 불렀다.[1] 2008년 개정「특허법」제22조 제5항 및 제23조 제4항은 각각 선행기술 및 선행설계의 개념을 규정하고 있으며, 본조도 "침해로 피소된 자가 그 실시하는 기술 또는 설계가 선행기술 또는 선행설계에 속한다는 것을 증거로써 증명하는 경우에는"과 같은 표현방식을 쓰고 있으므로, 본조가 규정하는 침해가 아니라는 항변을 "선행기술의 항변" 및 "선행설계의 항변"이라고 부르는 것이 보다 적합하다.

　주의하여야 할 점은, 본조가 "특허권 침해분쟁에서, 침해로 피소된 자가 … 증거로써 증명하는"과 같은 표현방식을 쓰고 있는데, 이것은 법원이 특허권 침해분쟁 사건을 심리하는 과정에서 선행기술 및 선행설계의 항변 원칙을 적용할 수 있을 뿐만 아니라, 특허업무관리부문도 특허권 침해분쟁 사건을 처리하는 과정에서 이 원칙을 적용할 수 있음을 나타낸다는 점이다.

　아래에서 진행하는 논의 중에 설명의 편리와 표현의 간략화를 위해서, "선행기술 및 선행설계의 항변"을 줄여서 "선행기술의 항변"으로 부르고 발명 및 실용신안특허권에 대해서 함께 논의하겠지만, 논의의 결과는 많은 경우에 디자인특허권에 대한 선행설계의 항변에도 마찬가지로 적용할 수 있다.

二. 침해 부인의 항변에 이용되는 선행기술

　선행기술의 항변을 논하기 전에, 먼저 선행기술의 의미를 명확히 할 필요가 있다.
　2008년 개정「특허법」제22조 제5항은 선행기술에 관하여 아래와 같이 규정하고 있다.

　　　이 법의 선행기술은, 출원일 이전에 국내외에서 공지된 기술을 가리킨다.[2]

　본조가 "선행기술"이라는 표현을 쓰고 있다면, 그 의미도 제22조에 사용된 선행기술의 의미와 같아야 한다. 특허권 침해분쟁사건의 처리 또는 심리과정에서, 침해로 피소된 자가 침해가 아니라는 항변을 하면서 증거로 들 수 있는 선행기술에는 관련 특허의 출원일 전에 국내외에서 공개적으로 출판, 공개적으로 사용 또는 기타 모든 방식으로 공중에게 알려진 기술이 해당될 수 있다.

---

1) 우리나라에서는 일반적으로 "자유기술의 항변"으로 불린다(역자 주).
2)「특허법실시세칙」제11조 규정에 따라서,「특허법」제23조 및 제24조 중의 "출원일"은 출원일이 우선권을 주장하는 경우에 우선일을 가리킨다.

비록 「특허법」 제22조에 언급된 선행기술과 본조에 언급된 선행기술이 동일한 의미이어야 한다고는 하지만, 이 표현은 조문에 따라서 다른 작용을 한다. 제22조에서는 선행기술을 특허출원한 기술방안과 대비함으로써 특허출원한 기술이 특허권 수여의 요건에 부합하는지를 판단하는 데 대하여, 본조에서는 선행기술을 특허권 침해로 피소된 자가 실시하는 기술방안과 대비함으로써 침해로 피소된 자의 침해가 아니라는 항변이 성립하는지를 판단한다. 따라서 선행기술의 항변 원칙을 적용할 때에는, 다른 요소가 고려되어야 한다.

선행기술은 그 법적 상태에 따라서 두 유형으로 구분될 수 있는데, 첫째 유형은 침해판단 대상 특허의 출원일 전에 이미 공지되었고 특허권 침해분쟁이 발생한 때에 다른 유효한 특허권의 보호범위 내에 속하지 않는 선행기술이다. 둘째 유형은 비록 침해판단 대상 특허의 출원일 전에는 이미 공지되었지만, 특허권 침해분쟁이 발생했을 때에는 소를 제기한 특허권자(이하 '특허권자 B'라 하고, 그 특허권을 '특허권 B'라 한다.)가 아닌 다른 특허권자(이하 '특허권자 A'라 하고, 그 특허권을 '특허권 A'라 한다.)의 유효한 특허권 보호범위에 속하는 선행기술이다.

신규성 및 진보성 판단에 있어서는, 선행기술이 첫째 유형에 속하는지 아니면 둘째 유형에 속하는지는 전혀 중요하지 않으며, 특허출원인 본인의 특허권 보호범위에 속하는지 아니면 타인의 특허권 보호범위에 속하는지에 관계없이, 심사 중에 있는 특허출원 또는 무효선고절차 중에 있는 특허권의 출원일 전에 공지된 것이라면 그 특허출원에 특허권이 수여되는 것을 저지하거나 또는 그 특허권을 무효로 되도록 하기에 충분하다.

특허권 침해분쟁의 처리 또는 심리과정에서 침해로 피소된 자가 선행기술의 항변으로 침해가 아님을 주장하는 때에, 그 증거가 첫째 유형의 선행기술인지 아니면 둘째 유형의 선행기술인지에 따라서 침해가 아니라는 주장의 인정여부에 영향이 있을 수 있는가? 이에 대해서 중국에서는 일찍이 견해가 일치하지 않았다.

첫째 유형의 선행기술은 이미 공유영역에 속하므로, 공중은 누구라도 자유롭게 실시 응용할 수 있고, 누구라도 이러한 권리에 간여하거나 권리를 박탈할 수 있는 권한이 없다. 이러한 권리는 공중이 향유하는 일종의 기본적 권리로서, 누구라도 자유롭게 공기를 호흡하고 햇빛을 받을 권리가 있는 것처럼 말하지 않아도 명백한 정도이다. 「특허법」은 이러한 선행기술에 대해서 특허권을 수여할 수 없다고 규정하고 있는데, 그 근본적인 이유는 바로 만약 특허권을 수여하게 된다면 공중의 기본적인 권리를 박탈하게 되기 때문이다. 독일의 이론에서는 이러한 유형의 선행기술을 "자유공지기술"(freien Standes der Technik)이라고 부르는데, 이 표현도 중국의 관련 저술에서 많이 이용하고 있다.[1] 만약 침해로 피소된 자가 그 실시하는 것이 "자유선행기술"
임을 증명할 수 있다면, 당연히 어느 누구의 특허권도 침해하는 것이 아니라는 결론
이 얻어지며, 이 결론에 대해서는 어떠한 논란도 없다.

둘째 유형의 선행기술은 "자유선행기술"과는 다르며, 비록 특허권 B의 출원일 전
에 이미 공지되었다고 하더라도 공중의 어느 누구라도 자유롭게 실시 및 응용할 수
있는 것이 아닌데, 관련 기술방안이 특허권 A의 보호범위에 있기 때문으로, 이를 "비
자유선행기술"이라고 불러도 무방하다. 침해로 피소된 자가 이러한 유형의 선행기술
을 인용하여 침해가 아니라는 항변을 할 수 있는가? 이때에는 침해가 아니라는 항변
을 할 수 없다고 보아야 한다는 견해가 있다.

이에 대해서 필자는 심층적인 분석이 필요하다고 본다.

이때에 침해로 피소된 자가 특허권 A의 기술방안을 실시하는 데에는 두 가지 가능
성이 있는데, 하나는 특허권자 A의 허가를 받은 경우이고 다른 하나는 특허권자 A의
허가를 받지 않은 경우이다.

전자의 경우에, 침해로 피소된 자가 실제로는 특허권자 A의 합법적 피허가자이므
로, 특허권 A를 인용하여 선행기술의 항변을 할 수 없다고 볼 이유가 없다.

후자의 경우에, 만약 침해로 피소된 자가 실시하는 기술방안이 특허권 A의 기술방
안임에도 특허권자 A의 허가도 받지 않았다면, 그 실시행위는 특허권 A를 침해하는
행위에 해당한다. 그러나 특허권 침해행위는 일종의 민사권리 침해행위이므로, 「민
법통칙」 및 「민사소송법」의 관련 규정에 따라 당사자 의사의 원칙이 적용되어야 한
다. 그 특허권 A를 침해하는 행위에 대해서 말하자면, 특허권자 A는 그 권리를 주장
할 수도 있고 또한 그 권리를 주장하지 않을 수도 있으며, 주장을 할지 말지는 특허권
자 A에 달려 있다. 어찌 되었든지 간에, 특허권 A를 침해하고 있다는 것은 오직 특허
권자 A만 주장할 수 있으며, 특허권자 B가 대위하여 주장할 수 있는 것이 아니다.

강조하여 지적하여야 할 점은, 후자의 경우에 침해로 피소된 자가 특허권 A를 증거
로 들어 특허권자 B의 침해주장에 대하여 선행기술의 항변을 하는 것이 허용된다고
해서, 허가 없이 특허권 A로 보호되는 기술방안을 실시한 침해로 피소된 자의 행위가
합법적인 행위로 인정될 수 있음을 의미하는 것은 아니라는 점이다. 이와 반대로, 침
해로 피소된 자가 특허권 A에 공개된 기술방안을 증거로 하여 선행기술의 항변을 하
였고, 만약 그 실시한 기술방안이 정말로 특허권 A의 보호범위에 속하는 것이라면,

---

1) 田力普, 关于专利保护和专利侵权问题若干基本问题的研究[G]//中国专利局专利法研究所. 专利法研究
1995. 北京: 专利文献出版社, 1995: 69-92.

침해로 피소된 자는 그 실시행위가 특허권 A를 침해하는 것임을 이미 인정한 것에 상당하고, 이것은 적어도 특허권자 A가 이후에 제기하는 침해소송에서 증거로 사용될 수 있다. 그러나 침해로 피소된 자의 특허권 A를 침해한 행위의 책임 추궁은 다른 사건에서 처리될 문제이고, 그 전제조건은 특허권자 A가 그 권리를 주장하는 것이다.

위와 같은 이유에 기초하여, 필자는 침해로 피소된 자가 증거로 제출한 선행기술이 "자유선행기술"인지 아니면 "비자유선행기술"인지에 관계없이, 침해가 아니라는 항변을 할 수 있다고 본다.

2008년 「특허법」 개정 후에는 위에서 설명한 논란이 실제로는 사라졌는데, 본조가 규정하는 적용 요건은 단지 침해로 피소된 자가 "그 실시하는 기술 또는 설계가 선행기술 또는 선행설계에 속한다는 것을 증거로써 증명"하여야 한다는 것뿐이고, 이에 더 나아가 선행기술이 "자유선행기술"인지 아니면 "비자유선행기술"인지를 구분하지 않았기 때문이다.

마지막으로 두 가지 문제에 대해서 보충하여 설명할 필요가 있다.

첫째, "확대된 선출원"을 근거로 선행기술의 항변을 할 수 없다. 「특허법」 제22조 제2항, 제23조 제1항 규정에 따르면, 발명·실용신안 및 디자인특허출원이 신규성이 있는지를 판단할 때에는 "확대된 선출원"도 고려하여야 한다. 그러나 본조 규정에 의하여 선행기술의 항변이 성립하는지를 판단할 때에는 "확대된 선출원"은 고려해서는 안 되는데, 이것은 "확대된 선출원"의 내용은 특허권 침해분쟁에 관련된 특허권의 출원일 전에 공지된 것이 아니어서 「특허법」 제22조 및 제23조가 정의하는 선행기술 또는 선행설계에 속하지 않기 때문이다.

둘째, 선행기술의 항변과 선사용권의 항변 사이에 차이가 있음을 주의하여야 한다. 출원인이 출원일 전 6개월 이내에 중국정부가 주최 또는 승인한 국제박람회에서 최초로 그 발명창조를 전시하였거나 또는 규정된 학술회의 또는 기술회의에서 최초로 그 발명창조를 발표한 경우에는, 비록 그 발명창조가 출원일 전에 이미 공지되었다고 하더라도, 「특허법」 제24조의 신규성 유예기간을 규정하여 그 전시 또는 발표행위가 이후에 출원한 특허출원의 신규성에 영향이 없음을 명확히 하였는데, 이것은 특허출원인을 위한 「특허법」의 특별한 예외규정이다. 이 조의 규정과 조화되도록 하여 「특허법」의 전후 규정을 일치시키기 위해서, 전시행위 또는 발표행위가 있었음을 증거로 하여 선행기술 또는 선행설계의 항변을 할 수 없다. 침해로 피소된 자가 출원일 전에 이미 위와 같은 방식으로 공개한 발명창조를 실시하기 시작하였거나 또는 이미 실시하기 위한 준비를 마쳤다고 하더라도, 단지 「특허법」 제69조 제2호 규정에 의해서 선사용권의 항변만 할 수 있을 뿐이다.

三. 선행기술의 항변에 대한 판단

(一) 특허제도의 정상적 운영을 보장하기 위한 필요조건

선행기술의 항변은 특허기술, 선행기술, 침해로 피소된 기술의 세 기술에 관계된다. 그중에서 특허기술과 선행기술의 대비는 특허권 수여의 요건에 부합하는지를 확정하는 데 사용되고, 침해로 피소된 기술과 특허기술의 대비는 특허권 침해에 해당하는지를 확정하는 데 사용되며, 침해로 피소된 기술과 선행기술의 대비는 선행기술의 항변을 받아들일 수 있는가를 확정하는 데 사용된다. 이 세 가지 대비는 특허제도의 정상적 운영에 중요한 영향이 있다.

현실적으로 다음과 같은 네 가지 경우가 있을 수 있다.[1]

(1) 특허권자는 침해로 피소된 자의 실시행위가 문언침해에 해당한다고 주장하지만, 침해로 피소된 자는 그 실시하는 기술방안이 그 증거로 제출한 선행기술과 동일하다고 주장하는 경우

(2) 특허권자는 침해로 피소된 자의 실시행위가 문언침해에 해당한다고 주장하지만, 침해로 피소된 자는 그 실시하는 기술방안이 그 증거로 제출한 선행기술에 의하여 자명하게 도출할 수 있는 것이라고 주장하는 경우[2]

(3) 특허권자는 침해로 피소된 자의 실시행위가 균등침해에 해당한다고 주장하지만, 침해로 피소된 자는 그 실시하는 기술방안이 그 증거로 제출한 선행기술과 동일하다고 주장하는 경우

(4) 특허권자는 침해로 피소된 자의 실시행위가 균등침해에 해당한다고 주장하지만, 침해로 피소된 자는 그 실시하는 기술방안이 그 증거로 제출한 선행기술에 의하여 자명하게 도출할 수 있는 것이라고 주장하는 경우

도1은 특허기술, 선행기술, 침해로 피소된 기술 사이의 이상적인 상태를 나타낸 것

---

1) Donald S. Chisum, Chisum on Patents[M], Vol. 5A, Chaperter 18, 18. 04 [2] [d] [i] [B].

2) 2008년 개정된 「특허법」 제23조 제1항은 "특허권을 수여하는 디자인은 선행설계에 속하지 아니하여야 하고, 또한 임의의 단위 또는 개인이 동일한 디자인에 대하여 국무원 특허행정부문에 출원일 이전에 출원하여 출원일 이후에 공고된 특허문서 중에 기재되지 아니하였어야 한다."고 규정하고 있으며, 동조 제2항은 "특허권을 수여하는 디자인은 선행설계 또는 선행설계 특징의 조합에 비하여 분명하게 구별되어야 한다."고 규정하고 있다. 그중에서, 제1항의 규정은 제22조 제2항의 발명 및 실용신안의 신규성에 관한 규정에 상당하며, 제2항은 제22조 제3항의 발명 및 실용신안의 진보성에 관한 규정에 상당하는데, 차이는 단지 신규성 및 진보성이라는 표현만 쓰지 않았을 뿐이다.

이다.

도 1에서,

영역 A_1은 선행기술의 영역을 나타낸 것으로, 이 영역은 모든 선행기술의 집합이다.

영역 A'_1은 비록 선행기술에 속하지는 않지만, 선행기술과 매우 가까운 기술의 집합으로, $A_1+A'_1$이 선행기술의 항변을 할 수 있는 범위이다.

영역 A_2는 특허권의 문언적 보호범위, 즉 문언침해가 성립하는 범위이다.

영역 A'_2는 특허권의 문언적 내용에 균등론이 적용된 후의 균등범위, 즉 균등침해가 성립하는 범위로서, $A_2+A'_2$가 특허권의 실질적 보호범위이다.

거리 D_1은 특허기술과 선행기술 사이의 구별정도, 즉 특허기술의 진보성 정도를 나타낸다.[1]

거리 D_2는 균등범위 A'_2의 폭을 나타내며, 바로 균등침해로 인정되는 기술방안과 특허권의 문언적 보호범위 사이의 최대 허용정도이다.

거리 D_3는 선행기술의 영역이 확장되는 폭을 나타내며, 바로 선행기술의 항변이 성립하는 경우에 침해로 피소된 기술과 선행기술 사이의 최대 허용정도이다.

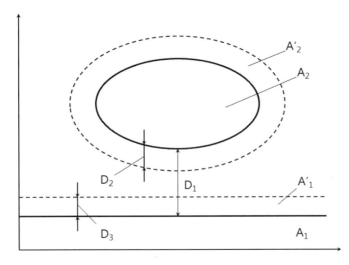

도 1. 이상적 상태

도 1로 표시된 경우에, 특허권의 문언적 보호범위 A_2와 선행기술의 영역 A_1 사이의

---

1) "진보성"은 영문으로 inventive step인데, 그중 "step" 이 어휘는 "보폭", "고도"를 뜻하며, 따라서 중국이 특허제도를 수립한 초기에는, 많은 사람들이 진보성을 "발명의 고도성"이라고 불렀다. 도 1 중의 D_1이 발명의 고도성을 형상화하여 나타낸 것이다.

거리 D_1이 충분히 크면, 특허권이 수여된 발명창조의 진보성이 충분히 고도한 것이다. 이때에 균등범위의 크기 D_2와 선행기술 확장영역의 크기 D_3를 적절하게 허용함으로써, 특허권의 문언적 보호범위를 합리적으로 확장하여 특허권의 실질적 보호범위를 $A_2+A'_2$로 확대하고, 동시에 선행기술의 영역 A_1도 합리적으로 확장하여 선행기술의 항변을 할 수 있는 범위를 $A_1+A'_1$로 확대한다고 하더라도, 양자 사이에는 아직 상당한 거리를 유지하고 있으므로 중첩되는 현상이 발생하는 정도에는 이르지 않는다. 이러한 상황에서는, 침해로 피소된 자가 실시하는 기술방안이 선행기술과 동일하거나 또는 매우 가까우면서도, 동시에 또한 특허권으로 보호되는 기술방안과 동일하거나 균등한 경우가 실제로 발생할 수 없다. 바꿔 말하면, 무릇 선행기술 또는 이에 가까운 기술방안을 실시하는 경우라면, 반드시 특허권의 보호범위와는 거리가 있게 마련이어서, 특허권 침해로 인정될 수 없다. 또한 무릇 특허권으로 보호받는 기술방안을 실시하는 경우라면, 반드시 선행기술의 영역과는 거리가 있게 마련이어서, 선행기술을 인용해서 선행기술의 항변을 할 수 없다. 이처럼 특허권자를 효과적이고 충분히 보호하면서도 또한 공중의 선행기술 실시에 대한 합법적 권익을 해하지 않아야 하는데, 이것이 바로 특허제도가 실현하고자 하는 바람직한 상태이다.

특허권자의 합법적 이익을 보호하고 특허권을 효과적으로 보호하기 위해서는 특허권의 실질적 보호범위가 청구항의 문언적 보호범위에 너무 엄격하게 얽매어서는 안 되며 그 범위를 합리적으로 확대할 필요가 있는데, 이것이 바로 각국이 보편적으로 균등론을 받아들인 이유이다. 마찬가지로, 공중의 합법적 권익을 보호하고 특허권의 남용을 효과적으로 방지하기 위해서는, 너무 엄격하게 침해로 피소된 자가 실시하는 기술이 어떤 선행기술과 완전히 동일하여야만 선행기술의 항변이 인정되는 것으로 해서는 안 되며 선행기술의 범위를 합리적으로 확대할 필요가 있는데, 이것이 선행기술의 항변에 대해서 각국이 취하고 있는 입장이다. 분명히 균등론의 적용범위 D_2, 선행기술의 확장범위 D_3 및 진보성의 높이 D_1 사이가 합리적으로 조화되어야만, 비로소 특허제도의 정상적 운영을 보장할 수 있다. 도 1로부터 특허제도의 정상적 운영을 위한 필요조건을 도출해 낼 수 있는데, 바로 아래의 관계를 보장하는 것이다.

$$D_1 > D_2+D_3$$

아래에서는 어떻게 하여야 위의 관계를 실현할 수 있는가에 대해서 논의하도록 하겠다.

1. 충분히 고도한 진보성

신규성은 특허출원 또는 특허로 보호받고자 하는 기술방안이 선행기술에 의해서 공개된 적이 없어야 함을 가리킨다는 것은 모두가 알고 있다. 만약 「특허법」이 신규성 기준만 규정하고 진보성 기준은 규정하지 않았다면, 즉 특허출원으로 보호받고자 하는 기술방안이 선행기술의 영역을 조금만 벗어나더라도 특허권을 수여받을 수 있다고 한다면, 특허권의 보호범위가 선행기술의 영역과 "인접"하거나 또는 "근접"하게 되어, 공중이 설령 선행기술을 실시하더라도 균등론이 적용됨으로써 특허권 침해로 인정될 수 있는데, 이것은 분명히 바람직하지 않다. 진보성은 특허출원 또는 특허로 보호받고자 하는 기술방안이 선행기술에 개시된 것도 아니고 선행기술에 의해서 자명하게 도출할 수 있는 것도 아닌 것을 가리키는데, 수여되는 특허의 보호범위가 선행기술의 영역과 서로 중복되거나 또는 선행기술의 영역에 인접하지 않게 하여 양자 사이에 충분한 거리가 유지되도록 하는 데 그 실질이 있다. 이로부터 특허권의 보호범위와 선행기술 영역 사이의 거리 D_1의 크기는 주로 진보성 기준에 의해서 확정됨을 알 수 있다.

진보성 판단기준을 어떻게 합리적으로 설정하여, 특허권이 수여되는 발명창조와 선행기술의 영역 사이에 충분한 거리를 유지할 수 있게 할 것인가에 관해서는 본서의 「특허법」 제22조 제3항에 대한 해설에서 상세하게 설명하였으며, 따라서 다시 반복하지 않겠다.

2. 균등의 범위 및 선행기술 항변의 범위와 진보성의 높이

$D_1 > D_2+D_3$의 관계를 만족시키기 위해서는, 수학적 상식으로 세 변수가 모두 양수인 경우에, D_2와 D_3 각각은 모두 D_1보다 작아야 한다. 아래에서는 어떻게 해야 $D_2 < D_1$ 및 $D_3 < D_1$를 만족시킬 수 있는지에 대해서 논의하도록 하겠다.

(1) 균등론의 합리적인 적용 범위

소위 "진보성"이 있다는 것은, 특허권으로 보호받고자 하는 기술방안과 선행기술 사이의 차이가 "자명"하지 않은 것을 가리키며, 소위 "균등"이라는 것은 어떤 의미로 보자면 침해로 피소된 자가 실시하는 기술방안과 특허권으로 보호받고자 하는 기술방안의 차이가 "자명"한 것을 가리킨다. 양자의 인정에는 모두 자명한지 여부가 관계되며, 따라서 판단 시에 이들을 혼동하기 쉽다. $D_2 < D_1$가 되도록 하기 위해서는, 균등론에서의 자명성 판단방식이 진보성 판단에서의 자명성 판단방식과 같을 수 없다.

균등론 적용 시에, 아래의 두 가지 판단규칙을 사용하는 것은 균등의 범위를 합리적으로 확정하는 데 있어서 매우 중요하다.

첫째는, 소위 "균등"이라는 것은 청구항에 기재된 각 기술적 특징이 침해로 피소된 제품 또는 방법 중의 대응하는 구성요소와 균등하다는 것이지, 특허권으로 보호받고자 하는 기술방안이 침해로 피소된 자가 실시하는 기술방안과 "전체적으로 균등"하다는 것은 아니다. 따라서 설령 균등론의 적용에도 자명한지를 판단하여야 한다고 하더라도, 판단하여야 하는 것은 대응하는 기술적 특징 사이의 차이가 해당 기술분야의 기술자에게 자명한지 여부이지, 침해로 피소된 자가 실시하는 기술방안 전체와 특허권으로 보호받고자 하는 기술방안 전체 사이의 차이가 해당 기술분야의 기술자에게 자명한지 여부가 아니다.

둘째, 균등론을 적용할 때에 청구항에 기재된 기술적 특징을 생략하는 것은 허용되지 않는다. 최고인민법원은 2005년 8월 22일 "얇은 단면의 콘크리트 원통형 구조체" 실용신안 특허권 침해사건에 대한 최종 판결에서 "청구범위에 기재된 기술적 특징 전부가 전면적이고 충분하게 존중되어야만, 청구항의 내용이 예측할 수 없게 변동됨으로 인한 사회공중의 혼란이 없을 것이고, 이렇게 됨으로써 법적 권리의 안정성을 확보하고 특허제도의 정상적인 운영과 가치를 실현할 수 있다."고 지적하였으며, 이 판결은 또한 "본 법원은 경솔하게 소위 '다여지정의 원칙'[1]을 따르는 것에 찬성하지 않는다."고 하였다.

실제로는 위의 두 가지 판단규칙이 서로 관련되어 있다. 특허의 독립청구항에 A, B, C, D, E, 다섯 가지 기술적 특징이 기재되어 있고, 침해로 피소된 자가 실시하는 기술방안 중에는 그중 A, B, C, 세 가지 기술적 특징만 있는 경우에, 청구항에 기재된 D, E, 두 가지 기술적 특징은 중요하지 않으므로 생략할 수 있다고 보아서 균등침해가 성립한다고 인정한다면, 실제로는 A, B, C, D, E, 다섯 가지 기술적 특징으로 구성된 기술방안이 A, B, C, 세 가지 기술적 특징으로 구성된 기술방안과 전체적으로 보아 균등하다고 인정하는 것에 상당하는 결과가 된다.

균등침해 판단에 적용되는 위의 판단규칙과는 달리, 특허심사에서의 진보성 판단은 보호받고자 하는 기술방안을 선행기술과 전체적으로 비교하여, 양자 사이의 차이가 자명한지를 판단한다. 예를 들어, 미국 특허법 제103조의 진보성에 관한 규정은 아래와 같다.

발명이 이 법 제102조가 규정한 것처럼 동일한 선행기술에 개시 또는 기재되지 않았지만, 만약 보호받고자 하는 대상을 전체적으로 보아 그 선행기술과의 차이가 발명을 한 때에 해당 분야의 통상의 기술자에게 자명한 것이라면 특허권을 수여할 수 없다.

---

1) 본서의 「특허법」 제59조에 대한 설명을 참고.

　중국「특허법」제22조 제3항은 진보성에 관하여 "진보성은 선행기술과 비교하여 그 발명이 뚜렷한 실질적 특징과 현저한 진보가 있는 것을 가리키고, 그 실용신안이 실질적 특징과 진보가 있는 것을 가리킨다."고 규정하고 있다. 비록 중국은 미국이 "보호받고자 하는 대상을 전체적으로 보아"와 같이 규정한 것처럼 명확하게 규정하지는 않았지만, "뚜렷한 실질적 특징과 현저한 진보"이든 아니면 "실질적 특징과 진보"이든 모두 보호받고자 하는 기술방안 전체에 대한 것이라고 할 수 있다. 법원 및 특허업무관리부문이 균등론을 적용할 때에는 진보성 판단방식을 따라서는 안 되는데, 그 이유는 만약 균등범위의 크기 D_2를 진보성의 높이 D_1과 기본적으로 동일한 정도까지 확대한다면, 특허권으로 보호받고자 하는 기술방안에 비하여 진보성이 없는 기술방안까지 모두 균등침해의 범위에 포함시키게 되어 균등범위 D_2가 너무 커지는 결과가 되고, 특허권의 실질적 보호범위 $A_2+A'_2$가 선행기술의 확장영역 A'_1에 접근하거나 심지어는 중첩되는 현상이 발생할 수 있기 때문이다. 이러한 상황에서, 만약 법집행기관이 선행기술의 항변을 우선하여 판단한다면 특허권 침해에 해당하지 않는다는 결론을 얻을 수 있고, 만약 균등론을 우선 적용한다면 특허권 침해에 해당한다는 결론을 얻을 수 있어서, 심리결과가 임의적으로 되어 특허제도의 정상적 운영에 이롭지 않게 된다.

　균등론 적용에 위의 두 가지 판단규칙을 적용하면, 특허권의 청구항에 기재된 문언적 내용과는 약간 다르지만 실질적으로는 동일한 기술방안을 특허권의 보호범위에 포함시킬 수 있지만, 특허권으로 보호받는 기술방안에 비해서 진보성이 없는 모든 기술방안은 모두 그 보호범위에 포함되지 않게 된다. 이처럼 균등범위의 크기 D_2를 진보성의 높이 D_1보다 작게 하여 선행기술의 항변에 대해서 판단할 때에 선행기술을 합리적으로 확대할 수 있는 필요한 공간을 남겨 둠으로써, 균등론의 적용과 선행기술의 항변이 서로 저촉되지 않도록 보장할 수 있다.

(2) 선행기술의 항변 적용의 합리적인 범위

　본조 규정에 따라서 법집행기관이 선행기술의 항변을 인정할 수 있는 요건은 "침해로 피소된 자가 그 실시하는 기술 또는 설계가 선행기술 또는 선행설계에 속한다는 것을 증거로 증명"하여야 한다는 것이다. 이 규정에는 절차적 요건뿐만 아니라 실체적 요건도 포함되어 있다.

　절차적 요건은 "침해로 피소된 자가 증거로 증명"하여야 한다는 것인데, 이것은 첫째, 선행기술의 항변이 인정되기 위해서는 반드시 침해로 피소된 자가 항변을 하여야 하며, 침해로 피소된 자가 항변을 하지 않은 경우에는 특허업무관리부문 또는 법원이 이미 관련 선행기술을 파악하고 있다고 하더라도 이를 고려해서는 안 된다는 것을 나타내고, 둘째, 침해로 피소된 자가 선행기술의 항변을 하는 경우에는 증명책임이 있어서 선행기술을 증거로 제출하여야 하며, 법원 또는 특허업무관리부문은 특허권 침해분쟁의 심리 또는 처리과정에서 침해로 피소된 자를 대신해서 선행기술을 조사할 책임이 없음을 나타낸다.

실체적 요건은 "그 실시하는 기술 또는 설계가 선행기술 또는 선행설계에 속한다."는 것이다. 지적이 필요한 점은 2008년 개정 「특허법」 중에, "선행기술에 속한다."는 이 표현은 본조에만 있는 것이 아니고, 제22조 제2항의 발명 또는 실용신안의 신규성에 관한 규정 및 제23조 제1항의 디자인 신규성에 관한 규정에도 사용되고 있다는 점이다. 한 법률의 다른 조문에서 쓰고 있는 동일한 표현은, 적용대상이 달라짐에 따라서 특별한 고려가 필요한 경우를 제외하고, 동일한 의미가 있는 것으로 보아야 한다. 본조가 쓰고 있는 표현에 기초하여, 필자는 침해로 피소된 자가 실시하는 기술방안이 선행기술에 속하는지 여부를 판단함에 있어서는 기본적으로 신규성 판단과 동일한 방식을 따라야 하며, 침해로 피소된 자가 실시하는 기술방안이 그 증거로 제출한 선행기술에 비해서 신규성이 없는 경우에는 선행기술의 항변이 성립하는 것으로 인정하여야 한다고 본다.

선행기술의 항변을 인정할 수 있는지 판단할 때에 신규성 판단과 기본적으로 동일한 방식을 따라야 한다면, 신규성 판단의 기본규칙도 선행기술의 항변 판단에 직접적으로 적용될 수 있다.

먼저, 신규성 판단은 "일대일 대비" 방식에 의하여야 하는데, 즉 특허출원 또는 특허로 보호받고자 하는 기술방안을 하나의 선행기술과 차례로 대비하여야 하고, 여러 선행기술들을 결합하여 대비할 수는 없다. 이와 마찬가지로, 침해로 피소된 자가 선행기술의 항변을 하는 경우에도 하나의 선행기술에 의해서만 할 수 있고, 여러 선행기술들을 조합하여 침해가 아니라는 항변을 할 수는 없다.[1] 여러 선행기술을 조합하여 만들어지는 기술방안은 선행기술에 속하지 않을 뿐만 아니라, 진보성도 있을 수 있어서 특허권이 수여될 수 있는 것일 수도 있다. 일단 D_3를 특허기술 진보성의 높이 D_1에 가깝게 하거나 심지어 같게 하면, 다음과 같은 왜곡현상이 발생할 수 있는데, 즉 설령 특허권을 받은 기술방안이 신규성 및 진보성이 있고, 침해로 피소된 자가 실시하는 기술방안은 특허권의 보호범위에 속하는 것이어서 문언침해 또는 균등침해

---

1) 刘继祥, 试论专利侵权诉讼中等同原则的适用[G]//程永顺, 专利侵权判定实务, 北京: 法律出版社, 2002: 87.

가 성립한다고 하더라도 특허권자는 그 특허에 대하여 유효한 보호를 받을 수 없게 되는데, 침해로 피소된 자가 몇 건의 선행기술을 조합하여 선행기술의 항변을 함으로써 특허권자의 침해 주장에 대항할 수 있기 때문이다. 분명히 이러한 상황은 특허권자의 정당한 권익 보호에 이롭지 않다.

다음으로, 「특허심사지침서 2010」은 특허출원 또는 특허의 청구항에 기재된 기술적 특징 모두가 반드시 하나의 인용문헌에 기재된 대응하는 기술적 특징과 완전히 동일하여야, 비로소 신규성이 없게 된다는 결론을 얻을 수 있다고 엄격하게 규정하지는 않았다. 「특허심사지침서 2010」은 "만약 보호받고자 하는 발명 또는 실용신안과 인용문헌의 차이가 단지 해당 기술분야에서 관용수단의 직접적인 치환에 불과한 것이라면, 그 발명 또는 실용신안은 신규성이 없다."고 규정하고 있다.[1] 유사하게, 침해로 피소된 자가 실시하는 기술방안이 그 증거로 제출한 선행기술과 완전히 동일한 것은 아니라고 하더라도, 선행기술의 항변이 성립하지 않는다는 결론을 항상 얻게 되는 것은 아니다. 만약 양자의 대응하는 기술적 특징의 차이가 "관용수단의 직접적인 치환"에 해당한다면, 마찬가지로 선행기술의 항변이 성립하는 것으로 인정하여야 한다. 필자는 선행기술 영역 A_1의 확장영역 A'_1은 기본적으로 "관용수단의 직접적인 치환"의 경우에 대응하여야 한다고 본다. 이렇게 하면, 한편으로는 선행기술의 항변 인정에 융통성을 갖게 하여 이를 보다 합리적으로 할 수 있으며, 다른 한편으로는 필요한 법적 안정성을 보장할 수 있다.

지적이 필요한 점은, 「특허법」의 "선행기술"과 "선행기술에 속하는 것"은 다른 개념으로 그 의미가 약간 다르다는 점이다. "선행기술"은 출원일 전에 공지된 모든 기술방안의 총합을 가리키는 것으로, 각개의 개별적인 선행기술로 구성되며 완전히 객관적인 개념이다. 신규성 판단에 있어서나 아니면 선행기술의 항변에 대한 판단에 있어서나, "선행기술에 속하는 것"에는 비교되는 대상과 어떤 선행기술이 완전히 동일한 경우가 포함될 뿐만 아니라, 비교되는 대상과 어떤 선행기술이 약간 차이가 있는 경우도 포함되지만 여기에서의 차이는 "관용수단의 직접적인 치환"에 해당한다. 본 절은 영역 A_1을 "선행기술의 영역"이라고 부르는데 출원일 전에 이미 공지된 모든 기술방안으로 구성되며, 영역 A'_1은 "선행기술의 확장영역"이라고 부르는데 선행기술에 비하여 단지 "관용수단의 직접적인 치환" 정도의 차이만 있는 모든 기술방안으로 구성된다. 만약 어떤 특허출원 또는 특허로 보호받고자 하는 기술방안이 영역 A_1 또는 영역 A'_1에 속한다면 그 기술방안은 "선행기술에 속하는 것"이어서 신규성이 없다

---

1) 国家知识产权局, 专利审查指南2010[M], 北京: 知识产权出版社, 2010: 第二部分 第三章 3.2.3.

는 결론을 얻게 되며, 만약 침해로 피소된 자가 그 실시하는 기술방안이 영역 A_1 또는 A'_1에 속한다는 것을 증거를 제출하여 증명하였다면 그 기술방안은 "선행기술에 속하는 것"이어서 선행기술의 항변이 성립한다는 결론을 얻게 된다.

그 다음으로, 신규성을 판단함에 있어서, 하위개념이 공개된 것은 상위개념으로 한정한 기술방안의 신규성 판단에 영향을 주지만, 상위개념으로 공개된 것은 하위개념으로 한정한 기술방안의 신규성 판단에 영향을 주지 않는다는 규칙을 따른다. 특허권 침해분쟁에서, 침해로 피소된 자가 실시하는 기술방안은 항상 구체적인 제품 또는 방법으로서, 그 구조 및 단계는 반드시 "하위개념"으로 구체화될 수밖에 없고 "상위개념"일 수는 없는데, 따라서 전자의 경우는 발생할 수 없다. 침해로 피소된 자가 선행기술의 항변을 하면서 인용문헌을 증거로 제출할 때에 후자의 경우가 발생할 수 있는데, 이때에는 어떻게 판단하여야 하는가? 진보성 판단 기준 중에서, 소위 "선택발명"이라는 것이 있는데, "선행기술로 공개된 넓은 범위 중에서, 특정한 목적을 위해서 선행기술에 언급되지 않는 좁은 범위 또는 일부를 선택한 발명"을 가리킨다. "선택발명"에 진보성이 있는지를 판단하기 위해서는 구체적인 분석을 필요로 한다. 만약 발명이 단지 동일한 가능성을 갖는 기술방안 중에서 선택된 것이거나 또는 그 선택이 선행기술로부터 직접 도출해 낼 수 있는 것이어서, 예측할 수 없었던 기술적 효과를 발휘하는 것이 아니라면 그 발명은 진보성이 없다. 이와 반대로, 만약 그 선택으로 발명이 해당 기술분야의 통상의 기술자가 예측할 수 없었던 효과를 발휘하게 하는 것이라면 그 발명은 진보성이 있다.[1] 선행기술의 항변이 성립하는지를 판단할 때에, 만약 침해로 피소된 자가 실시하는 기술방안이 증거로 제출한 인용문헌에 대하여 "선택발명"의 성질을 갖고, 실시하는 기술방안이 그 인용문헌에 비하여 진보성이 있는 경우에는, 침해로 피소된 자의 항변을 인정할 수 없음이 분명하다. 그 "선택발명"이 진보성이 없는 경우에도 침해로 피소된 자의 항변을 일률적으로 인정할 수는 없고, 단지 그 선택이 해당 기술분야에서 일종의 공지된 상식인 경우에만 비로소 그 항변을 인정할 수 있는데, 이러한 경우에만 침해로 피소된 자가 실시하는 기술방안이 그 증거로 제출한 인용문헌에 의해서 신규성이 부정되기 때문이다.

2009년 반포된 「최고인민법원의 특허권 침해분쟁사건 심리 응용법률 문제에 관한 해석」 제14조는 아래와 같이 규정하고 있다.

① 특허권의 보호범위에 속함을 이유로 피소된 기술적 특징 전부가, 하나의 선행기술

---

1) 国家知识产权局, 专利审查指南2010[M], 北京: 知识产权出版社, 2010: 第二部分 第四章 4.3.

중의 상응하는 기술적 특징과 동일하거나 또는 실질적 차이가 없는 경우, 인민법원은 침해로 피소된 자가 실시하는 기술이 특허법 제62조가 규정하는 선행기술에 속하는 것으로 인정하여야 한다.

② 침해로 피소된 설계가 하나의 선행설계와 동일하거나 실질적 차이가 없는 경우, 인민법원은 침해로 피소된 자가 실시하는 설계가 특허법 제62조가 규정하는 선행설계에 속하는 것으로 인정하여야 한다.

위의 규정은 "실질적 차이가 없는"이라는 표현을 써서 침해로 피소된 기술과 선행기술 사이에 허용되는 차이를 정의하였는데, 그 범위는 "관용수단의 직접적인 치환"으로 표현된 범위보다 분명히 넓다.

필자는 선행기술의 항변이 확실하고 믿을 수 있는 증거를 기초로 하는 경우에만 인정되도록 함으로써, 선행기술의 항변이 부당하게 인정되어 특허권자의 합법적 권리가 손해를 입지 않도록 하여야 한다고 주장하는 바이다. 중국이 특허권 침해분쟁과 특허권 유효성분쟁을 상이한 기관이 상이한 절차에서 별개로 독립적으로 심판하도록 하는 제도를 운영하고 있음을 고려할 때, 특허권 침해분쟁을 심리하는 법집행기관이 선행기술의 항변을 인정할 수 있다고 판단하는 경우에는 특허권 유효성분쟁의 심리결과를 기다릴 필요 없이 바로 침해가 성립하지 않는다고 인정할 수 있는 권한을 부여함으로써, 선행기술의 항변 인정에 충분한 권위와 정확성을 갖도록 반드시 보장하여야 한다. 「특허법」에 신설한 본조의 선행기술의 항변에 관한 규정은 원래의 제도에 존재하였던 문제를 해결하고자 하는 것이었지만, 문제를 해결하려다가 오히려 지나쳐 더욱 잘못되어서는 안 되며, 새로운 규정의 신설로 새로운 문제가 발생하지 않도록 주의하여야 한다.

모두 알다시피 특허권 수여의 요건 중에서, 진보성 요건은 신규성 요건보다 훨씬 까다롭다. 이것은 진보성이 있는 특허의 보호범위가 선행기술로부터 떨어져 있는 거리는 오직 신규성만 있는 특허의 보호범위가 선행기술로부터 떨어져 있는 거리보다 훨씬 멀다는 것을 나타낸다. 이로부터 선행기술의 항변에 대하여 기본적으로 신규성 판단기준을 적용하면, 의심할 바 없이 선행기술의 항변 범위 D_3를 진보성의 높이 D_1 보다 확실히 낮게 할 수 있음을 알 수 있다.

(二) 침해로 피소된 자가 실시하는 기술이 선행기술에 속한다는 것의 의미

선행기술의 항변을 인정할 수 있는지를 판단함에 있어서 가장 중요한 점은 침해로 피소된 자가 실시하는 기술방안이 선행기술에 속하는가에 대한 판단이다. 그러나 특허권 침해분쟁의 소송과정에서 침해로 피소된 자가 실시하는 기술방안이 선행기술에 속하는지를 어떻게 판단하여야 하는가에 대해서는 전문적으로 논의할 필요가 있는 특별한 문제가 있다.

신규성 판단은 특허출원 또는 특허권의 청구항의 내용을 기준으로 한다. 보다 구체적으로 말하면, 청구항에 기재된 각 기술적 특징이 하나의 선행기술에 모두 포함되어 있는가에 대한 판단이다. 청구항에 기재된 기술적 특징의 개수는 적으면 몇 개에서 많으면 열몇 개 또는 몇십 개로 한정되어 있으며, 따라서 이러한 비교방식은 실행이 가능하다.

그러나 침해로 피소된 자가 실행하는 기술방안은 항상 구체적인 제품 또는 방법이다. 제품을 예로 들면, 그 기술적 요소에는 제품의 전체적인 구조 및 기술적 성능뿐만 아니라, 그 각 부품의 형상·구조·기능 및 서로 간의 결합관계 등이 포함된다. 만약 이러한 기술적 요소를 구분하지 않고 모두 "기술적 특징"이라고 한다면, 그 개수는 거의 무제한이 된다. 이와 유사하게, 침해로 피소된 자가 선행기술의 항변을 하면서 증거로 한 선행기술은 이미 공개적으로 판매, 공개적으로 사용된 제품일 수 있는데, 이 제품에는 마찬가지로 무궁한 기술적 특징이 있을 수 있다. 이로 인해 발생할 수 있는 문제는, 침해로 피소된 자가 선행기술의 항변을 주장하는 경우, 침해로 피소된 제품이 "선행기술에 속하는 것"으로 인정되기 위해서는 침해로 피소된 제품이 공지된 제품과 반드시 모든 대응하는 기술적 특징에서 완전히 동일하고 양자가 완전히 같아야 비로소 선행기술의 항변이 성립하는 것으로 인정될 수 있는가? 이 문제에 대한 대답이 부정이어야 함은 매우 명백하다. 만약 긍정이라면, 선행기술의 항변 규정은 허사가 되어 실질적 의의를 잃게 될 것이다. 그러나 만약 양자의 모든 기술적 특징이 동일할 것이 요구되지는 않는다면, 어떤 기술적 특징은 동일하여야 하고 어떤 기술적 특징은 동일하지 않아도 되는가를 어떻게 확정하여야 하는가? 논의와 이해를 돕기 위하여, 아래에서는 예를 들어 설명하도록 하겠다.

가령 개량된 칫솔에 대해서 어떤 자가 출원하여 실용신안특허를 받았는데, 그 설명서에는 그 실용신안의 개량된 특징에 대하여 인접하는 칫솔모와 동일한 길이를 갖도록 하고 연성 플라스틱 재료로 형성한 몇 개의 주상체(柱狀体)를 칫솔모 부분에 균일하게 분포하도록 하였다고 기재되어 있다고 하자. 이러한 칫솔을 사용해서 이를 닦게 되면, 칫솔모가 치아를 청결하게 할 뿐만 아니라 주상체가 잇몸을 안마하게 된다. 이 실용신안특허의 독립청구항은 아래와 같다.

플라스틱 재료로 제작한 손잡이 부분 및 칫솔모 부분으로 구성되고, 칫솔모 부분은 손잡이 부분의 앞쪽 끝에 위치하며, 상기 칫솔모 부분에 연성 플라스틱재료로 형성한 몇 개의 주상체(柱狀体)를 배치한 칫솔.

어떤 기업이 제조 및 판매하는 칫솔에는 그 칫솔모 부분에 연성 플라스틱으로 제작된 주상체가 3열 등간격으로 배치되어 있다. 특허권자는 이 기업의 행위가 특허권 침해에 해당한다고 보아서, 법원에 특허권 침해소송을 제기하였다.

침해로 피소된 자는 침해소송 과정에서 선행기술의 항변을 주장하였고, 그 증거로 제출한 공지의 칫솔에도 그 칫솔모 부분에 연성 플라스틱 재료로 형성한 몇 개의 주상체(柱狀体)가 등간격으로 배치되어 있다. 그러나 자세히 연구해 본 결과 침해로 피소된 칫솔과 그 공지된 칫솔은 다음과 같은 차이가 있는데, 첫째 전자는 칫솔모 부분에 3열 등거리로 주상체가 배치되어 있는 데 대하여 후자는 칫솔모 부분에 4열 등거리로 주상체가 배치되어 있고, 둘째 전자에 이용된 주상체는 자유단의 단부가 평면형상을 나타내는 데 대하여 후자에 이용된 주상체의 자유단은 그 단부가 원호형상을 나타내고 있으며, 셋째 전자의 칫솔 손잡이 부분은 타원형 단면형상을 갖는 데 대하여 후자의 칫솔 손잡이 부분은 장방형 단면형상을 갖고 있다. 이때에, 침해로 피소된 제품이 선행기술에 속한다는 결론을 얻을 수 있는가?

이때에, 만약 침해로 피소된 칫솔이 공지된 칫솔과 완전히 동일하여야 할 것이 요구된다면, 부정적인 결론을 얻게 되고 나아가 선행기술의 항변이 성립하지 않는 것으로 인정되어야 한다. 그러나 그 청구항이 그 보호받고자 하는 칫솔에 대해서 한정한 것은, 단지 칫솔모 부분과 손잡이 부분으로 구성되고 칫솔모 부분에 연성 플라스틱 재료로 형성한 주상체를 배치한 것뿐이며, 이 외에는 더 나아가 한정한 것이 없다. 특허권 침해의 판단규칙에 따르면, 침해로 피소된 칫솔이 이러한 기술적 특징을 갖고 있기만 하면, 그 제품이 다른 부분에서 특허설명서에 기재된 구체적인 실시례와 차이가 있는지에 관계없이, 모두 특허권 침해가 성립한다는 결론을 얻게 된다. 따라서 법원이 선행기술의 항변이 성립하는지를 판단할 때에는, 특허권의 청구항 내용을 참조하여 침해로 피소된 칫솔과 공지된 칫솔이 동일한지를 대비하면 되고, 주상체가 3열로 배열되어 있는지 아니면 4열로 배열되어 있는지, 그 자유단의 단부가 평면형상인지 아니면 원호형상인지, 칫솔 손잡이의 단면형상이 타원형인지 아니면 장방형인지는 모두 중요하지 않다. 특허권의 청구항에 기재된 기술적 특징에 대해서 대비한 결과, 법집행기관이 침해로 피소된 칫솔이 공지된 칫솔과 동일하거나 또는 동일하지는 않더라도 관용수단의 직접적 치환이라고 인정할 수 있는 경우에는, 침해로 피소된 제품이 선행기술에 속한다는 결론을 얻게 됨으로써 선행기술의 항변이 성립하는 것으로 인정될 수 있다.

이와 다른 경우로, 위의 실용신안특허의 독립청구항에 위에서 설명한 기술적 특징 이외에도, "인접하는 주상체 사이의 거리가 2~3㎜"라는 기술적 특징이 기재되어 있고, 동시에 그 설명서에 인접하는 주상체 사이를 이 거리로 유지하면 이상적인 양치 효과와 안마효과를 동시에 얻을 수 있다고 설명되어 있다고 하자. 만약 사용에 적합한 칫솔 머리부의 폭에 있어서, 주상체를 3열로 하면 인접하는 주상체 사이의 거리가 필연적으로 2~3㎜로 되지만 주상체를 4열로 하면 인접하는 주상체 사이의 거리가 필연적으로 1~1.5㎜로 된다고 한다면, 주상체를 3열로 배치하였는지 아니면 4열로 배치하였는지는 이제 더 이상 대수롭지 않은 것이 아니게 된다. 이때에 법집행기관은 침해로 피소된 칫솔이 증거로 제출된 공지의 칫솔과 다르다고 인정하여야 하고, 선행기술의 항변이 인정되지 않는다는 결론을 내려야 한다.

이로부터 침해로 피소된 자가 실시하는 기술방안이 선행기술에 속하는지를 판단함에 있어서 기본적으로는 신규성 판단과 동일한 판단방식을 사용하지만, 그러나 비록 그렇다고 해도 양자의 세부적인 기술적 특징까지 전부 하나씩 대비하여야 하는 것은 아니고, 특허권자가 침해소송을 제기할 때에 근거로 삼은 청구항에 기재된 각 기술적 특징에 대해서만 대비하면 된다는 것을 알 수 있다. 바꿔 말하면, 침해로 피소된 자가 실시하는 기술방안이 선행기술에 속하는지를 판단함에 있어서는, 특허권자가 침해소송의 근거로 삼은 청구항에 기재된 기술적 특징에 의해서 제한을 받게 된다. 실제 대비할 때에는, 특허의 청구항 내용을 분해하여 기술적 특징의 목록을 만들고, 이어서 이 목록에 근거하여 침해로 피소된 자가 실시하는 기술방안을 그 증거로 든 선행기술의 대응하는 기술적 특징과 차례로 대비한다. 만약 대비하여야 할 점에서 침해로 피소된 자가 실시하는 기술방안이 증거로 제출한 선행기술과 같거나 또는 약간 다르지만 관용수단의 직접적 치환에 해당한다는 결론이 얻어진다면, 침해로 피소된 자가 실시하는 기술방안이 선행기술에 속한다는 결론을 얻을 수 있다. 이러한 판단방식을 따르면 다음과 같은 결과가 발생할 수 있는데, 특허권자가 침해소송을 제기하면서 근거로 삼은 청구항에 기술적 특징이 적게 기재될수록, 그 기술적 특징의 기재에 사용된 표현이 "상위 개념"일수록, 즉 그 청구항의 보호범위가 클수록, 침해로 피소된 자는 그 선행기술의 항변을 인정받을 수 있는 선행기술을 찾아내기가 더욱 용이해진다.

위에서 설명한 판단방식은 약간 특수한 판단방식으로, 청구항의 내용을 끌어들여서 대비할 때에 기준으로 삼아야 한다. 이 때문에 법집행기관이 특허권 침해분쟁을 심리하는 과정에서 선행기술의 항변이 성립하는지를 판단함에 있어서는, 침해로 피소된 자가 실시하는 기술방안이 그 증거로 제출한 선행기술과 동일한지를 판단하여야 할 뿐만 아니라, 근거가 된 특허로 보호받고자 하는 기술방안이 침해로 피소된 자가 증거로 제출한 선행기술과 동일한지도 판단하여야 한다는 견해가 있다.

그러나 후자에 대한 판단은 실질적으로 침해분쟁의 근거가 된 특허권의 유효성에 대한 판단이다. 이 견해를 따른다면, 침해분쟁의 심리기관이 근거가 된 특허권의 유효성을 직접 판단하는 것에 상당하는 결과가 된다. 이것은 기본적으로 상이한 기관이 특허권 침해분쟁과 특허권 유효성분쟁을 각각 독립적으로 심리하는 중국의 특허제도에 부합하지 않는다.

본조는 선행기술의 항변이 성립하는지를 판단함에는, 침해로 피소된 자가 실시하는 기술방안을 그 증거로 제출한 선행기술과 대비하면 된다고 명확하게 규정하고 있다. 일단 선행기술에 속한다는 결론을 얻게 되면, 청구가 성립하지 않는 것으로 바로 인정될 수 있다. 만약 이때에 또 근거가 된 특허권의 유효성에 대해서 판단할 필요가 있다면, 「특허법」의 특허권 침해분쟁 및 특허권 유효성 분쟁은 상이한 기관이 각각 독립적으로 심리하여야 한다는 규정에 따라서, 특허권 침해분쟁을 심리하는 기관은 일률적으로 심리를 중지하고, 특허권의 유효성에 대한 심리결과를 기다려야 한다. 그러나 앞에서 설명한 것처럼, 선행기술의 항변으로 해결하고자 하는 폐단이 바로 이러한 점이다. 따라서 만약 특허권 유효성에 대해서도 판단하여야 한다면, 본조 규정은 그 의의를 잃게 된다.

침해로 피소된 자가 실시하는 기술방안이 선행기술에 속하는지를 판단함에 있어서 특허의 청구항에 기재된 내용을 참고하여 비교대상을 한정하는 것은, 그 판단이 구체적인 제품 또는 방법을 비교하는 것이어서 그 비교대상의 일방이 반드시 청구항일 수밖에 없는 특허권 유효성 판단 또는 특허권 침해판단과는 다르기 때문이며, 따라서 실제로는 판단이 어려울 수 있다. 특허의 청구항에 기재된 내용을 선행기술의 항변 판단 시에 참고한다고 해서, 그 근거가 된 특허권의 유효성을 판단하여야 한다는 의미는 아니다.

위에서 설명한 판단방식은 주로 발명 및 실용신안특허권에 적합한데, 그 보호범위가 모두 청구항의 내용을 기준으로 하기 때문이다. 디자인특허에는 청구범위가 없으며, 그 보호범위는 도면 또는 사진으로 표시된 디자인제품을 기준으로 한다. 「특허심사지침서 2010」은 디자인특허출원에 대하여, 보호받고자 하는 디자인제품이 반영된 각 면의 정면도를 제출하여야 한다고 규정하고 있다. 특허 출원인이 제출한 것이 사진이고 도면이 아닌 경우에는, 이러한 도면에 반영된 것은 실재하는 디자인제품이어서 제품의 모든 세부가 포함되고, 따라서 비교대상을 한정하는 작용을 발휘할 수 없다. 이 때문에 디자인특허권에 있어서는, 침해주장에 대한 판단인지 아니면 선행기술의 항변에 대한 판단인지를 불문하고 모두 발명 및 실용신안특허와 그 판단방식에 차이가 있다.

2009년 반포된「최고인민법원의 특허권 침해분쟁사건 심리 응용법률 문제에 관한 해석」제14조는 두 개 항으로 구성되는데, 각각 발명 또는 실용신안특허권 침해분쟁 심리 시의 선행기술의 항변 인정에 관한 것과 디자인특허권 침해분쟁 심리 시의 선행설계의 항변 인정에 관한 것이다. 제1항이 규정하는 인정요건은 "특허권의 보호범위에 속하는 것으로 피소된 기술적 특징 전부가 하나의 선행기술방안 중의 상응하는 기술적 특징과 동일하거나 또는 실질적 차이가 없는 경우"이고, 제2항이 규정하는 인정요건은 "침해로 피소된 설계가 하나의 선행설계와 동일하거나 또는 실질적 차이가 없는 경우"이다. 양자는 "특허권의 보호범위에 속하는 것으로 피소된 기술적 특징 전부"라는 표현이 있고 없음에 차이가 있는데, 위에서 설명한 바와 같이 침해로 피소된 기술방안을 하나의 선행기술과 비교할 때에 특허의 청구항에 기재된 기술적 특징을 참고하여야 하고, 청구항에 기재된 기술적 특징에 대해서만 대비하여야 함을 의미한다. 이 사법해석의 표현방식에는 조금의 하자가 있는데, 특허권의 보호범위에 속하는 것은 기술방안이지 "기술적 특징"이 아니며, 개개의 기술적 특징에 대해서는 보호범위에 속하는가 하는 문제는 말할 것이 못 되기 때문이다. 그러나 그렇다고 하더라도, 중요한 것은 최고인민법원의 이 사법해석 제14조가 위와 같은 의미를 명확히 표명하였다는 것으로서, 침해로 피소된 기술이 선행기술에 속하는지를 정확히 판단하는 데 있어서 중요한 의의를 갖는다.

(三) 공지기술의 항변이 인정될 수 있는 전형적인 경우

앞에서 설명한 바와 같이, 이상적인 상태에서는 선행기술의 항변이 원래 필요가 없다. 따라서 비이상적 상태에서만 비로소 선행기술의 항변이 필요하게 된다. 일반적으로 말해서, 소위 "비이상적 상태"는 진보성이 충분히 고도하지 않은 것에 대하여 특허가 수여되어 특허권의 보호범위 $A_2+A'_2$가 선행기술 항변의 영역 $A_1+A'_1$에 너무 가까워짐에 따라 발생하는 경우가 대다수이다.

아래에서는 두 가지 전형적인 비이상적 상태에서의 선행기술의 항변에 대해서 논의하도록 하겠다.

1. 선행기술의 항변을 인정할 수 있는 전형적인 경우 1

침해로 피소된 자가 선행기술의 항변을 할 수 있는 경우 중 하나가 도 2에 표시되어 있다.

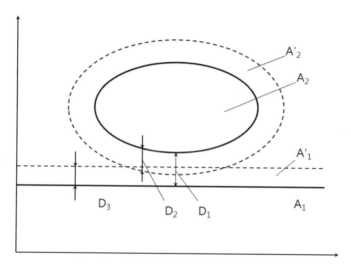

도 2. 선행기술의 항변이 인정될 수 있는 경우 1

도 2로 표시된 경우에, 특허의 청구항에 의해서 문언적으로 확정되는 보호범위 A_2와 선행기술의 영역 A_1 사이에는 일정한 거리가 있지만, 도 1에 표시된 이상적 상태와 다른 점은 특허가 수여된 것의 진보성 높이 D_1이 낮아서 $D_1 < D_2 + D_3$가 된다는 점인데, 법집행기관이 일반적 기준에 따라서 균등론과 선행기술의 항변을 판단하면 균등범위 A'_2와 선행기술의 확장영역 A'_1이 부분적으로 중첩되는 현상이 나타나게 된다.

이러한 상황에서, 특허의 청구항에 의해서 문언적으로 확정되는 보호범위 A_2는 선행기술 영역의 확장범위 A'_1와 중첩되지 않고 양자 사이에는 여전히 일정한 공간이 있다. 따라서 침해로 피소된 행위가 문언침해에 해당하는 경우, 즉 범위 A_2에 속하는 경우, 침해로 피소된 자는 선행기술의 항변을 통해서 특허권 침해에 대한 책임을 벗어날 수 없는데, 이때에는 특허권 침해로 피소된 자가 그 실시하는 기술방안이 선행기술에 속한다는 것을 증거로써 증명할 수 없기 때문이다. 바꿔 말하면, 이때에는 문언침해의 성립 인정에 선행기술의 항변이 영향을 주지 않는다.

그러나 침해로 피소된 제품 또는 방법이 청구항에 의해서 문언적으로 확정되는 보호범위 A_2에 속하지는 않지만 균등범위 A'_2에는 속하는 경우, 즉 문언침해는 성립하지 않지만 균등침해는 성립하는 경우에, 만약 침해로 피소된 자가 실시하는 기술방안

이 균등범위 A′₂와 선행기술의 확장범위 A′₁이 중첩되는 부분에 위치한다면, 침해로
피소된 자는 그 실시하는 기술방안이 "선행기술에 속함"을 증거로써 증명하면서 선
행기술의 항변이 인정되어야 한다고 주장할 수 있다. 이때에, 만약 법집행기관이 특
허권에 대한 보호를 강조하면 균등론에 의하여 침해로 피소된 자의 행위가 균등침해
에 해당한다고 인정할 수도 있고, 만약 법집행기관이 공중의 합법적 권익을 강조한다
면 선행기술의 항변을 인정하여 침해로 피소된 자의 행위가 특허권 침해행위에 해당
하지 않는다고 인정할 수도 있을 것인데, 따라서 어떤 것을 우선해서 적용하여야 하
는가 하는 의문이 생긴다.

필자는 이때에 선행기술의 항변을 우선해서 인정하여야 한다고 보는데, 그 이유는
위와 같은 중첩이 발생한 근본적인 이유는 특허권자가 받은 특허가 충분히 고도한 진
보성을 갖추지 못해서 설령 무효선고청구 절차에서 특허권이 유효한 것으로 유지된
다고 하더라도, 특허권자가 균등론을 적용할 때에 선행기술의 제한을 보다 더 많이
받을 수밖에 없어서 일반적인 방식으로 균등론을 적용할 수 없기 때문이다. 미국 연
방대법원과 미국 연방순회항소법원은 균등론을 적용하여 출원일 전의 선행기술을
특허권의 보호범위에 포함시킬 수 없을 뿐만 아니라 선행기술과 매우 가까운 기술방
안도 특허권의 보호범위에 포함시킬 수 없다는 원칙을 분명하게 견지하고 있다.[1] 독
일대법원이 1986년 4월 29일 "Formstein" 사건에 대해서 내린 저명한 판결도 유사한
견해를 제시하였다. 이때에 균등론을 우선 적용하는 것은 단지 특정한 특허권자의
이익을 보호하는 것이지만, 선행기술의 항변을 우선 인정하는 것은 수많은 공중의 이
익을 보호하고자 하는 것이어서, 그 경중에 구별이 없을 수 없다. 바로 미국 연방대법
원이 대략 이백 년 전에 내린 판결에서 지적한 것과 같이, "비록 공중은 발명창조를
한 자에게 보상을 해 줄 의무가 있기는 하지만, 반드시 사회공중의 권리와 이익을 공
평하게 대하고 효과적으로 보호하여야 하며, 개인에 대한 보상 때문에 공중의 이익이
손해를 입는 것은 절대로 허용되어서는 아니 된다."[2]

이러한 상황에서, 우선적으로 선행기술의 항변을 인정하여야 한다고 주장하는 것
은, 실질적으로는 균등범위 A′₂ 중에서 선행기술의 확장영역 A′₁과 중첩되는 부분을
균등범위 A′₂로부터 분리해 내서 선행기술의 확장영역 A′₁에 그 자리를 양보하여야
한다고 주장하는 것과 다름없다. 바꿔 말하면, 이러한 상황에서는, 무릇 침해로 피소
된 자가 그 실시하는 기술방안이 "선행기술에 속함"을 증거로써 증명하면서 선행기

---

1) Donald S. Chisum, Chisum on Patents[M], Vol. 5A, Chaperter 18, 18. 04 [2] [d] [i] [A].
2) Pennock v. Dialogue, (1829), 27 U.S. (2 Pet) 1, 19.

술의 항변을 주장하면, 균등론이 적용되는 균등범위는 다투지 말고 뒤로 물러남으로써 선행기술과 충돌하는 것을 피하여야 한다. 그 이유는 매우 간단한데, 선행기술 또는 선행기술과 매우 가까운 기술을 실시할 수 있는 공중의 권리는 빼앗을 수 없으며, 공중의 이 권리가 보다 우선적으로 보호되어야 하기 때문이다. 그러나 주의하여야 할 점은, 중복되는 범위를 제외한 균등범위 A′₂의 기타 영역에서는, 특허권자가 여전히 일반적인 방식으로 균등론의 적용을 주장할 수 있다는 점이다.

위의 결론은 침해로 피소된 자가 실시하는 기술방안이 균등범위 A′₂와 선행기술의 확장범위 A′₁의 중첩부분에 속한다는 것을 전제조건으로 한다. 그러나 도 2는 단지 이론적 분석을 편리하게 하기 위하여 인위적으로 구성해 낸 일종의 개념도일 뿐이고, 특허권의 보호범위와 선행기술 영역의 크기와 관계, 그리고 침해로 피소된 자가 실시하는 기술방안이 양자 사이의 어디에 위치하는지를 일목요연하게 보여 주는 도면은 현실에서 존재하지 않는다. 그렇다면 실제 사건에서 균등범위 A′₂와 선행기술의 확장영역 A′₁이 중첩되는지, 그리고 침해로 피소된 자가 실시하는 기술방안이 그 중첩부분에 속하는지를 어떻게 판단하여야 하는가?

이 문제를 해결하기 위하여, 미국 연방순회항소법원은 1990년 Wilson Sporting Goods v. David Geoffrey & Association 사건에 대한 판결에서 "가상의 청구항"이라고 불리는 판단방식을 제시하였는데, 문언침해는 성립하지 않고 특허권자가 균등론을 적용하여 균등침해를 주장하는 때에, 균등침해의 성립을 인정하는 것이 침해로 피소된 자가 증거로 제출한 선행기술과 충돌할 수 있는지를 판단하는 데 이용하였다.[1]

이 판단방식은 다음과 같은 두 단계로 이루어진다.

첫째 단계는 특허권자에게 청구항을 재작성하도록 요구하는 것인데, 재작성된 청구항은 침해로 피소된 자가 실시하는 기술방안으로 하여금 이 재작성된 청구항을 문언적으로 침해하는 것이 되도록, 즉 재작성된 청구항의 문언적 보호범위에 속하도록 하여야 한다.

특허권자가 소를 제기할 때에 근거로 삼은 청구항에 의해서는 침해로 피소된 자가 실시하는 기술방안이 문언침해에 해당하지 않기 때문에, 특허권자는 균등론을 적용하여 균등침해를 주장할 수밖에 없고, 따라서 재작성된 청구항과 소제기 시의 청구항이 달라지게 된다. 소제기 시의 청구항에는 기재되었지만 침해로 피소된 자가 실시하는 기술방안에서는 재현하지 않았던 하나 또는 복수의 기술적 특징을 삭제하거나,

---

[1] Donald S. Chisum, Chisum on Patents[M], Vol. 5A, Chaperter 18, 18. 04 [2] [d] [ⅱ] [A].

또는 소제기 시의 청구항에 기재되었지만 침해로 피소된 자가 실시하는 기술방안에서는 재현하지 않았던 기술적 특징을 보다 상위개념으로 표현하기 때문에 재작성된 청구항은 소제기 시의 청구항과 달라지게 된다. 이로부터 재작성된 청구항의 문언적 보호범위 A_2는 반드시 확대될 수밖에 없고, 소제기 시 청구항의 문언적 보호범위에 포함되지 않았던 침해로 피소된 기술이 재작성된 청구항의 문언적 보호범위에는 포함될 수 있음을 알 수 있다. 바꿔 말하면, 침해로 피소된 자가 실시하는 기술방안은 재작성된 청구항에 기재된 모든 기술적 특징을 재현한 것이어서, 재작성된 청구항에 대한 문언침해에 해당하게 된다.

둘째 단계는 재작성된 청구항을 침해로 피소된 자가 증거로 제출한 선행기술과 대비하여, 재작성된 청구항이 신규성 및 진보성이 있는지를 판단한다.

판단한 결과, 만약 재작성된 청구항이 침해로 피소된 자가 증거로 제출한 선행기술에 비하여 여전히 신규성 및 진보성이 있는 것으로 인정된다면, 한편으로는 그 보호범위가 확대된, 재작성된 청구항이 여전히 특허법이 규정하는 특허권 수여 요건에 부합하고, 소제기 시 청구항의 문언적 보호범위에 균등론을 적용하여 적절하게 확대한 것이 합리적임을 나타낸다. 다른 한편으로는 침해로 피소된 자가 실시하는 기술방안이 그 증거로 제출한 선행기술과 차이가 있음을 나타내는 데, 만약 차이가 없다면 판단결과로 재작성된 청구항이 그 선행기술에 비하여 신규성 또는 진보성이 없다는 결론을 얻게 되어야 하기 때문이다. 따라서 이러한 상황에서 법원은 선행기술의 항변이 성립하지 않고, 침해로 피소된 자가 그 기술방안을 실시하는 행위는 소제기 할 때의 청구항에 대한 균등침해에 해당한다고 인정하여야 한다.

이와 반대로, 판단한 결과 만약 재작성된 청구항이 침해로 피소된 자가 증거로 제출한 선행기술에 비하여 신규성 및 진보성이 없는 것으로 인정된다면, 소제기 시 청구항의 균등범위 A'_2가 특허권자가 실시하는 기술방안을 포함하는 정도까지 늘어나는 것은 불합리하며, 이러한 균등범위 A'_2가 이미 선행기술의 영역 A_1과 중첩되거나 또는 너무 가까워져서 선행기술 또는 선행기술과 매우 가까운 기술을 실시할 수 있는 공중의 정당한 권리를 침해할 수 있음을 나타낸다. 따라서 이러한 상황에서 법원은 선행기술의 항변이 성립하고, 침해로 피소된 자가 그 기술방안을 실시하는 행위는 소제기할 때의 청구항에 대한 균등침해에 해당하지 않는다고 인정하여야 한다.

위의 판단방식은 특허기술, 선행기술 및 침해로 피소된 기술, 삼자의 대비를 하나로 융합한 것으로서 그 구상이 절묘하지만, 그러나 조금 복잡하다는 단점이 있어서 심리법원의 법관에게 높은 수준이 요구된다. 따라서 비록 미국 연방순회항소법원의 위 판결이 이러한 판단방식을 제시하였지만, 실제로 응용한 사례는 매우 드물다. 미국 연방순회항소법원이 이처럼 우회하여 포섭하는 복잡한 방식을 제시한 것은 주로, 첫째 미국특허법에는 선행기술의 항변에 대한 명확한 규정이 없고, 이와 반대로 등록된 특허권은 유효한 것으로 추정한다는 규정이 있지만, 공중이 선행기술 및 선행기술과 매우 가까운 기술을 실시할 수 있는 합법적 권리를 현실적으로 고려하지 않을 수 없었기 때문이며, 둘째 미국의 특허권 침해 심리법원은 특허유효성 문제에 대해서도 함께 심리할 수 있는 권한이 있어서, 선행기술의 항변문제를 신규성 및 진보성 판단으로 전환하는 것이 미국법원의 직권과 일치하기 때문이다.

앞에서 설명한 바와 같이, 비록 선행기술의 항변을 판단할 때에 신규성 판단과 기본적으로 동일한 방식을 따라야 한다고 하더라도, 침해로 피소된 자가 실시하는 기술방안이 "선행기술에 속하는 것"인지를 판단함에 있어서는, 침해로 피소된 자가 실시하는 기술방안과 그 증거로 제출한 선행기술의 모든 세부적인 기술까지 차례로 대비하여 하는 것은 아니고, 특허권자가 침해소송을 제기할 때 근거로 삼은 청구항에 기재된 기술적 특징을 참고하여 대비하여야 한다. 세심한 독자는 발견했겠지만, 이러한 판단방식이 실제로는 미국 연방순회항소법원이 제시한 "가상의 청구항" 판단방식과 일치하는데, 미국의 판단방식은 사실상 침해로 피소된 자가 실시하는 기술방안이 그 증거로 제출한 선행기술과 동일한지 또는 매우 가까운지를 판단함에 있어서 청구항에 기재된 기술적 특징을 참고하여야 함을 나타내는 것이다.

과거에는, 침해로 피소된 자가 실시하는 기술방안이 특허권으로 보호받고자 하는 기술방안과 선행기술의 사이에 위치하는 때에는, 동시에 삼자를 대비하여 만약 침해로 피소된 자가 실시하는 기술방안이 특허기술에 보다 가깝다면 균등침해가 성립하는 것으로 판단하여야 하고, 만약 침해로 피소된 자가 실시하는 기술방안이 선행기술에 보다 가깝다면 선행기술의 항변을 인정하여야 한다고 보는 견해가 있었다.

본조의 선행기술의 항변에 관한 규정은 "~에 보다 가깝다면"이라는 판단방식을 법적 근거로 하고 있지 않다는 점이 지적되어야 하는데, 본조 규정은 선행기술의 항변 인정에 침해로 피소된 자가 실시하는 기술방안이 선행기술에 속하는지만 판단하면 되는 것으로 하고 있다. 이것은 선행기술의 항변을 인정할 때에, 특허권으로 보호받고자 하는 기술방안이 증거로 제출된 선행기술과 동일하거나 또는 가까운지를 판단할 필요가 없을 뿐만 아니라, 침해로 피소된 자가 실시하는 기술방안이 특허권으로 보호받고자 하는 기술방안과 동일하거나 또는 균등한지도 판단할 필요가 없음을 나타낸다.

소위 "침해로 피소된 자가 실시하는 기술방안이 특허권으로 보호받고자 하는 기술방안과 선행기술 사이에 위치하는 때에는", "원고의 특허, 공지기술 및 피고가 실시하는 기술이 모두 차이가 있다는 것"은 모두 모호한 표현으로 여기에는 많은 가능한 경우가 포함되고, 무엇에 보다 가까운지에 대한 판단도 사람들이 모두 받아들일 수 있는 판단규칙을 찾기가 쉽지 않다. 판단한 결과, 침해로 피소된 자가 실시하는 기술방안이 선행기술에도 속하지 않고 문언침해 및 균등침해에도 속하지 않는 것으로 인정되는 경우가 현실적으로 존재할 수 있으며, 반드시 선행기술의 항변을 인정하여야 한다든지 아니면 침해가 성립하는 것으로 인정하여야 한다든지 꼭 둘 중 하나이어야 하는 것은 아니라는 점을 강조해서 지적할 필요가 있다.

2. 선행기술의 항변을 인정할 수 있는 전형적인 경우 2

선행기술의 항변을 인정할 수 있는 다른 경우가 도 3에 표시되어 있다.

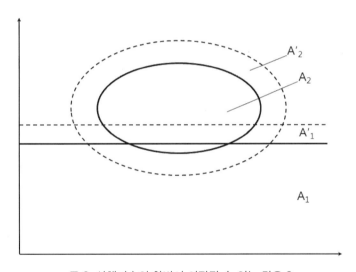

도 3. 선행기술의 항변이 인정될 수 있는 경우 2

이러한 경우에, 특허의 청구항에 기재된 문언적 보호범위 A_2는 선행기술의 영역 A_1과 중첩되고, 일부 선행기술이 특허권의 보호범위 A_2에 직접적으로 들어온다. 이 때에 D_1은 0보다 작으며, 특허권으로 보호받고자 하는 기술방안은 특허법이 규정하는 신규성이 없게 된다. 신규성이 없다는 것은, 특허권을 무효로 하기에 가장 충분하면서도 분명한 이유이다.

도 3에 표시된 경우와 도 2에 표시된 경우의 차이는, 침해로 피소된 자가 실시하는 기술방안이 특허의 청구항에 기재된 문언적 내용과는 다르지만 균등범위 A'_2에는 속하여 균등침해가 성립하더라도 침해로 피소된 자가 선행기술의 항변을 할 수 있을 뿐만 아니라, 설령 침해로 피소된 자가 실시하는 기술방안이 특허의 청구항에 기재된 문언적 보호범위 A₂에 속하여 문언침해가 성립한다고 하더라도 침해로 피소된 자가 선행기술의 항변을 할 수 있다는 점이다.

과거에, 문언침해는 아니고 균등침해가 성립하는 경우에는 침해로 피소된 자의 선행기술의 항변이 허용되어야 한다고 보는 것이 보편적이었으나, 문언침해가 성립하는 경우에도 침해로 피소된 자의 선행기술의 항변이 허용되는가에 대해서는 견해가 일치하지 않았다.

한 견해에 의하면, 선행기술의 항변은 균등침해에만 적용될 수 있고, 문언침해에는 적용될 수 없다고 하였다. 침해로 피소된 자가 실시하는 기술방안이 특허의 청구항에 기재된 기술적 특징 전부를 포함하고 있어서 문언침해에 해당하는 경우에, 침해로 피소된 자가 침해책임을 벗어날 수 있는 유일한 길은 그 근거가 된 특허권의 무효선고절차를 개시하는 것이고, 침해사건을 심리하는 법집행기관은 특허복심위원회 및 베이징시 중급·고급인민법원의 무효선고청구에 대한 결정 및 판결을 기다린 후에야 특허권 침해가 성립하는지를 판단하여야 한다고 보았다. 그 이유는 중국의 특허제도는 다른 국가와는 달라서, 수여된 특허권이 유효인지 여부는 오직 특허복심위원회 및 베이징시 중급·고급인민법원만이 판단할 수 있으며, 특허권 침해사건을 심리하는 각지의 중급인민법원은 이에 간여할 권한이 없기 때문이라는 것이다. 문언침해가 성립하는 경우에도 만약 선행기술의 항변을 인정하면, 침해사건의 심리법원이 직접적으로 특허권을 무효로 인정하는 것과 실질적으로 다를 바 없다. 현재, 중국의 수많은 중급인민법원 및 고급인민법원은 특허권 침해사건을 심리하는 직책을 맡고 있으며, 만약 이러한 법원이 모두 특허권의 유효여부를 인정할 수 있는 권한이 있다고 한다면 법집행이 통일되지 않는 문제가 발생할 수 있다고 한다.[1]

다른 견해에 의하면, 설령 법집행기관이 문언침해가 성립한다고 인정하였다고 하더라도, 침해로 피소된 자의 선행기술의 항변이 허용되어야 한다고 보았다. 그 이유는, 특허법의 원리에 기초하여 분석해 보면, 각국 특허법이 규정하는 신규성 및 진보성 요건은 특허기술을 출원일 전의 선행기술과 가르는 기준이기 때문이라는 것이다. 국가지식산권국의 기본적인 직책 중 하나가 바로 특허권 심사과정에서 신규성 및 진보성 요건을 심사하여 공정하게 특허권의 보호범위를 확정하고, 선행기술에 대해서 특허권이 수여되거나 또는 선행기술이 특허권의 보호범위에 포함되지 않도록 방지

---

[1] 程永順, 对专利侵权如何判断: 关于执行「专利侵权判断若干问题的意见(试行)」几个问题的说明[G]//程永順, 专利侵权判定实务, 北京: 法律出版社, 2002: 20-21.

하는 것이다. 법원의 특허권 침해분쟁사건 심리에 있어서 가장 중요한 임무는 바로 공정하게 특허권의 보호범위를 확정하고, 청구항을 해석할 때에 선행기술이 특허권의 보호범위에 포함되지 않도록 하는 것이다. 따라서 출원일 전의 선행기술을 특허권의 보호범위로부터 배제하는 것은 법원의 직책이며, 어떠한 "월권"의 염려도 없다고 한다.[1]

독일 및 미국 모두 균등침해가 성립하는 경우에는 선행기술의 항변을 허용하지만, 문언침해가 성립하는 경우에는 선행기술의 항변을 불허하는 쪽에 가깝다.

독일은 청구항의 문언적 보호범위 이내라면, 설령 그 범위 전부가 선행기술이라고 하더라도 침해사건의 심리법원이 특허권의 유효성을 부정할 수 없다고 본다. 바꿔 말하면, 침해사건의 심리법원은 특허권의 핵심이 되는 청구항의 문언적 기재의 유효성에는 간여할 수 없고, 청구항의 문언적 의미 이외의 보호범위가 유효한지를 판단할 수 있는 권한만 있을 뿐이다. 독일은 선행기술의 항변은 균등침해의 범위 내에서만 허용되며, 문언침해의 범위 내에서는 허용될 수 없다고 보는데, 그 이유는 수여되지 말았어야 하는 특허권의 존재는 확실히 정상적 경쟁을 방해하는 바람직하지 않은 영향이 있으며, 이러한 특허의 특허권자로부터 침해를 이유로 피소된 자는 공공의 이익 보호를 위하여 무효절차를 개시할 의무가 있고, 만약 특허권 침해소송에서 선행기술의 항변으로 그 특허권이 무효가 되어야 한다는 의향을 표명한다면, 비록 침해로 피소된 자 본인은 구제를 받을 수 있을지 몰라도, 수여되지 말았어야 했던 특허권은 여전히 계속 존재하게 되는데, 이것은 근본적인 문제를 해결하는 데 이롭지 않다는 것이다.[2]

중국의 특허제도는 특허권 침해분쟁과 특허권 유효성분쟁을 상이한 법적 경로로 각각 독립적으로 해결하는 방식을 취하고 있는데, 독일은 이러한 방식의 창시자이며, 따라서 독일의 위와 같은 입장은 중국에서도 수많은 사람들의 지지를 받았다. 필자도 공중이, 특히 이해관계인이 정의를 위해 공정한 말을 하는 것을 장려하여, 공중의 이익을 위해 수여되지 말았어야 했던 특허권을 제거해야 한다는 데 찬성한다. 그러나 필자는 이러한 바람에 기반하여 특허권의 무효선고청구를 침해로 피소된 자의 "의무"로 하는 것에는 찬성하지 않으며, 무효선고청구 절차를 개시하지 않는 경우에는 자기에게 불리한 법적 효과를 부담하게 할 수밖에 없다. 특허권은 국가기관이 수

---

1) 林建军, 杨金琪, 对已有技术抗辩的探讨[G]// 程永顺, 专利侵权判定实务, 北京: 法律出版社, 2002: 270-271.

2) 须建楚, 张晓都 等, 发明与实用新型专利侵权判定标准[G]//国家知识产权局条法司, 专利法及专利法实施细则 第三次修改专题研究报告, 北京: 知识产权出版社, 2006: 1575.

여한 것이고, 침해로 피소된 자가 수여한 것이 아니다. 수여되지 말았어야 했던 특허권이 발생한 경우에는, 선행기술을 실시하는 것임에도 특허권 침해로 피소된 자가 피해자이므로, 법집행기관은 침해로 피소된 자가 이로 인해 입게 되는 손해를 가급적 배제 또는 경감하여야 한다. 바로 일부 학자들이 의문을 제기하는 것처럼, "피고가 실시하는 기술이 선행기술에 속한다는 것을 이미 인식하고 있는 상황에서, 공평과 정의를 보호하여야 하는 법원이 무엇 때문에 모른 척하면서 피고가 침해하였다고 판단하여야 하는가?"[1]

미국의 특허제도는 동일한 법원이 특허권 침해분쟁과 특허권 유효성분쟁을 함께 심리하는 방식을 따르고 있는데, 이것이 미국의 특허제도와 독일의 특허제도의 중요한 차이 중 하나이다. 이처럼 차이가 있기 때문에, 비록 미국에도 선행기술의 항변 이론이 존재하기는 하지만, 그 중요도는 이 이론이 독일에서 차지하는 지위에 훨씬 미치지 못하는데, 그 이유는 만약 침해로 피소된 자가 실시하는 기술방안이 어떤 선행기술과 동일하거나 매우 가까우면서도, 동시에 특허권의 문언적 보호범위에 포함되어 문언침해에 해당한다면, 그 선행기술을 증거로 제출하여 침해사건의 심리법원이 그 특허권을 무효로 인정하게 할 수 있으므로, 침해로 피소된 자가 선행기술의 항변을 함으로써 특허권자의 주장에 대항할 필요가 없기 때문이다. 바로 이와 같은 이유 때문에, 미국은 선행기술의 항변이 균등침해의 경우에만 비로소 고려될 수 있고, 문언침해의 경우에는 고려할 필요가 없다는 원칙을 확립하였다.[2] 그러나 미국이 위와 같은 원칙을 확립했다고 해서, 문언침해가 성립하는 경우에는 비록 침해로 피소된 자가 증거를 제출하여 그 실시하는 기술방안이 출원일 전의 선행기술임을 증명하였다고 하더라도, 법원은 못 보고 못 들은 척하면서 침해로 피소된 자가 침해에 대한 책임을 져야 한다고 판결하여야 한다는 의미는 아니고, 미국의 침해사건 심리법원은 직접 특허권의 무효를 선고할 수 있는 권한이 있으므로 보다 근본적으로 문제를 해결할 수 있어서, 그 사건에서의 침해로 피소된 자의 침해책임을 면제해 줄 수 있을 뿐만 아니라 특허권자가 이후에 다른 사람에게 그 특허권에 대한 침해책임을 추궁할 수 있는 가능성을 해소시킬 수 있다는 점을 인식하여야 한다.

2008년 개정「특허법」시행에 따라서 위와 같은 논란은 이미 정리되었는데, 본조가 "특허권 침해분쟁에서 침해로 피소된 자가 그 실시하는 기술 또는 설계가 선행기술 또는 선행설계에 속한다는 것을 증거로써 증명하는 경우에는, 특허권 침해에 해당

---

1) 须建楚, 张晓都 等, 发明与实用新型专利侵权判定标准[G]//国家知识产权局条法司, 专利法及专利法实施细则 第三次修改专题研究报告, 北京: 知识产权出版社, 2006: 1577.

2) Donald S. Chisum, Chisum on Patents[M], Vol. 5A, Chaperter 18, 18. 04 [2] [d] [i] [B].

하지 아니 한다."라고 명확히 규정하였고, 여기에는 문언침해가 성립하는 경우에는 선행기술의 항변이 허용되지 않는다는 의미가 포함되어 있지 않기 때문이다.

　문언침해가 성립하는 경우에 선행기술의 항변을 허용하는 것에 대해서는, 일단 선행기술의 항변이 인정되면, A는 B, B는 C이면, 곧 A는 C라는 형식 논리에 따라서, 특허권 침해분쟁을 처리 또는 심리하는 특허업무관리부문 또는 법원이 그 근거가 된 특허권을 직접적으로 무효로 인정하는 것과 다를 바 없는 것이 아닌가 하는 우려가 가장 크다. 비록 논리로 보면 문언침해가 성립하는 경우에도 선행기술의 항변을 인정하게 되면 이처럼 추리할 수 있는 가능성이 있어서, 타인은 법원이 인정한 사실을 증거로 하여 무효선고를 청구할 수 있기는 하지만, 그러나 본조 규정에 따라서 침해사건의 심리법원이 내리게 되는 결론은 침해로 피소된 자가 침해하였다는 주장이 인정되지 않는다는 것이고, 특허권이 유효인지에 대한 문제에 대해서는 간여할 필요가 전혀 없다. 바꿔 말하면, 선행기술 항변의 인정여부는 그 근거가 된 특허권이 무효로 되어야 하는지와 아무런 직접적인 관련이 없다. 이처럼 "직권을 벗어날" 염려가 없다. 다른 한편으로, 침해로 피소된 어떤 특정한 행위에 대해서만 선행기술의 항변을 인정한 것이어서 그 결론은 특정한 특허권 침해사건에만 적용되는 데 대하여, 특허권 무효선고는 근본적으로 그 특허권을 처음부터 없었던 것으로 보게 만드는 것이어서 그 결과는 모든 공중에 미치며, 따라서 양자는 여전히 차이가 있다.

　이 밖에, 선행기술의 항변을 주장하는 자는 그 실시하는 기술방안이 그 근거가 된 특허의 출원일 이전의 선행기술에 속한다는 것을 증명함으로써 침해책임을 벗어날 수 있다는 것을 지적하여야 한다. 특허권에 기타 하자가 있는 경우, 예를 들어 특허권이 수여될 수 없는 대상에 대하여 특허가 수여된 것이라거나, 설명서가 보호받고자 한는 기술방안을 충분히 공개하지 않았다거나, 청구범위가 설명서에 의하여 뒷받침되지 않는다거나, 보정이 원래의 출원서류에 기재된 범위를 벗어났다는 등이어서 특허권이 수여되지 않았어야 했던 때에는, 침해로 피소된 자가 선행기술의 항변으로 특허권 침해에 대한 민사책임을 벗어날 수 없다. 이러한 문제를 제기하여 특허권의 유효성을 의심하는 경우에는, 오직 무효선고청구 절차를 개시함으로써만 해결할 수 있다.

제63조 특허 허위표시의 법적 책임

특허를 허위로 표시한 경우, 법에 따라 민사책임을 부담하는 외에, 특허업무관리부문이 시정명령 및 공고하고, 위법소득을 몰수하며, 이와 함께 위법소득의 4배 이하의 과태료에 처할 수 있다. 위법소득이 없는 경우, 인민폐 20만 원 이하의 과태료에 처할 수 있다. 범죄를 구성하는 경우, 법에 따라 형사책임을 추궁한다.

一. 조문 연혁

(一) 1984년 제정 「특허법」의 관련 규정

1984년 제정 「특허법」 제63조는 아래와 같이 규정하였다.

> 타인의 특허를 허위로 표시한 경우, 이 법 제60조 규정에 의하여 처리하고, 경과가 엄중한 경우, 직접적인 책임자에 대하여 형법 제127조 규정에 비추어 형사책임을 추궁한다.

1984년 제정 「특허법」 제60조는 특허권자의 허가 없이 그 특허를 실시하는 침해행위에 대하여, 특허권자는 특허관리기관에 처리를 청구할 수도 있고 직접 인민법원에 소를 제기할 수 있으며, 침해가 성립하는 것으로 인정되는 경우에 법집행기관은 침해자에게 침해행위의 중지와 손해의 배상을 명령할 수 있는 권한이 있다고 규정하였다. 이처럼 "이 법 제60조 규정에 의하여 처리"하도록 하여 위의 두 조문을 연계시켰는데, 여기에는 다음과 같은 의미를 담고 있었다.

첫째, 타인 특허의 허위표시 행위의 의미를 나타내었다. "이 법 제60조 규정에 의하여 처리"로부터 타인 특허의 허위표시에 해당하기 위한 두 가지 요건을 도출해 낼 수 있다고 본 견해가 있었는데, 하나는 그 행위가 타인의 특허권을 침해하는 행위에 해당하여야 하고, 다른 하나는 행위자가 어떤 모종의 방식을 통해서 사람들로 하여금 그 행위가 특허권자의 행위 또는 특허권자의 허가를 받은 행위로 오인되도록 하여야 한다는 것으로, 예를 들면 그 제조한 제품 또는 그 포장에 특허권자의 특허번호를 표시하는 등이었다.[1]

둘째, 타인 특허의 허위표시행위를 처리하는 경로를 규정하였다. "이 법 제60조 규정에 의하여 처리"한다는 것은, 타인 특허의 허위표시행위에 대해서 특허권자는 특허 관리기관에 처리를 청구할 수도 있고, 법원에 처리를 청구할 수도 있었다.

셋째, 행위자가 부담하여야 하는 법적 책임을 규정하였다. 이 법 제63조 규정에 따라서, 허위표시행위의 엄중한 정도에 따라서 부담하여야 하는 법적 책임도 달라진다. 일반적인 경우에는, 제60조가 규정하는 민사권리에 대한 침해책임, 즉 침해행위 중지와 손해배상 책임을 부담한다. 엄중한 행위자에 대하여는 형사책임도 추궁하여야 한다. 그 이유는, 타인 특허의 허위표시행위는 타인의 특허권을 침해하는 것이므로 특허권 침해에 대한 민사적 책임을 부담하여야 할 뿐만 아니라, 공공연하게 타인의 특허번호를 사용함으로써 공중으로 하여금 그 제품이 특허권자가 제조한 특허제품인 것으로 오인하게 하는 것은 공중을 기만하고 시장질서를 어지럽히는 사회적 위해성이 있는 것이어서, 단지 그 민사적 책임을 부담하도록 명령하는 것만으로는 그 부정적 영향을 해소하고 필요한 법적 위협감을 느끼도록 하기에 충분치 않아서, 책임있는 자에 대한 형사책임을 추궁하는 것이 필요하기 때문이다.

당시의 「형법」은 1979년 7월 1일 제5차 전국인민대표대회 제2차 회의에서 통과되어 1980년 1월 1일부터 시행된 것으로, 여기에는 타인 특허의 허위표시죄가 직접적으로 규정되어 있지 않았으며, 이 때문에 그 관련 조항에 비추어 행위자의 형사책임을 추궁하는 것으로 규정할 수밖에 없었다. 당시의 「형법」 제127조는 아래와 같이 규정하였다.

> 상표관리법규를 위반하여, 공상기업이 다른 기업이 이미 등록한 상표를 허위로 표시하는 경우, 직접적인 책임이 있는 자에 대해서 3년 이하의 유기징역, 단기징역 또는 벌금에 처할 수 있다.

입법자는 타인 특허의 허위표시행위를 타인 등록상표의 허위표시행위와 유사한 성질을 갖는다고 보았고, 이 때문에 1984년 제정 「특허법」 제63조는 「형법」 제127조 규정에 비추어 타인 특허 허위표시행위의 직접적인 책임자에 대하여 형사책임을 추궁한다고 규정하였다. 「형법」의 적용관계가 중대함에 비추어, 그리고 중국의 법치제도가 부단히 발전함에 따라서, 현재 제정되는 모든 법률 중에는 「형법」의 관련 규정에 "비추어" 형사책임을 추궁하는 방식은 이미 쓰지 않고 있다.

---

1) 汤宗舜, 专利法解说[M], 北京: 专利文献出版社, 1992: 284-285.

(二) 1992년 개정 「특허법」의 관련 규정

「특허법」을 시행해 본 결과, 1984년 제정 「특허법」 제63조는 아직 개선되어야 할 부분이 있음이 드러났는데, 특허분야에서 공중을 기만하는 허위표시행위에는 타인의 특허를 허위로 표시하는 행위만 있는 것이 아니고, 원래 존재하지 않는 특허를 사칭하는 행위, 예를 들어 근본적으로 특허권을 받지 않았으면서도 그 제품에 특허번호 또는 기타 특허표지를 표시함으로써 공중으로 하여금 그 제품이 특허권자 또는 그 피허가자가 제조하여 판매한 특허제품이라고 오인하게 하는 행위도 포함된다.

위와 같은 이유에 기초하여, 1992년 개정 「특허법」은 원래의 제63조 규정을 유지하는 동시에, 본조에 제2항을 신설하여, 아래와 같이 규정하였다.

> 비특허제품을 특허제품으로 사칭하거나 또는 비특허방법을 특허방법으로 사칭하는 경우, 특허관리기관이 사칭행위의 중지, 공개적인 시정을 명령하고, 과태료를 부과할 수 있다.

그러나, 1992년 개정 「특허법」 및 「특허법실시세칙」은 여전히 타인 특허의 허위표시행위 및 특허의 사칭행위에 대해서 정의하지 않았으므로, 법률 조문의 문자 자체에 근거하여 그 의미를 이해할 수밖에 없었다.

(三) 2000년 개정 「특허법」의 관련 규정

비록 1992년 「특허법」 개정 시에 특허의 사칭행위에 대한 행정처벌조치를 보충하였지만, 개정 후 제63조의 타인 특허의 허위표시행위에 관한 규정에는 여전히 검토해 볼 문제가 있었다.

먼저, 타인 특허의 허위표시행위를 타인의 특허권을 침해하는 행위이어야 하는 것으로 한정할 필요가 있는가?

타인 특허의 허위표시행위의 경과가 엄중한 경우에 형사책임을 지우도록 한 것은, 특허권자의 허가 없이 그 제품에 타인의 특허번호 또는 기타 특허표지를 표시하는 행위는 공중을 기만하는 성질이 있고 정상적인 시장질서를 어지럽히는 것이어서 사회적 위해성이 있는 "공적인 권리"를 침해하는 행위에 해당하기 때문이다. 만약 단순히 타인의 특허권을 침해하는 행위라면, 즉 행위의 객체가 특허권의 보호범위에 속하지만, 그 제품에 타인의 특허번호 또는 기타 특허표지를 표시하지 않은 경우에는, 일반적으로는 타인의 "사적인 권리"를 침해하는 행위일 뿐이어서, 1984년 제정「특허법」제60조가 규정하는 민사권리에 대한 침해책임을 부담하는 것으로 충분하며 그 형사적 책임을 추궁할 필요가 없다. 현실에서는, 특허권자의 허가 없이 그 제품에 타인의 특허번호 또는 기타 특허표지를 표시하는 행위는 필연적으로 위와 같은 사회적 위해성을 발생시키지만, 그 제품 자체가 타인 특허권의 보호범위에 속하는지의 여부와 필연적으로 관련되는 것은 아니다. 특허권자의 허가 없이 그 제품에 타인의 특허번호 또는 기타 특허표지를 표시한 경우이지만, 만약 그 제품 자체가 타인 특허권의 보호범위에는 속하지 않는 경우라면, 나쁜 것을 좋은 것으로 속이고 가짜를 진짜로 속이는 행위일 수도 있고 겉과 속이 다른 물건을 판매하는 행위일 수도 있어서, 동시에 타인의 특허권을 침해하는 타인 특허의 허위표시행위에 비하여 그 사회적 위해성이 훨씬 심각하다. 따라서 타인 특허의 허위표시행위를 먼저 반드시 타인의 특허권을 침해하는 행위이어야 하는 것으로 한정하는 것은 합리적이지 않으며, 1984년 제정「특허법」제63조가 규정하는 타인 특허의 허위표시행위를 제60조가 규정하는 특허권 침해행위와 구분해 내어 별도로 규정할 필요가 있었다.

다음으로, 타인 특허의 허위표시행위에 대해서 민사적 책임과 형사적 책임만 부담하도록 한 것이 합리적인가?

위에서 설명한 바와 같이, 타인 특허의 허위표시행위는 타인 특허권에 대한 단순한 침해행위에 비하여 훨씬 심각한 사회적 위해성을 갖고 있다. 그러나 1984년 제정「특허법」제63조 규정에 따르면, 타인 특허의 허위표시행위이면서 또한 타인의 특허권을 침해하는 행위에 대해서는, 경과가 엄중한 경우에 행위자의 형사적 책임을 추궁할 수 있지만 엄중하지 않은 경우에는 타인의 특허권을 침해한 것에 대한 민사적 책임만 추궁하도록 하고 있어, 타인 특허의 허위표시라는 이 더욱 심각한 위법행위에 대해서는 법적인 제재를 가하지 않는 것이어서 불합리하였다. 타인 특허의 허위표시행위에만 해당하고 타인의 특허권을 침해하는 것은 아닌 행위에 대해서는, 타인의 특허권을 침해한 것에 대한 행위자의 민사적 책임은 말할 것이 없기 때문에, 경과가 엄중한 경우에는 행위자의 형사적 책임을 추궁할 수는 있지만 엄중하지 않은 경우에는 어떤 책임도 추궁할 것이 없게 되는데, 이것은 훨씬 불합리하였다. 따라서 타인 특허를 허위로 표시한 자가 민사적 책임과 형사적 책임만 부담하도록 규정한 것에는 부족한 점이 있었으므로, 양자 사이에 중간적 단계를 추가하여, 그 행정적 책임을 추궁할 수 있도록 함으로써 필요한 행정적 처벌을 할 수 있게 하였다.

이 외에 1997년 3월 14일, 제8차 전국인민대표대회 제5차 회의에서「형법」을 개정하여, 제2편 "특칙" 제3장 "사회주의 시장경제질서 파괴죄"에서 제7절 "지식재산권 침해죄"를 추가하였는데, 그중 제216조는 아래와 같이 규정하였다.

> 타인 특허 허위표시의 경과가 엄중한 경우, 3년 이하의 유기징역 또는 단기징역에 처하며, 이와 함께 또는 단독으로 벌금을 부과한다.

이것은 타인 특허의 허위표시행위에 대해서 「형법」에 이미 직접적인 근거를 마련하였으므로, 다시는 상표 허위표시죄를 참고하여 그 형사책임을 추궁할 필요가 없음을 나타낸다.

위와 같은 이유에 기초하여, 2000년 「특허법」 개정 시에 개정 전 제63조를 두 개의 조, 즉 제58조 및 제59조로 나누었는데, 그중 제58조가 타인 특허의 허위표시행위에 관한 규정으로서, 그 조문은 아래와 같았다.

> 타인의 특허를 허위로 표시한 경우, 법에 따라 민사책임을 지는 외에, 특허업무관리부문이 시정 명령 및 공고하고, 위법소득을 몰수하며, 위법소득의 3배 이하의 과태료에 처할 수 있으며, 위법소득이 없는 경우, 인민폐 5만 원 이하의 과태료를 부과할 수 있다. 범죄를 구성하는 경우, 법에 따라 형사책임을 추궁한다.

제59조는 특허의 사칭행위에 관한 규정으로, 그 조문은 아래와 같았다.

> 비특허제품을 특허제품으로 사칭하고, 비특허방법을 특허방법으로 사칭하는 경우, 특허업무관리부문이 시정 명령 및 공고하고, 인민폐 5만 원 이하의 과태료에 처할 수 있다.

특허업무관리부문의 처벌을 돕기 위하여, 2001년 개정 「특허법실시세칙」 제84조 및 제85조는 각각 타인 특허의 허위표시행위와 특허의 사칭행위에 대하여 정의하였다. 그중에서 제84조는 아래와 같았다.

> 다음 각 호의 행위는 타인 특허의 허위표시행위에 속한다.
> (1) 허가 없이 그 제조 또는 판매하는 제품, 제품의 포장에 타인의 특허번호를 표시하는 행위
> (2) 허가 없이 광고 또는 기타 선전물에 타인의 특허번호를 사용함으로써 사람들로 하여금 그 관련된 기술이 타인의 특허기술인 것으로 오인하게 하는 행위

(3) 허가 없이 계약 중에 타인의 특허번호를 사용함으로써 사람들로 하여금 그 관련된 기술이 타인의 특허기술인 것으로 오인하게 하는 행위

(4) 타인의 특허증서·특허문서 또는 특허출원서류를 위조 또는 변조하는 행위.

제85조는 아래와 같았다.

다음 각 호의 행위는 비특허제품을 특허제품으로 사칭하고, 비특허방법을 특허방법으로 사칭하는 행위에 속한다.

(1) 특허표기를 표시한 비특허제품을 제조 또는 판매하는 행위

(2) 특허권이 무효로 된 후, 계속해서 제조 또는 판매하는 제품에 특허표기를 표시하는 행위

(3) 광고 또는 기타 선전물에 비특허기술을 특허기술이라고 부르는 행위

(4) 계약 중에 비특허기술을 특허기술이라고 부르는 행위

(5) 특허증서·특허문서 또는 특허출원서류를 위조 또는 변조하는 행위

(四) 2008년 개정 「특허법」의 관련 규정

2000년 개정 「특허법」 및 2001년 개정 「특허법실시세칙」의 타인 특허의 허위표시 행위 및 특허의 사칭행위에 관한 규정은 개정 전 규정에 비해서 장족의 발전을 한 것이지만 여전히 검토해 볼 만한 점이 남아 있었는데, 바로 타인 특허의 허위표시행위와 특허의 사칭행위를 두 가지 상이한 특허관련 위법행위로 규정하고, 이에 나아가 행위자가 부담하여야 하는 법적 책임도 다르게 규정한 것이 합리적인가 하는 점이었다.

타인 특허의 허위표시행위와 특허의 사칭행위는 모두 일종의 허위행위라는 점에서 공통되지만, 전자는 타인이 받은 여전히 유효한 특허를 도용한 것임에 대하여 후자는 실제로는 존재하지 않는 특허를 사칭한 것이라는 점에서 차이가 있다. 타인 특허의 허위표시와 특허의 사칭행위로 가장 쉽게 볼 수 있는 형식은 제품 또는 그 포장에 특허번호 또는 기타 특허표기를 표시하는 것이다. 타인 특허의 허위표시행위에 있어서는, 일반적으로 특허번호를 표시하여야 하고, 그렇지 않으면 누구의 특허를 허위로 표시한 것인지를 판단할 수 없으며, 따라서 타인 특허의 허위표시행위라고 인정될 수 없다. 국가지식산권국이 현재 사용하고 있는 특허번호와 특허출원번호는 동일하여, 모두 12자리 아라비아 숫자로 구성되는데, 그중 앞 4자리는 연도를 표시하고, 다섯 번째 자리는 특허권의 유형(1은 발명특허, 2는 실용신안특허, 3은 디자인특허)을 표

시하며, 제6~12자리 숫자는 특허권의 일련번호를 나타낸다. 국가지식산권국이 매년 수리하는 세 유형 특허출원의 건수는 이미 모두 6자리 숫자에 달하였으며, 따라서 위법행위자가 임의로 특허번호를 조작해 내더라도, 다른 사람이 받은 어떤 특허의 특허번호와 같아져서(비록 그 행위의 실제 객체는 그 특허가 보호하는 발명창조와 매우 큰 차이가 있다고 하더라도), 타인 특허의 허위표시행위에 해당할 가능성이 매우 높아졌다. 이로부터 타인 특허의 허위표시행위인지 아니면 특허의 사칭행위인지가, 어떤 경우에는 우연한 요소로 결정될 수 있음을 알 수 있다. 그러나 2000년 개정「특허법」은 타인 특허의 허위표시행위에 대해서는 위법소득을 몰수하여야 하고, 엄중한 경우에는 행위자에 대하여 형사책임을 추궁하여야 한다고 규정하였으므로, 양자의 법적 책임에 매우 큰 차이가 있었다. 이처럼 차이를 둔 것은 매우 불합리하였는데, 사실상 특허의 사칭행위도 마찬가지로 공중을 기만하는 행위이고, 보통은 그 사회적 위해성도 타인 특허의 허위표시행위에 비하여 작지 않기 때문이다.

위와 같은 이유로 2000년 및 2008년 두 차례「특허법」개정 시에 모두, 타인 특허의 허위표시행위와 특허의 사칭행위를 합하여 이를 구분하지 않고 특허의 허위표시행위로 부르는 방안이 건의되었다. 비록 국가지식산권국이 2006년 국무원 심의를 위해 보고한「〈특허법〉개정초안(심의본)」및 국무원이 전국인민대표대회 상무위원회 심의를 위해 제출한「〈특허법〉개정안(초안)」에는 모두 이 개정의견이 반영되지 않았으나, 심의과정에서 전국인민대표대회 상무위원회 법제업무위원회는 이 개정의견을 반영하였으며, 전국인민대표대회 상무위원회는 개정안에 대한 심의과정에서 이 개정의견을 받아들여서 본조를 현재의 조문으로 개정하였다.

二. 특허의 허위표시행위 및 그 법적 책임

(一) 특허의 허위표시행위

1.「특허법실시세칙」의 허위표시행위에 대한 정의

2008년「특허법」개정에서 본조 규정에 대하여 조정하였으므로, 2001년 개정「특허법실시세칙」제84조 및 제85조의 타인 특허의 허위표시행위 및 특허의 사칭행위에 대한 정의에 대해서도 조정할 필요가 있었다. 2010년 개정「특허법실시세칙」제84조 제1항은 아래와 같이 규정하였다.

다음 각 호의 행위는 특허법 제63조가 규정하는 특허의 허위표시행위에 속한다.

(1) 특허권이 수여되지 아니한 제품 또는 그 포장에 특허표지를 표시하거나, 특허권이 무효로 된 후 또는 만료된 후에도 계속해서 제품 또는 그 포장에 특허표지를 표시하거나, 또는 허가 없이 제품 또는 제품의 포장에 타인의 특허번호를 표시하는 행위

(2) 제(1)호의 제품을 판매하는 행위

(3) 제품설명서 등 자료에 특허권이 수여되지 아니한 기술 또는 설계를 특허기술 또는 특허설계라고 부르거나, 특허출원을 특허라고 부르거나, 또는 허가 없이 타인의 특허번호를 사용함으로써, 공중으로 하여금 관련된 기술 또는 설계를 특허기술 또는 특허설계로 오인하게 하는 행위

(4) 특허증서·특허문서 또는 특허출원서류를 위조 또는 변조하는 행위

(5) 기타 공중을 혼동하게 하여, 특허권이 수여되지 아니한 기술 또는 설계를 특허기술 또는 특허설계로 오인하게 하는 행위

아래에서는 허위표시행위의 몇 가지 유형에 대하여 각각 설명하도록 하겠다.

(1) 제품 또는 제품의 포장에 특허표지를 표시

이러한 행위에는 두 가지 상이한 경우가 포함될 수 있는데, 하나는 제품 자체에 특허권이 수여되지 않았음에도 행위자가 그 제품 또는 그 포장에 특허표지를 표시하는 경우이고, 다른 하나는 타인이 어떤 제품에 대하여 특허권을 받았지만 행위자가 특허권자또는 그 특허권의 피허가자가 아님에도 그 제품 또는 제품의 포장에 그 특허권의 특허번호를 표시하는 경우이다.

어느 경우인지를 불문하고, 특허표지를 표시한 위의 행위가 있으면 특허의 허위표시행위를 구성하는데, 이러한 행위 자체에 공중을 기만하는 성질이 있기 때문이다. 위의 두 번째 경우에 있어서, 타인의 특허번호가 표시된 제품 자체가 그 특허권의 보호범위에 속하는가는 전혀 중요하지 않다.

위의 두 가지 경우에 있어서, 행위자가 특허표지를 표시하는 행위는 제품의 제조과정에서 발생할 수도 있고, 제품의 판매·유통과정에서도 발생할 수도 있는데, 이에 대해서는 구분할 필요가 없다. 첫 번째 경우에 있어서, 표시된 "특허표지"는 특허번호일수도 있고, 기타 유형의 표기·도형 및 "본 제품은 특허제품이므로, 엄격히 모조를 금지함"과 같은 어구일 수도 있다. 두 번째 경우에 있어서는, 표시된 것이 일반적으로는 타인이 받은 특허권의 특허번호이어야 하며, 그렇지 않으면 명확한 대상이 없게 되는데, 이 점은 행위자의 민사책임 부담 문제와 관계되며, 이에 대해서는 아래에서 설명하도록 하겠다.

제품에 또는 그 포장에 특허표지를 표시하는 것은 특허 허위표시행위의 주된 방식으로서, 적발되는 허위표시행위는 실제로 대부분 이러한 유형의 행위이다.

(2) 특허표지가 표시된 제품을 판매

현실에서는 행위자가 분담하여 합작하는 방식을 써서, 어떤 사람은 제품의 제조과정에서 제품 또는 그 포장에 특허표지를 표시하고 어떤 사람은 표시한 제품을 판매할 수 있는데, 양자 모두 위법행위를 구성한다. 만약 제품 또는 그 포장에 특허표지를 표시하는 행위만을 특허 허위표시행위로 규정한다면, 판매자는 그 위법행위의 책임을 벗어날 수 있다. 누가 허위의 특허표지를 표시하였는가는 현실에서 종종 매우 증명하기가 어렵지만 허위의 특허표지가 표시된 제품을 판매하는 행위는 쉽게 발견할 수 있다. 따라서「특허법실시세칙」제84조 제1항은 제(2)호 규정을 도입하였다.

(3) 제품설명서 등 자료에 사용

제품 또는 제품의 포장에 특허표지를 표시하는 이외에, 제품설명서·제품선전자료·광고 중에 특허권이 수여되지 않은 기술 또는 설계를 특허기술 또는 특허설계라고 부르거나, 특허출원을 특허라고 부르거나, 또는 허가 없이 타인의 특허번호를 사용함으로써, 공중으로 하여금 관련된 기술 또는 설계를 특허기술 또는 특허설계로 오인하도록 하는 것도 특허의 허위표시행위를 구성할 수 있다.

(4) 특허증서·특허문서 또는 특허출원서류의 위조·변조

특허증서·특허문서 또는 특허출원서류의 위조는 행위자가 국가지식산권국이 발급한 적이 없는 특허증서, 공고한 적이 없는 특허문서, 수리한 적이 없는 특허출원서류를 날조하는 것을 가리킨다. 특허증서·특허문서 또는 특허출원서류의 변조는 행위자가 국가지식산권국이 발급한 특허증서, 공고한 특허문서, 수리한 특허출원서류를 고치는 방식으로 위조하는 것을 가리킨다. 국가지식산권국은 그 서류철을 찾아봄으로써 위조·변조행위를 쉽게 간파해 낼 수 있기 때문에 이러한 행위로는 국가지식산권국을 기만할 수 없으며, 이러한 행위의 주요 목적은 공중을 기만하는 데 있으므로「특허법실시세칙」은 이를 특허 허위표시행위의 하나로 열거하여 각지 인민정부의 특허업무관리부문이 조사하게 하였다.

(5) 기타 허위표시행위

2001년 개정「특허법실시세칙」제84조 및 제85조에는 소위 "포괄적" 조항이 없었

으며, 따라서 이 두 조의 규정은 타인 특허의 허위표시행위와 특허 사칭행위에 대한
제한적 규정이었다.

각지 특허업무관리부문의 건의에 근거해서, 2010년 개정「특허법실시세칙」은 제
84조 제1항에 제(5)호, 즉 "기타 공중을 혼동하게 하여, 특허권이 수여되지 아니한 기
술 또는 설계를 특허기술 또는 특허설계로 오인하게 하는 행위"를 신설하여 본조 제1
항의 "포괄적" 규정으로 하였고, 이로써 본조 제1항 제(1)호 내지 제(4)호에 포함되지
않을 수 있는 기타 허위표시행위를 포괄하도록 하였다.

2.「특허법실시세칙」이 규정하는 예외 경우

2010년 개정「특허법실시세칙」제84조는 그 제1항에 허위표시행위의 유형을 규정
한 이외에, 이어서 제2항 및 제3항에 아래와 같이 두 가지 예외 경우를 규정하였다.

> ② 특허권이 소멸되기 전에 법에 의해 특허제품, 특허방법에 의하여 직접적으로 획득
> 한 제품 또는 그 포장에 특허표지를 표시하고, 특허권이 소멸된 후에 그 제품을 판매
> 청약·판매하는 경우, 특허 허위표시행위에 속하지 아니한다.
> ③ 특허 허위표시제품임을 알지 못하고 판매하였고, 그 제품의 합법적 출처를 증명할
> 수 있는 경우, 특허업무관리부문이 판매중지를 명령하지만 과태료 처분은 면제한다.

「특허법실시세칙」제84조 제2항은 특허권자 또는 그 피허가자가 특허표지를 표시
한 특허제품을 판매청약·판매하는 행위에 관계된다.「특허법」제17조 제1항은 특
허권자에게 그 특허제품에 또는 그 제품의 포장에 특허표지를 표시할 권리가 있음을
명확하게 규정하고 있다. 이 규정에 따라서 특허권자 또는 그 피허가자가 특허권의
존속기간 내에 그 특허제품, 특허방법에 의하여 직접적으로 획득한 제품 또는 그 포
장에 특허표지를 표시하는 경우에는 특허의 허위표시행위에 해당하지 않음이 분명
하다. 현실에서, 한편으로는 특허표지가 각자(刻字) 등 방식에 의해 영구적으로 제품
또는 그 포장에 표시되므로 일단 표시되고 나면 이를 제거하기가 쉽지 않고, 다른 한
편으로는 제조된 제품이 보통은 단기간 내에 팔려나갈 수 있는 것이 아니어서 몇 년
후에도 계속해서 판매되기도 하며 제품이 오직 한 번만 팔려나가는 것이 아니고 도매
후에 소매도 있고 판매된 후에 전매될 수도 있다. 이 때문에 특허권자 또는 그 피허가
자가 특허권이 소멸되기 전에 그 제조한 특허제품에 특허표지를 표시하고 나서, 특허
권자 자신 또는 타인이 특허권이 소멸된 후에 이러한 특허표지가 있는 제품을 판매하
는 것이 특허의 허위표시행위에 해당하는가 하는 문제가 발생한다. 과거에 이러한

경우에도 특허의 허위표시행위에 해당하며, 특허업무관리부문이 이러한 행위를 특허의 사칭행위로 인정하여 행정처벌을 하여야 한다고 주장하는 사람들이 있었는데, 이러한 주장은 특허권자의 불만을 야기하였고 특허권자들은 이러한 행위에 대하여 처벌하는 것은 불합리하다고 보았다. 2010년「특허법실시세칙」개정 시에, 국무원 입법기관은 특허권자의 의견을 받아들였으며, 제84조에 제2항을 신설하여 특허권 소멸 전에 법에 따라 특허제품, 특허방법에 의하여 직접적으로 획득한 제품 또는 그 포장에 특허표지를 표시하고 특허권 소멸 후에 그 제품을 판매하는 경우에는 허위표시행위에 속하지 않는다고 규정하였다.

주의하여야 할 점은, 특허권이 소멸된 후에 계속해서 제품에 또는 그 포장에 특허표지를 표시하는 행위는 특허권 소멸 전에 특허표지를 표시하고 특허권 소멸 후에 그 표시된 제품을 판매하는 행위와는 다르다는 점이며, 전자는 허위표시행위를 구성하므로 행정처벌을 받아야 한다.

「특허법실시세칙」제84조 제3항 규정은「특허법」제70조와 기본적으로 동일한 문제에 관계되므로, 논의의 중복을 피하기 위하여 본서의 제70조에 대한 설명에서 논의하도록 하겠다.

3. 특허 허위표시와 특허권 침해의 관계

특허 허위표시행위와 특허권 침해행위 사이의 관계에 관하여 두 가지 서로 연관된 문제가 있는데, 첫째는 특허 허위표시행위가 반드시 동시에 특허권 침해행위를 구성하게 되는가 하는 것이고, 둘째는 특허권 침해행위가 동시에 특허 허위표시행위를 구성할 수 있는가 하는 것이다. 이 두 가지 문제에 대한 대답은, 특허업무관리부문이 본조 규정에 따라 업무를 집행하는 데 있어서 중요한 의의가 있다.

첫 번째 문제에 대해서는 앞에서 이미 실질적으로 논의하였다. 이 문제에 대한 대답은 변화과정을 거쳤다. 1985년 4월 1일 1984년 제정「특허법」시행에서부터 2001년 7월 1일 2000년 개정「특허법」시행까지, 이 문제에 대한 대답은 긍정이어서 허위표시행위로 인정되기 위해서는 반드시 동시에 특허권 침해행위이어야 했지만, 2001년 7월 1일부터는 이 문제에 대한 대답이 부정으로 바뀌어서 허위표시행위는 특허권 침해행위를 구성할 수도 있지만, 그러나 반드시 특허권 침해행위이어야 하는 것은 아니게 되었다. 2008년 개정「특허법」은 개정 전 타인 특허의 허위표시행위와 특허의 사칭행위를 합하여 특허 허위표시행위로 하였는데, 본조 조문 및 2010년 개정「특허법실시세칙」제84조 규정으로 보면, 이 문제에 대한 대답은 여전히 부정으로 변화가 없다.

두 번째 문제에 대해서는, 줄곧 다른 견해가 있어 왔다. 과거에 이 문제에 대한 대답은 긍정이어야 한다고 보는 견해, 즉 특허권자의 허가 없이 타인의 특허를 실시하는 행위도 허위표시행위를 구성할 수 있다고 보는 견해가 있었다. 20세기 90년대에 일찍이 일부 지방의 공안부문이 특허권 침해행위를 타인 특허의 허위표시행위로 인정하여 범죄혐의자를 구류한 사례가 있었다. 그러나 대다수는 이러한 견해에 동의하지 않아서, 사적인 권리를 침해한 민사적 권리침해행위와 공적인 권리를 침해한 위법행위 사이의 경계를 불합리하게 혼동한 결과라고 보았다.

위와 같은 견해가 있었던 것은, 1984년 제정 「특허법」이 당시의 「형법」 제127조의 상표 허위표시죄에 관한 규정에 비추어 타인 특허의 허위표시행위에 대한 형사책임을 추궁하도록 한 것과 관련되었을 수 있다. 그러나 상표법과 특허법에서 "권리침해", "허위표시"와 같은 표현의 의미는 서로 다른 의미를 갖는다는 것에 주의하여야 한다.

등록상표의 가장 기본적인 기능은 상품의 출처를 구분함으로써 소비자로 하여금 한 상인의 상품을 다른 상인의 상품과 구분해 낼 수 있게 하는 것이다.[1] 「상표법」 제52조 규정에 따르면, 등록상표전용권에 대한 가장 대표적인 침해행위는 바로 등록상표 소유자의 허가 없이 동일 또는 유사한 상품에 그 등록상표와 동일 또는 유사한 상표를 사용하는 것이다. 따라서 등록상표전용권을 침해하는 행위는 일반적으로 모두 공중을 기만하는 성질을 갖는다. 바로 이러한 이유로, 「상표법」 제53조는 공상행정관리부문이 처리할 때에 침해행위가 성립하는 것으로 인정되면, 침해행위의 즉시 중지를 명령할 수 있고, 침해상품 및 침해상품의 제조, 등록 상표표지의 위조에 전문적으로 사용되는 공구를 몰수·소각할 수 있으며, 동시에 과태료를 부과할 수 있다고 규정하였다. 이것은 등록상표전용권을 침해한 자는 민사적 권리침해 책임을 부담하여야 할 뿐만 아니라 또한 행정처벌도 받아야 함을 말하는 것이다. 「상표법」 제59조는 상표등록권자의 허가 없이 동일한 상품에 등록상표와 동일한 상표를 사용하여 범죄를 구성하는 경우에는, 피침해자의 손해를 배상하게 하는 이외에도, 법에 따라 행사책임을 추궁한다고 규정하였다. 「상표법」과 「형법」은 이러한 등록상표전용권의

---

[1] 黄晖, 商标法[M], 北京: 法律出版社, 2004: 2. "상표의 기능도 점차 변하는데, 상표의 기본적 기능은 출처를 표시하는 것이다. 출처가 보장될 수 있는 상황에서, 상표권자는 품질을 개선하여야 한다는 압력을 받게 되므로, 객관적으로 상표는 또한 상품에 내재된 품질을 표시하는 기능도 있다. 품질이 안정된 상황에서, 상표권자는 또한 상표에 희망하는 이미지를 부여하여 상표의 광고기능을 발휘하게 할 수 있는데, 상표로 하여금 상품을 구별하도록 하는 이외에 상표의 사용자를 돋보이게 할 수 있다."

침해행위를 "상표 허위표시"행위라고 부른다. 한 학자는 아래와 같이 지적하였다.

> 상표권 침해와 상표 허위표시는 상이한 개념으로서, 침해는 동일 또는 유사한 상품에 등록
> 상표와 동일 또는 유사한 상표를 사용하는 것임에 대하여, 허위표시는 동일한 상품에 등록
> 상표와 동일한 상표를 사용하는 것이라는 점에서 주된 차이가 있다. 따라서 모든 허위표시
> 행위는 침해행위에 해당하지만, 침해행위라고 해서 모두 허위표시행위에 속하는 것은 아
> 니다. 허위표시는 침해 중에서 사회적 위해성이 가장 큰 유형으로, 경과가 엄중한 경우에
> 는 형사책임을 부담하여야 하고, 허위표시 이외의 침해는 민사적 및 행정적 책임만 부담하
> 면 된다.[1]

「특허법」에서 특허권 침해행위는 "특허권자의 허가 없이 그 특허를 실시"하는 행
위를 가리키며, 그중 "그 특허를 실시"하는 것의 의미는 「특허법」 제11조에 규정되어
있다. 특허권 침해행위에 대하여 「특허법」 제60조는 단지 침해자가 침해행위를 중지
하고 특허권자의 손해를 배상하는 민사책임을 부담하여야 한다고 규정하였을 뿐이
고, 「상표법」처럼 침해자가 이 밖에도 행정처벌을 받아야 하고 엄중한 경우에는 형
사책임을 부담하여야 한다고 규정하지는 않았다. 따라서 특허권 침해의 법적 책임은
등록상표전용권 침해의 법적 책임과 분명하게 차이가 있다.

이러한 차이 때문에 「특허법」의 특허권 침해행위에 대한 제재가 효과적이지 않고,
너무 무른 것이 아닌가? 이렇게 볼 수는 없으며, 이것은 주로 특허권과 등록상표전용
권의 성질이 다름에 따른 것이다.

특허권의 가장 기본적인 기능은 발명창조를 보호하는 것이고, 등록상표전용권과
같이 상품 또는 서비스의 출처를 구분하기 위한 것이 아니다. 「특허법」 제1조 규정의
입법취지에 따라서 특허제도는 발명창조의 응용에 유리하여야 하고, 따라서 국가가
공중으로 하여금 특허권의 보호객체를 실시하고 응용하도록 장려하여야 한다. 실시
응용이 많아질수록 국가 및 사회에 더욱 도움이 되는데, 실시응용은 당연히 특허권자
의 허가를 전제로 한다. 등록상표의 표지에 대해서는 이를 보급하고 이용하게 할 필
요가 전혀 없다. 특허권자의 허가 없이 그 특허로 보호되는 발명창조를 실시하는 행
위에 허위의 특허표지 또는 허위의 설명을 표시하였거나 부착하지 않았다면, 일반적
으로는 공중을 기만·오도하는 성질이 있다고는 말할 수 없다. 예를 들어, 어떤 제품
을 제조하는 새로운 재료에 관한 특허가 있는데, 그 제품을 제조할 때에 허가 없이 이

---

1) 黃暉, 商标法[M], 北京: 法律出版社, 2004: 218.

러한 재료를 사용하는 행위는 특허권 침해행위에 해당하지만, 일반적으로는 이러한 행위가 소비자를 기만하는 결과를 발생시키는 것은 아니다. 이것이 특허권 침해행위와 등록상표전용권 침해행위의 중요한 차이이다. 특허권 침해행위가 늘어나면 비록 전체적으로는 국가의 법제도 환경에 영향을 주고, 국제적 분쟁을 유발하며, 사회의 발전 및 진보를 가로막는 결과를 가져오게 되어 이러한 의미로는 공중 및 국가의 장기적 이익에 손해를 입히게 되지만, 그러나 이것은 모든 상표권 침해행위가 모든 구체적인 사건에 있어서 직접적으로 소비자를 기만하고 공중이익에 손해를 입히는 상황과 비교하면 매우 큰 차이가 있다. 이것이 바로 「특허법」이 특허권 침해행위에 대해서는 행정처벌 및 형사책임을 규정하지 않은 주된 이유이다.

타인의 특허권을 침해하는 현상이 비교적 뚜렷하여, "반복침해", "고의침해", "단체침해"와 같은 유형의 악질적인 침해행위가 자주 발생하는 중국의 현재 상황을 고려해서, 특허권 침해행위에 대한 법적 방지력을 높이고 지식재산권을 존중하는 분위기를 조성하기 위하여, 국가지식산권국은 2006년 12월 국무원에 보고한 「〈특허법〉 개정초안(심의본)」에서 아래와 같은 제64조를 신설할 것을 건의하였다.

특허행정관리부문이 특허권 침해분쟁을 처리하면서 침해행위가 성립하고 또한 침해자가 고의로 침해한 것으로 판단하는 경우, 침해자에게 침해행위의 즉시중지를 명령하는 이외에, 인민폐 십만 원 이하의 과태료를 부과할 수 있다.[1]

심의과정에서 국무원과 전국인민대표대회 상무위원회는 모두 국가지식산권국의 개정의견을 받아들이지 않았다.

국가지식산권국은 2009년 2월 27일 국무원에 제출한 「〈특허법실시세칙〉 개정초안(심의본)」에서 아래의 행위가 특허 허위표시행위에 해당하도록 규정할 것을 건의하였다.

특허권자가 제조한 특허제품이 시장에 출시된 후, 특허권자의 허가 없이 그 특허제품과 동일한 제품을 고의로 제조 · 판매함으로써 공중으로 하여금 그 특허제품인 것으로 오인하게

---

1) 국가지식산권국은 「〈특허법〉 개정초안(심의본)」에서 이 개정의견에 대한 설명으로, "고의적인 특허권 침해행위는 특허권자의 합법적 권익을 침해하는 민사권리 침해행위일 뿐만 아니라, 정상적 시장경제질서를 어지럽히고 공중의 이익에 손해를 입히는 행정적 위법행위이므로, 고의적인 침해자는 민사권리 침해책임을 부담하여야 할 뿐만 아니라 과태료 부과라는 행정처벌도 받도록 규정할 것을 건의함"이라고 지적하였다.

하는 행위

심의과정에서, 국무원은 국가지식산권국이 제출한 개정의견을 받아들이지 않았다.

종합하면, 국무원과 전국인민대표대회 상무위원회가 다음 「특허법」 개정 시에 달리 규정하지 않는 한, 현행의 「특허법」 체계에서는 특허권 침해행위가 동시에 특허 허위표시행위로 인정될 수는 없다.

(二) 특허 허위표시의 법적 책임

본조는 허위표시행위에 대한 법적 책임을 규정하는데, 여기에는 민사적 책임, 행정적 책임 및 형사적 책임이 포함된다.

1. 민사적 책임

「특허법실시세칙」 제84조의 특허 허위표시행위에 대한 정의에 의하여, 특허 허위표시행위는 타인의 민사권리를 침해하는 행위에 해당할 수 있으므로 이에 상응하는 민사권리 침해에 대한 책임을 부담하여야 한다.

허위표시의 행위자가 그 제품 또는 그 포장에 타인의 특허표지를 표시하거나, 또는 제품설명서 등 자료에 타인이 받은 특허권의 특허번호를 사용하는 경우에, 설령 타인의 특허기술 또는 특허설계를 실제로는 사용하지 않았다고 하더라도, 특허권자의 신용에 손해를 입혀서 특허권자의 특허표기권을 침해하는 행위에 해당할 수 있다. 「민법통칙」 제118조는 아래와 같이 규정하고 있다.

> 공민·법인의 저작권(판권)·특허권·상표전용권·발견권·발명권 및 기타 과학기술성과에 관한 권리가 표절·왜곡·허위표시 등으로 침해되는 경우, 침해중지·영향제거·손해배상을 요구할 수 있는 권리가 있다.

따라서, 특허권자는 위의 규정에 근거하여 그 특허를 허위로 표시한 침해자에게 상응하는 민사책임을 요구할 수 있다.

허위표시의 행위자가 그 제품 또는 그 포장에 타인의 특허표지를 표시하였거나 또는 제품설명서 등 자료에 타인이 받은 특허권의 특허번호를 사용하였을 뿐만 아니라, 또한 타인의 특허기술 또는 특허설계를 사용한 경우에는, 특허권자의 특허표기권 침해행위에 해당할 뿐만 아니라 특허권 침해행위에도 해당하므로, 「특허법」 제60조가 규정하는 민사책임도 부담하여야 한다.

위의 행위에 대하여, 본조는 "법에 따라 민사책임을 지는 이외에, 특허업무관리부문이 …."의 표현방식을 쓰고 있는데, 이것은 특허의 허위표시 행위자가 민사책임을 부담하는 이외에 행정처벌을 받거나 또는 형사책임을 부담하여야 할 때에, 민사책임을 가장 우선으로 하여 먼저 특허권자가 입은 손해를 배상하도록 하고 나서, 몰수하여야 하는 위법소득, 부과하여야 하는 과태료 및 벌금의 액수를 확정하도록 한 것임을 나타낸다.

2. 행정적 책임

허위표시행위는 가짜를 진짜로, 나쁜 것을 좋은 것으로, 없는 것을 있는 것이라고 하는 것이어서, 모두 공중을 기만하는 성질이 있고 공중의 이익에 손해를 입히므로, 민사적 책임을 부담하는 이외에도 행정적 처벌을 받아야 한다. 본조는 그 행정적 처벌로 특허업무관리부문이 시정명령 및 공고, 위법소득 몰수, 동시에 위법소득 4배 이하의 과태료 또는 위법소득이 없는 경우에는 인민폐 20만 원 이하의 과태료를 부과할 수 있다고 규정하고 있다.

2000년 개정 「특허법」에서, 타인 특허의 허위표시행위와 특허 사칭행위에 대한 행정처벌이 그 강도에서도 차이가 있는 것 또한 합리적이지 않았다. 2008년 「특허법」 개정 시에, 본조는 개정 전 두 유형의 위법행위를 합하여 "허위표시" 행위로 불렀을 뿐만 아니라, 행위자가 부담하여야 하는 행정적 책임도 통일적으로 규정하였다.

국가지식산권국이 2006년 12월 국무원에 보고한 「〈특허법〉 개정초안(심의본)」에는 개정 전 규정의 과태료 액수를 인민폐 5만 원에서 인민폐 10만 원으로 높이는 것만 건의하였다. 국무원의 2008년 8월 5일 「〈중국인민공화국 특허법 개정안(초안)〉 심의제청에 관한 의안」은 이에 나아가 허위표시행위에 대한 행정적 처벌을 강화하여, 위법소득을 몰수하는 동시에 위법소득의 4배 이하의 과태료를 부과할 수 있으며, 위법소득이 없는 경우에는 인민폐 20만 원 이하의 과태료를 부과할 수 있게 개정할 것을 건의하였다. 전국인민대표대회 상무위원회는 이 건의를 받아들였는데, 특허위법행위를 근절하고자 하는 중국 입법기관의 결심을 보여 주기에 충분한 것이었다.

3. 형사적 책임

「형법」 제218조는 "타인 특허의 허위표시 경과가 엄중한 경우, 3년 이하의 유기징역 또는 구금에 처할 수 있으며, 이와 함께 또는 단독으로 벌금형에 처할 수도 있다."고 규정하고 있다.

2008년 개정 「특허법」 본조에는 "타인 특허의 허위표시"라는 표현이 없으므로, 다음 「형법」 개정 시에 위의 규정에 대하여 상응하게 조정할 필요가 있다. 「형법」 개정 전에는, 그 현행 규정에 따라서 타인의 특허를 허위로 표시한 행위에 대하여 형사적 책임을 추궁할 수밖에 없다.

허위표시행위의 경과가 엄중한지 여부는, 법원이 구체적인 상황에 따라 인정하여야 한다.

「형법」 제280조는 아래와 같이 규정하고 있다.

> 국가기관의 공문서 · 증서 · 인장을 위조 · 변조 · 매매 또는 절도 · 강탈 · 훼손하는 경우, 3년 이하의 유기징역 · 단기징역 · 보호관찰 또는 참정권 박탈에 처하며, 경과가 엄중한 경우, 3년 이상 10년 이하의 유기징역에 처한다.

특허 허위표시행위가 특허증서 · 특허문서 또는 특허출원서류의 위조 · 변조에 관련된 경우에는, 「형법」 제216조 규정에 따라 행위자의 형사적 책임을 추궁하는 이외에, 위 규정에 따른 행위자의 형사적 책임도 추궁할 수 있다.

제64조 특허 허위표시행위의 조사 및 처리

① 특허업무관리부문이 이미 취득한 증거를 근거로 하여 특허 허위표시 혐의가 있는 행위에 대하여 조사 및 처리할 때에, 관련 당사자를 심문하고 위법행위 혐의와 관련된 상황을 조사할 수 있으며, 당사자의 위법행위 혐의 장소에 대하여 현장검사를 실시할 수 있고, 위법행위 혐의와 관련된 계약서·영수증·장부 및·기타 자료를 열람 및 복사할 수 있으며, 위법행위 혐의와 관련된 제품을 검사할 수 있고, 증거로써 특허 허위표시임을 증명할 수 있는 제품에 대해서는 봉인 또는 압류할 수 있다.

② 특허업무관리부문이 법에 따라 전항 규정의 직권을 행사할 때에, 당사자는 협조·협력하여야 하고, 거절·방해해서는 아니 된다.

본조는 2008년「특허법」개정 시에 신설된 조항으로서, 특허업무관리부문이 특허의 허위표시행위를 조사 및 처리함에 있어서 필요한 행정적 집행수단을 제공하였다.

2010년 개정「특허법실시세칙」제80조 규정에 따라서, 특허업무관리부문은 특허권 침해분쟁 처리, 특허 허위표시행위의 조사 및 처리, 특허분쟁에 대한 조정이라는 행정적 집행 직능이 부여되었다. 그중에서 특허권 침해분쟁의 처리와 특허 허위표시행위의 조사 및 처리는 상이한 성격을 갖는데, 전자는 민사분쟁을 처리하는 것으로서「특허법」제60조 규정에 따라서 특허업무관리부문은 특허권자 또는 이해관계인의 청구가 있어야만 비로소 처리절차를 개시할 수 있는 데 대하여, 후자는 공중 이익에 손해를 입히는 위법행위에 대한 조사 및 처리이어서 특허업무관리부문이 당사자의 청구에 의해서 조사 및 처리절차를 개시할 수도 있지만 자신이 확보하고 있는 정보를 근거로 하여 직권으로 조사 및 처리절차를 개시할 수도 있다.

「특허법」제63조 규정을 정확하게 적용하여 특허 허위표시의 행위자를 행정적으로 처벌하기 위해서는, 특허업무관리부문이 반드시 사실을 밝히고 확실한 증거를 확보하여야 한다. 2008년 개정 전「특허법」은 특허업무관리부문에게 타인 특허의 허위표시행위와 특허의 사칭행위에 대하여 조사 및 처리할 수 있는 직책이 있다고 규정하였지만, 그에 필요한 행정적 집행수단은 부여하지 않아서, 특허업무관리부문이 집행 과정에서 종종 저항에 부딪히거나 심지어 당사자로부터 공격을 당하게 됨으로써 특허행정의 효과적인 집행에 영향을 주었다. 시장질서를 규율하고 공중의 권익을 보호하며 특허제도의 정상적 운영을 보장하기 위하여, 2008년「특허법」개정 시에「상표법」의 관련 규정을 참고하여 본조 규정을 신설하였다.

「상표법」제55조의 표현방식과 대조하면, 본조가 규정하는 집행수단은 아래의 직권으로 나눌 수 있다.

(1) 관련 당사자 심문 및 위법행위 혐의와 관련된 상황의 조사

(2) 당사자의 위법행위 혐의 장소에 대한 현장검사 실시

(3) 위법행위 혐의와 관련된 계약서 · 영수증 · 장부 및 기타 자료의 열람 · 복사

(4) 위법행위 혐의와 관련된 제품의 검사, 증거로써 특허 허위표시임을 증명할 수 있는 경우에는 제품에 대한 봉인 또는 압류

특허업무관리부문이 위의 직권을 행사할 때에, 의법행정의 정신에 따라「행정처벌법(行政処罰法)」이 규정하는 절차를 엄격하게 준수하여야 한다.

제(4)호의 직권에 관하여 두 가지 주의할 점이 있는데, 첫째는 본조 조문에 따라서 봉인 또는 압류하는 것은 위법행위 혐의와 관련된 제품을 검사하는 과정에서 취할 수 있는 조사 및 증거확보 조치이지, 특허 허위표시행위가 성립하는 것으로 인정된 후에 취하는 행정처벌조치가 아니라는 점인데, 행정처벌조치는 오직「특허법」제63조에 규정된 조치만 취할 수 있다. 둘째는 특허 허위표시행위에 해당함을 증거로써 증명할 수 있으면 반드시 봉인 또는 압류를 해야 하는 것은 아니라는 점이며, 관련 제품이 옮겨질 가능성이 있고 당사자가 특허업무관리부문의 조사 및 증거확보를 거절 · 방해하는 경우에만 비로소 봉인 또는 압류할 필요가 있고, 당사자가 적극적으로 조사에 협조하여 허위표시제품의 수량 · 가격 및 출처를 사실대로 인정하였고 조사기록에 대해서 동의하였으며 상응하는 처벌을 받겠다고 승낙하였다면 봉인 또는 압류하지 않을 수 있다.

본조 규정의 행정적 집행수단은 오직 특허 허위표시행위에 대한 조사 및 처리에만 적용된다는 점이 지적되어야 한다. 특허업무관리부문이「특허법」제60조 규정에 따라 특허권 침해분쟁에 대해서 처리하는 경우에는 본조 규정을 적용할 수 없다.

제65조 특허권 침해의 손해배상

① 특허권 침해에 대한 배상액은 특허권자가 침해로 인해 입은 실제 손해에 따라 확정하고, 실제 손해를 확정하기 어려운 경우 침해자가 침해로 얻은 이익에 따라 확정할 수 있다. 특허권자의 손해 또는 침해자가 얻은 이익을 확정하기 어려운 경우, 그 특허허가 사용료의 배수를 참고하여 합리적으로 확정한다. 배상액에는 특허권자가 침해행위를 제지하기 위하여 지급한 합리적인 비용이 포함되어야 한다.

② 특허권자의 손해, 침해자가 얻은 이익 및 특허허가 사용료 모두 확정하기 어려운 경우, 인민법원은 특허권의 유형, 침해행위의 성질 및 경과 등 요소에 근거하여 인민폐 1만 원 이상 100만 원 이하의 배상액을 확정한다.

一. 개 요

본조는 특허권 침해배상액의 확정에 관한 것으로, 2000년 「특허법」 개정 시에 신설되었으며, 2008년 「특허법」 개정 시에 이를 조정하였다.

손해배상은 특허권 침해가 성립하는 것으로 인정되고 특허권자가 손해를 입었을 경우에, 침해자가 부담하는 두 가지 민사책임 중 하나이다. 유체재산에 대한 침해분쟁사건에서는 배상액이 일반적으로 침해로 인해 권리자가 입게 된 손해, 즉 침해된 재산의 시장가치 감소액으로 확정된다. 특허권 침해분쟁 사건에서는, 특허권의 보호객체가 무체재산이고 그 시장가치를 확정하기 어려우며 침해로 인해 권리자가 입게 된 손해를 확정하기가 어려운데, 이 때문에 배상액의 확정이 보다 곤란하므로 「특허법」에 배상액의 확정방식을 명확히 규정하도록 하여, 특허권자의 이익을 충분히 보장하고 침해자가 책임을 합리적으로 부담하도록 하며 법집행기준을 통일시킬 필요가 있다.

1984년 제정 「특허법」 및 1992년 개정 「특허법」에는 모두 특허권 침해배상액 확정에 관한 규정이 없었다.

2000년 「특허법」 개정 시, 제60조에 이 규정을 신설하였다. 이 규정은 아래와 같았다.

특허권 침해의 배상액은 특허권자가 침해로 입은 손해 또는 침해자가 침해로 얻은 이익에 따라 확정하고, 피침해자의 손해 또는 침해자가 얻은 이익을 확정하기 어려운 경우, 그 특허허가 사용료의 배수를 참고하여 합리적으로 확정한다.

2008년「특허법」개정 시에, 위의 규정을 크게 조정하였는데,

첫째, 배상액 확정의 순서를 보다 세분하였고,

둘째, 특허권자가 침해행위를 제지하기 위하여 지급한 합리적인 비용을 배상액 범위에 명확히 포함시켰으며,

셋째, "법정배상"에 관한 규정을 추가하였다.

二. 특허권 침해 배상액 확정의 원칙

재산권 침해에 대한 배상액 확정에는 두 가지 상이한 이론이 있는데, 보충적 배상("전평(塡平) 배상"이라고도 한다.)과 징벌적 배상이 그것이다.

보충적 배상을 주장하는 견해에서는, 손해배상제도의 기능은 특허권자가 침해로 입은 손해를 만회하도록 하는 것이고 침해자를 징벌하기 위한 것이 아니며, 따라서 손해의 규모에 따라 배상액을 결정하여야 한다고 본다. 침해자의 주관적인 고의 또는 과실을 불문하고, 또한 특허권자가 입은 손해가 1원인지 아니면 1억 원인지를 불문하고, 손해배상은 모두 특허권자가 입은 실제 손해를 한도로 하여야 한다는 것이다. 특허권자가 받게 되는 배상액은 그 실제 손해액(직접손해와 간접손해 포함)에 상당하여야 하고, 그 손해를 초과할 수 없다. 다수 학자들이 대륙법계 국가와 중국은 이 원칙을 따르고 있다고 본다.

징벌적 배상을 주장하는 견해에서는, 침해배상제도의 기능이 단순히 권리자의 손해를 만회하게 하는 데 있는 것이 아니고, 동시에 침해자, 특히 고의로 침해한 침해자를 징벌함으로써 침해자 및 기타 잠재적 침해자에게 경고를 보내는 효과를 달성하는 데에도 있다고 본다. 따라서 고의적 침해행위에 대해서는 배상액이 특허권자가 입은 실제 손해를 보상하는 이외에도, 침해자에 대하여 징계하는 효과도 있어야 하므로 특허권자가 입은 손해의 최고 3배에 달할 수 있다고 한다. 미국·호주 등 일부 영미법 국가가 이러한 원칙을 따르고 있다.

특허권 침해의 배상원칙에 관하여, 각국은 자국의 일반적인 침해이론과 상응하는 법률제도의 영향을 받아서, 이에 상응하게 보충적 배상원칙과 징벌적 배상원칙을 따르고 있다. TRIPs 제45조 제1항 규정에 따르면, 각 회원국은 지식재산권 침해배상문제에 관하여 적어도 보충적 배상원칙("특허권자가 침해자의 그 지식재산권 침해로 입은 손해를 충분히 보상하여야 한다.")을 실행하여야 한다.

특허권 침해에 대한 손해배상책임에 대해서 중국은 보충적 배상원칙을 따르고 있

는가 아니면 징벌적 배상원칙을 따르고 있는가? 다수의 학자는 본조 제1항의 규정으로 보면 중국은 보충적 배상원칙을 따르고 있다고 본다. 이에 대해서 반대의견을 갖고 있는 학자도 있는데, 아래와 같이 지적하였다.

개정 후 「특허법」 제60조는 먼저, 처음으로 특허의 침해자로 하여금 중국에서 조금이라도 "잃는" 것이 있게 하였다. 전통적 민법이론의 "전평원칙"에 따르면, 침해배상액 또는 권리자의 "실제 손해"를 기준으로 하거나, 또는 침해자가 침해로 얻은 수입을 기준으로 하거나, 또는 정상적인 상태에서의 허가사용료를 기준으로 한다. 이러한 계산은 "공평"한 것처럼 보이지만, 실제로는 특허권자에게도 공평하지 않을 뿐만 아니라 착실하게 특허권자와 허가계약을 체결한 후 특허를 실시하는 자에게도 공평하지 않다. 생각해 보라, 만약 내가 다른 사람의 유효한 특허를 보고 함부로 실시하였는데, 만약 특허권자에 의해 발각된다면, 그는 "협상", "조정", "처리", "소송" 등 번거로운 과정을 거쳐야 할 뿐만 아니라 승소도 보장할 수 없다. 설령 그가 승소한다고 하더라도, 나는 부당이득만을 그에게 돌려주면 침해자로서는 "원상회복"한 것이고 어떠한 별도의 손해도 입지 않는다. 만약 특허권자가 나의 약점을 잡지 못한다면, 나는 이익을 준 것이라고 할 수 있다. 따라서 침해자로서는 어떠한 위험도 없지만, 특허권자로서는 기술개발의 위험, 소송에서 패소할 위험 등이 있으며, 착실한 피허가자도 계약은 말할 것도 없고 허가료가 너무 높다는 등의 위험이 있다. 이러한 상황이라면 사람들로 하여금 허가 없이 사용하고 발각되면 그때 가서 보자는 방식을 법률이 조장하는 것과 같다. 이러한 특허 "보호" 제도는 고쳐지는 것이 당연하지 않겠는가?[1]

필자는 "보충적 배상원칙"이 합리적이지 않다는 위 학자의 분석에 찬동하며, 고의적인 특허권 침해행위에 대해서는 징벌적 배상원칙 또는 추가적인 행정처벌원칙을 따름으로써 권리자의 정당한 이익을 효과적으로 보호하고 고의적인 침해행위를 억제하여야 한다고 본다. 특허권 보호객체의 무체성 때문에 특허권에 대한 침해는 유체재산권에 대한 침해와는 다른 중요한 차이가 있는데, 즉 동일한 유체재산에 대한 침해는 일반적으로 일회적 행위로서 동일한 사람이 여러 차례 침해하거나 여러 사람이 동시에 침해할 가능성이 높지 않은 데 대하여, 동일한 특허권에 대한 침해는 동일한 침해자가 법원의 침해행위 중지명령 이후에도 "이전에 했던 일을 다시 시작"하거나, 여러 침해자가 서로 공모하지 않고도 "약속이나 한 듯 일치하게" 침해할 수도 있

---

1) 郑成思, 中国侵权法理论的误区与进步: 写在「专利法」再次修订与「著作权法」颁布十周年之际[J], 中国工商管理研究, 2001(2): 48.

다. 중국은 민사분쟁에 대해서 본래 "처분권주의"를 따르고 있는데, 만약 손해배상에 있어서 "보충적 배상원칙"을 따른다면 특허권 침해행위가 다시 반복되어 근절되지 않고 양호한 시장전망과 경제적 수익이 기대되는 특허기술 또는 특허설계의 특허권자로 하여금 대응에 지치게 하여 특허제도에 대한 믿음을 잃게 할 것이다. 침해자의 주관적 과실로 보면, 일신전속권 · 재산권에 대한 침해에는 고의 및 과실에 의한 침해의 두 가지 유형이 있을 수 있다. 민법의 각도에서 보면, 이 두 유형의 행위자는 민사책임의 부담에 있어서 어떠한 차이도 없으며, 따라서 민법학자는 민사권리 침해에 대한 책임을 논함에 있어서는 고의적인 침해행위와 과실에 의한 침해행위를 구분할 필요가 없다고 주장한다. 그러나 행정법의 각도에서 보면, 고의적으로 타인의 일신전속권 또는 재산권을 침해하는 행위는 민사권리를 침해하는 행위일 뿐만 아니라 사회질서를 어지럽히는 행정적 위법행위이기도 하므로 행정처벌을 받는 것이 당연하다. 예를 들어, 「치안관리처벌법」 제2조는 "공공질서를 어지럽히고, 공공안전에 지장을 주며, 일신전속권 및 재산권을 침해하고, 사회관리를 방해하며, 사회적 위해성이 있는 것은, 「형법」 규정에 따라 범죄를 구성하는 경우 법에 의해 형사책임을 추궁한다. 형사처벌로 충분하지 아니하는 경우, 공안기관이 이 법에 따라 치안관리처벌을 한다."고 규정하고 있다. 이 법 제9조는 "사적인 분쟁으로 발생한 구타 또는 타인 재산의 훼손 등 치안관리 위법행위가 경미한 경우, 공안기관이 조정하여 처리할 수 있다. 공안기관의 조정을 거쳐 당사자가 합의한 경우, 처벌하지 아니한다. 조정으로 합의에 이르지 못하였거나 또는 합의한 후에 이행하지 아니한 경우, 공안기관이 이 법 규정에 따라 치안관리 위반행위자를 처벌하여야 하고, 민사분쟁에 대해서는 법에 따라 인민법원에 민사소송을 제기할 수 있음을 당사자에게 고지하여야 한다."고 규정하고 있다. 이것은 고의적으로 일신전속권 · 재산권을 침해하는 행위는 행정법적 각도에서 보면 모두 행정적 위법행위에 해당하므로 행정처벌을 받아야 한다는 것을 나타낸다.[1]

위에서 설명한 이유에 기초하여, 국가지식산권국은 2006년 12월 국무원에 보고한 「〈특허법〉 개정초안(심의본)」에서 고의적 특허권 침해행위에 대한 행정처벌을 건의하였다. 전국인민대표대회 상무위원회의 「〈특허법〉 개정초안」에 대한 심의에서도, 본조에 징벌적 배상을 규정하여야 한다고 주장한 위원이 있었는데, 중국은 현재 특허권 침해가 비교적 심각하지만 침해에 대한 제재가 충분치 않으며, 만약 징벌적 배상을 규정하지 않는다면 특허권자가 소송에서 이겨 배상을 받더라도 종종 얻는 것보다

---

1) 비록 「치안관리처벌법」에는 오직 고의적인 행위에 대한 것으로 명확하게 규정되어 있지는 않지만, 이 법이 열거하는 행위는 모두 고의적인 행위이지 과실에 의한 행위가 아니다.

잃는 것이 많아서 침해에 대한 대가는 낮고 권리 보호에 대한 비용은 높은 불합리한 상황이 형성되므로, 침해행위에 대하여 충분한 법적 경고작용을 할 수 없을 것이라는 것이 그 주된 이유였다. 그러나 이 의견은 최종적으로 받아들여지지 않았는데, 그 이유는 중국의 민사권리 침해에 관한 이론 및 실무에서 보충적 배상원칙이 깊게 뿌리를 내리고 있는 것과 관계가 있다.

三. 배상액 확정의 순서와 방식

2008년 「특허법」 개정 시에, 입법기관은 본조를 개정함으로써 배상액 계산의 순서를 명확히 하였는데, 즉 먼저 권리자가 입은 실제 손해로 배상액을 확정하고, 특허권자의 실제 손해를 확정하기 어려운 경우에는 침해자가 침해로 얻은 이익에 따라 배상하도록 하며, 양자 모두 확정하기 어려운 경우에는 그 특허허가 사용료의 배수를 참조하여 합리적으로 확정하도록 하였다. 앞의 세 방식에서도 모두 확정이 어려운 경우에 비로소 법정배상액을 적용한다.

(一) 특허권자가 침해로 인해 입은 실제 손해

「특허법」의 특허권 침해분쟁 관련 조항 중에서, 제60조, 제61조, 제66조, 제67조 및 제68조는 피침해자를 모두 "특허권자 또는 이해관계인"이라고 부르고 있는데, 유독 본조는 피침해자를 "특허권자 또는 이해관계인"이 아닌 "권리자"라고 부르고 있다. 본조가 다른 호칭을 사용한 것에 특별한 의미가 있는가? 필자는 이에 대한 대답이 부정이라고 생각한다. 만약 특허권자가 법에 의해 소를 제기하였다면 곧 그 특허권자가 바로 본조에서 말하는 "권리자"가 되는 것이고, 만약 이해관계인이 법에 의해 소를 제기하였다면 곧 그 이해관계인이 바로 본조에서 말하는 "권리자"가 되는 것이다.

특허권자가 침해로 인해 입은 실제 손해는, 침해행위가 존재한 상태에서 특허권자가 얻은 실제 이윤과 침해행위가 없었다고 가정할 때에 얻을 수 있는 이윤 사이의 차액을 가리킨다. 주의하여야 할 점은, 2000년 개정 「특허법」 제60조는 "특허권자가 침해로 입은 손해에 따라" 배상액을 확정한다고 규정하였는데, 2008년 개정 「특허법」의 본조는 위의 규정을 "특허권자가 침해로 인해 입은 실제 손해에 따라" 확정한다고 개정하였다는 점이다. "실제" 두 글자가 추가되었는데, 실사구시의 방식으로 배상액을 확정하여야 한다는 것을 입법자가 보다 더 강조하였음을 나타낸다.

실무에서 보면, 특허권자가 이미 특허제품을 시장에 출시한 상황에서 침해제품의 출현은 종종 특허권자의 판매량을 감소시키거나 판매가격을 떨어뜨릴 수 있고, 또는 마케팅비용을 증가시킬 수 있다. 특히 특허제품 또는 특허방법에 의하여 직접적으로 획득한 제품의 시장이 포화되어 있는 상황에서는, 침해제품이 일단 시장에 나타나면 특허권자의 판매량이 줄어들어서 특허권자가 얻을 수 있는 이익을 감소시킬 수도 있고, 또는 특허권자로 하여금 가격인하, 마케팅비용 인상 등 방식으로 판매량을 유지하게 함으로써 특허권자가 얻을 수 있는 이익을 감소시킬 수도 있다. 이러한 상황에서 권리자가 입게 되는 실제 손해는 바로 특허권자가 정상적인 상황에서 만약 침해행위가 발생하지 않았다면 얻을 수 있었던 이윤과 침해가 발생한 상황에서 실제로 얻은 이윤 사이의 차이이다. 이러한 방식으로 실제 손해를 계산하기 위해서는, 권리자가 그 판매량의 감소와 침해행위의 출현 사이에 인과관계가 있음을 증명할 필요가 있다. 권리자가 이것을 증명하는 것이 상당히 곤란할 것임을 짐작할 수 있다. 따라서 이러한 인과관계는 유체재산권 사건에서와 같이 구체적이면서 확실하고 명확하게 증명되어야 하는 것은 아니고, 합리적으로 추단하는 것이 허용되어야 한다.

현실에서 특허제품의 시장이 걸음마 단계이거나 또는 신속하게 발전하는 단계에 있는 때에는, 설령 침해제품이 존재하더라도 특허권자가 시장에 출시한 특허제품의 판매량이 감소하지 않을 뿐만 아니라 오히려 계속 늘어나는 현상도 종종 있을 수 있다. 이러한 상황에서도 만약 앞에서 설명한 실제손해 계산방식을 고집한다면, 실제손해가 0이거나 심지어 음수라는 황당한 결론을 얻을 수도 있다. 바로 이러한 이유 때문에, 2001년 반포된 「최고인민법원의 특허분쟁사건 심리 적용 법률문제에 관한 규정」 제20조 제2항은 아래와 같이 규정하였다.

> 특허권자가 침해로 인해 입은 손해는 침해로 인한 특허권자의 특허제품 판매량 감소 총량에 매 특허제품의 합리적인 이윤소득을 곱한 값에 근거하여 계산할 수 있다. 특허권자의 판매량 감소 총량을 확정하기 어려운 경우, 시장에서의 침해제품 전체 판매량에 매 특허제품의 합리적인 이윤소득을 곱한 값을 특허권자가 침해로 입은 손해로 볼 수 있다.

최고인민법원의 위 사법해석은 2000년 개정 「특허법」 제60조 규정에 근거하여 제정된 것이라는 점을 주의하여야 한다. 당시의 조문은 특허권 침해행위에 대한 배상액에 대하여 단지 두 단계의 확정순서만을 규정하였는데, 즉 첫째 단계로서 "특허권자가 침해로 입은 손해 또는 침해자가 침해로 얻은 이익에 따라서 확정"하고, 첫째 단계로 배상액을 확정하기 어려운 경우에 비로소 둘째 단계, 즉 "그 특허허가 사용료의 배수를 참조하여 합리적으로 확정"하는 것을 고려하도록 하였다. 첫째 단계에서, "특허권자가 침해로 입은 손해"와 "특허권자가 침해로 얻은 이익"은 "또는"의 병렬관계이고 선후의 순서가 없었으며, 따라서 침해자가 얻은 이익을 특허권자가 입은 손해로 볼 수 있었다. 2008년 개정된 본조 규정에 따라 개정 전 규정의 첫째 단계는 다시 두 단계로 나뉘어졌으며, 오직 실제 손해를 확정하기 어려운 경우에만 새로운 두 번째 단계를 적용하여 "침해자가 침해로 얻은 이익"에 근거하여 배상액을 확정할 수 있게 하였다. 따라서 침해자가 얻은 이익을 특허권자가 입은 실제 손해로 보는 견해를 따르는 것은 현재에는 이미 적절하지 않게 되었다.

(二) 침해자가 침해로 인해 얻은 이익

침해자가 침해로 인해 얻은 이익은, 침해자가 침해행위를 실시하여 얻은 이윤을 가리킨다. 2001년 반포된 「최고인민법원의 특허분쟁사건 심리 적용 법률문제에 관한 규정」 제20조 제3항은 아래와 같이 규정하였다.

> 침해자가 침해로 얻은 이익은 시장에서의 그 침해제품의 총 판매량에 매 침해제품의 합리적인 이윤을 곱한 값에 근거하여 계산할 수 있다. 침해자가 침해로 얻은 이익은 일반적으로 침해자의 영업이윤에 따라서 계산하며, 완전히 침해를 업으로 한 침해자에 대해서는 판매이윤에 따라서 계산할 수 있다.

위의 사법해석에는 "영업이윤"과 "판매이윤" 두 개념이 등장한다. 이것은 현행의 기업재무제도 하에서, 이윤의 개념에 판매이윤·영업이윤 및 순이윤이 있기 때문이다. 판매이윤은 제품의 판매수입에서 상응하는 판매원가(제조원가 및 판매비용 포함), 제품판매 세금 및 부가비용을 공제한 후의 비용이고, 영업이윤은 제품의 판매이윤에서 관리·재무 등 비용을 공제한 후의 이윤이며, 순이윤은 영업이윤에서 부가가치세 등 세금 납부 후의 이윤을 가리킨다. 일반적인 상황에서는 판매이윤이 영업이윤보다 크고, 영업이윤은 순이윤보다 크며, 따라서 어떠한 이윤으로 배상액을 확정할 것인가는 당사자의 이익에 매우 큰 영향이 있으므로 명확하게 할 필요가 있다. 일반적인 특허권 침해행위에 대해서는 영업이윤으로 배상액을 계산하는 것이 당사자에게 비교적 공평하고 또한 특허권자가 침해로 인해 얻은 이익의 실제 상황에 보다 부합한다. 그러나 침해를 업으로 하는 침해자에 대해서는, 침해제품의 판매이윤에 따라서 배상

액을 확정함으로써 이러한 유형의 침해행위에 대한 제재의 강도를 높일 수 있다.[1]

본조 규정에 근거하여, 침해자가 침해행위로 인하여 얻은 이익(이하 "침해자의 부당이득"이라 부른다.)으로 배상액을 확정하기 위해서는, 특허권자의 실제 손해를 확정하기 어렵다는 것이 전제되어야 한다. 구체적으로 말하면, 다음과 같은 경우가 특허권자의 실제 손해를 확정하기 어려운 경우라고 볼 수 있는데, 특허권자가 그 특허를 근본적으로 실시하지 않아서 특허제품 또는 특허방법에 의하여 직접적으로 획득한 제품을 시장에 출시하지 않은 경우, 특허제품 시장이 성장기에 있어서 특허권자가 시장에 출시한 합법적 제품의 판매량과 판매가격 모두 침해행위의 존재로 인해서 낮아지지 않은 경우, 시장에 침해제품을 제조 또는 수입하는 침해자가 다수 존재하거나 또는 침해제품 제조 · 수입의 원천적 행위와 판매 · 사용 등 후속행위가 상이한 주체에 의해 실시되어 특허권자가 입은 실제 손해가 어떤 침해자의 행위로 인한 것인지 확정하기 어려운 경우이다.

일반적인 경우에 침해자의 부당이득은 침해자가 침해제품을 판매한 경우에만 계산해 낼 수 있다. 따라서 특허제품을 제조 또는 수입하고 판매한 행위, 그리고 타인이 제조 또는 수입한 침해제품을 구매하여 판매한 행위에 대해서는, 특허권자의 실제 손해를 계산하기 어려운 경우에, 침해자의 부당이득으로 배상액을 확정할 수 있다. 그러나 단지 침해제품을 제조 또는 수입하였지만 아직 그 침해제품을 판매하지 않은 경우, 또는 단지 침해제품을 사용하기만 한 경우, 또는 침해제품을 구매하고 판매청약하였으나 아직 실제로는 판매하지는 않은 경우에 대해서는, 아직 침해자의 실제 판매행위가 없었으므로 그 부당이득을 확정하기 어려우며, 따라서 그 특허허가 사용료의 합리적인 배수를 참조하여 또는 법정배상의 방식으로 배상액을 확정하여야 한다.

침해자의 부당이득으로 배상액을 확정함에 있어서, 실무에서는 누가 증명책임을 부담하여야 하는가 하는 문제를 반드시 해결하여야 한다. 「민사소송법」이 확정한 주장자 증명원칙에 따르면, 권리자가 법원에 침해자의 부당이득에 관한 증거를 제출하여야 한다. 그러나 침해제품의 판매량 및 판매가격 등 판매기록과 재무기록은 모두 침해자의 수중에 보관되어 있어서, 특허권자로서는 이것을 확보하기가 일반적으로 쉽지 않다. 중국에는 미국과 같은 소송과정에서의 "증거개시"(discovery) 제도가 없으며, 따라서 특허권자가 침해자에 대하여 이러한 유형의 증거를 요구하면 대다수 경우에는 거절될 것이다. 설령 침해자가 완전히 거절하지는 않는다고 하더라도 보통은 관련 판매기록과 재무보고서를 사실대로 완전하게 특허권자에게 제공하지는 않을

---

[1] 最高人民法院民事審判第三庭, 新专利法司法解释精解[M], 北京: 人民法院出版社, 2002: 51.

것이다. 이때에는 특허권자가 소송과정에서 「민사소송법」 제64조 규정에 따라 인민법원에 증거의 조사 및 수집을 신청할 필요가 있다. 만약 소제기 전에 침해혐의자가 관련 판매기록·재무보고서 등 증거를 옮겨 놓거나 또는 인멸할 가능성이 있음을 증거로써 증명할 수 있는 경우에는, 「특허법」 제67조 규정에 의하여 법원에 소제기 전 증거보전조치를 신청할 수 있다.

중국 그리고 독일·일본·한국 등 국가는 침해자의 부당이득으로 배상액을 확정하는 방식을 쓰고 있거나 또는 이를 특허권자가 입은 손해로 추정한다. 실무에서 보면, 특허제품 또는 특허방법에 의하여 직접적으로 획득한 제품의 절대다수는 모두 기존의 제품 또는 그 부속품에 대해서 개량한 것으로, 완전히 새로운 제품은 매우 드물다. 침해자가 판매하는 제품은 일반적으로 제품 전체이지, 그 제품의 부속품이 아니다. 침해자가 생산·판매하는 제품에는 흔히 많은 부속품이 포함되는데, 그 제품이 보통의 가정용 전자제품과 같은 것이라면 그중에서 단지 일부 부품만이 특허제품일 것이고, 첨단 과학기술 제품이라면 그중 많은 부품이 특허제품일 수 있지만, 각각 특허권자가 달라서 특허권자들은 오직 그중 하나 또는 일부에 대해서만 특허권을 향유한다. 이때에는 원칙적으로 말하면, 특허권자의 부당이득 중 얼마는 대상이 된 특허를 침해하여 발생한 것이고, 얼마는 기타 요소에 의해서 발생한 것인지를 구분하여야 하고, 그렇게 하지 않으면 불합리한 결론을 얻게 된다. 특정 특허에 대한 침해행위가 침해자의 부당이득 전체에서 차지하는 비중을 어떻게 확정할 것인가는 매우 복잡한 문제이다. 미국은 일찍이 특허법 중에 침해자의 부당이득으로 배상액을 확정하는 방식을 규정하였으나, 이러한 계산방식의 문제점을 고려하여 1946년 특허법 개정 시에 침해자의 부당이득에 따라 배상액을 계산하는 규정을 삭제하였다.[1]

위 문제에 대하여, 2009년 반포된 「최고인민법원의 특허권 침해분쟁사건 심리 응용법률 문제에 관한 해석」 제16조는 아래와 같이 규정하였다.

> 인민법원이 특허법 제65조 제1항 규정에 의하여 확정하는 침해자가 침해로 인해 획득한 이익은, 침해자가 특허권 침해행위로 인해 획득한 이익에 한정되어야 하며, 기타 권리로 발생한 이익은 합리적으로 공제하여야 한다.

최고인민법원의 지식재산권부 책임자는 기자의 질문에 답변할 때에, 이 규정에 대하여 아래와 같이 해설하였다.

---

1) Donald S. Chisum, Chisum on Patents[M], Vol. 7, Chapter, 20.

특허 침해제품에 여러 특허권이 존재하거나 또는 특허권도 있고 상표권도 있는 실제의 상황에 있어서, 그중 하나 또는 일부 특허권을 침해한 것에 대한 소송에서는 그 제품의 이윤 전체에 근거하여 침해자의 이익을 확정하는 것은 적절하지 않고, 침해자가 사건의 근거가 된 특허를 침해함으로써 얻은 이익에 한정되어야 한다.

위의 규정에 의하면 합리적으로 공제하여야 하는 것은 단지 "기타 권리로 발생한 이익"뿐인 것 같은데, 이처럼 규정한 것은 약간 단편적이다. 예를 들어, 침해자가 특허기술을 사용한 동시에, 그 제품에 대한 광고 및 선전을 확대하고 영업전략을 개선하며 애프터서비스를 강화함에 의해서도 그 이익을 제고시킬 수 있다. 따라서 위의 표현은 "기타 요소로 발생한 이익은 합리적으로 공제하여야 한다."로 고쳐야 보다 전면적일 수 있다. 위의 규정에서 가장 중요한 것은 "침해자가 특허권 침해행위로 인해 획득한 이익에 한정"한다는 것으로, 이것이 이 규정의 핵심이다.

(三) 그 특허허가 사용료의 배수를 참조하여 합리적으로 확정

특허권자의 실제 손해 및 침해자의 부당이득에 따라 특허권 침해 배상액을 확정하는 것이 배상액 확정의 기본방식이다. 그러나 현실에서는 이 두 방식 모두 적용하기 어려운 경우가 있을 수 있다. 예를 들어, 특허권자는 그 특허를 실시하지 않았고, 침해자는 단지 침해제품을 제조하였을 뿐 아직 판매하지는 않았을 수 있으며, 또는 침해자의 판매기록·재무보고서가 이미 인멸되었거나 불완전할 수도 있고, 또는 침해자가 침해제품으로 이익을 얻지는 못하였을 수도 있다. 이러한 경우에는 본조 규정에 근거하여 그 특허허가 사용료의 합리적인 배수를 참조해서 확정할 수 있다.

허가료의 합리적인 배수를 참조하여 배상액을 확정하는 방식을 적용하기 위해서는 특허권자의 실제 손해 및 침해자의 부당이득을 확정하기 어려워야 한다는 것 이외에도, 근거가 된 특허권에 대하여 특허권자가 이미 그 특허의 실시허가계약을 체결하여 참조할 수 있는 상응하는 허가사용료의 기준이 있어야 한다. 만약 특허권자가 타인에게 그 특허의 실시를 근본적으로 허가하지 않았다면, 권리자는 이러한 방식으로 배상액을 확정할 것을 주장하기 어렵다. 이 밖에, 참고하도록 하기 위해 특허권자가 제출하는 실시허가계약에 대해서는, 만약 그 계약에서 정한 사용료가 비정상적으로 높거나 또는 소제기 후에 체결된 것이라면, 심리법원은 그 계약의 진실성을 조사하여 밝혀야 함에 주의하여야 하고, 이렇게 함으로써 특허권자가 보다 높은 배상액을 받기 위해서 관련 실시허가계약을 위조하는 것을 방지하여야 한다. 심리법원은 계약이 체결되었는지 여부, 피허가자가 실제로 제품을 제조 및 판매하고 사용료를 실제로 지급하였는지 여부 등에 대해서 증거조사를 실시할 수 있다.

본조 규정에서의 "배수"는 특허허가 사용료 액수를 기준으로 하여야 하고, 특허권의 종류, 관련 업계의 일반적인 사용료 기준, 허가의 유형(독점허가 또는 통상허가), 침해행위의 유형(제조·수입·사용·판매청약·판매), 침해의 지속기간, 침해제품의 수량, 침해자의 이득 및 권리자의 시장상황 등의 요소를 고려하여, 공평하고 합리적으로 확정하여야 한다. 본조의 "배수"가 특허허가 사용료의 0.5배일 수도 있는가라고 물을 수도 있다. 이에 대한 대답은 부정이다. 2001년 반포된 「최고인민법원의 특허분쟁사건 심리 적용 법률문제에 관한 규정」 제21조 규정에 의하면, 본조의 "배수"는 특허허가 사용료의 1 내지 3배이어야 한다. 배수가 적어도 1배보다는 높아야 한다고 규정한 것은, 허가사용료가 일반적으로는 피허가자가 특허를 실시하여 얻는 이익보다 낮기 때문이다. 정상적인 특허실시 허가계약은 통상적으로 쌍방에게 모두 도움이 되어 허가계약의 쌍방은 모두 특허를 실시함으로써 이익을 얻으며, 피허가자가 그 특허를 실시함으로써 얻게 되는 수익 전부를 특허권자에게 제공하도록 약정할 수는 없는데, 수익 전부를 특허권자에게 제공하여야 한다면 피허가자로서는 그 허가계약을 체결한 의의가 없게 되기 때문이다. 따라서 만약 단지 1배의 허가사용료를 침해배상액으로 한다면, 본조에 규정된 침해자의 부당이득을 배상액으로 하는 원칙에 어긋나게 되어 침해행위를 조장하는 것과 다르지 않게 된다.

본조가 특허허가 사용료의 배수를 참조하여 특허권 침해에 대한 배상액을 확정할 수 있도록 규정한 것이 징벌적 배상원칙을 구체화한 것이라고 보는 학자도 있다.[1] 실제로 2000년 「특허법」 개정 시에 전국인민대표대회 상무위원회의 심의과정에서 고려한 요소를 보면, 그 본래 의도는 중국 민사권리 침해이론 중의 손해배상에 관한 보충적 배상원칙을 벗어나서 침해자에 대한 징벌적 배상원칙으로 전환하기 위함이 아니었고, 만약 단지 특허허가 사용료의 1배로 배상액을 확정한다면 특허권자가 입은 손해를 메워 넣기에 부족하다는 것이 그 이유였다. 당연히, "배수"는 보다 융통성 있는 표현방식으로 본조에는 상한을 한정하지는 않았으며, 따라서 법관은 침해의 실제상황에 근거하여 합리적으로 배상액을 확정할 수 있는 일정한 재량이 있고, 이것은 특허권자의 합법적 이익을 보다 충분히 보장하는 데 유리하다.

---

1) 郑成思, 中国侵权法理论的误区与进步: 写在「专利法」再次修订与「著作权法」颁布十周年之际[J], 中国工商管理研究, 2001(2): 4-8. "개정 후 특허법 제60조에 의하여 처음으로 특허의 침해자가 중국에서 잃을 것이 있을 수 있게 되었다."

(四) 법정배상 또는 정액배상

법정배상은 "정액배상"이라고도 불리는데, 특허권자의 손해, 침해자의 부당이득 및 특허허가 사용료 모두 확정하기 어려운 경우에, 법원이 침해행위와 관련된 요소에 근거하여 법이 정한 범위 내에서 사정을 참작하여 배상액을 확정하는 것을 가리킨다. 법정배상은 지식재산권 침해행위에 대한 것으로, TRIPs가 규정하는 "사전 확정된 배상액" 및 일부 국가가 실행하는 "법정배상액" 방식을 참고하여 도입한 배상액 확정방식의 일종이며, 중국 지식재산권 재판실무에서 이미 사용되고 있는 손해배상액 확정방식의 하나이기도 하다.

2000년 「특허법」 개정 시에, 법정배상제도를 「특허법」에 도입할 것을 건의하였지만, 이 건의는 최종적으로 받아들여지지 않았다. 2001년 반포된 「최고인민법원의 특허분쟁사건 심리 적용 법률문제에 관한 규정」 제21조는 피침해자의 손해 또는 침해자가 얻은 이익을 확정하기 어려우며, 또한 참조할 수 있는 특허허가 사용료가 없거나 또는 특허허가 사용료가 명백히 불합리한 경우, 인민법원은 특허권의 종류, 침해의 성질 및 경과 등 요소에 근거하여 일반적으로는 인민폐 5천 원 이상 30만 원 이하로 배상액을 확정할 수 있으며, 최대 인민폐 50만 원을 초과할 수 없다고 규정하였다. 이것은 사법실무에서 법정배상을 적용하는 데 근거를 제공하였다. 2001년 10월 「저작권법」 및 「상표법」 개정 시에, 「저작권법」 중에 "권리자의 실제 손해 또는 침해자의 위법소득을 확정할 수 없는 경우, 인민법원이 침해행위의 경과에 근거하여 인민폐 50만 원 이하의 배상을 판결할 수 있다."는 규정을 신설하였고, 「상표법」 중에 "전항의 침해자가 침해로 얻은 이익, 또는 피침해자가 침해로 입은 손해를 확정하기 어려운 경우, 인민법원이 침해행위의 경과를 고려하여 인민폐 50만 원 이하의 배상을 확정한다."는 규정을 신설하였다. 2008년 「특허법」 개정 시에, 전국인민대표대회 상무위원회는 최고인민법원의 위 사법해석을 본조에 받아들였으며, 법정배상액의 범위를 인민폐 5천 원에서 50만 원이었던 것을 높여서 인민폐 1만 원에서 1백만 원으로 하였는데, 이것은 특허기술, 특히 최첨단 특허기술은 보통 매우 높은 경제적 가치가 있어서 상한을 50만원으로 해서는 특허권자가 침해로 입은 손해를 보충해 줄 수 없기 때문이다.

본조 규정에 따라서, 법정배상은 오직 특허권자가 입은 손해, 침해자의 부당이득 및 특허허가 사용료 모두 확정하기 어려운 경우에만 적용될 수 있는 것으로, 배상액 확정에 있어서의 네 번째 방안이다. 법정배상의 범위는 1만 원에서 1백만 원으로, 100배에 이르는 자유로운 재량의 범위가 있는데, 어떻게 이를 정확하게 적용할 것인가는 중국 법원이 직면한 중요한 문제이다. 「특허법」이 법정배상의 적용을 위해 고려하여야 한다고 규정한 요소에는 "특허권의 유형, 침해행위의 성질 및 경과 등 요소"가 포함된다. 특허권의 유형은 그 특허권이 발명특허인지, 실용신안특허인지 아니면 디자인특허인지를 가리킨다. 침해행위의 성질은 주로 고의적인 것인지 아니면 과실로 인한 것인지를 가리킨다. 침해행위의 경과는 침해행위의 유형(제조·판매·판매청약·수입·사용), 침해행위의 규모(특허제품의 제조·사용·판매·수입 수량 및 특허방법 사용의 규모), 침해행위의 지속기간 등 요소를 포괄한다. 일반적으로 말해서, 발명특허권 침해에 대한 배상액은 실용신안특허권 및 디자인특허권 침해에 대한 배상액보다 높아야 한다. 고의적인 침해에 대한 배상액은 과실로 인한 침해행위에 대한 배상액보다 높아야 한다. 침해제품을 제조·수입 또는 침해방법을 사용한 것에 대한 배상액은 침해제품을 판매한 것에 대한 배상액보다 높아야 한다. 침해제품을 판매한 것에 대한 배상액은 침해제품을 판매청약·사용한 것에 대한 배상액보다 높아야 한다.

법정배상을 규정함으로써 침해자에게 법적 위협을 가할 수 있게 되었다. 최고 1백만 원에 달하는 법정배상액은 침해자로 하여금 관련 증거를 인멸하거나 또는 장부를 조작하는 등 방식으로 그 마땅히 부담하여야 하는 배상액을 회피하거나 또는 감소시키도록 하는 것을 방지하여, 침해자로 하여금 그 부당이득을 사실대로 말하도록 압박할 수 있다. 침해자가 사실대로 말하지 않아 신의성실의 원칙을 명백히 위반한 상황에서, 법원에 의해 고액의 법정배상에 처해지는 것은 자업자득이다.

(五) 침해행위를 제지하기 위해 지급한 합리적 비용

모든 민사소송에서의 원고는 모두 대가를 치르지 않는 자가 없으며, 조사 및 증거수집 비용 또는 변호사 비용 등을 포함한 상당한 인적 및 물적 자원을 소모한다. 지식재산권 침해소송, 특별히 특허권 침해소송은 더욱 이와 같은데, 미국 등 국가에서의 소송비용은 매우 높아서 놀라울 정도이다. 민사권리에 대한 침해소송에서 피침해자가 지급한 비용이 배상의 범위에 속할 수 있는지에 대해서, 「민법통칙」, 「물권법」, 「침해책임법」 및 「민사소송법」에는 모두 규정되어 있지 않다. 2009년 반포된 「최고인민법원의 인신손해배상사건 심리 적용법률 문제에 관한 해석」 등 관련 사법해석에서도 특허권자가 침해행위를 제지하기 위하여 지급한 비용을 침해배상의 범위에 포함시키지 않았다. 따라서 만약 「특허법」 또는 관련 사법해석에서 특별히 규정하지 않았다면, 법원은 침해행위를 제지하기 위하여 지급한 비용을 특허권 침해배상의 범위에 포함시킬 수 없다.

유체재산권 침해분쟁사건에 비하면 특허권 침해분쟁사건에서의 침해행위에 대한 조사 및 증거확보, 그리고 소제기가 훨씬 어려우며, 보다 높은 소송비용을 지출하여야 한다는 점을 고려하여, 2001년 반포된 「최고인민법원의 특허분쟁사건 심리 적용 법률문제에 관한 규정」 제22조는 아래와 같이 규정하였다.

> 인민법원은 권리자의 청구 및 구체적인 사건의 상황에 근거하여, 권리자가 침해에 대한 조사·제지를 위해 지급한 합리적인 비용을 배상액의 범위 안으로 계산할 수 있다.

위의 사법해석은 사법실무에서 침해행위를 제지하기 위해 지급한 합리적인 비용을 배상액의 범위에 포함시킬 수 있는 근거를 제공하였고, 지식재산권 침해행위에 대해서 전면적인 배상원칙을 채택한 중요한 조치로서 특허권자의 이익을 보호하는 데 훨씬 더 유리한 것으로 인식되고 있다. 2001년 10월 「저작권법」 및 「상표법」 개정 시에, 「저작권법」에 "배상액에는 권리자가 침해행위를 제지하기 위하여 지급한 합리적인 비용을 포함하여야 한다."라는 규정과 「상표법」에 "상표전용권 침해에 대한 배상액에는 피침해자가 침해행위를 제지하기 위하여 지급한 합리적인 비용을 포함한다."라는 규정을 각각 신설하였다. TRIPs 제45조 제2항도 "사법기관은 침해자에게 권리보유자에 대하여 비용을 지급할 것을 명령할 수 있는 권리가 있으며, 그중에는 적당한 변호사 비용을 포함할 수 있다."고 규정하고 있다. TRIPs의 위 규정을 구체화하고, 특허권자의 정당한 이익을 보다 더 잘 보장하며, 「저작권법」 및 「상표법」의 관련 규정과 조화시켜 일치되도록 하기 위하여, 2008년 「특허법」 개정 시에 최고인민법원의 위 사법해석 규정을 적절하게 조정한 후 본조 제1항의 마지막 부분에 "배상액에는 특허권자가 침해행위를 제지하기 위하여 지급한 합리적인 비용이 포함되어야 한다."라는 규정을 보충하였다.

일반적으로 침해행위를 제지하기 위하여 지급한 합리적인 비용에는 주로 두 부분이 포함되는 것으로 여겨지는데, 하나는 조사 및 증거수집 비용이고, 다른 하나는 합리적인 소송대리비용이다. 조사 및 증거수집 비용에는 주로 국가가 규정한 기준에 부합하는 교통비·숙박비·공증비·증거보전신청비 및 업무지체비 등이 포함된다. 소송대리비용은 일반적인 경우에 변호사 비용이다. 침해소송사건 실무에서 특허권자는 종종 변호사에게 위임하는 이외에 특허대리인을 공동 소송대리인으로 선임할 수도 있으며, 특허대리인만을 소송대리인으로 선임하는 때도 있다. 이러한 경우에는 특허대리인에게 지급하는 비용도 합리적인 비용으로 배상액의 범위에 포함시켜야 한다. 배상액 범위에 포함시킬 수 있는 소송대리 비용은 권리자가 실제로 지급하는 대리인 비용을 기준으로 하는 것이 아니고, 사법행정부문, 변호사협회 또는 특허대리인협회가 제정한 대리인 비용 가이드를 기준으로 하며, 일반적으로는 그중 일부분이고 전부가 아니다.

2008년 「특허법」 개정 시에, 국무원이 전국인민대표대회 상무위원회의 심의를 위해 제출한 「〈특허법〉 개정초안」에는 "특허권 침해의 배상액에는 권리자가 침해행위를 제지하기 위해 지급한 합리적 비용이 포함되어야 한다."를 독립적인 하나의 항으로 하여 본조의 맨 마지막 항으로 규정하였다. 심의 결과 전국인민대표대회 상무위원회는 국무원이 건의한 조문을 조정하여, 이 규정을 본조 제1항의 마지막 부분에 넣어 법정배상에 관한 규정인 제2항의 앞에 위치시켰다. 이처럼 조정함으로써 다음과 같은 의미를 표명하였는데, 즉 침해행위를 제지하기 위하여 지급한 합리적인 비용은 특허권자의 손해, 침해자의 부당이득 또는 사용료의 합리적 배수로 배상액을 확정하는 것을 기초로 하면서 이와 별도로 부가되는 배상액으로서, 특허권자가 최종적으로 받게 되는 배상액은 실제 손해, 특허권자의 부당이득 또는 사용료의 합리적인 배수 중 하나와 침해행위를 제지하기 위하여 지급한 합리적인 비용의 합이 되도록 하였다. 만약 본조 제1항이 규정하는 세 가지 방식 모두 따르기 어려운 경우에는, 법원이 최종적으로 법정배상 방식을 선택하여 배상액을 확정할 수 있지만, 이미 확정한 법정배상액 이외에 별도로 합리적인 비용을 부가할 수는 없는데, 법정배상액은 법원이 확정한 배상액의 총액으로 그중에는 이미 침해행위를 제지하기 위하여 지급한 합리적인 비용을 포함하고 있을 것이기 때문이다.

본조의 합리적인 비용에 관한 규정은 최고인민법원의 관련 사법해석 중의 표현과 다음과 같은 점에서 차이가 있는데, 첫째 본조는 단지 "제지"라고만 하였을 뿐 "조사"와 "제지"를 병렬적으로 기재하지 않았다는 점과, 둘째 본조는 모든 특허권 침해소송 사건에서 합리적인 비용을 배상액의 범위 내에 포함하도록 하였지만 관련 사법해석에서는 권리자의 청구에 기초해서 사건의 구체적인 상황을 고려하도록 규정하였다는 점이다. 필자는 "조사"가 침해행위 "제지"에 있어서 하나의 단계임을 고려하면, 침해행위의 조사를 위해 지급한 비용은 본조가 규정하는 "침해행위를 제지하기 위하여 지급한 합리적인 비용"의 범위에 속하므로, 본조가 단지 "침해행위를 제지하기 위하여 지급한 합리적인 비용"만을 배상의 범위에 포함시킨 것이고 "침해행위를 조사하기 위하여 지급한 합리적인 비용"은 배상액의 범위에서 제외되어야 하는 것으로 이해될 수는 없다고 본다. 특허권자의 청구가 있어야 하는지 그리고 사건의 구체적인 상황을 고려하여야 하는지에 대해서는, 필자는 개정 후 「특허법」의 본조 규정에 의하여야 하고 2008년 「특허법」 개정 전의 최고인민법원의 관련 사법해석의 규정이 적용되는 것은 아니라고 본다.

四. 손해배상과 관련된 문제

(一) 부속품 특허권 침해에 대한 배상액 확정

특허권을 받을 수 있는 제품은 반드시 독립적으로 생산·판매 및 사용할 수 있는 제품이어야 하고, 제품의 불가분적인 일부 부품일 수는 없다. 그러나 특허제품(이하 "제품 A"로 부른다.)이 다른 제품(이하 "제품 B"로 부른다.)의 부속품인 때에는, 다음과 같은 경우가 발생할 수 있는데, 특허권자의 허가 없이 갑은 제품 A를 제조하고, 을은 갑이 제조한 제품 A를 사용해서 제품 B를 제조하였으며, 병은 을이 제조한 제품 B를 판매하였을 수 있다. 이러한 경우에 두 가지 서로 관련된 문제가 발생할 수 있다.

첫 번째 문제는, 을과 병의 행위가 어떤 유형의 특허권 침해행위에 해당하는가 하는 것이다.

이러한 경우에, 갑의 행위는 허가 없이 특허제품을 제조한 침해행위에 해당하며, 이에 대해서는 의문이 없다. 을과 병의 행위도 특허권 침해행위에 해당하며, 이에 대해서도 의문이 없다. 그러나 을과 병의 행위가 어느 유형의 특허권 침해행위에 해당하는가에 대해서는, 여러 견해가 있을 수 있다.

이 문제에 대한 대답을 명확히 하기 위해서, 2009년 반포된 「최고인민법원의 특허권 침해분쟁사건 심리 응용법률 문제에 관한 해석」 제12조는 아래와 같이 규정하였다.

> 발명 또는 실용신안특허권을 침해하는 제품을 부속품으로 하여 다른 제품을 제조한 경우, 인민법원은 특허법 제11조에 규정된 사용행위에 속하는 것으로 인정하여야 하고, 그 다른 제품을 판매한 경우, 인민법원은 특허법 제11조에 규정된 판매행위에 속하는 것으로 인정하여야 한다.

주의하여야 할 점은, 위 규정은 제품 B가 다른 특허권자의 유효한 특허권의 보호를 받는지 여부와 무관하게 적용된다는 점이다.

두 번째 문제는, 을과 병이 부담하여야 하는 배상액수를 어떻게 확정하여야 하는가이다. 권리자가 제품 B를 제조 및 판매하여 얻을 수 있는 이윤을 그 얻을 수 있는 이윤으로 할 수 있는가 또는 침해자가 제품 B를 판매하여 얻을 수 있는 이윤을 그 부당이득으로 할 수 있는가?

위 문제에 대해서 명확히 대답하기 위하여, 2009년 반포된 「최고인민법원의 특허권 침해분쟁사건 심리 응용법률 문제에 관한 해석」 제16조 제2항은 아래와 같이 규정하였다.

> 발명·실용신안특허권을 침해한 제품이 다른 제품의 부속품인 경우, 인민법원은 그 부속품 자체의 가치 및 그 완제품 이윤 중에서의 작용 등 요소에 근거하여 배상액을 합리적으로 확정하여야 한다.

위의 규정은 병이 부담하여야 하는 배상액을 확정함에 있어서는 제품 B의 영업이윤을 계산의 기준으로 하는 것이 아니고, 제품 A 자체의 가치 및 그 제품 B에서의 작용 등 요소에 따라 확정하여야 함을 표명한 것이다. 소위 부속품 자체의 가치라는 것은 제품 A의 시장에서의 판매가격을 가리키는 것이고, 소위 부속품의 완제품 이윤 중에서의 작용이라는 것은 제품 A가 제품 B의 이윤에 공헌한 정도의 크기를 가리키는 것이다. 예를 들어, 어떤 특허권자가 내마모성이 뛰어나고 자동차의 주행 안정성을 높일 수 있는 타이어에 대해서 특허권을 받았는데, 어떤 자동차 제조회사가 침해 타이어를 구매해서 자동차를 조립하였고 어떤 자동차 판매회사는 그 자동차를 판매하였다면, 그 자동차 제조회사 및 자동차 판매회사가 부담하여야 하는 배상액을 계산할 때에 자동차 전체의 이윤을 계산의 기준으로 할 수는 없고 타이어 자체의 가치 및 그 타이어가 자동차 전체 이윤에서 차지하는 비중을 기준으로 하여야 한다. 만약 보통 타이어의 시장가격이 하나에 인민폐 500원, 특허 타이어의 판매가격이 하나에 인민폐 550원, 특허타이어를 장착한 자동차의 판매가격이 인민폐 22만 원, 자동차 전체의 이윤이 인민폐 4만 원이라면, 일반적인 경우에 타이어는 자동차 구매자가 차량 구매를 결정하는 결정적 또는 주요 요소가 아님을 고려하면 그 자동차의 제조 및 판매로 얻은 부당이득은 인민폐 4만 원이 아닐 뿐만 아니라, (550-500)×4=200원도 아니고, [(550×4)/220000]×40000=400원이 되어야 한다.

(二) 포장재 디자인특허권 침해에 대한 배상액 확정

특허권자가 어떤 제품의 포장에 이용되는 포장재디자인에 대하여 특허권을 받았고, 만약 어떤 자가 특허권자의 허가 없이 그 포장재를 제조하였거나 또는 타인이 특허권자의 허가 없이 제조한 포장재를 구매하여, 그러한 제품을 포장하는 데 사용하고 포장된 제품과 함께 판매한 경우에, 배상액을 어떻게 확정하여야 하는가? 이에 대해서는 상이한 견해가 존재한다.

이 문제에 대해서 명확히 대답하기 위하여, 2009년 반포된 「최고인민법원의 특허권 침해분쟁사건 심리 응용법률 문제에 관한 해석」 제16조 제3항은 아래와 같이 규정하였다.

> 디자인특허권을 침해하는 제품을 포장재로 한 경우, 인민법원은 포장재 자체의 가치 및 포장제품 이윤 중에서의 작용 등 요소에 따라 배상액을 합리적으로 확정하여야 한다.

위 규정에 근거하여, 침해자가 침해포장재를 포장되어 있는 제품과 함께 판매하는 경우에는, 배상액을 계산할 때에 포장된 제품의 이윤을 특허권자가 침해로 얻은 소득 계산의 기준으로 할 수 없으며, 그 포장재 자체의 가치 및 포장된 제품의 이윤 중에서의 그 포장재의 작용에 의해서 침해자의 침해소득을 확정하여야 한다. 예를 들어, 특허권자가 월병포장박스에 대한 디자인특허권을 향유하고 있고, 침해자가 특허권자의 허가 없이 월병포장박스를 제조하여 월병을 포장하고 함께 판매하였는데, 그 월병박스의 원가가 인민폐 10원, 시장판매가는 인민폐 20원, 월병의 원가가 인민폐 40원, 시장판매가는 인민폐 60원, 그 월병포장박스로 포장한 월병의 시장판매가는 인민폐 100원, 전체 이윤은 인민폐 50원으로, 따로 판매한 경우에 비해서 인민폐 20원의 이윤이 증가하였다고 하자. 월병박스의 외관이 보통은 소비자가 구매를 결정하는 주요 요소가 됨을 고려하면 월병박스는 20원이라는 이윤의 증가에 주요한 작용을 발휘하였을 것이고, 따라서 침해자의 부당이득은 10원이 아니라 10+20=30원이 되어야 한다.

주의하여야 하는 점은, 포장재 디자인특허권 침해에 대한 배상액은 행위자가 배상책임을 부담하여야 하는 경우에만 계산할 필요가 있다는 점이다. 따라서 포장재 디자인특허권의 침해와 관련한 일부 행위에 대해서는 행위자가 배상책임을 부담할 필요가 없기 때문에 배상액 계산의 문제가 존재하지 않는다. 예를 들어, 갑 회사가 포장재 디자인특허권자의 허가 없이 그 포장재를 제조하였고, 을 회사와 병 회사에 판매하였다고 하자. 만약 을 회사는 단지 유통 분야의 사업만을 영위하는 회사이고, 직접 그 포장재를 기타 회사 또는 소비자에게 판매하였다면, 을 회사의 행위는 침해제품을 판매하는 행위에 해당하지만, 을 회사가 그 포장재가 침해제품임을 알지 못하였음을 증명할 수 있고 그 제품의 합법적 출처를 밝힐 수 있다면 「특허법」 제70조 규정에 근거하여 그 배상책임이 면제될 수 있어 침해배상액을 계산할 필요가 없다. 만약 병 회사가 그 포장재를 제품의 포장에 사용하여 함께 판매하였다면, 그 포장행위는 디자인 특허권을 침해한 제품을 사용한 행위에 속하므로「특허법」제11조 규정에 따라 특허권 침해행위에 해당하지는 않으며, 그 판매행위는 비록 그 포장재를 단독으로 판매하는 것이 아니라고 하더라도「특허법」제11조 규정에 따라 특허권 침해행위로 인정되는 데에 논란이 있을 수 있지만, 2009년 반포된「최고인민법원의 특허권 침해분쟁사건 심리 응용법률 문제에 관한 해석」제12조 제2항 규정, 즉 "디자인특허권을 침해하는 제품을 부속품으로 하여 다른 제품을 제조 및 판매하는 경우, 인민법원은「특허법」제11조에 규정된 판매행위에 속하는 것으로 인정하여야 하지만, 디자인특허권을 침해하는 제품이 그 다른 제품에서 기술적 기능만 갖는 경우는 제외한다."는 규정에 따라 침해 포장재를 사용하여 포장된 제품과 함께 판매하는 행위도 포장재 디자인특허권을 침해하는 행위에 해당한다. 이러한 경우에야 비로소 병 회사가 특허권자에게 지급하여야 하는 배상액을 확정할 필요가 있다. 마찬가지로, 만약 병 회사가 그 포장재가 침해제품임을 알지 못하였고 그 제품의 합법적인 출처를 밝힐 수 있다면,「특허법」제70조 규정에 근거하여 그 배상책임이 면제될 수 있다.

제66조 특허권 침해의 소제기 전 임시조치

① 타인이 특허권 침해행위를 실시하고 있거나 또는 곧 실시하려 하고 있고, 만약 즉시 이를 제지하지 않는다면 그 합법적 권익이 보충하기 어려운 손해를 입을 수 있음을 특허권자 또는 이해관계인이 증거로써 증명할 수 있는 경우, 소를 제기하기 전에 인 민법원에 대하여 관련 행위의 중지명령 조치를 취할 것을 신청할 수 있다.

② 신청인은 신청할 때에 담보를 제공하여야 한다. 담보를 제공하지 아니한 경우, 신청 을 기각한다.

③ 인민법원은 신청을 접수한 날로부터 48시간 내에 재결하여야 하고, 연장이 필요한 특 수한 경우, 48시간을 연장할 수 있다. 관련 행위의 중지명령을 재정한 경우, 즉시 집 행하여야 한다. 당사자가 재정에 불복하는 경우, 1회의 재의를 신청할 수 있으며, 재 의기간에도 재정의 집행은 중지되지 아니한다.

④ 인민법원이 관련 행위의 중지명령 조치를 취한 날로부터 15일 이내에 신청인이 소를 제기하지 아니한 경우, 인민법원은 그 조치를 해제하여야 한다.

⑤ 신청에 잘못이 있는 경우, 신청인은 관련 행위를 중지함으로써 피신청인이 입은 손해 를 배상하여야 한다.

一. 개 요

본조가 규정하는 임시조치는 특허권자 또는 이해관계인이 그 특허권을 침해하는 행위가 발생하였거나 또는 곧 발생할 것임을 발견한 경우에, 침해행위를 즉시 제지하 기 위하여, 소를 제기하기 전에 법원에 대하여 취해줄 것을 청구하는 침해혐의가 있 는 행위자에 대한 관련 행위의 중지명령 조치를 가리킨다.

지식재산권 권리자의 합법적 이익을 어떻게 효과적으로 보호하고, 그 지식재산권 에 대한 침해행위를 어떻게 즉시 제지할 것인가는, 모든 각국의 지식재산권제도가 관 심을 기울이는 가장 중요한 문제 중 하나이다. 특허에 대해서 말하자면, 특허권자 또 는 이해관계인이 침해행위를 발견하고 나서 소송을 제기하기까지, 그리고 다시 법원 이 침해자에게 침해행위의 금지명령을 판결할 때까지 비교적 긴 시간이 소요되며, 특 히 법원 또는 특허업무관리부문이 침해로 피소된 자가 무효선고를 청구하여 심리 또 는 처리를 중지한 경우에는 훨씬 많은 시간이 소요된다. 현재에는 과학기술과 제품 설계가 날로 새로워져서 특허로 보호받는 수많은 발명창조(특히 실용신안 또는 디자인

특허의 경우)가 시장을 점유할 수 있는 기간이 매우 짧아서, 특허침해소송이 종결되기도 전에 시장가치를 상실할 수 있다. 이 밖에, 침해자가 소송기간에도 재산을 양도하거나 또는 은닉할 수 있다. 만약 모든 경우에 특허권자가 집행기관이 최종판결을 내릴 때까지 기다려야 하고, 침해자가 그 기간에 계속해서 그 특허의 실시행위를 계속하게 된다면, 특허권자가 입게 되는 손해는 부단히 확대될 수 있을 뿐만 아니라, 설령 최종적으로 침해행위를 인정하는 판결이 내려진다고 하더라도 특허권자는 그 입은 손해를 보충할 방법이 없게 된다. 이러한 요소를 고려하여, 지식재산권 권리자의 합법적 이익을 확실히 보호하기 위해, TRIPs 제50조(1)은 잠정조치에 대하여 상세히 규정하였다.

중국「민사소송법」에는 소제기 전 임시조치를 규정하지 않았고, 단지 재산보전 및 증거보전 조치만을 규정하였다. 1984년 제정「특허법」및 1992년 개정「특허법」에도 소제기 전 임시조치에 대해서는 규정하지 않았다.

2000년「특허법」개정 시에, 특허권자의 이익을 효과적으로 보호하고 중국이 WTO에 가입하는 데 유리한 여건을 마련하기 위하여,「특허법」중에 제61조를 신설하여 소제기 전 임시조치에 대하여 아래와 같이 규정하였다.

① 타인이 특허권을 침해하는 행위를 실시하고 있거나 또는 곧 실시하려고 하고 있고, 만약 즉시 제지하지 않는다면 그 합법적 권익이 보충하기 어려운 손해를 입을 수 있음을 특허권자 또는 이해관계인은 증거로써 증명할 수 있는 경우, 소를 제기하기 전에 인민법원에 대하여 관련 행위의 중지와 재산 보전을 명령하는 조치를 취할 것을 신청할 수 있다.

② 인민법원이 전항의 신청을 처리함에는「중화인민공화국 민사소송법」제93조 내지 제96조 및 제99조의 규정을 적용한다.

각급 법원이 위의 규정을 정확하게 적용하도록 하기 위하여, 2001년에「최고인민법원의 소제기 전 특허권 침해행위 중지 적용 법률문제에 관한 규정」을 반포하였다. 이 사법해석은 소제기 전 임시조치의 주체, 수리법원, 신청에 제출하여야 하는 문서 및 증거, 신청에 제공하여야 하는 담보, 법원의 재정 시한, 재정의 통지 및 집행, 재정에 불복하는 경우의 구제, 신청이 잘못된 경우의 신청인의 배상, 소송에서의 선행 중지행위에 대한 신청 등 문제에 대해서 상세하게 규정하였다.

2008년「특허법」개정 시에, 개정 전 제61조의 조문번호를 제65조로 고치고, 그 조문을 개정하였는데 주요 개정내용은 다음과 같다.

첫째, 제1항에서 재산보전에 관한 내용을 삭제하였다.

둘째, 소제기 전 관련 행위의 중지에 관한 규정을 세분화하여, 신청 시의 담보, 법원의 재정 시한, 신청인이 소를 제기하지 않은 경우의 효과, 신청이 잘못된 경우의 배상 등 관건이 되는 문제에 대하여 명확히 규정함으로써, 개정 전「특허법」제61조 제2항의「민사소송법」제93조 내지 제96조 및 제99조 규정을 적용하던 방식을 대체하였다.

二. 소제기 전 임시조치 신청의 요건 및 절차

2008년 개정「특허법」의 본조 규정 및 2001년 반포된「최고인민법원의 소제기 전 특허권 침해행위 중지 적용 법률문제에 관한 규정」에 근거하여, 소제기 전에 법원으로 하여금 관련 행위의 중지명령 조치를 취하도록 하기 위해서는 아래의 요건에 부합하거나 또는 아래의 절차를 밟아야 한다.

(一) 신청인 자격

소제기 전 임시조치가 일종의 특허권 보호제도임을 고려하면, 소제기 전 임시조치의 신청인은 반드시 특허권 침해소송을 제기할 수 있는 자격을 갖추어야 하는데, 즉 반드시 특허권자 또는 이해관계인이어야 한다. 이해관계인에는 특허실시 허가계약의 피허가자, 특허재산권의 합법적 승계인 등이 포함된다. 특허실시 허가계약의 피허가자 중에서, 독점실시 허가계약의 피허가자는 단독으로 신청할 수 있으며, 배타실시 허가계약의 피허가자는 특허권자가 신청하지 않은 경우에 단독으로 신청할 수 있다.

주의하여야 할 점은, 단독으로 신청한 경우에는 특허권자 및 피허가자의 신청자격에 선후 순서의 구분이 있으며, 특허권자가 우선권을 갖는다는 점이다. 최고인민법원의 사법해석은 특허권자가 그 피허가자와 공동으로 신청하는 것을 배제하지 않았을 뿐만 아니라, 특허권자가 신청하고 나서 그 피허가자를 공동신청인으로 추가하는 것도 배제하지 않았다. 특허권자와 피허가자가 각각 별도로 신청하는 경우, 법원은 두 건의 신청을 병합하여 심리할 수 있으며, 별도로 처리하여야 할 필요는 없다. 이 사법해석은 통상허가계약의 피허가자에게는 단독으로 소제기 전 임시조치를 신청할 수 있는 자격을 부여하지 않았으며, 이것은 최고인민법원이 통상허가계약의 피허가자에 대해서는 특허권 침해행위에 대하여 독립적으로 소송을 제기할 수 있는 자격을 부정하였음을 의미하는데, 통상허가계약의 피허가자는 단지 통상의 특허실시권만을 가지며 통상허가계약은 타인의 특허실시를 배제할 수 있는 성질이 없어서 타인의 특허실시를 제지할 수 있는 법적 효력을 발생시키지 않기 때문이다.

(二) 관할 법원

최고인민법원은 소제기 전 임시조치가 특허권 침해사건에 대한 관할권 있는 법원에 신청되어야 한다고 규정하였는데, 그 이유는 첫째, 권리자의 소제기 전 관련 행위의 중지명령 신청을 수리한 법원은 반드시 피신청인의 행위가 특허권 침해행위에 해당하는지를 판단할 수 있는 능력이 있어야 하며, 이렇게 하기 위해서는 사건을 심리하는 법관이 특허권 침해사건을 판결할 수 있는 전문지식과 재판경험이 있어야 하고 관할권 없는 법원은 종종 감당하기 어렵기 때문이다. 둘째, 신청인이 규정된 기간 내에 특허권 침해소송을 제기하는 경우, 특허사건에 대한 관할권 있는 인민법원에만 소를 제기할 수 있으며, 동일 주체의 동일 행위에 대한 것임에도 소제기 전 임시조치의 신청은 한 법원이 심리하고 침해소송은 다른 법원이 심리하게 되면, 그 결과 반드시 재판의 효율성을 떨어뜨릴 수 있고 동시에 양자 사이의 연결에 문제가 생기거나 심지어는 충돌이 있을 수 있기 때문이다.

소위 관할권 있는 법원이라는 것에는 두 가지 의미가 포함되는데, 하나는 사건의 수리법원이 특허권 침해사건을 재판할 수 있는 법원이어야 한다는 것이고, 다른 하나는 「민사소송법」 규정에 의하여 사건을 수리한 법원이 침해행위지 또는 피고주소지의 법원이어야 한다는 것이다. 이 두 요건에 부합하여야만, 비로소 위의 사법해석이 규정하는 특허권 침해사건의 관할권 있는 인민법원이 된다.

(三) 문서, 증거 및 담보

1. 신청기간 및 제출하여야 하는 문서와 증거

본조는 특허권 침해행위에 대하여 특허권자 또는 이해관계자가 소제기 전에 법원에 관련 행위의 중지명령 조치를 취해 줄 것을 신청할 수 있다고 규정하고 있다. 따라서 본조에 의한 신청은 원칙적으로 소제기 전에 하여야 한다. 그러나 실무에서는 특허권자가 침해소송을 제기함과 동시에 법원에 대하여 피고에게 관련 행위의 우선 중지를 명령해 줄 것을 요구하는 경우가 드물지 않으며, 심지어 법원의 침해소송사건에 대한 심리과정에서야 비로소 이러한 신청을 하기도 한다. 본조는 법원이 이러한 신청을 수리하고 재정하여야 하는지 명확하게 규정하지 않았다. 2001년 반포된 「최고 인민법원의 소제기 전 특허권 침해행위 중지 적용 법률문제에 관한 규정」 제17조는 특허권자 또는 이해관계인이 인민법원에 특허권 침해소송을 제기하면서 동시에 특허권 침해행위에 대한 우선 중지를 신청한 경우, 인민법원은 우선적으로 재정할 수 있다고 규정하였다. 비록 이 사법해석은 특허권 침해소송의 제기와 동시에 신청을 하는 경우에 허용된다고 규정하였을 뿐이지만, 필자는 이 규정에 특허권 침해소송 중에 신청을 하는 것도 허용된다는 의미가 포함되어야 한다고 본다. 그 이유는 매우 분명한데, 본조가 특허권자 또는 이해관계인이 소제기 전에 법원에 대하여 관련 행위의 중지명령 조치를 취하도록 신청할 수 있도록 한 목적은 법원이 유효한 판결을 내리기 전에 행위자가 침해행위를 계속 실시함으로써 특허권자 또는 이해관계인이 보충하기 어려운 손해를 입는 것을 방지하는 데 있으며, 특허권자 또는 이해관계인은 소제기 전에 이 점을 의식할 수도 있지만 소제기와 동시에 또는 이후에 이 점을 의식할 수도 있으므로, 특허권자 또는 이해관계인이 오직 소제기 전 또는 소제기와 동시에만 임시조치에 대한 신청을 할 수 있는 것으로 제한할 이유가 없기 때문이다.

법원에 임시조치를 신청하는 경우, 신청인은 서면신청서를 제출하여야 한다. 신청서에는 당사자 및 그 기본적인 상황, 신청의 구체적 내용, 범위 및 이유 등 사항을 기재하여야 한다. 신청의 이유에는 관련 행위를 즉시 제지하지 않을 경우 신청인의 합법적 권익이 입게 되는 보충할 수 없는 손해에 대하여 구체적으로 설명하여야 한다.

신청인은 두 유형의 증거를 제출하여야 하는데, 한 유형은 신청인에게 권리가 있음을 증명할 수 있는 증거이고, 다른 하나는 침해행위가 현재 실시되고 있거나 또는 곧 실시될 것임을 증명할 수 있는 증거이다.

특허권자가 신청하는 경우 그 특허권이 진실로 유효함을 증명할 수 있는 문서를 제출하여야 하며, 여기에는 특허증서, 청구범위, 연차료 납부증명서가 포함된다. 2009년 10월 1일 전의 실용신안특허에 관하여 신청하는 경우에 신청인은 국가지식산권국이 발급한 검색보고서를 제출하여야 하고, 2009년 10월 1일 이후의 실용신안특허 또는 디자인특허에 관하여 신청하는 경우에 신청인은 국가지식산권국이 발급한 특허권평가보고서를 제출하여야 한다. 이해관계인이 신청하는 경우에는 위의 증거를 제출하는 이외에, 다음과 같은 증거도 제출하여야 하는데, 피허가자가 신청하는 경우에는 특허실시 허가계약 문서를 제출하여야 하고, 그 계약서가 국가지식산권국에 보관되어 있는 경우에는 보관증명 자료를 제출하여야 하며, 보관되어 있지 않은 경우에는 특허권자가 발급한 증명문서 또는 그 권리를 향유함을 증명할 수 있는 기타 증거를 제출하여야 한다. 배타실시 허가계약의 피허가자가 단독으로 신청하는 경우에는 특허권자가 신청을 포기하였음을 증명하는 자료를 제출하여야 하고, 특허재산권의 승계인이 신청하는 경우에는 이미 승계하였거나 또는 승계중임을 증명하는 증거자료를 제출하여야 한다.

피신청인이 특허권 침해행위를 현재 실시하고 있거나 또는 곧 실시하려고 함을 증명할 수 있는 자료에는 행위의 유형, 행위의 객체 및 특허기술과 침해기술 사이의 분석대비 등이 포함된다.

신청인이 제출하여야 하는 문서와 증거자료로 볼 때, 특허권자 또는 이해관계인이 법원에 임시조치를 신청하기 위해 필요한 준비작업은 특허권 침해소송을 제기하기 위해 필요한 준비작업과 이미 별로 차이가 없다.

2. 담 보

법원에 임시조치를 취해 줄 것을 신청하는 경우, 담보를 제공하여야 한다. 출원인이 담보를 제공하지 아니한 경우, 법원은 신청을 기각한다.

출원인에게 담보제공을 요구하는 것은, 피신청인에 대한 소제기 전 관련 행위의 중지명령은 피신청인의 이익을 중대하게 제한하는 조치이기 때문이다. 이러한 조치를 취하는 전제조건 또는 법리적 기초는 피신청인의 행위가 이미 또는 곧 특허권 침해행위에 해당하게 되어, 즉시 제지하지 않으면 신청인의 이익에 보충할 수 없는 손해가 생길 수 있다는 것이다. 그러나 법원은 이러한 조치를 취하기 전에 피신청인의 행위가 특허권 침해행위에 해당하는지 여부에 대해서 전면적으로 심리하지 않고, 피신청인도 충분히 다툴 수 있는 기회를 갖지 못할 수 있어서, 만약 법원이 관련 행위를 중지시키는 조치를 취할 것을 재정한 후에 신청인이 즉시 법원에 소를 제기하지 않거나 또는 소를 제기하여 법원이 전면적으로 심리한 후에 피고의 행위가 특허권 침해행위에 해당하지 않는다고 인정한 경우에는, 피신청인의 이익에 불합리한 손해를 가져오게 된다. 주의하여야 할 점은 본조의 "관련 행위의 중지"가 물리적 의미의 중지를 의미한다는 점인데, 즉 피신청인이 반드시 물리적 의미에서 그 현재 진행하고 있는 또는 진행하려고 하는 제조·사용·판매청약·판매·수입행위를 중지하여야 한다고 재정하였다면, 설령 피신청인이 역담보를 제공하였다고 하더라도 아무런 영향이 없는데,[1] 따라서 이러한 재정은 피신청인에게 상당히 엄격한 것으로서 그 이익에 중대한 영향이 있다. TRIPs 제50조 제3항도 "사법당국은 남용을 방지하고 피고를 보호하

---

[1] 「최고인민법원의 소제기 전 특허권 침해행위 정지에 대하여 적용되는 법률문제에 관한 규정」제8조는 "특허권 침해행위의 중지를 위해 재정으로 취한 조치는 피신청인이 역담보를 제공한다고 해서 해제되지 아니한다."라고 규정하였다.

기 위해 충분한 담보 또는 동등한 보증을 제공할 것을 명령하는 권한을 가진다."고 명확히 규정하고 있다.

　법원이 담보의 액수를 확정할 때에는 중지명령 대상 행위의 규모·수량 또는 범위, 행위 중지로 출원인이 입을 수 있는 손해, 행위 중지기간에 별도로 지급하여야 하는 인건비·설비유지비 등 요소를 고려하여야 한다. 다른 유형의 침해행위에 대해서는, 법원이 다른 각도로 신청인이 제공하여야 하는 담보의 계산방식을 고려할 수 있다. 예를 들어, 신청인이 피신청인의 판매·수입행위 중지를 신청한 경우에는 관련 제품의 판매수입 및 합리적인 재고·보관비용을 고려하여야 하고, 신청인이 제조·사용행위의 중지를 요구한 경우에는 일단 신청에 착오가 있을 때에 피신청인이 입을 수 있는 각종 재산상 손해 및 직원의 급여 등 합리적 비용의 지출을 고려하여야 한다. 이밖에 관련 행위를 중지시킨 재정을 집행하는 과정에서 피신청인이 이러한 조치에 의해서 훨씬 큰 손해를 입었음을 보여 주는 사실이 있는 경우에는, 법원이 신청인에게 담보를 추가하도록 명령할 수 있고, 신청인이 담보를 추가하지 않는 경우에 법원은 관련 중지조치를 해제하여야 한다. 이것은 법원의 재정으로부터 판결에 이르기까지 비교적 긴 시간이 소요되고 사전에 예측하기가 어렵기 때문인데, 피신청인이 관련 행위를 실시할 수 없는 시간이 길어질수록 그 입게 되는 손해도 커져서 그 손해액은 시간이 흐름에 따라 신청인이 이미 제공한 담보액수를 초과할 수 있으며, 일단 법원이 나중에 피신청인의 행위가 특허권 침해가 아니라고 인정한다면 신청인이 처음에 제공한 담보액수로는 피신청인이 입은 손해를 보충하기에 근본적으로 충분하지 않아서 피신청인으로 하여금 매우 큰 위험을 부담하게 한다.

　담보의 형식에 관하여 최고인민법원의 사법해석은 신청인이 보증·저당 등 형식의 담보를 제공하는 것이 합리적이고 효과적이므로 인민법원이 허가하여야 한다고 규정하고 있다. 일반적인 경우에 신청인은 담보에 필요한 액수의 금전을 은행에 예금하고 나서 예금증서를 인민법원에 제출하여 보관하도록 한다. 이 외에도, 기타 보증·저당 등 형식의 담보도 담보법의 규정에 부합하기만 하면 인민법원은 허가하여야 한다.

　주의하여야 할 점은, 재산보전제도에서 피고가 역담보를 제공하면 재산보전조치가 해제되는 방식과는 달리, 특허권 침해행위 중지 조치는 재정이 있고 나서는 피신청인이 역담보를 제공한다고 해서 해제되는 것이 아니라는 점이다. 이것은 재산보전조치를 취하는 목적은 당사자 일방의 원인 또는 기타 원인으로 인해서 판결이 집행불능으로 되거나 또는 집행하기 어렵게 되는 것을 방지하기 위함인데, 피신청인이 역담보를 제공하면 판결이 집행불능으로 되거나 또는 집행하기 어렵게 될 수 있는 가능성을 해소할 수 있지만, 소제기 전 특허권 침해행위 중지조치의 목적은 침해행위를 즉시 효과적으로 제지하기 위함이어서, 단지 피신청인이 역담보를 제공한다고 해서 그 관련 행위에 대한 중지명령 조치를 취하지 않게 되면 본조 규정을 마련한 처음의 취지에 부합하지 않기 때문이다.

三. 소제기 전 임시조치의 재정 및 집행

(一) 법원의 임시조치 재정 요건

본조 규정에 의하여, 소제기 전 임시조치를 취하기 위해서는 두 가지 전제조건이 반드시 구비되어야 하는데, 하나는 타인이 특허권 침해행위를 현재 실시하고 있거나 또는 곧 실시하려고 한다는 것을 권리자가 증거로써 증명할 수 있어야 하고, 다른 하나는 앞의 행위를 즉시 제지하지 않는다면 권리자의 합법적 권익이 보충하기 어려운 손해를 입을 수 있어야 한다는 것이다.

소위 현재 침해행위를 현재 실시하고 있다는 것은, 관련 행위가 이미 법에 의해 침해행위로 판정된 것을 가리키는 것은 아니고, 어떤 제품을 제조하거나 또는 어떤 방법을 사용하는 것과 같은 피신청인이 현재 종사하고 있는 어떤 행위가 출원인이 보기에 그 특허권의 보호범위에 속하는 것으로 보기에 충분한 것을 가리킨다. 소위 보충할 수 없는 손해는 만약 그 침해로 의심받는 행위가 계속된다면, 단지 손해배상이라는 구제방식을 통해서는 신청인의 이익이 충분히 보장받을 수 없는 것을 가리킨다. 예를 들어, 신청인은 창업단계의 소기업어서 신청인의 발전과 성장은 그 특허의 실시와 보호에 매우 크게 좌우되는 데 대하여, 피신청인은 재력이 든든하고 특허제품을 대량으로 제조하는 자인 경우에, 만약 즉시 제지하지 않는다면 신청인을 파산에 이르게 할 수 있다.

본조가 규정하는 요건 이외에, 최고인민법원의 사법해석은 또한 피신청인에 대한 관련 행위의 중지명령이 사회공공이익에 손해를 입히는 것인가도 임시조치를 재정할 때에 고려하여야 하는 요소로 규정하고 있다. 바꿔 말하면, 만약 임시조치가 사회공공이익에 손해를 입히게 된다면 이러한 조치를 취하는 것은 적절하지 않다. 예를 들어, 만약 특허제품이 유행병을 치료하는 약품이고, 국내에 마침 이 유형병이 창궐하고 있다면, 신청인이 생산 및 판매하는 약품의 수량으로는 시장의 수요를 만족시킬 수 없다.

2003년 「최고인민법원의 미국 아이리릴리사(ELI LILLY and Company)와 창쩌우화성(常州华生)제약회사 특허 침해분쟁사건 지정관할에 관한 통지」에서, "특별히 특허권 침해분쟁사건에서, 만약 피신청인의 행위가 문언침해에 해당하지 않아서, 그 행위에 대해서 나아가 심리하여 복잡한 기술과 대비하여야 비로소 판결할 수 있는 때에는, 임시조치를 재정하는 것은 부적절하다."[1]고 지적하였다.

(二) 법원의 재정방식

2000년 개정 「특허법」에서는, 법원이 재정하여야 하는 기간을 본조에 명확히 규정하지 않았고 「민사소송법」의 관련 규정을 적용하는 것으로만 규정하였다. 「민사소송법」 제93조 규정에 의하면, 법원은 신청을 접수한 후 48시간 내에 재정하여야 한다. 따라서 당시 규정의 문언적 의미로 보면, 법원은 반드시 신청을 접수한 때로부터 48시간 내에 재정하여야 한다. 그러나 특허권 침해사건이 보통은 비교적 복잡한 기술 및 법률 문제에 관련된다는 것을 고려하여, 최고인민법원은 관련 사법해석에서 법원이 이 기간 내에 관련 사실에 대해서 확인이 필요한 경우에는 일방 또는 쌍방 당사자를 불러서 심문할 수 있으며 이렇게 한 후에 즉시 재정할 수 있다고 규정하였다. 이것은 특정한 경우에 실제로는 신청을 수리한 법원에게 재정의 기한을 연장할 수 있는 권한을 준 것이다. 2008년 개정 「특허법」 본조 제3항은 법원이 신청을 접수한 때로부터 48시간 내에 재정을 하여야 하지만, 특수한 경우에는 48시간을 연장할 수 있다고 명확하게 규정하였다. 이것은 법원이 적어도 96시간(4일) 이내에는 재정하여야 함을 나타낸다.

최고인민법원의 사법해석 규정에 근거하여, 법원의 특허권 침해행위 중지에 대한 재정은 특허권자 또는 이해관계자가 신청한 범위로 한정된다. 소위 신청한 범위는, 신청인이 신청서에서 밝힌 피신청인에게 행위의 중지를 요구하는 범위를 가리키는 것으로서, 예를 들면 제조행위의 중지, 판매행위의 중지, 사용행위의 중지 등이다.

본조는 법원의 재정 후에 당사자에 대한 통지 여부 및 통지 기간 등 문제에 대해서는 규정하지 않았다. 최고인민법원의 사법해석은 법원이 피신청인에게 소제기 전 관련 행위의 중지명령을 재정하는 경우, 피신청인에게 즉시 통지하여야 하고 늦어도 5일을 초과할 수 없다고 규정하였다.

법원이 피신청인에게 관련 행위의 중지명령을 재정한 경우, 즉시 집행하여야 한

---

1) 최고인민법원 민사판결서, (2003) 民三他字第9号.

다. 설령 피신청인이 재정에 대하여 불복하여 재의를 신청한다고 하더라도 집행이 정지되지 않는다. 이처럼 규정한 것은, 주로 이러한 재정의 목적이 신청인에게 보충할 수 없는 손해가 발생하는 것을 방지하기 위함에 있으므로, 피신청인이 다른 의견이 있다고 해서 잠시라도 정지하지 않는 것이 자연스럽기 때문이다.

본조 제3항은 당사자가 재정에 불복하는 경우 1회의 재의를 신청할 수 있다고 규정하고 있다. 그러나 재의기간에도 재정의 집행은 정지되지 않는다. 그러나 이 조항은 당사자가 재의를 신청할 수 있는 기한에 대해서는 규정하지 않았다. 최고인민법원의 사법해석은, 당사자가 재의를 신청할 수 있는 기한은 재정을 받은 날로부터 10일 이내라고 규정하고 있다.

최고인민법원의 사법해석 규정에 의하여, 당사자가 재의를 신청하는 경우, 인민법원은 다음의 내용에 대하여 심사를 진행하여야 한다.

(1) 피신청인이 현재 실시하고 있는 또는 곧 실시하려고 하는 행위가 특허권 침해행위에 해당하는지 여부

(2) 관련 조치를 취하지 않으면, 신청인의 합법적 권익에 보충할 수 없는 손해를 입힐 수 있는지 여부

(3) 신청인이 제공한 담보의 상황

(4) 피신청인에게 관련 행위의 중지를 명령하는 것이 사회공공이익에 손해를 입힐 수 있는지 여부

실제로 위 네 가지 내용은 관련 행위의 중지조치를 재정하기 위한 요건이기도 하다.

본조 제3항은 관련 행위의 중지를 재정하는 경우, 즉시 집행하여야 한다고 명확하게 규정하고 있다. 따라서 재정은 재정한 날로부터 즉시 효력이 있다. 그러나 재정은 당사자의 실체적 권리의무에 대해 구속력 있는 판결은 아니므로 임시조치라고 불린다. 기왕에 "임시"라고 한다면 언제 종료되는가 하는 문제가 있게 마련인데, 본조는 이에 대해서 규정하지 않았다. 최고인민법원이 2001년 반포한 사법해석 제14조는 아래와 같이 규정하였다.

> 특허권 침해행위 중지 재정의 효력은, 일반적으로 최종심의 법률문서가 효력을 발생할 때까지 유지된다. 인민법원은 사건의 상황에 근거하여 구체적인 기한을 확정할 수 있으며, 기한이 만료되는 때에는 당사자의 청구에 의하여 관련 행위를 계속 중지시키는 재정을 할 수 있다.

위 규정에 의하여 소제기 전 임시조치의 효력은 일반적으로 효력이 발생된 법률문

서가 집행되는 때까지 유지되며, 이것이 일반적인 원칙으로, 소제기 전 침해행위 중지제도를 도입한 목적에 의해서 결정된다. 그러나 특허권 침해분쟁사건의 상황은 보통 비교적 복잡하고 전문적 기술에 관계되며, 심리에 비교적 오랜 기간이 소요될 뿐만 아니라, 심리 중에 피고가 특허권의 무효선고를 청구하는 경우가 있을 수 있고, 이 때문에 최고인민법원의 사법해석도 법원이 사건의 구체적인 상황에 따라서 임시조치의 구체적인 기한을 규정하는 것을 허용하였다. 특허권 침해행위를 중지시키는 임시조치가 상당히 단호하여 비교적 큰 위험이 있으므로, 만약 피신청인의 행위가 최종적으로 특허권 침해가 아닌 것으로 인정된다면, 신청인은 피신청인에게 막대한 액수의 손해배상액을 지급하여야 할 수도 있다. 이러한 가능성을 고려해서 신청인은 너무 큰 위험을 부담하지 않기 위하여 임시조치의 집행기간이 너무 긴 것을 바라지 않고 자진해서 기한을 설정해 줄 것을 청구할 수도 있다. 기한이 만료되는 때에, 법원은 당사자의 청구에 의하여 관련 행위를 계속 중지시킬 필요가 있는가를 고려할 수 있다. 특허권 침해사건에 대한 심리과정에서, 당사자의 청구에 근거하여 관련 행위를 계속 중지시킬 필요가 없다고 심리 결과 인정된다면 법원은 재정을 해제할 권한이 있다. 예를 들어, 원고가 특허권 침해소송 과정에서 승소할 가능성이 없거나 또는 증거가 부족하다고 판단하면, 자진하여 임시조치 재정의 해제할 것을 요구함으로써 자기에게 돌아올 훨씬 큰 손해를 피할 수 있다.

(三) 특허권 침해소송과의 관계

본조 규정에 따른 소제기 전 임시조치는, 특허권자가 아직 법원에 소를 제기하지 않은 상황에서 그 합법적 권익을 보호하기 위하여 법원에 취해줄 것을 신청하는 피신청인에 대한 침해혐의행위 중지명령 조치이다. 임시조치에 대한 재결은 법원이 아직 사건의 실체적 문제에 대해서 심리를 하지 않은 상황에서, 즉 피신청인의 행위가 확실히 특허권을 침해한 것인지에 대해서 아직 구체적인 심리를 하지 않은 상황에서 내려진다. 만약 피신청인의 행위가 최종적으로 특허권 침해행위에 해당하지 않는 것으로 인정된다면, 임시조치는 필연적으로 피신청인의 합법적 이익에 손해를 입히게 된다. 신청인의 합법적 이익을 보호하면서도 피신청인의 합법적 권익을 보호하여 양자가 균형을 이루게 하기 위해서는, 반드시 신청인으로 하여금 조속히 특허권 침해분쟁에 대한 소송을 제기하도록 함으로써, 법원이 조속히 분쟁의 시비곡직에 대해서 실체적인 판단을 내리도록 하여야 한다. 이 때문에 본조 제4항은 인민법원이 관련 행위에 대한 중지를 명령한 조치를 취한 날로부터 15일 이내에 신청인이 소를 제기하지 않는 경우, 인민법원은 그 조치를 해제하여야 한다고 규정하고 있다.

(四) 신청이 잘못된 경우의 배상

쌍방 당사자의 합법적 이익을 균형 있게 보호하기 위하여, 본조 제5항은 "신청에 잘못이 있는 경우, 피신청인이 관련 행위를 중지함으로써 입은 손해를 신청인이 배상하여야 한다."고 규정하고 있다.

2000년 개정 「특허법」은 소제기 전 임시조치 신청이 잘못된 경우에 신청인에게 배상책임이 있는가 하는 문제에 대하여 명확히 규정하지 않았으며, 이 때문에 2001년 반포된 「최고인민법원의 소제기 전 특허권 침해행위 중지 적용 법률문제에 관한 규정」 제13조는 아래와 같이 규정하였다.

신청인이 소를 제기하지 아니하거나 또는 신청이 잘못되어 피신청인에게 손해를 입힌 경우, 피신청인은 관할권 있는 인민법원에 소를 제기하여 신청인에게 배상을 청구할 수도 있고, 또한 특허권자 또는 이해관계자가 제기한 특허권 침해소송에서 손해배상을 청구할 수도 있으며, 인민법원은 병합하여 처리할 수 있다.

위의 규정은 소를 제기하지 않은 것과 신청이 잘못된 것을 신청인이 배상책임을 부담하여야 하는 이유로 규정하였지만, 2008년 개정 「특허법」 중의 본조에서는 단지 신청에 잘못이 있는 경우만 규정하고 소를 제기하지 않은 경우는 규정하지 않았는데, 이것은 신청인이 법정기한 내에 소를 제기하지 않았다고 하더라도 피신청인이 입은 손해에 대한 책임을 부담할 필요가 없음을 나타내는가?

2008년 「특허법」 개정 과정에서 국가지식산권국은 일찍이 본조 제5항에 신청인이 소를 제기하지 않은 경우에도 배상책임이 있는 것으로 명확히 규정할 것을 건의하였다. 전국인민대표대회 상무위원회 법제업무위원회는 "신청에 잘못이 있는 경우"가 포괄하는 범위가 매우 넓어서, 신청인이 규정된 기간 내에 특허권 침해소송을 제기하였지만 법원이 심리를 거쳐 피신청인의 행위가 특허권 침해행위에 해당하지 않는 것으로 인정한 경우를 포함할 뿐만 아니라, 신청인이 규정된 기간 내에 소를 제기하지 않은 경우도 포함한다고 보았다. 이로부터 위 문제에 대한 대답은 부정이어서, 신청인이 법정기한 내에 소를 제기하지 않은 것도 당연히 "신청에 잘못이 있는 경우"에 속하여 피신청인이 입은 손해를 배상하여야 함을 알 수 있다.

이와 관련된 다른 문제가 있는데, 피신청인의 행위가 법원에 의해서 최종적으로 침해가 아닌 것으로 인정된 경우에 당연히 신청에 잘못이 있는 것으로 인정되는가?

피신청인의 배상청구는 일반적인 경우에 독립적인 소송으로 간주되며, 피신청인이 관할권 있는 인민법원에 소를 제기하면 된다. 피신청인의 손해가 신청인이 임시조치제도를 남용함에 의해서 입게 된 것임에 비추어 보면, 피신청인의 손해는 신청인의 행위와 밀접한 관계가 있으며, 명확한 사실규명과 공정한 심리 측면에서 보면 피신청인이 특허권자 또는 이해관계인이 제기한 특허권 침해소송에서 손해배상의 반소를 제기하고 법원은 병합사건으로 처리하는 것이 허용되어야 하고, 이것이 조속한 분쟁해결과 당사자의 소송경제에 부합한다.

소제기 전 임시조치제도를 마련한 목적과 전제조건으로 보면, 현실적으로 발생되는 특허권 침해사건의 소수만이, 심지어는 극소수만이 이러한 제도를 이용할 필요가 있다. 그 이유는 이 제도에는 "선조치 후보고"와 유사한 성질이 있어서, 특허권자의 합법적 이익을 확실히 보호하는 면도 있지만 특허권자에 의해서 그 경쟁상대를 타격하기 위해 남용될 수 있는 면도 있기 때문이다. 기왕에 이와 같다면, 이러한 조치를 취할 것을 신청하는 특허권자가 충분히 신중한 태도를 유지하도록, 예를 들어 최종적으로 특허권 침해행위에 해당하는 것으로 인정될 가능성이 90% 이상인 때에야 비로소 신청하도록 촉구할 충분한 이유가 있다. 본조에 규정된 임시조치를 법원에 신청하게 되면 피신청인의 관련 행위를 명확하게 금지시킴으로써 자연히 통쾌감을 얻을 수 있다는 장점이 있지만, 그러나 통쾌감을 얻는 것 이외에 대가를 치를 수도 있음을 생각하여야 하는데, 이 대가가 바로 법원이 최종적으로 특허권 침해행위에 해당하지 않는 것으로 인정한 경우에 부담하여야 하는 피신청인이 입은 손해에 대한 배상책임이다. 법리로 보면, 권리에는 언제나 책임이 수반되는 것이고, 권리가 커지면 책임도 또한 커진다. 따라서 특허권자 또는 이해관계자가 소제기 전 임시조치제도를 남용하는 것을 방지하고, 피신청인의 합법적 이익을 보호하며, 정상적 시장경쟁질서를 유지하기 위하여, 피신청인의 행위가 효력 있는 판결에 의해서 일단 특허권 침해행위에 해당하지 않는 것으로 인정되기만 하면 "신청에 잘못이 있는 경우"로 인정되어야 한다.

신청에 잘못이 있어서 피신청인이 입게 된 손해에 대한 배상액은, 일반적인 민사권리 침해 배상책임 규정에 따라서 확정하여야 한다. 피신청인이 관련 행위를 중지함으로써 입은 직접손해와 간접손해가 모두 신청인이 배상하여야 하는 범위에 속한다. 피신청인이 생산·판매를 중지하는 경우에는 이로 인한 직접적인 손해 이외에도 보통은 기타 손해가 있을 수 있는데, 예를 들면 피신청인이 제3자와 체결한 물품공급계약을 기간 내에 이행하지 못함에 따라 제3자가 필연적으로 요구하게 될 배상금 또는 위약금, 생산·판매 중지 기간에도 피신청인이 지급하여야 하는 종업원에 대한 급여도 피신청인의 추가적인 손해로 간주된다. 이때에 피신청인은 신청인에게 이러한 손해를 함께 배상하도록 요구할 이유가 있다.

제67조 특허권 침해의 소제기 전 증거보전

① 특허권 침해행위를 제지하기 위하여, 증거가 멸실될 수 있거나 또는 증거를 나중에 확보하기가 어려운 경우에, 특허권자 또는 이해관계인은 소를 제기하기 전에 인민법원에 증거보전을 신청할 수 있다.

② 인민법원이 보전조치를 취하는 경우 신청인에게 담보제공을 명령할 수 있으며, 신청인이 담보를 제공하지 아니한 경우 신청을 기각한다.

③ 인민법원은 신청을 접수한 때로부터 48시간 이내에 재정하여야 하고, 보전조치를 취할 것을 재정한 경우, 즉시 집행하여야 한다.

④ 인민법원이 보전조치를 취한 날로부터 15일 내에 신청인이 소를 제기하지 아니한 경우, 인민법원은 이 조치를 해제하여야 한다.

一. 소제기 전 증거보전제도의 필요성

본조는 2008년 「특허법」 개정 시에 신설되었다.

소제기 전 증거보전은 당사자의 신청에 의하여 멸실될 수 있거나 나중에 확보하기 어려운 증거에 대하여 당사자가 소를 제기하기 전에 법원이 확보하여 보호하는 제도이다. TRIPs 제50조 제1항도 사법당국이 신속하고 효과적인 잠정조치를 명령할 권한을 갖게 함으로써, 침해로 피소된 행위와 관련된 증거를 보존할 수 있어야 한다고 규정하고 있다.

특허권 침해행위에 대한 임시구제에 대해서, 2000년 개정 「특허법」 제61조는 소제기 전 관련 행위에 대한 중지명령과 재산보전조치를 규정하였을 뿐, 소제기 전 증거보전조치에 대해서는 규정하지 않았다. 「민사소송법」 제74조는 소제기 후의 증거보전조치에 대하여 규정하였으나, 소제기 전 증거보전조치에 대해서는 규정하지 않았다. 특허권 침해분쟁사건에서는 소제기 전에 증거보전조치를 취하지 않으면 증거가 멸실되거나 또는 증거를 확보하기 어려운 경우가 종종 발생한다. 이러한 문제를 해결하기 위하여 2001년 반포된 「최고인민법원의 소제기 전 특허권 침해행위 중지 적용 법률문제에 관한 규정」 제16조는 인민법원이 소제기 전 특허권 침해행위에 대한 중지명령조치를 집행하는 때에, 당사자의 청구에 근거하여 「민사소송법」 제74조 규정을 참조해서 증거보전도 동시에 진행할 수 있다고 규정하였다.

2000년에 「특허법」을 개정한 후 「상표법」 및 「저작권법」을 개정할 때에, TRIPs의 위 규정에 근거하여 소제기 전 관련 행위에 대한 중지명령조치와 재산보전조치에 관한 규정을 신설하였을 뿐만 아니라, 소제기 전 증거보전조치에 관한 규정도 신설하였다. 이러한 상황에 비추어서 특허소송제도를 개선하고 지식재산권 소송관련 규정을 통일시키며 특허권자의 합법적 이익을 보다 더 효과적으로 보호하기 위해서, 2008년 「특허법」 개정 시에 「상표법」 및 「저작권법」의 소제기 전 증거보전에 관한 규정을 참고로 하여 특허권 침해분쟁의 소제기 전 증거보전 문제에 대해서 규정하였다.

소제기 전 증거보전제도는 특허권자의 합법적 이익을 확실히 보호하는 데 매우 중요한 의의를 갖는데, 그 이유는 다음과 같다.

첫째, 특허권자가 타인이 그 특허권을 침해하였다고 주장하기 위해서는 침해로 피소된 자가 어떠한 행위를 하였는지와 그 행위의 객체가 그 특허권의 보호범위에 속한다는 것을 증거로써 증명하여야 하기 때문이다. 특허권자가 손해를 입었다고 주장하기 위해서 특허권자가 이로 인해 입은 손해 또는 침해자가 이로 인해서 얻은 이익을 증거를 들어 증명하여야 한다. 증명의 성공여부는 특허권자가 보호를 받을 수 있는지 그리고 어느 정도의 보호를 받을 수 있는지와 직접적으로 관계된다. 특허권의 권리객체는 유체재산이 아니라 무체재산이고, 이러한 성질 때문에 특허권자가 증거를 제출하는 것은 유체재산권에 대한 침해분쟁 사건에서 증거를 제출하는 것보다 훨씬 곤란하다.

둘째, 「특허법」 제26조 제3항 규정에 의해서 특허권자는 반드시 그 발명창조에 대해서 해당 분야의 기술자가 그 발명창조를 실시할 수 있을 정도로 명확하고 완전하게 설명하여야 하기 때문이다. 따라서 침해로 피소된 자는 국가지식산권국이 공개한 특허문서를 읽어 보기만 하면 특허권자와 연락 또는 접촉 없이도 특허권이 수여된 발명창조를 이해하고 파악할 수 있다. 바꿔 말하면, 특허권을 받은 발명창조는 항상 양지에 있기 마련이지만 침해자가 그 발명창조를 실시하는 행위는 늘상 음지에 있게 된다. 이러한 상황 때문에 특허권자가 그 침해행위를 즉시 발견하는 것이 보통은 쉽지 않다.

셋째, 중국이 지식재산권에 대한 보호를 날로 강화하고 개선하고 있는 상황에서, 특허권을 침해한 자는 특허권 침해에 대한 민사책임을 피하기 위하여, 항상 여러 모로 궁리하여 사실을 숨기거나 덮으려 하고, 조금만 기미가 보여도 침해제품이나 전용제조설비를 옮기려 하며, 장부 등 그 실시규모 등을 증명할 수 있는 증거를 인멸하려 하는데, 이렇게 함으로써 특허권자가 조사하여 증거를 확보하는 데 어려움을 가중시키기 때문이다.

발명창조를 장려 및 보호하여 혁신형 국가건설을 촉진하려는 「특허법」의 입법취지를 실현하기 위해서는, 특허권자가 그 이익을 보호하고 그 권리를 주장하는 데 필요한 환경을 반드시 조성하여야 한다. 2008년「특허법」개정 시에 본조 규정을 신설한 것은 이를 위해 취한 조치 중 하나이다.

二. 소제기 전 증거보전신청의 절차

본조는 소제기 전 증거보전신청의 담보, 법원의 재정 기한, 재정의 집행 및 법원이 보전조치를 재정한 경우의 신청인의 소제기 기한 등 주요 문제에 대해서 규정하고 있다.

본조 제2항은 "인민법원이 보전조치를 취하는 경우 신청인에게 담보제공을 명령할 수 있다."고 규정하고 있다.「특허법」제66조 규정을 본조 규정과 비교하면, 신청인의 담보제공 문제에 있어서 두 조가 분명히 다른 입장임을 볼 수 있는데, 전자는 반드시 담보를 제공하여야 하는 것으로 규정한 데 대하여 후자는 법원의 자유재량으로 규정하고 있다. 이처럼 규정한 것은, 소제기 전 관련 행위의 중지명령조치는 필연적으로 신청인으로 하여금 손해를 입게 하기 때문에, 나중에 신청에 잘못이 있음을 발견한 경우에 관련 행위의 중지로 인한 피신청인의 손해를 배상하기 쉽게 하기 위해서는 신청인에게 담보제공을 요구할 필요가 있지만, 소제기 전 증거보전조치는 피신청인에게 반드시 손해를 입히는 것은 아니어서 신청인에게 일률적으로 담보제공을 요구할 필요가 없기 때문이다. 예를 들어, 특허권자가 광고, 계약문서, 영수증, 장부, 가치가 높지 않은 견본 등 증거에 대해서 소제기 전 증거보전을 신청하였다면 법원은 신청인에게 담보제공을 요구하지 않을 수 있지만, 특허권자가 대형 설비(예를 들면, 대형 운송설비)에 대해서 보전을 신청한 경우에는 만약 그 결과로 피신청인이 그 대형 설비를 정상적으로 운영할 수 없어 손해를 입게 되었다면 신청인에게 상응하는 담보를 제공하도록 할 필요가 있다.

본조는 법원의 재정 기한에 관하여 명확하게 규정하였는데, 즉 신청을 접수한 때로부터 48시간 이내이다.「특허법」제65조가 소제기 전 관련 행위의 중지에 대해서 내리는 재정의 기한을 48시간 연장할 수 있게 규정한 것과 달리, 본조가 규정한 48시간의 기한은 연장할 수 없다.

본조는 소제기 전 증거보전조치를 취한 이후에 신청인이 소를 제기하여야 하는 기한도 명확하게 규정하였는데, 즉 15일이다. 법원이 소제기 전 증거보전조치를 취한 후 15일 이내에 신청인이 소를 제기하지 않은 경우, 재정한 법원은 그 조치를 해제하여야 한다.

소제기 전 증거보전신청에 제출하여야 하는 자료, 법원의 재정 범위, 신청에 잘못이 있는 경우의 배상 등 문제에 관하여는 「특허법」에 구체적으로 규정되어 있지 않으며, 최고인민법원도 사법해석에서 특별히 규정하지 않았다. 필자는 이러한 문제에 관해서는 원칙적으로 2001년 반포된 「최고인민법원의 소제기 전 특허권 침해행위 중지 적용 법률문제에 관한 규정」을 참조할 수 있다고 본다. 예를 들어, 제출하여야 할 자료에 있어서, 신청인은 한편으로는 그 특허권을 갖고 있다거나 또는 특허를 실시할 권리가 있다는 증거를 제출하여야 하고, 다른 한편으로는 피신청인의 행위에 관한 증거가 멸실될 수 있다거나 또는 나중에는 그 증거를 확보하기 어려워진다는 증거를 제출할 필요가 있지만, 피신청인의 실시행위가 특허권 침해행위에 해당할 수 있다는 증거는 제출할 필요는 없다.

제68조 특허권 침해의 소송시효

① 특허권 침해의 소송시효는 2년이며, 특허권자 또는 이해관계인이 침해행위를 알았거나 또는 알 수 있었던 날로부터 계산한다.

② 발명특허출원이 공개된 후 특허권이 수여되기 전까지 그 발명을 사용하고도 적당한 사용료를 지급하지 아니한 경우, 특허권자가 사용료의 지급을 요구할 수 있는 소송시효는 2년이며, 특허권자가 타인이 그 발명을 사용한 것을 알았거나 또는 알 수 있었던 날로부터 계산한다. 다만, 특허권자가 특허권이 수여된 날 전에 이미 알았거나 또는 알 수 있었던 경우에는 특허권이 수여된 날로부터 계산한다.

一. 중국 현행 법률의 관련 규정

(一) 소송시효의 성질 및 의의

「민법통칙」 제7장은 민사권리 보호에 관한 청구의 소송시효에 대하여 총체적으로 규정하고 있다. 이 법 제135조는 아래와 같이 규정하고 있다.

> 인민법원에 민사권리의 보호를 청구하는 소송의 시효기간은 2년으로, 법률에 다른 규정이 있는 경우는 제외한다.

이 법 제137조는 아래와 같이 규정하고 있다.

> 소송의 시효기간은 권리가 침해받고 있음을 알았거나 또는 알 수 있었던 때로부터 계산한다. 그러나 권리가 침해된 날로부터 20년을 경과한 경우, 인민법원은 보호하지 아니한다. 특별한 사정이 있는 경우, 인민법원은 소송의 시효기간을 연장할 수 있다.

소송시효의 성질에 관하여, 「민법통칙」이 권리소멸의 각도에서 출발하여 권리자의 그 권리의 행사 가능성 및 사법기관이 준수하여야 하는 원칙을 규정하였기 때문에 「민법통칙」이 규정하는 소송시효는 소멸시효의 범위에 속한다고 보는 학자가 있다.[1]

---

1) 陶希晋, 中国民法学・民法总则[M], 北京: 中国人民公安大学出版社, 1990: 314.

소송시효제도에 있어서 명확하게 하여야 할 가장 중요한 문제는, 법률이 규정한 소송시효기간을 경과하여 민사권리의 권리자가 권리를 주장하는 경우 그에게 어떤 불리한 법적 효과를 부담하도록 하여야 하는가이다. 이에 대해서는 나라마다 상이한 방식을 취하고 있는데 다음과 같은 유형을 포괄한다.[1]

첫째, 소송시효기간이 만료되면 권리자의 실체적 권리 자체도 소멸한다. 이때에 권리자는 원래 의무자의 이행을 받을 수 있는 권리가 없으며, 다시 원래 의무자의 이행을 받는다면 부당이득에 해당하여, 원래 의무자가 반환을 청구할 수 있다. 일본민법이 이러한 방식을 취하고 있다고 한다.

둘째, 소송시효기간이 만료되더라도 권리자의 실체적 권리 자체는 여전히 존재하지만 권리자의 소권은 소멸한다. 이때에 의무자가 소송시효 규정을 인용하면 사법기관은 소송을 수리하지 않는다. 그러나 권리자가 의무의 이행을 받아들이더라도 부당이득에 해당하는 것은 아니다. 로마법에서의 소멸시효가 이러한 효과가 있다고 하며, 프랑스민법 제2262조에 유사한 규정이 있다.

셋째, 소송시효기간이 만료되더라도 권리자의 실체적 권리 자체 및 소권은 모두 여전히 존재하지만, 의무자는 소송시효 규정에 의하여 그 의무 이행을 거절할 수 있는 항변권을 취득한다. 이때에 청구권은 직접적으로 당연하게 소멸하지 않으므로 권리자는 여전히 의무자에게 이행을 청구할 수 있지만, 법원은 소송시효의 규정을 능동적으로 고려할 수 없고 또한 직권으로 권리자의 청구를 기각할 수 없다. 소송시효의 이익은 반드시 의무자가 주장하여야 하고(그 의무 이행을 거절하는 항변을 제출), 만약 그가 소송시효 규정을 몰랐거나 또는 항변을 하지 않은 경우에는 소송시효의 이익을 포기한 것으로 보아 법원은 그 의무의 이행을 판결하여야 한다. 독일민법 및 타이완이 이러한 방식을 취하고 있다고 한다.

넷째, 소송시효기간이 만료되더라도 권리자의 실체적 권리 자체 및 소권은 모두 여전히 존재하지만, 권리자가 승소할 수 있는 권리가 소멸한다. 셋째 유형과는 의무자가 소송시효 규정을 알고 있는가를 불문하고 또한 소송시효의 항변을 하였는가를 불문하고 사법기관은 소송시효 문제를 직권으로 조사하여야 한다는 점에서 차이가 있다. 만약 특허권자의 권리 및 청구에 소송시효 규정이 적용되어 소송시효기간이 이미 만료되었다면, 사법기관은 관련된 권리가 보호되지 않는다는 판결을 하여야 한다. 구소련이 먼저 이러한 방식을 취하였고, 후에 중국을 비롯한 기타 과거 사회주의

---

1) 陶希晋, 中國民法学・民法总则[M], 北京: 中國人民公安大学出版社, 1990: 317.

국가들이 이를 받아들였다고 한다.

　과거에 중국 법학계는 보편적으로「민법통칙」제7장이 규정하는 소송시효가 특허권자가 승소할 수 있는 권리를 소멸시키는 법적 효과를 발휘한다고 보았다. 그러나 이에 대해서 다른 견해도 있었는데, 어떤 학자는 아래와 같이 지적하였다.

> 소송시효의 최종적인 법률효과가 도대체 승소할 수 있는 권리의 소멸인가 아니면 영구적인 항변권인가 하는 문제에 관하여, 근년에 학자들은 다른 의견을 제시하고 있다. 현재 규정에 따르면, 소송시효의 법률효과는 승소권의 소멸, 즉 소송시효기간이 만료되면 승소할 수 있는 권리가 소멸되는 것이고 소를 제기할 수 있는 권리가 소멸되는 것은 아니며, 권리자의 권리를 자연적인 권리로 변화시킨다. 이러한 규정에 따르면 소송시효는 일종의 강제적 규정이므로, 소송 중에 당사자의 주장을 기다릴 필요 없이 법관이 직권으로 적용하여 권리자가 승소할 수 있는 권리를 상실하였음을 선고할 수 있다. 이러한 규정은 소송시효제도의 설립목적에 부합하지 아니한다. 이러한 결과는 실제로는 당사자가 자기의 의지에 따라서 자유롭게 행사할 수 있는 권리를 법관의 권력으로 변화시키는 것이고, 국가의 의지로 변화시키는 것이다. 이것은 민사권리의 본질적 요구에 부합하지 않는 것이다. 소송시효의 본질은 영구적인 항변권이어야 한다. 만약 청구권이 소송시효기간 이내에 행사된 것이 아니라면, 청구인이 그 권리의 행사를 요구하는 때에 의무자는 소송시효에 의하여 이미 법정기간이 도과하였음을 이유로 항변을 할 수 있다. 만약 항변권이 정당하게 행사된 것이라면, 이러한 청구권에 대항할 수 있어서 청구인의 청구는 실현되지 않게 된다.
>
> 소송시효의 성질을 항변권으로 전환시키는 것이 소송시효의 본질에 훨씬 부합하며, 채권자의 합법적 채권 보호, 악의적인 채무 회피 감소 및 정상적인 교역질서 유지에 훨씬 유리하다. 따라서 필자는 민법전을 제정할 때에 소송시효의 성질에 관한 규정을 명확히 하여야 하고, 소송시효에 대하여 그 직권주의에 의하는 강제적 효과를 유지하지 말고 당사자 주의로 고쳐서 당사자가 자유롭게 이러한 항변권을 행사할 수 있게 하여야 한다고 건의하는 바이다.[1]

　2008년 반포된「최고인민법원의 민사사건 심리에 적용되는 소송시효제도 문제에 관한 규정」(사법해석 [2008] 제11호) 제3조는 아래와 같이 명확하게 규정하였다.

> 당사자가 소송시효의 항변을 하지 아니한 경우, 인민법원은 소송시효 문제에 대하여

---

1) 杨立新, 侵权法论[M], 3版, 北京: 人民法院出版社, 2005: 271-272.

석명하거나 소송시효 규정을 능동적으로 적용하여 판결해서는 아니 된다.

위 규정은 최고인민법원이 소송시효가 항변권의 성질을 갖고 있으므로 당사자가 적용을 주장하여야지 법원이 능동적으로 적용할 수는 없다고 보았음을 나타낸다. 이에 따라서 중국은 소송시효제도의 성질에 대해서 이미 독일과 유사한 입장을 취하고 있다고 할 수 있다.

소송시효를 규정한 것에는 다음과 같은 의의가 있다.[1]

첫째, 사회경제적 질서를 안정시키는 데 유리하다. 시간이 흐르고 경제적 왕래가 빈번해짐에 따라 새로운 경제관계가 부단히 출현하여 기존의 경제관계와의 모순도 끊임없이 나타나고 있다. 소송시효제도는 새로운 질서를 긍정하고 기존의 질서를 부정하는 작용이 있다. 따라서 소송시효제도는 특허권자가 권리행사를 하지 않은 것에 대한 징벌도 아니고 의무자가 의무를 이행하지 않은 것에 대한 보상도 아니며, 그 근본적 목적은 기존의 사실을 존중하고 사회경제적 질서를 안정시키는 데 있다.

둘째, 경제적 순환을 가속화하는 데 유리하다. 소송시효제도는 일종의 강제적 규범으로, 법정기간을 경과한 경우 규정에 따라 그 권리는 폐기되며, 이렇게 함으로써 권리자로 하여금 권리의 행사를 재촉하고 동시에 의무자에게도 의무의 이행을 재촉하게 된다. 이것은 사회경제적 순환을 가속화하고, 물질적 자산의 경제적 효용을 제고시키며, 경제건설의 발전을 촉진하는 데 유리하다.

셋째, 민사사건을 조속히 처리하는 데 유리하다. 법원이 분쟁사건을 처리함에는 사실을 근거로 하고 법률을 기준으로 하여야 하는데, 아주 오래된 빚이나 채무는 증거가 이미 멸실되었고 사실을 밝히기가 어려워서 종종 사건의 정확한 처리가 곤란해질 수 있다. 소송시효제도가 있음으로 해서 법원은 아주 오래된 채무의 영향에서 벗어나서 현실생활에서 발생하는 재산분쟁에 대하여 정확하고 조속하게 처리할 수 있다.

한 학자는 소송시효제도의 의의를 다음과 같이 매우 간명하게 귀납하였다.

(1) 채무자를 보호하여, 시간이 오래되어 증명이 곤란함으로 인해 입을 수 있는 불이익을 피하게 할 수 있게 한다.

(2) 현재의 질서를 존중하고, 법적 화평상태를 유지한다.

(3) 권리 위에 잠자는 자는 보호할 가치가 없다.

(4) 법률관계를 간략화하고 법원의 부담을 경감하며 교역비용을 절감시킨다.[2]

---

1) 王逐起, 民法通则知识[M], 北京: 中国政法大学出版社, 1998: 91.

2) 王泽鉴, 民法总则[M], 增订版, 北京: 中国政法大学出版社, 2001: 517.

(二)「특허법」의 특허권 침해 소송시효에 대한 규정

중국의 1984년 제정「특허법」제61조는 아래와 같이 규정하였다.

> 특허권 침해의 소송시효는 2년으로, 특허권자 또는 이해관계인이 침해행위를 알았거나 또는 알 수 있었던 날로부터 계산한다.

1984년 특허법을 제정할 때에「민법통칙」은 아직 제정되기 전이어서 당시 중국에는 소송시효에 대한 통일적인 상위법 규정이 없었으므로,「특허법」중에 특허권 침해의 소송시효를 규정할 필요가 있었다. 이 때문에「특허법」의 소송시효에 관한 규정과 후에 제정된「민법통칙」의 소송시효에 관한 규정이 구체적인 표현에서 차이가 나게 되었다. 예를 들어,「민법통칙」은 "민사권리 보호의 소송시효"라고 규정한 데 대하여 본조는 "특허권 침해의 소송시효"라고 규정하였고,「민법통칙」은 "소송시효 기간은 권리가 침해되었음을 알았거나 또는 알 수 있었던 때로부터 계산한다."라고 규정한 데 대하여「특허법」은 "특허권자 또는 이해관계인이 알았거나 또는 알 수 있었던 때로부터 계산한다."라고 규정하였다. 중국의 입법기관은 양자에 실질적 차이가 없다고 보았는데, 이 때문에「민법통칙」이 제정된 후, 1992년, 2000년 및 2008년 세 차례「특허법」개정에서「특허법」의 위 조문의 표현에 대해서는 조정을 하지 않았다.

「특허법」이 규정하는 특허권 침해의 소송시효는「민법통칙」이 규정하는 일반적인 소송시효 범주에 속한다.「특허법」에는 위의 규정 이외에 소송시효에 대한 다른 특별한 규정이 없다. 따라서「민법통칙」제137조의 20년의 기간에 관한 규정 및 특별한 경우에 소송시효기간을 연장할 수 있다는 규정, 제138조의 당사자 의사에 의한 소송시효 배제에 관한 규정, 제139조의 소송시효 중지에 관한 규정, 제140조의 소송시효 중단에 관한 규정이 모두 특허권 침해분쟁사건에도 적용된다.

2000년「특허법」개정 시에, 1984년 제정 및 1992년 개정「특허법」제61조의 조문 번호를 제62조로 고치고, 아래와 같은 제2항을 신설하였다.

> 발명특허출원이 공개된 후 특허권이 수여되기 전에 그 발명을 사용하고도 적당한 사용료를 지급하지 아니한 경우, 특허권자가 사용료의 지급을 요구할 수 있는 소송시효는 2년이며, 특허권자가 타인이 그 발명을 사용한다는 것을 알았거나 또는 알 수 있었던 날로부터 계산한다. 다만, 특허권자가 특허권이 수여된 날 전에 이미 알았거나 또

는 알 수 있었던 때에는 특허권이 수여된 날로부터 계산한다.

위의 규정을 신설한 것은 현실에서 발생하는 실제적 문제를 해결하기 위함이었다. 2000년 개정「특허법」제13조는 "발명특허출원이 공개된 후, 출원인은 그 발명을 실시하는 단위 또는 개인에게 적당한 비용을 지급하도록 요구할 수 있다."고 규정하였다. 2001년 개정「특허법실시세칙」제79조는 발명특허출원이 공개된 후 특허권이 수여되기 전에 발명을 사용하고도 적당한 사용료를 지급하지 않아서 발생한 분쟁에 대하여 특허권자가 특허업무관리부문에 조정을 청구하는 경우에는 특허권이 수여된 후에 청구하여야 한다고 규정하였다. 비록「특허법실시세칙」의 위 규정은 특허권자가 인민법원에 소를 제기하는 문제에 관한 것은 아니지만, 특허권이 수여된 후에만 비로소 권리자가 적당한 사용료에 관한 분쟁에 대해서 인민법원에 소를 제기할 수 있는 것으로 이해되어야 한다. 위의 규정에 의하여 발명특허출원이 공개된 후 특허권이 수여되기 전에 출원인은 그 발명을 실시하는 단위 또는 개인에 대하여 적당한 사용료를 지급할 것을 요구할 수 있는 권리가 있지만, 만약 요구받은 단위 또는 개인이 지급을 거절한다면 출원인은 발명특허권이 수여된 후에야 비로소 법원에 소를 제기하거나 또는 특허업무관리부문에 조정을 청구할 수 있다. 그러나 발명특허의 수여는 실체심사를 거쳐야 하고 심사기간이 비교적 많이 소요되기 때문에, 출원된 발명에 특허권이 수여되기 전에 출원된 발명을 사용하고도 적당한 사용료를 지급하지 않은 행위에 대해서, 만약 일반적인 경우와 같이 권리자가 실시행위를 알았거나 또는 알 수 있었던 날로부터 소송시효를 계산한다고 한다면, 2년의 소송시효기간이 만료되는 때에 특허권자가 아직도 발명특허권을 수여받지 못하였을 수도 있다. 이것은 권리자가 그 발명을 실시한 단위 또는 개인으로 하여금 법에 의해 소송을 통해서 적당한 사용료를 지급하도록 하는 것을 불가능하게 하는 결과를 낳는 것이어서, 분명히 특허권자의 합법적 이익보호에 이롭지 않다.

2000년 개정「특허법」제62조 제2항 규정에 따라서, 발명특허출원이 공개된 후 특허권이 수여되기 전에 그 발명을 사용하고도 적당한 사용료를 지급하지 않은 경우, 특허권자가 적당한 사용료의 지급을 청구하는 소송의 시효기간 계산방식에는 두 가지가 있는데, 하나는 실제로 알았거나 또는 알 수 있었던 날로부터 계산하는 방식이고, 다른 하나는 발명특허권이 수여된 날로부터 계산하는 방식으로서, 둘 중에서 늦게 만료되는 것을 기준으로 한다. 이렇게 하여 1984년 제정「특허법」제61조 규정의 부족한 점을 극복함으로써 특허출원인 및 특허권자의 합법적 권익을 보다 더 잘 보호할 수 있게 하였다.

2008년 「특허법」 개정 시에 개정 전 제62조의 조문번호를 제66조로 고쳤지만 조문 내용에는 변화가 없었다.

특허권에 있어서 소송시효제도는 경제질서를 안정시키고 사회의 공평과 정의를 유지시키는 뚜렷한 작용을 한다.

「특허법」 제1조는 그 취지를 "발명창조의 장려, 발명창조의 응용촉진, 혁신능력의 제고, 과학기술의 진보와 경제사회의 발전 촉진"이라고 규정하고 있다. 이로부터 발명창조를 장려하는 것이 특허제도의 유일한 최종적 목표가 아님을 알 수 있다. 발명창조가 있음에도 응용되지 않아서 방치해 둔 채 사용하지 않으면, 아무리 좋은 발명창조라도 그 의의가 없게 된다. 국가와 민중의 이익을 위하여, 격렬한 국제적 과학기술경쟁 및 경제적 경쟁 환경에 적응하기 위하여, 특허권 보호객체의 확산응용을 촉진할 필요가 있으며, 이것이 특허제도가 상표제도 및 저작권제도와 구별되는 뚜렷한 특징이다. 중국의 과학기술 실력과 종합적 국력을 조속히 제고시키기 위해서, 국가는 특허권자 자신이 그 특허권을 받은 발명창조를 적극적으로 실시하도록 장려하여야 할 뿐만 아니라 타인이 특허권을 받은 발명창조를 다른 단위 또는 개인이 합법적인 방식으로 적극적으로 실시하도록 장려하여야 한다.

「특허법」 제11조 규정에 따르면, 모든 단위 또는 개인은 타인이 특허권을 받은 발명창조를 생산경영 목적으로 실시하는 경우 사전에 특허권자의 허가를 받아야 하는데, 이것은 특허제도가 실현하고자 하는 이상적인 상황이다. 세계적으로 모든 국가는 특허권을 수여할 때에 공고함으로써 공중의 어느 누구라도 쉽게 찾아볼 수 있게 하고 있다. 따라서 이론적으로 말하면, 어느 누구라도 특허제품을 제조·판매청약·판매·사용·수입하거나 특허방법을 사용하기 전에 공고된 특허문서를 꼼꼼하게 찾아 읽어 봄으로써 타인의 특허권을 침해하는 것을 방지하여야 한다. 그러나 어떤 기술을 실시하는 것이 타인의 특허권을 침해한 것인지를 충분히 확정적으로 판단하는 것이 상당히 어려운 일이라는 것은 이 분야의 사람들은 알고 있다. 2009년에 중국이 수여한 세 유형의 특허권은 이미 58.2만여 건에 달하며, 누계로는 308만 건을 넘어섰다. 모든 기술분야에서 특히 첨단기술분야에서, 유효특허의 "밀도"는 매우 높다. 이러한 상황 때문에 단위 또는 개인이 어떤 제품의 연구개발에 착수할 때에 설령 대량의 자원을 투입하여 유효한 특허에 대하여 검색한다고 하더라도 나중에 타인의 특허권을 침해한 것으로 피소될 수 있는 가능성을 완전히 배제할 수는 없다. 타인이 제조한 제품을 판매·사용하는 단위 또는 개인에 있어서는, 예를 들어 대형쇼핑몰이라면, 그 판매·사용하는 모든 제품이 타인의 특허권을 침해한 것인지를 사전에 조사하는 것은 훨씬 곤란하며 거의 불가능에 가깝다. 이 문제는 중국뿐만 아니라 미국·유럽·일본 등과 같은 특허제도를 수립한 지 수백 년이 되는 국가와 지역에도 마찬가지로 존재하며, 형세의 발전에 따라 계속 심각해지는 추세이다. 이것은 미국사법당국으로 하여금 근년에 그 특허제도에 대해서 일련의 중대한 조정조치를 취하도록 만든 중요한 원인 중 하나이다.

특허권은 중국 국경 내의 모든 단위 및 개인에게 모두 구속력이 있으며, 동시에 "지식"에 대한 독점과 점유이므로, 보통의 유체재산에 대한 점유에 비하여 공중에 대한 영향이 훨씬 크다. 기왕에 앞에서 설명한 것처럼 특허권 침해분쟁이 피할 수 없는 것이라면, 특허제도에 일종의 기제를 마련하여 특허권 침해분쟁이 조속히 해결될 수 있도록 함으로써 생산경영활동에 종사하는 많은 단위와 개인이 조속히 "안정적" 상태에 있게 하여야 한다. 「특허법」의 특허권 침해 소송시효에 관한 규정은 이러한 기제의 중요한 구성부분이다. 「특허법」의 소송시효에 관한 규정에 따라서, 일단 특허권자가 침해행위의 존재를 알았거나 또는 알 수 있었던 경우라면, 정당한 이유가 있는 경우를 제외하고, 2년의 소송시효기간 안에 그 권리를 주장하여야 하고, 그렇게 하지 않으면 침해로 피소된 자가 법에 의한 소송시효의 항변을 하는 경우, 특허권자의 권리 주장은 법원의 지지를 받을 수 없게 된다. 만약 이와 달리 특허권자가 방관하는 전략을 취하여 여러 해가 지난 후에야 비로소 그 이미 알고 있었던 또는 알 수 있었던 그 특허기술의 실시행위에 대해서 한꺼번에 결판을 내리려고 하는 것을 허용한다면, 어떤 기술을 실시하기 위해서 대량의 인적 및 물적 자원과 자금을 투입한 단위 및 개인은 반드시 큰 손해를 입게 마련이다. 이러한 결과가 특허권자에게는 유리할지 몰라도 사회공중 및 국가의 이익에는 손해를 입히게 되는데, 신기술을 실시하려고 하는 모든 단위 또는 개인의 법적 위험을 불합리하게 증대시키는 것이어서 신기술의 응용 확산에 이롭지 않고 국가의 경제발전에 장애가 되어 특허제도를 수립한 취지에 근본적으로 위배되기 때문이다.

강조하여 지적하여야 할 점은 본조의 특허권 침해의 소송시효에 관한 규정이 특허권 침해행위에 대한 방관 내지는 용인을 의미하는 것이 아니라는 점이며, 이 규정은 특허권자로 하여금 그 권리를 조속히 행사하게 함으로써 침해행위를 조속히 제지하는 데 그 의의가 있다는 점이다. 이것은 국가와 민중의 이익에 부합할 뿐만 아니라, 특허권자의 이익에도 부합한다. 「민법통칙」제7장의 소송시효에 관한 규정은 한편으로는 특허권자의 권리행사에 대하여 필요한 제한을 하였고, 다른 한편으로는 특허권자의 이익을 충분히 고려하였다. 이 점은 「민법통칙」에서 소송시효기간이 침해행위가 발생한 날로부터 계산되기 시작한다고 규정하지 않은 점에서 구체적으로 드러나는데, 이렇게 하게 되면 특허권자에게 불공평하기 때문이다. 또한 소송시효기간의

"스톱워치"가 한 번 누르기 시작하면 어떠한 경우에라도 멈출 수 없는 것으로 규정하지는 않았는데, 현실에서 발생할 수 있는 상황을 고려하여 특별히 소송시효의 중지 또는 중단에 관한 규정을 추가함으로써 법원으로 하여금 특별한 경우에 소송시효기간을 연장할 수 있는 권한을 수여하였다. 불가항력 또는 기타 장애가 발생하여 청구권을 행사할 수 없었던 경우도 아니고 침해자가 의무 이행에 동의하여 특허권자가 침해행위를 중지할 것이라고 오해하는 등 기타 소송시효가 연장되어야 하는 특별한 사정이 있는 경우가 아님에도 만약 특허권자가 침해행위가 있음을 알았거나 또는 알 수 있었던 날로부터 2년 내에 권리를 보호받고자 하는 행동을 취하지 않았다면, 당연히 그 불리한 법률효과를 부담하여야 하고, 그렇게 하지 않으면 조화롭고 안정된 사회 건설에 이롭지 않다. 만약 특허권자가 권리보호를 위해 아무런 조치를 취하지 않았을 뿐만 아니라, 그 특허를 실시하는 자로 하여금 특허권자가 그 실시행위를 이미 승인하였거나 또는 묵시적으로 허가한 것으로 생각하게 할 수 있는 언행이 있은 후에 나중에 이와 반대로 그 권리를 보호하고자 하는 주장을 한다면 신의성실의 원칙에 위배되는 기만행위에 해당하게 되어 훨씬 엄중한 법률적 효과를 부담하여야 한다. 「특허법」이 특허권을 창설하고 특허권 보호를 위해 하나의 체계를 마련한 것은, 이미 법률적으로 특허권자의 이익을 충분히 인정한 것이다. 소송시효제도는 특허권자의 이익을 충분히 인정하는 것임과 동시에, 특허권자가 그 권리를 조속히 행사하도록 하기 위하여 필요한 제한을 가함으로써 사회공중의 이익을 보호하고자 하는 것이다.

소송시효제도의 설계에는 신의성실이라는 가치에 대한 한 국가의 방향이 반영되어 있다. 후진타오 총서기는 당의 제17차 대회 보고에서 사회적 공평정의의 실현이 중국특색 사회주의 발전의 중대한 임무라고 지적하였으며, 아래와 같이 명확히 지적하였다.

민주법치, 공평정의, 성실우애, 활력충만, 안정질서, 사람과 자연의 조화로운 공존이라는 전체적 요구와 공동건설, 공동향유의 원칙에 따라서, 인민이 가장 관심 있어 하고, 가장 직접적이며, 가장 현실적인 문제 해결에 힘써서, 전체 인민이 모두 그 능력을 다해 그 필요를 얻으며 또한 조화롭게 살아가는 국면을 형성하고, 발전을 위해 양호한 사회적 환경을 제공하도록 노력하여야 한다.

중국의 특허제도에서 「민법통칙」과 「특허법」의 소송시효에 관한 규정을 구체화하는 것은 사회적 공평과 정의의 보호, 조화로운 사회 건설에 있어서 중요한 의의를 갖는다. 「민법통칙」 및 「특허법」의 소송시효에 관한 규정을 정확하게 적용하기 위해서는 현실적으로 존재하는 문제 및 이러한 문제를 해결하기 위한 방안에 대해서 심층적인 연구를 진행하여야 한다.

二. 소송시효제도에 존재하는 문제

「민법통칙」 제7장이 비록 소송시효제도에 대하여 통일적으로 규정하고 있기는 하지만, 원칙적이고 포괄적인 규정이어서 일부 중요한 원칙과 구체적인 내용에 있어서는 충분히 명확하지 않고 개선이 필요한 문제점이 있다. 어떤 학자는 아래와 같이 지적하였다.

> 신중국 성립 이후 중국이 반포한 일부 민법 법규들 중에 시효 규정이 있었지만, 오랜 기간 동안 보다 완전한 시효제도를 수립하지 못하였고, 민법학에 있어서 소련의 소송시효제도를 받아들였다. 1986년 「중화인민공화국 민법통칙」을 반포하여 정식으로 소송시효제도를 규정하였다. 그러나 이것은 소송시효의 적용범위, 법률효과, 일부 구체적인 시효 및 그 제척기간과의 관계 등에 대해서는 아직 규정하지 않았거나 또는 규정이 명확하지 않아서, 더 나아가 연구 및 개정되어 개선되기를 기다리게 되었다.[1]

아래에서는 주로 특허제도와 관련된 소송시효제도에 존재하는 문제에 대해서 논의하도록 하겠다.

(一) 소송시효의 적용범위

「민법통칙」 제135조는 "인민법원에 민사권리의 보호를 청구하는 소송의 시효기간은 2년으로, 법률에 다른 규정이 있는 경우는 제외한다."고 규정하고 있다. 이 조문 규정의 의미에 대해서는 두 가지로 달리 이해될 수 있다.

첫 번째 이해방식은, 관련 법률이 상반되게 규정하는 경우를 제외하고, 모든 민사권리 보호를 위한 모든 청구는 소송시효의 제약을 받는 것으로 이해하는 것이다. 이렇게 이해하는 것은 법학계가 보편적으로 인정하지 않을 뿐만 아니라, 중국 사법기관이 시행하고 있는 소송시효제도의 실제와도 부합하지 않는다.

---

[1] 陶希晋, 中國民法學・民法总则[M], 北京: 中國人民公安大學出版社, 1990: 311.

인격권 및 신분권을 포함하는 일신전속권은 시효로 소멸하지 않으며, 재산권에 적용될 때에도 소송시효는 예외가 있어서 취득시효와 소멸시효를 병행하는 국가에서는 소유권의 취득에는 소멸시효가 적용되지 않는다고 보는 학자가 있다.[1] 이 학자는 소송시효제도를 마련한 목적과 사회주의제도의 객관적 요구에 근거하여, 그리고 국외의 경험을 참고하여, 중국 민법이 다음과 같은 4가지 경우에는 소송시효가 적용되지 않도록 규정하여야 한다고 주장하였는데, (1) 비금전적 성질의 일신전속권의 보호청구; (2) 형성권, 필요한 때에는 제척기간을 규정함으로써 그 행사에 대하여 시간적 제한을 가함; (3) 전체 인민 또는 국가의 재산소유권에 대한 보호; (4) 개인의 저축예금에 대한 인출 청구권이 그것이다.

또한 다른 학자는 "소송시효제도의 입법목적에 의하여, 소송시효는 오직 청구권에만 적용된다. 청구권 이외의 소유권·인격권과 같은 권리는 그 성질이 지배권이므로 소송시효의 제한을 받지 않는다. 그러나 소유권과 인격권에 기초하여 발생한 청구권에는 소송시효가 적용되어야 한다."고 보았다.[2]

이 학자는 이에 나아가 "소송시효의 객체는 청구권이지만, 모든 청구권에 모두 소송시효가 적용되는 것은 아니다. 일부 청구권은 그 성질에 따라 소송시효가 적용되지 않는다."고 지적하였다.

이 학자는 소송시효가 적용되어야 하는 청구권에는, (1) 계약채권에 기한 청구권, 침해행위에 기한 청구권, 사무관리에 의한 청구권, 부당이득에 기한 청구권 및 기타 채권적 청구권을 포함하는 채권적 청구권이 있으며, (2) 물권적 청구권 중에서는 오직 재산반환청구권과 원상회복청구권에만 적용된다고 보았다.

이 학자가 소송시효가 적용될 수 없다고 본 청구권에는 (1) 물권적 청구권 중에서 방해배제청구권, 위험제거청구권, 소유권확인청구권; (2) 침해행위와 관련된 청구권 중에서 침해중지청구권, 위험제거청구권 및 영향제거청구권; (3) 신분관계에 기초한 청구권 중에서 양육비청구권, 생활비청구권, 이혼청구권, 입양관계해제청구권; (4) 재산공유관계에 기초한 청구권 중에서 동업재산분할청구권, 가정재산분할청구권; (5) 근린관계에 기초한 청구권 중에서 침해중지청구권, 방해배제청구권, 손해배상청구권; (6) 동업·공동경영·합자관계에 기초한 청구권 중에서 수익분배청구권, 주식배당지급청구권; (7) 저축·채권관계의 청구권 중에서 예금 및 이자 인출청구권, 채권에 대한 원금상환 및 이자지급 청구권이 있다.

---

1) 陶希晋, 中国民法学·民法总则[M], 北京: 中国人民公安大学出版社, 1990: 315-316.
2) 梁慧星, 民法纵论[M], 北京: 法律出版社, 1996: 243-244.

아래와 같이 지적한 학자도 있다.

> 「민법통칙」의 소송시효 규정에는 소송시효의 구체적인 범위가 규정되지 않았다는 결점이 있는데, 이 때문에 사법실무에서 논란이 발생하고 소송시효가 적용될 수 없는 법률관계에 소송시효가 적용되어 권리자가 권리를 빼앗기고 의무자의 악의적인 위법행위가 조장되었다.
>
> 우리는 소송시효가 첫째, 청구권에만 적용되고 모든 권리에 적용되는 것이 아니며, 둘째, 청구권 중에서도 모든 청구권에 소송시효가 적용되는 것이 아니고 오직 채권적 청구권에만 적용되고, 물권적 청구권, 인격권 청구권, 신분권 청구권, 지식재산권 청구권 등과 같은 기타 청구권에는 소송시효가 적용되지 않는다고 본다.[1]

두 번째 이해방식은, 민사권리를 보호받고자 하는 청구에 소송시효가 적용되는 경우, 관련 법률에서 달리 규정하는 경우를 제외하고, 그 소송시효기간을 2년으로 이해하는 방식이다. 이렇게 이해하면 「민법통칙」 제135조의 의미는 단지 일반적인 소송시효기간의 장단을 규정하는 것이어서 이 규정의 법률적 의의를 크게 떨어뜨리게 되어, 「민법통칙」이 현재 중국의 민법분야에서 차지하고 있는 기본법으로서의 지위에 걸맞지 않게 된다.

두 가지 이해방식 모두 만족할 만한 것이 못 되는데, 이것은 소송시효의 적용범위가 중국 민법분야에서 해결이 필요한 문제라는 것을 확실히 나타낸다.

특허에 있어서는, 특허권 침해분쟁 이외에도 특허와 관련된 분쟁은 매우 많으며, 특허출원권 귀속분쟁, 특허권 귀속분쟁, 특허출원권 또는 특허권 양도계약분쟁, 특허실시허가계약분쟁, 직무발명창조 발명자 또는 창작자의 장려보상금 분쟁, 발명자 또는 창작자 적격 분쟁, 타인특허의 허위표시 분쟁, 특허도용 분쟁 등이 있다. 이러한 분쟁이 발생할 때에, 관련 당사자는 상응하는 청구권이 있다. 「민법통칙」 제141조는 "법률이 소송시효에 대하여 달리 규정한 경우, 법률의 규정에 따른다."고 규정하고 있는데, 「특허법」 제68조가 오직 특허권 침해 및 발명특허 사용료 소송시효에 대해서만 규정하였을 뿐이고 기타 특허분쟁의 소송시효는 언급하지 않았음에 비추어, 기타 특허분쟁의 청구권에는 모두 「민법통칙」이 규정하는 소송시효가 적용되지 않는다는 결론을 얻을 수 있는가? 필자는 이와 같은 개괄적인 결론을 얻을 수 없다고 본다. 그러나 그중 어떤 청구권에는 소송시효 규정이 적용되어야 하고, 구체적으로 어

---

1) 杨立新, 侵权法论[M], 3版, 北京: 人民法院出版社, 2005: 274.

떻게 적용되어야 하는가 하는 등의 문제에 대해서는「특허법」이 일일이 답을 할 수 없으며, 중국 민법이 전체적으로 명확하게 되기를 기다려야 한다고 본다.

지적이 필요한 점은「특허법」제45조가 "국무원 특허행정부문이 특허권의 수여를 공고한 날로부터, 그 특허권의 수여가 이 법의 관련 규정에 부합하지 아니한다고 판단하는 경우에는 어떠한 단위 또는 개인이라도 특허복심위원회에 그 특허권의 무효선고를 청구할 수 있다."고 규정하고 있다는 점이다. 이 규정에 근거하여 무효선고청구의 청구인은 국적의 제한 없이 모든 국가 또는 지역의 모든 단위 또는 개인일 수 있으며, 무효선고청구의 기간은 기점에 대해서만 제한이 있을 뿐이고 종점에는 제한이 없어서 설령 특허권이 소멸된 후라고 하더라도 청구할 수 있는 방식을 국가지식산권국이 취하고 있다. 이로부터 비록 특허권 무효선고청구가 공중이 향유하는 일종의 권리라고 하더라도, 이 권리를 주장하는 것에는「민법통칙」이 규정하는 소송시효가 적용될 수 없음을 알 수 있다. 특허권자는 청구인이 그 특허가「특허법」의 관련 규정에 부합하지 않는다는 것을 알았거나 또는 알 수 있었던 날로부터 2년을 경과하여 무효선고를 청구하였음을 이유로 하여, 법원에 그 나중에 제출한 무효선고청구에 소송시효 규정이 적용되어야 한다고 주장할 수 없다.

(二) 소송시효의 효력

본조 제1항은 "특허권 침해의 소송시효는 2년이다."라고 명확하게 규정하고 있다. 현재 중국 법학계의 보편적 이해에 따르면, 소송시효기간이 만료되더라도 특허권자의 권리 자체 및 소권은 모두 소멸하지 않고, 오직 그 특허권 침해행위에 대해서 승소할 수 있는 권리만 소멸한다. "승소권의 소멸"이라는 것은 법률이 규정한 소송시효기간을 경과하면 타인이 그 특허권을 침해한 것에 대해서 법률적 구제를 받기 위한 특허권자 또는 이해관계인의 청구가 법원의 지지를 받지 못한다는 것으로 이해되어야 한다.

「민법통칙」제118조는 아래와 같이 규정하고 있다.

> 공민・법인의 저작권(판권)・특허권・상표전용권・발견권・발명권 및 기타 과학기술성과에 대한 권리가 표절・왜곡・도용 등으로 침해받은 경우, 침해중지・영향제거・손해배상을 요구할 권리가 있다.

그러나「특허법」제60조 규정에 의하여 특허권자의 허가 없이 그 특허를 실시하여, 즉 특허권을 침해하여 분쟁이 일어난 경우, 침해자에게 침해행위를 즉시 중지하도록 명령할 것을 법원 또는 특허업무관리부문에 청구하고, 침해자에게 손해배상을 명령할 것을 법원에 청구할 수 있다. 이로부터 특허권자가 그 특허를 침해한 행위에 대하여 받을 수 있는 법률적 구제는 오직 침해행위중지와 손해배상뿐임을 수 있다.

중점적으로 논의하여야 할 문제는, 특허권 침해행위에 대하여 특허권자가 침해행위중지 및 손해배상을 청구하는 경우 모두 소송시효가 적용되는가 하는 것이다.

손해배상은 법원이 침해가 성립하는 것으로 인정한 후에, 침해자에게 그 이미 있었던 침해행위(소제기 전 및 소송기간의 침해행위 포함)에 대하여 민사권리에 대한 침해책임을 부담하도록 하기 위해서 취하는 구제조치라고 볼 수 있다. 침해행위중지는 특허업무관리부문 및 법원이 침해가 성립하는 것으로 인정한 후에, 침해자가 법원의 판결 후에도 계속해서 침해행위를 하는 것을 방지하기 위하여 취하는 구제조치라고 볼 수 있다. 성질로 보면, 특허권자가 침해자에게 손해배상을 요구하는 청구는 채권적 청구권의 성질을 갖으며, 특허권자가 침해자에게 침해행위의 중지를 요구하는 청구는 물권적 청구권과 유사한 성질을 갖는다. 앞에서 설명한 학자들의 견해에 따르면, 특허권 침해행위에 대해서 말하자면, 특허권자의 손해배상청구에는 소송시효가 적용되지만 침해행위중지청구에는 소송시효가 적용되지 않는다는 결론을 얻을 수 있을 것 같다.

「민법통칙」 중의 많은 규정이 너무 원칙적이어서 실제 시행에 부적합한 결점을 보충하기 위하여, 1988년 4월 2일 「최고인민법원의 〈민법통칙〉 철저 집행을 위한 문제에 관한 의견(시범시행)」을 반포하였는데, 그중에서 제165조 내지 제177조는 「민법통칙」 제7장의 소송시효 규정에 관하여 해석하였다.

1990년에 「최고인민법원의 〈민법통칙〉 철저 집행을 위한 문제에 관한 의견(개정안)」이 반포되었지만, 이와 동시에 "이 문서는 효력은 없으며, 참고를 위해 제공된 것이다."라고 밝혔다. 이 문서의 서문 부분에는 "본 의견은 이미 2년 넘게 시범적으로 시행되었으며, 우리는 각급 인민법원의 재판실무에서 철저히 집행한 경험을 근거로 일부를 보충 및 개정하여, 각급 인민법원이 민사재판업무에서 집행할 수 있도록 제공한다."고 밝히고 있다. 이로부터 비록 이 문서가 발효되지는 않았지만, 중국 각급 인민법원의 민사재판업무에 여전히 중대한 영향을 미치고 있음을 알 수 있다. 이 개정안 제194조는 아래와 같이 규정하였다.

침해행위가 지속적으로 발생하는 경우, 소송시효는 침해행위의 실시가 종료된 날로부터 계산한다.

위의 규정은 「민법통칙」 제7장의 소송시효에 관한 조문으로부터 도출하기 어려운 것으로서, 「민법통칙」의 관련 규정을 실질적으로 보충하여 소송시효의 적용범위를 크게 제한한 것이다. 2008년 반포된 「최고인민법원의 민사사건 심리에 적용되는 소송시효제도 문제에 관한 규정」 제5조 내지 제9조는 각각 채무이행, 계약이행, 계약취소, 부당이득반환, 사무관리행위 소송시효의 시간적 기점에 대해서 규정하였지만, 연속적 성질을 갖는 침해행위에 대한 소송시효의 시간적 기점에 대해서는 상응하게 조정하지 않았다.

이 규정에 의하여, 특허권 침해행위에 대해서는 그 행위가 하루라도 멈추지 않았다면 소송시효기간은 영원히 시작되지 않게 되어, 특허권자가 그 특허의 유효기간 내에 언제라도 그 권리를 주장하면 법원은 손해배상 및 침해행위중지의 법률적 구제를 받기 위한 청구를 지지하여야 한다. 특허분야에서의 이러한 결과는 많은 경우에 본조의 소송시효에 관한 규정을 삭제한 것과 다름이 없다.

특허분야에서 하나의 특허기술은 금방 나타났다가 금방 사라지는 것으로 다른 선진기술에 의해서 매우 빠르게 대체되므로, 얼마나 오랜 기간 동안 시장을 점령하고 공중 및 사회가 이 기술을 이용하고 있는가는, 바로 그 특허기술의 수준·가치 및 중요성을 평가할 수 있는 잣대이다. 중요하고 기초적이며 상업적으로도 성공하였고 새로운 분야를 개척한 기술일수록, 보통은 다른 사람들도 더 지속적으로 실시하고 싶어 한다. 이러한 기술은 국민경제의 발전과 민중의 행복과 안녕에 보다 두드러진 의의를 가지며, 국가가 나서서 중점적으로 응용하고 확산시킬 필요가 있다. 다른 한편으로, 다른 사람들이 계속해서 실시하고 싶어 할 만한 발명창조를 하고 이에 대해서 특허권을 받는 것은, 모든 특허출원인이 꿈에도 바라마지 않는 일인데, 이러한 특허권이 그에게 보다 큰 경제적 이익을 가져올 수 있기 때문이다. 이러한 상황이라면, 특허권자가 전국적 범위 내에서 타인의 그 특허기술 실시상황, 특히 그 특허권의 침해행위를 면밀하게 주시할 것이라고 추정할 충분한 이유가 있다. 충분히 고도한 특허제도라면 특허권자로 하여금 책임 있는 특허권자가 되도록 하여, 조속히 그 권리를 주장함으로써 타인의 그 특허권 침해행위를 제지하도록 할 수 있어야 한다. 중요한 의미가 있는 특허라면 더욱 이와 같아야 한다. 만약 타인이 지속적으로 실시하고 싶어 하는 특허에 대해서 특허권자가 임의로 방관하는 전략을 취하도록 내버려 둔다면, 그 특허기술을 장기간 지속적으로 실시하고자 하는 단위 및 개인에게도 공평하지 않을 뿐만 아니라 국가 및 전체 민중에게도 이롭지 않다. 따라서 지속적으로 발생하는 침해행위에 대해서 침해행위가 종료된 날로부터 소송시효를 계산하는 것으로 규정하는 것은, 특허분야에서는 소송시효를 통해서 권리자에게 필요한 제한을 가하는 것이 필요함에도 불구하고 이와 반대로 이러한 상황을 배제하여 소송시효를 적용할 수 없게 만드는 것이다.

어떤 학자는 아래와 같이 지적하였다.

이 견해가 비록 학술계 및 사법실무에서 받아들여지고 있기는 하지만, 검토해 볼 만한 점이 있다. 먼저, 단일의 침해행위에 대한 소송시효는 권리가 침해받고 있음을 알았거나 또는 알 수 있었던 때로부터 계산되며, 권리자가 만약 소홀·태만하여 시효기간을 경과하였다면, 법원은 공권력을 써서 침해자에게 배상책임을 지도록 할 수 없다. 그러나 연속적인 침해행위에 대해서는 이와 다른 기준이 적용되어, 침해행위가 종료되는 때로부터 시효가 계산되는데, 이것은 특허권자가 소송시효의 구속을 받지 않게 눈감아주는 것과 다를 바 없다. 이것은 현존하는 사회질서를 존중하고, 사회적 교역의 안전을 유지하며, 법률관계를 간명하게 하고, 소송에서의 입증곤란을 방지하고자 하는 소송시효제도의 입법정신에 위배되는 것이 아닌가? 다음으로, 타인이 장기간 연속적으로 그 권리를 침해하고 있음을 이미 알고 있음에도 피해자가 손해배상을 청구하지 않았거나 또는 배제하지 않은 것은, 권리자가 자기의 권리를 행사하지 않았기 때문에 법률로써 장기간 보호하는 것이 적합하지 않은 것으로 해석하는 이외에도, 혹시 특허권자가 악의적인 욕심을 갖고 있어서 고의로 손해를 확대시켜서 손해배상의 청구규모를 증가시키고자 하는 것으로 해석할 수도 있다. 이러한 경우를 상표권 및 특허권 사건에서 때때로 볼 수 있다. 따라서 소송시효제도의 정신을 보호하는 측면에서나 또는 권리자의 악의적인 탐욕을 억제시키는 측면에서 모두 이러한 견해는 적당하지 않다.[1]

2000년 「특허법」 개정 후에 2001년 반포된 「최고인민법원의 특허분쟁사건 심리 적용 법률문제에 관한 규정」 제23조는 아래와 같이 규정하였다.

특허권침해의 소송시효는 2년으로, 특허권자 또는 이해관계인이 침해행위를 알았거나 또는 알 수 있었던 날로부터 계산한다. 특허권자가 2년을 경과하여 소를 제기한 경우, 만약 침해행위가 소제기 시에도 여전히 계속되고 있고, 그 특허권의 유효기간 이내라고 한다면, 인민법원은 피고에게 침해행위의 중지를 판결하여야 하고, 침해로 인한 손해배상액은 권리자가 인민법원에 소를 제기한 날로부터 과거 2년을 추산하여 계산한다.

---

1) 朱江村, 论连续侵权损害赔偿诉讼时效之问题[J], 重庆工学院学报, 2007(1).

　위의 규정은 먼저, 침해행위 중지청구에 있어서는 설령 특허권자가 소송시효기간을 경과하여 소를 제기하였다고 하더라도, 침해행위가 소제기 시에도 여전히 진행 중이라면 법원은 침해로 피소된 자에게 침해행위의 중지를 판결하여야 한다는 것을 나타낸다. 특허권자가 소를 제기하기 전에 침해자가 이미 침해행위를 중지한 경우에는, 특허권자는 이러한 청구를 할 필요가 없게 되고, 따라서 이 규정은 특허권 침해행위 중지청구에 대해서는 소송시효 규정이 실제로는 적용되지 않는다는 것을 의미한다. 다음으로, 손해배상청구에 있어서는, 소송시효기간을 경과하여 소를 제기한 특허권자는 비록 소제기 전의 침해행위 전체에 대해서 손해배상을 받을 수는 없지만, 침해행위가 소제기 시에도 여전히 계속되고 있다면, 소송시효기간을 얼마나 경과하였는지를 불문하고 또한 특허권자의 권리행사에 장애가 되는 사정 또는 특별한 사정이 있는지를 불문하고, 특허권자는 여전히 침해자가 소제기 전 2년 내에 진행한 침해행위에 대해서 손해배상을 받을 수 있는데, 이것은 소송시효의 손해배상청구권에 대한 규제 작용을 크게 약화시키게 된다. 이로부터, 비록 이 사법해석이 「최고인민법원의 〈민법통칙〉 철저 집행을 위한 문제에 관한 의견(개정안)」 제194조 규정과 서로 약간 다르다고 하더라도, 실제 결과는 기본적으로 동일함을 알 수 있다. 주의하여야 할 점은, "침해행위가 지속적으로 발생"한다는 전제조건과 비교하면 "침해행위가 소제기 시에도 여전히 계속"된다는 전제조건이 훨씬 폭넓어서 침해행위가 지속적으로 발생하지 않고 중간에 중단되었다가 특허권자가 소를 제기하기 전에 침해자가 다시 침해행위를 하고 있는 경우도 포함된다는 점이다.

　최고인민법원의 위 사법해석에 대해서 학계에는 상이한 견해가 존재한다.

　소송시효기간이 이미 만료되고 특허권 침해행위가 여전히 계속되고 있을 때, 소송시효규정을 어떻게 적용하여야 하는가 하는 문제에 대해서 검토한 학자는 세 가지 상이한 견해가 있을 수 있다고 지적하였는데, 첫째는 침해자가 침해행위를 중지하여야 하고 전체 또는 일부의 손해를 배상하여야 한다는 견해, 둘째는 침해자가 침해행위를 중지하여야 하지만 손해배상은 불필요하다는 견해, 셋째는 침해자가 침해행위를 중지할 필요도 없고 손해배상도 불필요하다는 견해이다. 이 학자는 그중 세 번째 견해가 정확하다고 보았는데, 그 이유는 아래와 같다.

　　첫째, 침해행위의 발생이 단속적(침해가 한 차례 또는 일단의 시간 후에 스스로 종료)인지 아니면 연속적인 과정(오랜 시간동안 연속)인지를 불문하고, 소송시효규정의 적용은 모두 마찬가지여서, 즉 특허권자 또는 이해관계인이 침해행위의 발생을 알았거나 또는 알 수 있었던 날로부터 2년의 소송시효가 적용된다. 이 시효기간이 경과되면, 특허권자는 침해행위에 대해서 소를 제기하더라도 법률적 보호를 받을 수 없다.

둘째, 법률에 소송시효를 규정한 목적은 이미 발생한 사실을 상대적으로 안정된 상태가 되게 하기 위함이고, 불안정한 상태가 되게 하기 위함이 아니다. 침해행위의 발생은 고의에 의한 것일 수도 있고 과실에 의한 것일 수도 있다. 고의적인 침해자에 있어서는, 소송시효가 경과되면 특허권자는 그 침해책임을 추궁할 수 없고, 침해행위자는 특허권자가 이미 그 실시를 묵시적으로 허가하였거나 또는 이미 특허권을 포기한 것으로 여길 수 있다. 비고의적 침해자에 있어서는, 알았어야 하지만 실제로 침해라는 것을 알지 못하고서 침해행위자가 여러 해 동안 침해했을 수 있는데, 이때에 만약 특허권자가 그 실시를 금지하는 것을 허용한다면 침해자에게 있어서는 매우 불공평하며, 사회경제활동의 안정에도 이롭지 않다. 침해자의 침해행위는 물론 옳지 못하지만, 권리자가 소송시효기간 내에 추궁하지 않은 것은 실제로는 권리를 포기한 것과 같으며 침해행위를 묵인한 것이다. 바로 "권리가 있어도 기간 내에 쓰지 않으면 폐기된다."

셋째, 특허권자의 소송청구를 기각하는 것은 특허권자가 침해행위자에게 무상으로 사용하는 것을 허락하는 것과 같다. 당연히, 특허권자는 소송시효가 지나지 않은 제3자에 대해서는 여전히 소를 제기하여 그 침해를 중지시키고 손해배상을 청구할 수 있는 권리가 있다.[1]

다른 학자는 또한 아래와 같이 지적하였다.

특허법의 "특허권 침해행위의 소송시효"는 손해배상에 대한 것만이 아니라 동시에 침해행위중지청구와 침해로 발생한 기타 청구를 포함하는 것으로 이해되어야 한다.

그러나, 최고인민법원은 "특허권자가 2년을 경과하여 소를 제기한 경우, 만약 침해행위가 소제기 시에도 여전히 계속되고 있고, 그 특허권의 유효기간 이내라고 한다면, 인민법원은 피고에게 침해행위의 중지를 판결하여야 하고, 침해로 인한 손해배상액은 권리자가 인민법원에 소를 제기한 날로부터 과거 2년을 추산하여 계산한다."고 규정하였다. 일반인의 소송시효제도에 대한 이해에 의하면, 이 규정은 확실히 혼란스러운 점이 있다. 이 규정에 의하면, 소송시효가 효력이 없어져서 설령 소송시효기간이 도과한 후에라도 권리자는 특허권 유효기간 내의 임의의 시점에 언제라도 소를 제기하여 침해행위의 중지를 청구할 수도 있고 손해배상을 청구할 수도 있으며 인민법원은 그 청구를 지지하여야 하는 것 같다. 시효의 효력은 단지 배상액을 소제기로부터 과거 2년을 추산하는 것에만 있는 것 같다. 이것은 독일의 방식과 다르며, 일본의 방식과도 다르다. 특허권자는 무한한 보호를 받는다. 특

---

[1] 程永順, 专利诉讼[M], 北京: 专利文献出版社, 1993: 139-140.

허권의 유효기간 내에 침해행위가 여전히 계속되고 있다면 당연히 그 소제기가 허용되어야 하고 보호를 해주어야 하며, 이렇게 하지 않으면 특허권자에게 불공평하다고 보는 견해도 있을 수 있다. 그러나 특허권자 또는 이해관계인은 침해행위와 침해자의 신분을 안 날로부터 2년 내에 무엇 때문에 소를 제기하지 않았는가? 그는 어째서 적어도 어떤 요구를 하여 시효의 진행을 중단시키지 않았는가? 그가 권리행사를 태만히 하여 이러한 지경에 이른 것까지 법률이 보호하는 것은 이해하기 어렵다. 이것은 일개 침해자의 권익문제에 관계될 뿐만 아니라, 많은 사람들(침해상품의 도매상, 소매상, 사용자 등)의 이익문제에도 관계된다. 법률은 이 많은 사람들도 공평하게 대하여야 한다. 특허권자의 이익은 보호받아야 하지만, 적절한 정도이어야 한다. 특허권은 절대적인 것이 아니며, 사회공중이 과도하게 구속받아서는 안 된다. 법률은 특허권자의 이익과 사회공중의 이익 사이에 적절한 균형을 유지하여야 한다. 2년의 기간은 법률이 규정하는 균형점이다. 2년이 지나도 보호해주는 것은 적절하지 않다. 소송시효제도는 공공의 이익에 관계되는 제도이므로, 특허권자의 이익에 편중하여 공중의 이익을 소홀히 할 수 없다.[1]

최고인민법원의 사법해석에는 다음과 같은 분석적 사고를 담고 있는 것 같은데, 즉 소송시효의 규정을 적용할 때에 침해자가 매일매일 행한 침해행위를 독립적인 사건으로 간주하여 법률이 규정하는 소송시효기간이 경과하였는지를 각각 독립적으로 판단하는 데, 그중 한 사건에 대한 판단결과는 다른 사건에 대한 판단결과에 영향을 미치지 않으며, 지속적으로 진행한 침해행위에 대한 판단결과는 각개 사건에 대한 판단결과의 중첩이라는 사고를 내포하고 있는 것 같다. 이러한 사고에 따르면, 침해자가 소를 제기한 날 전 2년 이내에 한 침해행위에 대해서는, 설령 특허권자가 그 기간의 첫날에 이미 그 침해행위의 존재를 알았거나 또는 알 수 있었다고 하더라도 법률이 규정하는 소송시효기간을 경과한 것이 아니어서, 특허권자는 그 침해행위에 대해서 손해배상이라는 구제를 받을 수 있는 권리가 있으며, 이로부터 소송시효의 손해배상청구에 대한 제한작용은 단지 소를 제기한 날로부터 2년 전에 발생한 침해행위에만 한정된다는 결론을 얻을 수 있다. 법원이 침해가 성립한다고 판결한 후에도 있을 수 있는 침해자의 계속적인 침해행위에 대해서는, 이것은 아직 발생하지 않은 침해행위이므로 특허권자는 알지도 또한 알 수도 없는 것이어서, 특허권자가 소를 제기한 시각에서 보면 소송시효의 경과문제는 말할 것이 못 되고, 이로부터 특허권자는 소송시효제도의 규제를 받지 않고 침해행위중지라는 구제를 받을 수 있다는 결론을 얻을

---

1) 汤宗舜, 专利法解说[M], 修订版, 北京: 知识产权出版社, 2002: 367-368.

수 있다.

이러한 사고가 「민법통칙」의 소송시효 관련 규정의 입법의도에 부합하는지는 검토해 볼 가치가 있다. 소송시효 적용의 착안점은 고의적인 침해인지 아니면 과실에 의한 침해인지와 같은 침해자의 주관적 요소에 있는 것이 아니고, 또한 지속적인 침해인지 아니면 일시적인 침해인지와 같은 침해행위의 특징에 있는 것도 아니며, 권리자가 침해행위를 알았거나 또는 알 수 있었던 때로부터 규정된 기간 내에 그 권리를 보호하기 위해 취한 태도 및 행동에 있다. 소송시효가 강조하는 것은 바로 권리자의 과거 태도와 행동이 그 이후의 권리주장에 대하여 미치는 영향과 제한작용이며, 이를 관련시켜서 보아야 하고 따로 떼어내어 별개로 취급해서는 안 된다.

(三) 기타 문제

1. 20년 기한의 성질

「민법통칙」 제137조는 "소송시효기간은 권리가 침해되고 있음을 알았거나 또는 알 수 있었던 때로부터 계산한다. 그러나 권리가 침해된 날로부터 20년을 경과한 경우, 인민법원은 보호하지 아니한다."라고 규정하고 있다.

이 조문에서의 20년이라는 기한의 성질에 관하여, 학술계에서는 이해를 달리하고 있다.

20년의 기한은 소송시효기간의 성질을 갖는 것이며, 소송시효에는 1년의 단기소송시효와 2년의 보통소송시효가 병존하는데, 소송시효에 대해서 "이중설계"를 한 것이라고 보는 학자가 있다.

> 「민법통칙」은 동일한 적용범위에 대하여 2년의 시효기간과 20년의 시효기간을 동시에 규정하였는데, 이중적인 시효기간을 규정한 것이다. 그 의의는 권리가 침해받고 있음을 권리자가 알았거나 또는 알 수 있었던 때에는 곧 2년의 보통시효기간이 적용되며, 기간의 진행 중에 법정사유로 인해 중지·중단될 수 있지만, 어찌 되었든지 간에 권리가 침해받은 때로부터 20년을 초과할 수 없다는 데 있다. 이러한 경우에 시효기간은 최장 20년으로, 2년의 보통시효기간이 중지·중단으로 연장되는 것을 제한한다. 만약 권리자가 권리가 침해받고 있음을 알지 못했거나 또는 알 수 없었던 경우에는 20년이라는 최장 시효기간이 적용되어, 권리가 침해된 때로부터 20년을 경과하면 곧 소권을 상실한다. 설령 20년 후에 권리가 침해받았음을 권리자가 알았다고 하더라도 역시 2년의 보통시효기간에 따라 법원에 소를 제기할 수 없다. 이러한 경우에는 20년의 시효기간은 2년의 보통시효기간을 보충하는 것인

데, 특허권자가 권리가 침해되었음을 알 수 없었던 경우에는 2년의 시효기간 계산이 시작되지도 않았기 때문이다.[1]

20년의 기한은 제척기간의 성질을 갖고 있다고 보는 학자도 있다.

이 20년이라는 기간의 성질에 대해서 민법학계에 논란이 있다. 한편에서는 이것이 최장 소송시효의 일종으로 특별소송시효의 범주에 속한다고 본다. 다른 한편에서는 이것을 제척기간의 일종으로 본다. 우리는 이 조문의 표현으로 보면 이 기간이 소송시효로 이해될 수 있을 것 같지만 조문의 실질적 정신으로 보면 후자의 견해와 같이 이해하는 것이 보다 정확하다고 본다.[2]

20년의 기한이 권리의 최장 보호기한이라고 보는 학자도 있다.

권리의 최장 보호기한은, 권리가 침해된 날로부터 법원의 보호를 받을 수 있는 최장기한을 가리킨다. 중국「민법통칙」제137조는 권리가 침해된 날로부터 20년을 경과하면 인민법원이 보호하지 아니한다고 규정하고 있다. 여기에서의 20년이 바로 권리의 최장 보호기한이다. 이 기한의 성질에 대해서 학술적으로 견해가 일치하지 않으며, 최장 소송시효설, 제척기간설, 권리의 최장 보호기한설의 세 가지 상이한 인식이 있다. 필자는 권리의 최장 보호기한설에 찬동한다.
「민법통칙」이 규정하는 20년이라는 기간은 기간이 변하지 않는 제척기간과 유사하지만, 이것은 제척기간과 분명히 다르다. 제척기간이 만료되면 실체적 권리가 소멸하지만 20년 기한이 만료되더라도 권리자가 법원에 보호의 강제를 청구할 수 있는 권리, 즉 승소권만 소멸하고 권리자가 그 실체적 권리까지 상실하는 것은 아니어서, 의무자가 자진하여 이행하는 경우 권리자는 받아들일 수 있다. 이 점은 소송시효와 극히 유사하지만, 또한 소송시효와도 다르다. 소송시효의 발생은 권리자가 권리를 행사할 수 있음에도 행사하지 않은 상태에 기초하기 때문에, 그 시효는 권리가 침해받고 있음을 권리자가 알았거나 또는 알 수 있었던 날로부터 계산하고, 이때부터 권리자가 권리를 행사하여 소송을 진행할 수 있기 때문에 비로소 소송시효가 있는 것이다. 20년의 기간은 권리가 침해된 것을 권리자가 알지 못해서 권리를 행사할 수 없었던 경우에 대한 것이지만, 또한 이러한 침해받은 권리를 무기한적으로 보호할 수 없기 때문에 규정한 것이며, 이것은 권리보호의 최장 기한에 관한 것

---

1) 梁慧星, 民法纵论[M], 北京: 法律出版社, 1996: 244.
2) 陶希晋, 中国民法学・民法总则[M], 北京: 中国人民公安大学出版社, 1990: 321.

이다.[1]

1988년 반포된 「최고인민법원의 〈민법통칙〉 철저 집행을 위한 몇 가지 문제에 관한 의견(시범시행)」 제175조는 첫 번째 견해를 따라서 20년이라는 기간이 소송시효기간임을 명확히 하였다.

필자는 20년이라는 기간의 성질을 권리의 최장 보호기간으로 보는 견해가 보다 합리적이라고 보는데, 다음의 두 가지 이유 때문이다.

첫째, 법률 조문의 측면에서 「민법통칙」 제7장의 조문을 자세히 연구해 보면, 그 제135조는 2년의 일반적인 소송시효기간을 규정하고 제136조는 1년의 단기 소송시효기간을 규정하여 명확하게 "소송시효"라는 표현을 사용하였음을 발견할 수 있는데, 따라서 그 성질은 명확하고 의심할 것이 없다. 그러나 제137조는 20년의 기간을 서술할 때에 "소송시효"라는 표현을 쓰지 않았다. 만약 입법자가 20년의 기간을 규정한 본의가 별도의 소송시효기간을 설정하는 것이었다면 동일한 표현을 사용하는 데 어떠한 어려움도 없었을 것이다. 이 점은 20년이라는 기간이 소송시효와 법률적으로는 적어도 다른 성질을 갖는다는 해석의 여지를 남긴다.

둘째, 합리성 측면에서 보면, 20년의 기간과 1년의 단기 소송시효기간 및 2년의 일반적 소송시효기간은 단지 20년의 기간이 시간적으로 훨씬 길다는 것 이외에도 20년의 기간은 권리가 침해를 받은 날로부터 계산되고, 단기 소송시효기간 및 일반적 소송시효기간과 같이 권리가 침해받고 있음을 특허자가 알았거나 또는 알 수 있었던 날로부터 계산되는 것이 아니라는 점에도 차이가 있다. 위의 차이는 20년의 기간을 단기 소송시효 및 일반적 소송시효와 상이한 성질을 갖게 한다. 필자는 「민법통칙」이 20년의 기한을 규정한 본의는 소송시효를 이중적으로 설계하고자 한 것이 아니고, 민사권리 보호에 시간적인 최저선, 즉 초과할 수 없는 최장기간을 설정한 것이라고 본다. 바꿔 말하면, 20년의 기간을 적용하는 것은 단기 소송시효기간 및 보통 소송시효기간을 적용하는 것과 우선순위에 차이가 있어서, 20년의 기간과 단기 소송시효기간 또는 보통 소송시효기간이 경합하는 경우에 법원은 20년의 기간을 우선해서 적용하여야 한다. 이렇게 하지 않으면, 그 권리가 침해받고 있음을 권리자가 알았거나 또는 알 수 있었던 시간이 너무 늦은 경우에, 여전히 여러 해 묵은 빚에 휘말리는 현상이 나타날 수 있으며, 이것은 소송시효제도를 마련한 원래 취지에 어긋나는 것이다. 「민법통칙」 제137조의 조문은 "소송시효기간은 권리가 침해되고 있음을 알았거나

---

1) 江平, 民法学[M], 北京: 中国政法大学出版社, 2003: 234-235.

또는 알 수 있었던 때로부터 계산한다. 그러나 권리가 침해된 날로부터 20년을 경과한 경우, 인민법원은 보호하지 아니한다."이다. 이 표현으로 위와 같은 의미를 이미 명확하게 나타내었다고 볼 수 있다.

2. 소송시효의 중단 · 중지 및 소송시효기간의 연장

「민법통칙」 제139조, 제140조 및 제137조는 각각 소송시효의 중지, 중단 및 소송시효기간의 연장에 대해서 규정하고 있다. 소송시효제도의 정상적 운영을 보장하기 위해서는 3자의 적용조건, 적용범위 및 상호관계를 검토할 필요가 있다.

소송시효의 중단은, 소송시효기간이 만료되기 전에 법정사유가 발생함으로써 이전에 이미 계산되기 시작하였던 소송시효기간이 무효로 되고 그 사유가 소멸한 다음에 처음부터 다시 소송시효기간을 계산하는 것을 가리킨다. 이것은 시효를 계산하는 '스톱워치'를 0으로 되돌리는 것에 상당한다.

「민법통칙」 제140조는 소송시효를 중단시키는 법정사유에 세 가지가 있다고 규정하고 있는데, 첫째는 특허권자의 소제기이고, 둘째는 당사자 일방의 요구이며, 셋째는 당사자 일방이 의무이행에 동의하는 것이다. 조문의 문구로 보면, 이 조가 열거하는 소송시효 중단의 법정사유는 제한적이고, 이 밖에 소송시효를 중단시키는 기타 사유는 존재하지 않는다. 2008년 반포된 「최고인민법원의 민사사건 심리에 적용되는 소송시효제도 문제에 관한 규정」 제10조 내지 제19조는 「민법통칙」 제140조가 규정하는 소송시효중단의 사유에 대해서 보다 명확하게 해석하였다.

소송시효의 중지는, 소송시효기간이 만료되기 전 반년 내에 법정사유가 발생함으로써 특허권자가 그 청구권을 행사할 수 없게 되어 소송시효기간의 계산이 일시적으로 중지되고, 사유가 소멸된 후에 소송시효기간의 계산이 계속되는 것을 가리킨다. 이것은 시효계산의 '스톱워치'를 일시 중지시키는 것에 상당한다.

「민법통칙」 제139조는 소송시효를 중지시키는 법정사유로 "불가항력 또는 기타 장애"를 규정하고 있다. 그중 "불가항력"의 의미는 「민법통칙」 제153조가 "이 법의 '불가항력'은 예견할 수 없고 피할 수 없으며 또한 극복할 수 없는 객관적 상황을 가리킨다."로 정의하였다. 이 규정에 의하여 "불가항력"은 이미 민법의 전문용어가 되었으며, 비교적 명확하고 협소한 의미를 갖고 있어, 자연재해 · 전쟁 · 폭동 · 역병 발생 등만이 포함된다. "기타 장애"의 의미는 2008년 반포된 「최고인민법원의 민사사건 심리에 적용되는 소송시효제도 문제에 관한 규정」 제20조가 해석하였는데, 아래와 같다.

다음 각 호 중 어느 하나의 경우에는, 민법통칙 제139조가 규정하는 "기타 장애"로 인정되어 소송시효가 중지된다.

(1) 권리가 침해된 민사행위무능력자, 민사행위능력이 제한을 받는 자가 법정대리인이 없거나 또는 법정대리인이 사망, 대리권 상실 또는 행위능력이 상실되는 경우

(2) 상속 개시 후에 상속인 또는 유산관리인이 확정되지 아니한 경우

(3) 권리자가 의무자 또는 기타의 자에 의해 통제되어 권리를 주장할 수 없는 경우

(4) 권리자가 객관적으로 권리를 주장할 수 없었던 기타의 경우

위 조문의 표현으로 보면 예시적인 규정이고 제한적인 규정은 아니다. 이 밖에 "기타 장애"로 볼 수 있는 사유에 대하여 열거한 학술서적도 있는데, 여기에는 특허권자가 장기간 투병 중이어서 청구권을 행사할 수 없는 경우,[1] 의무자가 민사책임을 회피하여 소재를 파악할 수 없어서 권리자가 청구권을 행사할 수 없는 경우,[2] 상속 개시 후에 상속자 또는 유산관리인이 아직 확정되지 않은 경우[3] 등이 있다.

필자는 「민법통칙」 제139조가 "기타 장애"를 "불가항력"과 병렬시켜서 표현한 것은 소송시효중지의 "기타 장애"가 "불가항력"과 유사한 성질을 갖고 있어야 한다는 것, 즉 관련 사유의 발생이 특허권자가 예견할 수 없었던 것이어서 특허권자의 권리행사에 회피할 수도 극복할 수도 없는 영향을 미치는 것이어야 함을 표명한 것이라고 본다. 이렇게 이해한다면 특허권자가 투병 중이라는 것과 같은 사유는 "기타 장애"의 범주에 속할 수 없다.

「민법통칙」 제137조는 "특별한 경우에, 인민법원은 소송시효기간을 연장할 수 있다."고 규정하고 있다. 그중 "특별한 경우"의 의미에 관하여, 1988년 반포된 「최고인민법원의 「민법통칙」 철저 집행을 위한 문제에 관한 의견(시범시행)」 제169조는 "특허권자가 객관적 장애로 법정소송시효기간에 청구권을 행사할 수 없는 경우는 민법통칙 제137조가 규정하는 '특별한 경우'에 속한다."고 규정하였다. 이 해석은 "특별한 경우"의 범위를 매우 넓게 규정하여, 「민법통칙」 제139조가 규정하는 소송시효중지 사유의 범위를 훨씬 벗어난다. 필자는 일찍이 최고인민법원과 베이징시 고급인민법원의 관련 전문가에게 문의하여, 법원이 현재 재판과정에서 위의 규정을 어떻게 적용하는지 알아보고자 하였지만, 그들의 대답은 종래부터 소송시효를 연장한 판례가 있지도 않고 들어보지도 못했다는 것이었다. 이것은 각급 법원이 실제 재판업무에서

---

1) 王逐起, 民法通则知识[M], 北京: 中国政法大学出版社, 1998: 97.

2) 梁慧星, 民法纵论[M], 北京: 法律出版社, 1996: 246.

3) 张俊浩, 民法学原理[M], 修订版, 北京: 中国政法大学出版社, 1997: 293.

"특별한 경우"에 대한 인정에 매우 신중하다는 것을 나타낸다.

소송시효기간의 연장은 사회주의국가 특유의 제도이며, 자본주의국가의 민법에는 이 제도가 없다고 지적한 학자도 있다.[1] 이 학자는 소송시효의 중지와 소송시효기간의 연장은 첫째 소송시효중지의 사유는 법률이 규정한 것이지만 소송시효기간의 연장사유는 법원이 구체적인 상황에 따라 확정한다는 점, 둘째 소송시효중지는 소송시효기간의 진행 중에 발생하지만 소송시효기간의 연장은 소송시효기간이 만료된 후에 발생하는 점, 셋째 소송시효중지의 사유는 일반적으로 지진·수해 등의 불가항력과 같이 일정한 지역의 사람들에게 보편적으로 적용되는 상황이지만 소송시효기간의 연장사유는 개별적인 당사자에게 적용되는 상황이라는 점에서 차이가 있다고 보았다.

필자는 소송시효가 발생시키는 영향으로 보면, 중지와 연장은 서로 동일하여 양자가 모두 소송시효기간을 확장시키는 것이라고 본다. 단순히 문자적 의미로 보면, "중지"는 소송시효기간의 중간에 일단의 기간이 삽입되는 것이고, "연장"은 소송시효기간의 말미에 일단의 기간이 추가되는 것이다. 이렇게 설명하면 사람들이 착각하게 하여 소송시효기간을 연장시키는 사유가 소송시효기간이 만료된 후에 발생하는 것이라고 생각하게 할 수 있는데, 이것은 정확하지 않은 것이다. 관련 사유가 발생한 시점으로 보면, 중지인지 아니면 연장인지에 관계없이 반드시 소송시효가 만료되기 전에 발생하였어야 하고, 그렇지 않아서 소송시효기간에는 불가항력이나 또는 기타 장애가 발생하지 않았고 또한 특별한 경우도 발생하지 않았다면, 정상적인 소송시효기간 내에 권리자가 그 권리를 행사하는 데 아무런 곤란함이 없었는데 무엇 때문에 소송시효기간을 중지시키거나 또는 연장시킬 필요가 있겠는가? 중지 및 연장의 인정시점으로 보면, 소송시효기간이 중지 또는 인정될 수 있는가는 모두 반드시 법집행기관이 판단하여야 하지만, 양자는 모두 권리자가 법이 정한 2년 또는 1년의 소송시효기간을 경과하여 소제기한 경우에만 비로소 판단할 필요가 있고 사전에 허락을 받아 놓아야 하는 상황이 어떤 경우에 발생할 수 있는지 상상하기 어려운데, 기왕에 권리자가 정상적인 소송시효기간 내에 법원에 소송시효기간의 중지 또는 소송시효기간의 연장을 청구하는 것을 방해하는 장애가 없다고 한다면 그가 왜 직접적으로 침해행위에 대해서 소제기하지 않겠는가? 따라서 중지와 연장에 있어서, 그 사유는 모두 소송시효기간이 만료되기 전에 발생하였어야 하고, 그 인정은 소송시효기간이 만료된 후에만 할 수 있으며, 양자는 이 두 가지 점에서 차이가 없다. 이렇게 보면, 중지와 연

---

1) 陶希晋, 中國民法學·民法总则[M], 北京: 中国人民公安大学出版社, 1990: 327.

장은 단지 사유의 유형에만 차이가 있다. 그러나 최고인민법원 사법해석의 "특별한 경우"에 대한 정의는 그 범위를 실제로는 소송시효중지의 사유까지 포괄함으로써 사람들로 하여금 소송시효연장의 사유를 소송시효중지의 사유와 구분하기 어렵게 만들었다.

다른 한편으로, 「민법통칙」이 소송시효의 중지는 소송시효기간이 만료되기 전 6개월 내에 발생한 불가항력 또는 기타 장애의 경우에만 허용된다고 규정하여 그 요건이 상당히 엄격하고, 소송시효기간의 연장은 그 사유의 유형에 대해서 구체적으로 규정하지 않았을 뿐만 아니라 그 발생 시점에 대해서도 규정하지 않아서 그 요건이 훨씬 완화되어 있다. 그러나 양자의 소송시효에 대한 영향은 그럼에도 불구하고 유사하다. 이러한 규정의 결과는 바람직하지 않다.

인민법원이 특별한 경우에는 소송시효기간을 연장할 수 있도록 규정한 중요한 이유 중 하나는 현재 타이완이 중국 본토와 아직 통일되지 않은 문제를 고려한 것이고, 이 때문에 타이완 이주자 및 타이완 동포 민사권리의 소송시효가 만료된 후에도 법원이 이를 특별한 경우로 하여 소송시효기간을 적당하게 연장할 수 있게 한 것이라고 지적한 학술서적도 있다.[1] 중국 법률과 타이완 법률의 관계 및 적용문제는 특별하면서도 보편적인 문제로서, 소송시효 분야에만 존재하는 것은 아니다. 만약 「민법통칙」에 반영하여야 한다고 한다면, 적당한 위치에, 예를 들어 총칙부분 또는 부칙 중에 원칙적으로 규정하였어야 하고, 단독으로 제7장의 소송시효에 관한 규정에 "특별한 경우"라는 어휘로 표현하였어야 할 필요는 없다.

2년의 보통 소송시효기간, 1년의 단기 소송시효기간 및 20년의 기간이 모두 중단·중지 및 연장될 수 있는가? 이에 대한 중국 법학계의 견해는 매우 다양하다. 「민법통칙」 조문의 자구적 의미에 따르면, 소송시효는 중단·중지될 수도 있고 소송시효기간은 연장될 수도 있지만, 20년의 기간은 소송시효기간이라고 규정되어 있지도 않으며, 따라서 중단·중지될 수도 없고 연장될 수도 없다. 오직 20년의 기간만이 연장될 수 있으며, 2년 및 1년의 소송시효기간은 연장될 수 없다고 보는 학자도 있다.[2] 1988년 반포된 「최고인민법원의 「민법통칙」 철저 집행을 위한 문제에 관한 의견(시범시행)」 제175조는 「민법통칙」 제135조 및 제136조가 규정하는 소송시효기간에는 「민법통칙」의 중지·중단 및 연장에 관한 규정을 적용할 수 있다고 규정하였다. 「민법통칙」 제137조가 규정하는 "20년" 소송시효기간에는 민법통칙의 연장에 관한 규정

---

1) 江平, 民法学[M], 北京: 中国政法大学出版社, 2003: 234-235.

2) 王逐起, 民法通则知识[M], 北京: 中国政法大学出版社, 1998: 99; 梁慧星, 民法纵论[M], 北京: 法律出版社, 1996: 248.

을 적용할 수 있지만, 중지·중단 규정은 적용되지 않는다.

필자는 현행 「민법통칙」 규정에 따르면 2년 및 1년의 소송시효기간은 중단·중지될 수도 있고 연장될 수도 있지만, 위의 분석에 의하면 중지와 연장을 중첩하여 설치한 것이 명확하지 않다고 본다. 만약 소송시효의 중지를 규정하고도 또 소송시효기간의 연장을 규정할 필요가 있었다면 양자에 이르게 되는 사유가 다르도록 명확히 규정함으로써 혼동이 발생하는 것을 방지하였어야 한다. 이와 반대로, 만약 사유로 구분할 방법이 없었다면 동시에 양자를 규정하는 것은 적절하지 않다. 20년의 기간에 대하여는 그 성질을 소송시효기간이 아닌 민사권리의 최장 보호기간으로 보는 것에 필자는 찬성하며, 따라서 이 기한은 고정불변이어야 한다. 20년의 시간이 이미 충분히 길기 때문에 어떠한 불가항력, 기타 장애 및 특수한 상황도 포용하기에 족하며, 이를 다시 연장할 필요가 없다.

3. "알았거나 또는 알 수 있었던"의 주체

「민법통칙」 제137조는 "소송시효기간은 권리가 침해받고 있음을 알았거나 또는 알 수 있었던 때로부터 계산한다."고 규정하고 있다. 이 조문은 "알았거나 또는 알 수 있었던"의 주체가 누구인지는 명확하게 언급하지 않았지만, 알았거나 또는 알 수 있었던의 객체가 "권리가 침해받고 있음"이라는 사실로 볼 때 그 주체는 특허권자라는 결론을 얻을 수 있을 것 같다. 본조는 "특허권자 또는 이해관계인이 침해행위를 알았거나 또는 알 수 있었던 날로부터 계산한다."라고 규정하는데, "알았거나 또는 알 수 있었던"의 주체를 명확하게 한정하고 있어 「민법통칙」 규정에 비하여 훨씬 명확하다.

그러나, 설령 본조 규정에 의한다고 하더라도 현실에서는 여전히 검토가 필요한 문제가 존재한다.

"알았거나 또는 알 수 있었던"은 분명히 사람의 객관적 사실에 대한 인식상태를 가리키는 것이고, 이 때문에 판단 시에는 최종적으로 반드시 특정한 사람으로 구체화되어야 한다. 단위에 대해서도 어떤 객관적인 사실을 알았거나 또는 알았어야 한다는 표현을 쓸 수 있는가? 필자는 쓸 수 없다고 보는데, 단위에 소속된 어떤 개인 또는 일부가 알았거나 또는 알 수 있었다고 한다면 비로소 그 단위로 하여금 알았거나 또는 알 수 있게 할 수 있기 때문이다.

특허권자가 개인인 때에는 "알았거나 또는 알 수 있었던"은 그 특허권을 침해하는 행위의 존재를 그 개인이 알았거나 또는 알 수 있었던 것을 가리키며, 여기에 대해서는 어떠한 의문도 없다. 특허권자가 단위인 때에는 "알았거나 또는 알 수 있었던"은 그 특허권을 침해하는 행위의 존재를 단위 중의 어떤 자가 알았거나 또는 알 수 있었던 것을 가리키는지 명확하지 않다. 만약 소송시효기간을 반드시 단위의 법인대표가 특허권 침해행위를 알았거나 또는 알 수 있었던 날로부터 계산하는 것으로 본다면 소송시효의 작용은 크게 줄어들게 되는데, 단위의 법인대표는 그 단위 중의 어떤 자도 자기에게 침해행위의 존재를 보고하지 않았기 때문에 알지도 못하였고 알았을 수도 없었으며, 따라서 소송시효기간을 적용할 수 없다는 결론을 얻게 될 수 있기 때문이다. 이와 반대로, 만약 소송시효기간이 단위 중의 임의의 자가 특허권 침해행위를 알았거나 또는 알 수 있었던 날로부터 계산되는 것으로 본다면, 그 자가 그 단위에서 어떠한 업무에 종사하거나 어떠한 업무를 맡고 있는지를 불문하고, 특허권자에게 있어서는 현저히 공평하지 않게 된다. 만약 위의 두 극단적인 이해를 모두 배제하여야 하고 오직 양자의 중간적 상황만을 선택할 수 있다고 한다면, 현실에서는 도대체 어떻게 결정하여야 하는지를 명확히 할 필요가 있다.

주체와 관련된 다른 문제는, 수많은 민사권리는 양도 또는 상속될 수 있는데 권리주체에 변화가 발생한 때에 원래 권리자가 침해행위의 발생을 알았거나 또는 알 수 있었던 것이 나중 권리자의 그 권리를 주장하는 청구에 대해서 소송시효를 적용하는 것에 영향을 미치는가 하는 것이다. 특허분야에서 특허출원권 및 특허권의 양도는 자주 발생한다. 소송시효 규정을 적용할 때에, 만약 원래 권리자와 나중 권리자의 동일한 특허권 침해행위에 대한 인지상황을 분리하여, "알았거나 또는 알 수 있었던" 주체가 오직 현재의 특허권자이어야 한다고 강조한다면 소송시효의 작용을 크게 약화시키게 되는데, 이러한 규칙에 따르면 설령 소송시효기간이 경과되었다고 하더라도 그 특허권을 타인에게 양도하기만 하면 특허권 침해행위가 언제 발생했는지에 관계없이 여전히 법적 구제를 받을 수 있으므로 특허권자는 소송시효의 규정을 신경 쓰지 않아도 되기 때문이다. 특허를 실시하는 단위 및 개인에게 있어서 이러한 결과는 소송시효제도가 없는 것과 다를 바가 없다.

주체 변경의 문제는 특허권자 측에만 있는 것이 아니고, 유사하게 피고 측에도 있다. 특허를 실시하는 과정에서, 기업합병·조직개편·상속·파산 등 상황 때문에 실시주체에 변화가 발생할 수 있다. 변화가 발생한 후에 실시주체가 허가 없이 특허를 실시하는 행위에 대해서, 「특허법」의 소송시효 규정을 적용함에 있어서는 다음과 같은 문제가 있는데, 첫째 만약 특허권자가 원래의 실시행위를 알았거나 또는 알 수 있었다고 한다면 그가 나중의 실시행위도 알고 있었던 것으로 추론하여야 하는가? 둘째, 나중의 특허실시행위를 새로운 실시행위로 보아 소송시효기간을 다시 계산하여야 하는가 아니면 이를 원래 실시행위의 계속으로 보아서 전후의 실시행위를 하나로 하여 소송시효의 규정을 적용하여야 하는가?

이러한 문제에 대해서,「민법통칙」및「특허법」그리고 최고인민법원의 사법해석은 모두 명확하게 규정하지 않았지만 현실에서는 회피할 수 없는 문제이며, 따라서 논의와 연구를 진행하여 이러한 문제에 대한 답을 찾을 필요가 있다.

제69조 특허권 침해로 보지 아니하는 행위

다음 각 호 중 하나의 경우, 특허권 침해로 보지 아니한다.

(1) 특허제품 또는 특허방법에 의하여 직접적으로 획득한 제품을 특허권자 또는 그 허가를 받은 단위·개인이 매도한 후, 그 제품을 사용·판매청약·판매·수입하는 경우

(2) 특허출원일 전에 이미 동일한 제품을 제조하였거나 동일한 방법을 사용하였거나 또는 이미 제조·사용에 필요한 준비를 마쳤고, 원래의 범위 내에서만 계속 제조·사용하는 경우

(3) 중국의 영토·영수(領水)·영공을 임시로 통과하는 외국의 운송수단이 그 소속 국가와 중국이 체결한 협약 또는 공동으로 가입한 국제조약에 따라서 또는 호혜원칙에 따라서, 운송수단 자체의 수요를 위하여 그 장치 및 설비 중에 관련 특허를 사용하는 경우

(4) 과학연구 및 실험만을 위하여 관련 특허를 사용하는 경우

(5) 행정적 심사·허가에 필요한 정보를 제공하기 위하여 특허약품 또는 특허의료기계를 제조·사용·수입하는 경우 및 특별히 이를 위하여 특허약품 또는 특허의료기계를 제조·수입하는 경우

一. 개 요

(一) 본조 규정의 의의

「특허법」제11조 규정에 따라서, 특허권이 수여된 후에는 어떠한 단위 또는 개인이라도 특허권자의 허가 없이는 생산경영 목적으로 그 특허를 실시할 수 없다. 오직 이 조문만 있고 기타 예외규정이 없다면 다음과 같은 결론을 얻게 되는데, 즉 특허를 실시하는 행위가 이 조문을 위반하면 특허권 침해에 해당하게 되어 「특허법」제60조가 규정하는 특허권 침해에 대한 민사책임을 부담하여야 한다.

그러나 특허제도를 마련한 것은 단지 특허권자의 이익만을 보호하기 위한 것이 아니다. 중국 「헌법」제51조는 "중화인민공화국 공민은 자유와 권리를 행사할 때에, 국가·사회·집단의 이익 및 기타 공중의 합법적인 자유와 권리에 손해를 입혀서는 아니 된다."고 규정하고 있다. 「특허법」제1조는 특허법의 입법취지가 "특허권자의 합법적 권익보호, 발명창조의 장려, 발명창조의 응용촉진, 혁신능력의 제고, 과학기술의 진보 및 경제사회발전의 촉진"이라고 밝히고 있다. 위 규정에 근거하여, 특허제도

는 특허권자와 사회공중의 이익을 함께 고려함으로써, 가장 바람직한 사회적 효과가 나타나도록 하여야 한다. 이를 위해서 본조는 특허권 침해로 보지 않는 5가지의 특허 실시행위를 규정하는데, 이것은 특허권의 효력에 대한 필요적 제한이면서 또한 「특허법」 제11조에 대한 중요한 보충이기도 하다. 세계 각국의 특허법은 일반적으로 유사한 규정을 두고 있다.

(二) 조문 연혁

1984년 제정 「특허법」 제62조는 아래와 같이 규정하였다.

> 다음 각 호의 어느 하나에 해당하는 경우, 특허권 침해로 보지 아니한다.
> (1) 특허권자가 제조하였거나 또는 특허권자의 허가를 받아 제조한 특허제품이 매도된 후, 그 제품을 사용 또는 판매하는 경우
> (2) 특허권자의 허가 없이 제조되어 매도된 것임을 알지 못하고 특허제품을 사용 또는 판매하는 경우
> (3) 특허출원일 전에 이미 동일한 제품을 제조하였거나 동일한 방법을 사용하였거나 또는 이미 제조·사용에 필요한 준비를 마쳤고, 원래의 범위 내에서만 계속해서 제조·사용하는 경우
> (4) 중국의 영토·영수(領水)·영공을 임시로 통과하는 외국의 운송수단이 그 소속 국가와 중국이 체결한 협약 또는 공동으로 가입한 국제조약에 따라서 또는 호혜원칙에 따라서, 운송수단 자체의 수요를 위하여 그 장치 및 설비 중에 관련 특허를 사용하는 경우
> (5) 과학연구 및 실험만을 위하여 관련 특허를 사용하는 경우

1992년 「특허법」 개정 시에는 위의 규정을 개정하지 않았다.
2000년 「특허법」 개정 시에, 개정 전 제62조의 조문번호를 제63조로 고치고, 그 조문을 아래와 같이 개정하였다.

> ① 다음 각 호의 어느 하나에 해당하는 경우, 특허권 침해로 보지 아니한다.
> (1) 특허권자가 제조·수입하였거나 또는 특허권자의 허가를 받고 제조·수입한 특허제품 또는 특허방법에 의하여 직접적으로 획득한 제품이 매도된 후, 그 제품을 사용·판매청약·판매하는 경우

(2) 특허출원일 전에 이미 동일한 제품을 제조하였거나 동일한 방법을 사용하였거나 또는 이미 제조·사용에 필요한 준비를 마쳤고, 원래의 범위 내에서만 계속해서 제조·사용하는 경우

(4) 중국의 영토·영수(領水)·영공을 임시로 통과하는 외국의 운송수단이 그 소속 국가가 중국과 체결한 협약 또는 공동으로 가입한 국제조약에 따라서 또는 호혜원칙에 따라서, 운송수단 자체의 수요를 위하여 그 장치 및 설비 중에 관련 특허를 사용하는 경우

(5) 과학연구 및 실험만을 위하여 관련 특허를 사용하는 경우

② 특허권자의 허가 없이 제조되고 매도된 것임을 알지 못하고 특허제품 또는 특허방법에 의하여 직접적으로 획득한 제품을 생산경영의 목적으로 사용 또는 판매하였지만 그 제품의 합법적인 출처를 증명할 수 있는 경우에는 배상책임을 지지 아니한다.

개정된 부분은 다음과 같다.

첫째, 본조 제1항의 특허권 소진원칙에 관한 규정을 개정하였다. 1992년 「특허법」 개정 시에 특허권의 효력을 강화시켜서 제11조에 제품제조방법에 대한 확대보호 규정을 신설하여 제조방법특허의 보호를 그 방법에 의하여 직접적으로 획득한 제품에까지 확대하였으며, 동시에 특허권자의 허가 없이 특허제품 또는 특허방법에 의하여 직접적으로 획득한 제품을 수입할 수 없다는 규정을 신설하였지만, 당시에는 본조 제1호 규정에 대해서는 상응하게 개정하지 않았기 때문에 두 조문이 일치되지 않았다. 2000년 「특허법」 개정 시에, 제11조에 특허권자의 허가 없이 특허제품 또는 특허방법에 의하여 직접적으로 획득한 제품을 판매청약할 수 없다는 규정을 신설하였으므로, 본조도 이에 호응하게 할 필요가 있었다.

둘째, 원래 본조 제2호에 있었던 "특허권자의 허가 없이 제조되고 매도된 것임을 알지 못하고 특허제품을 사용 또는 판매하는 경우"를 삭제하고 이를 「특허법」 제63조 제2항으로 변경하여, 일정한 조건 하에서만 특허권 침해행위자의 일부 민사책임, 즉 손해배상책임이 면제될 수 있게 하였다. 이처럼 개정한 이유는, 비록 선의로 제3자의 합법적 권리를 침해한 경우를 배려하는 것은 필요하기도 하고 중국의 실제 수요에도 부합하는 것이지만, 만약 법률에서 이러한 행위를 특허권 침해행위로 보지 않는다고 명확하게 규정하게 되면, 특허권자의 합법적 이익보호에 이롭지 않으며, 특허제품의 위법적 제조자에게 틈탈 수 있는 기회를 주게 되어 이러한 규정을 이용하여 그 특허권자의 허가 없이 제조한 특허제품 또는 특허방법에 의해서 직접적으로 획득한 제품에 합법적인 판매 및 사용 경로를 제공하게 될 것이라고 여긴 사람들이 많았기

때문이다.

2008년「특허법」개정 시에, 개정 전 제63조의 조문번호를 제69조로 고치고, 그 조문을 재차 개정하였는데, 개정된 부분은 다음과 같다.

첫째, 본조 제1호의 특허권 소진원칙에 관한 규정을 개정하여 병행수입을 허용하였다.

둘째, 본조 제5호에 "Bolar 예외"에 관한 규정을 추가하였다.

셋째, 본조의 개정 전 제63조 제2호 규정을 분리하여, 독립적인 조문(즉「특허법」제70조)으로 규정하였다.

二. 특허권 소진원칙

(一) 본조 제1호 규정의 의미

특허권 소진원칙은 특허권의 효력에 대한 매우 중요한 제한으로, 그 목적은 특허권에 대한 보호가 합리적인 한도를 벗어나서 정상적 경제사회질서에 부적절한 영향을 주는 것을 방지하는 데 있다.

이 원칙의 기본적인 의미는, 공중의 임의의 자가 합법적으로 매도된 특허제품, 즉 특허권자 또는 그 피허가자가 특허제품 또는 특허방법에 의하여 직접적으로 획득한 제품을 매도한 후에는 자유롭게 그 구매한 제품을 처분할 수 있는 권리를 갖는다는 것이다. 이 후에는, 그 구매자가 어떠한 방식으로 그 제품을 사용·판매청약·판매하는지를 불문하고 모두 그 특허권을 침해하는 행위에 해당하지 않게 된다.

특허권 소진원칙을 수립한 이유는, 한편으로 특허권자의 합법적 이익을 보호하는 측면에서 보면, 국가가 특허권자에게 일정 기간 동안의 독점권을 주어서 모든 특허제품의 제조와 최초 판매를 통제할 수 있게 한 것은 특허권자가 그 발명창조에 들인 대가를 보상받을 수 있게 근본적으로 보장한 것이어서 그 합법적 이익이 이미 충분히 고려되었기 때문이다. 다른 한편으로 공중의 합법적 이익을 보호하는 측면에서 보면, 만약 특허권자 자신 또는 그 피허가자가 그 특허제품을 시장에 출시한 후, 그 제품의 이어지는 도매·소매·양도 및 사용에 대해서 하나씩 특허권자의 허가를 받아야 한다면, 필연적으로 특허제품의 자유로운 유통과 정상적 사용을 크게 저해시켜서 정상적인 생산경영활동과 경제사회질서에 중대한 영향을 줄 수 있기 때문이다. 특허권을 이 정도까지 보호하는 것은 어떤 국가에서도 받아들일 수가 없다.[1]

2008년 개정된 본조 제1호는 실제로는 다음의 두 가지 의미로 나누어 이해할 수 있다.

첫째, 중국에서 받은 특허권에 있어서는, 특허권자 또는 그 피허가자가 중국 국내에서 그 특허제품 또는 특허방법에 의하여 직접적으로 획득한 제품을 매도한 후에, 구매자가 중국 국내에서 그 특허제품을 사용·판매청약·판매하는 것은 그 특허권을 침해하는 행위로 보지 않는다. 이것이 바로 "특허권의 국내소진"이다.

둘째, 외국에서 받은 특허권에 있어서는, 특허권자 또는 그 피허가자가 중국의 국외에서 그 특허제품 또는 특허방법에 의하여 직접적으로 획득한 제품을 매도한 후에, 구매자가 그 제품을 중국 국내로 수입하고 그리고 이후에 중국 국내에서 그 제품을 사용·판매청약·판매하는 것은 그 특허권을 침해하는 행위로 보지 않는다. 이것이 바로 "특허권의 국제소진"이다.

2008년 본조를 개정하여 표현방식을 조정한 이외에, 특허권자 또는 그 피허가자에서 합법적으로 매도된 특허제품의 구매자로 "수입"행위의 주체를 고쳐서 위의 두 유형의 특허권 소진을 하나로 규정하였는데, 이것이 가장 중요한 변화였다. 이러한 표현방식의 장점은 표현이 정제되어 "수입" 행위의 주체만을 조정함으로써도 병행수입 행위를 허용하는 개정목적을 달성할 수 있으므로 조문을 크게 고칠 필요가 없다는 점이고, 단점은 의미가 조금 복잡하여 자세히 살펴보지 않으면 그 의미를 제대로 이해할 수 없다는 점이다.

주의하여야 할 점은 다음과 같다.

첫째, 본조 제1호에 규정된 몇 가지 행위의 지역적 범위가 약간 다르다는 점인데, "매도" 행위는 중국 국내에서 발생한 것일 수도 있고 중국 국외에서 발생한 것일 수도 있지만, "사용·판매청약·판매"행위는 중국 국내에서 발생한 행위이어야 하고, "수입" 행위는 중국 국외에서 중국 국내로 들어오는 행위를 가리킨다.

둘째, "매도" 행위가 중국 국내에서 발생하는 경우에는 "수입" 문제는 말할 것이 없으며(먼저 수출했다가 다시 수입하는 것은 제외하는데, 이러한 행위는 거의 드물다.), "매도" 행위가 중국 국외에서 발생하는 경우에만 비로소 이후에 "수입" 행위가 있을 수 있다는 점이다.

셋째, "매도" 행위가 중국 국외에서 발생한 경우에는 "수입" 행위 자체만 특허권을 침해하는 행위로 보지 않는 것이 아니고, 특허제품 수입 후에 중국 국내에서 진행한 사용·판매청약·판매행위도 특허권을 침해하는 행위로 보지 않으며, 수입한 자 자

---

1) 汤宗舜, 专利法教程[M], 3版, 北京: 法律出版社, 2003: 187.

신이 하든 아니면 타인이 하든 관계없이 결론은 모두 이와 같다는 점이다. 이러한 경우에는, 사용·판매청약·판매행위가 실제로는 수입행위 이후에 발생하지만(당연히 특허제품이 매도된 후에 외국에서도 사용·판매청약·판매행위가 있을 수 있지만, 이러한 행위는 국내 특허권에 대한 침해여부와 무관하므로, 이를 고려할 필요가 없다.), 조문으로 보면 수입행위를 가장 뒤에 언급하였는데, 이것은 본조 제1호 조문으로 특허권의 국내소진과 국제소진을 모두 규정하여야 하고 또한 조문을 가급적 간명하게 하여야 했기 때문이다.

본조 제1호로 나타내고자 하는 의미를 보다 정확하게 말하면, "특허제품 또는 특허방법에 의하여 직접적으로 획득한 제품이, 특허권자 또는 그 허가를 받은 단위 또는 개인에 의해 매도된 후에, 그 제품을 사용·판매청약·판매·수입하는 경우 그리고 그 수입된 제품을 사용·판매청약·판매하는 경우에는 특허권 침해로 보지 않는다."이다.

2008년 「특허법」 개정 과정에서, 본조에 대한 개정방안을 연구할 때에 둘을 함께 표현하면 위와 같이 의미가 복잡해져서 공중이 이해하기 쉽지 않음을 고려하여, 국가지식산권국은 일찍이 본조에 한 호를 추가하여 개정 전 제1호는 특허권의 국내소진만 규정하고 이 밖에 제2호를 신설하여 병행수입의 허용에 대해서 규정함으로써 표현을 보다 명확하게 할 것을 건의하였다. 전국인민대표대회 법제업무위원회는 이렇게 개정하면 변화가 커지게 되고 간결한 조문을 쓰더라도 다르게 해석되지는 않을 것으로 보았으며, 따라서 이를 받아들이지 않았다.

(二) 특허권의 국내소진

특허권의 국내소진은 특허권 소진원칙의 기초로서 특허권의 국제소진은 이를 기초로 한 연장에 불과하다. 따라서 특허권 소진원칙을 논의하기 위해서는 먼저 특허권 국내소진의 의미를 이해하여야 한다.

세계 각국은 특허제품이 합법적으로 매도된 이후의 이용에 대해서는 특허권의 효력이 미치지 않는다는 것에 보편적으로 동의하지만, 나라마다 이러한 결론에 이르는 이론 및 방식에는 차이가 있다.

영국은 이론적으로 말해서 특허권자가 특허제품에 대해서 보유하고 있는 통제권은 그 특허제품의 제조행위와 최초 매도행위에 한정되는 것이 아니고, 그 특허제품이 최초로 매도된 후에 후속하는 모든 사용 및 판매행위에 대해서도 확대되는 것으로 본다. 따라서 영국은 특허권자 또는 그 피허가자가 특허제품을 매도한 후의 사용 및 전매에 대해서 제한적 조건을 붙이는 것을 허용한다. 합법적으로 매도된 특허제품의 직접적인 구매자인지 아니면 이후의 간접적인 구매자인지를 불문하고, 그가 이러한 제한적 조건을 분명히 알면서도 계속해서 사용 및 판매를 하였다면 특허권 침해행위에 해당할 수 있다. 당연히 특허권자는 관련 법률의 규정을 위반하는 제한조건을 붙여서는 안 된다.

위의 입장은 언뜻 보면 특허권자에게 매우 큰 권리를 부여하여 마치 특허권 소진원칙을 인정하지 않는 의미가 있는 것 같지만, 실제로는 절대 이와 같지 않다. 이것은 영국이 위의 입장을 취하는 동시에 중요한 법률상 추정 규정을 두고 있기 때문인데, 즉 특허제품을 최초로 판매할 때에 만약 특허권자 또는 그 피허가자가 제한조건을 명확히 밝히지 않았다면 구매자가 그 특허제품을 임의로 사용 또는 전매할 수 있는 "묵시허가"(implied license)를 한 것으로 추정한다. 만약 이러한 묵시허가가 있다면, 특허권자는 합법적으로 매도된 특허제품에 대해서 그 권리를 다시는 행사할 수 없다.

따라서 영국은 특별히 특허권 소진원칙에 의하지 않고, 묵시허가를 통해서 유사한 결과를 달성한다고 볼 수 있다. 주의하여야 할 점은, 묵시허가의 적용범위가 훨씬 폭넓다는 점인데, 특허권 소진원칙으로 달성하고자 하는 목적을 묵시허가를 통해서 실현할 수 있을 뿐만 아니라, 특허권 소진원칙으로 달성하기 어려운 기타 결과도 실현할 수 있다. 이점은 본서의 「특허법」 제2조에 대한 해석에서 이미 상세하게 설명하였으므로, 다시 설명하지 않겠다.

독일의 특허권 소진원칙 관련 이론은 영국과 크게 다르다. 독일이 세계적으로 가장 이른 시기에 특허제도 중에 특허권 소진원칙을 도입한 국가라고 보는 견해가 있다. 독일도 그 특허제도를 수립한 초기에는, 특허권자 자신이 매도한 또는 그 피허가자가 매도한 특허제품의 사용 또는 전매행위에 대해서 권리를 행사할 수 있는가 하는 문제에 대해서 묵시허가이론으로 해결하여, 만약 특허권자 또는 그 피허가자가 최초로 그 특허제품을 매도한 때에 명시적으로 제한조건을 부가하지 않았다면 그 판매행위에 구매자가 임의로 그 구매한 특허제품을 사용 또는 처분하는 것을 허용하는 묵시허가가 포함되어 있다고 추정하였다. 그러나 독일은 후에 이러한 계약법에 기초한 이론은 구매자에게 있어서는 바람직하지 않으며, 동시에 특허권자 또는 그 피허가자가 특허제품을 판매할 때에 제한조건을 붙여서 묵시허가를 배제하면 합법적으로 매도된 특허제품의 자유로운 유통에 장애가 될 수 있다고 보았다. 이 때문에 독일은 특허에 부여된 권리에 대해서 제한하는 보다 철저한 제도가 필요하다고 보았다.

독일의 구 제국최고법원은 1902년 판결에서 특허권 소진원칙을 제시하였는데, 이 원칙의 근거로, 첫째 특허권자가 특허독점권을 갖는 유리한 환경에서 그 특허제품을 판매하였다면 이미 특허독점권을 통해서 이익을 얻을 수 있는 기회를 확보하였으므로 이 판매행위로 매도한 특허제품에 대한 특허권자의 통제권이 다하였다는 점, 둘째 특허권 소진원칙은 특허권자가 국내시장을 분할하여 특허제품의 자유로운 유통을 방해하는 것을 방지할 수 있으므로, 특허제품의 자유로운 교역에서의 공중의 이익을 보장할 수 있다는 점이라고 지적하였다.

독일은 특허권 소진원칙이 특허권에 대한 일종의 본질적 제한이고, 특허권자가 그 특허제품을 매도할 때에 제한조건을 붙였는가에 관계없이 이 원칙의 적용에 영향이 없다고 본다. 특허제품의 구매자가 특허권자가 부가한 제한조건을 위반하는 것은 계약위반 문제이고 특허권 침해 문제는 아니라고 한다. 만약 특허권자가 부가한 제한조건이 특허권 소진원칙에 위배된다면, 즉 특허권의 정상적 행사범위를 벗어난 것이라면, 특허권 남용행위를 구성하고, 따라서 법적 효력이 없으며 엄중한 경우에는 또한 반독점법 위반행위에 해당할 수 있다고 한다.

묵시허가이론과 특허권 소진원칙의 구별은 특허권자가 그 특허제품을 판매할 때에 구매자가 그 구매한 특허제품을 사용 또는 처분하는 행위에 대해서 제한조건을 부가하는 것을 인정할 것인가의 여부에 있다. 영국이 취하는 방식에 대해서는, 특허권자가 특허제품을 판매할 때에 명시적으로 제한조건을 부가하는 것을 허용한다고 한다면, 묵시허가이론은 매우 쉽게 회피할 수 있는 것이어서 실제로는 아무 쓸모도 없게 되는 것이 아닌가 하는 의문이 들기 쉽다.

먼저 묵시허가이론에는 확실히 이와 같은 문제가 존재한다는 것을 인정하여야 한다. 바로 이러한 이유 때문에 독일은 특허권 소진원칙을 묵시허가이론 위에 수립하는 것이 적절하지 않다고 보아서, 독립적인 특허권 소진원칙을 수립하여 합법적으로 매도된 특허제품의 구매자에게 철저한 침해 면책권을 주었다.

다음으로 시장경제체제의 본질적 특징 때문에 묵시허가이론도 그렇게 쉽게 회피할 수 있는 것이 아님이 지적되어야 하는데, 많은 경우에 특허권자가 그 특허제품을 판매할 때에 제한조건을 부가하는 것이 사리에 맞지 않기 때문이다. 이에 대해서는 본서의「특허법」제59조에 대한 설명을 참조하기 바란다.

현실에서는 동일한 사건에 대한 위의 두 가지 방식이 대부분 경우에 기본적으로 동일한 결론이 얻어지며, 이 때문에 이들을 모두 특허권 소진원칙이라고 부르는 사람도 있다. 그러나 양자는 법리에서 분명히 차이가 있다. 아마도 바로 이러한 이유 때문에, TRIPs는 이 문제에 대해서 통일적으로 규정하지 않았을 것이다.

중국「특허법」은 처음부터 독일의 모델을 따랐으며, 본조 제1호를 통해서 특허권 소진원칙을 명확히 규정하였다. 본조 제1호 규정을 이해함에는 다음과 같은 점에 주의하여야 한다.

첫째, 특허권 소진원칙은 시장에 출시된 각각의 특허제품에 대한 것으로, 소위 "권리소진"은 특허권자가 자신이 매도한 각각의 특허제품 또는 그 피허가자가 매도한 각각의 특허제품에 대해서 더 이상 통제권이 없으며, 타인(그 직접적인 구매자도 포함하고, 간접적인 취득자도 포함한다.)이 나중에 어떤 방식으로 그 특허제품을 사용·청약허가 또는 판매하는지를 불문하고 특허권자는 이에 간여할 권리가 없음을 가리키는 것이지, 그 특허권이 부여한 전체 권리가 이때부터 권리소진되어 특허권자가 이때부터는 더 이상 그 권리를 주장할 수 없음을 가리키는 것이 아니다. 특허권이 법에 의해 무효로 되지만 않는다면, 그 권리의 전체 유효기간 내에는 모두 유효하다.

둘째, 본조 제1호 규정에 따라서, 특허권 소진원칙은 특허권자 또는 그 피허가자가 그 특허제품을 매도할 때에 구매자에 대해서 제한조건을 부가했는지 여부와 무관하게 적용되며, 특허권자가 제한조건을 부가했는지를 불문하고 또한 특허권자가 명시적으로 아니면 암시적으로 제한조건을 부가했는지를 불문하고, 타인이 나중에 그 구매한 제품을 사용·판매청약·판매하는 것은 모두 특허권 침해행위로 보지 않는다. 특허권자가 그 특허제품을 매도할 때에 제한조건을 붙인 상황에서, 만약 구매자가 그 제품을 구매한 행위가 매매 쌍방이 매매계약에 이른 것으로 인정되고, 매수자가 계약이 규정한 제한조건을 준수하지 않음에 따라 분쟁이 발생하는 경우에는, 특허권자가 「계약법」의 규정에 따라 매수자에게 위약에 따른 책임을 추궁할 수는 있지만, 「특허법」의 규정에 따라 그 특허권 침해책임을 추궁할 수는 없다.[1] 이에 더 나아가, 본조 제1호에 이미 명확하게 규정되어 있는 상황에서, 특허권자가 그 특허제품을 매도할 때에 구매자가 그 제품을 사용·판매하는 것에 대해서 일반적인 포괄적 제한조건을 붙인 것이 그 특허권을 남용하는 행위에 해당하는가, 그 매수자와 체결한 매매계약이 위법한 계약인가도 논의할 가치가 있다.

셋째, 2008년 「특허법」 개정 전의 본조 제1호는 특허권 소진원칙 적용의 전제조건을 "특허권자가 제조·수입한 또는 특허권자의 허가를 받고 제조·수입한 특허제품 또는 특허방법에 의하여 직접적으로 획득한 제품이 매도된 후"로 규정하였는데, 이

---

1) 특허권자가 그 특허제품을 매도할 때에 부가한 제한조건이 구매자에 대해서 구속력이 있는가에 관하여, 미국 연방순회항소법원의 판례는 아래와 같이 규정하였다. 첫째, 특허권자 또는 그 피허가자가 부가한 제한적 판매조건이 반드시 명시적이어야 하고 암시 또는 묵시적이어서는 아니 된다. 둘째, 제한적 판매조건이 반드시 늦어도 특허제품의 판매와 동시에 제시되었어야 하고 사후에 보충적으로 추가된 것이어서는 아니 된다. 셋째, 제한적 판매조건이 반드시 계약의 약정에 효력을 발생시키기에 충분할 만큼 명확함으로써, 구매자가 일단 그 제품을 구매하였다면 계약이 약정한 의무를 부담하게 하여야 하고, 건의 또는 권고에 불과한 것이어서는 아니 된다.

규정에는 한 가지 제한, 즉 특허권 소진원칙을 적용할 수 있는 특허제품 또는 특허방법에 의하여 직접적으로 획득한 제품은 오직 특허권자 또는 그 피허가자가 제조·수입 및 매도한 특허제품에 한정된다는 제한을 함축하고 있었다. 2008년 개정「특허법」본조 제1호는 위의 전제조건을 "특허제품 또는 특허방법에 의하여 직접적으로 획득한 제품을 특허권자 또는 그 허가를 받은 단위·개인이 매도한 후"로 고침으로써, 위에서 설명한 함축적인 제한을 해소하였다. 특허권 소진원칙을 적용할 때에는, 매도된 특허제품 또는 특허방법에 의해서 직접적으로 획득한 제품이 특허권자 또는 그 피허가자가 수입한 것인지, 아니면 그 합법적 구매자가 수입한 것인지를 고려할 필요가 없으며, 그 제품이 특허권자 또는 그 피허가자가 외국에서 매도한 것이기만 하면 곧 특허권이 소진되었다는 결론을 얻을 수 있다.

넷째, 본조 제1호가 규정하는 특허권 소진원칙을 적용하면 특허권자 또는 그 피허가자가 매도한 특허제품 또는 특허방법에 의하여 직접적으로 획득한 제품을 사용·판매청약·판매하는 행위만 그 제품 자체에 관한 특허권을 침해하는 행위로 보지 않을 수 있을 뿐이다. 만약 매도된 제품을 전용장치로 하여 그 특허권자가 받은 다른 방법특허권을 실시한다거나, 또는 매도된 제품을 부속품으로 하여 그 특허권자가 받은 다른 제품특허권을 실시한다고 한다면, 특허권자 또는 피허가자가 특허제품을 판매한 행위로 이러한 관련된 특허권까지 소진된다고 볼 수는 없다. 이러한 실시행위가 관련 특허권을 침해하는 행위에 해당하는지는「특허법」제11조 및 제20조 규정에 따라서 종합적으로 판단하여야 한다.

(三) 병행수입과 특허권의 국제소진

특허권 소진원칙은 각국의 의견이 매우 엇갈리는 문제, 즉 "병행수입"(parallel importation) 또는 "특허권의 국제소진"(international exhaustion) 문제에 관계된다. 보다 구체적으로 말하면, 동일한 권리자가 동일한 발명창조에 대해서 여러 국가에(예를 들어 중국과 미국에) 각각 출원하여 특허권을 받았고, 특허권자 또는 그 피허가자가 미국에서 그 특허제품을 매도하였다면, 구매자가 그 미국에서 구매한 특허제품을 중국으로 수입하는 것이 특허권자가 중국에서 받은 특허권을 침해하는 행위에 해당하는가? 이에 더 나아가, 특허권자가 단지 중국에서만 출원하여 특허권을 받았고, 특허권자 또는 그 피허가자가 미국에서 그 중국 특허권을 받은 제품을 매도하였는데, 구매자가 그 미국에서 구매한 특허제품을 중국으로 수입하는 것이 특허권자가 중국에서 받은 특허권을 침해하는 행위에 해당하는가?

2008년 개정「특허법」본조 제1호 규정에 따르면, 위의 두 문제에 대한 대답은 모두 부정이다. 바꿔 말하면, 개정 후의「특허법」은 병행수입을 허용하는 입장을 취하였다. 이것은 세계 각국의 특허법에서 보기 드문 경우이며, 아래에서는 개정배경과 이유에 대해서 설명하도록 하겠다.

1. 병행수입 발생의 원인

병행수입은 주로 제품의 가격이 나라마다 지역마다 다르기 때문에 발생한다. 동일한 제품의 판매가격이 지역에 따라 달라지는 원인은 매우 많은데, 그중에는 다음과 같은 것들이 포함된다.

첫째, 나라마다 지역마다 부유한 정도가 달라서 소비자의 구매능력에 차이가 있기 때문이다. 동시에 역사적 연혁, 문화적 배경, 종교적 신앙, 생활습관 등 여러 요소의 영향 때문에, 동일한 제품이라도 나라에 따라 지역에 따라 상업적 가치와 수요에도 차이가 있다. 사업을 하는 입장에서 보면, 판매상은 당연히 가격이 조금 높기를 바라겠지만, 만약 가격이 너무 높으면 다른 판매상도 진입하게 되어 자기가 본래 차지할 수 있었던 몫을 잃게 된다. 시장경제법칙 때문에 판매상은 반드시 각 지역 소비자의 실제 구매능력 및 상품의 상업적 가치와 수요 등 요소를 고려하여 현지의 판매가격을 확정하게 되는데, 이것은 필연적으로 판매가격의 차이를 불러온다.

둘째, 동일한 상품이라도 나라마다 제조·판매 원가가 다르기 때문이다. 경제의 글로벌화가 진전됨에 따라서, 많은 특허권을 보유한 다국적기업은 갈수록 현지의 업체에 그 특허기술을 실시하도록 허가하여 현지에서 관련 특허제품을 제조한 후 그 지역의 시장에 출시하는 경영전략을 취하고 있다. 동일한 상품이라도 다른 국가 및 지역에서 제조하면 그 원료의 원가 및 노동력 비용에 크게 차이가 나게 되므로 필연적으로 판매가격에도 차이가 생긴다. 상품이 제조된 후에 광고선전을 하거나 또는 시장출시 허가를 받는 데 투입되는 자금도 국가 및 지역에 따라서 크게 차이가 나므로 또한 시장가격의 차이를 불러온다.

셋째, 각국이 자국의 이익보호 및 기타 요소를 고려하여 종종 상품의 가격에 영향을 미치는 정책을 제정하기 때문이다. 먼저, 사람들에게 가장 익숙한 것은 관세인데, 이것은 상품가격에 직접적인 영향을 주는 중요한 요소로서, 국가가 상품의 판매가격을 통제하는 가장 전통적인 수단이다. 다음으로, 많은 경우에 각국 화폐 사이의 환율에 각종 화폐의 실질적 구매가치가 제대로 반영될 수 없으며, 이 때문에도 상품의 판매가격과 국제적 유통에 많은 영향이 있을 수 있다. 그 다음으로, 정부는 자국 산업의 현황과 수요에 근거하여 특정 산업에 정부보조금을 지급하는데, 업계가 보조금을 받는 것은 상품의 제조원가를 낮추는 것에 상당하므로, 자연히 비교적 저렴한 가격에 판매할 수 있다. 이 밖에, 정부는 공중의 이익을 보호하기 위하여 약품과 같은 특정 제품의 판매가격 제한을 명령할 수도 있다. 마지막으로, 지식재산권의 보호수준도 상품의 판매가격에 영향을 줄 수 있는데, 지식재산권을 강력하게 보호하는 국가에서는 지식재산권의 권리자가 보다 충분한 독점권을 향유하므로 이 우세를 이용하여 관련 제품의 판매가격을 높일 수 있지만, 지식재산권 보호가 미흡한 국가에서는 다른 판매상과 경쟁하기 위하여 지식재산권자가 어쩔 수 없이 관련 제품의 판매가격을 내릴 수밖에 없다.

가격 차이의 존재는 관련 상품의 수출입에 매우 유리한 기회를 제공하는데, 이것이 병행수입이 발생하는 근본적 원인이다. 전압차가 있기만 하면 저항이 무한대인 경우를 제외하고 필연적으로 전류가 흐르는 것과 마찬가지로, 가격 차이가 있기만 하면 엄격한 금지조치가 있는 경우를 제외하고 필연적으로 상품의 흐름이 발생하게 된다. 전압은 고전위에서 저전위 방향으로 전류를 흐르게 하고, 상품가격은 가격이 낮은 국가 또는 지역에서 가격이 높은 국가 또는 지역으로 상품을 흐르게 한다.

상품의 자유로운 유통을 촉진시키는 것, 이것이 WTO의 주요 취지이다. 그러나 만약 합법적으로 매도된 특허제품의 자유로운 국제적 유통을 허용한다면, 특허권자(특히 선진국의 특허권자)는 그 이익에 손해를 입는다고 느끼기 때문에 이를 저지하려고 한다. 병행수입 문제가 국제지식재산권의 핫이슈가 된 주요 이유가 바로 여기에 있다.

기왕에 병행수입이 가격차이로 발생된다고 한다면, 상품 가격의 차이를 감소시키는 방법을 써서 병행수입을 감소시킬 수 있는 것이 아닌가? 이러한 방안은 비현실적이다. 세계 각국의 상황이 천차만별인데, 가격을 통일하는 것이 말처럼 쉽겠는가? 게다가 가격 차이는 시장법칙으로 결정되는 것으로 대부분 경우에 가격 차이가 존재하는 데에는 그 합리성이 있다. 예를 들어, 설령 같은 도시에서라도, 동일한 상품의 슈퍼마켓에서의 판매가격과 동네 소매점에서의 판매가격이 달라질 수 있다. 슈퍼마켓에서 구매하는 경우에는 가격이 낮다는 장점이 있고 동네 소매점에서 구매하는 경우에는 편리하다는 장점이 있어서 소비자에게는 각각의 이로운 점이 있으며, 이 때문에 가격에 차이가 있다고 하더라도 소비자는 이를 받아들일 수 있다. 이러한 의미에서 보면, 가격 차이는 시장경제의 필연적 산물이며 사람들이 바란다고 해서 바꿀 수 있는 것이 아니다.

2. 국제법의 관련 규정

특허권의 국제소진원칙 적용여부를 논의하기 위해서는, 먼저 관련 국제조약 중에 명확하게 이를 제한한 규정이 있는지 분석하여야 한다. 이 분야에 관련된 것으로는 「파리협약」과 TRIPs가 있다.

(1) 「파리협약」의 규정
「파리협약」 제4조의 2는 아래와 같이 규정하고 있다.

① 동맹국의 국민에 의하여 여러 동맹국에서 출원된 특허는 동일한 발명에 대하여 동맹국 또는 비동맹국인가에 관계없이 타국에서 획득된 특허와 독립적이다.
② 전항의 규정은 비제한적인 의미로 이해되며 특히 우선 기간 중에 출원된 제 특허는 무효 또는 몰수의 근거에 관하여 그리고 통상의 존속기간에 관하여 서로 독립적이라는 의미로서 이해된다.
…
⑤ 우선권의 혜택으로서 획득된 특허는 각 동맹국에서 우선권의 혜택없이 출원 또는 부여된 특허와 같은 존속기간을 갖는다.

「파리협약」 제4조의 2가 규정하는 특허독립의 원칙에 근거하여, 병행수입을 불허한다는 결론을 도출할 수 있다고 보는 견해가 있는데, 동일한 자가 동일한 발명창조에 대해서 여러 국가에서 받은 각각의 특허권은 서로 독립적이기 때문에 미국에서는 특허권이 소진되었다고 해서 중국의 특허권도 소진되는 것은 아니므로 당연히 특허권의 국제소진은 있을 수 없다고 한다.[1]

이에 대해서 필자는 검토해 볼 여지가 있다고 생각한다.

먼저, 우리는 「파리협약」 자체 및 그 제4조의 2 규정의 제정배경 및 조문의 의미를 이해하여야 한다.

---

[1] 汤宗舜, 专利法解说[M], 修订版, 北京: 知识产权出版社, 2002: 80, 82. "그러므로, 이 문제에 있어서, 전통적인 특허권 소진원칙의 지역성에는 변화가 없다. 관련 제품에 있어서는, 수출국의 특허권은 제품이 매도되어 이미 소진되었지만, 수입국에서는 별개의 특허권이므로, 비록 특허권자가 동일하다고 하더라도, 특허권을 수여한 국가가 다르므로 이미 소진되었는지 여부, 수입국의 특허권을 침해하는 것인지 여부는 수입국의 특허법에 의하여 판단하여야 하고, 수출국의 특허법에 의하여 판단할 수는 없는데, 각국이 수여하는 특허권은 독립적이기 때문이다.", "설령 동일한 자가 동일한 발명창조에 대해서 중국과 외국에서 특허권을 받았다고 하더라도, 중국과 외국의 특허권은 「파리협약」 제4조의 2 규정에 따라서 서로 독립적이다. 외국의 특허권이 외국에서 이미 소진되었다고 하더라도 그 효력이 중국에까지 미칠 수 없고, 중국 국내로 진입하면 중국의 특허법이 적용되어야 하며, 따라서 이러한 제품을 수입하기 위해서는 중국 특허권자의 허가를 받아야 한다."

영국의 산업혁명에 따라서, 유럽 각국의 과학기술 및 산업은 18~19세기에 급속하게 발전하였다. 19세기 후반에, 적지 않은 유럽 국가들은 이미 각자의 특허제도를 수립하였다. 당시의 역사적 상황에서, 각국의 특허제도는 필연적으로 서로 독립적이었으며, 자국보호주의의 경향이 두드러지게 나타났다. 예를 들어, 「파리협약」 체결 전에는, 한 국가의 국민이 다른 국가에서 특허보호를 받을 수 있는지는 양국 사이에 호혜협정이 존재하는지에 따라 결정되었고, 만약 이러한 협정이 없다면 보호를 받을 수 없었다. 그러나 과학기술의 발전과 교류는 일반적으로 국경이 없는 것이어서, 발명창조자는 보편적으로 발명창조보호에 유리한 국제환경이 형성되어, 그 발명창조에 대해서 각국에서 가급적 편리하게 특허로 보호받을 수 있기를 희망하였다. 유럽 각국은, 특히 그중에서 강국들은 과도한 자국보호주의를 취하게 되면 비록 타국의 발명창조자가 그 자국에서 특허보호를 받을 수 있는 것을 방지할 수 있고, 자국 기업이 그 국내에서 자유롭게 타국의 발명창조자의 발명창조를 자유롭게 실시할 수 있기는 하지만, 그 결과로 자국의 발명창조자가 국외에서 특허보호를 받는 데 불리하고, 특히 자국의 특정 과학기술분야가 우세에 있을 때에는 더욱 이와 같다는 것을 점차 인식하게 되었다.

파리협약은 바로 이러한 배경에서 1883년 체결된 것이다. 이 협약은 일련의 유효한 조치를 써서 과도한 자국보호주의를 제한함으로써, 발명창조자가 그 발명창조에 대해서 여러 국가에서 산업재산권으로 보호받는 것을 크게 편리하게 하였다. 내국민대우원칙은 각 동맹국의 외국출원인에 대한 요구를 자국출원인에 대한 요구와 동일하게 하여 차별할 수 없게 하였다. 우선권제도는 출원인이 동일한 출원의 내용을 어느 동맹국에 최초로 특허출원한 후, 기타 동맹국에 대하여 특허출원을 준비하는 데 충분한 시간을 갖게 하고, 나중에 제출되는 특허출원도 최초 특허출원의 출원일에 제출된 것으로 보게 함으로써 이러한 동맹국에서 특허보호를 받을 수 있는 기회가 상실되지 않게 하였다. 양자를 서로 결합함으로써 앞에서 설명한 폐단을 효과적으로 극복하고, 출원인의 발명창조가 여러 국가에서 각각 유효한 특허로 보호받을 수 있게 하였다.

그러나 「파리협약」은 각국 특허제도가 서로 독립적인 현 상황을 인정하였고, 각국 특허법의 출원언어・출원형식・출원절차・특허요건 등 각 분야에 관한 규정을 통일하려고 시도하지는 않았다.[1] 「파리협약」의 내국민대우원칙과 우선권제도에 관한

---

1) 사실상 WTO가 제정한 TRIPs도 각국 특허법의 규정에 대해서 주요한 제한을 하였을 뿐이고, 각국 특허법의 모든 규정을 진정으로 통일한 것은 아니다. 따라서 현재까지 각국의 특허제도는 여전히 서로 독립적이다.

규정은 위의 현상을 인정하는 기초 위에서 출원인에게 좀 더 유리한 조치를 취한 것에 불과하다. 바로 각국의 특허제도가 서로 독립적이기 때문에, 출원인이 그 발명창조에 대하여 각국에서 특허로 보호받고 싶다면 반드시 각국에 각각 조속히 특허출원을 하여야 하는데, 그러나 현실에서는 이렇게 하는 데 어려움이 있었으므로 내국민대우와 우선권제도를 규정하여야 한다는 요구가 있었던 것이다.

「파리협약」 제4조를 개선하는 데 아주 기나긴 과정을 거쳤다는 점은 주의할 가치가 있는데, 그 사이에 조문에 대해서 여러 차례 개정과 보충이 있었다. 처음에는 이 협약 제4조의 규정이 보다 간단하여 나라마다 우선권 관련 규정에 대하여 이해에 차이가 있어서, 현실에서 몇 가지 문제가 발생하게 되었다. 예를 들어, 프랑스는 프랑스에 제출되는 특허출원에서 다른 국가에 먼저 한 특허출원을 기초로 우선권을 주장하는 경우, 출원인이 우선권을 향유할 수 있는지 여부는 선출원이 그 국가에서 여전히 존재하는지 여부에 의해 결정되며, 만약 취하되었다면 우선권을 향유할 수 없다고 보았다. 미국·프랑스·브라질·벨기에 등은 특허출원에 국외우선권을 주장하는 경우, 수여되는 특허권의 존속기간은 우선일로부터 계산되고, 그 출원의 실제출원일로부터 계산되는 것은 아니라고 보았다.

「파리협약」 제4조의 2는 나중에 특별히 우선권 제도에 대한 갖가지 부적절한 이해를 배제하기 위하여 특별히 추가된 것이다. 이 밖에 현행조문도 단번에 형성된 것이 아니고, 점진적인 보충과정을 거쳐 개선되었다.[1] 그중에서 「파리협약」 제4조의 2의 제1항, 제3항 및 제4항은 1901년 개최된 「파리협약」 브뤼셀 개정회의를 통해서 추가되었고, 제2항은 1911년 개최된 「파리협약」 워싱턴 개정회의에서 추가되었으며, 제5항은 1934년 개최된 「파리협약」 런던 개정회의에서 추가되었다.

「파리협약」 제4조의 2가 규정하는 특허독립의 원칙에는 다음과 같은 여러 의미가 포함되어 있다.[2]

첫째, 한 동맹국이 한 발명에 대해서 특허권을 수여했다고 해서, 기타 동맹국도 반드시 동일한 발명에 대해서 특허권을 수여하여야 하는 것은 아니다.

둘째, 한 동맹국이 특허출원을 거절하거나, 특허권을 무효로 한 경우 또는 특허권이 소멸되는 경우, 기타 동맹국은 이를 이유로 하여 다른 동맹국에 대하여 한 특허출원을 거절하거나, 특허권을 무효로 할 수 없으며 또는 기타 방식으로 소멸시킬 수 없다. 바꿔 말하면, 한 동맹국에서의 특허출원 또는 수여된 특허권의 종국적인 결과는

---

1) Christopher Heath, Parallel Imports and International Trade[J], IIC Vol. 28, No. 5/1997; 623, 632.

2) 汤宗舜, 专利法教程[M], 3版, 北京: 法律出版社, 2003: 271.

다른 동맹국에서의 동일한 발명창조에 대한 특허출원 또는 수여된 특허권의 종국적
인 결과에 영향을 미치지 않는다.

셋째, 우선권의 향유 여부에 관계없이, 수여된 특허권의 존속기간은 동일한 방식으
로 계산되어야 한다. 현재 세계 각국은 보편적으로 특허권이 수여된 그 국가에서의
실제 출원일로부터 특허권의 존속기간을 계산하는 방식을 따르고 있으며, 우선권 주
장이 있다고 해서 우선일로부터 계산하지 않는다.

위에서 설명한 배경과 의미로 보면, 「파리협약」이 규정하는 특허독립의 원칙은 주
로 특허권의 취득·유지 및 보호기간에 대한 것임을 알 수 있다. 앞에서 설명한 바와
같이, 각국의 특허제도가 서로 독립적이라는 것은 「파리협약」 제정 전에도 이미 존
재했던 현상이었지, 「파리협약」의 제정으로 생겨난 것이 아니다. 특허독립의 원칙은
특허권자의 한 동맹국에서의 행위가 그가 다른 동맹국에서 받은 특허권의 효력에 영
향을 미칠 수 있는 가능성을 배제하지는 않았다.

위에서 설명한 견해를 이미 받아들인 국가도 있다. 1997년 7월 1일, 일본 최고재판
소는 BBS 사건에 대한 판결에서 일본이 특허제품의 병행허가를 허용한다고 인정하
였다. 이 판결은 아래와 같이 지적하였다.

> 「파리협약」 제4조의 2가 규정하는 특허독립의 원칙은 한 특허의 형성·보정 및 소멸이 나
> 라마다 서로 독립적이라는 것을 가리킨다. 한 국가에서 특허출원이 거절되었거나 또는 특
> 허권이 무효로 되었다고 하더라도 다른 국가의 특허출원 또는 특허권의 종국적인 결과에
> 영향을 미치는 것은 아니다. 「파리협약」의 이 규정은 특허권자의 특허권 행사 문제와 무관
> 하다. 특허권의 지역성 원칙은 특허권의 수여·양도·유효여부가 반드시 각국 국내 법률
> 의 규정에 부합하여야 한다는 것을 가리키고, 동시에 특허권은 오직 그 지역적 범위 내에서
> 만 유효하다는 것을 의미한다. 병행수입문제는 「파리협약」의 상술한 규정과 무관하며, 따
> 라서 동경고등재판소의 판결이 「파리협약」 규정을 위반하였다는 상고인의 주장은 성립하
> 지 않는다.[1]

한 국가가 수여한 특허권은 오직 그 국가 내에서만 효력이 있으며, 이 점에 대해서
는 아무런 의문이 없다. 만약 병행수입을 허용하게 되면 위의 결론과 어긋나게 된다
고 보는 사람들도 있다. 이 견해에 대해서는, 아래에서 특허권 국제소진원칙 자체의

---

1) BBS Kraftfahrzeugtechnik AG v. Rashimekkusu Japan Co., Ltd., IIC Vol. 29, No. 3, 1998, pp.
331, 335.

성질에 대하여 좀 더 논의하도록 하겠다.

병행수입문제를 논의할 때에 사람들은 동일한 자가 동일한 발명창조에 대하여 여러 국가에서 특허권을 받은 예를 습관적으로 사용한다. 이것은 확실히 자주 발생하는 경우 중 하나이지만, 그러나 유일한 것은 아니고 이 밖에도 특허권자가 판매국에서는 특허권을 받지 않은 경우도 있을 수 있다. 특허권자가 각국에서 특허권을 병렬적으로 보유하고 있는 예는 사람들로 하여금 병행수입 허용을 주장하는 견해의 근거가 다른 국가에서 특허권자가 보유하는 특허권이 권리소진됨에 따른 법률적 효과인 것 같은 착각을 불러일으키기 쉽다. 병행수입 허용을 주장하는 일부 견해에서는, 병행수입이 허용되어야 하는 것은 그 이유가 한 국가에서 그 특허제품을 판매하게 되면 그 특허권자가 당해 국가에서 받은 특허권이 권리소진될 뿐만 아니라, 다른 국가에서 보유한 특허권도 권리소진되게 되기 때문이라고 한다. 이러한 설명은 상이한 국가의 특허권의 효력을 한데 연결시키는 것이어서, 병행수입을 반대하는 측에게 빌미를 제공하였는데, 이러한 견해는 특허권 독립의 원칙 및 지역성 원칙에 어긋나기 때문이다.

사실 병행수입의 허용여부 문제를 논의함에 있어서 고려하여야 할 점은 단지 중국에서 특허권을 받은 특허권자 자신 또는 그 피허가자가 그 특허제품을 다른 국가의 시장에 출시한다는 사실뿐이고, 이 사실로 인하여 그 국가에서 어떠한 법률적 효과가 발생하는지가 아니다. 이 사실에 기초하여, 만약 판매국이 법률로 특허권 소진원칙을 규정하였다면 특허권자의 판매행위로 그 판매국에서 향유하는 특허권의 효력은 매도된 제품에 대해서는 상대적으로 이미 소진되었다고 할 수 있다. 만약 수입국이 특허권 국제소진원칙을 따르고 있다면, 특허권자의 판매행위로 그 수입국에서 향유하는 특허권의 효력도 매도된 제품에 대해서는 상대적으로 이미 소진되었다고 할 수 있다. 비록 양자가 모두 동일한 사실에 기초한다고 하더라도, 그러나 두 결론은 법률적으로는 서로 무관한 것이다. 병행수입을 허용하여야 하는가는 특허권자가 판매국에서 특허권을 받았는가 그리고 판매국이 특허권 소진원칙 및 특허권 국제소진원칙에 대해서 어떠한 입장을 취하고 있는가와는 아무런 관련이 없다. 판매국은 특허권자에게 그 국가에서 특허제품의 판매를 허용할 것인가 그리고 이미 판매된 제품을 수출하는 것을 허용할 것인가만 결정할 수 있고, 수입을 허용할 것인가는 수입국의 주권이다. 한 국가의 병행수입 허용여부는 다른 국가의 법률 또는 그 법률의 적용에 좌우되는 것이 절대 아니다. 따라서 중국에서 병행수입이 합법적인가를 판단할 때에는, 동일한 특허권자가 외국에서 향유하는 특허권이 권리소진되었는가 하는 법적 결론은 고려할 필요가 없으며, 중국 「특허법」의 관련 규정을 잣대로 해서 특허권자가 판매국에서 그 제품의 매도에 동의한 사실을 근거로 판단하면 된다.

병행수입에 대해서 말하자면, 특허권자 또는 그 피허가자의 최초 판매행위가 외국에서 발생하는 점이 의문을 불러일으키는 원인 중 하나일 수 있다. 그러나 중국 법률을 시행할 때에 국외에서 있었던 어떤 행위를 고려할 수 있는 가능성을 배제하는 것은 아니다. 예를 들어, 만약 중국이 어떤 자가 국외에서 마약을 판매하였다는 증거를 확보하였다면(이것은 일종의 사실이다.), 중국의 관련 법률의 규정에 의하여 그의 입국을 거절할 수 있다. 이 결정을 내리는 것은 그 소재 국가가 이러한 행위를 위법행위 또는 범죄행위로 인정하는가와 무관하며, 그 소재 국가의 당국이 실제로 처벌 결정을 내렸는가와 무관하다. 가장 설득력 있는 예를 들자면, 절대 다수 국가의 특허법이 "절대적 신규성" 기준을 따르고 있다는 점, 즉 출원일 전에 특허출원인이 세계의 어느 지역에서라도 그 발명창조를 공개하였다면(이것 또한 일종의 사실이다.) 그 특허출원은 신규성이 부정된다. 이 결론은 단지 출원인이 국외에서 그 발명창조의 내용을 공개한 사실과만 관계가 있으며, 출원인의 그 발명창조가 공개된 국가의 특허법이 어떠한 신규성 기준을 규정하고 있는지와 무관하고 또한 그 출원인이 그 국가에서 특허출원을 한 적이 있는가와도 무관하다. 바꿔 말하면, 특허법 규정에 근거하여 국외에서 공개적으로 발표된 적이 있는 발명창조의 신규성 여부를 판단할 때에는, 다른 국가의 법률 또는 그 법률을 적용한 결과에 의하는 것도 아니고 또한 의할 필요도 없다. 절대적 신규성 기준을 따르는 것이 특허권의 지역성 원칙을 위반하는 것이라고 여긴 사람은 종래부터 없었다. 기왕에 이와 같다면, 병행수입의 허용여부를 확정할 때에 외국에서 발생한 판매행위가 특허권의 지역성 원칙을 위반한 것인가를 무엇 때문에 고려하여야 하는가?

이로부터 「파리협약」 제4조의 2가 규정하는 특허독립의 원칙은 특허권의 국제소진원칙을 따르는 데 장애가 되지 않는다는 결론을 얻을 수 있다.

(2) TRIPs의 규정

비록 TRIPs가 전 지구적 범위에서 지식재산보호의 수준을 제고하였지만, 이 협정도 통일적인 "국제특허"를 형성한 것은 아니며, 특허권의 수여와 보호는 여전히 각국이 독립적으로 진행한다. 바꿔 말하면, 특허권의 "독립성" 및 "지역성"은 TRIPs 체결로 바뀌지 않았다. 원래의 관세 및 무역에 관한 협정 우루과이라운드의 협상과정에서, 사람들은 지식재산권의 보호수준을 큰 폭으로 제고시키게 되면 다음과 같은 위험이 있음을 인식하였는데, 즉 지식재산권의 권리자가 각국에서 보유하고 있는 지식재산권의 효력이 강화되면, 지식재산권의 보호가 상품의 자유로운 교역에 대하여 더욱 장애가 될 수 있다고 보았다. 이러한 상황에서 만약 상응하는 조치를 취하지 않는다면, 지식재산권보호는 일종의 새로운 무역장벽이 될 수 있었다.

많은 개발도상국들은 지식재산권의 국제소진원칙으로 위와 같은 무역장벽이 출현하는 것을 방지하거나 또는 그 영향을 약화시킬 수 있다고 보았는데, 이 때문에 TRIPs 협상 과정에서 협정에 관련 규정을 적어 넣을 것을 주장하였다. 그러나 개발도상국의 이 주장은 수많은 선진국들의 견고한 반대에 부딪혔는데,[1] 이 문제는 TRIPs 제정과정에서 가장 격렬한 논란이 있었던 문제 중 하나이었다. 마지막에 "권리소진" 문제에 관한 논란은 협상 참가자를 지치게 하여,[2] 결국 절충안에 이르게 되었는데, 즉 TRIPs 제6조는 아래와 같이 규정하였다.

> 이 협정에 따른 분쟁해결의 목적을 위하여 제3조와 제4조의 규정을 조건으로, 이 협정의 어떠한 규정도 지적재산권의 소진문제를 다루기 위하여 사용되지 아니 한다.

이러한 조문은 TRIPs 중에 거의 유일하다고 할 수 있는데, 한편으로는 이견이 존재함을 반영하였을 뿐만 아니라 다른 한편으로는 권리소진원칙 활용의 중요성을 반영하였다. TRIPs의 제정자는 권리소진원칙 활용과 관련한 규정을 두지 않는 것만으로는 충분하지 않으며, 반드시 협정 중에 특별한 배제 규정을 마련함으로써 TRIPs의 기타 조문을 이용하여 권리소진원칙에 대해서 각 회원국이 바라지 않는 해석에 이르지 않도록 보장하여야 한다고 보았다. TRIPs가 체결된 후, WTO의 TRIPs 이사회는 현재까지 지식재산권의 권리소진 문제에 대해서 새롭게 협의할 계획이 없다. 따라서 특허권 소진원칙에 대한 입장은 완전히 각국이 스스로 결정하여야 하는 상태에 놓여 있다.

WTO 도하각료회의는 2001년 11월 14일 「도하선언」을 통과시켰는데, 그 제5단락 (d)는 아래와 같이 지적하였다.

> TRIPs 제3조 및 제4조가 규정하는 최혜국대우와 내국민대우 원칙의 전제하에서, TRIPs 중의 지식재산권 권리소진 관련 규정에 의하여 각 회원국은 간섭받지 않고 자

---

1) 사실상, 선진국들의 입장도 완전히 일치한 것은 아니다. 독일, 일본, 핀란드, 노르웨이 등 국가는 지식재산권의 국제소진원칙 적용에 기본적으로 찬성하는 입장이었지만, 미국, 캐나다, 프랑스, 호주 등은 굳건히 반대하였다. Vincent Chiappetta, The Desirability of Agreeing to Disagree: The WTO, TRIPs, International IPR Exhaustion and a Few Other Things[J], Michigan Journal of International Law, Spring 2000. 참고.

2) Vincent Chiappetta, The Desirability of Agreeing to Disagree: The WTO, TRIPs, International IPR Exhaustion and a Few Other Things[J], Michigan Journal of International Law, Spring 2000. "Eventually the exhaustion discussion exhausted the negotiators."

유롭게 그 권리소진 체계를 수립할 수 있다.

위의 선언으로 WTO는 지식재산권의 권리소진 문제에 있어서 중립적인 입장임을 보다 분명히 밝혔으며, 각 회원국이 자기의 필요에 근거하여 그 특허권 소진원칙을 확정할 수 있음을 명확히 하였다.

TRIPs 중의 특허권 국제소진문제와 관련된 다른 조문은 협정 제28조 제1항으로, 그 규정은 아래와 같다.

특허권은 특허권자에게 다음과 같은 배타적 권리를 부여한다.

(a) 특허대상이 물질인 경우, 제3자가 특허권자의 동의 없이 동 물질을 제조, 사용, 판매를 위한 제공, 판매 또는 이러한 목적을 위하여 수입하는 행위의 금지

(b) 특허대상이 제법인 경우, 제3자가 특허권자의 동의 없이 제법사용행위 및 최소한 그 제법에 의해 직접적으로 획득되는 상품의 사용, 판매를 위한 제공, 판매 또는 이러한 목적을 위한 수입행위의 금지

병행수입을 금지하여야 한다고 주장하는 견해에서는, 위의 규정이 특허권자에게 그 특허제품의 수입을 제지할 수 있는 권리를 부여하였으므로 병행수입을 금지하는 의미도 포함되어 있고,「특허법」제11조에도 유사한 규정이 있으므로 동일한 결론을 얻을 수 있다고 본다.

그러나, 위의 견해는 중요한 사실 하나를 소홀히 한 것인데, 즉 TRIPs 제28조 제1항 제(a)호가 "수입"에 대하여 특별히 주석(TRIPs의 원 주석 6)을 달아 놓았다는 것으로, 이 주석은 아래와 같다.

이 권리는 상품의 사용, 판매, 수입 또는 기타 유통에 관하여 이 협정에 따라 부여되는 모든 다른 권리와 같이 이 제6조의 규정을 따른다.

TRIPs 자체에 부속된 주석은 이 협정에 대한 권위 있는 해석으로, 이 협정의 관련 규정을 제정한 본래 의도를 나타낼 수 있다. 이치대로 말하면, 기왕에 TRIPs 제6조가 이미 명확하게 "본 협정의 어떠한 규정도 모두 지식재산권의 권리소진과 관련된 문제에 적용될 수 없다."고 규정하였다면, 그중에는 당연히 제28조 규정도 포함되고, 또한 제6조가 협정의 총칙부분에 위치하여 협정의 기본적 규정 중 하나이므로 그 법률효과가 기타 각 장의 구체적인 규정에 비하여 높아야 하며, 이 때문에 설령 위의 주

석을 부가하지 않았다고 하더라도 무방하였다. 그러나 바로 협정의 제정자가 제28조의 "수입권" 규정이 위에서 설명한 바와 같이 이해되기 쉬움을 고려하여 이견을 차단하고 보다 명확하게 하기 위하여 TRIPs 제정 시에 번거로움을 마다하지 않고 특별히 이 주석을 추가한 것이다.[1]

설령 TRIPs 제6조의 규정과 위의 주석이 없다고 하고 TRIPs 제28조 조문만 보더라도 사실은 위의 견해와 동일한 결론을 얻을 수 있는 것은 아니며, 여전히 논의의 여지가 남아 있다. 제28조는 특허권 소유자의 동의 없이는 관련 제품을 수입할 수 없다고 규정하는데, 그중 "특허권자의 동의"(not having the owner's consent)라는 표현이 관건이 되며 매우 중요하다. 특별히 지적되어야 할 점은, 병행수입을 허용하여야 한다고 주장하는 것이 침해·도용 및 허위표시 등 위법행위를 허용하여야 한다고 주장하는 것을 의미하는 것은 아니라는 점이다. 만약 특허제품이 최초로 시장에 출시될 때에 특허권자의 동의가 없었다면 이 행위 자체 및 이후의 그 제품에 대하여 계속되는 모든 사용·판매청약·판매 및 수입행위는 특허권 침해에 해당하며, 이 점은 조금만큼의 의문도 없다. 병행수입에 관련된 특허제품은 특허권자 또는 그 피허가자가 시장에 출시하는 특허제품으로, 소위 "병행수입"은 오직 그 합법적인 구매자가 그 제품을 한 국가에서 다른 국가로 옮기는 것에 지나지 않는 것이며, 이 때문에 병행수입은 침해·도용 및 허위표시행위와 다르다. 만약 특허권자가 그 특허제품을 판매할 때에 그 제품을 수출할 수 없다는 명시적인 제한조건을 부가하지 않았다면, 예를 들어 특정 국가로 수출할 수 없음을 명확히 한정하지 않았다면, 구매자가 병행수입을 진행하는 데 있어서 이미 권리자의 동의를 얻었다고 보아야 하며, "특허권자의 동의 없이" 진행한 행위라고 볼 수는 없다.

종합하면, 현재 특허와 관련된 어떠한 국제조약도 병행수입의 금지를 위한 법적 근거가 될 수 없다는 총괄적인 결론을 얻게 된다.

3. 중국이 병행수입을 허용한 이유

위에서 설명한 내용으로부터 한 국가가 병행수입을 허용하는 입장을 취하는지 아니면 병행수입을 불허하는 입장을 취하는지를 불문하고, 모두 「파리협약」 및 TRIPs의 규정을 위반하는 것은 아님을 알 수 있다. 바꿔 말하면, 각국은 독립적으로 병행수입의 허용여부를 결정할 자유가 있다. 따라서 이 문제에 대한 중국의 입장을 확정하

---

[1] Frederick M. Abbot, The TRIPs Legality of Measures Taken to Address Public Health Crisis: A synopsis[J], Widener Law Symposium Journal, Spring 2001.

는 데 있어서는 중국의 현재 상황 하에서 병행수입을 허용하는 것이 이로운가 아니면 불허하는 것이 이로운가가 관건이다.

20세기 80년대 이래로, 경제글로벌화 추세가 날로 분명해지고 있으며, 각국의 경제구조에 중요한 영향을 미치고 있다. 선진국은 앞서서 산업구조의 조정 및 경제성장 방식의 전환을 완성하여 일상생활용품과 같은 산업을 개발도상국으로 이전하였을 뿐만 아니라 중공업, 통신설비, 자동차 및 그 부품, 컴퓨터 부품 및 완제품, 항공기 부품 제조 및 조립 등 첨단산업도 중국과 같은 개발도상국으로 점차 이전하였다. 제조업을 대량으로 이전한 후에, 선진국의 인력들은 보다 높은 차원의 훨씬 창조적인 업무, 즉 신기술 및 신설계의 연구개발, 문화산업의 확대, 마케팅 · 관리방식의 혁신에 집중하였으며, "지식의 생산"과 "기술의 혁신"을 더욱더 새로운 산업과 경제적 이익의 중요한 원천이 되도록 하였다. 만약 이러한 혁신의 성과를 누구라도 자유롭게 사용할 수 있다면 선진국의 이러한 지식경제 형태는 실패로 끝나게 될 것이다. 이로부터 선진국들이 국제사무에서 무엇 때문에 지식재산권 보호를 더욱더 중시하고 강조하는지 이해할 수 있다. 실제로 드러난 바와 같이, TRIPs가 전 지구적 범위에서의 지식재산권 보호수준을 큰 폭으로 높였기 때문에, 선진국이 그 보유하고 있는 지식재산권에 의존하여 얻는 경제적 이익은 개발도상국가가 제품을 제조 및 수출하여 얻는 경제적 이익보다 일반적으로 더 크다.

중국은 많은 유리한 조건을 갖고 있는데, 예를 들면 인구가 많아서 세계적으로 가장 풍부한 인적 자원과 최대 규모의 시장을 갖고 있으며, 땅이 넓고 산물이 풍부하여 각종 자연자원이 매우 풍부하고, 중국인민은 영리하고 재주가 좋아서 신기술을 확보하는 능력이 매우 강하며, 개혁개방 이래로 중국은 외국 자본의 투자를 받아들이는 것을 장려하는 여러 우대정책을 시행하는 등이며, 이러한 유리한 조건들로 인해서 중국은 외국 제조업 이전지로서 첫 번째 목표지 중 하나가 되었다. 그 결과로 미국 · 유럽 · 일본 등 주요 선진국 및 지역의 제조업이 중국으로 이전되었을 뿐만 아니라, 한국 · 싱가폴 등 중진국 그리고 중국의 홍콩 · 타이완 지역의 제조업도 중국 또는 본토로 이전되었으며, 중국은 이로부터 "세계의 공장"이라는 칭호를 얻게 되었다. 외국의 제조업이 중국으로 이전됨에 따라 중국 자체의 제조업 발전을 선도하고 촉진하여, 중국의 제품 제조능력을 크게 제고하였으며, 중국 제품이 신속히 세계 각국에 진출하도록 촉진하였다. 이것이 중국 경제가 여러 해 동안 지속적으로 신속히 발전한 중요한 원인이며, 중국의 경제사회 발전에 매우 중요한 의의를 갖는다. 근년에 이미 사람들은 제조업에 과도하게 의존하면 자연자원의 소모 급증, 심각한 환경오염 발생, 에너지 소비의 급증 등 여러 문제가 있을 수 있고, 단순히 가격경쟁력에 지나치게 의존하면 다른 국가의 제제나 제한을 받을 수 있으며, 중국의 경제가 일정한 규모로 발전한 상황에서는 갈수록 유지하기 어려워서 적시에 산업구조를 개편하고 중국의 경제발전 모형을 전환하여야 하는 임무가 이미 중국 앞에 뚜렷하게 펼쳐져 있음을 점차 인식하고 있다. 그러나 중국이 현재 처해 있는 발전단계로 보면, 중국의 경제발전은 지금으로부터 상당히 오랜 기간 동안 아직 어쩔 수 없이 제조업에 의존할 수밖에 없다. 따라서 중국 제조업의 발전 추세와 상품 수출 추세의 유지와 발전을 위하여 양호한 법률적 환경을 조성하는 것이 필요하다.

선진국은 특허권 확보분야에 있어서 다음과 같은 특징이 있다.

첫째, 특허기술의 함량과 수준에 있어서 뚜렷하게 우세를 보이며, 기초적·개척적 발명창조, 특히 최첨단기술 분야의 주요 발명창조에 대한 특허권은 대부분 선진국의 특허권자가 보유하고 있다. 이 분야에서, 중국은 선진국에 비하여 아직 분명한 거리가 있으며, 이러한 거리는 단기간 내에 좁힐 수 있는 것이 아니다.

둘째, 선진국의 기업, 특히 다국적 기업은 장기간의 실제 경험을 거쳐서 이미 일련의 특허전략을 수립하고 매우 능숙하게 이를 운영할 수 있다. 그 연구개발한 시장가치가 있는 상품에 대해서는, 일반적으로 그 제품에 관한 하나의 특허권만 보유하고 있는 것이 아니라, 빈틈없는 "특허망"을 짜 놓음으로써 많은 특허권에 의해서 그 제품이 전방위적으로 보호받을 수 있게 한다. 약품을 예로 들면, 다국적기업은 그 개발한 신약 자체에 대해서 특허권을 보유할 뿐만 아니라 이 밖에 그 제조방법, 약품의 각종 유효성분, 유효성분의 제조방법, 각종 제조방법에 이용되는 전용설비에 대해서도 모두 특허권을 갖고 있어서, 그 수량은 수십 건 심지어는 수백 건에 이르기도 한다. 이 밖에, 그 신제품에 대해서, 특히 시장가치가 있는 신제품에 대해서 다국적기업은 현실적인 또는 잠재적인 제조능력 및 시장수요가 있는 모든 국가에 거의 조금의 예외도 없이 출원하여 특허권을 확보하는 데, 이 때문에 그 "특허망"은 그 소재국가에만 존재하는 것이 아니라 전 지구적으로 널리 분포해 있다.

날로 격렬해져 가는 국내 및 국제환경 하에서, 중국 기업이 살아남아 발전하고 그 제조한 제품이 국내를 넘어 국제적 시장을 갖게 하기 위해서는, 반드시 가급적 선진기술을 활용하여야 하고 그렇지 않으면 경쟁력이 없으며, 선진기술을 활용하다 보면 필연적으로 특허보호문제에 관계된다. 중국의 신기술 연구개발능력은 선진국에 비하여 아직 상당한 거리가 있으며, 따라서 외국 특허권자의 특허기술을 대량으로 사용하는 것은 필연적인 결과이다. 당연히 타인의 특허기술을 실시함에는 법률에 따라 정정당당히 사용하여야 하고, 침해·허위표시·도용 등 위법적 수단을 써서는 안 되며 이에 의해서는 발전전망도 전혀 없다. 그러나 문제는 설령 특허기술을 정당하게 사용한다고 하더라도 여전히 장애가 있을 수 있다는 데 있다. 장애는 제품의 수입단계에서도 있을 뿐만 아니라 또한 수출단계에서도 있다.

먼저 제품의 수입에 있어서 고려하여야 할 문제를 이야기하겠다.

개혁개방 초기에 중국은 일본 등 국가로부터 컬러TV · 냉장고 · 세탁기 등 가전제품 완성품을 대량으로 수입하였으며, 비록 그 판매가격이 국내의 상응하는 제품에 비하여 훨씬 높았지만(관세가 매우 큰 원인이다.), 국내 소비자에게 여전히 인기가 높았다. 현재 가전제품을 포함한 많은 제품의 국산화 정도는 갈수록 높아져서, 이전처럼 대량으로 완성품을 수입하는 현상은 이미 크게 달라졌다. 그러나 비록 많은 제품의 국산화 정도가 점차 높아졌다고 하더라도, 정밀측정기 · 정밀선반 · 항공기엔진 · 자동차엔진 및 그 부품과 같이 관건이 되는 일부 설비와 부품, 특정 금속과 특정 재료, 대용량집적회로칩 등은 여전히 수입에 주로 의존하고 있음에 반드시 주의하여야 한다.

관련 설비 및 부품의 수입과 후속 이용에 관하여는, 아래와 같은 두 가지 방면의 문제에 대하여 검토할 가치가 있다.

한편으로, 앞에서 설명한 바와 같이 선진국이 보유하는 특허권이 포괄하는 범위가 상당히 넓어서 장치 전체에 대해서 특허권을 보유할 뿐만 아니라 그 부속품에 대해서도 특허권을 보유하고 있으며, 장치 전체인지 아니면 부속품인지를 가리지 않고 선진국은 각국에 보편적으로 특허를 출원하여 획득하는 방식을 따르고 있다. 이러한 상황에서 기왕에 중국이 어떤 관건이 되는 설비 · 계측기 · 부품 · 재료를 수입하는 것을 피할 수 없다고 한다면, 중국 기업이 그 국외에서 합법적으로 구매한 이러한 설비 · 계측기 · 부품 · 재료를 중국에 수입해 들여오는 행위가 이러한 제품에 대한 중국에서 받은 특허권을 침해하는 행위가 되지는 않게 법률적 측면에서 보장하여야 한다. 바꿔 말하면, 「특허법」 제11조의 "수입권"에 관한 규정이 중국 기업이 그 외국에서 합법적으로 구매한 설비 · 계측기 · 부품을 중국으로 수입하는 데 법적 장애가 되게 해서는 안 된다.

다른 한편으로, 단지 설비 · 계측기 · 부품 · 재료를 수입하는 행위를 허용하는 것만으로는 충분하지 않은데, 중국 기업이 외국으로부터 이러한 제품을 수입하는 목적은 이들을 장식품으로 쓰려는 것이 아니고 생산경영 목적으로 이용하기 위해서다. 따라서 관련 수입제품을 판매청약 · 판매 · 사용하는 행위가 이러한 제품 · 계측기 · 부품 · 재료에 대해서 획득한 특허권을 침해하는 행위가 되지 않게 법률적 측면에서 보장하여야 한다.

다음으로 제품의 수출에 있어서 고려하여야 할 문제를 이야기하겠다.

중국 제품제조능력의 부단한 제고와 제품제조규모의 부단한 확대에 따라서, 중국제품은 이미 대량으로 국제시장에 진출하였다. 개혁개방 초기에 선진국의 슈퍼마켓에서 중국에서 제조된 제품을 찾아내기란 상당히 어려운 일이었지만, 현재는 이러한 상황이 이미 현저히 바뀌어서 어떠한 중국제품도 팔지 않는 선진국의 슈퍼마켓을 찾아내기란 상당히 어려운 일이 되었다. 이러한 상황에서 만약 특허권의 국제소진원칙을 따르지 않고 병행수입을 금지한다면, 설령 중국 기업이 중국에서의 특허제품의 제조에 대하여 국내에서 특허권을 향유하는 외국 특허권자의 허가를 받는다고 하더라도, 제조해 낸 제품을 다른 국가로 수출하는 것은 여전히 특허권자가 이러한 국가에서 확보한 특허권에 의해서 저지당하게 된다. 국내에서 특허제품을 제조하고 외국 특허권자의 허가를 받기 위해서 중국 기업은 이미 대가를 지급하였는데, 만약 이러한 경우에 병행수입을 불허하게 되면 중국에서 합법적으로 제조된 제품이 여러 국가로 수출될 때에도 다시 추가적인 대가를 지급하여야 한다. 이것은 이중으로 대가를 취하는 것에 상당하여, 관세장벽과 유사한 효과가 발생하고, 분명히 중국에 이롭지 않다.

당연히 중국 제품의 수출이 합법적인가는 다른 국가의 병행수입에 대한 입장에 의해 결정되며, 중국의 병행수입에 대한 입장에 의해서 결정되는 것이 아니다. 그러나 중국은 수입과 수출문제에 있어서 서로 일치된 입장을 유지하여야 한다. 중국의 이익을 보호하기 위하여, 중국은 지식재산권 분야의 국제규범 제정에 있어서 특허권 국제소진원칙이 반영되는 것을 찬성하고 추진하여야 한다는 입장을 취하여야 한다.

종합하면, 제품의 수입 측면에서 보거나 아니면 제품의 수출 측면에서 보거나, 중국에 있어서는 특허권의 국제소진원칙을 취할 현실적인 필요가 있다.

위에서 설명한 이유를 기초로 하여, 2008년「특허법」개정 시에 본조 제1호 규정에 대해서 조정하여 병행수입을 허용하는 입장임을 분명히 하였다.

개정 후의 본조 규정을 이해할 때에 주의하여야 할 점은, 본조 제1호 규정을 적용하여 병행수입이 특허권 침해행위에 해당하지 않는 것으로 인정되기 위한 전제조건은 오직 특허권자 또는 그 피허가자가 중국 국외에서 그 특허제품 또는 특허방법에 의하여 직접적으로 획득한 제품을 매도한 것이어야 한다는 것뿐이고, 그 특허권자가 판매지 소재 국가 또는 지역에서 그 제품에 대해서 특허권을 받았는지 여부 및 어떤 유형의 특허권을 받았는지와 무관하며, 또한 특허권자 또는 그 피허가자가 그 특허제품 또는 특허방법에 의하여 직접적으로 획득한 제품을 판매할 때에 제한조건을 부가했는지 여부와 무관하다는 점이다.

三. 선사용권

(一) 선사용권 규정의 의의

「특허법」제9조 제2항 규정에 따라서, 중국 특허제도는 선출원주의를 따르고 있는데, 즉 "둘 이상의 출원인이 각각 동일한 발명창조에 대하여 특허를 출원한 경우, 특허권은 가장 먼저 출원한 자에게 수여한다."

선출원주의를 따르고 있으므로, 발명창조에 있어서 가장 먼저 특허출원을 한 사람이 반드시 먼저 그 발명창조를 한 사람인 것도 아니며, 또한 그 발명창조를 먼저 실시하기 시작한 사람인 것도 아니다. 어떤 사람이 발명창조에 대해서 특허출원을 하기 전에, 이미 타인이 동일한 발명창조를 연구개발해 냈거나 또는 합법적인 방식으로 동일한 발명창조를 알게 되어, 이미 그 발명창조를 실시하기 시작하였거나 또는 그 발명창조의 실시에 필요한 준비를 마쳤을 수 있다. 이러한 상황에서, 만약 나중에 이 발명창조에 대해서 출원하여 특허권을 확보한 사람이 그 특허권을 근거로 하여 위에서 설명한 행위자의 그 계속적인 실시행위를 제지하는 것을 허용한다면 분명히 공평하지 않게 된다. 이러한 불합리한 현상이 발생하는 것을 방지하기 위하여, 본조 제2호는 "특허출원일 전에 이미 동일한 제품을 제조하였거나 동일한 방법을 사용하였거나 또는 이미 제조·사용에 필요한 준비를 마쳤고, 원래의 범위 내에서만 계속 제조·사용하는 경우에는 특허권 침해로 보지 아니한다."고 규정하였다. 이것이 바로 "선사용권"이라고 불리는 것이다.

선사용권의 성질에 관해서는 견해가 엇갈린다.

선사용권은 법률이 부여한 그리고 독립적으로 존재하는 민사적 권리라고 보는 견해가 있는데, 선사용권은 선사용자가 법률이 허용하는 범위 내에서 관련 기술방안 또는 설계방안을 실시할 수 있는 일종의 권리이며, 동시에 특허권에 대항하는 데에도 활용할 수 있다고 한다.[1]

다른 견해에서는, 선사용권은 독립적으로 존재하는 권리가 아니라고 보는데, 선사용권이 있는 자는 타인이 동일한 발명창조를 실시하더라도 그 선사용권을 침해하는 것이라고 주장할 수 없으며, 또한 나중에 특허권을 수여하는 행위가 그 선사용권에 악영향을 주는 것이라고 주장할 수 없다는 데서 드러난다고 한다. 선사용권의 실질

---

[1] 郑胜利 等, 专利权的限制和例外[G]//国家知识产权局, 专利法及专利法实施细则 第三次修改专题研究报告, 北京: 知识产权出版社, 2006: 1513.

이 단지 특허권에 대항할 수 있는 항변권이라는 것은, 타인이 선사용자가 실시하는 발명창조에 대해서 출원하여 특허권을 확보한 후 선사용권의 실시행위를 그 특허권에 대한 침해행위라고 소제기 하지 않는 이상, 선사용권이 아무런 의의가 없다는 데서 구체화된다고 본다. 오직 아래의 요건이 만족되는 때에만, 비로소 선사용권 문제를 고려할 필요가 있다고 한다.

(1) 어떤 자가 발명창조에 대해서 특허를 출원하여 확보하였을 것

(2) 타인이 위 특허권의 출원일 전에 이미 그 발명창조를 실시하기 시작하였거나 또는 그 발명창조의 실시를 위해 필요한 준비를 마쳤을 것

(3) 선사용자가 특허권이 수여된 후에도 또는 발명특허출원이 공개된 후에도 그 실시행위를 계속하였을 것

(4) 선사용자가 발명특허출원의 공개 후에 진행한 실시행위에 대해서 합리적인 사용료를 지급하여야 한다고 보거나, 또는 선사용자가 특허권 수여 후에 진행한 실시행위를 그 특허권을 침해하는 행위에 해당하는 것으로 보아, 특허권자가 법원에 소를 제기하거나 또는 특허행정부문에 처리를 청구하였을 것.

비교해 보면, 필자는 후자의 견해가 보다 이치에 맞는다고 보는데, 즉 본조 제2호 규정의 성질은 단지 선사용자의 타인 특허권 침해에 대한 책임을 면제하는 것이라고 생각한다.

아래에서는 선사용권과 관련된 문제들에 대하여 논의하도록 하겠다.

(二) 선사용권 발생의 요건

1. 실시된 발명창조의 출처

본조 제2호 규정을 적용함에 있어 먼저 만나게 되는 문제는, 선사용자가 실시하는 발명창조의 출처에 제한이 있는가 하는 것이다. 비록 본조 제2호의 조문에는 이에 대하여 어떠한 제한도 하지 않았지만, 합리적으로 생각해 보면 출원일 전에 이미 동일한 발명창조를 실시하였거나 또는 실시를 위해 필요한 준비를 마쳤다는 사실이 있기만 하다면 선사용자가 어떠한 방식으로 그 발명창조를 알게 되었는지 또는 확보하게 되었는지를 불문하고 모두 선사용권이 발생한다는 결론을 얻는 것은 적절하지 않은 것 같다.

선사용자가 관련 발명창조를 알게 되거나 또는 확보하게 되는 데에는 아래의 두 가지 경우를 벗어나지 않는다.

첫째는 선사용자가 특허출원인 전에 그 실시하는 또는 실시준비한 발명창조를 독

립적으로 연구개발해 냈지만, 단지 특허출원을 하지 않았거나 또는 즉시 특허출원을 하지 않아서 특허권을 받지 못한 경우이다. 만약 그 선사용자가 즉시 특허출원을 하였다면, 특허권을 받을 수 있는 자는 본래 그 선사용자이고 나중의 특허권자가 아니다. 이것이 가장 간단명료한 경우로서, 의심할 바 없이 선사용권이 발생한다.

둘째는 선사용자가 모종의 경로를 통해서 타인으로부터 관련 발명창조를 알게 되고, 이에 나아가 실시를 하거나 또는 실시를 위한 준비를 마친 경우이다. 그중에서 가장 흔한 경우는 선사용자가 나중에 특허출원을 한 자로부터 직접적으로 또는 간접적으로 그 발명창조를 알게 되는 경우이다. 구체적으로 말하면, 선사용자는 다음과 같은 경로를 통해서 합법적으로 관련 발명창조를 알게 될 수 있다.

(1) 「특허법」 제24조가 규정하는 신규성 유예기간 내에 발명창조의 발명자가 중국 정부가 개최 또는 승인한 국제박람회에서 그 발명창조를 전시하였거나, 또는 규정된 등급 이상의 학술회의에서 그 발명창조를 발표하였고, 선사용자가 공개된 정보로부터 그 발명창조의 내용을 직접 또는 간접적으로 알게 되고, 이에 나아가 실시하거나 또는 실시를 위한 준비를 마친 경우이다.

(2) 특허권자가 특허출원일 전에 어떤 필요에 의해서, 예를 들면 관련 발명창조의 연구개발에 소요되는 물자·자금 또는 기타 지원을 얻기 위하여, 또는 이후에 조속하게 그 발명창조를 실시할 수 있게 하기 위하여, 그 발명창조의 내용을 선사용자에게 이야기함으로써 발명창조가 실시될 수 있게 한 경우이다.

나중에 특허출원을 하는 자로부터 직접 또는 간접적으로 발명창조의 내용을 알게 되는 경우에, 선사용자가 선사용권을 향유할 수 있는가? 이에 대해서는 상이한 견해가 존재한다.

선사용자가 실시하는 발명창조가 특허출원인으로부터 알게 되는 경우에는, 직접적인 방식인지 아니면 간접적인 방식인지에 관계없이 모두 선사용권이 발생하지 않는다고 보는 견해가 있다. 특허법에 이와 유사한 제한조건을 규정하는 국가도 있다. 예를 들어, 일본 특허법 제79조는 출원일 전에 독립적으로 발명을 한 자 또는 독립적으로 발명을 한 자로부터 합법적으로 발명창조를 알게 된 자만이 선사용권을 향유할 수 있다고 규정하고 있다.

다른 견해에서는 선사용권의 발생에 이와 같이 엄격한 제한조건을 붙여서는 안 된다고 하며, 발명창조가 합법적 경로로 알게 된 것이고 후에 그 발명을 실시하는 행위가 신의성실의 원칙에 부합하는 것이기만 하면 설령 선사용자가 직접 또는 간접적으로 특허출원인으로부터 발명창조를 알게 되었다고 하더라도 여전히 선사용권이 발생하며, 이와 반대로 만약 선사용자가 절도 또는 기타 위법한 방식으로 타인으로부터 발명창조를 알게 되었거나 또는 비록 발명창조를 알게 된 것 자체는 합법적이라고 하더라도 그 발명창조를 실시하는 행위가 그 발명창조를 알게 된 것에 대한 전제조건으로서의 약정 또는 약속을 위반한 것이거나, 또는 그 발명창조를 실시하는 행위가 정보제공자의 의사에 위반되는 것임을 분명히 알고 있었다면 선사용권이 발생하지 않는다고 본다. 예를 들어, 독일의 특허법 제12조는 아래와 같이 규정하고 있다.

> 만약 특허출원인 또는 그 합법적 승계인이 출원일 전에 타인에게 그 발명을 누설하면서 특허권 수여 후의 권리를 유지하겠다고 하였다면, 그 타인이 발명의 내용을 안 날로부터 6개월 내에 진행한 실시행위 또는 준비행위는 선사용권이 발생하지 아니한다.

위 조문은 발명자가 그 발명창조의 내용을 누설하였지만 그 권리를 유지하겠다고 한 경우에, 그 발명창조의 내용을 알게 된 자가 6개월 내에 그 발명창조를 실시하는 행위에 대해서는 선사용권을 향유할 수 없음을 의미한다. 이것은 첫째, 만약 발명자가 그 권리를 유지할 것임을 밝히지 않은 경우에는 6개월 내에 실시할 수 없다는 제한을 받지 않고, 알게 된 자는 그가 알고 있는 발명창조를 즉시 실시할 수 있고, 또한 선사용권도 향유한다는 것, 둘째, 설령 발명자가 그 권리를 유지하겠다고 하였더라도 6개월 내에 특허출원을 하지 않았다면 알게 된 자는 그 발명창조를 실시할 수 있고, 또한 선사용권도 향유한다는 것을 나타낸다. 이로부터 독일에서는 설령 선사용자가 특허출원인으로부터 발명창조를 알게 되었다고 하더라도, 일정한 요건을 만족하면 여전히 선사용권을 향유할 수 있음을 알 수 있다.

두 견해를 비교해 보면, 후자의 견해가 훨씬 따를 만한데, 그 이유는 다음과 같다.

첫째, 선출원 특허제도에는 공중이 출원일 전의 모든 선행기술과 선행설계를 자유롭게 실시할 수 있는 자유가 있다는 기본원칙을 내포하고 있기 때문이다. 출원일 전에 국제박람회에서의 전시, 학술회의에서의 발표 등 방식으로 공개된 발명창조는 이미 공중이 알 수 있는 상태에 놓였으므로 선행기술 또는 선행설계에 속하게 된다. 비록 「특허법」 제14조의 신규성 유예기간에 관한 규정이 특허출원인에게 위의 공개행위로 인해 이후의 출원한 특허출원의 신규성이 상실되지 않게 하는 특혜를 제공하지만, 그렇다고 하더라도 관련 발명창조가 이미 공중에 공지되었다는 사실이 달라지는 것은 아니다. 기왕에 발명창조가 이미 공지되었고, 공개 시점에 공중은 공개한 자가 후에 그 발명창조에 대해서 특허출원하여 특허권을 받을 것인지 여부에 대해서 알 도리가 없으므로, 공중 누구라도 실시할 수 있게 허용되어야 한다. 만약 나중에 또 책임을 추궁한다면, 공평하지 않게 된다.

둘째, 선사용자가 실시하는 발명창조가 특허출원인으로부터 직접적으로 또는 간접적으로 알게 된 것인 경우에, 선사용자가 합법적인 경로로 그 발명창조를 알게 된 것이고 또한 그 발명창조를 실시하는 행위가 신의성실의 원칙에 부합하여야만 선사용권을 향유할 수 있게 제한한 것은, 이미 특허출원인의 이익을 충분한 고려한 것이기 때문이다. 이러한 전제조건이 있다는 것은, 발명자로부터 그 발명창조를 알게 된 자의 실시행위가 실제로는 특허권자의 승인 또는 묵시허가를 받았다는 것을 의미하므로, 나중에 함부로 번복될 수 없다. 바꿔 말하면, 이때에는 특허권자도 신의성실원칙 및 신뢰보호원칙의 제약을 받아야 한다.

셋째, 본조 제2호는 이 문제에 대해서 규정하지 않았지만, 그 문자적 의미로 보면 후자의 견해를 따르는 것이 훨씬 적합하기 때문이다.

2009년 반포된 「최고인민법원의 특허권 침해분쟁사건 심리 응용법률 문제에 관한 해석」 제15조 제1항은 아래와 같이 규정하였다.

침해로 피소된 자가 위법하게 획득한 기술 또는 설계로 선사용권의 항변을 하는 경우, 인민법원은 이를 지지하지 아니한다.

위의 규정은 두 가지 의미를 나타내는 데, 첫째, 선사용권의 성질이 특허권 침해 주장에 대한 항변권이고 독립적인 권리가 아니라는 것과, 둘째, 침해로 피소된 자가 그 실시하는 발명창조를 위법한 경로로 알게 된 경우에는 선사용권의 항변을 할 수 없다는 것이다. 소위 "위법하게 획득한 기술 또는 설계"는 나중에 특허를 출원할 자로부터 관련 기술 또는 설계를 위법한 경로로 알게 되는 것이 포함될 뿐만 아니라, 타인으로부터 관련 기술 또는 설계를 위법한 경로로 알게 되는 것도 포함된다.

나라마다 선사용권의 발생조건을 다르게 규정하는데, 이들 나라마다 신규성 유예기간에 대한 규정이 조금씩 다르다는 점이 그 중요한 원인이다. 일본을 예로 들면, 일본특허법 제30조의 과거 규정에 의한 신규성 유예기간을 향유할 수 있는 경우에는 「특허법」 제24조가 규정하는 세 가지 경우 이외에도 출원인이 출원일 전 6개월 내에 그 완성된 발명창조를 공개적으로 시험, 출판물에 공개적으로 발표, 인터넷에 발표하는 경우도 포함되어 있었다. 이러한 규정이 있기 때문에, 일본의 특허출원인은 출원일 전 6개월 이내에 보다 안심하고 그 발명창조를 공개할 수 있으며, 그 발명창조의 신규성에 부정적인 영향이 미치는 것을 걱정할 필요가 없다. 그러나 이렇게 되면 공중이 합법적인 경로를 통해서 그 출원일 전에 타인이 한 발명창조의 내용을 알 수 있는 가능성도 커진다. 이러한 경우에 만약 합법적 경로를 통해 타인의 발명창조를 알게 된 자는 누구라도 선사용권을 향유할 수 있다고 규정한다면, 특허권자는 그 합법적 이익에 불리한 영향을 미칠 수 있다고 느낄 것이다. 이 때문에 일본은 독립적으로 동일한 발명창조를 완성하였거나 또는 독립적으로 동일한 발명창조를 완성한 자로부터 발명창조의 내용을 알게 된 경우에만 선사용권이 발생하는 것으로 제한하였으며, 이렇게 하지 않으면 일본특허법의 선사용권에 관한 규정과 신규성 유예기간에 관한 규정이 서로 충돌하게 될 위험이 있다. 바꿔 말하면, 일본의 선사용권 발생요건에 대한 규정과 신규성 유예기간에 관한 규정은 서로 호응하고 조화되어 있다. 「유럽특허협약」과 중국 「특허법」의 신규성 유예기간에 대한 규정은 일본 특허법의 규정에 비하여 훨씬 엄격하여, 그 신규성에 영향을 주지 않는 특허출원인의 공개행위를 통해서 발명창조의 내용을 알게 될 가능성이 일본에 비해 현저하게 낮으며, 이 때문에 선사용권 발생조건에 관한 규정이 다를 수밖에 없다. 신규성 유예기간 관련 문제에 대한 논의는 본서의 「특허법」 제24조 규정에 대한 설명을 참조하기 바란다.

2. 실시 및 실시를 위해 필요한 준비

대다수 국가의 특허법은 단지 관련 발명창조를 알게 된 것만으로는 선사용권이 발생하지 않고, 알게 된 자가 반드시 출원일 전에 이미 그 알고 있는 발명창조를 실시하였거나 또는 그 발명창조의 실시를 위해 필요한 준비를 마쳤어야 비로소 선사용권이 발생할 수 있다고 규정하고 있다. 본조 제2호는 보다 구체적인 요건을 제시하는데, 즉 "특허출원일 전에 이미 동일한 제품을 제조하였거나 동일한 방법을 사용하였거나 또는 이미 제조·사용에 필요한 준비를 마쳤어야 한다."라고 규정하고 있다.

그중에서 "제조"와 "사용"의 의미는 「특허법」 제11조에 사용된 어휘의 의미와 동일하여야 한다. 본조 제2호의 문언적 의미에 의하면, 다음과 같은 결론이 얻어져야 하는데, 즉 제품특허권에 대한 선사용권은 오직 이미 동일한 제품을 제조하였거나 또는 제조에 필요한 준비를 마친 경우에만 발생할 수 있으며, 동일한 제품을 사용·판매청약·판매·수입하였거나 또는 그에 필요한 준비를 마친 경우에는 발생하지 않는다. 방법특허권에 대한 선사용권은 동일한 방법을 사용하였거나 또는 그에 필요한 준비를 마친 경우에만 발생할 수 있으며, 그 방법에 의하여 직접적으로 획득한 제품을 사용·판매청약·판매·수입하였거나 또는 그에 필요한 준비를 마친 경우에는 발생하지 않는다.

본조 제2호의 규정에 따라서 출원일 전에 발명창조를 실시한 자뿐만 아니라 출원일 전에 발명창조의 실시에 필요한 준비를 마친 자도 선사용권을 향유할 수 있다. 특허제품의 제조 또는 특허방법의 사용에는 보통 각종 유형의 준비작업을 필요로 하며, 동일한 유형의 준비작업에도 투입되는 인력·물자 및 자금에 차이가 있다. 도대체 어떤 준비를 하여야 하고, 어느 정도의 준비를 하여야 비로소 필요한 준비를 마쳤다고 볼 수 있는가?

이에 대해서, 필자는 다음과 같은 사항이 요구된다고 본다.

(1) 출원일 전에 이미 나중에 타인이 특허권을 받게 되는 발명창조를 실시하기 위해 필요한 준비를 마쳤다고 주장하는 자는, 먼저 그가 출원일 전에 이미 그 발명창조를 실제로 알았고 파악하고 있었음을 증명하여야 하는데, 이것이 가장 기본적인 전제 조건이다. 만약 아직 발명창조를 알지 못하고 파악하지 못하였다면 그 발명창조의 실시에 필요한 준비는 말할 것도 없다.

(2) 이미 진행한 준비작업과 특허권을 받은 발명창조의 실시 사이에 명확한 인과관계가 있어서, 준비작업이 그 발명창조를 실시하기 위한 것으로 인정될 수 있어야 한다. 예를 들어, 부지를 매입하고 전기수도설비를 갖추는 것은 절대다수의 기술을 실시하는 데 필요한 보편적인 준비작업이며, 만약 진행한 준비작업이 단순히 이러한 유형의 것이고, 행위자가 어떤 발명창조를 실시하기 위해서 준비한 것인지를 증명하지 못한다면 그 발명창조의 실시에 필요한 준비를 마친 것이라고 볼 수 없다.

(3) 출원일 전에 이미 실제적인 준비작업을 시작하였어야 하고, 단지 그 실시할 의사가 있음을 표명하는 것만으로는 안 된다. 예를 들어, 단지 그 발명창조를 실시할 의향이 있음을 밝히거나, 실행가능성을 보이는 것 등만으로는 그 발명창조의 실시에 필요한 준비를 마친 것이라고 볼 수 없다.

(4) 진행한 실제 준비작업이 기술적 준비작업이어야 한다. 제품특허권에 있어서는 제조설비의 제조 또는 구매, 주형의 제작, 원재료의 준비, 부속품 및 완성품의 도면제작 등이고, 방법특허권에 있어서는 그 방법을 실시하기 위한 전용설비의 제조 또는 구매, 작업프로세스의 제정 등이다. 만약 진행한 것이 단순히 시장분석, 관리인원의 배치 등 비기술적 작업이라면, 그 발명창조의 실시에 필요한 준비를 마쳤다고 볼 수 없다.

2009년 반포된「최고인민법원의 특허권 침해분쟁사건 심리 응용법률 문제에 관한 해석」제15조 제2항은 아래와 같이 규정하고 있다.

다음 각 호의 어느 하나에 해당하는 경우, 인민법원은 특허법 제69조 제2호가 규정하는 이미 제조·사용에 필요한 준비를 마친 것으로 인정하여야 한다.

(1) 발명창조의 실시에 필요한 주요 기술도면 또는 가공문서를 이미 완성한 경우

(2) 발명창조의 실시에 필요한 주요 설비 또는 원재료를 이미 제조 또는 구매한 경우

　주의하여야 할 점은, 발명창조마다 준비작업의 복잡한 정도 및 기술적 난이도가 매우 크게 달라진다는 점이다. 예를 들어, 일상생활용품 발명창조의 경우에는 그 발명창조의 실시에 필요한 준비작업이 매우 간단할 수 있지만, 대형 화공약품 생산 발명창조의 경우에는 그 발명창조의 실시에 필요한 준비작업이 훨씬 복잡하게 된다. 따라서 선사용권이 있는가를 판단할 때에, 준비작업에 대해서는 간단한 판단방식을 기계적으로 적용할 수 없고 반드시 구체적인 상황에 근거하여 판단하여야 한다.

　중국이 수여한 특허권은 오직 중국 내에서만 법적 효력이 있으며, 따라서 선사용권을 발생시키는 선실시행위 또는 준비행위도 중국 국내에서 발생한 것이어야 한다. 특허권 침해소송에서, 만약 침해로 피소된 자가 그 출원일 전에 중국 국외에서 이미 동일한 제품을 제조하였거나 동일한 방법을 사용하였거나 또는 중국 국외에서 제조·사용에 필요한 준비를 마쳤음을 이유로 하여 선사용권의 항변을 주장하는 경우에는 받아들여질 수 없다.

　본조 제2호 규정에 따라서, 선실시행위 또는 준비행위는 특허출원일 전에 진행되었어야 한다. 소위 "출원일 전"이라는 것이 선실시행위 또는 준비행위가 반드시 출원일 전에 발생하여 출원일까지 줄곧 지속되어야 하는 의미로 보는 국가도 있다. 바꿔 말하면, 불가항력에 의한 경우를 제외하고 위의 행위가 출원일에 이미 중단된 상태에 있어서는 안 된다고 보는 것이다. 예를 들어, 어떤 자가 출원일 전에 그 제조·사용을 시작하였지만, 중도에 자기의 사유(예를 들어 자금부족)로 인해 중지하였다가, 타인이 특허출원한 후에야 비로소 다시 재개한 경우에는 선사용권을 향유할 수 없다고 한다. 이러한 입장은 선사용권의 적용범위를 분명히 제한하는 것이지만, 그 합리적인 면이 있다. 본조 제2호의 조문으로 보면 이러한 제한이 포함되어 있다고 보기는 어렵다. 중국의 구체적 상황에서 위와 같은 입장을 취하는 것이 필요한가는 검토해 볼 가치가 있는 문제이다.

(三) 선사용권의 효력

　선사용권이 인정된 후에 바로 이어지는 중요한 문제는, 특허권이 수여된 후에 선사용자 및 이에 관계되는 타인의 어떤 행위를 특허권 침해행위로 보지 않을 것인가 하는 것이다.

1. 선사용자가 계속할 수 있는 행위

본조 제2호는 "특허출원일 전에 이미 동일한 제품을 제조하였거나 동일한 방법을 사용하였거나 또는 이미 제조 · 사용에 필요한 준비를 마쳤고, 원래의 범위 내에서만 계속 제조 · 사용하는 경우"에는 특허권 침해로 보지 아니한다고 규정하고 있다. 이 규정은 두 가지 문제에 관계되는데, 하나는 선사용자가 어느 범위까지 그 실시행위를 계속하는 것이 허용되는가 하는 것이고, 다른 하나는 선사용자의 어떤 유형의 특허실시행위가 허용되는가 하는 것이다.

(1) "원래의 범위"의 의미

본조 제2항은 "원래의 범위 내에서만 계속 제조 · 사용하는 경우, 특허권 침해행위로 보지 아니한다."라고 규정하고 있다. "원래의 범위 내에서만"의 의미에 대해서, 출원일 전에 실시에 필요한 준비만 한 경우에는 사람들의 이해가 기본적으로 일치하여, 원래 준비를 마친 실시규모를 벗어날 수 없는 것으로 이해된다. 그러나 출원일 전에 이미 실시하고 있는 경우에는 이해가 달라질 수 있는데, 즉 출원일 전에 이미 진행한 실제 실시규모를 벗어날 수 없는 것으로 이해될 수도 있고, 출원일 전의 기존 설비로 도달할 수 있는 실시규모를 벗어날 수 없는 것으로 이해될 수도 있다. 양자는 다를 수 있는데, 예를 들어 선사용자가 출원일 전에 하루 생산량 100톤의 생산능력이 있는 멜라민 화공설비를 갖추었지만, 출원일 전에 실제로는 하루 생산량 50톤의 멜라민 생산규모를 유지하였다면, "원래의 범위 내에서만"이 하루 생산량 100톤을 초과할 수 없다는 것을 가리키는가 아니면 하루 생산량 50톤을 초과할 수 없다는 것을 가리키는가? 아래와 같이 지적한 서적이 있다.

> 계속적인 사용은 원래의 범위 내로 한정된다. 조문에서 "원래의 범위 내에서만 계속 제조 · 사용"한다고 한 것은 일반적으로는 그 생산량이 특허출원 시의 생산량보다 많을 수 없다는 것을 가리킨다. 그러나 통상적인 해석에 따르면, 특허출원 시의 원래 설비가 도달할 수 있는 생산능력, 또는 사전 준비로 도달할 수 있는 생산능력도 포함되어야 한다고 한다. 이러한 해석이 본호 규정의 목적에 부합하는 것이다.[1]

2009년 12월 반포된 「최고인민법원의 특허권 침해분쟁사건 심리 응용법률 문제에 관한 해석」 제15조 제3항은 아래와 같이 규정하고 있다.

---

1) 汤宗舜, 专利法解说[M], 修订版, 北京: 知识产权出版社, 2002: 374.

특허법 제69조 제2호 규정의 원래의 범위에는 특허출원일 전의 기존 생산규모 및 기존 생산설비를 이용하여 또는 기존 생산준비에 의하여 도달할 수 있는 생산규모가 포함된다.

그중에서, "특허출원일 전의 기존 생산규모"와 "기존 생산설비를 이용하여 또는 기존 생산준비에 의하여 도달할 수 있는 생산규모"는 앞에서 설명한 바와 같이 다를 수 있는데, 양자를 "및"이라는 표현을 사용함으로써 판단자로 하여금 곤혹스럽게 할 수 있다.

이에 대해서는 나라마다 사용하고 있는 방식이 조금씩 다르다. 예를 들어, 일본 특허법 제79조는 선사용자가 계속해서 실시할 수 있는 범위를 "이미 실시 또는 실시준비를 한 발명의 범위 및 사업목적의 범위"로 한정하고 있다.

그중 "발명의 범위"의 의미는 특허권의 보호범위와 관련된다. 예를 들어 아래의 경우에는 "발명의 범위"를 벗어나는 것으로 볼 수 있다.

예를 들어, 수여된 특허권에는 두 항의 독립청구항이 있으며, 한 항은 제품독립청구항이고, 다른 한 항은 그 제품의 특수한 사용방식에 관한 독립청구항인 용도독립청구항이라고 하자. 만약 선사용자가 출원일 전에 동일한 제품을 제조하였거나 이를 위해 필요한 준비를 하였지만, 그 제조된 제품을 다른 청구항의 용도로 사용하지도 않았고, 또한 이를 위해 필요한 준비도 하지 않았다면, 그 선사용자는 특허권이 수여된 후에도 그 제조된 제품을 다른 청구항의 용도로 사용할 수 없다.

또한 예를 들어, 수여된 특허권에 하나의 제품독립청구항과 몇 개 항의 종속청구항이 있고, 종속청구항에 부가적인 기술적 특징을 기재하여 독립청구항에 기재된 기술방안을 개량하였다고 하자. 만약 선사용자가 출원일 전에 독립청구항에 기재된 제품을 제조하거나 또는 이를 위에 필요한 준비를 하였지만, 종속청구항의 제품은 제조하지도 않았고 또한 이를 위해 필요한 준비도 하지 않았다면, 그 선사용자는 특허권이 수여된 후에도 종속청구항에 기재된 제품을 제조할 수 없다.

"사업목적의 범위"도 선사용자의 후속 실시행위를 제한할 수 있다. 예를 들어, 등록된 발명이 일종의 용접방법이고, 출원일 전에 선사용자는 선박제조를 목적으로(회사의 정관에 규정) 선박의 제조과정에서만 그 용접방법을 실시하였다고 하자. 이러한 상황에서는 설령 선사용자가 그 회사의 정관을 고쳐서 비행기 제조도 그 사업목적으로 한다고 하더라도, 비행기 제조과정에서 그 용접기술을 실시할 수 없다.[1]

---

1) 吉藤辛朔, 专利法概论[M], 宋永林, 魏启学 译, 北京: 专利文献出版社, 1990: 569-570.

필자는 일본의 위와 같은 입장에 참고할 만한 점이 있으며, 「특허법」이 규정하는 "원래의 범위"에는 "발명의 범위"를 벗어날 수 없다는 의미뿐만 아니라 "사업목적의 범위"를 벗어날 수 없다는 의미도 포함되어 있다고 생각한다. 따라서 위와 같은 경우가 발생할 때에는 선사용자의 행위가 원래의 범위를 벗어난 것으로 보아야 한다.

일본은 "사업목적의 범위"를 수량에 의해서 실시규모를 제한하는 것으로 해석하지 않았다. 일본의 관련 저작은 "사업목적의 범위 이내이기만 하면, 실시규모는 출원 시의 규모와 반드시 동일하여야 하는 것은 아니고, 임의로 확대할 수 있다."고 지적하였다.[1] 독일·영국·프랑스 등 국가도 수량에 의하여 선사용자의 실시규모를 제한하는 선사용권에 관한 규정을 특허법에 두고 있지 않았다.

위 국가들의 견해를 참고하여, 적지 않은 사람들이 특허권이 수여된 후의 선사용자의 실시행위에 대해서 수량에 대한 제한을 해서는 안 된다고 보았다. 2008년 「특허법」 개정 전의 사전준비단계로 국가지식산권국은 공개모집방식을 통해서 사회각계를 참여시켜 광범위한 전문과제연구를 진행하였으며, 그중에서 "특허권의 제한 및 예외"라는 주제에 대해서 두 개의 과제연구그룹을 두어 각각 독립적으로 연구를 진행하였다. 두 과제연구그룹은 모두 특허권 수여 후의 선사용자의 실시규모를 수량으로 제한하는 것에 찬성하지 않는다는 동일한 의견을 담은 연구보고서를 제출하였다.[2] 그러나 2008년 「특허법」 개정 시에는 이 문제를 명확하게 하지 않았다.

주의하여야 할 점은, 선사용자의 실시행위가 원래의 범위를 벗어나는 것으로 인정될 때에, 선사용권의 성립을 단순하게 부정해서는 안 되며 구별하여 취급하여야 한다는 점인데, 즉 원래의 범위 이내인 실시행위의 일부분은 특허권 침해로 보지 않으며 초과하는 부분에 대해서만 특허권 침해로 처리하여야 한다.

(2) 선사용권자에게 허용되는 행위

본조 제2호는 "원래의 범위 내에서만 계속 제조·사용하는 경우, 특허권 침해로 보지 아니한다."라고 규정하고 있다. 이 규정의 문언적 의미를 엄격하게 따르면, 특허권이 수여된 후에 선사용권을 향유하는 자는 오직 동일한 제품을 제조하거나 동일한 방법을 사용하는 행위만을 계속할 수 있으며, 그 제조된 특허제품 또는 동일한 방

---

1) 吉藤辛朔, 专利法概论[M], 宋永林, 魏启学 译, 北京: 专利文献出版社, 1990: 570.

2) 韦贵红 等, 专利权效力的例外情况[G]//国家知识产权局条法司, 专利法及专利法实施细则 第三次修改专题研究报告, 北京: 知识产权出版社, 2006: 1470-1471; 郑胜利 等, 专利权的限制和例外[G]//国家知识产权局条法司, 专利法及专利法实施细则 第三次修改专题研究报告. 北京: 知识产权出版社, 2006: 1517-1518.

법에 의하여 직접적으로 획득한 제품을 사용·판매청약·판매하는 행위를 포함하는 기타 실시행위는 할 수 없다는 결론을 얻게 되는 것 같다. 이러한 견해가 올바른 것인가?

위의 문제에 대해서 논의를 전개하기 전에 먼저 선사용권을 발생시키는 실시행위와 선사용권이 발생한 후의 허용되는 후속 실시행위를 구분할 필요가 있으며, 양자를 함께 취급할 수는 없다. 전자에 대해서 말하자면, 선사용권을 얻기 위해서는 선사용자의 실시행위가 반드시 특허제품을 제조하거나 또는 특허방법을 사용하거나 또는 이를 위해 필요한 준비를 하는 행위이어야 하며, 기타 유형의 행위일 수는 없다. 예를 들어, 특허권자가 특허출원을 하기 전에 이미 그 특허출원한 제품을 제조하였고, 타인이 그 특허권자와의 관계에 의하여 그 제품을 확보하고 출원일 전에 그 제품을 사용하였다고 하더라도, 사용자는 선사용권을 향유할 수 있다고 주장할 수 없는데, 그가 그 제품의 제조행위를 한 것이 아니기 때문이다. 후자에 대해서 말하자면, 어떤 자가 선사용권을 향유하는 것으로 인정되는 상황에서, 법률이 그로 하여금 선사용권을 이용하여 어떤 유형의 실시행위를 할 수 있게 허용하는가를 가리키는 것이다. 따라서 양자의 의미에는 분명한 차이가 있다.

이에 관하여 한 저술은 아래와 같이 지적하였다.

> 선사용권은 단지 원래의 사용행위를 계속하는 것을 허용하는 것, 즉 원래 동일한 제품을 제조하는 것인 경우에는 동일한 제품을 계속 제조할 수 있게 하는 것이고, 원래 동일한 방법을 사용하는 것인 경우에는 동일한 방법을 계속 사용할 수 있게 하는 것이다. 이러한 권리가 성질이 다른 용도에까지 확대되는 것은 허용되지 않으며(만약 원래 일반적인 판매를 위해 동일한 제품을 제조하는 것이었다면, 어떤 기업 내부의 사용을 위해 동일한 제품을 제조하는 것으로 바꿀 수 없다.), 또한 원래 준비한 용도와 다른 용도로 확대될 수 없다.[1]

위와 같이 이해하는 데에는 검토해 볼 만한 점이 있다. 본조 제2호가 선사용권을 규정한 본래 의도는 선출원제도로 인한 불합리한 점을 극복하여 선사용자가 특허권이 수여된 후에 관련 기술을 계속 실시하더라도 특허권 침해책임을 면제해 주기 위함이다. 이 입법목적에 따르면, 일단 선사용권이 성립하는 것으로 인정되고 나면 선사용자가 확보하는 권리는 특허출원이 공개된 후 또는 특허권이 수여된 후에도 그 실시행위를 계속하거나 또는 그 준비작업의 기초 위에서 그 실시행위를 개시할 수 있으

---

1) 汤宗舜, 专利法解说[M], 修订版, 北京: 知识产权出版社, 2002: 374.

며, 특허권 침해에 대한 책임을 부담하지 않아도 되는 것이다. 여기서의 실시행위의 계속은 제품특허권에 있어서는 동일한 제품을 계속해서 제조하는 것뿐만 아니라 제조된 제품을 판매청약·판매·사용하는 것도 포함되며, 방법특허권에 있어서는 동일한 방법을 사용하는 것뿐만 아니라 그 방법에 의하여 직접적으로 획득한 제품을 판매청약·판매·사용하는 것도 포함된다. 유일하게 배제되는 실시행위는 특허권자의 허가 없이 출원일 후에 타인이 중국 국외에서 제조한 동일한 제품을 수입하거나 또는 타인이 국외에서 동일한 방법을 사용하여 직접적으로 얻은 제품을 수입하는 것인데, 이 수입행위는 선사용자가 출원일 전에 중국 국내에서 특허제품을 제조하거나 특허방법을 사용하는 행위 또는 이를 위해 필요한 준비를 하는 행위와 아무런 관련이 없기 때문이다.

이와 같이 해석하여야 한다고 주장하는 이유는, 선사용자가 동일한 제품을 계속해서 제조하는 목적은 자기가 이용하거나 또는 타인에게 그 제조한 제품을 이용하도록 제공하기 위한 것이기 때문이며, 선사용자가 동일한 방법을 계속해서 사용하는 목적은 이 방법이 유발하는 효과를 이용하기 위한 것으로, 사용된 방법이 제품의 제조방법인 경우에는 소위 이용방법으로 발생되는 효과에는 자기가 이용하거나 또는 타인이 그 방법에 의하여 직접적으로 획득한 제품을 이용하도록 제공하는 것이 포함되기 때문이다. 본조가 기왕에 선사용자의 그 계속적인 제조·사용행위를 허용하였다면, 당연히 선사용자가 특허제품 또는 특허방법에 의하여 직접적으로 획득한 제품을 이용·처분하는 것을 허용하는 의미도 포함되어야 한다. 만약 이러한 이용·처분 행위를 모조리 제외한다면, 동일한 제품을 계속 제조하더라도 그 제조된 제품을 자기가 사용할 수 없을 뿐만 아니라, 또한 그 제조된 제품을 판매할 수도 없다. 동일한 방법을 계속 사용하더라도 그 방법에 의하여 직접적으로 획득한 제품을 자기가 사용할 수 없을 뿐만 아니라, 또한 특허방법에 의하여 직접적으로 획득한 제품을 판매할 수도 없고, 오직 이러한 제품을 창고에 쌓아 놓을 수밖에 없으므로 "계속 제조·사용하는 경우, 특허권 침해로 보지 아니한다."는 규정이 의의를 잃게 된다.

앞에서 인용한 저술에서 "원래 일반적인 판매를 위해 동일한 제품을 제조하는 것이었다면, 어떤 기업 내부의 사용을 위해 동일한 제품을 제조하는 것으로 바꿀 수 없다."고 하였는데, 이것은 선사용자가 계속해서 그 제조된 제품을 판매하여 타인이 사용하게 할 수는 있지만, 그 제품을 자기가 사용할 수는 없다고 말하는 것이다. 이처럼 해석한 이유를 이해하기 어려우며, 현실에서도 엄격하게 구분하기가 쉽지 않다.

선사용권의 남용을 방지하기 위하여, 선사용권을 향유하는 자는 타인에게 관련 특허의 실시를 허가할 수 없으며, 또한 그 선사용권을 단독으로 양도할 수 없다. 선사용권은 선사용권자의 기업과 함께 양도 및 승계될 수 있을 뿐이고, 그 기업과 분리하여 선사용권만 단독으로 양도 또는 승계될 수는 없다.

2009년 반포된 「최고인민법원의 특허권 침해분쟁사건 심리 응용법률 문제에 관한 해석」 제15조 제4항은 아래와 같이 규정하였다.

> 선사용권자가 특허출원일 후에 그 이미 실시한 또는 실시에 필요한 준비를 마친 기술 또는 설계를 타인이 실시하도록 양도 또는 허가하였고, 침해로 피소된 자가 그 실시행위는 원래의 범위 내에서 계속 실시한 것이라고 주장하는 경우, 인민법원은 이를 지지하지 아니한다. 다만, 그 기술 또는 설계가 원래의 기업과 함께 양도 또는 승계된 경우는 제외한다.

2. 타인에게 허용되는 행위

선사용권의 효력은 선사용자가 특허권 수여 후에 진행하는 실시행위가 특허권 침해행위로 볼 수 없는 행위인가 하는 문제에 관계될 뿐만 아니라, 또한 타인이 특허권 수여 후에 진행하는 관련 행위가 특허권 침해행위로 볼 수 없는 행위인가 하는 문제와도 관계된다. 구체적으로 말하면, 본조 제2호 규정에 의하여 선사용권이 성립하는 상황에서는, 선사용자가 특허권 수여 후에 특허제품의 제조, 특허방법의 사용을 계속하고, 그 제조된 특허제품 또는 특허방법에 의하여 직접적으로 획득한 제품을 사용·판매청약·판매하는 경우에는, 특허권 침해행위로 보지 않는다. 이에서 더 나아가, 선사용자가 제조한 특허제품 또는 특허방법에 의하여 직접적으로 획득한 제품을 제3자가 사용·판매청약·판매하는 경우에는 특허권 침해행위에 해당하는가?

일본의 관련 저작은 아래와 같이 지적하였다.

> 이것은 특허권자로부터 독점실시허가, 통상실시허가를 받은 피허가자가 제조한 제품을 사용 또는 판매하는 것과 마찬가지로 합법적인 것이다. 그리고 통상실시허가의 효력은 계약에 의한 실시허가인지 아니면 법령이 정한 실시허가인지에 관계없이(강제실시허가도 마찬가지) 완전히 동일하다.[1]

필자는 위 견해에 찬성한다. 만약 위와 같은 입장을 취하여, 선사용권을 향유하는 자가 특허권이 수여된 후에도 계속해서 제조된 특허제품 또는 특허방법에 의하여 직

---

1) 吉藤幸朔, 专利法概论[M], 宋永林, 魏启学 译, 北京: 专利文献出版社, 1990: 572.

접적으로 획득한 제품을 사용 · 판매청약 · 판매할 수 있는 권리가 있다고 한다면, 제3자가 선사용자로부터 확보한 특허제품 또는 특허방법에 의하여 직접적으로 획득한 제품도 합법적인 경로로 취득한 제품이므로, 또한 그 특허제품을 사용 · 처분할 권리도 있어야 한다. 이것은 특허권 소진원칙으로 얻게 되는 결론과 유사하다.

(四) 선사용권과「특허법」관련 규정 사이의 관계

선사용권의 항변은 관련 기술을 비밀로 하여 실시한 자에게만 적용되는가 아니면 공개적으로 실시한 자에게도 적용되는가? 구체적으로 말해서, 어떤 자가 발명창조에 대해서 출원하여 특허권을 받았는데, 그 출원일 전에 독립적으로 발명창조를 한 자 또는 합법적인 경로로 관련 기술정보를 입수한 자가 그 발명창조를 실시하였을 뿐만 아니라 그 발명창조를 공중에 공개하였다면, 특허권이 수여된 후에 선사용자가 그 실시행위를 계속할 수 있는가? 선사용자가 실시행위를 계속하는 것에 대해서 특허권자가 특허권 침해로 소를 제기한 상황에서, 선사용자는 어떤 이유를 들어 특허권 침해 책임을 벗어날 수 있는가?

이때에 선사용자에게는 세 가지 선택이 있을 수 있다. 첫째,「특허법」제22조의 신규성에 관한 규정에 의하여 그 발명창조가 출원일 전에 이미 공지되었음을 이유로 하여 특허권 무효선고를 청구할 수 있다. 둘째,「특허법」제62조 규정에 의하여 그 실시하는 발명창조가 선행기술 또는 선행설계에 속함을 이유로 선행기술의 항변 또는 선행설계의 항변을 할 수 있다. 셋째, 본조 제2호 규정에 의하여 출원일 전에 이미 그 발명창조를 실시하였음을 이유로 선사용권의 항변을 할 수 있다.

첫 번째 방식을 사용하면 문제를 가장 철저하게 해결할 수 있으며, 만약 성공적으로 그 특허권을 무효로 할 수 있다면 선사용자 본인이 자유롭게 그 발명창조를 실시할 수 있을 뿐만 아니라, 모든 공중도 자유롭게 그 발명창조를 실시하게 할 수 있다. 그러나 지적하여야 할 점은 만약 선사용자가 특허권자로부터 그 발명창조를 알게 된 것이고, 선사용자가 그 발명창조를 공개한 행위가 사전에 체결된 약정을 위반하는 것이라면, 설령 그 특허권이 무효로 된다고 하더라도 선사용자는 약정 위반에 대한 책임을 부담하여야 한다. 만약 선사용자의 공개행위가 "출원인의 동의 없이 그 내용을 누설"한 행위에 해당한다면 특허권자는「특허법」제24조 제3호가 규정하는 신규성 유예기간을 향유할 수 있으며, 공개된 날로부터 6개월 내에 특허출원한 경우에는 신규성을 상실하지 않는다.

선사용자의 실시행위로 이미 관련 발명창조가 공지된 경우에도 선사용권의 항변을 할 수 있는가? 이에 대해서 본조 제2호는 명확하게 규정하지 않았으므로, 현실에서는 이에 대해서 이견이 있을 수 있다.

일본의 관련 저작은 아래와 같이 지적하였다.

> 한 학설(공개실시배제설)에 의하면 선사용권은 특허출원 전에 비밀유지 상태에서 실시한 자에게만 인정될 수 있으며, 공개적으로 실시한 자에게는 인정될 수 없다고 한다. 그 이유는 기왕에 다른 사람이 특허출원을 하기도 전에 그 발명이 이미 공개적으로 실시되었다면 특허의 무효청구(제123조)를 통하여 그 특허를 무효로 할 수 있고, 특허가 무효로 된 후에는 그 특허권은 처음부터 존재하지 않았던 것으로 보기 때문에(제125조), 그 선사용권을 인정할 필요도 없기 때문이다. 그러나 선사용권이 비밀유지 상태에서 실시한 선사용자에게만 인정되고 공개적으로 실시한 자에게는 인정되지 않아서 그로 하여금 무효를 청구하게 하는 것은, 선사용권자에게 그 사업을 계속하는 것을 허용하는 선사용권 제도의 취지에 위배되는 것이다. 따라서 공개적으로 실시한 자가 무효선고를 청구하였는지에 관계없이, 선사용권이 인정되어야 한다.[1]

위 저작의 결론은 설령 공개적으로 관련 발명창조를 실시한 자라고 하더라도, 마찬가지로 선사용권의 항변을 할 수 있다는 것이다. 필자도 이 견해에 찬성하며, 위와 같은 경우에는 선사용자가 자유롭게 선택할 수 있도록 하여, 특허권 무효선고를 청구할 수도 있고 또한 침해가 아니라는 항변을 할 수도 있으며, 오직 특허권 무효선고청구라는 외길만 갈 수 있는 것은 아니라고 주장하는 바이다.

만약 선사용자가 침해가 아니라는 항변을 하는 경우에는 두 가지 방식이 있을 수 있는데, 첫째는 선사용권의 항변을 하는 것이고, 둘째는 선행기술 또는 선행설계의 항변을 하는 것이다. 주의하여야 할 점은, 이 두 종류의 항변에는 아래와 같은 차이가 있다는 점이다.

첫째, 선사용권 발명의 전제조건은 출원일 전에 이미 관련 발명창조를 실시하였거나 또는 이를 위한 준비를 마치는 것임에 대하여, 선행기술 또는 선행설계의 항변은 이에 대해서 어떠한 요구도 없으며, 항변자가 어느 때 실시를 개시하였더라도 합법적이고, 설령 특허출원일 후, 특허출원이 공개된 후 또는 특허권이 수여된 후에 실시를 시작하였어도 여전히 이와 같다.

둘째, 선사용권이 인정되는 경우라고 하더라도 특허법은 선사용자가 출원일 후에

---

1) 吉藤辛朔, 专利法概论[M], 宋永林, 魏启学 译, 北京: 专利文献出版社, 1990: 572-573.

관련 발명창조를 계속해서 실시하는 행위에 대하여 원래 범위 이내의 실시만으로 명확히 제한하는 데 대하여, 선행기술의 항변 또는 선행설계의 항변은 이에 대해서 어떠한 제한도 없으며, 항변자는 그 의사에 따라 어떠한 범위에서라도 관련 기술 또는 설계를 실시할 수 있다.

위와 같은 차이가 있기 때문에, 선행기술의 항변 또는 선행설계의 항변은 보다 광범위하게 항변자를 구제할 수 있다. 선행기술의 항변 또는 선행설계의 항변을 적용할 수도 있고 또한 선사용권의 항변을 적용할 수도 있는 경우에, 당사자는 전자의 항변을 우선적으로 고려하여야 하고, 법원 또는 특허업무관리부문도 전자의 항변을 우선적으로 고려하여야 한다.

위의 논의를 통해서, 본조 제2호의 규정은 아직 충분히 치밀하지 않고 확정되지 않은 문제가 남아 있어서, 이 규정이 불합리하게 해석될 수 있음을 볼 수 있다. 2008년 「특허법」개정 전에 진행된 사전 전문과제연구에서, 적지 않은 전문가와 학자들이 이 문제를 지적하고 개정의견을 제출하였지만 받아들여지지 않았다. 필자는 다음 「특허법」개정 시에 본조 제2호 규정에 대해서 개정함으로써 관련 문제를 분명히 할 필요가 있다고 본다.

四. 국경을 통과하는 외국 운송수단에서의 특허 사용 행위

본조 제3호는 외국 운송수단의 일시적 국경통과에 관한 규정이다.

이 규정에 의하면 일시적으로 중국의 영토·영수·영공을 통과하는 운송수단이 운송수단 자체의 수요를 위하여 그 장치 또는 설비 중에 관련 특허를 사용하는 경우에는 그 소속 국가와 중국이 체결한 협정 또는 공동으로 가입한 국제조약, 또는 호혜원칙에 따라서, 특허권 침해로 보지 않는다.

이 규정을 둔 이유는, 운송수단은 끊임없이 운행하는 과정 중에 있는데 만약 운송수단 자체의 수요를 위해 관련 특허를 사용하는 것을 특허권 침해행위로 보게 되면 운송수단이 다른 국가 또는 지역에 진입하는 것을 제한할 수 있어 국제교통수단의 정상적 운행에 영향을 줄 수 있고, 동시에 운송수단이 다른 국가 또는 지역에 진입해 있는 시간이 매우 짧아서 그 특허를 사용한 행위에 대하여 특허권 침해소송을 제기하기란 현실적으로 어렵기 때문이다.

본조 제3호 규정은 「파리협약」제5조의 3으로부터 비롯된 것으로, 이 조문은 1925년 헤이그 개정으로 협약에 추가되었으며 아래와 같이 규정하고 있다.

동맹국내에서 다음은 특허권자의 권리에 대한 침해로 간주되지 아니한다.

1. 타 동맹국의 선박이 일시적 또는 우발적으로 그 동맹국의 영수에 들어온 경우에 그 선박상에서 그의 특허의 대상을 이루는 장치를 선체·기계·선구·기관 또는 기타 부속물에 사용하는 것. 단, 그러한 장치가 다만 선박의 필요를 위하여 사용되는 경우에 한함.

2. 타 동맹국의 항공기나 육상 운송체가 일시적 또는 우발적으로 그 동맹국에 들어온 경우에 그 항공기 또는 육상운송체 또는 그 부속물의 건조 또는 운항에 그의 특허의 대상을 이루는 장치를 사용하는 것

「파리협약」의 위 규정에 의하여, 본조 제3호 규정을 적용함에 있어서는 아래와 같은 몇 가지 점을 주의하여야 한다.

(1) 본조 제3호는 오직 외국의 운송수단에만 적용되며 중국의 운송수단에는 적용되지 않는다. 운송수단이 외국의 것인지 아니면 중국의 것인지는 그 등록지를 기준으로 한다.

(2) 운송수단에는 선박·항공기 및 육상운송체가 포함되며, 사람을 실어 나르는 데 쓰이는 것일 수도 있고 화물을 실어 나르는 데 쓰이는 것일 수도 있다. 주의하여야 할 점은, 「파리협약」 제5조의 3은 단지 선박·항공기 및 육상운송체만 언급하였을 뿐 "운송수단"이라는 어휘를 써서 개괄하지는 않은 데 대하여, 본조 제3호는 운송수단이라고 하였을 뿐 구체적인 대상을 열거하지는 않았는데, 그 의미는 비록 선박·항공기 및 육상운송체를 포괄한다고 하더라도 그러나 그 포괄하는 범위를 축소시킨 것이다. 예를 들어, 과학탐사실험선박, 위성추적감시선박, 의료구조선, 군함, 군용항공기, 군용차량 등은 "운송수단"으로 보기가 어려우며, 따라서 엄격하게 말하면 본조 제3호 규정을 적용할 수 없다. 그러나 이것은 「파리협약」의 규정에 위배되는 것은 아닌데, 이 협약의 동맹국은 선박·항공기 및 육상운송체의 의미를 해석할 권한이 있기 때문이다.[1]

(3) 본조 제3호의 영토는 중국의 육지를 가리키고, 영수(領水)는 중국의 영해와 하천, 그리고 부두를 포함한 항구 전체를 포괄한다.

(4) 본조 제3호의 적용대상은 일시적으로 또는 우발적으로 중국의 영토·영수 및 영공을 통과하는 외국 운송수단이다. 일시적 통과는 "정기적 진입"과 "우발적 진입"

---

1) G. H. C. Bodenhausen, Guide to the Application of the Paris Convention for the Protection of Industrial Property[M], Geneva: The United International Bureau for the Protection of Intellectual Property(BIRPI), 1968: 82-84.

을 포괄하는데, 전자는 정기 항공편 등이 포함되지만, 장기간 중국 국내에 체류하는 경우는 포함되지 않으며, 예를 들어 해상 천연가스 채굴플랫폼은 중국 영수를 일시적으로 통과하는 운송수단이라고 볼 수 없다. 후자는 특별한 상황에서 중국의 영토 · 영수 및 영공에 진입하는 것을 가리키는 것으로, 예를 들면 선박 및 항공기가 폭풍 · 고장 · 사고를 피하기 위해 진입하는 것 등이다. 이러한 경우에는, 설령 선박 · 항공기가 잠시 체류하는 것이 아니고 비교적 긴 시간동안 체류한다고 하더라도 본조 제3호 규정을 적용할 수 있다.

(5) 본조 제3호가 규정하는 특허권 침해로 보지 아니하는 행위는 "그 장치 또는 설비 중에 관련 특허를 사용"하는 것인데, 그 의미가 무엇인가? 「파리협약」은 이에 대해서 "특허의 대상을 이루는 장치를 사용"이라는 표현을 썼는데, 여기에는 첫째 그 장치 자체에 대해서 특허권이 수여된 경우와 둘째 그 장치의 사용방법에 대해서 특허권이 수여된 경우 두 가지 경우가 포함된다. 두 가지 경우에서 허용되는 행위는 오직 그 장치를 사용하는 것뿐이고, 그 장치를 제조하는 행위와 그 장치를 판매하는 행위는 포함되지 않는다.

(6) 본조 제3호 규정을 적용함에는 중요한 한 가지 제한조건이 있는데, 즉 오직 운송수단 자체의 수요를 위해서 관련 특허를 사용하는 경우에 한정된다는 것이다. 그러나 「파리협약」 제5조의 3은 두 호로 나누어서 별도로 규정하는데, 그중 선박에 관한 제1호는 오직 그 자체의 수요를 위해서 사용하는 것으로 제한하였지만, 항공기 및 육상운송체에 관한 제2호는 그 자체의 수요를 위해서 사용하는 것으로 제한하지 않았다. 이 점에 있어서는 본조 제3호와 「파리협약」이 적어도 문언적 표현에서 차이가 있다.

(7) 선박 자체의 수요를 위해서 관련 특허를 사용하는 것에는 선박의 선체 · 기기 · 삭구(索具) 및 기타 부속품에 관련 특허를 사용하는 것이 포함되며, 그중에서 부속품에는 위성항법장치, 적재 및 하역 장치 등이 포함된다. 그러나 만약 선박에 장착된 특허 적재 및 하역설비를 이용하여 화물을 부두의 한 창고에서 다른 창고로 옮기는 것은 특허권 침해행위에 해당하는데, 이러한 사용은 선박 자체의 수요를 위한 것이 아니기 때문이다. 선박에 설비를 장착하여 특허제품을 제조하는 것은 그 제품이 선박 자체의 수요를 위한 것인가를 불문하고 모두 특허권 침해행위에 해당한다.

(8) 항공기와 육상운송체에 있어서는 항공기 또는 육상운송체의 건조 또는 운항 중에 특허의 대상을 이루는 장치를 사용하거나, 또는 항공기 또는 육상운송체의 부속품에 특허의 대상을 이루는 장치를 사용하는 것에 한정된다.

외국의 교통수단이 중국의 영토 · 영수 · 영공을 일시적으로 통과하여 특허권 침해분쟁이 발생하는 경우가 현실에서는 매우 드문데, 이 때문에 제3호 규정에 깊은 관심을 갖는 사람도 매우 드물다. 그러나 꼼꼼하게 연구해 보면 그중에는 따져 볼 가치가 있는 문제들이 있다.

五. 과학연구 및 실험 목적으로 특허를 사용하는 행위

본조 제4호가 "과학연구 및 실험만을 위하여 관련 특허를 사용하는 경우" 특허권 침해로 보지 않는다고 규정한 것은 「특허법」 제1조가 규정하는 과학기술의 진보촉진이라는 입법취지를 관철하여 구체화하기 위함이다. 이 규정이 없다면 특허제도가 과학기술의 진보를 방해하는 부정적인 영향을 줄 수 있다.

본조 제4호 규정을 정확하게 이해하기 위해서는 그 조문에 대해서 논의할 필요가 있다.

(一) "과학연구 및 실험을 위하여 관련 특허를 사용"하는 것의 의미

중국이 특허제도를 수립한 초기에는 본조 제4호 규정에 의하여 모든 과학연구 및 실험에서 모든 특허를 임의로 사용하더라도 특허권 침해에 대한 책임을 부담하지 않는다고 보는 견해가 있었다. 이 견해는 검토해 볼 가치가 있다.

「유럽특허협약」 제27조 제b호는 아래와 같이 규정하고 있다.

> 유럽특허가 부여하는 권리는 특허권을 수여한 발명의 대상과 관련한 실험목적으로 진행하는 행위에는 미치지 아니한다.

위의 규정은 책임을 면제받을 수 있는 행위를 특허권을 받은 발명의 대상에 대해서 진행하는 실험행위로 명확히 한정하였으며, 일체의 실험행위로 폭넓게 규정한 것이 아니다. 유럽국가들이 보편적으로 따르고 있는 견해는 이것이다.

이 협약의 규정을 참고하면, 본조 제4호의 "과학연구 및 실험만을 위하여"는 특허권을 받은 기술 자체에 대해서 진행하는 과학연구 및 실험을 가리키는 것이어야 한다. 가능한 경우로는 다음과 같은 경우가 포함된다.

(1) 연구와 실험을 통해서 특허권이 보호하는 특허기술이 설명서에 기재된 발명의 목적을 실현할 수 있고, 예기된 발명의 효과를 발휘할 수 있는지 판단하는 것이다. 이

러한 연구 및 실험을 진행하는 목적은 기술적 측면에서 특허기술의 실행가능성을 판단하기 위함이다.

(2) 연구 및 실험을 통해서 특허기술의 최적 실시례를 확정하는 것이다. 예를 들어, 화학공정에 관한 방법특허에 선택할 수 있는 수치범위가 제시되어 있는데, 반응온도가 500℃~700℃로 제어되어야 한다고 하자. 그러나 이러한 수치범위 내에서의 온도에 따라서 반응효과가 조금씩 달라져서, 사용자의 실제적 요구가 모두 만족되는 것은 아니다. 그 특허방법을 정식으로 실시하기 전에 실시자는 보통 연구와 실험을 거쳐서 최적의 반응온도를 확정할 필요가 있을 수 있다.

(3) 연구와 실험을 통해서, 특허기술을 어떻게 개선하여야 하는지 검토하기도 한다. 만약 앞의 (1) 및 (2)의 작업을 거쳐서, 실시자가 특허기술이 이상적이지 않다고 본다면 그 연구와 실험을 통해서 보다 좋은 다른 기술방안을 찾아내려고 할 것이다.

특허권자의 합법적인 권익을 보호하기 위하여, "과학연구 및 실험" 행위의 범위에 대하여 제한을 할 필요가 있다. 예를 들어, 다음과 같은 행위는 특허기술 자체에 대한 연구 및 실험행위로 볼 수 없다.

(1) 특허를 받은 기술 자체에 대한 것이 아니고, 특허기술을 수단으로 하여 다른 연구 및 실험을 진행하는 경우. 예를 들어, 측량기기에 대한 제품특허에 있어서, 만약 어떤 회사 또는 연구기관이 그 측량기기 자체의 성능·정밀도 등 기술지표 확정을 목적으로 연구 및 실험을 하는 경우에는 본조 제4호의 특허권 침해로 보지 않는 행위에 해당하지만, 이와 달리 만약 과학연구 프로젝트에서 이러한 기기를 연구 및 실험의 수단으로 하여 다른 기술을 연구개발하는 데 이용하였다면 특허권 침해행위에 해당한다.

(2) 특허권을 받은 기술 자체에 대한 것이 아니고, 특허기술을 실시하는 기타 분야에 대해서 연구 및 실험을 진행하는 경우. 예를 들어, 실시자가 특허제품에 대해서 연구 및 실험을 진행한 목적이 기타 기존의 설비를 어떻게 개조할 것인지를 확정하여 이로 하여금 특허제품의 제조에 적합하게 하도록 하기 위한 것이거나, 또는 실시자가 특허방법에 대해서 연구 및 실험을 진행한 목적이 그 현행의 공정을 어떻게 개선할지를 확정하여 이로 하여금 그 특허방법의 실시에 보다 적합하게 하도록 하기 위한 것이라면, 특허권 침해행위에 해당한다. 이 밖에, 만약 특허기술에 대하여 연구 및 실험을 진행한 목적이 그 기술자·노동자를 교육시키고 그들로 하여금 경험을 쌓게 하여, 이후에 그 특허기술을 보다 더 잘 실시할 수 있도록 하기 위한 것이라면, 특허권 침해행위에 해당한다.

(3) 특허권을 받은 기술 자체에 대한 것이 아니고, 그 특허기술 실시의 상업적 전망에 대해서 연구 및 실험을 진행하는 경우. 예를 들어, 특허제품을 제조하여 시판함으

로써 그 시장의 수요량을 확정하는 경우, 그 고객에게 특허제품의 제조 또는 특허방법의 사용현황을 실연함으로써 고객의 신뢰를 확보하는 경우 등은 특허권 침해행위에 해당한다.

이 밖에도 필자는 본조 제4호가 "과학연구 및 실험만을 위하여 관련 특허를 사용하는 경우"라고 하였으므로 그 적용범위에 디자인특허권은 포함되지 않아야 한다고 본다. 「특허법」 제2조 제4항은 "디자인은 제품의 형상·도안 또는 그 결합 및 색채와 형상·도안의 결합에 대하여 만들어진 풍부한 미감이 있고 공업상 이용할 수 있는 새로운 설계를 가리킨다."고 규정하고 있으므로, 이 정의로부터 타인이 디자인특허권을 받은 설계방안 자체에 대해서 "과학연구 및 실험"을 진행하는 문제는 말할 것이 없음을 알 수 있다.

(二) "생산경영 목적"과의 관계

본조 제4호는 「특허법」의 입법취지에 근거하여, 특별히 과학기술의 진보를 촉진하기 위하여 규정된 특허권 침해로 보지 않는 경우이다. "과학연구 및 실험만을 위하여 관련 특허를 사용"하는 행위를 특허권 침해로 보지 않는 이유는 「특허법」 제11조가 규정하는 "생산경영 목적"이 특허권 침해행위를 구성하는 요건이 된다는 점과 무관하다.

"과학연구 및 실험만을 위하여 관련 특허를 사용"하는 행위를 특허권 침해행위로 보지 않는 것으로 규정한 것은 그 행위가 생산경영 목적을 위한 것이 아니기 때문이라고 보는 견해가 있다. 필자는 이러한 견해에는 검토해 볼 점이 있다고 본다. 만약 이 견해가 타당하다면, 「특허법」 제11조 규정만으로도 충분하고, 본조 제4호 규정으로 특별히 보충할 필요가 없었을 것이다.

위 견해의 영향으로 잘못된 추론을 하기가 쉬운데, 즉 일부 유형의 단위(예를 들어 과학연구기관, 고등교육기관 등)가 타인의 특허를 실시하는 경우에는 그 모든 실시행위가 특허권 침해가 아닌 것으로 볼 수 있으며, 이러한 단위는 과학연구 및 실험, 또는 교육 업무에만 종사하는 단위이고 일반적으로는 생산경영활동을 하지 않기 때문이라는 것이다. 중국에 이미 시장경제체제가 수립된 상황에서, 과학연구 및 실험이 생산경영의 성질을 갖는가에 대해서 논의하는 것은 이미 실질적인 의의가 없는데, 양자 사이는 밀접하게 연계되어 있어서 자르려고 해서 자를 수 없고 정리하면 할수록 어지러워지기 때문이다. 과학연구 및 실험도 최종적으로는 분명히 상업적 목적을 갖고 있다고 볼 수 있다. 중국은 줄곧 과거의 과학연구와 생산이 분리되어 서로 괴리되는 불합리한 현상을 교정하고자 노력해 왔으며, 이들을 서로 긴밀하게 결합시키기 위하여 노력하였다. 사실상 선진국에서의 발명창조와 기술혁신의 주력은 기업이지, 기업과 거리를 둔 고등연구기관 및 전문연구기관이 아니다.

"과학연구 및 실험만을 위하여 관련 특허를 사용"하는 행위를 특허권 침해행위로 보지 않는다고 규정한 것은 이러한 행위가 생산경영의 목적을 위한 것이 아니기 때문이 아니며, 동시에 "과학연구 및 실험만을 위하여 관련 특허를 사용"하는 행위의 주체가 과학연구 및 교육을 전문으로 하는 단위에 한정되는 것이 아니라 모든 단위, 모든 개인에게도 해당될 수 있음을 명확히 한 것이다. 설령 회사 · 기업 등과 같은 전형적인 생산경영단위라고 하더라도, 단지 어떤 특허기술에 대하여 과학연구 및 실험을 한 것에 불과하다면 본조 제4호 규정을 적용하여 특허권 침해에 해당하지 않는 것으로 볼 수 있다. 이와 반대로 설령 중국과학원의 연구소, 청화대학의 대학원 등과 같이 순수한 과학연구 및 교육기관이라고 하더라도 만약 어떤 특허기술을 수단으로 하여 다른 연구프로젝트를 진행하였다면 본조 제4호가 규정하는 범위에 속하지 않으며 특허권 침해행위에 해당하게 된다.

종합하면, 본조 제4호의 적용범위를 부적절하게 확대하는 것을 방지하기 위해서는 "과학연구 및 실험만을 위하여 관련 특허를 사용"하는 행위를 특허기술 자체에 대하여 연구 및 실험하는 범위로 제한하는 것이 가장 중요하다. 이렇게 제한하게 되면, 본조 제4호를 합리적인 범위로 제한할 수 있으므로 연구 및 실험 주체의 유형에 대해서 다시 제한할 필요가 없다.

(三) 허용되는 행위의 유형

본조 제4호는 "과학연구 및 실험만을 위하여 관련 특허를 사용"하는 행위에 대해서는 특허권 침해로 보지 않는다고 규정하고 있다. 여기서 "사용"이라는 어휘는 「특허법」 제11조의 "제조 · 판매청약 · 판매 · 사용 · 수입행위" 중의 "사용"이라는 어휘와 혼동하기 쉬워서, 이들이 동일한 의미를 갖고 있고, 나아가 특허권 침해로 보지 않을 수 있는 행위는 오직 "사용"행위에만 한정되며 특허를 실시하는 기타 다른 행위는 할 수 없다고 볼 수도 있다. 이러한 견해는 정확하지 않은데, 본조 제4호가 "관련 특허를 사용"하는 경우라고 했지 "특허제품을 사용, 특허방법을 사용"하는 경우라고 하지는 않았기 때문이다.

제품특허에 있어서는 특허를 받은 특허기술 자체에 대하여 연구 및 실험을 하기 위해서는 당연히 먼저 그 특허제품을 확보하여야 한다. 연구 및 실험을 하는 자가 특허제품을 취득하는 가장 일반적인 경로 중 하나는 자기가 관련 특허제품을 직접 제조하는 것인데, 이것이 가장 확실한 취득방식이다. 본조 제4호가 과학연구 및 실험에만 관련 특허의 사용을 허용한 것에는 연구 및 실험을 하는 자 자신이 관련 특허제품을 제조하는 것을 허용한다는 의미가 포함되어 있다.

그러나 많은 경우에 연구 및 실험을 하는 자는 관련 특허제품을 제조할 수 있는 능력이 없다. 이로부터 만약 연구 및 실험을 하는 자가 외국으로부터 관련 특허제품을 수입하였다면, 이것이 특허권 침해에 해당하는가 하는 문제가 발생한다. 또한 만약 다른 단위 또는 개인이 연구 및 실험을 하는 자를 위하여 국내에서 제조하거나 또는 외국으로부터 관련 특허제품을 수입하여 공급하였다면, 이것이 특허권 침해에 해당하는가 하는 문제도 발생한다.

이것은 대답하기 어려운 문제이다. 「유럽특허협약」을 해석한 관련 저작은 아래와 같이 지적하였다.

> 훨씬 어려운 문제는 제3자가 연구 및 실험자를 위하여 관련 특허제품을 제조 및 제공하는 행위가 특허권 침해에 해당하는가 하는 것이다. 언뜻 보기에(prima facie), 이러한 행위는 「유럽특허협약」이 금지하는 행위이다. 그러나 기왕에 특허기술에 대해서 연구 및 실험하는 것이 합법적인 행위라면, 이에 필요한 관련 제품을 제공하는 것을 무엇 때문에 불허하는가 하는 논란이 있을 수 있다. 협약 제27조(b)의 "실험 목적으로 진행하는 행위"는 광범위한 의미를 가지며, 그중에는 이러한 제공행위도 포함된다.[1]

타인이 연구 및 실험하는 자에게 특허제품을 제공하기 위하여 특허제품을 제조·수입하는 행위가 특허권 침해에 해당한다고 보는 견해도 있는데, 그 행위 자체는 연구·실험행위가 아니고 「특허법」 제11조가 금지하는 실시행위이기 때문이라고 한다.[2] 그러나 주의하여야 할 점은 2008년 「특허법」 개정 시 본조에 제5호의 Bolar 예외에 관한 규정을 신설하여, "행정적 심사·허가에 필요한 정보를 제공하기 위하여 특허약품 또는 특허의료기계를 제조·사용·수입하는 경우 및 이 목적만을 위하여 특허약품 또는 특허의료기계를 제조·수입하는 경우, 특허권 침해로 보지 아니한다."고 규정하였다는 점이다. 본조 제4호와 제5호가 대상으로 하는 경우는 유사한 점

---

1) Amiram Benyamini, Patent Infringement in the European Community[M], IIC studies Vol. 13: 274.
2) 汤宗舜, 专利法解说[M], 修订版, 北京: 知识产权出版社, 2002: 376. "특허제품 또는 특허방법에 의해서 직접적으로 획득한 제품을 판매청약·판매·수입하는 것은 포함되지 아니한다."

이 있으므로 동일한 결론이 얻어져야 하며, 즉 연구 및 실험을 하는 자 자신이 관련 제품을 제조할 능력이 없는 경우에는 그 연구 및 실험을 하는 자가 관련 제품을 수입하는 것이 허용되어야 하고, 또한 타인이 연구 및 실험을 하는 자를 위하여 관련 특허제품을 제조·수입하는 것도 허용되도록 하여, 모두 특허권 침해행위가 아닌 것으로 보아야 한다.

당연히 위와 같은 입장을 따를 때에는 연구 및 실험을 하는 자를 위하여 제조·수입하는 특허제품의 수량을 엄격히 통제하여야 한다. 만약 연구 및 실험의 대상 및 성질로 보아 수 개의 특허제품으로 충분함에도 제공자가 수천수백 개의 특허제품을 제조·판매하였다면, 이것은 이치에 맞지 않는다.

이 밖에, 관련 특허제품을 취득한 연구 및 실험을 하는 자가 특허받은 기술 자체에 대해서 연구 및 실험을 하는 것은 특허권 침해가 아니지만, 만약 연구 및 실험을 하는 자가 나중에 그 연구 및 실험을 위해서 제조한 특허제품 또는 타인이 그 연구 및 실험을 위해서 제공한 특허제품을 판매하는 경우에는 특허권 침해에 해당한다.

六. Bolar 예외

(一) 중국의 Bolar 예외 도입의 필요성

1. 중국의 약품 및 의료기계 관리제도 소개

약품은 질병의 예방·진단·치료에 사용되는 특수한 상품이다. 질병의 종류는 매우 많고, 이러한 질병의 예방·진단·치료에 사용되는 약품 또한 훨씬 많은데, 사람의 일생 중 어떠한 약품도 복용·사용하지 않은 사람은 매우 드물어서, 약품이 없다면 인류의 평균수명이 몇 년이나 단축될 것인지 알 수가 없다. 다른 한편으로 공중은 약품이 그 주장하는 치료효과가 있는지 그리고 인체에 위해를 줄 수 있는지를 판단하기가 매우 어렵다. 공중의 신체건강과 생명안전을 확실히 보호하기 위하여, 국가는 공중의 이익을 대표하여 시장에 출시되는 약품을 엄격하게 감독하고 관리할 중대한 의무가 있다. 세계 각국은 보편적으로 약품관리에 관한 법률을 제정 및 시행하고, 전문적인 행정부문을 두어 관리하고 있다. 모든 제약회사는 약품을 생산 및 제조하여 시장에 출시하기 전에, 반드시 먼저 그 행정부문에 신청하고 허가를 받은 후에야 비로소 그것을 시장에 출시할 수 있다.

인류사회의 발전과 진보에 따라서, 그 자신의 이익을 보호하고자 하는 공중의 요구는 부단히 높아지고 있으며, 이 때문에 각국의 약품관리 수준도 부단히 제고되는 추세에 있다. 20세기 전의 각국의 약품관리에 관한 법률은 가짜약품, 저질약품, 독약의 관리에 치중하였다. 20세기 초부터 화학약품이 세상에 나온 이후로, 신약의 수량은 급격히 증가하였지만, 당초의 관리는 주로 신청등록 및 표본검사를 위한 것이어서 관리제도가 충분히 엄격하지 않았다. 1935년 미국에서 설파닐산(sulfanilic acid)제 사건으로 107명이 사망하여 공중은 미국 약품관리제도의 부족과 폐단을 강력하게 질책 및 규탄하였으며, 미국 국회로 하여금 「연방 식품·약품·화장품법」을 개정하도록 하여 신약의 시장출시를 신청할 때에 반드시 충분한 시험데이터로 그 약품의 안전성을 증명하도록 규정하였다. 그러나 개정된 법률은 약품이 안전하고 독성이 없어야 한다는 점을 강조하는 데 치중하고 그 효과에 대해서는 강조하지 않음으로써, 치료효과가 분명하지 않은 대량의 약품이 시장에 가득 차게 되었다. 이 문제에 대해서 미국 국회는 「연방 식품·약품·화장품법」을 재차 개정하여 신약이 시장에 출시되기 전에 반드시 그 안전성을 증명하는 이외에 그 효과도 증명하도록 하였고, 또한 신약의 심사 및 허가에 대해서 보다 상세하게 규정하였다. 1979년 미국 국회는 비임상 안전성 시험연구 규범을 통과시켜 공포하였고, 신약에 대한 임상연구 전의 안정성 연구에 대하여 보다 엄격하고 보다 전면적인 품질관리체계를 수립하였다.[1] 미국의 영향으로 다른 국가들도 점차 약품관리에 관한 법률을 정비하여 보다 엄격하고 체계적인 관리제도를 수립하였다.

중국은 1984년 9월 「약품관리법」을 제정하였으며, 2000년 2월 이 법률에 대해서 전면개정하였다. 개정 후 「약품관리법」 제29조는 아래와 같이 규정하고 있다.

① 신약을 제조하기 위해서는, 반드시 국무원 약품관리감독부문의 규정에 따라서 제조방법, 품질지표, 약리 및 독성시험결과 등 관련 자료와 견본을 사실대로 보고하고, 국무원 약품관리감독부문의 승인이 있은 후에야 비로소 임상시험을 진행할 수 있다. 약물임상시험기관 자격의 인정방법은 국무원 약품관리감독부문, 국무원 위생행정부문이 공동으로 제정한다.
② 임상시험을 완료하고 심사를 통과한 신약은, 국무원 약품관리감독부문의 승인을 거쳐, 신약증서가 발급된다.

---

1) 국가식품약품관리감독국 인터넷 페이지의 「약품관리법」 해석을 참조. [EB/OL]. [방문시기는 미상]. http://www.sda.gov.cn.

위의 규정으로 신약 제조에 두 차례의 행정심사를 거치도록 하였는데, 첫째는 임상시험 전에 진행하는 비임상 안전성평가 연구결과의 심사이고, 둘째는 임상연구결과에 대한 심사이다. 첫 번째 심사를 통과하여야 비로소 임상연구 단계에 진입할 수 있고, 두 번째 심사를 통과하여야 비로소 제조한 신약을 시장에 출시할 수 있다.

비임상 안전성연구에는 제조공정, 물리화학적 성질, 순도, 검사방법, 처방선별, 조제형태, 안정성, 품질기준, 약리, 독성, 동물에 대한 약물동태학 연구 등이 포함된다. 그중에서 독성시험은 실험실 조건하에서 동물에 대하여 각종 독성검사를 진행하는 것으로, 단독투약독성검사, 반복투약독성검사, 암유발검사, 생식독성검사, 돌연변이유발검사, 중독성검사, 국부독성검사 등이 포함되며 독성시험결과는 약품의 안전성을 평가하는 중요한 근거가 된다.

임상연구에는 임상시험과 생물학적 동등성시험이 포함된다. 임상시험은 인체(환자 또는 건강한 지원자의)에 대하여 계통적 연구를 진행함으로써 시험용 약품의 작용 및 부작용 등을 실증하고 드러내는 것으로서, 시험용 약품의 치료효과와 안전성을 확정하는 것을 목적으로 하며, 일반적으로는 Ⅰ・Ⅱ・Ⅲ・Ⅳ단계의 네 단계로 구분되고, 그 연구결과는 신약의 안전성 및 효과에 대한 가장 중요하고도 권위적인 평가가 된다. 생물학적 동등성시험은 생물학적 이용률을 이용하여 연구하는 방법으로서, 약물동태학의 변수를 지표로 하여 제제학적으로 동등한 두 제제 또는 제제학적으로 대체가능한 제제가 동일한 시험조건하에서 그 활성성분의 흡수율과 속도에 통계학적 차이가 없다는 것을 입증하기 위해 실시하는 인체시험이다.

「약품관리법」 제31조는 아래와 같이 규정하고 있다.

① 신약 또는 현행 국가기준이 있는 약품을 생산하는 경우, 반드시 국무원 약품관리감독부문의 승인을 거쳐 약품허가번호를 발급받아야 한다. 다만, 허가번호로 관리하지 아니하는 중약재 및 중약을 생산하는 경우는 제외한다. 허가번호로 관리하는 중약재・중약 품종목록은 국무원 약품관리감독부문이 국무원 중의약관리부문과 함께 제정할 수 있다.

② 약품생산기업은 약품허가번호를 취득한 후에야 비로소 그 약품을 생산할 수 있다.

「약품관리법」 제29조와 제31조 규정으로부터 생산이 허용되는 약품은 신약과 현행 국가기준이 있는 약품 두 가지 유형으로 나눌 수 있음을 알 수 있다. 어느 유형의 약품인지를 불문하고, 과거에 그러한 약품을 생산하지 않았던 제약회사가 약품을 생산하여 판매하고자 한다면, 반드시 국가식품약품관리감독국의 허가를 받아야 하며,

진행하여야 하는 시험과 제출하여야 하는 신청자료만 약간 다르다는 차이만 있을 뿐이다. 만약 신약이라면 반드시 「약품관리법」 제29조 규정에 따라서 시험을 진행하고 규정된 행정허가 절차를 통과하여야 하는데, 신약 연구개발에 대한 요구가 매우 까다롭고 허가절차가 두 단계로 나뉘어 진행되기 때문에 시험과 허가에 긴 시간이 소요된다. 만약 현행 국가기준이 있는 약품이라면, 그 신청을 위한 준비작업이 상대적으로 간단하고 허가에 소요되는 시간도 상대적으로 짧다. 이 때문에 약품을 생산하고자 하는 기업에 있어서는 신약을 생산할 것인지 아니면 현행 국가기준이 있는 약품을 생산할 것인지를 판단하는 것이 매우 중요한 문제이며, 이것은 신약에 대한 정의와도 관계된다.

개괄적으로 말해서, 세계 각국의 신약에 대한 정의에는 크게 두 유형이 있는데, 하나는 국내에서 생산이 허가된 적이 없는 약품이고, 다른 하나는 국내시장 출시가 허가된 적이 없는 약품이다. 중국은 1984년 반포된 「약품관리법」 제57조에서 신약을 국내에서 생산된 적이 없는 약품으로 정의하였지만, 2000년 개정 「약품관리법」에서 이 정의를 삭제하였고, 2002년 8월 반포된 「약품관리법실시조례」 제83조에서 신약을 중국 국내시장에서 판매된 적이 없는 약품으로 정의하였다. 신약의 정의가 과거의 "국내에서 생산된 적이 없는 약품"에서 "중국 국내시장에서 판매된 적이 없는 약품"으로 바뀐 것인데, 신약의 범위가 일정정도 축소되었다. 예를 들어, 비록 중국에서 생산된 적은 없지만 국가식품약품관리감독국의 허가를 받아 수입하여 판매하는 약품은 이미 신약에 대한 심사 및 허가에 상당하는 절차를 밟았으므로, 신약의 범위에 포함되지 않아야 하며 신약에 대한 시험도 다시 진행할 필요가 없다. 국가식품약품관리국이 2007년 7월 반포한 「약품등록관리방법」 제12조는 신약의 범위에 대하여 보충적으로 규정하였는데, 이미 시장에 출시된 약품은 제제형태 변경, 투약경로 변경, 새로운 적응증 추가의 경우에 신약신청 절차에 따라 약품등록을 신청하여야 하고, 모든 생물제품은 신약신청 절차에 따라 신청하여야 한다고 규정하였다.

「약품등록관리방법」 제12조는 복제약 신청을 국가식품약품관리감독국이 이미 출시를 허가한 현행 국가기준이 있는 약품의 생산을 위한 신청으로 규정하였다. 지적이 필요한 점은, 비록 복제약에 대한 등록신청이 보다 간단하기는 하지만, 「약품등록관리방법」 별지 규정에 따라서 제출하여야 하는 신청서류가 상당히 복잡하다는 점이다. 화학약품을 예로 들면, 신청인은 다음과 같은 자료를 반드시 제출하여야 한다.

첫째, 약학연구자료로 다음과 같은 것들이 포함된다.

(1) 약학연구자료 개관

(2) 화학구조 또는 조성성분에 대한 시험자료 및 문헌자료

(3) 품질연구에 대한 시험자료 및 문헌자료

(4) 약품기준 및 설명, 그리고 기준품 또는 대조품의 제출

(5) 견본의 검증보고서

(6) 원재료·보조재료의 출처 및 품질기준, 검증보고서

(7) 약물안정성연구의 시험자료 및 문헌자료

(8) 약품에 직접 접촉하는 포장재료 및 용기의 선택근거 및 품질기준

둘째, 약리·독성 연구자료로 다음과 같은 것들이 포함된다.

(1) 약리·독성 연구자료 개관

(2) 과민성(국부·전신 또는 광민감성·광독성), 용혈성 및 국부(혈관·피부·점막·근육) 자극성 등 특수 안전성 시험자료 및 문헌자료

셋째, 임상시험자료로 다음과 같은 것들이 포함된다.

(1) 국내외 관련 임상시험자료 개관

(2) 복용하는 고체 제제에 대해서는 생물학적 동등성시험을 진행하여야 하며, 일반적으로 급성독성 시험자료 및 문헌자료, 장기독성 시험자료 및 문헌자료, 안전성 시험자료 및 문헌자료, 돌연변이유발 시험자료 및 문헌자료, 생식독성 시험자료 및 문헌자료 등

요약하면 생산하고자 하는 약품이 신약인지 아니면 현행 국가기준이 있는 약품인지를 불문하고, 국가식품약품관리감독국의 허가를 받기 위해 필요한 사전 연구시험 및 관련 준비작업은 매우 고생스럽다. 약품과 다른 상품은 여기에서 현저하게 구별된다.

1999년 12월 국무원은 「의료기계관리감독조례」를 반포하였는데, 이 조례 제3조는 아래와 같이 규정하였다.

이 조례의 의료기계는 단독으로 또는 조합하여 인체에 사용되는 측정기·설비·기구·재료 또는 기타 물품을 가리키며, 이에 필요한 소프트웨어를 포함한다. 그 인체의 표면 및 체내에 사용함에 따른 효과가 약리학·면역학 또는 대사에 의한 수단으로 얻어지는 것은 아니지만, 이러한 수단들과 함께 함으로써 일정한 보조적 작용을 일으킬 수 있다. 그 사용으로 아래의 예기된 목적을 달성하기 위한 것이다.

(1) 질병의 예방·진단·치료·관찰·완화

(2) 손상 또는 장애의 진단·치료·관찰·완화·보충

(3) 해부 또는 생리과정의 연구·대체·조절

(4) 임신조절

　이 조례 제5조는 국가는 의료기계에 대하여 분류해서 관리하도록 규정하였는데, 제1류는 일반적인 관리를 통해서도 그 안전성·유효성을 보장할 수 있는 의료기계이고, 제2류는 그 안전성·유효성에 대하여 관리를 강화하여야 하는 의료기계이며, 제3류는 인체에 이식되거나 또는 생명을 유지하는 데 사용되어, 인체에 대하여 잠재적 위험이 있는, 그 안전성·유효성을 엄격히 관리하여야 하는 의료기계이다.

　이 조례 제8조는 아래와 같이 규정하였다.

　① 국가는 의료기계에 대하여 제품생산등록제도를 시행한다.
　② 제1류 의료기계의 생산은 구(区)가 설치된 시급 인민정부의 약품관리감독부문이 심사·허가하고, 제품생산등록증서를 발급한다.
　③ 제2류 의료기계의 생산은 성·자치구·직할시 인민정부의 약품관리감독부문이 심사·허가하고, 제품생산등록증서를 발급한다.
　④ 제3류 의료기계는 국무원 약품관리감독부문이 심사·허가하고, 제품생산등록증서를 발급한다.
　⑤ 제2류·제3류 의료기계의 생산은 임상시험을 통과하여야 한다.

　이로부터 중국은 의료기계에 대해서 약품과 유사한 관리감독제도를 수립하였음을 볼 수 있다.

2. 특허제도와 약품·의료기계 관리제도의 관계 및 문제점

　「특허법」의 입법목적 중 하나는 발명창조를 장려하고 특허권자의 합법적 이익을 보호하는 것이며, 그중에는 당연히 약품 및 의료기계에 대한 혁신도 포함된다. 여러 가지를 고려하여 1984년 제정 「특허법」 제25조는 식품, 음료, 조미료, 약품 및 화학적 방법으로 얻어지는 제품에 대해서는 특허권을 수여하지 않는다고 규정하였다. 1992년 「특허법」 개정 시에 이 제한을 삭제하였는데, 약품의 혁신을 장려하는 데 그 목적이 있었다. 「약품관리법」 제4조는 "국가는 신약의 연구와 창제를 장려하고, 공민·법인 및 기타 조직의 신약 연구·개발에 대한 합법적 권익을 보호한다."고 규정하고 있고, 「의료기계관리감독조례」 제7조는 "국가는 의료기계 신제품의 연구제작을 장려한다."고 규정하고 있다. 혁신을 장려하고 보호하는 측면에서 보면, 위의 세 법률법규는 동일한 취지를 갖고 있지만 방식으로 보면 차이가 있는데, 「특허법」은 규정된 기간 동안 특허권자에게 그 특허를 실시할 수 있는 독점권을 부여함으로써 혁신의 장려와 보호라는 목적을 달성하고자 하는 것이고, 「약품관리법」 및 「의료기계

관리감독조례」는 출시가 허가되는 약품 및 의료기계에 대하여 엄격한 행정심사와 관리감독을 진행함으로써 허가받지 않은 약품과 의료기계가 출시되는 것을 방지하여 혁신의 장려와 보호라는 목적을 달성하고자 하는 것이다.

약품·의료기계에 대해서 특허권을 받고 그리고 출시허가를 받기 위해서는 모두 행정적 심사절차를 거쳐야 하지만, 두 행정적 심사의 성질과 목적은 크게 차이가 있다. 약품 또는 의료기계 분야의 발명창조에 대해서는 「특허법」에 특별히 다른 특허권 수여의 요건이 규정되어 있지 않으며, 다른 기술분야의 발명창조와 마찬가지로 주로 신규성·진보성 및 실용성 규정을 만족시켜야 한다. 특허권이 수여된 약품 또는 의료기계는 출원일 전의 선행기술에 속하는 것이 아니어야 할 뿐만 아니라, 선행기술에 비하여 뚜렷한 실질적 특징과 현저한 진보가 있어야 한다. 바꿔 말하면, 「특허법」이 특허요건을 규정한 것은 특허권이 수여되는 약품 또는 의료기계가 출원인 자신이 창조해 낸 것일 뿐만 아니라 공지된 약품 또는 의료기계를 베끼거나 모방한 것이 아님을 보장하기 위한 것이다. 그리고 필요한 "발명의 고도성"을 반드시 갖추고 있어서, 국가가 그것에 대하여 독점적 권리를 줄 가치가 있어야 한다. 「약품관리법」 및 「의료기계관리감독조례」가 행정심사를 규정한 것은 약품과 의료기계의 안전성과 유효성을 위한 것으로, 그 목적은 공중의 신체건강과 생명안전을 보호하는 데 있다. 국가식품약품관리감독국이 출시를 허가하는 약품과 의료기계는 시장 독점적 성질을 갖지 않으며, 동일한 약품 또는 의료기계라고 하더라도 규정에 부합하기만 하면 동시에 여러 제약회사에게 출시허가를 할 수 있다.

「특허법」 제5조는 공공이익을 해하는 발명창조에 대해서는 특허권을 수여하지 않는다고 규정하고 있고, 제22조는 특허권이 수여되는 발명창조는 실용성이 있어야 한다고 규정하고 있는데, 즉 발명창조가 제조 또는 사용할 수 있는 것이어야 하고 또한 적극적 효과를 발휘할 수 있어야 한다고 규정하고 있다. 이러한 규정도 일정 정도로는 특허권이 수여되는 약품 또는 의료기계의 안전성·유효성을 규율하는 작용을 할 수 있지만, 규율의 강도를 보면 「약품관리법」 및 「의료기계관리감독조례」의 관련 규정과 완전히 다른데, 후자가 훨씬 더 엄격하다.

위와 같은 차이 때문에, 특허권을 받을 수 있는 약품 또는 의료기계라고 해서 출시허가를 받을 수 있는 것도 아니고, 출시허가를 받을 수 있는 약품 또는 의료기계라고 해서 특허권을 받을 수 있는 것도 아니다. 따라서 국가지식산권국의 행정심사와 국가식품약품관리감독국의 행정심사는 서로 대체할 수 없다.

일부 사람들(특히 다국적제약회사)은 특허권을 효과적으로 보호하기 위해 약품 또는 의료기계 특허권의 유효기간 내에는, 국가식품약품관리감독국이 특허권자 이

외의 타인에게 특허로 보호되는 약품 또는 의료기계의 출시를 허가해서는 안 된다
고 강력하게 주장한다. 이에 대해서, 「약품등록관리방법」은 아래와 같이 규정하고
있다.

> 제18조 ① 신청인은 그 등록신청하는 약물 또는 사용하는 처방·공정·용도 등에 대
> 해서 신청인 또는 타인의 중국에서의 특허 및 그 권리의 귀속상태를 설명하여야 한다.
> 타인이 중국에서 받은 특허가 있는 경우, 신청인은 타인의 특허권을 침해하는 것이 아
> 님을 성명하여야 한다. 약품관리감독부문은 홈페이지에 신청인이 제출한 설명 또는
> 성명을 공시하여야 한다.
> ② 약품등록과정에서 특허권 분쟁이 발생하는 경우, 특허 관련 법률법규에 따라 해결
> 한다.
> 제19조 타인이 중국에서 이미 특허권을 받은 약품에 대해서는, 신청인이 그 약품특허
> 가 만료되기 전 2년 내에 등록신청을 할 수 있다. 국가식품약품관리감독국은 이 방법
> 에 따라 심사하고 규정에 부합하는 경우에는 특허기간이 만료된 후에 약품허가번
> 호·수입약품등록증 또는 의약품등록증을 발급한다.

위 규정은 특허권의 보호문제에 있어서 국가식품약품관리감독국이 주로 등록신청
인의 자율에 의한 방식을 따르고 있음을 보여 주며, 「약품관리법」과 「약품관리법실
시조례」 모두 국가식품약품관리감독국이 약품허가번호·수입약품등록증 또는 의약
품등록증을 발급하기 전에 허가신청한 약품의 타인 특허권 침해여부에 대해서 심사
하여야 한다고는 규정하지 않았는데, 실제로 이를 해낼 수가 없기 때문이다.

특허제도와 약품출시허가제도를 병행하는 것은 각자의 고유한 역할이 있기 때문
이지만, 양자가 병존함으로 인해 문제도 발생할 수 있다.

일반적으로 말해서, 약품 또는 의료설비 특허권의 보호기간이 만료된 후에, 특허권
자의 경쟁상대는 서로 다투어 특허약품 또는 특허설비와 같거나 또는 유사한 복제약
또는 복제의료설비를 출시할 수 있다. 이렇게 경쟁함으로써 공중에게 약품과 의료설
비의 선택에 있어서 보다 다양한 선택의 기회를 제공할 수 있고, 관련 약품 및 의료설
비의 가격을 현저하게 낮출 수 있어서 공중의 건강 보호에 큰 장점이 있으므로 각국
은 보편적으로 이를 장려하고 있다. 그러나 만약 앞에서 설명한 바와 같이 설령 특허
권자가 이미 그 특허약품을 외국시장에 출시하였다고 하더라도 중국에 출시한 것이
아니라면, 다른 제조자가 이를 복제하기 위해서는 여전히 신약 생산에 관한 규정에
따라 신청하여야 하므로, 이를 위해서 비임상 안전성연구와 임상연구를 반드시 진행

하여야 한다. 설령 특허약품이 이미 중국에 출시된 것이라고 하더라도, 다른 제조자가 이를 복제생산하려면 허가를 받기 위해 대량의 준비작업을 진행하여야 한다. 특허보호기간이 만료된 후에 복제약품 또는 복제의료설비를 조속하게 출시하기 위하여, 경쟁자는 특허보호기간이 아직 만료되기 전에 특허약품 또는 특허의료설비에 대한 시험연구 및 준비작업을 진행할 수 있기를 희망한다. 그러나 만약 허가 없이 특허권의 보호기간 내에 이러한 시험연구를 진행한다면 특허권자에 의해서 그 특허권을 침해하였음을 이유로 소제기를 당할 수 있다는 문제가 있다. 특허권 침해에 대한 책임을 피하기 위하여 경쟁자는 특허권 보호기간이 만료된 후에야 비로소 이러한 시험연구와 준비작업을 개시할 수 있다. 시험연구의 개시, 시험연구의 종료, 출시허가신청으로부터 국가식품약품관리감독국의 허가를 받기까지는 상당히 장기간이 소요되며, 이 때문에 비록 약품특허권 또는 의료기계특허권이 이미 종료되었다고 하더라도 그 후에 상당히 오랜 기간 내에는 여전히 복제상품을 시장에 출시할 수 없는 결과에 이르게 된다. 이것은 약품 및 의료기계 특허권의 보호기간을 연장하는 것에 상당하여 특허권이 만료되고 난 후에는 조속히 그 경쟁제품을 시장에 출시할 수 있는 경쟁자의 합법적 권리를 빼앗는 것이어서 분명히 공중의 이익보호에 이롭지 않은 결과가 된다.[1]

  본조 제5호 규정을 적용할 때에는 소위 말하는 "복제약품"의 의미에 주의하여야 한다. 특허법 의미에서는 복제약품이 그 생산과 제조가 특허권의 보호범위에 속하는 약품을 가리키는 데 대하여, 「중국약품관리법」 의미에서는 복제약품이 국가식품약품관리감독국이 이미 출시를 허가한 현행 국가기준이 있는 약품을 가리킨다. 어떤 약품이 설령 국외에 출시되었다고 하더라도 중국 시장에 출시된 것만 아니라면, 중국에서 이러한 약품을 생산하는 것은 일종의 신약을 생산하는 것이지 복제약을 생산하는 것이 아니다.

(二) 본조 제5호의 형성 및 그 의미

1. 입법과정

  중국의 특허제도와 약품 및 의료기계 관리감독제도의 병존으로 발생하는 앞에서 설명한 바와 같은 문제를 해결하기 위하여, 다른 국가의 실제 사례 및 WTO의 관련 분쟁해결결과를 참고하여, 2008년 「특허법」 개정 시에 많은 사람들이 본조에 Bolar

---

1) Shashank Upadhye, Understanding Patent Infringement under 35 U.S.C. 271(e): The Collisions Between Patent, Medical Device, and Drug Laws[J], Santa Clara Computer & High Technology Law Journal, December 2000.

예외를 신설할 것을 건의하였으며,[1] 최종적으로 전국인민대표대회 상무위원회가 이를 받아들였다. 이것이 본조 제5호 규정이 있게 된 유래이다.

위의 개정의견은 일찍이 선진국의 정부, 관련 조직 및 제약회사의 높은 관심을 받았다. 관심을 끌었던 것은 Bolar 예외의 도입 자체를 반대하였기 때문은 아니었으며, 미국을 포함한 수많은 서방국가들은 일찍이 이미 이렇게 해 왔고 또한 WTO의 승인도 받았기 때문에 뭐라고 왈가왈부할 것이 없었고, 중국이 Bolar 예외를 규정함과 동시에 「특허법」에 이와 관련되는 다른 규정을 보충하기를 희망하였기 때문인데, 첫째는 약품—특허 연계제도를 도입하는 것으로, 즉 미국특허법 제271조 제e항 제1호 조문을 참고하여 약품특허의 보호기간 내에 약품행정관리감독부문에 약품출시허가를 신청하는 경우에는 특허권 침해행위에 해당하도록 규정하는 것이었고, 둘째는 약품특허 존속기간 연장제도를 도입하는 것으로, 즉 미국특허법 제156조 조문을 참고하여 약품특허권자가 그 약품특허권의 존속기간을 적당하게 연장해 줄 것을 청구할 수 있게 규정하는 것이었다.

위의 의견에 대하여, 국가지식산권국은 2006년 12월 27일 국무원에 심의를 요청한 「〈특허법〉 개정초안(심의본)」에서 아래와 같이 지적하였다.

> 약품—특허 연계문제에 관해서, 우리국은 현행 특허법 제11조에 누구라도 특허권자의 허가 없이 생산경영 목적으로 특허제품을 제조·판매·판매청약·사용·수입할 수 없다고 명확하게 규정되어 있다고 본다. 이 규정에 의하면 설령 타인이 특허약품에 대해서 출시허가를 신청하여 약품관리감독기구의 허가를 받았다고 하더라도 그가 특허의 존속기간 내에 특허법 제11조가 금지하는 행위를 하였다면, 특허권자는 인민법원 또는 특허행정관리부문에 대하여 침해자에게 침해행위의 중지와 손해의 배상을 명령해 줄 것을 청구할 수 있다. 중국의 현행 특허법 제61조 규정에 의하면, 침해행위가 발생하는 때에 특허권자는 소제기 전에 인민법원에 임시조치를 취해 줄 것을 청구할 수 있다. 따라서 약품특허권자의 권리가 약품의 출시허가로 인해서 손해를 입는 것이 아니다. 미국특허법이 약품출시허가출원 자체를 특허권 침해행위로 규정한 것은 세계 각국 중에서 매우 특수한 방식으로서, 다른 국가들이 일치되게 인정하고 있는 것도 아니다. 따라서 중국특허법에 유사한 규정을 신설하기에는 이유가 충분하지 않다.

약품특허 존속기간연장 문제에 관해서, 우리국은 아래와 같은 점들을 고려하여야 한다고

---

1) 韦贵红 等, 专利权效力的例外情况[G]//国家知识产权局条法司, 专利法及专利法实施细则 第三次修改专题研究报告, 北京: 知识产权出版社, 2006: 1470-1471; 郑胜利 等, 专利权的限制和例外[G]// 国家知识产权局条法司, 专利法及专利法实施细则 第三次修改专题研究报告, 知识产权出版社, 2006: 1517-1518.

본다. 첫째, TRIPs 제33조는 특허권의 존속기간을 적어도 20년으로 규정하고 있을 뿐이고, 이 밖에 이 협정은 WTO회원국이 약품특허권의 존속기간을 연장할 의무가 있다고 규정하지 않았으며, 브라질·인도 등 개발도상국들은 모두 약품특허권의 존속기간을 연장할 수 있다고 규정하지 않았다는 점이다. 둘째, 관련 통계에 따르면, 거의 모든 특허약품의 가격은 특허존속기간이 만료된 후에 큰 폭으로 하락하는데, 이 때문에 약품특허의 존속기간은 중국 13억 민중의 약품 획득비용 및 기회에 직접적으로 관계되고, 중국이 광대한 민중의 생명과 건강을 보호하는 데 매우 큰 영향이 있다. 이 문제가 중대함을 고려하여, 우리국은 현재 중국이 약품특허의 존속기간을 연장하기에는 시기가 아직 성숙되지 않았다고 본다.

국무원과 전국인민대표대회 상무위원회는 「〈특허법〉 개정안(초안)」에 대한 심의과정에서, 「특허법」에 약품특허권 존속기간연장을 규정할 필요가 있는가를 면밀히 검토하였다. 연구결과 국가지식산권국이 제출한 의견 이외에도 Bolar 예외를 신설하는 동시에 또한 약품특허권 존속기간 연장규정을 신설하게 되면 Bolar 예외를 신설한 의의가 상당한 정도로 상쇄될 것임을 고려하여야 한다고 보았다. 이 때문에 단지 본조 제5호 규정만 신설하는 것으로 결론지었다.

2. 본조 제5호의 의미

(1) 본조 제5호 규정의 적용범위

본조 제5호 조문은 그 관계되는 대상을 "특허약품" 및 "특허의료기계", 즉 특허권을 받은 약품 및 의료기계로 하고 있다. 이 규정의 적용범위를 확정하기 위해서는, 우선 "약품" 및 "의료기계"의 의미를 확정하여야 한다.

넓은 의미로 보면 "약품"에는 세 가지 유형이 있는데, 하나는 인체의 질병을 예방·진단·치료하는 데 사용되는 약품이고, 둘째는 동물의 질병을 치료하는 데 사용되는 수의약이며, 셋째는 농업·임업에 피해를 입히는 병·충·풀 및 기타 유해생물을 예방·박멸 또는 통제하는 데 사용되는 농약이다.

「약품관리법」제102조는 아래와 같이 규정하고 있다.

약품은 인간의 질병을 예방·치료·진단하는 데 사용되는 것으로 의도적으로 인간의 생리기능을 조절하고 적응증 또는 주치료효과·용법·용량이 정해진 물질을 가리키며, 중약재·중약·중약성분약·화학원료약 및 그 제제·항생제·생화학약품·방사성약품·혈청·백신·혈액제품 및 진단약품 등이 포함된다.

위의 규정은 「약품관리법」의 약품이 오직 인체에 사용되는 약품만 가리키는 것임을 나타낸다.

국무원이 1987년 5월 반포하고, 2001년 11월 개정한 「수의약관리조례」 제72조는 아래와 같이 규정하고 있다.

> 수의약은 동물의 질병을 예방·치료·진단하거나 또는 의도적으로 동물의 생리기능을 조절하는 데 사용되는 물질(약물사료첨가제를 포함한다.)을 가리키며, 주로 혈청제품·백신·진단제품·미생물제품·중약재·중약성분약·화학약품·항생제·생화학약품·방사성약품 및 외용살충제·소독제 등이 포함된다.

국무원이 1997년 5월 반포하고 2001년 11월 개정한 「농약관리조례」 제2조는 "농약"의 의미를 아래와 같이 명확하게 정의하였다.

> ① 본 조례의 농약은 농업·임업에 피해를 입히는 병·충·풀 및 기타 유해생물을 예방·박멸 또는 통제하고, 의도적으로 식물·곤충의 성장을 조절하는 데 사용되는 화학적으로 합성되었거나 또는 생물, 기타 천연물질로부터 유래한 물질 또는 여러 물질의 혼합물 및 그 제제를 가리킨다.
> ② 전항의 농약에는 다음 각 호의 목적 및 장소에 사용되는 경우가 포함된다.
> ⑴ 농업·임업에 피해를 입히는 병·충(곤충·진드기 포함)·풀과 쥐·연체동물 등 유해생물을 예방·박멸 또는 통제하는 경우
> ⑵ 병·충·쥐 및 기타 유해생물의 저장을 예방·박멸 또는 통제하는 경우
> ⑶ 식물·곤충의 생장을 조절하는 경우
> ⑷ 농업·임업제품의 부식방지 또는 신선유지에 사용되는 경우
> ⑸ 모기·파리·바퀴벌레·쥐 및 기타 유해생물을 예방·박멸 또는 통제하는 경우
> ⑹ 하천제방·철로·비행장·건축물 및 기타 장소에 피해를 입히는 유해생물을 예방·박멸 또는 통제하는 경우

이로부터 중국의 법률법규가 규정하는 약품·수의약품 및 농약이 용도와 대상이 다름을 알 수 있다. 「수의약품관리조례」 및 「농약관리조례」 규정에 따라서, 수의약과 농약을 출시하기 위해서는 모두 농업부의 행정심사 및 허가를 받아야 하고, 그 심사의 엄격한 정도는 인체에 사용되는 약품의 심사 및 허가와 비슷한 점이 있다. 본조 제5호 규정을 적용함에 있어서, 그 "약품"에 수의약과 농약도 포함되는가?

먼저, 본조 제5호는 그 출시에 행정심사 및 허가를 거쳐야 하는 모든 제품에 적용되는 것이 아니고, 오직 약품과 의료기계에만 적용된다. 「약품관리법」의 규정과 일치되도록 하기 위하여, 본조 제5호의 "약품"은 오직 인체에 사용되는 약품으로만 해석되어야 한다.

다음으로, 본조 제5호 규정을 추가한 주요 목적은 공공의 건강문제를 해결하기 위함이다. WTO 도하각료회의에서 2001년 11월 14일 통과된 「도하선언」 제1단락은 "공공의 건강문제가 많은 개발도상국과 최빈국가에 대해서, 특히 에이즈·결핵·말라리아 및 기타 전염병이 돌고 있는 국가들에 대해서 중대한 영향을 주고 있다는 것을 인식한다."고 지적하였다. 그 전문의 내용을 종합해보면, 소위 공공의 건강문제는 인류의 건강문제를 가리킨다.

위의 분석에 기초하여 필자는 본조 제5호의 "약품"은 인체에 사용되는 약품으로 해석하는 것이 타당하다고 본다.

의료기계에 관해서는, 「의료기계관리감독조례」 제3조에 명확히 정의되어 있고, 그 범위 또한 인체에 사용되는 의료기계로 명확히 한정되었으므로, 본조 제5호의 "의료기계"의 의미를 확정할 때에 이 조례의 규정을 적용하여야 한다.

이어서 인체에 사용되는 약품에 있어서, 특허권 침해로 보지 않는 행위가 어떤 특허권에 관계된 것인가 하는 문제에 대해서 답해야 한다. 본조 제5호는 "특허약품"이라는 어휘를 사용하는 데, 이것이 오직 최종적으로 사람에 의해서 복용·사용될 수 있는 약품 자체에 대해서 받은 특허권에 대해서만 침해책임이 면제될 수 있다는 것을 나타내는가?

2008년 개정 「특허법」은 「도하선언」과 TRIPs 개정을 위한 의정서를 구체화하기 위하여 이 밖에 제50조, 즉 "공공의 건강목적을 위하여, 특허권을 취득한 약품에 대하여, 국무원 특허행정부문은 제조하여 이를 중국이 가입한 관련 국제조약의 규정에 부합하는 국가 또는 지역에 수출하는 강제허가를 할 수 있다."라는 규정을 추가하였다. 2010년 개정된 「특허법실시세칙」 제73조 제2항은 아래와 같이 규정하고 있다.

> 특허법 제50조의 특허권을 취득한 약품은, 공공의 건강문제를 해결하는 데 필요한 의약 분야의 모든 특허제품 또는 특허방법에 의하여 직접적으로 획득한 제품을 가리키며, 특허권을 취득한 그 제품의 제조에 필요한 활성성분 및 그 제품을 사용하는 데 필요한 진단용품이 포함된다.

「특허법」에 본조 제5호 규정을 신설한 것과 이 법 중에 제50조 규정을 신설한 것은 그 입법목적이 동일한데, 모두 공공의 건강을 보다 더 잘 보호하기 위함이다. 법률에서 특별히 지적하여 밝힌 경우를 제외하고, 한 법률 중에 사용된 동일한 어휘는 가급적 동일한 의미가 있는 것으로 보아야 하며, 이것이 법률해석의 일반원칙이다. 이 때문에 본조 제5호의 "특허약품"은 동일하게 해석되어야 한다.

이와 같이 해석하여야 하는 이유는, 동일한 약품에 대해서 출원하여 받을 수 있는 특허권의 유형이 매우 많아서, 그 제품 자체에 대해서도 특허권을 받을 수 있을 뿐만 아니라, 그 약품의 제제방법, 그 약품의 활성성분, 그 약품 활성성분의 제제방법 등도 특허권을 받을 수 있기 때문이다. 만약 "특허권 침해로 보지 아니하는"에서의 특허권을 오직 약품 자체에 대한 특허권만 가리키는 것으로 한정하고, 위에서 설명한 기타 유형의 특허권은 포함되지 않는다고 한다면, 본조 제5호의 규정은 유명무실하게 되어 이 규정을 신설한 입법목적을 실현할 방법이 없게 되는데, 이러한 기타 유형의 특허권의 존재는 복제약의 연구 및 실험을 하는 자가 특허권 존속기간 내에 행정심사 및 허가에 필요한 정보를 얻는 데 마찬가지로 장애가 되기 때문이다.

본조 제5호의 "특허의료기계"에 대해서도 기본적으로 동일하게 이해하여, 즉 "특허권 침해로 보지 아니하는"에서의 특허권은 의료기계 자체에 대한 특허권을 포함할 뿐만 아니라 그 의료기계를 사용하는 방법, 그 의료기계에 전용되는 부품에 대한 특허권도 포함하는 것으로 이해하여야 한다.

(2) 허용되는 행위

허용되는 행위에 대하여, 본조 제5호는 두 가지 경우로 나누어서 각각 규정하였는데, 하나는 복제약품의 연구 및 시험자 자신이 행정심사 및 허가에 필요한 정보를 얻기 위해서 진행하는 행위이고, 다른 하나는 연구 및 시험자가 행정심사 및 허가에 필요한 정보를 얻도록 하기 위하여 타인이 진행하는 행위이다.

전자에는 특허약품 또는 특허의료기계를 제조·사용·수입하는 행위가 포함된다. 그중에서 제조·수입행위는 연구 및 시험자가 관련 특허제품 또는 특허의료기계를 취득할 수 있게 하기 위한 것이어야 하는데, 취득할 수 없으면 연구 및 시험은 진행조차 할 수 없으므로 제조·수입행위가 허용되어야 한다. 만약 특허약품 또는 특허의료기계의 취득만을 허용하고 사용은 불허한다면, 마찬가지로 연구 및 시험 활동을 진행할 수가 없으므로, 사용행위도 허용되어야 한다. 주의하여야 할 점은, 연구 및 시험자는 특허권의 존속기간 내에 그 취득한 특허약품 또는 특허의료기계를 판매청약·판매할 수 없다는 점이며, 예를 들어 그 복제하려고 하는 특허약품 또는 특허의료기계를 박람회에서 전시하거나 보여 주는 등의 행위를 할 수 없는데, 이러한 행위는 연구 및 시험자가 행정심사 및 허가에 필요한 정보를 얻는 것과 무관하기 때문이다.

후자에는 특허약품 또는 특허의료기계를 제조·수입하는 행위가 포함되는데, 명확히 하여야 할 점은 제조·수입의 목적이 오직 연구 및 시험을 하는 자를 위해서 제공하는 것으로만 한정되고 자신이 생산경영의 목적으로 사용한다거나 연구 및 시험을 하는 자 이외의 기타 단위 또는 개인에게 판매청약 또는 판매하는 것일 수는 없다는 점이다. 비록 본조 제5호가 제조·수입의 두 가지 행위만을 언급하였지만, 그중에는 "특별히 이를 위하여"라는 표현이 있으며, 이것은 허용되기는 하지만 반드시 그 제조·수입하는 특허약품 또는 특허의료기계가 연구 및 시험자에게 제공되어야 함을 나타내며, 따라서 실제로는 "제공" 행위가 허용된다는 의미가 포함되어 있다. 반드시 무료로 제공하는 것이어야 하는가? 필자는 시장경제체제 하에서 이처럼 엄격한 제한을 가할 필요는 없다고 본다. 타인이 연구 및 시험자만을 위하여 특허약품 또는 특허의료기계를 제조·수입하는 것을 허용하도록 규정한 것은, 연구 및 시험자는 일반적으로 제조·수입할 능력이 없기 때문인데, 만약 타인이 연구 및 시험자에게 그 제조·수입한 특허약품 또는 특허의료기계를 무료로만 제공할 수 있다고 규정한다면, 실제로는 제조·수입능력이 없는 연구 및 시험자가 필요로 하는 특허약품 또는 의료기계를 취득할 수 있는 가능성을 상당부분 단절할 수 있다.

강조해서 지적할 필요가 있는 점은, 위의 어떠한 경우인지를 불문하고, 행정심사 및 허가에 필요한 정보를 제공하기 위한 행위만 허용될 수 있다는 점이다. "정보"의 의미와 범위에는 「약품관리법」, 「약품관리법실시조례」, 「약품등록관리방법」의 규정이 적용되어야 한다. 이를 제외한 특허권 존속기간 내에 진행하는 행위자의 모든 기타 제조·사용·판매청약·판매 및 수입행위는 모두 특허권 침해행위에 해당한다.

본조 제5호는 "행정적 심사 및 허가에 필요한 정보"라고 규정하는데, 그중 "행정적 심사 및 허가"에는 중국 약품행정관리부문이 진행하는 심사 및 허가만을 가리키는가, 아니면 다른 국가의 약품행정관리부문이 진행하는 심사 및 허가도 포함되는가? 이에 대해서 본조 규정 자체로는 답을 하기가 쉽지 않다. 캐나다특허법에는 외국의 행정심사 및 허가도 포함된다고 명확히 규정되어 있으며, WTO의 분쟁해결절차를 거치면서 TRIPs 규정을 위반하는 것도 아님이 인정되었으므로, 본조 제5호의 규정을 외국의 약품관리부분이 진행하는 행정심사 및 절차도 포괄하는 것으로 해석하여도 부적절한 것은 아니다. 중국 제약회사의 해외진출을 장려하고 지지하는 측면에서도, 이렇게 해석하는 것이 중국에 보다 이익이 된다.

본조 제5호는 규정된 행위가 특허권 존속기간의 어느 단계에서 비로소 허용되는가에 대해서는 한정하지 않았는데, 이것은 존속기간의 어느 때라도 모두 진행할 수 있으며 존속기간의 만료일에 가까운 시점에만 비로소 허용되는 것은 아님을 나타낸다.

(3) 본조 제5호 규정과 제4호 규정의 차이

앞에서 설명한 바 있지만, 본조 제4호 규정과 본조 제5호 규정은 유사한 성질이 있어서, 양자는 모두 연구·실험 또는 시험행위의 특허권 침해책임을 면제하는 데 사용된다. 그러나 양자는 차이도 있는데, 주로 다음과 같은 점에서 구체화된다.

첫째, 전자는 모든 과학기술 분야에 광범위하게 적용되는 데 대하여, 후자는 오직 그중 특정한 영역, 즉 약품 및 의료기계분야에만 적용되어 그 적용범위가 훨씬 좁다.

둘째, 앞에서 설명한 바와 같이 전자는 특허권을 받은 발명창조 자체에 대한 연구 및 실험하는 행위에 대해서 적용되는 것으로서, 연구 및 실험의 목적은 특허권의 청구항으로 보호받고자 하는 기술방안의 실행가능성 판단, 그 기술방안의 최적 실시례 확정, 그 기술방안의 개량방안 모색 등이다. 후자는 주로 이미 출시허가를 받은 특허약품 또는 특허의료기계에 대하여 연구 및 시험을 하는 행위에 적용되는 것으로서, 복제하려고 하는 자가 원래 동일한 약품 또는 의료기계를 제조하고 싶어 한다고 하더라도, 국가가 약품·의료기계의 시장출시에 대해서 엄격한 관리감독제도를 운영하고 있으므로, 설령 복제라고 하더라도 약품 및 의료기계관리감독부문에 충분한 정보를 제공하여야 허가를 받을 수 있으며, 이 때문에 그 연구 및 시험의 목적은 행정적 심사 및 허가에 필요한 정보를 제공하는 데 있다.

위와 같은 차이 때문에, 특허약품 또는 특허의료기계를 복제하려고 하는 자가 행정적 심사 및 허가에 필요한 정보를 제공하기 위하여 특허권의 존속기간 내에 진행하는 연구 및 시험 행위는 본조 제4호에 규정된 연구 및 실험행위로 인정되기가 어렵다. 바로 이와 같은 이유 때문에, 본조에 제5호 규정을 마련할 필요가 있었다.

따라서 약품 및 의료기계 분야에서는 특허권이 없는 회사 또는 기업이라도 본조가 규정하는 특허권 침해로 보지 않는 두 가지 예외를 향유할 수 있는데, 만약 그 진행한 연구 및 실험이 타인이 특허권을 받은 약품 또는 의료기계를 검증·개량하고자 한 것이라면 본조 제4호의 예외에 해당할 수 있고, 만약 그 진행한 연구 및 시험이 복제약품 또는 복제의료기계의 행정심사 및 허가에 필요한 정보를 얻기 위한 것이라면 본조 제5호의 예외에 해당할 수 있는데, 양자는 모두 국가와 민중의 이익에 부합하는 것이다.

제70조 손해배상책임의 면제

특허권자의 허가 없이 제조 및 매도된 특허권 침해제품임을 알지 못하고 생산경영의 목적으로 사용·판매청약 또는 판매하였지만 그 제품의 합법적 출처를 증명할 수 있는 경우, 배상책임을 부담하지 아니한다.

一. 조문 연혁

1984년 제정 「특허법」 및 1992년 개정 「특허법」 제62조 제2호는 모두 아래와 같이 규정하였다.

특허권자의 허가 없이 제조 및 매도된 특허제품임을 알지 못하고 사용 또는 판매한 경우, 특허권 침해로 보지 아니한다.

위와 같이 규정한 이유에 관하여, 이를 선의의 제3자를 보호하기 위한 규정으로 해석하여 "소위 선의라는 것은 어떤 제품이 특허제품임을 알지 못하고 또한 그 제품이 특허권자가 또는 특허권자의 허가를 받아 제조한 후 판매된 것이 아니라는 것을 알지 못한 것이다. 특허제도를 장기간 시행해 온 국가들도 선의의 제3자를 보호하는 규정이 있다. 「특허법」의 시행기간이 아직은 짧아서 많은 사람들이 특허에 대해서 제대로 알고 있지 못하므로, 선의의 제3자를 보호하는 것이 필요하다."[1]고 여긴 학자도 있다.

그러나 이 규정에 대해서 반대한 사람들도 있었는데, 선의의 제3자를 적절히 보호하기 위한 조치는 필요한 것이고 중국의 실제적 상황의 수요에도 부합하지만, 만약 이러한 행위를 특허권 침해로 보지 않는다고 법률로 규정하게 되면, 특허권자의 합법적 이익을 보호하는 데 이롭지 않으며, 특허제품을 위법하게 제조하는 자에게 틈탈 수 있는 기회를 주어 이 규정을 이용해서 그 특허권자의 허가 없이 제조한 침해제품의 판매에 합법적인 경로를 확보할 수 있게 할 수 있다고 보았다.

2000년 「특허법」 개정 시에 위의 의견을 받아들였으며, 개정 전 제62조 제2호를 제63조 제2항으로 고쳐서 아래와 같이 규정하였다.

---

1) 汤宗舜, 专利法解说[M], 北京: 专利文献出版社, 1994: 279.

특허권자의 허가 없이 제조 및 매도된 특허제품 또는 특허방법에 의하여 직접적으로 획득한 제품임을 알지 못하고 생산경영의 목적으로 사용 또는 판매하였지만 그 제품의 합법적 출처를 증명할 수 있는 경우, 배상책임을 부담하지 아니한다.

개정된 부분은 다음과 같다.

첫째, 특허방법에 의하여 직접적으로 획득한 제품에 관한 내용을 보충하였다. 1992년「특허법」을 개정할 때에 제품제조방법 특허권에 대한 확대보호 규정을 제11조에 신설하여, 제품제조방법 특허권이 특허방법의 사용뿐만 아니라 특허방법에 의하여 직접적으로 획득한 제품의 판매·사용 또는 수입까지 보호받을 수 있도록 하였다. 그러나 1992년「특허법」개정 시에 제11조 규정을 개정하였으면서도, 원래의 제62조 제2항 규정은 상응하게 개정하지 않음으로써 이 규정에는 여전히 "특허제품"만 포함되어 있었다. 2000년 개정「특허법」제63조 제2항은 특허방법에 의하여 직접적으로 획득한 제품에 관한 내용을 보충함으로써, 이 조문과 제11조 규정이 서로 조화되도록 하였다.

둘째, 이 조문의 적용요건을 엄격하게 규정하였다. 개정 전 규정에 따르면, 특허권 침해분쟁 사건에서 판매자 또는 사용자가 알지 못하였음을 이유로 항변하는 때에, 만약 판매자 또는 사용자가 실제로는 그 판매 또는 사용한 제품이 특허권자의 허가 없이 제조된 침해제품이라는 것을 알고 있었음을 특허권자가 증명하지 못한다면, 특허권자는 판매자 또는 사용자의 침해책임을 추궁할 수 없으므로 어떠한 법률적 구제도 받을 수 없었다. 일반적으로 말해서, 제품을 판매 또는 사용하는 행위는 비교적 쉽게 발견할 수 있지만, 제품을 제조하는 행위는 발견하기가 상대적으로 어렵다. 과거에 침해제품의 제조자는 특허권 침해에 대한 민사책임을 회피하기 위해서 종종 이 조문의 규정을 이용하여 자신은 숨어서 침해제품을 제조하고 나서 그 제조해 낸 침해제품을 판매 또는 사용할 타인을 찾아냈다. 특허권자가 그 권리를 주장할 때에 판매자 또는 사용자는 "부지"를 이유로 그 침해책임을 벗어날 수 있으므로 특허권자는 보통 이러지도 저러지도 못하는 처지에 있었는데, 침해책임을 부담하여야 하는 제조자는 찾아내기가 어려웠고 찾아낼 수 있는 판매자 또는 사용자에 대해서는 그 침해책임을 추궁할 방법이 없었다. 개정 후 조문에 의하면, 판매자 또는 사용자는 단지 "부지"라는 이유만으로는 그 배상책임을 면제받기에 부족하고, 이 밖에 그 판매 또는 사용한 제품의 합법적 출처를 반드시 증명하여야 한다. 만약 판매자·사용자가 숨어 있는 제조자와 서로 공모한 것이어서 그 판매·사용한 제품의 합법적 출처를 증명할 수 없다면, 그 특허권자의 손해를 배상하여야 하는 책임이 면제될 수 없다. 이와 반대로, 판매자·사용자가 위법적인 제조자와 공모한 것이 아니라면, 그 제공한 출처정보는 특허권자가 실마리를 좇아 진상을 밝혀 침해제품을 제조한 출처를 찾아내는 데 도움이 된다. 사실상 판매자·사용자는 일반적으로 분산되어 있으므로 특허권자가 그들의 침해책임을 하나씩 추궁하는 것은 매우 어려우며, 침해제품의 제조자가 바로 침해행위의 근원이므로 침해제품의 생산을 근절시켜야만 비로소 특허권자로 하여금 충분히 효과적인 보호를 받을 수 있게 할 수 있다.

셋째, 면책의 범위를 축소시켰다. 개정 후 조문에 의하면, 설령 이 규정의 요건을 만족시킨다고 하더라도, 판매자 및 사용자의 행위는 여전히 특허권 침해행위에 해당하며, 책임이 면제되는 것은 오직 그 배상책임 뿐이고, 특허권자는 판매자 및 사용자에게 손해배상책임 이외의 기타 민사권리 침해에 대한 책임을 부담하도록 요구할 수 있으며, 그중에서 가장 중요한 것은 판매·사용행위의 중지이다.

종합하면, 종전의 특허권 침해로 보지 않았던 규정에 비하여, 2000년 개정「특허법」제63조 제2항 규정이 훨씬 합리적이다.

2008년「특허법」개정 시에, 개정 전 제63조 제2항을 다시 개정하였는데, 개정한 점은 다음과 같다.

첫째, 개정 전 제63조의 조문번호를 제69조로 고쳤으며, 동시에 그 제2항을 분리하여 개정 후 제70조에 단독으로 규정하였다. 이것은 원래의 제63조 제1항이 규정한 것은 특허권 침해로 보지 않는 네 가지 행위, 즉 행위자가 특허권 침해에 대한 민사책임 전부를 부담할 필요가 없는 행위이었던 데 대하여, 제2항이 규정한 것은 특허권 침해에 해당함에는 변함이 없지만, 규정된 요건에 부합하는 경우에는 그 행위자의 특허권 침해에 대한 민사적 책임의 일부가 면제될 수 있다는 것이었다. 기왕에 두 항 규정의 성질이 다르다면, 이들을 분리하여 두 개 조로 하는 것이 보다 합리적이다.

둘째, 개정 전 제63조 제2항에는 한 가지 문제가 있었는데, 즉 2000년「특허법」개정 시에 TRIPs 규정에 따라서「특허법」제11조에 판매청약행위에 관한 규정을 신설하였는데, 2000년 개정「특허법」제63조 제2항 규정에도 판매청약행위를 추가하였어야 했음에도 불구하고 추가하지 않음으로써, 이 항이 규정하는 요건에 부합하는 실제 판매행위는 손해배상책임이 면제될 수 있지만 실제 판매행위 전에 발생하는 판매청약행위는 오히려 손해배상이라는 침해책임이 면제될 수 없는 결과가 되었으므로, 이는 분명히 불합리한 것이었다. 개정 후의 본조는 판매청약행위을 포함시켜 보충하였다.

二. 본조 규정의 의미

본조 규정을 이해할 때에는 다음의 몇 가지 점에 주의하여야 한다.

첫째, 본조 규정을 적용할 수 있는 행위는 생산경영의 목적으로 특허제품 또는 특허방법에 의하여 직접적으로 획득한 제품을 판매청약·판매·사용하는 행위에만 한정되며, 관련 제품을 제조 또는 수입하는 행위는 포함되지 않고, 또한 제품제조방법을 사용하는 행위도 포함되지 않는다. 이것은 특허제품의 제조자·수입자 그리고 제품제조방법의 사용자는 그 제조·수입한 제품이 타인이 특허권을 받은 제품임을 알지 못하였음을 이유로 하여 또는 제품제조방법의 사용자가 그 사용한 제품제조방법이 타인이 특허권을 받은 방법임을 알지 못하였음을 이유로 하여 그 배상책임의 면제를 청구할 수 없음을 나타낸다.

둘째, 행위자의 주관적 과실에 관하여, 본조에서는 "알지 못하고"라는 표현을 사용하였다는 점이다. 이는 실제로는 알고 있었다는 것의 반의어로 이해되어야 하며, 여기에는 알 수 없었던 것과 알 수 있었지만 실제로는 알지 못했던 두 가지 경우가 포함된다. 침해행위법의 기본원칙에 의하면, 만약 그 행위가 타인의 권리를 침해하는 것임을 행위자가 분명히 알고 있었으면서도 그 행위를 하였다면 고의적인 침해행위에 해당하며, 의심할 바 없이 침해책임을 부담하여야 한다. 만약 그 행위가 타인의 권리를 침해하는 것임을 행위자가 알 수 있었음에도 부주의하여 알지 못하였다면 과실에 의한 침해에 해당하며, 침해책임을 부담하여야 한다. 특허권은 국가가 수여하는 권리로서, 수여되는 모든 특허는 국가지식산권국이 출판하는 특허공보로 공개되어, 공중은 누구라도 찾아볼 수 있다. 이론적으로 말하면, 모든 관련 제품의 판매청약자·판매자·사용자는 사전에 적절한 주의력을 기울여서 그 판매청약·판매·사용하는 제품이 특허권자의 허가 없이 제조된 침해제품인지를 검토해 보아야 하고, 그렇게 하지 않으면 "과실"이 있게 된다. 예를 들어, 2001년 개정 전「상표법」은 "등록상표를 모조한 상품이라는 것을 분명히 알았으면서도 판매"하는 것은 등록상표의 전용사용권 침해행위를 구성한다고 규정하였지만, 2001년 개정「상표법」은 이 규정을 "등록상표의 전용사용권을 침해한 상품을 판매"하는 것은 등록상표의 전용사용권 침해를 구성한다고 규정하였다. 이것은 상표분야에서 판매자가 설령 그 판매한 상품이 등록상표의 전용사용권을 침해한 상품임을 알지 못하였다고 하더라도 침해책임을 부담하여야 함을 나타낸다. 무엇 때문에「특허법」은 이러한 방식을 따르지 않았는가? 이것은 특허권과 등록상표 전용사용권의 성질이 약간 다르기 때문이다. 특허권을 받은 제품은 제품 전체일 수도 있지만, 제품의 일부 부속품·전자회로 등 내부구조일 수도 있어서, 관련 제품의 판매청약자·판매자·사용자는 그 제품의 내부구조를 근본적으로 알 수 없을 수 있으며, 그들이 타인의 특허권을 침해하였는지 여부는 훨씬 더 알 길이 없다. 만약 임의의 침해제품을 판매청약·판매·사용하는 자가 위에서 설명한 것과 같은 의미에서의 "과실"이 있기만 하면 손해배상책임을 부담하여야 한다고 본다면, 판매청약자·판매자·사용자는 반드시 사전에 그 판매청약·판매·사용하는 제품 및 그 모든 부속품이 타인의 특허권을 침해하는 것인지를 일일이 조사하여야 하는데, 이것은 판매청약자·판매자·사용자에게 너무 과중한 부담을 주는 것이어서 합리적이지 않다. 대형상점 또는 쇼핑센터에 있어서는 더욱 이와 같은데, 그 판매하는 제품이 수천수만 가지이어서 경영자로 하여금 판매청약 또는 판매하기 전에 모든 제품에 대해서 일일이 모두 철저히 검사하도록 요구하는 것은 근본적으로 실행할 수 없다. 따라서 특허법 의미에서는, 특허제품을 제조하는 경우와 같이 행위자에게 과실이 없다고 하더라도 특허권 침해에 대한 민사책임을 부담하도록 요구할 수 있는 경우가 있는가 하면, 본조가 규정하는 판매청약·판매·사용행위와 같이 행위자에게 과실이 있다고 하더라도 침해에 대한 책임 전부를 부담하여야 하는 것은 아닌 경우도 있다. 양자는 모두 특허보호의 구체적 특징을 반영한 것으로서 법률의 기본원칙을 적절하게 변통한 것이며, 그 목적은 모두 실사구시의 태도에 입각해서 특허제도를 보다 합리적으로 만들기 위함에 있다.

셋째, 특허권자의 허가 없이 특허제품을 판매청약·판매·사용하는 행위는 특허권 침해에 해당함에는 변함이 없으며, 설령 본조 규정을 적용할 수 있는 경우라고 하더라도 행위자는 특허권자에 대한 손해배상이라는 민사책임만 면제될 수 있다. 바꿔 말하면, 행위자는 손해배상 이외의 기타 민사책임은 부담하여야 하는데, 바로 그 침해제품의 판매청약·판매·사용행위를 즉시 중지하는 것이다. 주의하여야 할 점은, 원래는 행위자가 알지 못하였다고 하더라도 특허권자가 고지(예를 들어 경고장 발송)한 후에는 더 이상 알지 못한 것이 아니라는 점이다. 특허권자가 고지한 후에도 여전히 계속해서 침해제품을 판매청약·판매·사용하는 경우에, 행위자는 손해배상이라는 민사책임을 부담하여야 한다.

넷째, 본조에는 증명책임에 대한 규정을 내포하고 있다. 침해제품을 판매청약·판매 또는 사용하여 발생한 침해분쟁에서, 원고 즉 특허권자는 먼저 대상 제품이 특허제품이거나 또는 특허방법에 의하여 직접적으로 획득한 제품임을 증명하여야 하고, 또한 그 제품이 허가 없이 제조되어 매도된 것임을 증명하여야 한다. 만약 증명이 이루어져 법원 또는 특허업무관리부문이 이를 판단근거로 받아들인다면, 피고 즉, 판매청약자·판매자 또는 사용자는 침해행위를 중지하고 손해를 배상하는 특허권 침해책임을 부담하여야 한다. 이때에 만약 피고가 손해배상의 민사책임을 면제받고 싶다면, 판매청약·판매 또는 사용한 제품이 특허권자의 허가 없이 제조되어 매도된 것임을 알지 못하였음을 증명하여야 하고, 또한 그 제품의 합법적인 출처를 증명하여야 한다. 그중에서, 알지 못하였음을 증명하는 것은 보통 일종의 단언일 수밖에 없으며, 통상적으로는 원고가 반증을 들어 피고가 실제로는 알고 있었음을 증명함으로써 그 단언을 부정할 수 있다. 합법적 출처를 증명함에 있어서는 반드시 피고가 정식의 구매계약서·영수증 등 증거를 제시하는 등과 같이 구체적인 증거를 제출하여, 그 제품이 합법적으로 취득된 것임을 증명하여야 한다. 주의하여야 할 점은, 그 제품이 합법적 출처가 있음을 증명하는 것은 행위자가 그 제품이 특허권자의 허가 없이 제조된 것임을 알지 못하였다는 것을 증명하는 것과 같지 않으며, 이 두 요건은 서로 독립적이므로 이들을 하나로 취급해서는 안 된다는 점이다. 다른 한편으로 "합법적 출처"는 판매청약·판매 또는 사용한 제품이 정당하고 합법적인 상업적 경로를 통해 취득한 것임을 가리키는 것으로, "합법적"이라는 어휘에는 그 특허제품의 제조·수입이 반드시 합법적이라는 의미를 담고 있는 것은 아니다. 본조의 적용대상은 특허권자의 허가 없이 제조·수입한 특허제품 또는 특허방법에 의해서 직접적으로 획득한 제품이며 그 제조·수입행위는 「특허법」 규정을 위반한 행위이므로, 따라서 그 제품 자체는 "위법한 제품"이다.

제71조 외국에의 특허출원으로 인한 국가기밀 누설의 법적 책임

이 법 제20조 규정을 위반해서 외국에 특허출원을 하여 국가기밀을 누설한 경우, 소속 단위 또는 상급주관기관이 처분한다. 범죄를 구성하는 경우, 법에 의해 형사책임을 추궁한다.

본조 규정은 1984년 제정 「특허법」에서부터 이미 있었으며, 1992년, 2000년 및 2008년 세 차례 「특허법」 개정 시에 모두 그 규정을 실질적으로 고치지 않았다. 유일한 변화는 2000년 「특허법」 개정 시에 이 조문 중의 "결과가 엄중한 경우, 법에 의해 형사책임을 추궁한다."를 "범죄를 구성하는 경우, 법에 의해 형사책임을 추궁한다."로 고친 것뿐이었다.

「특허법」 제20조는 "① 어떠한 단위 또는 개인이라도 중국에서 완성한 발명 또는 실용신안을 외국에 특허출원하는 경우, 사전에 보고하여 국무원 특허행정부문의 비밀유지심사를 거쳐야 한다. 비밀유지심사의 절차·기한 등은 국무원의 규정에 따른다. ② 중국의 단위 또는 개인은 중화인민공화국이 가입한 유관 국제조약에 근거하여 국제특허출원을 할 수 있다. 출원인이 국제특허출원을 하는 경우, 전항의 규정을 준수하여야 한다."고 규정하고 있다. 이 조문 중의 "국무원의 규정에 따른다."는 것을 구체화하기 위하여, 2010년 개정 「특허법실시세칙」 제8조와 제9조는 외국에 출원하는 특허의 비밀유지심사 절차와 기한을 상세하게 규정하였다. 이 분야의 구체적인 내용에 관해서는, 본서의 「특허법」 제20조에 대한 설명을 참조하기 바란다.

외국에 특허출원하는 단위는 일반적으로 기업·과학연구단위 또는 고등교육기관을 가리킨다. "소속 단위 또는 상급 주관기관이 처분한다."고 한 것은 1984년 「특허법」 제정 시에 당시의 국가상황에 근거하여 제정된 것이다. 그때에 중국은 아직 계획경제시대에 머물러 있었고, 절대 다수의 기업·과학연구단위 및 고등교육기관은 모두 전국민소유제의 성질을 띠고 있어서 행정관리방식을 따랐으므로 상급주관기관이 있었다. 30년의 개혁개방을 거치면서 위의 상황은 이미 크게 변하였으므로, 이 규정은 주로 국유단위에 적용된다.

이 때문에, 국외에 특허를 출원하여 국가기밀을 누설한 경우의 법적 책임은 주로 범죄를 구성하는 경우에 추궁되는 법에 의한 형사책임이다. 「형법」 제398조는 아래와 같이 규정하고 있다.

① 국가기관의 직원이 국가의 비밀유지 규정을 위반하여 고의 또는 과실로 국가기밀을 누설한 경우, 경과가 엄중하면 3년 이하의 유기징역 또는 단기징역에 처하고, 경과가 특별히 엄중하면 3년 이상 7년 이하의 유기징역에 처한다.
② 비국가기관의 직원이 전항의 죄를 범한 경우, 전항의 규정을 참작하여 처벌한다.

본조 규정은 국가지식산권국 직원이 직무를 유기하여, 국가안전 또는 중대이익에 관계되어 비밀유지가 필요한 특허출원이지만 이에 대해서 필요한 비밀유지조치를 취하지 않음으로써 국가기밀이 누설되게 한 행위에는 적용되지 않는다. 이러한 행위에 대해서는 「특허법」 제74조 규정에 따라 처분하여야 한다.

제72조 발명자 · 창작자의 권익침탈에 대한 법적 책임

발명자 또는 창작자의 비직무발명창조에 대한 특허출원권 및 이 법이 규정하는 기타 권익을 침탈하는 경우, 소속 단위 또는 상급 주관기관이 행정처분한다.

본조 규정은 1984년 제정「특허법」에서부터 이미 있었으며, 1992년, 2000년 및 2008년 세 차례「특허법」개정 시에 모두 그 규정에 대해서 어떠한 개정도 하지 않았다.

발명자 또는 창작자는 모든 발명창조 생산의 원천이며, 이 때문에 발명자 · 창작자의 합법적 권익을 보호하는 것은「특허법」제1조가 확정한 발명창조의 장려라는 입법취지를 실현하기 위한 필요적 조치이다.

"침탈"이라는 어휘의 의미에 관하여,「현대중국어사전」은 "힘으로 (타인의 재산을) 빼앗다."로 해석하고 있다.[1] 이 때문에 본조의 발명자 또는 창작자의 합법적 권익을 침탈하는 행위는 불평등한 주체 사이에 발생하는 행위이어야 한다.

본조의 발명자 또는 창작자의 권익은,「특허법」이 명확히 규정한 권익을 가리키는 것으로서 주로 세 가지가 포함되는데, 첫째는「특허법」제6조가 규정하는 비직무발명창조의 경우 특허출원의 권리는 발명자 또는 창작자에게 속하고 출원이 등록된 후에 그 발명자 또는 창작자가 특허권자가 된다는 것, 그리고「특허법」제7조가 규정하는 발명자 또는 창작자의 비직무발명 특허출원을 어떠한 단위 또는 개인도 억제할 수 없다는 것이고, 둘째는「특허법」제17조가 규정하는 발명자 또는 창작자는 특허문서에 자기가 발명자 또는 창작자임을 기재할 수 있는 권리가 있다는 것이며, 셋째는「특허법」제16조가 규정하는 특허권을 받은 단위는 직무발명창조의 발명자 또는 창작자에게 장려금을 지급하여야 하고, 발명창조가 실시된 후에는 그 확산응용의 범위와 획득한 경제적 이익에 따라 발명자 또는 창작자에게 합리적인 보상금을 지급하여야 한다는 것이다.

따라서, 본조의 침탈행위에는 다음과 같은 것들이 포함된다.

(1) 발명창조가 비직무발명창조인 경우, 발명자 또는 창작자의 소속 단위가 발명자 · 창작자와 협의 없이 그것을 직무발명창조로 하고 단위를 출원인으로 하여 특허출원하거나, 또는 단위 자신이 특허출원하지도 않고 또한 발명자 또는 창작자가 특허

---

1) 中国社会科学院语言研究所词典编辑室, 现代汉语词典[M], 5版, 北京:商务印书馆, 2006: 1104.

를 출원하는 것도 불허하는 행위

(2) 발명창조가 직무발명창조인 경우, 단위가 특허를 출원할 때에 그 발명창조의 발명자 또는 창작자를 사실대로 기재하지 않는 행위

(3) 발명창조가 직무발명창조인 경우, 단위가 특허권을 받은 후에 발명자 또는 창작자에게 장려금 및 보상금을 지급하지 않는 행위

본조는 위와 같은 행위에 대해서 두 가지 처분조치를 규정하였는데, 하나는 소속 단위가 행정처분하는 것이고, 다른 하나는 상급주관부문이 행정처분하는 것이다. 앞에서 설명한 바와 같이, 발명자 또는 창작자의 합법적 권익을 침탈하는 것은 일반적으로 그 소속 단위이므로 소속 단위가 처분을 내리는 것은 실제로 어려우며, 그리고 소위 "상급주관부문"은 보편적으로는 이미 존재하지 않는다. 이 규정이 1984년 「특허법」 제정 당시의 국가상황에 근거하여 제정된 것이고, 시간이 흐름에 따라 상황도 변했으므로, 현재에는 현실적인 의미라고 할 만한 것이 없다. 현재에는 발명자 또는 창작자의 합법적 권익이 침탈되어 분쟁이 발생하는 경우, 「특허법실시세칙」 제85조에 의하여 특허업무관리부문에 조정을 청구할 수도 있으며 직접 인민법원에 소송을 제기할 수도 있다.

제73조 특허업무관리부문의 경영활동 종사 금지

① 특허업무관리부문은 사회에 특허제품을 추천하는 등의 경영활동에 참여할 수 없다.
② 특허업무관리부문이 전항의 규정을 위반하는 경우, 그 상급기관 또는 감찰기관이 시정 및 영향제거를 명령하고, 위법한 수입이 있으면 몰수한다. 경과가 엄중한 경우, 직접적 책임이 있는 주관자와 기타 직접적 책임이 있는 자에 대해서 행정처분을 한다.

본조는 2000년 「특허법」 개정 시에 신설된 것으로서, 특허업무관리부문이 특허제품 등의 경영활동에 참여하는 것을 명확히 금지하고, 또한 특허업무관리부문의 경영활동 참여에 대한 법적 책임을 구체적으로 규정하였다.

본조의 "특허업무관리부문"은 각급 인민정부에 설치된, 본 행정구역 내의 특허업무에 대한 관리책임이 있는 행정기관을 가리키며, "사회에 특허제품을 추천"하는 것은 특허업무관리부문이 정부행정기관에 대한 공중의 신뢰를 이용하여 사회에 특허제품을 소개·추천하고 공중으로 하여금 특허제품의 구매 또는 특허방법의 사용을 장려하는 것을 가리키고, "경영활동에 참여"하는 것은 경제적 이익을 얻을 목적으로 특허를 실시응용하는 활동에 참여하는 것을 가리킨다.

「특허법」 제3조는 "국무원 특허행정부문은 전국의 특허업무 관리를 책임진다."고 규정하고 있다. 특허업무관리부문은 법에 의해 규정된 직능의 범위 내에서 직권을 행사하고 직능을 이행하여야 한다. 특허업무관리부문이 사회에 특허제품을 추천하는 등의 경영활동에 참여하게 되면 정상적인 사회경제질서를 방해하고 정부의 위신에 손해를 입히므로 상응하는 법적 책임을 부담하여야 하는데, 여기에는 상급기관 또는 감찰기관이 시정 및 영향제거를 명령하고 위법소득을 몰수하는 것과 경과가 엄중한 경우에는 직접적 책임이 있는 주관자와 기타 직접적인 책임이 있는 자에 대하여 법에 따라 행정처분하는 것이 포함된다. 그중에서 경과가 엄중하다는 것은 위법행위로 큰 사회적 물의가 조성되는 것을 가리키는데, 위법소득 액수가 크거나 또는 추천제품의 품질에 문제가 있어서 공중에 비교적 큰 손실을 입힌 경우 등이 포함된다. 직접적 책임이 있는 주관자는 특허업무관리부문에서 특허제품 추천 등 경영활동의 참여를 결정한 자를 가리킨다. 기타 직접적인 책임이 있는 자는 특허업무관리부문에서 위의 결정을 집행하여 특허제품 추천 등 경영활동에 참여한 자를 가리킨다.

제74조 유관 국가기관 직원에 대한 요구 및 법적 책임

특허업무관리에 종사하는 국가기관의 직원 및 기타 유관 국가기관의 직원이 직무를 유기하고 직권을 남용하며 사리사욕을 추구하여 범죄를 구성하는 경우, 법에 의해 형사책임을 추궁한다. 범죄를 구성하지 아니하는 경우, 법에 의해 행정처분을 한다.

2006년 7월 공포된 「최고인민검찰원의 직무에 관한 범죄사건의 수사기준에 관한 규정」에 따르면, "국가기관의 직원"은 국가기관에서 공무에 종사하는 자로서, 각급 국가권력기관·행정기관·사법기관 및 군사기관에서 공무에 종사하는 자가 포함된다. 법률·법규의 규정에 따라 국가행정관리의 직권을 행사하는 조직에서 공무에 종사하는 자, 또는 국가기관의 위탁을 받아 국가를 대신하여 직권을 행사하는 조직에서 공무에 종사하는 자, 또는 국가기관의 인원편제에는 포함되지 않았지만 국가기관에서 공무에 종사하는 자가 국가기관을 대신하여 직권을 행사하는 때에는 국가기관의 직원이라고 본다.

특허관리업무에 종사하는 국가기관의 직원 및 기타 유관 국가기관의 직원은 주로 국가지식산권국과 각지 특허업무관리부문의 직원을 가리키고, 또한 법에 의해 특허와 관련된 공무를 관리하는 기타 유관 국가기관의 직원이 포함되는데, 예를 들면 「지식재산권 세관보호조례」의 관련 규정을 집행하는 국가기관의 직원, 「특허법」 제40조가 규정하는 국무원 유관 주관부문 및 성·자치구·직할시 등 인민정부의 유관 주관부문의 직원 등이 포함된다.

본조 규정에 따라서, 직무에 관한 범죄행위의 처분방식으로, 범죄를 구성하는 경우에는 법에 의해 형사책임을 추궁하고, 범죄까지는 아닌 경우에는 법에 의해 행정처분을 한다.

「형법」 제399조는 아래와 같이 규정하고 있다.

① 국가기관의 직원이 직권을 남용하거나 또는 직무를 유기하여 공공재산·국가 및 인민의 이익에 중대한 손실을 입힌 경우, 3년 이하의 유기징역 또는 단기징역에 처한다. 경과가 특별히 엄중한 경우 3년 이상 7년 이하의 유기징역에 처한다. 이 법에 다른 규정이 있는 경우 그 규정에 따른다.

② 국가기관의 직원이 사리사욕을 추구하여 전항의 죄를 범한 경우, 5년 이하의 유기징역 또는 단기징역에 처한다. 경과가 특별히 엄중한 경우 5년 이상 10년 이하의 유

기징역에 처한다. 이 법에 다른 규정이 있는 경우 그 규정에 따른다.

국무원이 2007년 4월 공포한 「행정기관공무원 처분조례」 제6조는 행정기관 공무원의 처분 종류로 경고・기과(记过)・기대과(记大过)[1]・강등・직위해제・해직을 규정하고 있다. 이 조례 제22조는 허위로 날조하고 관리자와 공중을 오도・기만하여 나쁜 결과를 불러온 경우 경고・기과(记过) 또는 기대과(记大过) 처분을 하고, 경과가 보다 중한 경우 강등 또는 직위해제 처분을 하며, 경과가 엄중한 경우 해직 처분을 한다고 규정하고 있다. 이 조례 제23조는 횡령, 뇌물요구, 뇌물수수, 뇌물중개, 공금횡령, 직무를 이용하여 자신 또는 타인이 이익을 도모, 거액재산의 출처불명 등 청렴기율을 위반한 행위에 대해서 기과(记过) 또는 기대과(记大过) 처분을 하고, 경과가 보다 중한 경우 강등 또는 직위해제 처분을 하며, 경과가 엄중한 경우 해직 처분을 한다고 규정하고 있다. 이 조례 제26조는 국가기밀・업무비밀을 누설하였거나 또는 직책이행으로 알게 된 영업비밀・개인사생활을 누설하여 나쁜 결과를 불러온 경우 경고・기과(记过) 또는 기대과(记大过) 처분을 하고, 경과가 보다 중한 경우 강등 또는 직위해제 처분을 하며, 경과가 엄중한 경우 해직 처분을 한다고 규정하고 있다. 이 조례 제27조는 영리활동에 종사 또는 참여하고, 기업 또는 기타 영리조직의 직무를 겸임하는 경우 기과(记过) 또는 기대과(记大过) 처분을 하고, 경과가 보다 중한 경우 강등 또는 직위해제 처분을 하며, 경과가 엄중한 경우 해직 처분을 한다고 규정하고 있다. 이 조례 제28조는 공무원의 직무도덕을 엄중하게 위반하여, 업무를 태만히 하고 업무태도가 바르지 못해서 나쁜 결과를 불러온 경우, 경고・기과(记过) 또는 기대과(记大过) 처분을 한다고 규정하고 있다.

본조의 직무를 소홀히 한 행위에 대해서는, 위의 조례 규정을 참조하여 직원 등에게 행정처분을 할 수 있다.

---

[1] 기과(记过)는 과오를 기록한다는 의미이고, 기대과(记大过)는 중대한 과오를 기록한다는 뜻이다. 처분에 따라 승진 및 호봉상승이 제한을 받는데, 기과는 12개월 동안 기대과는 18개월 동안 제한을 받는다(역자 주).

제8장

부 칙

제75조~제76조

서 언

본장은 「특허법」의 마지막 장으로서, 앞의 각 장에서 규정하기에는 적절하지 않지만 규정하는 것이 필요한 보충적 내용을 주로 규정하고 있다. 본장은 두 개의 조로 구성되어 있는데, 하나는 특허비용에 관한 규정이고, 다른 하나는 「특허법」의 시행일자에 관한 규정이다.

특허비용에는 특허권이 수여되기 전에 출원인이 특허출원을 할 때 그리고 특허권 수여를 위한 심사과정에서 납부하여야 하는 비용, 특허권이 수여된 후에 특허권자가 그 특허권을 유효하게 유지하기 위하여 납부하여야 하는 비용 그리고 당사자가 관련 절차를 개시하면서 납부하여야 하는 비용이 포함된다. 특허비용에 관해서 「특허법」에는 단지 매우 원칙적으로만 규정되어 있을 뿐이고, 비용의 구체적인 종류·납부방식·납부기간 등은 「특허법실시세칙」에 구체적으로 규정되어 있다.

시행일자는 중국의 모든 법률의 부칙 중에 반드시 포함되는 규정으로서, 당연히 「특허법」도 예외가 아니다.

제75조 특허비용

국무원 특허행정부문에 특허를 출원하고 기타 절차를 밟음에 있어서는 규정에 따라 비용을 납부하여야 한다.

「특허법」에서는 특별히 두 개 조가 특허비용 문제에 관계되는데, 하나는 제43조(특허권자는 특허권이 수여된 당해 연도부터 연차료를 납부하여야 한다.)이고, 다른 하나는 본조이다.

특허를 출원하고 기타 절차를 밟음에 있어서는 비용을 납부하여야 하며, 이것은 특허제도를 수립한 모든 국가가 보편적으로 취하고 있는 방식인데, 그 이유는 다음과 같다. 첫째, 국가지식산권국은 주로 출원인과 특허권자에게 서비스를 제공하기 위하여 설립된 기관으로서, 이 기관이 그 직무를 수행하기 위해서는 많은 비용이 소요되므로, 수익자 부담원칙에 따라서 이러한 비용은 국가지식산권국의 서비스를 받는 자, 즉 출원인과 특허권자가 부담하여야 하고 전체 납세자가 부담하게 할 수는 없기 때문이다. 둘째, 비용을 수취하는 것은 경제적 지렛대효과를 발휘할 수 있어, 출원인·특허권자 또는 기타의 자가 국가지식산권국에 특허출원을 하거나 또는 기타 청구를 하기 전에 국가지식산권국에 특허출원을 할 필요가 있는지 또는 기타 절차를 밟을 필요가 있는지를 신중하게 고려하게 하므로, 특허출원의 품질을 제고시킬 수 있을 뿐만 아니라 국가지식산권국의 업무량을 감소시킴으로써 업무효율도 높일 수 있다.

비용의 구체적인 종류에 관하여, 2001년 개정 「특허법실시세칙」 제90조는 아래와 같이 규정하였다.

① 국무원 특허행정부문에 특허출원을 하거나 또는 기타 절차를 밟을 때에 아래의 비용을 납부하여야 한다.
(1) 출원료, 출원추가료, 공개인쇄료
(2) 발명특허출원실체심사료, 복심료
(3) 특허등록료, 공고인쇄료, 출원유지료, 연차료
(4) 서지사항변경료, 우선권주장료, 권리회복청구료, 기간연장청구료, 실용신안특허검색보고료
(5) 무효선고청구료, 절차중지청구료, 강제허가청구료, 강제허가사용료의 재결청구료
② 전항에 열거한 각종 비용의 납부기준은, 국무원 가격관리부문이 국무원 특허행정

부문과 공동으로 제정한다.

2008년「특허법」개정 후「특허법실시세칙」에 대한 개정과정에서, 수많은 사람들이 위의 규정이 열거한 비용항목이 18개나 되어 너무 많고 복잡하며, 매 항목에 대하여 납부기간의 관리, 기간 내 미납부 시의 보완, 초과납부 시의 반환, 부족 시의 추가납부 등을 필요로 하므로, 출원인 및 특허권자의 부담과 위험이 가중될 뿐만 아니라 국가지식산권국의 업무부담도 가중된다고 보았고, 이 때문에 가급적 비용항목을 감소시킬 것을 건의하였다. 그중에서 가장 급진적인 견해는 오직 세 종류의 비용, 즉 출원료·실체심사료·연차료만 남기는 것으로 족하고, 기타 비용은 이 세 종류의 비용에 평균하여 할당하면 된다고 하였다.

국가지식산권국은 공중의 의견을 경청하는 동시에 비용수취 문제에 대해서 전면적으로 분석하여, 한편으로는 공중의 요구에 순응하여 비용항목을 적절히 감소시켜야 하지만, 다른 한편으로는 비용항목을 오직 세 종류로만 감소시키는 것은 적절하지 않다고 보았다. 그 이유는 다음과 같다.

첫째, 모든 출원인이 모든 비용항목을 납부하여야 하는 것은 아니다. 예를 들어, 우선권을 주장하지 않는 경우에는, 우선권주장료를 납부할 필요가 없다. 출원이 취하 또는 거절된 경우에는, 특허등록료·공고인쇄료를 납부할 필요가 없다. 출원이 거절되지 않았다면, 복심료를 납부할 필요가 없다. 출원서류의 분량이 많지 않으면, 출원추가료를 납부할 필요가 없다. 출원인이 기간에 맞추어 각종 절차를 밟고 비용을 납부하면, 권리회복청구료·기간연장청구료를 납부할 필요가 없다. 비용항목을 세 종류로만 감소시키면 물론 절차를 간략하게 하고 출원인과 국가지식산권국을 편리하게 할 수 있지만, 그러나 만약 평균하여 할당하는 방식을 취하게 되면 원래는 납부하지 않아도 되는 그중 일부 비용을 출원인이 부담하게 되어 그들에게 불공평하기 때문에 합리적이지 않은 면이 있다.

둘째, 일부 비용항목은 출원인으로 하여금 법에 의해 절차를 밟도록 촉구하고 전체 특허제도의 업무효율을 제고시키는 작용을 한다. 예를 들어, 심사기간을 단축시키고 특허출원에 대한 초보심사 및 실체심사를 조속히 완료하는 것은 많은 출원인의 공통적인 바람이며, 이를 위해서는 국가지식산권국의 직원이 자신의 직무를 성실히 이행하여야 할 뿐만 아니라 출원인은 최대한 국가지식산권국의 심사업무에 협조하여야 한다. 출원인이 실수로 국가지식산권국이 지정한 기간을 놓쳐서 그 특허출원이 취하 간주된 경우에, 출원인에게 그 특허를 보완하고 회복할 수 있는 기회를 주는 것은 사리에 맞는 일이지만, 만약 권리회복청구에 어떠한 비용도 납부할 필요가 없다고 한다면 출원인의 부주의함을 방임하는 것과 다를 바 없고 필연적으로 출원에 대한 심사기간이 늘어나게 되는 결과가 된다. 다른 예로, 출원인에게 합리적인 이유가 있는 경우에는 국가지식산권국에 그 지정된 기간의 연장을 신청할 수 있다고 규정한 것도 사리에 맞는 일이지만, 그러나 만약 기간연장을 위해 비용을 납부할 필요가 없다고 한다면, 출원인으로 하여금 마음대로 기간연장을 신청할 수 있게 하여 필연적으로 출원에 대한 심사기간이 늘어나게 되는 결과가 된다. 또 다른 예로, 「특허심사지침서 2010」및 「국가계획위원회 · 재정부의 특허비용 기준에 관한 통지」에 따르면, "출원추가료"에는 청구항추가료와 설명서추가료가 포함되는데, 그중 청구항추가료는 특허출원중의 청구항이 10항을 초과하면 제11항부터 항마다 추가되는 비용이고, 설명서추가료는 특허출원설명서의 페이지 수가 30페이지를 초과하면 31페이지부터 페이지마다추가되는 비용으로, 이러한 비용항목을 두고 있는 것은 절대다수 출원의 청구항은10항 미만이고 설명서도 30페이지 미만인데, 만약 출원인이 몇 항의 청구항을 기재하였는지 그리고 몇 페이지의 설명서를 기재하였는지를 불문하고 어떠한 비용도 추가로 납부할 필요가 없다고 한다면 필연적으로 국가지식산권국의 심사업무량을 증대시키게 되어, 그 결과 출원에 대한 심사기간이 필연적으로 늘어나게 되는 결과가되기 때문이다. 이러한 분야에 있어서는, 특허제도의 정상적 운영을 보장하는 경제적 지렛대효과를 소홀히 할 수 없다.

위에서 설명한 이유에 근거하여, 2010년 개정 「특허법실시세칙」 제93조는 아래와같이 규정하였다.

① 국무원 특허행정부문에 특허출원을 하거나 또는 기타 절차를 밟을 때에 아래의 비용을 납부하여야 한다.
(1) 출원료, 출원추가료, 공개인쇄료, 우선권주장료
(2) 발명특허출원실체심사료, 복심료
(3) 특허등록료, 공고인쇄료, 출원유지료, 연차료
(4) 권리회복청구료, 기간연장청구료
(5) 서지사항변경료, 특허권평가보고청구료, 무효선고청구료
② 전항에 열거한 각종 비용의 납부기준은, 국무원 가격관리부문 · 재정부문이 국무원 특허행정부문과 공동으로 제정한다.

개정 전 「특허법실시세칙」 제90조 규정에 대비하여, 개정된 점은 다음과 같다.
첫째, 네 가지 비용항목, 즉 출원유지료, 절차중지청구료, 강제허가청구료, 강제허

가사용료의 재결청구료를 삭제하였다. 그중 살펴볼 가치가 있는 것은 발명특허출원의 유지료이다. 2010년 개정 전「특허법실시세칙」제94조는 "발명특허출원인은 출원일로부터 2년 내에 특허권을 받지 못한 경우, 제3차년부터 출원유지료를 납부하여야 한다."고 규정하였다. 그러나「특허법」제35조 규정에 의하여, 발명특허의 출원인은 출원일로부터 3년 내에 언제라도 실체심사를 청구할 수 있고, 국가지식산권국은 실체심사과정에서 발명특허출원이「특허법」및「특허법실시세칙」에 규정된 발명특허권의 실체적 요건을 갖추고 있는지를 전면적으로 심사하는데, 이 때문에 출원일로부터 2년 내에 실체심사절차가 완료되지 못하는 것은 매우 흔히 볼 수 있으며, 이것은 출원인의 지연 또는 실수에 의한 것이 절대 아니다. 비록 국가지식산권국의 실체심사에 보다 많은 인적 자원이 소요되므로 출원인이 보다 많은 비용을 지급하는 것이 당연하다고는 하지만, 그러나 이것은 발명특허출원에 대한 인민폐 900원의 보다 높은 출원료(실용신안특허 및 디자인특허출원료는 모두 인민폐 500원임) 및 실체심사청구 시에 납부하여야 하는 인민폐 2500원의 발명특허출원심사료에 이미 포함되어 있다. 따라서 많은 출원인들은 출원유지료의 수취에 대해서 불만이 있었으며, 국가지식산권국의 심사적체로 인해 실체심사기간이 길어지는 상황에서는 더욱 이와 같았다. 2010년「특허법실시세칙」개정 시에 이 비용항목을 삭제함으로써 광대한 공중의 환영을 받았다.

둘째, 2010년 개정 전「특허법실시세칙」제90조 제2항이 "전항에 열거한 각종 비용의 납부기준은, 국무원 가격관리부문이 국무원 특허행정부문과 공동으로 제정한다."로 규정하였던 것에서 "전항에 열거한 각종 비용의 납부기준은, 국무원 가격관리부문·재정부문이 국무원 특허행정부문과 공동으로 제정한다."로 고쳤다. 이것은 국가가 특허비용납부기준의 제정 및 조정에 보다 엄격한 관리조치를 취하였음을 나타낸다.

제76조 시행일자

이 법은 1985년 4월 1일부터 시행한다.

「특허법」은 1984년 3월 12일 전국인민대표대회 상무위원회의 심의를 통과하여 공포되었고, 1985년 4월 1일부터 시행되었다. 그 후에 전국인민대표대회 상무위원회는 각각 1992년, 2000년 및 2008년 세 차례 「특허법」을 개정하였다.

전국인민대표대회 또는 전국인민대표대회 상무위원회가 중국의 현행 법률을 개정하는 방식에는 두 가지가 있는데, 하나는 전면개정이고 다른 하나는 부분개정이다. 법률은 여러 차례 개정되는데, 매 차례의 개정이 어떠한 방식이었는지는 전국인민대표대회 또는 전국인민대표대회 상무위원회가 그 법률 명칭의 바로 뒤에 부가하는 설명을 보면 알 수 있다. 예를 들어, 2008년 개정된 「특허법」의 그 명칭 뒤에 부가된 설명은 아래와 같다.

1984년 3월 12일 제6회 전국인민대표대회 상무위원회 제4차 회의 통과, 1992년 9월 4일 제7회 전국인민대표대회 상무위원회 제27차 회의 〈「중화인민공화국특허법」 개정에 관한 결정〉에 근거하여 제1차 개정, 2000년 8월 25일 제9회 전국인민대표대회 상무위원회 제17차 회의 〈「중화인민공화국특허법」 개정에 관한 결정〉에 근거하여 제2차 개정, 2008년 12월 27일 제11회 전국인민대표대회 상무위원회 제6차 회의 〈「중화인민공화국특허법」 개정에 관한 결정〉에 근거하여 제3차 개정

전면개정과 부분개정은 개정 후 법률의 가장 마지막 조에 규정된 시행일자에서 차이가 있다. 전면개정은 현행 법률을 보다 전면적으로 개정하는 것으로서, 개정 후 법률의 마지막 조에 규정된 시행일자가 전면개정안이 시행되는 일자로 바뀌며, 예를 들어 1997년 3월 14일 전국인민대표대회는 1979년 제정 「형법」에 대한 전면개정안을 통과시켰는데, 전면개정이기 때문에 개정 후의 「형법」 마지막 조, 즉 제452조는 "이 법은 1997년 10월 1일부터 시행한다."라고 규정하였다. 부분개정은 현행 법률을 부분적으로 개정하는 것으로서, 개정 후 법률의 마지막 조에 규정된 시행일자는 변함없이 원래 법률이 시행된 일자이며, 예를 들어 전국인민대표대회 상무위원회의 「특허법」 개정에 관한 결정은 모두 부분개정을 위한 것이고 전면개정을 위한 것이 아니었으므로, 개정 후 「특허법」 마지막 조, 즉 본조의 규정은 시종 "이 법은 1985년 4월 1

일부터 시행한다."로 유지되었다.

개정 전후의 법률을 어떻게 연결시킬 것인가 하는 문제가 있으며, 이에 대해서 준비가 필요한데 이것이 바로 일반적으로 "경과조치"라고 불리는 것이다. 의심할 바 없이, 경과조치를 어떻게 합리적으로 제정할 것인가는 특허출원인·특허권자 및 광대한 공중에게 매우 중요한 의의를 갖는다.

1992년 「특허법」 개정 시에, 경과조치는 전국인민대표대회 상무위원회가 제정하였는데, 개정 후의 「특허법」 뒤에 부가하여 아래와 같이 설명하고 있다.

이 결정은 1993년 1월 1일부터 시행한다. 이 결정의 시행 전에 제출한 특허출원 및 그 출원에 근거하여 수여된 특허권에는 개정 전의 특허법 규정을 적용한다. 그러나 특허출원이 이 결정 시행 전에 아직 개정 전 특허법 제39조 및 제40조 규정에 따라 공고되지 않은 경우에는, 그 특허출원의 비준 및 특허권의 취하·무효선고의 절차에는 개정 후 특허법 제39조 내지 제44조 규정을 적용한다.

2000년 및 2008년 개정 「특허법」에 대해서는 전국인민대표대회와 국무원이 경과조치를 규정하지 않았고, 국가지식산권국이 규정하였다.

2000년 개정 「특허법」에 대해서, 국가지식산권국은 2001년 6월 25일 제78호 국가지식산권국 공고의 방식으로 「개정 후 특허법 및 그 실시세칙의 경과조치 시행방법」을 공포하였는데, "2001년 7월 1일 이후(당일을 포함한다. 이하 같다.) 제출한 특허출원 및 그 특허출원에 근거하여 수여된 특허권에는 개정 후의 특허법 및 그 실시세칙의 규정을 적용한다. 2001년 7월 1일 전에 제출한 특허출원 및 그 특허출원에 근거하여 수여된 특허권에 대해서는, 다른 규정이 있는 경우를 제외하고, 2001년 7월 1일 이후에도 개정 후 특허법 및 그 실시세칙을 적용한다."고 규정하였다. 1992년 개정 「특허법」의 경과조치에 비하면 경과조치에 차이가 있음을 어렵지 않게 발견할 수 있는데, 2000년 개정 「특허법」은 가급적 2001년 7월 1일부터 시행되어야 한다는 입장을 취하고 있었다. 그중의 "다른 규정이 있는 경우를 제외하고"에 대해서 이 공고는 10가지 항목의 예외경우를 열거하였는데, 주로 개정 전 「특허법」이 규정하였던 취소절차에 대한 경과조치였다.

전국인민대표대회는 2000년 3월 15일 「입법법」을 통과시켜, 2000년 7월 1일부터 시행하였다. 이 법률은 처음으로 중국 법률법규의 제정과 개정에 대해서 전면적이고 통일적으로 규범하였는데, 전국인민대표대회 및 전국인민대표대회 상무위원회가 제정하는 법률 및 국무원이 제정하는 행정법규를 포괄하였을 뿐만 아니라, 각 성·자치구·직할시 및 대도시의 인민대표대회 및 그 상무위원회가 제정하는 지방법규 및 자치조례를 포괄하였으며, 이 밖에 국무원의 각 부 및 위원회와 각 성·자치구·직할시 및 대도시 인민정부가 제정하는 규정도 포괄하였고, 또한 법률법규의 제정 절차 및 법률법규 사이의 위계관계도 명확히 하였다. 「입법법」제84조는 아래와 같이 규정하였다.

> 법률·행정법규·지방법규·자치조례 및 특별조례·규정은 과거로 소급하지 아니하지만, 공민·법인 및 기타 조직의 권리와 이익을 보다 더 잘 보호하기 위하여 특별히 규정한 경우는 제외한다.

위의 규정으로 개정 후 법률이 과거에 대하여 소급적용하지 않는다는 기본원칙을 확립하였지만, 또한 동시에 특별한 규정이 있는 경우에는 제외한다고 규정하였는데, 공민·법인 및 기타 조직의 합법적 권익이 전체적으로 손해를 입지 않도록 보장하는 한편, 실제 상황에서 특별한 필요가 있을 수 있음을 고려하도록 한 것에 그 목적이 있으며, 중국의 법제 개선에 중요한 의의를 갖는다.

「입법법」의 위 규정에 의하여, 2008년 개정 「특허법」에 대해서 2009년 9월 29일 국가지식산권국은 제53호 국령(局令)으로 「개정 후 특허법의 경과조치 시행방법」을 공포하였으며, 그 제2조는 경과조치의 기본원칙을 규정하였는데, 아래와 같다.

> 개정 전 특허법의 규정은 출원일이 2009년 10월 1일 전(당일은 포함하지 아니한다. 이하 같다.)인 특허출원 및 그 특허출원에 근거하여 수여된 특허권에 적용한다. 개정 후 특허법의 규정은 출원일이 2009년 10월 1일 이후(당일을 포함한다. 이하 같다.)의 특허출원 및 그 특허출원에 근거하여 수여된 특허권에 적용한다. 그러나 이 방법의 이하 각 조의, 출원일이 2009년 10월 1일 전인 특허출원 및 그 특허출원에 근거하여 수여된 특허권에 대한 특별 규정은 제외한다.

이로부터 2008년 개정 「특허법」이 1992년 개정 「특허법」과 기본적으로 동일한 경과조치를 규정하였음을 볼 수 있다.

제53호 국령(局令)은 위의 기본원칙에 대한 아래의 예외를 규정하였다.

(1) 2009년 10월 1일 이후 특허의 강제실시허가가 청구된 경우, 개정 후 「특허법」 제6장의 규정을 적용한다.

(2) 특허업무관리부문이 2009년 10월 1일 이후에 발생한 특허권 침해사건을 처리

하는 경우, 개정 후「특허법」제11조, 제62조, 제69조 및 제70조 규정을 적용한다.

(3) 특허업무관리부문이 2009년 10월 1일 이후 특허허위표시행위에 대하여 조사 및 처리하는 경우, 개정 후「특허법」제63조 및 제64조 규정을 적용한다.

(4) 특허권자가 2009년 10월 1일 이후 특허표지를 표시한 경우, 개정 후의「특허법」 제17조 규정을 적용한다.

(5) 중국에 계속적인 거소 또는 영업소가 없는 외국인·외국기업 또는 외국의 기타 조직이 2009년 10월 1일 이후에 특허대리기구에 위임하거나 또는 특허대리기구를 변경하는 경우, 개정 후「특허법」제19조 규정을 적용한다.

2009년 반포된「최고인민법원의 특허권 침해분쟁사건 심리 응용법률 문제에 관한 해석」제19조는 아래와 같이 규정하였다.

① 특허권 침해로 피소된 행위가 2009년 10월 1일 이전에 발생한 경우, 인민법원은 개정 전 특허법을 적용하고, 2009년 10월 1일 이후에 발생한 경우, 인민법원은 개정 후 특허법을 적용한다.

② 특허권 침해로 피소된 행위가 2009년 10월 1일 이전에 발생해서 2009년 10월 1일 이후까지 지속되어, 개정 전과 후 특허법 규정에 의하여 모두 침해자가 배상책임을 부담하여야 하는 경우, 인민법원은 개정 후 특허법을 적용하여 배상액을 확정한다.

최고인민법원의 사법해석과 국가지식산권국의 제53호 국령(局令)의 관련 규정은 서로 일치된다.

2010년 개정「특허법실시세칙」에 대해서, 국가지식산권국은 2010년 1월 21일 제54호 국령(局令)으로「개정 후 특허법실시세칙의 경과조치 시행방법」을 공포하였는데, 그 제2조는 제53조 국령(局令)과 서로 동일한 기본원칙을 규정하였으며, 아래와 같다.

개정 전 특허법실시세칙의 규정은 출원일이 2010년 2월 1일 전(당일을 포함하지 아니한다.)인 특허출원 및 그 특허출원에 근거하여 수여된 특허권에 적용한다. 개정 후 특허법실시세칙의 규정은 출원일이 2010년 2월 1일 이후(당일을 포함한다. 이하 같다.)인 특허출원 및 그 특허출원에 근거하여 수여된 특허권에 적용한다. 그러나 이 방법의 이하 각조의, 출원일이 2010년 2월 1일 전인 특허출원 및 그 특허출원에 근거하여 수여된 특허권에 대한 특별 규정은 제외한다.

제54호 국령(局令)은 위의 기본원칙에 대한 다음과 같은 예외를 규정하였다.

(1) 2010년 2월 1일 이후에 「특허법」 제23조 제3항 규정에 부합하지 않음을 이유로 무효선고가 청구된 경우, 그 무효선고청구에 대한 심사에는 개정 후 「특허법실시세칙」 제66조 제3항 규정을 적용한다.

(2) 2010년 2월 1일 이후에 무효선고가 청구된 경우, 그 무효선고청구에 대한 심사에는 개정 후 「특허법실시세칙」 제72조 제2항 규정을 적용한다.

(3) 국제특허출원의 출원인이 2010년 2월 1일 이후에 중국국내단계 진입을 위한 절차를 밟은 경우, 그 국제출원에는 개정 후 「특허법실시세칙」 제10장의 규정을 적용한다.

(4) 2010년 2월 1일 이후에 국가지식산권국에 관련 절차의 중지를 신청하는 경우, 개정 후 「특허법실시세칙」 제93조 및 제99조 규정을 적용하며, 절차중지청구료를 납부하지 아니한다. 2010년 2월 1일 이후에 과도납부·중복납부·착오납부한 특허비용의 반환을 청구하는 경우, 개정 후 「특허법실시세칙」 제94조 제4항 규정을 적용한다. 2010년 2월 1일 이후에 출원료·공개인쇄료 및 출원추가료를 납부하는 경우, 개정 후 「특허법실시세칙」 제95조 규정을 적용한다. 2010년 2월 1일 이후에 특허권의 등록절차를 밟는 경우, 개정 후 「특허법실시세칙」 제93조 및 제97조 규정을 적용하며, 출원유지료를 납부하지 아니한다.

위의 개정 후 「특허법」 및 「특허법실시세칙」의 경과조치에 관한 규정은, 개정 전후의 「특허법」 및 「특허법실시세칙」의 평온한 연결과 순리적인 전환을 보장하는 데 중요한 의의가 있다.

저자 후기

본서의 집필 과정에서, 필자는 국가지식산권국 조법사(条法司) 부사장 쟝딴밍(姜丹明, 전 조법1처 처장)으로 하여금 〈특허법〉 "제1장 총칙" 부분의 제4조, 제6조 내지 제8조, 제10조, 제14조 내지 제16조, 제20조, 제21조, "제6장 특허실시의 강제허가" 부분의 제48조 내지 제58조, "제7장 특허권의 보호" 부분의 제60조, 제65조 내지 제67조의 해석 및 설명을 저술하도록 요청하였다. 필자는 〈특허법〉의 그 나머지 각 조의 해석 및 설명을 저술하였고, 전체 내용에 대하여 통일시키고 검토하는 작업을 여러 차례 진행하였다.

쟝딴밍은 1997년 베이징대학 법학과를 졸업하고 석사학위를 취득하였으며, 같은 해부터 구 중국특허국 법률부(현 국가지식산권국 조법사)에서 근무하기 시작하였고, 「특허법」 제2차 개정 및 제3차 개정 전체 과정에서 필자와 함께 많은 업무를 담당하였다. 이번에는 또 본서의 집필에 참가하여 많은 수고를 해 주었다. 여기에서 쟝딴밍에게 충심으로 감사를 표한다.

지식산권출판사의 수많은 직원들도 본서가 순조롭게 출판되는 데 세심하고 전문적인 능력을 발휘하였으며, 여기에서 함께 진심으로 감사를 표한다.

저자 **인씬티엔** 尹新天

1977년 충칭대학 공업자동화기기 전공 졸업
1981년 중국과기대학 대학원 졸업
　　　중국과학원 자동화연구소에서 석사학위 취득
1980년 미국특허상표청 연수(6개월)
1984년 독일연방특허청 · 독일연방특허법원 연수(6개월)
1992년 독일 막스플랑크(Max Planck) 지식재산연구소 전문과제연구(6개월)
1994년 미국 시카고 존 마샬(John Marshal) 법학원 연수(3개월)

1982년부터 구 중국특허국(현 국가지식산권국)에서 근무하기 시작하였고, 특허복심위원회 위원, 특허복심위원회 물리상소실 주임, 심사업무관리부 부부장, 국가지식산권국 조약법규사 사장, 국가지식산권국 대변인을 지냈다. 2010년 3월 국가지식산권국에서 퇴직한 후, 현재에는 베이징 완후이다(万慧达) 지식재산권대리 유한공사 고문을 맡고 있다.
중국법학회 이사, 중국지식재산권연구회 상무이사, 중국국제경제무역중재위원회 위원, 화중과기대학 겸임교수, 서남정법대학 겸임교수, 화동정법대학 겸임교수, 중국인민대학 로스쿨 객원교수, 중국정법대학 경제법학원 명예교수, 중국지식산권교육센터 명예교수, 베이징시 고급인민법원 전문가자문위원회 위원, 상하이시 고급인민법원 지식재산권 자문위원, 쟝수성 고급인민법원 자문위원, 푸젠성 고급인민법원 지식재산권 재판 자문위원을 역임하였으며, 2005년에는 국무원이 공헌이 큰 전문가에게 수여하는 전문가상을 수상하였다.
국가지식산권국의 제2차 및 제3차 「특허법」 및 「특허법실시세칙」 개정초안 마련을 담당하였고, 두 차례 개정 작업의 전체 과정에 처음부터 끝까지 참가하였다. WIPO 특허법 상설위원회(SCP)의 「특허실체법조약(SPLT)」 제정 작업 및 「특허협력조약(PCT)」 개혁작업 그룹 회의에 중국대표단을 이끌고 참여하였으며, 회의의 부의장을 여러 차례 역임하였다. 「국가지식산권전략강요」 제정작업에 참가하였고, "지식재산권 중개서비스체계 전문과제 연구" 그룹의 책임자를 맡았다.
「특허권의 보호」 출판(1998년, 25만 자), 「신특허법 상세해설」 편집주관(2001년, 50만 자, 2009년까지 9차례 인쇄되었고, 2007년 8월 일본어로 번역되어 일본에서 출판되었다), 「〈특허법〉 제2차 개정 안내」 편집주관(2000년, 10만 자), 「〈특허법실시세칙〉 제2차 개정 안내」 편집주관(2001년, 16만 자), 「특허대리개론」 편집주관(2002년, 60만 자), 「지식재산권과 발전정책의 정합」(영국 지식재산권위원회 보고서) 편역(2003년), 「미국의 특허정책에 대한 재검토」(미국 국제무역위원회 보고서) 편역(2004년), 「특허권의 보호(제2판)」 출판(2005년, 70만 자), 「미국 특허제도의 최근 발전동향」 저술(2007년, 10만 자), 「〈특허법〉 제3차 개정 안내」 편집주관(2009년, 11만 자, 2009년 9월 일본어로 번역되어 일본에서 출판되었다), 「중국특허법 상세해설」은 2011년에 출판된 최신 역작이다. 이 밖에 국내 · 국외의 각종 지식재산권 정기간행물에 수십 편의 논문과 글을 발표하였다. 각종 저술을 합하면 400만 자를 넘는다.

역자 허호신

서울대학교 지구환경시스템공학부(구 토목공학과) 졸업(공학사)
충남대학교 일반대학원 졸업(법학석사)
중국해양대학교 법정대학원 졸업(법학박사)

제35회 기술고등고시 합격(1999)
제46회 변리사시험 합격(2009)
건설교통부 국가지리정보팀, 수자원정책과 토목사무관
특허청 건설기술심사과, 출원서비스과 심사관
특허청 특허심판원 심판관
(현) 특허청 정보고객정책과 기술서기관

중국특허법 상세해설中国专利法详解

초판 인쇄 2017년 5월 15일
초판 발행 2017년 5월 25일
—
저 자 尹新天
역 자 허호신
—
펴낸이 이방원
펴낸곳 세창출판사
신고번호 제300-1990-63호
주소 03735 서울시 서대문구 경기대로 88 냉천빌딩 4층
전화 723-8660 팩스 720-4579
이메일 edit@sechangpub.co.kr / sc1992@empas.com
홈페이지 www.sechangpub.co.kr
—
값 70,000원

ISBN 978-89-8411-678-8 93360